中华国学文库

淮南鸿烈集解

刘文典 撰

冯逸 乔华 点校

中华书局

图书在版编目(CIP)数据

淮南鸿烈集解/刘文典撰;冯逸,乔华点校. —北京:中华书局,2022.7
(中华国学文库)
ISBN 978-7-101-15758-1

Ⅰ.淮… Ⅱ.①刘…②冯…③乔… Ⅲ.①杂家-中国-西汉时代②《淮南子》-注释 Ⅳ.B234.42

中国版本图书馆 CIP 数据核字(2022)第 094596 号

书　　名　淮南鸿烈集解
撰　　者　刘文典
点 校 者　冯　逸　乔　华
丛 书 名　中华国学文库
责任编辑　王　娟
责任印制　陈丽娜
出版发行　中华书局
　　　　　(北京市丰台区太平桥西里 38 号　100073)
　　　　　http://www.zhbc.com.cn
　　　　　E-mail:zhbc@zhbc.com.cn
印　　刷　河北新华第一印刷有限责任公司
版　　次　2022 年 7 月第 1 版
　　　　　2022 年 7 月第 1 次印刷
规　　格　开本/880×1230 毫米　1/32
　　　　　印张 27⅜　插页 2　字数 650 千字
印　　数　1-5000 册
国际书号　ISBN 978-7-101-15758-1
定　　价　98.00 元

中华国学文库出版缘起

《中华国学文库》的出版缘起，要从九十年前说起。

1920年，中华书局在创办人陆费伯鸿先生的主持下，开始编纂《四部备要》。这套汇集三百三十六种典籍的大型丛书，精选经史子集的“最要之书”，校订成“通行善本”，以精雅的仿宋体铅字排印。一经推出，即以其选目实用、文字准确、品相精美、价格低廉的鲜明特点，最大限度地满足了国人研治学问、阅读典籍的需要，广受欢迎。丛书中的许多品种，至今仍为常用之书。

新中国成立之后，党和国家倡导系统整理中国传统文献典籍。六十余年来，在新的学术理念和新的整理方法的指导下，数千种古籍得到了系统整理，并涌现出许多精校精注整理本，已成为超越前代的新善本，为学界所必备。

同时，随着中华民族以前所未有的自信快速发展，全社会对中国固有的学术文化——国学，也表现出前所未有的关注和重视。让中华文化的优秀成果得到继承和创新，并在世界范围内进行传播和弘扬，普惠全人类，已经成为中华民族的历史使命。当此之时，符合当代国民阅读需要的权威的国学经典读本的出现，实为当务之急。于是，《中华国学文库》应运而生。

《中华国学文库》是我们追慕前贤、服务当代的产物，因此，它自当具备以下三个基本特点：

一、《文库》所选均为中国学术文化的“最要之书”。举凡哲学、历史、文学、宗教、科学、艺术等各类基本典籍，只要是公认的国学经典，皆在此列。

二、《文库》所选均为代表当代最新学术水平的“最善之本”，即经过精校精注的最有品质的整理本。其中既有传统旧注本的点校整理本，如朱熹《四书章句集注》，也有获得学界定评的新校新注本，如余嘉锡《世说新语笺疏》。总之，不以新旧为别，惟以善本是求。

三、《文库》所选均以新式标点、简体横排刊印。中国古籍向以繁体竖排为标准样式。时至当代，繁体竖排的标准古籍整理方式仍通行于学术界，但绝大多数国人早已习惯于现代通行的简体横排的图书样式。《文库》作为服务当代公众的国学读本，标准简体字横排本自当是恰当的选择。

《中华国学文库》将逐年分辑出版，每辑十种，一次推出；期以十年，以毕其功。在此，我们诚挚希望得到学术界、出版界同仁的襄助和广大读者的支持。

中华书局自 1912 年成立，至今已近百岁。我们将《中华国学文库》当作向中华书局百年诞辰敬献的一份贺礼，更是向致力于中华民族和平崛起、实现复兴大业的全国人民敬献的一份厚礼。我们自当努力，让《中华国学文库》当得起这份重任，这份荣誉。

中华书局编辑部

2010 年 12 月

点校说明

淮南子二十一篇，本名鸿烈，由西汉时淮南王刘安（公元前一七九年——公元前一二二年）招致宾客集体编写而成，于汉武帝建元元年（公元前一四〇年）献上。刘向、刘歆父子校订图书，定名淮南内，置于诸子略内，后世遂称淮南子或淮南鸿烈。

刘安是汉高祖刘邦的孙子，汉文帝前元十六年（公元前一六四年）被立为淮南王，汉书本传称他"为人好书，鼓琴，不喜弋猎狗马驰骋"。他与"宾客方术之士数千人"编著鸿烈之时，正是"窦太后好黄帝、老子言"，文帝、景帝及许多大臣"不得不读黄帝、老子，尊其术"（史记外戚世家）之日，自然无为的道家思想就是当时的统治思想。在汉武帝初年做太史令的司马谈，深通黄、老之学，他对西汉前期道家思想即黄、老思想作了如下的论述："道家使人精神专一，动合无形，赡足万物。其为术也，因阴阳之大顺（序四时之大顺），采儒、墨之善（儒家序君臣之礼，列夫妇长幼之别，墨家强本节用），撮名、法之要（法家正君臣上下之分，名家正名实），与时迁移，应物变化，立俗施事，无所不宜，指约而易操，事少而功多。”（史记太史公自序）东汉末年，高诱注淮南子，在叙中对全书内容作了简明的概括：“其旨近老子，淡泊无为，蹈虚守静，出入经道。言其大也，则焘天载地；说其细也，则沦于无垠，及古今治乱存亡祸福，世间诡异瑰奇之事。其义也著，其文也富，物事之类，无所不载，然其大较归之于道，号曰鸿烈。鸿，大也，烈，明也，以为大明道之言也。”淮南子一书的作者在谈到著书宗旨时指出：“夫作为书论者，所以纪纲道德，经纬人事。”“道论至深，故多为之辞以抒其情；万物至众，故博为之说以通其意。”“故著书二十篇，则天地之理究矣，人间之事接矣，帝王之道备矣。”（淮南子要略）可以说，淮南子一书是对西汉前期道家思想的系统而详尽的总结，是研究与“文、景之治”相适应的统治思想即黄、老思想的极其宝贵而丰富的资料。

隋书经籍志著录淮南子二十一卷，有高诱注和许慎注两种。流传至今的只有题名高诱注并有高诱叙的一种，据前人考证，其中原道、俶真、天文、墬形、时则、览冥、精神、本经、主术、氾论、说山、说林、修务等十三篇为高注，缪称、齐俗、道应、诠言、兵略、人间、泰族、要略等八篇为许注。

淮南子有多种版本和注本，吴则虞考证为一百六十二种，刘文典的淮南鸿烈集解是其中之一。

刘文典字叔雅，原名文骢，安徽合肥人，生于一八八九年十二月，病逝于一九五八年七月十五日。他一九〇六年进入芜湖安徽公学学习，一九〇七年加入同盟会。一九〇九年赴日本东京求学，一九一二年回上海任民立报翻译。一九一三年再次赴日，并参加中华革命党，在孙中山处作秘书工作。一九一六年回国，经陈独秀介绍，到北京大学任教，并担任新青年杂志英文编辑。一九二七年应聘出任安徽大学校长。一九二八年安徽大学学生罢课，蒋介石亲自召见他，责令交出共产党员名单，严办罢课学生。他当面顶撞，被关押起来。后经蔡元培力保，才得到释放。一九二八年底回北京大学任教。一九二九年，经罗家伦介绍，到清华大学任国文系主任，同时在北京大学兼课。一九三八年，取道香港至昆明，在西南联大任教。由于思想消沉，染上了吸鸦片烟的恶习，于一九四三年受盐商之聘到磨黑中学（普洱中学）任校长，结果被西南联大解聘。不久，由徐嘉瑞介绍到云南大学文史系任教。全国解放前夕，胡适为他办好去美国的签证，并买好了飞机票，出于对祖国的热爱，他谢绝了。解放后，他的精神状态一天比一天振作，被评为一级教授，参加了九三学社，被选为第二届全国政协委员。

刘文典治学态度谨严，受到学术界好评。淮南鸿烈集解是他在北京大学任教期间完成的第一部专著。该书以庄逵吉校本为底本，以钱塘淮南天文训补注作附录，裒辑王念孙、孙诒让、俞樾、洪颐煊、陶方琦、王引之、钱大昕、梁履绳、桂馥、孙志祖、顾炎武、刘绩、郝懿行、胡鸣玉等二十余家之说，并遍引艺文类聚、北堂书钞、初学记、白帖、意林、太平御览等唐、宋类书为佐证，资料丰富，条理分明，采择亦属精当，其中还有不少见解为前人所未发，为阅读和深入研究淮南子提供了方便。

淮南鸿烈集解于一九二三年由商务印书馆出版，一九二四年再版。我们这次整理，除加全式标点外，还参校了有关书籍，凡有改动及存疑之处，均一一出校。刘文典另有三余札记，其中淮南子校补一百六十九条，淮南子逸文二十九条，今一并作为附录，以飨读者。本书原来附录的钱塘淮南天文训补注，仍予保存，置于全书之末。

点校者　一九八六年一月

目　录

淮南鸿烈集解序

整理国故，约有三途：一曰索引式之整理，一曰总帐式之整理，一曰专史式之整理。

典籍浩繁，钩稽匪易，虽有博闻强记之士，记忆之力终有所穷。索引之法，以一定之顺序，部勒紊乱之资料；或依韵目，或依字画，其为事近于机械，而其为用可补上智才士之所难能。是故有史姓韵编之作，而中下之材智能用廿四史矣；有经籍籑诂之作，而初学之士能检古训诂矣。此索引式之整理也。

总帐式者，向来集注、集传、集说之类似之。同一书也，有古文今文之争，有汉、宋之异，有毛、郑之别，有郑、王之分。历时既久，异说滋多。墨守门户之见者，囿于一先生之言，不惜繁其文、枝其辞以求胜；而时过境迁，向日斤斤之争，要不过供后人片段之撷取而已。上下二千年，颠倒数万卷，辨各家之同异得失，去其糟粕，拾其精华，于以结前哲千载之讼争，而省后人无穷之智力；若商家之岁终结帐然，综观往岁之盈折，正所以为来日之经营导其先路也。

专史云者，积累既多，系统既明，乃有人焉各就性之所近而力之所能勉者，择文化史之一部分，或以类别，或以时分，著为专史。专史者，通史之支流而实为通史之渊源也。二千年来，此业尚无作者；郑樵有志于通史，而专史不足供其采择；黄宗羲、全祖望等有志于专史，而所成就皆甚微细。此则前修之所未逮，而有待于后来者矣。

吾友刘叔雅教授新著淮南鸿烈集解，乃吾所谓总帐式之国故整理也。淮南王书折衷周、秦诸子，“弃其畛挈，斟其淑静，非循一迹之路，守一隅之指”，其自身亦可谓结古代思想之总帐者也。其书作于汉代，时尚修辞；今观许慎、高诱之注，知当汉世已有注释之必要。历年久远，文义变迁，传写讹夺，此书遂更难读。中世儒者排斥异己，忽略百家，坐令此绝代奇书沉埋不显。迄乎近世，经师旁求故训，博览者始稍稍整治秦、汉诸子，而淮南王书治之者尤众。其用力最勤而成功较大者，莫如高邮王氏父子；德清俞氏间有创获，已多臆说矣；王绍兰、孙诒让颇精审，然所校皆不多。此外，如庄逵吉、洪颐煊、陶方琦诸人，亦皆瑕瑜互见。计二百年来，补苴校注之功，已令此书稍稍可读矣。然诸家所记，多散见杂记中，学者罕得遍读；其有单行之本，亦皆仅举断句，不载全文，殊不便于初学。以故，今日坊间所行，犹是百五十年前之庄逵吉本，而王、俞诸君勤苦所得，乃不得供多数学人之享用；然则叔雅集解之作，岂非今日治国学者之先务哉？

叔雅治此书，最精严有法，吾知之稍审，请略言之。

唐、宋类书征引淮南王书最多，而向来校注诸家搜集多未备；陶方琦用力最勤矣，而遗漏尚多。叔雅初从事此书，遍取书钞、治要、御览及文选注诸书，凡引及淮南原文或许、高旧注者，一字一句，皆采辑无遗。辑成之后，则熟读之，皆使成诵；然后取原书，一一注其所自出；然后比较其文字之同异；其无异文者，则舍之；其文异者，或订其得失，或存而不论；其可推知为许慎注者，则明言之；其疑不能明者，亦存之以俟考。计御览一书，已逾千条，文选注中，亦五六百条。其功力之坚苦如此，宜其成就独多也。

方叔雅辑书时，苟有引及，皆为辑出，不以其为前人所已及而遗之。及其为集解，则凡其所自得有与前人合者，皆归功于前人；其有足为诸家佐证，或匡纠其过误者，则先举诸家而以己所得新佐证附焉。至其所自立说，则仅列其证据充足、无可复疑者。往往有新义，卒以佐证不备而终弃之；友朋或争之，叔雅终不愿也。如诠言训："此四者，耳目鼻口不知所取去。心为之制，各得其所。"俞樾据上文"目好色，耳好声，口好味"，因谓"鼻"字为衍文；然文子符言篇上文言"目好色，耳好声，鼻好香，口好味"，而下文亦有"鼻"字。叔雅稿本中论此一条云："此疑上文'口好味'上脱'鼻好香'三字。文子符言篇及此处耳目鼻口并举，皆其证也。俞氏不据文子以证上文之脱失，反以'鼻'字为后人据文子增入，谬矣。惟余亦未在他处寻得更的确之证据，故未敢驳之耳。"此可见叔雅之矜慎。叔雅于前人之说，乐为之助证，而不欲轻斥其失，多此类也。然亦有前人谬误显然，而叔雅宁自匿其创见而为之隐者，如本经训"元元至砀而运照"，俞樾校云："樾谨按：高注曰：'元，天也；元，气也。'分两字为两义，殊不可通。疑正文及注均误。正文本曰：'元光至砀而运照。'注文本曰：'元，天也；光，气也。'俶真篇曰：'弊其元光，而求知之于耳目。'此元、光二字见于本书者。高彼注曰：'元光，内明也。一曰，元，天也。'然则此曰'元，天也'，正与彼注同。疑彼亦有'光气也'三字，而今脱之也。"（诸子平议三十，页八）叔雅稿本中论此条云："宋、明本皆作'玄元至砀而运照'，庄本避清圣祖讳，改玄为元耳。俞氏未见古本，但冯庄本立说，可笑也。'玄，天也'，本是古训。原道、览冥、说山诸篇，高注皆曰：'玄，天也。'释名：'天谓之玄。'桓谭新论（后汉书张衡传注引）：'玄者，天也。'"此条今亦未收入集解，岂以宋、明藏本在今日得之甚易，以之责备前人，为乘其不备耶？此则忠厚太过，非吾人所望于学者求诚之意者矣。

然即今印本集解论之，叔雅所自得，已卓然可观。如俶真训云："百围之木，斩而为牺尊，镂之以剞劂，杂之以青黄；华藻镈鲜，龙蛇虎豹，曲成文章。然其断在沟中，壹比牺尊，沟中之断，则丑美有间矣。然而失木性，钧也。"向来校者，仅及名物训诂，未有校其文义之难通者。叔雅校云："'然其断在沟中'句疑有脱误。庄子天地篇作'其断在沟中'，亦非。惟御览七百六十一引庄子作'其一断在沟中'，不误。今本'一'字误置'比'字上，传写又改为'壹'，义遂不可通矣。"（卷二，页十一）此据御览以校庄子，乃以之校淮南，甚精也。又如墬形训云："无角者膏而无前，有角者指而无后。"高注云："膏，豕也，熊猿之属。无前，肥从前起也。指，牛羊之属。无后，肥从后起也。"庄逵吉校云："指应作脂，见周礼注，所谓'戴角者脂，无角者膏'是也。又王肃家语注引本书，正作脂。"庄校已甚精审，然"无前""无后"之说终不易解。叔雅校云："庄校是也。御览八百六十四'脂膏'条下、八百九十九'牛'条下引，指并作脂，是其碻证。又'無前''無后'，义不可通。'無'疑当作'兑'，始讹'无'，传写又为'無'耳。御览八百九十九引，正作'兑前''兑后'，又引注云'豕马之属前小，牛羊后小'，是其证矣。前小即兑前，后小即兑后也。"（卷四，页九。兑即今锐字。）此条精碻无伦，真所谓后来居上者矣。

类书之不可尽恃，近人盖尝言之。叔雅校此书，其采类书，断制有法。若上文所引御览八百九十九，引原文而并及久佚之古注，其可依据，自不待言。其他一文再见或三见而先后互异者，或各书同引一文而彼此互异者，或仅一见而与今本微异者，其为差异，虽甚微细，亦必并存之，以供后人之考校。其用意甚厚，而其间亦实有可供义解之助者。如说林训云："以兔之走，使犬如马，则逮日归风。及其为马，则又不能走矣。"孙诒让校此句，谓"归当为遗，声之误也"。其为臆说，无可讳言。叔雅引御览九百七引，作："以兔之走，使大如马，则逐日追风。及其为马，则不走矣。"此不必纠正孙说，而使人知此句之所以可疑，不在"归"字之为"遗"为"追"，而在"犬"字之应否作"大"。盖校书之要，首在古本之多；本子多则暗示易，而向之不为人所留意者，今皆受搒榨而出矣。上文之“兑”，此文之“大”，皆其例也。

叔雅此书，读者自能辨其用力之久而勤，与其方法之严而慎。然有一事，犹有遗憾，则钱绎之方言笺疏未被采及是也。淮南王书虽重修饰，然其中实多秦、汉方言，可供考古者之采访。如开卷第一叶“甚淖而滒”，高注曰：“滒，亦淖也。夫饘粥多瀋者谓滒。滒读歌讴之歌。”庄逵吉引说文“滒，多汁也”以证之，是也。今徽州方言谓多汁为“淖”，粥多瀋则谓之“淖粥”；欲更状之，则曰“淖滒滒”，滒今读如呵。又如主术训云：“聋者可使嗺筋，而不可使有闻也。”王绍兰与孙诒让皆引考工记弓人“筋欲敝之敝”句郑司农注“嚼之当熟”。孙又引贾疏“筋之椎打嚼啮，欲得劳敝”，谓“嚼筋”为汉时常语，即谓椎打之，使柔熟，以缠弓弩也。（本书卷九，页十二。）今徽州绩溪人詈人多言而无识，曰“嚼弓筋”，亦曰“瞎嚼弓筋”。凡此之类，皆可今古互证。钱绎所辑，虽未及于今日之方言，然其引此书中语，与方言故训并列，往往多所发明，似亦未可废也。质之叔雅，以为如何？

中华民国十二年三月六日，胡适。

自　序

淮南王书博极古今，总统仁义，牢笼天地，弹压山川，诚眇义之渊丛，嘉言之林府，太史公所谓“因阴阳之大顺，采儒、墨之善，撮名法之要”者也。惟西汉迄今，历二千祀，钞刊屡改，流失遂多。许、高以之溷淆，句读由其相乱，后之览者，每用病诸。虽清代诸师如卢文弨、洪颐煊、王念孙、俞樾、孙诒让、陶方琦之伦各有记述，咸多匡正，而书传繁博，条流踳散，卷分衺异，检核难周，用使修学之士回遑歧涂，沿波讨原，未知攸适。予少好校书，长而弥笃，讲诵多暇，有怀综缉，聊以锥指，增演前修。采拓清代先儒注语，构会甄实，取其要指，豫是有益，并皆钞内。其有穿凿形声，竞逐新异，乱真越理，以是为非，随文纠正，用祛疑惑。若乃务出游辞，苟为泛说，徒滋蘼滥，只增烦冗，今之所集，又以忽诸。管窥所及，时见微意，辄有发明，亦附其末。虽往滞前疑未尽通解，而正讹茜佚，必有冯依，一循涂轨，未详则阙。名为集解，合二十一卷，庶世之君子或裨观览焉！

中华民国十年六月十五日，合肥刘文典。

叙　目

汉涿郡高诱撰

淮南子名安，厉王长子也。长，高皇帝之子也。其母赵氏女，○庄逵吉云：汉书淮南王传不云赵氏女，而云其弟赵兼。为赵王张敖美人。高皇帝七年讨韩信于铜鞮，信亡走匈奴，上遂北至楼烦。还过赵，不礼赵王。赵王献美女赵氏女，○庄逵吉云：应云“献美人赵氏女”，此女字疑讹。得幸，有身。赵王不敢内之于宫，为筑舍于外。及贯高等谋反发觉，并逮治王，尽收王家，及美人，赵氏女亦与焉。吏以得幸有身闻上，上方怒赵王，未理也。赵美人弟兼因辟阳侯审食其言之吕后，吕后不肯白，辟阳侯亦不强争。及赵美人生男，恚而自杀。吏奉男诣上，上命吕后母之，封为淮南王。暨孝文皇帝即位，长弟上书愿相见，诏至长安。日从游宴，骄蹇如家人兄弟。怨辟阳侯不争其母于吕后，因椎杀之。上非之，肉袒北阙谢罪，夺四县，还归国。为黄屋左纛，称东帝，坐徙蜀岩道，○庄逵吉云：古岩、严字通。死于雍。上闵之，封其四子为列侯。时民歌之曰：“一尺缯，好童童。一升粟，饱蓬蓬。兄弟二人，不能相容。”○庄逵吉云：本传作：“一尺布，尚可缝。一斗粟，尚可舂。兄弟二人不相容。”上闻之曰：“以我贪其地邪？”乃召四侯而封之：其一人病薨，长子安袭封淮南王，次为衡山王，次为庐江王。太傅贾谊谏曰：“怨雠之人，不可贵也。”后淮南、衡山卒反，如贾谊言。初，安为辨达，善属文。皇帝为从父，数上书，召见。孝文皇帝甚重之，诏使为离骚赋，○庄逵吉云：本传作“使为离骚传”。○孙诒让云：此自作赋，与本传不同。文心雕龙神思篇云“淮南崇朝而赋骚”，即本高叙。自旦受诏，日早食已。上爱而秘之。天下方术之士多往归焉。于是遂与苏飞、李尚、左吴、田由、雷被、毛被、伍被、晋昌等八人，及诸儒大山、小山之徒，共讲论道德，总统仁义，而著此书。其旨近老子，淡泊无为，蹈虚守静，出入经道。言其大也，则焘天载地，说其细也，则沦于无垠，及古今治乱存亡祸福，世间诡异瑰奇之事。其义也著，其文也富，物事之类，无所不载，然其大较归之于道，号曰鸿烈。鸿，大也，烈，明也，以为大明道之言也。故夫学者不论淮南，则不知大道之深也。是以先贤通儒述作之士，莫不援采以验经传。以父讳长，故其所著，诸“长”字皆曰“修”。光禄大夫刘向校定撰具，名之淮南。又有十九篇者，谓之淮南外篇。自诱之少，从故侍中、同县卢君受其句读，诵举大义。会遭兵灾，天下棋峙，亡失书传，废不寻修，二十余载。建安十年，辟司空掾，除东郡濮阳令，睹时人少为淮南者，惧遂凌迟，于是以朝晡事毕之间，乃深思先师之训，参以经传道家之言，比方其事，为之注解，悉载本文，并举音读。典农中郎将弁揖借八卷刺之，○庄逵吉云：弁，古卞字，人姓名。○孙诒让云：林宝元和姓纂九下姓云："济阴冤句人，魏卞揖生统，为晋瑯琊内史。生粹，中书令。（此下，据晋书卞壸传，当有粹生壸云云，永乐大典本挩。）子眕、盱、眈、瞻。"然则此弁揖即卞揖，（汉隶书弁字多作亣，后遂变为卞，庄校是也。）为壸之曾祖。晋书壸传所载世系，止详统、粹官爵，而不及揖，此可以补其阙。会揖身丧，遂亡不得。至十七年，迁监河东，复更补足。浅学寡见，未能备悉，其所不达，注以"未闻"。唯博物君子览而详之，以劝后学者云尔。

庄　序

岁甲辰，逵吉读道藏于南山之说经台，览淮南内篇之注，病其为后人所删改，质之钱别驾坫。别驾曰："道书中亦非全本，然较之流俗所行者多十之五六。"爰搯其箧笥以示逵吉。逵吉因是校其同异，正其讹舛，乐得而刻之。并为之叙曰：汉书淮南王传称安招致宾客方术之士数千人，作为内书二十一篇，外书甚众。又有中篇八卷，言神仙黄白之术，亦二十余万言。安入朝，献所作，内篇新出，上爱秘之。而艺文志杂家者流有淮南内二十一篇，淮南外三十三篇，天文有淮南杂子星十九卷。传不及杂子星，而志不载神仙黄白之作，然后代往往传万毕术云云，大概多黄白变幻之事，即所谓中篇遗迹欤？西京杂记："安著鸿烈二十一篇。鸿，大也；烈，明也。言大明礼教。"鸿烈之义，一见于本书要略，而高诱叙中亦言"讲论道德，总统仁义，而著此书，号曰鸿烈"，是内篇一名鸿烈也。诱又曰："光禄大夫刘向校定撰具，名之淮南。"艺文志本向、歆所述，是淮南内、淮南外之称为刘向之所定。然只题淮南，不必称子。志论次儒家至小说，名曰诸子十家，后遂缘之而加子字矣。

隋书经籍志：淮南子二十一卷，许慎注，又有高诱注亦二十一篇。唐书经籍志：淮南子注解二十一卷，高诱撰。又有淮南鸿烈音二卷，何诱撰。新唐书艺文志，鸿烈音亦题高诱撰，而高、许两家注并列，同隋志。宋史艺文志则云许注二十一卷，高注十三卷。似当时两本原别。然刘昫无许注，而元修宋志乃以高书为十三卷者，考晁公武读书志据崇文总目云"亡其三篇"，李淑邯郸图志云"亡二篇"，或因删并讹脱而为此说欤？淮南本二十篇，要略一篇则叙目也，其例与扬子法言、王符潜夫等书正同，故高似孙直指为淮南二十篇。说者又以似孙之言互证晁、李，斯更诬矣。高时无切音之学，鸿烈音应如刘昫云何诱，不得改称高诱。欧阳不精考古，以名字相涉而乱之，如徐坚初学记、李善文选注、李昉太平御览引淮南，或并有翻语，即其书也。高则已自言"为之注解，并举音读"矣，宁得于本注之外别有撰作哉？公武谓许注题"记上"，陈振孙谓今本皆云许注，而详叙文即是高诱。逵吉以为，此乃后人误合两家为一，故溷而不分也。如墬形训大汾，诱注云"在晋"，吕览则云"未闻"。同为一人语释，未必闻于此而不闻于彼也。俶真训"剞劂"，注云："剞，巧工钩刀。劂者，规度刺画墨边笺，所以刻镂之具也。"本经训则云："剞，巧刺画尽头黑边笺也。劂，鑐刀。"同为一书语释，未必前后惑乱如是也。此亦两家不分之明验矣。又文选注引许注"三光"云："日、月、星。""明月珠"云："夜光之珠，有似明月。"欧阳询艺文类聚引许注"柳下惠"云："展禽树柳行惠。"释玄应一切经音义引许注"奇屈之服"云:"屈短奇长。"太平御览引许注"画随灰而月晕阙"云:"有军事相围守。""土龙致雨"云:"以象云龙。"皆即高注。殷敬顺列子释文引许注"策錣"云:"马策端有利锋,所以刺不前。"太平御览引许注"方诸见月"云:"诸,珠也。方,石也。以铜盘受之,下水数升。"皆与高异。文选注引许注"莫鉴于流潦,而鉴于澄水"云:"楚人谓水暴溢为潦。""鸡栖井干"云:"皆屋构饰也。"太平御览引许注"骐麟斗而日月食,鲸鱼死而彗星出"云:"骐麟,大角兽,故与日月符。鲸鱼,海中鱼之王也。""一墣塞江"云:"墣,块也。"皆高之所无。又文选注引"绕之候风"许注云:"绕候风者,楚人谓之五两。"今高注则"绕"作"伣",云"世谓之五两"。"自西南至东南,有裸人国、黑齿民",许注云:"其民不衣。""其人黑齿。"今高注则裸国在东南,黑齿在东北,但有"其人黑齿"注语,而无"其民不衣"云云。更可见本之故多殊异,注之互有脱讹矣。故"钓射鹔鹴",太平御览引作"钓射潇湘",是足证其殊异。"牛蹄之涔,无尺之鲤;块阜之山,无丈之材:皆其营宇狭小,而不能容巨大",太平御览引作"牛蹄之涔,无经尺之鲤;魁父之山,无营宇之材:皆其狭小,而不能容巨大",是足证其脱讹。盖唐、宋以前,古本尚存,皆得展转引据。今亡之,又为庸夫散乱,难言考正耳。别驾校订是书,既精且博,逵吉亦抒一得之愚,为之疏通旁证。举以示歙程文学敦、阳湖孙编修星衍,皆以为宜付削刀。时侍家君咸宁官舍,谨刊而布之。略考淮南作书之始末,及高、许注书之端绪,刺于叙目之后，盖即别驾所校道书中本也。若此书不亡于天下，而逵吉亦附名以传，斯为厚幸云尔。

乾隆戊申五十有三年三月，武进庄逵吉撰。

淮南鸿烈集解卷一

原道训

原道训原，本也。本道根真，包裹天地，以历万物，故曰"原道"，因以题篇。○姚范云：疑"训"字高诱自名其注解，非淮南篇名所有，即诱序中所云"深思先师之训"也。要略无"训"字。

夫道者，覆天载地，道无形而大也。**廓四方，柝八极，**廓，张也。柝，开也。八极，八方之极也，言其远。柝，读重门击柝之柝也。**高不可际，深不可测，**际，至也。度深曰测，一曰尽也。**包裹天地，禀授无形。**禀，给也。授，予也。无形，万物之未形者。皆生于道，故曰禀授无形也。**原流泉浡，冲而徐盈；混混滑滑，浊而徐清。**原，泉之所自出也。浡，涌也。冲，虚也。始出虚，徐流不止，能渐盈满，以喻于道亦然也。滑，读曰骨也。**故植之而塞于天地，横之而弥于四海，施之无穷而无所朝夕。**植，立也。塞，满也。弥，犹络也。施，用也。用之无穷竭也，无所朝夕盛衰。**舒之幎于六合，卷之不盈于一握。**舒，散也。幎，覆也。孟春与孟秋为合，仲春与仲秋为合，季春与季秋为合，孟夏与孟冬为合，仲夏与仲冬为合，季夏与季冬为合，故曰六合。言满天地间也。一曰，四方上下为六合。不盈一握，言微妙也。**约而能张，幽而能明，**言道能小能大，能昧能明。**弱而能强，柔而能刚。**道之性也。**横四维而含阴阳，**横，读桄车之桄。○桂馥云：一切经音义云："桄，声类作輄，车下横木也。”今车床及梯轝横木皆曰桄是也。**纮宇宙而章三光。**纮，纲也，若小车盖四维谓之纮，绳之类也。四方上下曰宇，古往今来曰宙，以喻天地。章，明也。三光，日、月、星。〇庄逵吉云：“三光，日、月、星。”李善文选注作许慎注。说文解字：“维，车盖维也。”郑康成注杂记云：“冠有笄者为纮，纮在缨处，两端上属，下不结。”纮非正义，故诱读从之。**甚淖而滒，甚纤而微。**滒，亦淖也。夫馇粥多瀋者谓滒。滒，读歌讴之歌。〇庄逵吉云：说文解字：“滒，多汁也。读若哥。”古哥、歌同字。**山以之高，渊以之深，兽以之走，鸟以之飞，日月以之明，星历以之行，麟以之游，凤以之翔。**以，用也。游，出也。大飞不动曰翔也。**泰古二皇，得道之柄，立于中央，**二皇，伏羲、神农也。指说阴阳，故不言三也。〇文典谨按：御览七十七引许注云：“庖牺、神农。”**神与化游，以抚四方。**抚，安也。四方谓之天下也。〇俞樾云：抚，读为幠。说文巾部：“幠，覆也。”古书或以“抚”为之。荀子宥坐篇：“勇力抚世，守之以怯。”杨倞注曰：“抚，掩也。”掩即覆也。此云“以抚四方”，犹言以覆四方。上文云“舒之幎于六合”，高诱注曰：“幎，覆也。”幠、幎同义。作抚者，叚字耳。高注“抚，安也”，失之。**是故能天运地滞，轮转而无废，**运，行也。滞，止也。废，休也。〇庄逵吉云：古滞、廛声相转，故周礼质人“珍异之有滞者”，注：“故书滞或作廛。”廛之言缠，故廛有止训。滞之音义皆从之。**水流而不止，与万物终始。风兴云蒸，事无不应；**应，当也。**雷声雨降，并应无穷。**穷，已也。**鬼出电入，龙兴鸾集；**鬼出，言无踪迹也。电入，言其疾也。〇文典谨按：文选新刻漏铭注引作“鬼出神入”。**钧旋毂转，周而复匝。**钧，陶人作瓦器法，下转旋者。一曰，天也。**已彫已琢，还反于朴。无为为之而合于道，无为言之而通乎德，**言二三之化，无为为之也，而自合于道也；无所为言之，而适自通于德也。**恬愉无矜而得于和，**恬愉，无所好憎也。无矜，不自大也。**有万不同而便于性，**万事不同，能便于性者，性不欲也。**神托于秋豪之末，**言微眇也。**而大宇宙之总。**宇宙，谕天地总合也。○俞樾云："大"下疑脱"于"字。谓神虽托于秋毫之末，而视宇宙之总合更大也。今脱"于"字，文义未明。**其德优天地而和阴阳，**优，柔也。和，调也。○文典谨按：群书治要、御览七十七引"优"并作"覆"。**节四时而调五行。**五行，金、木、水、火、土也。**呴谕覆育，万物群生，**呴谕，温恤也。育，长也。○洪颐煊云：礼记乐记："煦妪[一]覆育万物。"郑注："气曰煦，体曰妪。"正义："天以气煦之，地以形妪之，是天煦覆而地妪育，故言'煦妪覆育万物'也。"呴谕即煦妪，古字通用。**润于草木，浸于金石，禽兽硕大，豪毛润泽，羽翼奋也，**奋，壮也。**角觡生也，**角，鹿角也。觡，麋角也。觡，读曰格。**兽胎不䞣，鸟卵不㱦，**胎不成兽曰䞣，卵不成鸟曰㱦。言"不"者，明其成。○庄逵吉云：说文解字："㱦，卵不孚也。"又天文训云："戊子干甲子，胎夭卵㱦。"○汪文台云：云笈七签一引，䞣作殰，㱦作殈。**父无丧子之忧，兄无哭弟之哀，**言无夭死。**童子不孤，妇人不孀，**无父曰孤，寡妇曰孀也。○陶方琦云：诗桃夭正义引许注"楚人谓寡妇曰霜"，即此注也。如俶真训许注"楚人谓水暴溢曰瀿"（文选江赋注引）、览冥训许注"楚人谓袍曰裋"（列子释文引）之例。高承旧说，故似同。惟修务训（有"题篇"字，为高注本）"以养孤孀"，高注"雒家谓寡妇曰孀妇"，（吕览高注时称"雒家"。）与许称楚人亦异，知二十一篇内称楚人者，多系许注矣。许注孀作霜，用叚借字。（御览二十八及八十三引"以养孤霜"，正作霜，亦是许本。）**虹蜺不出，贼星不行，**贼星，妖星也。○文典谨按：御览七十七引许注云："五星逆行，谓之贼星也。"**含德之所致也。**含，怀也。**夫太上之道，生万物而不有，**不以为己有者也。**成化像而弗宰。**宰，主也。**跂行喙息，蠉飞蝡动，待而后生，莫之知德；**不因德之。**待之后死，莫之能怨。**不怨虐之。**得以利者不能誉，用而败**

[一]"妪"，原本作"媮"，据礼记乐记改。

者不能非。收聚畜积而不加富，收聚畜积，国有常赋也。不加富者，为百姓，不以为己有也。**布施禀授而不益贫。**布施禀授，匡困乏，予不足也。以公家之资，故不益贫也。**旋县而不可究，纤微而不可勤。**县，犹小也。勤，犹尽也。○王念孙云：诸书无训县为小者，县(縣)当为緜，字之误也。(隶书縣字或作縣，緜字或作緜，二形相似，故緜误为縣。汉緜竹令王君神道緜字作縣，是其证也。荀子强国篇"今[一]巨楚緜吾前"，史记孝文纪"历日緜长"，今本緜字并误作縣。)逸周书和寤篇曰："緜緜不绝，蔓蔓若何。"说文："緜，联微也。"广雅："緜，小也。"故高注亦训为小。旋亦小也。方言："嫙，短也。"郭璞曰："便旋，庳小貌。"嫙与旋同。此言道至微眇，宜若易穷，而实则广大不可究也。此言旋緜，下言纤微，其义一也。又主术篇："鞅鞈铁铠，瞋目扼掔，(古腕字。)其于以御兵刃，县矣。券契束帛，刑罚斧钺，其于以解难，薄矣。"高注曰："县，远也。比于德不及之远。"案：县亦当为緜。緜，薄也。此言緜，下言薄，其义一也。汉书严助传"越人緜力薄材"，孟康曰："緜，薄也。"言德之所御，折冲千里，若鞅鞈铁铠，瞋目扼掔，其于以御兵刃，则薄矣。高训县为远，而曰"比于德不及之远"，殆失之迂。**累之而不高，堕之而不下，益之而不众，损之而不寡，斫之而不薄，杀之而不残，凿之而不深，填之而不浅。忽兮怳兮，不可为象兮；怳兮忽兮，用不屈兮；**忽怳，无形貌也，故曰"不可为象"也。屈，竭也。怳，读人空头扣之怳。屈，读秋鸡无尾屈之屈也。**幽兮冥兮，应无形兮；遂兮洞兮，不虚动兮。**洞，达也。道动有所应，故曰"不虚动"也。○俞樾云：遂，读为邃。离骚经"闺中既邃远兮"，招魂篇"高堂邃宇"，王逸注并曰："邃，深也。"洞亦深也。文选西京赋"赴洞穴"，薛综注曰："洞穴，深且通也。"是洞有通义，亦有深义。"遂兮洞兮"，皆言其深也，方与上句"幽兮冥兮"意义相称。高注曰"洞，达也"，非是。**与刚柔卷舒兮，与阴阳俯仰兮。**卷舒，犹屈伸也。俯仰，犹升降也。

〔一〕"今"，原本作"令"，据荀子强国改。

昔者冯夷、大丙之御也，“夷”或作“迟”，“丙”或作“白”，皆古之得道能御阴阳者也。○庄逵吉云：诗“周道倭迟”，韩诗作“郁夷”，故“夷”或为“迟”。丙、白字形相近。○陶方琦云：文选七发注引许注云：“冯迟、太白，河伯也。”古夷、迟通。齐俗训“冯夷得道，以潜大川”，许注：“冯夷，河伯也。”文选广绝交论注引淮南“昔者冯迟、太丙之御也”，亦作“迟”。庄子秋水篇释文：“河伯一名冯迟。”颜籀匡谬正俗云：“古迟、夷通。淮南说冯夷河伯，乃为‘迟’。”师古所云淮南，即许本也。丙或作白者，广雅释虫：“白鱼，蛃鱼也。”王氏疏证谓白与丙声之转，引淮南“丙或作白”为证。枚乘七发“六驾蛟龙，附从太白”，以太白为河伯，是许说之所本。御览引尚书纬云“白经天，水决江”，郑康成注：“白，太白。”○洪颐煊云：丙当是内字之讹。大内即大豆。吕氏春秋听言篇：“造父始习于大豆。”内、豆声相近。说文：“㔷，从匚，丙声。”徐铉曰：“丙非声，义当从内会意。”亦其证。**乘云车，入云蜺，游微雾，**以云蜺为其马也。游，行也。微雾，天之微气也。○王念孙云：云车与云蜺相复，云当为雷。太平御览天部十四引此，正作“乘雷车”。下文曰：“电以为鞭策，雷以为车轮。”览冥篇曰：“乘雷车，服应龙。”（今本“服”下误衍“驾”字，辩见览冥。）皆其证也。雷与雲字相似，又涉下句雲字而误。“入云蜺”本作“六云蜺”，高注“以云蜺为其马也”本作“以云蜺为六马也”。（其字古作亓，形与六相似，故六误为其。史记周本纪“三百六十夫”，索隐曰：“刘氏音破六为古其字。”管子重令篇“明主能胜六攻”，淮南地形篇“通谷六”，易林蛊之临“周流六虚”，今本“六”字皆误作“其”。）此言以雷为车，以云蜺为六马，故曰“乘雷车，六云蜺”。齐俗篇曰“六骐骥，驷駃騠”，艺文类聚舟车部引尸子曰“文轩六駃题”，韩子十过篇曰“驾象车而六交龙”，司马相如上林赋曰“乘镂象，六玉虬”，并与此“六云蜺”同义。文选七发“六驾蛟龙，附从太白”，李善曰：“以蛟龙若马而驾之，其数六也。淮南子曰：‘昔冯迟、太白之御，乘雷车，（今本雷字亦误作云。）六云蜺。’”此尤其明证矣。今本作“入云蜺”，太平御览引作“驾云蜺”，皆后人不晓“六”字之义而妄改之耳。（若作“入云蜺”，则与注中云蜺为六马之义了不相涉。若作“驾云蜺”，则注但当云以云蜺为马，无烦言六马也。）**骛怳忽，历远弥高以极往，**骛，驰也。怳忽，无之象也。往，行也。

○王念孙云:怳忽当为忽怳。(注内怳忽同。)文选七发注引作"忽荒",荒与怳通。(老子曰:"是谓忽怳。"贾谊鹏鸟赋曰:"寥廓忽荒。")怳与往、景、上为韵。(景,古读若鞅。下文"如响之与景",与像为韵。大荒西经"正立无景",与响、往为韵。荀子臣道篇"形下如景",与响、象为韵。)若作怳忽,则失其韵矣。**经霜雪而无迹,照日光而无景,**行霜雪中无有迹,为日所照无景柱也。○文典谨按:俗本有注云:"景,古影字。"孙志祖云,颜氏家训书证篇,景字至晋世葛洪字苑傍始加彡。而惠氏栋九经古义乃云,高诱淮南子注曰:"景,古影字。"诱,汉末人,当时已有作景傍彡者,非始于葛洪字苑。案:高诱淮南注并无此语,俗刻原道篇注有之,乃明人妄加。唯大戴礼曾子天圆篇注有"景,古以为影字"语,卢辩固在葛洪后也。段懋堂则云,惠定宇说,汉张平子碑即有影字,不始于葛洪。然则古义之说,盖误据俗本淮南子,当改引张平子碑方合。**扶摇抮抱羊角而上,**扶,攀也。摇,动也。抮抱,引戾也。扶摇直如羊角,转如曲縈,行而上也。抮,读与左传"憾而能眕"者同也。抱,读诗"克岐克嶷"之嶷也。○洪颐煊云:抮抱亦作轸軳。文选七发李善注引淮南许注:"轸,转也。"玉篇:"軳,戾也。"广雅释训:"轸、軳、转,戾也。"軳即軳字之讹。○俞樾云:此当作"抮扶摇抱羊角而上"。读者因淮南书多以"抮抱"连文,高氏此注又曰"抮抱,引戾也",故移"抮"字于下,使"抮抱"连文,以合于高注。不知高注自总释二字之义耳,非正文必相连也。扶摇也,羊角也,皆风也。庄子逍遥游篇"抟扶摇而上者九万里",释文引司马云:"上行风谓之扶摇。"又曰"抟扶摇羊角而上者九万里",司马云:"风曲上行若羊角。"是其义也。抮扶摇抱羊角而上,犹云抟扶摇羊角而上。今作扶摇抮抱羊角,则义不可通矣。**经纪山川,蹈腾昆仑,排阊阖,沦天门。**经,行也。纪,通也。蹈,蹑也。腾,上也。昆仑,山名也,在西北,其高万九千里,河之所出。排,犹斥也。沦,入也。阊阖,始升天之门也。天门,上帝所居紫微宫门也。冯夷、大丙之御,其耐如此。○文典谨按:耐,古能字。其耐如此,犹言其能如此也。**末世之御,虽有轻车良马,劲策利锻,不能与之争先。**劲,强也。策,箠也。未之感也。言不能与冯夷、大丙争在前也。锻,读炳烛之炳。○刘绩本锻作锻,注内"未之感也"作"锻,箠末之箴也","锻,读炳烛之炳”作“錣，读焫烛之焫”，云“錣旧作锻，非”。王念孙云：刘本是也。錣谓马策末之箴，所以刺马者也。说文：“笍，羊车驺箠也。箸箴其耑，长半分。”玉篇陟卫切，字或作錣。玉篇：“錣，竹劣、竹芮二切，针也。”道应篇：“白公胜到杖策，錣上贯颐。”彼注云：“策，马捶。端有针，以刺马，谓之錣。（錣音竹劣、竹芮二反。錣之言锐也，其末锐也。韩子喻老篇作“白公胜倒杖策而锐贯颐”。）氾论篇“是犹无镝衔策錣而御馯马也”，注云：“錣，椯头箴也。”（说文：“椯，箠也。”）义并与此注同。修务篇云：“良马不待册錣而行。”（册与策同。）韩子外储说右篇云：“延陵卓子乘苍龙与翟文之乘，前则有错饰，后则有利錣，进则引之，退则策之。”列子说符篇：“白公胜倒杖策，錣上贯颐。”释文曰：“许慎注淮南子云：‘马策，端有利针，所以刺不前也。’”义亦与高注同。錣为策末之箴，故劲策与利錣连文。今本錣作锻，则义不可通矣。高注“錣，箠末之箴也”，道藏本作“未之感也”，此是末误作未，箴误作感，又脱去“錣箠”二字耳。茅一桂本改“未之感也”为“末世之御”，而庄伯鸿本从之，斯为谬矣。焫音如劣反，声与錣相近，故曰“錣，读焫烛之焫”。（焫烛，烧烛也。郊特牲曰：“焫萧合羶芗。”）秦策“秦且烧焫获君之国”，史记张仪传作烧掇，是其例也。今本作“锻，读炳烛之炳”，则不可通矣。〇陶方琦云：说文錣字下云：“羊箠也。端有铁。”（铁当是针。）玉篇：“笍，或作錣。”说文无錣，即錣字也。御览七百四十六引淮南（修务训）“良马不待册錣而行”，许注：“錣，策端有针也。”皆与此说同。广韵十五辖“錣”字下云“策端有铁”，（铁应作针。）即引许注。**是故大丈夫恬然无思，澹然无虑；**〇陶方琦云：文选石壁精舍还湖中诗注引许注：“澹，犹足也。”齐俗训“智伯有三晋而欲不澹”，许注：“澹，足也。”叚澹为赡，故曰“犹足”。又通儋。吕氏春秋适音篇：“音不充，则不儋。”高注：“儋，足也，读如澹然无为之澹。”**以天为盖，以地为舆；四时为马，阴阳为御；**驺，御。**乘云陵霄，与造化者俱。**大丈夫，喻体道者也。造化，天地。一曰，道也。霄，读消息之消。〇王念孙云：顾氏宁人唐韵正曰：“御本作驺，驺古音则俱反，与俱、区、骤为韵。（说文驺从马，刍声。曲礼“车驱而驺”，释文：“驺，仕救反，又七须反。”荀子礼论篇“趋中韶护”，正论篇趋作驺。）注‘驺，御也’，御字正释驺字，而今本为不通音者竟改本文驺字为御。案：韵补引此,正作骛。”念孙案:顾说是也。今本作御者,后人依文子道原篇改之耳。太平御览天部八、兵部九十引此,并作骛。〇陶方琦云:御览八引许注“霄其雾”,按“霄其雾”三字讹文。古字其作亓,雲作云,相似,故雲字讹作其字。雾乃讹字,当是“霄,雲也”。人间训“膺摩赤霄”,许注:“霄,飞雲也。”玉篇:“霄,雲气。”或是“霄,雲也。一作雾”。修务训“乘雲陵雾”,是其证。〇文典谨按:文选缪熙伯挽歌诗注、女史箴注引,并作“恬然无为,与造化逍遥”,郭景纯游仙诗注引,作“大丈夫乘雲陵霄,与造化逍遥”。**纵志舒节,以驰大区。**区,宅也。宅谓天也。**可以步而步,可以骤而骤。令雨师洒道,使风伯埽尘。**雨师,毕星也。诗云:“月丽于毕,俾滂沱矣。”风伯,箕星。月丽于箕,风扬沙。**电以为鞭策,**电,激气也,故以为鞭策。〇文典谨按:御览十三引注,激作击。**雷以为车轮。**雷,转气也,故以为车轮。**上游于霄雿之野,下出于无垠之门。**霄雿,高峻貌也。无垠,无形状之貌。霄,读绡绡。雿,读翟氏之翟。〇王念孙云:霄雿者,虚无寂漠之意。俶真篇曰“虚无寂漠,萧条霄雿”是也。上言霄雿,下言无垠鄂,义本相近。高以正文言“上游”,遂以霄雿为高峻貌,非其本指也。“无垠”下有“鄂”字,今本正文及注皆脱去。汉书扬雄传“纷被丽其亡鄂”,颜师古曰:“鄂,垠也。”垠鄂与霄雿相对为文。文选西京赋“前后无有垠鄂”,李善注:“淮南子曰‘出于无垠鄂之门’,许慎曰:‘垠鄂,端崖也。’”(七命注同。)是许本有鄂字。太平御览地部二十:“淮南子曰‘下出乎无垠鄂之门’,高诱曰:‘无垠鄂,无形之貌也。’”是高本亦有鄂字。〇陶方琦云:高注作无垠,与许引原文亦异。御览引高注曰:“无垠鄂,无形之貌也。”今高本作无垠,亦系讹敓。说文土部:“垠,地垠也。”众经音义七引说文作“地圻咢也”。楚辞王注:“垠,岸崖也。”天文训“气有涯垠”,垠通沂,汉书晋灼注:“沂,厓也。”锷即说文刀部之罚字,然应作鄂。李善引淮南正文作鄂,而引注作锷,塙为误字。七命注引许注作堮,文选甘泉赋注:“鄂,垠堮也。”庄子天下篇:“无端崖之辞。”许说本此。**刘览偏照,复守以全。**刘览,回观也。刘,读留连之留,非刘氏之刘也。〇庄逵吉云:诗“彼留之子”,郑康成以为即刘字,故刘读为留。**经营四隅,还反**

于枢。隅，犹方也。枢，本也。故以天为盖，则无不覆也；以地为舆，则无不载也；四时为马，则无不使也；阴阳为御，则无不备也。阴阳次叙，以成万物，无所缺也，故曰无不备。是故疾而不摇，远而不劳，四支不动，〇王念孙云：动当为勤，字之误也。（齐语"天下诸侯知桓公之为己动也"，管子小匡篇动作勤。史记十二诸侯年表楚堵敖囏，徐广曰囏一作勤。今本勤误作动。）修务篇"四职不勤"，即其证。"四支不勤，聪明不损，而知八纮九野之形埒"，即上文所谓"远而不劳"也。不勤即不劳意，与不损相近，若不动，则意与不损相远矣。且摇、劳为韵，勤、损为韵，若作动，则失其韵矣。聪明不损，损，减也。而知八纮九野之形埒者，何也？八纮，天之八维也。九野，八方、中央也。执道要之柄，而游于无穷之地。〇俞樾云：既言要，又言柄，于义未安，当作"执道之柄，而游于无穷之地"。文子道原篇作"执道之要，观无穷之地也"。彼言要，此言柄，彼言观，此言游，文异而义同。后人据文子以读此文，遂有改柄为要者，传写两存其字，又误入上文耳。又按：地下亦当有也字，盖此是答问之辞，若无也字，则与上文"何也"不相应矣。当据文子补。是故天下之事，不可为也，为，治也。因其自然而推之。推，求也，举也。万物之变，不可究也，秉其要归之趣。趣亦归也。〇王念孙云："秉其要归之趣"当作"秉其要趣而归之"。秉，执也。要趣犹要道也。言执其要道而万变皆归也。此与"因其自然而推之"相对为文，且归与推为韵，今作"秉其要归之趣"，则句法参差而又失其韵矣。文子道原篇正作"秉其要而归之"。夫镜水之与形接也，不设智故，而方圆曲直弗能逃也。智故，巧饰也。镜水不施巧饰之形，人之形好丑以实应之，故曰方圆曲直不能逃也。是故响不肆应，而景不一设，〇庄逵吉云：古无影字，故用景。叫呼仿佛，默然自得。得叫呼仿佛之声状也。〇王念孙云：广韵去声五十九鉴"黝"字注云："叫呼仿佛，黝然自得。音黯去声。"所引即淮南之文。而今本作"默然自得"，疑后人少见黝字而以意改之也。

人生而静，天之性也。感而后动，性之害也。〇俞樾云：害乃容字之误。礼记乐记作"性之欲也"，欲亦容字之误。史记乐书作"性之颂也"，徐广曰："颂音容。"盖古本乐记字本作容，故徐广读颂为容也。静、性为韵，动、容为韵，作欲作害，则皆失其韵矣。且上言动，下言容，容亦动也。说文手部："搈，动搈也。"容即搈之叚字。亦或作溶，韩子扬搉篇曰"动之溶之"是也。感而后动，即是性之动，故曰性之容也。作欲作害，则皆失其义矣。史记作颂者，颂与容古通用字。若是欲字害字，则史记无缘误作颂，徐广又何据而读为容乎？故知此与礼记并误也。说详群经平议。物至而神应，知之动也。物，事也。知与物接，而好憎生焉。接，交也。情欲也。好憎成形，而知诱于外，不能反己，而天理灭矣。形，见也。诱，感也。不能反己本所受天清净之性，故曰"天理灭也"，犹衰也。故达于道者，不以人易天，天，性也，不以人事易其天性也。一说曰：天，身也，不以人间利欲之事易其身也。外与物化，而内不失其情。言通道之人，虽外貌与物化，内不失其无欲之本情也。至无而供其求，时骋而要其宿。言天时自骋，道要其宿会也。小大修短，各有其具，具，犹备也。万物之至，腾踊肴乱而不失其数。不失其数，各应其度。是以处上而民弗重，居前而众弗害，言民戴印而爱之也。天下归之，奸邪畏之。以其无争于万物也，故莫敢与之争。〇王念孙云："莫敢"本作"莫能"，此后人依文子道原篇改之也。唯不与万物争，故莫能与之争，所谓柔弱胜刚强也。若云莫敢，则非其指矣。下文曰："攻大礦坚，莫能与之争。"老子曰："夫唯不争，故天下莫能与之争。"又曰："以其不争，故天下莫能与之争。"皆其证也。魏徵群书治要引此，正作"莫能与之争"。夫临江而钓，旷日而不能盈罗，虽有钩箴芒距，距，爪也，读距守之距也。微纶芳饵，加之以詹何、娟嬛之数，犹不能与网罟争得也。詹何、娟嬛，古善钓人名。数，术也。〇文典谨按："文选七发注引，箴作针，娟嬛作蜎蠉，又引高注云："蜎蠉，白公时人。"与从弟君苗君胄书注引,“娟嬛之数”作“便嬛之妙”。**射者扞乌号之弓,弯棋卫之箭,**扞,张也。弯,引也。棋,美箭所出地名也。卫,利也。乌号,桑柘,其材坚劲,乌峙其上,及其将飞,枝必桡下,劲能复巢,乌随之。乌不敢飞,号呼其上。伐其枝以为弓,因曰乌号之弓也。一说:黄帝铸鼎于荆山鼎湖,得道而仙,乘龙而上。其臣援弓射龙,欲下黄帝,不能也。乌,於也;号,呼也。于是抱弓而号,因名其弓为乌号之弓也。○庄逵吉云:司马相如子虚赋注应劭说乌号,与诱前一义同。○文典谨按:风俗通云:“乌号弓者,柘桑之林,枝条畅茂,乌登其上,下垂着地。乌适飞去,从后拨杀,取以为弓,因名乌号耳。”又御览三百四十七引古史考云:“乌号,柘树枝长而乌集,将飞,枝弹乌,乌乃号呼。以柘为弓,因名曰乌号。”皆与高注前一义同。○王引之云:广雅:“箘、簬、籥,箭也。”禹贡曰:“惟箘簵楛。”簵与簬同。戴凯之竹谱曰:“籥,细竹也,出蜀志。薄肌而劲,中三续射博箭。籥音卫,见三仓。”(以上竹谱。)字通作卫。原道篇曰:“射者扜乌号之弓,(扜,读若纡,今本扜误作扞,辩见韩子扜弓下。)弯棋卫之箭。”兵略篇曰:“栝淇卫箘簵。”淇与棋同,淇卫、箘簵对文,皆箭竹之名也。方言曰:“箭或谓之箭里,或谓之棋。”竹谱曰:“籥,竹,中博箭。”是籥与棋一物也。以籥为博箭谓之棋,以籥为射箭则亦谓之棋耳。棋者,箭茎之名。说文曰:“萁,豆茎也。”豆茎谓之萁,箭茎谓之棋,声义并同矣。乃高注原道篇云:“棋,美箭所出地名也。卫,利也。”注兵略篇云:“淇卫,箘簵箭之所出也。”竹谱引淮南而释之云:“淇园,卫地,毛诗所谓‘瞻彼淇奥,绿竹猗猗’是也。”案淇乃卫之水名,先言淇而后言卫,则不词矣。晋有泽曰董,蒲之所出也,然不得曰“董晋之蒲”。楚有薮曰云,竹箭之所生也,然不得曰“云楚之竹箭”。且淇水之地去尧都非甚远,当禹作贡时,何反不贡箘簵,而贡者乃远在荆州乎?○洪颐煊云:棋当作淇。兵略训“淇卫箘簵”,高注:“淇卫,箘簵箭之所出也。”淇在卫地,故曰淇卫。**重之羿、逢蒙子之巧,**○文典谨按:御览九百十四引,无羿字。**以要飞鸟,犹不能与罗者竞多。**羿,古诸侯,有穷之君也。逢蒙,羿弟子。皆攻射而百发百中,故曰之巧。要,取也。竞,逐也。**何则?以所持之小也。张天下以为之笼,因江海以为之罟,又何亡鱼失鸟之有乎!**罟,鱼网也。诗云:“施罟濊濊。”○王念孙云:正文注文内罟字，皆当为罛。罛、罟声相近，又涉上文"网罟"而误也。凡鱼及鸟兽之网皆谓之罟，而罛则为鱼网之专称。尔雅："鸟罟谓之罗，兔罟谓之罝，麋罟谓之罞，彘罟谓之羉，鱼罟谓之罛。"卫风硕人篇"施罛濊濊"，毛传曰："罛，鱼罟。"此皆高注所本。若专训罟为鱼网，则失其义矣。（罛字必须训释，故引诗为证。若罟字则不须训释。上文网罟二字无注，即其证。）且此文"失鸟"二字承上"笼"字言之，"亡鱼"二字则承上"罛"字言之。若变罛言罟，则又非其指矣。吕氏春秋上农篇"罛罟不敢入于渊"，高彼注云："罛，鱼罟也。诗云：'施罛濊濊。'"正与此注同，足正今本之误。初学记武部渔类、太平御览资产部罛类引此，并作"因江海以为罛"。〇文典谨按：旧作"因江海以为罟"，与上句"张天下以为之笼"不一律，今据御览七百六十四、八百三十四补"之"字。**故矢不若缴，缴不若无形之像。**言其大也。〇王念孙云：初学记引此作"矢不若缴，缴不若网，网不若无形之像"，是也。上文言射者不能与罗者竞多，故曰"缴不若网"。又言"张天下以为笼，因江海以为罛，又何亡鱼失鸟之有"，故曰"网不若无形之像"。且网与像为韵，今本脱去四字，则失其韵矣。**夫释大道而任小数，无以异于使蟹捕鼠，蟾蠩捕蚤，不足以禁奸塞邪，乱乃逾滋。**以艾灼蟹匡上，内置穴中，乃热走穷穴，适能禽一鼠也。蟾蠩，蟼也，跳行舒迟，捕蚤亦不能悉得，故曰不足以禁奸也。逾滋，益甚也。〇文典谨按：御览九百五十一引，"任小数"作"任小技"，又九百四十二引注，匡作筐。

昔者夏鲧作三仞之城，诸侯背之，海外有狡心。鲧，帝颛顼五世孙，禹之父也。八尺曰仞。鲧作城郭，以其役劳，故诸侯背之，四海之外皆有狡猾之心也。〇王念孙云：三仞，艺文类聚居处部三、太平御览居处部二十并引作九仞，是也。初学记居处部引五经异义曰："天子之城高九仞，公侯七仞，伯五仞，子男三仞。"此谓鲧作高城而诸侯背之，则当言九仞，不当言三仞也。〇陶方琦云：注"八尺曰仞"，乃许注，今在高注中，乃许注羼入之故也。览冥训高注云："百仞，七百尺也。"又说林训高注云："七尺曰仞。"其注吕览功名、适威等篇，均云"七尺曰仞"。此云八尺，乃许义也。说文仞字下云："伸臂一寻八尺。"知许君注淮南，说必同。后人多以许注羼入高注中，非有明白左证，安能别而出之。○文典谨按：御览八十二引，背作倍。**禹知天下之叛也，乃坏城平池，散财物，焚甲兵，施之以德，海外宾伏，四夷纳职，**四夷，海外也。职，贡也。○庄逵吉云：太平御览作"中外宾服"。○文典谨按：御览八十二引，焚作禁。**合诸侯于涂山，执玉帛者万国。**涂山，在九江当涂县。玉，圭。帛，玄纁也。**故机械之心藏于胸中，则纯白不粹，神德不全，**机械，巧诈也。藏之于胸臆之内，故纯白之道不粹，精神专一之德不全也。粹，读祸祟之祟。**在身者不知，何远之所能怀！**怀，来也。**是故革坚则兵利，城成则冲生，**言攻战之备，于此生也。**若以汤沃沸，乱乃逾甚。是故鞭噬狗，策蹄马，**○文典谨按：意林引，是故作犹，狗作犬，策作捶。**而欲教之，虽伊尹、造父弗能化。**伊尹，名挚，殷汤之贤相也。造父，周穆王之臣也，而善御。虽此二人，不能化之。**欲寅之心亡于中，则饥虎可尾，何况狗马之类乎！**○王念孙云："欲寅之心"，寅当为宍，字之误也。宍与肉同。（干禄字书云："宍、肉，上俗下正。"广韵亦云："肉，俗作宍。"墨子迎敌祠篇"狗彘豚鸡食其宍。"太玄玄数："为会为宍。"）欲肉者，欲食肉也。诸本及庄本皆作"欲害之心"，害亦宍之误。（害字草书作[illegible]，与宍相似。）文子道原篇亦误作害。刘绩注云："古肉字。"则刘本作宍可知，而今本亦作害，盖世人多见害，少见宍，故传写皆误也。（吴越春秋句践阴谋外传"断竹续竹，飞土逐宍"，今本宍误作害。论衡感虚篇"厨门木象生肉足"，今本风俗通义肉作害，害亦宍之误。）又齐俗篇"夫水积则生相食之鱼，土积则生自穴之兽"，穴亦宍之误。自肉，谓兽相食也。相食之鱼，自肉之兽，其义一也。太平御览礼仪部二引此，作"食肉之兽"，食字涉上句"相食"而误，而肉字则不误。文子上礼篇正作"自肉之狩"。（狩与兽同。）○俞樾云：伊尹不闻以善御名，何得与造父并称。伊尹疑当作尹儒。吕氏春秋博志篇"尹儒学御，三年，梦受秋驾于其师"，即其人也。传写脱儒字，后人臆补伊字于尹字之上耳。道应篇作尹需。**故体道者逸而不穷，任数者劳而无功。夫峭法刻诛者，非霸王之业**

也；○陶方琦云：文选西征赋注引“峭法刻诛”作“陗法刻刑”，又引许注云：“陗，峻也。”今高本刑作诛，亦与许本异。说文𨸏部：“陗，陵〔一〕也。”（峻即说文作陵。）与注淮南同。**箠策繁用者，非致远之术也。**繁，数也。○王念孙云：术当为御，字之误也。缪称篇曰：“急辔数策者，非千里之御也。”义与此同。群书治要引此正作御，文子道原篇亦作御。**离朱之明，察箴末于百步之外，**离朱者，黄帝臣，明目人也。○文典谨按：文选琴赋注、群书治要引，箴并作针。**不能见渊中之鱼。师旷之聪，合八风之调，**师旷，晋平公乐师子野也。八风，八卦之风声也。**而不能听十里之外。故任一人之能，不足以治三亩之宅也。修道理之数，因天地之自然，则六合不足均也。**均，平也。○王念孙云：修当为循。隶书循、修二字相似，故循误为修。（说见管子“庙堂既修”下。）循道理，因天地，循亦因也。若作修，则非其指矣。太平御览地部二、居处部八引此并作循。文子道原篇亦作循。又俶真篇“贾便其肆，农乐其业，大夫安其职，而处士修其道”，修亦当为循，此四者皆谓各因其旧也。文选西都赋注引此正作循，太平御览皇王部二引此亦作循。又主术篇“桥植直立而不动，俯仰取制焉；人主静漠而不躁，百官得修焉”，修亦当为循。言人主静漠而不躁，则百官皆得所遵循，犹桥衡之俯仰取制于柱也。又齐俗篇“守正修理，不苟得者，不免乎饥寒之患”，修亦当为循。文选东都赋、东京赋注引此并作“守道顺理”，顺亦循也。又诠言篇“法修自然，己无所与”，修亦当为循。谓循其自然而己不与也。文子符言篇作“治随自然”，随亦循也。又“欲见誉于为善，而立名于为贤，（今本贤误作质，辩见诠言。）则治不修故而事不顺时”，修亦当为循，须当为顺，皆字之误也。文子作“治不顺理而事不须时”，顺亦循也。又“由其道则善无章，修其理则巧无名”，修亦当为循，循其理即由其道也。又“由此观之，贤能之不足任也，而道术之可修，明矣”，修亦当为循。文子道德篇作“道术可因”，因亦循也。又兵略篇“条修叶贯，万物百族，由本至末，莫不有序”，修亦当为循，循谓

〔一〕“陵”，原本作“峻”，据说文改。

顺其序也。俶真篇曰“万物之疏跃枝举，百事之茎叶条梓，皆本于一根，而条循千万”是也。又泰族篇“今夫道者，藏精于内，栖神于心，静漠恬淡，讼缪胸中，邪气无所留滞，四枝节族，毛蒸理泄，则机枢调利，百脉九窍莫不顺比，其所居神者得其位也，岂节拊而毛修之哉”，修亦当为循，循与拊同意也。**是故禹之决渎也，因水以为师；神农之播谷也，因苗以为教。**禹，鲧之子，名文命，受禅成功曰“禹”。因以水性自下，决使东流，以为后世师法也。神农，少典之子炎帝也。农植嘉谷，神而化之，故号曰“神农”也。播，布也。布种百谷，因苗之生而长育之，以为后世之常教也。

夫萍树根于水，萍，大苹也。○王念孙云：萍本作苹。（埤雅引此已误。）高注“萍，大苹也”，本作“苹，大萍也”。萍字或作蓱。尔雅：“苹，（音平。）蓱。（音瓶。）其大者苹。（音频。）”召南采苹传曰：“苹，大蓱也。”说文苹作蘋，亦云“大蓱也”。此皆以小者为萍，大者为苹，即高注所本也。吕氏春秋本味篇“菜之美者，昆仑之苹”，高注曰：“苹，大萍。”（旧本大萍误作大苹，今改正。）足与此注互相证明矣。后人既改正文苹字为萍，又互改高注苹、萍二字以就之，而不知其小大之相反也。**木树根于土，鸟排虚而飞，兽蹠实而走，**蹠，足也。实，地也。蹠，读捃摭之摭。○陶方琦云：文选舞赋注、高唐赋注引许注：“蹠，蹈也。”按二家注文异。舞赋引许注蹈作踏。说文足部：“蹈，践也。”又：“蹋，践也。”俗字作踏，蹈蹋连文而同训，然此踏字乃蹈字之讹。**蛟龙水居，虎豹山处，天地之性也。**蛟，水蛟，其皮有珠，世人以为刀剑之口是也。蛟，读人情性交易之交，缓气言乃得耳。**两木相摩而然，金火相守而流，**流，释也。**员者常转，窾者主浮，自然之势也。**员，轮丸之属也。窾，空也，舟船之属也。故曰自然之势也。窾，读科条之科也。**是故春风至则甘雨降，生育万物，**明堂月令曰“清风至则谷雨”是也。育，长也。风或作分合。**羽者妪伏，毛者孕育，**妪伏，以气剖卵也。孕者，怀胎育生也。**草木荣华，鸟兽卵胎，莫见其为者，而功既成矣。**既，已也。**秋风下霜，倒生挫伤，**草木首地而生，故曰倒生。挫伤者，凋落也。**鹰雕搏鸷，昆虫蛰藏，**蛰，读什伍之什。**草木注根，鱼鳖凑渊，莫见其为者，灭而无形。**灭，没也。形，见也。**木处榛巢，水居窟穴，**聚木曰榛。〇庄逵吉云：说文解字："榛，菆也。""菆，蓐也。""蓐，陈草复生也。一曰蔟也。"皆转相训注。菆音侧鸠切，古菆、聚同声，聚木即菆木也。〇王引之云：榛巢连文，则榛即是巢，犹窟穴连文，则窟即是穴。榛当读为橧，广雅："橧，巢也。"礼运曰："冬则居营窟，夏则居橧巢。"字亦作曾，大戴礼曾子疾病篇："鹰鶽以山为卑而曾巢其上，鱼鳖鼋鼍以渊为浅而蹶穴其中。"群书治要引曾子"蹶穴"作"窟穴"，以窟穴对曾巢，正与此同。礼运之橧巢，亦与营窟对文也。凡秦声、曾声之字，古或相通。若溱、洧之"溱"，说文作"潧"是也。高以榛为榛薄之榛，（主术篇"入榛薄"，高注："聚木为榛，深草为薄。"）则分榛与巢为二物，比之下句为不类矣。说林篇曰："榛巢者处茂林，安也；窟穴者托埵防，便也。"以窟穴对榛巢，亦与此同。彼言榛巢者处茂林，则榛巢非茂林也。此言木处榛巢，则榛巢亦非木也。若以榛为榛薄之榛，则又合榛与木为一物矣。〇文典谨按：文选游天台山赋注、左思招隐诗注、答张士然诗注引高注，并作"丛木曰榛"。**禽兽有艽，**艽，蓐也。〇王念孙云：刘绩本艽作芁，案：刘本是也。广韵："芁，兽蓐也。"正与高注合。修务篇曰："虎豹有茂草，野彘有芁莦，槎栉堀虚，连比以像宫室。"此云"禽兽有芁，人民有室"，其义一也。〇文典谨按：北堂书钞一百五十八引，艽作机。又引许注云："机，兽蓐。"孙冯翼辑许慎淮南注，未收此条。**人民有室，陆处宜牛马，舟行宜多水，匈奴出秽裘，**匈奴，猃狁，北胡也。**于、越生葛絺，**于，吴也。絺，细葛也。〇道藏本于作干。王念孙云：作干者是也。春秋言於越者即是越，而以於为发声。此言干、越者，谓吴、越也。若是于字，则高注不当训为吴矣。庄子刻意篇"夫有干、越之剑者"，释文："司马云：干，吴也。吴、越出善剑也。"荀子劝学篇"干、越、夷、貉之子"，杨倞曰："干、越犹言吴、越。"（近时嘉善谢氏刻本改干为于，又改杨注吴、越为於越，非是，辩见荀子。）汉书货殖传"辟犹戎、翟之与于、越，不相入矣"，于亦干之误。干、越皆国名，故言"戎、翟之与干、越"，犹荀子之言"干、越、夷、貉"也。颜师古以为春秋之於越，失之。司马彪训干为吴，正与高注同。庄从刘本作于，则与高注相背矣。**各生所急以备燥湿，各因所处以御寒暑，并得其宜，物便其所。由此观之，万物固以自然，圣人又何事焉！**事，治也。

九疑之南，陆事寡而水事众，九疑，山名也，在苍梧，虞舜所葬也。○文典谨按：艺文类聚七、御览四十一引，众并作多。疑许注本如此。**于是民人被发文身，以像鳞虫，**被，翦也。文身，刻画其体，内默其中，为蛟龙之状，以入水，蛟龙不害也。故曰"以像鳞虫"也。○王引之云：诸书无训被为翦者，被发当作劗发，注当作"劗，翦也"。汉书严助传："越，方外之地，劗发文身之民也。"晋灼曰："淮南云'越人劗发'，（见齐俗篇。又曰："越王句践，劗发文身。"）张揖以为古翦字也。"（字又作鬋。逸周书王会篇曰："越、沤鬋发文身。"墨子公孟篇曰："越王句践，翦发文身，以治其国。"史记赵世家曰："夫翦发文身，瓯、越之民也。"）此言"九疑之南"，正是越地，故亦曰"劗发文身"也。主术篇"是犹以斧劗毛"，高彼注曰："劗，翦也。劗，读惊攒之攒。"故此注亦曰："劗，翦也。"后人见王制有"被发文身"之语，遂改劗为被，并注中劗字而改之，不知劗与翦同义，故云"劗，翦也"，若是被字，不得训为翦矣。（赵世家之翦发，赵策作祝发，钱、曾、刘本同，俗本并亦改为被发。）且越人以劗发为俗，若被发则非其俗矣。（汉书地理志"文身断发，以避蛟龙之害"，应劭曰："常在水中，故短其发，文其身，以像龙子，故不见伤害。"即此所云劗发文身，以像鳞虫也。高注训劗为翦，亦与汉书断发同义。）**短绻不绔，以便涉游，短袂攘卷，以便刺舟，因之也。**卷，卷臂也。因之，因水之宜也。**雁门之北，狄不谷食，贱长贵壮，俗尚气力，**○王念孙云：俗，本作各，言狄人各尚气力也。各误为谷，（汉郃阳令曹全碑"各获人爵之报"，各作谷，形与谷相似，各、谷草书亦相似。）后人因加人旁耳。不知"不谷食"与下文"人不弛弓，马不解勒"，皆是狄人之俗，非独尚气力一事也。太平御览兵部八十九引此，正作"各尚气力"。**人不弛弓，马不解勒，便之也。**不谷食，肉酪而已。北狄，鲜卑也。弛，舍也。便，习也。**故禹之裸国，解**

衣而入，衣带而出，因之也。裸国在南方。圣人治礼不求变俗，故曰因之也。今夫徙树者，失其阴阳之性，则莫不枯槁。失，犹易也。故橘树之江北则化而为枳，鸲鹆不过济，见于周礼。故春秋传曰"鸲鹆来巢"，言非中国之禽，所以为鲁昭公亡异也。○王念孙云：枳本作橙，此后人依考工记改之也。不知彼言橘逾淮而北为枳，此言树之江北则为橙，义各不同。注言"见周礼"者，约举之词，非必句句皆同也。埤雅引此作"化而为枳"，则所见本已误。文选潘岳为贾谧赠陆机诗"在南称甘，度北则橙"，李善注引淮南曰："江南橘树之江北化而为橙。"艺文类聚、太平御览果部橘下并引考工记曰："橘逾淮而北为枳。"又引淮南曰："夫橘树之江北，化而为橙。"（御览橙下引淮南同。）然则考工作枳而淮南作橙，明矣。晋王子升甘橘赞曰："异分南域，北则枳橙。"此兼用考工与淮南也。貉渡汶而死，形性不可易，势居不可移也。是故达于道者，反于清净；反，本也。天本授人清净之性，故曰反也。究于物者，终于无为。无为者，不为物为也。以恬养性，以漠处神，则入于天门。

所谓天者，纯粹朴素，质直皓白，未始有与杂糅者也。所谓人者，偶𥈭智故，曲巧伪诈，所以俯仰于世人而与俗交者也。故牛岐蹄而戴角，马被髦而全足者，天也。络马之口，穿牛之鼻者，人也。循天者，与道游者也。循，随也。游，行也。随人者，与俗交者也。夫井鱼不可与语大，拘于隘也；夏虫不可与语寒，言蝉蜩不知寒雪也。笃于时也；曲士不可与语至道，拘于俗，束于教也。○俞樾云：大字泛而无指，义不可通，疑本作："夫井鱼不可与语大海，拘于隘也；夏虫不可与语寒雪，笃于时也；曲士不可与语至道，拘于俗，束于教也。"曰"大海"，曰"寒雪"，曰"至道"，皆二字为文，与庄子秋水篇不同。彼云"井蛙不可以语于海者，拘于虚也；夏虫不可以语于冰者，笃于时也；曲士不可以语于道者，束于教也"，曰"海"、曰"冰"、曰"道"，皆一字为文。古人属辞必相称如此。高注于次句曰"言蝉蜩不知寒雪也”，则其所据本正有雪字。若正文但言寒，不言雪，则高注何以横加雪字乎？即谓增字以足句，何不据庄子加冰字，而必加雪字乎？此句既有雪字，则上句亦有海字可知。不然，次句曰“语寒雪”，三句曰“语至道”，而首句独曰“语大”，文不相称。且寒以雪言，至以道言，大以何物言乎？文又不备矣。梁张绾文曰：“井鱼之不识巨海，夏虫之不见冬冰。”巨海即大海也。**故圣人不以人滑天，不以欲乱情，**天，身也。不以人事滑乱其身也，不以欲乱其清净之性者也。○庄逵吉云：天竺即身毒，故天有身义。**不谋而当，不言而信，不虑而得，不为而成，**诗云：“不识不知，顺帝之则。”故曰不谋而当，不虑而得也。**精通于灵府，**○陶方琦云：庄子释文引许注“人心以上，气所往来也”，高无注。庄子释文引郭象注：“灵台，心也。心有灵气，能主持也。”**与造化者为人。**为，治也。○王引之云：高未解人字之义，故训为为治。人者，偶也，言与造化者为偶也。中庸：“仁者，人也。”郑注曰：“人也，读如相人偶之人，以人意相存偶之言。”桧风匪风笺曰：“人偶能割亨者，人偶能辅周道治民者。”聘礼注曰：“每门辄揖者，以相人偶为敬也。”公食大夫礼注曰：“每曲揖及当碑揖相人偶。”是人与偶同义。故汉时有“相人偶”之语。上文云“与造化者俱”，本经篇云“与造化者相雌雄”，齐俗篇曰“上与神明为友，下与造化为人”，曰俱，曰为友，曰为人，曰相雌雄，皆是相偶之意。故本经篇“与造化者相雌雄”，文子下德篇作“与造化者为人”，此尤其明证矣。庄子大宗师篇“彼方且与造物者为人”，应帝王篇“予方将与造物者为人”，天运篇“久矣夫某不与化为人”，并与淮南同意，解者亦失之。

夫善游者溺，善骑者堕，各以其所好，反自为祸。祸，害也。**是故好事者未尝不中，**中，伤也。好为情欲之事者，未尝不自伤也。**争利者未尝不穷也。昔共工之力，触不周之山，使地东南倾。**共工，以水行霸于伏牺、神农间者也，非尧时共工也。不周山，昆仑西北。倾，犹下也。天文言天倾西北，地倾东南。先言倾，高也。此言东南，后言倾，明其下也。○陶方琦云：文选辨命论注引许注：“昔共工，古诸侯之强者也。不周之山，西北之山也。”按：二家注文异。史记三皇本纪言诸侯有共工氏，任智刑以强，霸而不王，以水乘木，乃与祝融战，不胜而怒，乃头触不周山，崩，天柱折，地维缺。（列子、潜夫论引皆有怒字。）高本无怒字，应补。离骚“路不周以左转”，王注：“不周，山名，在昆仑西北。”郝氏懿行山海经笺疏云：“王逸、高诱注云不周山在昆仑西北，并非也。依此经，乃在昆仑东南。考西次三经‘又西北三百七十里曰不周之山’，并非指言昆仑西北。”许注西北之山，不专指昆仑，是也。列子汤问篇张注：“不周山，在西北之极。”与许说合。**与高辛争为帝，**高辛，帝喾有天下之号也。喾，黄帝之曾孙。**遂潜于渊，宗族残灭，继嗣绝祀。**谓共工也。**越王翳逃山穴，越人熏而出之，遂不得已。**已，止也。翳，越太子也。贤不欲为王，逃于山穴之中，越人以火熏出而立之，故曰遂不得已。在春秋后，故不书于经也。○陶方琦云：此事见庄子、吕览，并作王子搜，越世家不寿生王翁，翁生王翳，是也。庄子、吕览并作丹穴，许作巫山之穴，与高本异也。巫山在南郡巫县。俶真训“巫山之上”，高注：“巫山在南郡。”○文典谨按：书钞百五十八引，翳作医，山上有巫字。又引许注云：“医，越王之太子，当立，让逃巫山之穴中。薰，以火烟薰之也。遂不得已，立为王。”孙冯翼辑许注，未收此条。**由此观之，得在时，不在争；治在道，不在圣。**治，为也。虽圣不得为，故曰在道，孔子是也。**土处下，不争高，故安而不危；水下流，不争先，故疾而不迟。昔舜耕于历山，期年，而田者争处墝埆，以封壤肥饶相让；**历山在沩阴城阳也。一曰：沩南历城山也。墝埆，读人相墝椽之墝。○王念孙云：封壤二字，义不相属。封壤本作封畔，此后人以意改之也。封、畔皆谓田界也。（周官保章氏注、吕氏春秋孟春乐成二篇注并云：“封，界也。”说文：“畔，田界也。”）史记五帝纪：“舜耕历山，历山之人皆让畔。”（本出韩子难一。）大雅绵传亦云“耕者让畔”。封畔与肥饶相对为文。下文“以曲隈深潭相予”，曲隈、深潭亦相对为文。览冥篇云“田者不侵畔，渔者不争隈”，此云“田者以封畔肥饶相让，渔者以曲隈深潭相予”，其义一也。太平御览皇王部六、尔雅释草疏引此并作封畔。○文典谨按：御览八十一引，“昔”下有“者”字。又宋本注城作成。**钓于河滨，期年，而渔者争处湍濑，以曲**

隈深潭相予。渔，读告语。湍濑，水浅流急少鱼之处也。曲隈，崖岸委曲。深潭，回流饶鱼之处。潭，读葛覃之覃。〇陶方琦云：文选南都赋注、七命注、长笛赋注引许注："湍，水行疾也。"按：说文水部："湍，疾濑也。"湍训为疾，与注淮南同。御览八十一引注云："湍，疾。濑，浅。"湍训为疾，当是许注约文。〇文典谨按：御览引潭作澗。当此之时，口不设言，手不指麾，口不设不信之言也。手不指麾，不妄有所规拟也。执玄德于心，而化驰若神。玄，天也。驰，行也。若神，若有神化之也。使舜无其志，虽口辩而户说之，不能化一人。志，王天下之志也。一曰：人心之志也。是故不道之道，莽乎大哉！道不可道，故曰不道之道。夫能理三苗，朝羽民，三苗，尧时所放浑敦、穷奇、叨飻之等。理，治也。羽民，南方羽国之民。使之朝者，德以怀远也。徙裸国，纳肃慎，未发号施令而移风易俗者，其唯心行者乎！徙，化也。裸国在南方，禹所入也。肃慎在北方，远也。传曰："肃慎、燕、亳，吾北土也。"唯神化为能然也。法度刑罚，何足以致之也？言不足以致之也。明不如仁心化之为大。是故圣人内修其本，而不外饰其末，保其精神，偃其智故，漠然无为而无不为也，能无为，故物无不为之化。澹然无治也而无不治也。所谓无为者，不先物为也；所谓无不为者，因物之所为。顺物之性也。所谓无治者，不易自然也；所谓无不治者，因物之相然也。然，犹宜也。万物有所生，而独知守其根；根，本也。百事有所出，而独知守其门。门，禁要也。故穷无穷，极无极，照物而不眩，响应而不乏，此之谓天解。眩，惑也。天解，天之解故也，言能明天意也。〇庄逵吉云：解故即诂字。说文解字云："诂，训故言也。"是故与诂通。

故得道者志弱而事强，弱，柔也。强，无不胜也。心虚而应当。当，合也。所谓志弱而事强者，柔毳安静，藏于不敢，〇俞樾云：文子道原篇作"藏于不取"，当从之，即所谓"百姓足，君孰与不足"也。取与敢形似而误。**行于不能，恬然无虑，动不失时，与万物回周旋转，不为先唱，感而应之。**感，动。应，和。**是故贵者必以贱为号，**贵者，谓公、王、侯、伯。称孤、寡、不谷，故曰以贱为号。**而高者必以下为基。**基，始也。夫筑京台先从下起也。**托小以包大，在中以制外，行柔而刚，用弱而强，转化推移，得一之道，而以少正多。**而，能也，能以寡统众。○庄逵吉云：古能字为耐，耐与而通，故训而为能。易"眇能视，跛能履"，虞仲翔本皆作而。**所谓其事强者，遭变应卒，排患扞难，力无不胜，敌无不凌，应化揆时，莫能害之。是故欲刚者必以柔守之，欲强者必以弱保之。积于柔则刚，积于弱则强，观其所积，以知祸福之乡。**乡，方也。**强胜不若己者，至于若己者而同；**夫强者能胜不如己者。同，等也。至于如己者则等，不能胜也。言强之为小也，道家所不贵也。**柔胜出于己者，其力不可量。**夫能弱柔胜己者，其力不能訾也。言柔之为大也，道家所贵。**故兵强则灭，木强则折，革固则裂，齿坚于舌而先之敝。**兵犹火也，强则盛，盛则衰，故曰"则灭"。以火谕也。木强则折，不能徐诎也。革坚则裂，鼓是也。敝，尽。齿坚于舌，而先舌尽。○李赓芸云：灭、折、裂、舌、敝韵也。敝，读如鷩。**是故柔弱者，生之干也；**干，质也。**而坚强者，死之徒也。**徒，众也。

先唱者，穷之路也；后动者，达之原也。先者隤陷，故曰穷也。后者以谋，故曰达也。**何以知其然也？凡人中寿七十岁，然而趋舍指凑，**指，所之也。凑，所合也。指凑，犹言行止也。**日以月悔也，**积日至月，则悔前之非。**以至于死，故蘧伯玉年五十而有四十九年非。**伯玉，卫大夫蘧瑗也。今年所行是也，则还顾知去年之所行非也。岁岁悔之，以至于死，故有四十九年非，所谓月悔朔、日悔昨也。**何者？**

先者难为知，而后者易为攻也。先者上高，则后者攀之；先者逾下，则后者蹷之；先者隤陷，则后者以谋；先者败绩，则后者违之。蹷，履也，音展，非展也。楚人读蹠为隤，隤者车承，或言跋蹠之蹠也。〇王念孙云：展与蹷声不相近，蹷皆当为蹍，字之误也。蹍，女展反，履也，言后者履先者而上也。蹍字或作蹑，广雅："蹑，履也。"曹宪音女展反。庄子庚桑楚篇"蹑市人之足"，司马彪云："蹑，蹈也。"淮南说山篇"足蹍地而为迹"，说林篇"足所蹍者浅矣"，修务篇"犹释船而欲蹍水也"，高注并云："蹍，履也。"蹍音女展反而训为履，故此注云："蹍，履也。音展，非展也。"且攀、蹍为韵，谋、之为韵。（谋，古读若媒，说见唐韵正。）若作蹷，则失其韵矣。兵略篇："白刃合，流矢接，涉血属肠，舆死扶伤。"案："属肠"二字义不可通，属亦当为蹍，谓涉血履肠也。吕氏春秋期贤篇曰："尘气充天，流矢如雨，扶伤舆死，履肠涉血。"是其证也。蹍字本作蹍，其上半与属相似，因误为属矣。**由此观之，先者，则后者之弓矢质的也。**质的，射者之准执也。〇庄逵吉云：准，古作埻。说文解字："埻，射臬，读若准。"**犹錞之与刃，刃犯难而錞无患者何也？以其托于后位也。**錞，矛戈之錞也，读若顿。刃，矛戈之刃也。刃在前，故犯难；錞在后，故以无患。故曰"其托于后位"也。〇庄逵吉云：曲礼曰："进戈者前其鐏，进矛戟者前其镦。"注："锐底曰鐏，平底曰镦。"方言"鐏谓之釪"，郭璞注："鐏或名为镦。"说文解字："鐏，柲下铜也。""鐓，柲下铜鐏也。"知鐏即鐓。盖刃锐而鐓顿，故读若顿。然则錞应为鐓。**此俗世庸民之所公见也，而贤知者弗能避也。**庸，众也。公，详也。众民详所见，贤知者不能避，为锋刃也，以谕利欲也。故曰有所屏蔽也。〇王念孙云：如高注，则正文"避"字下当有"有所屏蔽"四字，而今本脱之也。此承上文而言，言先者有难而后者无患，此庸人之所共见也。而贤知者犹不能避，则为争先之见所屏蔽故也。故注云"故曰有所屏蔽也"。凡注内"故曰"云云，皆指正文而言，以是明之。**所谓后者，非谓其底滞而不发，凝结而不流，**底，读曰纸。发，动也。凝，如脂凝也。流，行。〇王念孙云：竭之言遏也。尔雅曰："遏，止也。"底、滞、凝、竭皆止也。（尔雅："底，止也。"原道篇注："滞，止也。"楚辞九叹注："凝，止也。"）天文篇曰："清妙之合专易，重浊之凝竭难。"要略曰："凝竭底滞，卷握而不散。"皆其证也。道藏本、朱本、茅本皆作凝竭，刘绩不知其义，而改竭为结。庄本从之，谬矣。**贵其周于数而合于时也。**周，调也。数，术也。合于时，时行则行，时止则止也。**夫执道理以耦变，先亦制后，后亦制先。**道当随事为变，不必待于先，人事当在后，趋时当居先也。**是何则？不失其所以制人，人不能制也。时之反侧，间不容息，**言时反侧之间，不容气息，促之甚也。**先之则太过，后之则不逮。夫日回而月周，时不与人游，故圣人不贵尺之璧，而重寸之阴，时难得而易失也。禹之趋时也，履遗而弗取，冠挂而弗顾，**○文典谨按：御览八十二、六百九十七引，并作"冠挂而不顾，履遗而不取"。八十二又引注云："冠有所挂着，去不暇顾视。"**非争其先也，而争其得时也。是故圣人守清道而抱雌节，**清，和净也。雌，柔弱也。**因循应变，常后而不先。柔弱以静，舒安以定，**舒，详也。**攻大礳坚，莫能与之争。**攻大礳坚，喻难也，无与圣人之争也。

天下之物，莫柔弱于水，然而大不可极，深不可测，测，尽也。**修极于无穷，远沦于无涯，息耗减益，通于不訾，**訾，量也。**上天则为雨露，下地则为润泽，万物弗得不生，百事不得不成，大包群生而无好憎，**○王引之云："无好憎"本作"无私好"，此后人以意改之也。文子道原篇正作"无私好"。此承上文生万物、成百事而言，言水之利物，非有所私好而然也。下句"泽及蚑蛲而不求报"，亦是此意。加一憎字，则非其指矣。且好与报为韵，（上下文皆用韵。）若作"无好憎"，则失其韵矣。刘本作"无所私"，亦非。○文典谨按：御览五十八引，包作苞，"无好憎"作"无所私"，与刘绩本合。**泽及蚑蛲**蚑，蚑行也。蛲，微小之虫也。**而不求报，**施而不有也。**富赡天下而不既，**赡，足也。既，尽也。**德**

施百姓而不费，德泽加于百姓，不以为己财费也。行而不可得穷极也，流霄不止也。微而不可得把握也，击之无创，刺之不伤，斩之不断，焚之不然，水之性也。淖溺流遁，错缪相纷而不可靡散，遁，逸也。错缪相纷，彼此相纠也。利贯金石，强济天下，水流缺石，是其利也。舟船所载无有重，是其强也。济，通也。动溶无形之域，○文典谨按：溶为搈叚。（俶真篇"动溶于至虚"同。）说文手部："搈，动搈也。"溶、搈同音通用。而翺翔忽区之上，忽恍之区上也。言其飞为云雨，无所不上也。○庄逵吉云：本无雨字，依太平御览加。○王引之云：忽区二字，文不成义。区当作芒。隶书芒字作苋，与区相似而误。（太平御览地部二十三引原道篇已误作区。）忽芒即忽荒也。庄子至乐篇："芒乎芴乎，而无从出乎。芴乎芒乎，而无有象乎。"释文："芒音荒，又呼晃反。芴音忽。"是芒与荒同。（尔雅"太岁在巳曰大荒落"，史记历书荒作芒。三代世表帝芒，索隐："芒，一作荒。"）上文"游微雾，骛忽恍"，高注曰："忽恍，无形之象。"文选七发注引作"骛忽荒"。忽芒乃无形之貌，故曰"动溶无形之域，而翺翔忽芒之上"也。人间篇曰："翺翔乎忽荒之上，析惕乎虹蜺之间。"是其明证矣。（贾谊鹏赋"寥廓忽荒兮，与道翺翔"，亦谓翺翔于忽荒之上也。）邅回川谷之间，而滔腾大荒之野，邅回，犹委曲也。有余不足，与天地取与，授万物而无所前后，前后皆与之。○俞樾云：授上当有禀字。上文曰"禀授无形"，又曰"布施禀授而不益贫"，下文曰"禀授于外而以自饰也"，并以禀授连文，是其证也。文子道原篇作"禀授万物而无所先后"，当据补。是故无所私而无所公，公私一也。靡滥振荡，与天地鸿洞，鸿，大也。洞，通也，读同异之同。无所左而无所右，蟠委错紾，紾，转也。与万物始终，○王念孙云：始终当为终始。（上文云："水流而不止，与万物终始。"）公、洞为韵，（高注：洞，读同异之同。鸿、洞叠韵字。）右、始为韵，（右，古读若以，说见唐韵正。）若作始终，则失其韵矣。是谓至德。言水之为德最大，故曰至德也。夫水所以能成其至德于天下者，以其淖溺润滑也。故老聃之言曰："天下至柔，驰骋天下之至坚。出于无有，入于无间。水是也。吾是以知无为之有益。"有益于生。夫无形者，物之大祖也；无音者，声之大宗也。无形生有形，故为物大祖也。无音生有音，故为声大宗。祖、宗皆本也。其子为光，其孙为水，皆生于无形乎！光无形，道所贵也，观之，故子为光也。水形而不可毁，差之，故孙为水也。夫光可见而不可握，水可循而不可毁，故有像之类，莫尊于水。○文典谨按：文选海赋注引，像作形。出生入死，自无蹠有，自有蹠无，而以衰贱矣。出生，出生道，谓去清净也。入死，入死道，谓匿情欲也。蹠，适也。自无形适有形，离其本也，自有形适无形，不能复得，道家所弃，故曰而以衰贱也。

是故清静者，德之至也；而柔弱者，道之要也；要，约也。虚无恬愉者，万物之用也。万物由之得为人用。肃然应感，殷然反本，○庄逵吉云：殷然，太平御览作毅然。则沦于无形矣。所谓无形者，一之谓也。一者，道之本。所谓一者，无匹合于天下者也。卓然独立，块然独处，○文典谨按：独立、独处，于辞为复。文选与侍郎曹长思书注引，下独字作幽。上通九天，下贯九野，九天，八方、中央也。九野亦如之。员不中规，方不中矩，大浑而为一叶，○文典谨按：御览五十八引，叶作弃。累而无根，无根，言微妙也。怀囊天地，为道关门，门，道之门。○文典谨按：御览五十八引，关作开。又引注，作"开道之门"。穆忞隐闵，纯德独存，穆忞、隐闵，皆无形之类也。纯，不杂糅也。布施而不既，用之而不勤。既，尽也。勤，劳也。是故视之不见其形，听之不闻其声，循之不得其身，无形而有形生焉，无形，道也。有形，万物也。无声而五音鸣焉，音生于无声也。无味而五味形焉，形或作和也。无色而五色成焉。是故有生于无，实出于虚，有形生于无形，人也。实，财也。天下为之圈，则名实同居。圈，䦕也。名，爵号之名也。实，币之属也。一曰：仁义之功赏也。音之数不过五，宫、商、角、徵、羽也。而五音之变不可胜听也。变，更相生也。味之和不过五，甘、酸、咸、辛、苦也。而五味之化不可胜尝也。化亦变也。色之数不过五，青、赤、白、黑、黄也。而五色之变不可胜观也。常事曰视，非常曰观。春秋鲁隐公观渔于棠是也。〇庄逵吉云：易观盥而不观荐，非常视也。故夫子曰禘自既灌不欲观。说文解字："观，谛视也。"古字古义，自有一定，诱解得之矣。故音者，宫立而五音形矣；宫在中央，声之主也。形，正也。味者，甘立而五味亭矣；亭，平也。甘，中央味也。〇俞樾云：说文高部："亭，民所安定也。"是亭有定义。故文选谢灵运初去郡诗注引苍颉曰："亭，定也。"亦通作停。释名释言语曰："停，定也，定于所在也。"五味亭矣，犹曰五味定矣。文子道原篇字正作定，可证也。高注曰："亭，成也。"于义转迂。色者，白立而五色成矣；白者所在以染之，故五色可成也。道者，一立而万物生矣。是故一之理，理，道也。施四海；一之解，际天地。解，达也。际，机也。解，读解故之解也。其全也，纯兮若朴；朴，若玉朴也，在石而未剖。其散也，混兮若浊。浊而徐清，冲而徐盈，澹兮其若深渊，冲，虚也。盈，满也。澹，定不动之貌。泛兮其若浮云，若无而有，若亡而存。万物之总，皆阅一孔；总，众聚也。百事之根，皆出一门。道之门也。其动无形，变化若神；其行无迹，常后而先。道之先也。是故至人之治也，至道之人。掩其聪明，灭其文章，依道废智，与民同出于公。公，正。约其所守，寡其所求，去其诱慕，除其嗜欲，诱慕，谕贪荣势也，故去之也。嗜欲，情欲也，故除之也。损其思虑。常活澹也。〇王念孙云：损当为捐，字之误也。捐与去除同意。作损则非其指矣。文子道原篇正作"捐其思虑"。又精神篇"忘其五藏，损其形骸"，损亦当为捐，捐与忘意相近，即庄子所谓"外其形骸”也。作损则义不可通矣。又下文“残亡其国家,损弃其社稷”,案:社稷可言弃,不可言损,当亦是捐字之误。**约其所守则察,**不烦扰也。**寡其所求则得。**易供,故得。**夫任耳目以听视者,劳形而不明;以知虑为治者,苦心而无功。是故圣人一度循轨,**一,齐也。轨,法也。**不变其宜,不易其常,放准循绳,曲因其当。**

夫喜怒者,道之邪也;道贵平和,故喜怒为邪也。**忧悲者,德之失也;**德尚恬和,故忧悲为失。论语曰“其德坦荡”是也。○俞樾云:上云“喜怒者,道之邪也”,下云“好憎者,心之过也”,喜之与怒,好之与憎,皆二字相反。此云“忧悲”,则非其义矣。忧悲当作忧乐。下文云“心不忧乐,德之至也”,即承此文而言。精神篇曰:“夫悲乐者,德之邪也。”与此文异义同,悲即忧也。当由别本从彼作悲乐,而传写误合之,转脱乐字耳。**好憎者,心之过也;嗜欲者,性之累也。**心当专一,中扃外闭,反有所好憎,故曰过。性当清静以奉天素,而反嗜欲,故为之累也。**人大怒破阴,大喜坠阳;**怒者,阴气也。阴为坚冰,积阴相薄,故破阴。喜者阳气,阳气升于上,积阳相薄,故曰坠阳也。**薄气发喑,惊怖为狂;忧悲多恚,病乃成积;好憎繁多,祸乃相随。故心不忧乐,德之至也;通而不变,静之至也;**变,更也。○文典谨按:御览七百二十引,通作性。**嗜欲不载,虚之至也;**不载于性。**无所好憎,平之至也;**○文典谨按:御览七百二十引,好作爱。**不与物散,粹之至也。**散,乱。粹,纯。○王引之云:诸书无训散为杂乱者。(说文:“散,杂肉也。”杂乃离之误,辩见说文考正。)散皆当为散。隶书散或作散,(见汉敿阮君神祠碑。)与散相似。散或作散,(见李翕析里桥郙阁颂。)与散亦相似。故散误为散。(太平御览方术部一引原道篇已误。)庄子齐物论篇“樊然散乱”,释文:“散,郭作散。”太玄玄莹“昼夜散者,其祸福杂”,今本散误作散。皆其证也。说文:“散,相杂错也。”广雅:“散,杂也,乱也。”并与高注同义,则散为散之误,明矣。散训为杂,义与粹正相反,故曰“不与物散,粹之至也”。文子道原篇作“不与物杂”,杂亦散也。

庄子刻意篇作"不与物交",交与殽声义亦相近。精神篇又曰"审乎无瑕,而不与物糅",糅亦殽也。若云"不与物散",则非其指矣。**能此五者,则通于神明。通于神明者,得其内者也。是故以中制外,百事不废;**中,心也。外,情欲。**中能得之,则外能收之。**不,养也。○王念孙云:收当为牧,高注"不,养也",当为"牧,养也"。此承上文"得其内"而言,能得之于中,则能养之于外,下文"筋力劲强,耳目聪明",所谓"外能养之"也。若云"外能收之",则非其指矣。且牧与得为韵,(牧,古读若墨,说见唐韵正。)若作收,则失其韵矣。俗书收字作収,形与牧相似,故牧误为收。文子道原篇正作牧。**中之得,则五藏宁,思虑平,**五藏宁者,各得其所。思虑平者,不妄喜怒。**筋力劲强,耳目聪明,疏达而不悖,**悖,谬也。**坚强而不鞼,**鞼,折。**无所大过而无所不逮,处小而不逼,处大而不窕,**在小能小,在大能大。**其魂不躁,其神不娆,**躁,狡。娆,烦娆也。言精神定矣。**湫漻寂寞,为天下枭。**湫漻,清静也。寂寞,恬淡也。枭,雄也。**大道坦坦,去身不远,求之近者,往而复反。**近,谓身也。**迫则能应,感则能动;**○王念孙云:此当作"感则能应,迫则能动",感与应相因,迫与动相因。精神篇曰:"感而应,迫而动。"修务篇曰:"感而不应,攻而不动。"(攻,今本误作攻,辩见修务。)庄子刻意篇曰:"感而后应,迫而后动。"皆其证。今本感、迫二字互误。**物穆无穷,**穆,美。○庄逵吉云:物穆疑当作沕穆。○王念孙云:史记贾生传"形气转续兮,变化而嬗。沕穆无穷兮,胡可胜言",汉书作"沕穆无间",颜师古曰:"沕穆,深微貌。沕音勿。"说苑指武篇亦云:"昒穆无穷,变无形像。"沕、昒、物古字通。高注专解穆字,盖失之矣。**变无形像。**言能化也。**优游委纵,如响之与景;**响应声,景应形。**登高临下,无失所秉;履危行险,无忘玄伏。**玄伏,道也。**能存之此,其德不亏,万物纷糅,与之转化,以听天下,若背风而驰,**疾而易也。**是谓至德。至德则乐矣。**

古之人有居岩穴而神不遗者,遗,失也。**末世有势为万**

乘而日忧悲者。由此观之，圣亡乎治人，而在于得道；乐亡乎富贵，而在于德和。知大己而小天下，则几于道矣。几，近也。许由、务光是。所谓乐者，岂必处京台、章华，京台、章华，皆楚之大台。○俞樾云：京台即强台也。战国策魏策“楚王登强台而望崩山”是也。强字籀文作疆，从强得声，与京声相近。麠或作麖，鱷或作鲸，皆其例也。故强台亦称京台矣。强台见道应篇，而文选应璩与满宠书注引作京台，此京台即强台之明证。游云梦、沙丘，云梦，楚泽，在南郡华容也。沙丘，纣台名也，在钜鹿也。○文典谨按：艺文类聚二十二引，作“游云梦，陟高丘”。耳听九韶、六莹，九韶，舜乐也。六莹，颛顼乐也。○文典谨按：艺文类聚二十二引，莹作茎。口味煎熬芬芳，驰骋夷道，夷，平也。钓射鹔鹴之谓乐乎？鹔鹴，鸟名也。长颈绿身，其形似雁。一曰：凤皇之别名也。○庄逵吉云：太平御览引作“钓射潇湘”，当是异本。马融注左传：“鹔鹴，雁也。其羽如练，高首而修颈。”说文解字云：“五方神鸟，西方曰鹔鹴，中央曰凤皇，故一曰凤皇别名也。○文典谨按：文选西京赋注引高注，作“鹔鸘，长胫绿色，其形似雁”。吾所谓乐者，人得其得者也。夫得其得者，不以奢为乐，不以廉为悲，廉，犹俭也。与阴俱闭，与阳俱开。故子夏心战而臞，得道而肥。子夏，名商，孔子弟子也。入学见先王之道而说之，又出见富贵之乐而欲之，二者交争，故战而臞也。先王之道胜，无所复思，故肥也。○王念孙云：得道本作道胜，浅学人改之也。道胜与心战相对为文。高注曰“先王之道胜，无所复思，故肥也”，则正文本作道胜，明矣。精神篇曰：“子夏见曾子，一臞一肥，曾子问其故，曰：出见富贵之乐而欲之，入见先王之道又说之，两者心战，故臞。先王之道胜，故肥。”是其事也。（本出韩子喻老篇。）太平御览人事部一百九引此，正作“道胜而肥”。圣人不以身役物，不以欲滑和，不以身为物役，不以情欲乱中和之道也。○文典谨按：御览四百六十八引，作“圣人不以身徇物，不欲人为之而自乐也”。是故其为欢不忻忻，忻忻为过制也。其为悲不惙惙，惙惙为伤性也。万方百变，消摇而无所定，吾独慷慨，遗物而与道同出。○文典谨按：文选从斤竹涧越岭溪行注引，"慷慨"上有"怀"字。是故有以自得之也，自得其天性也。乔木之下，空穴之中，○文典谨按：北堂书钞百五十八引，空作土。足以适情。乔木，上竦少阴之木也。空穴，岩穴也。唯处此中，夫自得者足以适其情性。无以自得也，虽以天下为家，万民为臣妾，不足以养生也。言无以自得之人，犹以此为不足也。能至于无乐者，则无不乐；无不乐，则至极乐矣。至乐，至德之乐。极亦至也。○王念孙云："至极乐"本作"至乐极"。至乐二字连读，谓极乐也。极，至也，言人能无不乐，则极乐自至也。高注曰"至乐，至德之乐"，是正文本以"至乐"连文。今本作"至极乐"，则与注不合。文子九守篇正作"即至乐极矣"。

夫建钟鼓，列管弦，管，箫也。弦，琴瑟也。席旃茵，傅旄象，傅，著也。旄，旌也。象，以象牙为饰也。耳听朝歌北鄙靡靡之乐，朝歌，纣都。鄙，邑。纣使师涓作鄙邑靡靡之乐也，故师延为晋平公歌之，师旷知之，曰亡国之音也。齐靡曼之色，齐，列也。靡曼，美色也。陈酒行觞，夜以继日，乐不辍也。强弩弋高鸟，走犬逐狡兔，此其为乐也，炎炎赫赫，怵然若有所诱慕。诱，进也。慕，有所思。怵然，犹惕然。○俞樾云：高注曰："怵然，犹惕然。"此说非也。下文"解车休马，罢酒彻乐"之后，方云"忽然若有所丧，怅然若有所亡"，则此时不得遽云惕然也。若已惕然，又何乐之有乎？怵，当读为訹。说文言部："訹，诱也。"下言"有所诱慕"，故上言"訹然"，义正相应。作怵者，叚字耳。解车休马，罢酒彻乐，而心忽然若有所丧，怅然若有所亡也。是何则？不以内乐外，而以外乐内，乐作而喜，曲终而悲，○文典谨按：文选赠王太常诗注引，乐作作奏乐。悲喜转而相生，精神乱营，不得须臾平。营，惑。察其所以，不得其形，不得乐之形也。而日以伤生，失其得者也。是故内不得于中，禀授于外而以自饰也，不浸于肌肤，不浃于骨髓，浸，润也。浃，通也。不留于心志，不滞于五藏。故从外入者，无主于中不止；从中出者，无应于外不行。故听善言便计，虽愚者知说之；称至德高行，虽不肖者知慕之。说之者众而用之者鲜，慕之者多而行之者寡。所以然者，何也？不能反诸性也。夫内不开于中而强学问者，〇文典谨按：内不开于中，意林引作内心不开。不入于耳而不著于心。〇俞樾云："不入于耳"句衍"不"字，言虽入耳而不著于心也。"不"字涉上下句而误衍。此何以异于聋者之歌也？效人为之而无以自乐也，声出于口则越而散矣。散去耳不闻也。夫心者，五藏之主也，所以制使四支，流行血气，驰骋于是非之境，而出入于百事之门户者也。〇文典谨按：御览三百七十六引，血气作气血。是故不得于心而有经天下之气，经，理也。是犹无耳而欲调钟鼓，无目而欲喜文章也，亦必不胜其任矣。

故天下神器，不可为也，器，物用也。为，治也。为者败之，执者失之。夫许由小天下而不以己易尧者，志遗于天下也。许由，阳城人也，箕山之隐士也。尧以其贤，聘之，欲禅天下焉，不肯就。故曰志遗于天下也。所以然者，何也？因天下而为天下也。天下之要，不在于彼而在于我，彼，谓尧也。我，谓许由。不在于人而在于我身，身得则万物备矣。〇王念孙云："不在于人而在于我身"，"我"字涉上句而衍。彼我、人身，相对为文，"身"上不当有"我"字。刘本移"我"字于下文"身得"之上，而读"我身得"为一句，亦非。文子九守篇正作"不在于人而在于身，身得则万物备矣"。彻于心术之论，则嗜欲好憎外矣。外，不在心。是故无所喜而无所怒，无所乐而无所苦，万物玄同也，玄，天也。无非无是，化育玄耀，生而如死。

玄,天也。耀,明也。生而如死,言无所欲。○王念孙云:此四句皆以四字为句,则"万物玄同"下不当有"也"字。文子九守篇无"也"字。**夫天下者亦吾有也,吾亦天下之有也,天下之与我,岂有间哉!**言相比也。**夫有天下者,岂必摄权持势,操杀生之柄而以行其号令邪?吾所谓有天下者,非谓此也,自得而已。**自得其天性也。一曰:不失其身也。**自得,则天下亦得我矣。吾与天下相得,则常相有,己又焉有不得容其间者乎!**

所谓自得者,全其身者也。全其身,则与道为一矣。故虽游于江浔海裔,浔,厓也。裔,边也。浔,读葛覃之覃也。○陶方琦云:文选江赋注、应诏乐游苑诗注引许注云:"浔,水涯也。"涯即厓。(说文有厓无涯。尔雅释水:"浒,水厓。"字或作涯也。)故宣贵妃诔注引许注亦作"浔,涯也"。说文水部:"浔,水旁深也。"(水旁即水涯。广雅释诂:"厓,方也。"方、旁古字通。)亦有水字。字林"浔,水涯也",即本许君淮南注。**驰要袅,建翠盖,**要袅,马名,日行万里。袅,桡弱之弱。翠盖,以翠鸟羽饰盖也。**目观掉羽、武象之乐,**掉羽,羽舞。武象,周武王之乐。**耳听滔朗奇丽激抮之音,**激,扬。抮,转。皆曲名也。○陶方琦云:一切经音义十七、文选七发注、永明十一年策秀才文注引许注云:"轸,转也。"说文糸部:"紾,转也。"许注当是紾字。上文"蟠委错紾",高注以紾训转,正同许说。**扬郑、卫之浩乐,结激楚之遗风,**郑声:郑会晋平公,说新声,使师延为桑间、濮上之乐。濮在卫地,故曰郑、卫之浩乐也。必为郑、卫之俗乐,夫结激清楚以娱乐也。遗风,犹余声也。○陶方琦云:文选七发注引许注:"郑、卫,新声所出国也。皓乐,善倡也。"皓、浩同字。(孟子"浩然",刘注作皓然。)七发"扬郑、卫之皓乐",正同许本。说文人部:"倡,乐也。"楚辞:"陈竽瑟兮浩唱。"故许注曰善倡也。**射沼滨之高鸟,逐苑囿之走兽,此齐民之所以淫泆流湎,**齐于凡民,故曰齐民。沼,池也。滨,水厓也。○陶方琦云:庄子释文引许注云:"齐等之民也。"庄子"下以化齐民",李注:"齐,等也。"汉书

"编户齐民",如淳曰:"齐,等也。无有贵贱,谓之齐民。"**圣人处之,不足以营其精神,乱其气志,**营,惑也。**使心怵然失其情性。处穷僻之乡,侧溪谷之间,**侧,伏也。**隐于榛薄之中,**藂木曰榛,深草曰薄。**环堵之室,茨之以生茅,蓬户瓮牖,揉桑为枢,**堵长一丈,高一丈。面环一堵,为方一丈,故曰环堵,言其小也。编蓬为户,以破瓮蔽牖,揉桑条以为户枢。**上漏下湿,润浸北房,**浸,渍也。北房,阴堂也。**雪霜滾灖,浸潭苽蒋,**滾灖,雪霜之貌也。浸潭之润,以生苽蒋实。苽者,蒋实也,其米曰彫胡。滾,读維绳之維。灖,读抆灭之抆。苽,读觚哉之觚也。蒋,读水浆之浆也。○庄逵吉云:藏本"灖读抆灭之抆"作"读校灭之校"。卢詹事文弨云:"或当作抆灭之抆,因抆、灖声相近也,故据庄子语改之。"孙编修星衍云:"当作校灭之灭,因灭、灖声相近也。"当以卢君之言为是,今依改之。**逍遥于广泽之中,而仿洋于山峡之旁,**两山之间为峡。○王念孙云:水经江水注曰:"江水又东迳赤岬城西。淮南子曰:'彷徨于山岬之旁。'注曰:'岬,山胁也。'"文选吴都赋"倾薮薄,倒岬岫",李善曰:"许慎淮南子注曰:'岬,山旁。'古狎切。"案水经注所引亦作岬,而训为山胁,疑是高注。山胁即山旁,义与许同也。今本岬作峡,注云"两山之间为峡",与郦、李所引迥异,疑皆后人所改。玉篇:"岬,古狎切,山旁也。"亦作砷。广韵:"砷,古狎切,山侧也。""峡,矦夹切。巫峡,山名。"二字音义判然。后人误以山胁之岬为巫峡之峡,故改训为两山之间,不知正文明言"山岬之旁",则岬为山胁,而非两山之间矣。校书者以注训两山之间,故又改岬为峡,而不知其本非原注也。集韵:"砷,古狎切,两山之间为砷。许慎说或作岬。"(宋人皆误以高注为许注,故云许慎说。)则所见已非原注,但岬字尚未改为峡耳。○陶方琦云:玉篇:"岬,山旁也。"亦作砷,广韵:"砷,山侧也。"皆本许注淮南说。高本作峡,说故异。许义为长。**此齐民之所为形植黎黑,忧悲而不得志也,圣人处之,不为愁悴怨怼,**怼,病也。**而不失其所以自乐也。**○王引之云:黎黑,旧本讹作黎累,今据文选诣建平王上书注改。又怼与病义不相近,怼皆当为慰。今作怼者,后人以意改之也。怨,读为苑。慰,读为蔚。

苑、蔚皆病也。俶真篇“形伤于寒暑燥湿之虐者，形苑而神壮”，高注曰：“苑，枯病也。”本经篇“则身无患，百节莫苑”，高注曰：“苑，病也。”俶真篇“五藏无蔚气”，高注曰：“蔚，病也。”是苑、蔚皆病也。荀子哀公篇“富有天下而无怨财”，杨倞注引礼运“事大积焉而不苑”，是苑与怨通。庄子盗跖篇“贪财而取慰，贪权而取竭，可谓疾矣”，疾亦病也。淮南缪称篇曰：“侏儒瞽师，人之困慰者也。”是蔚与慰通。故高注云“慰，病也”。后人不通古训，而改慰为怼，其失甚矣。“不失其所以自乐”，“不”字涉上下文而衍。“不为愁悴怨慰而失其所以自乐也”，作一句读。○俞樾云：王氏据文选注订黎累为黎黑，是也。惟未说“植”字之义。植，当读为殖。管子地员篇：“五殖之状，甚泽以疏，离坼以臞埆。”是殖有臞瘠之义。形殖，谓形体臞瘠也。盖即从“脂膏殖败”之义而引申之耳。**是何也？则内有以通于天机，**机，发也。**而不以贵贱贫富劳逸失其志德者也。故夫乌之哑哑，鹊之唶唶，岂尝为寒暑燥湿变其声哉！**言体道者不为贵贱贫富劳逸易其志，如乌鹊之不为寒暑易其声。

是故夫得道已定，而不待万物之推移也，非以一时之变化而定吾所以自得也。吾所谓得者，性命之情处其所安也。夫性命者，与形俱出其宗，宗，本。**形备而性命成，性命成而好憎生矣。故士有一定之论，女有不易之行，**士有同志，同志德也，至其交接，有一会而交定，故曰有一定之论也。贞女专一，亦无二心，虽有偏丧，不复更醮，故曰有不易之行也。○文典谨按：高注“士有同志同志德也”，下“志”字疑涉上文而衍。文选诣建平王上书注引，正作“士有同志同德”，又交定作分定，不复作不须。**规矩不能方圆，钩绳不能曲直。**虽规矩钩绳无以施于此。**天地之永，登丘不可为修，居卑不可为短。是故得道者，穷而不慑，达而不荣，**虽穷贱不以为慑惧也，虽显达不以为荣幸也。**处高而不机，**机，危也。**持盈而不倾，**倾，覆也。**新而不朗，久而不渝，**朗，明也。渝，变也。朗，读汝南朗陵之朗。入火不焦，入水不濡。是故不待势而尊，不待财而富，不待力而强，平虚下流，与化翱翔。翱翔，犹倾仰也。若然者，藏金于山，藏珠于渊，舜藏金于嶄岩之山，藏珠于五湖之渊，以塞贪淫之欲也。不利货财，不贪势名。势位爵号之名也。是故不以康为乐，康，安也。不以慊为悲，慊，约也。慊，读辟向慊之慊。不以贵为安，不以贱为危，形神气志，各居其宜，以随天地之所为。

夫形者，生之舍也；气者，生之充也；神者，生之制也。一失位，则三者伤矣。○王念孙云：充本作元，此涉下文"气不当其所充"而误也。元者，本也。言气为生之本也。文选养生论注引此正作元，文子九守篇亦作元。王冰注素问刺禁论云："气者，生之原。"语即本于淮南，"原"与"元"同。"一失位则二者伤"，谓此三者之中一者失位则二者皆伤也。各本二作三，因下文"此三者"而误。（文子亦误作三。）唯道藏本、朱本作二。庄刻依诸本作三，非也。文选注引此，正作二。是故圣人使人各处其位，守其职，而不得相干也。故夫形者非其所安也而处之则废，气不当其所充而用之则泄，神非其所宜而行之则昧。昧，不明也。此三者，不可不慎守也。夫举天下万物，蚑蛲贞虫，蚑行蛲动之虫也。蛲读饶。贞虫，细腰之属也。○洪颐煊云：贞虫不专是蜂，贞虫犹言昆虫。地形训"万物贞虫各有以生"，大戴礼易本命作"昆虫"，昆虫即众虫也。○文典谨按：本书说山训"贞虫之动以毒螫"，高注："贞虫，细腰蜂蜾蠃之属。无牝牡之合曰贞。"蝡动蚑作，蚑，读鸟蚑步之蚑也。皆知其所喜憎利害者，何也？以其性之在焉而不离也，忽去之，则骨肉无伦矣。去之，去道也，则骨肉靡灭，无伦匹也。今人之所以眭然能视，眭，读曰桂。营然能听，営，读疾营之营。形体能抗，抗，读扣耳之扣。而百节可屈伸，察能分白黑、视丑美，而知能别同异、明是非者，何也？气为之充，而神为之使也。何以知其然也？凡人之志各有所在而神有所系者，其行也，足蹪趎埳、头抵植木而不自知也，蹪，蹶也，楚人读蹶为蹪。知，犹觉也。招之而不能见也，呼之而不能闻也。不能见招之者，不能闻呼之者。耳目非去之也，然而不能应者，何也？神失其守也。精神失其所守。故在于小则忘于大，在于中则忘于外，在于上则忘于下，在于左则忘于右。若楚白公胜将欲虑乱，立于朝，倒杖策，上贯其颐，血流至地而不觉，此之类也。无所不充，则无所不在。精神无所不充。在，存也。是故贵虚者以豪末为宅也。虚者，情无所念虑也。以豪末为宅者，言精微也。今夫狂者之不能避水火之难而越沟渎之险者，○俞樾云："不能"当作"能不"，传写误倒。岂无形神气志哉？○文典谨按：御览八百六十九引，"形神气志"作"形气神志"。然而用之异也。与人异也。失其所守之位，而离其外内之舍，是故举错不能当，动静不能中，当，合也。中，适也。终身运枯形于连嵝列埒之门，运，行也。枯，犹病也。形，体也。连嵝，犹离嵝也，委曲之类。列埒，不平均也。连，读陵聋幽州陵陵连之连。嵝，读峪嵝无松柏之嵝。○庄逵吉云：古无嵝字，连嵝即连遱也。所谓离嵝，亦即丽廔也。遱、廔盖正字。○洪颐煊云：说文："廔，屋丽廔也。"列子力命篇"居则连欐"，庄子徐无鬼篇"君亦必无陈鹤列于丽谯之间"，郭象注"丽谯，高楼也"，皆同声通用字。广雅释室："埒，堤也。"高注非。而蹪蹈于污壑穽陷之中，污壑，大壑。壑，读赫赫明明之赫。○王绍兰云：上文云"其行也，足蹪趎埳、头抵植木而不自知也"，高诱注："蹪，蹶也，楚人谓蹶为蹪。"此文蹈当为埳，蹪埳即足蹪趎埳也。埳即陷之今字。说文自部："陷，高下也。"谓从高陷下也。臼部："臽，小阱也。"读淮南者见下有穽陷字，辄改埳为蹈，不知正文本当作"蹪陷于污壑穽臽之中"，非重复也。若如今本作蹪蹈，说文"蹈，践也"，既蹪蹶矣，何能复蹈践乎？于文亦不词。虽生俱与人钧，然而不免为人戮笑者，何也？形神相失也。故以神为主者，形从而利；以形为制者，神从而害。神清静故利，形有情欲故害也。贪饕多欲之人，漠睧于势利，诱慕于名位，漠睧，犹钝睧，不知足貇。诱，进也。慕，贪。漠溺之漠。睧，读织绢致宓睧无间孔之睧也。○王念孙云：漠睧皆当为滇眠，字之误也。（隶书真字作真，莫字作莫，二形相似而误。史记高祖功臣侯者表甘泉戴侯莫摇，汉表莫摇作真粘，朝鲜传"尝略属真番"，徐广曰："真，一作莫。"新序杂事篇"黄帝学乎大真"，路史疏仡纪曰："大真，或作大莫，非。"皆其例也。眠之为睧，则涉注文钝睧而误。）滇音颠，眠音莫贤反。滇眠或作颠冥。文子九守篇作"颠冥乎势利"，是其证也。庄子则阳篇"颠冥乎富贵之地"，释文："冥，音眠。司马云：颠冥，犹迷惑也。言其交结人主，情驰富贵。"即此所云"滇眠于势利，诱慕于名位"也。高以滇眠为不知足，司马以颠冥为迷惑，迷惑与不知足，义相因也。又案高云："滇眠，犹钝睧。"睧读齐滑王之滑。（见集韵。）滇眠、钝睧，皆叠韵也。钝睧或为钝闵，或为顿愍。方言："顿愍，愍也。江、湘之间谓之顿愍。"淮南修务篇"精神晓泠，钝闵条达"，高彼注云："钝闵，犹钝愍也。"此注云："钝睧，不知足貌。"钝愍与不知足，义亦相因也。冀以过人之智植于高世，冀，犹庶几也。植，立也。庶几立高名于世也。○王念孙云：植于高世当作植高于世，故高注曰"植，立也。庶几立高名于世也"。今本"高于"二字误倒，则文不成义。文子作"位高于世"，位亦立也。（周官小宗伯注："郑司农云：'古者位、立同字。'"）○文典谨按：庄本无注，今据传写宋本补。则精神日以秏而弥远，久淫而不还，淫，过。还，复。形闭中距，则神无由入矣。神，精神也。清静之性无从还入也。是以天下时有盲妄自失之患。此膏烛之类也，火逾然而消逾亟。逾，益也。亟，疾也。夫精神气志者，静而日充者以壮，躁而日秏者以老。○俞樾云：下两"者"字皆衍文。"日充以壮"、"日秏以老"，犹言日充而壮、日秏而老也。有"者"字，则文不成义。文子九守篇正无两"者"字。是故圣人将养其神，和弱其气，平夷其形，而与道沉浮俯仰，沉浮，犹盛衰。俯仰，犹升降。恬然则纵之，迫则用之。其纵之也若委衣，其用之也若发机。机，弩机关。

言其疾也。**如是,则万物之化无不遇,**遇,时也。○孙诒让云:遇与耦通。齐俗训云:“夫以一世之变,欲以耦化应时。”要略云:“所以应待万方,览耦百变也。”许注云:“耦,通也。”字亦作偶。说林训云:“圣人之偶物也。”高注云:“偶,犹周也。”此云“无不遇”,亦即周通之义。高释遇为时,失之。文子守弱篇袭此文,遇作偶,正与说林训“偶物”字同。**而百事之变无不应。**应,当之也。

淮南鸿烈集解卷二

俶真训

俶，始也。真，实也。道之实，始于无有，化育于有，故曰"俶真"，因以题篇。

有始者，天地开辟之始也。**有未始有有始者，**言万物萌兆，未始有始者，始成形也。**有未始有夫未始有有始者。**言天地合气，寂寞萧条，未始有也。夫未始有始，仿佛也。**有有者，**言万物始有形兆也。**有无者，**言天地浩大，无可名也。**有未始有有无者，有未始有夫未始有有无者。所谓有始者，繁愤未发，萌兆牙蘖，未有形埒垠堮，**○王念孙云：览冥篇"不见朕垠"，高注："朕，兆朕也。垠，形状也。"缪称篇"道之有篇章形埒者"，高注："形埒，兆朕也。"是垠堮与形埒同义。既言形埒，无庸更言垠堮，疑垠堮是形埒之注，而今本误入正文也。且此三句以发、蘖、埒为韵，若加垠堮二字，则失其韵矣。**无无蝡蝡，将欲生兴而未成物类。**繁愤，众积之貌。发，愤也。**有未始有有始者，天气始下，地气始上，阴阳错合，相与优游竞畅于宇宙之间，被德含和，缤纷茏苁，欲与物接而未成兆朕。**竞，逐也。畅，达也。和，气也。缤纷，杂糅也。茏苁，聚会也。兆朕，形怪也。○陶方琦云：文选魏都赋注引许注："朕，兆也。"诠言训注："朕，兆也。"正与此注同。庄子齐物论释文引李注："朕，兆也。"**有未始有夫未始有有始者，天含和而未**

降，地怀气而未扬，虚无寂寞，萧条霄雿，无有仿佛，气遂而大通冥冥者也。霄，读绀绡之绡。雿，翟氏之翟也。有有者，言万物掺落，根茎枝叶，青葱苓茏，萑蔰炫煌，蠉飞蝡动，蚑行哙息，可切循把握而有数量。掺，读参星之参。萑蔰炫煌，采色貌也。蚑，读车蚑辙之蚑。哙，读不悦怿外之哙。切，摩也。循，顺也。萑，读曰唯也。蔰，读曰扈。○庄逵吉云：哙息，各本皆作喙息，唯藏本作哙。考方言："喙，息也。自关而西，秦、晋之间曰喙。"说文解字："哙，咽也。一曰：嚵，哙也。""嚵，一曰喙也。"嚵有喙训，哙亦从之，是哙亦有息义矣。后人但知喙息，而改哙为喙者，非是。○王念孙云：萑音灌，与唯字声不相近。萑皆当为蓶，字之误也。蓶，读若唯诺之唯，字从艸，唯声。蓶扈者，草木之荣华也。后汉书马融传广成颂说植物云："铺于布濩，蓶扈蘛荧。"李贤曰："蓶，音以揆反，郭璞注尔雅云：'草木华初出为芛。'（尔雅："芛、葟、华，荣。"说文："芛，艸之皇荣也。"）芛与蓶通。扈音户。"（以上后汉书注。）此言根茎枝叶青葱苓茏，蓶扈炫煌义与彼同也。高注读蓶为唯，李贤音以揆反，正与高读合。刘绩不知萑为蓶之误，而改萑为萑，斯为谬矣。（诸本及庄本同。）又案：蓶蔰之蔰，当依后汉书作扈，注当作"扈，读曰户"。正文作蔰者，因蓶字而误加艸耳。后人不达，又改注文为"蔰，读曰扈"，以从已误之正文，则其谬益甚矣。说文、玉篇、广韵、集韵、类篇皆无蔰字。有无者，视之不见其形，听之不闻其声，扪之不可得也，望之不可极也，储与扈冶，储与扈冶，褒大意也。浩浩瀚瀚，不可隐仪揆度而通光耀者。浩浩瀚瀚，广大貌也。光耀，无形。有未始有有无者，包裹天地，陶冶万物，大通混冥，深闳广大，不可为外，析豪剖芒，不可为内，无环堵之宇而生有无之根。混冥，大冥之中，谓道也。有未始有夫未始有有无者，天地未剖，阴阳未判，剖判混分。四时未分，万物未生，汪然平静，寂然清澄，莫见其形，汪，读传尸诸周氏之汪同。若光耀之间于无有，退而自失也，自失，没不见也。○陈观楼云：间当作问。光耀问于无有，事见庄子知北游篇。**曰："予能有无，而未能无无也。**能有无，为也，未能本性自无为也，故曰未能无无也。**及其为无无，至妙何从及此哉！"**

夫大块载我以形，劳我以生，大块，天地之间也。**逸我以老，休我以死。**庄子曰：生乃徭役，死乃休息也。故曰休我以死。**善我生者，乃所以善我死也。**善我生之乐，乃欲善我死之乐也。明死变化有知，欲劝人同死生也。**夫藏舟于壑，藏山于泽，人谓之固矣。虽然，夜半有力者负而趋，**趋，走。**寐者不知，犹有所遁。**夜半有力者负舟与山走，故寐者不知也。○文典谨按："犹有所遁"上，疑脱"藏小大有宜"五字。庄子大宗师："夫藏舟于壑，藏山于泽，谓之固矣。然而夜半有力者负之而走，昧者不知也。藏小大有宜，犹有所遁。若夫藏天下于天下，而不得所遁，是恒物之大情也。"郭注："不知与化为体，而思藏之使不化，则虽至深至固，各得其所宜，而无以禁其日变也。"今脱此五字，与"寐者不知"连读，文义遂不可通矣。**若藏天下于天下，则无所遁其形矣。**大丈夫以天下为室，以藏万物。**物岂可谓无大扬擢乎？**扬擢，无虑大数名也。擢，读镐京之镐。○陶方琦云：文选蜀都赋注、江赋注、吴趋行注、庄子释文引许注云："扬搉，粗略也。"是许本擢作搉，与说文同。许注粗略即大略，是解大扬搉之义。汉书叙传"扬搉古今"，犹言约略古今。**一范人之形而犹喜。**范，犹遇也，遭也。一说：范，法也。言物一法效人形而犹喜也。○俞樾云：范即犯之叚字。周易系辞传"范围天地之化而不过"，释文曰："范围，马、王肃、张作犯违。"是范、犯古字通也。庄子大宗师篇正作"特犯人之形而犹喜之"，又曰"今一犯人之形，而曰人耳人耳"，皆其证也。高注曰："范，犹遇也，遭也。"此说得之。郭象注庄子曰："人形乃是万化之一遇耳。"是亦以遇释犯也。高注又曰："一说：范，法也。言物一法效人形而犹喜也。"则望文生训，失之泥矣。**若人者，千变万化而未始有极也。**言死生变化而梦，故曰未始有极也。**弊而复新，其为乐也，可胜计邪！**○文典谨按：

御览三百九十七引，复作后，无“也”字。**譬若梦为鸟而飞于天，梦为鱼而没于渊，**○文典谨按：御览三百九十七引，作“譬若梦，梦为鸟而飞于天，梦为鱼而没于渊”。“譬若梦”句绝，语意较完，当据补“梦”字。**方其梦也，不知其梦也，觉而后知其梦也。今将有大觉，然后知今此之为大梦也。**○文典谨按：御览三百九十七引，“有”下有“所”字。**始吾未生之时，焉知生之乐也？今吾未死，又焉知死之不乐也？昔公牛哀转病也，七日化为虎。**转病，易病也。江、淮之间，公牛氏有易病，化为虎，若中国有狂疾者，发作有时也。其为虎者，便还食人，食人者因作真虎，不食人者更复化为人。公牛氏，韩人。淮南之人，因牛食刍，谓之刍豢，有验于此。**其兄掩户而入觇之，则虎搏而杀之。**杀其兄。掩，读曰奄。觇，视也。○文典谨按：文选思玄赋注引作：“牛哀病七日而化为虎，其兄启户而入，哀搏而杀之。”御览八百八十八、白帖九十七所引略同，“病”下并无“也”字，疑衍文也。后汉书张衡传注引作：“昔公牛哀病，七日化而为虎。其兄觇之，虎搏而杀之，不知其兄也。”“病”下亦无“也”字。高注曰“江、淮之间，公牛氏”，又曰“公牛氏，韩人”，疑是高、许二家注，后人合而为一耳。又文选思玄赋李善注云：“牛哀，鲁人牛哀也。”未知其审。**是故文章成兽，爪牙移易，**移易人爪牙为虎爪牙也。**志与心变，神与形化。**志心皆变，神形皆化。**方其为虎也，不知其尝为人也；方其为人，不知其且为虎也。二者代谢舛驰，各乐其成形。**代，更也。谢，叙也。舛，互也。形，谓成虎形人。舛，读舛卖之舛。**狡猾钝惛，是非无端，孰知其所萌！**萌，生也。**夫水向冬则凝而为冰，冰迎春则泮而为水，冰水移易于前后，若周员而趋，孰暇知其所苦乐乎！**泮，释也。趋，归也。○文典谨按：意林、初学记地部下、御览六十八引，泮并作释。又“移”字，初学记作施，御览作弛。

是故形伤于寒暑燥湿之虐者，形苑而神壮；苑，枯病也。

壮,伤也。苑,读南阳苑。○庄逵吉云:南阳苑即宛县字也,古苑与宛同。**神伤乎喜怒思虑之患者,神尽而形有余。故罢马之死也,剥之若槁;**罢老气力竭尽,故若槁也。○文典谨按:御览九百五引,槁作橐。又引注云:"橐,治橐也。虽含气而形不能摇。"疑是许本。**狡狗之死也,割之犹濡。**狡,少也。濡,濡湿,气力未尽。○文典谨按:御览九百五引,濡作蠕。又引注云:"蠕,动也。"疑是许本。**是故伤死者其鬼娆,**娆,烦娆,善行病祟人。**时既者其神漠。**既,尽也。时既当老者,则神寂漠。漠,定也。**是皆不得形神俱没也。**道家养形养神,皆以寿终,形神俱没,不但漠而已也。老子曰:"以道逮天下,其鬼不神。"此谓俱没也。**夫圣人用心,杖性依神,相扶而得终始,是故其寐不梦,其觉不忧。**精神无所思虑,故不梦。志存仁义,患不得至,故不忧。**古之人有处混冥之中,神气不荡于外,万物恬漠以愉静,攙抢衡杓之气莫不弥靡,**攙抢,彗孛也。杓,北斗柄第七星。○王引之云:北斗之星不闻为害,高说非也。衡当为冲(衝),字形相似而误。冲、杓皆妖气也。晋书天文志引河图曰:"岁星之精,流为天枪。天冲荧惑,散为天欃。"吕氏春秋明理篇曰:"其云状有若人,苍衣赤首,不动,其名曰天冲。(今本冲字亦误作衡,据太平御览咎征部四引改)。"开元占经妖星占篇引刘向洪范传曰:"天冲,其状如人,苍衣赤首,不动。"史记天官书曰:"五星蚤出者为赢,晚出者为缩,必有天应见于杓星。"汉书天文志曰"太岁在寅,岁星正月晨出,在斗、牵牛。失次,杓,早水,晚旱"是也。欃、枪、冲、杓皆妖气之名,故并言之。**而不能为害。当此之时,万民猖狂,不知东西,含哺而游,鼓腹而熙,**鼓,击也。熙,戏也。○陶方琦云:一切经音义引,游作兴。又引许注云:"哺,口中嚼食也。"按说文:"哺,哺咀也。"玄应引字林:"哺,咀食也。"又引"嚼,咀也"。汉书"辍饭吐哺",注:"哺,口中所含食也。"尔雅释文引说文作"哺,咀哺,口中嚼食也"。训正同。**交被天和,食于地德,**交,俱也。和,气也。地德,五谷。**不以曲故是非相尤,茫茫沈沈,是谓大治。**曲故,曲巧也。尤,过也。茫茫沈沈,盛貌。茫,读王莽之莽。沈,读水出沈沈正白之沈。○王念孙云:沈皆当为沆。(玉篇何党切,广韵又音杭。)茫茫沆沆,叠韵也。说文沆字注云:"莽沆,大水。一曰大泽。"风俗通义山泽篇云:"沆者,莽也,(今本沆误作沉,辩见汉书刑法志"沈斥"下。)言其平望莽莽无涯际也。"莽与茫古同声,茫茫沆沆即莽莽沆沆,故高注以为盛貌也。莽沆或作漭沆,张衡西京赋"沧池漭沆"是也。倒言之则曰"沆漭",马融广成颂"瀇瀁沆漭"是也。又作沆茫,杨雄羽猎赋"鸿濛沆茫"是也。(颜师古曰:"茫,音莽。")沆茫即沆莽,故曰"茫读王莽之莽"。汉书礼乐志"西颢沆砀",颜师古曰:"沆砀,白气之貌。"故曰"沆读水出沆沆白之沆"。若作沈沈,则与正文、注文皆不合矣。又兵略篇"天化育而无形象,地生长而无计量,浑浑沉沉,孰知其藏",沉亦当为沆。浑浑沆沆,广大貌也。尔雅:"沄,沆也。"说文:"沄,转流也。读若混。一曰沆。"(旧本脱此三字,今据尔雅释文补。)沄、混、浑古同声,浑浑沆沆即沄沄沆沆,沄之转为沆,犹浑之转为沆也。且沆与象、量、藏为韵,若作沉沉,则义既不合,而韵又不谐矣。(太平御览兵部二引此已误。)凡从亢之字,隶或作冘,故沆字或作沈,一误而为沉,再误而为沈,散见群书,而学者莫之能辨也。(详见汉书。)**于是在上位者,左右而使之,毋淫其性;镇抚而有之,毋迁其德。是故仁义不布而万物蕃殖,**古者抱盛德,上质朴,不待仁义而万物蕃殖也。**赏罚不施而天下宾服。**昭其德也。**其道可以大美兴,而难以算计举也。**言天地万物但可以大美兴而育之,难以算计具也。○俞樾云:美当作筴,隶书策字也。史记五帝纪"迎日推策",晋灼曰:"策,数也。"是大筴即大数也。兴亦举也。言止可以大数举也。筴与美形似而误。大戴记易本命篇"此乾坤之筴",卢辩注曰:"三百六十,乾坤之筴。"而今正文筴字亦误作美,是其证也。高注曰"言天地万物但可以大美兴而育之",是其所据本已误。**是故日计之不足,而岁计之有余。**以限计之,故有余也。辟若梅矣,百梅足以为百人酸,一梅不足为百人酸也。○文典谨按:高注"一梅不足为百人酸也","百"字盖"一"字之误。百梅百人譬岁计之有余,一梅一人譬日计之不足也。若作百人,则非其指矣。本书说林训"百梅足以为百人酸,一梅不足以为一人和",即此注所本也。**夫鱼相忘**

于江湖，人相忘于道术。言各得其志，故相忘也。古之真人，立于天地之本，中至优游，抱德炀和，而万物杂累焉，炀，炙也。抱其志德而炙于和气，故万物杂累，言成熟也。炀，读供养之养。○孙诒让云：杂累无成熟之义，杂疑当作炊。庄子在宥篇云："从容无为，而万物炊累焉。"释文云："炊，本或作吹，同。司马云：炊累，犹动升也。向、郭云：如埃尘之自动也。"淮南书似即本彼文，高训为成熟，则与司马、郭义异耳。孰肯解构人间之事，以物烦其性命乎！解构，犹合会也。烦，辱也。○洪颐煊云：后汉书隗嚣传"勿用傍人解构之言"，窦融传"乱惑真心，转相解构"，庄子胠箧篇"解垢同异之变"，诗野有蔓草"邂逅相遇"，绸缪"见此邂逅"，其音义并同。

夫道有经纪条贯，得一之道，连千枝万叶。一者，道本。得其本，故能连理千枝万叶，以少正多也。是故贵有以行令，贱有以忘卑，贫有以乐业，困有以处危。夫大寒至，霜雪降，然后知松柏之茂也。据难履危，利害陈于前，陈，列也。然后知圣人之不失道也。是故能戴大员者履大方，言能戴天履地之道。镜太清者视大明，立太平者处大堂，太平，天下之平也。大堂，明堂，所以告朔行令也。能游冥冥者与日月同光。光，明也。谕德道者能与日月同明也。是故以道为竿，以德为纶，礼乐为钩，仁义为饵，投之于江，浮之于海，万物纷纷，孰非其有！○文典谨按：初学记武部、御览八百三十四引，并作："圣人以道德为竿纶，以仁义为钩饵，投之天地间，万物孰非其有哉！"意林引"万物纷纷，孰非其有"作"万物皆得"。

夫挟依于跂跃之术，跂跃，犹龃龉，不正之道也。提挈人间之际，撢掞挺挏世之风俗，撢，引。掞，利也。挺挏，犹上下也，以求利便也。○庄逵吉云：挺，各本皆作珽。考说文解字："挺，拔也。""珽，长也。"挺、挏双声，应从藏本作挺为是。以摸苏牵连物之微妙，摸苏，犹摸索。微妙，犹细小也。犹得肆其志，充其欲，何况怀瑰玮之道，忘肝胆，遗耳目，独浮游无方之外，不与物相弊摋，弊摋，犹杂糅。弊，音跋涉之跋。摋，读楚人言杀。中徙倚无形之域而和以天地者乎！○俞樾云："和以天地"，义不可通，"地"疑"倪"字之误。庄子齐物论曰："和之以天倪。"若然者，偃其聪明而抱其太素，素，朴性也。以利害为尘垢，尘垢，谕轻也。以死生为昼夜，是故目观玉辂琬象之状，耳听白雪清角之声，不能以乱其神。玉辂，王者所乘，有琬琰象牙之饰。白雪，师旷所奏太一五弦之琴乐曲，神物为下降者。清角，商声也。○陶方琦云：辂，许本当作璐。玉、璐、琬、象，皆饰也。文选雪赋注引许注："璐，美玉也。"无可附属，当是此注，正见二本之异。说文："璐，玉也。"楚词王注："璐，美玉也。"又文选南都赋注引许注："清角弦急，其声清也。"管子曰："凡听角，如雉登木以鸣，音疾以清。"韩非十过："平公曰：'音莫悲于清徵乎？'师旷曰：'不如清角。'"蔡邕月令章句："凡弦急则清，缓则浊。"说文："竫，弦急之声也。"登千仞之溪，临蝯眩之岸，不足以滑其和。蝯临其岸而目眩也。滑，滑乱。和，适也。譬若钟山之玉，钟山，昆仑也。○陶方琦云：文选琴赋注、为范尚书吏部封侯第一表注引许注："钟山，北陆无日之地，出美玉。"按西山经西次三经"又西北四百二十里曰钟山"，又云："黄帝乃取峚山之玉荣而投之钟山之阴。"山北曰阴。郭注"以为玉种"，故许注云出美玉。海外北经[一]"钟山之神名烛阴"，即淮南之烛龙。地形训曰："烛龙在雁门北，蔽于委羽之山，不见日。"是钟山即雁门以北大山也，故许注云"北陆无日之地"。炊以炉炭，三日三夜而色泽不变。○王念孙云：炊当为灼，字之误也。玉可言灼，不可言炊。艺文类聚宝部上、太平御览珍宝部四引作炊，皆后人依误本改之。其御览地部三引此，正作灼。白帖七同。吕氏春秋士容篇注作"燔以炉炭"，燔亦灼也。则至德天地之精也。○文典谨按：艺文类聚八十三引，作"得天地之精也"。是故生不足以使之，利何足以动之；死不足以禁之，害何足以恐之。明于死生之

〔一〕"外"，原本作"山"，据山海经改。

分，达于利害之变，虽以天下之大，易骭之一毛，无所概于志也。骭，自膝以下，胫以上也。骭，读闬收之闬也。夫贵贱之于身也，犹条风之时丽也；条风鸣条，言其迅也。丽，过也。○陶方琦云：文选陆机演连珠注引，作"犹条风之时洒"，又引许注："洒，犹汛也。"说文："洒，汛也。"与注同。玄应引通俗文："以水捡尘曰洒。"文选张华答何邵诗注引淮南"犹条风之时洒"，即许本。○文典谨按：御览九百四十五引注云："时丽，忽一过也。"毁誉之于己，犹蚊虻之一过也。

夫秉皓白而不黑，行纯粹而不糅，处玄冥而不暗，休于天钧而不碭，碭，败也。天钧，北极之地，积寒之野，休之辄败，唯体道能不败也。○俞樾云：此说天钧之义，殊为无据。庄子齐物论曰："是以圣人和之以是非，而休乎天钧。"郭象注曰："莫之偏任，故付之自均而止也。"释文引崔譔曰："钧，陶钧也。"淮南"休乎天钧"之文即本庄子，义亦当与彼同，谓休乎自然之陶钧，故不败也。他书无以积寒之地为天钧者，足徵高注之非矣。孟门、终隆之山不能禁，孟门，山名，太行之隘也。终隆则终南山，在扶风。皆险塞也。○庄逵吉云：古读隆为临，故诗"与尔临冲"，韩诗作"隆冲"。又后汉殇帝讳隆，改隆虑县为临虑县亦是。南、临同声，因之又以终南为终隆也。唯体道能不败，○洪颐煊云：下"湍濑旋渊、吕梁之深不能留也，太行、石涧、飞狐、句望之险不能难也"，与上"孟门、终隆之山不能禁"，三句连文，不应有"唯体道能不败"句，"禁"下疑脱"也"字。此六字涉上注而讹。○王念孙云："唯体道能不败"六字，与上下文义不相属，乃上文"休于天钧而不碭[一]"之注误衍于此。（上注云："碭，败也。天钧，北极之地，积寒之野，休之辄败，唯体道能不败也。"）湍濑旋渊、吕梁之深不能留也，湍濑，急流。旋渊，深渊也。吕梁，水名也，在彭城。皆水险。留，滞也。太行、石涧、飞狐、句望之险不能难也。太行，在野王北上党关也。石涧，深溪。飞狐，在代郡。句望，在雁门。皆隘险也。○庄逵吉云：句望，今汉书地理志作句

〔一〕"碭"，原作"伪"，据正文改。下同。

注，以义考之，注应即汪字也。古汪、望同声，凡古字通者皆以声同相通。若汪与注，乃字之误耳。古汪字作泩，注字作泩，后人但识注，不识古字汪，因之传讹矣。**是故身处江海之上，而神游魏阙之下。**魏阙，王者门外阙，所以县教象之书于象魏也。巍巍高大，故曰魏阙。言真人虽在远方，心存王也。一曰：心下巨阙，神内守也。〇陶方琦云：庄子释文引许注："天子两观也。"文选吊魏武帝文注引许注作"魏阙，王之阙也"。高注前一说，文选注所引许注相同，当是许说羼入高注。文选、庄子[一]所引，乃约文也。且高注内作两说，多系许、高之异。庄子释文引淮南作魏，是许本。司马注庄子同作魏，云："魏，读曰魏。象魏，观阙，人君门也。言心存荣贵。"正搭许义。山海经魏山或作隗山。说文："隗，隗隗也。"隗隗即崔巍。故西山经魏山，郭注"魏音巍"。高注以巍训魏，是巍、魏、魏三字音义并通。张衡西京赋"建象魏之两观"，注："象魏，阙也。一曰，观也。"尔雅孙炎注："宫门双阙，旧县法象，使民观之，故谓之观。"水经榖水注引白虎通义："阙者，所以饰门，别尊卑也。"许注曰"天子"、曰"王"，皆尊者之辞。**非得一原，孰能至于此哉！**一原，道之原也。**是故与至人居，使家忘贫，使王公简其富贵而乐卑贱，勇者衰其气，贪者消其欲。坐而不教，立而不议，虚而往者实而归，故不言而能饮人以和。**论道如川，不言而能饮人以和适也。**是故至道无为，一龙一蛇，**龙能化，蛇能解脱，故道以为譬。**盈缩卷舒，与时变化。外从其风，内守其性，耳目不耀，思虑不营。**营，惑也。**其所居神者，台简以游太清，**台，犹持也。简，大也。〇庄逵吉云："台简"注云"台，持也"，钱别驾坫云："台当作握。说文解字握古文作臺，臺与台（臺）形近致讹耳。"但藏本及各本皆作台字，而本书用古文臺，不用篆文握，故仍存原文，不敢擅改。〇俞樾云：高注曰"台，犹持也"，以持训台，盖以声为训。释名释宫室曰："台，持也。筑土坚高，能自胜持也。"是其证也。方言曰："台，支也。"支与持义同。钱氏坫谓台当作臺，古

〔一〕"庄子"下，似脱"释文"二字。

文握字。然台之训持，自是古训，不必疑其字误也。庄子庚桑楚篇曰："灵台者有持，而不知其所持而不可持者也。"是亦以台为持。故释文曰："灵台谓心，有灵智、能任持也。"然则台简即持简，犹灵台即灵持矣。**引楯万物，群美萌生。**引楯，拔擢也。楯，读允恭之允。〇庄逵吉云：引楯当作揗，从手旁。〇文典谨按：楯、揗皆从盾得声，得通用也。**是故事其神者神去之，**事，治也。**休其神者神居之。**不动扰。**道出一原，通九门，**九门，天之门。**散六衢，**散布于六合之衢也。**设于无垓坫之宇，**设，施也。垓坫，垠堮也。垓，读人饮食太多以思下垓。坫，读为筦氏有反坫之坫。**寂漠以虚无。非有为于物也，物以有为于己也。**非有为于物者，不为之也。物以有为于己者，物己为也。**是故举事而顺于道者，非道之所为也，道之所施也。**

夫天之所覆，地之所载，六合所包，阴阳所呴，雨露所濡，道德所扶，此皆生一父母而阅一和也。父母，天地。阅，总也。和，气也，道所贯也。呴，读以口相吁之吁。〇文典谨按："生一父母"不辞，"生"下当有"于"字。御览九百七十三引，正作"皆生于一父母"，是其证也。**是故槐榆与橘柚合而为兄弟，**言道能化同异物也。**有苗与三危通为一家。**有苗国在南方彭蠡，舜时不服者。三危，西极山名，在辰州。通为一家，道所化也。〇庄逵吉云：辰州疑当作益州。**夫目视鸿鹄之飞，耳听琴瑟之声，而心在雁门之间，一身之中，神之分离剖判，六合之内，一举而千万里。是故自其异者视之，肝胆胡、越；**肝胆谕近，胡、越谕远。〇陶方琦云：文选苏子卿古诗注、曹植求通亲亲表注引许注："胡在北方，越在南方。"古诗注引作"越居南方"，居应作在。曹植表注引正作在。**自其同者视之，万物一圈也。**圈，陬也。**百家异说，各有所出，若夫墨、杨、申、商之于治道，**墨，墨翟也，其术兼爱、非乐，摩顶放踵而利国者为之。杨，杨朱，其术全性保真，虽拔骭一毛而利天下，弗为也。申，申不害也，韩昭侯相，著三符之命而尚刻削。商者，魏公孙鞅也，为秦孝公制相坐之法，严猛闻，故封之为商君也，因谓之商鞅。**犹盖之无一橑，而轮之无一辐，有之可以备数，无之未有害于用也。**○王念孙云："盖之无一橑"，"轮之无一辐"，本作"盖之一橑"，"轮之一辐"。此但言一橑一辐，下乃言其有无之无关于利害。若先言无一橑、无一辐，则下文不必更言有无矣。此两"无"字皆因下文"无"字而衍。**己自以为独擅之，不通之于天地之情也。今夫冶工之铸器，**铸，读如唾祝之祝也。○李赓芸云：祝本之六切，转音如铸，如注。今河南息县人读祝如朱。说文"喌喌，呼鸡声"，之六切。而风俗通曰"呼鸡朱朱"，皆转音也。礼记乐记"封帝尧之后于祝"，注："祝，或为铸。"吕氏春秋慎大览："命封黄帝之后于铸。"周礼疡医注："祝，读如注病之注。"**金踊跃于炉中，必有波溢而播弃者，其中地而凝滞，亦有以象于物者矣。其形虽有所小用哉，然未可以保于周室之九鼎也，又况比于规形者乎？其与道相去亦远矣！今夫万物之疏跃枝举，百事之茎叶条栓，皆本于一根，而条循千万也。**疏跃，布散也。栓，读诗颂"苞有三蘖"同。○庄逵吉云：栓，古文櫱字也。亦作糵。俗写糵字为蘖。又刘德引诗"苞有三枿"。说文解字："櫱，伐木余也。"方言："枿，余也。陈、郑之间曰枿。"是枿、櫱亦同字。**若此则有所受之矣，而非所授者。所受者无授也而无不受也。无不受也者，譬若周云之茏苁，辽巢彭濞而为雨，**周云，密雨云也。茏苁，聚合也。辽巢彭濞，蕴积貌也。濞，榆荚之濞。○庄逵吉云：御览引作"寮摷彭薄"，薄与濞声近也。○王念孙云：彭濞本作彭薄。道藏本作彭濼，濼即薄之误。后人不知而改为濞，庄本从之，斯为谬矣。彭，古读若旁，下文云"浑浑苍苍，纯朴未散，旁薄为一"，司马相如封禅文"旁魄四塞"，义并与此同，故高注以彭薄为蕴积貌。若彭濞，则为水声，而非云气蕴积之貌，与正文、注文皆不合矣。旧本北堂书钞天部二引此，正作彭薄。太平御览天部八同。○俞樾云：高注曰："周云，密雨云也。”然密雨之云谓之周云，甚为未安，殆失之矣。周，当读为朝。诗汝坟篇“惄如调饥”，毛传曰：“调，朝也。”周之为朝，犹调之为朝也。朝云为雨，即诗所谓“朝隮于西，崇朝其雨”也。郑笺云：“朝有升气于西方，终其朝则雨，气应自然。”升气即云也。文选高唐赋：“王问玉曰：‘此何气也？’玉对曰：‘所谓朝云者也。’”即可说此周云之义。**沉溺万物而不与为湿焉。**不与万物俱湿。

今夫善射者有仪表之度，如工匠有规矩之数，此皆所得以至于妙。有所得仪表规矩之巧也。○陈观楼云：“所得”上脱“有”字。高注“有所得仪表规矩之巧也”，是其证。**然而奚仲不能为逄蒙，造父不能为伯乐者，是曰谕于一曲，而不通于万方之际也。今以涅染缁则黑于涅，以蓝染青则青于蓝。涅非缁也，青非蓝也，兹虽遇其母而无能复化已。**涅，矾石也。母，本也。○孙诒让云：贾公彦周礼钟氏、仪礼士冠礼疏引，染缁并作染绀，疑据许本。齐俗训云：“夫素之性白，染之以涅则黑。”则此本为长。然贾两引以证绀色，则唐时自有作“绀”之本。**是何则？以谕其转而益薄也。何况夫未始有涅蓝造化之者乎，其为化也，虽镂金石，书竹帛，何足以举其数！**镂，读娄数之娄。**由此观之，物莫不生于有也，**有，犹往也。**小大优游矣。**言饶多也。**夫秋豪之末，沦于无间而复归于大矣；**秋豪微妙，故能入于无间。间，孔。言道无形，以豪末比道，犹复为大也。**芦苻之厚，通于无堲而复反于敦庞。**厚，犹薄。芦，苇也。苻，芦之中白苻。言其薄柯则归于苇，故曰反于敦庞矣。苻，读面䴵之䴵也。**若夫无秋豪之微，芦苻之厚，四达无境，通于无圻，**道无形，秋豪、芦苻已有形，故曰无秋豪之微，芦苻之厚，而四达无境，通于无圻。圻，垠字也。○庄逵吉云：说文解字，垠或从斤作圻。**而莫之要御夭遏者，其袭微重妙，挺挏万物，揣丸变化，**道之所能。**天地之间何足以论之！**言道所化者大。**夫疾风教木，而不能拔毛发；云台之**

高，堕者折脊碎脑，而蟁蝱适足以翱翔。教亦拔也。台高际于云，故曰云台。蟁蝱微细，故翱翔而无伤毁之患，道所贵也。○王念孙云："适足以翱翔"当作"适足以翾"，高注"翱翔而无伤毁之患"当作"翾飞而无伤毁之患"。说文："翾，（许缘反。）小飞也。"原道篇曰"跂行喙息，蠉飞蝡动"，蠉与翾同。下文曰"飞轻微细者，犹足以脱其命"，"飞轻"二字正承"翾"字言之。若翱翔则为鸟高飞之貌，蟁蝱之飞，可谓之翾，不可谓之翱翔也。又下文"虽欲翱翔"，高注曰："翱翔，鸟之高飞，翼上下曰翱，直刺不动曰翔。"而此注不释翱翔之义，则正文本无"翱翔"二字明矣。隶书翱字或作翶，（见汉唐公房碑。）形与翾相近，故翾误为翱。后人不知翱为翾之误，因妄加"翔"字耳。艺文类聚虫豸部引此，正作"蟁蝱适足以翾"。○文典谨按：文选于安城答灵运诗注引，碎脑作碎胫。夫与蚑蛲同乘天机，蚑行蛲动，谕微细也。天机，神马。夫受形于一圈，飞轻微细者，犹足以脱其命，又况未有类也？类，形象也。未有形象，道所尚也。○王念孙云："也"与"邪"同。下"夫"字因上"夫"字而衍。"夫与跂蛲同乘天机，受形于一圈"，二句连读，不当更有"夫"字。由此观之，无形而生有形，亦明矣。是故圣人托其神于灵府，而归于万物之初，视于冥冥，听于无声，冥冥之中独见晓焉，晓，明也。寂漠之中独有照焉。其用之也以不用，其不用也而后能用之；其知也乃不知，其不知也而后能知之也。夫天不定，日月无所载；载，行也。地不定，草木无所植；植，立也。所立于身者不宁，是非无所形。形，见也。是故有真人然后有真知。知不诈，故曰真也。其所持者不明，庸讵知吾所谓知之非不知欤？

今夫积惠重厚，累爱袭恩，以声华呕苻妪掩万民百姓，使知之䜣䜣然，人乐其性者，仁也。○王念孙云："使"下不当有"知"字，此因上文"所谓知之"而误衍也。刘本无"知"字，是。○陶方琦云：汉书万石君传晋灼注引许注"䜣䜣，古欣字"，当此处注也。原道训"其为欢不忻忻”，从心旁，此从言旁，尚是许君旧本，故与汉书传注引许说正合。说文䜣下云：“憘也。从言，斤声。”又欣下云：“笑喜，从欠，斤声。”音义相类，盖古今字。**举大功，立显名，体君臣，正上下，明亲疏，等贵贱，存危国，继绝世，决挐治烦，**○文典谨按：文选吴都赋注引许注：“挐，乱也。”当是此处注也。说文：“挐，牵引也。”宋玉九辩“枝烦挐而交横”，王注：“柯条纠错而崱嶷。”牵引、纠错亦皆有乱义。**兴毁宗，立无后者，义也。闭九窍，藏心志，弃聪明，反无识，芒然仿佯于尘埃之外，而消摇于无事之业，**○俞樾云：广雅释诂：“业，始也。”无事之业，谓无事之始也。文子精神篇作“无事之际”，乃浅人不得其义而臆改。九守篇亦作“无事之业”。**含阴吐阳，而万物和同者，德也。是故道散而为德，德溢而为仁义，仁义立而道德废矣。百围之木，斩而为牺尊，**牺，读曰希，犹疏镂之尊。**镂之以剞剧，杂之以青黄，华藻镈鲜，龙蛇虎豹，曲成文章，**剞，巧工钩刀也。剧者，规度刺画墨边笺也。所以刻镂之具也。青黄，采色之饰。剞，读技之技。剧，读诗“蹶角”之蹶也。华藻，华文也。镈，今之金尊也。鲜，明好也。龙蛇虎豹者，刻尊彝为蟠龙伏虎之状，故曰曲成文章。○洪颐煊云：镈当是铺字之讹，即敷字。易说卦“震为旉”，释文：“干宝注：旉，花之通名。铺为花朵谓之藪。”华藻铺鲜，皆谓其刻镂之美。非金尊也。○俞樾云：高注曰：“华藻，华文也。镈，今之金尊也。鲜，明好也。”此说于镈字之义未得。镈鲜连文，若是金尊，则与鲜字不属矣。陈氏寿祺左海经辨说以说文金部之镈鳞，谓鲜当为鳞。然镈鳞自是钟上横木之饰，此言牺尊，非所施也。今按：镈从尃声，尃犹敷也，谓以金敷布其上也。古者以金饰物谓之镈。史记礼书注“金薄璆龙”，索隐引刘氏曰：“薄，犹饰也。”薄即镈之叚字也。鲜，读为献。礼记月令篇“天子乃鲜羔开冰”，注曰：“鲜当为献。”是其证也。明堂位篇“周献豆”，注曰：“献，疏刻之。”然则镈献谓疏刻而以金饰之也。画为华藻之形，疏刻而金饰之，是为华藻镈献。○陶方琦云：文选魏都赋注引许注：“剞劂，曲刀也。”说文：“剞剧，曲刀也。”与淮南注正同。淮南劂应作剧。韩集送文畅师北游诗注引淮南“镂之剞剧”，注：“剞剧，曲刀也。”此即许注，字作劀。王逸注哀时命：“剞劂，刻镂刀也。”亦以剞劂为一物。广雅：“剞劂，刀也。”高氏此注与本经训同。**然其断在沟中，壹比牺尊、沟中之断，则丑美有间矣，**间，远也。方其好丑相去远也。**然而失木性，钧也。**钧，等。○文典谨按：“然其断在沟中”句，疑有脱误。庄子天地篇作“其断在沟中”，亦非。惟御览七百六十一引庄子作“其一断在沟中”，不误。今本“一”字误置“比”字上，传写又改为壹，义遂不可通矣。**是故神越者其言华，**越，散也。言不守也，故华而不实。**德荡者其行伪。**荡，逸。伪，不诚也。**至精亡于中，而言行观于外，此不免以身役物矣。**与物为役。**夫趋舍行伪者，为精求于外也，精有湫尽，而行无穷极，则滑心浊神，而惑乱其本矣。其所守者不定，而外淫于世俗之风，**风，化也。**所断差跌者，而内以浊其清明，是故踌躇以终，而不得须臾恬澹矣。是故圣人内修道术，而不外饰仁义，不知耳目之宣，而游于精神之和。**○俞樾云：宣当作宜，字之误也。庄子德充符篇“夫若然者，且不知耳目之所宜，而游心乎德之和”，即淮南所本。文子精诚篇作“知九窍四肢之宜，而游乎精神之和”，字正作宜，但知上脱“不”字耳。**若然者，下揆三泉，上寻九天，横廓六合，揲贯万物，此圣人之游也。若夫真人，则动溶于至虚，而游于灭亡之野，骑蜚廉而从敦圄，**蜚廉，兽名，长毛有翼。敦圄，似虎而小。一曰：仙人名也。○陶方琦云：史记索隐二十六引许注：“淳圄，仙人也。”高注中一曰乃许氏说。如氾论训“段干木，晋国之大驵”，高注：“驵，骄怚。一曰：驵，市侩也。”而御览引许注正作“驵，市侩也”之例。羽猎赋“灵圄燕于间观”，集解引郭璞注：“灵圄，淳圄，仙人名也。”即用许氏淮南注。**驰于外方，休乎宇内，**○王念孙云：宇内当为内宇。内宇犹宇内也，若谷中谓之中谷，林中谓之中林矣。内宇与外方相对为文，宇与野、圄、雨、父、女为韵。（野，古读若墅，说见唐韵正。）若作宇内，则失其韵矣。**烛十日而使风雨，臣雷公，役夸父，**夸父，仙人，弃其杖而为邓林也。

妾宓妃，妻织女，天地之间，何足以留其志！是故虚无者道之舍，平易者道之素。素，性也。

夫人之事其神而娆其精，营慧然而有求于外，此皆失其神明而离其宅也。事，治也。娆，烦也。营慧，求索名利者也。宅〔一〕，离精神之宅也。是故冻者假兼衣于春，而暍者望冷风于秋，夫有病于内者必有色于外矣。夫梣木色青翳，而蠃瘉蜗睆，梣木，苦历，木名也。生于山，剥取其皮，以水浸之正青，用洗眼，瘉人目中肤翳，故曰色青翳。青色，象也。蠃蠡，薄蠃。蜗睆，目疾也。〇王引之云："色青翳"当作"已青翳"。（注内"色青翳"同。）已与瘉相对为文，已亦瘉也，言梣木可以瘉青翳也。瘉今作愈。吕氏春秋至忠篇"王之疾必可已也"，高注曰："已，犹愈也。"故此注云"用洗眼，瘉人目中肤翳，故曰已青翳也。"今正文及注皆作"色青翳"者，涉注内"青色"而误耳。"蠃瘉蜗睆"当作"蠃蠡瘉烛睆"。（注内"蜗睆"同。）据高云"蠃蠡，薄蠃"，则"蠃"下原有"蠡"字明矣。太平御览鳞介部十三引此作"蠃蠷瘉烛睆"，又引注云："蠃，附蠃。蠷，细长蠃也。烛睆，目中疾。"一切经音义二十引许慎注云："烛睆，目内白翳病也。"名医别录曰："蜗篱，味甘，无毒，主烛馆，明目。"蠃蠷、蜗篱并与蠃蠡同。（士冠礼蠃醢，今文蠃为蜗，内则作蜗醢。）烛馆与烛睆同。蠃、蠡声相乱，故"蠃"下脱"蠡"字。烛、蜗草书相似，故烛误为蜗。宋证类本草引此已误。〇陶方琦云：二家注文异，许本作"蠃蠷瘉烛睆"，与高本正文并异。惟御览引作"烛睍，目内病"，睍乃睆字之讹，又敚去"白翳"二字。众经音义五及十七引许注，又敚去"烛"字。卷二十引有"烛"字。鲋螺当作蚹蠃。尔雅释鱼："蚹蠃，螔蝓。"说文："蠃，一曰虒蝓。"蚹蠃声同蒲蠃，吴语"其民必移就蒲蠃于东海之滨"是也。又转作仆累，即蹼螺，见中山经。（高注薄蠃即本此，或蒲蠃之转声。）广雅："蠡蠃、蜗牛，螔蝓也。"说文："蜗，蠃也。"本草云："蛞蝓一名陵蠡。"（古今注作陵螺。）别录云："一名附蜗。"附蜗即蚹螺也。说文无蠷字。方言："蚰蜒，或谓之蛝蠷。"广雅："蛝蠷，蚰蜒也。"盖蚹蠃有壳，蠷无壳，蠷细长如螺形，并居

〔一〕"宅"上疑脱"离"字。日本诸子大成改正淮南鸿烈解有"离"字。

旱，非水中之螺，天雨即出，俗犹以其涎清凉，可愈热毒，故名医别录云："蜗篱，味甘，无毒，主烛馆，明目，生江夏。"蜗篱即蠃蠡，烛馆即烛睆。○郝懿行云："以今所见，海蠃有数种，总名海薄蠃。吴语云"其民必移就蒲蠃于东海之滨"，蒲蠃即薄蠃也。蒲、薄二字古多通用。韦昭不知蒲蠃乃一物，反以蒲为深蒲，蠃为蚌蛤之属，误矣。西山经郭璞注云："蠃母即[illegible]螺也。"夏小正传云："蜃者，蒲卢也。"蒲卢即蒲蠃，蟆螺即薄蠃，俱一声之转。尔雅释鱼云："蠃小者蜬。"郭注："螺大者如斗，出日南涨海中，可以为酒杯。"然则尔雅举小，郭璞举大，广异语也。**此皆治目之药也。人无故求此物者，必有蔽其明者。圣人之所以骇天下者，真人未尝过焉；贤人之所以矫世俗者，圣人未尝观焉。**矫，拂也。**夫牛蹄之涔，无尺之鲤；**涔，潦水也。涔，读延祜曷问，急气闭口言也。**块阜之山，无丈之材。**小山也，在陈留。**所以然者何也？皆其营宇狭小，而不能容巨大也。**○庄逵吉云：御览引作"牛蹄之涔，无径尺之鲤；魁父之山，无营宇之材"，无下"营宇"二字。○王念孙云：此御览误，非今本误也。尺之鲤，丈之材，相对为文。若作营宇之材，则文不成义，且与上句不对。营宇狭小，所以不能容巨大。若无"营宇"二字，则文义不明。钞本御览作"牛蹄之涔，无径尺之鲤；魁父之山，无丈之材。营宇狭小而不能容巨大也"。"尺"上有"径"字，乃后人不识古文辞而妄加之。（后人以尺之鲤文义未足，故加一"径"字，此未识古人句法也。原道篇曰："圣人不贵尺之璧，而重寸之阴。"吕氏春秋举难篇曰："尺之木必有节目，寸之玉必有瑕适。"属句并与此同。加一"径"字，则与下句不对矣。御览鳞介部八引此，又作"无盈尺之鲤"，"盈"字亦后人所加。）其"无丈之材"及"营宇狭小"，则皆与今本同。刻本御览作"无营宇之材"，而下文无"营宇"二字，此皆后人妄改，不足为据。艺文类聚山部上引作："牛蹄之涔，无尺之鲤；魍府之山，无丈之材。皆其营宇狭小而不能容巨大也。"正与今本同，足证刻本御览之误。（刘昼新论观量篇："蹄洼之内，不生蛟龙；培塿之上，不植松柏。营宇隘也。"意皆本于淮南。彼言营宇隘，犹此言营宇狭小耳，亦足证刻本御览无"营宇"二字之误。）"尺"上无"径"字，并足证钞本御览之误。**又况乎以无裹之者邪！**无裹，无形。**此其为山渊**

之势亦远矣。此无有议长大。夫人之拘于世也，必形系而神泄，故不免于虚。形系者，身形疾而精神越泄，不处其守，故曰不免于虚疾。使我可系羁者，必其有命在于外也。〇王念孙云："有命在于外"当作"命有在于外"，言既为人所系羁，则命在人而不在我也。今本"命有"二字误倒，则文义不明。文子精诚篇正作"必其命有在外者矣"。庄子山木篇"物之所利，乃非己也，吾命有在外者也"，即淮南所本。至德之世，甘瞑于溷澖之域，而徙倚于汗漫之宇，澖，读闲放之闲，言无垠虚之貌。徙倚，犹汗漫。无生形，形生，元气之本神也。故卢敖见若士者言曰"吾与汗漫期于九垓之上"是也。宇，居也。〇文典谨按：御览七十七引，"至德之世"下有注云："谓太古三皇之时。"又甘作其，溷澖作混淆，汗漫作澜漫。提挈天地而委万物，以鸿濛为景柱，而浮扬乎无畛崖之际。一手曰提。挈，举。委，弃也。言不以身役物。鸿濛，东方之野，日所出，故以为景柱。浮扬，犹遨翔也。无畛崖畔界，因以为名也。〇文典谨按：御览七十七引，浮扬作浡扬。是故圣人呼吸阴阳之气，而群生莫不颙颙然，仰其德以和顺。〇文典谨按：御览七十七引，颙颙作喁喁，"和顺"下有"止"字。当此之时，莫之领理，决离隐密而自成，浑浑苍苍，纯朴未散，旁薄为一，而万物大优，浑浑苍苍，混沌大貌，故曰纯朴未散也。优，饶也。〇文典谨按：御览七十七引，隐密作隐慜，苍苍作若若。是故虽有羿之知而无所用之。是说上古之时也，但甘卧，治化自行，故曰虽有羿之知，其无所用之。是尧时羿，善射，能一日落九乌，缴大风，杀窫窳，斩九婴，射河伯之知巧也。非有穷后羿也。〇文典谨按：御览七十七引，"是故虽有羿之知而无所用之"作"是故虽有明知，无所用之"。

及世之衰也，至伏羲氏，其道昧昧芒芒然，吟德怀和，伏羲氏以木德王天下，号曰太昊。昧昧，纯厚也。芒芒，广大貌也。吟咏其德，含怀其和气，未大宣布也。〇王念孙云：吟，非吟咏之吟，乃含字也。原道篇"含德之所致也"，高彼注曰："含，怀也。"此云"含德怀和"，本经篇云"含德怀道”，含、怀一声之转，其义一也。含字从口，今声。移口于旁，字体小异耳。若训为吟咏之吟，则与怀和不类矣。汉书礼乐志“灵安留，吟青黄”，服虔曰：“吟音含。”是含字古或作吟也。**被施颇烈，**被，读光被四表之被也。被其德泽，颇烈施于民。**而知乃始昧昧晽晽，皆欲离其童蒙之心，**昧昧，欲明而未也。晽晽，欲所知之貌也。离，去也。○王念孙云：说文、玉篇、广韵、集韵皆无晽字，晽晽当为楙楙。（注同。）昧昧、楙楙，一声之转，皆欲知之貌也。文子上礼篇作昧昧懋懋，懋与楙古字通。（皋陶谟“懋迁有无化居”，汉书食货志懋作楙。）今作晽晽者，楙误为林，又因昧字而误加日旁耳。杨慎古音余乃于侵韵收入晽字，吴志伊字汇补又云，晽音林，并引淮南子“昧昧晽晽”，皆为俗本所惑也。**而觉视于天地之间，是故其德烦而不能一。**烦，多也。一，齐也。**乃至神农、黄帝，**○王念孙云：乃当为及，字之误也。文子上礼篇正作及。又氾论篇“故圣人之见存亡之迹、成败之际也，非乃鸣条之野、甲子之日也”，乃亦当为及。言夏、殷之将亡，圣人早已知之，非及鸣条之野、甲子之日而后知之也。道藏本、刘本并作乃。朱本改“乃”为“待”，而庄本从之，义则是而文则非矣。**剖判大宗，**○文典谨按：北堂书钞四功业十二引，大作太。**窍领天地，袭九窾，重九熱，**窍，通也。领，理也。袭，因也。窾，法也。熱，形也。言因九天九地之形法以通理也。○王念孙云：说文、玉篇、广韵、集韵皆无熱字，熱当为垫，字之误也。玉篇：“垫，古文垠字。”（字从土，埶声。说文：“埶，读若银。”）九垫即九垠也。上文曰“芦苻之厚，通于无垫”，无垫即无垠也。兵略篇“不见朕垫”，览冥篇作朕垠，彼注云：“垠，形状也。”故此注亦云：“垫，形也。”○文典谨按：御览七十八引作“袭九空，重九望”，又引注云：“九空，九天也。九望，九地也。”**提挈阴阳，嫥捖刚柔，枝解叶贯，万物百族，**嫥捖，和调也。族，类也。**使各有经纪条贯，**贯，位也。**于此万民睢睢盱盱然，莫不竦身而载听视，**睢睢盱盱，听视之貌也。**是故治而不能和下。**和，协也。**栖迟至于昆吾、夏后之世，**昆吾，夏伯。桀世也。**嗜欲连于物，聪明诱于外，而性命失其得。**性命之本。**施及周室之衰，**○王引之云：

"之衰"二字,后人所加也。寻绎上文,自伏羲氏以下,皆为衰世,则方其盛时亦谓之衰,不待其衰而后为衰也。下文"周室衰而王道废",始言周室之衰耳。若此句先言周室之衰,则下文不须更言衰矣。文子上礼篇作"施及周室",无"之衰"二字。**浇淳散朴,**施,读难易之易也。**杂道以伪,俭德以行,**杂,粗。○王念孙云:杂当为离,字之误也。俭,读为险。(险、俭古字通,说见经义述闻大戴礼"惠而不俭"下。)庄子缮性篇:"德又下衰,澆淳散朴,离道以善,险德以行。"(郭象注:"有善而道不全,行立而德不夷。")此正淮南所本。文子作"离道以为伪,险德以为行",又本于淮南。然则原文作"离道"明矣。高注训杂为粗,则所见本已误作杂。又案:伪,古为字。(说见史记淮南衡山传"为伪"下。)为亦行也。齐俗篇"矜伪以惑世,伉行以违众",矜伪犹伉行耳。(上文曰:"夫趋舍行伪者,为精求于外也。"荀子儒效篇曰:"其衣冠行伪,已同于世俗矣。"行伪即行为。)"离道以伪,险德以行",言所为非大道,所行非至德也。与诈伪之伪不同。下句"巧故萌生",始言诈伪耳。文子改作"以为伪","以为行",失之。**而巧故萌生。**巧言为诈。**周室衰而王道废,儒墨乃始列道而议,分徒而讼。**儒,孔子道也。墨,墨翟术也。徒,党也。讼,争是非也。**于是博学以疑圣,华诬以胁众,**博学杨、墨之道,以疑孔子之术。设虚华之言,以诬圣人,劫胁徒众也。○王引之云:疑,读曰拟。博学以拟圣,谓博学多闻以自比于圣人也。郑注周官司服曰:"疑之言拟也。"史记平准书"人徒之费拟于南夷",汉书食货志拟作疑,文子作"狙学以拟圣",是其证。庄子天地篇"博学以拟圣,於于以盖众",即淮南所本也。高说失之。**弦歌鼓舞,缘饰诗、书,以买名誉于天下。**为以求之。**繁登降之礼,饰绂冕之服,聚众不足以极其变,积财不足以赡其费,于是万民乃始慲觟离跂,**慲,读箫箫无逢际之慲。觟,傒径之傒也。**各欲行其知伪,以求凿枘于世而错择名利,**错,施也。择,取也。求,索也。言施其巧伪,索荣显之名利也。故下言"曼衍于淫荒之陂"也。**是故百姓曼衍于淫荒之陂,而失其大宗之本。**陂,或作野。**夫世之所以丧性命,有衰渐以然,所由来者**

久矣。○俞樾云:衰乃等衰之衰。上文自伏羲氏而历数之,以至于周室之衰,每降而愈下,故曰“有衰渐以然”。

是故圣人之学也,欲以返性于初,而游心于虚也。人受天地之中以生。孟子曰:性无不善,而情欲害之。故圣人能返其性于初也。游心于虚,言无欲也。达人之学也,欲以通性于辽廓,而觉于寂漠也。若夫俗世之学也则不然,擢德攓性,内愁五藏,外劳耳目,擢,取也。攓,缩也。皆不循其理,故愁其思虑也。耳妄听,目妄视,淫故劳也。○陶方琦云:文选为顾彦先赠妇诗注、七启注、华严音义上引许注:“擢,引也。”说文:“擢,引也。”与注淮南同。乃始招蛲振缱物之豪芒,摇消掉捎仁义礼乐,暴行越智于天下,以招号名声于世。摇消掉捎仁义礼乐,未之能行也。越,扬也。暴,卒也。越扬其诈谲之智以取声名也。此我所羞而不为也。是故与其有天下也,不若有说也;说,乐也。不若有人说乐之也。与其有说也,不若尚羊物之终始也,而条达有无之际。○俞樾云:“终始”下衍“也”字。“不若尚羊物之终始,而条达有无之际”,两句一气相属。今衍“也”字,则文义隔绝矣。是故举世而誉之不加劝,举世而非之不加沮,定于死生之境,而通于荣辱之理,虽有炎火洪水弥靡于天下,神无亏缺于胸臆之中矣。若然者,视天下之间,犹飞羽浮芥也,芥,中也。○庄逵吉云:中字疑当作艸。孰肯分分然以物为事也!分,犹意念之貌。

水之性真清而土汩之,人性安静而嗜欲乱之。○王念孙云:真字于义无取,疑后人所加。太平御览方术部一引此,作“夫水之性清而土汩之,人之性安而欲乱之”,于义为长。吕氏春秋本生篇云:“夫水之性清,土者扫之,故不得清。人之性寿,物者扫之,故不得寿。”扫与汩同。夫人之所受于天者,耳目之于声色也,口鼻之于芳臭也,○王念孙云:

下句本作“口鼻之于臭味”，谓口之于味、鼻之于臭也。后人误读臭为腐臭之臭，而改臭味为芳臭，则与口字义不相属矣。太平御览引此，正作“鼻口之于臭味”。**肌肤之于寒燠，其情一也，或通于神明，或不免于痴狂者，何也？其所为制者异也。是故神者智之渊也，渊清则智明矣；智者心之府也，智公则心平矣。**〇王念孙云：以下二句例之，则渊清当为神清，此涉上句渊字而误也。太平御览引此，正作神清，文子九守篇同。**人莫鉴于流沫，而鉴于止水者，以其静也；**沫，雨潦上沫起覆瓯也，言其浊扰不见人形也。〇王念孙云：流沫本作沫雨，故高注及说山篇俱作沫雨。又太平御览服用部十九、方术部一并引淮南子“人莫鉴于沫雨，而鉴于止水”。今本作流沫者，后人以意改之耳。又案：沫雨者，流雨之讹也。水动则浊，静则清，故曰“人莫鉴于流雨，而鉴于止水者，以其静也”。动与静相对，流与止相对。流隶或作⿰氵不，（见鲁相史晨飨孔庙后碑。）形与沫相似，因讹为沫。高以为雨潦上覆瓯，非也。据高云“沫雨或作流潦”，（文子九守篇亦作流潦，文选江赋注引作流瀿，又引许慎注云：“楚人谓水暴溢为瀿。”）则沫为⿰氵不字之讹明矣。庄子德充符篇“人莫鉴于流水，而鉴于止水”，崔譔本流作沫，亦是⿰氵不字之讹。〇俞樾云：说山篇“人莫鉴于沫雨，而鉴于澄水者，以其休止不荡也”，注曰：“沫雨，雨潦上覆瓮也。沫雨或作流潦。”今按此当以流潦为正，流潦即行潦也。诗洞酌篇毛传曰：“行潦，流潦也。”孟子公孙丑篇赵注曰：“行潦，道旁流潦也。”是其义也。流潦与止水，正相对为文。庄子德充符篇“人莫鉴于流水，而鉴于止水”，流潦犹流水也。文子九守篇亦作流潦，可知古本如此矣。高本作流沫者，疑流泉之误。隶书泉字或作涼，杨君石门颂“平阿涼泥”是也。古本作流潦，别本作流泉，义初不异。涼与沫相似，因误为沫矣。高据误本作注，而以“雨潦上沫起覆瓯”说之，盖谓是水中浮沤耳，其说迂曲。而说山篇之沫雨，则又涉高注而误。因高注沫雨二字相连，浅人妄谓是举正文而释之，遂改正文流沫作沫雨，又于注文“雨”下加“雨”字，以从既改之正文，斯为谬矣。王氏念孙谓当作流雨，流雨之文殊不成义，不可从也。文选江赋注引作流瀿，瀿即说文泉部𩕄字之异文。许君云“泉水也”，此正可为别本作流泉之证。〇陶方琦云：文选江赋注引作“莫鉴于流瀿，而鉴于澄水”，又引许注"楚人谓水暴溢曰瀿",是许本作流瀿,与高本正文亦异。高本流沫当作流潦,下文"树木者灌以瀿水",注"瀿或作潦",御览七百二十引高注正作"灌以潦水",是作瀿者许氏本,作潦者高氏本也。玉篇"瀿,水暴溢也,波也",即本许氏淮南注。○文典谨按:御览十引,流沫亦作沫雨,静作净,又引高注"沫雨,雨潦上沫起覆盖也"。**莫窥形于生铁,而窥于明镜者,以睹其易也。**易,读河间易县之易。○王念孙云:"以睹其易也",以下本无"睹"字。"以其静也"、"以其易也"相对为文,则不当有"睹"字。太平御览服用部十九、方术部一引此,并无"睹"字。"夫唯易且静,形物之性也",语意未明。御览方术部引作"夫唯易且静,故能形物之性情也",(高注:"形,见也。")较今本为善。文子作"神清意平,乃能形物之情也"。○俞樾云:太平御览服用部、方术部引此文,并无"睹"字,是"睹"为衍文。"以其易也"与上句"以其静也"正相对。惟"易"字于义无取,疑"明"字之误。"明"字从日、从月,而"易"字据说文引秘书说"日月为易,象阴阳也",则亦从日从月,故"明"误为"易"耳。○文典谨按:王、俞以"睹"字为衍文,是也。北堂书钞一百三十六引,作"莫窥形于生铁,而窥形于明镜者,以其易也",亦无"睹"字。**夫唯易且静,形物之性也。**形,见。**由此观之,用也必假之于弗用也,**○王念孙云:"用也"二字,文不成义。太平御览方术部引此,作"用者必假之于弗用者",是也。今本两"者"字皆作"也",涉上文而误耳。文子作"故用之者必假于不用者",庄子知北游篇曰"是用之者假不用者也",皆其证。**是故虚室生白,吉祥止也。**虚,心也。室,身也。白,道也。能虚其心以生于道,道性无欲,吉祥来止舍也。**夫鉴明者尘垢弗能薶,**薶,污也。薶,读倭语之倭。**神清者嗜欲弗能乱。**神清者,精神内守也。情之嗜欲,不能干乱。**精神已越于外,而事复返之,**越,散也。事,治也。**是失之于本,而求之于末也。外内无符而欲与物接,弊其玄光而求知之于耳目,**玄光,内明也。一曰:玄,天也。**是释其炤炤,而道其冥冥也,是之谓失道。心有所至而神喟然在之,**

反之于虚则消铄灭息，此圣人之游也。反之于虚，则情欲之性消铄灭息，故曰圣人之游。游，行也。故古之治天下也，必达乎性命之情。其举错未必同也，其合于道一也。

夫夏日之不被裘者，非爱之也，燠有余于身也。○文典谨按：艺文类聚六十九引，燠作暖。冬日之不用翣者，非简之也，清有余于适也。翣，扇也。翣，读鹅鹜食唼喋之唼。简，贱也。夫圣人量腹而食，度形而衣，节于己而已，贪污之心奚由生哉！故能有天下者，必无以天下为也；能有名誉者，必无以趋行求者也。以，用也。○俞樾云：趋乃越字之误，越之言逸也，躐也。越行，犹言过行也。谓不以过甚之行求名誉也。文子九守篇作"能有名誉者，必不以越行求之"，是其证。○文典谨按：趋行，犹奔走驰骛也。谓圣人无贪污之心，不奔走驰骛以求名誉也。俞氏以趋为越，谓不以过甚之行求名誉，其说迂曲难通。名誉安可以过甚之行求之！文子九守篇虽作越行，疑字之误，未可据彼改此也。圣人有所于达，达则嗜欲之心外矣。外，弃也。孔、墨之弟子，皆以仁义之术教导于世，然而不免于儡。身犹不能行也，又况所教乎？儡身，身不见用，儡儡然也。儡，读雷同之雷。○庄逵吉云：说文解字："儡，相败也。读若雷。"道德经"儡儡兮若无所归"，本或作"乘乘"者是。○王念孙云：高说非也。儡字上属为句，"不免于儡"，谓躬行仁义而不免于疲也。（儡之言羸也。广雅曰："傫傫，疲也。"说文曰："儽，垂皃。"亦疲惫之意。玉藻"丧容累累"，郑注曰："累累，羸惫貌也。"王褒洞箫赋曰："桀、跖鬻博，儡以顿顇。"儽、儡、傫、累并字异而义同。）身字下属为句。吕氏春秋有度篇曰："孔、墨之弟子徒属充满天下，皆以仁义之术教导于天下，然而无所行。教者术犹不能行，又况乎所教。"句法正与此同。是何则？其道外也。夫以末求返于本，许由不能行也，又况齐民乎！齐民，凡民。齐于民也。诚达于性命之情，而仁义固附矣，趋舍何足以滑心！若夫神无所掩，心无所载，通洞条达，恬漠无事，无所凝滞，虚寂以待，势利不能诱也，诱，惑也，进也。辩者不能说也，说，释也。声色不能淫也，美者不能滥也，滥，觎也，或作监。不能使之过滥。智者不能动也，勇者不能恐也，○俞樾云："声色"句移在"辩者"句前，则势、利、声、色，以类相从，辩者、美者、智者、勇者，亦以类相从矣。文子九守篇正如此，可据以订正。此真人之道也。○王念孙云：道本作游，此后人以意改之也。文子九守篇正作游。游者，行也。言真人之所行如此也。上文曰："心有所至而神喟然在之，反之于虚则销铄灭息，此圣人之游也。"高注曰："游，行也。"精神篇"是故真人之所游"，高注亦曰："游，行也。"庄子天运篇："古之至人，假道于仁，托宿于义，以游逍遥之虚，食于苟简之田，立于不贷之圃。古者谓是采真之游。"并与此真人之游同意。若然者，陶冶万物，与造化者为人，为，治也。天地之间，宇宙之内，莫能夭遏。间，上下之间也。内，四方之内也。夫化生者不死，而化物者不化，化生者，天也。化物者，德也。○俞樾云：化生当作生生，涉下句而误。精神篇曰："故生生者未尝死也，其所生则死矣。化物者未尝化也，其所化则化矣。"是其证也。神经于骊山、太行而不能难，骊山，今在京兆新丰县南也。太行，今在河内野王县北也。入于四海九江而不能濡，四海，四方之海也。九江，江分为九也。处小隘而不塞，横扃天地之间而不窕。扃，犹闭也。○俞樾云：高注曰："扃，犹闭也。"则与横字之义不贯矣。仪礼士冠礼郑注曰："扃，所以扛鼎。"考工记匠人注曰："大扃，牛鼎之扃，长三尺。小扃，脚鼎之扃，长二尺。"是扃者横木，以扛鼎者也。宣十二年左传服注曰："扃，横木，校轮间。一曰：车前横木也。"是凡横木皆谓之扃，故以横扃并言。不通此者，虽目数千羊之群，耳分八风之调，目视耳听也。八风，八卦之风。调，和也。足蹀阳阿之舞，而手会绿水之趋，阳阿，古之名倡也。绿水，舞曲也。一曰：绿水，古诗也。趋，投节也。○陶方琦云：文选注十六引淮南曰："足蹑阳阿之舞。"高注："阳阿，古之名倡也。"文选南都赋注引许注："蹀，蹈也。"是高本作蹑，与许本作蹀微异。魏都赋注引声类："蹀，蹑也。"说文："蹑，蹈也。"广雅释诂："蹀、蹈，履也。"主术训"足蹑郊兔"，御览三百八十六引作"足蹀狡兔"，是许本作蹀之证。〇文典谨按：文选长笛赋注、七命注引高注，绿并作渌。**智终天地，**〇文典谨按：终当为络，形近而讹也。庄子天道篇"故古之王天下者，知虽落天地，不自虑也"，即此文所本。（落与络同。秋水篇"落马首，穿牛鼻，是谓人"，本书原道篇作"络马之口，穿牛之鼻者，人也"。）御览四百六十四引此文正作"智络天地"，尤其明证矣。**明照日月，辩解连环，泽润玉石，犹无益于治天下也。**泽，润泽也。〇王念孙云："泽润玉石"本作"辞润玉石"，高注"泽，润泽也"，本作"润，泽也"。此解润字之义，非解泽字之义。"辞润玉石"，谓其辞润泽如玉石也。"目数千羊"二句以耳目言之，"足蹀阳阿"二句以手足言之，"智终天地"二句以心言之，"辩解连环"二句以口言之。若云"泽润玉石"，则文不成义矣。今案：正文"泽"字涉注文"润，泽也"而误，（太平御览人事部一百五引此已误。）后人不达，又于注内加一"泽"字以从已误之正文耳。文子九守篇正作"辞润玉石"。

静漠恬澹，所以养性也；和愉虚无，所以养德也。外不滑内，则性得其宜；性不动和，则德安其位。养生以经世，抱德以终年，可谓能体道矣。若然者，血脉无郁滞，五藏无蔚气，蔚，病也。**祸福弗能挠滑，非誉弗能尘垢，故能致其极。**极，至。**非有其世，孰能济焉？有其人不遇其时，身犹不能脱，又况无道乎？**道不得行。**且人之情，耳目应感动，心志知忧乐，手足之攒疾蠚、辟寒暑，所以与物接也。蜂虿螫指而神不能憺，**螫，读解释之释。憺，定也。**蚉蝱噆肤而知不能平，**噆，噬，犹穿。〇王念孙云："知不能平"四字义不相属，知本作性。性，犹体也。平，静也。（鬼谷子摩篇："平者，静也。"）谓体不能静也。庄子天运篇"蚊虻噆肤，则通昔不寐"是也。后人不知性之训为体，故妄改之耳。太平御览虫豸部二引此，正作"性不能平"。〇俞樾云：知，犹志也。礼记缁衣篇"为上可望而知也，为下可述而志也"，郑注曰："志，犹知也。"是知与志义通。知不能平者，平，定也，谓志不能定也。与上句“蜂虿螫指而神不能濟”，高注曰“濟，定也”，义正一律。太平御览虫豸部引作“性不能平”，恐后人不达“知”字之义而臆改，未足为据。王氏念孙谓性犹体也，此恐不然。神也、志也，皆就在内者而言，故下文曰：“夫忧患之来，撄人心也，直蜂虿之螫毒而蚉蝱之惨怛也。”言撄人心，不言撄人体，则此不当以体言矣。**夫忧患之来，撄人心也，**撄，迫也。**非直蜂虿之螫毒而蚉蝱之惨怛也，而欲静漠虚无，奈之何哉！夫目察秋豪之末，耳不闻雷霆之音；**○文典谨按：“雷霆之音”，旧作“雷霆之声”，与下“耳调玉石之声”重复。传写宋本及御览三百六十六引，并作“耳不闻雷霆之音”，今据改。**耳调玉石之声，目不见太山之高。何则？小有所志而大有所忘也。今万物之来，擢拔吾性，攓取吾情，有若泉源，虽欲勿禀，其可得邪！**禀，犹动用也。○俞樾云：国语晋语“将禀命焉”，楚语“是无所禀命也”，韦注并曰：“禀，受也。”此言万物之来，擢拔吾性，攓取吾情，吾虽欲勿受之而不可得也。高注曰：“禀，犹动用也。”于辞意未合，且禀字亦无动用之义。○文典谨按：御览七百二十引，“攓取吾情”作“撵取吾精”，“有若泉源”作“势若泉原”，禀作廪。**今夫树木者，灌以潦水，**孙星衍云：文选注引许賨淮南子注，有“楚人谓水暴溢为潦”云云，当是此下原文。而各本有“潦，波暴溢也”五字，藏本皆无之，附录以俟考。○文典谨按：孙氏所云文选注，即江赋注也。许注之上引有淮南正文“莫鉴于流潦，而鉴于澄水”，则非此处注可知。至各本“潦，波暴溢也”五字，疑后人据玉篇所加，故藏本无之也。**畴以肥壤，**畴，雍。壤或作嘹。**一人养之，十人拔之，则必无余栓，**栓，蘖。○王念孙云：一当为十，十当为一。此言养之者虽有十人，而一人拔之则木必死也。下文曰：“今盆水在庭，清之终日，未能见眉睫；浊之不过一挠，而不能察方员。”意此与同。魏策亦云：“十人树杨，一人拔之，则无生杨矣。”今本“十”、“一”二字互误，则非其指矣。太平御览资产部三所引与今本同，亦后人依误本改之。其方术部一引此，正作“十人养之，一人拔之”。○文典谨按：王说是也。御览九百五十二引作“千人养之，一人拔之”，文虽小异，而作“一人拔之”则同，足为王说之一证。**又况与一国同伐之哉？虽欲久生，岂可得乎！**○文典谨按：御览七百二十引，"又况与一国同伐之哉"作"况以一国同伐之"。**今盆水在庭，清之终日，未能见眉睫；浊之不过一挠，而不能察方员。**察，见。**人神易浊而难清，犹盆水之类也，况一世而挠滑之，曷得须臾平乎！**

古者至德之世，贾便其肆，农乐其业，大夫安其职，职，事。**而处士修其道。**道，先王之道也。○文典谨按：修当为循。隶书修、循相似，故致误也。文选西都赋注、御览七十七引，并作"而处士循其道"。唯长笛赋注引作修，与今本合，则后人据已误本改之也。**当此之时，风雨不毁折，草木不夭，九鼎重味，珠玉润泽，**九鼎，九州贡金所铸也。一曰：象九德，故曰九鼎也。重，厚也。润泽，有光也。○庄逵吉云：御览作"草木不夭死，九鼎重"，无"味"字。下有注云："王者之德休明，则鼎重；奸回，则鼎轻。"○王念孙云：风雨不毁折，草木不夭死，相对为文，则有"死"字者是也。文子道德篇亦有"死"字。九鼎重味，"味"字于义无取，盖即下文"珠"字之误而衍者也。御览引此作"九鼎重"，又引注云："王者之德休明，则鼎重。"（此盖许注。）则无"味"字明矣。**洛出丹书，河出绿图，故许由、方回、善卷、披衣得达其道。**许由，阳城人也，尧所聘而不利也。方回、善卷、披衣皆尧时隐士，姓名不可得知。其人方直回旋，因曰方回。见其善卷。披衣而行，因曰披衣。得达，乐其所修先王之道也。**何则？世之主有欲利天下之心，是以人得自乐其间。**自乐其道于天地之间也。或作文德自乐其间先王之道也。**四子之才，非能尽善，盖今之世也，然莫能与之同光者，遇唐、虞之时。**光，誉。**逮至夏桀、殷纣，燔生人，辜谏者，**○文典谨按：辜当为罪，字之误也。罪古作辠，传写遂误为辜耳。御览六百四十七引，辜正作辠。**为炮烙，铸金柱，**铸金柱，然火其下，以人置其上，坠陊火中，而对之笑也。○文典谨按：北堂书钞二十引，作

"铜金为柱"。**剖贤人之心，析才士之胫，**贤人，比干也。析，解也。剥解有才士脚，观其有奇异。胫，脚也。**醢鬼侯之女，菹梅伯之骸。**鬼侯、梅伯，纣时诸侯。梅伯说鬼侯之女美好，令纣妻之。女至，纣以为不好，故醢鬼侯之女，菹梅伯之骸也。一曰：纣为无道，梅伯数谏，故菹其骸也。**当此之时，峣山崩，三川涸，**峣山，盖在南阳。三川，泾、渭、汧也。涸，竭也。传曰："山崩川竭。"亡国征也。**飞鸟铩翼，走兽挤脚。**纣田猎禽荒，无休止时，故飞鸟折翼，走兽毁脚，无不被害也。〇陶方琦云：文选注引，作"飞鸟铩羽，走兽废足"，又引许注："铩羽，残羽也。"铩或通作杀。周礼"放弑其君则残之"，注："残，杀也。"此铩训残，义得相通。蜀都赋注引许注作"铩，残也"，敚二"羽"字。一切经音义引作"铩羽而飞"，当从辨命论、五君咏注引。**当此之时，岂独无圣人哉？然而不能通其道者，不遇其世。**言圣人不能通其道、行其化者，不遭世也。**夫鸟飞千仞之上，兽走丛薄之中，祸犹及之，又况编户齐民乎？**聚木曰丛，深草曰薄。犹及之，田猎不时也。**由此观之，体道者不专在于我，亦有系于世矣。**

夫历阳之都，一夕反而为湖，〇庄逵吉云：反，太平御览作化。**勇力圣知与罢怯不肖者同命。**历阳，淮南国之县名，今属江都。昔有老妪，常行仁义，有二诸生过之，谓曰："此国当没为湖。"谓妪视东城门阃有血，便走上北山，勿顾也。自此，妪便往视门阃。阍者问之，妪对曰如是。其暮，门吏故杀鸡血涂门阃。明旦，老妪早往视门，见血，便上北山，国没为湖。与门吏言其事，适一宿耳。一夕，旦而为湖也。勇怯同命，无遗脱也。〇文典谨按：意林引注略同，惟末有"母遂化作石也"六字。庄氏逵吉所引御览当为六十六，然八百八十八引，又仍作反，与今本合。一百六十九引，作"历阳之都，一夕为湖"，有注云：汉明帝时，历阳沦为湖。"**巫山之上，顺风纵火，膏夏紫芝与萧艾俱死。**巫山，在南郡。膏夏，大木也，其理密白如膏，故曰膏夏。紫、芝，皆喻贤智也。萧、艾，贱草，皆喻不肖。〇文典谨按：艺文类聚九十八、御览九百八十五引，顺风并作从风。**故河鱼不得明目，稚稼不得育时，其所生者然也。**河水浊，故不得明目。稚稼为霜所凋，故不得待其自熟时。故曰"其所生者然也"。**故世治则愚者不能独乱，世乱则智者不能独治。身蹈于浊世之中，而责道之不行也，是犹两绊骐骥，而求其致千里也。**两者，双也。**置猿槛中，则与豚同，非不巧捷也，无所肆其能也。**肆，极。**舜之耕陶也，不能利其里；**所居之里。**南面王，则德施乎四海：**四海，天下。**仁非能益也，处便而势利也。古之圣人，其和愉宁静，性也；其志得道行，命也。**命，天命也。**是故性遭命而后能行，命得性而后能明。**得其本清静之性，故能明。**乌号之弓，溪子之弩，不能无弦而射。**乌号，柘桑也。溪子，为弩所出国名也。或曰：溪，蛮夷也，以柘桑为弩，因曰溪子之弩也。一曰：溪子阳，郑国善为弩匠，因以名也。○陶方琦云：史记集解、索隐、文选闲居赋注、御览三百四十八并引许注："南方溪子蛮夷柘弩，皆善材也。"高注所云或曰，即是许说。索隐引作"南方溪子蛮出柘弩及竹弩"，引文小异。御览引古史考："乌号以柘枝为之。柘桑其材坚劲，可为弩。"**越舲蜀艇，不能无水而浮。**舲，小船也。蜀艇，一版之舟，若今豫章是也。虽越人所便习，若无其水，不能独浮也。○陶方琦云：御览三百四十八引许注："艕，小船。艇，大船。皆一木。"（此因上"南方溪子"注连引，定为许注。）广雅："艕、艇，船也。"玉篇："艕，小船也。"即本许义。意林引作"越艕蜀艇"，事类赋舟部、御览七百七十一、后汉书马融传注所引并同，皆许本也。方言："南楚江、湘之间小艒艑谓之艇。"释名："二百斛以下曰艇。其形径挺，一二人所乘行也。"小尔雅："小船谓之艇。"玉篇："艇，小船也。"无训为大船者。然高注"一版之舟"，与许注"一木"义亦相类，是训蜀为一也。○文典谨按：北堂书钞一百三十八引，作"越舲吴艇，不能无水而行"。御览七百七十一引，浮亦作行。意林引，此句在"乌号之弓"句前。**今矰缴机而在上，罡罟张而在下，虽欲翱翔，其势焉得？**矰，弋射身短矢也。机,发也。翱翔,鸟之高飞,翼上下曰翱,直刺不动曰翔也。**故诗云:"采采卷耳,不盈倾筐。嗟我怀人,置彼周行。"以言慕远世也。**诗周南卷耳篇也。言采采易得之菜,不满易盈之器,以言君子为国,执心不精,不能以成其道,采易得之菜,不能盈易满之器也。"嗟我怀人,置彼周行",言我思古君子官贤人,置之列位也。诚古之贤人各得其行列,故曰慕远也。

淮南鸿烈集解卷三

天文训

文者，象也。天先垂文象，日月五星及彗孛皆谓以谴告一人，故曰"天文"，因以题篇。

天墬未形，冯冯翼翼，洞洞灟灟，故曰太昭。 冯翼、洞灟，无形之貌。洞，读挺挏之挏。灟，读以铁头斫地之镯也。**道始于虚霩，** ○王引之云：书传无言天地未形名曰太昭者，冯翼、洞灟亦非昭明之貌。太昭当作太始，字之误也。易乾凿度曰："太始者，形之始也。"太平御览天部一引张衡玄图曰："玄者，无形之类，自然之根，作于太始，莫之与先。"是太始无形，故天地未形谓之太始也。"道始于虚霩"，当作"太始生虚霩"，即承上文太始而言。王逸注楚辞天问曰："太始之元，虚廓无形。（廓与霩同。）"正所谓"太始生虚霩"也。后人以老子言道先天地生，故改"太始生虚霩"为"道始于虚霩"，而不知与"故曰太始"句文不相承也。御览引此作"道始生虚霩"，"太"字已误作"道"，而"生"字尚不误。**虚霩生宇宙，宇宙生气。气有涯垠，** 宇，四方上下也。宙，往古来今也。将成天地之貌也。涯垠，重安之貌也。○庄逵吉云：御览作"宇宙生元气"。涯，俗本作汉，误。○王念孙云：此当为"宇宙生元气，元气有涯垠"。下文清阳为天，重浊为地，所谓元气有涯垠也。今本脱去两"元"字，涯字又误为汉。太平御览天部一"元气"下引此，正作"宇宙生元气，元气有涯垠"。**清阳者薄靡而为天，** 薄靡者，若尘埃飞扬之貌。○文典谨按：御览一引，靡作劘。**重浊者凝滞而为地。** ○文典谨按：北堂书钞一百五十七、御览三十六引，凝并作淹。**清妙之合专**一作尃。**易，重浊之凝竭难，故天先成而地后定。天地之袭精为阴阳，**袭，合也。精，气也。**阴阳之专精为四时，四时之散精为万物。积阳之热气生火，火气之精者为日；**○陶方琦云：开元占经二十三引淮南间诂云："日者，火也。"按间诂乃许注本也，故高本无注。**积阴之寒气为水，水气之精者为月。日月之淫为精者为星辰。**○王引之云："积阳之热气生火，积阴之寒气为水"，本作"积阳之热气久者生火，积阴之寒气久者为水"，言热气积久则生火，寒气积久则为水。今本无"久者"二字，后人删之也。初学记天部上、太平御览天部四并引此云："积阴之寒气久者为水。"隋萧吉五行大义辨体性篇引此云："积阳之热气反者为火，积阴之寒气反者为水。"艺文类聚天部上引此云："积阴之寒气大者为水。""反"与"大"皆"久"字之误，则原有"久者"二字明矣。"日月之淫为"本作"日月之淫气"，此因上下文"为"字而误。广韵星字注引此云："日月之淫气精命为星辰。""日月之淫气"与"积阳之热气"、"积阴之寒气"文正相对。"精者为星辰"与"精者为日"、"精者为月"文亦相对。下文"天地之偏气，怒者为风"、"天地之合气，和者为雨"，句法亦相同。**天受日月星辰，地受水潦尘埃。昔者共工与颛顼争为帝，怒而触不周之山，**"共工"，官名，伯于虙羲、神农之间。其后子孙任智刑以强，故与颛顼、黄帝之孙争位。不周山在西北也。**天柱折，地维绝。天倾西北，故日月星辰移焉；**倾，高也。原道言"地东南倾"，倾，下也。此先言倾西北，明其高也。**地不满东南，故水潦尘埃归焉。天道曰圆，地道曰方。方者主幽，圆者主明。明者，吐气者也，是故火曰外景；幽者，含气者也，是故水曰内景。**○洪颐煊云：大戴礼天圆篇："明者，吐气者也，是故外景。幽者，含气者也，是故内景。故火日外景，而金水内景。"张衡灵宪："日譬犹火，月譬犹水。火则外光，水则含景。"此本作"火日外景，水月内景"。两"曰"字是俗人所改。**吐气者施，含气者化，是故**

阳施阴化。天之偏气，怒者为风；地之含气，和者为雨。○王念孙云：刘本删去下句“天”字，而庄本从之。案：大戴礼曾子天圆篇：“阴阳之气，偏则风，和则雨。”艺文类聚天部下引曾子曰：“天地之气，和则雨。”是风雨皆天地之气，岂得以风属之天，雨属之地乎！下句当依道藏本作“天地”，上句当补“地”字。又案：含气当为合气。合、含字相似，又涉上文“含气”而误也。合气与偏气正相对，作“含”则非其指矣。阴阳相薄，感而为雷，薄，迫也。感，动也。激而为霆，乱而为雾。阳气胜则散而为雨露，散，雾散也。阴气胜则凝而为霜雪。

毛羽者，飞行之类也，故属于阳。介鳞者，蛰伏之类也，故属于阴。日者，阳之主也，是故春夏则群兽除，除，冬毛微堕也。○陶方琦云：初学记一引许注“除角”，按此条乃初学记连正文而引，惟“除角”二字为许注也。孙氏问经辑本连正文并引为许说，非也。然除角当作除毛。日至而麋鹿解。日冬至麋角解，日夏至鹿角解。○陶方琦云：御览九百四十一引许注“解角”。说文麋下云：“麋冬至而解其角。”月者，阴之宗也，是以月虚而鱼脑减，月死而蠃蛖膲。宗，本也。减，少也。膲，肉不满。言应阴气也。膲，读若物醮炒之醮也。○王念孙云：虚当为亏（虧），字之误也。（虧字脱去右半，因误而为虚。埤雅引此已误。）月可言盈亏，不可言虚实。太平御览鳞介部十三引此，正作月亏。艺文类聚天部上、御览天部四引此，并作月毁，（盖许慎本。）毁亦亏也。○陶方琦云：御览九百四十一引，“月死而蠃蛖膲”作“月死而螺蚌痳”，又引许注：“痳，减蹴也。”按广雅：“痳，缩也。”缩即减蹴义。通俗文：“缩小曰痳。皱不申曰缩朒。”说文：“缩，一曰蹴也。”则减蹴即减缩。○文典谨按：白帖一引，月虚亦作月毁。火上荨，荨，读葛覃之覃。水下流，故鸟飞而高，鱼动而下。○王念孙云：飞本作动，此后人妄改之也。同一动也，而有高下之殊，故曰“鸟动而高，鱼动而下”。犹睽象传言“火动而上，泽动而下”也。若鸟言飞，则鱼当言游矣。太平御览鳞介部七引此，正作“鸟动而高”。物类相动，本标相

应，标，读刀末之标。**故阳燧见日则燃而为火，方诸见月则津而为水，**阳燧，金也。取金杯无缘者，熟摩令热，日中时，以当日下，以艾承之，则燃得火也。方诸，阴燧，大蛤也。熟摩令热，月盛时，以向月下，则水生，以铜盘受之，下水数滴。先师说然也。○庄逵吉云：御览引许音注云："诸，珠也。方，石也。以铜盘受之，下水数升。"又引高诱注同此。知高、许二家注本原别矣。○陶方琦云：华严音义引，燃作熯。音义及太平广记一百六十一引许注："阳燧，五石之铜精，圆而仰日，则得火。"按：说文作鐩，云"阳鐩也"。周礼考工辀人"谓之鉴鐩之齐"，注："鉴鐩，取水火于日月之器也。"唐释辅行记引郑注论语："金錢，火镜也。"论衡率性篇："阳燧取火于天，五月丙午日中之时，销炼五石，铸以为器，摩砺生光，仰以向日，则火来至。"参同契："阳燧以取火，非日不生光。"众经音义引："鐩，五石之铜精也。圆以仰日，即得火。"即许氏淮南注。艺文类聚火部引旧注曰："日高三四丈，持以向日，燥艾承之寸余，有顷焦，吹之即得火。"与今高注义同而文异，或是许注。又华严音义上、太平广记一百六十一、御览四、事类赋月部、续博物志、艺文类聚引许注："方诸，五石之精，作圆器似杯坊而向月，则得水也。诸，珠也。方，石也。以铜盘受之，下水数升。"按高注云："以铜槃受之，下水数滴。"与御览所引许注说同，知所云"先师说然"，先师疑即许氏也。盖古人尊闻之意。（或云：高言先师即卢植，以序中曾云从同县卢君受其句读。琦谓当是马融。后汉马融传言融有淮南注，高诱之师为卢植，植之师即为马融。知高注本中必多承用马注，所云先师，或即是马氏也。）说文鉴字下："一曰鉴诸，可以取明水于月。"周礼司烜郑注："鉴，镜属，取水者也，世谓之方诸。"御览五十八引淮南万毕术"方诸取水"，注曰："方诸，形若杯，无耳，以五石合治，以十二月夜半作之，以承水即来。"与许说合。**虎啸而谷风至，龙举而景云属，**虎，土物也。风，木风也。木生于土，故虎啸而谷风至。龙，水物也。云生水，故龙举而景云属。属，会也。○陶方琦云：文选刘孝标广绝交论注、御览九百二十九、事类赋风部引许注："虎，阴中阳兽，与风同类。"御览九百二十九又引许注："龙，阳中阴虫，与云同类。"按御览引春秋元命苞："猛虎啸，谷风起，类相动也。龙之言萌也，阴中之阳也，故言龙举而云兴。"论衡寒温篇："虎啸而谷风至，龙兴而景云属。同气共类，共相招致。"管辂别传曰："龙者阳精，以潜为阴，幽灵上通，和气感神，二物相扶，故能兴云。虎者阴精，而居于阳，依木长啸，动于巽林，二气相感，故能运风。"皆与许说合。○文典谨按：白帖二引作"虎啸而谷风生"。又按：初学记一引高注云："虎，阳兽，与风同类。"必误许为高也。**麒麟斗而日月食，**○陶方琦云：初学记一、事类赋日部引许注："骐骥，大角之兽，故与日月相动。"御览四引，日月相动作相符。又大角，事类赋引作一角。说文："麒，仁兽也，麕身牛尾一角。"尔雅："麐，麕身牛尾一角。"春秋感精符曰："麟一角，明海内共一主也。"公羊疏引许君五经异义曰："公羊说云：麟者木精，一角赤目，为火候。"亦或引作"大角"者，作"一角"义是。春秋元命包："麒麟斗，日无光。"宋均曰："麒麟，少阳之精。斗于地，则日月亦将争于上。"抱朴清鉴："日月蚀则识骐骥之共斗。"初学记二十九及张华博物志并引作"骐骥斗则日月蚀"，皆同许注本。开元占经引许注本亦作蚀。**鲸鱼死**○陶方琦云：一切经音义十九、御览九百三十八引许注："鲸，海中鱼之王也。"按览冥训"鲸鱼死而彗星出"，高注云："鲸鱼，大鱼，长数里，死于海边。"与许注文微异。说文作鱷，云"海大鱼也"，字或从京作鲸。一切经音义引注云〔一〕，无"海中"二字。御览引魏武四时食制曰："东海有大鱼如山，长五六里，谓之鲸鲵。"春秋演孔图："海精，鲸鱼也。"薛综西京赋注："海中大鱼名鲸。"当从御览补"海中"二字。**而彗星出，**○陶方琦云：初学记一引许注："彗，除旧布新也。"白帖引作"彗，所以除旧布新"。按左昭十七年传："彗，所以除旧更新也。"五行志引作布新。刘向洪范五行传："彗，除秽布新也。"览冥训高注："彗星为变异，人之害也。"与许注亦异。**蚕珥丝而商弦绝，**蚕老丝成，自中彻外，视之如金精珥，表里见，故曰珥丝。一曰：弄丝于口。商音清，弦细而急，故先绝也。**贲星坠而勃海决。**贲星，客星也。又作孛星。坠，陨也。勃，大也。决，溢也。○陶方琦云：占经七十四引许注："奔星，流星也。"按：占经引为许慎说云云，益知二家之本不同也。高注云"又作孛星"，孛即奔字之误，知高云"又作"，乃许本也。奔、贲古字通。**人主之情，上通于天，**○文典谨按：御

〔一〕"云"字疑衍。

览九及八百七十六引，并作“人主之精通于天”。**故诛暴则多飘风，**暴，虐也。飘风，迅也。**枉法令则多虫螟，**食心曰螟，谷之灾也。○陶方琦云：占经一百二十引许注：“谷恶生孽，则虫食心。”按：食心之训，皆本疋义。○文典谨按：枉法令与上句诛暴，文不一律。意林引此文，枉法令作法苛，诛暴、法苛正相对成义，当从之。**杀不辜则国赤地，**赤地，旱也。**令不收则多淫雨。**干时之令不收纳，则久雨为灾。○文典谨按：意林引，国作多，收作时。**四时者，天之吏也；日月者，天之使也；星辰者，天之期也；虹蜺彗星者，天之忌也。**期，会也。雄为虹，雌为蜺也。虹者，杂色也。忌，禁也。○文典谨按：御览十四引，无“彗星”二字。

天有九野，九千九百九十九隅，去地五亿万里，九野，九天之野也。一野千一百一十一隅也。○王念孙云：开元占经天占篇引此作“亿五万里”。太平御览地部一引诗含神雾亦云“天地相去亿五万里”。然则亿、五二字，今本误倒也。○文典谨按：御览二引作：“天有九野，九千九百九十里隅，去地五万里。”**五星，八风，二十八宿，**五星，岁星、荧惑、镇星、太白、辰星也。八风，八卦之风也。二十八宿，东方角、亢、氐、房、心、尾、箕，北方斗、牛、女、虚、危、室、壁，西方奎、娄、胃、昴、毕、觜、参，南方井、鬼、柳、星、张、翼、轸也。○王引之云：“二十八宿”四字，及注“二十八宿”云云，皆后人所加也。下文于九野、五星、八风、五官、六府皆一一释之，而不及二十八宿，但于所说九野中，附以“其星角、亢、氐”云云。使有“二十八宿”四字，下文不应不为解释，且不应以二十八宿并入九野条内，使纲目不相当也，然则此处原文无“二十八宿”四字明矣。注于牵牛、须女、营室、东壁、觜觿、东井、舆鬼、七星，皆省一字称之，文义苟简，决非汉人所为。七星但称星，则无以别于他星；牵牛谓之牛，营室谓之室，觜觿谓之觜，皆文不成义。又案：下文“星分度：角十二，亢九，氐十五，房五，心五，尾十八，箕十一四分一，斗二十六，牵牛八，须女十二，虚十，危十七，营室十六，东壁九，奎十六，娄十二，胃十四，昴十一，毕十六，觜嶲二，参九，东井三十三，舆鬼四，柳十五，七星七，张、翼各十八，轸十七，凡二十八宿也”，“凡二十八宿”句亦后人所加。此说星之分度，非说星之全数也,无缘得有此句。**五官,六府,**五官,五行之官。六府,加以谷。**紫宫,太微,轩辕,咸池,四守,天阿。**皆星名,下自解。○洪颐煊云:下文:"太微者,太一之庭也。紫宫者,太一之居也。轩辕者,帝妃之舍也。咸池者,水鱼之囿也。天阿者,群神之阙也。四宫者,所以为司赏罚。"高注:"四宫,紫宫、轩辕、咸池、天阿。"此"天阿"上不应有"四守"二字,当是衍文,涉下"四宫"而讹。○王引之云:高注曰:"皆星名,下自解。"又下文:"太微者,太一之庭也。(太一当作五帝,说见下。)紫宫者,太一之居也。轩辕者,帝妃之舍也。咸池者,水鱼之囿也。天阿者,群神之阙也。四守者,所以司赏罚。"注曰:"四守,紫宫、轩辕、咸池、天阿。"据前注,则四守亦星名;据后注,则四守乃总括四星之称,非星名也。前后注意迥殊。今细绎原文,前注是也。紫宫、太微、轩辕、咸池、四守、天阿,列其名也。太一之庭、太一之居、帝妃之舍、水鱼之囿、群神之阙及所以司赏罚,则明其职也。故前注曰:"皆星名,下自解。"后注以四守为紫宫、轩辕、咸池、天阿,其不可通有三。太微、紫宫并举,何以数紫宫而不数太微?其不可通一也。四守若为紫宫、轩辕、咸池、天阿之总称,则上文"四守"二字当列于紫宫前,为统下之词,或列于天阿后,为统上之词,其义乃通,何以杂厕诸星之间,而云"紫宫、太微、轩辕、咸池、四守、天阿"邪?其不可通二也。轩辕帝妃之舍,咸池水鱼之囿,皆与赏罚之事无涉,其不可通三也。初学记、太平御览并引许慎注曰:"四守,紫宫、轩辕、咸池、天阿也。"然则此乃许注,后人移入高本,而前后遂相矛盾矣。天阿本作天河,后人以天河非星名,故改为天阿也。案:开元占经甘氏中官占引甘氏曰:"天阿一星在昴西,以察山林之妖变也。"与门阙之义无涉。且天阿非黄道所经,不得言"群神之阙"也。北堂书钞、太平御览引此,并作天河,又引高注曰:"天河,星名。阙,犹门也。"(各本脱"天河星名"四字。)又初学记、太平御览引许注以天河为四守之一,是许本亦作天河。天河盖即北河、南河也。夹河之南北,故总谓之天河。天官书曰:"钺北北河,南南河,两河、天阙间为关梁。"开元占经石氏中官占引郗萌曰:"两河戍与戉,(即钺字。)俱为帝阙。"又占曰:"两戍间为天门,日月五星常出其门中。"故曰"天河者,群神之阙也。"高注训阙为门,正合郗萌之说。群神,即日月五星之神也。韩子饰邪篇曰:"丰隆、五行、太一、王相、摄提、六神、五括、天河、殷枪、岁星。"所谓天河，盖即指此。天官书曰："中宫天极星，其一明者，太一常居也。环之匡卫十二星，藩臣。皆曰紫宫。"开元占经石氏中官占引春秋合诚图曰："紫微者，太一之常坐。"太一在紫宫之中，非太微中所有，不得言"太微，太一之庭"，诸书亦无言"太一之庭"者。此"太一"二字，盖因下文"太一之居"而误。（太平御览引此已误。）"太一之庭"当作"五帝之庭"。天官书曰："太微，匡卫十二星，藩臣。其内五星，五帝坐。"太平御览引天官星占曰："紫宫，太一坐也。太微之宫，天子之庭，五帝之坐也。"即此所云"太微五帝之庭，紫宫太一之居"也。续汉书天文志注引张衡灵宪曰："紫宫为皇极之居，太微为五帝之廷。"（廷、庭古字通。）又其一证矣。注内"太一，天神也"，亦当为"五帝，天神也"。盖正文既误为太一，后人又改注以从之耳。**何谓九野？中央曰钧天，其星角、亢、氐。**韩、郑之分野也。○洪颐煊云：二十八宿皆随斗杓所指而言。角、亢、氐离斗杓最近，故古法以此三星为中央天。**东方曰苍天，其星房、心、尾。东北曰变天，其星箕、斗、牵牛。**尾、箕，一名析木，燕之分野。斗，吴之分野。牵牛，一名星纪，越之分野。阳气始作，万物萌芽，故曰变天。○俞樾云：周易说卦传："艮，东北之卦也，万物之所成终而成始也。"正义曰："东北在寅丑之间，丑为前岁之末，寅为后岁之初，则是万物之所成终而所成始也。"东北变天之义亦取诸此，以其居终始之交，故以"变"名。高注以万物萌芽说之，尚未尽"变"字之义。**北方曰玄天，其星须女、虚、危、营室。**虚、危，一名玄枵，齐之分野。**西北方曰幽天，其星东壁、奎、娄。**幽，阴也。西方季秋将即于阴，故曰幽天。营室、东壁，一名承委，卫之分野。奎、娄，一名降娄，鲁之分野。**西方曰颢天，**颢，白也。西方金，色白，故曰颢天。或作"昊"字。○庄逵吉云：俗本此字皆作昊，惟藏本作颢。**其星胃、昴、毕。**昴、毕，一名大梁，赵之分野。**西南方曰朱天，其星觜嶲、参、东井。**觜嶲、参，一名实沈，晋之分野。朱，阳也。西南为少阳，故曰朱天。**南方曰炎天，**○文典谨按：文选颜延年夏夜呈从兄散骑车长沙诗注引高注："南方五月建午，火之中也。火性炎上，故曰炎天。"**其星舆鬼、柳、七星。**柳、七星，周之分野。

一名鹑火。**东南方曰阳天，其星张、翼、轸。**东南纯乾用事，故曰阳天。翼、轸，一名鹑尾，楚之分野。

何谓五星？东方，木也，〇陶方琦云：占经二十三引许注："木冒地而生也。"按：说文木字下云："冒地而生，东方之行。"与注淮南说同。**其帝太皞，**太皞，伏牺氏有天下号也，死托祀于东方之帝也。〇陶方琦云：占经二十三引许注："天神五帝，太皞主东方。"按：时则训"盛德在木"，高注："太皞之神治东方也。"亦与许说合。〇文典谨按：御览十九引，皞作昊，注伏牺作庖牺。**其佐句芒，执规而治春。**〇陶方琦云：占经二十三引许注："规者，圆也。"按说文圆字下云："圆者，规也。"与淮南注说同。**其神为岁星，其兽苍龙，其音角，其日甲乙。**木色苍，龙顺其色也。角，木也。甲、乙皆木也。**南方，火也，其帝炎帝，**炎帝，少典子也，以火德王天下，号曰神农，死托祀于南方之帝。**其佐朱明，**旧说云祝融。〇陶方琦云：占经三十引许本作祝融。按：高云旧说，即许本也。占经引淮南天文间诂作"其佐祝融"，确是许本。**执衡而治夏。**〇陶方琦云：占经三十引许注："衡，平也。"按：衡义同准。说文："准，平也。"〇文典谨按：御览八百六十九引注"衡，平"，必是许本。**其神为荧惑，**荧惑，五星之一也。**其兽朱鸟，**朱鸟，朱雀也。**其音徵，其日丙丁。**徵，火也。丙、丁皆火也。**中央，土也，其帝黄帝，**黄帝，少典之子也，以土德王天下，号曰轩辕氏，死托祀于中央之帝。**其佐后土，执绳而制四方。**〇陶方琦云：占经三十八引许注："绳，直也。"按：下文"子午、卯酉为二绳"，高注："绳，直。"亦同许说。〇文典谨按：御览二十三引，"四方"下有"止"字。**其神为镇星，其兽黄龙，**土色黄也。**其音宫，其日戊己。**宫，土。戊、己，土也。〇文典谨按：御览二十三引注作："宫，土也。戊、己，土日也。"**西方，金也，其帝少昊，**少昊，黄帝之子青阳也，以金德王，号曰金天氏，死托祀于西方之帝。**其佐蓐收，执矩而治秋。其神为太白，其兽白虎，其音商，其日庚**

辛。商，金也。庚、辛皆金也。**北方，水也，其帝颛顼，**颛顼，黄帝之孙，以水德王天下，号曰高阳氏，死托祀于北方之帝。**其佐玄冥，执权而治冬。其神为辰星，其兽玄武，其音羽，其日壬癸。**羽，水也。壬、癸皆水也。**太阴在四仲，则岁星行三宿；**仲，中也。四中，谓太阴在卯、酉、子、午四面之中也。○陶方琦云：占经二十三引许注："太阴，谓太岁也。四仲，子、午、卯、酉也。又假令岁星在卯，星守须女、虚、危，故曰三宿。"按：下文"太阴在寅，为摄提格"，尔雅作"太岁在寅，曰摄提格"，知太阴即太岁。广雅："太阴，太岁也。"本许义。**太阴在四钩，则岁星行二宿。**丑钩辰，申钩巳，寅钩亥，未钩戌，谓太阴在四角。○陶方琦云：占经二十三引许注："四钩，谓丑寅为一钩，辰巳为一钩，未申为一钩，戌亥为一钩。又假令岁阴在寅，岁星在斗、牛，故曰二宿也。"按：即本下文"丑寅、辰巳、未申、戌亥为四钩"说也。**二八十六，三四十二，故十二岁而行二十八宿。**○钱大昕云：四仲，谓子、午、卯、酉也。四钩，谓丑寅、辰巳、未申、戌亥也。太阴在卯，岁星舍须女、虚、危；太阴在午，岁星舍胃、昴、毕；太阴在酉，岁星舍柳、七星、张；太阴在子，岁星舍氐、房、心：是为四仲行三宿。太阴在寅，岁星舍斗、牵牛；太阴在辰，岁星舍营室、东壁；太阴在巳，岁星舍奎、娄；太阴在未，岁星舍觜觿、参；太阴在申，岁星舍东井、舆鬼；太阴在戌，岁星舍翼、轸；太阴在亥，岁星舍角、亢；太阴在丑，岁星舍尾、箕：是为四钩行二宿。此在淮南书信而有征者也。汉书天文志晋灼注云："太岁在四仲，则岁星行三宿；太岁在四孟、四季，则岁星行二宿。"史记正义引晋灼说亦同。本据淮南之文，而改太阴为太岁，则失淮南之旨。盖古法太阴与太岁不同，太岁与岁星左右行不同，而常相应。如岁星在星纪，则太岁必在子；岁星在玄枵，则太岁必在丑：推之十二辰皆然也。今云岁星舍斗、牵牛，是星纪之次也，太岁当在子，而却云在寅。岁星舍须女、虚、危，是玄枵之次也，太岁当在丑，而却云在卯。是淮南所云太阴，非即太岁矣。如果太岁在寅，则岁星当舍营室、东壁，不当在斗、牵牛；果太岁在卯，则岁星当舍奎、娄，不当在须女、虚、危也。淮南虽不言太岁，而即岁星以见太岁，此古人举一反三之例也。太史公天官书多承淮南之文，唯改太阴为岁阴，其说岁星晨出之月，与淮南常差两月，一举夏正，一用天正，似异而实同。太史公亦以岁阴纪年，如太初元年阏逢摄提格，其明证矣。自太初改宪以后，刘子骏三统术但有推太岁所在法，别无言太阴者，盖畴人子弟失其传已非一日。班氏天文志虽承史公之文，而改岁阴为太岁，不复言太阴，是东汉人已不知太阴、太岁之有别矣。晋灼，晋人，宜其仞太阴为太岁也。**日行十二分度之一，岁行三十度十六分度之七，十二岁而周。**周，遍。**荧惑常以十月入太微，受制而出行列宿，司无道之国，为乱为贼，**○陶方琦云：占经七十四引许注：“众星，庶民之象，与列宿俱亡中国。微，灭也。”按：许注即洪范“庶民惟星”之意。**为疾为丧，为饥为兵，出入无常，辩变其色，时见时匿。**此皆所以谴告人君。**镇星以甲寅元始建斗，**○陶方琦云：占经三十八引许注：“甲寅元始，历起之年也。建斗，填星起于斗也。”按：高无注，今高本作镇星。**岁镇行一宿，**○王念孙云：“行”字因上下文而衍。既云岁镇一宿，则无庸更言“行”。开元占经填星占引此无“行”字，史记天官书亦无。**当居而弗居，其国亡土；未当居而居之，其国益地，岁熟。日行二十八分度之一，岁行十三度百一十二分度之五，二十八岁而周。**镇星一遍。**太白元始以正月建寅，与荧惑晨出东方，**○王引之云：此本作“太白元始以甲寅正月，与营室晨出东方”。甲寅正月者，甲寅年之正月也。下文“太阴元始建于甲寅”，开元占经填星占篇引旧注曰：“甲寅元始，历起之年也。”大衍历议引洪范传曰：“历记始于颛顼上元太始阏蒙摄提格之岁，毕陬之月，朔月己巳立春，七曜俱在营室五度。”阏蒙与阏逢同。太岁在甲曰阏逢，在寅曰摄提格。“阏逢摄提格之岁”者，甲寅之岁也。正月为陬。“毕陬之月”者，正月也。七曜者，日、月及太白、岁星、辰星、荧惑、镇星也。上元太始阏逢摄提格之岁，毕陬之月，太白在营室，故曰“太白元始以甲寅正月，与营室晨出东方”也。天官书说太白曰：“其纪上元以摄提格之岁，与营室晨出东方。”开元占经太白占篇引甘氏亦曰：“太白以摄提格之岁正月，与营室晨出于东方。”皆其明证。后人不审其义，遂改甲寅正月为正月甲寅，又改营室为荧惑。不知甲寅者，甲寅年也;若云正月甲寅,则是甲寅日矣。颛顼历元所起之日为己巳,非甲寅也。其谬一也。甲寅正月,先年而后月;若云正月甲寅,则不知在何年矣。其谬二也。(庄本改甲寅为建寅,尤非。)太白与营室晨出东方,犹下文岁星与营室、东壁晨出东方,皆以所在之宿言之;若云与荧惑晨出东方,则不知在何宿矣。其谬三也。**二百四十日而入,入百二十日而夕出西方,二百四十日而入,入三十五日而复出东方。出以辰戌,入以丑未。当出而不出,未当入而入,天下偃兵;当入而不入,当出而不出,天下兴兵。**○王念孙云:"当出而不出",已见上文,此当作"未当出而出"。太白主兵,故当出而不出,未当入而入,则天下偃兵。(见上文。)当入而不入,未当出而出,则天下兴兵也。史记天官书、汉书天文志及开元占经太白占引石氏星经并云"未当出而出,当入而不入,天下起兵",是其证。**辰星正四时,常以二月春分効奎、娄,**○陶方琦云:占经五十三引许注:"効,见也。"按:此许注羼入高注中者,故同。说文効作效,象也。占经又引春秋纬云:"辰星春分立卯之月夕効于奎、娄。"宋均注:"见于奎、娄也。"亦以见训効。**以五月夏至効东井、舆鬼,以八月秋分効角、亢,以十一月冬至効斗、牵牛。**効,见。**出以辰戌,入以丑未,出二旬而入。晨候之东方,夕候之西方。一时不出,其时不和;四时不出,天下大饥。**谷不熟为饥也。○庄逵吉云:饥,依高义应作饑,本或作饑。饥,饿也。饑,谷不熟也。两字训异。

何谓八风?距日冬至四十五日条风至,艮卦之风,一名融。为笙也。**条风至四十五日明庶风至,**震卦之风也。为管也。**明庶风至四十五日清明风至,**巽卦之风也。为柷也。**清明风至四十五日景风至,**离卦之风也。为弦也。**景风至四十五日凉风至,**坤卦之风也。为埙也。**凉风至四十五日阊阖风至,**兑卦之风也。为钟也。**阊阖风至四十五日不周风至,**乾卦之风也。为磬也。**不周风至四十五日广莫风至。**坎卦之风也。为鼓也。**条风至则出轻**

系，去稽留。立春，故出轻系。**明庶风至则正封疆，修田畴。**春分播谷，故正疆界，治田畴也。**清明风至则出币帛，使诸侯。**立夏长养布恩惠，故币帛聘问诸侯也。**景风至则爵有位，赏有功。**夏至阴气在下，阳盛于上，象阳布施，故赏有功，封建侯也。○俞樾云：既云“有位”，又何“爵”焉？“爵有位”之文殊不可通。“位”疑“德”字之误。有德、有功相对为文。草书德字作[illegible]，与位相似，故德误为位耳。白虎通义八风篇正作“爵有德，封有功”，可据以订正。○文典谨按：文选任彦升王文宪集序注引作“景风至，施爵禄，赏有功”，御览二十三引，“爵有位”作“施爵位”，又引注“封建侯也”作“封建诸侯”，于文为顺。**凉风至则报地德，祀四郊。**立秋节，农乃登谷尝祭，故报地德，祀四方神也。**阊阖风至则收县垂，琴瑟不张。**秋分杀气，国君憯怆，故去钟磬县垂之乐也。**不周风至则修宫室，缮边城。**立冬节，土工其始，故治宫室，缮修边城，备寇难也。**广莫风至则闭关梁，决刑罚。**象冬闭藏，不通关梁也。罚刑疑者，于是顺时而决之。○王念孙云：“祀四郊”本作“祀四乡”。四乡，四方也。越语“皇天后土四乡地主正之”，韦注曰：“乡，方也。”故高注云“祀四方神”，即月令所谓“命主祠祭禽于四方”也。易通卦验曰：“凉风至，报土功，祀四乡。”白虎通义曰：“凉风至，报地德，祀四乡。”皆其明证也。若作四郊，则失其义矣。且乡与功、张为韵。（功字合韵读若光，月令“神农将持功”，与昌、殃为韵；老子“不自伐，故有功”，与明、彰、长为韵；“自伐者无功”，与行、明、彰、长、行为韵；韩子主道篇“去贤而有功”，与明、强、常、常为韵；楚辞惜誓“惜伤身之无功”，与狂、长为韵。）若作郊，则失其韵矣。“决刑罚”本作“决罚刑”，故高注云“罚刑疑者，于是顺时而决之”。下文曰“断罚刑”，时则篇曰“休罚刑”，又曰“断罚刑”，皆其证也。太平御览时序部十二引此，亦作“断罚刑”。刑与城为韵，若作刑罚，则失其韵矣。

何谓五官？东方为田，南方为司马，西方为理，北方为司空，中央为都。田主农，司马主兵，理主狱，司空主土，都为四方最也。○俞樾云：“都”上疑脱“官”字。官都者，官之都总也，盖以二字为官名。管子问篇曰:"问五官有度制,官都其有常断,今事之稽也何待?"此五官有官都之塙证。又揆度篇云:"自言能为司马,不能为司马者,杀其身以衅其鼓。自言能治田土,不能治田土者,杀其身以衅其社。自言能为官,不能为官者,劓以为门父。故无敢奸能诬禄至于君者矣,故相任寅为官都。"按:司马及治田土,即此东方、南方之官也。然则官都亦即此五官之一矣。**何谓六府?子午、丑未、寅申、卯酉、辰戌、巳亥是也。太微者,太一之庭也。**太微,星名也。太一,天神也。○俞樾云:下文曰:"紫宫者,太一之居也。"然则太一自在紫宫,不在太微。此太一乃天子二字之误。太平御览引天官星占曰:"紫宫,太一坐也。太微之宫,天子之庭,五帝之坐也。"是其明证。○文典谨按:俞说近塙。文选江文通杂体诗三十首颜特进诗注引,太一作天一,足考"天子"误作"太一"之迹。**紫宫者,太一之居也。轩辕者,帝妃之舍也。**○文典谨按:文选月赋注引高注:"轩辕,星名。"齐敬皇后哀策文注引作:"轩辕,星也。"知旧有此注,而今本脱之也。**咸池者,水鱼之囿也。**咸池,星名。水鱼,天神。○文典谨按:鱼本作衡,字之误也。衡古作奂,与鱼形近而讹。水衡主上林之官,故天上亦有水衡之神也。北堂书钞百五十引此文,正作"咸池,水衡之囿"。**天阿者,群神之阙也。**阙,犹门也。○俞樾云:高注曰:"阙,犹门也。"然开元占经甘氏中官占引甘氏曰:"天阿一星在昴西,以察山林之妖变也。"则非门阙之谓。北堂书钞、太平御览引此并作天河,然天河非星也。遍考书传,无以天河为星名者。今按天河当作两河。史记天官书曰:"钺北北河,南南河,两河天阙。"是其证也。天字篆文作兩,与两字相似,故两误为天矣。○文典谨按:北堂书钞百五十引,作"天河,群臣之闕",又引注云:"天河,星名也。"**四宫者,所以为司赏罚。**四宫,紫宫、轩辕、咸池、天阿。○陶方琦云:初学记一、御览六引许注:"四守,紫宫、轩辕、咸池、天河也。"按:王氏淮南杂志曰:"上文'紫宫、太微、轩辕、咸池、四守、天阿',高注曰:'皆星名,下自解。'此作四守,乃统揩之词,前后不应矛盾若此。盖后人以许注羼入高注中,遂至于此。"王说是也。今高本四宫乃四守之误,天阿当作天河。(韩非子"天河",何犿:"隋志:天高西一星名天河。")今北堂书钞及御览引高注曰:"天河,星名。"知阿乃河之讹文。

太微者主朱雀,主,犹典也。○陶方琦云:占经六十六引许注:"朱鸟,太微之乡。"按:上文"其兽朱鸟",高注:"朱鸟,朱雀也。"似本文当作朱鸟。**紫宫执斗而左旋,日行一度,以周于天。日冬至峻狼之山,**南极之山。○陶方琦云:占经六十七引许注:"骏狼之山,冬至所止也。"按:玉篇引作"日冬至入骏峎之山",盖许本也。**日移一度,凡行百八十二度八分度之五,而夏至牛首之山。**牛首,北极之山。○陶方琦云:占经六十七引许注:牛首之山,夏至所止也。"按中山经"又北三十里曰牛首之山",郭注:"今长安西南有牛首山。"太平寰宇记:"神山县黑山,一名牛首。"**反覆三百六十五度四分度之一而成一岁,天一元始,**○陶方琦云:占经五引许注:"天一元始,初有日月五星之时也。"钱塘曰:"天一当作太一,天一太一纪岁,人正俱建寅。知非天一者,颛顼历上元岁甲寅正月,七曜俱在营室,如下所言也。若太阴甲寅,太岁实在丙子,岁星当在星纪,何得至营室。"**正月建寅,日月俱入营室五度。**○陶方琦云:占经五引许注:"日月如连璧,五星若贯珠,皆右行。"按尚书中候云:"日月若连璧,五星如编珠。"许注本此。**天一以始建七十六岁,日月复以正月入营室五度无余分,**○陶方琦云:占经五引许注:"余分,小分也。"按:或引占经引淮南许注作"余分,小余也",当作小分是。**名曰一纪。凡二十纪,一千五百二十岁大终,日月星辰复始甲寅元。**○王引之云:"大终"下当有"三终"二字。下文曰:"一终而建甲戌,二终而建甲午,三终而复得甲寅之元。"盖一终而建甲戌,积千五百二十岁;二终而建甲午,积三千四十岁;三终而复得甲寅之元,积四千五百六十岁。(刘绩谓每终二十年,三终共六十年,大误。)故曰"千五百二十岁大终,(句。)三终,日月星辰复始甲寅之元"也。千五百二十岁一终,但至甲戌不得复始甲寅之元,故知脱"三终"二字也。日月五星起于营室,乃颛顼历元。(见太岁考。)开元占经古今历积篇曰:"黄帝历元法四千五百六十,颛顼历同。"则颛顼历以四千五百六十岁为一元。若非三终,不得有此数矣。汉书律历志曰:"三终而与元终。"续汉志曰:"三终岁复，复青龙为元。"是其例也。开元占经日占篇引此，已脱"三终"二字。**日行一度，而岁有奇四分度之一，**○王引之云："日行一度"本作"日行危一度"，后人删去"危"字耳。"日行危一度而岁有奇四分度之一"者，言每岁日行至危之一度而有四分一之奇零也。盖四分度之一，微茫难辨，其所在本无定处，推步者视周天之度起于何宿，则附余数于度所止之宿。如殷历以冬至日躔起度，则度起牵牛而以四分度之一附于斗，开元占经北方七宿占篇引石氏曰"斗二十六度四分度之一"是也。斗、牵牛为星纪，度起星纪，则以四分度之一附于析木，下文曰"星分度箕十一四分一"是也。（尾、箕，析木也。）颛顼历以立春日躔起度，则度起营室，而以四分度之一附于危，即此所云"日行危一度而岁有奇四分度之一"是也。广雅说七燿行道曰："日月五星行黄道，始营室、东壁。"又曰："行须女、虚、危，复至营室。"是度起营室而止于危，月令所谓"日穷于次"也。故以四分度之一附于危焉。危不止一度而独附于一度者，星度多少，古今不同，唯第一度不异，故附于此耳。开元占经日占篇引此正作"日行危一度"，又引注曰："危，北方宿也。"则有危字明矣。若如今本作"日行一度"，则所谓四分度之一者，不知附于何宿矣。甚矣，其不可通也。**故四岁而积千四百六十一日而复合，故舍八十岁而复故曰。**○黄桢云：曰当作日。一岁凡三百六十五日四分日之一，八十岁计有四百八十七甲子，而余分皆尽，仍复故日干支也。

子午、卯酉为二绳，绳，直也。**丑寅、辰巳、未申、戌亥为四钩。东北为报德之维也，**报，复也。阴气极于北方，阳气发于东方，自阴复阳，故曰报德之维。四角为维也。**西南为背阳之维，**西南已过，阳将复阴，故曰背阳之维。**东南为常羊之维，**常羊，不进不退之貌。东南纯阳用事，不盛不衰，常如此，故曰常羊之维。○庄逵吉云：常羊即相羊，亦即徜徉，汉书吴王濞传又作方洋，司马相如上林赋又作襄羊，皆是也，亦古字通用。**西北为蹏通之维。**西北纯阴，阳〔一〕气闭结，阳气将萌，蹏始通之，

〔一〕"阳"疑为"阴"之误。

故曰蹏通之维。○庄逵吉云：蹏，各本皆作蹏，疑藏本误。**日冬至则斗北中绳，阴气极，阳气萌，故曰冬至为德。**德，始生也。**日夏至则斗南中绳，阳气极，阴气萌，故曰夏至为刑。**刑，始杀也。**阴气极，则北至北极，下至黄泉，故不可以凿地穿井。**○王念孙云：太平御览地部三十二“池”下引此作“凿池穿井”，于义为长。**万物闭藏，蛰虫首穴，故曰德在室。阳气极，则南至南极，上至朱天，故不可以夷丘上屋。**○陶方琦云：占经五引许注：“夷，平也。”按说文：“夷，平也。”与注淮南同。**万物蕃息，五谷兆长，故曰德在野。日冬至则水从之，日夏至则火从之，故五月火正而水漏，**火正，火王也，故水渗漏。一说：火星正中，地漏湿也。**十一月水正而阴胜。**水正，水王也，故阴胜也。一说：营室正中于南方。○俞樾云：此文有错误。冬至水王，夏至火王，岂得但曰“水从之”、“火从之”？一也。火正与水漏有二义，水正与阴胜则止一义耳，两文不称，二也。且连下文读之，曰“阳气为火，阴气为水，水胜故夏至湿，火胜故冬至燥”，夫冬至水从之，夏至火从之，则夏至何以湿，冬至何以燥乎？前后不相应，三也。今按：“日冬至则水从之，日夏至则火从之”，水、火二字当互易。冬至一阳生，故日冬至而火从之也；夏至一阴生，故日夏至而水从之也。“五月火生而水漏”，正说夏至水从之之义。言五月火方用事，而水气已渗漏也。“十一月水正而阴胜”，阴乃火字之误，胜字当读为升，胜、升古通用。谓十一月水方用事，而火气已上升也，正说冬至火从之之义。如此，则与下文一贯矣。**阳气为火，阴气为水。水胜故夏至湿，火胜故冬至燥。燥故炭轻，湿故炭重。**○文典谨按：白帖十六引作：“水胜故夏至湿，火胜则冬至燥。燥则轻，湿则重。故先冬至、夏至，悬铁〔一〕炭于衡，各一端，令〔二〕适停，冬至阳气至则炭仰而铁低，夏至则炭低而铁仰也。”故“先冬至、夏至”以下，疑是注语，而今本脱之也。

〔一〕〔二〕“铁”，原本作“土”，“令”，原本作“今”，据白帖及汉书李寻传孟康注改。

日冬至，井水盛，盆水溢，羊脱毛，麋角解，鹊始巢；八尺之修，日中而景丈三尺。日夏至而流黄泽，石精出，流黄，土之精也，阴气作于下，故流泽而出也。石精，五色之精也。○文典谨按：御览九百八十七引，出作气。蝉始鸣，半夏生，半夏，药草。蟁蝱不食驹犊，鸷鸟不搏黄口；五月微阴在下，驹犊、黄口肌血脆弱未成，故蟁蝱、鸷鸟应阴，不食不搏也。八尺之景，修径尺五寸。○文典谨按：艺文类聚三引作"八尺之表，景修尺五寸"。景修则阴气胜，景短则阳气胜。阴气胜则为水，阳气胜则为旱。

阴阳刑德有七舍。何谓七舍？室、堂、庭、门、巷、术、野。十二月德居室三十日，○王念孙云：十二月当为十一月，上文云"冬至德在室"是也。○黄桢云：十二月当作十一月。上文云："阴气极，阳气萌，故曰冬至为德。"又曰："万物闭藏，蛰虫首穴，故曰德在室。"冬至为十一月中气，则此十一月无疑也。先日至十五日，后日至十五日，而徙所居各三十日。德在室则刑在野，德在堂则刑在术，德在庭则刑在巷，阴阳相德则刑德合门。八月、二月，阴阳气均，日夜分平，故曰刑德合门。德南则生，刑南则杀，故曰二月会而万物生，八月会而草木死。

两维之间，九十一度十六分度之五而升，自东北至东南为两维，匝四维三百六十五度四分度之一，一度者，二千九百三十二里千四百六十一分里之三百四十八。日行一度，十五日为一节，以生二十四时之变。○王念孙云："九十一度十六分度之五"作一句读。其高注"自东北至东南"云云，本在"十六分度之五"下，道藏本误入"九十一度"下，"度"下又衍"也"字，遂致隔断上下文义。刘绩本删去"也"字，是也。乃又移高注于下文"而升"二字之下，而庄本从之，则其谬益甚矣。升当为斗，字之误也。（隶书斗字作什，形与升相似，传写往往讹溷。）"而斗日行一度"作一句读，言斗柄左旋,日行一度,而以十五日为一节也。上文云"紫宫执斗而左旋,日行一度,以周于天",下文云"斗指子则冬至","加十五日指癸则小寒",皆其明证也。**斗指子则冬至,音比黄钟;**黄钟,十一月也。钟者,聚也,阳气聚于黄泉之下也。**加十五日指癸则小寒,音比应钟;**应钟,十月也。阴应于阳,转成其功,万物应时聚藏,故曰应钟。**加十五日指丑则大寒,音比无射;**无射,九月也。阴气上升,阳气下降,万物随阳而藏,无有射出见也,故曰无射。**加十五日指报德之维,则越阴在地,故曰距日冬至四十六日而立春,阳气冻解,音比南吕;**南吕,八月也。南,任也,言阳气内藏,阴侣于阳,任成其功,故曰南吕也。○王引之云:"阳气冻解",文不成义,当作"阳冻解"。阳冻,地上之冻也。阴冻,地中之冻也。立春之日,地上之冻先解,故曰"阳冻解"。管子臣乘马篇曰"日至六十日而阳冻释,七十日而阴冻释"是也。今本"阳"下有"气"字,因注内"阳气"而衍。**加十五日指寅则雨水,音比夷则;**夷则,七月也。夷,伤。则,法也。阳衰阴发,万物凋伤,应法成性,故曰夷则也。**加十五日指甲则雷惊蛰,音比林钟;**林钟,六月也。林,众。钟,聚也。阳极阴生,万物众聚而盛,故曰林钟。**加十五日指卯中绳,故曰春分,则雷行,音比蕤宾;**蕤宾,五月也。阴气萎蕤在下,似主人,阳在上,似宾客,故曰蕤宾也。**加十五日指乙则清明风至,音比仲吕;**仲吕,四月也。阳在外,阴在中,所以吕中于阳,助成功也,故曰仲吕也。**加十五日指辰则谷雨,音比姑洗;**姑洗,三月也。姑,故也。洗,新也。阳气养生,去故就新,故曰姑洗也。**加十五日指常羊之维则春分尽,故曰有四十六日而立夏,**○黄桢云:凡言四十六日,举成数言之,其实四十五日又三十二分日之二十一。**大风济,**济,止。**音比夹钟;**夹钟,二月也。夹,夹也,万物去阴,夹阳地而生,故曰夹钟也。○文典谨按:注"夹,夹也",义不可通,疑当作"夹,荚也"。下文云:"夹钟者,种始荚也。"是其证。又按:御览二十三引注无"地"

字。**加十五日指巳则小满，**○文典谨按：御览二十三引注："满，冒也。"**音比太蔟；**太蔟，正月也。蔟，蔟也。阴衰阳发，万物蔟地而生，故曰太蔟。○文典谨按：御览二十三引注，"正月"下有"律"字。**加十五日指丙则芒种，音比大吕；**大吕，十二月也。吕，侣也。万物萌动于下，未能达见，故曰大吕。所以配黄钟，助阳宣功也。**加十五日指午则阳气极，故曰有四十六日而夏至，音比黄钟；加十五日指丁**○文典谨按：御览二十三引注云："斗杓指丁。"**则小暑，音比大吕；加十五日指未则大暑，音比太蔟；加十五日指背阳之维则夏分尽，**○文典谨按：御览二十三引，"背阳之维"上有"庚"字，夏分作夏节。**故曰有四十六日而立秋，凉风至，音比夹钟；加十五日指申则处暑，音比姑洗；加十五日指庚则白露降，音比仲吕；加十五日指酉中绳，故曰秋分，雷戒，蛰虫北乡，**○王念孙云：戒当为臧，字之误也。臧，古藏字。秋分雷藏，与上文春分雷行相应。时则篇云："八月雷不藏。"是其证也。且臧与乡为韵，若作戒，则失其韵矣。藏字古皆作臧，故说文无藏字。今书传中作藏者多，作臧者少，大抵皆后人所改也。此臧字若不误为戒，则后人亦必改为藏矣。**音比蕤宾；加十五日指辛则寒露，音比林钟；加十五日指戌则霜降，音比夷则；加十五日指蹏通之维则秋分尽，故曰有四十六日而立冬，草木毕死，音比南吕；加十五日指亥则小雪，音比无射；加十五日指壬则大雪，音比应钟；**○王引之云：冬至音比黄钟，当为音比应钟，下当云小寒音比无射，大寒音比南吕，立春音比夷则，雨水音比林钟，惊蛰音比蕤宾，春分音比仲吕，清明音比姑洗，谷雨音比夹钟，立夏音比太蔟，小满音比大吕，芒种音比黄钟。其"日冬至，音比林钟"，亦当为音比应钟。盖音以数少者为清，数多者为浊。冬至以后，逆推十二律，由清而浊。夏至以后，顺推十二律，由浊而清。冬至应钟，其数四十二，为最清。小寒无射，其数四十五，则浊于应钟矣。大寒南吕，其数四十八，则又浊于无射矣。立春夷则，其数五十一，则又浊于南吕矣。雨水林钟，其数五十四，则又浊于夷则矣。惊蛰蕤宾，其数五十七，则又浊于林钟矣。春分仲吕，其数六十，则又浊于蕤宾矣。清明姑洗，其数六十四，则又浊于仲吕矣。谷雨夹钟，其数六十八，则又浊于姑洗矣。立夏太蔟，其数七十二，则又浊于夹钟矣。小满大吕，其数七十六，则又浊于太蔟矣。芒种黄钟，其数八十一，则最浊矣。故曰"日冬至，音比应钟，浸以浊"也。夏至以后，与此相反，故曰"日夏至，音比黄钟，浸以清"也。夏至音比黄钟，为音之最浊者，则冬至之音当为最清者。最清者非应钟而何？后人但知月令仲冬律中黄钟之文，遂改冬至音比应钟为音比黄钟，而移应钟于小寒，且并无射以下递移其次。（高注亦递移。）而不知月令所言者十二月之律，此所言者二十四时之律，本不相同也。至改"日冬至，音比应钟"为"音比林钟"，则谬益甚矣。（宋书律志引此已误。）又案：惊蛰本在雨水前，谷雨本在清明前，今本惊蛰在雨水后，谷雨在清明后者，后人以今之节气改之也。汉书律历志曰："诹訾中惊蛰，今曰雨水；降娄初雨水，今曰惊蛰；大梁初谷雨，今曰清明；中清明，今曰谷雨。"是汉初惊蛰在雨水前，谷雨在清明前也。桓五年左传正义引释例曰："汉太初以后更改气名，以雨水为正月中，惊蛰为二月节。"月令正义引刘歆三统历："雨水正月中，惊蛰二月节。"又引易通卦验："清明三月节，谷雨三月中。"艺文类聚岁时部上引孝经纬曰："斗指寅为雨水，指甲为惊蛰，指乙为清明，指辰为谷雨。"三书皆出太初以后，故气名更改，（三统历与纬书皆出西汉末。）不应淮南王书先已如是，其为后人所改明矣。（逸周书周月篇："春三月中气惊蛰、春分、清明"，今本作"雨水、春分、谷雨"，时训篇"惊蛰、雨水、谷雨、清明"，今本雨水在惊蛰前，清明在谷雨前，皆后人所改。辩见卢氏绍弓校定本。）日知录谓淮南子已先雨水后惊蛰，失之。**加十五日指子。故曰：阳生于子，阴生于午。阳生于子，故十一月日冬至，鹊始加巢，人气钟首。阴生于午，故五月为小刑，荠麦亭历枯，冬生草木必死。**

斗杓为小岁，斗第一星至第四为魁，第五至第七为杓。**正月建寅，月从左行十二辰。**○陶方琦云：文选谢庄月赋注引许注"历十二辰而行"，占经六十七引作"越历十二辰而行"。按：说文岁字下"越历二十八宿"，越字应增。**咸池为太岁，**〇钱晓徵答问云：问淮南以咸池为太岁，与它书所言太岁异，何故？曰：淮南书云"斗杓为小岁，咸池为大岁"，"大时者，咸池也；小时者，月建也"，皆以大小相对，初未尝指咸池为太岁。其作太岁者，乃后人转写之讹。吴斗南两汉刊误谓淮南不名天一为太岁，又自以咸池名之，则南宋本已误矣。〇王念孙云：钱说是也。**二月建卯，月从右行四仲，终而复始。太岁迎者辱，背者强，左者衰，右者昌，小岁东南则生，西北则杀，不可迎也，而可背也，不可左也，而可右也，其此之谓也。大时者，咸池也；小时者，月建也。天维建元，常以寅始起，右徙一岁而移，十二岁而大周天，终而复始。**〇王引之云："起"字上当有脱文，盖言甲寅之年岁星在娵訾之次，（营室、东壁也，详见下条。）是岁星所起也。"起"与二"始"字、二"子"字韵也。（二"子"字见下文。）必言岁星所起者，太岁与岁星相应而行，故言太岁建元必以岁星也。汉书律历志曰："木金相乘为十二，是为岁星小周。小周乘巛策为一千七百二十八，是为岁星岁数。"郑注周官保章氏曰："岁星为阳，右行于天。太岁为阴，左行于地。十二岁而小周。"冯相氏疏曰："太岁在地，与天上岁星相应而行。岁星为阳，右行于天，一岁移一辰。又分前辰为一百四十四分而侵一分，则一百四十四年跳一辰。十二辰匝，则总有千七百二十八年，十二跳辰匝。以此而计之，十二岁一小周，谓一年移一辰故也。千七百二十八年一大周，十二跳匝故也。岁左行于地，一与岁星跳辰年数同。"（以上贾疏。）然则"右徙""周天"皆谓岁星，若建寅之太岁，左行于地，不得谓之"右徙""周天"矣。"起"字之上有脱文无疑。"周天"上本无"大"字，后人加之也。岁星十二岁而小周天，不得谓之大周。淮南王时未有岁星超辰之说，亦无大周、小周之分，上文曰："岁星岁行三十度十六分度之七，（句。）十二岁而周。"无"大"字。**淮南元年冬，太一在丙子，**淮南王作书之元年也。一曰：淮南王长，孝文皇帝异母弟也。僭号自称东帝，以徙严道，道死于雝。其四子皆为列侯。时人歌之曰："一尺缯，好童童。一斗粟，饱蓬蓬。兄弟二人，不能相容。"文帝闻之曰："以我为利其土耶？"皆召四侯而王之。是则淮南王安即位之元年,以纪时也。○王引之云:太一乃北极之神,与纪岁无涉。太一当作天一。此因天字脱去上画,后人又加点于下耳。广雅曰:"天一,太岁也。"汉元封七年,太岁在丙子,上推至文帝十六年,(下距元封七年凡六十年。)为淮南王安始封之年,太岁亦当在丙子,故曰"天一在丙子"也。古者天一、太岁、太阴,名异而实同,详见太岁考。○洪颐煊云:汉书淮南王传:"文帝十六年,乃徙阜陵侯安为淮南王。"是年岁在丁丑,而云"太一在丙子"者,据冬至在年前立算,从冬至甲午,距立春四十三日而得丙子,以节气盈缩,故下文云"日冬至子午,夏至卯酉","壬午冬至,甲子受制,木用事",亦四十三日而得立春也。

冬至甲午,立春丙子。○王引之云:"潜研堂文集曰:"淮南天文训'冬至甲午,立春丙子',必有讹。盖冬至与立春相去四十五日有奇,古今不易。自甲午讫丙子仅四十三日,此理之所必无者。以术推之,是年冬至盖己酉日,立春则甲午日耳。"案:钱说非也。下文:"日冬至子午,夏至卯酉,冬至加三日则夏至之日也。岁迁六日,终而复始。"高注曰:"迁六日,今年以子冬至,后年以午冬至也。"则冬至之日,非子即午明矣。下文"壬午冬至,甲子受制",谓立春也。与此"冬至甲午,立春丙子",其法正同,不得以甲午为己酉之讹也。"立春丙子"与上文始、起、始、子为韵,若作"立春甲午",则失其韵矣。冬至甲午,至立春丙子四十三日,与后人历法不同者,古法多疏故也。下文壬午冬至,至甲子受制亦四十三日,以是明之。○黄桢云:甲午字有误。依颛顼壬申蔀推之,当得庚寅日酉初冬至,丙子日辰末立春。篇首以颛顼原起,案汉书言汉兴袭用秦正朔,以北平侯张苍言用颛顼历,史记又言张苍为淮南厉王相,则此用颛顼历可知也。

二阴一阳成气二,二阳一阴成气三,阴粗觕,故得气少。阳精微,故得气多。一说:上得二,下得三,合为五,故曰"合气而为音",音数五也。○王引之云:二阴当作一阴。一阴一阳,所以成气二也。高注曰:"阴粗觕,故得气少。阳精微,故得气多。"正以一阴与一阳为二,一阴与二阳为三,阴数少而阳数多也。续汉书天文志引律术曰"阳性动,阴性静,动者数三,静者数二"是也。二阴而分言之,则各为一阴矣。○俞樾云:阳之数以三而奇,阴之数以二而偶,所谓"参天两地"也。周书武顺篇曰:"男生而成三,女生而成两。”是其义也。二阴一阳，则二二如四，一三如三，其数七。除五生数，则得成数二。所谓“二阴一阳成气二”也。二阳一阴，则二三如六，一二如二，其数八。除五生数，则得成数三。所谓“二阳一阴成气三”也。高注未得其解。此阴阳之数，即易少阳、少阴之数，说详群经平议。**合气而为音，合阴而为阳，合阳而为律，故曰五音六律。音自倍而为日，律自倍而为辰，故日十而辰十二。**

月日行十三度七十六分度之二十六，六或作八。○黄桢云：作八是也。七十六分度之二十八，即十九分度之七也。作六字误。**二十九日九百四十分日之四百九十九而为月，而以十二月为岁。岁有余十日九百四十分日之八百二十七，故十九岁而七闰。**

日冬至子午，夏至卯酉，冬至加三日则夏至之日也。冬至后三日，则明年夏至之日。**岁迁六日，终而复始。**迁六日，今年以子冬至，后年以午冬至也。**壬午冬至，甲子受制，木用事，火烟青。**木色青也，东方。**七十二日丙子受制，火用事，火烟赤。**火色赤也，南方。**七十二日戊子受制，土用事，火烟黄。**土，中央，其色黄。**七十二日庚子受制，金用事，火烟白。**西方金，其色白。**七十二日壬子受制，水用事，火烟黑。**北方水，其色黑。**七十二日而岁终，庚子受制。岁迁六日，以数推之，七十岁而复至甲子。**○王引之云：上文言“壬午冬至，甲子受制”，由甲子受制，以岁迁六日推之，一日乙丑，二日丙寅，三日丁卯，四日戊辰，五日己巳，六日庚午，则当作“庚午受制”。今本作庚子，涉上文庚子而误也。由甲子受制每岁以迁六日推之，至十岁而六十甲子终而复始，则当作“十岁而复至甲子”。今本“十”上有“七”字，涉上文“七十二日”而衍也。**甲子受制则行柔惠，挺群禁，开阖扇，通障塞，毋伐木。**甲，木也，木王东方，故施柔惠。蛰伏之类出由户，故开阖扇，通障塞。春木王，故毋伐木也。**丙子受制则举贤良，赏有功，立封侯，出货财。**火用事，象阳明，识功劳，故封建侯，出货财。**戊子受制则养老鳏寡，行粰鬻，施恩泽。**土用事，象土长养，故施恩泽也。○王念孙云："养老鳏寡"当作"养长老，存鳏寡"。今本脱"长"、"存"二字，则句法与上下文不协。时则篇曰："季夏存视长老，行粰鬻。""仲秋养长老，行粰鬻饮食。"春秋緐露治水五行篇曰："土用事则养长老，存幼孤，矜寡独，施恩泽。"开元占经填星占篇引巫咸曰："填星受制则养老，（盖脱"长"字。）存鳏寡，行饘粥，施恩泽。"皆其证。**庚子受制则缮墙垣，修城郭，审群禁，饰兵甲，儆百官，诛不法。**金用事，象金断割，故诛不如法度也。**壬子受制则闭门闾，大搜客，**禁搜客，出新客。**断刑罚，杀当罪，息关梁，禁外徙。**水用事，象冬闭固，故禁外徙也。**甲子气燥浊，丙子气燥阳，戊子气湿浊，庚子气燥寒，壬子气清寒。丙子干甲子，蛰虫早出，**木气温，故早出。**故雷早行。戊子干甲子，胎夭卵毈，鸟虫多伤。庚子干甲子，有兵。壬子干甲子，春有霜。戊子干丙子，霆。庚子干丙子，夷。**夷，伤也。夷或为电。**壬子干丙子，雹。甲子干丙子，地动。庚子干戊子，五谷有殃。壬子干戊子，夏寒雨霜。甲子干戊子，介虫不为。**不成为介虫也。○庄逵吉云：为，读如讹。书"平秩南讹"，讹，化也，亦古字通用。高义未晰。**丙子干戊子，大旱，苽封熯。**苽，蒋草也，生水上，相连特大如薄者也，名曰封。旱燥，故熯也。**壬子干庚子，大刚，鱼不为。**不成为鱼。○王引之云："大刚"二字，义不可通。"大"字盖因上文"大旱"而衍。刚当为则，字之误也。"则鱼不为"四字连读。（高注："不成为鱼。"）春秋繁露治乱五行篇曰："水干金则鱼不为。"是其证。**甲子干庚子，草木再死再生。丙子干庚子，草木复荣。**今八月、九月时，李柰复荣生实是也。**戊子干庚子，岁或存或亡。甲子干**

壬子，冬乃不藏。地气发也。丙子干壬子，星队。队，陨。戊子干壬子，蛰虫冬出其乡。庚子干壬子，冬雷其乡。

季春三月，丰隆乃出，以将其雨。丰隆，雷也。至秋三月，季秋之月。地气不藏，乃收其杀，百虫蛰伏，静居闭户，杀气。青女乃出，以降霜雪。青女，天神青霄玉女，主霜雪也。○文典谨按：北堂书钞百五十四、初学记二引，并无"雪"字。行十二时之气，以至于仲春二月之夕，乃收其藏而闭其寒，收敛其所藏而闭之。○王念孙云：太平御览时序部四引此本作"乃布收其藏而闭其寒"，引高注本作"收敛其所藏而出布之，闭其阴寒，令不得发泄"。后人既不解"布收"二字之义而削去"布"字，又删改高注以灭其迹，甚矣其妄也。又案："布收其藏"者，布，读为敷，周颂赉篇笺云："敷，犹遍也。"言遍收其藏而闭其寒也。上文云"至秋三月，地气下〔一〕藏，百虫蛰伏"，故此言仲春之夕乃布收其藏而闭其寒。"布"字在"收其藏"之上，本谓遍收其藏，非谓收其所藏而出布之也。高氏误解"布"字，后人求其说而不得，遂以"布"为衍文而削之矣。○俞樾云：高注曰："收敛其所藏而闭之。"然二月非收敛之时，义不可通。太平御览时序部引作"乃布收其藏而闭其寒"，引高注作"收敛其所藏而出布之"，是今本脱"布"字。然布收连文，义亦未安。收疑攽字之误。尚书洛诰篇"乃惟孺子颁"，说文攴部作"乃惟孺子攽"，是布攽即布颁，犹言颁布也。上文云"至秋三月，地气下藏"，故至二月乃布颁之也。高氏据误本作注，后人以布、收异义，不得连文，遂以"布"为衍字而削之矣。女夷鼓歌，以司天和，以长百谷禽鸟草木。女夷，主春夏长养之神也。○王念孙云：禽鸟当为禽兽。艺文类聚岁时部上引作"以养百谷禽兽草木"，太平御览时序部四百、谷部一并引作"以长百谷禽兽草木"，是其证。孟夏之月，以熟谷禾，雄鸠长鸣，为帝候岁。雄鸠，布谷也。○文典谨按：御览九百二十一引，禾作米，注"雄鸠"下有"盖"字。是故天不发其阴，则万物不生；地不发其

〔一〕"下"，正文作"不"，疑正文误。

阳，则万物不成。天圆地方，道在中央。日为德，月为刑。月归而万物死，日至而万物生。远山则山气藏，远水则水虫蛰，远木则木叶槁。日五日不见，失其位也，圣人不与也。与，犹说也。

日出于旸谷，○文典谨按：文选潘安仁西征赋"旦似汤谷，夕类虞渊"注、张景阳杂诗十首"朝霞迎白日，丹气临汤谷"注引，"旸谷"并作"汤谷"。又史记五帝本纪索隐引，亦作汤谷，云："史记旧本作汤谷，今并依尚书字。"浴于咸池，拂于扶桑，是谓晨明。拂，犹过，一曰至。登于扶桑，○文典谨按：艺文类聚一、初学记天部上、御览三引，并作"登于扶桑之上"。初学记、御览并引注云："扶桑，东方之野。"爰始将行，是谓朏明。朏明，将明也。朏，读若朏诸皋之朏也。○文典谨按：初学记、御览引，"朏"下并有旧注云："音斐。"至于曲阿，○文典谨按：初学记、御览并有注云："曲阿，山名。"是谓旦明。平旦。○文典谨按：艺文类聚、初学记、御览引，旦并作朝。北堂书钞百四十九引注云："旦明，平旦也。曲阿所由明也。"至于曾泉，是谓蚤食。○文典谨按：艺文类聚、初学记、御览引，并作"临于曾泉"。初学记、御览并有注云："曾，重也。早食时在东方多水之地，故曰曾泉。"书钞引注云："曾，源也。"至于桑野，○文典谨按：艺文类聚、初学记、御览引，并作"次于桑野"。是谓晏食。至于衡阳，○文典谨按：艺文类聚、初学记、御览引，并作"臻于衡阳"。是谓隅中。○文典谨按：艺文类聚、初学记、御览引，隅并作禺。至于昆吾，是谓正中。昆吾丘在南方。○文典谨按：艺文类聚、初学记、御览引，并作"对于昆吾"。至于鸟次，是谓小还。鸟次，西南之山名也，鸟所宿止。○文典谨按：艺文类聚、初学记、御览引，并作"靡于鸟次"。至于悲谷，是谓餔时。悲谷，西南方之大壑。言其深峻，临其上令人悲思，故曰悲谷。○文典谨按：艺文类聚、初学记、御览引，餔并作晡。至于女纪，是谓大还。女纪，西北阴地。○

王念孙云：小还、大还，当为小迁、大迁，字之误也。迁之为言西也。日至昆吾，谓之正中。至鸟次，则小西矣，故谓之小迁。至女纪，则大西矣，故谓之大迁。汉书律历志曰："少阴者西方，西，迁也，阴气迁落物。"白虎通义曰："西方者，迁方也。万物迁落也。"是迁与西同义。若作小还、大还，则义不可通矣。旧本北堂书钞天部一及艺文类聚、初学记天部上、太平御览天部三引此，并作小迁、大迁。○文典谨按：艺文类聚、初学记、御览引，并作"回于女纪"。**至于渊虞，是谓高春。**渊虞，地名。高春，时加戌民碓舂时也。○王念孙云：渊虞当作渊隅。隅、虞声相乱，又涉下文虞渊而误也。桓五年公羊传疏、旧本北堂书钞及艺文类聚、初学记、太平御览引此并作渊隅。楚辞天问补注引此亦作渊隅，则南宋本尚不误。○文典谨按：至于，艺文类聚、初学记、御览引并作经于。初学记引注云："言尚未冥，上蒙先春曰高春。"**至于连石，是谓下春。**连石，西北山。言将欲冥，下象息舂，故曰下春。连，读腐烂之烂。○文典谨按：艺文类聚、初学记、御览引，并作"顿于连石"。**至于悲泉，爰止其女，爰息其马，是谓县车。**○文典谨按：初学记、御览引此四句作"爰止羲和，爰息六螭，是谓悬车"。初学记引注云："日乘车，驾以六龙，羲和御之。日至此而薄于虞泉，羲和至此而回六螭。"御览引注多"即六龙也"四字。书钞马作武。**至于虞渊，**○文典谨按：艺文类聚、初学记、御览引，并作"薄于虞泉"。**是谓黄昏。**○文典谨按：文选琴赋注引高注："视物黄也。"**至于蒙谷，是谓定昏。**蒙谷，北方之山名也。卢敖所见若士之所也。○庄逵吉云：御览作"沦于蒙谷"，蒙谷即尚书昧谷，蒙、昧声相通。○王念孙云：至本作沦，此涉上文诸"至"字而误也。沦，入也，没也。"沦于蒙谷"与上"出于扶桑"相对。旧本北堂书钞及艺文类聚、初学记、太平御览引此，并作沦。楚辞补注同。○文典谨按：北堂书钞引注作："蒙谷，北极山之名也。"**日入于虞渊之汜，曙于蒙谷之浦，**曙，明。浦，涯。○文典谨按：初学记引作："日入崦嵫，经于细柳，入虞泉之池，曙于蒙谷之浦。日西垂景在树端，谓之桑榆。"又引注："嵫音兹，亦曰落棠山。细柳，西方之野。蒙谷，濛汜之水。桑榆，言其光在桑榆树上。"御览引，嵫作滋，"经于细柳"作"经细柳"，余同。白帖一引作“入于虞泉”。**行九州七舍，有五亿万七千三百九里，**自阳谷至虞渊，凡十六所，为九州七舍也。**禹以为朝、昼、昏、夜。**○王念孙云：禹字义不可通，禹当为离（離）。俗书離字作䧢，脱去右畔而为禹耳。离者，分也。言分为朝昼昏夜也。精神篇“别为阴阳，离为八极”，文义与此同。**夏日至则阴乘阳，是以万物就而死；冬日至则阳乘阴，是以万物仰而生。昼者阳之分，夜者阴之分，是以阳气胜则日修而夜短，阴气胜则日短而夜修。**

帝张四维，○庄逵吉云：御览有注云：“帝，天帝也。”**运之以斗，**运，旋也。**月徙一辰，复反其所。正月指寅，十二月指丑，**○庄逵吉云：御览作“十一月指子”。**一岁而匝，终而复始。**○王引之云：“十二月指丑”本作“十一月指子”，后人改之也。指寅、指子，皆历元所起，故以二者言之。晋书律历志引董巴议曰：“颛顼历以今之孟春正月为元，其时正月朔旦立春，五星会于天庙营室也。汤作殷历，更以十一月朔旦冬至为元首。下至周、鲁及汉，皆从其节。”是颛顼历起寅月，殷历起子月也，故下文“指寅，寅，则万物螾螾然也”，先言指寅，颛顼历之遗法也。上文“斗指子则冬至”，先言指子，殷历之遗法也。指寅、指子，皆言其始。一岁而匝，乃言其终。盖起于寅者至丑而匝，起于子者至亥而匝也。后人不知古历有二法，而改为“十二月指丑”，非也。指丑则一岁已匝，不须更言“一岁而匝”矣。且子与始为韵，若作丑，则失其韵矣。太平御览时序部一引此，正作“十一月指子”。**指寅，则万物螾螾也，**动生貌。○庄逵吉云：本皆作万物螾，藏本同，惟太平御览作螾螾也。依义，御览是，今从之。○王念孙云：此当作“指寅，（句。）寅，（句。）则万物螾螾然也。（句。）”“寅，则万物螾螾然”者，犹云：寅者，言万物螾螾然。故高注曰“动生貌”。史记律书亦曰：“寅者，言万物始生螾然也。”今本“寅”下脱一“寅”字，“螾”下又脱“螾然也”三字，则文不成义，且句法与下文不协矣。太平御览时序部一引此，正作“寅，则万物螾螾然也”。**律受太蔟。太蔟者，蔟而未出也。**○庄逵吉云：御览作“凑而未出也”，下有注云:“太蔟,正月律。”指卯,卯则茂茂然,律受夹钟。夹钟者,种始荚也。○庄逵吉云:御览下有注云:“夹钟,二月律。”指辰,辰则振之也,律受姑洗。姑洗者,陈去而新来也。○庄逵吉云:御览下有注云:“姑洗,三月律。”指巳,巳则生已定也,律受仲吕。仲吕者,中充大也。○庄逵吉云:御览下有注云:“仲吕,四月律也。”指午,午者,忤也,律受蕤宾。蕤宾者,安而服也。○庄逵吉云:御览下有注云:“蕤宾,五月律。”指未,未,昧也,○王念孙云:“未”下脱“者”字,昧本作味。后人以汉书律历志云“昧薆于未”,故改味为昧。不知淮南自训未为味,与汉书不同也。五行大义论支干名篇及太平御览引淮南并云:“未者,味也。”白虎通义及广雅并云:“未,味也。”说文:“未,味也。六月滋味也。”(“六月”下有脱文。)史记律书:“未者,味也,言万物皆成,有滋味也。”义并与淮南同。律受林钟。林钟者,引而止也。○庄逵吉云:御览下有注云:“林钟,六月律。”指申,申者,呻之也,○王念孙云:“之”字当在上文“引而止”下,今本误在“呻”字下,则文不成义。五行大义论律吕篇、论支干名篇及太平御览引此,并云:“林钟者,引而止之也。申者,呻也。”是其证。律受夷则。夷则者,易其则也,德以去矣。○庄逵吉云:御览下有注云:“夷则,七月律。德以去,生气尽也。”指酉,酉者,饱也,律受南吕。南吕者,任包大也。○庄逵吉云:御览下有注云:“南吕,八月律。”指戌,戌者,灭也,律受无射。无射〔一〕,入无厌也。○庄逵吉云:御览作“入之无厌也”,下有注云:“无射,九月律。”指亥,亥者,阂也,律受应钟。应钟者,应其钟也。○庄逵吉云:御览下有注云:“应钟,十月律。”指子,子者,兹也,律受黄钟。黄钟者,钟已黄也。○庄逵吉云:御览下有注云:“黄钟,十一月律。”指丑,丑者,纽也,律受大吕。大吕者,旅旅而去也。○庄逵吉云:御览下有注云:“大

〔一〕“无射”下似当有“者”字。

吕，十二月律。”**其加卯酉，则阴阳分，日夜平矣。**○王引之云：此三句不与上文相承，寻绎文义，当在前“日短而夜修”之下，云“其加卯酉”者，（王弼注老子曰：“加，当也。”）承“夏日至”、“冬日至”言之，彼言冬夏至，此言春秋分也。言“阴阳分，日夜平”者，承阳胜阴胜、日夜修短言之，言至春秋分则阴阳无偏胜，日夜无修短也。写者错乱在此，今更定其文如下：“夏日至则阴乘阳，是以万物就而死；冬日至则阳乘阴，是以万物仰而生。昼者阳之分，夜者阴之分，是以阳气胜则日修而夜短，阴气胜则日短而夜修。其加卯酉，则阴阳分，日夜平矣。”**故曰规生矩杀，衡长权藏，绳居中央，为四时根。**

道曰规，始于一，○王念孙云：曰规二字，与上下文义不相属，此因上文“故曰规生矩杀”而误衍也。宋书律志作“道始于一”，无“曰规”二字。**一而不生，故分而为阴阳，阴阳合和而万物生，故曰“一生二，二生三，三生万物”。天地三月而为一时，故祭祀三饭以为礼，丧纪三踊以为节，兵重三罕以为制。**○王念孙云：重、罕二字义不可通。重当为革。祭祀、丧纪、兵革，皆相对为文。革字古文作䩯，隶省作革，与重相似而误。罕当为军。言兵革之事以三军为制也。军字草书作军，与罕相似而误。**以三参物，三三如九，故黄钟之律九寸而宫音调。**调，和也。**因而九之，九九八十一，故黄钟之数立焉。黄者，土德之色；钟者，气之所种也。日冬至德气为土，土色黄，故曰黄钟。律之数六，分为雌雄，故曰十二钟，以副十二月。十二各以三成，故置一而十一，三之，为积分十七万七千一百四十七，黄钟大数立焉。凡十二律，黄钟为宫，太蔟为商，姑洗为角，林钟为徵，南吕为羽。物以三成，音以五立，三与五如八，**○文典谨按：北堂书钞百十二引，如作而。**故卵生者八窍。律之初生也，写风之音，故音以八生。黄钟为宫，宫者，音之君也，故黄钟位子，其数八十一，主十一**

月，下生林钟。林钟之数五十四，主六月，上生太蔟。太蔟之数七十二，主正月，下生南吕。南吕之数四十八，主八月，上生姑洗。姑洗之数六十四，主三月，下生应钟。应钟之数四十二，主十月，上生蕤宾。蕤宾之数五十七，主五月，上生大吕。大吕之数七十六，主十二月，下生夷则。夷则之数五十一，主七月，上生夹钟。夹钟之数六十八，主二月，下生无射。无射之数四十五，主九月，上生仲吕。仲吕之数六十，主四月，极不生。徵生宫，宫生商，○刘绩云：当作"宫生徵，徵生商"。○王念孙云：刘说是也。上文曰黄钟为宫，太蔟为商，林钟为徵，又曰黄钟下生林钟，林钟上生太蔟，所谓"宫生徵，徵生商"也。宋书律志、晋书律历志并作"宫生徵，徵生商"，地形篇亦曰"变宫生徵，变徵生商"。（高注："变犹化也。"）商生羽，羽生角，角生姑洗，○王引之云：音律相生，皆非同位者。上文曰"姑洗为角"，则角与姑洗为一，不得云"角生姑洗"也。生当为主。"角主姑洗"犹言姑洗为角耳。主与生相似，又因上下文"生"字而误。宋书律志亦误作生。姑洗生应钟，比于正音，故为和。应钟，十月也。与正音比，故为和。和，从声也。一曰和也。应钟生蕤宾，不比正音，故为缪。○刘绩云：以序论之，黄钟为宫，以次而商、角、徵、羽。姑洗生应钟变宫在南吕羽之后，故曰比于正音为和。应钟生蕤宾变徵间入正音角羽之间，故曰不比正音为缪。○王引之云：刘说非也。七音之序，周回相次，变宫在羽之后、宫之前，变徵在角之后、徵之前。（唐武后乐书要录说七声次第曰：假令十一月黄钟为宫，隔一月以正月太蔟为商，又隔一月以三月姑洗为角，又隔一月以五月蕤宾为变徵，即以其次之月六月林钟为徵，又隔一月以八月南吕为羽，又隔一月以十月应钟为变宫，周回还与十一月相比也。）其道相同，岂有顺逆之分乎。比，读如易比卦之比。比，入也，合也。闵元年左传曰"屯固比入"，又曰"合而能固"是也。（说林篇"黄钟比宫，太蔟比商"，与此"比"字同义。）"比于正音，故为和"，本作"不比于正音，故为和"，注内"与正音比”本作“不与正音比”。“不比于正音”者，不入于正音也。言应钟是宫之变音，故不入于正音；不入于正音则命名当有以别之，故谓之曰和。和者，言其调和正音也。蕤宾是徵之变音，故亦不入于正音，不入于正音则命名当有以别之，故谓之曰缪。（音目。）缪之言穆，穆亦和也。（大雅烝民笺曰：“穆，和也。”穆、缪古字通。）言其调和正音也。（周语：“以七同其数，而以律和其声，于是乎有七律。”昭二十年左传正义释其义曰：“变宫、变徵，旧乐无之，声或不会，而以律调和其声，使与五音谐会。”是应钟、蕤宾二律，皆所以调和其声也。）汉书杨雄传甘泉赋说风声曰：“阴阳清浊，穆羽相和兮，若夔、牙之调琴。”穆与缪同，穆在变音之末，言穆而和可知矣。羽在正音之末，言羽而宫商角徵可知矣。变声与正声相调和，故曰穆羽相和。（张晏曰“穆然相和”，殆未达穆字之义。）以律管言之，则变宫为和，变徵为穆；以琴弦言之，则当以少宫为和，少商为穆。琴亦有和穆二音，故曰“穆羽相和，若夔、牙之调琴”也。然则变音之缪，本与穆同。而穆之命名，正取相和之义，明矣。后人误读缪为纰缪之缪，以为和与缪相反，（宋书引旧注曰：“缪，音相干也。”亦误解缪字。）遂于“应钟不比于正音”句删去“不”字，以别于蕤宾，并注中“不”字而亦删之。古训之不通，其势必至于妄改矣。宋书律志正作“姑洗生应钟，不比于正音，故为和”，载注文正作“不与正音比”。晋书律历志引淮南王安曰：“应钟不比正音，故为和。”足证今本之谬。**日冬至，音比林钟，浸以浊。日夏至，音比黄钟，浸以清。以十二律应二十四时之变，甲子，仲吕之徵也；丙子，夹钟之羽也；戊子，黄钟之宫也；庚子，无射之商也；壬子，夷则之角也。**

古之为度量轻重，生乎天道。黄钟之律修九寸，物以三生，三九二十七，故幅广二尺七寸。古者幅比皆然也。○王引之云：“物以三生”下，本有“三三九”一句，后人以上文已言“三三如九”，故删去此句。不知上文“三三如九，九九八十一”，与此文“三三九，三九二十七”，皆上下相承为义。物以三生，故必先以三自乘而得九，然后以三乘九而得二十七。且上文与此相离甚远，不得因彼而省此也。宋书正作“三三九，三九二十七”。“幅广二尺七寸”下，本有“古之制也”四字，故高注曰：“古者幅皆然也。”（各本皆上衍“比”字，今删。）脱去此句，则注文为赘设矣。宋书正作“故幅广二尺七寸，古之制也”。**音以八相生，故人修八尺，寻自倍，故八尺而为寻。有形则有声，音之数五，以五乘八，五八四十，故四丈而为匹。匹者，中人之度也。一匹而为制。**○王引之云：此文多不可通。人修八尺，寻自倍，则丈六尺矣，而云“人修八尺，寻自倍，故八尺而为寻”，其不可通一也。音以八相生，音即声也，何须更云“有形则有声”？其不可通二也。匹长四丈，人之长安得有此，而云“匹者，中人之度”？其不可通三也。盖写者讹舛失次，兼有脱文。宋书已与今本同，则后人以误本淮南改之也。今更定其文而释之如下：“有形则有声，音以八相生，故人臂修四尺，寻自倍，故八尺而为寻。寻者，中人之度也。音之数五，以五乘八，五八四十，故四丈而为匹。一匹而为制。”云“有形则有声”者，有形谓上文“黄钟之律修九寸”也，有声谓“音以八相生”也。云“人臂修四尺”者，一切经音义卷十七引淮南云“人臂四尺，寻自倍，故八尺曰寻”是也。云“寻者，中人之度也”者，考工记曰“人长八尺”是也。**秋分蔈定，蔈定而禾熟。**蔈，禾穗、粟孚甲之芒也。定者，成也，故禾熟。蔈，读如诗“有猫有虎”之猫，古文作秒也。○庄逵吉云：说文解字：“秒，禾芒也。”盖正字应作秒，此借“白花蔈”之蔈当之，亦通用。○王念孙云：隋书律历志引此，作“秋分而禾蔈定，蔈定而禾熟”，是也。宋书律志同。今本脱“而禾”二字，则文义不明。○陶方琦云：说文称字下注引“秋分而秒定”，是许本淮南作秒也。说文：“秒，禾芒也。”宋书及隋律历志引淮南旧注云：“𥞩，禾穗芒也。”字作𥞩，义正与许氏说文合，其为许注无疑。高注云“古文作秒”，盖古本也，疑即指许氏之本。主术训“寸生于𥞩”，高注：“𥞩，禾穗𥞩孚榆头芒也。”与此注说正同。**律之数十二，故十二蔈而当一粟，十二粟而当一寸。律以当辰，音以当日，日之数十，**十，从甲至癸日。**故十寸而为尺，十尺而为丈。**○王引之云：十二蔈当一粟，十二粟当一寸，则百四十四蔈而当一寸也。主术篇“寸生于𥞩”，（蔈、𥞩并与秒同，今本𥞩误作𥝩，辩见主术。）高注曰：“十二𥞩为一分，（今本脱二字。）十分为一寸，十寸为一尺，十尺为一丈。”说文亦曰：“律数十二秒而当一分,十分而寸。”则是百二十蔈而当一寸,与此不同也。许、高二家之说,俱本于此篇,使原文作“十二蔈而当一粟,十二粟而当一寸”,则二家之说何以并言“十二蔈为分,十分为寸”乎?且主术篇明言“寸生于𥝩”,不得又以粟参之也。然则今本为后人所改明矣。宋书律志与今本同,则其误已久。今依主术篇及许、高二家之说而更定之如下:“律之数十二,故十二蔈而当一分。律以当辰,音以当日,日之数十,故十分而为寸,十寸而为尺,十尺而为丈。”**其以为量,十二粟而当一分,**分,言其轻重分铢也。**十二分而当一铢,**○王念孙云:量当为重。重、量字相近,又因上文“度量”而误也。自十二粟以下,皆言其重之数,非言其量之数。说文禾部注及宋书律志并作“其以为重”。**十二铢而当半两。衡有左右,因倍之,故二十四铢为一两。天有四时,以成一岁,因而四之,四四十六,故十六两而为一觔。三月而为一时,三十日为一月,故三十觔为一钧。四时而为一岁,故四钧为一石。其以为音也,一律而生五音,十二律而为六十音,因而六之,六六三十六,故三百六十音以当一岁之日。故律历之数,天地之道也。下生者倍,以三除之;上生者四,以三除之。**钟律上下相生,诱不敏也。**太阴元始建于甲寅,一终而建甲戌,二终而建甲午,三终而复得甲寅之元。岁徙一辰,立春之后,得其辰而迁其所顺,前三后五,百事可举。**前后,太阴之前后也。**太阴所建,蛰虫首穴而处,鹊巢乡而为户。**○文典谨按:穴,庄本作定。御览九百四十四引作“太阴所在,蛰虫首穴处,鹊巢以乡为户”,传写宋本亦作“蛰虫首穴而处”,今据改。**太阴在寅,朱鸟在卯,勾陈在子,玄武在戌,白虎在酉,苍龙在辰。**○王引之云:下文“天神之贵者,莫贵于青龙,或曰天一,或曰太阴”,是太阴即苍龙也。既云“太阴在寅”,不当复云“苍龙在辰”矣。下文“凡徙诸神,朱鸟在太阴前一,钩陈在后三,玄武在前五,白虎在后六”,而不言苍龙所在,正以太阴即苍龙也。“苍龙在辰”四字,盖浅人所加。**寅为建，卯为除，辰为满，巳为平，主生；午为定，未为执，主陷；申为破，主衡；酉为危，主杓；戌为成，主少德；亥为收，主大德；子为开，主太岁；丑为闭，主太阴。**

太阴在寅，岁名曰摄提格，○王引之云：太阴二字，乃下属为句，与下文"太阴在卯"之属相同，"主"下当别有所主之事，而今脱去。王应麟小学绀珠始误读"主太阴"为句，刘本遂重"太阴"二字，而各本及庄本从之，非也。上文云"太阴在寅"，何得又言"主太阴"乎？且下文曰"天神之贵者，莫贵于青龙，或曰天一，或曰太阴"，而无太岁之名，天一元始、太阴元始之属，皆太岁也，而谓之天一、太阴，不谓之太岁。"咸池为太岁"，则又大岁之讹。（说见上。）然则天文篇无称太岁者也。此太岁亦当作大岁，写者误加点耳。斗杓为小岁，咸池为大岁。（见上文。）上文"酉为危，主杓"，杓，小岁也；此文"子为开，主大岁"，大岁，咸池也。太岁月从右行四仲，与岁从左行之太阴迥殊。若作大岁，则与太阴无异。上言太阴在寅，下言子主太岁，是太阴主太阴矣，义不可通。开元占经岁星占篇引此篇旧注曰："太阴，谓太岁也。"（盖许慎注。广雅："太阴，太岁也。"本此。）使篇内太岁、太阴分为二，注者必不为此注矣。可见太岁乃大岁之讹，而太岁、太阴之未尝分也。遍考书传，亦无分太岁、太阴为二者。或据淮南讹脱之文，以为太岁、太阴不同之证，非也。○陶方琦云：占经二十三引许注："太阴在天为雄岁星，在地为太阴。"按：雄字衍。周礼保章氏郑注："岁星为阳，右行于天；太岁为阴，左行于地。"太阴即太岁，故曰"在天为岁星，在地为太阴"，说正同也。**其雄为岁星，舍斗、牵牛，以十一月与之晨出东方，东井、舆鬼为对。**○陶方琦云：占经二十三引许注："东井、舆鬼在未，斗、牵牛在丑，故为对。"按：十一月应作正月，淮南建寅，非太初法也。**太阴在卯，岁名曰单阏，**单，读明扬之明。**岁星舍须女、虚、危，以十二月与之晨出东方，柳、七星、张为对。太阴在辰，岁名曰执除，岁星舍营室、东壁，以正月与之晨出东方，翼、轸为对。太阴在巳，岁名曰大荒落，岁星舍奎、娄，以二月与之晨出东方，角、亢为对。太阴在午，岁名曰**

敦牂，岁星舍胃、昴、毕，以三月与之晨出东方，氐、房、心为对。太阴在未，岁名曰协洽，岁星舍觜嶲、参，以四月与之晨出东方，尾、箕为对。太阴在申，岁名曰涒滩，岁星舍东井、舆鬼，以五月与之晨出东方，斗、牵牛为对。太阴在酉，岁名曰作作，读昨。鄂，岁星舍柳、七星、张，以六月与之晨出东方，须女、虚、危为对。太阴在戌，岁名曰阉茂，岁星舍翼、轸，以七月与之晨出东方，营室、东壁为对。太阴在亥，岁名曰大渊献，岁星舍角、亢，以八月与之晨出东方，奎、娄为对。太阴在子，岁名曰困敦，困，读群。岁星舍氐、房、心，以九月与之晨出东方，胃、昴、毕为对。太阴在丑，岁名曰赤奋若，岁星舍尾、箕，以十月与之晨出东方，○王引之云：十一月当为正月，十二月当为二月，正月当为三月，二月当为四月，三月当为五月，四月当为六月，五月当为七月，六月当为八月，七月当为九月，八月当为十月，九月当为十一月，十月当为十二月。史记天官书曰："岁阴左行在寅，岁星右转居丑，以正月与斗、牵牛晨出东方。岁阴在卯，星居子，以二月与婺女、虚、危晨出。岁阴在辰，星居亥，以三月与营室、东壁晨出。岁阴在巳，星居戌，以四月与奎、娄晨出。岁阴在午，星居酉，以五月与胃、昴、毕晨出。岁阴在未，星居申，以六月与觜觿、参晨出。岁阴在申，星居未，以七月与东井、舆鬼晨出。岁阴在酉，星居午，以八月与柳、七星、张晨出。岁阴在戌，星居巳，以九月与翼、轸晨出。岁星在亥，星居辰，以十月与角、亢晨出。岁阴在子，星居卯，以十一月与氐、房、心晨出。岁阴在丑，星居寅，以十二月与尾、箕晨出。"汉书天文志曰："太岁在寅，岁星正月晨出东方。在卯，二月出。在辰，三月出。在巳，四月出。在午，五月出。在未，六月出。在申，七月出。在酉，八月出。在戌，九月出。在亥，十月出。在子，十一月出。在丑，十二月出。"开元占经岁星占篇引甘氏曰："摄提在寅，（此摄提谓太阴。）岁星在丑，以正月与建星、牵牛、婺女晨出于东方。"皆其证也。后人以太初历"太岁在子，岁星十一月出，在建星、牵牛"，（见天文志。）故改正月为十一月，以合太初之法，而自此以下，皆递改其所出之月。不知太阴在寅，则岁星亦以寅月出，乐动声仪所谓岁星常应太岁月建以见也。（见前“太一在丙子”下。）若以十一月出，则是子而非寅，与太阴所在不相应矣。太初历之太岁始建于子，故以岁星与日同次之十一月定之，所谓子年应子月也。淮南之太岁始建于寅，故以岁星晨出之正月定之，所谓寅年应寅月也。岂得以建子之法，杂入于建寅之法乎？况太阴在寅以下，俱本于石氏。（天文志：“太岁在寅，岁星正月晨出东方，石氏在斗、牵牛。”天官书索隐亦云：“岁星正月晨见东方已下，皆出石氏星经文。）又岂有用其说而改其月者乎？开元占经引淮南已与今本同，则其误改在唐以前矣。钱氏晓徵谓史记岁星正月晨出以天正言之，其实与淮南无别。（见潜研堂文集。）今案：天官书曰：“岁阴左行在寅，岁星右转居丑，以正月与斗、牵牛晨出，色苍苍有光。岁阴在子，星居卯，以十一月与氐、房、心晨出，玄色甚明。”正月德在木，故星色苍。（天官书凡言正月者七，皆谓建寅之月。）十一月德在水，故星色玄。若以正月为天正，则是夏正之十一月矣，何以不云色玄，而云色苍乎？且寅年正月日在娵訾，岁星在星纪，中隔玄枵一次，故岁星晨见有光。若十一月，则与日同次，其光不能见矣，安得云“苍苍有光”乎？此由不知淮南之十一月为后人所改，故曲为之说，而终不可通也。**觜巂、参为对。**

太阴在甲子，刑德合东方宫，常徙所不胜，合四岁而离，离十六岁而复合。所以离者，刑不得入中宫，而徙于木。太阴所居，日德，辰为刑。德，纲日自倍因，柔日徙所不胜。刑，水辰之木，木辰之水，金、火立其处。凡徙诸神，朱鸟在太阴前一，钩陈在后三，玄武在前五，白虎在后六，虚星乘钩陈而天地袭矣。袭，和也。**凡日，甲刚乙柔，丙刚丁柔，以至于癸。**○王引之云：“日德”，“日”下脱“为”字。日为德，辰为刑，相对为文也。纲当为刚。刚日柔日，“甲刚乙柔”是也。癸上当有壬字。此以刚柔对言，不当但言癸也。

木生于亥，壮于卯，死于未，三辰皆木也。火生于寅，壮于午，死于戌，三辰皆火也。土生于午，壮于戌，死于寅，

三辰皆土也。金生于巳，壮于酉，死于丑，三辰皆金也。水生于申，壮于子，死于辰，三辰皆水也。故五胜生一，壮五，终九；五九四十五，故神四十五日而一徙；以三应五，故八徙而岁终。凡用太阴，左前刑，右背德，○王引之云：此当为“右背刑，左前德”，写者颠倒耳。五行大义论配支干篇曰：“从甲至癸为阳，从寅至丑为阴，阳则为前为左为德，阴则为后为右为刑。右背刑，左前德者，所以顺阴阳也。”史记天官书曰：“太白出东为德，举事左之迎之吉。出西为刑，举事右之背之吉。”是其例矣。○曾国藩云：背即后也。孙子曰：“右背山陵，前左水泽。”亦以背与前为对。击钩陈之冲辰，以战必胜，以攻必克。欲知天道，以日为主，六月当心，左周而行，分而为十二月，与日相当，天地重袭，后必无殃。星，正月建营室，二月建奎、娄，三月建胃，“星”宜言“日”。明堂月令孟春之月，日在营室；仲春之月在奎、娄；季春之月在胃。此言“星正月建营室”，字之误也。四月建毕，五月建东井，六月建张，七月建翼，八月建亢，九月建房，十月建尾，十一月建牵牛，十二月建虚。○王引之云：“二月建奎、娄”，备举是月日所在之星也。由此推之，则正月当云“建营室、东壁”，三月当云“建胃、昴”，四月当云“建毕、觜嶲、参”，五月当云“建东井、舆鬼”，六月当云“建柳、七星、张”，七月当云“建翼、轸”，八月当云“建角、亢、氐”，九月当云“建房、心”，十月当云“建尾、箕”，十一月当云“建斗、牵牛”，十二月当云“建须女、虚、危”。盖月令日在某星，但举一月之首言之，而此则举其全也。后人妄加删节，每月但存一星之名，独“二月建奎、娄”，尚仍其旧，学者可以考见原文矣。不然，岂有月令季夏日在柳，而此言建张；仲秋日在角，而此言建亢；仲冬日在斗，而此言建牵牛；季冬日在婺女，（即须女。）而此言建虚者乎？

星分度：角十二，亢九，氐十五，房五，心五，尾十八，箕十一四分一，斗二十六，牵牛八，须女十二，虚十，危十七，营室十六，东壁九，奎十六，娄十二，胃十四，昴十一，毕十六，觜嶲二，参九，东井三十三，○庄逵吉云：三十三，藏本作三十，叶近山本作三十四。"四"字非，今以汉书考正。舆鬼四，柳十五，星七，张、翼各十八，轸十七，凡二十八宿也。星部地名：角、亢郑，氐、房、心宋，尾、箕燕，斗、牵牛越，须女吴，○王引之云：诸书无言斗但主越，须女但主吴者。"斗、牵牛越，须女吴"当作"斗、牵牛、须女吴、越"。开元占经分野略例曰："淮南子曰：'斗，吴、越也。'（"斗"下脱"牵牛、须女"四字。）高诱注吕氏春秋曰：'斗，吴也。牵牛，越也。'"（以上开元占经。）然则吕氏春秋注分言吴、越，而淮南则合言之也。盖分野之说，郑、魏、赵并列，（战国时多谓韩为郑。）则在三家分晋之后，其时吴地已为越有，故但可合言吴、越，若分言某星主越，某星主吴，则当时岂有吴国乎？后人以吴、越二国不应同分野，故移越字于斗、牵牛下，而不知其不可分也。晋书天文志引费直说周易、蔡邕月令章句曰："起斗至须女，吴、越之分野。"又引陈卓、范蠡、鬼谷先生、张良、诸葛亮、谯周、京房、张衡，并曰"斗、牵牛、须女吴、越"，足证今本之谬。虚、危齐，营室、东壁卫，奎、娄鲁，胃、昴、毕魏，觜嶲、参赵，东井、舆鬼秦，柳、七星、张周，翼、轸楚。

岁星之所居，五谷丰昌；其对为冲，岁乃有殃。当居而不居，越而之他处，主死国亡。太阴治春则欲行柔惠温凉，木德仁，故柔凉也。○俞樾云：温、凉异义，不得连文。凉当作良，声之误也。○文典谨按：俞说是也。北堂书钞百五十三引，凉正作良，是其证。太阴治夏则欲布施宣明，火德阳，故布施宣明也。太阴治秋则欲修备缮兵，金德断割，故修兵也。○文典谨按：北堂书钞百五十三引，备作甲。御览二十四引注，金德作阴德。二十七引，治作理。太阴治冬则欲猛毅刚强。纯阴闭固，水泽冰冻，故刚强也。○庄逵吉云：御览刚作坚，注同。○文典谨按：御览二十七引，治作理。又引注，纯阴作纯阳。三岁而改节，六岁而易常，故三岁而一饥，六岁而一衰，○庄逵吉云：御览下有注云："衰，疾也。"十二岁一康。康，盛也。○庄逵吉云：御览康作荒，下有注云："蔬不熟为荒也。"疑是许昚注，故义异。○王念孙云：注"盛"当为"虚"，此浅学人改之也。康之为言荒也。康、荒皆虚也。（小雅宾之初筵篇"酌彼康爵"，郑笺："康，虚也。"尔雅："漮，虚也。"方言："㡏，空也。"并字异而义同。郭璞尔雅音义曰："漮，本或作荒。"大雅桑柔篇"具赘卒荒"，毛传："荒，虚也。"泰九二"包荒"，郑读为康，云："康，虚也。"康、荒古字通。）襄二十四年穀梁传："一谷不升谓之嗛，二谷不升谓之饥，三谷不升谓之馑，四谷不升谓之康。"范宁曰："康，虚也。"（广雅："四谷不升曰歉。"说文："歉，饥虚也。"逸周书谥法篇："凶年无谷曰穅。"穅，虚也。并字异而义同。）康与荒古字通，故韩诗外传作"四谷不升谓之荒"。史记货殖传曰"十二岁一大饥"，盐铁论水旱篇曰"六岁一饥，十二岁一荒"，义与此同也。自三岁一饥以下，皆年谷不登之名，但有小大之差耳。太平御览时序部二引此作"十二岁而一荒"，是康即荒也。若训康为盛，则与正文显相违戾矣。且四谷不升谓之康，乃春秋古训，十二年一荒，亦汉时旧语。是之不知，而训康为盛，明是浅学人所改，汉人无此谬也。

甲齐，乙东夷，丙楚，丁南夷，戊魏，己韩，庚秦，辛西夷，壬卫，癸越。○王念孙云：开元占经日辰占邦篇引此，越作赵。案：齐近东夷，楚近南夷，魏近韩，秦近西夷，卫近赵，则作赵者是也。若作越，则与南夷相复矣。**子周，丑翟，寅楚，卯郑，辰晋，巳卫，午秦，未宋，申齐，酉鲁，戌赵，亥燕。**

甲乙寅卯，木也。丙丁巳午，火也。戊己四季，土也。庚辛申酉，金也。壬癸亥子，水也。水生木，木生火，火生土，土生金，金生水。子生母曰义，母生子曰保，子母相得曰专，母胜子曰制，子胜母曰困。以胜击杀，胜而无报。○王引之云：上文"子生母曰义，母生子曰保，子母相得曰专，母胜子曰制，子胜母曰困"，其名有五。下文"以专从事""以义行理""以保畜养""以困举事"，分承"专""义""保""困"四字，不应于"制"字独不相承。然则此句当作"以制击杀"明矣。今本"制"作"胜"者，因上下文"胜"字而误。制为母胜子之名,若作胜,何以别于子胜母乎? **以专从事,而有功。以义行理,名立而不堕。以保畜养,万物蕃昌。以困举事,破灭死亡。**

北斗之神有雌雄,十一月始建于子,月从一辰,○王念孙云:从当为徙,字之误也。上文云:"帝张四维,运之以斗,月徙一辰,复反其所。"是其证。**雄左行,雌右行,五月合午谋刑,**○陶方琦云:占经六十七引许注:"刑为煞,故荠麦死也。"按:即上文"五月为小刑,荠麦亭历枯"之义。**十一月合子谋德。**○陶方琦云:占经六十七引许注:"德为生,问射于振末。"按:注文多讹。射于当作射干。易通卦验:"冬至兰、射干生。"后汉陈宠传:"冬至阳气萌动,故十一月有兰、射干、芸荔之应。""问射于"即"兰、射干"。**太阴所居辰为厌日,**○王引之云:"太阴所居辰"当作"雌所居辰"。雌,北斗之神右行者也,月徙一辰。太阴则左行而岁徙一辰,两者各不相涉。太阴二字,因下文"太阴所居"而误也。"为厌日"本无"日"字,此因下句"厌日"而衍也。厌者,郑注周官占梦曰:"天地之会,建厌所处之日辰。"疏曰"建谓斗柄所建,谓之阳建,故左还于天。厌谓日前一次,谓之阴建,故右还于天"是也。今人犹谓阴建为月厌,是雌所居辰名为厌,不名为厌日也。**厌日不可以举百事。堪舆徐行,雄以音知雌,**○陶方琦云:文选扬雄甘泉赋注、汉书艺文志注、后汉书王景传注引许注:"堪,天道也。舆,地道也。"按:高无注,扬雄传张晏注曰:"堪舆,天地总名也。"艺文志五行家有堪舆金匮十四卷。**故为奇辰。数从甲子始,子母相求,所合之处为合。十日十二辰,周六十日,凡八合。合于岁前则死亡,合于岁后则无殃。甲戌,燕也;乙酉,齐也;丙午,越也;丁巳,楚也;庚申,秦也;辛卯,戎也;壬子,代也;**○庄逵吉云:代,诸本皆作赵,惟藏本作代。**癸亥,胡也;戊戌、己亥,韩也;己酉、己卯,魏也;戊午、戊子,**○王念孙云:钱氏答问曰:"庚申当作庚辰,八合犹八会也。今依堪舆天老说推衍之,(天老说见周官占梦疏所引郑志内。)正月阳建寅破于申,阴建戌破于辰,二月阳建卯破于酉,阴建酉破于卯,乙近卯,故二月乙酉为八会之一。三月阳建辰破于戌，阴建申破于寅，甲近寅，故三月甲戌为八会之二。四月阳建巳破于亥，阴建未破于丑，癸近丑，故四月癸亥为八会之三。五月阴阳建俱在午而破于子，壬近子，故五月壬子为八会之四。六月阳建未破于丑，阴建巳破于亥，七月阳建申破于寅，阴建辰破于戌，八月阳建酉破于卯，阴建卯破于酉，辛近酉，故八月辛卯为八会之五。九月阳建戌破于辰，阴建寅破于申，庚近申，故九月庚辰为八会之六。十月阳建亥破于巳，阴建丑破于未，丁近未，故十月丁巳为八会之七。十一月阴阳建俱在子而破于午，丙近午，故十一月丙午为八会之八。十二月阳建丑破于未，阴建亥破于巳，此建厌所在及八会之名也。淮南所列甲戌至癸亥，盖大会之日。其下又有戊戌、己亥、己酉、己卯、戊午、戊子，当是小会之日，而尚缺其二。以例推之，当是戊辰、己巳也。"案：钱说是也。戊辰当在戊戌上，己巳当在己亥上。堪舆家所谓小会，三月戊辰、四月己巳、九月戊戌、十月己亥也。又戊辰、戊戌及戊午、戊子下，皆当有所主之国，而今脱之。地在天下之中者，韩、魏而外，更有赵、宋、卫、中山及周，未知以何国当之也。八合天下也。太阴、小岁、星、日、辰五神皆合，其日有云气风雨，国君当之。天神之贵者，莫贵于青龙，或曰天一，或曰太阴。太阴所居，不可背而可乡。北斗所击，不可与敌。

天地以设，分而为阴阳。阳生于阴，阴生于阳。阴阳相错，四维乃通。或死或生，万物乃成。蚑行喙息，莫贵于人。孔窍肢体，皆通于天。天有九重，人亦有九窍。天有四时，以制十二月，人亦有四肢，以使十二节。天有十二月，以制三百六十日，人亦有十二肢，以使三百六十节。故举事而不顺天者，逆其生者也。

以日冬至数来岁正月朔日，五十日者，民食足；不满五十日，日减一斗；有余日，日益一升。○王念孙云：太平御览时序部十三、十四引此，"数"下有"至"字，（数，色主反。）"五十日"上有"满"字，一斗作一升，皆是也。**有其岁司也：**○王引之云：此本作“其为岁司也”，今本衍“有”字，（因上文“有余日”而衍。）脱“为”字。太平御览时序部十三引此，正作“其为岁伺也”。又引注曰：“伺，候也。”（司，古伺字。）“为岁司”者，为岁候丰凶也。寻绎文义，“其为岁司也”，乃起下之词。下文“摄提格之岁，岁早水晚旱”云云，正谓候岁也，当直接此句下。作图者误列图于此句之后，（点校者按：为排版方便，今将图移至下页。）隔绝上下文义，遂使此句成不了之语。且自上文“以日冬至”至下文“民食一升”，皆言占岁之事，中间不应有图。图盖后人所为，故置之非其所耳。刘绩不能是正，又移上文“帝张四维”一段于此句之下，大误。○文典谨按：北堂书钞百五十三引，作“为祈岁也”。**摄提格之岁，**格，起。言万物承阳而起也。**岁早水晚旱，稻疾，蚕不登，**登，成也。**菽麦昌，民食四升。寅。在甲曰阏蓬。**言万物锋芒欲出，拥遏未通，故曰阏蓬也。**单阏之岁，**单，尽。阏，止也。阳气推万物而起，阴气尽止也。**岁和，稻菽麦蚕昌，民食五升。卯。在乙曰旃蒙。**在乙，言万物遏蒙甲而出，故曰旃蒙也。**执徐之岁，**执，蛰。徐，舒也。伏蛰之物皆散舒而出也。**岁早旱晚水，小饥，蚕闭，麦熟，民食三升。辰。在丙曰柔兆。**在丙，言万物皆生枝布叶，故曰柔兆也。**大荒落之岁，**荒，大也。方万物炽盛而大出，霍然落落大布散。**岁有小兵，蚕小登，麦昌，菽疾，民食二升。巳。在丁曰强圉。**在丁，言万物刚盛，故曰强圉也。**敦牂之岁，**敦牂，敦，盛；牂，壮也。言万物皆盛壮也。**岁大旱，蚕登，稻疾，菽麦昌，禾不为，民食二升。午。在戊曰著雝。**在戊，言位在中央，万物繁养四方，故曰著雝也。**协洽之岁，**协，和。洽，合也。言阴欲化万物和合。**岁有小兵，蚕登，稻昌，菽麦不为，民食三升。未。在己曰屠维。**在己，言万物各成其性，故曰屠维。屠，别。维，离也。**涒滩之岁，**涒，大。滩，修也。言万物皆修其精气也。○桂馥云：两“修”字写误，并当为循。高注吕氏春秋序意篇“岁在涒滩”云：“涒，大也。滩，循也。万物皆大循其情性也。”李

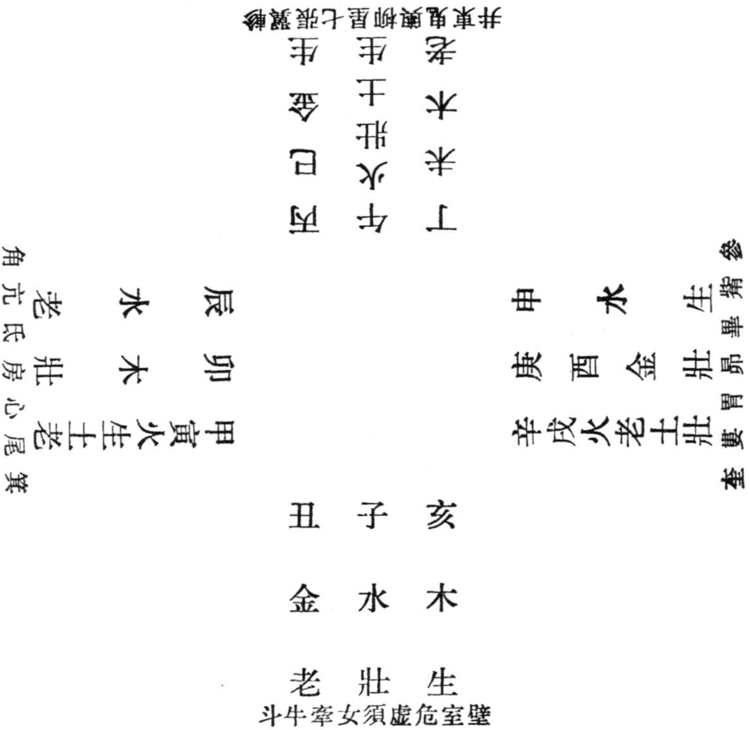

亥　子　丑

木　水　金

生　壮　老

斗牛牵女須虚危室壁

巡说尔雅云："万物皆循精气，故曰涒滩。"岁和，小雨行，蚕登，菽麦昌，民食三升。申。在庚曰上章。在庚，言阴气上升，万物毕生，故曰上章也。作鄂之岁，作鄂，零落也。万物皆陊落。岁有大兵，民疾，蚕不登，菽麦不为，禾虫，民食五升。酉。在辛曰重光。在辛，言万物就成熟。其煌煌，故曰重光也。掩茂之岁，掩，蔽。茂，冒也。言万物皆蔽冒。岁小饥，有兵，蚕不登，麦不为，菽昌，民食七升。戌。在壬曰玄黓。在壬，言岁终包任万物，故曰玄黓也。大渊献之岁，渊，藏。献，迎也。言万物终于亥，大小深藏窟伏以迎阳。岁有大兵，大饥，蚕开，菽麦不为，禾虫，民食三升。困敦之岁，困，混。敦，沌也。言阳气皆混沌，万物牙蘖也。**岁大雾起，大水出，蚕稻菽麦昌，民食三斗。**○王念孙云："蚕"下脱"登"字，"稻"下脱"疾"字，"蚕登"为句，"稻疾"为句，"菽麦昌"为句。"民食三斗"，斗当为升。开元占经引此，正作"蚕登，稻疾，菽麦昌，民食三升"。**子。在癸曰昭阳。**在癸，言阳气始萌，万物合生，故曰昭阳。**赤奋若之岁，**奋，起也。若，顺也。言阳奋物而起之，无不顺其性也。赤，阳色。**岁有小兵，早水，蚕不出，稻疾，菽不为，麦昌，民食一升。**

正朝夕，先树一表东方，操一表却去前表十步，以参望日始出北廉。日直入，又树一表于东方，因西方之表以参望日，方入北廉则定东方。两表之中，与西方之表，则东西之正也。日冬至，日出东南维，入西南维。至春、秋分，日出东中，入西中。夏至，出东北维，入西北维，至则正南。欲知东西、南北广袤之数者，立四表以为方一里岠，先春分若秋分十余日，从岠北表参望日始出及旦，以候相应，相应则此与日直也。辄以南表参望之，以入前表数为法，除举广，除立表袤，以知从此东西之数也。假使视日出，入前表中一寸，是寸得一里也。一里积万八千寸，得从此东万八千里。视日方入，入前表半寸，则半寸得一里。半寸而除一里积寸，得三万六千里，除则从此西里数也。并之东西里数也，则极径也。未春分而直，已秋分而不直，此处南也。未秋分而直，已春分而不直，此处北也。分、至而直，此处南北中也。从中处欲知中南也，未秋分而不直，此处南北中也。从中处欲知南北极远近，从西南表参望日，日夏至始出与北表参，则是东与东北表等也，正东万八千里，则从中北亦万八千里也。倍之,南北之里数也。其不从中之数也,以出入前表之数益损之,表入一寸,寸减日近一里,表出一寸,寸益远一里。欲知天之高,树表高一丈,正南北相去千里,同日度其阴,北表一[一]尺,南表尺九寸,是南千里阴短寸,南二万里则无景,是直日下也。阴二尺而得高一丈者,南一而高五也,则置从此南至日下里数,因而五之,为十万里,则天高也。若使景与表等,则高与远等也。

〔一〕"一"疑当为"二"。日本诸子大成改正淮南鸿烈解作"二"。

淮南鸿烈集解卷四

墬形训纪东西南北山川薮泽，地之所载，万物形兆所化育也，故曰“地形”，因以题篇。

墬形之所载，六合之间，四极之内，四极，四方之极。无复有外，故谓之内也。○王念孙云：此篇皆言地之所载，“地”下不当有“形”字，此因篇名而误衍耳。高释篇名云：“纪东西南北山川薮泽，地之所载，万物形兆所化育也。”则正文本作“地之所载”明矣。海外南经云：“地之所载，六合之间，四海之内”云云，此即淮南所本。○陶方琦云：尔雅释文释地序目引许注：“地，䴡也。”按：杨泉物理论：“地，著也。”说文：“䴡，附著也。”易离“百谷艸木䴡乎土”，王肃作“䴡乎地”。地、䴡谐声之训。**照之以日月，经之以星辰，纪之以四时，要之以太岁。**要，正也。以太岁所在正天时也。**天地之间，九州八极，**八极，八方之极也。○王念孙云“八极”当为“八柱”。“柱”与“极”草书相近，故“柱”误为“极”。初学记地部上、太平御览地部一及白帖一引此，并作“天有九部八纪，地有九州八柱”，又太平御览州郡部三引作“天地之间，九州八柱”，楚辞天问曰：“八柱何当？东南何亏？”初学记引河图括地象曰：“地下有八柱，柱广十万里。”皆其证也。又案：文选张协杂诗注云：“淮南子曰：‘八纮之外有八极。’高诱曰：‘八极，八方之极也。’”是高注云云，本在下文“八纮之外，乃有八极”下，后人不知此处“八极”为“八柱”之讹，又移彼注于此，以曲为附会，甚矣其谬也。**土有九山，山有九塞，**

泽有九薮，风有八等，水有六品。何谓九州？东南神州曰农土，东南辰为农祥，后稷之所经纬也，故曰农土。正南次州曰沃土，沃，盛也。五月建午，稼穑盛张，故曰沃土也。西南戎州曰滔土，滔，大也。七月建申，五谷成大，故曰滔土也。正西弇州曰并土，并，犹成也。八月建酉，百谷成熟，故曰并土也。正中冀州曰中土，冀，大也。四方之主，故曰中土也。西北台州曰肥土，正北泲州曰成土，未闻。东北薄州曰隐土，薄，犹平也。气所隐藏，故曰隐土也。正东阳州曰申土。申，复也。阴气尽于北，阳气复起东北，故曰申土。何谓九山？会稽、泰山、王屋、首山、太华、岐山、太行、羊肠、孟门。会稽山在会稽郡。泰山今在泰山郡，是为东岳。王屋山在今河东垣县东北，沇水所出也。首山在蒲坂县南河曲之中，伯夷所隐。太华，今弘农华阴山也，是为西岳。岐山，今扶风美阳县北，周家所邑也。太行在今上党太行关，直河内野王县是也。羊肠，山名也。说苑曰："桀之居，左河、泲，右太华，伊阙在其南，羊肠在其北。"今太原晋阳西北九十里，通河西、上郡，关曰羊肠坂，是孟门、太行之限也。何谓九塞？曰太汾、渑阨、荆阮、方城、殽阪、井陉、令疵、句注、居庸。太汾在晋。渑阨，今弘农渑池是也。荆阮、方城皆在楚。殽阪，弘农郡渑池殽钦吟是也。井陉在常山，通太原关是也。令疵在辽西。句注在雁门，阴馆句注是也。居庸在上谷沮阳之东，通浑都关是也。○孙诒让云：注"钦"当作"嵚"。盐铁论险固篇云："败秦师崤嵚崟。"公羊传作嵚岩，穀梁作岩吟，释文云："吟，本作崟。"吟、吟字同，钦吟即嵚崟也。○文典谨按：初学记州郡部引，作"大汾、冥阨、荆苑、方城、豪阪、井陉、令疵、句注、居庸也"。何谓九薮？薮，泽也。曰越之具区，具区在吴、越之间也。楚之云梦，云梦在南郡华容也。秦之阳纡，阳纡盖在冯翊池阳，一名具圃。○庄逵吉云：具圃，左传作具囿，疑字误。晋之大陆，大陆，魏献子所游，焚焉而死者是也。郑之圃田，圃田在今河南中牟。传曰"郑有原圃，犹秦之具圃也，吾子取其麋鹿，以间敝邑"是也。宋之孟诸，孟诸在今梁园，睢阳东北泽是也。**齐之海隅**，海隅犹崖，盖近海滨是也。**赵之钜鹿**，今钜鹿黄阿泽是也。○庄逵吉云：黄阿泽即广阿，古字黄、广通用。**燕之昭余**。昭余，今太原郡是，古者属燕也。**何谓八风？东北曰炎风**，艮气所生，一曰融风也。**东方曰条风**，震气所生也，一曰明庶风。**东南曰景风**，巽气所生也，一曰清明风。**南方曰巨风**，离气所生也，一曰恺风。○俞樾云："巨"乃"岂"之坏字，岂读为恺。高注云"一曰恺风"，恺正字，岂借字，巨误字耳。说详吕氏春秋。**西南曰凉风**，坤气所生也。**西方曰飂风**，兑气所生也。○文典谨按：北堂书钞一百五十一引，"飂"作"飙"，又有注云"一曰阊阖风"。**西北曰丽风**，乾气所生也，一曰阊阖风。○文典谨按：书钞引注"阊阖"作"不周"。**北方曰寒风**。坎气所生也，一曰广莫风。**何谓六水？曰河水、赤水、辽水、黑水、江水、淮水**。河水出昆仑东北陬。赤水出其东南陬。辽水出碣石山，自塞北东流，直辽东之西南入海。黑水在雝州。江水出岷山，在蜀西徼外。淮水出桐柏山南平阳也。**阖四海之内，东西二万八千里，南北二万六千里**，子午为经，卯酉为纬，言经短纬长也。**水道八千里，通谷其名川六百**，○陈观楼云：吕氏春秋有始篇作"通谷六，名川六百"，此"其"字当为"六"之讹。**陆径三千里**。陆径，邪径也。陆，地也。

禹乃使太章步自东极，至于西极，二亿三万三千五百里七十五步；使竖亥步自北极，至于南极，二亿三万三千五百里七十五步。太章、竖亥，善行人，皆禹臣也。海内东西长，南北短，极内等也。**凡鸿水渊薮，自三百仞以上，二亿三万三千五百五十里，有九渊**。○王念孙云：三百仞之百，五十里之里，九渊之渊，皆衍文。此言鸿水渊薮自三仞以上者共有二亿三万三千五百五十九也。广雅曰："沛、潭，渊也，自三仞以上，二亿三万三千五百五十有九。"即用淮南之文。**禹乃以息土填洪水以为名山**，息土不耗减，掘之益多，故以填洪水。

名山，大山也。**掘昆仑虚以下地，**掘犹平也。地或作池。**中有增城九重，其高万一千里百一十四步二尺六寸。**中，昆仑虚中也。增，重也。有五城十二楼，见括地象。此乃诞，实未闻也。○俞樾云：万一千里言城之高，则百一十四步二尺六寸当言城之厚，然其数奇零，疑有脱误。○文典谨按：文选游天台山赋注、前缓声歌注引，"增"并作"层"。艺文类聚八十三引同，惟六十五引作"曾"，曾亦即层也。增、层古通用。**上有木禾，其修五寻，**上，昆仑虚上也。五寻长三十五尺。○文典谨按：文选思玄赋注引作"其穗长五寻"，海内西经："海内昆仑之墟在西北，帝之下都。昆仑之墟方八百里，高万仞，上有木禾，长五寻，大五围。"郭璞曰："木禾，谷类也。生黑水之阿，可食。"**珠树、玉树、琁树、不死树在其西，**在木禾之西也。**沙棠、琅玕在其东，**皆玉名也。在木禾之东也。一说：沙棠，木名也。吕氏春秋曰："果之美者，沙棠之实也。"**绛树在其南，**绛，赤色。**碧树、瑶树在其北。**碧，青玉也。木禾之北。**旁有四百四十门，门间四里，里间九纯，纯丈五尺，**纯，量名也。○俞樾云："门间四里"，言每门相距之数也。"里间九纯"，义不可通，疑本作"门九纯"，言门之广也。门误为间，后人遂妄加"里"字耳。**旁有九井玉横，维其西北之隅，**横，犹光也。横或作彭。彭，受不死药器也。○文典谨按：御览七百五十六引作"旁有九井玉横受不死药"，又引注云"横或作彭，器名也"，今高注亦云"彭，受不死药器也"。疑"玉横"下旧有"受不死药"四字，而今本脱之。**北门开，以内不周之风。倾宫、旋室、**倾宫，宫满一顷。旋室，以旋玉饰室也。一说：室旋机关，可转旋，故曰旋室。**县圃、凉风、樊桐在昆仑阊阖之中，**阊阖，昆仑虚门名也。县圃、凉风、樊桐，皆昆仑之山名也。樊，读如麦饭之饭。**是其疏圃。疏圃之池，浸之黄水，黄水三周复其原，**原，本也。**是谓丹水，饮之不死。**○王念孙云：丹水本作白水，此后人妄改之也。水经河水注引此作丹水，亦后人依俗本改之。楚辞离骚："朝吾将济于白水兮"，王注曰："淮南言白水出昆仑之原，饮之不死。"文选思玄赋"斢白水以为浆”，李善即引王注。太平御览地部二十四亦云淮南子曰：“白水出昆仑之原，饮之不死。”则旧本皆作白水明矣。又案：楚辞惜誓“涉丹水而驰骋兮”，王注曰：“丹水，犹赤水也，淮南言赤水出昆仑也。”此是引下文赤水出东南陬之语，若此文本作丹水，则王注当引以为证，何置此不引，而别指赤水以当之乎？**河水出昆仑东北陬，贯渤海，入禹所导积石山。**渤海，大海也。河水自昆仑由地中行，禹导而通之，至积石山。书曰：“道河积石。”入，犹出也。**赤水出其东南陬，西南注南海丹泽之东。赤水之东，弱水出自穷石，**穷石，山名也，在张掖。北塞水也。**至于合黎，余波入于流沙，绝流沙南至南海。**绝，犹过也。流沙，流行也。○王引之云：昆仑四隅为四水所出，说本海内西经。上文言东北陬、东南陬，下文又言西北陬，无独缺西南陬之理。此处原文当作“弱水出其西南陬，绝流沙南至南海”。其“弱水出穷石，入于流沙”及注“穷石，山名”云云，则当在下文“江出岷山”诸条间。王逸注离骚引淮南子“弱水出于穷石，入于流沙”，郭璞注海内西经引淮南子“弱水出穷石”，正与“江出岷山”诸条文义相同也。盖弱水本出穷石，而海内西经言出昆仑西南陬，故两存其说。（此文言河出昆仑东北陬，下文又言河出积石，亦是两存其说。）后人病其不合，则从而合并之，于是取下文之“弱水出穷石，入于流沙”及注文，皆移置于此处，而删去“弱水出其西南陬”七字，又妄加“赤水之东”四字，（“弱水出”下又加一“自”字。）“至于合黎余波”六字，而淮南原文遂错乱不可复识矣。今案：上文赤水次于河水，而不言在河水之某方，下文洋水次于弱水，而不言在弱水之某方，则“弱水”二字前，安得有“赤水之东”四字乎？括地志曰：“兰门山，一名合黎，一名穷石山。”引淮南子“弱水源出穷石山”。（见史记夏本纪正义。）使淮南原文“弱水出穷石”下有“至于合黎”之文，则合黎非穷石矣，志何得言合黎一名穷石山乎？其为后人取禹贡之文附入，较然甚明。况既言“绝流沙”，则弱水入其中可知，何必又言“入于流沙”？区区余波，又安能绝流沙而过乎？后人但知取下文“入于流沙”句增入“余波”二字，而不知其与本文相抵牾也。高注“绝流沙”曰：“绝，犹过也。流沙，流行也。”（“流行”下当有“之沙”二字。）如有“余波入于流沙”句在前，则注当先释“流沙”，后释“绝”字，不当先释“绝”字，后释“流沙”也。

然则“绝流沙”前本无“余波入于流沙”句，而“弱水出穷石，入于流沙”当在“江出岷山”诸条间，明矣。**洋水出其西北陬，入于南海羽民之南。**洋水经陇西氐道，东至武都为汉阳，或作养水也。○庄逵吉云：洋或作养，养应作瀁，亦作漾，即汉水也。“东至武都为汉阳”，“阳”字疑衍。**凡四水者，帝之神泉，以和百药，以润万物。昆仑之丘，或上倍之，**假令高万里，倍之二万里。**是谓凉风之山，登之而不死。或上倍之，是谓悬圃，**○王念孙云：上文“县圃、凉风、樊桐”，高注云“皆昆仑之山名”，上文又云“昆仑之丘，或上倍之，是谓凉风之山”，则此“县圃”下亦当有“之山”二字。水经河水注引此作“是谓玄圃之山”，是其证。（洪兴祖楚辞补注引此亦有“之山”二字。）**登之乃灵，能使风雨。或上倍之，乃维上天，登之乃神，是谓太帝之居。**太帝，天帝。○孙诒让云：“倍”之为言，乘也，登也。“或”者，又也。“或上倍之”，谓又登其上也。庄子逍遥游篇云：“故九万里，则风斯在下矣，而后乃今培风。”此“倍”与庄子之“培”义正同。庄子释文云：“培，重也。本或作陪。”倍、培、陪字并通。高训倍为加倍，陆训培为重，皆未得其义。凉风，穆天子传郭注引作阆风。阆、凉一声之转。**扶木在阳州，日之所曊。**扶木，扶桑也，在汤谷之南。曊，犹照也。阳州，东方也。曊，读无枝檵之檵也。**建木在都广，**建木，其状如牛，引之有皮，若缨黄蛇，叶若罗。都广，南方山名也。○文典谨按：御览四“都广”下引注云“南方山名”，与今本合。九百六十一引注云“广都，方都南山也”，疑是许注。**众帝所自上下，日中无景，呼而无响，盖天地之中也。**众帝之从都广山上天还下，故曰上下。日中时，日直人上，无景晷，故曰盖天地之中。**若木在建木西，**○庄逵吉云：御览引作“弱水在东，建木在西”。**末有十日，其华照下地。**末，端也。若木端有十日，状如莲华。华，犹光也，光照其下也。○庄逵吉云：莲华，御览作连珠。○文典谨按：北堂书钞百四十九，及初学记天部上引注，“莲华”亦并作“连珠”。

九州之大，纯方千里。纯，缘也。亦曰量名也。**九州之外，**

乃有八殥，亦方千里：殥，犹远也。殥，读胤嗣之胤。○文典谨按：初学记地理部上引，殥作埏，下同。**自东北方曰大泽，曰无通**；大泽、无通，皆薮名也。○俞樾云：此当作"自东北方曰无通，曰大泽"，方与下文"东方曰大渚，曰少海"，"东南方曰具区，曰元泽"，"南方曰大梦，曰浩泽"，"西南方曰渚资，曰丹泽"，"西方曰九区，曰泉泽"，"西北方曰大夏，曰海泽"，"北方曰大冥，曰寒泽"，文义一律。盖无通也，大渚也，具区也，大梦也，渚资也，九区也，大夏也，大冥也，所谓八殥也；大泽也，少海也，元泽也，浩泽也，丹泽也，泉泽也，海泽也，寒泽也，所谓八泽也。故下文总之曰"凡八殥八泽之云，是雨九州"。今无通、大泽传写误倒，则先泽而后殥，与下不一律矣。高注"大泽、无通，皆薮名也"，本作"无通，薮名也"，盖无通是薮，大泽是泽，泽名已显，故不必注；薮名未显，故必注之。因无通、大泽传写误倒，遂增大泽于无通之上，而以为皆泽名矣。其注少海曰："东方多水，故曰少海，亦泽名也。"上注无"泽名"之文，而此云"亦"者，亦大泽也。大泽是泽名，少海亦是泽名，特因东方多水，故从大称而曰"海"耳，实亦泽也，故言"亦"也。即此可见大泽与少海同在八泽之数。然则大泽不应在无通之上，其证一矣。下文浩泽注曰："浩亦大也。"上注无"大"文，而此云"亦"者，亦大泽也。大泽以大得名，浩泽亦以大得名，故言"亦"也。即此可见大泽与浩泽同在八泽之数。然则大泽不应在无通之上，其证二矣。○文典谨按：文选吴都赋注引淮南子曰："九州外有八泽，方千里；八泽之外有八纮，亦方千里。"两见"八泽"二字，今本唯下文"凡八殥八泽之云，是雨九州"句，疑古有而今敚失之也。选注所引，亦足与俞说互相参证。**东方曰大渚，曰少海**；水中可居者曰渚。东方多水，故曰少海，亦泽名也。○文典谨按：初学记地理部上引，少作沙。**东南方曰具区，曰元泽**；元，读常山人谓伯为穴之穴也。○庄逵吉云：古读元为兀，故说文解字元从一，从兀为声，又髡一作髨，其从兀、从元皆为声，是此读元为穴之证。古声兀、穴相同也。○王念孙云：庄说非也。元泽当为亢泽，字之误也。亢与沆同。（水经巨马河注曰：督亢沟水东迳督亢泽。"风俗通曰："沆，漭也，言平望漭漭无崖际也。"是沆、亢古字通。）尔雅："沄，沆也。"郭璞曰："水流漭沆。"说文曰："沆，莽沆，大水，一曰大泽。"风俗通义引传曰："沆者，莽也，言其平望莽莽无涯际也。”(旧本沆讹作沉,今据水经注改。)此言亢泽,亦取大泽之义。初学记地部上、太平御览地部一引此并作沆泽,是其证也。高注“常山人谓伯为穴”,穴亦亢字之误。伯,古阡陌字也。(管子四时篇曰:“修封疆,正千伯。”史记酷吏传“置伯格长”,徐广曰:“街陌屯落皆设督长也。”又汉书食货志、地理志阡陌字并作仟伯。)亢与甿同。(广雅曰:“甿陌,道也。”释名曰:“鹿兔之道曰亢,行不由正,亢陌山谷草野而过也。”是甿、亢古字通。)说文曰:“赵、魏谓伯为甿。”汉之常山郡,战国时赵地也。此云“常山人谓伯为亢”,正与说文相合。沆、甿古同声而并通作亢,故曰“亢,读常山人谓伯为亢之亢”。**南方曰大梦,曰浩泽;**梦,云梦也。浩亦大也。**西南方曰渚资,曰丹泽;**盖近丹水,因其名,故曰丹泽也。**西方曰九区,曰泉泽;西北方曰大夏,曰海泽;北方曰大冥,曰寒泽。**北方多寒水,故曰寒泽也。**凡八殥八泽之云,是雨九州。八殥之外,而有八纮,**纮,维也。维落天地而为之表,故曰纮也。○陶方琦云:文选欧阳坚石临终诗注、答宾戏注引许注:“纮,维也。”此许、高并用旧训,故同。或即羼入之许说。说文:“纮,冠卷维也。”说正合。原道训“纮宇宙而章三光”,高注:“纮,纲也,若小车盖四维谓之纮绳之类也。”**亦方千里:自东北方曰和丘,曰荒土;**凤所自歌,鸾所自舞,名曰和丘,曰荒土也。○庄逵吉云:“凤所自歌,鸾所自舞”八字,出山海经。**东方曰棘林,曰桑野;东南方曰大穷,曰众女;**○庄逵吉云:御览下有注云:“民少男多女。”**南方曰都广,曰反户;**都广,国名也。山在此国,因复曰都广山。言其在乡日之南,皆为北乡户,故反其户也。**西南方曰焦侥,曰炎土;**焦侥,短人之国也,长不满三尺。○庄逵吉云:御览注作“焦侥人长三尺,衣冠带剑”。**西方曰金丘,曰沃野;**西方,金位也,因为金丘。沃,犹白也。西方白,故曰沃野。**西北方曰一目,曰沙所;**国人一目,在面中央。沙所,盖流沙所出也。一曰:泽名也。**北方曰积冰,曰委羽。**北方寒,冰所积,因以为名。委羽,山名,在北极之阴,不见日也。**凡八纮之气,是出寒暑,以合八正,必以风**

雨。八正，八风之正也。以风雨八纮之内。

八纮之外，乃有八极：自东北方曰方土之山，曰苍门；东北木将用事，青之始也，故曰苍门。东方曰东极之山，曰开明之门；明者，阳也，日之所出也，故曰开明之门。东南方曰波母之山，曰阳门；东南月建在巳，纯阳用事，故曰阳门。据天下诸城，东南角门皆阳门，是其类也。南方曰南极之山，曰暑门；南方盛阳，积温所在，故曰暑门。西南方曰编驹之山，曰白门；西南月建在申，金气之始也。金气白，故曰白门。西方曰西极之山，曰阊阖之门；西方八月建酉，万物成济，将可及收敛。阊，大也。阖，闭也。大聚万物而闭之，故曰阊阖之门也。西北方曰不周之山，曰幽都之门；幽，阖也。都，聚也。玄冥将始用事，顺阴而聚，故曰幽都之门。北方曰北极之山，曰寒门。积寒所在，故曰寒门。凡八极之云，是雨天下；八门之风，是节寒暑；八纮、八殥、八泽之云，以雨九州而和中土。中土，冀州。东方之美者，有医毋闾之珣玗琪焉。医毋闾，山名，在辽东属国。珣玗琪，玉名也。东南方之美者，有会稽之竹箭焉。会稽山在今会稽山阴县之南，禹所葬。竹箭，今会稽郡出好竹箭是也。南方之美者，有梁山之犀象焉。梁山在会稽长沙湘南，有犀角、象牙，皆物之珍也。西南方之美者，有华山之金石焉。金，美金也。石，含玉之石也。华山，今弘农华阴南山是也。西方之美者，有霍山之珠玉焉。出夜光之珠，五色之玉也。今河东永安县也。西北方之美者，有昆仑之球琳、琅玕焉。球琳、琅玕，皆美玉也。北方之美者，有幽都之筋角焉。古之幽都在雁门以北，其畜宜牛羊马，出好筋角，可以为弓弩。东北方之美者，有斥山之文皮焉。斥，读斥丘之斥。文皮，虎豹之皮也。传曰“无终子使孟乐因魏庄子纳虎豹之皮也，以请和诸戎”是也。中央之美者，有岱岳，以生五谷桑麻，鱼盐出焉。岱岳，泰山也。王者禅代所祠，因曰岱岳也。五谷、桑麻、鱼盐，所养人者。出，犹生也。

凡地形：东西为纬，南北为经；山为积德，川为积刑；山仁，万物生焉，故为积德。川水智，智制断，故为积刑也。论语曰"仁者乐山，知者乐水"是也。高者为生，下者为死；高者阳，主生；下者阴，主死。丘陵为牡，溪谷为牝；丘陵高敞，阳也，故为牡。溪谷污下，阴也，故为牝。水圆折者有珠，方折者有玉；圆折者，阳也。珠，阴中之阳。方折者，阴也。玉，阳中之阴也。皆以其类也。清水有黄金，龙渊有玉英。清水澄，故黄金出焉。龙渊，龙所出游渊也。玉英转化，有精光也。土地各以其类生，○王念孙云：此本作"土地各以类生人"，今本衍"其"字，脱"人"字。（陈祥道礼书引此已误。）史记天官书正义、艺文类聚水部上、白帖六、太平御览天部十五、地部二十三、疾病部一、疾病部三引此，并无"其"字，有"人"字。是故山气多男，泽气多女，障气多喑，风气多聋，○王念孙云：障气本作水气，后人以水与泽相复，故妄改为障耳。（礼书引此已误。）不知凡水皆谓之水，而水钟乃谓之泽，（见周官大司徒注。）且泽气与山气相对，水气与风气相对，义各有取。改水为障，则义不可通矣。太平御览天部十五、疾病部一、疾病部三，（此篇内两引。）引此并作水气。酉阳杂俎广知篇同。林气多癃，木气多伛，自此上至"山气多男"，皆生子多有此病也。岸下气多肿，○王念孙云：肿本作尰，此亦后人妄改之也。（礼书引此已误。）肿音诸勇反，尰音市勇反。凡肿疾皆谓之肿，而肿足则谓之尰。尰字从尢，尢，读若汪，跛曲胫也，（见下条。）故尰字从之。岸下气下湿，故有肿足之疾。小雅巧言篇"居河之麋，既微且尰"，郑笺曰："居下湿之地，故生微尰之疾。"尔雅曰"既微且尰，骭疡为微，肿足为尰"是也。若作肿，则非其指矣。太平御览天部十五引此正作尰，又引高注云："岸下下湿，肿足曰尰。"（今脱此注。）又疾病部一、疾病部三引此并同。石气多力，象石坚也。险阻气多瘿，上下险阻，气冲喉而结，多瘿咽也。暑气多夭，夭折不终也。寒

气多寿，谷气多痹，丘气多狂，○王念孙云：狂当为尪。说文："尢，跛曲胫也。从大，象偏曲之形。"古文作尪。一切经音义十八引苍颉篇曰："痹，手足不仁也。"痹与尪皆肢体之疾，故连类而及之，若狂则非其类矣。篆书尪、狂二字相似，隶书亦相似，故尪误为狂。天官书正义、太平御览引此作狂，亦传写之误。酉阳杂俎正作尪。吕氏春秋尽数篇"轻水所多秃与瘿人，重水所多尰与躄人，苦水所多尪与伛人"，瘿、尰、尪、伛四字皆与此篇同。**衍气多仁，**下而污者为衍也。○庄逵吉云：御览衍作广，注云："下而平者为广也。"**陵气多贪，轻土多利，重土多迟，**利，疾也。**清水音小，浊水音大，**音，声也。**湍水人轻，迟水人重，**湍，急流悍水也。**中土多圣人。皆象其气，皆应其类。故南方有不死之草，北方有不释之冰，**南方温，故草有不死者。北方寒，故冰有不泮释者。○文典谨按：御览六十八引，南方作淮海。意林引注云："寒温异也。"疑皆据许本也。**东方有君子之国，**东方木德仁，故有君子之国。其人衣冠带剑食兽，使二文虎也。○庄逵吉云：说文解字曰："东夷从大，大人也。夷俗仁，仁者寿，有君子不死之国。"即与此解同。**西方有形残之尸。寝居直梦，人死为鬼，**西方金，金断割攻战之事，有形残之尸也。寝，寐也。居，处也。金气方刚，故其寝寐处梦，悟如其梦，故曰直梦。不终其命，死而为鬼，能为祆怪病人也。一说曰：形残之尸于是以两乳为目，腹脐为口，操干戚以舞，天神断其手，后天帝断其首也。以无梦，故曰寝居直梦。○庄逵吉云：一说即山海经之形天也。古声天、残相近。**磁石上飞，云母来水，土龙致雨，燕雁代飞，**汤遭旱，作土龙以象龙。云从龙，故致雨也。燕，玄鸟也，春分而来，雁春分而北诣漠中也；燕秋分而去，雁秋分而南诣彭蠡也：故曰代飞。代，更也。○庄逵吉云：御览引许昚注："汤遭旱，作土龙以象云龙。"即此注而小异。○陶方琦云：初学记一、白帖二、御览十一、岁华纪丽二注引许注"汤遭旱，作土龙以象云从龙也。"按：此亦疑许说羼入高注本，故同。桓子新论："问求雨所以为土龙者，何也？曰：龙见者，辄有风雨兴起以送迎之，故缘其象类而为之。"

论衡乱龙篇:“董仲舒申春秋之雩,谓土龙以招雨,其意以云龙相致。易曰:‘云从龙。’以类求之,故设土龙。”许注谓汤时事,必系古说。又御览九百四十二引“燕雁代飞”许注云:“燕春南而雁秋北。”文选江淹杂体诗注引敚一“秋”字,义固未足,然御览加一“雁”字,义又未安。当是“燕春南而秋北,雁春北而秋南。”管子:“桓公曰:鸿雁春北而秋南,不失其时。”文亦相类。**蛤蟹珠龟,与月盛衰。**与,犹随也。**是故坚土人刚,弱土人肥;**○俞樾云:下文“垆土人大,沙土人细;息土人美,秏土人丑”,大与细对,美与丑对。刚与肥则不对矣。肥当作脃。广雅释诂:“脆,弱也。”脆即脃之俗体。坚土人刚,弱土人脃,正相对成义。家语执辔篇作“坚土之人刚,弱土之人柔”,柔亦脃也。**垆土人大,沙土人细;**垆,读纑绳之纑。细,小也。**息土人美,秏土人丑。食水者善游能寒,**鱼鳖鹥鹜之属是也。○陶方琦云:意林引许注:“鱼是也。”当是高承许注。○文典谨按:能,读曰耐。汉书赵充国传“汉马不能冬”,师古曰“能,读曰耐”,是其比也。家语执辔篇正作耐。**食土者无心而慧,**蚯蚓之属是也。○俞樾云:蚯蚓之属,何慧之有?大戴记易本命篇作“无心而不息”,卢辩注曰:“蚯蚓之属不气息也。”此文“慧”字疑亦“不息”二字之误。○文典谨按:家语执辔篇与大戴礼同。御览九百四十四引作“食土者无心不惠”。(惠、慧古通。)俞说近墒。○陶方琦云:意林引许注:“蚯蚓是也。”此高承用许注。**食木者多力而羹,**熊罴之属是也。羹,烦肠黄理也。羹,读“内羹于中国”之羹,近鼻也。○陶方琦云:意林引许注:“熊罴是也。”此亦高承用许注。○文典谨按:御览九百五十二引羹作恶,引注罴作犀。**食草者善走而愚,**麋鹿之属是也。○陶方琦云:意林引许注:“麋鹿是也。”亦是高承用许注。**食叶者有丝而蛾,**蚕是也。○王念孙云:食叶本作食桑。后人以虫之食叶者多化为蛾,故改食桑为食叶。不知正文本作食桑,故高注专训为蚕。若作食叶,则与高注不合矣。尔雅“蛾罗”,郭璞曰蚕蛾。说文:“𧒽,蚕化飞虫。”或作蛾。是古人言蛾者,多专指蚕蛾言之,故曰“食桑者有丝而蛾”,故高注专训为蚕也。大戴礼易本命篇、家语执辔篇并作食桑,太平御览资产部五“蚕”下引淮南亦作食桑,意林及艺文类聚虫豸部并同。○文典谨按：上文“食木者”、“食草者”，下文“食肉者”、“食谷者”，木也，草也，肉也，谷也，皆共名也，此似不应独举专名曰“食桑者”。虫之食叶者多化为蛾，此生民之所共见，且据艺文类聚高注实作“蚕属是也”，此“蚕是也”乃许注也。既曰“蚕属”，则非专训为蚕可知，王说泥矣。**食肉者勇敢而悍，**虎豹鹰鹯之属是也。○陶方琦云：意林引许注作“虎豹是也”。**食气者神明而寿，**仙人松、乔之属是也。○陶方琦云：意林引许注：“龟蛇之类，王乔、赤松是也。”**食谷者知慧而夭，**○陶方琦云：意林引许注：“人是也。”高无注，乃敚文也。**不食者不死而神。凡人民禽兽万物贞虫，各有以生，**贞虫，诸细要之属也。**或奇或偶，或飞或走，莫知其情。唯知通道者，能原本之。**

天一地二人三，一，阳；二，阴也。人生于天地，故曰三也。**三三而九。九九八十一，一主日，日数十，十，从甲至癸也。日主人，人故十月而生。八九七十二，二主偶，偶以承奇，奇主辰，辰主月，月主马，马故十二月而生。七九六十三，三主斗，斗主犬，犬故三月而生。六九五十四，四主时，时主彘，彘故四月而生。五九四十五，五主音，音主猿，猿故五月而生。四九三十六，六主律，律主麋鹿，**○庄逵吉云：大戴礼记作禽鹿。**麋鹿故六月而生。三九二十七，七主星，星主虎，虎故七月而生。二九十八，八主风，风主虫，虫故八月而化。**

鸟鱼皆生于阴，阴属于阳，○王念孙云：下“阴”字蒙上而衍。此谓鸟鱼皆属于阳，非谓阴属于阳也。大戴礼、家语并作“鸟鱼皆生于阴而属于阳”，卢辩曰：“生于阴者，谓卵生也。属于阳者，谓飞游于虚也。”则无下“阴”字明矣。文选辩命论注、太平御览羽族部一引淮南皆无下“阴”字。**故鸟鱼皆卵生。鱼游于水，鸟飞于云，故立冬燕雀入海，化为蛤。**○庄逵吉云：大戴礼记蛤作蚧。**万物之生而各异类：蚕食而**

不饮，蝉饮而不食，蜉蝣不饮不食，○庄逵吉云：卢辩注大戴礼记引本书云："蚕食而不饮，三十二日而化。蝉饮而不食，三十日而死。蜉蝣不饮不食，三日而终。"介鳞者夏食而冬蛰。介，甲，龟鳖之属也。鳞，鱼龙之属。龁吞者八窍而卵生，鸟鱼之属。嚼咽者九窍而胎生。四足者无羽翼，戴角者无上齿；无角者膏而无前，膏，豕也，熊猿之属。无前，肥从前起也。有角者指而无后。指，牛羊麋之属。无后，肥从后起也。○庄逵吉云：指应作脂，见周礼注，所谓"戴角者脂，无角者膏"是也。又王肃家语注引本书，正作脂。○文典谨按：庄校是也。御览八百六十四、八百九十九引，指并作脂。说文肉部："戴角者脂，无角者膏。"一切经音义引三仓："有角曰脂，无角曰膏。"皆其证。又"無前"、"無后"，义不可通，"無"疑当作"兑"，始讹为"无"，传写又为"無"耳。御览八百九十九引，正作"兑前"、"兑后"，又引注云："豕马之属前小，牛羊后小。"是其证矣。前小即兑前，后小即兑后也。昼生者类父，夜生者似母。至阴生牝，至阳生牡。夫熊罴蛰藏，飞鸟时移。是故白水宜玉，黑水宜砥，砥则皂石也。青水宜碧，赤水宜丹，黄水宜金，清水宜龟；汾水濛浊而宜麻，济水通和而宜麦，河水中浊而宜菽，○王念孙云：中浊二字，义不相属。浊本作调，中调犹中和也。上文曰"济水通和而宜麦"，义与此相近，今作中浊者，涉上文"汾水濛浊"而误。（礼书引此已误。）后汉书冯衍传注引此作"河水调宜菽"，太平御览百谷部五引此作"河水中调而宜菽"。雒水轻利而宜禾，渭水多力而宜黍，汉水重安而宜竹，○王念孙云：太平御览地部二十三、二十七引此，"竹"下皆有"箭"字，今本脱之。（礼书引此已无"箭"字。）古人言物产者多并称竹箭，故曰"汉水重安而宜竹箭"。周官职方氏曰："其利金锡竹箭。"楚语曰："楚有薮曰云连、徒洲，金木竹箭之所生。"皆是也。江水肥仁而宜稻。平土之人，慧而宜五谷。

东方川谷之所注，日月之所出，其人兑形小头，隆鼻大口，鸢肩企行，窍通于目，筋气属焉，苍色主肝，长大早知而不寿；其地宜麦，多虎豹。南方阳气之所积，暑湿居之，其人修形兑上，大口决眦，○王念孙云：眦当为眦，字之误也。说文："眥，目厓也。"郑注乡射礼曰："决，犹开也。"开眦谓大目也。大口、决眦意相近。（曹植鼙舞歌曰："张目决眥。"）太平御览人事部四引此正作眦。窍通于耳，血脉属焉，赤色主心，早壮而夭；其地宜稻，多兕象。西方高土，川谷出焉，日月入焉，其人面末偻，修颈卬行，窍通于鼻，末，犹脊也。○俞樾云：高注曰："末，犹脊也。"然则末偻者，谓其脊句偻也。"末"上不当有"面"字，疑是衍文。又按庄子外物篇"末偻而后耳"，释文引李云："末，上，谓头前也。"盖训末为上，又以上为头，故以末偻为头前。此说末字之义较合。说文木部"木上为末"，故人亦以上为末矣。皮革属焉，白色主肺，勇敢不仁；其地宜黍，多旄犀。旄，读近绸缪之缪，急气言乃得之。○庄逵吉云：何休注公羊传、刘熙释名并有急气笼口读字之说，盖当时有其法，即开魏音反语、周沈切韵之渐矣。北方幽晦不明，天之所闭也，寒水之所积也，○王念孙云：寒水当为寒冰，字之误也。上文"北方曰积冰"，高注曰"北方寒，冰所积，因名为积冰"是也。太平御览引此，正作寒冰。蛰虫之所伏也，其人翕形翕，读胁干之胁。短颈，大肩下尻，窍通于阴，骨干属焉，黑色主肾，其人惷愚，惷，读人谓惷然无知之惷也，笼口言乃得。禽兽而寿；○王念孙云：自"翕形短颈"以下六句，皆承上"其人"二字言之，则"惷愚"上不当更有"其人"二字。上文东方、南方、西方皆无此二字，此即因上文"其人翕形"而误衍也。（太平御览引此已误。）又按："禽兽"二字，妄人所加也。"惷愚而寿"与上文"早知而不寿"，文正相对，加入"禽兽"二字，则文不成义矣。太平御览引无此二字。其地宜菽，菽，豆也。多犬马。传曰："冀之北土，马之所生。"言燕、代出马也。中央四达，风气之所通，雨露之所会也，其人大面短颐，美须恶肥，窍通于口，肤肉属焉，黄色主胃，慧圣而好治；其地宜禾，多牛羊及六畜。

木胜土，土胜水，水胜火，火胜金，金胜木，故禾春生秋死，禾者木，春木王而生，秋金王而死。菽夏生冬死，豆，火也，夏火王而生，冬水王而死。麦秋生夏死，麦，金也，金王而生，火王而死也。荠冬生中夏死。荠，水也，水王而生，土王而死也。○王念孙云：此本作"荠冬生而夏死"，后人以荠死于中夏，因改为中夏。不知上文"禾春生秋死"，"菽夏生冬死"，"麦秋生夏死"，皆但言其时而不言其月，荠亦然也。艺文类聚草部下、太平御览百谷部一、菜部五引此，并作"荠冬生而夏死"。木壮水老火生金囚土死，火壮木老土生水囚金死，土壮火老金生木囚水死，金壮土老水生火囚木死，水壮金老木生土囚火死。音有五声，宫其主也。五声，宫、商、角、徵、羽也。在中央，故为主。色有五章，黄其主也。味有五变，甘其主也。位有五材，土其主也。是故炼土生木，炼木生火，炼火生云，云，金气所生也。炼云生水，炼水反土。○文典谨按：御览八百六十九引，作"炼水生土"。炼甘生酸，炼酸生辛，炼辛生苦，炼苦生咸，炼咸反甘。炼，犹治也。变宫生徵，变徵生商，变商生羽，变羽生角，变角生宫。变，犹化也。是故以水和土，以土和火，以火化金，以金治木，木复反土。五行相治，所以成器用。土，本也，故曰五行相生，以成器用。

凡海外三十六国：○王引之云：论衡无形、谈天二篇并作三十五国，今历数下文，自修股民至无继民，实止三十五国，"六"字误也。自西北至西南方，有修股民、天民、肃慎民、修，长也。股，脚也。天民、肃慎，皆有国名也。传曰："肃慎、燕、亳吾北土。"是云西方，党独西方之国自复有之耶？一曰：肃，敬也。慎，畏也。白民、沃民、女子民、丈夫民、白民，白身民，被发，发亦白。女子民，其貌无有须，皆如女子也。丈夫民，其状皆如丈夫，衣黄衣冠带剑。皆西方之国也。**奇股民、一臂民、三身民。**奇，只也。股，脚也。言其人一臂一手一鼻孔也。三身民，盖一头有三身。皆西方之国也。**自西南至东南方，结胸民、羽民、讙头国民、裸国民、三苗民、交股民、不死民、穿胸民、反舌民、**三苗，国名也，在豫章之彭蠡。交股民，脚相交切。不死民，不食也。穿胸，胸前穿孔达背。反舌民，语不可知而自相晓。一说：舌本在前，反向喉，故曰反舌也。南方之国名也。**豕喙民、凿齿民、三头民、修臂民。**豕喙民，其喙如豕。凿齿民，吐一齿出口下，长三尺也。三头民，身有三头也。修臂民，一国民皆长臂，臂长于身。皆南方之国也。**自东南至东北方，有大人国、君子国、**东南垆土，故人大也。君子国，已说在上章也。**黑齿民、玄股民、**其人黑齿，食稻啖蛇，在汤谷上。玄股民，其股黑，两鸟夹之，见山海经也。○陶方琦云：文选海赋注引许注："其民不衣也，其民黑齿也。"按："其人黑齿"，此许与高同本海外东经之说，或许注羼入高注中者。海外东经黑齿国，郭注引东夷传曰："倭国东四十余里有裸国，裸国东南有黑齿国，船行一年可至。"王逸楚辞招魂注："黑齿，齿牙尽黑。"齐俗训（无"题篇"字，乃许注本。）"虽之夷狄徒倮之国"，许注："徒倮，不衣也。"与此注同。**毛民、劳民。**其人体半生毛，若矢镞也。劳民，正理躁扰不定也。皆东方国也。**自东北至西北方，有跂踵民、句婴民、**跂踵，民踵不至地，以五指行也。句婴，读为"九婴"。北方之国也。○庄逵吉云：古句、九同声，故齐桓公九合即纠合，此读句为九之证。**深目民、无肠民、柔利民、**皆北方之国也。**一目民、无继民。**一目民，目在面中央。无继民，其人盖无嗣也。北方之国也。○庄逵吉云：无继即无脊，脊与继通用字。

雒棠、武人在西北陬，皆日所入之山名也。**硥鱼在其南。**硥鱼，如鲤鱼也，有神圣者乘行九野，在无继民之南。硥，读如蚌也。**有神二人连臂为帝候夜，在其西南方。**连臂大呼夜行。**三珠树在其**

东北方，有玉树在赤水之上。昆仑、华丘在其东南方，在无继民之东南也。爰有遗玉、○庄逵吉云：遗玉，说文解字作瑿玉。青马、视肉、其人不知言也。杨桃、甘樝、甘华，百果所生。皆异物也。在木曰果，在地曰蓏。○刘绩云：華丘疑嗟丘之误。嗟音嗟。山海经："嗟丘，爰有遗玉、青鸟、视肉、杨柳、甘柤、甘华，百果所生。"○王念孙云：此海外东经文也。嗟与華，形声皆不相近，若本是嗟字，无缘误为華。今案：華字当是苹字之误。苹与平古字通。（尧典"平秩东作"，马融本平作苹。周官车仆"苹车之萃"，故书苹作平。说文"蒻，蒲子，可以为平席"，王肃注顾命作苹席。）海外北经曰："平丘在三桑东，爰有遗玉、青鸟、视肉、杨柳、甘柤、甘華，百果所生。"此淮南所本也。隶书華字或作𦻏，（见汉北海相景君碑阴。）又作𦼮，（见桐柏淮源庙碑。）并与苹相似，故苹误为華矣。（说文"蒻，蒲子，可以为平席"，文选秋兴赋注引作"華席"，亦是平通作苹，因误为華也。史记礼书"大路越席"，正义："越席谓蒲为華席。"亦是苹席之误。）○陶方琦云：此许注羼入高注中者。时则训"果实蚤成"，高注："有核曰果，无核曰蓏。"其注吕览本味篇说亦同。说文蓏字下云："在木曰果，在地曰蓏。"说正同。幸有左证，方能别而出之。和丘在其东北陬，四方而高曰丘。鸾所自歌，凤所自舞，故曰和丘。在无继民东北陬也。三桑、无枝在其西，夸父、耽耳在其北方。耽耳，耳垂在肩上。耽，读褶衣之褶。或作摄，以两手摄耳，居海中。○王念孙云：褶、摄二字，声与耽不相近，耽字无缘读如褶，亦无缘通作摄也。耽皆当为耴。今作耽者，后人以意改之耳。说文："耴，耳垂也。从耳下垂，象形。春秋传曰秦公子耴。耴者，其耳下垂，故以为名。"玉篇猪涉切。是耳下垂谓之耴。故高注云"耴耳，耳垂在肩上"。广韵"耴耳，国名"，正谓此也。（春秋郑公子辄字子耳，义与耴亦相近。）字或作聂，海外北经云："聂耳之国在无肠国东，为人两手聂其耳，县居海水中。"即高注所云"以两手聂耳，居海中"者也。耴与聂声相近，故海外北经作聂。耴与褶、摄声亦相近，故高读耴如褶，而字或作摄。后人多见耽，少见耴，又以说文云"耽，耳大垂也"，故改耴为耽，而不知其与高注大相抵牾也。夸父弃其策，是为邓林。夸父，神兽也，饮河、渭不足，将饮西海，未至，道渴死。见山海经。策，杖也，其杖生木而成林。邓，犹木也。一曰:仙人也。〇陶方琦云:文选潘岳西征赋注引许注:"策,杖也。"按:此亦许注羼入高注中者。庄子齐物论司马注:"策,杖也。"**昆吾丘在南方。**昆吾,楚之祖祝融之孙,陆终之子,为夏伯也。诗云"昆吾夏桀"也。**轩辕丘在西方。**轩辕,黄帝有天下之号也。**巫咸在其北方,**巫咸,知天道,明吉凶。**立登保之山。旸谷、榑桑在东方。**旸谷,日之所出也。榑桑,在登保之山东北方也。**有娀在不周之北,长女简翟,少女建疵。**有娀,国名也。不周,山名也。娀,读如嵩高之嵩。简翟、建疵姊妹二人在瑶台,帝喾之妃也。天使玄鸟降卵,简翟吞之以生契,是为玄王,殷之祖也。诗云"天命玄鸟,降而生商"也。**西王母在流沙之濒。**地理志曰:西王母石室,在金城临羌西北塞外。**乐民、拏闾在昆仑弱水之洲。**水中可居曰洲。**三危在乐民西。**三危,西极之山名也。**宵明、烛光在河洲,所照方千里。**洲,水中所居者。烛光所照者方千里。**龙门在河渊。湍池在昆仑。**龙门在河中冯翊夏阳界。**玄燿、不周、**玄燿,水名。一曰山名。**申池在海隅。**海隅,薮也。**孟诸在沛。**孟诸,宋泽也,在睢阳东北。**少室、太室在冀州。**少室、太室在阳城,嵩高山之别名。冀,尧都冀州,冀为天下之号也。**烛龙在雁门北,蔽于委羽之山,不见日,其神人面龙身而无足。**蔽,至也。委羽,北方山名也。一曰:龙衔烛以照太阴,盖长千里,视为昼,瞑为夜,吹为冬,呼为夏。〇陶方琦云:初学记三、御览九百二十九引许注:"不见日,故龙以目照之,盖长千里。开为昼,(御览引开仍作视字。)瞑为夜,吹为冬,呼为夏。"按:许注亦本海外北经说也。海外北经作:"钟山之神名烛阴,视为昼,瞑为夜,吹为冬,呼为夏。"御览引括地志亦同。又大荒北经章尾山"是烛九阴,是谓烛龙"。郭注引"诗含神雾:'天不足西北,无有阴阳消息,故有龙衔精以照天门。'淮南子曰'蔽于委羽之山,不见天日'也。"〇文典谨按:文选谢灵运拟魏太子邺中集诗注引,蔽作第,注同。**后稷垅在建木西,**建木在都广。都广,南方泽名。说其山,说其泽。垅,冢也。**其人死复苏,其半鱼,在其间。**南方人死复生，或化为鱼，在都广建木间。**流黄、沃民在其北方三百里，狗国在其东。雷泽有神，龙身人头，鼓其腹而熙。**雷泽，大泽也。鼓，击也。熙，戏也。地理志曰：禹贡雷泽在济阴城阳西北，城阳有尧冢。

江出岷山，东流绝汉入海，左还北流，至于开母之北，右还东流，至于东极。岷山在蜀西徼外。绝，犹过也。开母，山名，在东海中。**河出积石。睢出荆山。**河原出昆仑，伏流地中方三千里，禹导而通之，故出积石。积石山在金城郡河关县西南。荆山在左冯翊怀德县之南，下有荆漯原，雝州浸也。○庄逵吉云："睢出荆山"，"睢"字误，当为"洛"。古字作雒，故误为睢也。荆漯原当即彊梁原，古字荆、彊相通，漯、梁则字之误也。孙编修谓：梁古文作㳓，形与漯近，后人多见漯，少见㳓，因之而乱耳。○王念孙云：水经沮水注曰："沮水出东汶阳郡沮阳县西北景山，即荆山首也。（中山经："荆山之首曰景山，睢水出焉，东南流注于江。）故淮南子曰：沮出荆山。高诱云：荆山在左冯翊怀德县。盖以洛水有漆、沮之名故也。斯缪证耳。"案：此所谓沮水，乃江、汉、睢、漳之睢，非漆、沮之沮，所谓荆山，乃禹贡南条荆山，非北条荆山，故郦氏以高注为缪证。庄伯鸿欲改睢为洛，以合高注，不知洛水过荆山入渭，（地理志：左冯翊怀德，禹贡北条荆山在南，下有彊梁原，洛水东南入渭。）则不得言洛出荆山，且下文明言洛出猎山，何不察之甚也！**淮出桐柏山。睢出羽山。**桐柏山在南阳。**清漳出楬戾。浊漳出发包。**楬戾山在上党治。发包山一名鹿苦山，亦在上党长子。二漳合流，经魏郡入清河也。○庄逵吉云：钱别驾云：鹿苦，地理志作鹿谷，苦字误，应作谷。清漳，说文解字以为出沾山大要谷，地理志以为出大黾谷，要、黾亦形近乱也。山海经云："谒戾之山，沁水出焉。"水经同。盖沁、漳下流互受，故以沁水所出之山为清漳所出耳。发包，水经作发鸠，古字鸠或为勼，勼与包形近，亦声同，因字因声，故亦通用。楬、谒亦同。**济出王屋。时、泗、沂出臺、台、术。**王屋山在河东垣县东北。时、泗、沂皆水名，臺、台、术皆山名，处则未闻也。**洛出猎山。**猎山在北地西北夷中，洛东南流入渭，诗"瞻彼洛矣，维水泱泱"是也。**汶出弗其，西流合于济。**弗其山在北海朱虚县东。

○庄逵吉云：弗其，地理志作不其，弗、不通用。○王引之云：水经汶水注曰："按诱说是乃东汶，非经所谓入济者也，盖其误证尔。"今案：汉书地理志琅邪郡朱虚"有东泰山，汶水所出，东至安丘入维"，此高注所本也。其水入维不入济，故郦氏以为误证。地理志又曰："泰山郡莱芜有原山，禹贡汶水出西南，（句。）入泲。（古济字。）"此则淮南之汶矣。汶出原山，而此云出弗其者，弗其盖原山之别名。淮南与地理志似异而实同也。禹贡锥指因高注误证，而并以淮南为误，则过矣。弗其即是原山，在莱芜县，与不其县之不其山名相似而地则不同，庄氏伯鸿以为即不其山，谬矣。○俞樾云：说文水部汶水"出琅琊朱虚东泰山，东入潍"，又曰："桑钦说，汶水出泰山莱芜，西南入泲。"是汶水有二，一入潍，一入泲，泲即济也。高注曰："弗其山在北海朱虚县东。"是误以入潍之汶说入济之汶，王氏读书杂志已辩正矣。惟弗其之名，未能塙指。汉书地理志曰："泰山郡莱芜有原山，禹贡汶水出西南入泲。"今原山在山东泰安府莱芜县东北七十里，亦名马耳山。"弗其"二字，疑即"马耳"之误。"弗"与"马"，"其"与"耳"，字形皆相似。○文典谨按：西流合于济，各本皆作流合于济，敚"西"字，今据水经注所引补。**汉出嶓冢。泾出薄落之山。**嶓冢山，汉阳县西界，汉水所出，南入广汉，东南至雝州入江。薄落之山，一名笄头山，安定临泾县西，禹贡泾水所出，东南至阳陵入渭。**渭出鸟鼠同穴。伊出上魏。**鸟鼠同穴山在陇西首阳西南，渭水所出，东会于沣，又入河，雝州川也。上魏，山名，处则未闻。○庄逵吉云：渭水，诸书皆作雍州浸，唯此书与周书作川。**雒出熊耳。**熊耳山在京师上雒西北也。**浚出华窍。维出覆舟。汾出燕京。**燕京，山名也，在太原汾阳，汾水所出，西南至汾阳，冀州浸。○庄逵吉云：山海经、水经皆云汾出管涔山，古字燕管、京涔声近通用。**衽出濆熊。淄出目饴。**目饴，山名。**丹水出高褚。**高褚一名冢岭山，在京兆上雒，丹水所出，东至均入沔也。○刘绩云：冢领山在陕西西安府商县南，丹水出于此，东流至河南内乡县，与淅水合流入汉江，非此所谓丹水也。高褚恐高都之讹，汉上党高都县莞谷，丹水所出，东南入绝水。（见地理志。）今山西泽州高平即高都，有丹水源出仙公山，南流合白水入沁河，此丹水是。○王念孙云：刘说是也。北山经曰："沁水之东有林焉，名曰丹林,丹水出焉。(旧本作"丹林之水",衍"林之"二字,今依水经注删。)南流注于沁。"(旧本作"注于河",涉上文"沁注于河"而误,今依水经注改。)水经沁水注曰:"丹水出上党高都县故城东北阜下,东会绝水,又东南流,白水注之,又东南流注于沁。"竹书纪年"晋出公五年,丹水三日绝不流",皆谓此丹水也。汉高都故城在今泽州府凤台县东北,此作高褚,岂"都"字古通作"诸",因误为"褚"与? **股出嶕山。**○王引之云:遍考地理书,无股水之名。股疑当为般。隶书舟字多作月,故般误为股。(汉巴郡太守张纳功德叙"般桓弗就",司隶校尉鲁峻碑阴"平原般",并作股,与股相似。尔雅释水"钩般",释文:"般,李本作股。")汉书地理志济南郡般阳,应劭曰:"在般水之阳。"水经济水注曰:"般水出般阳县东南龙山,俗亦谓之为左阜。"龙山盖嶕山也,古今异名耳。**镐出鲜于。凉出茅卢、石梁。**鲜于、茅卢、石梁,皆山名也。○庄逵吉云:郭璞山海经注引此作"薄出鲜于"。○刘绩云:镐、薄必有一误。○王引之云:北山经薄水注引此文,则薄非误字可知。镐与薄形声皆不相似,薄字亦无缘误为镐。盖镐字下有出某山之文,而今脱之,"薄出鲜于"又脱"薄"字,故混为一条耳。**汝出猛山。淇出大号。**猛山一名高陵山,在汝南定陵县,汝水所出,东南至新蔡入淮。大号山在河内共县北。或曰在临虑西。○庄逵吉云:河内共县,诸本及藏本皆作卭,考河内无卭县,当作共,故改之。**晋出龙山结给,合出封羊。**结给合一名也龙山,在晋阳之西北,晋水所出,东入汾。封羊,山名。○王引之云:"晋出龙山结给"当作"晋出结绌"。龙山二字,因注而衍。"绌"字右畔作合,则因下句"合出封羊"而误。注当作"结绌山一名龙山"。今本作"结给",亦随正文而误,又脱"山"字,衍"合"字、"也"字耳。水经晋水注曰:"晋书地道记及十三州志并言晋水出龙山,一云出结绌山,在晋阳县西北。"太平御览地部十引郡国志曰:"悬瓮山一名龙山,亦名结绌山,晋水出焉。"是结绌山乃晋水所出,故曰"晋出结绌",结绌叠韵字,(结古读若吉。)若作结给,则失其韵矣。且龙山即是结绌,不得并言"龙山结绌"也。注言"结绌山一名龙山"者,犹上注言"发包山一名鹿谷山","薄落之山一名笄头山","猛山一名高陵山"。其云一名某山,乃高以当时山名释之,不得阑入正文。**辽出砥石。釜出景。**砥石,山名,在塞外,辽水所出,南入海。景山在邯郸西南，釜水所出，南泽入漳，其原浪沸涌，正势如釜中汤，故曰釜，今谓之釜口。**岐出石桥。呼沱出鲁平。**鲁平，山名。呼沱，并州之浸也，今中山汉昌呼沱河是。○庄逵吉云：孙编修云："鲁平疑当作鲁乎，此山亦名武夫，古声武鲁、夫乎相近。又考山海经名之为泰戏，戏声亦与乎夫近，皆通用字。"**泥涂渊出樠山。**樠，读人姓樠氏之樠。**维湿北流出于燕。**流于北燕，北塞外也。○庄逵吉云：钱别驾云："维湿"，湿字当作㶟。㶟水出右北平浚靡县，东南至无终入庚，庚水至雍奴入海。出地理志。即经流燕京之水也。若湿出平原、高唐，与此不涉，非是。

诸稽、摄提，条风之所生也；诸稽、摄提，天神之名也。艮为条风。**通视，明庶风之所生也；**通视，天神也。明庶风，震卦之所生也。**赤奋若，清明风之所生也；**赤奋若，天神也。巽为清明风也。**共工，景风之所生也；**共工，天神也，人面蛇身。离为景风。**诸比，凉风之所生也；**诸比，天神也。坤为凉风。**皋稽，阊阖风之所生也；**皋稽，天神也。兑为阊阖风。**隅强，不周风之所生也；**隅强，天神也。乾为不周风。**穷奇，广莫风之所生也。**穷奇，天神也，在北方道，足乘两龙，其形如虎。坎为广莫风。

窔生海人，窔，人之先人。○俞樾云：下文又曰"凡窔者生于庶人"，两"窔"字皆"胈"字之误。史记司马相如传"躬腠胝无胈"，韦昭曰："胈，戚中小毛也。"汉书相如传注引孟康曰："胈，毳肤皮也。"然则"凡胈者生于庶人"与下"凡羽者生于庶鸟"、"凡毛者生于庶兽"、"凡鳞者生于庶鱼"、"凡介者生于庶龟"一律。人以胈言，犹鸟兽鱼龟以羽毛鳞介言也。其字本从肉，传写误从穴，后人以从穴之字多上形下声，因变为窔矣。管子侈靡篇有䏲字，即窎字之误。墨子备城门篇有膑字，即寶字之误。说见本书。彼盖先误穴为肉，后人以从肉之字多左形右声，因变为䏲、为膑，与此正可互证也。道藏本作"凡容者生于庶人"，则与"窔生海人"不相应，即与下文羽毛鳞介不一律矣。又按："窔生海人"，窔下脱一字，说详下条。**海人生若菌，**菌，读群下之群。**若菌**

生圣人，圣人生庶人，凡𡨝○庄逵吉云：此字藏本作容，恐非，是故从各本仍作𡨝。者生于庶人。羽嘉生飞龙，飞龙、羽嘉，飞虫之先。飞龙有翼。○文典谨按：御览九百十四引注"飞龙有翼"作"蜚龙，龙之有羽者"。飞龙生凤皇，凤皇生鸾鸟，鸾鸟生庶鸟，凡羽者生于庶鸟。毛犊生应龙，应龙生建马，建马生麒麟，麒麟生庶兽，凡毛者生于庶兽。介鳞生蛟龙，介鳞，鳞虫之先。蛟龙，有鳞甲之龙也。○俞樾云：蛟龙乃鳞虫，非介虫也，不当兼言介。上文"羽嘉生飞龙"，"毛犊生应龙"，下文"介潭生先龙"，曰羽嘉，曰毛犊，曰介潭，是羽、毛、介各有一字以配之，使成二名，则此文"鳞"下亦当有一字，传写脱去，又涉下文"介潭"而误衍"介"字耳。以此推之，上文"𡨝生海人"，𡨝下亦必脱一字矣。蛟龙生鲲鲠，鲲鲠生建邪，建邪生庶鱼，凡鳞者生于庶鱼。介潭生先龙，介，国也，龟之先。潭，读谭国之谭。先龙生玄鼋，玄鼋生灵龟，灵龟生庶龟，凡介者生于庶龟。暖湿生容，暖，一读暯，当风干燥之貌也。暖湿生于毛风，毛风生于湿玄，湿玄生羽风，羽风生熯介，熯介生鳞薄，鳞薄生暖介。五类杂种兴乎外，肖形而蕃。肖，像也，言相代象而蕃多也。日冯生阳阏，日冯，木之先也。阳阏生乔如，乔如生干木，干木生庶木，凡根拔木者生于庶木。○王念孙云：根拔二字，涉下文"根茇草"而误衍也。下文言"根茇草"者，对后"浮生不根茇者"而言。若木则皆有根茇，不必别言之曰"根拔木"也。"凡木者生于庶木"，与上文"凡羽者生于庶鸟"、"凡毛者生于庶兽"、"凡鳞者生于庶鱼"、"凡介者生于庶龟"，文同一例，不当有"根拔"二字也。又下文"根拔生程若，程若生玄玉，玄玉生醴泉，醴泉生皇辜，皇辜生庶草，凡根茇草者生于庶草"，高注"根拔生程若"曰："根拔，根生草之先也。"（今本"草之"二字误倒，据下注"浮生草之先"改。）案："根拔"皆当作"招摇"，今作"根拔"者，亦因下文"根茇草"而误。根茇草生于庶草，由庶草而上溯之，至于程若，是程若为根茇草之先，不得言"根拔生程若"也。酉阳杂俎广动植篇作"招摇生程若”，以下六句皆本淮南，则“根拔”为“招摇”之误，明矣。**根拔生程若，**根拔，根生之草先也。**程若生玄玉，玄玉生醴泉，醴泉生皇辜，皇辜生庶草，凡根茇草者生于庶草。海閒生屈龙，**海閒，浮草之先也。屈龙，游龙，鸿也。诗云“隰有游龙”，言屈，字之误。**屈龙生容华，**容华，芙蓉草花。**容华生蔈，**蔈，流也，无根水中草。**蔈生萍藻，萍藻生浮草，凡浮生不根茇者生于萍藻。**○王念孙云：三“萍”字皆后人所加。（埤雅引此已误。）蔈一作薸，萍一作荓，吕氏春秋季春篇注曰：“萍，水薸也。”（今本薸误作藻。）尔雅释草注曰：“水中浮荓，江东谓之薸。”则蔈即是萍，不得言“蔈生萍藻”。且萍、藻为二物，又不得言“萍藻生浮草”也。酉阳杂俎正作“蔈生藻，藻生浮草”。

正土之气也御乎埃天，○庄逵吉云：御览御作仰，下同。下有注云：“正土，中土也。其气上曰埃。央，中天也。”○王念孙云：“也”字衍。下文“偏土之气”四段，“气”下皆无“也”字。太平御览地部三十五引此亦无。**埃天五百岁生缺，**○庄逵吉云：御览作砄，注云：“砄，石名也。中央数五，故五百岁而一化。”似与“黄金”下注语相乱。**缺五百岁生黄埃，黄埃五百岁生黄澒，**○王念孙云：此本作“埃天五百岁生缺缺，五百岁生黄澒”，其“生黄埃，黄埃五百岁”八字皆因上下文而误衍也。（上文有“埃天”，下文有“黄泉之埃”。）下文“青天八百岁生青曾，青曾八百岁生青澒”，与此文同一例，（后二段并同。）则不当有“生黄埃”以下八字明矣。初学记宝器部、太平御览珍宝部九引此，并云“玦五百岁生黄澒”。（又引注云：“玦，石也。”）御览地部三十五引此云“埃天五百岁生砄，（又引注云：“砄，石名也。”玉篇：“砄音决，石也。”）砄五百岁生黄澒”，是其证。**黄澒五百岁生黄金，**黄金，石名也。中央数五，故五百岁而一化。澒，水银也。**黄金千岁生黄龙，黄龙入藏生黄泉，**○庄逵吉云：御览下有注云：“黄泉，黄龙之汋也。”**黄泉之埃上为黄云，阴阳相薄为雷，激扬为电，上者就下，流水就通，而合于黄海。**黄海，中央之海。**偏土之气御乎清天，**○庄逵吉云：

御览下有注云:"偏土,方土也。"**清天八百岁生青曾,**○庄逵吉云:御览下有注云:"青曾,青石也。东方数八,故八百岁而一化。"亦与下注语相乱。○王念孙云:清天当为青天,谓东方天也。下"清泉"同。太平御览地部引此正作青天、青泉。**青曾八百岁生青澒,青澒八百岁生青金,青金八百岁生青龙,**东方木,色青,其数八,故八百岁而一化。○王念孙云:八百岁当为千岁。上文"黄金千岁生黄龙",即其证也。(后二段并同。)高注云:"东方木色青,其数八,故八百岁而一化。"此注本在上文"青澒八百岁生青金"之下,后误入此句下,读者因改千为八百耳。太平御览引此正作"青金千岁生青龙"。**青龙入藏生青泉,青泉之埃上为青云,阴阳相薄为雷,激扬为电,上者就下,流水就通,而合于青海。**东方之海。**壮土之气御于赤天,**○庄逵吉云:御览引此,下有注云:"壮(壯)土,南方之土。"○王念孙云:壯土当为牡土。此对下文"北方土为牝土"而言。壯字俗书作壮,与牡相似而误。**赤天七百岁生赤丹,**○庄逵吉云:御览注云:"赤丹,砂也。南方数七,故七百岁而一化。"**赤丹七百岁生赤澒,赤澒七百岁生赤金,**南方火,其色赤,其数七,故七百岁而一化。○庄逵吉云:御览此下注云:"丹砂不化为沙,而可以为金,故气赤澒也。"当有误字,而无考。**赤金千岁生赤龙,赤龙入藏生赤泉,赤泉之埃上为赤云,阴阳相薄为雷,激扬为电,上者就下,流水就通,而合于赤海。**南方之海。**弱土之气御于白天,**○庄逵吉云:御览下有注云:"弱土,西方土也。"**白天九百岁生白礜,白礜九百岁生白澒,白澒九百岁生白金,**白礜,礜石也。白澒,水银也。西方金,色白,其数九,故九百岁而一化。**白金千岁生白龙,白龙入藏生白泉,白泉之埃上为白云,阴阳相薄为雷,激扬为电,上者就下,流水就通,而合于白海。**西方之海。**牝土之气御于玄天,**○庄逵吉云:御览下有注云:"牝土,北方土也。"**玄天六百岁生玄砥,**玄砥,黑石也。**玄砥六百岁生玄澒,玄澒六百岁生玄金,**北方水,其色黑,其数六,故六百岁而一化。**玄金千岁生玄龙,玄龙入藏生玄泉,玄泉之埃上为玄云,阴阳相薄为雷,激扬为电,上者就下,流水就通,而合于玄海。**北方之海。上者就下,天气复从天流下也。其通流之水皆入于海也。

淮南鸿烈集解卷五

时则训 则，法也，四时、寒暑、十二月之常法也，故曰“时则”，因以题篇。

孟春之月，招摇指寅，招摇，斗建。**昏参中，旦尾中。**参，西方白虎之宿也，是月昏时中于南方。尾，东方苍龙之宿也，是月将旦时中于南方。**其位东方，其日甲乙，盛德在木，**太皞之神治东方也。甲乙，木日也。盛德在木，木王东方也。○庄逵吉云：“‘太皞之神治东方也’八字，藏本无之，明叶近山本有。据下孟夏、孟秋、孟冬注语，则有者是也，因从之。**其虫鳞，其音角。**东方少阳，物去太阴。甲散，散为鳞，鳞虫龙为之长。角，木也，位在东方也。○陶方琦云：文选宋玉对楚王问注引许注：“鳞，龙之属也。”按：周礼大司徒“其动物宜鳞物”，郑注：“鳞物，鱼龙之属。”**律中太蔟，其数八，**律，管音也。阴衰阳发，万物太蔟地而生，故曰太蔟。其数八，五行数五，木第三，故曰八也。○文典谨按：注“万物太蔟地而生”，“太”字疑衍。本书天文训“音比太蔟”，注言“阴衰阳发，万物蔟地而生，故曰太蔟”也。吕氏春秋孟春纪，高氏彼注：“太阴气衰，少阳气发，万物动生，蔟地而出，故曰‘律中太蔟’。”曰“蔟地而生”，曰“蔟地而出”，并无“太”字，是其证矣。**其味酸，其臭羶，**木味酸，酸之言钻也，万物钻地而生。羶，木香羶。**其祀户，祭先脾。**蛰伏之类始动，生出由户，故祀户也。脾属土，陈设俎豆，脾在前也。春木胜土，言常食所胜也。一曰：脾属木，自用其藏也。○庄逵吉云：钱别驾云：说文解字肉部曰：“肾，水藏也。”“肺，金藏也。”“脾，土藏也。”“肝，木藏也。”皆无异义。唯心部曰：“人心，土藏，在身之中。博士说以为火藏。”考五经异义曰：“今尚书欧阳说：肝，木也。心，火也。脾，土也。肺，金也。肾，水也。古尚书说：脾，木也。肺，火也。心，土也。肝，金也。肾，水也。”案：月令春祭脾，夏祭肺，季夏祭心，秋祭肝，冬祭肾，与古尚书说同。郑康成驳之曰：“月令祭四时之位与五藏上下之次，冬位在后肾在下，夏位在前而肺在上，春位小前故祭先脾，秋位小却故祭先肝。肾也、脾也，俱在鬲下，肺也、心也、肝也，俱在鬲上，祭者必三，故有先后焉，不与五行之气同也。今医病之法，以肝为木，心为火，脾为土，肺为金，则有瘳也。若反其说，不死为剧。”郑说与素问合，与古尚书异。说文解字既以心为土藏，而与肉部不侔者，疑后人以博士说改之。博士者，汉之医官也。诱注此训一说，即许君之义也。知未必是许注矣。**东风解冻，蛰虫始振苏，**东方木，火母也。气温，故东风解冰冻。振，动。苏，生也。**鱼上负冰，獭祭鱼，**是月之时，鱼应阳而动，上负冰也。獭，獱也。是月之时，獭祭鲤鱼于水边，四面陈之，谓之祭鱼也。**候雁北。**是月时候之应雁从彭蠡来，北过周、洛，至汉中孕卵鷇也。**天子衣青衣，乘苍龙，**周礼马八尺已上曰龙也。**服苍玉，建青旗，**服，佩也。熊虎曰旗。**食麦与羊，**麦，金谷也。羊，土畜也。是月金土以老，食所胜，先食麦，以麦为主也。**服八风水，爨萁燧火，**取铜槃中露水服之，八方风所吹也。取其木燧之火炊之。萁，读该备之该也。○庄逵吉云：易“箕子之明夷”，刘向曰：“今易箕子作荄兹。”是箕有荄音。因之萁亦有该音耳。**东宫御女青色，衣青采，鼓琴瑟，**春王东方，故处东宫也。琴瑟，木也，春木王，故鼓之也。**其兵矛，**矛有锋锐，似万物钻地生。**其畜羊，**羊土，木之母，故畜之也。**朝于青阳左个，以出春令。**是月之朔，天子朝日于青阳左个。东向堂，故曰青阳。北头室，故曰左个。个犹隔也。春令，宽和之令也。○庄逵吉云：各本此下杂用吕氏春秋注语，唯藏本如是，知藏本为准。**布**

德施惠，行庆赏，省徭赋。布阳德、施柔惠也。庆，善。赏，赐予也。省减徭役之劳，轻其赋敛也。**立春之日，天子亲率三公九卿大夫以迎岁于东郊，**率，使也。迎岁，逆春也。东郊，郭外八里之郊也。〇陶方琦云：魏书五十五刘芳传、北史四十二引许注："东郊，八里郊也。"按：刘芳传引贾逵曰："东郊，木帝太昊，八里。"卢植："东郊，八里郊也。"贾为许之师，卢为高之师，并用先师旧训，故自同。**修除祠位，币祷鬼神，牺牲用牡。**祠位，坛场屏摄之位也。币，圭璧也。祷鬼神，求福祥也。人神曰鬼，天神曰神。牺牲用牡，尚蠲洁也。**禁伐木，**春木王，当长养，故禁之也。**毋覆巢、杀胎夭，毋麛，毋卵，**胎，兽胎，怀妊未育者也。麋子曰夭，鹿子曰麛，卵未毂者，皆禁民不得取，蕃庶物也。**毋聚众置城郭，掩骼薶骴。**毋聚合大众，建置城郭，以妨害农功也。骼，骨有肉。掩覆薶藏之，慎生气也。**孟春行夏令，则风雨不时，**〇俞樾云：月令作"雨水不时"，是也。仲春之月始雨水，则孟春之月而雨水，即为雨水不时矣。汉太初以后，更改气名，以雨水为正月中，则正月雨水不复为异，于是改"雨水不时"为"风雨不时"，非淮南之旧矣。吕氏春秋孟春纪亦作"风雨不时"，并太初以后人所追改。**草木旱落，国乃有恐。**孟春木德用事，法当宽仁，而用火气动于上，故草木旱落，国惶恐也。〇俞樾云：月令作"草木蚤落"，吕氏春秋作"草木早槁"，此旱字即早字之误。**行秋令，则其民大疫，飘风暴雨总至，黎莠蓬蒿并兴。**孟春宽仁，而秋正金铁之令，气不和，故民疫疾，风雨猥至，故黎莠蓬蒿疏薉之草并兴盛也。**行冬令，则水潦为败，雨霜大雹，首稼不入。**冬，阴也，水泉涌起，而春行之，故为败。气不和，故雨霜大雹，植稼不熟也。**正月官司空，其树杨。**司空主土，春土受嘉穑，故官司空也。尔雅曰："杨，蒲柳也。"杨木春光，故其树杨也。

仲春之月，招摇指卯，昏弧中，旦建星中。弧星在舆鬼南，是月昏时中于南方。建星在斗上，是月平旦时中于南方也。**其位东方，其**

日甲乙，其虫鳞，其音角，律中夹钟，是月万物去阴夹阳，聚地而生，故曰夹钟也。其数八，其味酸，其臭膻，其祀户，祭先脾。始雨水，桃李始华，自冬冰雪至此春分谷雨，故曰始雨水，桃李于是皆秀华也。苍庚鸣，鹰化为鸠。苍庚，尔雅曰："商庚、黎黄，楚雀也。"齐人谓之搏黍，秦人谓之黄流离，幽、冀谓之黄鸟。一说：斫木也，至此月而鸣。鹰化为鸠，喙正直不鸷搏也。鸠谓布谷也。○王引之云：次句内本无"始"字，今本有者，后人据月令旁记"始"字，因误入正文也。高注曰"自冬冰雪至此春分谷雨"，案："春分谷雨"四字乃后人所改。逸周书时训篇"雨水之日桃始华"，则非春分谷雨时也。吕氏春秋注作"自冬冰雪至此土发而耕，故曰始雨水"，是首句有"始"字也。又曰"桃李于是皆秀华"，是次句无"始"字也。月令"桃始华，仓庚鸣"，皆三字为句，若无"始"字，则句法参差矣。此文"桃李华，仓庚鸣"，亦三字为句。若加一"始"字，则句法又参差矣。故桃李华不言始，而桃华则言始；仓庚鸣不言始，而蝉鸣则言始；蝉鸣言始，而寒蝉鸣则不言始：皆变文协句也。吕氏春秋仲春篇正作"桃李华"。天子衣青衣，乘苍龙，服苍玉，建青旗，食麦与羊，服八风水，爨萁燧火，东宫御女青色，衣青采，鼓琴瑟，其兵矛，其畜羊，朝于青阳太庙。太庙，东向堂，中央室。命有司，省囹圄，去桎梏，毋笞掠，止狱讼，囹圄，法室也。省之，赦轻微也。在足曰桎，在手曰梏。毋笞掠，言不用也。止，犹禁也。养幼小，存孤独，以通句萌。顺春阳，长养幼小，使繁茂也。无父曰孤，无子曰独。皆存之，所以慎阳气也。故草木不句萌者，以通达也。择元日，令民社。元者，善之长也。日，从甲至癸也。社所以为民祈谷，嫌日不吉，故言择元也。是月也，日夜分，雷始发声，蛰虫咸动苏。分，等也。冬阴闭固，雷伏不发，是月阳升，雷始发声也。咸，皆。动苏，生也。先雷三日，振铎以令于兆民曰："雷且发声，铎，木铃也，金口木舌为铎，所以振告万民也。兆，大数。且，犹将也。有不戒其容止者，生子不备，必有凶灾。"以雷电合房室者，生子必有喑聋通精痴狂之疾,故曰不备必有凶灾也。**令官市,同度量,钧衡石,角斗称,**度,丈尺也。量,釜钟也。钧,等也。衡石,称也。百二十斤为石。角,平也。斗称,量器也。○王念孙云:称皆当为桶。桶、称字相近,又涉注内"衡石,称也"而误。说文:"桶,木方受六升。"广雅曰:"方斛谓之桶。"斗、桶为一类,故高注以桶为量器。若作称,则非量器矣。月令作"角斗甬",郑注曰:"甬,今斛也。"吕氏春秋作"角斗桶",高彼注与此注同。史记商君传"平斗桶",义亦同也。下文仲秋之月"角斗桶",桶字亦误作称。○沈涛云:吕氏春秋仲春纪作"角斗桶",高氏彼注:"斗桶,量器也。"称非量器,当为桶字之误。礼记作"角斗甬",史记商君传作"平斗桶",甬正字,桶别字,称误字。仲秋纪作甬,疑后人据礼记改。**端权概。**端,正也。称锤曰权。概,平斗斛者。**毋竭川泽,毋漉陂池,毋焚山林,毋作大事,以妨农功。**大事,戎旅征伐之事,妨害农民之功也。**祭不用牺牲,用圭璧,更皮币。**是月尚生育,故不用牺牲也。更,代也,以圭璧皮币代牺牲也。皮谓鹿皮也。币谓玄纁束帛也。礼记曰"币帛圭皮告于祖祢"者也。**仲春行秋令,则其国大水,寒气总至,寇戎来征。**仲春,阳中也。阳气长养,而行秋节杀戮之令,故寒气猥至,寇兵来征伐其国也。**行冬令,则阳气不胜,麦乃不熟,民多相残。**仲春行冬阴之令,阴气胜阳,故阳不胜,则麦不升熟,民相残贼也。**行夏令,则其国大旱,煖气早来,虫螟为害。**仲春行夏太阳之令,故大旱;阳气热,故煖极;阳生阴,故虫螟作害也。食心曰螟。**二月官仓,其树杏。**二月兴农播谷,故官仓也。杏有窍在中,窍在中,象阴布散在上,故其树杏。○庄逵吉云:御览注云:"杏有核在中,象阴在内,阳在外也,故其树杏。"此稍异。○孙诒让云:杏不可言有窍,窍当作覈,覈、核古今字。后三月"其树李",注云"李亦有核",说与杏同,正蒙此注而言。御览是也。

季春之月,招摇指辰,昏七星中,旦牵牛中。七星,南方朱鸟之宿,是月昏时中于南方。牵牛,北方玄武之宿,是月平旦时中于南方也。**其位东方,其日甲乙,其虫鳞,其音角,律中姑洗,**姑,故也。

洗，新也。是月阳气养生，去故就新，故曰姑洗。〇文典谨按：注"阳气养生"，初学记岁时部引，作"阳气发生"。**其数八，其味酸，其臭羶，其祀户，祭先脾。桐始华，田鼠化为鴽，**桐，梧桐也，是月生华。田鼠，鼢鼸鼠也。鴽，鹑也，青、徐谓之鴾，幽、冀谓之鹑。**虹始见，萍始生。**虹，螮蝀也。诗云："螮蝀在东，莫之敢指。"萍，水藻也，是月始生也。**天子衣青衣，乘苍龙，服苍玉，建青旗，食麦与羊，服八风水，爨萁燧火，东宫御女青色，衣青采，鼓琴瑟，其兵矛，其畜羊，朝于青阳右个。**东向堂，南头室，故曰右个。**舟牧覆舟，五覆五反，乃言具于天子。**舟牧，主舟之官也。是月天子将乘舟而渔，故反覆而视之，恐有穿漏也。五覆五反，慎之至也。**天子乌始乘舟，荐鲔于寝庙，乃为麦祈实。**乌，犹安也。自冬至此而安乘舟，故曰始乘也。荐，进也。鲔，鱼似鲤而大。进此鱼于寝庙，祈于宗祖，求麦实。前曰庙，后曰寝。诗云"寝庙奕奕"，言相连。〇庄逵吉云："乌始乘舟"，各本乌皆作焉，注"乌，犹安也"，各本皆作"焉，犹于也"。**是月也，生气方盛，阳气发泄，**发泄，犹布散也。**句者毕出，萌者尽达，不可以内。天子命有司，发囷仓，助贫穷，振乏绝，**无财曰贫，鳏寡孤独曰穷。振，救也。**开府库，出币帛，使诸侯，**府库，币帛之藏也。使人聘问诸侯。**聘名士，礼贤者。**有名德之士，大贤之人，聘问礼之，将与为治也。**命司空，时雨将降，下水上腾，循行国邑，周视原野，**司空，主水土之官也。是月下水上腾，恐有浸渍，伤害五谷，故循行遍视之也。广平曰原，郊外曰野也。**修利堤防，导通沟渎，达路除道，从国始，至境止。田猎毕弋，罝罘罗罔，餧毒之药，毋出九门。**毕，掩罔也。弋，缴射也。诗曰："弋凫与雁。"罝，兔罟也。诗曰："肃肃兔罝。"毕，罗鸟罟也。诗曰："鸳鸯于飞，毕之罗之。"罘，麋鹿罟。罔，其总名也。天子城门十二，东方三门，王气所在，餧兽之毒药所不得出，尚生育也，兼余九门得出，故特戒之，如其毋出。

乃禁野虞，毋伐桑柘。桑、柘皆可养蚕，故禁民伐之也。**鸣鸠奋其羽，戴鵀降于桑，**鸣鸠，奋迅其羽，直刺上飞入云中者是也。戴鵀，戴胜鸟也。诗曰“鸣鸠在桑，其子在梅”是也。**具扑曲筥筐，**扑，持也，三转谓之扑。扑，读南阳人言山陵同。曲，薄也，青、徐谓之曲。员底曰筥，方底曰筐，皆受桑器。○庄逵吉云：“三转谓之扑”，钱别驾云：当作“三辅谓之扑”。孙编修云：扑即曲簿。说文解字曰：“专，六寸簿也。”三转或当作三专，三专者，一尺有八寸。两说无可定从，姑附之俟考。○王念孙云：吕氏春秋季春篇作“挟曲”，高注曰：“挟，读曰朕，三辅谓之挟，关东谓之得。”月令作“曲植”，郑注曰：“植，槌也。”案：扑（撲）与挟（挾）皆栚字之误。（栚字本作栚，形与撲相近。挾字隶书作挟，形与栚亦相近。）栚，读若朕，架蚕薄之木也。持，陟革反。吕氏春秋注“关东谓之得”，乃㝵字之误，㝵与持同。（见玉篇广韵。）说文：“栚，槌之横者也。”方言作𣓌，云：“槌，宋、魏、陈、楚、江、淮之间谓之植，自关而西谓之槌。其横，关西曰𣓌，齐部谓之持。”郭璞曰：“槌，县蚕薄柱也。”朕字古音本在蒸部，读若澄清之澄。（说文謄、滕、賸、幐、腾、縢、𠗊、黱、䲢、塍、胜十一字并从朕声。淮南要略“形埒之朕”与“应”为韵，又兵略篇“凡物有朕，唯道无朕”，文子自然篇朕作胜。）说文𠗊字从仌，朕声；或作凌，从仌，夌声。是朕、夌古同声。故吕氏春秋注云“栚，读曰朕”，此注云“栚，读南阳人言山陵同”。○陶方琦云：史记索隐十六、汉书周勃传注引许注：“曲，苇薄也。”按：说文曲作𠙹，“象器曲受物之形。或曰：曲，蚕薄也。”又苗字下云：“苗，蚕薄也。从艸，曲声。”盖以萑苇为之，故字从艸。庄子大宗师“或编曲”，释文引李注：“曲，蚕薄也。”方言：“薄，宋、卫、陈、楚、江、淮之间谓之苗，或谓之麴。自关而西谓之薄。南楚谓之蓬薄。”蓬薄即苇薄。诗“八月萑苇”，毛传：“豫畜萑苇，可以为曲也。”**后妃斋戒，东乡亲桑，省妇使，劝蚕事。**○文典谨按：御览八百二十五引，亲作就，省作者，劝作观。**命五库，令百工审金铁皮革、筋角箭榦、脂胶丹漆，无有不良。**○桂馥云：榦，借字，正作秆。长笛赋作箭稿是也。周礼夏官有稿人，掌弓弩之事。考工记“矢人为矢，以其笴厚，为之羽深”，郑注：“笴，读为稿，谓矢干。”**择下旬吉日，大合乐，**

致欢欣。乐所以移风易俗也，故择吉日大合之，以致欢和也。**乃合騾牛腾马，游牝于牧。**騾牛，特牛也。腾马，腾驹趾蹄，善将群者也。游从牝于所牧之地风合之。騾，读葛藟之藟也。**令国傩，九门磔攘，以毕春气。**傩，散。宫室中区隅幽暗之处，击鼓大呼，以逐不祥之气，如今驱疫逐除是也。九门，三方九门也。磔犬，阳气尽之，故曰毕春之气也。**行是月令，甘雨至三旬。季春行冬令，则寒气时发，草木皆肃，国有大恐。**季春行冬寒杀之气也，故寒气时起。草木上竦曰肃也。**行夏令，则民多疾疫，时雨不降，山陵不登。**季春行夏亢阳之令，气不和，故民疾疫；雨泽不降，故草木不登成也。**行秋令，则天多沉阴，淫雨早降，兵革并起。**秋，金气用事，水之母也。季春行之，故多沉阴为雨也。金为兵革，故并起也。**三月官乡，其树李。**三月科民户口，故官乡也。李亦有核，说与杏同。李后杏熟，故三月李也。○孙诒让云：注"科"当作"料"，形近而误。料民，见国语周语。

孟夏之月，招摇指巳，昏翼中，旦婺女中。翼，南方朱鸟之宿，是月昏时中于南方。婺女，一曰须女，北方玄武之宿，是月平旦中于南方。**其位南方，其日丙丁，盛德在火，**炎帝之神治南方也。丙丁，火日也。盛德在火，火王南方也。**其虫羽，其音徵，**盛阳用事，鳞散。羽，羽虫，凤为长。徵，火也。**律中仲吕，其数七，**是月阳散在外，阴实在中，所以旅阳成功，故曰仲吕。其数七，五行数五，火第二，故曰七也。**其味苦，其臭焦，**火味苦也。焦，火香焦。**其祀灶，祭先肺。**祝融吴回为高辛氏火正，死为火神，托祀于灶。是月火王，故祀灶。肺，金也，祭祀之肉先用所胜也。一曰：肺火，自用其藏也。**蝼蝈鸣，丘螾出，**蝼，蝼蛄。蝈，虾蟆也。四月阴气始动于下，故类应鸣也。丘螾，蠢螟也。**王瓜生，苦菜秀。**王瓜，括楼也。尔雅曰"不荣而实曰秀"，苦菜宜言荣也。**天子衣赤衣，乘赤骝，服赤玉，建赤旗，**顺火色也。**食菽与鸡，**菽，豆连皮也。鸡、豆皆属火之所养也。**服八风水，爨柘燧火，南宫御女赤色，衣赤采，吹竽笙，**火王南方，故处南宫也。竽笙空中，像阳，故吹之。〇文典谨按：北堂书钞五十四引，"南宫"上有"处"字。**其兵戟，**戟有枝干，象阳布散也。戟或作弩也。**其畜鸡，朝于明堂左个，以出夏令。**南向堂，当盛阳，故曰明堂。东头室，故曰左个。居是室，行是月之令也。鸡，羽虫，阳也，故畜之。**立夏之日，天子亲率三公九卿大夫以迎岁于南郊。**迎岁，迎夏也。南郊，七里之郊也。〇陶方琦云：魏书五十五刘芳传、北史四十二引许注："南郊，七里郊也。"按：刘芳传引贾逵云："南郊，火帝，七里。"（疑敓祝融二字。）卢植云："南郊，七里郊。"并用先师旧训，故同。**还，乃赏赐，封诸侯，修礼乐，飨左右。**还，从南郊还也。赏赐有功，割土封爵。传曰"赏以春夏，刑以秋冬"也。修治礼乐，所以安上治民，移风易俗。左右，近臣也。**命太尉，赞杰俊，选贤良，举孝悌，**太尉，卿官也。命，使也。赞，白也。才过千人为杰。选择贤良孝弟，举而用之，盖非太尉之职，故特命之也。**行爵出禄，佐天长养。继修增高，无有隳坏，毋兴土功，毋伐大树。令野虞，行田原，劝农事，驱兽畜，勿令害谷。天子以彘尝麦，先荐寝庙。**是月麦始升，故以豕尝麦。豕，水畜，宜麦。先荐寝庙，孝之至也。**聚畜百药，靡草死，**是月阳气极，药草成，故聚积之也。靡草，则葶历之属。**麦秋至，决小罪，断薄刑。**四月阳气盛于上，及五月阴气作于下，故曰麦秋至。决小罪，断薄刑，顺杀气也。**孟夏行秋令，则苦雨数来，五谷不滋，四邻入保。**孟夏盛阳，当助长养，而行金气杀戮之令，故苦雨杀谷，不得滋长也。四方之民来入城郭自保守也。**行冬令，则草木早枯，后乃大水，败坏城郭。**行冬寒闭固之令，故草木早枯，大水败坏其城郭。奸时违行之应也。**行春令，则螽蝗为败，暴风来格，秀草不实。**孟夏当继修增高，助阳长养，而行春时启蛰之令，故致螽蝗之败。春，木气，多风，故言暴风来至，使当秀之草不长茂也。**四月官田，其树桃。**四月勉农事，故官田也。桃，说与杏同。后李熟，故曰四月桃也。

仲夏之月，招摇指午，昏亢中，旦危中。亢，东方苍龙之宿，是月昏时中于南方。危，北方玄武之宿，是月平旦时中于南方也。**其位南方，其日丙丁，其虫羽，其音徵，律中蕤宾，其数七，**是月阴气萎蕤在下，象主人也，阳气在上，象宾客也，故曰蕤宾。**其味苦，其臭焦，其祀灶，祭先肺。小暑至，螳蜋生，**螳蜋，世谓之天马，一名齿肬，沇、豫谓之巨斧也。○文典谨按：注齿肬，吕氏春秋仲夏纪注作齕疣，初学记岁时部引高注同，月令正义郑答王瓒问作食肬。又沇、豫，吕氏春秋注作兖州，巨斧作拒斧。初学记引高注，沇亦作兖。**鶪始鸣，反舌无声。**鶪，伯劳鸟也。五月阴气生于下，伯劳夏至应阴而鸣，杀蛇于木。传曰："伯赵氏，司至者。"反舌，百舌鸟也，能辨变其舌，反易其声，以效百鸟之鸣，故谓百舌。无声者，五月阳气极于上，微阴起于下，百舌无阴，故无声也。○文典谨按：鶪，吕氏春秋仲夏纪作鵙。又注"能辨变其舌，反易其声"，辨变即遍变。辨、遍古通用。**天子衣赤衣，乘赤骝，服赤玉，载赤旗，食菽与鸡，服八风水，爨柘燧火，南宫御女赤色，衣赤采，吹竽笙，其兵戟，其畜鸡，朝于明堂太庙。**庙，南向堂，中央室也。**命乐师，修鞀鼙琴瑟管箫，调竽篪，饰钟磬，**管，一孔，似笛。箫，今之歌箫是也。篪，读池泽之池。**执干戚戈羽。**干，盾也。戚，斧也。戈，戟属也。羽，舞者所持翿也。**命有司，为民祈祀山川百源，大雩帝，用盛乐。**国之山川百源能兴云雨者，皆祈祀之也。雩，旱祭也。帝，上帝也。为民祈雨，故用盛乐。盛乐，六代之乐也。**天子以雏尝黍，**雏，新鸡也。不言尝鸡而言尝黍者，以谷为主也。○王念孙云：古无谓新鸡为雏者，雏皆当为䧳，字之误也。广雅释言云："䧳，䳺也。"（曹宪音而绢、而缘二反。郭注尔雅释言云："今呼少鸡为䳺。"（䳺与䳺同。）少鸡即新鸡，故高注云"䧳，新鸡也"。月令作"以雏尝黍"，其义一也。左思蜀都赋"岩穴无豜豵，翳荟无麢䳺"，麢，鹿子也，义与雝亦相近。茅一桂不知雉为雝之误而改雉为雏,(庄本同。)义则是,而文则非矣。**羞以含桃,先荐寝庙。**羞,进也。含桃,莺所含食,故言含桃。是月而熟,故进之。**禁民无刈蓝以染,**为蓝青未成故。**毋烧灰,**是月草木未成,不夭物也。**毋暴布,**火盛日猛,暴布则脆伤也。**门闾无闭,关市无索,**门,城门也。闾,里门也。民顺阳气,散布在外,当出入,故不闭也。关,要塞也。市,人聚也。无索,不征税也。**挺重囚,益其食,**挺,缓也。**存鳏寡,振死事,**老无妻曰鳏,老无夫曰寡也,皆存之。有先人为死难,振起其子孙也。**游牝别其群,执腾驹,班马政。**是月牝马怀胎已定,故别其群。不欲腾驹蹄伤其胎育,故执之。班,告也。马政,掌马官也。腾驹,腾马也。马五尺以下曰驹也。○王念孙云:马政本作马正,(注同。)故高以为掌马官。吕氏春秋仲夏篇"班马正",高彼注亦云"马正,掌马之官",是其证。月令作马政,郑注云:"马政,谓养马之政教。"引周官廋人职曰:"掌十有二闲之政教。"郑说是也。高不知正为政之借字,故训为掌马之官。若字本作政,则亦当训为政教矣。后人依月令改正为政,而不知其戾于高注也。**日长至,阴阳争,死生分,君子斋戒,慎身无躁,节声色,薄滋味,百官静,事无径,以定晏阴之所成。**事无径,当先请详而后行也。晏阴,微阴也。**鹿角解,蝉始鸣,**夏至鹿角解堕也。蝉鼓翼始鸣也。**半夏生,木堇荣。**半夏,药草也。木堇,朝荣莫落,树高五六尺,其叶与安石榴相似也。是月生荣华,可用作烝也。雒家谓之朝生,一名蕣,诗云"颜如蕣华"也。**禁民无发火,**发,起也。**可以居高明,远眺望,登丘陵,处台榭。**积土四方而高曰台也。台有屋曰榭也。顺阳宣明也。一曰:望云物,占氛祥也。**仲夏行冬令,则雹霰伤谷,道路不通,暴兵来至。**冬水冻,故雹霰伤害五谷也。冬气闭藏,又多雨水,故道陷坏不通利,暴害之兵横来至也。**行春令,则五谷不孰,百螣时起,其国乃饥。**行春木王好生育之令,故五谷晚熟。百螣,动股蝗属也,时起害谷,故国饥也。**行秋令，则草木零落，果实蚤成，民殃于疫。**有核曰果，无核曰蓏。仲夏行秋成熟之令，故草木零落，果实蚤成。非其时气，故民有疾疫也。○陶方琦云："齐民要术收种篇引许注："在树曰果，在地曰蓏。"按：说文蓏字下云："在木曰果，在地曰蓏。"与注淮南说同。地形训"百果所生"下注云："在木曰果，在地曰蓏。"当是许注羼入高注中。**五月官相，其树榆。**是月阳气长养，故官相。相，佐也。榆，说未闻也。○文典谨按：御览二十三引注，阳气作养气。

季夏之月，招摇指未，昏心中，旦奎中。心，东方苍龙之宿，是月昏时中于南方。奎，西方白虎之宿，是月平旦时中于南方也。**其位中央，其日戊己，盛德在土，**黄帝之神治中央也。戊己，土日也。盛德在土，土王中央。**其虫赢，其音宫，**羽落而为赢，赢虫麟为之长。宫，土也，位中央，五音之主也。**律中百钟，其数五，**百钟，林钟也。是月阳盛阴起，生养万物，故曰百钟。其数五，五行数土第五也。**其味甘，其臭香，**土味甘也，土臭香也。**其祀中霤，祭先心。**土用事，故祀中霤。中霤，室中之祭，祀后土也。心，火也，用所胜也。一曰：心，土也，自用其藏也。**凉风始至，蟋蟀居奥，**蟋蟀，蜻蛚，趣织也。诗曰"七月在野"，此曰居奥，不与经合。奥或作壁也。**鹰乃学习，腐草化为蚈。**秋节将至，鹰自习击也。蚈，马蚿也，幽、冀谓之秦渠。蚈，读奚径之径也。○陶方琦云：御览九百四十八引许注："草得阴而死，极阴中反阳，故化为蚈。蚈，马蠸也。"按：兵略训"若蚈之足"，许注："蚈，马蠸也。"正与此同。说文："蠲，马蠲也。"引明堂月令"腐艸为蠲"。（郭璞注尔雅"马蠖"云："马蠲，蚐也。"）广雅释虫："蛆蝶、马蠀，马蚿也。"又曰："马蠖，蠜蛆也。"蚈、蠸、蚿、蠲、蠖皆一声之转。高注吕览及说林训皆作"蚈，马蚿"。**天子衣黄衣，乘黄骝，服黄玉，建黄旗，**黄，顺土色也。黄谓登饴之登也。**食稷与牛，**稷、牛皆属土也。**服八风水，爨柘燧火，中宫御女黄色，衣黄采，其兵剑，**季夏中央也。剑有两刃，谕无所生也。一曰：谕无所主，皆主之也。○庄逵吉云：御览引作

"无所不主"。**其畜牛，朝于中宫。**是月天子朝于中宫。中宫，大室。**乃命渔人，伐蛟取鼍，登龟取鼋。**渔人，掌渔官。渔，读相语之语也。蛟、鼍、鼋皆鱼属也。鼍可作鼓，诗云："鼍鼓洋洋。"鼋可作羹，传曰"楚人献鼋于郑灵公，灵公不与公子宋鼋羹，公子怒，染指于鼎，尝之而出"是也。皆不害人，易得，故言取。蛟有鳞甲，能害人，难得，故言伐。龟神，可决吉凶，入宗庙，尊之，故言登。○庄逵吉云："鼍鼓洋洋"，诗异本也。古登有升义，三字疏解为精。**令滂人，入材苇。**滂人，掌池泽官也。入材苇，供国用也。○俞樾云：池泽之官，不闻谓之滂人，高注非也。滂人当作榜人。月令"命渔师伐蛟"，郑注曰："今月令渔师为榜人。"文选司马相如子虚赋"榜人歌"，张揖曰："榜，船也。月令曰'命榜人'，榜人，船长也。"张所据月令，即郑君所谓今月令；船长之义，亦必月令旧说也。淮南书用榜人字，正本月令。高氏以为掌池泽官，盖据月令作"命泽人纳材苇"，故云然耳，非榜人之本义也。后人因高注池泽之文，疑榜字从木无义，改榜为滂，而古义湮矣。**命四监大夫，令百县之秩刍以养牺牲，**周制，天子地方千里，分为百县，县有四郡。故春秋传言"上大夫受县，下大夫受郡"。秦初置三十六郡以监县耳。此云百县者，谓周制畿内之县也。四监，监四郡大夫也。秩，常也。常所当出刍，聚之以养牺牲也。**以供皇天上帝、名山大川、四方之神、宗庙社稷，为民祈福行惠。令吊死问疾，存视长老，行稃鬻，厚席蓐，**○庄逵吉云：说文解字葬字"从死在茻中，一其中，所以荐之"。此云"厚席蓐"者，盖言葬义，故下云"以送万物归也"。**以送万物归也。命妇官染采，黼黻文章，青黄白黑，莫不质良，**妇人能别五色，故染采。白与黑为黼，青与赤为黻，黑与赤为文，赤与白为章。质，美也。良，善也。**以给宗庙之服，必宣以明。**宣，遍也。明，鲜明也。**是月也，树木方盛，勿敢斩伐；不可以合诸侯，起土功，动众兴兵，必有天殃。**殃，罚。**土润溽暑，大雨时行，利以杀草粪田畴，以肥土疆。**是月大暑，土润溽，暑湿重也。又有时雨，可以杀草为粪，美土疆。疆，土分畔者也。**季夏行春令，则谷实解落，多风欬，民乃迁徙。**春木王，木性堕落，阳发多风，而行其令，故谷实解落，民疾病风，欬嗽上气，象春阳布散，民迁徙者也。**行秋令，则丘隰水潦，稼墙不孰，乃多女灾。**丘，高也。隰，卑也。言高下皆有水潦，故杀稼令不熟也。阴气过差，故多女灾。女灾，生子不育也。〇庄逵吉云：女灾，郑康成以为败任，是即生子不育之义也。**行冬令，则风寒不时，鹰隼蚤挚，四鄙入保。**冬阴肃杀，而行其令，故寒风不节，鹰隼蚤挚击，四界之民皆入城郭自保守也。**六月官少内，其树梓。**六月植稼成熟，故官少内也。梓，说未闻也。

孟秋之月，招摇指申，昏斗中，旦毕中。斗，北方玄武之宿，是月昏时中于南方。毕，西方白虎之宿，是月平旦时中于南方也。**其位西方，其日庚辛，盛德在金，**少昊之神治西方也。庚辛，金日也。盛德在金，金王西方也。**其虫毛，其音商，**金气寒，倮者衣毛。毛虫虎为之长。商，金也，位在西方。**律中夷则，其数九，**夷，伤也。则，法也。是月阳衰阴盛，万物凋伤，应法成性，故曰夷则也。其数九，五行数五，金第四，故曰九也。**其味辛，其臭腥，**金味辛也，金臭腥也。**其祀门，祭先肝。**孟秋始内，入由门，故祀门也。肝，木也，祭先之，用所胜也。一曰：肝沈金，自用其藏也。**凉风至，白露降，寒蝉鸣，鹰乃祭鸟，用始行戮。**是月鹰搏鸷，杀鸟于大泽之中，四面陈之，世谓之祭鸟。用是时，乃始行杀戮刑罚，顺秋气也。**天子衣白衣，乘白骆，服白玉，建白旗，**白，顺金色也。白马黑毛曰骆。〇庄逵吉云：黑毛之毛读曰旄，谓尾及鬣也。尔雅曰："白马黑鬣，骆。"**食麻与犬，服八风水，爨柘燧火，西宫御女白色，衣白采，撞白钟，**金王西，故处西宫也。〇王念孙云：白钟之白，因上文而衍。春鼓琴瑟，夏吹竽笙，秋撞钟，冬击磬石，"钟"上不宜有"白"字。而北堂书钞岁时部二、艺文类聚岁时部上、太平御览时序部九引此，皆有"白"字，则其误久矣。〇王绍兰云：白钟之白非衍文。春言鼓琴瑟，夏言吹竽笙，冬言击磬石，皆三字为句。若此文无"白"字，但言撞钟，则句法参差，非其例矣。且石即磬也,“磬”下加“石”以足句,犹“钟”上加“白”以足句耳。管子五行篇:“昔者黄帝以其缓急作五声,以政五钟。令其五钟,一曰青钟大音,二曰赤钟大心,三曰黄钟洒光,四曰景钟昧其明,五曰黑钟隐其常。”景钟与青钟、赤钟、黄钟、黑钟并列,则白钟即景钟也。说文:“顥,白貌。从页,从景。”是景为白之证。○文典谨按:王绍兰说是也。本篇“撞白钟”句凡三见,岂得尽为衍文。**其兵戈,**○王念孙云:戈当为戉,字之误也。说文:“戉,大斧也。从戈,乚声。(乚音厥。)司马法曰:‘夏执玄戉,殷执白戚,周左杖黄戉,右把白髦。’”徐锴曰:“今作钺。”(说文:“钺,车銮声也。从金,戉声。诗曰:‘銮声钺钺。’”今诗作哕。)艺文类聚、太平御览引此,并作“其兵钺”,是其证也。四时之兵,春用矛,夏用戟,季夏用剑,秋用戉,冬用铩,五者皆不同类。戈与戟同类,夏用戟,则秋不用戈矣。庄二十五年穀梁传:“天子救日陈五兵。”徐邈曰:“矛在东,戟在南,钺在西,楯在北,弓矢在中央。”彼言“钺在西”,正与此秋用戉同义。又案:说文引司马法作戉,今经传皆作钺,未必非后人所改。此戉字若不误为戈,则后人亦必改为钺矣。(史记周本纪“斩以玄钺”,太平御览皇亲部一引作玄戈,戈亦戉之误。)**其畜狗,朝于总章左个,以出秋令。**总章,西向堂也。西方总成万物而章明之,故曰总章。左个,南头室也。居是室,行是月之令。狗,金畜也。**求不孝不悌、戮暴傲悍而罚之,以助损气。**损气,阴气。**立秋之日,天子亲率三公九卿大夫以迎秋于西郊。**西郊,九里之外郊也。○王念孙云:迎秋本作迎岁,后人依月令改之耳。上文孟春、孟夏及下文孟冬并作迎岁,高注曰:“迎岁,迎春也。”又曰:“迎岁,迎夏也。”则此亦当云:“迎岁,迎秋也。”后人既改迎岁为迎秋,又删去高注,斯为妄矣。○陶方琦云:魏书五十五刘芳传、北史四十二引许注:“西郊,九里郊也。”按:刘芳传引贾逵曰:“西郊,金帝少昊,九里。”卢植云:“西郊,九里。”许、高并用先师旧训,故同。**还,乃赏军率武人于朝。**军率,军将也。武勇者,功名也。**命将率,选卒厉兵,简练桀俊,专任有功,以征不义,诘诛暴慢,顺彼四方。**顺,循也。四方,天下也。**命有司,修法制,缮图圄,禁奸塞邪,审决狱,平词讼。**决,断也。平,治也。

天地始肃，不可以赢。肃，杀也。杀气始行也。赢，盛也，故曰不可也。**是月农始升谷，天子尝新，先荐寝庙。**升，成。荐，进也。**命百官，始收敛，**孟秋始内也。**完堤防，谨障塞，以备水潦，修城郭，缮宫室，**是月"月丽于毕，俾滂沱矣"，故备水潦也。**毋以封侯，立大官，行重币，出大使。行是月令，凉风至三旬。**封侯，列土封邑也。大官，九命之爵也。重币，金帛之币也。大使，命卿使之。金气收敛，皆所不宜行也，故言毋也。**孟秋行冬令，则阴气大胜，介虫败谷，戎兵乃来。**孟秋，阴也，复行冬水王之令，故阴气胜也，其介虫败谷也。阴气并，故戎兵来也。**行春令，则其国乃旱，阳气复还，五谷无实。**春阳亢燥，而行其令，故旱也。阳气还者，此月凉风，而反行温风之令，故败谷，令无实也。**行夏令，则冬多火灾，寒暑不节，民多疟疾。**夏火王，而行其令，故多火灾。寒暑相干，故不节，多疟疾。疟疾，寒暑所生也。**七月官库，其树楝。**库，兵府也。秋节整兵，故官库也。其树楝，楝实，凤皇所食也，今雒城旁有树。楝实秋熟，故其树楝也。楝，读练染之练也。

仲秋之月，招摇指酉，昏牵牛中，旦觜巂中。牵牛，北方玄武之宿，是月昏时中于南方。觜巂，西方白虎之宿，是月平旦时中于南方也。**其位西方，其日庚辛，其虫毛，其音商，律中南吕，其数九，**南，任也，言阳气吕旅而志助阴，阴任成万物也。庚辛，金日也。**其味辛，其臭腥，其祀门，祭先肝。凉风至，候雁来，玄鸟归，群鸟翔。**候时之雁从北漠中来，过周、雒，南至彭蠡也。玄鸟归，秋分后归蛰所也。群鸟翔，寒气至，群鸟肥盛，试其羽翼而高翔。翔者，六翮不动也。或作养，养育其羽毛也。○庄逵吉云：诸家释翔，皆曰回飞，唯高氏以为大飞不动，亦曰六翮不动，又曰翼一上一下曰翔，义更精。○沈涛云：吕氏春秋纪作"群鸟养羞"，高氏彼注曰："寒气将至，群鸟养进其毛羽御寒也。"虽训羞为进，与礼记郑注训为所食者不同，而其为养羞则同，疑淮南注本作"或作养羞，养进其羽毛也"，浅人不知"羞"有进义，遂删去"羞"字，改"进"为"育"耳。又淮南注许、高二家每相乱，恐作“翔”者为许慎本。**天子衣白衣，乘白骆，服白玉，建白旗，食麻与犬，服八风水，爨柘燧火，西宫御女白色，衣白采，撞白钟，其兵戈，其畜犬，朝于总章太庙。**总章，西向堂也。太庙，中央室也。**命有司，申严百刑，斩杀必当，无或枉挠。**枉，曲也。挠，弱也。言平直也。**决狱不当，反受其殃。**反，还。**是月也，养长老，授几杖，行稃鬻饮食。乃命宰祝，行牺牲，案刍豢，**草养曰刍，谷养曰豢。案其簿书阅租之。豢，读宦学之宦。**视肥臞全粹，**全，无亏缺也。粹，毛色纯也。粹，读祸祟之祟。**察物色，课比类，量小大，视少长，莫不中度。天子乃傩，以御秋气；**傩，犹除也。御，止也。止秋气，不使为害。傩，读躁难之难。气或作兵。**以犬尝麻，先荐寝庙。是月可以筑城郭，建都邑，**国有先君之宗庙曰都，无曰邑。都曰城，邑曰筑。**穿窦窖，修囷仓。**穿窦，所以通水，不欲地湿也。穿窖，所以盛谷也。窖，读窖藏人物之窖。**乃命有司，趣民收敛畜采，多积聚，劝种宿麦，若或失时，行罪无疑。是月也，雷乃始收，蛰虫培户，杀气浸盛，阳气日衰，水始涸，**涸，凝竭。涸或作盛。盛，言阴胜也。**日夜分。一度量，平权衡，正钧石，角斗称，理关市，来商旅，**理，通也。**入货财，以便民事。四方来集，远方皆至，财物不匮，上无乏用，百事乃遂。**遂，成也。**仲秋行春令，则秋雨不降，草木生荣，国有大恐。**春阳气，而行其令，故雨不降。又温煦之仁，故草木生荣华也。气相干，必有灾咎，故国大惶恐。**行夏令，则其国乃旱，蛰虫不藏，五谷皆复生。**行炎阳之令，故旱涸。气热，故蛰虫不藏，使五谷复生。**行冬令，则风灾数起，收雷先行，草木蚤死。**行冬寒气激之令，故有风灾。又冬闭藏，故收雷先行，草木蚤死也。**八月官尉，其树柘。**尉，戎官。是月治兵，故官尉。传曰："羊舌大夫为中军尉。"柘，说未闻也。

季秋之月，招摇指戌，昏虚中，旦柳中。虚，北方玄武之宿，是月昏时中于南方。柳，南方朱雀之宿，是月平旦中于南方也。**其位西方，其日庚辛，其虫毛，其音商，律中无射，**阴气上升，阳气下降，万物随阳而藏，无射出见也。**其数九，其味辛，其臭腥，其祀门，祭先肝。候雁来，宾雀入大水为蛤，**是月时候之雁从北漠中来，南之彭蠡。盖以为八月来者，其父母也，是月来者，盖其子也。羽翼稚弱，故在后尔。宾雀者，老雀也，栖宿人堂宇之间，如宾客者也，故谓之宾。大水，海水也。传曰"雀入海为蛤"也。○陶方琦云：御览九百四十一引许注："雀，依屋之雀，本飞鸟也，随阳下藏，故为蛤。"高作宾雀，与注吕览同。今月令郑注："来宾，言其客止未去。"属上鸿雁解，与许合也。说文："雀，依人小鸟也。"故注淮南亦曰"依屋之雀，本飞鸟"。**菊有黄华，豺乃祭兽戮禽。**豺，似狗而长尾，其色黄。是月时，豺杀兽，四面陈之，世谓之祭兽。戮，犹杀也。**天子衣白衣，乘白骆，服白玉，建白旗，食麻与犬，服八风水，爨柘燧火，西宫御女白色，衣白采，撞白钟，其兵戈，其畜犬，朝于总章右个。**西向堂，北头室，故谓右个也。**命有司，申严号令，百官贵贱，无不务入，以会天地之藏，无有宣出。乃命冢宰，农事备收，举五谷之要，**冢，大也。宰，治也。卿官也。要，簿书也。**藏帝籍之收于神仓。**天子籍田千亩，故曰"帝籍之收"，籍田所收之谷也。神仓，仓也。**是月也，霜始降，百工休。**霜降天寒，朱漆难成，故百工休止，不复作器也。**乃命有司曰：寒气总至，民力不堪，其皆入室。**诗曰"入此室处"是也。**上丁入学习吹，大飨帝，尝牺牲，合诸侯，制百县，**是月上旬丁日，入学宫，吹笙竽，习礼乐，飨上帝，用牺牲。合诸侯之制，度车服之差，各以其命数也。百县，圻内之县，言百，举全数尔。五家为邻，五邻为里，四里为酂，五酂为鄙，五鄙为县，然则县二千五百家也。〇庄逵吉云：注“学宫”本或作“学官”。**为来岁受朔日，与诸侯所税于民，轻重之法，贡岁之数，以远近土地所宜为度。**来岁，明年。受朔日，如今计吏朝贺，豫明年之历日也。度者，职贡多少有常也。**乃教于田猎，以习五戎。**戎，兵也。刀、剑、矛、戟、矢曰五戎。**命太仆及七驺，咸驾戴荏，**〇刘绩云：戴荏，记作载旌旐，疑荏乃旌字之误。〇王念孙云：刘说是也。隶书旌字或作[illegible]，与荏相似而误。载、戴古字通。〇文典谨按：御览八百九十六引，戴荏作载旗。**授车以级，皆正设于屏外。**级，等也。授当车者以高下各随其等级。正，立。设，陈也。天子外屏。屏，树垣也。尔雅曰“门内之垣谓之树垣”者也。**司徒搢朴，北向以赞之。**搢，插也。朴，以教导也，插置带间，赞相威仪也。司徒主众，教导之也。**天子乃厉服广饰，执弓操矢以猎。**是月天子尚武，乃服猛厉之服，广其所佩之饰，以取禽。**命主祠，祭禽四方。**命，教也。主祠，典祀之官也。祭禽四方，祀始设禽兽者于四方，报其功，不知其神所在，故博求之于四方也。**是月草木黄落，乃伐薪为炭，蛰虫咸俛，乃趋狱刑，毋留有罪，**俛，伏也。青州谓伏为俛。无留，言当断也。**收禄秩之不当，供养之不宜者。**不当，谓无德受禄也。不宜，谓不孝也。一曰：所养者无勋于国，其先人又无贤德，所不宜养，故收也。**通路除道，从境始，至国而后已。**〇王念孙云：“后”字后人所加。季春言“从国始，至境止”，季秋言“从境始，至国而已”，已亦止也，无庸加“后”字。**是月，天子乃以犬尝麻，先荐寝庙。**孝之至也。**季秋行夏令，则其国大水，冬藏殃败，民多鼽窒。**季秋阴气，而行夏月霖雨之令，故大水。火气热，故冬藏殃败也。火金相干，故民鼽窒，鼻不通利也。鼽，读怨仇之仇也。**行冬令，则国多盗贼，边竟不宁，土地分裂。**冬水纯阴，奸谋所生，故多盗贼，使边竟之民不安宁也。则土地见侵削，为邻国所分裂也。**行春令，则煖风来至，民气解隋，师旅并兴。**春气阳温，故煖风至，民气解隋也。木干金，故师旅并兴也。二千五百人为师，五百人为旅也。**九月官候，其树槐。**候，望也。是月缮修守备，故曰官候也。槐，怀也，可以怀来远人也。

孟冬之月，招摇指亥，昏危中，旦七星中。危，北方玄武之宿，是月昏时中于南方。七星，南方朱雀之宿，是月平旦时中于南方。**其位北方，其日壬癸，盛德在水，**颛顼之神治北方也。壬癸，水日也。盛德在水，水王北方也。**其虫介，其音羽，**介，甲也。象冬闭固，皮漫胡也。甲虫龟为之长。羽，属水也。**律中应钟，其数六，**阴应于阳，转成其功，万物聚成，故曰应钟。其数六，五行数五，水第一，故曰六也。**其味咸，其臭腐，**水味咸也，水臭腐也。**其祀井，祭先肾。**井水给人，故祀也。井或作行。行，门内地。冬守在内，故祀也。肾，水，自用其藏也。**水始冰，地始冻，雉入大水为蜃，虹藏不见。**蜃，蛤也。大水，淮也。传曰："雉入于淮为蜃。"虹，阴中之阳也。是月阴盛，故不见也。**天子衣黑衣，乘玄骊，服玄玉，建玄旗，**顺水德也。熊与虎曰旗也。**食黍与彘，服八风水，爨松燧火，**〇文典谨按：御览二十七引注云："改火也。"**北宫御女黑色，衣黑采，击磬石，**水王北方，故处北宫。**其兵铩，其畜彘，**铩者却内，象阴闭。彘，水畜。**朝于玄堂左个，以出冬令。**北向堂，西头室，故曰左个。居是室，行此月令也。**命有司，修群禁，**顺阴闭，诸所当禁，皆使有司禁也。**禁外徙，闭门闾，大捜客，**传曰："禁旧客，为露情也。有新客，捜出之，为观衅也。"门，城门也。闾，里门也。严闭之，守备也。**断罚刑，杀当罪，**诸罚刑当决也。当罚正罪，故杀之也。**阿上乱法者诛。**阿意曲从，取容于上，以乱法度也。诛，治也。**立冬之日，天子亲率三公九卿大夫以迎岁于北郊。**〇陶方琦云：魏书五十五刘芳传、北史四十二引许注："北郊，六里郊也。"又引高注："北郊，六里之郊也。"按：刘芳传引贾逵曰："北郊，水帝颛顼，六里。"卢植云："北郊，六里郊也。”许、高并用先师旧训，故同。**还，乃赏死事，存孤寡。**有忠节蹈义死王事者，赏其子孙也。幼无父曰孤，无夫曰寡，皆存慰矜恤之。**是月，命太祝祷祀神位，占龟策，审卦兆，以察吉凶。于是天子始裘，命百官谨盖藏，命司徒行积聚，修城郭，警门闾，修楗闭，慎管籥，固封玺，**封玺，印封也。〇文典谨按：礼记月令楗作键，玺作疆，郑注云："今月令疆或作玺。"吕览孟冬纪、御览六百八十二载应劭汉官仪引月令、蔡邕独断皆作"固封玺"，北堂书钞百五十六引此文玺作疆，与古月令合。**修边境，**〇文典谨按：书钞引，修作备。**完要塞，绝蹊径，饬丧纪，审棺椁衣衾之薄厚，**饬，治也。纪，数也。二十五月之数也。棺椁衣衾薄厚各有差等，故审之。**营丘垄之小大高痺，使贵贱卑尊各有等级。**营，度也。丘垄，冢也，小大高下各有度量也。**是月也，工师效功，陈祭器，案度程，坚致为上。**案，视也。度，法也。坚致，功牢也。为，故也。上，盛也。〇庄逵吉云：坚致，礼记作功致，故注云"功牢也"。致即密緻之緻，古无緻字。**工事苦慢，作为淫巧，必行其罪。**苦，恶也。慢，不牢也。淫巧，非常之巧也。故行其罪。苦，读盬会之盬。**是月也，大饮蒸，天子祈来年于天宗，**蒸，冬祭也。于是时，大饮酒而祭，求明年之福祥也。凡属天上之神，日月星辰皆为天宗也。**大祷祭于公社，毕，飨先祖。**祷，求也。公社，后土之祭也。生为上公，死为贵神，故曰公也。毕，飨先祖，先公后私之义也。**劳农夫，以休息之。命将率讲武，肄射御，角力劲。**肄，习也。劲，强貌。**乃命水虞渔师，收水泉池泽之赋，**虞，掌水官也。师，长也。赋，税也。**毋或侵牟。**牟，多。**孟冬行春令，则冻闭不密，地气发泄，民多流亡。**春阳气散越，故冻闭不密，地气发泄也。民多流亡，象阳气布散。**行夏令，则多暴风，方冬不寒，蛰虫复出。**冬当闭藏，反行夏盛阳之令，故多暴疾。阳气温，故盛冬不寒，令蛰伏之虫复出也。**行秋令，则雪霜不时，小兵**

时起，土地侵削。秋气干冬，大寒，不当雪而雪，不当霜而霜，故曰不时也。小兵数起，邻国来伐，侵削其土地。十月官司马，其树檀。冬间讲武，故官司马也。檀，阴木也。

仲冬之月，招摇指子，昏壁中，旦轸中。东壁，北方玄武之宿，是月昏时中于南方。轸，南方朱鸟之宿，是月平旦时中于南方也。其位北方，其日壬癸，其虫介，其音羽，律中黄钟，其数六，黄钟者，阳气聚于下，阴气盛于上，万物黄，萌于地中，故曰黄钟也。其味咸，其臭腐，其祀井，祭先肾。冰益壮，地始坼，鳱鴠不鸣，虎始交。鳱鴠，山鸟。是月阴盛，故不鸣也。虎，阳中之阴也，阴气盛，以类发也。交，读将校之校也。天子衣黑衣，乘铁骊，服玄玉，建玄旗，食黍与彘，服八风水，爨松燧火，北宫御女黑色，衣黑采，击磬石，其兵铩，其畜彘，朝于玄堂太庙。北向堂，中央室，故曰太庙也。命有司曰：土事无作，无发室居，及起大众，是谓发天地之藏，诸蛰则死，民必疾疫，有随以丧。〇庄逵吉云：有，诸本皆作又。急捕盗贼，诛淫泆诈伪之人，命曰暢月。阴气在上，民人空闲，故命曰暢月。命奄尹，申宫令，奄，官〔一〕也。尹，正也。申宫令，重戒敕也。审门闾，谨房室，必重闭，助阴气也。省妇事。乃命大酋，秫稻必齐，曲蘖必时，酋，主酤酒官也，酝酿米曲，使化熟，故谓之酋。酋，读酋豪之酋。齐，读齐和之齐也。作曲蘖当得其时，不时则不成也。湛熺必洁，水泉必香，湛，渍也。熺炊必令圭洁也。水泉香则酒善也。湛，读审釜之审。熺，炊炽火之炽也。〇桂馥云：熺，借字，当为饎。特牲馈食礼"主妇视饎，爨于西堂下"，郑注："炊黍稷曰饎。"陶器必良，火齐必得，无有差忒。陶器，瓦器也。炊亨必得其适，故曰无有差忒也。天子

〔一〕"官"，疑当为"宦"，形近而误。日本诸子大成改正淮南鸿烈解作"宦"。

乃命有司，祀四海大川名泽。能兴云雨，故祀之也。是月也，农有不收藏积聚、牛马畜兽有放失者，取之不诘。诘，呵问也。山林薮泽，有能取疏食、田猎禽兽者，野虞教导之。其有相侵夺，罪之不赦。大加刑也。是月也，日短至，阴阳争，君子斋戒，处必掩，身欲静，去声色，禁嗜欲，声，丝竹金石之声也。色，美色也。有贪欲滥求者禁之。宁身体，安形性。闭情欲也。是月也，荔挺出，芸始生，丘螾结，麋角解。荔，马荔草也。芸，芸蒿，菜名。丘螾，虫也。结，屈结也。麋角解堕，皆应微阳气也。○陶方琦云：说文艸部芸字下、尔雅释草疏、御览九百八十二引许注："芸，艸，可以死复生。"按：说文："芸，艸也。似苜蓿。"与郑君月令注"芸，香艸"说亦合。高注吕览皆训作菜，芸生于冬至一阳初生之月，故云死复生。水泉动则伐树木，取竹箭，罢官之无事、器之无用者，罢，省。涂阙庭门闾，筑囹圄，所以助天地之闭。仲冬行夏令，则其国乃旱，氛雾冥冥，雷乃发声。夏气炎阳，故其国旱也。清浊相干，故氛雾冥冥也。十一月雷发声，非其时，故言乃也。行秋令，则其时雨水，瓜瓠不成，国有大兵。秋金气，水之母也，故雨水。水、金用事，故有大兵也。行春令，则虫螟为败，水泉咸竭，民多疾疠。春阳气，蛰伏生，故虫螟败谷，水泉竭也。阳干阴，气不和，故多疾疠也。十一月官都尉，其树枣。冬成军师，故官都尉。枣，取其赤心也。

季冬之月，招摇指丑，昏娄中，旦氐中。娄，西方白虎之宿，是月昏时中于南方。氐，东方苍龙之宿，是月平旦时中于南方也。其位北方，其日壬癸，其虫介，其音羽，律中大吕，吕，旅也。万物萌动于黄泉，未能达见，所以旅旅去阴即阳，助其成功，故曰大吕。其数六，其味咸，其臭腐，其祀井，祭先肾。雁北乡，鹊加巢，雁在彭蠡之水，皆北向，将至北漠中也。鹊感阳而动，上加巢也。○王念孙云：加，读为架，谓构架之也。召南鹊巢笺曰："鹊之作巢，冬至架之，至春乃成。"释文："架之，俗本或作加功。"（案：之作功者，非。架作加，则古字通用。刘昌宗读加为架，是也。匡谬正俗谓"加功力作巢"，非是。）本经篇"大夏曾加"，高注谓"以材木相乘架"，是加、架古字通。此言"鹊加巢"，即郑笺所谓"冬至架之"者，非谓增加其巢也。天文篇曰："日冬至，鹊始加巢。"月令曰："季冬之日，鹊始巢。"义并与此同。召南正义引推度灾云"鹊以复至之月始作室家"是也。**雉雊，鸡呼卵。**诗云"雉之朝雊，尚求其雌"是也。鸡呼鸣求卵也。**天子衣黑衣，乘铁骊，服玄玉，建玄旗，食麦与彘，服八风水，爨松燧火，北宫御女黑色，衣黑采，击磬石，其兵铩，其畜彘，朝于玄堂右个。**右个，东头室也。**命有司，大傩旁磔，出土牛。**大傩，今之逐阴驱疫，为阳导也。旁磔，四面皆磔犬羊，以禳四方之疾疫也。出土牛，今乡县出劝农耕之土牛于外是也。**命渔师始渔，**是月将捕鱼，故命其长也。渔，读论语之语。**天子亲往射渔，先荐寝庙。令民出五种，令农计耦耕事，修耒耜，具田器。**耦，合。**命乐师大合吹而罢。乃命四监，收秩薪，以供寝庙及百祀之薪燎。是月也，日穷于次，月穷于纪，星周于天，岁将更始，**十二次穷于牵牛中也。纪道穷于故宿也。星周于天者，谓二十八舍更见南方，至是月周匝也。**令静农民，无有所使。天子乃与公卿大夫饰国典，论时令，以待嗣岁之宜。乃命太史，次诸侯之列，赋之牺牲，**赋，布。**以供皇天上帝社稷之刍享。乃命同姓之国，供寝庙之刍豢；卿士大夫至于庶民，供山林名川之祀。季冬行秋令，则白露早降，介虫为袄，四鄙入保。**秋节白露，故白露早降。介甲之虫为袄灾。金气为兵，故四竟之民入城郭自保守也。**行春令，则胎夭伤，国多痼疾，命之曰逆。**季冬大寒，而行春温之令，气不和，故胎养夭伤，国多笃疾。逆风气之由也，故命之曰逆也。**行夏令，则水潦败**

国，时雪不降，冰冻消释。夏气炎阳，又多霖雨，故水潦败国也。时雪当降而不降，冰冻不当消释而消释，皆干时之征也。十二月官狱，其树栎。十二月岁尽刑断，故官狱也。栎可以为车毂，木不出火，惟栎为然，亦应除气也。

五位：东方之极，自碣石山过朝鲜，贯大人之国，碣石在辽西界海水西畔。朝鲜，乐浪之县也。贯，通也。大人国在其东。○庄逵吉云：御览引无"山"字，注云："碣石在东北海中。朝鲜，东夷。东方有大人之国也。东至日出之次，榑木之地，青土树木之野，榑木，榑桑。○庄逵吉云：御览此下有注云："皆日所出之地也。"○王引之云：青土当为青丘，字之误也。（御览引此已误。）本经篇"缴大风于青丘之野"，（今本野误作泽，辩见本经。）高注曰："青丘，东方之丘名。"即此所云"东至青丘之野"也。吕氏春秋求人篇亦云：禹东至榑木之地，日出之野，青丘之乡。"海外东经云："青丘国在朝阳北。"逸周书王会篇"青丘狐九尾"，孔晁曰："青丘，海东地名。"服虔注汉书司马相如传云："青丘国在海东三百里。"太皞、句芒之所司者，万二千里。太皞，伏羲氏，东方木德之帝也。句芒，木神。司，主也。其令曰：挺群禁，开闭阖，通穷窒，达障塞，行优游，弃怨恶，解役罪，免忧患，休罚刑，开关梁，宣出财，和外怨，抚四方，行柔惠，止刚强。刚强侵陵人，不循轨度者，禁止之也。南方之极，自北户孙之外，北户孙，国名也，日在其北，皆为北向户，故曰北户孙。○庄逵吉云：御览作北户乌孙，注云："北户，日在其北，向以为户。"○文典谨按：文选思玄赋注引高注作"北户，孤竹国名也"。贯颛顼之国，南至委火炎风之野，赤帝、祝融之所司者，万二千里。赤帝，炎帝少典之子，号为神农，南方火德之帝也。祝融，颛顼之孙，老童之子吴回也。一名黎，为高辛氏火正，号为祝融，死为火神也。○庄逵吉云：御览此下有注云："赤帝，著明审谛也。祝，属。融，工也。万物盛长，属而工也。"程文学云："此亦古注，宜存，然未定即是高、许二家耳。"其令曰：爵有德，赏有功，惠贤良，救饥渴，举力农，振贫穷，惠孤寡，忧罢疾，出大禄，行大赏，起毁宗，立无后，封建侯，立贤辅。应阳施也。中央之极，自昆仑东绝两恒山，自，从也。绝，犹过也。恒山，常山。言两，未闻也。〇庄逵吉云：御览无"两"字，注云："恒山，北岳。"日月之所道，江、汉之所出，日月照其所经过之道。江出岷山，汉出番冢也。众民之野，五谷之所宜，龙门、河、济相贯，以息壤堙洪水之州，〇庄逵吉云：御览此下有注云："禹以息土湮洪水，以为中国九州。州，水中可居也。"东至于碣石，黄帝、后土之所司者，万二千里。黄帝，少典之子，以土德王天下，号为轩辕氏，死为中央土德之帝。后土者，句龙氏之子，名曰后土，能平九土，死祀为土神也。〇庄逵吉云：御览此注有云："黄，中色，地道载物，故称名也。"其令曰：平而不阿，明而不苛，包裹覆露，露，润。无不囊怀，溥氾无私，正静以和，行稃鬻，养老衰，吊死问疾，以送万物之归。土，四方之主也，故曰万物之归。西方之极，自昆仑绝流沙、沈羽，西至三危之国，流沙，盖在昆仑之西南尔。〇庄逵吉云：御览此注有云："沈羽，弱水，弱沈羽毛也。"石城金室，饮气之民，不死之野，少皞、蓐收之所司者，万二千里。少皞，黄帝之子青阳也，名挚，以金德王天下，号为金天氏，死为西方金德之帝也。蓐收，金天氏之裔子曰修礼，死祀为金神也。〇庄逵吉云：御览此注有云："少皞，白帝之号。少皞，用物浩成也。"其令曰：审用法，诛必辜，备盗贼，禁奸邪，饰群牧，谨著聚，修城郭，补决窦，塞蹊径，遏沟渎，止流水，雝溪谷，守门闾，陈兵甲，选百官，诛不法。应金断也。北方之极，自九泽穷夏晦之极，北至令正之谷，九泽，北方之泽。夏，大也。晦，暝也。〇庄逵吉云：御览令正作令止，注云："令止，丁令，北海胡地。"有冻寒积冰、雪雹霜霰、漂润群水之野，颛顼、玄冥之所司者，万二千里。颛顼，黄帝之孙也，以水德王天下，号高阳氏，死为北方水德之帝也。其神玄冥者,金天氏有適子曰昧,为玄冥师,死而祀为主水之神也。○庄逵吉云:御览此下有注云:"颛顼,黑帝号。项,大。言阴用事,振翕而寒也。阴闭不视,故神为玄冥也。"**其令曰:申群禁,固闭藏,修障塞,缮关梁,禁外徙,断罚刑,杀当罪,闭关闾,大搜客,**○王念孙云:古书无以"关闾"二字连文者,关当为门,此涉上二"关梁"而误也。上文及天文篇并云:"闭门闾,大搜客。"春秋繁露五行顺逆篇云:"闭门闾,大搜索。"太平御览时序部十二引此作"守门闾"。**止交游,禁夜乐,蚤闭晏开,以塞奸人,已德,执之必固。**○王念孙云:塞本作索,此后人以意改之也。"蚤闭晏开,以索奸人",即上文所谓"闭门闾,大搜客"也。下句"奸人已得",正谓索而得之,若改索为塞,则与下句义不相属矣。"奸人"下当更有"奸人"二字。德,读为得。"蚤闭晏开,以索奸人,奸人已得,执之必固",皆以四字为句。若第三句无"奸人"二字,则文不成义矣。太平御览时序部十二、地部二引此,塞作索,德作得,是也。但无"奸人"二字,则所见本已误。**天节已几,**○庄逵吉云:御览此下注云:"几,终也。"**刑杀无赦,虽有盛尊之亲,断以法度。毋行水,毋发藏,毋释罪。**应阴杀也。○庄逵吉云:御览作"毋释刑罪"。

六合:孟春与孟秋为合,仲春与仲秋为合,季春与季秋为合,孟夏与孟冬为合,仲夏与仲冬为合,季夏与季冬为合。孟春始赢,孟秋始缩;赢,长也。缩,短也。**仲春始出,仲秋始内;**出,二月播种。内,八月收敛。○文典谨按:御览十七引注,播种作播植,十九引,与今本合。**季春大出,季秋大内;孟夏始缓,孟冬始急;**缓,四月阳安。急,十月寒肃。○文典谨按:御览十七引注,作"缓,四月阳炎也。急,十月寒肃也"。二十四引同。**仲夏至修,仲冬至短;**夏至北极,冬至南极,短、修皆在至前也。**季夏德毕,季冬刑毕。**德毕,阳施结。刑毕,刑狱尽。○庄逵吉云:御览引注,作"德毕,阳始穷也。刑毕,阴杀尽也"。**故正月失政,七月凉风不至;二月失政,八月雷不**

藏；三月失政，九月不下霜；四月失政，十月不冻；五月失政，十一月蛰虫冬出其乡；六月失政，十二月草木不脱；不脱，叶槁著树，不零落也。七月失政，正月大寒不解；东风不解冻也。八月失政，二月雷不发；不发声也。九月失政，三月春风不济；济，止。十月失政，四月草木不实；实，长。十一月失政，五月下雹霜；十二月失政，六月五谷疾狂。疾狂，不华而实也。春行夏令泄，象盛阳发泄也。○俞樾云：下云"冬行春令泄"，不当重复。且上文云"仲春始出"、"季春大出"，则春日发泄，不足为咎也。管子幼官篇作"春行夏政阉"，当从之。盖发泄太过，故奄然而息也。方言及广雅并曰："奄，息也。"阉与奄通，因脱"阉"字，而写者以"泄"字补之，殊非其义。高注曰："象盛阳发泄也。"是其所据本已误。夫下文"冬行春令泄"，高注曰："象春气布散发泄也。"然则布散发泄，自是春气所固然，岂行夏令所致乎？即此可知其非矣。行秋令水，水生于申，故水也。行冬令肃。象气肃急。夏行春令风，象春木气多风。行秋令芜，象秋气芜秽生。行冬令格。格，跂也。象冬断刑，恩泽跂格不流下。○王引之云：高说非也。格，读为落，谓夏行冬令，则草木零落也。格字从木，各声，古读如各。（说见唐韵正。）格与落声相近，字相通。史记酷吏传"置伯格长"，徐广曰："古村落字亦作格。"村落之落通作格，犹零落之落通作格也。月令云："仲夏行秋令，则草木零落。"管子幼官篇"夏行冬政落"，（四时篇同。）尹知章曰："寒气肃杀，故凋落也。"春秋繁露五行五事篇云："秋行冬政则落。"又云："夏行冬政则落。"皆其明证矣。秋行夏令华，象夏气树华茂。行春令荣，象春气生荣华。行冬令耗。耗，零落也。冬行春令泄，象春气布散发泄也。行夏令旱，旱象阳炎。行秋令雾。秋气阴乱，故雾。

制度阴阳，大制有六度：天为绳，地为准，春为规，夏为衡，秋为矩，冬为权。绳者，所以绳万物也。绳，正。准者，所以准万物也。规者，所以员万物也。衡者，所以平万物也。矩者，所以方万物也。权者，所以权万物也。绳之为度也，直而不争，○俞樾云：争，读为綪。仪礼士丧礼郑注曰："綪，屈也。江、沔之间谓萦收绳索为綪。"故此曰"绳之为度也，直而不綪"。修而不穷，久而不弊，远而不忘，与天合德，与神合明，所欲则得，所恶则亡，自古及今，不可移匡，○俞樾云：移之言迆也。说文辵部："迆，邪行也。"移亦有邪义。礼记玉藻篇"手足毋移"，正义曰："移，谓靡迆摇动也。"是其证也。匡与軭通。说文车部："軭，车戾也。"考工记"轮虽敝不匡"，匡即軭字。不移匡，言不邪曲也。厥德孔密，广大以容，○庄逵吉云：广大以容，明本作"广下以容众"，非。是故上帝以为物宗。宗，本。准之为度也，平而不险，均而不阿，广大以容，宽裕以和，柔而不刚，锐而不挫，锐，利也。挫，折也。流而不滞，流，行也。滞，止也。易而不秽，发通而有纪，纪，道也。周密而不泄，准平而不失，万物皆平，民无险谋，怨恶不生，是故上帝以为物平。平，正，读评议之评。规之为度也，转而不复，员而不垸，复，遏也。垸，转也。优而不纵，广大以宽，感动有理，发通有纪，优优简简，百怨不起，优简，宽舒之貌。规度不失，生气乃理。气类理达。衡之为度也，缓而不后，平而不怨，施而不德，吊而不责，○庄逵吉云：御览引作"匝而不责"。当平民禄，以继不足，教敎阳阳，唯德是行，养长化育，万物蕃昌，以成五谷，以实封疆，其政不失，天地乃明。明，理。矩之为度也，肃而不悖，刚而不愦，取而无怨，内而无害，威厉而不慑，令行而不废，杀伐既得，仇敌乃克，矩正不失，百诛乃服。权之为度也，急而不赢，杀而不割，充满以实，周密而不泄，败物而弗取，罪杀而不赦，诚信以必，坚悫以固，粪除苛慝，不可以曲，故冬正将行，必弱以强，必柔以刚，权正而不失，万物乃藏。明堂之制，静而法准，动而法绳，春治以规，秋治以矩，冬治以权，夏治以衡，是故燥湿寒暑以节至，甘雨膏露以时降。

淮南鸿烈集解卷六

览冥训

览观幽冥变化之端，至精感天，通达无极，故曰“览冥”，因以题篇。

昔者，师旷奏白雪之音，而神物为之下降，风雨暴至，平公癃病，晋国赤地。白雪，太乙五十弦琴瑟乐名也。神物，即神化之物，谓玄鹤之属来至，无头鬼类操戈以舞也。平公，晋悼公之子彪也。癃病，笃疾。赤地，旱也。唯圣君能御此异，使无灾耳。平公德薄，不能堪，故笃病而大旱也。**庶女叫天，雷电下击，景公台陨，支体伤折，海水大出。**庶贱之女，齐之寡妇，无子，不嫁，事姑谨敬。姑无男有女，女利母财，令母嫁妇。妇益不肯，女杀母以诬寡妇。妇不能自明，冤结叫天，天为作雷电下击景公之台。陨，坏也。毁景公之支体，海水为之大溢出也。○陶方琦云：文选诣建平王上书注引许注云：“庶女，齐之少寡，无子，养姑。姑无男有女，女利母财而杀母，以诬告寡妇。妇不能自解，故冤告天。”此高承用许注。○文典谨按：上文“昔者，师旷奏白雪之音，而神物为之下降”，则此“庶女叫天”下亦当有“而”字，文乃一律。北堂书钞百五十二、初学记一、艺文类聚二引，“叫天”下皆有“而”字，此必古有而今本敚之也。又按：叫天，御览六十引作告天；雷电，白帖二、御览六十引并作雷霆。御览引“景公台陨”下有注云：“景公，齐景公也。雷击景公台，陨坏之也。”“枝体伤折”下有注云：“景公为雷霆所伤折。”“庶女告天”下所引注，与文选诣建平王上书注所引许注略同。则此二注，亦必许君注也。**夫瞽师、庶女，位贱尚葈，权轻飞羽，**尚，主也。葈者，葈耳，菜名也。幽、冀谓之檀菜，雒下谓之胡葈。主是官者，至微贱也。瞽师、庶女复贱于主葈之官，故曰"权轻飞羽"也。○王引之云：主枲耳之官，书传未闻。尚枲，盖即周官"典枲下士二人"者，典亦主也。（见周官典妇功注。）言典枲本贱官，瞽师、庶女则又贱于典枲。枲谓麻枲，非谓枲耳也。○洪颐煊云：周礼天官"典枲掌布緦缕纻之麻草之物"，是庶女为之。贾疏："枲，麻也。"葈即枲字。**然而专精厉意，委务积神，上通九天，激厉至精。**九天，八方、中央也。以精诚感之。**由此观之，上天之诛也，虽在圹虚幽间，辽远隐匿，重袭石室，界障险阻，其无所逃之，亦明矣。**上天，上帝也。上帝神明。言人有罪恶，虽自隐蔽窜藏，犹见诛害也。故曰"无所逃"也。**武王伐纣，渡于孟津，阳侯之波，逆流而击，疾风晦冥，人马不相见。**阳侯，陵阳国侯也。其国近水，溺水而死。其神能为大波，有所伤害，因谓之阳侯之波。○俞樾云：阳陵自是汉侯国，史记高祖功臣侯表有阳陵侯傅宽是也。高注以说古之阳侯，殆失之矣。春秋闵二年"齐人迁阳"，杜注曰"国名"。正义曰："世本无阳国，不知何姓。杜世族谱土地名阙，不知所在。"古之阳侯当即此阳国之侯。水经"沂水南迳阳都县故城东，县故阳国城"，是其所在矣。○文典谨按：北堂书钞二、御览八十四、博物志异闻篇引，孟津皆作盟津。**于是武王左操黄钺，右秉白旄，瞋目而㧑之，曰："余任，天下谁敢害吾意者！"于是风济而波罢。**○王念孙云："右秉白旄"，秉本作执，此后人依牧誓改之也。论衡感虚篇引此正作执。（论衡称"传书言武王伐纣，渡孟津"云云，共十二句，皆与此同，是所引即淮南之文也。）太平御览地部二十六、三十六、皇王部九引此，亦作执。泰族篇亦云："武王左操黄钺，右执白旄。"执与秉同义，无烦据彼以改此也。"任"当为"在"，字之误也。（道应篇"本在于身"，"在"字亦误作"任"。）"余在"为句，"天下谁敢害吾意者"为句。孟子引书曰："四方有罪无罪，惟我在，天下曷敢有越厥志！"句法与此相似。论衡感虚篇、艺文类聚仪饰部、太平御览地部二十六、三十六、皇王部九、仪式部一引此，并作"余在"。

害,读为曷。(古字以害为曷,通见诗、书。)曷,止也。言谁敢止吾意也。尔雅:“曷、遏,止也。”商颂长发篇“则莫我敢曷”,荀子议兵篇引作“则莫我敢遏”。**鲁阳公与韩构难,战酣日暮,援戈而㧑之,日为之反三舍。**鲁阳,楚之县公,楚平王之孙,司马子期之子,国语所称鲁阳文子也。楚僭号称王,其守县大夫皆称公,故曰鲁阳公。今南阳鲁阳是也。酣,对战合乐时也。㧑日令反,却行三舍。舍,次宿也。〇陶方琦云:文选郭璞游仙诗注引许注:“二十八宿,一宿为一舍也。”按:论衡感虚篇:“星之在天也,为日月舍,犹地有邮亭,为长吏廨也。”二十八宿有分度,一舍十度,或增或减。言日反三舍,乃三十度也。广雅释诂:“宿,舍也。”〇文典谨按:文选吴都赋注、郭璞游仙诗注、吊魏武帝文注引,构并作遘,疑是许本。又吴都赋注引,鲁阳公下有“楚将也”三字,疑亦许注之羼入正文者也。**夫全性保真,不亏其身,遭急迫难,精通于天。若乃未始出其宗者,何为而不成!**精通于天者,谓圣人质成上通,为天所助。宗者,道之本也。谓性不外逸,生与道同也。**夫死生同域,不可胁陵,勇武一人,为三军雄。**武,士也。江、淮间谓士为武。〇庄逵吉云:意林引作“勇士一人”,是竟改武为士,非异本也。**彼直求名耳,而能自要者尚犹若此,又况夫宫天地,怀万物,**以天地为宫室。怀,犹囊也。**而友造化,**造化,阴阳也。与之相朋友。**含至和,直偶于人形,**外直偶与人同形,而内有大道也。〇俞樾云:“偶与寓通,言特寄寓于人之形耳。”高注曰“外直偶与人同形”,则增出“同”字矣。**观九钻一,知之所不知,**九,谓九天。一,龟也。观九天之变,钻龟占兆,所不知事亦云然也。〇俞樾云:高说迂曲。九、一皆以数言也。数始于一而极于九,至十则复为一矣。素问三部九候论曰:“天地之至数,始于一,终于九焉。”是其义也。故古人之言,凡至少者,以一言之,如孟子“一杯水”、“一钩金”是也;至多者,以九言之,如公羊传“叛者九国”是也。观九钻一,言所观览者多,而所钻挈者少也。精神篇曰:“能知一,则无一之不知也。不能知一,则无一之能知也。”是其义。**而心未尝死者乎!**心未尝死者,谓心生与道同者也,不与观九钻一等也。**昔雍门子以哭见于孟**

尝君，雍门子，名周，善弹琴，又善哭。雍门，齐西门也。居近之，因以为氏。哭，犹歌也。见，犹感也。孟尝君，齐相田文。**已而陈辞通意，抚心发声，孟尝君为之增欷歍唈，流涕狼戾不可止。**增，重也。歍唈，失声也。狼戾，犹交横也。歍，读鸳鸯之鸯也。唈，读左传嬖人婤姶之姶。**精神形于内，而外谕哀于人心，此不传之道。**言能以精神哀悲感伤人心，不可学而得之，故曰不传之道也。**使俗人不得其君形者而效其容，必为人笑。**君形者，言至精为形也。○曾国藩云：君形，主宰乎形骸者也。**故蒲且子之连鸟于百仞之上，**蒲且子，楚人善弋射者。七尺曰仞。**而詹何之骛鱼于大渊之中，此皆得清净之道，太浩之和也。**詹何，楚人知道术者也。言其善钓，令鱼驰骛来趋钩饵，故曰骛鱼。得其精微，故曰太浩之和也。

夫物类之相应，玄妙深微，知不能论，○俞樾云：论者，知也。说山篇"以小明大，以近论远"，高注曰："论，知也。"此"论"字不训为知，盖以正文已有"知"字故耳。不知正文"知"字当读为智，"知不能论"，谓智者不能知也。说文心部："惀，欲知之貌。"论与惀通。下文曰："心意之论，不足以定是非。"论亦知也。○文典谨按：俞说非也。下文"得失之度，深微窈冥，难以知论，不可以辩说也"，正与此文一例。论与说为对文，非作知解明矣。**辩不能解。故东风至而酒湛溢，**东风，木风也。酒湛，清酒也。米物下湛，故曰湛。木味酸，酸风入酒，故酒酢而湛者沸溢，物类相感也。○王念孙云：如高说以酒湛为清酒，则当言"湛酒溢"，不当言"酒湛溢"，故又申之曰"酒酢而湛者沸溢"，殆失之迂矣。今案：湛、溢二字当连读，湛与淫同。（尔雅"久雨谓之淫"，论衡明雩篇"久雨为湛"，湛即淫也。湛字或作沈，微子"我用沈酗于酒"，沈酗即淫酗。史记宋世家"纣沈湎于酒"，太史公自序"帝辛湛湎"，杨雄光禄勋箴"桀、纣淫湎"，淫湎即湛湎。乐书"流沔沈佚"，沈佚即淫泆。淫与湛、沈义同而字亦相通。考工记㡛氏"淫之以蜃"，杜子春云："淫当为湛。"齐语"择其淫乱者而先征之"，管子小匡篇淫作沈。庄子天下篇"禹沐甚雨"，崔譔本甚作湛，音淫。淮南修务篇作“禹沐淫雨”。）淫溢犹衍溢也。酒性温，故东风至而酒为之加长。春秋繁露同类相动篇曰：“水得夜益长数分，东风而酒湛溢，故阳益阳而阴益阴。”义与此同也。○陶方琦云：太平广记百九十一、事类赋风部引许注：“东方，震方也。酒汎，清酒也。木味酸，相感故也。”御览九引略同，惟“酒汎，清酒也”作“清酌酒也”。太平广记引许注后，又引高注云：“酒汎，为米面曲之汎者，风至而沸动。”此乃高注，故与许注文异，益知今高注本中羼入许注不少。汎字今高本作湛，盖汎字乃沉字之误文，沈、湛古通。○文典谨按：文选七启注引此文及高注，湛亦作汎。**蚕咡丝而商弦绝，或感之也。**老蚕上下丝于口，故曰咡丝。新丝出，故丝脆。商于五音最细而急，故绝也。咡或作珥。蚕老时，丝在身中正黄，达见于外如珥也。商，西方金音也。蚕，午火也。火壮金困，应商而已，或有新故相感者也。**画随灰而月运阙，鲸鱼死而彗星出，或动之也。**运，读连围之围也。运者，军也。将有军事相围守，则月运出也。以芦草灰随牖下月光中令圜画，缺其一面，则月运亦缺于上也。鲸鱼，大鱼，盖长数里，死于海边。鱼之身贱也，彗星为变异，人之害也，类相动也。○庄逵吉云御览引许沓注云：“有军事相围守，则月晕。以芦灰环，阙其一面，则月晕亦阙于上。”○陶方琦云：“运者，军也”以下，或即许注羼入高注中者。许作晕，说文：“晕，日月气也。”汉书天文志如淳曰：“晕，读曰运。”则高本作运亦合也。吕览明理篇“有晕珥”，高注：“气围绕日周匝，有似军营相围守，故曰晕也。”运作围解，与此注同。博物志引：“凡月晕随灰画之，随所画而阙，淮南子云。未详其法。”○文典谨按：晕，说文新坿古作煇，作运。则高本作运是也。北堂书钞百五十引作晕。**故圣人在位，怀道而不言，泽及万民。**圣人行自然无为之道，故泽及万民也。**君臣乖心，则背谲见于天，神气相应征矣。**日旁五色气，在两边外出为背，外向为谲，内向为珥，在上外出为冠。**故山云草莽，水云鱼鳞，**山中气出云似草莽，水气出云似鱼鳞。**旱云煙火，涔云波水，各象其形类，所以感之。**旱云，亢阳气，似煙火。涔，大潦水也。云出于涔，似波水也。○王引之云：煙当为熛，字之误也。（高注同。）说文：“熛，火飞也。读若标。"一切经音义十四引三仓曰:"熛,迸火也。""旱云熛火,涔云波水",犹言旱云如火,涔云如水耳。熛火与波水对文。若作煙火,则与下句不类矣。又齐俗篇"譬若水之下流,煙之上寻也",煙亦当为熛。"熛之上寻",犹言火之上寻,故与"水之下流"对文。天文篇曰:"火上寻,水下流。"是其证也。若以煙、水相对,则非其旨矣。艺文类聚火部煙下引此作"煙之上寻",则此字之误已久。**夫阳燧取火于日,方诸取露于月,**夫,读大夫之夫,已说在上。一说:水火从太极来,在人手中,非人所能说知。○王念孙云:"夫阳燧"本作"夫燧",今本有"阳"字者,后人所加也。彼盖误以"夫"为语词,又以天文篇"阳燧见日则然而为火,方诸见月则津而为水",故加入"阳"字。不知夫燧即阳燧也。夫燧与方诸相对为文。周官司烜氏"掌以夫遂取明火于日(遂与燧同。)",郑注曰:"夫遂,阳遂也。"下文云"夫燧之取火,慈石之引铁",并以夫燧二字连文,故高注云"夫,读大夫之夫",则"夫"非语词明矣。**天地之间,巧历不能举其数,**巧,工也。天地之间,物类相感者众多,虽工为历术者,不能悉举其数也。**手征忽怳,不能览其光。**言手虽览得微物,不能得其光。一说:天道广大,手虽能征其忽怳无形者,不能览得日月之光也。**然以掌握之中,引类于太极之上,**太极,天地始形之时也。上,犹初也。**而水火可立致者,阴阳同气相动也。**动,犹化也。○俞樾云:高氏注"太极之上"曰:"太极,天地始形之时也。上,犹初也。"此说殊失其义。周易系辞传"易有太极",释文曰:"太极,天也。"然则"太极之上",言天之上也。上文曰"夫阳燧取火于日,方诸取露于月",此云取类于太极之上,而水火可立致,即以取火于日、取露于月而言。日月丽乎天,故曰"太极之上"也。注以为天地始形之初,则与上义不相属矣。**此傅说之所以骑辰尾也。**言殷王武丁梦得贤人,使工写其象,旁求之,得傅说于傅岩,遂以为相,为高宗成八十一符,致中兴也。死托精于辰尾星,一名天策。**故至阴飂飂,至阳赫赫,两者交接成和,而万物生焉。众雄而无雌,又何化之所能造乎!所谓不言之辩,不道之道也。故召远者使无为焉,**远者,四夷也。欲致化四夷者,当以无为。无为,则夷荒自至也。**亲近者使无事焉，**近者，诸夏也。欲亲近者，当以无事。无事，则近人自亲附之。○王念孙云：高说非也。“亲近者使无事焉”，“使”当作“言”。无为、无事，犹今人言无用也。此言使不足以召远，言不足以亲近，惟诚足以动之耳。今本言作“使”者，涉上句“使”字而误。高云“欲亲近者，当以无事”，“以”字正释“使”字，则所见本已误作“使”。管子形势篇曰：“召远者使无为焉，亲近者言无事焉，唯夜行者独有之也。”（形势解曰：“民利之则来，害之则去，故欲民者，先起其利，虽不召而民自至。设其所恶，虽召之而民不来也。故曰‘召远者使无为焉’。道之纯厚，遇之有实，虽不言曰‘吾亲民’，而民亲矣。道之不厚，遇之无实，虽言曰‘吾亲民’，民不亲也。故曰‘亲近者言无事焉’。所谓夜行者，心行也。能心行，行德天下，莫能与之争矣。故曰‘唯夜行者独有之’也。”）此即淮南所本。文子精诚篇曰：“夫召远者使无为焉，亲近者言无事焉，唯夜行者能有之。”又本于淮南也。（或谓文子所用乃管子之文，非淮南之文。今知不然者，淮南唯此五句与管子同，其上下文皆管子所无也。文子上下文皆与淮南同，则皆本于淮南明矣。又管子作“唯夜行者独有之”，淮南作“惟夜行者为能有之”，文子与淮南同。是此五句亦本于淮南，非本于管子也。**惟夜行者为能有之。**夜行，喻阴行也。阴行神化，故能有天下也。一说：言入道者如夜行幽冥之中，为能有召远亲近之道也。**故却走马以粪，而车轨不接于远方之外，**“却走马以粪”，老子词也。止马不以走，但以粪粪田也，行至德之效也。一说：国君无道，则戎马生于郊；无事，止走马以粪田也，故兵车之轨不接远方之外。两轮之间为轨。**是谓坐驰陆沉，昼冥宵明，**言坐行神化，疾于驰传，沉浮冥明，与道合也。**以冬铄胶，以夏造冰。**

夫道者，无私就也，无私去也，能者有余，拙者不足，言以非时铄胶造冰，难成之也。天道无私就去，能行道，功有余也。○文典谨按：“夫道者，无私就也，无私去也”，“夫”本作“天”，形近而讹也。高注作“天道”，御览二十七引此文及文子精诚篇并作“天道”，皆其证也。又御览引注作“能行道者有余，不能者不足”。**顺之者利，逆之者凶。譬如隋侯**

之珠，和氏之璧，得之者富，失之者贫。隋侯，汉东之国，姬姓诸侯也。隋侯见大蛇伤断，以药傅之，后蛇于江中衔大珠以报之，因曰隋侯之珠，盖明月珠也。楚人卞和得美玉璞于荆山之下，以献武王，王以示玉人，玉人以为石，刖其左足。文王即位，复献之，以为石，刖其右足。抱璞不释而泣血。及成王即位，又献之。成王曰："先君轻刖而重剖石。"遂剖视之，果得美玉，以为璧，盖纯白夜光。文王在春秋前，成王不以告，故不书也。○庄逵吉云："文王"至"不书"十四字，叶近山、茅一桂二本皆有，藏本无，今增入。○文典谨按：文选西都赋注、南都赋注、刘越石答卢谌诗注、夏侯常侍诔注引，并作"得之而富，失之而贫"。又按：西都赋注、南都赋注引高注，汉东皆作汉中，"以药傅"下有"而涂"二字，（夏侯常侍诔注同。）江中作夜中。惟夏侯常侍诔注作大江中，与今注合，疑后人所改也。**得失之度，深微窈冥，难以知论，不可以辩说也。何以知其然？今夫地黄主属骨，而甘草主生肉之药也，以其属骨，责其生肉，以其生肉，论其属骨，是犹王孙绰之欲倍偏枯之药而欲以生殊死之人，亦可谓失论矣。**王孙绰，盖周人也。一曰，卫人王孙贾之后也。言一剂药愈偏枯之病，欲倍其剂，以生已死之人。○王念孙云：下"欲"字因上"欲"字而衍。"欲倍偏枯之药而以生殊死之人"作一句读，不当更有"欲"字。高注曰："欲倍其剂，以生已死之人。"则无下"欲"字明矣。○文典谨按：御览九百八十四引注云："王孙绰，鲁人也。"疑许君注也。**若夫以火能焦木也，因使销金，则道行矣；若以慈石之能连铁也，而求其引瓦，则难矣：**○文典谨按：连铁，御览七百六十七引作运铁。**物固不可以轻重论也。夫燧之取火于日，**○王念孙云："于日"二字，因上文"取火于日"而衍。夫燧之取火，慈石之引铁，蟹之败漆，葵之乡日，各相对为文，则此处不当有"于日"二字。**慈石之引铁，蟹之败漆，**以蟹置漆中，则败坏不燥，不任用也。**葵之乡日，虽有明智，弗能然也。**然，犹明也。○文典谨按：御览九百四十二引，"虽有明智"作"虽在明知"。**故耳目之察，不足以分物**

理；心意之论，不足以定是非。故以智为治者，难以持国，唯通于太和而持自然之应者，为能有之。能有持国之术。故峣山崩，而薄落之水涸；峣山在雍州也，薄落水在冯翊临晋山，穷相通也。一曰：薄落，泾水也。〇文典谨按：初学记地部中引，峣作硐。区冶生，而淳钩之剑成；区，读歌讴之讴。区，越人，善冶剑工也。淳钩，古大锐剑也。纣为无道，左强在侧；左强，纣之谀臣也。教纣无道，劝以贪淫也。太公并世，故武王之功立。立，成。由是观之，利害之路，祸福之门，不可求而得也。言其门户不可豫求而得知也。忽然来至，无形兆也。

夫道之与德，若韦之与革，远之则迩，近之则远，革之质象道，韦之质象德。欲去远之，道反在人侧；欲以事求之，去人已远也。无事者近人，有事者远人。不得其道，若观鲦鱼。鲦鱼，小鱼也，在水中可观见，见而不可得。道亦如之。〇王念孙云："近之则远"，"远"当作"疏"，此涉上句"远"字而误也。德、革为韵，疏、鱼为韵，若作"远"，则失其韵矣。泰族篇"远之则迩，延之则疏"，亦与除、虚、馀为韵。泰族篇之"延"字当作"近"，今据泰族之"疏"字以正此篇"远"字之误，并据此篇之"近"字以正泰族"延"字之误。文子精诚篇正作"近之即疏"。故圣若镜，不将不迎，将，送也。应而不藏，应，犹随也。谓镜随人形好丑，不自藏匿者也。〇王念孙云："圣"下脱"人"字。意林及太平御览人事部四十二、服用部十九引此，并有"人"字。庄子应帝王篇"至人之用心若镜"，文子精诚篇"是故圣人若镜"，亦皆有"人"字。故万化而无伤。其得之乃失之，其失之非乃得之也。自谓得，乃失道者也。自谓失道，未必不得道也。〇王念孙云："非"字义不可通，衍文也。高注云："自谓失道，未必不得道也。"则无"非"字明矣。刘本作"其失之也，乃得之也"，此依文子精诚篇改。〇俞樾云："非"上脱"未始"二字，"非"下衍"乃"字，本作"其失之，未始非得之也"，故高注曰："自谓得道，乃失道者也。自谓失道，未必不得道也。"各依正文为说耳。文子精诚篇曰："其得之也，乃失之也。其失之也，乃得之也。"虽用淮南文，然意同而字句固小异矣。不得据彼改此，而转与高注不合也。**今夫调弦者，叩宫宫应，弹角角动，此同声相和者也。**叩大宫则少宫应，弹大角则少角动，故曰同音相和。**夫有改调一弦，其于五音无所比，鼓之而二十五弦皆应，此未始异于声，而音之君已形也。**一弦，宫音也，音之君也，故二十五弦皆和也。一说：改调一弦，不比五音，谓一声宫音也，故曰未始异于声也。五主于一声，故曰音之君已形。君，主。形，见也。**故通于太和者，惛若纯醉而甘卧，以游其中，而不知其所由至也。**太和，谓等死生之和，齐穷达之端。其中道之中也，不自知所至此也。**纯温以沦，钝闷以终，若未始出其宗，**纯，一也。温，和也。沦，没也，喻潜伏也。钝闷，无情也。欲终始于道。宗，本也。若未有其形。**是谓大通。**

今夫赤螭、青虬之游冀州也，赤螭、青虬，皆龙属也。**天清地定，毒兽不作，飞鸟不骇，入榛薄，食荐梅，**荐梅，草实也，状如桑椹，其色赤，生江滨也。**嚼味含甘，步不出顷亩之区，而蛇鱓轻之，以为不能与之争于江海之中。**嚼味，长美也。蛇鱓自以为能胜赤螭、青虬。**若乃至于玄云之素朝，**玄，黑。素，白也。黑云升合于明朝也。〇王念孙云："玄云之素朝"，衍"之"字。高注曰："玄，黑。素，白也。"是玄云、素朝相对为文，"云"下不当有"之"字。且两句皆以四字为句，加一"之"字，则句法参差矣。文选南都赋、魏都赋注引此，皆无"之"字。**阴阳交争，降扶风，杂冻雨，扶摇而登之，**降，下也。扶风，疾风也。冻雨，暴雨也。扶摇，发动也。登，上也。上风雨而去。**威动天地，声震海内，**四海之内悉畏之也。**蛇鱓著泥百仞之中，**百仞，七百尺也。度深曰仞，传曰"仞沟洫"也。**熊罴匍匐丘山磛岩，虎豹袭穴而不敢咆，**袭，入。咆，嗥。**猿狖颠蹶而失木枝，**狖，读中山人相遗物之遗。狖，猿属，长尾而卬鼻。**又况直蛇鱓之类乎！**○王念孙云：下言"又况直蛇鱓之类"，则上文"著泥百仞之中"者，非谓蛇鱓也。且蛇鱓在浅水之中，亦不得言百仞。蛇当作蚖。蚖与鼋同。（史记太史公自序"鼋鱓与处"，索隐："本作蚖鱓，即鼋鼍字也。"书大传"河鲵江鱓"，亦与鼋鼍同。）鱓与鼍同。（说文："鱓，鱼也，皮可以为鼓。"夏小正传："剥鱓，以为鼓也。"吕氏春秋古乐篇："鱓乃偃寝，以其尾鼓其腹。"）言蚖鱓（徒何反。）且伏于深渊而不敢出，况蛇鱓（音善。）之类乎？今本蚖作蛇者，涉上下文蛇鱓而误。○王引之云：嶃岩乃高峻貌。龙乘风雨而熊罴畏避，则当伏于幽隐之地，山巅高峻，非所以藏身也。嶃岩当作之岩。王逸注七谏曰："岩，穴也。"（庄子山木篇："丰狐文豹，伏于岩穴。"）言熊罴匍匐于丘山之穴而不敢出也。下文"虎豹袭穴而不敢咆"，正与此同义。且蚖鱓著泥百仞之中，熊罴匍匐丘山之岩，二句相对为文，若作嶃岩，则义不明，而句亦不协矣。嶃字盖出后人所改。**凤皇之翔至德也，**雄曰凤，雌曰皇。为至德之君而来翔也。**雷霆不作，风雨不兴，川谷不澹，**澹，溢。**草木不摇，而燕雀佼之，以为不能与之争于宇宙之间。**燕雀自以为能佼健于凤皇也。佼或作詨。宇，屋檐也。宙，栋梁也。易曰："上栋下宇。"○庄逵吉云：说文解字："宇，屋边也。"义与此同。○王念孙云：高说非也。佼，读为姣。广雅曰："姣，侮也。"言燕雀轻侮凤皇也。上文云："赤螭、青虬之游冀州也，蛇鱓轻之，以为不能与之争于江海之中。"是其证也。作佼者，借字耳。**还至其曾逝万仞之上，翱翔四海之外，**曾，犹高也。逝，犹飞也。一曰，回也。翼一上一下曰翱，不摇曰翔。外，犹表也。○庄逵吉云：古曾与层通，此曾即层字。○孙诒让云："还"字无义，当为"遝"之误。遝与逮同。墨子兼爱下篇云"遝至乎夏王桀"，今本"遝"亦误"还"，是其证。**过昆仑之疏圃，饮砥柱之湍濑，**疏圃在昆仑之上。过，犹历也。砥柱，河之隘也，在河东大阳之东。湍，湍水，至疾。濑，清。皆激浑急流。○文典谨按：御览九百十五引，湍濑作涔濑。**邅回蒙汜之渚，**邅回，犹倘佯也。蒙汜，日所出之地。池决复入为渚。渚，小洲也。**尚佯冀州之际，径蹑都广，入日抑节，**蹑，至也。都广，东南之山名，众帝所自上下也。

言凤皇过都广之野,送日入于抑节之地,言其翔之广也。蹑或作绝。径,过。绝,历也。**羽翼弱水,暮宿风穴,**濯羽翼于弱水之上。风穴,北方寒风从地出也。○王念孙云:"羽翼弱水"四字文不成义,羽翼当为濯羽,故高注云"濯羽翼于弱水之上"。今本作羽翼,即涉注内羽翼而误也。旧本北堂书钞地部二"穴"下引此,正作"濯羽弱水,暮宿风穴"。(陈禹谟本删去。)文选辩命论注、白帖九十四并同。说文"凤濯羽弱水,莫宿风穴",即用淮南之文。○陶方琦云:文选辨命论注引许注:"风穴,风所从出。"按:博物志杂篇云:"风山之首方高三百里,风穴如电突,深三十里。"文选风赋注引十洲记曰:"玄洲在北海上,有风声响如雷,上对天之西北门也。"说文凤字下云"濯羽弱水,莫宿风穴",即淮南文。**当此之时,鸿鹄鸧鷭莫不惮惊伏窜,注喙江裔,**注喙,喙注地不敢动也。裔,边也。○文典谨按:鸧鷭,艺文类聚九十、御览九百十五引,并作苍鹤。江裔,御览作江介。**又况直燕雀之类乎!此明于小动之迹,而不知大节之所由者也。**

昔者,王良、造父之御也,王良,晋大夫邮无恤子良也,所谓御良也。一名孙无政。为赵简子御,死而托精于天驷星,天文有王良星是也。造父,嬴姓,伯翳之后,飞廉之子,为周穆王御。**上车摄辔,马为整齐而敛谐,**整齐,不差也。敛谐,马容体足调谐也。○文典谨按:初学记武部、御览三百五十八引,并作"上车摄辔,马为齐整"。**投足调均,劳逸若一,**一,同也。**心怡气和,体便轻毕,**毕,疾也。**安劳乐进,驰骛若灭,**灭,没也。言疾也。**左右若鞭,周旋若环,**左右,谓骈骖也。步趋之力,若被鞭矣。一说:言掉鞭教谕其易也。周旋若环,如人志也。○俞樾云:鞭当读为緶。说文糸部:"緶,交枲也。"段氏玉裁曰:"谓以枲二股交辫之也。交丝为辫,交枲为緶。此云"左右若緶",言如枲之交辫也。"左右若緶","周旋若环",两句一律。高以本字读之,故所列二说皆非。**世皆以为巧,然未见其贵者也。**○文典谨按:御览八百九十六引,作"世皆以为工,然而未甚贵也"。**若夫钳且、大丙之御也,**此二人,太乙之御也。一说:古得道之人，以神气御阴阳也。○文典谨按："御"下旧敓"也"字，与上文"昔者，王良、造父之御也"不一律，今据文选东京赋注、御览三百五十九、七百四十六、八百九十六引补。**除辔衔，去鞭弃策，**○文典谨按："除辔衔"三字为句，"去鞭弃策"四字为句，文不一律。御览三百五十九引，作"除辔舍衔，去鞭弃策"，多一"舍"字，是也。八百九十六引，作"除辔衔，去鞿鞅"，疑后人妄改，以就已误之上句也。**车莫动而自举，马莫使而自走也。**但以车马为主尔，神气扶之也。**日行月动，星燿而玄运，**燿，照〔一〕。玄，天也。运，行也。**电奔而鬼腾，进退屈伸，不见朕垠，**朕，兆朕也。垠，形状也。**故不招指，不咄叱，过归雁于碣石，**言其御疾，到自息止，乃使北归于碣石之山，而中之雁得之过去也。过，读责过之过。**轶鹍鸡于姑余，**自后过前曰轶。姑余，山名，在吴。鹍鸡，凤皇之别名。言其御疾，自碣石过归雁，便复东南，轶过鹍鸡于姑余山也。○文典谨按：鹍，文选魏都赋注引作鹍，御览八百九十六引作昆。**骋若飞，骛若绝，纵矢蹑风，追猋归忽，**纵，履也。足疾及箭矢。蹑，蹈也。一说：矢在后，不能及，故言纵。其行疾，能及矢〔二〕，言蹑。追猋及之。猋，光中有影者。忽然便归。皆极言疾也。○王念孙云：高谓猋为光中有影者，于古无据。又言忽然便归，亦失之。猋、忽，皆谓疾风也。尔雅"扶摇谓之猋"，郭璞曰："暴风从下上也。"说文："飙，扶摇风也。""颮，疾风也。"飙颮通作猋忽。张衡思玄赋曰"乘猋忽兮驰虚无"是也。追猋归忽，即承上蹑风而申言之，归忽犹言归风，说林篇曰"以兔之走，使大如马，则逮日归风"是也。纵矢蹑风，追猋归忽，二句相对为文。若以归忽为忽然便归，则与上文不类矣。**朝发榑桑，日入落棠。**榑桑，日所出也。落棠，山名，日所入也。○王念孙云：日入当为入日。今本作日入，盖涉高注"日所入"三字而误。不知高注自谓落棠山为日所入，非正释入日二字也。入日者，及日于将入也。"朝发榑桑"，谓与日俱出；"入日落棠"，谓与日

〔一〕"照"，原本作"有"，据庄逵吉校本淮南子高注改。

〔二〕"矢"，疑当为"风"，其下似脱"故"字。

倶入。上言追猋,此言入日,皆状其行之疾也。若云"日入落棠",则非其指矣。上文云凤皇"径蹑都广,入日抑节",正与此"入日落棠"同意。海外北经:"夸父与日逐走,入日。"郭璞曰:"言及日于将入也。"意亦与此同。**此假弗用而能以成其用者也,**弗用,无为。**非虑思之察,手爪之巧也;嗜欲形于胸中,而精神逾于六马,此以弗御御之者也。**言藏嗜欲之形于胸臆之中。逾,和也。以弗御御之,以道术御也。○陈观楼云:逾当为喻,字之误也。喻,晓也。言马晓人意也。太平御览兽部八引此,正作喻。

昔者,黄帝治天下,而力牧、太山稽辅之,力牧、太山稽,黄帝师,孟子曰"王者师臣也"。**以治日月之行律,**律,度也。**治阴阳之气,节四时之度,**○陈观楼云:"律"下本无"治"字,"律阴阳之气"与上下相对为文,读者误以"律"字上属为句,则"阴阳之气"四字文不成义,故又加"治"字耳。高注"律,度也"三字本在"律阴阳之气"下,传写误在"律"字之下,"阴阳"之上,隔断上下文义,遂致读者之惑。○王念孙云:文子精诚篇作"调日月之行,治阴阳之气",此用淮南而改其文也。后人不知"律"字之下属为句,故依文子加"治"字耳。○文典谨按:北堂书钞四引,作"理日月之行,治阴阳之气"。**正律历之数,别男女,异雌雄,明上下,等贵贱,使强不掩弱,众不暴寡,**○文典谨按:北堂书钞四、艺文类聚十一引,并作"使强不得掩弱,众不得暴寡"。**人民保命而不夭,**安其性命,不夭折也。**岁时孰而不凶,**不凶,无灾害也。**百官正而无私,**皆在公也。**上下调而无尤,**君臣调和,无尤过也。**法令明而不暗,辅佐公而不阿,**卿士公正,不立私曲从也。○文典谨按:艺文类聚十一引,辅佐作辅弼。**田者不侵畔,渔者不争隈,**隈,曲深处,鱼所聚也。**道不拾遗,市不豫贾,城郭不关,**关,闭也。**邑无盗贼,鄙旅之人相让以财,**言所有余。**狗彘吐菽粟于路而无忿争之心,于是日月精明,星辰不失其行,风雨时节,五谷登孰,虎狼不妄噬,鸷鸟**

不妄搏，凤皇翔于庭，翔，犹止也。**麒麟游于郊，**游，行也。郊，邑外也。**青龙进驾，飞黄伏皁，**飞黄，乘黄也，出西方，状如狐，背上有角，寿千岁。皁，枥也。〇陶方琦云：占经百十五引许注："飞黄出西方，状如狐，背乘之，寿三千岁，伏皁枥而食焉。"按：占经引皆许注，虽高注多同，或即羼入之义也。御览引符瑞图："腾黄，神马也，一名乘黄，亦曰飞黄，或曰紫黄。状如狐，背上有两角。"海外西经："白民国有乘黄，其状如狐，背上有角。"汉书礼乐志作訾黄，即符瑞图之紫黄，故应劭注"訾黄即乘黄"。〇文典谨按：高注"寿千岁"，"千"上脱"三"字。文选赭白马赋注引，正作"乘之，寿三千岁"也。艺文类聚十一引作"乘之，寿一千岁"，文虽小异，然足考其脱误之迹。**诸北、儋耳之国莫不献其贡职。**皆北极夷国也。**然犹未及虙戏氏之道也。**

往古之时，四极废，九州裂，废，顿也。裂，分也。**天不兼覆，地不周载，火爁炎而不灭，水浩洋而不息，**息，消。〇王念孙云：炎当为焱，字之误也。说文："焱，火华也。"玉篇弋赡切。广韵："爁，力验切。爁焱，火延也。"太平御览皇王部三引此作"爁焱"，与广韵合。洋当为溔，亦字之误也。玉篇："溔，弋沼切。"司马相如上林赋"灏溔潢漾"，郭璞曰："皆水无涯际貌也。"左思魏都赋"河、汾浩涆而皓溔"，李善注引广雅曰："皓溔，大也。"灏、皓并与浩通。御览地部二十四引此作浩溔，皇王部三引此作皓溔。爁焱、浩溔，皆叠韵，浩洋则非叠韵。盖后人多见炎洋，少见焱溔，故焱误为炎，溔误为洋矣。〇文典谨按：浩洋，初学记地部中引作浩瀚，艺文类聚八作浩漾，白帖三作浩荡，是唐代已自数本各异。**猛兽食颛民，**颛，善。〇文典谨按：艺文类聚十一引此文及下文"狡虫死，颛民生"，颛并作精，又引注云："精，善也。"**鸷鸟攫老弱。**攫，撮。**于是女娲炼五色石以补苍天，**女娲，阴帝，佐虙戏治者也。三皇时，天不足西北，故补之。师说如是。**断鳌足以立四极，**鳌，大龟。天废顿，以鳌足柱之。楚词曰"鳌载山下，其何以安之"是也。〇文典谨按：初学记天部上引注，顿作倾。**杀黑龙以济冀州，**黑龙,水精也。力牧、太稽杀之以止雨。济,朝也。冀,九州中,谓今四海之内。**积芦灰以止淫水。**芦,苇也,生于水,故积聚其灰以止淫水。平地出水为淫水。**苍天补,四极正,淫水涸,冀州平,狡虫死,**虫,狩也。**颛民生。背方州,抱圆天,**方州,地也。**和春阳夏,杀秋约冬,枕方寝绳,**方,矩四寸也。寝绳,直身而卧也。**阴阳之所壅沉不通者,窍理之;逆气戾物、伤民厚积者,绝止之。**逆气,乱气也。伤害民物之积财,故绝止之。○王念孙云:"阴阳之所壅沉不通者",当依文子精诚篇作"阴阳所拥,(拥、壅古字通。)沉滞不通者"。今本"所"上衍"之"字,"沉"下脱"滞"字,则句法参差,且与下文不对。(若以壅、沉二字连读,则文不成义。)**当此之时,卧倨倨,兴眄眄,**倨倨,卧无思虑也。倨,读虚田之虚。眄眄然视,无智巧貌也。○王念孙云:眄眄当为盱盱。盱字本作眄,形与眄相近,故误为眄。(修务篇"以身解于阳盱之河",今本盱误作眄。晋书陆机传豪士赋序"偃仰瞪盱",文选盱作眄。)庄子应帝王篇"其卧徐徐,其觉于于",司马彪曰:"于于,无所知貌。"正与高注"无智巧"之意相合。盗跖篇曰:"卧居居,起于于。"于与盱声近而义同也。说文:"盱,张目也。"俶真篇曰:"万民睢睢盱盱然,莫不竦身而载听视。"鲁灵光殿赋"鸿荒朴略,厥状睢盱",张载曰:"睢盱,质朴之形。"剧秦美新曰:"天地未袪,睢睢盱盱。"故高云"盱盱然视,无智巧貌也"。若眄为邪视,则与无智巧之意不合矣。且庄子以徐、于为韵,居、于为韵,此以倨、盱为韵。若作眄,则失其韵矣。○洪颐煊云:眄眄当是盱盱之讹。盱,说文作眄,与眄字形相近。倨、盱合韵。庄子寓言篇:"老子曰:'而睢睢,而盱盱,而谁与居。'"广雅释训:"睢睢、盱盱,气也。"**一自以为马,一自以为牛,其行蹎蹎,其视瞑瞑,**蹎,读填置之填。**侗然皆得其和,莫知所由生,浮游不知所求,魍魉不知所往。**○文典谨按:北堂书钞十五引,作"浮游不知所来,罔两不知所往",来、往对文,于义为长。**当此之时,禽兽蝮蛇无不匿其爪牙,藏其螫毒,**○王念孙云:蝮蛇本作虫蛇,此后人妄改之也。禽兽、虫蛇,相对为文,所包者甚广。改虫蛇为蝮蛇,则举一漏百,且与禽兽二字不类矣。文子精诚篇正作"禽兽虫蛇"。韩子五蠹篇亦云“人民不胜禽兽虫蛇”。**无有攫噬之心。考其功烈，上际九天，下契黄垆，**上与九天交接，下契至黄垆。黄泉下垆土也。垆，读绳纑之纑。〇文典谨按：注“黄泉下垆土也”，文选曹子建责躬诗注引，作“泉下有垆山”。**名声被后世，光晖重万物。**使万物有辉光也。〇王念孙云：“重”字义不可通。尔雅释鱼疏引此作“光辉熏万物”，是也。熏犹熏炙也。谓光辉熏炙万物。（韩诗外传曰：“名声足以薰炙之。”薰与熏同。）故高注曰“使万物有辉光”也。**乘雷车，**〇陶方琦云：御览九百三十引，作乘云车。又引许注云：“云雷之车。”**服驾应龙，骖青虬，**驾应德之龙。在中为服，在旁为骖。有角为龙，无角为虬。一说：应龙，有翼之龙也。〇王念孙云：“服应龙”，“骖青虯”，相对为文，故高注曰“在中为服，在旁为骖”。“服”下不当有“驾”字。此后人据高注旁记“驾”字，因误入正文也。不知高注“驾应德之龙”是解“服应龙”三字，非正文内有“驾”字也。一切经音义一、太平御览鳞介部二及尔雅疏引此，俱无“驾”字。〇陶方琦云：御览九百三十引许注：“服，辕中也。应龙，有翼之龙。青虯，青龙。”按：高注所云一说，多为许注，与御览引正合。说文：“服，一曰车右骑。”卫策“拊骖无笞服”，韦注：“辕中曰服。”盖与许注淮南同。广雅：“有翼曰应龙。”大荒东经“应龙处南极”，郭注：“应龙，龙有翼者也。”说文：“虯，龙子有角者。”高作无角，说亦异。**援绝瑞，席萝图，**殊绝之瑞应，援而致之也。罗列图籍，以为席蓐。一说：萝图，车上席也。〇王念孙云：援绝瑞本作援绝应，此亦涉注文而误也。案正文作“绝应”，故注释之曰“殊绝之瑞应”，若正文本作“绝瑞”，则无庸加“应”字以释之矣。尔雅疏引此作绝瑞，则所见本已误。御览引此正作绝应。〇陶方琦云：御览九百三十引许注：“萝图，车上席也。”按：高注一说，即许义也，与上同。萝图为车上席，未详，或疑“席”是“饰”字之误。**黄云络，前白螭，后奔蛇，**络，读道路之路，谓车之垂络也。黄云之气络其车，白螭导在于前。奔蛇，腾蛇也，从在于后。皆瑞应也。〇陶方琦云：御览九百三十引，黄云络作云黄路，又引许注云：“云黄所乘路车。”按：尔雅疏引作云黄璐，璐即路字。乘字疑作垂，谓所垂路车上也。续博物志引作震黄路。又按：御览“前白螭”下引许注云：“白螭先道。”后奔蛇，御览引作后贲蛇。贲与奔同。许注本作贲。尔雅释虫疏引许注：“奔蛇，驰蛇也。”许以驰字释奔，与高注文略异。〇俞樾云：黄云络当作络黄云，方与上下文句法一律。高注曰：“黄云之气络其车。”正说“络黄云”之义，犹下注曰“白螭导在于前”，是说正文“前白螭”之义，“奔蛇，腾蛇也，从在于后”，是说正文“后奔蛇”之义，非正文作“白螭前，奔蛇后”也。后人因注文“络”字在“黄云”之下，辄改正文作“黄云络”以合之，谬矣。**浮游消摇，道鬼神，登九天，**九天，八方、中央。**朝帝于灵门，**在朝于上帝灵门也。**宓穆休于太祖之下。**宓，宁也。穆，和也。休，息也。太祖，道之太宗也。**然而不彰其功，不扬其声，**彰、扬皆明也。**隐真人之道，以从天地之固然。**隐，藏也。真人，真德之人。固然，自然也。**何则？道德上通，而智故消灭也。**智故，巧诈。

逮至夏桀之时，〇文典谨按：北堂书钞百五十八引，夏桀作桀、纣。**主暗晦而不明，道澜漫而不修，**仁义道不复修饰之，故曰澜漫。**弃捐五帝之恩刑，推蹶三王之法籍，**〇文典谨按：北堂书钞四十一引，无“捐”字，“推蹶”作“坏”。**是以至德灭而不扬，帝道掩而不兴，**兴，举也。**举事戾苍天，发号逆四时，**戾，反也。〇文典谨按：北堂书钞二十一引，苍作仓。**春秋缩其和，天地除其德，**缩，藏也，言和气不复行也。言其所施日恶，不自知也，故曰除其德也。**仁君处位而不安，大夫隐道而不言，**不为民所安。隐仁义之道，不正谏直言也。论语曰“国无道，危行言逊”也。**群臣准上意而怀当，**准，望。怀，思。当，合也。取合主意，不复以道正谏也。〇俞樾云：“怀当”二字，甚为不辞，高注亦曲说耳。“怀当”乃“坏常”之误，言群臣皆准上意而败坏其典常也。文子上礼篇作“群臣推上意而坏常”，是其明证。**疏骨肉而自容，邪人参耦比周而阴谋，**阴谋，私谋也。**居君臣父子之间，而竞载骄主而像其意，**像，犹随也。**乱人以成其事，是故君臣乖而不亲，骨肉**

疏而不附，植社槁而𪊲裂，言不禋于神也。○王念孙云：说文、玉篇、广韵、集韵皆无𪊲字，𪊲当为墲，隶书之误也。（隶书虖字或作雽，雩字或作雽，二形相近，故虖误为雩。汉书王子侯表虖葭康侯泽，史记作雩殷；又匈奴传郎中係虖浅，史记作係雩浅。说文："槔，木也。"今作樗。玉篇："嫭，胡故切，好皃。或作嫮。"皆其例也。）说文："罅，裂也。"又曰："墲，坼也。"墲、罅古字通。贾子耳痺篇作"置社槁而分裂"。**容台振而掩覆，**容台，行礼容之台。言不能行礼，故天文振动而败也。**犬群嗥而入渊，**言将灭坏，犬失其主，故嗥而入渊也。一说：言犬祸也。**豕衔蓐而席澳，**豕衔其蓐席入之澳，言豕祸也。一说：衔蓐自藏。**美人挐首墨面而不容，**挐首，乱头也。草与发并编为挐首。不修容饰也。**曼声吞炭内闭而不歌，**曼声，善歌也。见世乱衰将灭，故吞炭自败音声，闭气不复动也。**丧不尽其哀，猎不听其乐，**言时乱礼坏，不尽在哀。乐崩，故不复听田猎之乐。○俞樾云：高注曰"乐崩，故不复听田猎之乐"，是此乐字是喜乐字，而非音乐字，乃言不听，于义未安。"听"疑"德"字之误。家语本命篇"效匹夫之听"，王注曰："听宜为德。"是其例也。德与得通，"不德其乐"，即不得其乐，言虽田猎而不得其乐也，正与上句"丧不尽其哀"文义一律。后人不知"德"为"得"之叚字，遂臆改为"听"耳。**西老折胜，黄神啸吟，**西王母折其头上所戴胜，为时无法度。黄帝之神伤道之衰，故啸吟而长叹也。○孙诒让云：老当作姥。广韵十姥云："姥，老母。"古书多以姥为母，故西王母亦称西姥。○陶方琦云：占经七十四引许注："鬼神失其临。"按：临者，或即鉴临之意。○文典谨按：北堂书钞四十二引，折胜作折滕。**飞鸟铩翼，走兽废脚，**铩翼，纵翼也。废脚，跛蹇也。言桀无道，田猎烦数，鸟兽悉被创夷也。○文典谨按：北堂书钞百五十八引，废脚作废足。文选于安城答灵运诗注、江文通杂体诗注引许君注："铩，残羽也。"**山无峻干，泽无洼水，**峻干，美材也。洼水，渟水。言山泽不以时故也。**狐狸首穴，马牛放失，田无立禾，路无莎薠，**莎，草名也。莎薠，读猿猴蹯噪之蹯。状如蒧，蒧如葭也。○王引之云：莎薠本作薠莎，故高注先释蕨,后释莎。道藏本误作莎蕨,(洪兴祖楚辞九歌补注引此已误。)注内“蕨”上又衍一“莎”字,刘绩不能是正,反移“莎”字之注于前,以就已误之正文,斯为谬矣。(庄本同。)莎与禾、羸、施为韵。(各本羸作理,乃后人所改,辩见下。施字古读若婆娑之娑,说见唐韵正。)若作莎蕨,则失其韵矣。**金积折廉,璧袭无理,**金气积聚,折其锋廉也。璧,文。袭,重。言用之烦数,皆钝,无复文理也。璧,读辟也。○孙诒让云:王充论衡量知篇云:“铜未铸铄曰积石。”是积为矿朴之名。金积即金朴也。高释为“金气积聚”,望文生训,与“折廉”之文不相贯矣。○王引之云:高解“璧袭无理”曰:“璧,文。袭,重。言用之烦数,皆钝,无复文理也。”文子上礼篇无理作无羸。案:羸当作嬴。淮南原文当亦是“嬴”字,非“理”字。本经篇“冠无觚嬴之理”,高彼注云:“嬴,读指端嬴文之嬴。”(今本嬴亦皆误为羸,庄本改为嬴,是也。晏子春秋谏篇觚嬴作觚羸,嬴字古亦读若羸,故与羸通也。本经篇又曰:“嬴镂雕琢,诡文回波。”嬴镂亦谓转刻如嬴文也,故彼注云:“嬴镂,文章镂。”今本嬴字亦误为羸。)“指端嬴文”,今人犹有此语,谓其文之旋转如嬴也。璧形圆,故谓其文曰嬴。久而漫灭,故曰无嬴。此注“璧文”上当有“嬴”字,“嬴,璧文”,是释“嬴”字之义;“袭,重”,是释“袭”字之义。“言用之烦数,皆钝,无复文理也”,是统释“璧袭无嬴”四字之义。文子作无羸,而此注言无文理,故知其字之本作嬴也。后人不解“嬴”字之义,又见注内有“无文理”之语,遂改嬴为理,而不知注内“璧文”二字正释“嬴”字也。且嬴与禾、莎、施为韵,改嬴为理,则失其韵矣。**磬龟无腹,**磬,空也。象磬,数钻以卜,故空尽无腹也。言桀为无道,不修仁德,但数占龟,莫得吉兆也。诗曰“握粟出卜,自何能谷”,又曰“我龟既厌,不我告犹”是也。**蓍策日施。**易曰“再三渎,渎则不告”也。

晚世之时,七国异族,诸侯制法,各殊习俗,晚世,春秋之后,战国之末。七国,齐、楚、燕、赵、韩、魏、秦也。齐姓田,楚姓芈,燕姓姚,赵姓赵,韩姓韩,魏姓魏,秦姓嬴,故异族也。**纵横间之,举兵而相角,**苏秦约纵,张仪连横。南与北合为纵,西与东合为横。故曰“纵成则楚王,横成则秦帝”也。**攻城滥杀,覆高危安,掘坟墓,扬人骸,大冲车,高重京,**冲车,大铁著其辕端,马被甲,车被兵,所以冲于敌城也。古者伐不敬,取其鲸鲵,收其骸尸,聚土而瘗之,以为京观,故曰"高重垒",京观也。○王念孙云:"高重京",京当为垒。注云"故曰'高重垒'",即其证也。注"京观也"上,当更有一"垒"字,"垒,京观也"四字即承上注言之。今本正文"垒"作"京",涉注文"京观"而误;注内又脱一"垒"字。文子上礼篇作"高重垒",是其明证矣。高以上文言滥杀,故谓重垒为京观。今案:冲车所以攻,重垒所以守,此二句别为一义。"高重垒"即所谓"深沟高垒",非京观之谓也。**除战道,便死路,犯严敌,残不义,百往一反,名声苟盛也。**言百人行战皆死,一人得还反也。一说:百人行伐,一反得胜尔。○文典谨按:注"一说:百人行伐,一反得胜尔",人当作往,涉上"百人"而误也。盖前说以人数言之,后说以往反之次数言之也。若作百人,则非其指矣。**是故质壮轻足者为甲卒**甲,铠也。在车曰士,步曰卒。**千里之外,家老羸弱凄怆于内,厮徒马圉,軵车奉饷,**厮,役。徒,众也。牛曰牧,马曰圉。軵,推也。饷,资粮也。軵,读楫拊之拊也。**道路辽远,霜雪亟集,短褐不完,**短褐,处器物之人也。褐,毛布,如今之马衣也。不完,言民穷也。○陶方琦云:后汉书王望传注引,短作裋。后汉书注、列子释文又引许注:"楚人谓袍曰裋。"按:说文:"裋,竖使布长襦也。从衣,豆声。"徐广曰:"裋,一作短,小襦也。"广雅:"袍,长襦也。"说文以襦为短衣,兹曰长襦,乃稍长于襦,因别言之。袍与裋皆长于襦,故汉书贡禹传注:"裋者,谓僮竖所著布长襦也。"与说文裋训长襦同。○文典谨按:裋本字,短叚字也。史记孟尝君列传"而士不得短褐",索隐:"短音竖,竖褐,谓褐衣而竖裁之,以其省而便事也。"文选王命论"思有短褐之袭",汉书短作裋,盖短、裋皆从豆得声,故得通用也。**人羸车獘,泥涂至膝,相携于道,奋首于路,**携,引也。奋首,民疲于役,顿仆于路,仅能摇头耳。言疲困也,故曰奋首。○俞樾云:高说极为迂曲。原文本作"奋于首路",首犹向也。汉书司马迁传"北首争死敌",师古曰:"首,向也。"是其义也。"相携于道,奋于首路",言不得已自奋勉而向路也。兵略篇曰:"百姓之随逮肆刑,挽辂首路死者,一旦不知千万之数。"正以首、路连文,可证此篇之误。**身枕格而死。**格,搒床也。言收民役赋不毕者,搒之于格上，不得下，故曰“枕格而死”也。○王念孙云：高说枕格之义非也。格，音胡格反，与輅同，谓挽车之横木也。晏子春秋外篇曰：“拥辕执輅。”汉书娄敬传“敬脱挽輅”，应劭曰：“輅谓以木当胸以挽輦也。”（见文选西京赋注。）孟康音胡格反。“身枕格而死”，谓困极而仆，身枕挽车之木而死也。兵略篇曰：“百姓之挽輅首路死者，一旦不知千万之数。”高彼注曰：“輅，挽輦横木也。”挽輅首路而死，即此所谓“奋首于路，身枕格而死”也。人间篇又曰：“羸弱服格于道，病者不得养，死者不得葬。”兵略篇作輅，此及人间篇作格，字异而义同也。奋首于路，身枕格而死，皆承上“人羸车獘”而言。若以“身枕格”句为死于搒掠，则与上文全不相属矣。**所谓兼国有地者，伏尸数十万，破车以千百数，伤弓弩矛戟矢石之创者扶举于路，故世至于枕人头，食人肉，菹人肝，饮人血，甘之于刍豢。**甘，犹嗜也。○文典谨按：御览三百三十九引，“刍豢”下有“牛羊”二字。又引注云：“刍，牛肉。豢，豕肉。”**故自三代以后者，天下未尝得安其情性，而乐其习俗，保其修命，天而不夭于人虐也。**虐，害。**所以然者何也？诸侯力征，天下合而为一家。**○王念孙云：“天而不夭于人虐也”，“天”字与上下文义不相属，此因上文“天下”而误衍也。太平御览兵部七十引此，无“天”字。“天下合而为一家”，“合”上脱“不”字，太平御览引此有“不”字。文子上礼篇同。

逮至当今之时，天子在上位，天子，汉孝武皇帝。**持以道德，辅以仁义，近者献其智，远者怀其德，拱揖指麾而四海宾服，春秋冬夏皆献其贡职，天下混而为一，**混，同。**子孙相代，此五帝之所以迎天德也。夫圣人者，不能生时，时至而弗失也。辅佐有能，黜谗佞之端，息巧辩之说，除刻削之法，去烦苛之事，屏流言之迹，塞朋党之门，消知能，**消除知巧之能。**修太常，隳肢体，绌聪明，**去其小聪明并大利欲者也。**大通混冥，解意释神，漠然若无魂魄，使万物各复归其根，则是**

所修伏牺氏之迹，而反五帝之道也。反，复。

夫钳且、大丙不施辔衔而以善御闻于天下，伏戏、女娲不设法度而以至德遗于后世，何则？至虚无纯一，而不嘤喋苛事也。嘤喋，犹深算也。言不采取烦苛之事。周书曰："掩雉不得，更顺其风。"言掩雉虽不得，当更从其上风，顺其道理也。言可行与不，犹当以道德为本，喻申、韩之法失之也。今若夫申、韩、商鞅之为治也，申，申不害也。韩，韩非也。商鞅，公孙鞅。三子之术，皆为刻削之法也。挬拔其根，芜弃其本，而不穷究其所由生。何以至此也？凿五刑，为刻削，乃背道德之本，而争于锥刀之末，锥刀之末，谓小利。言尽争之也。斩艾百姓，殚尽太半，斩艾百姓，以草木喻也，不养之也。殚，病也。太半，通半也。○庄逵吉云：凡数三分有二为太半，有一为少半，韦昭说也。而忻忻然常自以为治，忻忻，犹自喜得意之貌也。是犹抱薪而救火，凿窦而出水。○王念孙云：出当为止，字之误也。欲止水而凿窦，则水从窦入而愈不可止。若凿窦而出水，则固其宜耳。文子精诚篇"凿渠而止水，抱薪而救火"，即用淮南之文。又说林篇"若被蓑而救火，毁渎而止水"，毁当为凿。（太平御览火部一引此已误。）俗书凿字或作鑿，因误而为毁。（颜氏家训书证篇说俗字云："鼓外设皮，凿头生毁。"）渎与窦同。意林引此，正作"被蓑救火，凿渎止水"。今据说林之止水，以正"出"字之误，并据此篇之凿窦，以正说林"毁"字之误。夫井植生梓而不容瓮，沟植生条而不容舟，不过三月必死。植谓材也，椽杙于沟边，因生为条木也。以喻申、韩、商鞅之所为法，比于梓条也。○王念孙云：梓当为桙。桙，古櫱字也。说文："巘，伐木余也。商书曰：'若颠木之有甹巘。'或作櫱，古文作桙。"（桙字从木，辛声。说文："𦍒，小羊也。从羊，大声。或省作辛。"）尔雅："枿，余也。"李巡曰："枿，槁木之余也。"释文："枿，本或作桙。"盘庚"若颠木之有由櫱"，释文："櫱，本又作枿。马云：颠木而肄生曰枿。"鲁语"山不槎櫱"，韦注曰："以株生曰櫱。"櫱、枿、巘并与桙同。是桙为伐木更生之名，故本经篇高注曰："榫，滋生也。"又说文："甹，木生条也。商书曰：'若颠木之有甹枿。'"是条与榫义相近，故此篇云"井植生榫"，"沟植生条"。俶真篇"百事之茎叶条榫"，高注云："榫，读诗颂'苞有三蘖'同。"是其明证矣。又俶真篇"十人养之，一人拔之，（今本十误作一，一误作十，辩见俶真。）则必无余榫"，高注亦读榫为蘖。榫字篆文作𣝎，隶变作榫，形与梓相似，因误为梓矣。**所以然者何也？皆狂生而无其本者也。河九折注于海而流不绝者，昆仑之输也。**折，曲。○王念孙云：艺文类聚水部上、初学记地部中、太平御览地部二十六及文选海赋注引此，并云"河水九折，注海而流不绝者，有昆仑之输也"，较今本为长。○文典谨按：白帖六引，"河"下亦有"水"字。**潦水不泄，潢瀁极望，旬月不雨则涸而枯泽，受瀷而无源者。**瀷，雨渍疾流者，故曰无源。瀷，读燕人强春言敕同也。○庄逵吉云：强春疑当作强秦。○俞樾云："者"当作"也"，"泽"字绝句。如、而古通用，"涸而枯泽"者，涸如枯泽也。此言潦水虽潢瀁极望，然旬月不雨，则涸如枯泽矣。所以然者，以其受瀷而无源也。与上文"河九折注于海而流不绝者，昆仑之输也"，正相对成义。句末"也"字误作"者"，则文义转似不了矣。○陶方琦云：文选江赋郭璞注引作"潦水旬月不雨，则涸而枯泽，受瀷而无源者也"，又引许注："瀷，凑漏之流也。"按：管子宙合"泉逾瀷而不尽"，注："瀷，凑漏之流也。"江赋"磴之以瀿瀷"，皆同许义。**譬若羿请不死之药于西王母，姮娥窃以奔月，**姮娥，羿妻。羿请不死之药于西王母，未及服之，姮娥盗食之，得仙，奔入月中，为月精也。奔月或作坌肉。药坌肉，以为死畜之肉复可生也。○庄逵吉云：姮娥，诸本皆作恒，唯意林作姮，文选注引此作常。淮南王当讳恒，不应作恒，疑意林是也。○洪颐煊云：归藏云："昔常娥以不死之药服之，遂奔，为月精。"恒改为常，是汉人避讳字。张衡灵宪作姮娥。说文无姮字，后人所造。○陶方琦云：文选郭璞游仙诗注、初学记引许注："常娥，羿妻也。逃月中，盖上虚夫人是也。"初学记引正文，尚有"托身于月，是谓蟾蜍，而为月精"十二字，许、高异本也。许作常，常与恒义同。淮南王当讳恒字，许本是也。初学记、文选补亡诗注、御览皆引淮南注，有"月一名夜光，月御曰望舒，亦曰纤阿"，疑即此处许氏注文。**怅然有丧，无以续之。**言羿怅然失志，若有所丧亡，不能复得不死药以续之也。**何则？不知不死之药所由生也。**羿不知不死之药所由生也。申、韩、商鞅之等不得治之根本，如乞药矣。一说：羿谓命在药，不知命自在天也，故或欲得知不死药之所由出生也。**是故乞火不若取燧，寄汲不若凿井。**

淮南鸿烈集解卷七

精神训

精者，人之气；神者，人之守也。本其原，说其意，故曰“精神”，因以题篇。

古未有天地之时，惟像无形，惟，思也。念天地未成形之时无有形。生有形，故天地成焉。〇俞樾云：惟乃惘字之误。隶书罔字或作罓，故惘与惟相似而误也。惘像，即罔象也。文选思玄赋：“僁汩飄汩[一]，沛以罔象兮。”亦作象罔。庄子天地篇“乃使象罔，象罔得之”是也。罔象乃叠韵字，与下文“澒濛鸿洞”一律，皆无形之象，故曰“罔象无形”。今作“惟像无形”，义不可通。乃高注训惟为思，则其误久矣。**窈窈冥冥，芒芠漠闵，澒濛鸿洞，莫知其门。**皆未成形之气也。芒，读王莽之莽。芠，读抆灭之抆。闵，读闵子骞之闵。澒，读项羽之项。鸿，读子赣之赣。洞，读同游之同也。皆无形之象，故曰“莫知其门”也。〇文典谨按：御览一引，作“幽幽冥冥，茫茫昧昧，幕幕闵闵”，三百六十引，与今本合。盖许、高本各异也。**有二神混生，经天营地，**二神，阴阳之神也。混生，俱生也。**孔乎莫知其所终极，滔乎莫知其所止息，**孔，深貌。滔，大貌。**于是乃别为阴阳，离为八极，刚柔相成，万物乃形，**离，散也。八极，八方之极。刚柔，

〔一〕“汩”，原本作“戾”，据文选改。

阴阳也。烦气为虫，烦，乱也。精气为人。是故精神，天之有也；而骨骸者，地之有也。精神入其门，而骨骸反其根，精神无形，故能入天门。骨骸有形，故反其根归土也。我尚何存？言人死各有所归，我何犹常存。是故圣人法天顺情，不拘于俗，不诱于人，诱，犹惑也。以天为父，以地为母，阴阳为纲，四时为纪。天静以清，地定以宁，万物失之者死，法之者生。夫静漠者，神明之宅也；虚无者，道之所居也。是故或求之于外者，失之于内；有守之于内者，失之于外。譬犹本与末也，从本引之，千枝万叶莫不随也。

夫精神者，所受于天也；而形体者，所禀于地也。故曰："一生二，二生三，三生万物。一谓道也，二曰神明也，三曰和气也。或说：一者，元气也。生二者，乾坤也。二生三，三生万物。天地设位，阴阳通流，万物乃生。万物背阴而抱阳，冲气以为和。"万物以背为阴，以腹为阳，身中空虚，和气所行。为阴，故肾双；为阳，故心特。阴阳与和，共生物形；君臣以和，致太平也。故曰一月而膏，始育如膏也。〇文典谨按：御览三百六十三引，膏作气。二月而肤，〇文典谨按：御览肤作血。三月而胎，四月而肌，〇王念孙云：文子九守篇作"一月而膏，二月而脉，三月而胚，四月而胎"，广雅释亲作"一月而膏，二月而脂，三月而胎，四月而胞"，与此或同或异。又尔雅释诂释文及文选江赋注引此，并作"三月而胚"，亦与今本异。〇文典谨按：御览肌作胞。五月而筋，六月而骨，七月而成，八月而动，九月而躁，十月而生。形体以成，五藏乃形，是故肺主目，肺象朱雀，朱雀，火也，火外景，故主目。肾主鼻，肾象龟，龟，水也，水所以通沟，鼻所以通气，故主鼻。胆主口，胆，勇者决所以处，故主口。肝主耳。肝，金也，金内景，故主耳。〇王念孙云：文子作"肝主目，肾主耳，脾主舌，肺主鼻，胆主口"，说肝肾肺之所主与此互异，而多“脾主舌”一句。案:此言五藏之主五官,不当独缺脾与舌,下文“胆为云,肺为气,脾为风,肾为雨,肝为雷”,即承此文言之,则此当有“脾主舌”一句,但未知次于何句之下耳。白虎通义亦曰“脾系于舌”。**外为表而内为里,开闭张歙,各有经纪。**歙,读胁也。**故头之圆也象天,足之方也象地。天有四时、五行、九解、**四时,春夏秋冬。五行,金木水火土也。九解,谓九十为一解。一说:九解,六一之所解合也。一说:八方、中央,故曰九解。○俞樾云:高注九解有三说,当以“八方、中央”之义为塙。天文篇“天有九野,中央曰钧天,东方曰苍天,东北曰变天,北方曰玄天,西北方曰幽天,西方曰颢天,西南方曰朱天,南方曰炎天,东南方曰阳天”,即此九解矣。解者,分也,谓分周天三百六十五度四分度之一而为九也。○文典谨按:高注之一说,多即许注。御览三百六十引注云:“九解者,八方、中央也。”与高注第三说正同,即许君注也。**三百六十六日,人亦有四支、五藏、九窍、三百六十六节。**○王念孙云:“三百六十六日”、“三百六十六节”,本作“三百六十日”、“三百六十节”。后人以尧典言“期三百有六旬有六日”,故于上句加“六”字,因并下句而加之也。不知三百六十日,但举大数言之。系辞传曰“乾坤之策凡三百有六十,当期之日”是也。若人之骨节,则诸书皆言三百六十。吕氏春秋本生篇曰:“则三百六十节皆通利矣。”达郁篇曰:“三百六十节,九窍五藏六府。”太平御览人事部一引公孙尼子曰:“人有三百六十节,当天之数也。”皆其证矣。春秋繁露人副天数篇曰:“天以终岁之数成人之身,故小节三百六十分,(今本“分”作“六”,亦是后人所改。上文云:“人有三百六十节,偶天之数也。”即其证。今依上文改。)副日数也;大节十二分,副月数也。”淮南天文篇亦曰:“天有十二月,以制三百六十日,人亦有十二肢,以使三百六十节。”此皆以十二统三百六十,犹十二律之统三百六十音也,(见天文篇。)不得言三百六十六,明矣。太平御览引此已误。文子九守篇正作“三百六十日”、“三百六十节”。**天有风雨寒暑,人亦有取与喜怒。故胆为云,**胆,金也,金石,云之所出,故为云。**肺为气,**肺,火也,故为气。**肝为风,**肝,木也,木为风生,故为风。○王念孙云:“肝为风”本作“脾为风”,注“肝,木也”本作“脾,木也”,“脾为雷”本作“肝为雷”,皆后人改之也。上注曰:“肝,金也。”是高不以肝为木也。时则篇“春祭先脾”,注引一说曰:“脾属木,自用其藏也。”是脾为木也。(说详经义述闻月令。)脾属木而木为风生,故曰“脾为风”。脾为风,则肝为雷矣。五行大义论人配五行篇及御览人事部一引此,并作“脾为风,肝为雷”。文子九守篇同。**肾为雨**,肾,水也,因水故雨。雨或作电。肾,水也,水为光,故为电。**脾为雷,以与天地相参也,而心为之主。**心,土也,故为四行之主。**是故耳目者日月也,血气者风雨也。日中有踆乌**,踆,犹蹲也,谓三足乌。踆,读踆巍之踆。〇文典谨按:艺文类聚一引注云:“踆,趾也,谓三足乌也。”北堂书钞百四十九引,趾作止,余同。(趾、止古通用。)疑亦许君注也。**而月中有蟾蜍。**蟾蜍,虾蟆。**日月失其行,薄蚀无光;**薄者,迫也。薄,读享薄之薄。〇庄逵吉云:享薄,御览作厚薄。古字厚与享形近而误。〇文典谨按:传写宋本享正作厚。**风雨非其时,毁折生灾;五星失其行,州国受殃。**五星,荧惑、太白、岁星、辰星、镇星也。今荧犯角、亢,则州国受其殃也。余准此。**夫天地之道,至纮以大,尚犹节其章光,爱其神明,人之耳目曷能久熏劳而不息乎?**息,止。〇俞樾云:熏当为勋。勋劳二字连文,古人常语。主乎勋而言之,则劳亦勋也。礼记明堂位篇“成王以周公为有勋劳于天下”,言有勋于天下也。主乎劳而言之,则勋亦劳也。此文曰“曷能久熏劳而不息乎”,言不能久劳而不息也。文子九守篇作“何能久熏而不息”,盖由后人不达古语而改之。〇孙诒让云:熏劳无义,熏当作勤。勤捝其半为堇,又讹作熏,遂不可通。文子九守篇袭此文作“何能久熏而不息”,亦非。御览三百六十三引文子作“人之耳目何能久勤而不爱”,文亦有讹,而勤字可正文子及淮南此文之误。**精神何能久驰骋而不既乎?**既,尽。**是故血气者,人之华也;而五藏者,人之精也。夫血气能专于五藏**专,一。**而不外越,则胸腹充而嗜欲省矣。胸腹充而嗜欲省,则耳目清、听视达矣。耳目清、听视达,谓之**

明。五藏能属于心而无乖，则教志胜而行不僻矣。教志胜，言己之教志也。僻，邪也。胜或作遁。教志胜而行之不僻，则精神盛而气不散矣。精神盛而气不散则理，理则均，均则通，通则神，神则以视无不见，以听无不闻也，以为无不成也。是故忧患不能入也，而邪气不能袭。袭，犹因也，亦入。故事有求之于四海之外而不能遇，遇，得。或守之于形骸之内心无欲也。而不见也。○俞樾云：守当作得。言求之于四海之外而不能遇者，或得之于形骸之内也。"求"与"得"文义相应。下文曰"故所求多者所得少"，正承此而言。今作"守之"，失其义矣。一切经音义一引卫宏古文官书曰："㝵、得二字同体。"㝵与守相似，故误为守耳。故所求多者所得少，所见大者所知小。

夫孔窍者，精神之户牖也；而气志者，五藏之使候也。○王念孙云：气可言五藏之使候，志不可言五藏之使候。气志当为血气，此涉下文"气志"而误也。上文曰："血气能专于五藏而不外越，则胸腹充而嗜欲省矣。"下文曰："五藏摇动而不定，则血气滔荡而不休矣。"故曰："血气者，五藏之使候。"文子九守篇正作血气。耳目淫于声色之乐，则五藏摇动而不定矣。○庄逵吉云：不定，本亦作不宁。下同。五藏摇动而不定，则血气滔荡而不休矣。血气滔荡而不休，则精神驰骋于外而不守矣。多情欲，故神不内守。精神驰骋于外而不守，则祸福之至，虽如丘山，无由识之矣。丘山谕大。识，知也。使耳目精明玄达而无诱慕，气志虚静恬愉而省嗜欲，五藏定宁充盈而不泄，精神内守形骸而不外越，则望于往世之前，而视于来事之后，犹未足为也，犹，尚也。为，治也。岂直祸福之间哉！故曰："其出弥远者，其知弥少。"言难以道故也。以言夫精神之不可使外淫也。是故五色乱目，使目不明；不明，视而昏也。五声哗耳，使耳不聪；不聪，听无闻也。五味乱口，使口爽伤;爽,病。病伤滋味也。○王念孙云:“使口爽伤”本作“使口厉爽”,注本作“厉爽,病伤滋味也”。大雅思齐笺曰:“厉,病也。”逸周书谥法篇曰:“爽,伤也。”(广雅同。)故云:“厉爽,病伤滋味也。”后人以韵书爽在上声,与明、聪、扬三字音不相协,故改厉爽为爽伤。不知爽字古读若霜,正与明、聪、扬为韵。(卫风氓篇“女也不爽”,与汤、裳、行为韵。小雅蓼萧篇“其德不爽”,与瀼、光、忘为韵。楚辞招魂“厉而不爽”,与方、梁、行、芳、羹、浆、鸧、餭、觞、凉、妨为韵。案:爽字古皆读若霜,毛诗、楚辞而外,不烦覼缕。)故老子“五味令人口爽”,亦与盲、聋、狂、妨为韵。而庄子天地篇“五色乱目,使目不明;五声乱耳,使耳不聪;五味浊口,使口厉爽;趣舍滑心,使性飞扬”,即淮南所本也。且爽即是伤,若云“使口爽伤”,则是使口伤伤矣。(文子九守篇作“使口生创”,亦是后人所改。)乃既改正文之厉爽为爽伤,又改注文之厉爽为爽病,甚矣其谬也。(诸书无训爽为病者。又高注“不明,视而昏也”,“不聪,听无闻也”,“厉爽,病伤滋味也”,“飞扬,不从轨度也”,皆先列正文而后释其义,今改厉爽为爽病,则与上下注文不类矣。)趣舍滑心,使行飞扬。滑,乱也。飞扬,不从轨度也。此四者,天下之所养性也,性,生也。然皆人累也。故曰:嗜欲者使人之气越,而好憎者使人之心劳,弗疾去,则志气日秏。越,失。劳,病。秏,犹乱也。夫人之所以不能终其寿命而中道夭于刑戮者,何也?以其生生之厚。夫惟能无以生为者,则所以修得生也。言生生之厚者,何必极嗜欲,淫滥无猒,以伤耳目情性,故不终其寿命,中道夭殒,以刑辟之戮也。无以生为者,轻利害之乡,除情性之欲,则长得生矣。○俞樾云:修得生本作得修生。得修生者,得长生也。淮南以父讳长,故变长言修耳。文子九守篇正作得长生,是其证。今作修得生,则文不成义矣。高注曰:“无以生为者,轻利害之乡,除情性之欲,则长得生矣。”长得生亦当作得长生,后人依既倒之正文而改之耳。

夫天地运而相通,万物总而为一。总,合。一,同也。万物合同,统于一道。能知一,则无一之不知也;不能知一,则无一之能知也。上一,道也。下一,物也。譬吾处于天下也,亦为一物矣。不识天下之以我备其物与，与，邪，词也。且惟无我而物无不备者乎？然则我亦物也，物亦物也。物之与物也，又何以相物也？物亦物也，何相名为物也？虽然，其生我也，将以何益？言生我，自然之道，亦当以何益乎。其杀我也，将以何损？损，减。夫造化者既以我为坯矣，将无所违之矣。言既以我为人，无所离之。喻不求亦不避也。吾安知夫刺灸而欲生者之非惑也？又安知夫绞经而求死者之非福也？或者生乃徭役也，而死乃休息也？天下茫茫，孰知之哉！○王念孙云："孰知"下有脱文。刘本作"孰知之哉"，此以意补，不可从。其生我也不强求已，已，止也。言不恶生也。其杀我也不强求止。言不畏死。欲生而不事，事，治。憎死而不辞，唯义所在，故不辞也。贱之而弗憎，贵之而弗喜，人有恶贱己者，己不憎也。人有尊己者，己不喜也。随其天资而安之不极。资，时也。一曰：性也。极，急也。喻道人不急求生也。吾生也有七尺之形，吾死也有一棺之土。○文典谨按：北堂书钞九十二引，棺作椁。意林引，作"生有七尺之形，死为一棺之土"。吾生之比于有形之类，犹吾死之沦于无形之中也。然则吾生也物不以益众，吾死也土不以加厚，吾又安知所喜憎利害其间者乎！不知喜生之利，不知憎死之害，守其正性也。夫造化者之攫援物也，攫，撮也。援，引也。譬犹陶人之埏埴也：○陶方琦云：文选长笛赋注引，作"陶人之克埏埴"，又引许注"埏，杼也"，杼当是揉之坏文。说文作煣，云"屈申木也"。揉之本字即柔，说文："柔，木曲直也。"字林："埏，柔也。"声类："埏，柔也。"萧该汉书音义引许注作"埏，抑也"，抑亦揉之讹文。埴之训土，说文："埴，黏土也。"老子河上注："埴，土也。"释文引杜弼曰："埴，黏土也。司马曰：埴，土可以为器。"字林："埴，土也。黏土为埴。"兵略训"陶人之化埴"，许注："陶人复变为埴土，不能化埴土也。"亦以土训埴。文选注引许注作"埴,土为也",恐即"黏土为埴"之敚文。其取之地而已为盆盎也,与其未离于地也无以异;其已成器而破碎漫澜而复归其故也,陶人,作瓦器之官也。顿泥坯取之于地以为器,无以异于土也。明人不当恶死,死,复归其未生之故耳。譬犹瓦器之破,而复反于土也。与其为盆盎亦无以异矣。夫临江之乡,居人汲水以浸其园,江水弗憎也;○文典谨按:艺文类聚六十五引,浸作溉,憎作减。苦洿之家,决洿而注之江,洿水弗乐也。是故其在江也,无以异其浸园也;其在洿也,亦无以异其在江也。道尚空虚,贵无形。江水大,去不可消,就易,故不憎也。窊水小,去易小消,就不消,故不乐也。洿水,犹澮水也。苦,犹疾也。一说:言各自安其处也。及其转易,亦无憎乐也。○陶方琦云:御览三百七十一引许注:"洿,澮也。"按:此高承许说,或即羼入之许注。说文:"洿,浊水不流也。一曰:窊下也。"广雅:"洿,深也。"与洼同字,或作洼。说文:"洼,深池也。"又:"窪,一曰窊也。"与洿之训窊同。澮水之训,澮乃窪之误字。澮或作瀤,与窪相似。方言:"洿,洼也。"大戴礼少间篇"洿池土察",注:"洿,窪也。"老子释文顾注:"窪,洿也。"并作窪。御览所引亦据误本。是故圣人因时以安其位,当世而乐其业。业,事也。

夫悲乐者,德之邪也;而喜怒者,道之过也;好憎者,心之暴也。○王念孙云:暴,当依文子九守篇作累,字之误也。上文曰"好憎者使人之心劳",故曰"好憎者,心之累也"。作暴,则非其指矣。原道篇曰:"喜怒者,道之邪也;忧悲者,德之失也;好憎者,心之过也;嗜欲者,性之累也。"语意略与此同。故曰:"其生也天行,似天气也。其死也物化,如物之变化也。静则与阴俱闭,动则与阳俱开。"○王念孙云:"与阴俱闭"、"与阳俱开",本作"与阴合德"、"与阳同波",后人以原道篇云"与阴俱闭,与阳俱开",故据彼以改此也。不知波与化为韵,(自"其生也天行"至"不敢越也",皆隔句用韵。)若如后人所改,则失其韵矣。文子九守篇"静即与阴合德,动即与阳同波",即用淮南之文。庄子天道篇"其生也天行,其死也物化，静而与阴同德，动而与阳同波"，（刻意篇同。）又淮南所本也。**精神澹然无极，不与物散，而天下自服。**极，尽也。散，杂乱貌。自服，服于德也。**故心者，形之主也；而神者，心之宝也。形劳而不休则蹶，**蹶，颠。**精用而不已则竭，是故圣人贵而尊之，不敢越也。夫有夏后氏之璜者，匣匮而藏之，宝之至也。**半璧曰璜，珍玉也。**夫精神之可宝也，非直夏后氏之璜也。**直，犹但也。**是故圣人以无应有，必究其理；以虚受实，必穷其节；恬愉虚静，以终其命。是故无所甚疏，而无所甚亲，抱德炀和，以顺于天。**炀，炙也。向火中炙和气，以顺天道也。炀，读供养之养。**与道为际，与德为邻；**际，合也。邻，比也。**不为福始，不为祸先。魂魄处其宅，而精神守其根，死生无变于己，故曰至神。**变，动。

所谓真人者，性合于道也。真人者，伏羲、黄帝、老聃是也。**故有而若无，实而若虚，处其一不知其二，治其内不识其外，**治其内，守精神也。不识其外，不好憎也。**明白太素，无为复朴，体本抱神，以游于天地之樊，**樊，崖也。樊，读麦饭之饭也。**芒然仿佯于尘垢之外，**芒，读王莽之莽。**而消摇于无事之业。浩浩荡荡乎，机械知巧弗载于心。是故死生亦大矣，而不为变；**不为变者，同死生也。**虽天地覆育，亦不与之抮抱矣。**抮抱，犹持著也。言不以天地养育万物，故强与持著，守其纯熟也。**审乎无瑕，而不与物糅；**瑕，犹衅也。其见利欲之来也，能审顺之，故不与物相杂糅。**见事之乱，而能守其宗。**见事乱者止之，乱不能眩惑，故能守其宗。宗，本也。**若然者，正肝胆，遗耳目，**言精神内守也。○王念孙云：正当为亡，字之误也。亡与忘同。"忘肝胆，遗耳目"，遗亦忘也。若云"正肝胆"，则义与下句不类矣。庄子大宗师篇"忘其肝胆，遗其耳目"，即淮南所本。俶真篇又云"忘肝胆，遗耳目"。**心志专于内，通达耦于一。**一者，道也。**居不知**

所为，行不知所之，言志意无所系。浑然而往，逯然而来。浑，转行貌。逯，谓无所为。忽然往来也。逯，读诗绿衣之绿。浑，读大珠浑浑之浑也。○庄逵吉云：说文解字："逯，行谨逯逯也。"与此义近。别本或误作逮，非是。形若槁木，心若死灰，槁木无气，死灰无热，喻无为也。忘其五藏，损其形骸。不学而知，不视而见，不为而成，不治而辩。感而应，迫而动，迫切不得不动，然后乃动也。不得已而往，如光之燿，如景之放，○王念孙云：刘绩依文子九守篇改放为效，案：刘改是也。"如景之效"，谓如景之效形也。效与燿为韵，若作放，则失其韵矣。○王绍兰云：放当为敫字之坏也。说文放部："敫，光景流也。从白，从放。读若龠。"敫从白，故为光景；从放，故为流。然则淮南本作"如景之敫"，谓如景之流。许解敫为光景流，正取此文为义也。文子九守篇亦本作敫，传写者多见效，寡见敫，又以效与燿韵，因误敫为效。不知敫读若龠，正与燿为韵。邶风简兮篇"左手执籥，右手秉翟"，即其明证矣。是知刘本放为效，放固失之，而效亦未为得也。以道为纠，有待而然。纠者，法也。以道待万物，故曰有待，而默默如是。抱其太清之本而无所容与，无所容与于情欲也。而物无能营，营，惑也。一曰乱。廓惝而虚，清靖而无思虑，不劳精神。大泽焚而不能热，河、汉涸而不能寒也，大雷毁山而不能惊也，大风晦日而不能伤也。言体道之人，闭情守虚，虽此四者之大，不能惑也。是故视珍宝珠玉犹石砾也，视至尊穷宠犹行客也，视毛嫱、西施犹䫜丑也。至尊，谓帝王也，故曰穷宠也。行客，犹行路过客。毛嫱、西施，皆古之美人。䫜，䫜头也。方相氏黄金四目，衣赭，稀世之䫜貌，非生人也。但其像耳目䫜丑，言极丑也。○庄逵吉云："䫜头"见周礼。说文解字有䫜，云"丑也"，又有媆，杜林亦以为丑。○王引之云：石砾本作砾石。说文："砾，小石也。"逸周书文传篇云："砾石不可谷。"楚辞惜誓"相与贵夫砾石"，王注云："相与贵重小石也。"韩诗外传云："太山不让砾石，江海不辞小流。"皆其证也。石与客、魄为韵，若作石砾，则失其韵矣。（古韵石在铎部，砾在药部，两部绝不相通。此非精于三代、秦、汉之音者，不能辨也。）䫂丑本作倛魄。此魄误为丑（醜），（醜与魄草书相似。）后人又改倛为䫂耳。后人以荀子非相篇"面如蒙倛"，杨倞曰："倛，方相也"，周官方相氏注云"如今魌头"，（魌与䫂、倛同。）遂误以倛为倛头之倛，又以说文倛头字作䫂，故改倛为䫂。不知倛丑本作倛魄，乃请雨之土人，非逐疫之䫂头也。倛魄一作欺魄，又作欺䫜。列子仲尼篇"若欺魄焉而不可与接"，张湛曰："欺魄，土人也。"释文曰："魄，片各反。字书作欺䫜。"文选应璩与岑文瑜书注曰："淮南子曰：'视西施、毛嫱犹倛魄也。'高诱曰：'倛魄，请雨土人也。'"皆其明证矣。视毛嫱、西施如倛魄者，谓视如土偶，非谓视如䫂头也。且魄与石、客为韵，若作䫂丑，则失其韵矣。集韵倛字注云："淮南祈雨土偶人曰倛。"但言倛而不言倛魄，似所见本魄字已误作丑，然倛字尚未改作䫂。且高氏请雨土人之注，亦未尝改也。今则正文既改，而高注亦非其旧矣。**以死生为一化，以万物为一方**，方，类也。○俞樾云：文子九守篇作"以千生为一化"，当从之。言生之数虽有千，而以为一也。以千生为一化，以万物为一方，两文相俪，而意亦相准。若作死生，则不类矣。且以死生为一化，义亦未安。当据文子订正。**同精于太清之本，而游于忽区之旁。**忽区，忽恍无形之区旁也。**有精而不使，有神而不行**，不浊其精，不劳其神，此之谓也。**契大浑之朴，而立至清之中。**朴，犹质也。浑，不散之貌。浑，读挥章之挥。**是故其寝不梦，其智不萌，其魄不抑，其魂不腾。**其寝不梦，神内守也。其智不萌，无思念也。魄，阴神；魂，阳神。阴不沉抑，阳不飞腾，各守其宅也。**反覆终始，不知其端绪，甘瞑太宵之宅，而觉视于昭昭之宇**，○文典谨按："甘瞑"下当有"于"字，始与下句"觉视于昭昭之宇"一律。文选辛丑岁七月赴假还江陵夜行涂口诗注引，作"甘瞑于大霄之宅"，文虽小异，然足补今本敚失。**休息于无委曲之隅，而游敖于无形埒之野。**太宵，长夜之中也。言其直瞑于大道之处，冥视昭昭矣。无委曲之隅，无形埒之野，冥冥无形象之貌也。**居而无容，处而无所**，言其人居无形容可得见也。处无常所。**其动无形，其静无体**，无形无体，道之容也。**存而若亡，生而若死，出入无间，役使鬼神，**言耐化也。人不与鬼同形，而耐使之者，道也。天神曰神，人神曰鬼也。**沦于不测，入于无间，以不同形相嬗也，**嬗，传也。万物之形不同，道以相传生也。**终始若环，莫得其伦。**伦，理也，道也，人莫能得焉。**此精神之所以能登假于道也，**假，至也。上至于道也。或作虾蟆云气。**是故真人之所游。**○俞樾云："是故真人之所游"本作"是真人之游也"，乃结上之辞。文子九守篇亦有此文，大略相同，结之曰"此真人之游也"，乃其明证也。下文曰："若吹呴呼吸，吐故纳新，熊经鸟伸，凫浴猿躩，鸱视虎顾，是养形之人也，不以滑心。"高注曰："是非真人之道也。"若如今本作"是故真人之所游"，则下文云云，皆为真人之道矣。其谬殊甚，不可不正。**若吹呴呼吸，吐故内新，熊经鸟伸，凫浴猿躩，鸱视虎顾，是养形之人也，不以滑心。**游，行也。经，动摇也。伸，频伸也。若此养形之人，导引其神，屈伸跳踉，是非真人之道也。滑，乱也。言此养形者耳，不足以乱真人之心也。**使神滔荡而不失其充，日夜无伤而与物为春，**充，实也。体道人同。日夜，喻贼害也。无伤，无所贼害也。与物为春，言养物也。**则是合而生时干心也。**若是者，合于道，生四时化其心也。言不干时害物也。○刘绩云：文子作"则是合而生时于心者也"，庄子作"是接而生时于心者也"，则干乃于字之误。○王念孙云：高注"生四时化其心也"，当作"生四时之化于其心也"，此是释"生时于心"之义。生时于心而与物为春，则是顺时以养物，故注又云"言不干时害物也"。今本正文"于"字作"干"，即涉注文"干时"而误。○文典谨按：刘、王说是也。宋本"干"正作"于"。

且人有戒形而无损于心，戒，备也。人形体备具。戒或作革。革，改也。言人形骸有改更而作化也。心喻神，神不损伤也。**有缀宅而无秏精。**缀宅，身也。精神居其宅则生，离其宅则死。言人虽死，精神终不秏减，故曰无秏精也。○王念孙云："无损于心"，于，衍字也。戒形与损心，缀宅与秏精，皆相对为文，则"损"下不当有"于"字。庄子大宗师篇"且彼有骇形而无损心，有旦宅而无情死"，即淮南所本。**夫癞者趋不变，狂者形不亏，神将有所远徙，孰暇知其所为！**言病癞者形生神在，故趋不变也。或作介，介，被甲者。礼，介者不拜而能趋于步，故曰不变也。狂体具存，故曰不亏，但精神散越耳，故曰神有所远徙也。○庄逵吉云：钱别驾云：癞或作介者，介即兀字，庄子有兀者王骀，或作介，是也。虽于高注之外辟一解，与本文义更觉切近。**故形有摩而神未尝化者，以不化应化，千变万掺而未始有极。**摩，灭，犹死也。神变归于无形，故曰未尝化。化，犹死也。不化者精神，化者形骸。死者形为灰土，为日化也。**化者，复归于无形也；不化者，与天地俱生也。夫木之死也，青青去之也。夫使木生者岂木也？**使木生者天地，故曰"岂木也"。**犹充形者之非形也。**充形者气也，故曰非形也。**故生生者未尝死也，其所生则死矣；**生生者道。喻道之人若天气，未尝死也。下所生者，万物矣。**化物者未尝化也，其所化则化矣。**化物者道也。道不化，故未尝化也。所化者万物也。万物有变，故曰则化。**轻天下，则神无累矣；**轻薄天下宠势之权者，许由是也，故其精神无留累于物也。**细万物，则心不惑矣；**以万物为小事而弗欲，故心不惑物也。**齐死生，则志不慑矣；**齐，等也。不畏义死，不乐不义生，其志意无所慑惧，故曰等也。**同变化，则明不眩矣。**眩，惑。**众人以为虚言，吾将举类而实之。**实，明。

人之所以乐为人主者，以其穷耳目之欲，而适躬体之便也。○文典谨按：艺文类聚十一引，人主作天子。**今高台层榭，人之所丽也，**四方而高曰台，加木曰榭。丽，美也。**而尧朴桷不斫，素题不枅。**朴，采也。桷，椽也。不斫削，加密石之。素题者，不加采饰。不枅者，不施欂栌。枅，读鸡枅，或作刮也。○王念孙云：如高注，则朴为样之误也。隶书朴（樸）或作樸，样（樣）或作樣，二形相近，故样误为朴。样即今橡栗字也。说文曰："样，栩实。"又曰："栩，柔也。其实草。（今借用早字，俗作皁。)一曰样。"又曰:"草斗,栎实。一曰样斗。"高注吕氏春秋恃君篇曰:"橡,皁斗也,其状似栗。"应劭注汉书司马相如传曰:"栎,采木也。"韩子五蠹篇曰:"尧之王天下也,茅茨不翦,采椽不斫。"史记太史公自序索隐引韦昭汉书注曰:"采椽,栎榱也。"合观诸说,栎一名栩,一名柔,一名采。其实谓之皁,亦谓之样。是样为采实,而非采也。然司马彪注庄子齐物论篇云:"芧,橡子也。"(芧与柔同。)则采亦谓之样矣。故韩子言"采椽不斫",此言"样桷不斫",而高注亦训样为采也。又案:说文样字,今书传皆作橡,盖后人所改也。此样字若不误为朴,则后人亦必改为橡矣。○文典谨按:文选鲁灵光殿赋注引,素题作桁题。**珍怪奇异,**○庄逵吉云:奇异,本皆作奇味,唯藏本作异。○王念孙云:作味者是也。上文"高台层榭",指宫室言之,与样桷素题相对。下文"文绣狐白",指衣服言之,与布衣鹿裘相对。此文"珍怪奇味",指饮食言之,与粝粢藜藿相对。若云"珍怪奇异",则不专指饮食,失其指矣。艺文类聚帝王部一、太平御览皇王部五、百谷部六、文选刘琨答卢谌诗注引此,并作奇味。○文典谨按:王说是也。北堂书钞百四十二引,作"怪味,人之所美",文虽小异,而作味则同也。**人之所美也,而尧粝粢之饭,藜藿之羹。**粝,粗也。粢,稷也。粝,读赖恃之赖。粢,读齐褒之齐。○王绍兰云:粢当为秶。说文米部无粢字,禾部:"齋,稷也。从禾,齐声。秶,齋或从次。"是秶即齋之或字,于谷为稷,故高注"秶,稷也"。古者以稷食为疏食,故秶与粗糲之糲对文。说文:"糲,粟重一秳为十六斗大半斗,舂为米一斛,曰糲。从米,万声。"作粝者,今字也。经典齍盛之齍通作粢,其字从米,非糲秶之义。此文粢字,据注训稷,知高诱所据旧本原作从禾之秶,后人多见粢,寡见秶,遂并注文皆改从米耳。注中褒亦衰之讹也。**文绣狐白,人之所好也,而尧布衣掩形,鹿裘御寒。养性之具不加厚,而增之以任重之忧,**任,读任侠之任。**故举天下而传之于舜,**传,禅。**若解重负然。**○文典谨按:艺文类聚十一引,"若解重负然"作"若释负然"。**非直辞让,诚无以为也。此轻天下之具也。禹南省方,济于江,**巡狩为省,省视四方也。济,渡也。**黄龙负舟,舟中之人五色无主,禹乃熙笑**

而称曰:“我受命于天,竭力而劳万民。劳,忧也。生寄也,死归也,何足以滑和!”视龙犹蝘蜓,人寿盖不过百年,故曰寄。死灭没化不见,故曰归。滑,乱也。和,适也。蝘蜓,蜥蜴也,或曰守宫。东方朔射覆,对武帝曰“谓为龙,无有角。谓为蛇,而有足。蹀蹀脉脉,喜缘壁,非守宫”,即蜥蜴是也。颜色不变,龙乃弭耳掉尾而逃。逃,去。禹之视物亦细矣。郑之神巫相壶子林,见其征,神在男曰觋,在女曰巫。巫能占骨法吉凶之气,故见其兆征。征,应也。告列子。列子行泣报壶子。列子,郑之隐士壶子弟子也。报,白也。壶子持以天壤,言精神天之有也,形骸地之有也,死自归其本,故曰持天壤矣。名实不入,机发于踵。名,爵号之名。实,币帛货财之实。不入者,心不恤也。机,喻疾也。谓命危殆,不旋踵而至,犹不恐惧。○陶方琦云:列子释文引许注“机发不旋踵”。按:所引非全文。说文:“主发谓之机。从木,几声。”壶子之视死生亦齐矣。齐,等。子求行年五十有四而病伛偻,脊管高于顶,𦛨下迫颐,两脾在上,烛营指天,子求,楚人也。偻,脊管下窍也。高于顶,出头上也。𦛨,肝胸也。迫,薄至于颐也。两脾下在上,躯正员也。𦛨,读精神歇越无之歇也。烛,阴华也。营,其窍也。上指天也。烛营,读曰括撮也。○俞樾云:子求当作子来,字之误也。子来事见庄子大宗师篇,其文曰:“子祀、子舆、子犁、子来四人相与友。”又曰:“俄而子舆有病,子祀往问之。曰:‘伟哉!夫造物者将以予为此拘拘也!’曲偻发背,上有五管,颐隐于齐,肩高于顶,句赘指天。”又曰:“俄而子来有病,喘喘然将死。”淮南所见庄子,其“子舆有病”、“子来有病”两文,盖与今本互易,故以伛偻之病属之子来也。庄子释文引崔譔云:“淮南作子永。”抱朴子博喻篇亦云:“子永叹天伦之伟。”顾氏千里以作永为是。诚知其当为子来,则求与永并属形似之误,求固非,而永亦未是也。说互详庄子。○孙诒让云:注“𦛨,肝胸也”,古无此训。𦛨肝当作𩩲骭。广雅释亲云:“𩩲骭,𦙶也。”灵枢经骨度篇云:“结喉以下至缺盆长四寸,缺盆以下至𩩲骭长九寸。”是𩩲骭正当胸间,故高云“𩩲骭,胸也”。但据灵枢,则缺盆、𩩲骭并双字为名,不当单举𩩲言之。且颐在𩩲骭上,而云

"下迫",于义亦乖。窃疑正文本作"膈肝迫颐",注"膈肝"即述正文也。肝或挩肉形作于,又讹为下,遂不可通耳。**俑匐自窥于井曰:"伟哉造化者!其以我为此拘拘邪?"**伟哉,犹美哉也。造化,谓天也。拘拘,好貌。**此其视变化亦同矣。故睹尧之道,乃知天下之轻也;**以其禅舜。**观禹之志,乃知天下之细也;**以其视龙犹蝘蜓也。○王念孙云:"天下之细",天下当为万物,此涉上"天下之轻"而误也。上文云:"轻天下,则神无累矣;细万物,则心不惑矣。"又云:"尧举天下而传之于舜,若解重负然。此轻天下之具也。禹视龙犹蝘蜓,龙乃弭耳掉尾而逃。禹之视物亦细矣。"此文"知天下之轻"承上尧轻天下而言,"知万物之细"则承上禹细万物而言。今本万物作天下,则与上文不合。**原壶子之论,乃知死生之齐也;**论"持以天壤"也。**见子求之行,乃知变化之同也。**行,俑匐窥于井,此之谓也。**夫至人倚不拔之柱,行不关之涂,**倚于不可拔摇之柱,行于不可关闭之涂,言无不通。**禀不竭之府,学不死之师,无往而不遂,**往而遂也。**无至而不通。**至而通也。**生不足以挂志,死不足以幽神,屈伸俯仰,抱命而婉转。**抱天命而婉转,不离违也。**祸福利害,千变万紾,**紾,转。**孰足以患心!若此人者,抱素守精,蝉蜕蛇解,游于太清,轻举独住,忽然入冥。**○王念孙云:住当为往,谓轻举而独行也。若作住,则与"忽然入冥"句义不相属矣。隶书从彳从亻、从㞷从主之字多相乱,故往误为住。**凤凰不能与之俪,而况斥鷃乎!**俪,偕也。斥泽之鷃雀,飞不出顷亩,喻弱也。○陶方琦云:文选七启注引,斥作尺。又引许注:"鷃雀飞不过一尺,言其劣弱也。"按说文:"鴳,雀也。从鸟,安声。"许注飞不过一尺,正释"尺"之义,与高本作"斥"异。文选宋玉对楚王问"尺泽之鲵",注:"尺泽,言小也。"夏侯湛抵疑"尺鷃不能陵桑榆",亦作尺。然尺、斥古字通。庄子释文"斥鷃笑[一]之"司马

〔一〕"笑",原本作"关",据庄子改。

注："小泽也。本亦作尺。"一切经音义二十二"尺鷃"下云："鷃长惟尺，即以名焉。一作斥，小泽也。"**势位爵禄何足以概志也！**不足以概至人之志。

晏子与崔杼盟，临死地而不易其义。晏子名婴，字平仲，齐大夫也。崔杼杀齐庄公，盟诸侯曰："不唯崔庆是从者，如此盟。"晏子曰："婴所不唯忠于君而利社稷者是从，亦如之。"故曰临死地而不易其义者也。**殖、华将战而死，莒君厚赂而止之，不改其行。**殖，杞梁，华，华周，皆齐士，为君伐莒。莒人围之，壮其勇力，厚赂而止之。不可，遂战而死。故曰不改其行也。**故晏子可迫以仁，而不可劫以兵；**晏子不从崔杼之盟，将见杀。晏子曰："句戟何不句，直矛何不摧，不挠不义。"故曰不可劫以兵也。**殖、华可止以义，而不可县以利。**县，视也。言不为利动也。**君子义死，而不可以富贵留也；义为，而不可以死亡恐也。彼则直为义耳，而尚犹不拘于物，又况无为者矣！尧不以有天下为贵，故授舜；公子札不以有国为尊，故让位；**札，吴寿梦之少子，延州来季子也。让位不受兄国，春秋贤之。诸侯之子称公子也。**子罕不以玉为富，故不受宝；**子罕，宋戴公六世之孙，西卿士之子，司城乐喜也。宋人或得玉，以献子罕，子罕不受。献玉者曰："以示玉人，玉人以为宝，故敢献之。"子罕曰："我以不贪为宝，子以玉为宝。若与我，是皆丧宝也。不如人有其宝。"稽首告曰："小人怀宝，不可以越乡。纳此以请死。"子罕置诸其里，使玉人为之攻之，富而后使复其所。故曰不受宝也。**务光不以生害义，故自投于渊。**务光，汤时隐士也。汤伐桀，让天下于务光。人谓务光曰："汤杀其君，将归不义之名于子。"务光因抱石自投于深渊而死。**由此观之，至贵不待爵，**以至德见贵，许由、务光是也，故曰不待爵也。**至富不待财。**以至德见富，若楚狂接舆是也，王闻其贤，使使者赍金百溢聘之，欲以为相，而不受，故曰至富不待财也。**天下至大矣，而以与佗人；**尧是也。**身至亲矣，而弃之渊。**务光是也。**外此，其余无足利矣。**

外,犹除也。利,犹贪利。或作私。私,独受也。**此之谓无累之人。无累之人,不以天下为贵矣。**

上观至人之论,深原道德之意,以下考世俗之行,乃足羞也。考,观。**故通许由之意,金縢、豹韬废矣;**金縢、豹韬,周公、太公阴谋图王之书。许由轻天下不受,焉用此书为,故曰废矣。**延陵季子不受吴国,而讼间田者惭矣;**讼间田者,虞、芮及暴桓公、苏信公是也。**子罕不利宝玉,而争券契者媿矣;务光不污于世,而贪利偷生者闷矣。故不观大义者,不知生之不足贪也;不闻大言者,不知天下之不足利也。**大义,死君亲之难也。大言,体道无欲之言。**今夫穷鄙之社也,叩盆拊瓴,相和而歌,自以为乐矣。**穷鄙之社,穷巷之小社也。盆瓴瓦器,叩之有音声,故曰自以为乐也。○文典谨按:穷鄙,北堂书钞八十七、一百十一,艺文类聚三十九,御览五百三十二、五百八十四引,并作穷乡。唯四百八十六、七百五十八引,作穷鄙,与今本合。疑古本作穷乡,后人据已误之本改御览而未能遍耳。**尝试为之击建鼓,撞巨钟,乃性仍仍然,知其盆瓴之足羞也。**仍仍,不得志之貌。仍仍或作聆聆,犹闻也。○庄逵吉云:"乃性仍仍然",性本皆作始。○王念孙云:性字义不可通,性当为始。古人多以乃始二字连文。(俶真篇曰:"乃始昧昧楙楙,皆欲离其童蒙之心,而觉视于天地之间。"又曰:"儒墨乃始列道而议,分徒而讼。"管子版法篇曰:"外之有徒,祸乃始牙。"庄子马蹄篇曰:"民乃始踶跂好知,争归于利。"在宥篇曰:"之八者,乃始脔卷伧囊而乱天下也,而天下乃始尊之惜之。"荀子儒效篇曰:"狂惑戆陋之人,乃始率其群徒,辩其谈说,明其辟称。"韩子外储说右篇曰:"王自听之,乱乃始生。"吕氏春秋禁塞篇曰:"虽欲幸而胜,祸乃始长。"乃始犹然后也。艺文类聚礼部中、太平御览人事部一百二十七、礼仪部十一、乐部二十二、器物部三引此,并作乃始。又本经篇:"愚夫惷妇皆有流连之心,凄怆之志,乃使始为之撞大钟,击鸣鼓,吹竽笙,弹琴瑟,失乐之本矣。"案:"乃始"二字之间不当有"使"字,此因始、使声相乱而误衍也。主术篇曰:“故民至于焦唇沸肝,有今无储,而乃始撞大钟,击鸣鼓,吹竽笙,弹琴瑟,失乐之所由生矣。”是其证。**藏诗、书,修文学,而不知至论之旨,则拊盆叩瓴之徒也。夫以天下为者,学之建鼓矣。**建鼓,乐之大者。〇王念孙云:“夫以天下为者”,“以”上当有“无”字。“无以天下为者”,承上文许由而言;建鼓“学之”,对“拊盆叩瓴”而言。言无以天下为者,其于世俗之学者,犹建鼓之于盆瓴也。今本“以天下”上脱“无”字,则义不可通。文子九守篇正作“无以天下为者”。

尊势厚利,人之所贪也。尊势,穷位。厚利,重禄。**使之左据天下图而右手刎其喉,愚夫不为。由此观之,生尊于天下也。**天下至大,非手所据,故不言手也。使得据天下之图籍,行其权势,而刎喉杀身,虽愚者不肯为也,故曰生贵于天下矣。〇王念孙云:尊本作贵,此涉上文“尊埶厚利”而误也。此言生贵而天下贱,非言生尊而天下卑。高注“故曰生贵于天下”,即其证。吕氏春秋知分篇注引此,亦作贵。泰族篇亦云“身贵于天下”。**圣人食足以接气,衣足以盖形,适情不求余,**接,续也。盖,覆也。余,饶也。**无天下不亏其性,有天下不羡其和。**亏,损。羡,过。和,适也。**有天下,无天下,一实也。**实,等。**今赣人敖仓,予人河水,**赣,赐也。敖,地名。仓者,以之常满仓也,在今荥阳县北。**饥而餐之,渴而饮之,其入腹者不过箪食瓢浆,则身饱而敖仓不为之减也,**减,少。**腹满而河水不为之竭也。**竭,尽。**有之不加饱,无之不为之饥,与守其篅笔、有其井,一实也。**篅笔,受谷器。井,家人之井水也。篅读颛孙之颛也。〇庄逵吉云:说文解字:“笔,篅也。”“篅,以判竹圜以盛谷也。”急就篇所云“笔篅篗筥籅箅篝”是也。与注义合。**人大怒破阴,大喜坠阳,**已说在原道训。**大忧内崩,大怖生狂。除秽去累,莫若未始出其宗,乃为大通。清目而不以视,**清,明。**静耳而不以听,钳口而不以言,委心**

而不以虑，弃聪明而反太素，休精神而弃知故，觉而若昧，以生而若死，昧，暗也，厌也。楚人谓厌为昧，喻无知也。○王引之云：昧与厌义不相近，昧皆当为眯，（音米。）字之误也。注中“暗也”二字乃后人所加。说文：“㝈，寐而厌也。”字通作眯。西山经“鵸鵌，服之使人不眯”，郭璞曰：“不厌梦也。”引周书王会篇云：“服者不眯。”庄子天运篇“彼不得梦，必且数眯焉”，司马彪曰：“眯，厌也。”是眯与厌同义，故高注亦云：“眯，厌也，楚人谓厌为眯。”后人不知昧为眯之讹，而误读为暗昧之昧，遂于注内加“暗也”二字，何其谬也！且眯与死、体为韵，若作昧，则失其韵矣。终则反本未生之时，而与化为一体。言人之未生时。欲同死生也，故曰与化为一体也。死之与生，一体也。

今夫繇者，揭钁臿，负笼土，繇，役也。今河东谓治道为繇道。揭，举也。钁，斫也。臿，铧也。青州谓之铧，有刃也。三辅谓之鍚也。笼，受土笼也。○庄逵吉云：铧，说文解字作芣。鍚即鑼字。解字又曰：“鑼，相属。读若妫。”盖因读鑼为妫，因之误为鍚也。○文典谨按：御览三百八十七引，钁作钱。说文：“钱，铫也。古田器。”诗周颂“痔乃钱镈”，传：“钱，铫也。”盐汗交流，喘息薄喉。白汗咸如盐，故曰盐汗。薄，迫也，气冲喉也。当此之时，得茠越下，则脱然而喜矣。茠，荫也。三辅人谓休华树下为茠也。楚人树上大本小，如车盖状为越，言多荫也。脱，舒也。言繇人之得小休息，则气得舒，故喜也。越，读经无重越之越也。○文典谨按：北堂书钞百五十八引许君注云：“楚谓两树交会其阴曰越。”玉篇：“楚谓两木交阴之下曰樾。”即用此注也。越、樾古同字。（孙辑许注未收此条。）岩穴之间，非直越下之休也。病疵瘕者，捧心抑腹，膝上叩头，抑，按也。叩或作跔，跔，读车軥之軥。○孙诒让云：疵与病义复，疑是疝之误。急就篇云：“疝瘕颠疾狂失响。”蹉跼而谛，通夕不寐。○文典谨按：文选长笛赋“通旦忘寐，不能自御”注引，夕作旦。当此之时，哙然得卧，则亲戚兄弟欢然而喜。夫修夜之宁，非直一哙之乐也。谓得安卧极夜者。乐于一哙之乐,然不得比长夜之乐也。**故知宇宙之大,则不可劫以死生;**劫,迫。**知养生之和,则不可县以天下;**养生之和,谓正道也。已修正道不惑,故不可示以天下之穷势而移也。**知未生之乐,则不可畏以死;**乐其未生之时,虽惧之以死,不能使之畏死。言不畏死。**知许由之贵于舜,则不贪物。**言不贪利欲之物也。**墙之立,不若其偃也,又况不为墙乎!冰之凝,不若其释也,又况不为冰乎!**不如未为墙、冰之时,偃、凝能变也。**自无蹠有,自有蹠无,**自无蹠有,从无形至有形也。自有蹠无,从有形至无形也。至无形,谓死生变化也。**终始无端,莫知其所萌。非通于外内,孰能无好憎?**好憎,情欲。**无外之外,至大也;无内之内,至贵也;**言天无有垠外,而能为之外,喻极大也。无内,言其小,小无内,而能为之内。道尚微妙,故曰至贵也。**能知大贵,何往而不遂!**大贵,谓无内之内也。言道至微,能出入于无间,故曰何往而不遂。遂,通也。

衰世凑学,不知原心反本,凑,趋也。趋其末,不修稽古之典,苟徼名号耳,故曰不知原心反本也。**直雕琢其性,矫拂其情,以与世交,**直,犹但也。雕琢其天性,拂戾其本情,以合流俗,与世人交接也。**故目虽欲之,禁之以度,心虽乐之,节之以礼,趋翔周旋,诎节卑拜,肉凝而不食,酒澄而不饮,外束其形,内总其德,**○王念孙云:总字义不可通,总当为愁,愁与揫同。(乡饮酒义"秋之为言愁也",郑注:"愁读为揫。揫,敛也。")说文:"揫,束也。"外束其形,内揫其德,其义一也。俶真篇"内愁五藏,外劳耳目",义亦与此同。俗书总(總)字或作捴,又作摠,与愁相似,愁误为捴,后人因改为总耳。文子上礼篇正作"外束其形,内愁其德"。**钳阴阳之和,而迫性命之情,故终身为悲人。**悲,哀也。谓衰世之学。**达至道者则不然,理情性,治心术,养以和,持以适,乐道而忘贱,安德而忘贫,性有不欲,无欲而不得,**言其守虚，执持不欲之情性，则无有所欲而不得也。**心有不乐，无乐而不为，**言其志正，不乐邪淫之乐，则无有正乐而不为乐。言皆为之乐也。**无益情者不以累德，而便性者不以滑和，**滑，乱。○庄逵吉云：诸本作"无益于情者不以累德，不便于性者不以滑和"。○王念孙云："便于性"二句义不可通，且与上文不对。刘绩依文子九守篇改为"无益于情者不以累德，不便于性者不以滑和"，当是也。**故纵体肆意，而度制可以为天下仪。**纵，放也。肆，缓也。仪，法也。**今夫儒者，不本其所以欲而禁其所欲，**本所以欲，谓正性恬漠也。所欲，谓情欲骄奢权势也。**不原其所以乐而闭其所乐，是犹决江河之源而障之以手也。**障，蔽也。言不能掩也。**夫牧民者，犹畜禽兽也，不塞其囿垣，使有野心，系绊其足，以禁其动，而欲修生寿终，岂可得乎！夫颜回、季路、子夏、冉伯牛，孔子之通学也。然颜渊夭死，季路菹于卫，**颜渊十八而卒，孔子曰："回不幸短命死矣！"故曰夭也。季路仕于卫，卫君父子争国，季路死，孔子曰："若由不得其死然。"言不得以寿命终也，故曰然。卫人醢之以为酱，故曰菹。**子夏失明，冉伯牛为厉。**子夏学于西河，丧其子而失明，曾子哭之。伯牛有疾，孔子自牖执其手，曰："斯人也，而有斯疾也！"**此皆迫性拂情而不得其和也。**○文典谨按：文选王康琚反招隐诗注引，作"颜回夭死，季由菹于卫，皆迫性命之情而不得天和者也。"**故子夏见曾子，一臞一肥，曾子问其故，曰："出见富贵之乐而欲之，入见先王之道又说之，两者心战，故臞。先王之道胜，故肥。"**道胜，不惑县于富贵，精神内守无思虑，故肥也。**推此志，非能贪富贵之位，不便侈靡之乐，**此志，子夏之志。**直宜迫性闭欲，以义自防也。**直，犹但也。○王念孙云："贪"上当有"不"字，"直"下不当有"宜"字，"宜"即"直"之误而衍者也。高注"宜"字亦当为"直"。直之言特也。言子夏非能不贪富贵，不乐侈靡，特以义自强耳。特、但一声之转，故云“直犹但也”。**虽情心郁殪，形性屈竭，犹不得已自强也，故莫能终其天年。**义以自防，故情心郁殪不通，形性屈竭也。以不得止而自勉强，故无能终其天年之命也。

若夫至人，量腹而食，度形而衣，容身而游，适情而行，余天下而不贪，委万物而不利，委，弃也。不以万物为利矣。**处大廓之宇，游无极之野，**廓，虚也。极，尽也。**登太皇，冯太一，玩天地于掌握之中，**太皇，天也。冯，依也。太一，天之形神也。玩，弄也。**夫岂为贫富肥臞哉！故儒者非能使人弗欲，而能止之；**言不能使人无情欲也。己虽欲之，能以义自已也。**非能使人勿乐，而能禁之。**言不能使人无乐富贵，能以礼自禁止之。论语曰“不义而富且贵，于我如浮云”也。**夫使天下畏刑而不敢盗，岂若能使无有盗心哉！越人得髯蛇，以为上肴，中国得而弃之无用。**髯蛇，大蛇也，其长数丈，俗以为上肴。○文典谨按：御览九百三十三引，髯作蚺，注同。**故知其无所用，贪者能辞之；不知其无所用，廉者不能让也。夫人主之所以残亡其国家，损弃其社稷，身死于人手，为天下笑，未尝非为非欲也。夫仇由贪大钟之赂而亡其国，**仇由，近晋之狄国。晋智襄子欲伐之，先赂以大钟。仇由之君贪，开道来受钟，为和亲。智伯因是以兵灭取其国也。仇，读仇余之仇也。○陶方琦云：史记集解七十一引许注：“仇犹，夷狄之国。”按：说文厹字下云：“临淮有厹犹县。”字亦作犹，与此注作犹正合。国策作厹由，高诱注曰：“厹由，狄国。”亦同作由。吕览权勋作内繇，注云：“或作仇酋。”酋即犹字，故高注云或作也。**虞君利垂棘之璧而擒其身，**晋大夫荀息谋于献公，以屈产之马、垂棘之璧假道于虞以伐虢。虞公贪璧马，假晋道。既灭虢，还馆于虞，遂袭虞，灭之。君死位曰灭，故曰擒其身也。**献公艳骊姬之美而乱四世，**晋献公伐骊戎，得骊姬及其娣。好色曰美。好体曰艳。艳其色而嬖之，生奚齐，其娣生卓子，遂为杀太子申生而立奚齐。杀適立庶,故曰乱。四世者,奚齐、卓子、惠公夷吾、怀公圉也。**桓公甘易牙之和而不以时葬,**齐桓好味,易牙蒸其首子而进之,遂见信用,专任国政,乱嫡庶。桓公卒,五公子争立,六十日而殡,虫流出户,五月不葬,故曰不以时葬也。**胡王淫女乐之娱而亡上地。**胡,西戎之君也。秦穆公欲伐之,先遗女乐以淫其志。其臣由余谏,不从,去戎来适秦。秦伐戎,得其上地。上地,美地也。**使此五君者,适情辞余,以己为度,不随物而动,岂有此大患哉?**五君,仇由、虞公、晋献、齐桓、胡王也。适,犹节也。动,犹惑也。**故射者非矢不中也,学射者不治矢也;**不治矢,言不为而得用之。然则为者不得用之。**御者非辔不行,学御者不为辔也。知冬日之箑、夏日之裘无用于己,则万物之变为尘埃矣。**箑,扇也。楚人谓扇为箑。**故以汤止沸,沸乃不止;诚知其本,则去火而已矣。**已,止也。

淮南鸿烈集解卷八

本经训

本经训本,始也。经,常也。本经造化出于道,治乱之由,得失有常,故曰“本经”,因以题篇。

太清之始也,和顺以寂漠,清,静也。太清,无为之始者。谓三皇之时和顺,不逆天暴物也。寂漠,不扰民。○王念孙云:“太清之始”,始当为治,字之误也。自“和顺以寂漠”以下二十三句,皆言太清之治如此也。高注当云:“太清,(句。)无为之治也。(句。)”今本作“太清,无为之始者”,文不成义,后人所改也。文选东都赋注、后汉书班固传注引此,并作“太清之化”,又引高注曰:“太清,无为之化也。”治字作化,避高宗讳也。则其字之本作治,明矣。太平御览天部十五引,作“太清之始”,亦后人依误本改之。其竹部一引,正作“太清之治”。文子下德篇作“清静之治者,和顺以寂寞,质真而素朴”,是其明证矣。○文典谨按:王说是。宋本“始”正作“治”。**质真而素朴,闲静而不躁,推移而无故,**质,性也。真,不变也。素朴,精不散也。闲静,言无欲也。不躁扰。故,常也。**在内而合乎道,出外而调于义,**在内者,志在心。平欲,故能合于道。出于外者,身所履行也。行不越规矩,故能调义。义或作德也。**发动而成于文,行快而便于物,**发,作也。动,行也。文,文章也。便,利也。物,事也。○俞樾云:快当为决。周易文言传郑注谓古书传作立心,与水相近。决、快相乱,正由此矣。说文水部:“决,行流也。”是决有行义。上句曰“发动而成于文”,发亦动也。此云“行决而便于物"，决亦行也。**其言略而循理，其行侻而顺情**，略，约要也。侻，简易也。侻，读射侻取不觉之侻。○庄逵吉云："侻取不觉"，义当是"敓"字。敓，今之夺字也。**其心愉而不伪，其事素而不饰**，愉，和也。伪，虚诈也。素，朴也。饰，巧也。**是以不择时日，不占卦兆**，择，选也。卦，八卦也。兆，契龟之兆也。世所以占吉凶也。**不谋所始，不议所终，安则止，激则行，通体于天地，同精于阴阳，一和于四时**，一，同也。**明照于日月，与造化者相雌雄**。造化，天地也。雌雄，犹和适也。**是以天覆以德，地载以乐**，乐，生也。**四时不失其叙，风雨不降其虐，日月淑清而扬光**，光，明也。**五星循轨而不失其行**。五星，荧惑、太白、镇、辰、岁星也。轨，道也。循，顺也。**当此之时，玄元至砀而运照**，玄，天也。元，气也。砀，大也。言盛德之君，恩仁广大，遍照四海也。○王绍兰云：说文石部："砀，文石也。"无大谊。口部："唐，大言也。啺，古文唐，从口昜。"是淮南假砀为啺也。○俞樾云：高注曰："玄，天也。元，气也。"分两字为两义，殊不可通。疑正文及注均误。正文本曰"玄光至砀而运照"，注文本曰"玄，天也。光，气也。"俶真篇曰："弊其玄光而求知之于耳目。"此玄光二字见于本书者。高彼注曰："玄光，内明也。一曰：玄，天也。"然则此曰"玄，天也"，正与彼注同。疑彼亦有"光，气也"三字，而今脱之也。**凤麟至，蓍龟兆**，凤麟圣德之世至于门庭。蓍，四十九策。兆，信也。善言臧否也。**甘露下，竹实满，流黄出，而朱草生**，满，成也。流黄，玉也。朱草生于庭。皆瑞应也。**机械诈伪莫藏于心**。莫，无也。**逮至衰世，镌山石**，镌，犹凿也，求金玉也。**锲金玉，擿蚌蜃**，锲刻金玉以为器也。擿，犹开也，开以求珠也。○桂馥云：擿当为摘。说文摘有拓义。增韵："拓，㡯开也。"扬雄甘泉赋："拓迹开统。"拓亦借字，当为袥。字书："袥，张衣令大也。"太玄："天地开辟，宇宙袥祖。"**消铜铁，而万物不滋**。不滋长也。言尽物类也。**刳胎杀夭，麒麟不游**，胎，兽胎也。夭，麋子也。为类见害，故不来游。**覆巢毁卵，凤凰不翔**，鸟未鷇曰卵也。**钻燧取火，构木为台，焚林而田，竭泽而渔**，田，猎也。竭泽，漏池也。**人械不足，畜藏有余**，械，器用也。畜藏余，府库实也。**而万物不繁兆，萌牙卵胎而不成者，处之太半矣。积壤而丘处，粪田而种谷，掘地而井饮，疏川而为利**，疏，通。**筑城而为固，拘兽以为畜，则阴阳缪戾，四时失叙，雷霆毁折，雹霰降虐**，〇王念孙云：电霰不同类，且电亦不得言降虐，电当为雹，草书之误也。雷霆为一类，雹霰为一类。吕氏春秋仲夏篇云"雹霰伤谷"，故言降虐也。文子上礼篇作"雹霜为害"，是其证。〇文典谨按：王说是，今正。**氛雾霜雪不霁**，霁，止也。**而万物燋夭。**霜雪之害不止，则万物燋夭不繁茂也。**菑榛秽，聚埒亩**，茂草曰菑，木聚曰榛，积之于疆亩。〇俞樾云：高此注殊失其义。菑者，杀草之名。尔雅释地"田一岁曰菑"，孙炎曰："菑，始灾杀其草木也。"榛、秽连文，其义相同，汉书杨雄传注曰"榛榛，梗秽貌"是也。"菑榛秽，聚埒亩"，皆三字为句，言榛秽之区，皆灾杀之，而集成埒亩也。下云"芟野菼，长苗秀"，是此四句皆言治田之事，菑榛秽故芟野菼，聚埒亩故长苗秀也。下文曰"草木之句萌、衔华、戴实而死者，不可胜数"，正见杀草之多。若从高注，则与下文不贯矣。**芟野菼，长苗秀**，芟，杀也。菼，草也。苗，稼也。不荣而实曰秀也。〇王引之云：野草多矣，不应独言菼。菼当为莽。隶书莽字作奍，与菼极相似，故误为菼。说文作茻，"众艸也"，故野草谓之野莽。下文"野莽白素"，楚辞九叹"遵壄莽以呼风"是也。（壄与野同。）注"菼，草也"亦当作"莽，草也"。泰族篇注"莽，草也"，正与此同。**草木之句萌、衔华、戴实而死者，不可胜数。乃至夏屋宫驾，县联房植**，夏屋，大屋也。县联，联受雀头著椭者。一曰，辟带也。房，室也。植，户植也。〇庄逵吉云：县联，县即櫋字。辟带之义，见楚词九歌。〇王念孙云：县（縣）皆当为緜，字之误也。（隶书緜、縣二字相似，说见原道"旋县"一条下。）说文："櫋，屋櫋联也。"又曰："楣，秦名屋櫋联也。齐谓之檐，楚谓之梠。"方言："屋梠谓之棂。”郭璞曰：“即屋檐也。亦呼为连緜。”（连緜犹緜联，语之转耳。）释名：“梠，旅也。连旅旅也。或谓之槾。槾，緜也。緜连榱头，使齐平也。上入曰爵头，形似爵头也。”皆足与高注相证。槾与緜，联与连，并字异而义同。太平御览人事部一百三十四引此，正作緜联。○孙诒让云：驾当为架之误。后文云“大构驾，兴宫室”，注云：“驾，材木相乘驾也。”文选鲍照芜城赋李注引彼文驾作架，此宫驾字误与彼同。**橑檐榱题，**橑，椽橑也。檐，屋垂也。榱，桷也。题，头也。**雕琢刻镂，乔枝菱阿，夫容芰荷，**阿，曲屋。夫容，藕华也。芰，菱角交菭也。荷，夫渠也。○俞樾云：高注曰“阿，曲屋”，不说菱字之义，疑高氏所据本菱字作凌，言橑檐榱题之上雕刻树木，故其乔枝上凌于曲阿也。凌字之义易明，故不烦训释。后人因下句言芰荷，遂改凌作菱以配之，则义不可通矣。**五采争胜，流漫陆离，**流漫，采色相参和也。陆离，美好貌。**修掞曲挍，夭矫曾桡，芒繁纷挐，**皆屋饰也。芒，读麦芒之芒。挐，读上谷茹县之茹。○陶方琦云：文选吴都赋注引许注：“挐，乱也。”按：说文：“挐，牵引也。”牵引即有乱义。**以相交持，公输、王尔无所错其剞劂削锯，**公输，巧者。一曰，鲁班之号也。王尔，古之巧匠也。剞，巧刺画尽头黑边笺也。劂，鎺尺。削，两刃句刀也。剞，读技尺之技。劂，读诗“蹶角”之蹶。削，读绡头之绡也。○庄逵吉云：原道训注云：“剞，巧工钩刀也。劂者，规度刺画墨边笺也。所以刻镂之具也。”与此注异。钱别驾云：剞、劂二字，古无定解。说文解字以剞劂为曲刀。应劭曰：“剞，曲刀。劂，曲凿。”又与许君不同。淮南书高、许二家注本相溷，故多前后互异欤？**然犹未能澹人主之欲也。是以松柏箘露夏槁，**松柏根茂，箘露竹箎，皆冬生难杀之木，当是时夏槁死也。刺君作事不时，阴阳失序。箘，读似纶。露，读南阳人言道路之路。○庄逵吉云：箘露之露当作簬。○王念孙云：“艺文类聚治政部上引此，“夏槁”上有“宛而”二字。案“松柏箘露，宛而夏槁；江河三川，绝而不流”，四句相对为文，则有“宛而”二字者是也。宛与苑同。俶真篇“形伤于寒暑燥湿之虐者，形苑而神壮”，高注曰：“苑，枯病也。苑，读南阳宛之宛。”庄子天地篇释文云：“苑，本亦作宛。”是苑、宛古字通。素问四气调神大论“恶气不发，风雨不节，白露不下，则菀槁不荣”，菀亦与苑同。唐风山有枢篇“宛其死矣”，毛传曰：“宛，死貌[一]。”义与此宛字亦相近。**江、河、三川绝而不流，**三川，泾、渭、汧也，出于岐山。绝，竭也，故曰不流。国语曰“河竭而商亡”也。**夷羊在牧，**夷羊，土神。殷之将亡，见于商郊牧野之地。○陶方琦云：占经一百十九引许注：“夷羊，大羊也，时在商牧野。”按：说文：“夷，平也。从大，从弓。”夷之训大，从形而得义。**飞蛩满野，**蛩，蝉，蠛蠓之属也。一曰：蝗也。沇州谓之螣。螣，读近殆，缓气言之。蛩，读诗“小珙”之珙。○陶方琦云：御览九百四十五引，蛩作虫。御览及占经一百二十又引许注：“飞虫，蠛蠓。”按：高注“蛩蝉”下“蠛蠓之属”四字乃许注羼入。尔雅释虫“蠓，蠛蠓”，孙炎注：“蠛蠓细小于蚉。”说文：“蠓，蠛蠓也。”史记周纪“飞鸿满野”，索隐又引高注：“蜚鸿，蠛蠓也。言飞虫盈田蔽野，故为灾。”此即许注，误为高本也。唐宗圣观碑作“飞蝱满野”，亦因蛩而误。**天旱地坼，**坼，燥裂也。**凤皇不下，句爪、居牙、戴角、出距之兽于是鸷矣。**句爪，鹰鹯之属也。居牙，熊虎之属也。距，读拒守之拒。○文典谨按：居牙，文选吴都赋注、七命注引，并作锯牙。鸷并作挚。**民之专室蓬庐，无所归宿，**专特小室也。蓬庐，籧篨覆也。言小，有宾客归之，无所庇宿也。**冻饿饥寒死者，相枕席也。**言其众也。**及至分山川溪谷使有壤界，计人多少众寡使有分数，筑城掘池，设机械险阻以为备，饰职事，制服等，**等，差也。**异贵贱，差贤不肖，经诽誉，行赏罚，**经，书也。诽恶誉善，赏可赏，罚可罚也。○王念孙云：“差贤不”下本无“肖”字。不与否同。贵贱、贤不、诽誉、赏罚皆相对为文。后人不知“不”为“否”之借字，故又加“肖”字耳。**则兵革兴而分争生，民之灭抑夭隐，虐杀不辜而刑诛无罪，于是生矣。**抑，没也。言民有灭没夭折之痛。

天地之合和，阴阳之陶化万物，皆乘人气者也。天地合

〔一〕“貌”，原本作“号”，据诗毛传改。

和其气，故生阴阳，陶化万物。○庄逵吉云："乘人气"本作"乘一气"，唯藏本作"人"。**是故上下离心，气乃上蒸，**离者，不和也。**君臣不和，五谷不为。**不为，不成也。**距日冬至四十六日，天含和而未降，地怀气而未扬，**自立冬到冬至皆未动也。**阴阳储与，呼吸浸潭，包裹风俗，**储与，犹尚羊，无所主之貌。一曰：褒大貌。浸潭，广衍也。故曰包裹风俗。**斟酌万殊，旁薄众宜，**旁，并。薄，近也。众物宜适也。**以相呕咐酝酿，而成育群生。**酝酿，犹和调也。**是故春肃秋荣，冬雷夏霜，皆贼气之所生。由此观之，天地宇宙，一人之身也；六合之内，一人之制也。**○王念孙云：制字义不可通，制当为刑，字之误也。刑与形同。"一人之形"即承"一人之身"言之。文子下德篇正作"一人之形"。又主术篇"是故任一人之力者，则乌获不足恃；乘众人之制者，则天下不足有也"，制亦当为刑，刑与形同。文子自然篇作"乘众人之势"，势亦形也。刘绩依文子改制为势，义则是而文则非矣。**是故明于性者，天地不能胁也；**胁，恐也。**审于符者，怪物不能惑也。**审，明也。符，验也。怪物非常，人所疑惑也。**故圣人者，由近知远，而万殊为一。**殊，异也。一，同也。

古之人，同气于天地，与一世而优游。优游，犹委从也。○俞樾云："古之人"三字，衍文也。四句一气相属，皆蒙"故圣人者"为文。若有"古之人"三字，则文义不贯矣。此文本云："故圣人者，由近而知远，以万殊为一同，气蒸于天地，与一世而优游。"今本"而"字脱去，校者误补于"远"字之下，遂误删"以"字。"一同"与"万殊"本相对为文，今衍"古之人"三字，遂以"同"字下属，而误删"蒸"字，皆非其旧。文子下德篇作"圣人由近以知远，以万里为一同，炁蒸乎天地"，宜据以订正。彼云"由近以知远"，即"由近而知远"也；"以万里为一同"，即"以万殊为一同"也。彼云"炁蒸乎天地"，故知此脱"蒸"字矣。上文云"气乃上蒸"，即此"蒸"字之义也。**当此之时，无庆贺之利，刑罚之威，**○陈观楼云：贺当为赏，字之误也。庆赏与刑罚相对，不当言庆贺。礼义廉耻不设，毁誉仁鄙不立，而万民莫相侵欺暴虐，犹在于混冥之中。混，大也。大冥之中，谓道也。逮至衰世，人众财寡，事力劳而养不足，于是忿争生，是以贵仁。仁鄙不齐，比周朋党，设诈谞，怀机械巧故之心，而性失矣，谞，谋也。性失，失其纯朴之性也。是以贵义。阴阳之情，莫不有血气之感，男女群居杂处而无别，是以贵礼。礼以别也。性命之情，淫而相胁，胁，迫。以不得已，则不和，是以贵乐。乐以和之。是故仁义礼乐者，可以救败，而非通治之至也。

夫仁者所以救争也，义者所以救失也，礼者所以救淫也，乐者所以救忧也。神明定于天下而心反其初，心反其初而民性善，初者，始也，未有情也。未有情欲，故性善也。民性善而天地阴阳从而包之，则财足而人澹矣，贪鄙忿争不得生焉。由此观之，则仁义不用矣。道德定于天下而民纯朴，则目不营于色，营，惑。耳不淫于声，坐俳而歌谣，被发而浮游，虽有毛嫱、西施之色，不知说也，言尚德也。掉羽、武象，不知乐也，掉羽，羽舞也。武象，周武王乐也。淫泆无别，不得生焉。由此观之，礼乐不用也。是故德衰然后仁生，行沮然后义立，沮，败也。和失然后声调，礼淫然后容饰。是故知神明然后知道德之不足为也，知道德然后知仁义之不足行也，道德本，仁义末。知仁义然后知礼乐之不足修也。仁义大也，礼乐小也。今背其本而求其末，释其要而索之于详，未可与言至也。至，至德之道也。

天地之大，可以矩表识也；矩，度也。表，影表。识，知也。星月之行，可以历推得也；历，术也。推，求也。○文典谨按：意林引，作

“天地虽大,可以矩表知之;星月之形,可以律历知之”。**雷震之声,可以鼓钟写也;**写,犹放教也。○王念孙云:雷震当为雷霆,字之误也。天地、星月、雷霆、风雨相对为文。太平御览天部十三引此,正作雷霆。文子下德篇同。**风雨之变,可以音律知也。**律知阴阳。**是故大可睹者,可得而量也;明可见者,可得而蔽也;**蔽,或作察。**声可闻者,可得而调也;色可察者,可得而别也。夫至大,天地弗能含也;至微,神明弗能领也。**领,理也。**及至建律历,别五色,异清浊,**清商,浊宫。**味甘苦,则朴散而为器矣。立仁义,修礼乐,则德迁而为伪矣。**修,设也。迁,移也。**及伪之生也,饰智以惊愚,设诈以巧上,**巧欺上也。**天下有能持之者,有能治之者也。**有能持之者,桀、纣之民。有能治之者,汤、武之君也。○王念孙云:“有能治之者也”当作“未有能治之者也”。言诈伪并起,天下有能以法持之者,未有能以道治之者也。其能治之者,必待至人,下文“至人之治也”云云是也。文子下德篇作“天下有能持之,而未有能治之者也”,是其证。高所见本盖脱“未”字。**昔者苍颉作书而天雨粟,鬼夜哭;**苍颉始视鸟迹之文,造书契,则诈伪萌生。诈伪萌生,则去本趋末,弃耕作之业而务锥刀之利。天知其将饿,故为雨粟。鬼恐为书文所劾,故夜哭也。鬼或作兔,兔恐见取豪作笔,害及其躯,故夜哭。○陶方琦云:意林引许注:“仓颉,黄帝史臣也。造文字则诈伪生,故鬼哭也。”按:说文叙云“黄帝之史仓颉”,与注淮南说同。**伯益作井,而龙登玄云,神栖昆仑。**伯益佐舜,初作井,凿地而求水。龙知将决川谷,漉陂池,恐见害,故登云而去,栖其神于昆仑之山也。○文典谨按:高注“登云而去,栖其神于昆仑之山”,据此,则神者龙之神也,殊失其义矣。龙登玄云,神栖昆仑,相对为文,谓龙登于玄云,神栖于昆仑也。论衡感虚篇曰:“传书又言伯益作井,龙登玄云,神栖昆仑。言作井有害,故龙神为变也。夫言龙登玄云,实也。言神栖昆仑,又言为作井之故,龙登神去,虚也。”又曰:“所谓神者,何神也?百神皆是。百神何故恶人为井?”是神者百神,非龙之神也，明矣。高注失之。**能愈多而德愈薄矣。**愈，益也。〇王念孙云：太平御览鳞介部一引此，"能愈多"作"智愈多"。案：当作"智能愈多"。"智能"二字总承上文言之，今本脱"智"字，御览脱"能"字。文子下德篇作"智能弥多而德滋衰"，是其证。**故周鼎著倕，使衔其指，以明大巧之不可为也。**倕，尧之巧工也。周铸鼎，著倕像于鼎，使衔其指。假令倕在见之，伎巧不能复逾，但当衔啮其指，故曰以明巧之不可为也。一说：周人铸鼎画象，镂倕身于鼎，使自衔其指，以戒后世，明不当大巧为也。**故至人之治也，心与神处，形与性调，静而体德，动而理通，随自然之性而缘不得已之化，洞然无为而天下自和，憺然无欲而民自朴，无机祥而民不夭，不忿争而养足，兼包海内，泽及后世，不知为之者谁何。**道无姓名，自当然也，故曰不知谁何也。**是故生无号，死无谥，实不聚而名不立，**实，财也。道不名，故名不立。**施者不德，受者不让，**施者不以为恩德，振不足而已。受者不让之，则受之，不饰辞让也。**德交归焉而莫之充忍也。**忍，不忍也。〇王念孙云：高盖误读"忍也"二字为句，训忍为不忍，于正文无当也。今案："充忍"二字当连读，忍读为牣。大雅灵台篇"于牣鱼跃"，毛传曰："牣，满也。"德交归焉而莫之充满，所谓"大盈若虚"也。郑风将仲子、大雅抑及周官山虞释文忍字并音刃，忍有刃音，故又与牣通。史记殷本纪"充仞宫室"，后汉书章八王传"充牣其第"，牣、仞、忍并同声而通用。**故德之所总，道弗能害也；**总，一也。〇俞樾云：总字无义，乃利字之误。利古文作㓝，总(總)俗作惣，其上半相似，因而致误。周书大匡篇"及其利害"，今本利亦误作总，是其证也。德之所利，道弗能害，利与害义相应。〇文典谨按：下文"德之所总要"，注"总，凡也"，与此文及注谊皆相类。且高氏所据本已作总，安得有俗书之惣与古文之㓝以形似致误乎？俞说凿矣。**智之所不知，辩弗能解也。**有智谋者尚不能知，但口辩者何能解也？**不言之辩，不道之道，若或通焉，谓之天府。**或，有也。有能通不言之辩，不道之道者，入天之府藏。**取焉而不损，**损，减。酌焉而不竭，酌，犹予。竭，尽也。莫知其所由出，是谓瑶光。瑶光者，资粮万物者也。瑶光，谓北斗杓第七星也，居中而运，历指十二辰，擿起阴阳，以杀生万物也。一说：瑶光，和气之见者也。

振困穷，补不足，则名生；名，仁名也。兴利除害，伐乱禁暴，则功成。功，武功也。世无灾害，虽神无所施其德；上下和辑，虽贤无所立其功。昔容成氏之时，道路雁行列处，容成，黄帝时造历术者。雁行，长幼有差也。托婴儿于巢上，置余粮于亩首，虎豹可尾，虺蛇可蹍，而不知其所由然。虎豹扰人，无害人之心，故可牵尾。虺蛇不螫毒，故可蹍履也。时人谓自当然耳，故曰不知其所由然。○庄逵吉云：扰人之扰，当作獿，古柔字也。逮至尧之时，十日并出，焦禾稼，杀草木，而民无所食。猰貐、凿齿、九婴、大风、封豨、修蛇皆为民害。猰，读车轧履人之轧。貐，读疾除瘉之瘉。猰貐，兽名也，状若龙首。或曰：似貍，善走而食人，在西方也。凿齿，兽名，齿长三尺，其状如凿，下彻颔下，而持戈盾。九婴，水火之怪，为人害。大风，风伯也，能坏人屋舍。封豨，大豕。楚人谓豕为豨也。修蛇，大蛇，吞象三年而出其骨之类。○王念孙云：汉书杨雄传应劭注、文选辩命论注、太平御览皇王部五、兵部三十六引此，凿齿皆在封豨下，各本误在猰貐下。又案：道藏本、刘本、朱本"猰貐"以下六者之注文，本分见于下文六句之下。（文选王融曲水诗序注、辩命论注、太平御览皇王部五、兵部三十六、羽族部十四所引皆如是。）故"凿齿，兽名"云云本在下文"诛凿齿于畴华之泽"之下。自茅本始移六者之注于此文下，而次凿齿之注于猰貐之下，九婴之上，则是以已误之正文改不误之注文也。庄本从之，谬矣。○俞樾云：高注曰"大风，风伯也，能坏人屋舍"，此下当有"一曰鸷鸟"四字，而今脱之。文选刘孝标辨命论注引高诱曰："大风，鸷鸟。"是其证也。下文"缴大风于青丘之泽"，注曰："羿于青丘之泽缴遮，使不为害也。一曰：以缴系矢射杀之。"缴遮之说，以风言也；缴射之说，以鸟言也。尧乃使羿诛凿齿于畴华之野，羿善射，尧使羿射杀之。畴华，南方泽名。○洪亮吉云：当即国语依畴、历华二地。杀九婴于凶水之上，北狄之地有凶水。**缴大风于青丘之泽，**羿于青丘之泽缴遮，使不为害也。一曰：以缴系矢射杀之。青丘，东方之泽名也。〇王念孙云：畴华之野，野本作泽，故高注云南方泽名。青丘之泽，泽本作野，时则篇云"东至青丘树木之野"是也。高注本作"青丘，东方丘名也"。今本正文"泽"、"野"二字互误，高注"东方丘名"，丘字又误作泽。文选王融三月三日曲水诗序注引此作"青丘之泽"，亦后人依误本改之。辩命论注引此正作"畴华之泽"、"青丘之野"。又北堂书钞地部一、太平御览地部十八、皇王部五、兵部三十六、资产部十二引此，并作"畴华之泽"、"青丘之野"。又皇王部五、资产部十二引高注并作"青丘，东方丘"。论衡感类篇亦云"尧缴大风于青丘之野"。〇俞樾云：王氏念孙谓"畴华之野"野本作泽，"青丘之泽"泽本作野，引北堂书钞、太平御览为证。然刘孝标辨命论曰"凿齿奋于华野"，华野者，畴华之野也。若本作"畴华之泽"，何不曰"华泽"而曰"华野"乎？然则古本自作"畴华之野"、"青丘之泽"，类书所引，殆不足据。**上射十日而下杀猰貐，**十日并出，羿射去九。〇文典谨按：北堂书钞百四十九引，作"命羿射十日，中九，乌皆死，堕羽翼"。艺文类聚一所引略同。**断修蛇于洞庭，禽封豨于桑林。**洞庭，南方泽名。桑林，汤所祷旱桑山之林。**万民皆喜，置尧以为天子。于是天下广陕险易远近始有道里。舜之时，共工振滔洪水，以薄空桑，**共工，水官名也，柏有之后。振，动也。滔，荡也。欲壅防百川，滔高堙庳，以害天下者。薄，迫也。空桑，地名，在鲁也。**龙门未开，吕梁未发，江、淮通流，四海溟涬，民皆上丘陵，赴树木。**龙门，河之隘也，在左冯翊夏阳北，禹所凿也。吕梁，在彭城吕县，石生水中，禹决而通之，民所由得度也，故曰吕梁也。未发之时，水道不通，江、淮合流，四海溟涬，无岸畔也。〇庄逵吉云：吕梁有两说。一说在西河，司马彪曰"吕梁在离石县西"是也。水经注云："河水左合一水出善无县故城西南八十里，其水西流，历于吕梁之山而为吕梁洪。昔吕梁未辟，河出孟门之上，盖大禹所辟以通河也。今离石县西，历山寻河，并无过岨，至是乃为巨险，即吕梁矣。在离石北以东百有余里。"道元虽驳正郡国志，然亦主西河之说矣。一说在彭城，即注是也。云"石在水中”者,说文解字:“砅,履石渡水也。”考诗“在彼淇梁”“在彼淇厉”,以例推之,厉亦即砅字。梁、砅俱置石水中以渡行旅之义。段国沙州记云:“吐谷浑于河上作桥,谓之河砅。”亦其事矣。毛、郑注诗,恐未得其解。**舜乃使禹疏三江五湖,辟伊阙,导廛、涧,**伊阙,山名也。禹所开以通伊水,故曰辟。伊阙在洛阳西南九十里。廛、涧,两水名。廛,读裹缠之缠。○文典谨按:御览八十一引,辟作决。**平通沟陆,流注东海。**○文典谨〔一〕按:御览八十一引,作“通沟洫,注之东海”。**鸿水漏,九州乾,万民皆宁其性。是以称尧、舜以为圣。晚世之时,帝有桀、纣,为琁室、瑶台、象廊、玉床,**琁、瑶,石之似玉,以饰室台也。用象牙饰廊殿,以玉为床。言淫役也。琁或作旋,瑶或作摇。言室施机关,可转旋也;台可摇动,极土木之巧也。○陶方琦云:文选班固西都赋注引许注:“廊,屋也。”后汉申屠刚传注:“廊,殿下屋也。”汉书司马相如传“高廊四注”,注:“堂下四周屋也。”史记龟策传“教为象郎”,集解引许君注“象牙郎”,当亦是此处注文。○王念孙云:“为琁室”上脱“桀”字。大戴礼少间篇注、北堂书钞帝王部二十、太平御览皇王部七引此,“为”上皆有“桀”字。**纣为肉圃、酒池,**纣积肉以为园圃,积酒以为渊池。今河内朝歌,纣所都也。城西有糟丘酒池处是也。**燎焚天下之财,**○俞樾云:“天下之财”不当言“燎焚”,燎焚当作撩聚。古人书聚字或作冣,汉书古今人表冣子,师古注曰:“冣,聚字也。”俗书焚字作焚,两形相似而误。聚误为焚,自然改撩为燎矣。广雅释诂:“撩,取也。”聚与取古字通。周易萃彖传“聚以正也”,释文曰:“聚,荀作取。”汉书五行志“内取兹为禽”,师古曰:“取,读如礼记聚麀之聚。”并其证也。撩聚即撩取,谓撩取天下之财也。**罢苦万民之力,刳谏者,剔孕妇,**王子比干,纣之诸父也,数谏纣之无道,纣剖其心而观之,故曰刳谏者。孕妇,妊身将就草之妇也。纣解剔观其胞裹,故曰剔孕妇也。**攘天下,虐百姓。于是汤乃以革车三百乘伐桀于南巢,放之夏台,**革车,兵车也。南巢,今庐江巢县

〔一〕“谨”,原本作“证”,形近而误,今改。

是也。夏台,大台,故作宫也。**武王甲卒三千破纣牧野,杀之于宣室,**武王,周文王之子发也。在车曰士,步曰卒。牧野,南郊地名,在朝歌城外。宣室,殷宫名。一曰:宣室,狱也。**天下宁定,百姓和集,是以称汤、武之贤。由此观之,有贤圣之名者,必遭乱世之患也。今至人生乱世之中,含德怀道,拘无穷之智,钳口寝说,遂不言而死者,众矣,**至人,至德之人。○王念孙云:拘字义不可通,刘本作抱,是也。含、怀、抱三字同意。**然天下莫知贵其不言也。**无有贵钳口不言而死也。**故道可道,非常道;**至道无名,不可道,故曰可道者非常道也。**名可名,非常名。**真人之名不可得名也。**著于竹帛,镂于金石,可传于人者,其粗也。五帝三王,殊事而同指,异路而同归。**五帝,黄帝、颛顼、帝喾、帝尧、帝舜。三王,夏禹、商汤、周文王。同归,同归修仁义也。**晚世学者,不知道之所一体,德之所总要,**总,凡也。要,约也。○陶方琦云:文选殷仲文桓公九井诗注、卢谌赠刘琨诗注、潘岳河阳诗注引许注:"猥,凡也。"当附此处。许本必作"德之所总猥"。广雅:"猥,众也。"汉书沟洫志"水猥盛",注:"猥,多也。"董仲舒传"勿猥勿并",注:"猥,积也。"是猥又通委,委亦众多义。凡,说文云:"冣括也。"三仓:"凡,数之总名也。"最括亦总其緐多之谓。凡义亦与緐近。小尔雅:"凡,多也。"广雅:"緐,众也。"人物志效难篇"相与分乱于总猥之中",是总与猥正连训。**取成之迹,相与危坐而说之,鼓歌而舞之,故博学多闻,而不免于惑。**○陈观楼云:"取成之迹",当依文子精诚篇作"取成事之迹"。**诗云:"不敢暴虎,不敢冯河。人知其一,莫知其他。"此之谓也。**无兵搏虎曰暴虎。无舟楫而渡曰冯河。言小人而为政,不可不敬,不敬则危,犹暴虎冯河之必死。人皆知暴虎冯河立至害也,故曰"知其一";而不知当畏脊小人危亡也,故曰"莫知其佗"。此不免于惑,此之谓也。

帝者体太一,体,法也。太一,天之刑神也。**王者法阴阳,霸**

者则四时，君者用六律。秉太一者，牢笼天地，弹压山川，牢，读屋霤，楚人谓牢为霤。弹山川，令出云雨，复能压止之也。含吐阴阳，伸曳四时，伸曳，犹伸引，和调之也。○文典谨按：艺文类聚十一引，伸曳作申洩。纪纲八极，经纬六合，○王念孙云："秉太一者"，秉字后人所加。下文"体太一者"云云，是释上文"体太一"之义；此文"太一者"云云，是专释"太一"二字之义，"太一者"之上不当有"秉"字也。且下文"阴阳者"、"四时者"、"六律者"皆与此文同一例，加一"秉"字，则与下文不合矣。艺文类聚帝王部一引此作"体太一者"，亦与下文相复。文选魏都赋、文赋注引此，皆作"太一者"，无"秉"字，亦无"体"字。覆露照导，普汜无私，普，太也。汜，众也。无私爱憎，言皆公也。○文典谨按：文选王元长三月三日曲水诗序注引，照导作昭道。又按：艺文类聚十一引，"普汜"下有"而"字。蠉飞蠕动，莫不仰德而生。○文典谨按：艺文类聚十一引，蠉飞作翾飞。集韵："蠉，虫行皃。"尔雅释虫"蜎蠉"，注："井中小赤虫也。"皆与飞字义不相属。说文："翾，小飞也。"当以作翾者为是。即原道篇"蠉飞蝡动"字，亦当作翾。阴阳者，承天地之和，形万殊之体，○文典谨按：艺文类聚十一引，万殊作万类。含气化物，以成埒类，埒，形也。赢缩卷舒，沦于不测，赢，长也。缩，短也。卷，屈也。舒，散也。沦，入也。测，深也。入于不可测尽之深。终始虚满，转于无原。转化归于无穷之原本也。○王念孙云：正文言无原，不言无穷之原，高说非也。原，度也，量也。言阴阳之化转于无量也。广雅："量、謜，度也。"謜与原通。宋玉神女赋"志未可乎得原"，韩子主道篇"掩其迹，匿其端，下不能原"，皆谓不可量度也。汉书王莽传"功亡原者赏不限"，言有无量之功则有不限之赏也。（颜师古注："无原，谓不可测其本原。"失之。）是古谓无量为无原。沦于不测，转于无原，其义一也。四时者，春生夏长，秋收冬藏，取予有节，出入有时，○王念孙云：有时本作有量，此涉上文"四时"而误也。取予有节，出入有量，量与节义相近。若作"时"，则非其指矣。且量与长、藏为韵，若作"时"，则失其韵矣。

文子正作"出入有量"。**开阖张歙,不失其叙,**歙,读曰胁。叙,次也。○文典谨按:御览十九引注,作"歙,读曰翕"。又艺文类聚十一引,歙作敛,疑非。**喜怒刚柔,不离其理。**理,道也。**六律者,生之与杀也,赏之与罚也,予之与夺也,**予,布施也。夺,取收也。**非此无道也,**则四时用六律之君,非用此上事,其余无他道也。**故谨于权衡准绳,审乎轻重,足以治其境内矣。**权衡,平也。准,法也。绳,直也。**是故体太一者,明于天地之情,通于道德之伦,聪明耀于日月,精神通于万物,动静调于阴阳,喜怒和于四时,德泽施于方外,**施,延。延于远方之外。**名声传于后世。**后世传闻之也。**法阴阳者,德与天地参,明与日月竝,**竝,併也。**精与鬼神总,**总,合也。**戴圆履方,抱表怀绳,**圆,天也。方,地也。表,正也。绳,直也。**内能治身,外能得人,**能得人之欢心。**发号施令,天下莫不从风。**风,化也。○王念孙云:"外能得人"本作"外得人心",高注"能得人之欢心",正释"得人心"三字。今本作"外能得人",即涉注内"能得人"而误。此文以绳、心、风为韵。(蒸、侵二部古或相通。秦风小戎篇以膺、弓、縢、兴、音为韵,大雅大明篇以林、兴、心为韵,生民篇以登、升、歆、今为韵,鲁颂閟宫篇以乘、縢、弓、綅、增、膺、惩、承为韵,管子小匡篇"子大夫受政,寡人胜任;子大夫不受政,寡人恐崩",心术篇"专于意,一于心,耳目端,知远之证",淮南本经篇"上下离心,气乃上蒸",说山篇"欲学歌讴者必先徵羽乐风,欲美和者始于阳阿、采菱",皆其证也。古音风字在侵部,弓字在蒸部,说见唐韵正。)若作"外能得人",则失其韵矣。文子正作"内能治身,外得人心"。**则四时者,柔而不脆,刚而不鞼,**鞼,折也。**宽而不肆,**肆,缓。虽宽不缓,过齐非也。**肃而不悖,**肃,急也。虽急不促悖。**优柔委从,以养群类,**类,物类也。**其德含愚而容不肖,无所私爱。**私,邪也。**用六律者,伐乱禁暴,进贤而退不肖,扶拨以为正,**拨,任也。扶,治也。

坏险以为平，矫枉以为直，矫，正也。枉，曲也。明于禁舍开闭之道，乘时因势以服役人心也。役，使也。帝者体阴阳则侵，为诸夏所侵陵。王者法四时则削，为诸夏所侵削。传曰“诸候侵犯王略”也。霸者节六律则辱，为邻国所侮辱。君者失准绳则废。为臣所废，更立贤君。故小而行大，则滔窕而不亲；滔窕，不满密也。不为下所亲附也。大而行小，则狭隘而不容。行小则政狭隘，而不容包臣下。贵贱不失其体，而天下治矣。不失其体，大行大，小行小也。

天爱其精，地爱其平，精，光明也。平，正也。〇俞樾云：诗黍苗篇“原隰既平”，毛传曰：“土治曰平。”此平字之义也。高注曰“平，正也”，未得其旨。人爱其情。情，性也。天之精，日月星辰雷电风雨也；地之平，水火金木土也；人之情，思虑聪明喜怒也。故闭四关，止五遁，则与道沦。四关，耳、目、心、口。遁，逸也。沦，入也。是故神明藏于无形，精神反于至真，真，身也。〇王念孙云：精神与神明意相复，神字即涉上句而误，精神当为精气。淮南一书多以神与气对文也。文子下德篇正作“精气反于至真”。则目明而不以视，耳聪而不以听，心条达而不以思虑，委而弗为，和而弗矜，矜，自大也。冥性命之情，而智故不得杂焉。杂，糅也。精泄于目则其视明，泄，犹通也。在于耳则其听聪，留于口则其言当，当，合也。集于心则其虑通。故闭四关则身无患，百节莫苑，苑，病也。苑，读南阳之宛也。〇王念孙云：“身无患”当依文子下德篇作“终身无患”。终身无患，百节莫苑，相对为文。下二句亦相对为文。脱去“终”字，则句法参差不协矣。莫死莫生，莫虚莫盈，是谓真人。言守其常。

凡乱之所由生者，皆在流遁。流遁之所生者五：流，放也。遁，逸也。**大构驾，兴宫室，**构，连也。驾，材木相乘驾也。○陶方琦云：文选芜城赋注引，驾作架。芜城赋注及谢朓铜雀台诗注并引许注云："皆屋构饬也。"饰、饬古通，故文选引许注下云"饬一作饰"。○文典谨按：初学记居处部引，驾亦作架。**延楼栈道，鸡栖井干，**延楼，高楼也。栈道，飞阁复道相通。鸡栖井干，复屋荧井也，刻花置其中也。**标株欂栌，**标株，柱类。欂，枅也。栌，柱上拊，即梁上短柱也。**以相支持，木巧之饰，盘纡刻俨，**盘，盘龙也。纡，曲屈。刻俨，浮首虎头之属。皆屋饰也。俨，读俨然之俨也。**羸镂雕琢，诡文回波，**羸镂，文章镂。雕，画也。玉曰琢。皆巧饰也。诡文，奇异之文也。回波，若水波也。**淌游瀷淢，菱杼紾抱，**淌游瀷淢，皆文画，拟象水势之貌。菱，芰。杼，采实。紾，戾也。抱，转也。皆壮采相衔持貌也。淌，读平敞之敞。瀷，读燕人强春言敕之敕。淢，读郁乎文哉之郁。杼，读楚言杼。紾，读紾结之紾。抱，读岐嶷之嶷。○王引之云：菱、杼皆水草也。杼读为芧，字亦作苎。汉书司马相如传上林赋"蒋芧青薠"，张揖曰："芧，三棱也。"文选芧作苎。张衡南都赋曰："其草则藨苎薠莞，蒋蒲蒹葭，藻茆菱芡，芙蓉含华。"是芧为水草也。作苎者或字，作杼者借字耳。(庄子山木篇"食杼栗"，徐无鬼篇作"芧栗"，是芧与杼通。)画为菱杼在水波之中，故曰"淌游瀷淢，菱杼紾抱"也。高以杼为采实，采实即橡栗，与菱为不类矣。**芒繁乱泽，巧伪纷挐，以相摧错，此遁于木也。**皆采色形象文章貌。挐，读人性纷挐不解之挐。**凿污池之深，肆畛崖之远，**肆，极也。崖，垠也。**来溪谷之流，饰曲岸之际，积牒旋石，以纯修碕，**饰，治也。牒，累。纯，缘也。以玉石致之水边，为修碕。或作旋石，旋石切以牒累流水边，为修碕。修碕，曲中水所棠处也。○陶方琦云：文选吴都赋注、江赋注引许注："碕，长边也。"按：碕即埼。汉书司马相如传："激堆埼。"又通隑。相如传"临曲江之隑州"，注引张揖曰："隑，长也。"与许注"长边"义同。盖碕从奇，奇羡、奇赢皆有长义。说文垂下云"远边也"，崖下云"高边也"，碕为长边，训义相类。○文典谨按："积牒旋石"，文选吴都赋注引作

"积叠琁玉"。**抑減怒濑,以扬激波,**抑,止也。減,怒水也。濑,急流也,而抑止,故激扬之波起也。○俞樾云:高注曰"減,怒水也",減既为怒水,何以又云怒濑乎?高说非也。減者,逆也。言抑而逆之,以扬其波也。庄子天下篇"其风窢然",郭注曰:"逆风所动之声。"水逆谓之減,犹风逆谓之窢。**曲拂邅回,以像湡、浯,**拂,戾也。邅回,转流也。湡,番隅;浯,苍梧。之二国多水,江湖环之,故多象渠池以自邅回,故法而象之也。湡,读愚戆之愚也。○庄逵吉云:钱别驾云:浯,灵门水名。湡,邢国水名。亦通。○文典谨按:文选王元长三月三日曲水诗序注引,湡浯作偶语。又引高注,作"拂,戾。邅回,水流也"。**益树莲菱,以食鳖鱼,**树,种也。莲,藕实也;菱,芰也。皆可以养鱼鳖。莲,读莲羊鱼之莲也。**鸿鹄鹔鹴,稻粱饶余,龙舟鹢首,浮吹以娱,此遁于水也。**鹔鹴,雁类。一曰:凤之别类。龙舟,大舟也,刻为龙文以为饰也。鹢,大鸟也,画其像著船头,故曰鹢首。于舟中吹籁与竽以为乐,故曰浮吹以娱。○文典谨按:北堂书钞百三十七、艺文类聚七十一、文选西都赋注、江文通杂体诗注、颜延年三月三日曲水诗序注引,娱并作虞。**高筑城郭,设树险阻,崇台榭之隆,**设,施也。树,立也。一说:种树木以为险阻,令难攻易守也。积土高丈曰台,加木曰榭也。**侈苑囿之大,以穷要妙之望,**侈,广也。有墙曰苑,无墙曰囿,所以畜禽兽也。尽极要[一]之观望也。**魏阙之高,上际青云,大厦曾加,拟于昆仑,**门阙高崇嵬嵬然,故曰魏阙。大厦,大屋也。曾,重。架,材木相乘架也。其高与昆仑山相拟象。**修为墙垣,甬道相连,**甬道,飞阁复道也。甬,读踊跃之踊。道,读道布之道也。**残高增下,积土为山,**残,堕也。增,益也。**接径历远,直道夷险,**接,疾也。径,行也。道之阨者正直之。夷,平也。**终日驰骛,而无迹蹈之患,此遁于土也。**○王念孙云:"接径历远"当在"直道夷险"之下。此以垣、连、山、远、患为韵,若移"直道夷险"于下,

〔一〕据正文,"要"下似脱"妙"字。

则失其韵矣。高注“接，疾也。径，行也”，亦当在“夷，平也”之下。盖正文为写者误倒，后人又改注以从之耳。文选谢惠连秋怀诗注引此已作“接径历远，直道夷险”，则其误久矣。又案：迹蹈当为蹪陷，字之误也。（俗书陷字作蹈，又因蹪字而误从足。）蹪与隤同。高注原道、说山、说林、修务并云：“蹪，蹶也。楚人谓蹶为蹪。”玉篇：“陷，隤也。”原道篇曰“先者隤陷，则后者以谋”，又曰“蹪陷（今本陷字亦误作蹈。）于污壑阱陷之中”，皆其证也。**大钟鼎，美重器，**钟，音之君也。重器，大器，盖钟鼎也。**华虫疏镂，以相缪纱，**书曰：“山龙华虫藻火粉米。”缪纱，相缠结也。**寝兕伏虎，蟠龙连组，**兕，兽名。寝伏各有形也。蟠龙诘屈相连，文错如织组文也。**焜昱错眩，照耀辉煌，**错，杂也。眩，惑也。照耀辉煌，焜光泽色貌也。**偃蹇蓼纠，曲成文章，雕琢之饰，锻锡文铙，乍晦乍明，**雕，画也。缘错锡铙文，如脂腻不可刷，如连珠不可掇，故曰乍晦乍明也。○庄逵吉云：铙，说文解字作“鐃，铁文[一]也”。**抑微灭瑕，霜文沉居，若簟籧篨，**言剑理之美，没灭其瑕，文铙如霜，皆没身中，故曰沉居。簟，竹簟。籧篨，苇席。取其邪文次叙，剑铙若此也。○孙诒让云：“抑微”无注，以义审之，疑微当读为衅，声近字通。周礼鬯人郑司农注云：“衅读为徽。”此借微为衅，与礼注读衅为徽正同。国语晋语韦注云：“衅，隙也。”抑微亦谓抑杜其衅隙，与灭瑕文相对也。**缠锦经冗，似数而疏，**剑文相句，连缠如绮，经冗如锦，似数如疏，文铙美眩人目。**此遁于金也。煎熬焚炙，**○文典谨按：北堂书钞百四十二引，焚作燔。**调齐和之适，以穷荆、吴甘酸之变，**荆，楚。言二国善酸咸之和，而穷尽之。**焚林而猎，烧燎大木，鼓橐吹埵，以销铜铁，**鼓，击也。橐，冶炉排橐也。埵，铜橐口铁筒，埵入火中吹火也，故曰吹埵。销，铄。**靡流坚锻，无猒足目，**○庄逵吉云：卢詹事云：“无猒足目”，别本作足日。**山无峻干，林无柘梓，**峻干，长枝也。柘，桑。梓，滋生也。○孙

[一]“文”字原本脱，据说文解字补。

诒让云：王云："梓当为梓。梓，古蘖字也。"案：王说是也。惟柘梓与峻干文不相对，柘疑当为硕之叚字，（柘、硕声类同。）硕梓谓萌蘖之大者。**燎木以为炭，燔草而为灰，野莽白素，不得其时，**莽，草也。白，素也。**上掩天光，下殄地财，此遁于火也。**殄，尽也。殄，读曰典也。**此五者一，足以亡天下矣。**五者之中有一，则足以灭亡也。**是故古者明堂之制，下之润湿弗能及，上之雾露弗能入，四方之风弗能袭，**明堂，王者布政之堂。上圆下方，堂四出，各有左右房，谓之个，凡十二所。王者月居其房，告朔朝历，颁宣其令，谓之明堂。其中可以序昭穆，谓之太庙。其上可以望氛祥，书云物，谓之灵台。其外圆，似辟雍。诸侯之制半天子，谓之泮宫，诗云"矫矫虎臣，在泮献馘"是也。**土事不文，**质也。**木工不斫，**朴而已。斫或作琢，不雕画也。**金器不镂，**不错镂设文饰也。镂，读娄之娄。○庄逵吉云：娄之者，字从母中女，即娄处子义也。此读从之。**衣无隅差之削，**隅，角也。差，邪也。古者质，皆全幅为衣裳，无有邪角。邪角，削杀也。**冠无觚蠃之理，**觚蠃之理，谓若马目笼相连干也。言"无"者，冠文取平直而已也。蠃，读指端蠃文之蠃也。**堂大足以周旋理文，**堂，明堂。所以升降揖让修礼容，故曰周旋。理文，理政事文书也。**静洁足以享上帝，礼鬼神，以示民知俭节。**孝经曰"宗祀文王于明堂，以配上帝"也。○文典谨按：艺文类聚三十八、初学记礼部上引，并作"示人知节也"。**夫声色五味，远国珍怪，瑰异奇物，足以变心易志，摇荡精神，感动血气者，不可胜计也。夫天地之生财也，本不过五。**不过五行之数。**圣人节五行，则治不荒。**五行，金、木、水、火、土也。水属阴行，火为阳行，木为燠行，金为寒行，土为风行。五气常行，故曰五行。

凡人之性，心和欲得则乐，心和，不喜不怒。欲得，无违耳。○文典谨按：群书治要引，心和作心平。**乐斯动，动斯蹈，蹈斯荡，荡斯**

歌，歌斯舞，歌舞节则禽兽跳矣。○王念孙云："歌舞节"当作"歌舞无节"。○俞樾云：此本作"舞则禽兽跳矣"，与下文"动则手足不静"、"发怒则有所释憾矣"文义一律，歌字、节字皆衍文也。下文曰："故钟鼓管箫，干鏚羽旄，所以饰喜也。"是此时所谓舞者，尚未有干鏚羽旄之饰，不过手之舞之，足之蹈之而已，其去禽兽跳踉无几也。今衍歌字、节字，义不可通。王氏谓当作"歌舞无节"，不知节与不节，尚非所论于此也。**人之性，心有忧丧则悲，悲则哀，**有忧，艰难也。丧，亡也。亡失所离，爱则悲，悲则伤。**哀斯愤，愤斯怒，怒斯动，动则手足不静。**静，宁也。擗踊哭泣，哀以送之也。**人之性，有侵犯则怒，怒则血充，**人性有侵犯则怒盛，气血充盈，以成其势。○文典谨按：群书治要引，"侵犯"上有"所"字。**血充则气激，气激则发怒，发怒则有所释憾矣。**释，解也。憾，恨也。**故钟鼓管箫，干鏚羽旄，所以饰喜也。衰绖苴杖，**苴，麻之有实者。衰，读曰崔杼之崔也。○陶方琦云：群书治要引许注："苴，艸。"按：说文："苴，履中艸。"说正同。**哭踊有节，所以饰哀也。**为哀所容，故曰饰也。**兵革羽旄，金鼓斧钺，所以饰怒也。必有其质，乃为之文。古者圣人在上，**○文典谨按：群书治要引，圣人作圣王。宋本同。**政教平，仁爱洽，上下同心，君臣辑睦，衣食有余，家给人足，**○文典谨按：群书治要引，作"家足人给"。**父慈**慈，柔。**子孝，兄良弟顺，生者不怨，死者不恨，**有道之世，人得其志，故生者不怨也。皆终其天命，故死者不恨。**天下和洽，人得其愿。夫人相乐，无所发贶，故圣人为之作乐以和节之。**夫人，众人也。但中心相乐，无以发其恩赐也，故圣人为之作乐以节之，犹通制也。○文典谨按：群书治要引，"乐"上有"礼"字。**末世之政，田渔重税，关市急征，泽梁毕禁，网罟无所布，耒耜无所设，民力竭于徭役，财用殚于会赋，**会，计。计人口数，责其税敛也。○陶方琦云：群书治要引许注："会，计。"按：

说文:“计,会也。”说正同。**居者无食,行者无粮,老者不养,死者不葬,赘妻鬻子,以给上求,犹弗能澹,**赘,从嫁也。或作赁妻。○文典谨按:群书治要引,作“犹不能赡其用”。澹、赡古通用。**愚夫惷妇皆有流连之心,凄怆之志,**流连,犹澜漫,失其职业也。凄怆,伤悼之貌。惷,读近贮益之肚戆,笼口言之也。○文典谨按:群书治要引,志作意。**乃使始为之撞大钟,击鸣鼓,吹竽笙,弹琴瑟,失乐之本矣。**○文典谨按:“乃使始为之”不辞。群书治要引无“使”字,是也。主术篇“而乃始撞大钟”云云,亦无“使”字。**古者上求薄而民用给,**给,足。**君施其德,臣尽其忠,父行其慈,子竭其孝,**竭,尽也。善事父母曰孝也。**各致其爱而无憾恨其间。**无憾恨,各得其愿也。**夫三年之丧,非强而致之,**非强行致孝子之情也,情自发于中。○王念孙云:“非强而致之”,“强”下当有“引”字。高注当作“非强引致孝子之情”,今本正文脱“引”字,注内“引”字又误作“行”。群书治要引此,正作“非强引而致之”。**听乐不乐,食旨不甘,思慕之心未能绝也。**三年之思,思慕之心未能自绝于哀戚也。○文典谨按:群书治要引,绝作弛,于义为长。**晚世风流俗败,嗜欲多,礼义废,君臣相欺,父子相疑,怨尤充胸,思心尽亡,**尽丧其忠孝思慕之心也。**被衰戴绖,戏笑其中,虽致之三年,失丧之本也。**本在哀戚。○文典谨按:群书治要引,也作矣,当从之。**古者天子一畿,诸侯一同,**方千里为畿,方百里为同。○陶方琦云:群书治要引许注:“畿,千里地。同,百里也。”按:说文:“畿,天子千里地。”与注淮南训合。**各守其分,不得相侵。**分,犹界也。**有不行王道者,暴虐万民,争地侵壤,乱政犯禁,召之不至,令之不行,**言不行上令者。行,读行马之行。**禁之不止,诲之不变,**诲,教也。变,更也。**乃举兵而伐之,戮其君,易其党,封其墓,类其社,**有贤者受恶君之诛,则封殖其墓。若武王伐纣,封比干之墓是也。祭社曰类。以事类祭之也。诗云"是类是祃"也。**卜其子孙以代之。**卜,择立其子孙之贤也。天子不灭国,诸侯不灭姓,古之政也。○陶方琦云:群书治要引许注:"天子不灭同姓,诸侯不灭国,自古之正也。"按:此许注羼入高注中者。古之政,盖古礼也。论语"兴灭国",天子事也;公羊"卫侯燬,何以名?绝。曷为绝之?为灭同姓也",诸侯事也。许注当乙转。**晚世务广地侵壤,并兼无已,举不义之兵,伐无罪之国,杀不辜之民,绝先圣之后,**辜,罪也。民皆帝王之后,故曰绝先圣之后。**大国出攻,小国城守,驱人之牛马,傒人之子女,**傒,系囚之系,读曰鸡。**毁人之宗庙,迁人之重宝,血流千里,暴骸满野,**○王念孙云:血流当为流血。流血与暴骸相对为文。群书治要引此,正作流血。兵略篇亦云"流血千里,暴骸盈场"。**以澹贪主之欲,非兵之所为生也。**言兵为禁暴整乱设,不为作乱生也。○文典谨按:群书治要引,生作主。**故兵者,所以讨暴,非所以为暴也。**言兵讨人之暴乱,非所以自为暴乱也。**乐者,所以致和,非所以为淫也。**乐荡人之邪志,存人之正性,致其中和而已,非所为自淫过也。**丧者,所以尽哀,非所以为伪也。**丧踊哭泣,所以尽孝子之哀情也,非所以为诈伪、佯哀戚而已也。**故事亲有道矣,而爱为务;**道,孝道。务在爱敬其亲。**朝廷有容矣,而敬为上;**朝廷之容济济也。父子主爱,君臣主敬,故以敬为上也。**处丧有礼矣,而哀为主;**处,居也。丧礼,三年之礼也。论语曰"丧与其易也,宁戚",故曰以哀为主也。**用兵有术矣,而义为本。**术,数也,阴阳天生[一]虚实之数也。传曰:"天生五材,民并用之,废一不可,谁能去兵。兵之所由来久矣,圣人以兴,乱人以亡。废兴存亡,昏明之术也。"故曰以义为本。**本立而道行,本伤而道废。**本立,义立也。本伤,义丧也。故曰道废。○文典谨按:群书治要引,"废"下有"矣"字。

〔一〕"生"字疑为"地"之讹。

淮南鸿烈集解卷九

主术训
主,君也。术,道也。君之宰国统御臣下,五帝三王以来,无不用道而兴,故曰"主术"也,因以题篇。

人主之术,处无为之事,而行不言之教,教,令也。谓不言而事办也。**清静而不动,一度而不摇,**○文典谨按:群书治要引,度作动。**因循而任下,责成而不劳。**成办而不自劳。**是故心知规而师傅谕导,**规,谋也。师者,所从取法则者也。傅,相也。谕导以正道也。○文典谨按:治要引,导作道。"谕道"与下文"称辞"对文,于义为长,当从之。今本作导者,涉下文"先导"而误耳。**口能言而行人称辞,足能行而相者先导,**相,仪也。**耳能听而执正进谏。**谏,或作谋也。○孙诒让云:正与政,声同古通。后文"执正营事"同。○文典谨按:孙说是也。治要引,正作"耳能听而执政者进谏"。**是故虑无失策,谋无过事,**过,犹误也。○王念孙云:谋本作举,此后人以意改之也。举犹动也。"虑无失策",以谋事言之;"举无过事",以行事言之。若改举为谋,则与"无过事"三字义不相属,且与上句相复矣。群书治要引此,正作"举无过事"。贾子保傅篇"是以虑无失计,而举无过事",即淮南所本。(大戴礼保傅篇同。)文子自然篇"谋无失策,举无过事",又本于淮南也。**言为文章,**○文典谨按:治要引,为作成。**行为仪表于天下,**为天下人所法则也。○俞樾云:"于天下"三字,衍文也。涉高注曰"为天下人所法则也",故误衍此三字。**进退应时,动静循理,不为丑美好憎,不为赏罚喜怒,名各自名,类各自类,事犹自然,**○文典谨按:治要引,犹作由。犹、由古通用。**莫出于己。故古之王者,冕而前旒所以蔽明也,**冕,王者冠也。前旒,前后垂珠饰邃筵也。下自目,故曰蔽明也。天子玉县十二,公侯挂珠九,卿点珠六,伯子各应随其命数也。○陶方琦云:群书治要引许注:"冕,冠也。前旒,冕前珠饰也。"按:说文"冕"下云:"冕,大夫以上冠也,邃延垂瑬纨纩。"又"瑬"下云:"垂玉也,冕饰。"**黈纩塞耳所以掩聪,**不欲其妄闻也。黈,读而买黈盖之黈也。○陶方琦云:群书治要引许注:"黈纩,所以塞耳。"按:说文"冕"下作"纨纩"。"纨"下云:"冕冠塞耳者也。"说正同。**天子外屏所以自障。**屏,树垣也。门内之垣谓之树。论语曰:"国君树塞门。"诸侯在内,天子在外,故曰所以自障也。**故所理者远则所在者迩,**○文典谨按:治要引,迩作近。**所治者大则所守者少。**○王念孙云:少当为小,字之误也。群书治要引此,正作小。**夫目妄视则淫,耳妄听则惑,**○文典谨按:治要引,听作闻。**口妄言则乱。夫三关者,不可不慎守也。若欲规之,乃是离之;**言嗜欲有所规合,乃是离散也。**若欲饰之,乃是贼之。**饰,好也。贼,败也。**天气为魂,地气为魄,反之玄房,各处其宅。守而勿失,上通太一。太一之精,通于天道。**○王念孙云:"通于天道"本作"通合于天",今本脱"合"字,衍"道"字。("道"字涉下句"天道玄默"而衍。)文子自然篇正作"通合于天"。天与精为韵。(天字合韵读若汀。小雅节南山篇"不吊昊天"与定、生、宁、酲、成、政、姓为韵。大雅云汉篇"瞻卬昊天"与星、嬴、成、正、宁为韵。瞻卬篇"瞻卬昊天"与宁、定为韵。乾彖传"乃统天"、"时乘六龙以御天"与形、成、命、贞、宁为韵。坤彖传"乃顺承天"与生为韵。乾文言"时乘六龙,以御天也"与精、情、平为韵。楚辞九章"瞭杳杳而薄天",九辩"瞭冥冥而薄天",并与名为韵。凡周、秦用韵之文,天字多有入耕部者。诗、易、楚辞而外,不可枚举。)若作"通于天道”，则失其韵矣。此文上下十八句皆用韵。天道玄默，无容无则，大不可极，深不可测，测，尽。尚与人化，知不能得。天道至大，非人智虑所能得也。

昔者神农之治天下也，神不驰于胸中，言释神安静，不躁动也。智不出于四域，信身在中。怀其仁诚之心，怀，思。甘雨时降，○文典谨按：御览七十八引，“甘雨时降”作“甘雨以时”。五谷蕃植，蕃，茂。植，长。春生夏长，秋收冬藏。月省时考，岁终献功，以时尝谷，谷，新谷也。荐之明堂，尝之也。○文典谨按：北堂书钞二十八引，献功作报功。祀于明堂。明堂之制，有盖而无四方，风雨不能袭，寒暑不能伤。○文典谨按：御览七十八引，寒暑作燥湿。迁延而入之，养民以公。迁延，犹倘佯也。已说在本经也。其民朴重端悫，端，直也。悫，诚也。不忿争而财足，不劳形而功成。因天地之资，而与之和同，是故威厉而不杀，○王念孙云：杀本作试，此后人以意改之也。荀子议兵、宥坐二篇及史记礼书并云“威厉而不试，刑错而不用”，不试犹不用也。若云“不杀”，则非其指矣。太平御览皇王部三引此，正作“不试”。文子精诚篇同。刑错而不用，法省而不烦，省，约也。烦，多也。故其化如神。其地南至交阯，北至幽都，幽冥之都。东至旸谷，旸谷，日所出也。西至三危，三危，西极之山。莫不听从。当此之时，法宽刑缓，囹圄空虚，而天下一俗，一同其俗。莫怀奸心。末世之政则不然，上好取而无量，下贪狼而无让，民贫苦而忿争，事力劳而无功，智诈萌兴，盗贼滋彰，上下相怨，号令不行。执政有司，不务反道矫拂其本，而事修其末，事，治。削薄其德，曾累其刑，而欲以为治，无以异于执弹而来鸟，捭棁而狎犬也，乱乃逾甚。逾，益。○庄逵吉云：棁，说文解字云：“木杖也。”考祢衡执棁以骂曹操，亦是杖。此捭棁义当从之。○陈观楼云：说山篇作"执弹而招鸟，挥棁而呼狗"，则捭字当为挥字之讹。说文："挥，奋也。"○陶方琦云：意林、御览九百五、事类赋引许注："挥，挟。棁，杖也。"按：说文："棁，木杖也。"说正同。说文："挟，俾持也。"○文典谨按：御览九百五引，捭作袖。

夫水浊则鱼噞，鱼短气，出口于水，喘息之谕也。○文典谨按：文选吴都赋注、长笛赋注引，"噞"下皆有"喁"字。**政苛则民乱。**言无聊也。○庄逵吉云：说文解字："喁，鱼口上见。"论语素王受命谶曰："莫不喁喁，延颈归德。"盖亦众口上向之义。"水浊则鱼喁，政苛则民乱"十字出韩诗外传。淮南之文，博采通人，信而有证。此乃改喁为噞，噞、喁古音相近，古字无即异文与？**故夫养虎豹犀象者，为之圈槛，供其嗜欲，适其饥饱，违其怒恚，然而不能终其天年者，形有所劫也。是以上多故则下多诈，**故，诈。○洪颐煊云：原道训"不设智故，而方圆曲直弗能逃也"，高注："智故，巧饰也。"俶真训"不以曲故是非相见"，高注："曲故，曲巧也。"本经训"怀机械巧故之心而性失矣"，俶真训"巧故萌生"，吕氏春秋下贤篇"空空乎其不为巧故也"，故当训为巧，不为诈也。**上多事则下多态，上烦扰则下不定，**不定，不知所从也。**上多求则下交争。不直之于本，而事之于末，譬犹扬堁而弭尘，抱薪以救火也。**堁，尘塺也，楚人谓之堁。堁，动尘之貌。弭，止也。○陶方琦云：文选宋玉风赋注引许注："堁，尘塺也。"按：此许注羼入高注本者。说文："塺，尘也。"广雅释诂："堁，尘也。"**故圣人事省而易治，求寡而易澹，**澹，给。**不施而仁，不言而信，不求而得，不为而成，块然保真，抱德推诚，**诚，实。**天下从之，如响之应声，景之像形，其所修者本也。**詹何曰："未闻身治而国乱。"故曰其所修者本也。**刑罚不足以移风，杀戮不足以禁奸，唯神化为贵。至精为神。夫疾呼不过闻百步，志之所在，逾于千里。**逾，犹过也。**冬日之阳，夏日之阴，万物归之，而莫使之然。**冬日仁物归阳，夏日猛物归阴，莫使之，自然如是也。**故至精之像，弗招而自来，不麾而自往，窈窈冥冥，不知为之者谁，而功自成。智者弗能诵，辩者弗能形。**

昔孙叔敖恬卧，而郢人无所害其锋；郢，楚国都也。孙叔敖，楚大夫也。盖乘马三年，不知其牝牡，言其贤也。但恬卧养德，折冲千里之外，敌国不敢犯害，故郢人不举兵出伐，无所害其锋于四方也。○王念孙云："害其锋"三字义不相属，害当为用，字之误也。（隶书害字作㝛，其上半与用相似。）高注亦当作"故郢人不举兵出伐，无所用其锋于四方"。庄子徐无鬼篇作"孙叔敖甘寝秉羽，而郢人投兵"。投兵亦谓无所用之也。又缪称篇"夜行瞑目而前其手，事有所至，而明有不害"。案：不害二字义不可通，害亦当为用。夜行者瞑目而前其手，是不用目而用手，故曰"明有不用"也。说林篇曰："夜行者掩目而前其手，涉水者解其马载之舟，事有所宜而有所不施。"施亦用也。（见原道、修务二篇注。）○俞樾云：害字无义。王氏念孙谓是用字之误，然用与害字形不似，无缘致误也。害盖容字之误，容亦用也。释名释姿容曰："容，用也，合事宜之用也。"是其义也。无所容其锋，即无所用其锋。老子曰："兵无所容其刃。"此淮南所本也。**市南宜辽弄丸，而两家之难无所关其辞。**宜辽，姓也，名熊，勇士，居楚市南。楚平王太子建为费无忌所逐，奔郑，郑人杀之。其子胜在吴，令尹子西召之，以为白公。请伐郑以报雠，子西许之，而未出师。晋人伐郑，子西救之。胜怒曰："郑人在此，雠不远矣。"欲杀子西。其臣石乞曰："市南熊宜辽，得之可以当五百人。"乃往视之，告其故，不从。举之以剑而不动，而弄丸不辍，心志不惧，曰："不能从子为乱，亦不泄子之事。"白公遂杀子西。故两家虽有难，不怨宜辽。故曰无所关其辞也。○庄逵吉云：应云"宜辽，名也，姓熊"。**鞅鞈铁铠，**○孙诒让云：鞅为马颈靼，于甲义无取。此疑当为鞼。草书央、贵二形近，因而致误。国语齐语云："轻罪赎以鞼盾一戟。"韦注云："鞼盾，缀革有文如缋也。"说文革部云："鞼，革绣也。"荀子议兵篇云："楚人鲛革犀兕以为甲，鞈如金石。"杨注云："鞈，坚貌。"考工记有合甲，此鞼鞈亦言合缀革札为甲也。**瞋目扼掔，**○庄逵吉云：掔即腕字。本或作擊者非。**其于以御兵刃，县矣！**县，远也。比于德，不及之远。**券契束帛，刑罚斧钺，其于以解难，薄矣！**薄于德也。**待目而照见，待言而使令，其于为治，难矣！蘧伯玉为相，子贡往观之，曰："何以治国？"曰："以弗治治之。"**蘧伯玉，卫大夫蘧瑗也。子贡，卫人也，姓端木，名赐，孔子弟子也。**简子欲伐卫，使史黯往觌焉。**简子，晋卿赵鞅也。史黯，史墨也。觌，观之也。○王念孙云：觌训为见，不训为观。觌皆当为覰。广雅曰："观、覰，视也。"玉篇："覰，七亦切，观也。"义皆本于高注。后人多见觌，少见覰，故覰误为觌矣。**还报曰："蘧伯玉为相，未可以加兵。"**以其贤也。**固塞险阻，何足以致之！**致，犹胜也。**故皋陶喑而为大理，天下无虐刑，有贵于言者也。**虽喑，平狱理讼能得人之情，故贵于多言者也。**师旷瞽而为太宰，晋无乱政，有贵于见者也。**虽盲，而大治晋国，使无有乱政，故贵于有所见。**故不言之令，不视之见，**不言之令，皋陶喑也。不视之见，师旷瞽也。**此伏牺、神农之所以为师也。故民之化也，**○王念孙云："民之化也"本作"民之化上也"。下句"其"字，正指"上"而言，脱"上"字，则义不相属。文子精诚篇正作"民之化上"。**不从其所言，而从所行。故齐庄公好勇，不使斗争，而国家多难，其渐至于崔杼之乱。**庄公，齐灵公之子光。崔杼，齐大夫也。乱，杀庄公也。**顷襄好色，不使风议，而民多昏乱，其积至昭奇之难。**楚顷襄王。昭奇，楚大夫也。**故至精之所动，若春气之生，秋气之杀也，虽驰传骛置，不若此其亟。**亟，疾。**故君人者，其犹射者乎！于此豪末，于彼寻常矣。故慎所以感之也。夫荣启期一弹，而孔子三日乐，感于和。邹忌一徽，而威王终夕悲，感于忧。**徽，鹜弹也。威王，齐宣王之父也，在春秋后。徽，读纷麻縗车之縗也。○陶方琦云：文选陆机文赋注、刘孝标广绝交论注、陆机吊魏武文注引许

注:"鼓琴循弦谓之徽。悲雅俱有,所以成乐。直雅而无悲,则不成。"按:二注文异。汉书扬雄传"高张急徽",注:"徽,琴徽也。"然循弦之说,义与挥同。琴赋云"伯牙挥手"是也。"悲雅"下当有误文,疑是"悲弦俱有,所以成乐。直弦而无悲,则不成乐"。雍门周善弹琴,以哭见孟尝君,即此意也。齐俗训:"徒弦则不能悲。故弦,悲之具也,而非所以为悲。"许注即本此。**动诸琴瑟,形诸音声,而能使人为之哀乐。**哀,威王也。乐,孔子也。**县法设赏,而不能移风易俗者,其诚心弗施也。甯戚商歌车下,桓公喟然而寤,**甯戚饭牛车下,叩角商歌,齐桓公悟之,用以为相。○陶方琦云:王子渊四子讲德论注、陶渊明夜行涂口诗注引许注:"甯越,卫人。闻齐桓公兴霸,无因自达,将车自往。商,秋声也。"按:二注文异,许本作甯越,甯越乃周威王师,非是。越当是戚。说文:"戚,戉也。"当是古本或作戉,遂加走为越也。今道应训亦作甯越,均误。道应训:"甯越欲干齐桓公,困穷无以自达,于是为商旅,将任车以商于齐。"许即用此文。文选啸赋注亦引淮南子注:"甯戚,卫人。商,金声清,故以为曲。"当并是许注。**至精入人深矣!故曰:乐听其音则知其俗,见其俗则知其化。**○王念孙云:乐字与下文义不相属,当有脱文。文子精诚篇作"听其音则知其风,观其乐即知其俗,见其俗即知其化"。**孔子学鼓琴于师襄,**师襄,鲁乐太师也。**而谕文王之志,见微以知明矣。**谕,教。教之鼓文王操也。**延陵季子听鲁乐而知殷、夏之风,论近以识远也。作之上古,施及千岁而文不灭,况于并世化民乎!汤之时,七年旱,**○文典谨按:初学记天部下引,七年作九年。**以身祷于桑林之际,而四海之云凑,千里之雨至。**凑,会也。或作蒸。蒸,升也。**抱质效诚,感动天地,神谕方外,令行禁止,岂足为哉!**

古圣王至精形于内,而好憎忘于外,形,见。好憎,情欲以充。**出言以副情,发号以明旨,陈之以礼乐,风之以歌谣,业贯万世而不壅,**贯,通。壅,塞也。○王念孙云:业当为叶,声之误也。

叶,聚也,积也。贯,累也。言积累万世而不壅塞也。方言曰:“叶,聚也。(广雅同。)楚通语也。”楚辞离骚“贯薜荔之落蕊”,王注曰:“贯,累也。”(广雅同。)荀子王霸篇“贯日而治详”,杨倞曰:“贯日,积日也。”是叶贯皆积累之意也。俶真篇曰:“枝解叶贯,万物百族。”义与此叶贯同。原道篇曰:“大浑而为一,叶累而无根。”叶累犹叶贯也。俶真篇曰:“横廓六合,揲贯万物。”揲贯犹叶贯也。(彼言横廓六合,犹此言横扃四方,彼言揲贯万物,犹此言叶贯万世。故广雅云:“揲,积也。”)高注训贯为通,失之矣。**横扃四方而不穷,禽兽昆虫与之陶化,**化,从。昆虫,或作鬼神。**又况于执法施令乎!故太上神化,其次使不得为非,其次赏贤而罚暴。**暴,虐乱也。**衡之于左右,无私轻重,故可以为平。**衡,铨衡也。**绳之于内外,无私曲直,故可以为正。人主之于用法,无私好憎,故可以为命。夫权轻重不差蟁首,**蟁首,犹微细也。**扶拨枉桡不失针锋,直施矫邪不私辟险,奸不能枉,谗不能乱,德无所立,**立,见。**怨无所藏,是任术而释人心者也,故为治者不与焉。**治在道,不在智,故曰不与。〇王念孙云:“不与”上当有“智”字。老子曰:“以智治国,国之贼。不以智治国,国之福。”故曰“为治者智不与焉”。脱去“智”字,则文不成义。高注曰:“治在道,不在智,故曰不与焉。”则有“智”字明矣。文子下德篇正作“知不与焉”。**夫舟浮于水,车转于陆,此势之自然也。木击折轊,**〇文典谨按:意林引,轊作轴。**水戾破舟,不怨木石而罪巧拙者,**罪御者、刺舟者之巧拙也。〇俞樾云:“水戾破舟”当作“石戾破舟”,故云“不怨木石”。今作“水戾”,则下句“石”字无著矣。巧字疑功字之误。功与工通,周官肆师职“凡师不功”,故书功为工是也。不罪木石而罪工拙,工即工人之工,言不罪木石而罪作舟车者之拙也。高注曰:“罪御者、刺舟者之巧拙也。”是其所据本已误。〇文典谨按:意林引,“巧拙者”下有“何也”二字。**知故不载焉。**言木石无巧诈,故不怨也。〇文典谨按:意林引作“智有不周”。**是故道有智则惑,**言道智则惑也。**德有心则险，心有目则眩。**眩于物也。**兵莫憯于志而莫邪为下，**○陶方琦云：史记集解引许注："莫邪，大戟也。"按：说文镆字下云："镆铘也。"集解引文当是许注淮南本，故作莫邪。汉书扬雄传"杖镆邪"，注亦云"镆邪，大戟也"。修务训"而不期于墨阳、莫邪"，高注"美剑名"，正与许异。**寇莫大于阴阳而枹鼓为小。**小，细。憯，犹利也。以智意精诚伐人为利。老子曰："重积德则无不克。"故以莫邪为下也。寇亦兵也。推阴阳虚实之道为大，故以枹鼓为小也。**今夫权衡规矩，一定而不易，不为秦、楚变节，不为胡、越改容，常一而不邪，方行而不流，一日刑之，万世传之，而以无为为之。**言无所为为之，为自为之。**故国有亡主，而世无废道；**亡主，桀、纣是也。汤、武以其民王，故曰无废道也。**人有困穷，而理无不通。**理，道。**由此观之，无为者，道之宗。**宗，本。**故得道之宗，应物无穷；任人之才，难以至治。**才，智也。

汤、武，圣主也，而不能与越人乘幹舟而浮于江湖；幹舟，小船也，危险，越人习水，自能乘之，故汤、武不能也。一曰：大舟也。○王念孙云：古无谓小船为幹者，幹当为軨，字之误也。軨与舲同字，或作艋。广雅曰："艋，舟也。"玉篇："舲，与艋同，小船有屋也。"楚辞九章："乘舲船余上沅兮。"王注曰："舲船，船有窗牖者。"俶真篇："越舲蜀艇，不能无水而浮。"高注曰："舲，小船也，越人所便习。"正与此注相同。艺文类聚舟车部、太平御览舟部引此，并作舲舟。御览又引高注："舲舟，小船也。"皆其证矣。○文典谨按：王说是也。群书治要引此文，幹作舤，文虽小异，然幹之为误字，益明矣。**伊尹，贤相也，而不能与胡人骑騵马而服騊駼；**黄马白腹曰騵。诗云："驷騵彭彭。"騊駼，野马也，胡人所习。伊尹虽贤，不能与服也。○陶方琦云：群书治要引许注："原，国名，在益州西南，出千里马。騊駼，北野马。"按：二注正异。许作国名，即隐十一传"温、原、絺、樊"之原，与高作騵解异也。说文亦无騵字，騊下云："騊駼，北野之良马。"与此作北野马正同。**孔、墨博**

通，而不能与山居者入榛薄险阻也。孔，孔子也。墨，墨翟也。聚木为榛，深草为薄，山居者所习，故孔、墨者不能也。阻或作涂。○王念孙云："险阻"上脱"出"字。"入榛薄，出险阻"与"骑驱马，服驹骖"相对为文。群书治要引此有"出"字。**由此观之，则人知之于物也，浅矣，而欲以遍照海内，存万方，**○文典谨按："照海内"、"存万方"相对为文，加一"遍"字，则句法参差不齐，"遍"字疑衍文也。群书治要引此文无"遍"字。下文"如此而欲照海内，存万方，是犹塞耳而听清浊，掩目而视青黄也"，亦无"遍"字，皆其证也。**不因道之数，而专己之能，则其穷不达矣。**○王念孙云："道之数"本作"道理之数"，此后人以意删之也。下文曰："不循道理之数。"又曰："拂道理之数，诡自然之性。"原道篇曰："循道理之数，因天地之自然。"皆其证也。群书治要引此正作道理之数。文子下德篇"同则其穷不达矣"，达当为远，字之误也。"其穷不远"谓其穷可立而待也。文子下德篇正作远。氾论篇"人章道息，则危不远矣"，语意略与此同。**故智不足以治天下也。桀之力，制觡伸钩，索铁歙金，椎移大牺，水杀鼋鼍，陆捕熊罴，**觡，角也。索，绞也。歙，读协。○陶方琦云：史记正义八，御览八十二、又九百三十二引许注："戏，大旗也。"按：高无注，今高本作大牺，亦小异。戏通麾。说文作麾，曰"旌旗，所以指麾也"。周礼"建大麾"，郑注："大麾不在九旗中。"孙氏晏子音义以谓大戏当是人名，此古说之互异。然淮南本义不作人名解。○文典谨按：御览八十二引，制觡作剔觡。四百三十七引，歙金作揉金，捕作搏。九百三十二引，歙金作操金。**然汤革车三百乘，困之鸣条，擒之焦门。**焦或作巢。○庄逵吉云：焦与巢古字通。**由此观之，勇力不足以持天下矣。**○王念孙云：力字因勇字而衍。"勇不足以持天下"，与上文"智不足以治天下"相对为文，不当有"力"字。群书治要及太平御览人事部七十六引此，皆无"力"字。下文"勇不足以为强"，亦无"力"字。**智不足以为治，勇不足以为强，则人材不足任，明也。**○文典谨按：群书治要引，作"则人才不足以任，明矣"。**而君人**

者不下庙堂之上，而知四海之外者，因物以识物，因人以知人也。故积力之所举，则无不胜也；众智之所为，则无不成也。埳井之无鼋鼍，隘也；园中之无修木，小也。夫举重鼎者，力少而不能胜也，及至其移徙之，不待其多力者。故千人之群无绝梁，万人之聚无废功。

夫华骝、绿耳，一日而至千里，然其使之搏兔，不如豺狼，伎能殊也。殊，异。〇王引之云：太平御览兽部八引此，豺狼作狼契。按：狼、契皆犬名也。广雅曰"狼狐狂獱"，犬属也。玉篇："猰，公八切，杂犬也。"（广韵同。）猰与契通。犬能搏兔而马不能，故曰搏兔不如狼契也。后人不知狼契为犬名，而改为豺狼。豺狼可使搏兔，所未闻也。鸱夜撮蚤蚊，察分秋豪，昼日颠越，不能见丘山，形性诡也。鸱，鸱鸺也，谓之老菟，夜鸣人屋上也。夜则目明，合聚人爪以著其巢中，故曰察分秋豪。昼则无所见，故曰形性诡也。〇王引之云：庄子秋水篇："鸱夜撮蚤，察豪末。昼出，瞋目而不见丘山。"司马本蚤作蚉，云"鸱夜取蚉食"。崔本作爪，云"鸺鹠夜聚人爪于巢中也"。爪、蚤通用，故崔本作爪。蚤、蚉字形相似，故司马本作蚉。然则蚤蚉二字不得而并存矣。淮南作蚤，故高氏但言合聚人爪，而不言食蚉。后人乃取司马本之蚉字增于此处蚤字之下，其失甚矣。秋水篇释文曰："淮南子：'鸱夜聚蚤，察分豪末。'许慎云：'鸱夜聚食蚤虱不失也。'"李善注文选演连珠曰："淮南子曰：'鸱夜撮蚤，察分豪末。昼出，瞋目而不见丘山。'高诱曰：'鸱鸺谓之老菟。'"据二书所引，则许、高本俱无"蚉"字，明矣。"颠越"二字，与"不见丘山"意不相属，且高注但言昼无所见，而不言颠越。文选注引此，正作"瞋目而不见丘山"，与庄子同。疑瞋目二字讹作颠目，而后人遂改为颠越也。撮蚤之说，许、高异义。揆之事理，则许注为雅驯耳。〇陶方琦云：庄子释文引许注："鸱夜聚食蚤虱不失也。"按：二注文义并异。许本训为蚤虱之蚤，高本作指爪解，是显异也。说文："蚤，跳虫啮人也。"庄子司马注曰："鸱，鸺鹠，夜取蚤食。"崔譔本作爪。太平广记四百八十二引感应经云："鸺鹠食人遗爪。"非也。盖鸺鹠夜能拾蚤虱，爪、蚤音近，故误云也。纂文云：

"鸺鹠一名忌欺,白日不见人,夜能拾蚤虱也。蚤、爪音相近,俗人云鸺鹠食人弃爪,相其吉凶,妄说也。"据纂文所云,则许本作蚤虱解为长。**夫螣蛇游雾而动,应龙乘云而举,**○王念孙云:上句本作"螣蛇游雾而腾",后人以腾与螣同音,因妄改为动耳。不知螣是蛇名,而腾为升义,本不相复。腾与举亦同义,故下句云"应龙乘云而举"。改腾为动,则文不成义矣。太平御览鳞介部一引此,正作腾。说苑说丛篇同。(说苑作"腾蛇游雾而腾,龙乘云而举"。今本"腾"上有"升"字,此后人误以"腾"字属下句读,因妄加"升"字也。)大戴礼劝学篇亦云"螣蛇无足而腾"。**猿得木而捷,鱼得水而骛。**骛,疾也。**故古之为车也,漆者不画,凿者不斫,工无二伎,士不兼官,各守其职,不得相奸,**奸,乱也。**人得其宜,物得其安,是以器械不苦,而职事不嫚。**苦,读盬。嫚,捕器。嫚,读慢缓之慢。**夫责少者易偿,**○文典谨按:意林引,责作债。**职寡者易守,**寡,少也。**任轻者易权。**权,谋也。○俞樾云:文子下德篇作"任轻易劝也",劝字之义,视权字为长,言任轻则易举,故人皆相劝而为之也。高注曰:"权,谋也。"其所据本已误。**上操约省之分,下效易为之功,是以君臣弥久而不相猒。**猒,欺也。

君人之道,其犹零星之尸也,尸,祭主也。尸食饱,以知神之食亦饱。诗曰:"公尸燕饮,在宗载考。"**俨然玄默,而吉祥受福。**尸不言语,故曰玄默。○文典谨按:北堂书钞九十引,零作灵,吉祥作鞠而。**是故得道者不为丑饰,不为伪善,**不饰为美,亦不枉为善也。○王念孙云:此本作"不伪丑饰,不伪善极",伪即为字也。(古为字多作伪,说见史记淮南衡山传"为伪"下。)不伪丑饰,不伪善极,相对为文,故高注云"不饰为美,亦不极为善也"。(道藏本、刘本、朱本、茅本皆如是。庄改不极为不枉,谬甚。)后人误读"伪"为"诈伪"之伪,而改上句"伪"字作"为",又改下句作"不为伪善",则既与上句不对,而又与高注不合矣。且极与饰为韵,若作"不为伪善",则失其韵矣。**一人被之而不褒,**褒,大也。**万人蒙之而不褊。**蒙,冒。褊,小也。**是故重为惠,若重为暴,则治道通矣。**通,犹顺也。○王念孙云:"重为惠若重为暴",本无"若"字,后人以诠言篇云"重为善若重为非",故加"若"字也。不知彼文是言为善者必生事,故曰"重为善若重为非",此言惠暴俱不可为,则二者平列,不得云"重为惠若重为暴"也。下文"为惠者生奸","为暴者生乱",即承此文言之,则惠暴平列,明矣。文子自然篇作"是故重为惠,重为暴,即道达矣",无"若"字。**为惠者,尚布施也。无功而厚赏,无劳而高爵,则守职者懈于官,而游居者亟于进矣。为暴者,妄诛也。无罪者而死亡,行直而被刑,则修身者不劝善,而为邪者轻犯上矣。**言不可不慎也。**故为惠者生奸,而为暴者生乱。奸乱之俗,亡国之风。**风,化。**是故明主之治,国有诛者而主无怒焉,**因法而行,故不怒也。**朝有赏者而君无与焉。**因功而行,故不与也。**诛者不怨君,罪之所当也;赏者不德上,功之所致也。民知诛赏之来,皆在于身也,故务功修业,不受赣于君。**赣,赐也。**是故朝廷芜而无迹,田野辟而无草,故太上下知有之。**言太上之世,下知之人皆能有此术。

桥直植立而不动,俯仰取制焉;桥,桔皋上衡也。植,柱权衡者。行之俯仰,取制于柱也。以谕君也。**人主静漠而不躁,**躁,动也。**百官得修焉。譬而军之持麾者,**○陶方琦云:宋苏颂淮南校题序,许本"如"作"而"。按:苏氏曰:"许于卷内多用叚借,如以'而'为'如'之类。"此"譬如"作"譬而",当是许本。高本当作譬如。御览三百四十一引高本此注,正作譬如。古而、如通也。**妄指则乱矣。慧不足以大宁,智不足以安危,与其誉尧而毁桀也,不如掩聪明而反修其道也。**不足以大宁者,小惠也。不足以安危者,小智也。如此人者,欲誉尧而毁桀,以成善善恶恶之名,人犹有强知之人尔,不如掩聪明而本修大道成名之速也。人君之道亦如此也。**清静无为,则天与之时;廉俭守节,则地生之**

财；人君德行如此，故天与之时，地生之财。天与之时，汤、武是也。地生之财，神农、后稷也。处愚称德，则圣人为之谋。若伊尹为汤谋，傅说为高宗谋是。孟子曰："伊尹，圣之任。"国语曰"武丁以象旁求圣人，得傅说于傅岩"也。是故下者万物归之，虚者天下遗之。遗，与也。夫人主之听治也，清明而不暗，虚心而弱志，是故群臣辐凑并进，无愚智贤不肖莫不尽其能。于是乃始陈其礼，建以为基。建，立也。基，业也。是乘众势以为车，御众智以为马，虽幽野险涂，则无由惑矣。幽，深也。险，犹远也。人主深居隐处以避燥湿，闺门重袭以避奸贼，〇王念孙云：下"避"字当作"备"。俗读备、避声相乱，又涉上"避"字而误也。（吕氏春秋节丧篇"奸邪盗贼寇乱之患，慈亲孝子备之者，得葬之情矣"，俗本备作避，亦因上文而误。）重门所以防贼，故言备。作避，则义不可通矣。文选西京赋注引此，正作备。内不知闾里之情，外不知山泽之形，帷幕之外，目不能见十里之前，耳不能闻百步之外，天下之物无不通者，通，知。〇文典谨按：治要作"然天下之物无所不通者"。其灌输之者大，而斟酌之者众也。是故不出户而知天下，不窥牖而知天道。乘众人之智，则天下之不足有也。专用其心，则独身不能保也。保，犹守也。〇文典谨按：治要保作守。是故人主覆之以德，不行其智，而因万人之所利。夫举踵天下而得所利，故百姓载之上，弗重也；错之前，弗害也；举之而弗高也，推之而弗猒。尊重，举之不自觉高也。推，求也，奉也。主道员者，运转而无端，端，厓也。化育如神，虚无因循，常后而不先也。〇文典谨按：治要"先"下有"者"字。臣道员者运转而无方者，〇王念孙云："臣道员者运转而无方者"，本作"臣道方者"。其"员者运转而无"六字，则因上文而误衍也。群书治要引，无此六字。文子上义篇亦无。主道员，臣道方，方员不同道，故下文云“君臣异道则治,同道则乱”也。吕氏春秋圜道篇亦云:“主执圜,臣执方。方圜不易,其国乃昌。”论是而处当,为事先倡,守职分明,以立成功也。是故君臣异道则治,不易夺,言相和。同道则乱。君所谓可,臣亦曰可,君所谓否,臣亦曰否,是同也。莫相匡弼,故曰乱也。各得其宜,处其当,则上下有以相使也。君得君道,臣得臣道,故曰得其宜也。〇文典谨按:治要“处”下有“得”字。夫人主之听治也,虚心而弱志,清明而不暗,是故群臣辐凑并进,无愚智贤不肖莫不尽其能者,则君得所以制臣,臣得所以事君,治国之道明矣。文王智而好问,故圣。好问,欲与人同其功。武王勇而好问,故胜。胜殷也。夫乘众人之智,则无不任也;用众人之力,则无不胜也。〇俞樾云:“无不任也”当作“无不圣也”。上文曰:“文王智而好问,故圣。武王勇而好问,故胜。”此即承上文而言。说文耳部:“圣,通也。”无不圣即无不通也。后人不达“圣”字之义,疑“无不圣也”于文难通,故臆改为“任”字。不知任即胜也。勇当言胜,智当言圣。若亦言任,则与胜义复,而无以为智勇之别矣。千钧之重,乌获不能举也;千钧,三万斤也。乌获,秦武王之力士也。武王试其力,使举大鼎,腕脱而不任,故曰不能举也。众人相一,则百人有余力矣。是故任一人之力者,则乌获不足恃;不能胜,故不恃也。乘众人之制者,则天下不足有也。人众力强,以天下为小,故曰不足有也。

禹决江疏河,以为天下兴利,而不能使水西流。稷辟土垦草,以为百姓力农,然不能使禾冬生。岂其人事不至哉?其势不可也。夫推而不可为之势,而不修道理之数,推,行。〇王念孙云:“推而不可为之势”,“而”字涉下文而衍。虽神圣人不能以成其功,而况当世之主乎!夫载重而马羸,虽造父不能以致远;造父,周穆王之善御臣也。车轻马良,虽中工可使追速。○文典谨按："车轻"下当有"而"字，始与上文"载重而马赢"一律。群书治要及御览七百四十六引，并作"车轻而马良"。又按：致远，御览作追急。追速作致远。是故圣人举事也，○文典谨按：群书治要引，"圣人"下有"之"字。岂能拂道理之数，诡自然之性，拂，戾也。诡，违也。以曲为直，以屈为伸哉？未尝不因其资而用之也。是以积力之所举，无不胜也；而众智之所为，无不成也。聋者可令嗺筋，○王绍兰云：考工记弓人曰："筋欲敝之敝。"郑司农云："嚼之当孰。"是治筋有嚼之一法。说文："噍，啮也。"重文作嚼，云"噍或从爵"。爵、雀古通用。魏、晋以后，俗趋简易，书嚼为嗺。玉篇："嚼，噬嚼也。嗺，同上。"是其证。当时淮南子盖有作嗺者，传写之徒不知嗺为嚼之俗体，别作嗺字。玉篇："嗺，撮口也。"淮南因作嗺筋。但撮筋于口不得为嚼，写易林者以嗺非正字，直改从手作摧。转辗承讹，皆不足据也。由是核之，嗺俗字，嗺因嗺而变，摧又因嗺而变，据先郑注，汉时淮南、易林旧本当是噍筋。（此条不载读书杂记，乃王绍兰与王引之书中语也。）○孙诒让云：玉篇口部云："嗺，撮口也。"筋不可以言嗺，嗺当为嚼之讹。考工记弓人云"筋欲敝之敝"，注："郑司农云：嚼之当孰。"贾疏云："筋之椎打嚼啮，欲得劳敝。"是嚼筋为汉时常语，即谓椎打之使柔熟，以缠弓弩也。嚼俗作嗺，与嗺形近，因而致误。易林展转传写，又误作摧，益不可通矣。而不可使有闻也；喑者可使守圉，而不可使言也。○王念孙云："不可使言"本作"不可使通语"。今本"语"误作"言"，又脱"通"字。筋、闻为韵，圉、语为韵。如今本，则失其韵矣。太平御览疾病部三引此，正作"不可使通语"。形有所不周，而能有所不容也。是故有一形者处一位，有一能者服一事。力胜其任，则举之者不重也；能称其事，则为之者不难也。○文典谨按：意林能称作智能。毋小大修短，各得其宜，则天下一齐，无以相过也。圣人兼而用之，故无弃才。

人主贵正而尚忠，忠正在上位，执正营事，营，典。○王引之云:诸书无训营为典者。营(營)当为管,字之误也。(隶书管字或作菅,俗书營字作营,二形相似而误。)管事与执政义相近。史记李斯传曰"管事二十余年"是也。管、典皆主也,故训管为典。秦策"淖齿管齐之权",高彼注曰:"管,典也。"(见史记范雎传索隐。)正与此注同。**则谗佞奸邪无由进矣。譬犹方员之不相盖,而曲直之不相入。**入,中。**夫鸟兽之不可同群者,其类异也;**○王念孙云:"不可同群","可"字后人所加。"鸟兽不同群","虎鹿不同游",相对为文,则上句内不当有"可"字。后人熟于"鸟兽不可与同群"之文,因加"可"字耳。**虎鹿之不同游者,力不敌也。是故圣人得志而在上位,谗佞奸邪而欲犯主者,譬犹雀之见鹯而鼠之遇狸也,亦必无余命矣。是故人主之一举也,**○王念孙云:此谓举贤不可不慎,"举"上不当有"一"字。盖因下文"一举不当"而衍。**不可不慎也。所任者得其人,则国家治,上下和,群臣亲,百姓附。**附,从。**所任非其人,则国家危,上下乖,群臣怨,百姓乱。故一举而不当,终身伤。**伤,病也,亦败也。**得失之道,权要在主。是故绳正于上,木直于下,非有事焉,**事,治也。非治之使直。**所缘以修者然也。故人主诚正,则直士任事,而奸人伏匿矣。人主不正,则邪人得志,忠者隐蔽矣。夫人之所以莫抓玉石而抓瓜瓠者,何也?**玉石坚,抓不耐入,故不抓。○王念孙云:抓皆当为扼,字之误也。广雅:"扼,裂也。"曹宪音必麦反。(字从手,𠂢声。𠂢,匹卦反。)扼之言劈也。瓜瓠可劈,而玉石不可劈,故曰"玉石坚,扼不能入"也。方言:"鋠、摫,裁也。梁、益之间裁木为器曰鋠,裂帛为衣曰摫。"郭璞音劈历之劈,义亦与扼同。若作抓,则非其义矣。(玉篇:"抓,古华切,引也,击也。"字从瓜。)○文典谨按:"夫人之所以莫抓[一]玉石",庄本作"夫人主之所以莫抓玉石"。"主"字涉上下文"人主"而衍,今据

〔一〕"抓",原本作"抓",形近而误,据正文改。下同。

宋本删。**无得于玉石，弗犯也。使人主执正持平，如从绳准高下，则群臣以邪来者，犹以卵投石，以火投水。故灵王好细要，而民有杀食自饥也；**灵王，盖楚灵王。杀食，省食。**越王好勇，而民皆处危争死。**越王，句践。**由此观之，权势之柄，其以移风易俗矣。**○王念孙云："其以移风易俗矣"，文义未足。下文曰："摄权势之柄，其于化民易矣。"则此亦当曰"权势之柄，其以移风易俗易矣"。盖上"易"为变易之易，下"易"为难易之易。汉书礼乐志："其感人深，其移风易俗易。"（今乐记脱下"易"字，辩见经义述闻。）颜师古曰："易，音弋豉反。"是其证也。今本无下"易"字者，后人误以为复而删之耳。**尧为匹夫，不能仁化一里；桀在上位，令行禁止。由此观之，贤不足以为治，而势可以易俗，明矣。书曰："一人有庆，万民赖之。"此之谓也。**

天下多眩于名声，而寡察其实，寡，少也。察，明也。实，真伪之实。**是故处人以誉尊，**处人，隐居也。以名誉见尊也。**而游者以辩显。**游行之人，以辩辞自显达。**察其所尊显，无他故焉，人主不明分数利害之地，而贤众口之辩也。治国则不然，**然，如是也。**言事者必究于法，而为行者必治于官。上操其名以责其实，臣守其业**业，事。**以效其功，**效，致。**言不得过其实，行不得逾其法，群臣辐凑，莫敢专君。**专，制。**事不在法律中，而可以便国佐治，必参五行之。阴考以观其归，并用周听以察其化，不偏一曲，不党一事，是以中立而遍，运照海内，**中，正。**群臣公正，莫敢为邪，**公，方。正，直。**百官述职，务致其公迹也。主精明于上，官劝力于下，奸邪灭迹，庶功日进，**庶，众。**是以勇者尽于军。**尽力于军功也。○俞樾云：此下当有"智者"云云，而今阙之。下文云："为智者务于巧诈，为勇者务于斗争。"亦以智勇并举，是其证也。乱国则不然，有众咸誉者无功而赏，守职者无罪而诛。主上暗而不明，群臣党而不忠，说谈者游于辩，修行者竞于往。往，自益也。○孙诒让云：往当为任，形之误也。后诠言训云"君好智则倍时而任己"，宋本任亦误住，可与此互证。主上出令，则非之以与；法令所禁，则犯之以邪。与，党与也。以党与非谤上令。邪，奸也。为智者务于巧诈，为勇者务于斗争，大臣专权，下吏持势，朋党周比，以弄其上，国虽若存，古之人曰亡矣。且夫不治官职，而被甲兵，不随南亩，○俞樾云：修务篇"随山栞木"，注曰："随，循也。"不随南亩者，不循南亩也。王氏念孙以随为脩字之误，非。而有贤圣之声者，非所以都于国也。骐骥騄駬，天下之疾马也，驱之不前，引之不止，虽愚者不加体焉。加，犹止也。○王念孙云："而被甲兵"，"而"当为"不"，与上下两"不"字文同一例。作"而"者，字之误耳。"不随南亩"，随当为脩，谓不治南亩也。隶书随字或作随，（见汉司隶校尉杨涣石门颂。）其右畔与脩相似，故脩误为随。（史记赵世家"脩下而冯"，脩或作隋。李斯传"随俗雅化"，随俗一作脩使。皆以右畔相似而误。）"非所以都于国也"，都字义不可通，当是教字之误。（教、都草书相似。）韩子外储说右篇曰："不服兵革而显，不亲耕耨而名，非所以教于国也。今有马于此，如骥之状者，天下之至良也。然而驱之不前，却之不止，则臧获虽贱，不托其足。"即淮南所本也。今治乱之机，辙迹可见也，而世主莫之能察，此治道之所以塞。塞，犹闭也。

权势者，人主之车舆；爵禄者，人臣之辔衔也。是故人主处权势之要，而持爵禄之柄，审缓急之度，而适取予之节，是以天下尽力而不倦。夫臣主之相与也，非有父子之厚，骨肉之亲也，而竭力殊死，不辞其躯者，何也？势有使之然也。昔者豫让，中行文子之臣。文子，晋大夫中行穆子之子荀寅也。智伯伐中行氏，并吞其地，豫让背其主而臣智伯。智伯与赵襄子战于晋阳之下，身死为戮，国分为三。韩、魏、赵三分而有之。豫让欲报赵襄子，欲为智伯报雠，杀赵襄子。漆身为厉，吞炭变音，擿齿易貌。夫以一人之心而事两主，或背而去，或欲身徇之，岂其趋舍厚薄之势异哉？人之恩泽使之然也。纣兼天下，朝诸侯，人迹所及，舟楫所通，莫不宾服。然而武王甲卒三千人，擒之于牧野。岂周民死节，而殷民背叛哉？其主之德义厚而号令行也。夫疾风而波兴，木茂而鸟集，〇王念孙云："疾风"当为"风疾"。"风疾"、"木茂"，相对为文。意林引此，正作"风疾"。相生之气也。〇文典谨按：意林气作势。是故臣不得其所欲于君者，君亦不能得其所求于臣也。君臣之施者，相报之势也。是故臣尽力死节以与君，君计功垂爵以与臣。是故君不能赏无功之臣，臣亦不能死无德之君。君德不下流于民，而欲用之，如鞭蹄马矣。是犹不待雨而求熟稼，必不可之数也。数，术也。

君人之道，处静以修身，俭约以率下。静则下不扰矣，俭则民不怨矣。下扰则政乱，民怨则德薄。政乱则贤者不为谋，德薄则勇者不为死。是故人主好鸷鸟猛兽，珍怪奇物，金玉为珍，诡异为怪，非常为奇。狡躁康荒，康，安。荒，乱也。不爱民力，驰骋田猎，出入不时，如此则百官务乱，事勤财匮，勤，劳。匮，乏也。万民愁苦，生业不修矣。人主好高台深池，雕琢刻镂，黼黻文章，絺绤绮绣，宝玩珠玉，白与黑为黼，青与赤为黻。絺绤，葛也。精曰絺，粗曰绤，五采具曰绣也。则赋敛无度，而万民力竭矣。尧之有天下也，非贪万民之富而安人主之位也，以为百姓力征，强凌弱，众暴寡，○庄逵吉云：御览引，作"百姓九屈，强弱相乘，众寡相暴"。于是尧乃身服节俭之行，而明相爱之仁，以和辑之。是故茅茨不翦，采椽不斲，大路不画，大路，上路，四马车也。天子驾六马。不画，不文饰也。○庄逵吉云：御览引，翦作划，是古字。○王念孙云：斲当为斫，字之误也。精神篇作"梓桷不斫"。（高注："梓，采也。桷，椽也。"）晋语曰："天子之室，斫其椽而砻之，加密石焉。诸侯砻之，大夫斫之，士首之，以采为椽而又不斫，俭之至也。"太平御览皇王部五引此，正作斫。韩子五蠹篇、史记李斯传并同。越席不缘，越，结蒲为席也。大羹不和，不致五味。○俞樾云：高注曰"不致五味"，疑本作"大羹不致"，故高注云然。桓二年左传曰"大羹不致"，杜注亦曰"不致五味"，即本诸此。粢食不毇，毇，细也。○庄逵吉云：御览引，作"粢饭不凿"。巡狩行教，勤劳天下，周流五岳。岂其奉养不足乐哉？举天下而以为社稷，非有利焉。○俞樾云：此本作"以为社稷，非有利焉"，言皆以为社稷，而非自以为利也。涉下文"举天下而传之舜"句衍此四字，当删。年衰志悯，衰，老也。悯，忧也。举天下而传之舜，犹却行而脱蹝也。言甚易也。○庄逵吉云：文选作许眘注，甚作其。○陶方琦云：文选孔稚圭北山移文注引许注："言其易也。"按：此许注羼入高注本者。"其"即"甚"字之讹。○文典谨按：北堂书钞百三十六引，作："尧举天下而传之舜，犹却行而释屣，舜犹却之。"衰世则不然，一日而有天下之富，处人主之势，则竭百姓之力，以奉耳目之欲，志专在于宫室台榭，陂池苑囿，猛兽熊罴，玩好珍怪。是故贫民糟糠不接于口，而虎狼熊罴猒刍豢；百姓短褐不完，而宫室衣锦绣。人主急兹无用之功，百姓黎民黎，齐。憔悴于天下，是故使天下不安其性。不得安其正性，诈伪生也。○王念孙云：此注后人所改。性之言生也。（性与生义同而字亦相通，说见经义述闻周语。）"不安其生"，即承上"黎民憔悴"言之。昭八年左传曰："今宫室崇侈，民力凋尽，怨讟并作，莫保其性。”义与此同。高注当云:“性,生也”。后人熟于“性即理也”之训,故妄改高注耳。下文“近者安其性”,高注曰:“性,生也。”故知此注为后人所改。

人主之居也,如日月之明也,天下之所同侧目而视,侧耳而听,延颈举踵而望也。是故非澹薄无以明德,○文典谨按:御览七十七引,侧耳作倾耳,澹薄作淡漠。**非宁静无以致远,非宽大无以兼覆,非慈厚无以怀众,非平正无以制断。是故贤主之用人也,犹巧工之制木也,**制,裁也。○文典谨按:治要引,工作匠。**大者以为舟航柱梁,**舟,船也。方两小船并与共济为航也。**小者以为楫楔,**○王念孙云:楫楔本作楼櫓,此后人以意改之也。楼、楫并在叶韵,櫓在缉韵,楔在薛韵。楼櫓,叠韵字也;楫楔则非叠韵矣。楼櫓谓梁之小者,对上文大者为柱梁而言。庄子在宥篇“吾未知圣知之不为桁杨楼櫓也”,释文:“崔云:楼櫓,桎梏梁也。淮南曰:大者为柱梁,小者为楼櫓也。”案:小梁谓之楼櫓,故桎梏之梁亦谓之楼櫓。集韵:“楼櫓,梁也。淮南子:大者为柱梁,小者为楼櫓。”盖高注以楼櫓为梁,而今本脱之也。据集韵引此作楼櫓,则北宋本尚未误。**修者以为櫊榱,**櫊,屋垂。榱,隐也。**短者以为朱儒枅栌。**朱儒,梁上戴蹲跪人也。枅,读如鸡也。**无小大修短,各得其所宜;规矩方圆,各有所施。**○王念孙云:群书治要引此,“各有所施”下有“殊形异材,莫不可得而用也”二句,今本脱去。下文“天下之物,莫凶于奚毒,然而良医橐而藏之,有所用也”,即承“莫不可得而用”言之,则原有此二句,明矣。凡治要所引之书,于原文皆无所增加,故知是今本遗脱也。**天下之物,莫凶于鸡毒,**鸡毒,乌头也。○王念孙云:鸡毒当为奚毒。(注同。)此涉上文注内“枅,读如鸡”而误也。广雅、本草并作奚毒,群书治要、意林及太平御览药部七引淮南亦作奚毒,(急就篇补注引作奚毒,则南宋本尚不误。)无作鸡毒者。○陶方琦云:群书治要、御览九百九十、意林引许注:“奚毒,附子。”按:御览引许注作附子,与高注亦异。广雅:“蘸奚,附子也。(玉篇:“蒵毒,附子也。”)一岁为莿子,二岁为乌喙,三岁为附子,四岁为乌头,五岁为天雄。”说文：“葪，乌喙也。”然而良医橐而藏之，有所用也。是故林莽之材，犹无可弃者，而况人乎！〇文典谨按：治要引，作：“是故竹木草莽之材，犹有不弃者，而又况人乎！”今夫朝廷之所不举，乡曲之所不誉，〇文典谨按：治要曲作邑。非其人不肖也，其所以官之者非其职也。鹿之上山，獐不能跂也，〇文典谨按：治要引，作“麋之上山也，大獐不能跋也”。及其下，牧竖能追之，才有所修短也。是故有大略者不可责以捷巧，略，行道也。有小智者不可任以大功。人有其才，物有其形，有任一而太重，或任百而尚轻。是故审豪厘之计者，必遗天下之大数；遗，失。〇文典谨按：“豪厘之计”，“天下之数”，相对为文，加一“大”字，则文不一律。“大”字疑涉下文“不失小物之选者，惑于大数之举”而衍。群书治要引，作“必遗天地之数”。不失小物之选者，惑于大数之举。譬犹狸之不可使搏牛，虎之不可使搏鼠也。〇文典谨按：搏牛、搏鼠，于辞为复。治要引作捕鼠，当从之。今人之才，或欲平九州，并方外，存危国，继绝世，〇王引之云：并本作从，从犹服也。（襄十年左传注：“从，犹服也。”）言使方外之国服从也。原道篇曰：“从裸国，纳肃慎。”人间篇曰：“王若欲从诸侯，不若大城城父，而令太子建守焉，以来北方。”司马相如难蜀父老曰：“朝冉从駹，定筰存邛。”皆是也。后人不达从字之义，遂改从为并，不知“平九州，从方外，存危国，继绝世”，皆谓抚柔中外，非谓吞并之也。群书治要引此，正作“从方外”。志在直道正邪，决烦理挐，而乃责之以闺阁之礼，奥窔之间；〇文典谨按：治要引，奥窔作人事。或佞巧小具，谄进愉说，随乡曲之俗，〇文典谨按：治要引，随作修。卑下众人之耳目，而乃任之以天下之权，治乱之机；机，理。是犹以斧劗毛，以刀抵木也，劗，翦也。劗，读惊攒之攒。〇王念孙云：木当言伐，不当言抵。盖伐误为氐，后人因加手旁耳。说山篇云：“刀便剃毛。

至伐大木,非斧不克。”是其证。群书治要引此,正作“以刀伐木”。**皆失其宜矣**。宜,适。

人主者,以天下之目视,以天下之耳听,以天下之智虑,以天下之力争,○王念孙云:争本作动,动谓举事也。虑则用群策,动则用群力,故曰“以天下之智虑,以天下之力动”。今本动作争者,后人依文子上仁篇改之耳。艺文类聚帝王部一、太平御览皇王部二引此,并作动。**是故号令能下究,而臣情得上闻,**闻,犹达也。**百官修同,群臣辐凑,**群臣归君,若辐之凑毂,故曰辐凑。○王念孙云:刘本作修同,云“同,一作通”。庄本从刘本作同。案:作通者是也。艺文类聚引此作“修道”,道即通之误。太平御览引此,正作“修通”。文子上仁篇同。韩子难篇“百官修通,群臣辐凑”,即淮南所本。管子任法篇亦云:“群臣修通辐凑,以事其主。”**喜不以赏赐,怒不以罪诛。**惧失当也。**是故威立而不废,**○庄逵吉云:本皆作“威厉立而不废”。**聪明先而不蔽,**蔽,暗。○王念孙云:先与不蔽,义不相属。先当为光,字之误也。光,明也。太平御览皇王部二引此,正作光。**法令察而不苛,**察,明也。苛,烦也。**耳目达而不暗,善否之情,日陈于前而无所逆。是故贤者尽其智,而不肖者竭其力,德泽兼覆而不偏,群臣劝务而不怠,**怠,解也。**近者安其性,远者怀其德。**性,生也。怀,归也。**所以然者,何也?得用人之道,而不任己之才者也。故假舆马者,足不劳而致千里;**假或作驾。**乘舟楫者,不能游而绝江海。**绝,犹过也。○文典谨按:不能游,意林引作不假游。**夫人主之情,莫不欲总海内之智,尽众人之力,然而群臣志达效忠者,希不困其身。**困,犹危也。○王念孙云:“志达”当为“达志”,写者误倒耳。达志、效忠,相对为文。氾论篇“不能达善效忠”,即其证。**使言之而是,虽在褐夫刍荛,犹不可弃也。**言虽贱,当也,故曰“不可弃”也。**使言之而非也,虽在**

卿相人君，揄策于庙堂之上，未必可用。人君，谓国君也。揄，出。策，谋也。言之而非，虽贵，罚也。是非之所在，不可以贵贱尊卑论也。是明主之听于群臣，其计乃可用，不羞其位；不羞其位卑而不用。其言可行，而不责其辩。不责其辩口美辞也。○王念孙云：刘本作"其言可行，而不责其辩"。案：此当作"其言而可行，不责其辩"。"其计乃可用"、"其言而可行"相对为文。乃、而皆如也。道藏本作"其主言可行"，"主"字因上下文而衍，又脱"而"字，刘本"而"字在"可行"下，皆非也。文子上仁篇作"其言可行，不责其辩"。○文典谨按：治要引作"其计可用也，不羞其位；其言可行也，不责其辩"。暗主则不然，所爱习亲近者，虽邪枉不正，不能见也；疏远卑贱者，竭力尽忠，不能知也。○文典谨按："竭力尽忠"上当有"虽"字，乃与上文"虽邪枉不正"一律。治要引，正作"虽竭力尽忠，不能知也"。有言者穷之以辞，有谏者诛之以罪，如此而欲照海内，存万方，是犹塞耳而听清浊，商音清，宫音浊。掩目而视青黄也，其离聪明则亦远矣。离，去。

法者，天下之度量，而人主之准绳也。县法者，法不法也；○王念孙云："县法者，法不法也"，上二"法"字皆当为"罚"，与"设赏者，赏当赏也"相对为文。下文"中程者赏"，谓赏当赏也；"缺绳者诛"，谓罚不法也。今本二"罚"字作"法"，后人依文子上义篇改之耳。设赏者，赏当赏也。○俞樾云："设赏者，赏当赏也"七字，疑衍文。下文"法定之后，中程者赏，缺绳者诛"，即承"县法者，法不法也"而言。文子上义篇正作"县法者，法不法也。法定之后，中绳者赏，缺绳者诛"，可据以订正。王氏念孙谓上句当作"县罚者，罚不法也"，与下句对。若然，何不竟改为"罚当罚"，与下句不尤对乎？法定之后，中程者赏，缺绳者诛，尊贵者不轻其罚，而卑贱者不重其刑，言平也。犯法者虽贤必诛，中度者虽不肖必无罪，是故公道通而私道塞矣。公，正也。私，邪也。塞，闭也。

古之置有司也，有司，盖有理官士也。所以禁民，使不得自恣也。恣，放恣也。其立君也，所以剬有司，使无专行也。专，擅。法籍礼义者，所以禁君，使无擅断也。人莫得自恣，则道胜，道胜而理达矣，故反于无为。无为者，非谓其凝滞而不动也，以其言莫从己出也。〇王念孙云："以其言"当作"以言其"，与"非谓其"相对为文。今本"言其"二字误倒，则文不成义。文子上义篇正作"言其"。夫寸生于稞，稞生于日，日生于形，形生于景，此度之本也。稞，禾穗稞孚榆头芒也〔一〕。十稞为一分，十分为一寸，十寸为一尺，十尺为一丈。政谓之本也。〇庄逵吉云：稞，古累黍字。〇王引之云：说文、玉篇、广韵、集韵皆无稞字。稞当为穛，字之误也。穛与秒同。说文："秒，禾芒也。"字或作藁，通作漂，又通作翲。天文篇曰："秋分而禾藁定，藁定而禾孰。律之数十二，故十二藁而当一分。（今本误作"十二藁而当一粟，十二粟而当一寸"，辩见天文。）律以当辰，音以当日。日之数十，故十分而为寸，十寸而为尺，十尺而为丈。"彼注云："藁，禾穗藁孚榆之芒也。古文作秒。"宋书律志曰："秋分而禾穛定，穛定而禾孰。"注云："穛，禾穗芒也。"（玉篇："穛，亡绍切。"集韵："秒，禾芒也。或作穛。"）皆其明证矣。又齐策曰："象床之直千金，伤此若发漂，卖妻子不足偿之。"史记太史公自序"间不容翲忽"，正义曰："翲字当作秒。秒，禾芒表也。"然则穛、藁、漂、翲四字，并与秒同，而稞为穛之误，明矣。字汇补乃于禾部增入稞字，音粟，引淮南子"寸生于稞，稞生于日"，甚矣其谬也。庄以稞为古累黍字，尤不可解。〇俞樾云：王氏引之以稞为穛字之误，穛与秒同，其说是也。惟"穛生于日"，义不可通。疑本作"寸生于穛，穛生于形，形生于景，景生于日"，与下文"乐生于音，音生于律，律生于风"文义一律，言度之本生于日，声之宗生于风也。传写错乱其文耳。乐生于音，音生于律，律生于风，此声之宗也。宗亦本也。法生于义，义生于众适，众适合于人心，此治之要也。要，约也。故通于本者

〔一〕天文训注为："藁，禾穗、粟孚甲之芒也。"

不乱于末，睹于要者不惑于详。惑，眩。法者，非天堕，非地生，发于人间而反以自正，反，还。是故有诸己不非诸人，有诸己，己有聪明也。不非诸人，恕人行也。无诸己不求诸人，言己虽无独见之明，不求加罪于人也。所立于下者不废于上，人主所立法禁于民，亦自修之。不废于上，言以法也。所禁于民者不行于身。不正之事，不独行之于身。言其正己以正人也。所谓亡国，非无君也，无法也；变法者，非无法也，有法者而不用，与无法等。等，同。○王念孙云："有法者而不用"，"者"字当在上文"所谓亡国"下，与"变法者"相对为文，今误入此句内，则文不成义。是故人主之立法，先自为检式仪表，表，正。○王念孙云："先自为检式仪表"，当作"先以身为检式仪表"。言以身为度，则令无不行也。下文引孔子曰："其身正，不令而行。"是其明证矣。（上下文"身"字凡四见。）今本"身"误为"自"，"自"上又脱"以"字。文子上义篇作"先以自为检式"，"自"亦"身"之误，唯"以"字未脱。故令行于天下。孔子曰："其身正，不令而行。其身不正，虽令不从。"故禁胜于身，则令行于民矣。禁胜于身，不敢自犯禁也，故耐令行于民也。

圣主之治也，其犹造父之御，齐辑之于辔衔之际，而急缓之于唇吻之和，正度于胸臆之中，而执节于掌握之间，节，策也。内得于心中，外合于马志，○王念孙云：心中当为中心，中心与马志相对为文。太平御览治道部五、兽部八引此，并作中心。列子汤问篇、文子上义篇皆同。是故能进退履绳，绳，直正也。而旋曲中规，曲，屈。规，圆。取道致远，而气力有余，诚得其术也。是故权势者，人主之车舆也；大臣者，人主之驷马也。体离车舆之安，而手失驷马之心，而能不危者，古今未有也。是故舆马不调，王良不足以取道；君臣不和，唐、虞不能以为治。执术而御之，则管、晏之智尽矣；明分以示之，则蹠、蹻之奸止矣。盗蹠，孔子时人。蹻，庄蹻，楚威王之将军，能大为盗也。夫据除而窥井底，○王引之云：阶除不得有井，除当为榦，字之误也。庄子秋水篇“吾跳梁乎井榦之上”，司马彪曰：“井榦，井栏也。”汉书枚乘传“单极之絖断榦”，晋灼曰：“榦，井上四交之榦。”说文作韓，云“井垣也”。此言据井之栏以窥井底耳。○文典谨按：王说是也。宋本正作榦。虽达视犹不能见其睛；睛，目瞳子也。借明于鉴以照之，则寸分可得而察也。鉴，镜也。分，毛也，一曰疵。是故明主之耳目不劳，精神不竭，物至而观其象，事来而应其化，近者不乱，远者治也。○王念孙云：“物至而观其象”，象当为变，草书之误也。变与化同义，“观其变”亦谓观其变而应之也。作象，则非其指矣。文子上义篇正作“物至而观其变”。氾论篇亦曰：“物动而知其反，事萌而察其变，近者不乱，远者治也。”文子作“近者不乱，即远者治矣”，亦于义为长。是故不用适然之数，而行必然之道，故万举而无遗策矣。今夫御者，马体调于车，御心和于马，则历险致远，进退周游，莫不如志。○文典谨按：御览七百四十六引，作“进退周旋，无不如意”。虽有骐骥騄駬之良，臧获御之，则马反自恣，而人弗能制矣。臧获，古之不能御者，鲁人也。○文典谨按：御览引，臧获作乌获，恣下引注云：“恣，却行也。”“而人弗能制矣”作“而人不御也”。故治者不贵其自是，而贵其不得为非也。故曰：“勿使可欲，毋曰弗求。勿使可夺，毋曰不争。”如此，则人材释而公道行矣。美者正于度，而不足者建于用，故海内可一也。○王念孙云：美当为羡，正当为止，建当为逮，皆字之误也。（文选陆云为顾彦先赠妇诗“佳丽良可羡”，今本羡误作美，玉台新咏载此诗正作羡。）羡谓才有余也。“羡者止于度，而不足者逮于用”，谓人主有一定之法，则才之有余者，止于法度之中，而不得过；其不足者，亦可逮于用，而不患其不及也。羡与不足正相反。文子上义篇作“有余者止于度，不足者逮于用”，是其明证矣。

夫释职事而听非誉，弃公劳而用朋党，公，正。则奇材佻长而干次，奇材，非常之材。佻长，卒非纯贤也，故曰干次也。守官者雍遏而不进。如此，则民俗乱于国，而功臣争于朝。奇材佻长之人干超其次，功劳之臣反不显列，故争于朝。故法律度量者，人主之所以执下，执，制。释之而不用，不用法律度量也。是犹无辔衔而驰也，群臣百姓反弄其上。是故有术则制人，无术则制于人。为人所禽制也。吞舟之鱼，荡而失水，则制于蝼蚁，离其居也。鱼能吞舟，言其大也。其居，水也。猿狖失木，而擒于狐狸，非其处也。其处，茂木。君人者释所守而与臣下争，则有司以无为持位，无所为以持其位也。守职者以从君取容，随君之欲，以取容媚。是以人臣藏智而弗用，不用智谋赞佐其上也。反以事转任其上矣。贤臣见其不肯为谋，故转任其上，令自制之。诗云：仲山甫"既明且哲，以保其身"。〇王念孙云："与臣下争"，当作"与臣下争事"。唯君与臣争事，是以臣藏智弗用，而以事转任其上也。脱去"事"字，则文义不明。文子上仁篇正作"与臣争事"。

夫富贵者之于劳也，达事者之于察也，骄恣者之于恭也，势不及君。君人者不任能，而好自为之，不任用臣智能也。则智日困而自负其责也。数穷于下则不能伸理，行堕于国则不能专制，智不足以为治，威不足以行诛，则无以与天下交也。〇王念孙云："与天下交"当作"与下交"，下谓群臣也。（"下"字上下文凡四见。）上文曰："法律度量者，人主之所以执下。"舍是，则智不足以为治，威不足以行诛矣，故曰无以与下交。（大学曰："与国人交。"）"下"上不当有"天"字。文子上仁篇有"天"字，亦后人依误本淮南加之。群书治要引文子无"天"字。喜怒形于心者欲见于外，〇王念孙云：者当为耆，字之误也。耆欲与喜怒，相对为文。文子上仁篇作嗜欲，是其证。则守职者离正而阿上,有司枉法而从风,赏不当功,诛不应罪,上下离心,而君臣相怨也。是以执政阿主,阿,曲从也。而有过则无以责之。有罪而不诛,则百官烦乱,智弗能解也;毁誉萌生,而明不能照也。不正本而反自然,则人主逾劳,人臣逾逸。是犹代庖宰剥牲,而为大匠斫也。与马竞走,筋绝而弗能及;上车执辔,则马死于衡下。○陈观楼云:死字义不可通。文子上仁篇作"马服于衡下",是也。死本作𣦸,服或作服,下半相似而误。故伯乐相之,王良御之,明主乘之,无御相之劳而致千里者,乘于人资以为羽翼也。资,才也。是故君人者,无为而有守也,有为而无好也。无所私好。○王念孙云:有为与无为正相反,且下二句云"有为则谗生,有好则谀起",则不当言有为,明矣。"有为"本作"有立"。有立而无好,谓有所建立而无私好也。(高注:"无所私好。")今本作"有为"者,涉下句"有为"而误。文子上仁篇正作"有立而无好"。有为则谗生,有好则谀起。谗谀之人乘志而起。昔者齐桓公好味而易牙烹其首子而饵之,桓公,襄公诸儿之子小白。虞君好宝而晋献以璧马钓之,钓,取。胡王好音而秦穆公以女乐诱之,诱,惑。是皆以利见制于人也。制,犹禽也。故善建者不拔。言建之无形也。○王念孙云:此六字乃正文,非注文也。"故善建者不拔"者,引老子语也。"言建之无形也"者,释其义也。精神篇曰:"故曰'其出弥远者,其知弥少',以言夫精神之不可使外淫也。"亦是引老子而释之。后人误以此六字为注文,故改入注耳。文子正作"故善建者不拔,言建之无形也"。

夫火热而水灭之,金刚而火销之,木强而斧伐之,水流而土遏之,唯造化者,物莫能胜也。故中欲不出谓之扃,外邪不入谓之塞。○庄逵吉云:吕览作"外欲不入谓之闭"。据下"中扃外闭"云云,则此句疑当如吕览。○王念孙云:扃与闭皆以门为喻,闭字是也。

文子上仁篇亦作闭。**中扃外闭,何事之不节!外闭中扃,何事之不成!弗用而后能用之,弗为而后能为之。精神劳则越,**越,散。**耳目淫则竭,**竭,灭。**故有道之主,灭想去意,清虚以待,不伐之言,不夺之事,循名责实,使有司,**○王念孙云:“不伐之言”,伐当为代。“不代之言,不夺之事”,谓臣所当言者,君不代之言,臣所当行者,君不夺之事也。吕氏春秋知度篇代字亦误作伐。案:上文云“是犹代庖宰剥牲,而为大匠斫也”,吕氏春秋云“是君代有司为有司也”,则皆当作“代”明矣。“使自司”,(道藏本如是。)当从吕氏春秋作“官使自司”,谓使百官自司其事而君不与也。故下文云“如此,则百官之事各有所守”。此文上下皆以四字为句,脱去“官”字,则不成句矣。刘本作“使有司”,文子上仁篇作“使自有司”,皆于义未安。庄从刘本作“使有司”,非也。**任而弗诏,责而弗教,以不知为道,**道常未知。**以奈何为宝。**道贵无形,无形不可奈何,道之所以为贵也。**如此,则百官之事各有所守矣。**有所守,言不离扃也。**摄权势之柄,其于化民易矣。卫君役子路,权重也;**卫君,出公辄也。**景、桓公臣管、晏,位尊也。**管仲辅相桓公,晏婴相景公,二君位尊故也。○王念孙云:“公”字后人所加。卫君役子路,景、桓臣管、晏,相对为文。景、桓下加“公”字,则文不成义矣。又人间篇:“故蔡女荡舟,齐师侵楚。(今本侵楚上衍“大”字,辩见人间。)两人构怨,廷杀宰予。简公遇杀,身死无后。陈氏代之,齐乃无吕。两家斗鸡,季氏金距。郈公作难,鲁昭公出走。”案:鲁昭公之公,亦后人所加。自“蔡女荡舟”以下,皆四字为句,鲁昭下加公字,则累于词矣。又泰族篇:“阖闾伐楚,五战入郢。烧高府之粟,破九龙之钟。鞭荆平王之墓,舍昭王之宫。”案:荆平王之王,亦后人所加。“烧高府之粟”以下,皆五字为句。荆平下加王字,则累于词矣。(吕氏春秋胥时篇“鞭荆平之坟”,亦无王字。)○俞樾云:此本作“桓、景臣管、晏”,言桓臣管,景臣晏也。因传写误作桓公,后人遂加景字于桓字之上。先景后桓,与管、晏不相当,而“景、桓公臣管、晏”,与上文“卫君役子路”句法又参差不一律,足知其非矣。**怯服勇而愚制智,其所托势者胜也。故**

枝不得大于干，末不得强于本，则轻重大小有以相制也。若五指之属于臂，搏援攫捷，莫不如志，言以小属于大也。○王念孙云："则轻重小大有以相制也"，本作"言轻重小大有以相制也"。此释上之词，与下"言以小属于大也"文同一例。后人不达，而改"言"为"则"，上言"不得"，下言"则"，则文义不相承接矣。文子上义篇正作"言轻重大小有以相制也"。是故得势之利者，所持甚小，其存甚大；○王念孙云："其存甚大"，本作"所任甚大"。"所持甚小，所任甚大"，即下文所谓"十围之木，持千钧之屋"也。今本"所任"作"其存"者，其字因与上下三"甚"字相似而误，"任"误为"在"，后人因改为"存"耳。文子作"所在甚大"，"在"亦"任"之误。群书治要引文子，正作"所任甚大"。所守甚约，约，要也，少也。所制甚广。是故十围之木，持千钧之屋；○文典谨按：意林"持"上有"能"字。五寸之键，制开阖之门。○王念孙云："制开阖"三字文义未足，说苑说丛篇作"而制开阖"，文子作"能制开阖"，能亦而也。（而字古通作能，说见经义述闻"能不我知"下。）二书皆本于淮南，则淮南原文本作"五寸之键，而制开阖"明矣。道藏本脱"而"字，刘绩不能考正，乃于"制开阖"下加"之门"二字，而诸本及庄本皆从之，谬矣。（上言"持千钧之屋"，若无"之屋"二字，则文不成义。此言"制开阖"，则其义已明，无庸加"之门"二字。）○文典谨按：意林"制"上有"能"字。岂其材之巨小足哉？所居要也。○文典谨按：意林作"非材有巨细，所居要耳"。孔丘、墨翟修先圣之术，通六艺之论，口道其言，身行其志，慕义从风风，化。而为之服役者不过数十人。役，事。使居天子之位，则天下遍为儒墨矣。遍，犹尽也。○文典谨按：意林作"使孔、墨为天下，天下尽儒墨，得其要也"。楚庄王伤文无畏之死于宋也，奋袂而起，衣冠相连于道，遂成军宋城之下，权柄重也。庄王，楚穆王商臣之子旅也。使申舟聘于齐，不假道于宋。无畏曰："宋必袭杀我。"王曰："杀汝，伐宋。"见犀而行，不假道于宋。华元曰："过我而不假道，鄙我也。

鄙我，亡也；以兵杀其使者，亦亡也。”遂杀之。庄王闻之怒，故投袂而起，成军亡宋城。故曰权柄重也。**楚文王好服獬冠，楚国效之；**文王，楚武王熊达之子熊庛也。獬荐之冠，如今御史冠。〇陶方琦云：御览六百八十四引，作“楚庄王好觟冠，楚国效之也”。御览、艺文类聚服饰部一、事类赋冠部并引许注：“觟冠，今力士冠。”按：说文角部：“觟，牝牂羊生角者也。”玉篇：“觟，角皃。”（广韵三十五马觟下云“楚冠名”。韵会引淮南觟冠。）或云：觟即解字。王充论衡：“觟𧣾者，一角之羊也。”觟𧣾即解廌，触邪神羊也。后汉舆服志：“獬廌，神羊，能别曲直。楚王尝获之，以为冠。”注引异物志云：“东北荒中有兽名獬廌，一角，性忠，见人斗则触不直者，闻人论则咋不正者。楚执法者所服也。今冠两角，非豸也。”许云“力士冠”，疑即武弁大冠。〇文典谨按：初学记服食部引，文王亦作庄王。**赵武灵王贝带鵕鸃而朝，赵国化之。**赵武灵王出春秋后，以大贝饰带，胡服。鵕鸃，读曰私鈚头，二字三音也。曰郭洛带、粒铫镝也。〇庄逵吉云：藏本如是。本或作“曰郭洛带系铫镐也”，文义皆难通，疑有误字。〇陶方琦云：文选吴都赋注引许注：“鵕鸃，鷩雉也。”史记索隐二十六、二十七引许注作鷩鸟，鸟乃雉字之误。尔雅“鷩雉”注：“似山鸡而小，冠背毛黄，腹下赤，项绿色鲜明。”说文鸟部鵕字下：“鵕鸃，鷩也。”鸃下：“鵕鸃也。秦、汉之初，侍中冠鵕鸃冠。”玉篇：“鵕鸃，鷩雉也。”即用许注淮南说。〇孙诒让云：此注文难通。战国赵策“武灵王赐周绍胡服，衣冠具带，黄金师比”，史记匈奴传作黄金胥纰，索隐：“张晏云：鲜卑郭落带，瑞兽名也，东胡好服之。延笃云：胡革带钩也。班固与窦宪笺云：赐犀比黄金头带也。”汉书匈奴传作犀毗，师古云：“犀毗，胡带之钩也。亦曰鲜卑，亦谓师比，总一物也，语有轻重耳。”此注私鈚头，即史记之师比，汉书之胥纰、犀毗。郭洛带，即张晏所谓郭落带也。“郭洛带、粒铫镝也”义未详，疑当作“郭洛带、私鈚钩也”。**使在匹夫布衣，虽冠獬冠，带贝带，鵕鸃而朝，则不免为人笑也。**

夫民之好善乐正，不待禁诛而自中法度者，万无一也。下必行之令，从之者利，逆之者凶，日阴未移，而海内莫不被绳矣。绳，正也。**故握剑锋，以离北宫子、司马蒯蒉不使应**

敌；北宫子，齐人，孟子所谓北宫黝也。司马蒯蒉，其先程伯休父，宣王命以为司马，因为司马氏，蒯蒉其后也。周衰，适他国。蒯蒉在赵，以善击剑闻。应，犹击也。**操其柎，招其末，则庸人能以制胜。**柎，剑拊。招，举也。○王念孙云："握剑锋以"之下脱去一字。"离"字与上下文皆不相属，当是"虽"字之误。隶书离(離)字或作離，(说见天文篇"禹以为朝昼昏夜"下。)形与虽(雖)相近，故虽误为离。"不使应敌"，"使"上当有"可"字。言手握剑锋，则虽北宫黝、司马蒯蒉亦不可使应敌。若操其本而举其末，则庸人亦能以制胜也。"可使"与"能以"，文相正对。○王绍兰云："离"为"虽"误，"使"上有"可"字，是也。"以"字当在"虽"字下，谓握剑锋，虽以北宫子、司马蒯蒉亦不可使应敌。此文以、虽误倒耳。"故握剑锋"为句，"虽以"二字下属，文义自明，则"剑锋"下无脱字。○俞樾云：王氏念孙谓"离"是"虽"字之误，"使"上应有"可"字，皆是也。疑"握剑锋以"之下有脱文，则尚未尽得。此当以锋字绝句，"操其柎，招其末"之下更无他文，则"握剑锋"下亦不必更有何字矣。"以"字本在"虽"字之下，其文曰："故握剑锋，虽以北宫子、司马蒯蒉不可使应敌。"因"虽"字误作"离"，遂移"以"字于上，使成句耳。**今使乌获、藉蕃从后牵牛尾，尾绝而不从者，逆也；**乌获、藉蕃，皆多力人。**若指之桑条以贯其鼻，则五尺童子牵而周四海者，顺也。夫七尺之桡而制船之左右者，以水为资；**桡，刺船棹也。资，用也。桡，读烦娆之娆也。**天子发号，令行禁止，以众为势也。**○文典谨按：北堂书钞一百三十八引，作："七尺之楫而制大舟者，因水为资也。君发一言之号而令行于民者，因众为势也。"又御览七百七十一引，制作动，势作资。**夫防民之所害，开民之所利，威行也，若发城决唐。**城，水城也。唐，堤也。皆所以畜水。○庄逵吉云：唐，古塘字。**故循流而下易以至，背风而驰易以远。**因其势也。**桓公立政，去食肉之兽，食粟之鸟，系罝之网，三举而百姓说。**桓，齐桓公。**纣杀王子比干而骨肉怨，斫朝涉者之胫而万民叛，再举而天下**

失矣。故义者，非能遍利天下之民也，利一人而天下从风；暴者，非尽害海内之众也，害一人而天下离叛。故桓公三举而九合诸侯，纣再举而不得为匹夫。故举错不可不审。三举，去食肉之兽、食粟之鸟、系罝之网。再举，杀比干、斫朝涉之胫也。

人主租敛于民也，必先计岁收，量民积聚，知饥馑有余不足之数，然后取车舆衣食供养其欲。○王念孙云：群书治要引此，饥馑作饶馑。案：作饶馑者原文，作饥馑者后人所改也。饶与馑，有余与不足，皆相对为文。若作饥馑，则与有余不足之文不类矣。此言人主必知民积聚之多寡，然后可以取于民。若上言饥馑，则下不得言"取车舆衣食供养其欲"矣。后人熟于饥馑之文，遂以意改之，而不知其与下文相抵牾也。高台层榭，接屋连阁，非不丽也，然民有掘穴狭庐所以托身者，明主弗乐也。不乐其大丽也。○王念孙云：掘穴本作堀室。堀，古窟字。昭二十七年左传"吴公子光伏甲于堀室而享王"，史记吴世家作窟室，是也。因堀误为掘，后人遂妄改为掘穴耳。窟室与狭庐，事相类，若云掘穴狭庐，则文不成义矣。群书治要引此，正作窟室。又引注云："窟室，土室。"太平御览木部七引此，亦作窟室。又案："民无掘穴狭庐所以托身者"，（道藏本如是。）刘本作"民有掘穴狭庐无所托身者"，此依下文改也。案：下文云"民有糟糠菽粟不接于口者"，又云"民有处边城，犯危难，泽死暴骸者"。此云"民无堀室狭庐所以托身者"，文与下二条异，不当据彼以改此。且既有狭庐，则不得言无所托身。群书治要、太平御览引此，并作"民无窟室狭庐"，则刘改非也。庄依刘本作"民有掘穴狭庐"，又依道藏本作"所以托身者"，两无所据矣。○陶方琦云：群书治要引许注："窟穴，土室。"按：说文："穴，土室也。"与此注正同。肥醲甘脆，非不美也，○文典谨按：治要引，美作香。然民有糟糠菽粟不接于口者，则明主弗甘也。不甘其肥醲也。匡床蒻席，非不宁也，匡，安也。蒻，细也。○文典谨按：治要引，蒻作衽。然民有处边城，犯危难，泽死暴骸者，明主弗安也。不安其匡床蒻席也。故古之君人者，其惨怛于民也，○文典谨按：治要引，作"甚憯怛于民也"。国有饥者，食不重味；民有寒者，而冬不被裘。与同饥寒。岁登民丰，○文典谨按：治要引，作"岁丰谷登"。乃始县钟鼓，陈干戚，登，成也，年谷丰熟也。君臣上下同心而乐之，国无哀人。言皆乐也。故古之为金石管弦者，所以宣乐也；金，钟。石，磬。管，箫也。弦，琴瑟也。兵革斧钺者，所以饰怒也；觞酌俎豆，酬酢之礼，所以效善也；效，致。○王念孙云：效善当为效喜，字之误也。此以喜怒哀乐相对，作善则义不可通。群书治要引此，正作喜。衰绖菅屦，辟踊哭泣，所以谕哀也。谕，明。此皆有充于内，而成像于外。充，实。○文典谨按：治要"外"下有"者也"二字。及至乱主，取民则不裁其力，裁，度。求于下则不量其积，男女不得事耕织之业以供上之求，事，治。业，事。力勤财匮，君臣相疾也。故民至于焦唇沸肝，有今无储，有今日之食，而无明日之储也。而乃始撞大钟，击鸣鼓，吹竽笙，弹琴瑟，是犹贯甲胄而入宗庙，被罗纨而从军旅，○文典谨按：治要罗纨作绮罗。失乐之所由生矣。夫民之为生也，一人蹠耒，而耕不过十亩，蹠，蹈。中田之获，卒岁之收，○俞樾云：既言之获，又言之收，重复无谓。疑本作"中田卒岁之收"，无"之获"二字。故文子上仁篇作"中田之收"，盖省"卒岁"二字耳。若使本作"中田之获，卒岁之收"，而文子省其一句，则何不曰"中田之获"，而必变获言收乎？不过亩四石，妻子老弱仰而食之。时有涔旱灾害之患，涔，久而〔一〕水潦也。无以给上之征赋车马兵革之费。○王念孙云："有以"之有，各本多作无，惟道藏本及茅本作有，

〔一〕"而"，疑当为"雨"，形近而误。

“有”字是也。有，读为又。言终岁之收，仅足供一家之食，既时有水旱之灾，而又以此给上之征赋也。后人不知有为又之借字，而改有为无，斯为谬矣。庄刻仍从诸本作无，故特辩之。**由此观之，则人之生，悯矣！**悯，忧无乐。**夫天地之大，计三年耕而余一年之食，率九年而有三年之畜，十八年而有六年之积，**积，委也。**二十七年而有九年之储，虽涔旱灾害之殃，民莫困穷流亡也。故国无九年之畜，谓之不足；无六年之积，谓之悯急；**悯，忧。急，病也。**无三年之畜，谓之穷乏。故有仁君明王，其取下有节，自养有度，则得承受于天地，而不离饥寒之患矣。若贪主暴君，挠于其下，侵渔其民，以适无穷之欲，则百姓无以被天和而履地德矣。**天和，气也。地德，所生植也。

食者，民之本也。民者，国之本也。国者，君之本也。是故人君者，〇王念孙云：君字当在人字上。群书治要引此，正作“君人者”。**上因天时，下尽地财，中用人力，是以群生遂长，五谷蕃植。教民养育六畜，**〇陶方琦云：说文畜字下引许注“玄田为畜”。按：说文引淮南子曰“玄田为畜”，即引其注文，与芸字、蜩字下同例。说文：“畜，田畜也。”即周官牧人“掌牧六牧而阜蕃其物”之义。王氏筠曰：“玄田当作玄田，从叀之古文[illegible]。”叀部疐下云：“从叀，引而止之也。”汉书景帝诏“农桑毄畜”，注：“食养之畜。毄，古系字。”系之者，恐其逸也。是其证。**以时种树，务修田畴，滋植桑麻，肥垸高下，各因其宜。丘陵阪险不生五谷者，以树竹木，春伐枯槁，夏取果蓏，**有核曰果，无核曰蓏。**秋畜疏食，**菜蔬曰疏，谷食曰食。**冬伐薪蒸，**大者曰薪，小者曰蒸。**以为民资。**资，用。**是故生无乏用，死无转尸。**转，弃也。**故先王之法，畋不掩群，**掩，犹尽也。**不取麛夭，**鹿子曰麛，麋子曰夭。**不涸泽而渔，**涸泽，漉池也。**不焚林而猎。**为尽物也。**豺未祭**

兽,罝罘不得布于野;十月之时,豺杀兽,四面陈之,世谓之祭兽也。未祭兽,罝罘不得施也。獭未祭鱼,网罟不得入于水;獭,獱也。明堂月令:"孟春之月,獭祭鱼。"取鲤四面陈之水边也,世谓之祭鱼。未祭,不得捕也。鹰隼未挚,罗网不得张于溪谷;立秋鹰挚矣。未立秋,不得施下。鹰或作雁。草木未落,斤斧不得入山林;九月草木节解。未解,不得伐山林也。昆虫未蛰,不得以火烧田。十月蛰虫备藏。未蛰,不得用烧田也。〇王念孙云:正文烧字,因注内"烧田"而衍。"不得以火田",谓田猎不得用火。尔雅曰"火田为狩"是也。高注"不得用烧田",烧读去声。管子轻重甲篇"齐之北泽烧",尹知章注曰:"猎而行火曰烧。式照反。"是也。烧字正释火字。若云以火烧田,则不词矣。王制及贾子容经篇并云"昆虫未蛰,不以火田",(说苑修文篇同。)此即淮南所本。文子上仁篇亦作"不得以火田"。孕育不得杀,鷇卵不得探,鱼不长尺不得取,彘不期年不得食。皆为尽物。是故草木之发若蒸气,发,生。禽兽之归若流泉,飞鸟之归若烟云,有所以致之也。故先王之政,四海之云至而修封疆,立春之后,四海出云。〇文典谨按:御览九百二十二引注,立春作春分。虾蟆鸣、燕降而达路除道,三月之时。〇文典谨按:御览九百二十二引注,作"春分之后"。阴降百泉则桥梁,十月之时。昏张中则务种谷,三月昏,张星中于南方。张,南方朱鸟之宿也。〇文典谨按:御览八百二十三引,张作弧。又引注,作"二月昏时,弧星中于南方,朱雀之宿也"。大火中则种黍菽,大火,东方苍龙之宿,在四月建巳中南方。菽,豆也。虚中则种宿麦,虚,北方玄武之宿,八月建酉中于南方也。昴中则收敛畜积,伐薪木。昴星,西方白虎宿也。季秋之月,收敛畜积也。上告于天,下布之民,先王之所以应时修备,富国利民,实旷来远者,其道备矣。实,满也。旷,空也。〇文典谨按:治要引,"富国利民"作"富利国民"。非能目见而足行之也,欲利之也。欲利之也不忘于心,则官自备矣。心之于九窍四支也,不能一事焉,然而动静听视皆以为主者,不忘于欲利之也。故尧为善而众善至矣,桀为非而众非来矣。善积则功成,非积则祸极。极,至。

凡人之论,心欲小而志欲大,智欲员而行欲方,能欲多而事欲鲜。所以心欲小者,虑患未生,备祸未发,戒过慎微,不敢纵其欲也。诗云:"惟此文王,小心翼翼,昭事上帝,聿怀多福。"此之谓也。志欲大者,兼包万国,一齐殊俗,并覆百姓,若合一族,是非辐凑而为之毂。毂,以谕王。〇庄逵吉云:"不毂"之训,古皆云穀善。钱别驾云:道德经"侯王自称孤寡不穀",河上本作毂,注云,"不毂,不为辐所凑也",又别一解,与此"毂以谕王"之注正同,知古两义并有,后人但识穀善,而不知有辐毂之训矣。智欲员者,环复转运,终始无端,若顺连环,故曰无端。旁流四达,渊泉而不竭,万物并兴,莫不向应也。应,和。行欲方者,直立而不挠,挠,弱曲也。素白而不污,穷不易操,通不肆志。肆,放。能欲多者,文武备具,动静中仪,举动废置,曲得其宜,无所击戾,击,掌也。戾,破也。〇洪颐煊云:荀子修身篇:"行而俯项,非击戾也。"尚书益稷"戛击鸣球",文选长杨赋作拮隔。韦昭曰:"古文隔为击。"击戾即隔背,高注非。无不毕宜也。事欲鲜者,执柄持术,得要以应众,执约以治广,处静持中,〇俞樾云:文子微明篇作"处静以持躁",当从之。静、躁对文,与上文"得要以应众,执约以治广"文义一律。运于璇枢,以一合万,若合符者也。符,约也。故心小者禁于微也,志大者无不怀也,多所容也。智员者无不知也,行方者有不为也,非正道不为也。能多者无不治也,治,犹作也。事鲜者约所持也。约,要也。

古者天子听朝，公卿正谏，博士诵诗，瞽箴师诵，庶人传语，史书其过，宰彻其膳。犹以为未足也，故尧置敢谏之鼓，欲谏者，击其鼓。〇文典谨按：治要敢作欲。舜立诽谤之木，书其善否于表木也。汤有司直之人，司直，官名，不曲也。武王立戒慎之鞀，欲戒君令慎疑者，摇鞀鼓。〇文典谨按：治要立作有，鞀作铭。过若豪厘，而既已备之也。备，具也。夫圣人之于善也，无小而不举；举，用。其于过也，无微而不改。改，更。尧、舜、禹、汤、文、武，皆坦然天下而南面焉。背屏而朝诸侯。〇王念孙云：次句当作"皆坦然南面而王天下焉"。今本颠倒，不成文理。刘本删去王字，尤非。当此之时，鼙鼓而食，鼙鼓，王者之食乐也。诗云："鼓钟伐鼛。"〇王念孙云："鼙鼓而食"当为"伐鼛而食"。今作鼙鼓者，涉注文而误也。周官大司乐曰："王大食三侑皆令奏钟鼓。"奏钟鼓而食，故曰"伐鼛而食"。高注引诗"鼓钟伐鼛"，正释伐鼛二字之义。若云"鼙鼓而食"，则文不成义矣。且"伐鼛而食，奏雍而彻"，相对为文。荀子正论篇曰"曼而馈，伐皋而食，（今本伐误作代，辩见荀子。皋与鼛同，考工记"韗人为皋鼓"是也。）雍而彻乎五祀"，即淮南所本也。玉海音乐部乐器类引此，正作"伐鼛而食"。奏雍而彻，雍，已食之乐也。已饭而祭灶，行不用巫祝，言其率德蹈政，无求于神。鬼神弗敢祟，山川弗敢祸，可谓至贵矣，至德之可贵也。然而战战慄慄，日慎一日。由此观之，则圣人之心小矣。诗云："惟此文王，小心翼翼，昭事上帝，聿怀多福。"其斯之谓欤！武王伐纣，〇王念孙云：伐纣本作克殷，此后人妄改之也。（下文"解箕子之囚"，高注"武王伐纣，赦其囚执"，伐纣二字，亦后人所加。）下文所述六事，皆在克殷以后。若改克殷为伐纣，则自孟津观兵以后，皆是伐纣之事，与下文不合矣。群书治要引此，正作武王克殷。又齐俗篇"昔武王执戈秉钺以伐纣胜殷，搢笏杖殳以临朝"，伐纣二字，亦后人所加。"执戈秉钺以胜殷，搢笏杖殳以临朝"，相对为文。加入伐纣二字，则文不成义，且与下句不对矣。太平御览兵部八十四引此，无伐纣二字，盖后人熟于武王伐纣之语，遂任意增改，而不顾文义，甚矣其妄也！发钜桥之粟，散鹿台之钱，钜桥，纣仓名也。一说：钜鹿漕运之桥。鹿台，纣钱藏府所积也。武王发散以振疲民。○陶方琦云：史记集解三、汉书张良传注、后汉地理志引许注："钜鹿之大桥，有漕粟也。"按：二注文义异，所云一说，即是许义，与集解、汉书注引合。水经注十引许慎曰："钜鹿水之大桥也。"亦即此注。吕氏春秋慎大高注："巨桥，纣仓名。"与此注前一说正同。**封比干之墓，**比干，纣诸父也。谏纣之非，纣杀之。故武王封崇其墓，以旌仁也。**表商容之间，**商容，殷之贤人，老子师，故表显其里。穆称篇又云"老子业于商容，见舌而知守柔矣"是也。○陶方琦云：世说新语一引许注："商容，殷之贤人，老子师。"按：此许注羼入高注中，故同。苏氏淮南子叙云："高氏注每篇下皆曰训，今本皆用高氏，故皆称训。"兹所曰穆称篇，穆、缪古通。称篇，乃许氏之本也。缪称篇许注亦云："商容，贤人也。"**朝成汤之庙，**成汤，殷受命之王。言圣人以类相宗。**解箕子之囚，**箕子，纣之庶兄。论语云"箕子为之奴"。武王伐纣，赦其囚执，问以洪范，封之于朝鲜也。**使各处其宅，田其田，无故无新，惟贤是亲，**○文典谨按：治要引，是作之。**用非其有，使非其人，晏然若故有之。**○文典谨按：治要引，"若"下有"其"字。**由此观之，则圣人之志大也。**○文典谨按："则圣人之志大也"，与上文"则圣人之心小矣"，下文"则圣人之智员矣"、"则圣人之行方矣"不一律，"也"当作"矣"。治要引，正作"即圣人之志大矣"。**文王周观得失，遍览是非，尧、舜所以昌，桀、纣所以亡者，皆著于明堂，**著，犹图也。**于是略智博闻，以应无方。由此观之，则圣人之智员矣。成、康继文、武之业，守明堂之制，观存亡之迹，见成败之变，非道不言，**非圣人之意不敢言。**非义不行，**非仁义不敢履行也。**言不苟出，行不苟为，择善而后从事焉。由此观之，则圣人之行方矣。孔子之通，智过于苌弘，勇服于孟贲，足蹑郊菟，力招城关，能亦多矣。**苌弘，周大夫，敬王臣也，号知大道。孟贲，勇士也。孔子皆能。招，举也。以一手招城门关端，能举之，故曰能亦〔一〕多也。○陶方琦云：群书治要引许注："苌弘，周景王之史，行通天下鬼方之术也。"按：春秋文曜钩云："高辛受命，重黎说天，成周改号，苌弘分官。"又群书治要、后汉书郑太传注引许注："孟贲，卫人。"按：汉书淮南王传"奋诸、贲之勇"，应劭曰："吴专诸，卫孟贲也。"与许说同。**然而勇力不闻，**人不闻其为勇力也。**伎巧不知，**人不知其有伎巧也。**专行教道，**○文典谨按：治要引，教作孝。**以成素王，事亦鲜矣。春秋二百四十二年，亡国五十二，弑君三十六，采善锄丑，以成王道，论亦博矣。然而围于匡，颜色不变，弦歌不辍，**匡，宋邑也。今陈留襄邑西匡亭是也。孔子曰："天生德于予，匡人其如予何！"故颜色不变，弦歌不止也。**临死亡之地，犯患难之危，据义行理而志不慑，分亦明矣。**犯，犹遭也。慑，犹惧也。**然为鲁司寇，听狱必为断，**为鲁定公司寇。**作为春秋，不道鬼神，不敢专己。夫圣人之智，固已多矣，其所守者有约，故举而必荣。愚人之智，固已少矣，其所事者多，**○王念孙云："其所事者多"，"多"上亦当有"有"字。"其所守者有约"，"其所事者有多"，两"有"字皆读为又，又与"固已"文义相承。群书治要引此，正作"其所事者又多"。（荀子王霸篇引孔子曰："知者之知固已多矣，有以守少，能无察乎？愚者之知固已少矣，有以守多，能无狂乎？"此即淮南所本。）**故动而必穷矣。吴起、张仪，智不若孔、墨，而争万乘之君，此其所以车裂支解也。夫以正教化者，易而必成；以邪巧世者，难而必败。凡将设行立趣于天下，舍其易成者，**○王念孙云："舍其易成者"，当作"舍其易而必成者"。今本脱"而必"二字，则与上文不合。文子微明篇正作"舍其易而必成"。**而从事难而必败者，愚惑之所致也。凡此六反者，不可不**

〔一〕"能亦"，原本作"亦能"，据正文乙。

察也。六反，谓孔、墨、苌宏、孟贲、吴起、张仪也。其行相反，故曰六反。○俞樾云：高注曰："六反，谓孔、墨、苌宏、孟贲、吴起、张仪也。其行相反，故曰六反。"此注大谬。上文虽有此六人，然非举以相较。苌宏、孟贲，不过谓孔子之智勇过此二人耳，初非言其相反也。六反者，即上文所谓"心欲小而志欲大，智欲员而行欲方，能欲多而事欲鲜"也。小与大反，员与方反，多与鲜反，是谓六反。

遍知万物而不知人道，不可谓智。遍爱群生而不爱人类，不可谓仁。仁者，爱其类也；智者，不可惑也。仁者，虽在断割之中，其所不忍之色可见也。不忍智〔一〕断割之色见于颜色也。**智者，虽烦难之事，其不暗之效可见也。内恕反情，心之所欲，其不加诸人，由近知远，由己知人，此仁智之所合而行也。小有教而大有存也，小有诛而大有宁也**，小教之以正，故大有存也；小责之以义，故大有宁也。非正则不存，非义则不宁。**唯恻隐推而行之，此智者之所独断也。故仁智错，有时合**，○王念孙云："故仁智错，有时合"，当作"故仁智有时错，有时合"。**合者为正，错者为权，其义一也。府吏守法，君子制义。法而无义，亦府吏也，不足以为政**。○孙诒让云：吏并当为史，形之误也。周礼诸官皆有府史胥徒，郑注云"府治藏，史掌书"者。凡府史，皆其官长所自辟除。**耕之为事也劳，织之为事也扰。扰劳之事，而民不舍者，知其可以衣食也。人之情不能无衣食，衣食之道必始于耕织，万民之所公见也。物之若耕织者，始初甚劳，终必利也众，愚人之所见者寡；事可权者多，愚之所权者少，此愚者之所多患也**。○王念孙云："事可权者多"二句，当作"事之可权者多（对上文"物之若耕织者，始初甚劳，终必利也众"。），愚人之所权者少（对上

〔一〕"智"字疑衍。

文“愚人之所见者寡”。)”。各本脱“之”字、“人”字,则文义不明。“此愚者之所多患”,刘本作“此愚者之以多患也”。案:当作“此愚者之所以多患也”。(对下文“此智者所以寡患也”。)道藏本脱“以”字、“也”字,刘本脱“所”字。○俞樾云:此有脱误。当云:“物之可备者众,愚人之所备者寡;事之可权者多,愚人之所权者少:此愚者之所以多患也。”下文曰:“物之可备者,智者尽备之;可权者,尽权之:此智者所以寡患也。”与此文反覆相明,是其证也。众上脱“物之可备者”五字。王氏念孙遂欲以“众”字属上句读,然上文云“物之若耕织者,始初甚劳,终必利也”,其文义已足,必缀“众”字于句末,转为不词矣。物之可备者,智者尽备之;可权者,尽权之:此智者所以寡患也。故智者先忤忤,逆。而后合,愚者始于乐而终于哀。今日何为而荣乎,旦日何为而义乎,此易言也。今日何为而义,旦日何为而荣,此难知也。问瞽师曰:“白素何如?”曰:“缟然。”曰:“黑何若?”曰:“黮然。”援白黑而示之,则不处焉。人之视白黑以目,言白黑以口,瞽师有以言白黑,无以知白黑,故言白黑与人同,其别白黑与人异。入孝于亲,出忠于君,无愚智贤不肖皆知其为义也,使陈忠孝行而知所出者鲜矣。凡人思虑,莫不先以为可而后行之,其是或非,此愚智之所以异。

凡人之性,莫贵于仁,莫急于智。仁以为质,智以行之。两者为本,而加之以勇力辩慧,捷疾劬录,巧敏迟利,○王念孙云:迟利二字,义不相属。迟当为犀,字之误也。犀亦利也。汉书冯奉世传“器不犀利”,如淳曰:“今俗刀兵利为犀。”自“勇力”以下,皆两字同义。聪明审察,尽众益也。身材未修,伎艺曲备,而无仁智以为表干,而加之以众美,则益其损。故不仁而有勇力果敢,则狂而操利剑;狂,犹乱也。不智而辩慧怀给,则弃骥而不式。不智之人,辩慧怀给,不知所裁之,犹弃骥而或,不知所诣也。怀,佞也。○王念孙云：怀与佞，义不相近。怀皆当为懁，字之误也。懁与儇同字，或作譞。方言曰："儇，慧也。"说文同。又曰："譞，譞慧也。"广雅曰："辩、儇，慧也。"即此所云"辩慧懁给"也。楚辞九章"忘儇媚以背众兮"，王注曰："儇，佞也。"正与高注同。"弃骥而不式"，本作"乘骥而或"。因乘误为弃，（隶书乘或作乗，弃或作棄，二形相似。）或误为式，（草书或式相似。）后人遂于"式"上加"不"字耳。或与惑同。故高注云"不智之人，辩慧懁给，不知所裁之，犹乘骥而或，不知所诣也"。吕氏春秋当务篇曰："辩而不当论，信而不当理，勇而不当义，法而不当务，或而乘骥也，狂而操吴干将也。"春秋繁露必仁且知篇曰："不仁而有勇力材能，则狂而操利兵也。不知而辩慧獧给，则迷而乘良马也。"是皆其明证矣。獧亦与儇同。**虽有材能，其施之不当，其处之不宜，适足以辅伪饰非。伎艺之众，不如其寡也。故有野心者不可借便势，**野，外。**有愚质者不可与利器。**老子曰："国之利器，不可以假人。"**鱼得水而游焉则乐，塘决水涸，则为蝼蚁所食。有掌修其堤防，补其缺漏，则鱼得而利之。**掌，主。**国有以存，人有以生。**国有以存，若鱼得水也。国厚，故人道生也。**国之所以存者，仁义是也；人之所以生者，行善是也。国无义，虽大必亡；**桀、纣是也。**人无善志，虽勇必伤。**论语曰："勇而无礼则乱。"乱则伤也。**治国上使不得与焉；**使不得与亡伤之危，是上术也。○俞樾云：高注曰："使不得与亡伤之危，是上术也。"此盖属上文读之。然文义迂回，不可从也。此当属下文读之。下文曰："孝于父母，弟于兄嫂，信于朋友，不得上令而可得为也。释己之所得为，而责于其所不得制，悖矣！"是"不得"、"可得"两文反覆相明。疑"治国"下脱"非"字，本云"治国非上使，不得与焉"。盖上文言"国无义，虽大必亡；人无善志，虽勇必伤"。此言国之有义无义，乃治国之事。治国之事，非上使我为之，我不得与焉。若人之有善无善，则在我而已，故曰"不得上令而可得为也"。上令，即上使也。"不得上令而可得为"，正与"非上使不得与"相对。高所据本已脱"非"字，故失其解矣。**孝于父母，弟于兄嫂，信于朋友，不得上令而可得为也。释**

己之所得为，而责于其所不得制，悖矣！

士处卑隐，欲上达，必先反诸己。上达有道：名誉不起，而不能上达矣。取誉有道：不信于友，不能得誉。信于友有道：事亲不说，不信于友。不能说亲，朋友不信之也。说亲有道：修身不诚，不能事亲矣。诚身有道：心不专一，不能专诚。○王念孙云：以上文例之，则“不能专诚”当作“不能诚身”。据高注云“不修其本，而欲得悦亲诚身之名，皆难也”，则正文本作“不能诚身”明矣。今作“不能专诚”者，涉上文“心不专一”而误。中庸作“诚身有道，不明乎善，不诚乎身矣”，次句虽异义，而首句、三句则同。道在易而求之难，易，谓反己，先修其本也。不修其本，而欲得说亲诚身之名，皆难也，故曰道在易而求之难。验在近而求之远，故弗得也。验，效也。近谓本，远谓末也。故不能得之也。

淮南鸿烈集解卷十

缪称训

缪异之论，称物假类，同之神明，以知所贵，故曰“缪称”。○庄逵吉云：此下三篇标目下皆无“因以题篇”四字，注又简略，盖亦不全者也。但各本皆同，缺无据证，并仍其旧，不敢妄有增加也。○文典谨按：此篇序目，无“因以题篇”字，又宋本此篇与要略并题作淮南鸿烈间诂，其为许慎注本无疑。

道至高无上，至深无下，平乎准，直乎绳，圆乎规，方乎矩，包裹宇宙而无表里，洞同覆载而无所碍。碍，挂也。是故体道者，不哀不乐，不喜不怒，其坐无虑，其寝无𪰶，物来而名，事来而应。主者，国之心。心治则百节皆安，○陶方琦云：群书治要引许注：“治，犹理也。节，犹事也。以体喻也。”按：今注无，当补。说文：“理，治玉也。”解亦同。心扰则百节皆乱。故其心治者，支体相遗也；○陶方琦云：群书治要引许注：“遗，忘。”按：今注无，当补。说文：“遗，忘也。”与注淮南同。其国治者，君臣相忘也。○陶方琦云：群书治要引许注：“各得其所，无所思念。”按：今注无，当补。说文：“忘，不识也。”即无思念。

黄帝曰：“芒芒昧昧，从天之道，与元同气。”○王念孙云：

道本作威。今作道者,后人不解威字之义,而妄改之也。案:威者,德也,言从天之德也。广雅曰:"威,德也。"周颂有客篇:"既有淫威,降福孔夷。"正义曰:"言有德,故易福。"风俗通义十反篇曰:"书曰:'天威棐谌。'言天德辅诚也。"是古谓德为威也。后泰族篇及吕氏春秋应同篇并云:"黄帝曰:'芒芒昧昧,因天之威,与元同气。'"文子上仁篇"因天之威,与元同气",用泰族篇文也。(上下文皆出泰族篇。)符言篇"从天之威,与元同气",用此篇文也。(下文"故至德言同略,事同指"云云,皆出此篇。)然则泰族作"因天之威",此作"从天之威",虽"因"与"从"不同,而"威"字则同矣。**故至德者,言同略,事同指,上下一心,无岐道旁见者,遏障之于邪,开道之于善,而民乡方矣。故易曰:"同人于野,利涉大川。"**言能同人道至于野,则可以济大川。大川,大难也。

道者,物之所导也;德者,性之所扶也;仁者,积恩之见证也;义者,比于人心而合于众适者也。故道灭而德用,德衰而仁义生。故上世体道而不德,中世守德而弗坏也,末世绳绳乎唯恐失仁义。○俞樾云:文子微明篇作"中世守德而不怀",此文坏字亦怀字之误。怀即怀来之怀,言中世守德,未知仁义之为美,犹无意乎怀来之也。字误作坏,失其旨矣。**君子非仁义无以生,失仁义,则失其所以生;小人非嗜欲无以活,失嗜欲,则失其所以活:故君子惧失仁义,小人惧失利。**○王念孙云:三"仁"字皆原文所无,此后人依上文加之也。不知此八句,与上异义。上文是言仁义不如道德,此文是言君子重义,小人重利,故以义与利欲对言,而仁不与焉。太平御览人事部六十二"义"下引此,无三"仁"字。文子微明篇同。○文典谨按:王说是也。群书治要引此文,亦无三"仁"字。**观其所惧,知各殊矣。易曰:"即鹿无虞,惟入于林中,君子几不如舍,往吝。"**即,就也。鹿以谕民。虞,欺也。几,终也。就民欺之,即入林中,几终不如舍之,使之不终如其吝也。

其施厚者其报美，其怨大者其祸深。薄施而厚望，畜怨而无患者，古今未之有也。是故圣人察其所以往，则知其所以来者。圣人之道，犹中衢而致尊邪？道六通谓之衢。尊，酒器也。○庄逵吉云：六通应作四通，字之误也。○王念孙云：致尊当为设尊，字之误也。艺文类聚杂器物部、太平御览居处部二十三、器物部六引此，并作设尊。○陶方琦云：意林引许注："衢，六通。尊，酒器。"按：意林所引同，文少约耳。益知八篇皆许注本，故引亦同。六通当作四达。说文："四达谓之衢。"又尊字下云："尊，酒器也。"与淮南注并同。过者斟酌，多少不同，各得其所宜。是故得一人，所以得百人也。一人来得其心，百人来亦得其心。人以其所愿于上以交其下，谁弗戴？以其所欲于下以事其上，谁弗喜？诗云："媚兹一人，应侯慎德。"慎德大矣，一人小矣，能善小，斯能善大矣。

君子见过忘罚，故能谏；见贤忘贱，故能让；见不足忘贫，故能施。情系于中，行形于外。凡行戴情，虽过无怨；不戴其情，虽忠来恶。戴，心所感也。情，诚也。○洪颐煊云：下文："上意而民载，诚中者也。"高注："上有意而未言，则民皆载而行之。"古字载、戴通用，"凡行戴情"，谓行载其情。高注非。○俞樾云：高注曰："戴，心所感也。"此未得戴字之义。戴当读为载。释名释姿容曰："戴，载也。载之于头也。"是戴、载声近义通。下文曰："其载情一也，施人则异矣。"可证此文戴之当为载矣。下文又曰："义载乎宜之谓君子。"亦与此载字同。后稷广利天下，犹不自矜。禹无废功，无废财，自视犹觖如也。觖，不满也。满如陷，陷，少也。实如虚，尽之者也。

凡人各贤其所说，而说其所快。○陶方琦云：群书治要引许注："贤其所悦者，更悦其所行之快性也。"按：今注无，当补。说文有说字，无悦字。世莫不举贤，○陶方琦云：群书治要引许注："人无不举与己同者以为贤也。"按：今注无，当补。或以治，或以乱。非自遁，遁，欺。○

文典谨按：群书治要引，“遁”下有“也”字。又引许注作“遁，失”。**求同乎己者也。己未必得贤，而求与己同者，而欲得贤，亦不几矣！**○王念孙云：“己未必得贤”，“得”字因下文“得贤”而衍。群书治要引此，无“得”字。○陶方琦云：群书治要引许注：“几，近也。”按：今注无，当补。尔雅释诂：“几，近也。”**使尧度舜，则可；使桀度尧，是犹以升量石也。今谓狐狸，则必不知狐，又不知狸。**俱不知此二兽。**非未尝见狐者，必未尝见狸也，狐、狸非异，同类也，而谓狐狸，则不知狐、狸。是故谓不肖者贤，则必不知贤；谓贤者不肖，则必不知不肖者矣。圣人在上，则民乐其治；在下，则民慕其意。小人在上位，如寝关、曝纩，**寝〔一〕，谓卧关上之不安。纩，茧也。曝茧，蛹动摇不休，死乃止也。**不得须臾宁。故易曰："乘马班如，泣血涟如。"**谕乘马班如，难也，故有泣血之忧。**言小人处非其位，不可长也。物莫无所不用。**○王念孙云：此当作“物莫所不用”，莫即无也。“无”字盖涉下文“无所不用”而衍。**天雄乌喙，药之凶毒也，良医以活人。侏儒瞽师，人之困慰者也，**慰，可蹶也。一曰：慰，极。○庄逵吉云：“困慰”本或作“困怼”，注并同。疑作怼者是。**人主以备乐。是故圣人制其剟材，无所不用矣。**剟，疏杀也。

勇士一呼，三军皆辟，其出之也诚。故倡而不和，意而不戴，意，恚声。戴，嗟也。○王念孙云：高说非也。戴，读为载。郑注尧典曰：“载，行也。”言上有其意而不行于下者，诚不足以动之也。下文云“上意而民载，诚中者也”，高注曰：“上有意而未言，则民皆载而行之。”是其证矣。文子精诚篇正作“意而不载”。○洪颐煊云：“意而不戴”，谓上有意，民不载而行之，是必中心之不合也。高注非。**中心必有不合者也。故舜不降**

〔一〕据正文，“寝”下似脱“关”字。

席而王天下者，求诸己也。○王念孙云：王当为匡，字之误也。匡，正也。正己而天下自正，故曰"舜不降席而匡天下者，求诸己也"。己不正，则不能正人，故下文曰："身曲而景直者，未之闻也。"下文又曰："故舜不降席而天下治。"彼言天下治，此言匡天下，其义一也。今本作"王天下"，则非其指矣。文子精诚篇作"不下席而匡天下"，韩诗外传及新序杂事篇并作"不降席而匡天下"。故上多故，则民多诈矣。身曲而景直者，未之闻也。说之所不至者，容貌至焉。说之粗，不如容貌精微入人深也。容貌之所不至者，感忽至焉。○王念孙云：感忽者，精诚之动人者也。故下文曰："感乎心，明乎智，发而成形，精之至也。可以形势接，而不可以昭誋。"（广雅："誋，告也。"）荀子议兵篇曰："善用兵者，感忽悠暗，莫知其所从出。"义与此相近。感乎心，明乎智，发而成形，精之至也。可以形势接，而不可以照誋。戎、翟之马，皆可以驰驱，或近或远，唯造父能尽其力；三苗之民，皆可使忠信，或贤或不肖，唯唐、虞能齐其美，必有不传者。心教之微眇，不可传也。中行缪伯手搏虎，中行缪伯，晋臣也，力能搏生虎。而不能生也，力能杀虎，而德不能服之。盖力优而克不能及也。克，犹能也。○王念孙云："克不能及"当为"克不及"。克，能也。言搏虎之力虽优，而服虎之能则不及也。优与不及，义正相对，则"及"上不当有"能"字。高注"克，犹能也"，是指上句"能"字而言。正文"能"字，即因上句"能"字而衍。○俞樾云：高注曰："克，犹能也。"则是"克不能及"为"能不能及"矣，于义难通。王氏念孙以"能"为衍字，然"力优而克不及"，义亦未安。今按：此文盖有错误，此注亦后人窜入，非高氏原文也。克当作悳，及当作𠬝，皆以形似而误。悳者，惪之古文，与德字通。𠬝者，服之本字也。古书服字每作𠬝，而传写多误为及。尚书吕刑篇"何度非及"，大戴记王言篇"及其明德也"，及并𠬝字之误，说详群经平议。此文本云："盖力优而悳不能𠬝也。"高注于上文注曰"力能杀虎，而德不能服之"，本当注于此句之下，"德不能服"四字即本正文。因悳误作克，𠬝误作及，遂移注于上文，又窜入"克犹能也"四字为此句之注，而文义俱晦矣。用百人之所能，则得百人之力；举千人之所爱，则得千人之心：辟若伐树而引其本，千枝万叶则莫得弗从也。慈父之爱子，非为报也，不可内解于心；圣人之养民，非求用也，性不能已：若火之自热，冰之自寒，夫有何修焉！及恃其力，赖其功者，若失火舟中。言舟中之人同心救火，不相为赐也。〇文典谨按：御览八百六十九引注，“不相为赐也”作“其用为易”。故君子见始，斯知终矣。媒妁誉人，而莫之德也；取庸而强饭之，莫之爱也。虽亲父慈母，不加于此，有以为，则恩不接矣。故送往者，非所以迎来也；施死者，非专为生也。诚出于己，则所动者远矣。锦绣登庙，贵文也；登，犹入也。圭璋在前，尚质也。以玉祭之者，质也。文不胜质，之谓君子。故终年为车，无三寸之辖，不可以驱驰；匠人斫户，无一尺之楗，不可以闭藏。〇文典谨按：一尺，意林引作五寸，当以意林为是。本书主术训“五寸之键，制开阖之门”，楗即键也。故君子行斯乎其所结。结，要终也。〇王念孙云：斯当为期，字之误也。言君子行事必期其所终也。（高注：“结，要终也。”）又下文“释近斯远，塞矣”，斯亦当为期。“释近期远，塞矣”，谓道在迩而求诸远，则必塞也。文子精诚篇作“舍近期远”，是其证。

心之精者，可以神化，而不可以导人；导，教也。目之精者，可以消泽，而不可以昭認。昭，道。認，诫也。不可以教导戒人。〇洪颐煊云：上文“可以形势接，而不可以照認”，齐俗训“日月之所照認”，盐铁论相刺篇“天设三光以照记”，昭、照古字通用，認即记字。高注失之。在混冥之中，不可谕于人。混冥，人心中也。故舜不降席而天下治，桀不下陛而天下乱，盖情甚乎叫呼也。言虽叫呼大语，不如心行真直也。无诸己，求诸人，古今未之闻也。同言而民信，信在言前也。同令而民化，诚在令外也。圣人在上，民迁而化，情以先之也。动于上，不应于下者，情与令殊也。故易曰：“亢龙有悔。”仁君动极在上，故有悔也。三月婴儿，未知利害也，而慈母之爱谕焉者，情也。故言之用者，昭昭乎小哉！不言之用者，旷旷乎大哉！身君子之言，信也；身君子之言，体行君子之言也。中君子之意，忠也。忠信形于内，感动应于外。故禹执干戚，舞于两阶之间，而三苗服。三苗畔禹，禹风以礼乐而服之也。鹰翔川，鱼鳖沉，禹以德服三苗，犹鹰翔川上，鱼鳖恐，皆潜。飞鸟扬，鸟见鹰而扬去。必远害也。鹰怀欲害之心，故鸟鱼知其情实，故远之。○王念孙云："远害"本作"远实"，此后人以意改之也。据高注云"鹰怀欲宍（宍与肉同，欲肉者，欲食肉也。各本宍字皆误作害，辩见原道篇"欲寅之心"下。）之心，鸟鱼知其情实，故远之"，则本作"远实"明矣。太平御览鳞介部四引此，正作"远实"。此承上文"忠信行于内，感动应于外"而言，言禹有忠信之实，故舞干戚而三苗服；鹰有欲肉之实，故鱼鸟皆远之。若无其实而能动物者，则未之有也。后人改远实为远害，失其指矣。子之死父也，臣之死君也，世有行之者矣，非出死以要名也，恩心之藏于中，而不能违其难也。故人之甘甘，非正为蹠也，人之甘甘，犹乐乐而为之。臣之死君，子之死父，非以求蹠蹠也。而蹠焉往。言蹠乃往至也。君子之惨怛，非正为伪〔一〕形也，谕乎人心。非从外入，自中出者也。义正乎君，仁亲乎父，故君之于臣也，能死生之，不能使为苟简易；君不能使臣为苟合易行之义。○王念孙云：简字后人所加。高注云"君不能使臣为苟合易行之义"，则无"简"字明矣。下文曰："父之于子也，能发起之，不能使无忧寻。"与此相对为文。加一"简"字，则文不成义，且与下文不对矣。父之于子也，能发起之，不能使无忧寻。忧寻，忧长也，仁念也。仁念，父母不乐子之如此，然不

〔一〕"伪"字疑涉上文"为"而衍。

能止。故义胜君，仁胜父，则君尊而臣忠，父慈而子孝。圣人在上，化育如神。太上曰："我其性与！"太上，皇德之君也。我性自然也。其次曰："微彼，其如此乎！"其次，五帝时也。其民如此，故我治之如彼。故诗曰"执辔如组"，易曰"含章可贞"。

动于近，成文于远。夫察所夜行，周公惭乎景，故君子慎其独也。○王念孙云："惭"上当有"不"字，方与下意相属。文子精诚篇作"圣人不惭于景"。释近斯远，塞矣。闻善易，以正身难。夫子见禾之三变也，夫子，孔子也。三变，始于粟，粟生于苗，苗成于穗也。滔滔然曰："狐乡丘而死，我其首禾乎！"禾穗垂而向根，君子不忘本也。○文典谨按：文选思玄赋注引，"滔滔然曰"作"乃叹曰"。故君子见善则痛其身焉。痛己身善恶自在也。身苟正，怀远易矣。怀，来。故诗曰："弗躬弗亲，庶民弗信。"小人之从事也，曰苟得；君子曰苟义。所求者同，所期者异乎！击舟水中，鱼沉而鸟扬，同闻而殊事，其情一也。僖负羁以壶餐表其闾，釐负羁，曹臣。晋重耳出过曹，负羁遗以壶餐。重耳反晋，伐曹，令兵不入其闾。赵宣孟以束脯免其躯，赵宣孟，晋卿，以束脯活灵辄，后免其难也。礼不隆隆，多也。而德有余，仁心之感恩接而憯怛生，故其入人深。俱之叫呼也，在家老则为恩厚，其在责人则生争斗。故曰："兵莫憯于意志，莫邪为下；寇莫大于阴阳，枹鼓为小。"圣人为善，非以求名而名从之，名不与利期而利归之。故人之忧喜，非为蹠，蹠焉往生也。言非为冀幸往生利意也。故至人不容。至道人不饰容也。○王念孙云：刘本改"至至"为"至人"。又下文"故至至之人不可遏夺也"，高注曰："言至道之人，其心先定，不可临以利，夺其志也。"刘本又改"至至"为"至道"。案：刘不解至至二字之意，又见高注两言"至道之人"，故或改为至人，或改为至道。不知至至即至道也，至至之人即至道之人也。下文云“故圣人栗栗乎其内,而至乎至极矣”,“至乎至极”即所谓至至也。本经篇“未可与言至也”,高注亦曰“至,至德之道也”,是道之至极即谓之至,至乎道之至极即谓之至至,故此两注皆以至至为至道也。刘不晓注意,而以注文改正文,谬矣。下文又云:“至至之人,(唯此至至二字,刘本未改。)不慕乎行,不慚乎善。”至至二字,前后三见,何不察之甚也! **故若眯而抚,** 眯,芥入目也。抚,扪之。从中发,非为观容也。**若跌而据。** 跌,仆也。

圣人之为治,漠然不见贤焉,终而后知其可大也。若日之行,骐骥不能与之争远。今夫夜有求,与瞽师并;东方开,斯照矣。 言人见照用,瞽者犹暗而无为,人而以治事用思也。**动而有益,则损随之,** 益所以为损也。**故易曰:“剥之不可遂尽也,故受之以复。”** 言物剥落而复生也。**积薄为厚,积卑为高,故君子日孳孳以成辉,小人日怏怏以至辱。其消息也,离朱弗能见也。文王闻善如不及,宿不善如不祥,非为日不足也,其忧寻推之也,** 忧寻,忧深也。**故诗曰:“周虽旧邦,其命维新。”** 新国者也。**怀情抱质,天弗能杀,地弗能薶也,声扬天地之间,配日月之光,甘乐之者也。苟乡善,虽过无怨;苟不乡善,虽忠来患。故怨人不如自怨,求诸人不如求诸己得也。声自召也,貌自示也,名自命也,文自官也,无非己者。操锐以刺,操刃以击,何怨乎人?故筦子文锦也,虽丑登庙;** 筦仲相齐,明法度,审国刑,不能及圣,犹文锦虽恶,宜以升庙也。○文典谨按:御览四百四十七引注:“相桓公,以霸功成事,衣文锦之服,大书在明堂,故曰虽丑登庙也。” **子产练染也,美而不尊。** 子产相郑,先恩而后法,犹练染为衣,温厚而非宗庙服也。○文典谨按:御览引,练作绢。又引注云:“子产相郑,以乘车济朝涉者。孟子曰:‘惠而不知为政。’绢染者,以子产喻母人。月令曰:‘命妇官染绢。’温暖其民,如人之母也。”二注与今注迥异。缪称训乃许注本，则御览所引殆高注也。又八百十五引，“练染”作“练帛”，注云：“虽不及圣，犹文锦也。子产先思后去，如彩帛虽温，不堪为宗庙服。”与今注略同。知御览前后两引，为许、高二本矣。家语：“子思子曰：‘管仲缋锦也，虽恶而登朝。子产练丝也，虽美而不尊。’”即本此文也。**虚而能满，淡而有味，被褐怀玉者。故两心不可以得一人，一心可以得百人。男子树兰，美而不芳，**兰，芳草，艾之美芳也。男子树之，盖不芳。○文典谨按：御览九百八十三引注，“艾之美芳也”作“女之美芳色”。传写宋本艾亦作女。**继子得食，肥而不泽，**继子有假母也。**情不相与往来也。**○文典谨按：御览引，情作精。

生所假也，死所归也，故弘演直仁而立死，弘演，卫懿公臣。狄人攻卫，食懿公。其肝在，弘演剖腹以盛之也。**王子闾张掖而受刃，**楚白公欲立王子闾为王，不可，刺之以兵，子闾不受。**不以所托害所归也。故世治则以义卫身，世乱则以身卫义。死之日，行之终也，故君子慎一用之。无勇者，非先慑也，难至而失其守也；贪婪者，非先欲也，见利而忘其害也。虞公见垂棘之璧，而不知虢祸之及己也。故至道之人，不可遏夺也。**言至道之人，其心先定，不可临以利，夺其志也。

人之欲荣也，以为己也，于彼何益！圣人之行义也，其忧寻出乎中也，于己何以利！故帝王者多矣，而三王独称；贫贱者多矣，而伯夷独举。以贵为圣乎，则圣者众矣；以贱为仁乎，则贱者多矣。何圣仁之寡也！独专之意乐哉，忽乎日滔滔以自新，忘老之及己也。始乎叔季，归乎伯孟，必此积也。言自少而至长。**不身遁，斯亦不遁人，**遁，隐也。己不自隐身之行，亦不隐之于人故也。○王念孙云：“不身遁”，身当为自，字之误也。上文“非自遁也”，高注云：“遁，欺也。”（广雅同。遁字亦作遯。修务篇“审于形者不可遯以状”，高注曰：“遯，欺也。”）此言自遁，亦谓自欺也。不自欺，斯不欺人，故下二句云：“若行独梁，不为无人不兢其容。”谓不自欺也。古者谓欺为遁。管子法禁篇曰：“遁上而遁民者，圣王之禁也。”谓上欺君而下欺民也。贾子过秦篇曰：“奸伪并起，而上下相遁。”史记酷吏传序曰：“奸伪萌起，其极也，上下相遁。”皆谓上下相欺也。**故若行独梁，不为无人不兢其容。**独梁，一木之水桥也。行其上，常兢兢，恐陷也。**故使人信己者易，而蒙衣自信者难。**及身不信，故难。**情先动，动无不得；无不得，则无䰟；发䰟而后快。**言人君以情动导民也，动尽得人心也，无䰟结。发，动也。虽䰟结，快民心。○庄逵吉云：䰟，本或作窘。**故唐、虞之举错也，非以偕情也，快己而天下治；桀、纣非正贼之也，快己而百事废：喜憎议而治乱分矣。**下有喜议而国治，有憎议而国乱也。○俞樾云：高注曰：“下有喜议而国治，有憎议而国乱也。”此未得议字之旨。议，当读为仪。周易系辞传“议之而后言”，释文曰：“议，陆、姚、桓玄、荀柔之本作仪。”国语郑语“伯翳能议百物”，汉书地理志议作仪。是议、仪古通用。广雅释诂：“仪，见也。”“喜憎仪”谓喜憎见也。俶真篇“是非无所形”，高注曰：“形，见也。”仪与形同，故广雅形与仪并训见。齐俗篇曰“是非形则百姓眩矣”，此云“喜憎仪而治乱分矣”，句法一律。乃诸书多以形为见，少以仪为见，而此又叚议为之，其义益晦，宜表出之，以存古训也。

圣人之行，无所合，无所离。譬若鼓，无所与调，无所不比。丝筦金石，小大修短有叙，异声而和。君臣上下，官职有差，殊事而调。夫织者日以进，织帛者进。**耕者日以却，**却，谓耕者却行。**事相反，成功一也。申喜闻乞之歌而悲，出而视之，其母也。**申喜亡其母，母乞食于道。**艾陵之战也，夫差曰：“夷声阳，句吴其庶乎！”**艾陵之战，吴王夫差与齐战于艾陵也。夷谓吴。阳，吉也。句吴，夷语，不正言吴，加以“句”也。庶，几也。○庄逵吉云：“阳，吉也”，本或误作“告也”。考易阳为吉，阴为凶，故训阳为吉，作告非是。**同是声，而取信焉异，有诸情也。故心哀而歌不乐，心乐而哭不哀。夫子曰："弦则是也，其声非也。"**闵子骞三年之丧毕，援琴而弹，其弦是也，其声切切而哀。○王引之云：上文申喜遇母，及艾陵之战，皆直叙其事。此未叙其事，而忽云："夫子曰：'弦则是也，其声非也。'"则不知所指为何事矣。疑"闵子骞三年之丧毕，援琴而弹"十二字，本是正文，在"夫子曰"上，而写者误入注也。**文者，所以接物也；情，系于中而欲发外者也。以文灭情则失情，以情灭文则失文。文情理通，则凤麟极矣，言至德之怀远也。**

输子阳谓其子曰："良工渐乎矩凿之中。"渐，习也。**矩凿之中，固无物而不周，圣王以治民，造父以治马，医骆以治病，**医骆，越医。**同材而各自取焉。**自，从也。矩凿之中，各取法度，或以治民，或以治马，或以治病，同材而各往从取治法之也。**上意而民载，诚中者也。**上有意而未言，则民皆载而行之。志或发中，之于大。**未言而信，弗召而至，或先之也。伋于不己知者，不自知也。**伋，急也。○庄逵吉云：急字从及下心，此作心旁及，字本同耳。**矜怚生于不足，**怚，骄也。不足，知不足也。○王念孙云：惨怚之怚，无训为骄者。怚皆当为怚，字之误也。说文："怚，骄也。"字从且，不从旦。玉篇秦吕、子御二切。广雅曰："憍、（通作骄。）怚、傲、侮、慢，傷（通作易。）也。"高注氾论篇曰："驵，骄怚也。"并与此注同义。怚训为骄，故言"矜怚"也。又吕氏春秋审应篇"使人战者严驵也"，高注曰："严，尊也。驵，骄也。"说文又云："嫭，骄也。"文选嵇康幽愤诗"恃爱肆姐，不训不师"，怚、嫭、姐、驵，并字异而义同。**华诬生于矜。诚中之人，乐而不伋，如鸮好声，**忠信之人，自乐为之，非伋伋也，如鸮自好为声耳。**熊之好经，**经，动，导引。**夫有谁为矜！**各任自性，非徒矜也。○文典谨按：御览九百八引，伋作彶，无"不"字。鸮作鹗，矜作务。**春女思，秋士悲，**春女感阳则思，秋士见阴而悲。○文典谨按：北堂书钞百五十四引，作"春女悲"，又引注云："周礼，仲春之月，令媒氏会男女。

一升成于夫家，骨肉相离，故悲之也。”缪称篇乃许注本，书钞所引，殆高注也。又艺文类聚三引，亦作“春女悲，秋士哀”。而知物化矣。号而哭，叽而哀，而知声动矣。容貌颜色，理诎傀倨佝，○刘绩云：后有“倨句诎伸”，（见兵略篇。）疑此作“诎伸倨句”，衍“理”字。○王念孙云：刘说是也。倨句，犹曲直也。乐记曰：“倨中矩，句中钩。”伸误为傀，句误为佝，（因倨字而误加人旁。）“理”字因下文“循理”而衍。各本佝字又误为徇，而庄本从之，谬矣。知情伪矣。故圣人栗栗乎其内，而至乎至极矣。功名遂成，天也；循理受顺，人也。太公望、周公旦，天非为武王造之也；崇侯、恶来，天非为纣生之也：崇侯，纣时诸侯也。恶来，纣之臣，秦之先也。有其世，有其人也。教本乎君子，小人被其泽；利本乎小人，君子享其功。昔东户季子之世，东户季子，古之人君。道路不拾遗，耒耜余粮宿诸亩首，使君子小人各得其宜也。故一人有庆，兆民赖之。

凡高者贵其左，天道左旋。故下之于上曰左之，臣辞也。臣道左君。下者贵其右，故上之于下曰右之，君让也。君谦让，佑助臣。故上左迁则失其所尊也，左，臣词也。君以再还，故失其尊也。臣右还则失其所贵矣。右，君词也。而臣以再还，故失其贵也。小快害道，斯须害仪。斯须，近也。子产腾辞，腾，传也。子产作刑书，有人传词诘之。狱繁而无邪，繁，多也。狱虽益多，而下无邪也。失诸情者，则塞于辞矣。失事之情，则为世人辞所穷塞也。成国之道，工无伪事，农无遗力，士无隐行，官无失法。譬若设网者，引其纲而万目开矣。○文典谨按：艺文类聚五十二引，成作盛，隐作謟，万目开矣作万目张。意林引，作“治国者若设网，引其纲，万目张”。舜、禹不再受命，受命于人，不受于天。尧、舜传大焉，先形乎小也。形，见也。先见微小，以知大。刑于寡妻，至于兄弟，禅于家国，而天下从风。禅，传也。言尧、舜、禹相传，天下服之也。○王念孙云："刑于寡妻"本作"施于寡妻"，此后人依大雅改之也。不知"施于寡妻"、"禅于家国"皆用诗意而小变其文，与直引诗词者不同，无烦据彼以改此也。文选汉高祖功臣颂注引此，正作"施于寡妻"。施，读若"施于孙子"之施。故戎兵以大知小，若汤、武以义伐不义，从大伐小。人以小知大。人，谓天下从风者也。尧、舜之民以小知尧大也。○俞樾云："戎兵"以器言，犹曰"器以大知小，人以小知大"耳。兵器有大小，如考工记所载弓与剑皆有上制、中制、下制是也。知上制如干，则等而下之，皆可知矣，故曰"戎兵以大知小"。高氏以汤、武说上句，尧、舜说下句，殊非其旨。君子之道，近而不可以至，卑而不可以登，无载焉而不胜，万物载之，皆胜其任。大而章，远而隆。○王念孙云："大而章"大当为久，字之误也。此言君子之道，始于卑近，而终于高远，是以久而弥章，远而弥隆。上文云："圣人之为治，漠然不见贤焉，终而后知其可大也。"意正与此同。若云"大而章"，则义与下句不类矣。文选答宾戏"时暗而久章者，君子之真也"，李善注引此文云："君子之道，久而章，远而隆。"是其明证矣。知此之道，不可求于人，斯得诸己也。释己而求诸人，去之远矣。君子者乐有余而名不足，小人乐不足而名有余。观于有余不足之相去，昭然远矣。含而弗吐，在情而不萌者，未之闻也。言怀其情而必萌见也。

君子思义而不虑利，小人贪利而不顾义。子曰："钧之哭也，子，孔子。钧，等也。曰：'子予奈何兮乘我何！'其哀则同，其所以哀则异。"故哀乐之袭人情也深矣。凿地漂池，人或有凿穿，或有填池。言用心异也。非止以劳苦民也，各从其蹠而乱生焉。蹠，愿也。○王念孙云：如高注，则漂池当作湮池。湮训为塞，故注言"填池"也。"非止以劳苦也"，止疑当作正。上文曰："故人之甘甘，非正伪蹠也，（伪与为同。）而蹠焉往。君子之憯怛，非正伪形也，而谕乎人心。"

语意与此相似。其载情一也，施人则异矣。施于人有善恶。故唐、虞日孳孳以致于王，桀、纣日快快以致于死，不知后世之讥己也。凡人情，说其所苦即乐，失其所乐则哀，故知生之乐，必知死之哀。有义者不可欺以利，有勇者不可劫以惧，如饥渴者不可欺以虚器也。人多欲亏义，欲则贪，贪损义。多忧害智，贪忧闭塞，故害智也。多惧害勇。○文典谨按：意林引，害作妨。嫚生乎小人，嫚，倨也。蛮夷皆能之；嫚，蛮夷之行也。善生乎君子，诱然与日月争光，诱，美称也。天下弗能遏夺。故治国乐其所以存，亡国亦乐其所以亡也。金锡不消释则不流刑，刑，法。上忧寻不诚则不法民。忧寻不在民，则是绝民之系也；系，所以拘维民。君反本，而民系固也。至德小节备，大节举。齐桓举而不密，齐桓有大节，小节疏也。晋文密而不举。晋文有小节，大节废也。晋文得之乎闺内，失之乎境外；闺内修而境外乱也。齐桓失之乎闺内，而得之本朝。闺内乱而朝廷治也。水下流而广大，君下臣而聪明。君不与臣争功，而治道通矣。管夷吾、百里奚经而成之，百里奚，虞人，秦相也。齐桓、秦穆受而听之。听用二臣之谋。照惑者以东为西，惑也，照，晓。见日而寤矣。卫武侯谓其臣曰："小子无谓我老武侯盖年九十五矣。而羸我，羸，劣也。有过必谒之。"是武侯如弗羸之必得羸，故老而弗舍，通乎存亡之论者也。

人无能作也，有能为也；有能为也，而无能成也。人之为，天成之。终身为善，非天不行；终身为不善，非天不亡。故善否，我也；祸福，非我也。非我也，天所为也。故君子顺其在己者而已矣。性者，所受于天也；命者，所遭于时也。有其材，不遇其世，天也。太公何力，比干何罪，循性而行指，或害或利。○王念孙云：循性而行指，谓率其性而行其志也。吕氏春秋行论篇“布衣行此指于国”，高注曰：“指，犹志也。”刘本改“指”为“止”，而诸本从之，谬矣。求之有道，得之在命，故君子能为善，而不能必其得福；不忍为非，而未能必免其祸。○王念孙云：“必其得福”，当依文子符言篇作“必得其福”，与“必免其祸”相对为文。君，根本也；臣，枝叶也。根本不美，枝叶茂者，未之闻也。○文典谨按：御览六百二十引，美作善，“未之闻也”作“不闻也”。有道之世，以人与国；若尧以天下与舜也。无道之世，以国与人。○庄逵吉云：御览此下有注云：“以贤人而与之国，尧、舜是也。以国与人，桀、纣与汤、武是也。”尧王天下而忧不解，授舜而忧释。○文典谨按：御览八十引，“释”上有“乃”字。忧而守之，而乐与贤终，不私其利矣。凡万物有所施之，无小不可；为无所用之，不知其所用也。碧瑜粪土也。瑜，玉也。不知用之，则为粪土也。○文典谨按：文选子虚赋注引高诱淮南子注曰：“碧，青石也。”疑即此处注也。人之情，于害之中争取小焉，于利之中争取大焉。故同味而嗜厚膊者，厚膊，厚切肉也。○王念孙云：说文：“膊，薄脯，膊之屋上也。”非切肉之义。膊皆当为胾，字之误也。说文：“胾，切肉也。”玉篇旨兖切。广雅：“胾，脔也。”（说文：“脔，切肉脔也。”）字从专，不从尃。胾之言剸也。郑注文王世子曰：“剸，割也。”故高注以胾为切肉。锺山札记以膊为脟字之误，非也。必其甘之者也；同师而超群者，必其乐之者也。弗甘弗乐，而能为表者，未之闻也。表，立见也。君子时则进，得之以义，何幸之有！不时则退，让之以义，何不幸之有！故伯夷饿死首阳之下，伯夷，孤竹君之子，让国与弟，不食周粟，故饿也。犹不自悔，弃其所贱，得其所贵也。求仁而得仁也。福之萌也绵绵，祸之生也分分。福祸之始萌微，故民嫚之，○王念孙云："分分"当为"介介"，字之误也。介介，微也。豫六二"介于石"，系辞传"忧悔吝者存乎介"，虞注并云："介，纤也。"齐策曰"无纤介之祸"，是介为微小之称。"祸之生也介介"，与"忧悔吝者存乎介"，意正相近。绵绵、介介，皆微也，故曰"福祸之始萌微"。文子微明篇作"祸之生也纷纷"，则后人妄改之耳。唯圣人见其始而知其终，故传曰："鲁酒薄而邯郸围，鲁与赵俱朝楚，献酒于楚，鲁酒薄而赵酒厚。楚之主酒吏求酒于赵，不与，楚吏怒，以赵所献酒，献于楚王〔一〕，易鲁薄酒，楚王以为赵酒薄而围邯郸。一曰：赵、鲁献之于周也。事见庄子。○陶方琦云：庄子释文、御览八百四十五引许注："楚会诸侯，鲁、赵俱献酒于楚王，鲁酒薄而赵酒厚。楚之主酒吏求酒于赵，赵不与，吏怒，乃以赵厚酒易鲁薄酒，奏之。楚王以赵酒薄，故围邯郸也。"按：今注较庄子释文、御览引微详，引书家多约文也。羊羹不斟而宋国危。"宋将华元与郑战，杀羊食士，不及其御。及战，御驰马入郑军，华元以获也。○钱大昕云：宣二年，宋华元杀羊食士，其御羊斟不与。据后文羊斟两见，是羊斟为人姓名。案：淮南缪称训云："鲁酒薄而邯郸围，羊羹不斟而宋国危。"则斟为斟酌之义，当以羊为其御之名，"斟不与"三字为句。细玩下文，其御字叔牂，正与羊名相应，则淮南说亦可通。传文后两"斟"字或后人所加。○俞樾云：方言曰："斟，益也。凡相益而又少，谓之不斟。"然则"羊羹不斟"谓羹少也。上句"鲁酒薄而邯郸围"，酒薄、羹少，其事正相类。宣二年左传"其御羊斟不与"，羊斟自是人名。此云"羊羹不斟"，自谓羹少，必并为一谈，则皆失之矣。

明主之赏罚，非以为己也，以为国也。适于己而无功于国者，不施赏焉；逆于己便于国者，不加罚焉。故楚庄谓共雍曰：共雍，楚臣。"有德者受吾爵禄，有功者受吾田宅。是二者，女无一焉，吾无以与女。"可谓不逾于理乎！逾，越。其谢之也，犹未之莫与。谢，谓遣共雍也。莫，勉之也。周政至，至

〔一〕"献于楚王"四字，疑为"所献酒"旁注误入注文。

于道也。**殷政善，**善施教，未至于道也。**夏政行。**行尚粗也。**行政善，善未必至也。至至之人，不慕乎行，不慚乎善，**○王念孙云："行政善，善未必至也"，当作"行政未必善，善政未必至也"。今本上句脱"未必"二字，下句脱"政"字，则文义不明。高注"夏政行"曰："行尚粗也。"是行政未必善也。又注"殷政善"曰："善施教，未至于道也。"是善政未必至也。又注"周政至"曰："至于道也。"故曰"至至之人，不慕乎行，不慚乎善"。（"至至"即至道，说见上文"至至"下。）**含德履道，而上下相乐也，不知其所由然。有国者多矣，而齐桓、晋文独名；泰山之上有七十〔一〕坛焉，**封乎泰山，盖七十二君也。**而三王独道。君不求诸臣，臣不假之君，修近弥远，而后世称其大。不越邻而成章，而莫能至焉。故孝己之礼可为也，而莫能夺之名也，必不得其所怀也。**孝己，殷高宗之子也，盖放逐而不失礼。人不能与孝己争名者，不得孝己之所怀也。**义载乎宜之谓君子，宜遗乎义之谓小人。通智得而不劳，**通智，达道之人。**其次劳而不病，其下病而不劳。古人味而弗贪也，**古人知其味而不贪其食。**今人贪而弗味。**孔子鲁人之学也〔二〕，饮之而已，莫之能味也。**歌之修其音也，**此言乐所以移风易俗，歌长其音。**音之不足于其美者也。**此音不足以致美化也。**金石丝竹，助而奏之，犹未足以至于极也。**极，治化之至也。**人能尊道行义，喜怒取予，**如此，即其化民逾于乐也。**欲如草之从风。**草上之风，必偃。**召公以桑蚕耕种之时弛狱出拘，**召公，周太保也。**使百姓皆得反业修职；文王辞千里之地，而请去炮烙之刑。**纣拘文王，文王献宝于纣。纣赏以千里之地，文王不受，愿去炮烙之刑。**故圣人之举事也，进退不失时，若夏**

〔一〕据高注，"七十"下似脱"二"字。
〔二〕此句有脱误，疑"鲁"字当为"曰"。

就缔纷，上车授绥之谓也。老子学商容，见舌而知守柔矣；商容，神人也。商容吐舌示老子，老子知舌柔齿刚。列子学壶子，观景柱而知持后矣。先有形而后有影，形可亡而影不可伤。故圣人不为物先，而常制之，其类若积薪樵，后者在上。

人以义爱，以党群，以群强。是故德之所施者博，则威之所行者远；义之所加者浅，则武之所制者小矣。铎以声自毁，铎，大铃，出于吴。○梁处素云：矣当为吴，字之误也。"吴铎"二字连读，故高注云"铎，大铃，出于吴"。盐铁论利议篇"吴铎以其舌自破"，是其证。太平御览人事部一百引此，正作"吴铎以声自毁"。膏烛以明自铄，虎豹之文来射，猿狖之捷来措，措，刺也。○文典谨按：意林引，之并作以，措作刺。故子路以勇死，死卫侯辄之难。苌弘以智困。欲以术辅周，周人杀之。能以智知，而未能以智不知也。故行险者不得履绳，出林者不得直道，夜行瞑目而前其手，事有所至，而明有所害。○俞樾云：至当作宜，害当作容，皆字之误也。容，用也，说见主术篇。容与庸通。庄子胠箧篇容成氏，六韬大明篇作庸成氏。庸为用，故容亦为用也。夜行者不用目而用手，是事之宜也，故曰"事有所宜而明有不容"。说林篇曰："夜行者掩目而前其手，涉水者解其马载之舟，事有所宜而有所不施。"可证此文至字之误。不施，亦即不用也。人能贯冥冥入于昭昭，可与言至矣。鹊巢知风之所起，岁多风，则鹊作巢卑。獭穴知水之高下，水之所及，则獭避而为穴。晖目知晏，晖目，鸩鸟也。晏，无云也。天将晏静，晖目先鸣。庄逵吉云："晖目"疑当作"晖日"。说文解字："鸩，运日也。"广雅："雄曰运日，雌曰阴谐。""晏，无云也"，当是曹字。封禅书作曣，并同。○陶方琦云：史记索隐四引许注："晏，无云也。"文选羽猎赋注引许注："晏，无云之处也。"按：说文："晏，天清也。"又日部"曹"下曰："星无云也。"知晏、曹义并通。汉书天文志："日晡时天星晏。"（星即晴字。）又郊祀志作曣，如淳曰："三辅俗谓日出清济为晏。"○文典谨按：庄校是也。宋本"晖目”正作“晖日”,注同。**阴谐知雨。**阴谐,晖目雌也。天将阴雨则鸣。○朱芹云:罗愿尔雅翼:“鸩,毒鸟也。雄名运日,雌名阴谐。天晏静无云,则运日先鸣。天将阴雨,则阴谐鸣之。故淮南子云‘运日知晏,阴谐知雨’也。或曰:取蛇甖时,呼‘同力’数十声,石起蛇出,故江东人呼为同力鸟。”又广南异物志曰:“檀鸡,鸩鸟之别名。”案:晕日二字合音为鸩,谐阴二字合音亦为鸩,则运日、阴谐,皆鸩字之切音也,故以名之。**为是谓人智不如鸟兽,则不然。故通于一伎,察于一辞,可与曲说,未可与广应也。甯戚击牛角而歌,桓公举以大政;**○王念孙云:“举以大政”本作“举以为大田”,此后人以意改之也。文选江淹杂体诗注引此作“举以为大田”,又引高注曰:“大田,官也。”(当作“大田,田官也”。)今则既改正文,又删去高注矣。高注诠言篇曰:“甯戚疾商歌以干桓公,桓公举以为大田。”晏子春秋问篇曰:“桓公闻甯戚歌,举以为大田。”此皆其明证也。又齐俗篇“后稷为大田师,奚仲为工”,“师”字当在“工”字下。(后人不知大田为官名,故又移“师”字于“大田”之下。太平御览皇王部五引此已误。)大田,田官之长也。工师,工官之长也。文子自然篇作“后稷为田畴,奚仲为工师”,是其证。**雍门子以哭见孟尝君,涕流沾缨。**○俞樾云:“孟尝君”下当更有“孟尝君”三字,而今脱之。览冥篇曰:“昔雍门子以哭见于孟尝君,已而陈辞通意,抚心发声,孟尝君为之增欷歍唈,流涕狼戾不可止。”彼文再言孟尝君,故知此亦当同。不然,则涕流沾缨仍属雍门子,而不属孟尝君,不见其感人之至矣。○文典谨按:俞说是也。论衡感虚篇:“雍门子哭对孟尝君,孟尝君为之于邑。”论衡所引儒者传书之言,多同淮南,知此文亦必重“孟尝君”三字矣。又按:文选陆士衡于承明作与士龙诗注引此文,作“雍门子以琴见孟尝君,涕流沾缨”,汉书景十三王传“雍门子壹微吟,孟尝君为之于邑”,苏林云:“六国时人,名周,善鼓琴。母死,无以葬,见孟尝君而微吟也。”如淳云:“雍门子以善鼓琴见孟尝君,先说万岁之后,高台既已颠,曲池又已平,坟墓生荆棘,牧竖游其上,孟尝君亦如是乎?孟尝君喟然叹息也。”说苑善说篇所说略同。文选注所引,琴字似非误字。缪称训乃许注本,疑高本自作琴也。**歌哭,众人之所能为**

也；一发声，入人耳，感人心，情之至者也。故唐、虞之法可效也，其谕人心不可及也。简公以懦杀，简公，齐君也。以柔懦，田成子杀之。子阳以猛劫，子阳，郑相也。尚刑而劫死。皆不得其道者也。故歌而不比于律者，其清浊一也；由清浊失和，故不与律合。绳之外与绳之内，皆失直者也。纣为象箸而箕子叽，叽，唬也。知象箸必有玉杯，为杯必极滋味。鲁以偶人葬而孔子叹，偶人，桐人也。叹其象人而用之也。见所始则知所终。故水出于山，入于海；稼生乎野，而藏乎仓；圣人见其所生，则知其所归矣。

水浊者鱼噞，令苛者民乱，城峭者必崩，岸崝者必陀，崝，峭也。陀，落也。○陶方琦云：文选长笛赋注、谢灵运七里濑诗注引许注："陗，峻也。阤，落也。"按：今注峭应作陗。说文𠂤部："陗，陵也。从𠂤，肖声。""陵"下亦云："陗高也。"崝因峭字而讹，当是峻字。太玄陵"峥岸陗陁"，注："陗，峻也。"陀即阤字，说文作陊，落也。又"阤"下云："小崩也。"小崩亦落义。故商鞅立法而支解，商鞅为秦孝公立治法，百姓怨之，以罪支解。吴起刻削而车裂。吴起相楚，设贵臣相坐之法，卒车裂也。治国譬若张瑟，大弦組，組，急也。○王念孙云：組皆当为緪，字之误也。緪，读若亘，字本作搄，又作絙。说文："搄，引急也。"又曰："絙，急也。"楚辞九歌"絙瑟兮交鼓"，王注曰："絙，急张弦也。"緪即絙之省文，马融长笛赋云"緪瑟促柱"是也。意林及太平御览治道部五引此，并作"大弦緪"，是其证。泰族篇云："故张瑟者，小弦緪而大弦缓。"义与此同也。○文典谨按：意林引，"瑟"上有"琴"字。则小弦绝矣。故急辔数策者，非千里之御也。有声之声，不过百里；无声之声，施于四海。是故禄过其功者损，名过其实者蔽。情行合而名副之，祸福不虚至矣。身有丑梦，不胜正行；国有妖祥，不胜善政。是故前有轩冕之赏，不可以无功取也；后有斧钺之禁，不可以无罪蒙也。素修正者，弗离道也。君子不谓小善不足为也而舍之，小善积而为大善；不谓小不善为无伤也而为之，小不善积而为大不善。是故积羽沉舟，群轻折轴，故君子禁于微。壹快不足以成善，积快而为德；壹恨不足以成非，积恨而成怨。故三代之善，千岁之积誉也；桀、纣之谤，千岁之积毁也。○王念孙云："积恨而成怨"，怨本作恶，"桀、纣之谤"，谤亦本作恶，皆后人妄改之也。"壹快不足以成善，积快而为德"者，德亦善也。言一为善而快于心，不足以成善；多为善，则积快而为德矣。"壹恨不足以成非，积恨而成恶"者，恨，悔也，非亦恶也。言一为不善而悔于心，不足以成非；多为不善，则积悔而成恶矣。快与恨对，善与非对，德与恶对，皆谓己之善恶，非谓人之恩怨也。后人误以德为恩德，恨为怨恨，故改恶为怨耳。"三代之善，千岁之积誉也；桀、纣之恶，千岁之积毁也"，善与恶对，誉与毁对。改恶为谤，则既与善字不对，又与毁字相复矣。文选运命论注引此，正作"桀、纣之恶"。

天有四时，人有四用。何谓四用？视而形之莫明于目，听而精之莫聪于耳，重而闭之莫固于口，含而藏之莫深于心。目见其形，耳听其声，口言其诚，而心致之精，则万物之化咸有极矣。地以德广，人君以德广益其土地也。君以德尊，上也；地以义广，君以义尊，次也；地以强广，君以强尊，下也。故粹者王，驳者霸，无一焉者亡。昔二皇凤皇至于庭，○王念孙云：此本作"昔二皇凤至于庭"。道藏本"皇"字倒在"凤"字下，因误而为"凰"，刘本补"皇"字而未删"凰"字，皆非也。文选长笛赋注、艺文类聚祥瑞部下、太平御览羽族部二及尔雅翼、玉海祥瑞部引此，并作"二皇凤至于庭"，无"凰"字。三代至乎门，周室至乎泽。德弥粗，所至弥远；德弥精，所至弥近。君子诚仁，施亦仁，不施亦仁。道无为而民蒙纯，此所谓不施而仁。小人诚不仁，施亦不仁，不施亦不仁。善之由我，与其由人若，仁德之盛者也。故情胜欲者昌，欲胜情者亡。欲知天道，察其数；谓律历之数也。欲知地道，物其树；五土之宜，各有所种生之木。欲知人道，从其欲。君子欲于道，小人欲于利。勿惊勿骇，万物将自理；勿挠勿撄，撄，缨。万物将自清。言治天下各顺其情。察一曲者，不可与言化；一曲，一事也。审一时者，不可与言大。犹蝉不知寒也。日不知夜，月不知昼，日月为明而弗能兼也，唯天地能函之。能包天地，曰唯无形者也。

骄溢之君无忠臣，口慧之人无必信。交拱之木无把之枝，拱，抱也。把，握也。寻常之沟无吞舟之鱼。根浅则末短，本伤则枝枯。福生于无为，患生于多欲。害生于弗备，秽生于弗耨。圣人为善若恐不及，备祸若恐不免。蒙尘而欲毋眯，涉水而欲无濡，不可得也。是故知己者不怨人，知命者不怨天。福由己发，祸由己生。

圣人不求誉，不辟诽，正身直行，众邪自息。今释正而追曲，倍是而从众，是与俗俪走，而内行无绳，绳，所以弹曲者也。故圣人反己而弗由也。道之有篇章形埒者，形埒，兆朕也。非至者也；尝之而无味，视之而无形，不可传于人。大戟去水，亭历愈张，用之不节，乃反为病。物多类之而非，唯圣人知其微。善御者不忘其马，善射者不忘其弩，善为人上者不忘其下。诚能爱而利之，天下可从也。弗爱弗利，亲子叛父。天下有至贵而非势位也，有至富而非金玉也，有至寿而非千岁也，原心反性则贵矣，适情知足则富矣，明死生之分则寿矣。言无常是，行无常宜者，小人也。察于一

事,通于一伎者,中人也。兼覆盖而并有之,度伎能而裁使之者,圣人也。裁,制也。度其伎能而裁制使之。○王念孙云:正文本作"兼覆而并有之,伎能而裁使之",注本作"度其能而裁制使之"。伎之言支也;支,度也。注言"度其能而裁制使之",度字正释伎字。今本注文作"度其伎能"者,涉正文而衍"伎"字也。正文作"度伎能"者,又涉注文而衍"度"字也。因正文衍"度"字,后人又于上句加"盖"字,以对下句。"兼覆盖而并有之",斯为不词矣。太平御览人事部一引此,正作"兼覆而并有之,技能而裁使之"。(技与伎同。)文子符言篇同。又齐俗篇"若以圣人为之中,则兼覆而并之"。案:彼文"并"下当有"有"字,"兼覆而并有之",文与此同也。又兵略篇"必择其人,技能其才,使官胜其任,人能其事"。案:"技能其才","能"字涉下文"能其事"而衍,"技其才"亦谓度其才也。"择其人,技其才","官胜其任,人能其事",皆相对为文,则"技"下不当有"能"字。且能即是才,若云"技能其才",则是技能其能矣。

淮南鸿烈集解卷十一

齐俗训

齐,一也。四宇之风,世之众理,皆混其俗,令为一道也,故曰"齐俗"。○文典谨按:此篇叙目无"因以题篇"字,乃许慎注本。

率性而行谓之道,得其天性谓之德。性失然后贵仁,道失然后贵义。是故仁义立而道德迁矣,礼乐饰则纯朴散矣,是非形则百姓眩矣,珠玉尊则天下争矣。凡此四者,衰世之造也,末世之用也。夫礼者,所以别尊卑,异贵贱;义者,所以合君臣、父子、兄弟、夫妻、朋友之际也。今世之为礼者,恭敬而忮;忮,害也。为义者,布施而德;君臣以相非,骨肉以生怨,则失礼义之本也,故构而多责。构谓以权相交。权尽而交疏,构构然也。夫水积则生相食之鱼,土积则生自宂[一]之兽,礼义饰则生伪匿之本。○王念孙云:御览礼仪部二引此,"伪匿之本"作"伪慝之儒",又引注曰:"伪,诈。慝,奸。"案:慝、匿古字通。本当为士。"伪匿之士"与"相食之鱼"、"自肉之兽"相对为文。若云"伪匿之本",则与上文不类矣。御览作"伪慝之儒",儒亦士也。隶书士字或作

〔一〕"宂"疑当为"宍",古肉字。

𡉉,与本相似,又涉上文"礼义之本"而误。○文典谨按:御览五百二十三引,作"夫水积则生相食之虫,(注云:"言大鱼食小鱼。")土积则生食肉之兽,礼饰则生伪慝之儒"。三句皆以八字为句,句法一律。今本多一"义"字,句法遂参差不齐,"义"字疑衍文也。又按:说文:"鱼,水虫也。"是"相食之虫"义亦可通。**夫吹灰而欲无眯,涉水而欲无濡,不可得也。古者,民童蒙不知东西,貌不羡乎情,而言不溢乎行。其衣致暖而无文,其兵戈铢而无刃,**楚人谓刃顿为铢。○庄逵吉云:顿即钝字,故"顽顿"即"顽钝"是。○洪颐煊云:说文:"殊,死也。从歹,朱声。"汉令:"蛮夷长有罪当殊之。"汉书高帝纪:"其赦天下殊死以下。"铢即殊叚借字。○王念孙云:此本作"其衣暖而无文,其兵铢而无刃",后人于"暖"上加"致"字,于义无取。戈为五兵之一,言兵而戈在其中,不当更加戈字。且"其衣致暖"与"其兵戈铢"不对,明是后人所改。文子道原篇正作"其衣暖而无采,其兵钝而无刃"。○俞樾云:王氏念孙谓致与戈皆衍文,其说是也。高解铢字曰:"楚人谓刃顿为铢。"是铢与"无刃"一意也。暖与"无文"则非一意矣。疑暖当为缓。缓者,缦之叚字也。说文糸部:"缦,缯无文。"国语晋语曰:"乘缦不举。"韦注曰:"缦,车无文也。"是凡无文者皆谓之缦,故曰"其衣缦而无文",正与"其兵铢而无刃"同义。缦与缓古音相同,得以通用。广雅释诂,慢、謾并训缓,故缓亦通作缦也。后人不知缓为缦之叚字,因其言衣,辄改作暖,似是而实非矣。○文典谨按:洪云铢即殊叚借字;殊,死也。如洪说,则是其兵戈死而无刃,此说岂复可通耶!高注明言楚人谓刃顿为铢,广雅"铢,钝也",即本此注。**其歌乐而无转,其哭哀而无声。凿井而饮,耕田而食。无所施其美,亦不求得。亲戚不相毁誉,朋友不相怨德。及至礼义之生,货财之贵,而诈伪萌兴,非誉相纷,怨德并行,于是乃有曾参、孝己之美,而生盗跖、庄蹻之邪。故有大路龙旂,羽盖垂緌,**大路,天子车也。交龙为旂。**结驷连骑,则必有穿窬拊楗、抽箕逾备之奸;**抽,握也。备,后垣也。○王引之云:"抽箕"当为"扣墓",高注"抽,握也",当作"扣,掘也"。扣字本作搰,说文曰:"搰,掘也。”或作扫,广雅曰:“扫,掘也。”荀子正论篇曰“扫人之墓”是也。吕氏春秋节丧篇“葬浅则狐狸扫之”,高注曰:“扫,读曰掘。”是扫与掘声相近,字亦相通也。今本“扫墓”作“抽箕”者,抽与扫字相似,故扫误作抽,墓与基字亦相似,墓以形误为基,基又以声误为箕耳。“穿窬拊楗、扫墓逾备之奸”,皆谓盗贼也。楗,谓户牡也。拊楗,谓搏取户楗也。吕氏春秋异用篇云“跖与企足得饴以开闭取楗”是也。备与培同。下文“凿培而遁之”,高注曰:“培,屋后墙也。”故此注云“备,后垣也”。又兵略篇“毋扣坟墓”,扣亦扫字之误。本或作抉者,后人以意改之耳。**有诡文繁绣,弱緆罗纨,**弱緆,细布也。罗,縠。纨,素也。○文典谨按:艺文类聚八十五引,緆作锡。仪礼大射仪“幂用锡若絺”,郑注:“锡,细布也。”说文:“緆,细布也。”锡、緆通用。**必有菅屩跐踦,短褐不完者。**菅,茅也。跐,偶也。踦,适也。楚人谓袍为短。褐,大布。○陶方琦云:后汉书王望传注引许注:“楚人谓袍曰裋。”此条已见上览冥训,重列之者,见许注、今注之同。**故高下之相倾也,短修之相形也,亦明矣。**

夫虾蟆为鹑,鹑,鹌也。**水虿为蟌莣,**青蛉也。○王念孙云:“水虿为蟌莣”本作“水虿为蟌”。玉篇:“蟌,千公切,蜻蛉也。”广韵引淮南子“虾蟆为鹑,水虿为蟌”。太平御览虫豸部六所引与广韵同,又引注云:“老虾蟆化为鹑,水中虿虫化为蟌。蟌者,蜻蜓也。”(此盖许注。)说林篇“水虿为蟌”,高注曰:“水虿化为蟌。蟌,青蜓也。”皆其明证矣。今本作“水虿为蟌莣”者,蟌为蟌之误,(蟌字从虫、悤声,隶书悤或作悤,又作思,其上半与每相近。蟌或作螅,因误为蟌耳。广雅释草:“葸,蕵葸也。”今本葸作葸。又“藜芦,葸葥也”,今本葸作葸,皆其证也。)莣为葱之误。葱,俗书葸字也,与蟌同音。校书者记葱字于蟌字之旁,而写者因误合之耳。又案:高注“青蛉也”下,各本皆有“音矛音务”四字,盖蟌葱二字既误为蟌莣,后人遂妄加音释耳。字汇补乃于虫部收入蟌字,音矛;又于艸部“莣”字下注云“音务”,引淮南子“水虿为蟌莣”。甚矣其惑也! **皆生非其类,唯圣人知其化。**其化视阴入阳,从阳入阴。**夫胡人见黂,**黂,麻子也。**不知其可以为布也;越人见**

毳，不知其可以为旃也。故不通于物者，难与言化。○文典谨按："难与言化"，北堂书钞百三十四引，作"不可与言俗"。昔太公望、周公旦受封而相见，太公问周公曰："何以治鲁？"周公曰："尊尊亲亲。"太公曰："鲁从此弱矣！"尊尊亲亲，仁者弱也。周公问太公曰："何以治齐？"太公曰："举贤而上功。"周公曰："后世必有劫杀之君！"举贤上功，则民竞，故劫杀。其后，齐日以大，至于霸，二十四世而田氏代之；齐臣田氏夺其君位代之。鲁日以削，至三十二世而亡。鲁禄去公室，至楚考烈王灭之。○文典谨案：二疑四误。鲁自伯禽至顷公雠，适三十四世。吕览长见篇、韩诗外传二并作四。故易曰："履霜，坚冰至。"圣人之见终始微言！○孙诒让云：言当作矣。故糟丘生乎象楮，纣为长夜之饮，积糟成丘者，起于象楮。炮烙生乎热斗。庖人进羹于纣，热，以为恶，以热斗杀之。赵国斗可以杀人，故起炮烙。○陶方琦云：北堂书钞引，作"炮烙始于热斗"，注云："热斗，熨斗也。纣见熨斗烂人手，遂作炮格之刑矣。"御览七百十二引许注："热斗，熨斗也。热人手，遂作炮烙之刑也。"按：今注无此条，敓文也，应补在"庖人进羹"上。吕氏春秋顺民篇高注："纣常熨烂人手，因作铜烙，布火其下，令人走其上，以为娱乐。"与此注文亦异。帝王世纪曰：（御览八十三引。）"纣欲重刑，乃先为大熨斗，以火爇之，使人举，辄烂手不能胜。纣怒，乃更为铜柱，以膏涂之，加于爇炭之上，使有罪者缘焉，足滑跌堕火中，纣与妲己笑为乐，名曰炮格之刑。"与许注义相同。说文"尉"下："所以尉申缯也。"即熨斗之说。○文典谨按："生乎象楮"，"生乎热斗"，两"生"字于辞为复。北堂书钞四十一、一百三十五两引此文，下"生"字并作"始"。又按：御览服用部十四、事物记原卷八引帝王世纪，与许注义亦正同，足证陶说。子路撜溺而受牛谢，撜，举也。抍出溺人，主谢以牛也。○陶方琦云：群书治要引许注："拯，举也。"二注正同，益知八篇真许注也。说文："抍，上举也。"说与注淮南正合。氾论训"捽其发而拯"，高注"拯，升也"，注亦异。孔子曰："鲁国必好救人于患。”○文典谨按：“救人于患”下，当有“矣”字，与下文“孔子曰：‘鲁国不复赎人矣’”一律。群书治要引此文，“患”下有“矣”字。子赣赎人而不受金于府，鲁国之法，赎人于他国者，受金于府。○陶方琦云：群书治要引许注，与今注正同。孔子曰：“鲁国不复赎人矣。”子路受而劝德，子赣让而止善。孔子之明，以小知大，以近知远，通于论者也。由此观之，廉有所在，而不可公行也。○文典谨按：群书治要引，“在”上有“不”字，于义为长。故行齐于俗，可随也；事周于能，易为也。矜伪以惑世，伉行以违众，圣人不以为民俗。

广厦阔屋，连闼通房，人之所安也，鸟入之而忧。○文典谨按：意林引，阔作弘。高山险阻，深林丛薄，虎豹之所乐也，人入之而畏。川谷通原，积水重泉，鼋鼍之所便也，人入之而死。○文典谨按：御览八百九十二、九百三十二引，泉并作渊。咸池、承云、皆黄帝乐。九韶、舜乐。六英，帝颛顼乐。人之所乐也，鸟兽闻之而惊。深溪峭岸，峻木寻枝，猨狖之所乐也，人上之而慄。形殊性诡，所以为乐者乃所以为哀，所以为安者乃所以为危也。乃至天地之所覆载，日月之所照認，使各便其性，安其居，处其宜，为其能。故愚者有所修，智者有所不足；柱不可以摘齿，○庄逵吉云：御览引，摘作剌。筐不可以持屋；筐，小簪也。○王念孙云：太平御览居处部十五引，作“蓬不可以持屋”。案：筐与蓬皆筳字之误也。筳，读若庭，又读若挺。庭、挺皆直也。（尔雅：“庭，直也。”考工记弓人注曰：“挺，直也。”）小簪形直，故谓之筳。柱与筳大小不同，而其形皆直，故类举之。若筐与蓬，则非其类矣。玉篇：“筳，徒丁切，小簪也。”义即本于高注。此言大材不可小用，小材不可大用，故柱可以持屋而不可以摘齿，小簪可以摘齿而不可以持屋也。筳字隶书或作莛，形与蓬相似，篚与筵草书亦相似,故筵误为篚,又误为蓬矣。**马不可以服重,牛不可以追速;铅不可以为刀,铜不可以为弩;铁不可以为舟,木不可以为釜。各用之于其所适,施之于其所宜,即万物一齐,而无由相过。夫明镜便于照形,其于以函食,不如箄;**○王念孙云:"函食不如箄",本作"承食不如竹箅"。(箅,博计反。)今本承误为函,箅误为箄,(箅误为箄,又误而为箄。)又脱去竹字耳。说文:"箅,蔽也。所以蔽甑底。"承,读为"烝之浮浮"之烝,谓用以烝食也。(汉书地理志长沙国承阳,师古曰:"承音烝。"续汉书郡国志作烝阳,是烝与承通。太平御览器物部引此作"蒸食"。)今人犹谓甑中蔽为箅子。世说云"客诣陈太丘宿,太丘使元方、季方炊,二人委而窃听,炊忘箸箅,饭落釜中"是也。说山篇云:"弊箅甑瓾在旃茵之上,虽贪者不搏。"是箅为物之贱者。然明镜虽贵,若用以蔽甑底,则气不上升而食不熟。竹箅虽贱,而可以烝食。故下文云"物无贵贱,因其所贵而贵之,物无不贵;因其所贱而贱之,物无不贱也"。镜形圆,箅形亦圆,故连类而及之。若箄笥之属,则拟之不于其伦矣。且箅与蜧为韵,(蜧音戾。)若作箄,则失其韵矣。太平御览服用部"镜"下引淮南子"明镜便于照形,承食不如竹箄",虽"承"字不误,而"箄"字已与今本同。然器物部"箅"下又引淮南子"明镜可鉴形,蒸食不如竹箅",是则服用部作箄者,后人据误本淮南改之耳。北堂书钞服饰部"镜"下引作"承食不如竹簞",簞亦箅之误。又案:说山篇"獘箅甑瓾",今本箅作箄,非也。说文:"箅,蔽也。所以蔽甑底。从竹,畀声。"玉篇"博计切",急就篇云"笔篅箧筥籅箅篝"是也。说文又云:"箄,篧箄也。从竹,卑声。"玉篇必匙、必是二切,急就篇云"篧箄箕帚筐箧篓"是也。此言"弊箅甑瓾",则是甑箅之箅,非篧箄之箄,字不当从卑。**牺牛粹毛,宜于庙牲,其于以致雨,不若黑蜧。**黑蜧,神蛇也。潜于神渊,盖能兴云雨。○陶方琦云:文选江赋注引许注:"黑蜧,神蛇也。潜于神泉,能致云雨。"张景阳杂诗注引作高诱,误也。其"能致云雨"四字,据以补入。说文虫部:"蜦,蛇属也。潜于神渊之中,能兴致云雨。蜦或从戾作蜧。"许氏说文即采用淮南注。初学记引淮南注:"黑蜧,神蛇。潜渊而居,将雨则跃。"(御览十引亦同。)此即许说,而引文稍异。御览九百三十三引此注:"黑蜧,黑色蛇属也。蜧潜于水,神象,能致雨也。”文又小异,或即许、高之别。然江赋注引许注,文正同今注,与说文符合,确为许说无疑。“神渊”作“神泉”,乃唐人避讳而改。(岁华纪丽亦引为许注。)〇文典谨按:“粹毛”,文选张景阳杂诗注、御览九百三十三引,并作“骍毛”,知今本作粹者,误字也。又按:白帖二引淮南子曰:“黑蜧,神虬。潜泉中而居,天将雨则跃。”亦注文也。**由此观之,物无贵贱。因其所贵而贵之,物无不贵也;因其所贱而贱之,物无不贱也。夫玉璞不厌厚,角觿不厌薄;**角觿,刀剑羽间之覆角也。〇孙诒让云:刀剑无羽饰,此羽疑当为削之讹。释名释兵云:“刀,其室曰削。”**漆不厌黑,粉不厌白。此四者相反也,所急则均,其用一也。**〇文典谨按:北堂书钞百三十五引,“用”下有“则”字。**今之裘与蓑,孰急?见雨则裘不用,升堂则蓑不御,此代为常者也。**〇陈观楼云:常当为帝,字之误也。“代为帝”,谓裘与蓑迭为主也。说林篇曰:“旱岁之土龙,疾疫之刍灵,是时为帝者也。”庄子徐无鬼篇曰:“堇也,桔梗也,鸡廱也,豕零也,是时为帝者也。”义并与此同。**譬若舟、车、楯、肆、穷庐,故有所宜也。**水宜舟,陆地宜车,沙地宜肆,泥地宜楯,草野宜穷庐。〇庄逵吉云:钱别驾云:大禹四载,本皆异。说文解字“水行乘舟,陆行乘车,山行乘欙,泽行乘𨏽”;史记“山行乘檋,水行乘船,陆行乘车,泽行乘橇”;汉书沟洫志“山行乘梮,水行乘舟,陆行乘车,泽行乘毳”,徐广史记注又作“山行乘桥,水行乘船,陆行乘车,泽行乘蕝”;吕不韦书“山用樏,水用舟,陆用车,涂用楯”,又有“沙用鸠”;本书修务训又云“山行乘蔂,水行乘舟,沙行乘鸠,泽行乘楯”,与此而七。其字各殊,考之,欙为正字,蔂、樏皆欙字之别也。肆字音与欙相近,通用。檋、梮亦同声,桥又檋字之转声。檋乃驾马大车,桥即俗轿字也。鸠、车声相转,然古别有一种车名鸠,盖小车。𨏽、輴、楯三字同类。橇、毳、蕝三字同类。周礼曰“孤乘夏𨏽”,又下棺车亦曰𨏽。古字无輴,楯,乃以阑楯借用耳。伪孔传尚书本不足据,其见于诸书者,因以别驾所肆考而附详之如是。〇卢文弨云:今本淮南䯴讹作肆,唯叶林宗本作䯴,从镸,从朩。案:文子自然篇“水用舟,沙用䯴,泥用楯,山用樏”,释音云:“䯴,乃鸟切,推版具。”今检玉篇无𨱍字，有𨱍字，从镸，从土，从小，音正同，云“𩰚𨱍长不劲”，盖与“㜷嫋”同义。广韵则从镸，从赤。三字不同。案：赤字亦有茮音，当以从𡭽为正。又修务训“沙之用𨱍”，叶本亦讹作肆，而别本有作鸠者。案：吕氏春秋慎势篇作“沙用鸠”，字书九与纠通，则音亦可通转，即以鸠从文子、淮南读，其亦可也。〇王念孙云：肆当作𨱍，（玉篇乃鸟切。）字相似而误。文子自然篇正作“沙用𨱍”。朱本、茅本、庄本依吕氏春秋（慎势篇。）改作“沙之用鸠”，非也。鸠与肆形声皆不相近，若是鸠字，不得误为肆矣。或又因说文无𨱍字，而以肆为欙。欙与肆形声亦不相近，且修务篇明言“沙用肆，山用蔂”，（与欙同。）肆、欙不同物，何得以肆为欙乎！**故老子曰“不上贤”者，言不致鱼于木，沉鸟于渊。**物各因其宜，故不须用贤。

故尧之治天下也，舜为司徒，契为司马，禹为司空，后稷为大田师〔一〕**，奚仲为工。其导万民也，水处者渔，山处者木，**〇俞樾云：木乃采之坏字，谓采樵也。“山处者采”，与上句“水处者渔”，下句“谷处者牧”，“陆处者农”一律。渔也，采也，牧也，农也，皆言其事也。若作“山处者木”，则上句当云“水处者鱼”矣。文子自然篇作“林处者采”，可据以订正。说林篇“渔者走渊，木者走山”，木亦当为采。**谷处者牧，陆处者农。地宜其事，事宜其械，械宜其用，用宜其人。泽皋织网，陵阪耕田，得以所有易所无，以所工易所拙，是故离叛者寡，而听从者众。譬若播棋丸于地，**〇文典谨按：意林引，播作翻。**员者走泽，方者处高，各从其所安，夫有何上下焉！若风之遇箫，**箫，籁也。〇陈观楼云：各本过字皆误作遇，唯道藏本不误。文子自然篇正作“若风之过箫”。**忽然感之，各以清浊应矣。夫猿狖得茂木，不舍而穴；狟狢得埵防，弗去而缘：**狟，狟豚也。埵，水埒也。防，堤也。**物莫避其所利而就其所害。是故邻**

〔一〕“师”字当在下句“工”字下，见缪称训“桓公举以大政”注。

国相望，鸡狗之音相闻，而足迹不接诸侯之境，车轨不结千里之外者，皆各得其所安。故乱国若盛，治国若虚，亡国若不足，存国若有余。虚者非无人也，皆守其职也；盛者非多人也，皆徼于末也；有余者非多财也，欲节事寡也；不足者非无货也，民躁而费多也。故先王之法籍，非所作也，其所因也。其禁诛，非所为也，其所守也。凡以物治物者不以物，〇王念孙云："凡以物治物者"，"以物"二字因下文而衍。吕氏春秋贵当篇、文子下德篇皆无此二字。以睦；治睦者不以睦，以人；治人者不以人，以君；治君者不以君，以欲；治欲者不以欲，以性；治性者不于性，以德；治德者不以德，以道。原人之性，芜濊而不得清明者，物或堁之也。堁，坋尘也。

羌、氐、僰、翟，婴儿生皆同声，羌，东戎。氐，南夷。僰，西夷。翟，北胡也。及其长也，虽重象狄騠，象狄騠，译也。象传狄騠之语也。不能通其言，教俗殊也。今三月婴儿，生而徙国，则不能知其故俗。由此观之，衣服礼俗者，非人之性也，所受于外也。夫竹之性浮，残以为牒，束而投之水，则沉，失其体也。金之性沉，托之于舟上则浮，势有所支也。夫素之质白，染之以涅则黑；缣之性黄，染之以丹则赤。人之性无邪，久湛于俗则易。易而忘本，合于若性。若性合于他性，自若〔一〕本性也。故日月欲明，浮云盖之；河水欲清，沙石濊之；〇文典谨按：御览七十四引，"沙石濊之"作"沙壤秽之"。群书治要引，濊亦作秽。人性欲平，嗜欲害之。惟圣人能遗物而反己。夫乘舟而惑者，不知东西，见斗极则寤矣。〇文典谨按：文选应休琏与从弟君苗君胄书

〔一〕"若"，疑当为"忘"。

注引，作“见斗极则晓然而寤矣”。夫性，亦人之斗极也。有以自见也，则不失物之情；无以自见，则动而惑营。譬若陇西之游，愈躁愈沉。孔子谓颜回曰：“吾服汝也忘，孔子谦，自谓无知而服回，此忘行也。而汝服于我也亦忘。虽然，汝虽忘乎，吾犹有不忘者存。”孔子知其本也。

夫纵欲而失性，动未尝正也，以治身则危，以治国则乱，○文典谨按：群书治要引，危作失，乱作败。以入军则破。是故不闻道者，无以反性。故古之圣王，能得诸己，故令行禁止，名传后世，德施四海。是故凡将举事，必先平意清神。神清意平，物乃可正。若玺之抑埴，玺，印也。埴，泥也。正与之正，印正而封亦正。倾与之倾。故尧之举舜也，决之于目；桓公之取甯戚也，断之于耳而已矣。为是释术数而任耳目，其乱必甚矣。夫耳目之可以断也，反情性也；听失于诽誉，而目淫于采色，而欲得事正，则难矣。夫载哀者闻歌声而泣，○文典谨按：意林引，载作戴，下同。载乐者见哭者而笑。○文典谨按：群书治要引，见作闻。哀可乐者，笑可哀者，○王念孙云：“哀可乐者”，“者”字因下句而衍。○文典谨按：群书治要引，此下有“何者”二字。载使然也，是故贵虚。虚者，心无所载于哀乐也。○陶方琦云：群书治要引许注：“虚者，无所载于哀乐。”故水击则波兴，气乱则智昏。智昏不可以为政，波水不可以为平。○王念孙云：“水击”当为“水激”，声之误也。群书治要引此，正作激。氾论篇亦云：“水激兴波，智昏不可以为政。”“智昏”当为“昏智”，“昏智”与“波水”相对，谓既昏之智不可以为正，已波之水不可以为平也。今本作“智昏”者，蒙上句而误。文子下德篇正作“昏智不可以为正”。故圣王执一而勿失，万物之情既矣，既，尽也。○王念孙云：既本作测，高注本作“测，尽也”。今本正文、注文皆作既，后人以意改耳。群书治要引此,正作测。原道篇:"水,大不可极,深不可测。"主术篇:"天道,大不可极,深不可测。"吕氏春秋下贤篇:"昏乎其深而不测也。"高注并云:"测,尽也。"后人但知既之训为尽,而不知测之训为尽,遂以其所知改其所不知,谬矣。且测与服为韵,(服字古读蒲北反,说见唐韵正。)若作既,则失其韵矣。**四夷九州服矣。夫一者至贵,无适于天下。圣人托于无适,故民命系矣。**

为仁者必以哀乐论之,为义者必以取予明之。目所见不过十里,而欲遍照海内之民,哀乐弗能给也。无天下之委财,而欲遍澹万民,利不能足也。且喜怒哀乐,有感而自然者也。故哭之发于口,涕之出于目,○庄逵吉云:御览引,目作鼻,疑是。○王绍兰云:陈风泽陂篇"涕泗滂沱",毛传:"自目曰涕,自鼻曰泗。"泗即洟之借字。说文:"洟,鼻液也。"易萃上六"赍咨涕洟",释文引郑"自目曰涕,自鼻曰洟",(虞翻同。)然则目涕之义古矣。王褒僮约云"目泪下落,鼻涕长一尺",非经训也。庄氏疑御览引目作鼻为是,失之。○俞樾云:庄说非也。周易萃上六"赍咨涕洟",释文引郑注曰:"自目曰涕,自鼻曰洟。"然则涕出乎目,非出乎鼻,不得据御览之误字以改淮南之不误者也。○文典谨按:王、俞说是也。艺文类聚八十引,与今本合,明御览作鼻必为误字。**此皆愤于中而形于外者也。譬若水之下流,烟之上寻也,**○文典谨按:寻,读为覃,(古侵、覃通为一韵。)即古燂字。说文火部:"燂,火热也。"字亦作焊。又与燅通。仪礼有司彻"乃燅尸俎",郑注:"燅,温也。古文燅皆作寻,记或作焊。"(左哀十二年传"若可寻也",此注引作焊。)天文篇"火上荨",高注:"荨,读葛覃之覃。"亦叚为燂。**夫有孰推之者!故强哭者虽病不哀,强亲者虽笑不和。情发于中而声应于外,故釐负羁之壶餐,愈于晋献公之垂棘;**献公以垂棘灭虞、虢。**赵宣孟之束脯,贤于智伯之大钟。**智伯以大钟灭仇由。**故礼丰不足以效爱,而诚心可以怀远。故公西华之养亲也,若与朋友处,**

曾参之养亲也，若事严主烈君，其于养，一也。公西华，孔子弟子也。与朋友处，睦而少敬。烈，酷也。曾参事亲，其敬多。故胡人弹骨，越人契臂，中国歃血也，所由各异，其于信，一也。胡人之盟约，置酒人头骨中，饮以相诅。刻臂出血，杀牲歃血，相与为信。○庄逵吉云：御览引，契作啮。列子释文仍作契，引许慎注云："契，克臂出血也。"歃，御览引作唼。唼，歃之别字也。○陶方琦云：今注文略婧节，"刻臂"上应有契字。释名释书契："契，刻也。"尔雅："契，绝也。"郭注："今江东以刻断物为契断。"三苗髽首，羌人括领，中国冠笄，越人劗鬋，其于服，一也。三苗之国在彭蠡、洞庭之野。髽，以枲束发也。括，结。笄，簪。鬋，断也。帝颛顼之法，妇人不辟男子于路者，拂之于四达之衢，拂，放也。○庄逵吉云：御览引，拂作祓，有注云："除其不祥。"今之国都，男女切踦，踦，足也。肩摩于道，其于俗，一也。故四夷之礼不同，皆尊其主而爱其亲，敬其兄；猃狁之俗相反，猃狁，北胡也。其俗物与中国相反也。皆慈其子而严其上。夫鸟飞成行，兽处成群，有孰教之！故鲁国服儒者之礼，行孔子之术，地削名卑，不能亲近来远。越王句践劗发文身，无皮弁搢笏之服，皮弁，以为爵冠也。搢，佩绔。笏，佩玉也，长三尺，抒上终葵首。拘罢拒折之容，拘罢，圜也。拒折，方也。然而胜夫差于五湖，南面而霸天下，泗上十二诸侯皆率九夷以朝。○胡鸣玉云：史天官书"太微宫垣有匡衡十二星"，注正义云："十二诸侯之府也。"乃知天有十二次，日月之所躔也；地有十二州，王侯之所国也。举十二州以该天下之诸侯，非谓十二国也。胡、貉、匈奴之国，纵体拖发，拖，纵也。箕倨反言，而国不亡者，未必无礼也。楚庄王裾衣博袍，裾，裒也。衣，裾也。令行乎天下，遂霸诸侯。晋文君大布之衣，大布，粗布也。牂羊之裘，韦以带剑，威立于海内。岂必邹、鲁之礼之谓礼乎！邹，孟轲邑。鲁,孔子邑。是故入其国者从其俗,入其家者避其讳,不犯禁而入,不忤逆而进,虽之夷狄徒倮之国,徒倮,不衣也。俞樾云:广雅释诂:"徒,袒也。"徒倮犹袒倮,徒与袒一声之转。吕氏春秋异用篇"非徒网鸟也",高注曰:"徒,犹但也。"袒与但同。结轨乎远方之外,而无所困矣。

礼者,实之文也;仁者,恩之效也。故礼因人情而为之节文,而仁发恲以见容。恲,色也。礼不过实,仁不溢恩也,治世之道也。夫三年之丧,是强人所不及也,而以伪辅情也。三月之服,是绝哀而迫切之性也。三月之服,夏后氏之礼。夫儒墨不原人情之终始,而务以行相反之制,五缞之服。五缞,谓三年、期年、九月、五月、三月服也。悲哀抱于情,葬薶称于养,不强人之所不能为,不绝人之所能已,○陈观楼云:"能已"上亦当有"不"字。文子上仁篇正作"不绝人所不能已"。度量不失于适,诽誉无所由生。古者,非不知繁升降槃还之礼也,蹀采齐、肆夏之容也,采齐、肆夏,皆乐名也。以为旷日烦民而无所用,故制礼足以佐实喻意而已矣。古者,非不能陈钟鼓,盛筦箫,扬干戚,奋羽旄,以为费财乱政,制乐〔一〕足以合欢宣意而已,喜不羡于音。非不能竭国麋民,虚府殚财,含珠鳞施,纶组节束,鳞施,玉纽也。纶,絮也。束,缚也。追送死也,以为穷民绝业,而无益于槁骨腐肉也,故葬薶足以收敛盖藏而已。昔舜葬苍梧,市不变其肆;舜南巡狩,死苍梧,葬泠道九疑山,不烦市井之〔二〕所废。禹葬会稽之山,农不易其亩;禹会群臣于会稽,

〔一〕"制乐"上疑脱"故"字。

〔二〕"市井之",原本作"于市有",据庄逵吉校本改。

葬山阴之阳，不烦农人之田亩。**明乎生死之分，通乎侈俭之适者也。乱国则不然，言与行相悖，情与貌相反，礼饰以烦，乐优以淫，**○王念孙云：文子上仁篇优作擾，于义为长。擾亦烦也。俗书擾字作扰，与优相似而误。**崇死以害生，久丧以招行，是以风俗浊于世，而诽誉萌于朝，是故圣人废而不用也。**

义者，循理而行宜也；礼者，体情制文者也。义者宜也，礼者体也。○王引之云：上二句即是训义为宜，训礼为体，不须更云"义者宜也，礼者体也"矣。疑后人取中庸、礼器之文记于旁，而写者因误入正文也。○文典谨按：御览五百二十三引，"体情"下有"而"字。**昔有扈氏为义而亡，**有扈，夏启之庶兄也。以尧、舜举贤，禹独与子，故伐启，启亡之。**知义而不知宜也；鲁治礼而削，知礼而不知体也。有虞氏之祀，**○王念孙云："有虞氏之祀"，祀当为礼。此涉下文"祀中霤"而误也。"有虞氏之礼"，总下三事而言，不专指祭祀。下文"夏后氏之礼"，（今本脱"之礼"二字，据下文补。）"殷人之礼"，"周人之礼"，皆其证。**其社用土，**封土为社。**祀中霤，葬成亩，**田亩而葬。**其乐咸池、承云、九韶，**舜兼用黄帝乐。九韶，舜所作也。**其服尚黄。**舜，土德也。**夏后氏**〔一〕**其社用松，**所树之木，皆所生地之所宜也。**祀户，**春祭先户，夏木德也。**葬墙置翣，**翣，棺衣饰也。**其乐夏籥、九成、六佾、六列、六英，**九成，变也。六列，六六为行列也。六英，禹兼用颛顼之乐也。**其服尚青。**木德，故尚青也。**殷人之礼，其社用石，**以石为社主也。**祀门，**秋祭先门，殷金德也。**葬树松，其乐大濩、晨露，**大濩、晨露，汤所作乐。**其服尚白。**金德，故尚白也。**周人之礼，其社用栗，祀灶，**夏祭先灶，周火德也。邹子曰："五德之次，从所不胜。"故虞土，夏木，殷金，周火。

〔一〕"夏后氏"下似脱"之礼"二字。

葬树柏，其乐大武、三象、棘下，三象、棘下，武象〔一〕乐也。其服尚赤。火德，故尚赤也。礼乐相诡，服制相反，然而皆不失亲疏之恩，上下之伦。今握一君之法籍，以非传代之俗，譬由胶柱而调瑟也。故明主制礼义而为衣，分节行而为带。衣足以覆形，从典坟，虚循挠，便身体，适行步，不务于奇丽之容，隅眥之削。○洪颐煊云：眥当作些。本经训"衣无隅差之削"，高注："隅，角也。差，邪也。"些、差声相近。晏子春秋谏下篇"衣不务于隅眦之削"，眦即眥之讹字。带足以结纽收衽，束牢连固，不亟于为文句疏短之鞵。○孙诒让云：短疑当为矩。文句者，圜文也。（说文句部云："句，曲也。"）疏矩者，方文也。鞵字疑误。说文革部云："鞵，革生〔二〕鞮也。"此上文并说带，不宜忽及鞮屦，此必有讹挩也。故制礼义，行至德，而不拘于儒墨。

所谓明者，非谓其见彼也，自见而已。所谓聪者，非谓闻彼也，自闻而已。所谓达者，非谓知彼也，自知而已。是故身者，道之所托，身得则道得矣。道之得也，以视则明，以听则聪，以言则公，以行则从。故圣人裁制物也，犹工匠之斫削凿枘也，宰庖之切割分别也，曲得其宜而不折伤。拙工则不然，大则塞而不入，小则窕而不周，动于心，枝于手，而愈丑。夫圣人之斫削物也，剖之判之，离之散之；已淫已失，复揆以一；既出其根，复归其门；已雕已琢，还反于朴。合而为道德，离而为仪表。其转入玄冥，其散应无形。礼义节行，又何以穷至治之本哉！世之明事者，多离道德

〔一〕"武象"，疑当作"武王"，涉上文"象"而误。

〔二〕"革生"，段注改为"生革"，是。

之本，曰礼义足以治天下，此未可与言术也。所谓礼义者，五帝三王之法籍风俗，一世之迹也。譬若刍狗土龙之始成，刍狗，束刍为狗，以谢过求福。土龙，以请雨。〇陶方琦云：意林引许注："刍狗事以谢过，土龙事以请雨。"文以青黄，〇文典谨按：意林引，作"则衣以文绣"。绢以绮绣，〇俞樾云：绢当为羂。汉书司马相如传"羂要袅"，师古注曰："羂，谓罗系之也。"文选上林赋李善注引声类曰："绢，系取也。""羂以绮绣"，谓以绮绣系之。作绢者，省不从网耳。太平御览皇王部引，作"饰以绮绣"，殆由不得其义而臆改也。缠以朱丝，尸祝袀袨，袀，纯服。袨，墨斋衣也。大夫端冕端冕，冠也。以送迎之。及其已用之后，则壤土草蔛而已，〇庄逵吉云：御览蔛作芥。芥正字，蔛奇字。〇王念孙云：各本"蔛"下有"音出"二字，案："音出"二字后人所加。高注皆言"读某字"，无言"音某"者。考说文、玉篇、广韵、集韵，皆无蔛字。或音出，或以为芥之奇字，皆不知何据。余谓蔛者，蓟之坏字也。"草蓟"即草芥。史记贾生传"细故慸蓟兮"，索隐曰："蓟音介。"汉书作蒂芥。是芥、蓟古字通，故此作蓟，御览作草芥也。〇文典谨按：意林引，作"及其用毕，则弃之土壤"。夫有孰贵之！言弃之不贵也。〇庄逵吉云：御览作"谁贵之哉"。

故当舜之时，有苗不服，于是舜修政偃兵，执干戚而舞之。禹之时，天下大雨，禹令民聚土积薪，择丘陵而处之。〇王念孙云："天下大雨"，雨本作水，此后人妄改之也。唯天下大水，是以令民聚土积薪而处丘陵。若作大雨，则非其指矣。后人改水为雨者，以与舞、处二字为韵耳。不知此文但以舞、处为韵，余皆不入韵也。要略正作"禹之时，天下大水"。武王伐纣，载尸而行，武王伐纣，伯夷曰："父死未葬，爰及干戈，可谓孝乎？"海内未定，故不为三年之丧始。言始废于武王也。禹遭洪水之患，陂塘之事，故朝死而暮葬。〇王念孙云：遭，文选海赋注、应休琏与从弟君苗君胄书注、太平御览礼仪部三十四引，并作有。道藏本"不为三年之丧始"下注云："三年之丧于武王。"案："故不为三年之丧始”，当作“故为三年之丧”。高注当作“三年之丧始于武王”。藏本“始”字误入正文，正文“为三年之丧”上又衍“不”字，则正文、注文皆不可读矣。且上文以舞、处为韵，此以行、丧、葬为韵，若“丧”下有“始”字，则失其韵矣。此言武王为三年之丧，而禹则朝死暮葬，与武王不同，非谓武王不为三年之丧也。下文云“修干戚而笑镬插，知三年而非一日”，（今本“非”上脱“而”字，据上句补。）“干戚”二字承上文舜舞干戚而言，“镬插”二字承禹令民聚土而言，“一日”二字承禹朝死暮葬而言，“三年”二字则承武王为三年之丧而言。若云“不为三年之丧”，则与下文相反矣。要略云：“武王誓师牧野，以践天子之位。天下未定，海内未辑，武王欲昭文王之令德，使夷狄各以其贿来贡，辽远未能至，故治三年之丧，殡文王于两楹之间，以俟远方。”彼言武王治三年之丧，正与此同。若云“不为三年之丧”，则又与要略相反矣。道应篇述武王之事，亦云“为三年之丧，令类不蕃”。以上三篇，皆谓武王始为三年之丧，故高注云“三年之丧始于武王”也。藏本作“三年之丧于武王”者，“始”字误入正文耳。刘绩不知是正，又改注文为“三年之丧于武王废”，朱本又改为“言始废于武王也”，皆由正文误作“不为三年之丧”，故又改注文以从之耳。○文典谨按：御览五百五十五引，“陂塘之事”下有注云：“陂，蓄水。塘，池也。”**此皆圣人之所以应时耦变，见形而施宜者也。**○文典谨按：御览五百五十五引，作“此皆圣人之所以应时设教，见而施宜者也”。**今之修干戚而笑镬插，**镬，斫属。**知三年非一日，是从牛非马，以徵笑羽也。以此应化，无以异于弹一弦而会棘下。**棘下，乐名。一弦会之，不可成也。**夫以一世之变，欲以耦化应时，譬犹冬被葛而夏被裘。夫一仪不可以百发，**仪，弩招颜也。射百发，远近不可皆以一仪也。**一衣不可以出岁。仪必应乎高下，衣必适乎寒暑。是故世异则事变，时移则俗易。故圣人论世而立法，随时而举事。尚古之王，封于泰山，禅于梁父，七十余圣，法度不同，非务相反也，时世异也。是故不法其已成之法，而法其所以为法。所以为法者，与化推移者也。夫能与化推移为**

人者，至贵在焉尔。○王念孙云："夫能与化推移者"，乃复举上文之词，"推移"下不当有"为人"二字，盖涉下文"与造化为人"而衍。故狐梁之歌可随也，其所以歌者不可为也；○孙志祖云："狐梁"无注，或疑即"有狐绥绥，在彼淇梁"之诗。案：蜀志郤正传"瓠梁托弦以流声"，注引淮南子"瓠巴鼓瑟而鱏鱼听之"，（今本说山训作"淫鱼出听"。）又引此文作"瓠梁之歌"，盖瓠与狐通也。与卫诗无涉。梁曜北云：梁字何解？岂巴又名梁耶？○文典谨按：孙说是也。北堂书钞一百六歌篇二引，狐正作瓠，又引注云："瓠梁，善歌之人也。"艺文类聚四十三引注，"善歌"上多一"古"字，余同。皆足证孙说。圣人之法可观也，其所以作法不可原也；辩士言可听也，其所以言不可形也；淳均之剑不可爱也，而欧冶之巧可贵也。今夫王乔、赤诵子，吹呕呼吸，吐故内新，遗形去智，抱素反真，以游玄眇，上通云天。今欲学其道，不得其养气处神，而放其一吐一吸，时诎时伸，其不能乘云升假亦明矣。王乔，蜀武阳人也，为柏人令，得道而仙。赤诵子，上谷人也，病疠入山，导引轻举。假，上也。○庄逵吉云：俗本赤诵作赤松，盖误改之。古字诵与松同声通用。五帝三王，轻天下，细万物，齐死生，同变化，抱大圣之心，以镜万物之情，上与神明为友，下与造化为人。今欲学其道，不得其清明玄圣，而守其法籍宪令，不能为治亦明矣。故曰："得十利剑，不若得欧冶之巧；得百走马，不若得伯乐之数。"

朴至大者无形状，道至眇者无度量，故天之圆也不得规，地之方也不得矩。○俞樾云：两"得"字皆当为"中"。周官师氏"掌国中失之事"，故书"中"为"得"，是其例也。文子自然篇正作"天圆不中规，地方不中矩"。往古来今谓之宙，四方上下谓之宇，道在其间，而莫知其所。故其见不远者，不可与语大；其智不闳者，不可与论至。昔者冯夷得道，以潜大川；冯夷，河伯也，华阴潼乡堤首里人，服八石，得水仙。钳且得道，以处昆仑。钳且得仙道，升居昆仑山。〇庄逵吉云：庄子大宗师篇"堪坏袭昆仑"，陆德明释文云："堪坏，神人，人面兽形。淮南作钦负。"是唐本钳且作钦负也。字形近，故误耳。程文学据山海经云"是与钦䲹杀祖江于昆仑之阳"，后汉书注引作钦駓，古駓、䲹本一字。钱别驾云：古丕与负通，故尚书"丕子之责"，史记作"负子"，丕与负通，因之从丕之字亦与负通也。堪、钦亦同声。〇王念孙云：程、钱、庄说皆是。扁鹊以治病，扁鹊，卢人，姓秦名越人，赵简子时人。造父以御马，羿以之射，倕以之斲，倕，尧时巧工也。所为者各异，而所道者一也。〇文典谨按：意林引，作"得道一也"。夫禀道以通物者，无以相非也。譬若同陂而溉田，其受水均也。今屠牛而烹其肉，或以为酸，或以为甘，煎熬燎炙，齐味万方，〇王念孙云：两"为"字皆后人所加。北堂书钞酒食部四、太平御览资产部八、饮食部十一引此，皆无两"为"字。"齐味"当为"齐咊"，字之误也。齐，读若剂。咊，即今和字也，读若"甘受和"之和。旧本北堂书钞及太平御览引此，并作"齐和万方"，和与齐义相近。郑注周官盐人云："齐事，和五味之事。"又注少仪云："齐谓食羹酱饮有齐和者也。"高注吕氏春秋本味篇云："齐和，分也。"本经篇云："煎熬焚炙，调齐和之适。"盐铁论通有篇云："庖宰烹杀胎卵，煎炙齐和，穷极五味。"新序杂事篇云："管仲善断割之，隰朋善煎熬之，宾胥无善齐和之。"汉书艺文志云："调百药齐和之所宜。"皆其证也。又案：和字说文本作咊，今经传皆作和，从隶变也。此咊字若不误为味，则后人亦必改为和矣。〇文典谨按：燎，北堂书钞一百四十五引作臊，御览八百六十三引作犊。齐味，意林引作剂味。其本一牛之体。伐楩枏豫樟而剖梨之，剖，判。梨，分也。或为棺椁，或为柱梁，披断拨檖，披，解也。拨，析理也。檖，顺也。〇王念孙云：如高注，则檖字本作遂，故训为顺也。今作檖者，因上文棺椁柱梁等字而误耳。茅本并注文亦改为檖，而庄本从之，谬矣。所用万方，然一木之朴也。故百家之言，指奏相反，其合道一体也。譬若丝竹金石之会乐同也，○王念孙云："体"字因下文"不失于体"而衍。"合道一"与"会乐同"，文正相对，则"一"下不当有"体"字。下文又云"其知马一也"，"其得民心钧也"，皆与此文同一例。其曲家异而不失于体。伯乐、韩风、秦牙、管青，四子皆古善相马者。所相各异，其知马一也。故三皇五帝，法籍殊方，其得民心均也。故汤入夏而用其法，武王入殷而行其礼，桀、纣之所以亡，而汤、武之所以为治。故剞劂销锯陈，非良工不能以制木；炉橐埵坊设，炉、橐、埵，皆冶具。坊，土刑也。非巧冶不能以治金。○文典谨按：御览九百五十二引，工作匠。屠牛吐一朝解九牛，而刀以剃毛；屠牛吐，齐之大屠。剃，截发也。○庄逵吉云：御览吐作坦，疑垣字之讹。○王念孙云："刀"下当有"可"字。"刀可以剃毛"，贾子所谓"芒刃不顿"也。脱去"可"字，则文义不明。白帖十三、太平御览兵部七十七、资产部八引此，皆有"可"字。庖丁用刀十九年，而刀如新剖硎。庖丁，齐屠伯也。新剖，始制也。硎，磨刀石。○王念孙云：刘本于"剖"下增"硎"字。案：刘增是也。据高注云："硎，磨刀石。"则有硎字明矣。下刀字当作刃。刃、刀字相似，又涉上刀字而误也。"刃如新剖硎"，言刀刃不顿也。庄子养生主篇"今臣之刀十九年矣，而刀刃若新发于硎"，吕氏春秋精通篇"宋之庖丁好解牛，用刀十九年而刃若新磨研"，皆其证也。太平御览资产部八引此，作"刃如新砥硎"，虽砥与剖不同，而字亦作刃。○文典谨按：御览八百二十八引注作："庖丁，宋人。砥，磨也。"齐俗训乃许注本，御览所引，疑是高注。何则？游乎众虚之间。众虚之间，剖中理也。○文典谨按：御览八百二十八引，间作门。若夫规矩钩绳者，此巧之具也，而非所以巧也。○王念孙云："巧也"上当有"为"字。下文云："故弦，悲之具也，而非所以为悲也。"与此相对为文。太平御览工艺部九引此，正作"非所以为巧"。文子自然篇同。故瑟无弦，虽师文不能以成曲；师文，乐师。徒弦，则不能悲。故弦，悲之具也，而非所以为悲也。若夫工匠之为连鑖、运开、阴闭、眩错，连鑖，鑖发也。运开，相通也。阴闭，独闭也。眩，因而相错也。入于冥冥之眇，神调之极，游乎心手众虚之间，○王念孙云："众虚"二字，因上文"游乎众虚之间"而误衍也。上文说庖丁解牛，批郤导窾，游刃有余，故曰"游乎众虚之间"。此是说工匠为连鑖之事，不当言"众虚"也。且"心手之间"，谓心与手之间也，则不当有"众虚"二字明矣。文子作"游于心手之间"，无"众虚"二字。而莫与物为际者，父不能以教子。瞽师之放意相物，写神愈舞，而形乎弦者，兄不能以喻弟。今夫为平者准也，为直者绳也。若夫不在于绳准之中，可以平直者，此不共之术也。故叩宫而宫应，弹角而角动，此同音之相应也。其于五音无所比，而二十五弦皆应，此不传之道也。故萧条者，形之君；萧条，深静也。而寂寞者，音之主也。微音生于寂寞。

天下是非无所定，世各是其所是而非其所非，所谓是与非各异，○文典谨按：群书治要引，作"所谓是与所谓非各异"，文义较今本为完。皆自是而非人。由此观之，事有合于己者，而未始有是也；有忤于心者，而未始有非也。故求是者，非求道理也，求合于己者也；去非者，非批邪施也，施，微曲也。去忤于心者也。忤于我，未必不合于人也；合于我，未必不非于俗也。至是之是无非，至非之非无是，此真是非也。若夫是于此而非于彼，非于此而是于彼者，此之谓一是一非也。此一是非，隅曲也；夫一是非，宇宙也。今吾欲择是而居之，择非而去之，不知世之所谓是非者，不知孰是孰非。○陈观楼云："不知孰是孰非"，"不知"二字因上句而衍。○王念孙云：群书治要引此，无"不知"二字。老子曰："治大国若烹小鲜。"为宽裕者曰勿数挠，裕，饶也。为刻削者曰致其醎酸而已矣。晋平公出言而不当，师旷举琴而撞之，跌衽宫壁。跌衽，至平公衣衽，中宫壁。○俞樾云："跌衽宫壁"，于文未明。高注曰："跌衽，至平公衣衽，中宫壁。"疑本作"跌衽中壁"。跌，犹越也。言越过平公之衽而中于壁也。今作"宫壁"，即涉注而误。左右欲涂之，欲涂师旷所败壁也。平公曰："舍之！以此为寡人失。"孔子闻之曰："平公非不痛其体也，欲来谏者也。"韩子闻之曰：韩子，韩公子非。"群臣失礼而弗诛，是纵过也。有以也夫，平公之不霸也！"故宾有见人于宓子者，宓子，子贱也。○文典谨按：群书治要作"客有见人于季子者"，注与今注正同。意林引作"客有见子贱"，注："宓子。"御览四百五引，宾亦作客，宓作孚。宾出，宓子曰："子之宾独有三过：望我而笑，是攓也；攓，慢也。○文典谨按：群书治要引，"子之宾"作"子之所见客"，攓作僈，注同。意林及御览四百五引，攓并作慢。盖许、高本之异也。谈语而不称师，是返也；○文典谨按：群书治要引，返作反。意林引，此句在"交浅而言深"句下，师作名，返亦作反。御览四百五引，语作论，返作叛。交浅而言深，是乱也。"宾曰："望君而笑，是公也。谈语而不称师，是通也。交浅而言深，是忠也。"故宾之容一体也，或以为君子，或以为小人，所自视之异也。○文典谨按：群书治要引，视作见。御览四百五引，作"从视之异"。故趣舍合，即言忠而益亲；身疏，即谋当而见疑。○王念孙云：趣谓志趣也。（七句反。）"趣合"与"身疏"相对为文，则"趣"下不当有"舍"字，盖即"合"字之误而衍者也。文子道德篇正作"趣合"。○文典谨按：群书治要引，两"即"字并作"则"。亲母为其子治扢秃，而血流至耳，见者以为其爱之至也；使在于继母，则过者以为嫉也。事之情一也，所从观者异也。从城上视牛如羊，视羊如豕，所居高也。○文典谨按：羊与豕大小不甚相远，视牛如羊，视羊不得如豕大也。此疑本作"从城上视牛，如羊如豕。"

御览八百九十九引此文,即无"视羊"二字。**窥面于盘水则员,于杯则隋。**○文典谨按:群书治要引,作"于杯水即椭"。御览七百五十八引,作"于杯水则修"。**面形不变其故,有所员、有所隋者,所自窥之异也。今吾虽欲正身而待物,庸遽知世之所自窥我者乎!若转化而与世竞走,譬犹逃雨也,无之而不濡。常欲在于虚,则有不能为虚矣;**为者失之,执者败之。**若夫不为虚而自虚者,**性自然也。**此所慕而不能致也。**○王念孙云:"此所慕而不能致也",义不可通。"不能致"当作"无不致"。上文"欲在于虚,则不能为虚",高注以为"为者失之,执者败之",是也。圣人无为故无败,无执故无失,故曰"若夫不为虚而自虚者,此所慕而无不致也"。"所慕无不致",犹言所欲无不得。精神篇曰:"达至道者,性有不欲,无欲而不得。"义与此同也。今本作"不能致"者,涉上文"不能为虚"而误。文子道德篇正作"此所欲而无不致也"。○俞樾云:此言欲为虚则不能为虚,若夫不为虚而自虚,则又慕之而不能致也。盖性之自然,非可勉强,故慕之而不能致。文子道德篇作"此所欲而无不致也",于义不可通。王氏念孙反据以订正淮南,殊为失之。**故通于道者,如车轴,不运于己,而与毂致千里,转无穷之原也。不通于道者,若迷惑,告以东西南北,所居聆聆,**聆聆,意晓解也。**一曲而辟,**辟,小邪僻也。**然忽不得,复迷惑也。**○王念孙云:"然忽不得",当作"忽然不得"。**故终身隶于人,辟若俔之见风也,**俔,候风者也。世所谓五两。○庄逵吉云:文选注引,俔作綄,见作候,许慎注云:"綄,候风也。楚人谓之五两。"考古完与见因字形相近,本多讹别,故论语"莞尔"之莞,陆德明又作"苋尔"。此字义当作綄为是。○王念孙云:庄以俔为綄之讹,是也。道藏本、朱本注并作"俔,候风雨也",雨乃羽字之讹。刘本改为"候风雨者",茅本又改为"候风者也",而庄本从之,误矣。广韵:"綄,船上候风羽。"北堂书钞舟部二十引注云:"綄者,候风之羽也。"太平御览舟部四引许注云:"綄,候风羽也。"(今本羽讹作扇。)则高注雨字明是羽字之讹。文选江赋注引许注作"候风也"

者，传写脱“羽”字耳。○陶方琦云：伣乃綄字之讹，雨乃羽字之讹。玉篇：“綄，候风五两也。”广韵二十六桓：“綄，船上候风羽。楚人谓之五两。”又二十四缓“綄”下云：“候风羽，出淮南子。”是许注旧本作綄，明矣。御览引作“候风扇也”，扇乃“之羽”二字坏文。○文典谨按：记纂渊海卷二引北堂书钞云：“候风之羽，楚人曰五两。”与今本书钞所引许注小异，而与广韵正同，必宋人所见真本如此也。**无须臾之间定矣。故圣人体道反性，不化以待化，则几于免矣。**无为以待有为，近于免世难也。

治世之体易守也，其事易为也，其礼易行也，其责易偿也。○王念孙云：“治世之体”，群书治要引此，体作职，是也。俗书职（職）字作軄，体（體）字作軆。軄误为軆，又改为體耳。职易守，事易为，礼易行，责易偿，四者义并相近。若作体，则与守字义不相属，且与下三句不类矣。文子下德篇亦作“职易守”，下文云苌弘、师旷“不可与众同职”，又其一证矣。**是以人不兼官，官不兼事，士农工商，乡别州异。是故农与农言力，士与士言行，工与工言巧，商与商言数。是以士无遗行，农无废功，工无苦事，商无折货，各安其性，不得相干。故伊尹之兴土功也，修胫者使之跖钁，**长胫以蹋插者，使入深。○王念孙云：太平御览地部二、器物部九引此，钁并作铧。案：铧字是也。铧即臿也。跖，蹋也。（文选舞赋注引淮南许注如此。）故高注言“蹋插”。说文：“苿，（玉篇胡瓜切。）两刃臿也。宋、魏曰苿。或作釫。”玉篇云：“今为铧。”方言云：“臿，宋、魏之间谓之铧。”高注精神篇云：“臿，铧也。青州谓之铧。”释名云：“锸，或曰铧。铧，刳也，刳地为坎也。”苿、釫、铧，字异而义同。（臿、锸、插亦同。）今人谓臿为铧锹是也。使长胫者蹋臿，则入地深而得土多，故高注曰：“长胫以蹋插者，使入深也。”后人不识铧字，遂妄改为钁。（埤雅引此作钁，则所见本已然。）案：说文：“钁，大鉏也。”鉏以手挥，非以足蹋，不得言跖钁。且高注明言蹋插，不言蹋钁。○陶方琦云：群书治要引许注，脚作胫。按：说文：“胫，脚也。”今注作“长脚”，是。御览七百六十四引注，亦作“长脚”，又“入深”作“入土深”。**强脊者使之负土，**脊强者任负重。○陶方琦云：群书治要引许注正同。**眇者使之准，**目不正，因令睎。**伛者使之涂，**伛人涂地，因其俯也。○陶方琦云：群书治要引许注正同。按：新论亦作"偻作者使之涂地"。**各有所宜，而人性齐矣。**○文典谨按：群书治要引，"所宜"作"所以"。**胡人便于马，越人便于舟，异形殊类，易事而悖，失处而贱，得势而贵。圣人总而用之，其数一也。夫先知远见，达视千里，人才之隆也，而治世不以责于民。**言民〔一〕不以己求备于下也。**博闻强志，口辩辞给，人智之美也，而明主不以求于下。敖世轻物，不污于俗，士之伉行也，而治世不以为民化。神机阴闭，剞劂无迹，人巧之妙也，而治世不以为民业。故苌弘、师旷，先知祸福，言无遗策，而不可与众同职也；公孙龙折辩抗辞，别同异，离坚白，**公孙龙，赵人，好分析诡异之言。以白、马不得合为一物，离而为二也。**不可与众同道也；北人无择非舜而自投清泠之渊，**北人无择，古隐士也。非舜，非其德之衰也。**不可以为世仪；鲁般、墨子以木为鸢而飞之，三日不集，而不可使为工也。**○文典谨按：御览羽族部"鹅"条下引，鸢作鹅，必本亦如此也。**故高不可及者，不可以为人量；行不可逮者，不可以为国俗。夫挈轻重不失铢两，圣人弗用，而县之乎铨衡；**○文典谨按：群书治要引，铨作权。**视高下不差尺寸，明主弗任，而求之乎浣准。**浣准，水望之平。○孙诒让云：泰族训云："人欲知高下而不能，教之用管准则说。"管、浣音近，叚借字。（凡从官声、完声字，古多通用。管或作筦，是其比例。）管所以视远，准即水平，非一物也。李筌太白阴经水攻具篇载"为水平槽，凿三池，浮木立齿，注水，眇目视之，三齿齐平以为准"，是其遗法。但彼不用管，与古异耳。○陶方琦云：群书治要引许注，

〔一〕"民"，疑为"君"之讹。或为衍文。

与今注正同。案：说文："水，准也。""准，平也。"说正同。**何则？人才不可专用，而度量可世传也。故国治可与愚守也，而军制可与权用也。夫待騕褭飞兔而驾之，则世莫乘车；**騕褭，良马。飞兔，其子。褭、兔走，盖皆一日万里也。〇陶方琦云：群书治要引许注："要褭、飞兔，皆一日千里者也。"按：治要所引，乃约文。吕览高注："要褭、飞兔，皆马名。驰若兔之飞，因以为名。"与许君说亦有异。原道训"驰〔一〕要褭"注，亦当是许注羼入高注者。〇文典谨按：御览八百九十六引，兔作菟，"车"下有"矣"字，与下文"终身不家矣"一律。又引注云："腰褭、飞菟，皆行万里。其行若飞，因曰飞菟也。"**待西施、毛嫱而为配，则终身不家矣。**西施、毛嫱，古好女也。〇王念孙云：群书治要引此，作"西施、络慕"，又引注作"西施、络慕，古好女也"。太平御览兽部八引作落慕。案：广韵及元和姓纂，络、落皆姓也，慕盖其名。治要、御览所引者，原文也。今本作毛嫱者，后人不知络慕所出，又见古书多言毛嫱、西施，故改耳。不知他书自作毛嫱，此自作络慕，不必同也。〇陶方琦云：御览八百九十六引，作"西施、落纂"，落纂即络慕。元和姓谱，络、落皆姓也。今本乃后人习于西施、毛嫱之说而改之。**然非待古之英俊，而人自足者，因所有而并用之。**〇王念孙云：群书治要引此，"并"作"遂"，于义为长。遂，即也。言因所有而即用之，故不待古之英俊而人自足也。今本作并者，后人依文子下德篇改之耳。〇文典谨按：意林引，作"待古英俊而用之，则无人矣"。**夫骐骥千里，一日而通；驽马十舍，旬亦至之。**旬，十日也。**由是观之，人材不足专恃，而道术可公行也。乱世之法，高为量而罪不及，重为任而罚不胜，危为禁而诛不敢。**〇王念孙云："危为禁"，本作"危为难"。"危为难而诛不敢"者，危犹高也，（见缁衣郑注。）高为艰难之事，而责之以必能，及畏难而不敢为，则从而诛之，正与上二句同意。后人不察，而改难为禁。禁之，正欲其不敢，何反诛之乎？文子下德篇正作"危为难而诛不敢"。庄子则

〔一〕"驰"，原本作"驷"，形近而误，据原道训改。

阳篇："匿为物而愚不识，大为难而罪不敢，重为任而罚不胜，远其涂而诛不至。"吕氏春秋适威篇："烦为教而过不识，数为令而非不从，巨为危而罪不敢，重为任而罚不胜。"文义并与此同。民困于三责，则饰智而诈上，犯邪而干免。干，求也。故虽峭法严刑，不能禁其奸。〇文典谨按："峭法严刑"，意林引作"峻刑严法"。何者？力不足也。故谚曰："鸟穷则噣，兽穷则触，人穷则诈。"此之谓也。

道德之论，譬犹日月也，江南河北不能易其指，驰骛千里不能易其处。〇王念孙云：下"易"字本作"改"，此因上"易"字而误也。意林及文选月赋注、鲍照玩月城西门解中诗注引此，下"易"字并作"改"。趋舍礼俗，犹室宅之居也，东家谓之西家，西家谓之东家，虽皋陶为之理，不能定其处。故趋舍同，诽誉在俗；意行钧，穷达在时。汤、武之累行积善，可及也；其遭桀、纣之世，天授也。今有汤、武之意，而无桀、纣之时，而欲成霸王之业，亦不几矣。昔武王执戈秉钺以伐纣胜殷，搢笏杖殳殳，木杖也。以临朝。武王既没，殷民叛之，周公践东宫，履乘石，人君升车有乘石也。摄天子之位，负扆而朝诸侯，户牖之间谓之扆。放蔡叔，诛管叔，周公兄也。克殷残商，残商，诛纣子禄父。祀文王于明堂，七年而致政成王。夫武王先武而后文，非意变也，以应时也；周公放兄诛弟，非不仁也，以匡乱也。故事周于世则功成，务合于时则名立。昔齐桓公合诸侯以乘车，退诛于国以斧钺；晋文公合诸侯以革车，退行于国以礼义。桓公前柔而后刚，文公前刚而后柔，然而令行乎天下，权制诸侯钧者，审于势之变也。颜阖，鲁君欲相之，颜阖，鲁隐士也。而不肯，使人以币先焉，凿培而遁之，培，屋后墙也。为天下显武。楚人谓士为武。使遇商鞅、申不害，刑及三族，又况身乎！世多称古之人而高其行，并世有与同者而弗知贵也，非才下也，时弗宜也。故六骐骥、四駃騠，駃騠，北翟之良马也。以济江河，不若窾木便者，窾，空也。处世然也。〇王念孙云："处世"本作"处势"。古者谓所居之地曰处势。窾木，谓舟也。言乘良马济江河，不若乘舟之便者，处势使然也。庄子山木篇曰："王独不见夫腾猿乎，得柘棘枳枸之间，危行侧视，振动悼慄，处势不便，未足以逞其能也。"新序杂事篇曰："玄蝯在枳棘之中，恐惧而悼慄，危视而迹行，处势不便故也。"史记蔡泽传曰："翠鹄犀象，其处势非不远死也。"汉书陈汤传曰："故陵因天性，据真土，处埶高敞。"又史记楚世家曰："处既形便，势有地利。（有与又同。）"淮南俶真篇曰："处便而势利。"处势或曰势居。逸周书周祝篇曰："势居小者，不能为大。"贾子过秦篇曰："秦地被山带河以为固，自缪公以来至于秦王，二十余君，常为诸侯雄，其势居然也。"淮南原道篇曰："故橘树之江北则化而为橙，鸲鹆不过济，貈渡汶而死，形性不可易，势居不可移也。"或言处，或言势，或言处势，或言势居，其义一也。后人不识古义，而改"处势"为"处世"，其失甚矣。〇文典谨按：王说是也。宋本"处世"正作"处势"。是故立功之人，简于行而谨于时。今世俗之人，以功成为贤，以胜患为智，以遭难为愚，以死节为戆，吾以为各致其所极而已。王子比干非不知箕子被发佯狂以免其身也，然而乐直行尽忠以死节，故不为也。〇王念孙云："箕子"二字，因下文"从箕子视比干"而衍。下文曰："伯夷、叔齐非不能受禄任官以致其功也。""许由、善卷非不能抚天下、宁海内以德民也。""豫让、要离非不知乐家室、安妻子以偷生也。"皆与此文同一例。若有"箕子"二字，则文不成义，且与下文不对矣。伯夷、叔齐非不能受禄任官以致其功也，然而乐离世伉行以绝众，故不务也。许由、善卷非不能抚天下、宁海内以德民也，然而羞以物滑和，故弗受也。豫让、要离豫让，智伯臣。要离，吴王阖闾臣。非不知乐家室、安妻子以偷生也，然而乐推诚行，必以死主，故不留也。今从箕子视比干，则愚矣；从比干视箕子，则卑矣；从管、晏视伯夷，则戆矣；从伯夷视管、晏，则贪矣。趋舍相非，嗜欲相反，而各乐其务，将谁使正之？曾子曰："击舟水中，鸟闻之而高翔，鱼闻之而渊藏。"○文典谨按：御览九百十四引，"渊藏"作"沉渊"。故所趋各异，而皆得所便。故惠子从车百乘以过孟诸，惠子，名施，仕为梁相。从车百乘，志尚未足。孟诸，宋泽。庄子见之，弃其余鱼。庄子，名周，蒙人。隐而不仕，见惠施之不足，故弃余鱼。鹈胡饮水数斗而不足，鹈胡，污泽鸟。鳣鲔入口若露而死，鳣鲔，鱼名。○孙诒让云：鳣鲔生于水，无入口若露而死之理。窃疑此"鳣鲔"当作"蝉蜎"。蝉、鳣古字通用。周书王会篇"欧人蝉蛇"，彼以蝉为鳣，与此以鳣为蝉，可互证。说文虫部云："蜩，蝉也。"或从舟作蜎，与鲔形近，因而致误。死当为饱，亦形之误。（艸书二字相似。）墬形训云："蝉饮而不食。"荀子大略篇亦云："饮而不食者，蝉也。"是蝉蜎虽饮而不多，故云"入口若露而饱"也。然许注已以鱼名为释，或后人所增窜与？智伯有三晋而欲不澹，三晋，智伯兼范中行地。澹，足也。林类、荣启期衣若县衰而意不慊。林类、荣启期，皆隐士。慊，恨也。○文典谨按：御览六百八十九引，衰作蓑。由此观之，则趣行各异，何以相非也！夫重生者不以利害己，立节者见难不苟免，贪禄者见利不顾身，而好名者非义不苟得。此相为论，譬犹冰炭钩绳也，何时而合！○文典谨按：白帖十六引注云："冰寒炭热，无时得合。"若以圣人为之中，则兼覆而并之，未有可是非者也。夫飞鸟主巢，狐狸主穴，巢者巢成而得栖焉，穴者穴成而得宿焉。趋舍行义，亦人之所栖宿也，○文典谨按：御览九百十四引，"人"上有"主"字。各乐其所安，致其所蹠，谓之成人。蹠，至也。故以道论者，总而齐之。

治国之道，上无苛令，〇文典谨按：群书治要引，苛作苟。官无烦治，士无伪行，工无淫巧，其事经而不扰，〇文典谨按：群书治要引，经作任。其器完而不饰。乱世则不然。为行者相揭以高，揭，举。〇文典谨按：群书治要引，揭作扬。注同。为礼者相矜以伪，车舆极于雕琢，器用逐于刻镂，〇文典谨按：群书治要引，逐作遽。求货者争难得以为宝，诋文者处烦挠以为慧，〇文典谨按：群书治要引，作"调文者遽于烦绕以为慧"。争为佹辩，久稽而不决，〇文典谨按：群书治要及宋本并作"久积而不决"。无益于治。工为奇器，历岁而后成，不周于用。故神农之法曰："丈夫丁壮而不耕，天下有受其饥者。妇人当年而不织，天下有受其寒者。"故身自耕，妻亲织，以为天下先。其导民也，不贵难得之货，不器无用之物。是故其耕不强者，无以养生；其织不强者，无以掩形。〇文典谨按："其耕不强"，"其织不强"，两"强"字于辞为复。群书治要引，作"其织不力"。宋本同。有余不足，各归其身。衣食饶溢，〇文典谨按：群书治要引，溢作裕。奸邪不生，安乐无事而天下均平，故孔丘、曾参无所施其善，孟贲、成荆无所行其威。成荆，古勇士也。〇陶方琦云：史记集解七十九及群书治要引许注："成荆，古勇士。"按：史记范睢蔡泽列传："成荆、孟贲、王庆忌、夏育之勇也而死。"吕览论威："成荆致死于韩王。"古荆、庆字通，成荆或作成庆。汉书景十三王传"其殿门有成庆画"，师古注："成庆，古勇士，见淮南子。"是淮南旧本或作成庆。衰世之俗，以其知巧诈伪，饰众无用，贵远方之货，珍难得之财，不积于养生之具。浇天下之淳，浇，薄也。淳，厚也。〇陶方琦云：文选陆机招隐诗注、王元长永明策秀才文注、刘孝标广绝交论注引许注："浇，薄也。"按：文选注引，浇与澆同，非许原注。庄子缮性"澆醇散朴"，释文："本作浇。"浇同硗。孟子"则地有肥硗"，赵注："硗，薄也。"析天下之朴,牿服马牛以为牢。滑乱万民,以清为浊,性命飞扬,皆乱以营。贞信漫澜,人失其情性。于是乃有翡翠犀象、黼黻文章以乱其目,刍豢黍粱、荆吴芬馨以嚂其口,荆、吴,国也。芬,珍味也。嚂,贪求也。钟鼓管箫、丝竹金石以淫其耳,趋舍行义、礼节谤议以营其心。于是百姓糜沸豪乱,暮行逐利,烦挐浇浅,浅,薄也。既薄尚浇也。法与义相非,行与利相反。虽十管仲,弗能治也。且富人则车舆衣纂锦,纂,绘也。马饰傅旄象,帷幕茵席,绮绣絛组,青黄相错,不可为象;贫人则夏被褐带索,○文典谨按:"则夏"与下文"冬则羊裘解札"不一律。初学记人部中、御览四百八十五引,并作"夏则"。二十三引作"则夏",疑后人据已误之本改之也。含菽饮水以充肠,以支暑热,○庄逵吉云:御览两引,一引支作止,一引仍作支。冬则羊裘解札,解札,裘败解也。○庄逵吉云:御览两引,一引"解札"作"蔽体",一引仍作解札,有注云:"解札,为裘如铠甲之札,言其破坏也。"当是异本,故两引两异耳。短褐不掩形,而炀灶口。炀,炙也。○庄逵吉云:御览引注,作"炀,炙也。向灶口自温炀。读高尚之尚也"。解读甚精,当是今本脱之。故其为编户齐民无以异,然贫富之相去也,犹人君与仆虏不足以论之。○王念孙云:论当为谕,字之误也。谕或作喻。太平御览人事部一百二十六引此,作"不足以喻之",又引注云:"喻,犹方也。"是其证。○文典谨按:群书治要引,论作伦。

夫乘奇技、伪邪施者,自足乎一世之间;守正修理、不苟得者,不免乎饥寒之患;○文典谨按:"守正修理",文选东都赋注、东京赋注、鹪鹩赋注引,并作"守道顺理"。群书治要引,"苟得"上有"为"字。而欲民之去末反本,由是发其原而壅其流也。○王念孙云:"由是"当为"是由",由与犹同。群书治要引此,正作"是犹"。○文典谨按:

王说是也。文选东都赋注、东京赋注引，亦并作“是犹”。**夫雕琢刻镂，伤农事者也；**〇文典谨按：群书治要引，琢作文。**锦绣纂组，害女工者也。农事废，女工伤，则饥之本而寒之原也。**〇文典谨按：群书治要引，作“农事废业，饥之本也；女功不继，寒之原也”。**夫饥寒并至，能不犯法干诛者，古今之未闻也。**〇文典谨按：“古今之未闻也”不词。群书治要引及宋本，并作“古今未之闻也”。**故仕鄙在时不在行，利害在命不在智。**〇陈观楼云：“仕鄙”当为“仁鄙”，字之误也。仁与鄙相反，利与害相反。论衡命禄篇引此，正作“仁鄙”。本经篇曰：“毁誉仁鄙不立。”汉书董仲舒传曰：“性命之情，或夭或寿，或仁或鄙。”**夫败军之卒，勇武遁逃，将不能止也；胜军之陈，怯者死行，惧不能走也。故江河决，沉一乡，父子兄弟相遗而走，争升陵阪，上高丘，轻足先升，不能相顾也；**〇王念孙云：沉当为流，字之误也。（荀子劝学篇“瓠巴鼓瑟而流鱼出听”，大戴礼作“沉鱼”。）“江河决流”为句，“一乡”二字下属为句，非以“沉一乡”为句。江河之决，所沉非止一乡也。群书治要引此，正作“江河决流”。又“轻足先升”，“升”字与上文相复。群书治要引，作“轻足者先”，无“升”字，于义为长。**世乐志平，见邻国之人溺，尚犹哀之，又况亲戚乎！故身安则恩及邻国，志为之灭；身危则忘其亲戚，而人不能解也。游者不能拯溺，手足有所急也；灼者不能救火，身体有所痛也。夫民有余即让，不足则争。让则礼义生，争则暴乱起。扣门求水，莫弗与者，所饶足也；**〇王念孙云：此用孟子语，则“水”下当有“火”字。群书治要、意林引此，皆作“求水火”。**林中不卖薪，湖上不鬻鱼，所有余也。**〇文典谨按：意林引，卖作货。御览九百三十五引，“所有余也”作“有所余也”。**故物丰则欲省，**〇文典谨按：群书治要引，丰作隆。**求澹则争止。秦王之时，或人菹子，利不足也；**生子，杀菹之。〇俞樾云：

"或人"即国人也。说文戈部:"或,邦也。"囗部:"国,邦也。"或、国古通用。**刘氏持政,独夫收孤,财有余也。**刘氏,谓汉也。**故世治则小人守政,而利不能诱也;**○文典谨按:群书治要引,政作正。政、正古通用。**世乱则君子为奸,而法弗能禁也。**○文典谨按:群书治要引,法作刑。

淮南鸿烈集解卷十二

道应训

道之所行,物动而应,考之祸福,以知验符也,故曰"道应"。〇曾国藩云:此篇杂征事实,而证之以老子道德之言。意以已验之事皆与昔之言道者相应也,故题曰道应。每节之末,皆引老子语证之,凡引五十二处。〇文典谨按:此篇叙目无"因以题篇"字,乃许慎注本。

太清问于无穷曰:"子知道乎?"无穷曰:"吾弗知也。"太清,元气之清者也。无穷,无形也。又问于无为无为,有形而不为也。曰:"子知道乎?"无为曰:"吾知道。"无为有形,故知道也。"子之知道,亦有数乎?"无为曰:"吾知道有数。"曰:"其数奈何?"无为曰:"吾知道之可以弱,可以强;可以柔,可以刚;可以阴,可以阳;可以窈,可以明;〇俞樾云:窈,读为幽,故与明相对。礼记玉藻篇"再命赤韨幽衡",郑注曰:"幽,读为黝。"窈之通作幽,犹幽之通作黝也。可以包裹天地,可以应待无方。此吾所以知道之数也。"太清又问于无始无始,未始有之气也。曰:"乡者,吾问道于无穷,无穷曰:'吾弗知之。'又问于无为,无为曰:'吾知道。'曰:'子之知道亦有数乎?'无为曰:'吾知道有数。'曰:'其数奈何?'无为曰:'吾知道之可以弱,可以强;可以柔,可以刚;可以阴,可以阳;可以窈,可以明;可以包裹天地,可以应待无方。吾所以知道之数也。'若是,则无为知与无穷之弗知,孰是孰非?"无始曰:"弗知之深,而知之浅。弗知内,而知之外。弗知精,而知之粗。"○王念孙云:"弗知之深","之"字当在上文"无为"下。"无为之知"与"无穷之弗知"相对为文。今本"无为"下脱"之"字,则文不成义;"弗知"下衍"之"字,则与下二句不对。庄子知北游篇作:"'若是,则无穷之弗知与无为之知,孰是而孰非乎?'无始曰:'弗知深矣,知之浅矣。弗知内矣,知之外矣。'"是其证。太清仰而叹曰:"然则不知乃知邪?知乃不知邪?孰知知之为弗知,弗知之为知邪?"无始曰:"道不可闻,闻而非也。道不可见,见而非也。道不可言,言而非也。孰知形之不形者乎!"○王念孙云:"形之不形"当依庄子作"形形之不形"。郭象曰:"形自形耳,形形者竟无物也。"少一"形"字,则义不可通。列子天瑞篇亦云:"形之所形者实矣,而形形者未尝有。"故老子曰:"天下皆知善之为善,斯不善也。"故"知者不言,言者不知"也。

白公问于孔子曰:"人可以微言?"白公,楚平王之孙、太子建之子胜也。建见杀,白公怨而欲复雠,故问微言也。孔子不应。知白公有阴谋,故不应也。白公曰:"若以石投水中,何如?"○俞樾云:中字衍文。列子说符篇、吕氏春秋精谕篇并作"若以石投水"。曰:"吴、越之善没者能取之矣。"曰:"若以水投水,何如?"孔子曰:"菑、渑之水合,易牙尝而知之。"菑、渑,齐二水名。○文典谨按:文选琴赋注引,易牙作狄牙。白公曰:"然则人固不可与微言乎?"孔子曰:"何谓不可!谁知言之谓者乎!○王念孙云:谁当为唯,字之误也。言唯知言之谓者,乃可与微言也。吕氏春秋精谕篇作"唯知言之谓者为可耳",列子说符篇作"唯知言之谓者乎",(文子微明篇同。)是其证。夫知言之谓者，不以言言也。不以言，心知之。争鱼者濡，逐兽者趋，非乐之也。故至言去言，至为无为。夫浅知之所争者，末矣！”白公不得也，故死于浴室。楚杀白公于浴室之地也。故老子曰：“言有宗，事有君。夫唯无知，是以不吾知也。”白公之谓也。

惠子为惠王为国法，惠王，梁惠王。惠子，惠施也。〇陶方琦云：群书治要引许注：“惠王，魏惠王也。惠子，惠施也。”已成而示诸先生，〇文典谨按：御览六百二十四引，“示”下有“之”字。又有注云：“示为国法。”先生皆善之。〇王念孙云：“先生”二字，于义无取。吕氏春秋淫辞篇“先生”皆作“民人”。集韵、类篇，民字古作兊，人字唐武后作𤯔。疑兊误为先，𤯔误为生也。〇俞樾云：先生乃长老有德者之称，惠子为国法而示诸先生，乃就正有道之意。吕氏春秋淫辞篇“先生”皆作“民人”，旧校云“一作良人”，此当以“良人”为是。序意篇“良人请问十二纪”，高注曰：“良人，君子也。”然则“诸良人”即诸先生也。若是“民人”，则惠子岂能一一示之？且使民人皆以为善，则其可行也必矣，下文翟煎何以云“善而不可行”乎？王氏念孙反以“民人”为是，而欲改淮南以从之，误矣。〇文典谨按：俞说是也。“先生”乃周季恒言。庄子天下篇：“其在于诗、书、礼、乐者，邹、鲁之士，搢绅先生，多能明之。”韩非子五蠹篇：“夫离法者罪，而诸先生以文学取。”所谓“先生”者，皆指长老有德者而言，辞本明显，无可致疑。王氏乃欲改之，其失也凿矣。奏之惠王，惠王甚说之，以示翟煎，曰：“善！”〇王念孙云：“曰善”上当更有“翟煎”二字，“以示翟煎，翟煎曰善”与上文“示诸先生，先生皆善之”，“奏之惠王，惠王甚说之”，文同一例。今本翟煎二字不重，写者脱之也。太平御览引此已误。群书治要引此，作“以示翟煎，翟煎曰善”，吕氏春秋作“以示翟翦，翟翦曰善也”，皆其证。〇文典谨按：御览六百二十四引，翟煎作翟璜。惠王曰：“善，可行乎？”翟煎曰：“不可。”惠王曰：“善而不可行，何也？”翟煎对曰：“今夫举大木者，前呼邪许，后亦应之，○桂馥云：魏子才曰："关西方言，致力于一事为所。"李献吉曰："西土人谓著力干此事则呼为所。"馥谓所、许声相近，诗"伐木许许"，说文引作"所所"，云伐木声也。此举重劝力之歌也。岂无郑、卫激楚之音哉？然而不用者，不若此其宜也。治国有礼，不在文辩。"○王念孙云："有礼"当为"在礼"，字之误也。在与不在，相对为文。群书治要引此，正作"在礼"。故老子曰："法令滋彰，盗贼多有。"此之谓也。

田骈以道术说齐王，田骈，齐臣。王应之曰："寡人所有，齐国也。○文典谨按：御览六百二十四引，作"寡人之治齐国也"。道术难以除患，愿闻国之政。"田骈对曰："臣之言无政，而可以为政。譬之若林木无材，而可以为材。愿王察其所谓，而自取齐国之政焉已。虽无除其患害，天地之间，六合之内，可陶冶而变化也。齐国之政，何足问哉！此老聃之所谓'无状之状，无物之象'者也。若王之所问者，齐也；田骈所称者，材也。材不及林，林不及雨，雨然后材乃得生也。雨不及阴阳，阴阳不及和，和不及道。"

白公胜得荆国，不能以府库分人。七日，白公篡得楚国，贪其财而不分人也。得积七日也。石乙入曰：石乙，白公之党。○王念孙云：石乙当为石乞，字之误也。（乞即气之省文，非从乙声，不得通作乙。）人间篇及哀十六年左传、史记楚世家、伍子胥传、墨子非儒篇、吕氏春秋分职篇皆作石乞。"不义得之，又不能布施，患必至矣。不能予人，不若焚之，毋令人害我。"白公弗听也。九日，叶公入，叶公，楚大夫子高，自方城之外入，杀白公。乃发大府之货以予众，出高库之兵以赋民，因而攻之，十有九日而擒白公。叶公杀白公也。夫国非其有也，而欲有之，可谓至贪也。不能为人，又无以自为，可谓至愚矣。譬白公之啬也，何以异于枭之爱其子也？枭子长，食其母。○陶方琦云：御览九百二十七引许注："枭子大，食其母。"按：大应作长。诗"流离之子"，陆玑疏曰："自关以西谓枭为流离。其子适长大，还食其母。"吕氏春秋分职篇高注亦云："枭爱养其子，长而食其母也。"意林引桓子新论："枭生子，长食其母，乃能飞。"并作"长"字。故老子曰："持而盈之，不知其已。揣而锐之，不可长保也。"

赵简子以襄子为后，董阏于曰："无邮贱，今以为后，何也？"董阏于，赵氏臣。无邮，襄子之名，简子之庶子也。简子曰："是为人也，能为社稷忍羞。"襄子能柔，能忍耻也。异日，知伯与襄子饮而批襄子之首，大夫请杀之，襄子曰："先君之立我也，曰能为社稷忍羞，岂曰能刺人哉！"处十月，知伯围襄子于晋阳，襄子疏队而击之，疏，分也。队，军二百人为一队。分斯队卒击之。大败知伯，破其首以为饮器。饮，溺器，椑榼也。○庄逵吉云：左传："行人执榼承饮，造于子重。"褚少孙补大宛传曰"饮器"，韦昭说："饮器，椑榼也。"皆为酒器，非溺器也。疑此酒字讹溺。故老子曰："知其雄，守其雌，其为天下溪。"

啮缺问道于被衣，啮缺、被衣，皆尧时老人也。被衣曰："正女形，壹女视，天和将至。摄女知，正女度，神将来舍。德将来附若美，而道将为女居。惷乎若新生之犊，而无求其故。"○王念孙云："德将来附若美"，本作"德将为若美"，此后人因上句"神将来舍"而妄改之也。若亦女也。"德将为若美，道将为女居"，相对为文。若改为"德将来附"，则"若美"二字文不成义矣。此文以度、舍、居、故为韵，后人不知舍字之入韵，（舍，古读若庶，故与度、居、故为韵。后人读舍为始夜反，故不入韵。）故改此句为"德将来附"，以与度为韵，不知古音度在御部，附在候部，（说见六书音均表。）附与度非韵也。庄子知北游篇作"德将为女美，而道将为女居"，文子道原篇作"德将为女容，道将为女居"，皆其证。○曾国藩云：

"惷乎",庄子知北游篇作"瞳焉"。瞳焉者,目灼灼不瞬之貌。此作"惷乎",亦近之。**言未卒,啮缺继以雠夷。**雠夷,熟视不言貌。**被衣行歌而去曰:"形若槁骸,心如死灰。直实不知,以故自持。**○王念孙云:"直实知"三字,文不成义,当从庄子、文子作"真其实知"。今本"真"误为"直",又脱"其"字。主术篇注曰:"故,巧也。""真其实知,不以故自持",庄子所谓"去智与故,循天之理"也。汉魏丛书本改为"直实不知,以故自持",而庄本从之,斯为谬矣。**墨墨恢恢,无心可与谋。彼何人哉!"故老子曰:"明白四达,能无以知乎!"**

赵襄子攻翟而胜之,取尤人、终人。尤人、终人,翟之二邑。○王念孙云:"攻翟"上当有"使"字。襄子使新稚狗攻翟而未亲往,故下文言"使者来谒"也。群书治要引此,有"使"字。晋语曰:"赵襄子使新稚穆子伐狄。"列子说符篇同。是其证。"左[一]人、终人"句,与上句义不相属。庄据列子于句首加"取"字,理或然也。**使者来谒之,襄子方将食而有忧色。左右曰:"一朝而两城下,此人之所喜也。今君有忧色,何也?"襄子曰:"江、河之大也,不过三日。**三日而减。○陶方琦云:群书治要引许注:"三日而减也。"**飘风暴雨,日中不须臾。**言其不终日也。○俞樾云:"飘风暴雨"下脱"不终朝"三字。老子曰:"飘风不终朝,骤雨不终日。"是其义也。"日中不须臾"乃"日中则仄"之义。今脱"不终朝"三字,则若飘风暴雨亦不须臾者,失其义矣。列子说符篇正作"飘风暴雨不终朝,日中不须臾",可据以订正。吕氏春秋慎大篇亦脱"不终朝"三字。○陶方琦云:群书治要引许注:"言其不能终日。"按:吕览慎大"日中不须臾",高注:"易曰:'日中则仄。'故曰不须臾。"其说与许亦异。**今赵氏之德行无所积,今一朝两城下,亡其及我乎!"**○王念孙云:"今一朝两城下",本作"一朝而两城下",此后人嫌其与上文相复而改之也。不知此是复举上文之词,当与前同,不当与前异。若云"今一朝两城下",则与上句"今"字相

〔一〕"左",正文作"尤",王念孙谓当作"左",见读书杂志。

复矣。群书治要引此,正作"一朝而两城下",列子、吕氏春秋并同。**孔子闻之曰:"赵氏其昌乎!"夫忧,所以为昌也;而喜,所以为亡也。胜非其难也,**○王念孙云:刘本于此下增入"持之其难者也"一句,云"旧本无此句,非"。案:列子、吕氏春秋皆有此句,群书治要引淮南亦有此句,则刘增是也。庄本作"持之者其难也",则与上句不对,非是。**持之者其难也。贤主以此持胜,故其福及后世。齐、楚、吴、越皆尝胜矣,然而卒取亡焉,不通乎持胜也。唯有道之主能持胜。孔子劲杓国门之关,**杓,引也。古者县门下,从上杓引之者难也。○王念孙云:列子释文引此作许注,今高注有之者,盖后人以许注窜入也。又案:杓当为扚,字从手,不从木。玉篇:"杓,甫遥、都历二切,斗柄也。又市若切。""扚,丁激切,引也。"广韵:"杓,甫遥切,北斗柄。""扚,都历切,引也。"许注训扚为引,则其字当从手。玉篇、广韵训扚为引,即本于许注。其证一也。史记天官书"用昏建者杓",索隐:"说文:'杓,斗柄。'音匹遥反。"又下文"扚云如绳者",索隐:"扚,说文音丁了反。许慎注淮南云:'扚,引也。'"是扚音丁了反,而训为引,与杓字不同。其证二也。晋书天文志"扚云如绳",何超音义:"扚,音鸟。"鸟与丁了同音。其证三也。而今本淮南及列子释文、史记、汉书扚字皆误作杓,(晋书又误作杓。)与玉篇、广韵不合。世人多见杓,少见扚,遂莫有能正其失者矣。○洪颐煊云:杓当作扚。说文:"扚,疾击也。从手,勺声。"兵略训"为人扚者死",高注:"扚,所击也。"史记天官书"扚云如绳者,居前亘天",索隐:"说文音丁了反。许慎注淮南云:'扚,引也。'"今诸本皆讹作杓。○陶方琦云:列子释文引许注:"杓,引也。古者县门下,从上杓引之者难也。"史记索隐但引"杓,引也"三字。杓字从手,不从木。说文:"扚,疾击也。""摽,击也。一曰,挈闟牡也。"扚即同摽。玉篇:"扚,丁激反,引也。"广韵:"扚,都历反,引也。"训皆本淮南许注,故索隐引说文"扚音丁了反",而即引淮南注"扚,引"之训,知此字定当从手。主术训"孔子之通,力招城关",高注:"以一手招城门关端,能举之。"吕氏春秋慎大览"孔子之劲,举国门之关,而不肯以力闻",高注:"劲,强也。以一手捉城门关,显而举之,不肯以力闻也。"捉亦招字之误。是高作招，与许作杓正异。道应训为许注本，故作杓。列子说符"孔子之劲，能拓国门之关"，张注："拓，举也。"拓亦招字〔一〕。文选吴都赋〔二〕引列子，正作招，云"与翘同"。颜氏家训诫兵篇："孔子力翘门关，不以力闻。"而不肯以力闻。墨子为守攻，公输般服，而不肯以兵知。善持胜者，以强为弱。故老子曰："道冲，而用之又弗盈也。"

惠孟见宋康王，蹀足謦欬，疾言曰："寡人所说者，勇有功也，不说为仁义者也。○王念孙云："蹀足"上当更有"康王"二字，今本脱去，则文义不明。列子黄帝篇作"惠盎见宋康王，康王蹀足謦欬疾言"，是其证。"有功"当为"有力"，字之误也。"勇有力"对下句"仁义"而言。若作"有功"，则非其指矣。下文皆言"有力"，不言"有功"，列子及吕氏春秋顺说篇并作"勇有力"，是其证。客将何以教寡人？"惠孟对曰："臣有道于此，人虽勇，刺之不入；虽巧有力，击之不中。○王念孙云："人虽勇"上当有"使"字。下文曰："臣有道于此，使人虽勇弗敢刺，虽有力不敢击。"又曰："使人本无其意。"又曰："使天下丈夫女子莫不欢然皆欲爱利之。"皆其证也。今本脱"使"字，则与上句义不相属。列子、吕氏春秋皆有"使"字。又案："有力"上本无"巧"字，此后人以文子道德篇加之也。案文子云："虽巧，击之不中。"此云"虽有力，击之不中"，文各不同，加"巧"字于"有力"之上，则文不成义矣。下文云"虽有力不敢击"，亦无"巧"字也。列子、吕氏春秋皆无"巧"字。大王独无意邪？"宋王曰："善！此寡人之所欲闻也。"惠孟曰："夫刺之而不入，击之而不中，此犹辱也。臣有道于此，使人虽有勇弗敢刺，虽有力不敢击。夫不敢刺，不敢击，非无其意也。臣有道于此，使人本无其意也。夫无其意，未有爱利之心也。臣有道于此，使天下丈

〔一〕"字"下似脱"之误"二字。
〔二〕"赋"下似脱"注"字。

夫女子莫不欢然皆欲爱利之心。○王念孙云："爱利之"下不当有"心"字，此因上文"未有爱利之心"而误衍也。文子、列子、吕氏春秋皆无"心"字。下文云"天下丈夫女子莫不延颈举踵而愿安利之"，亦无"心"字。**此其贤于勇有力也，四累之上也。大王独无意邪？"**此上凡四事，皆累于世，而男女莫不欢然为上也。○曾国藩云：累者，层累也。刺不入，击不中，一层也；弗敢刺，弗敢击，二层也；无其意，三层也；欢然爱利，四层也。故曰"四累之上"。高注失之。**宋王曰："此寡人所欲得也。"惠孟对曰："孔、墨是已。孔丘、墨翟，无地而为君，无官而为长，**无地为君，以道富也。无官为长，以德尊也。**天下丈夫女子莫不延颈举踵而愿安利之者。今大王，万乘之主也。诚有其志，则四境之内皆得其利矣。此贤于孔、墨也远矣！"宋王无以应。惠孟出，宋王谓左右曰："辩矣，客之以说胜寡人也！"故老子曰："勇于不敢则活。"**○王念孙云："老子曰"下脱"勇于敢则杀"一句。两句相对为文，单引一句，则文不成义。文子道德篇亦有此句。**由此观之，大勇反为不勇耳。**

昔尧之佐九人，禹、皋陶、稷、契、伯夷、倕、益、夔、龙也。**舜之佐七人，**皆与尧同，臣其七人也。**武王之佐五人。**谓周公、召公、太公、毕公、毛公也。**尧、舜、武王于九、七、五者，不能一事焉，然而垂拱受成功者，善乘人之资也。故人与骥逐走则不胜骥，托于车上则骥不能胜人。北方有兽，其名曰蹷，鼠前而兔后，**鼠前足短，兔后足长，故谓之蹷。**趋则顿，走则颠，常为蛩蛩駏驉取甘草以与之。**蛩蛩駏驉，前足长，后足短，故能乘虚而走，不能上也。**蹷有患害，蛩蛩駏驉必负而走。**○庄逵吉云：尔雅曰："西方有比肩兽焉，与邛邛岠虚比，为邛邛岠虚啮甘草。即有难，邛邛岠虚负而走。其名谓之蟨。"考此兽，唯尔雅作西方，吕不韦书及说苑皆云北方。说文解字与尔雅同。

郭璞注之曰:"今雁门广武县夏屋山中有兽,形如兔而大,相负共行,土俗名之为蟨鼠。"钱别驾云,周书王会篇称"独鹿邛邛岠虚",独鹿即涿鹿。史记五帝本纪注徐广曰:"一作浊鹿。"古字独、浊、涿相通,故借用之。广武、涿鹿,地居西北,相近,故一称北方,一称西方也。解字蹷作蟨,从虫;駏驉作巨虚,邛作蛩,字为正。然则作邛者省,作岠者借,作蹷及駏驉者别也。此以其能,托其所不能。故老子曰:"夫代大匠斫者,希不伤其手。"

薄疑说卫嗣君以王术,嗣君,卫国君也。嗣君应之曰:"予所有者,千乘也,愿以受教。"薄疑对曰:"乌获举千钧,又况一斤乎!"杜赫以安天下说周昭文君,昭文君,周衰,分为西东,各自立其君也。文君谓杜赫曰:○王念孙云:"文君谓杜赫曰"上脱"昭"字,当依上句及吕氏春秋务大篇补。"愿学所以安周。"赫对曰:"臣之所言不可,则不能安周。臣之所言可,则周自安矣。此所谓弗安而安者也。"故老子曰:"大制无割。故致数舆无舆也。"

鲁国之法,鲁人为人妾于诸侯,○王念孙云:吕氏春秋察微篇、说苑政理篇、家语致思篇"妾"上俱有"臣"字,于义为长。有能赎之者,取金于府。子赣赎鲁人于诸侯,来而辞不受金。孔子曰:"赐失之矣!夫圣人之举事也,可以移风易俗,而受教顺可施后世,○王念孙云:"教顺"上本无"受"字,此因上文"不受金"而误衍也。"教顺"即教训也。(训、顺古多通用,不烦引证。)"教训"上有"受"字,则与下四字义不相属矣。说苑、家语并作"教导可施于百姓",是其证。非独以适身之行也。今国之富者寡而贫者众。赎而受金,则为不廉;不受金,则不复赎人。自今以来,鲁人不复赎人于诸侯矣。"孔子亦可谓知礼矣。故老子曰:"见小曰明。"○王念孙云:"知礼"本作"知化",谓知事理之变化也。见子赣之不受金,而知鲁人之不复赎人，达于事变，故曰知化，（齐俗篇曰："唯圣人知其化。"吕氏春秋骄恣篇曰："智短则不知化。"知化篇曰："凡智之贵也，贵知化也。"）非谓其知礼也。俗书礼（禮）字或作礼，形与化相近，化误为礼，后人因改为禮耳。齐俗篇述此事而论之曰："孔子之明，以小知大，以近知远。"即此所谓"知化"也。故下文引老子"见小曰明"之语。吕氏春秋论此事曰："孔子见之以细，观化远也。"说苑曰："孔子可谓通于化矣。"此皆其明证。

魏武侯问于李克曰：李克，武侯之相。"吴之所以亡者，何也？"李克对曰："数战而数胜。"武侯曰："数战数胜，国之福。其独以亡，何故也？"对曰："数战则民罢，数胜则主憍。以憍主使罢民，而国不亡者，天下鲜矣。憍则恣，恣则极物；罢则怨，怨则极虑。上下俱极，吴之亡犹晚矣！夫差之所以自到于干遂也。"越伐吴，夫差所以自杀也。故老子曰："功成名遂，身退，天之道也。"

甯越欲干齐桓公，困穷无以自达，于是为商旅，将任车，任，载也。诗曰："我任我辇。"以商于齐，暮宿于郭门之外。桓公郊迎客，夜开门，辟任车，爝火甚盛，爝，炬火也。从者甚众。甯越饭牛车下，望见桓公而悲，击牛角而疾商歌。○庄逵吉云：疾，太平御览一引作习，一引作疾。桓公闻之，抚其仆之手曰："异哉，歌者非常人也！"○俞樾云：吕氏春秋举难篇"歌者"上有"之"字，当从之。之，犹是也。"之歌者"即"是歌者"也。无"之"字，则文不备。新序杂事篇作"此歌者"，此亦犹是也。命后车载之。桓公及至，○王念孙云：及当为反，字之误也。"反至"，谓桓公反而至于朝也。吕氏春秋举难篇、新序杂事篇并作"反至"。从者以请，桓公赣之衣冠而见，说以为天下。桓公大说，将任之，群臣争之曰："客，卫人也。卫之去齐不远，君不若使人问之。问之而故贤者也，用之未晚。”桓公曰：“不然。问之，患其有小恶也。以人之小恶而忘人之大美，此人主之所以失天下之士也。”凡听必有验，一听而弗复问，合其所以也。合己听知之意，所以用之。且人固难合也，权而用其长者而已矣。○王念孙云：合当为全。言用人不可求全也。全、合字相近，又因上文“合其所以”而误。吕氏春秋、新序并作全。当是举也，桓公得之矣。故老子曰：“天大，地大，道大，王亦大。域中有四大，而王处其一焉。”以言其能包裹之也。

大王亶父居邠，翟人攻之。事之以皮帛珠玉而弗受，曰：“翟人之所求者地，无以财物为也。”大王亶父曰：“与人之兄居而杀其弟，与人之父处而杀其子，吾弗为。皆勉处矣！为吾臣，与翟人奚以异？○文典谨按：“为吾臣，与翟人奚以异”，庄子让王篇作“为吾臣，与为狄人臣奚以异”，语意较完。且吾闻之也，不以其所养害其养。”杖策而去，民相连而从之，遂成国于岐山之下。岐山，今之美阳北山也。其下有周地，因是以为天下号也。大王亶父可谓能保生矣。虽富贵，不以养伤身；虽贫贱，不以利累形。今受其先人之爵禄，则必重失之。所自来者久矣，而轻失之，岂不惑哉！○王念孙云：“所自来者”上当有“生之”二字。此承上文“保生”而言，言人皆重爵禄而轻其生也。脱去“生之”二字，则文不成义。庄子让王篇、吕氏春秋审为篇、文子上仁篇皆有“生之”二字。故老子曰：“贵以身为天下焉，可以托天下；爱以身为天下焉，可以寄天下矣。”中山公子牟中山，鲜虞之国。谓詹子曰：“身处江海之上，心在魏阙之下。为之奈何？”江海之上，言志在于己身。心之魏阙也，言内守。詹子曰：“重生。重生则轻利。”重生，己之性也。

中山公子牟曰："虽知之，犹不能自胜。"詹子曰："不能自胜，则从之。从之，神无怨乎！言不胜己之情欲，则当纵心意，则己神无怨也。不能自胜而强弗从者，此之谓重伤。重伤之人，无寿类矣！"故老子曰："知和曰常，知常曰明，益生曰祥，心使气曰强。"是故"用其光，复归其明"也。

楚庄王问詹何曰："治国奈何？"对曰："何明于治身，而不明于治国？"楚王曰："寡人得立宗庙社稷，〇俞樾云：立字无义，疑主字之误。〇文典谨按：列子说符篇及艺文类聚五十二引本书，并作"寡人得奉宗庙社稷"，可据以订正。俞说非。愿学所以守之。"詹何对曰："臣未尝闻身治而国乱者也，未尝闻身乱而国治者也。故本任于身，不敢对以末。"〇王念孙云：任当为在，字之误也。吕氏春秋执一篇作"为国之本在于为身"，列子说符篇作"故本在身"，皆其证。楚王曰："善。"故老子曰："修之身，其德乃真也。"

桓公读书于堂，桓公，齐君。轮人斫轮于堂下，释其椎凿而问桓公曰："君之所读者，何书也？"桓公曰："圣人之书。"轮扁曰："其人在焉？"轮扁，人名。问作书之人何在也。〇王念孙云："轮人"当依庄子天道篇作"轮扁"。轮扁之名当见于前，不当见于后也。高注"轮扁，人名"四字，本在此句之下，因扁误为人，后人遂移置于下文"轮扁曰"云云之下耳。〇陈观楼云："其人在焉"，当作"其人焉在"，故高注云"问作书之人何在"。〇俞樾云：焉，犹乎也。仪礼丧服传曰："野人曰：父母何算焉？"礼记檀弓篇曰："子何观焉？"论语子路篇曰："又何加焉？"皆是也。"其人在焉"，犹曰"其人在乎"，故桓公告之曰"已死矣"。庄子天道篇作"圣人在乎"，与此文异而义同。桓公曰："已死矣。"轮扁曰："是直圣人之糟粕耳！"糟，酒滓也。粕，已漉之精也。〇陶方琦云：庄子释文引许注作："粕，已漉粗糟也。"今注"之精"二字即"粗糟"之讹。一切经音义引作"已湿糟曰粕也"，湿即漉字，"糟"上敚一"粗"字，又倒易其文耳。说文："糟粕，酒滓也。"释名:"酒滓曰糟,浮米曰粕。"桓公悖然作色而怒曰:"寡人读书,工人焉得而讥之哉!有说则可,无说则死。"轮扁曰:"然,有说。臣试以臣之斫轮语之:大疾,则苦而不入;苦,急意也。大徐,则甘而不固。甘,缓意也。不甘不苦,应于手,厌于心,而可以至妙者,臣不能以教臣之子,而臣之子亦不能得之于臣。是以行年七十,老而为轮。今圣人之所言者,亦以怀其实,穷而死,独其糟粕在耳!"故老子曰:"道可道,非常道。名可名,非常名。"

昔者,司城子罕相宋,谓宋君曰:"夫国家之安危,百姓之治乱,在君行赏罚。○俞樾云:君字衍文,涉下文"君自行之"而衍。此但言行赏罚,下乃分别言之曰:"夫爵赏赐予,民之所好也,君自行之。杀戮刑罚,民之所怨也,臣请当之。"若此文有"君"字,则下文不可通矣。○文典谨案:说苑君道篇、韩诗外传并有"君"字,俞说未谛。夫爵赏赐予,民之所好也,君自行之。杀戮刑罚,民之所怨也,臣请当之。"宋君曰:"善!寡人当其美,子受其怨,寡人自知不为诸侯笑矣。"国人皆知杀戮之专,制在子罕也,大臣亲之,百姓畏之。居不至期年,子罕遂却宋君而专其政。○王念孙云:却当为劫,字之误也。韩诗外传作去,去亦劫之误。韩子外储说右篇作"劫宋君而夺其政",是其证。二柄篇又云:"宋君失刑而子罕用之,故宋君见劫。"史记李斯传亦云:"司城子罕劫其君。"又说林篇"知己者不可诱以物,明于死生者不可却以危",却亦当为劫。缪称篇曰:"有义者不可欺以利,有勇者不可劫以惧。"是其证。故老子曰:"鱼不可脱于渊,国之利器不可以示人。"

王寿负书而行,见徐冯于周。王寿,古好书之人。徐冯,周之隐者也。○俞樾云:韩非子喻老篇"周"下有"涂"字,是也。行而见之,则必在道涂之间，故曰"见徐冯于周涂"，周涂犹周道也。**徐冯曰："事者，应变而动。变生于时，故知时者无常行。书者，言之所出也。言出于知者，知者藏书。"于是王寿乃焚书而舞之。**自喜焚其书，故舞之也。○王念孙云："知者藏书"，本作"知者不藏书"，与"知时者无常行"相对为文。今本脱"不"字，则与上下文不相属矣。太平御览学部十三引此，有"不"字。韩子喻老篇同。"焚书而舞之"，御览引，"焚"下有"其"字。韩子同。据高注云："自喜焚其书，故舞之也。"则正文本有"其"字。**故老子曰："多言数穷，不如守中。"**

令尹子佩请饮庄王，子佩，楚庄王之相。请饮，请置酒也。**庄王许诺。**○王念孙云：太平御览人事部一百九引，"庄王许诺"下有"子佩具于京台，庄王不往，明日"共十二字，今本脱去，当补入。文选应璩与满宠书注引此，子佩作子瑕，亦云："子瑕具于京台，庄王不往。"京、强二字古同声而通用，故今本京台作强台。**子佩疏揖，北面立于殿下，**疏，徒跣也。揖，举手也。○王念孙云：太平御览人事部一百九引，正文疏作跣，与高注"徒跣"合，当据改。**曰："昔者君王许之，今不果往。**果，诚也。○陶方琦云：文选谢宣远于安城答灵运诗注、繁钦与魏文帝笺注、魏文帝与钟大理书注引许注："果，诚也。"按：诚一本作成。论语"行必果"，皇疏引缪协注："果，成也。"**意者，臣有罪乎？"庄王曰："吾闻子具于强台。强台者，南望料山，以临方皇，**料山，山名。方皇，水名，一曰山名。○庄逵吉云：料山，太平御览引作猎山。**左江而右淮，其乐忘死。若吾薄德之人，不可以当此乐也。恐留而不能反。"**○文典谨按：文选应休琏与满公琰书注引此文，作："令尹子瑕请饮，庄王许诺。子瑕具于京台，庄王不往，曰：'吾闻京台者，南望猎山，北临方皇，左江右淮，其乐忘归。若吾薄德之人，不可以当此乐也。恐流而不能自反。'"又引高注："京台，高台也。方皇，大泽也。"**故老子曰："不见可欲，使心不乱。"**

晋公子重耳出亡，过曹，无礼焉。曹共公闻重耳骈胁，使袒而捕鱼，设薄以观之。釐负羁之妻谓釐负羁曰："君无礼于晋公子。吾观其从者，皆贤人也，从者，狐偃、赵衰之属也。若以相夫子反晋国，必伐曹。子何不先加德焉！"釐负羁遗之壶馂而加璧焉。重耳受其馂而反其璧。及其反国，起师伐曹，克之，令三军无入釐负羁之里。故老子曰："曲则全，枉则直。"

越王句践与吴战而不胜，国破身亡，困于会稽。忿心张胆，气如涌泉，选练甲卒，赴火若灭，然而请身为臣，妻为妾，亲执戈为吴兵先马走，果擒之于干遂。先马走，先马前而走也。○王念孙云："为吴兵先马走"当作"为吴王先马"。今本吴王作吴兵，涉下文"襄子起兵"而误，其"走"字则涉注文而衍也。据注云"先马，（句。）走先马前"，则正文无"走"字明矣。为吴王先马，即上文所谓身为臣也。若作吴兵，则非其指矣。越语曰："其身亲为夫差前马。"韩子喻老篇曰："身执戈为吴王洗马。"（先、洗古字通。）皆其证。故老子曰："柔之胜刚也，弱之胜强也，天下莫不知，而莫之能行。"越王亲之，故霸中国。

赵简子死，未葬，中牟入齐。中牟自入臣于齐也。已葬五日，襄子起兵攻围之，未合而城自坏者十丈，○王念孙云：此当作"襄子起兵攻之，（句。）围未合，而城自坏者十丈"。今本"之围"二字误倒，则文不成义。太平御览兵部四十九引此不误。韩诗外传作"襄子兴师而攻之，围未匝而城自坏者十丈"，新序杂事篇作"襄子率师伐之，围未合而城自坏者十堵"。襄子击金而退之。军法，鼓以进众，钲以退之。军吏谏曰："君诛中牟之罪，而城自坏，是天助我，何故去之？"襄子曰："吾闻之叔向曰：'君子不乘人于利，不迫人于险。'○文典谨按：意林引，于并作之。使之治城，城治而后攻之。"中牟闻其义，乃请降。故老子曰："夫唯不争，故天下莫能与之争。"

秦穆公谓伯乐曰："子之年长矣。子姓有可使求马者乎？"子姓，谓伯乐子。对曰："良马者，可以形容筋骨相也。相天下之马者，若灭若失，若亡若灭，其相不可见也。若失，乍入乍出也。若亡，仿佛不及也。其一。○王引之云：此当以"若亡其一"为句。庄子徐无鬼篇"天下马有成材，若恤若失，若丧其一"，陆德明曰："言丧其耦也。"齐物论篇"嗒焉似丧其耦"，司马彪曰："耦，身也。身与神为耦。"此言"若亡其一"，亦谓精神不动，若亡其身也。高读至"若亡"为句，则"其一"二字上下无所属矣。且一与失、彻为韵，如高读，则失其韵矣。若此马者，绝尘弭辙。绝尘，不及也。弭辙，引迹疾也。臣之子，皆下材也，可告以良马，而不可告以天下之马。臣有所与供儋纆采薪者九方堙，纆，索也。九方堙，人姓名。○王念孙云：供当为共，此因儋字而误加人旁也。蜀志郤正传注引此，正作共。列子说符篇同。纆字之义，诸书或训为绕，（说文。）或训为束，（广雅。）无训为索者。纆当为缰，字之误也。说文作纆，云"索也"，字或作缰。坎上六"系用徽缰"，马融曰："徽缰，索也。"刘表曰："三股曰徽，两股曰缰。"故高注云："缰，索也。"若作"儋纆"，则义不可通矣。列子及郤正传注、白帖九十六，缰字亦误作纆。盖世人多见纆，少见缰，故传写多误耳。（管子乘马篇"镰缰得入焉"，今本缰字亦误作纆，唯宋本不误。韩子说疑篇"或在囹圄缧绁缰索之中"，今本亦误作纆。）唯道藏本列子释文作缰，音墨，足正今本之误。又说林篇："龟纽之玺，贤者以为佩；土壤布在田，能者以为富。予溺者金玉，（今本"溺"上有"拯"字，乃涉注文而衍。此谓与溺者金玉，不如与之绳索，使得援之以出水，非谓与拯溺者也。高注自谓金玉非拯溺之具，亦非谓与拯溺者金玉也。太平御览珍宝部九引此有"拯"字，亦后人依误本加之。其人事部三十七引此，无"拯"字。文子上德篇亦无，今据删。）不若寻常之缠索。"案："寻常之缠索"本作"寻常之缰"，其"索"字则后人所加也。（高注同。）此文以佩、富、缰为韵，若作缠索，则失其韵矣。（文子作"不如与之尺索"，亦改淮南而失其韵。）太平御览人事部三十七、珍宝部九引此，并作"寻常之缠"，虽缰误为缠，而"缠"下俱无"索"字。此其于马，非臣之下也。请见之。”穆公见之，使之求马。三月而反报曰：“已得马矣。在于沙丘。”穆公曰：“何马也？”对曰：“牡而黄。”使人往取之，牝而骊。穆公不说，召伯乐而问之曰：“败矣！子之所使求者，○王念孙云：“求”下脱“马”字。郤正传注及白帖引此，并有“马”字。列子同。毛物、牝牡弗能知，又何马之能知！”伯乐喟然大息曰：“一至此乎！是乃其所以千万臣而无数者也。若堙之所观者，天机也。得其精而忘其粗，在内而忘其外，○王念孙云：“在”下本有“其”字，后人以意删之也。尔雅曰：“在，察也。”察其内即得其精也，忘其外即忘其粗也。后人不知“在”之训为察，故删去“其”字耳。郤正传注引此，正作“在其内而忘其外”。列子同。白帖引，作“见其内而忘其外”，虽改“在”为“见”，而“其”字尚存。见其所见而不见其所不见，视其所视而遗其所不视。若彼之所相者，乃有贵乎马者。”马至，而果千里之马。故老子曰：“大直若屈，大巧若拙。”

吴起为楚令尹，适魏，问屈宜若曰：屈宜若，楚大夫亡在魏者也。○王念孙云：此许注也。宜若当为宜咎，字之误也。史记六国表、韩世家并作宜臼，集解引淮南许注云：“屈宜臼，楚大夫亡在魏者也。”正与此注同。说苑指武篇亦作屈宜臼，权谋篇作屈宜咎，是臼、咎古字通。屈宜臼之为宜咎，亦犹平王宜臼之为宜咎矣。○陶方琦云：史记集解四十五引许注：“屈宜臼，楚大夫在魏者也。”按：宜若当是宜咎之讹。史记韩世家作宜臼，引许注亦正作宜臼，古本多作宜臼也。说苑指武篇亦作屈宜臼，权谋篇作屈宜咎，咎、臼音近古通。舅犯亦作咎犯。若乃咎之误文。“王不知起之不肖，而以为令尹。先生试观起之为人也。”○王念孙云：“为人”本作“为之”，此后人以意改之也。“为之”，谓为楚国之政也。下文“将衰楚国之爵而平其制禄”云云，正承此句言之。若作“为人”，则与上下文全不相涉矣。说苑指武篇正作“为之”。屈子曰：“将奈何？”吴起曰：“将衰楚国之爵而平其制禄，损其有余而绥其不足，砥砺甲兵，时争利于天下。”○王念孙云：“时”上当有“以”字，谓因时而动，与天下争利也。脱去“以”字，则文义不明。说苑有“以”字。屈子曰：“宜若闻之，昔善治国家者，不变其故，不易其常。今子将衰楚国之爵而平其制禄，损其有余而绥其不足，是变其故，易其常也。行之者不利！宜若闻之曰：‘怒者，逆德也；兵者，凶器也；争者，人之所本也。’○俞樾云：“本”字无义，乃“去”字之误。下文“始人之所本，逆之至也”，说苑指武篇作“殆人所弃，逆之至也”。彼作弃，此作去，文异而义同。惟“始”字亦不可通，说苑作“殆”，尤为无义。“始”乃“治”字之误。吴起欲砥砺甲兵，故屈子以为治人所去，言取人之所去者而治之也。文子下德篇作“治人之乱，逆之至也”，“治”字不误，可据以订正。今子阴谋逆德，好用凶器，始人之所本，逆之至也。本者，谓兵争也。且子用鲁兵，不宜得志于齐，而得志焉。起为鲁将，伐齐，败之。子用魏兵，不宜得志于秦，而得志焉。起为魏西河守，秦兵不敢东下也。宜若闻之，非祸人，不能成祸。吾固惑吾王之数逆天道，戾人理，至今无祸，差须夫子也。”差须，犹意须也。○俞樾云：此本作“嗟！（句。）须夫子也”。嗟乃叹辞。说苑指武篇作“嘻！且待夫子也”，是其证也。嗟字阙坏，高注遂以“差须”连读而释之曰：“犹意须也。”失之甚矣！吴起惕然曰：“尚可更乎？”屈子曰：“成形之徒，不可更也。成形之徒，形祸已成于众。子不若敦爱而笃行之。”老子〔一〕曰：“挫其锐，解其纷，和其光，同其尘。”

晋伐楚，三舍不止。大夫请击之。庄王曰：“先君之时，晋不伐楚。及孤之身而晋伐楚，是孤之过也。若何其

〔一〕依上下文例，“老子”上似当有“故”字。

辱群大夫?"曰:"先臣之时,晋不伐楚。今臣之身而晋伐楚,此臣之罪也。请三击之。"○文典谨按:传写宋本三作王。王俯而泣涕沾襟,起而拜群大夫。晋人闻之曰:"君臣争以过为在己,且轻下其臣,不可伐也。"夜还师而归。老子〔一〕曰:"能受国之垢,是谓社稷主。"

宋景公之时,荧惑在心,公惧,召子韦而问焉,子韦,司星者也。曰:"荧惑在心,何也?"子韦曰:"荧惑,天罚也;心,宋分野,宋之分野,上属房、心之星。祸且当君。虽然,可移于宰相。"公曰:"宰相,所使治国家也,而移死焉,不祥。"子韦曰:"可移于民。"公曰:"民死,寡人谁为君乎?宁独死耳!"子韦曰:"可移于岁。"公曰:"岁,民之命。岁饥,民必死矣。为人君而欲杀其民以自活也,其谁以我为君者乎?是寡人之命固已尽矣,子韦无复言矣!"○王念孙云:韦字因上下文而衍。吕氏春秋制乐篇、新序杂事篇、论衡变虚篇皆作"子无复言矣",无"韦"字。子韦还走,北面再拜曰:"敢贺君!天之处高而听卑。君有君人之言三,天必有三赏君。○王念孙云:次句"有"字,因下文"故有三赏"而衍。吕氏春秋、新序、论衡皆作"天必三赏君",无"有"字。今夕星必徙三舍,君延年二十一岁。"公曰:"子奚以知之?"对曰:"君有君人之言三,故有三赏。星必三徙舍,舍行七里,三七二十一,故君移年二十一岁。○王念孙云:"七里"当为"七星",字之误也。古谓二十八宿为二十八星。七星,七宿也。吕氏春秋、新序、论衡皆作"舍行七星"。又新序、论衡"舍行七星"下皆有"星当一年"四字,于义为长。舍行七星,三舍则行二十一星,星当一年,故延年二

〔一〕依上下文例,"老子"上似当有"故"字。

十一岁也。吕氏春秋亦云"星一徙当七年"。臣请伏于陛下以伺之。星不徙，臣请死之。"公曰："可。"是夕也，星果三徙舍。故老子曰："能受国之不祥，是谓天下王。"

昔者，公孙龙在赵之时，谓弟子曰："人而无能者，龙不能与游。"有客衣褐带索而见曰："臣能呼。"公孙龙顾谓弟子曰："门下故有能呼者乎？"对曰："无有。"公孙龙曰："与之弟子之籍。"后数日，往说燕王，至于河上，而航在一汜，汜，水厓也。○文典谨按：一，北堂书钞百三十八、御览七百七十引，并作北。艺文类聚七十一作水。使善呼者呼之，一呼而航来。故曰圣人之处世，不逆有伎能之士。○王念孙云："故"下"曰"字，因下文"故老子曰"而衍。此因述公孙龙纳善呼者一事，而言圣人不弃伎能之士，非引古语为证，不当有"曰"字。下文"故老子曰"云云，方引老子之言以证之耳。下文曰："故伎无细而能无薄，在人君用之耳。"（今本"故"下有"曰"字，误与此同。）又曰："故人主之嗜欲见于外，则为人臣之所制。"又曰："故周鼎著倕，而使龁其指，先王以见大巧之不可为也。"又曰："故大人之行，不掩以绳，至所极而已矣。"其下皆引书为证，与此文同一例，而"故"下皆无"曰"字。故老子曰："人无弃人，物无弃物，是谓袭明。"

子发攻蔡，逾之。子发，楚宣王之将。逾，越，胜之也。宣王郊迎，列田百顷而封之执圭。楚爵功臣，赐以圭，谓之执圭，比附庸之君。子发辞不受，曰："治国立政，诸侯入宾，此君之德也。发号施令，师未合而敌遁，此将军之威也。兵陈战而胜敌者，此庶民之力也。夫乘民之功劳而取其爵禄者，非仁义之道也。"故辞而弗受。故老子曰："功成而不居。夫惟不居，是以不去。"

晋文公伐原，原，周邑。襄王以原赐文公，原叛，伐之。与大夫期三日。三日而原不降，文公令去之。军吏曰："原不过一二日将降矣。"君曰："吾不知原三日而不可得下也，以与大夫期。尽而不罢，失信得原，吾弗为也。"原人闻之曰："有君若此，可弗降也？"遂降。温人闻，亦请降。时周人亦以温予文公，温相连皆叛。故老子曰："窈兮冥兮，其中有精。其精甚真，其中有信。"故"美言可以市尊，美行可以加人"。

公仪休相鲁，公仪休，故鲁博士也。而嗜鱼。一国献鱼，公仪子弗受。其弟子谏曰："夫子嗜鱼，弗受，何也？"答曰："夫唯嗜鱼，故弗受。夫受鱼而免于相，虽嗜鱼，不能自给鱼。毋受鱼而不免于相，则能长自给鱼。"此明于为人为己者也。故老子曰："后其身而身先，外其身而身存。非以其无私邪，故能成其私。"一曰："知足不辱。"

狐丘丈人谓孙叔敖曰：丈人，老而杖于人者。"人有三怨，子知之乎？"孙叔敖曰："何谓也？"对曰："爵高者士妒之，官大者主恶之，禄厚者怨处之。"孙叔敖曰："吾爵益高，吾志益下；吾官益大，吾心益小；吾禄益厚，吾施益博。是以免三怨，可乎？"○王念孙云："是以"当依列子说符篇作"以是"。故老子曰："贵必以贱为本，高必以下为基。"

大司马捶钩者年八十矣，而不失钩芒。捶，锻击也。钩，钓钩也。大司马曰："子巧邪？有道邪？"曰："臣有守也。臣年二十好捶钩，于物无视也，非钩无察也。"是以用之者，必假于弗用也，而以长得其用。而况持无不用者乎，物孰不济焉！故老子曰："从事于道者，同于道。"

文王砥德修政，三年而天下二垂归之。砥，砺也。文王三分天下有其二也。纣闻而患之,曰:“余夙兴夜寐,与之竞行,则苦心劳形。纵而置之,恐伐余一人。”崇侯虎曰:“周伯昌行仁义而善谋,○俞樾云:行字,衍文也。下云“太子发勇敢而不疑,中子旦恭俭而知时”,若此句有“行”字,则与下两句不一律矣。盖涉上文“与之竞行”而衍。太子发勇敢而不疑,中子旦恭俭而知时。若与之从,则不堪其殃。纵而赦之,身必危亡。冠虽弊,必加于头。及未成,请图之!”屈商乃拘文王于羑里。屈商,纣臣也。羑里,地名,在河内汤阴。于是散宜生乃以千金求天下之珍怪,得驺虞、鸡斯之乘,驺虞,白虎黑文而仁,食自死之兽,日行千里。鸡斯,神马也。玄玉百工,三玉为一工也。大贝百朋,五贝为一朋也。○俞樾云:“三玉为一工”,他无所见。疑本作“玄玉百珏”,注本作“二玉为一珏也”。说文珏部“二玉相合为一珏”是也。庄十八年左传“赐玉五瑴”,僖三十年传“纳玉于王与晋侯,皆十瑴”,襄十八年传“献子以朱丝系玉二瑴”,国语鲁语“行玉二十瑴”,穆天子传“于是载玉万瑴”,杜预、韦昭、郭璞注并以双玉说之。瑴即珏之或体。是古人用玉,率以珏计,未闻其以工计也。盖珏字阙坏而为玒,后人因改为工,又改高注“二玉”为“三玉”,以别异于珏耳。至朋之训五贝,本诗菁菁者莪篇郑笺。然正义曰:“五贝者,汉书食货志以为大贝、壮贝、幺贝、小贝、不成贝为五也。言为朋者,为小贝以上四种,各二贝为一朋,而不成者不成朋。郑因经广解之,言有五种之贝,贝中以相与为朋,非总五贝为一朋也。”然则高氏泥郑笺五贝之说,以注此文,殊非塙诂。古者实以二贝为一朋。周易损六五“十朋之龟”,李鼎祚集解引崔憬曰:“双贝曰朋。”得之矣。诗七月篇“朋酒斯飨”,毛传曰:“两樽曰朋。”贝以两为朋,犹樽以两为朋也。此云“玄玉百珏,大贝百朋”,珏也,朋也,皆以两计。“玄玉百珏”者,玉二百也;“大贝百朋”者,贝二百也。其数正相当矣。玄豹、黄罴、青豻、豻,胡地野犬。白虎文皮千合,以献于纣,因费仲而通。费仲,纣佞臣也。纣见而说之,乃免其身,杀牛而赐之。文王归,○文典谨按:御览八十四引，作"文王归自商"。**乃为玉门，筑灵台，相女童，击钟鼓，**玉门，以玉饰门，为柱枢也。相女童，相视之。一曰：相匠也。**以待纣之失也。纣闻之，曰："周伯昌改道易行，吾无忧矣！"乃为炮烙，剖比干，剔孕妇，杀谏者。文王乃遂其谋。故老子曰："知其荣，守其辱，为天下谷。"**

成王问政于尹佚曰：尹佚，史佚也。**"吾何德之行，而民亲其上？"对曰："使之时，而敬顺之。"王曰："其度安在？"曰："如临深渊，如履薄冰。"**○王念孙云："使之时，而敬顺之"，（顺与慎同。）"时"上当有"以"字。说苑政理篇、文子上仁篇并作"使之以时"，是其证。"其度安至"，刘本改"至"为"在"，而庄本从之。案："其度安至"者，谓敬慎之度何所至，犹言当如何敬慎也。下文"如临深渊，如履薄冰"，正言敬慎之度所至也。若云"其度安在"，则谬以千里矣。太平御览皇王部九引此，正作"其度安至"。说苑同。**王曰："惧哉，王人乎！"尹佚曰："天地之间，四海之内，善之则吾畜也，不善则吾雠也。昔夏、商之臣反雠桀、纣而臣汤、武，宿沙之民皆自攻其君而归神农，**伏羲、神农之间，有共工、宿沙，霸天下者也。**此世之所明知也。如何其无惧也？"故老子曰："人之所畏，不可不畏也。"**

跖之徒问跖曰："盗亦有道乎？"跖曰："奚适其无道也！夫意而中藏者，圣也；入先者，勇也；出后者，义也；分均者，仁也；知可否者，智也。○王念孙云："奚适其无道也"，本作"奚适其有道也"，适与啻同。（孟子告子篇"则口腹岂适为尺寸之肤哉"，秦策"疑臣者不适三人"，适并与啻同。史记甘茂传作"疑臣者非特三人"。）言岂特有道而已哉，乃圣勇义仁智五者皆备也。后人不知适之读为啻，而误以为适齐、适楚之适，故改有为无耳。庄子胠箧篇本作"何适其有道邪"，适亦与啻同，今本作"何适而无有道邪"，"而无"二字亦后人所改，唯有字尚存。吕氏春秋当务篇正作"奚啻其有道也"。**五者不备，而能成大盗者，天下**

无之。”由此观之，盗贼之心必托圣人之道而后可行。故老子曰：“绝圣弃智，民利百倍。”

楚将子发好求技道之士，○庄逵吉云：御览此下有注云：“士有术者无不养。”楚有善为偷者往见曰：“闻君求技道之士。臣，偷也，○王念孙云：“臣，偷也”，本作“臣，楚市偷也”。下文“市偷进请曰”，即承此句言之。今本脱“楚市”二字。太平御览人事部一百十六、一百四十引此，并作“臣，楚市偷也”。愿以技赍一卒。”赍，备。卒，足也。○庄逵吉云：御览作“技该一卒”，注：“该，备也。卒，一人。”子发闻之，衣不给带，冠不暇正，出见而礼之。左右谏曰：“偷者，天下之盗也，何为之礼！”○王念孙云：“之礼”当为“礼之”。上文“出见而礼之”，即其证。蜀志郤正传注引此，正作“何为礼之”。君曰：“此非左右之所得与。”后无几何，齐兴兵伐楚。子发将师以当之，兵三却。楚贤良大夫皆尽其计而悉其诚，齐师愈强。于是市偷进请曰：“臣有薄技，愿为君行之。”子发曰：“诺。”不问其辞而遣之。偷则夜解齐将军之帱帐而献之。○王念孙云：郤正传注及北堂书钞衣冠部一、太平御览人事部一百十六、一百四十、服章部五、服用部九引此，“夜”下俱有“出”字，于义为长。子发因使人归之，曰：“卒有出薪者，得将军之帷，使归之于执事。”明又复往取其枕，○文典谨按：北堂书钞百二十七引，枕作帨。子发又使人归之。明日又复往取其簪，子发又使归之。○王念孙云：“明又”、“明日又”两“又”字，皆当为夕。夕、又字相近，又因下句“又”字而误。（若以“又复”二字连读，则“明”字文不成义。）后人不知又为夕之误，故又加日字耳。偷以夜往，故言夕，上文曰“偷则夜出”是也。旧本北堂书钞衣冠部一引此，作“明夕取枕”、“明夕取簪”。（陈禹谟依俗本于“取簪”上加“又”字，而“夕”字尚未改。）太平御览四引，皆作“明夕复往取其枕”、“明夕复往取其簪”。齐师闻之，

○庄逵吉云:御览作"于是齐师闻之"。**大骇,将军与军吏谋曰:"今日不去,楚君恐取吾头。"乃还师而去。**○王念孙云:"楚君"当为"楚军",声之误也。郤正传注、太平御览引此,并作"楚军"。"则还师而去",(道藏本如是。)则与即同。郤正传注、太平御览引此,并作"即还师"。(即、则古多通用,不烦引证。)刘绩不晓则字之义,改则为乃,而诸本从之,(庄本同。)斯为谬矣。**故曰无细而能薄,在人君用之耳。**○王念孙云:"故曰无细而能薄",本作"故伎无细而能无薄",言人君能用人,则细伎薄能皆得效其用也。今本衍"曰"字,("曰"字因下文"故老子曰"而衍,说见前"故曰"下。)又脱"伎"字及下"无"字,遂致文不成义。太平御览两引此文,并作"故伎无细,能无薄"。**故老子曰:"不善人,善人之资也。"**

颜回谓仲尼曰:"回益矣。"仲尼曰:"何谓也?"曰:"回忘礼乐矣。"回忘礼乐,绝圣弃智,入于无为也。**仲尼曰:"可矣,犹未也。"异日复见,曰:"回益矣。"仲尼曰:"何谓也?"曰:"回忘仁义矣。"仲尼曰:"可矣,犹未也。"异日复见曰:"回坐忘矣。"**言坐自忘其身,以至道也。**仲尼遽然曰:"何谓坐忘?"颜回曰:"隳支体,黜聪明,离形去知,洞于化通,是谓坐忘。"仲尼曰:"洞则无善也,化则无常矣。而夫子荐贤,**荐,先也。回入贤。**丘请从之后。"故老子曰:"载营魄抱一,能无离乎!专气至柔,能如婴儿乎!"**

秦穆公兴师,将以袭郑。蹇叔曰:"不可。臣闻袭国者,以车不过百里,以人不过三十里。为其谋未及发泄也,甲兵未及锐弊也,粮食未及乏绝也,人民未及罢病也。皆以其气之高与其力之盛至,是以犯敌能威。○俞樾云:威乃威字之误。威,读为灭,言能灭之也。吕氏春秋悔过篇正作灭。又按:吕氏春秋此句下有"去之能速"四字,高注曰:"故进能灭敌,去之能速也。"此文无此四字,则于文为不备,疑写者脱去之。今行数千里,又数绝诸侯之地,以袭国,臣不知其可也。君重图之!”穆公不听。蹇叔送师,衰绖而哭之。师遂行,过周而东,郑贾人弦高矫郑伯之命,以十二牛劳秦师而宾之。三帅乃惧而谋曰:“吾行数千里以袭人,未至而人已知之,其备必先成,不可袭也。”还师而去。当此之时,晋文公适薨,未葬,先轸言于襄公曰:先轸,晋大夫也。襄公,晋文公子。“昔吾先君与穆公交,天下莫不闻,诸侯莫不知。今吾君薨未葬,而不吊吾丧,而不假道,是死吾君而弱吾孤也。请击之!”襄公许诺。先轸举兵而与秦师遇于殽,大破之,擒其三帅以归。穆公闻之,素服庙临,以说于众。说,解也。故老子曰:“知而不知,尚矣。不知而知,病也。”

齐王后死,王欲置后而未定,使群臣议。薛公欲中王之意,薛公,田婴也。○陶方琦云:群书治要引许注,与今注正同。因献十珥而美其一。旦日,因问美珥之所在,因劝立以为王后。齐王大说,遂尊重薛公。○王念孙云:“遂尊重薛公”,本作“遂重薛公”,重即尊也。(秦策“请重公于齐”,高注:“重,尊也。”又西周策、齐策注、吕氏春秋劝学、节丧二篇注、礼记祭统注并同。)古书无以“尊重”二字连用者,(战国策、史记、汉书及诸子书,皆但言重,无言尊重者。)唯俗语有之。群书治要引此无“尊”字,盖后人所加也。故人主之意欲见于外,则为人臣之所制。○王念孙云:古书无以“意欲”二字连用者,此涉上文“欲中王之意”而误也。“意欲”本作“嗜欲”。主术篇曰:“君人者喜怒形于心,耆欲见于外,(耆与嗜同。)则守职者离正而阿上。”是其证。群书治要引此,正作“嗜欲”。故老子曰:“塞其兑,闭其门,终身不勤。”

卢敖游乎北海,卢敖,燕人,秦始皇召以为博士,使求神仙,亡而不反也。**经乎太阴，入乎玄阙**，太阴，北方也。玄阙，北方之山也。**至于蒙谷之上。**蒙谷，山名。**见一士焉，深目而玄鬓，泪注而鸢肩**，泪，水。○王念孙云："泪注"当为"渠颈"，高注"泪，水"，当为"渠，大"，皆字之误也。（俗书渠字或作淭，泪字或作涙，二形相似，故渠误为泪。广韵："淭，强鱼切。"引方言云："'杷，宋、魏之间谓之淭挐。'淭即渠字。"玉篇云："淭，俗泪字。"皆其证也。"颈"误为"注"者，注字右边主为颈字左边巠之残文，又因泪字而误加水旁耳。若高注内"大"字今作"水"，则后人以泪字从水而妄改之。）"渠颈"，大颈也。渠之言巨也。史记蔡泽传"先生曷鼻巨肩"，徐广曰："巨，一作渠。"彼言渠肩，犹此言渠颈矣。杜子春注周官钟师，引吕叔玉云："肆夏、樊遏、渠，皆周颂也。渠，大也。言以后稷配天，王道之大也。"荀子强国篇"是渠冲入穴而求利也"，杨倞曰："渠，大也。渠冲，攻城之大车也。"汉书吴王濞传"胶西王、胶东王为渠率"，颜师古亦云："渠，大也。"是渠与大同义，故高注训渠为大也。太平御览地部二引，作"泪注而鸢肩"，则所见本已误。蜀志郤正传注引作"戾颈而鸢肩"，戾亦传写之误，论衡道虚篇作"雁颈而鸢肩"，雁字则后人以意改之，唯颈字皆不误。艺文类聚灵异部上引作"渠颈而鸢肩"，又引注云："渠，大也。"斯为确据矣！**丰上而杀下，轩轩然方迎风而舞。顾见卢敖，慢然下其臂，遁逃乎碑。**慢然，止舞也。匿于碑阴。○王念孙云："碑"下脱去"下"字。碑或作崥。太玄增上九"崔嵬不崩，赖彼峡崥"。（玉篇"峡"於两切，"崥"方尔切。）范望曰："峡崥，山足也。"下者，后也。（见大雅下武笺、周语注。）谓遁逃乎山足之后。故高注曰"匿于碑阴也"。太平御览引此，已脱"下"字。艺文类聚引作"崥下"，蜀志注引作"碑下"，论衡同。**卢敖就而视之，方倦龟壳而食蛤梨。**楚人谓倨为倦。龟壳，龟甲也。蛤梨，海蚌也。**卢敖与之语曰："唯敖为背群离党，穷观于六合之外者，非敖而已乎？敖幼而好游，至长不渝。**○庄逵吉云：御览此下有注云："渝，解也。"○王念孙云：此本作"至长不渝解"，今本无"解"字者，后人不晓"渝解"二字之义而削之也。不知渝与解同义。太玄格次三"裳格鞶钩渝"，范望曰："渝，解也。"字亦作愉。吕氏春秋勿躬篇“百官慎职而莫敢愉綎”，高注曰：“愉，解也。綎，缓也。”又方言：“揄、撱，脱也。”“解、输，脱也。”郭璞曰：“挩，犹脱耳。”文选七发“揄弃恬怠，输写淟浊”，李善注引方言：“揄，脱也。”脱亦解也。渝、愉、揄、输，并声近而义同。太平御览引作“至长不渝解”，蜀志注引作“长不喻解”，论衡作“至长不偷解”，字虽不同，而皆有“解”字。**周行四极，唯北阴之未窥。今卒睹夫子于是，子殆可与敖为友乎？”若士者齤然而笑曰：“嘻！子中州之民，宁肯而远至此。此犹光乎日月而载列星，**言太阴之地，尚见日月也。**阴阳之所行，四时之所生。其比夫不名之地，犹窔奥也。**言我所游不可字名之地，以卢敖所行比之，则如窔奥。奥，室中也。**若我南游乎冈㝗之野，北息乎沉墨之乡，西穷窅冥之党，**○庄逵吉云：党，所也。方言云。○卢文弨云：党，当训所。案：释名：“上党，党，所也，在山上，其所最高，故曰上党。”又公羊文十三年传云：“往党，卫侯会公于沓，至得与晋侯盟。反党，郑伯会公于斐。”何休注：“党，所也。所犹时，齐人语。”史记齐世家：“莱人歌曰：师乎师乎！何党之乎！”集解：“服虔曰：党，所也。言公子徒众何所适也。”案：此亦齐人语。然上党在晋，而亦以所为党，则不独齐人为然矣。**东开鸿濛之光。此其下无地而上无天，听焉无闻，视焉无眴。**○王念孙云：“东开鸿濛之光”，开当为关。关（關）字俗书作開，（唐颜玄孙干禄字书曰：“開、關，上俗下正。”（閞字俗书作開，二形相似，故关误为开。（庄子秋水篇“今吾无所开吾喙”，释文：“开，本亦作关。”楚策“大关天下之匈”，今本关误作开。汉书西南夷传“皆弃此国而关蜀故徼”，史记关误作开。说文：“管，十二月之音，物关地而牙，故谓之管。”今本亦误作开。）关与贯同。（杂记“轮人以其杖关毂而輠轮”，关毂即贯毂。汉书王嘉传“大臣括发关械”，关械即贯械。今人言关通即贯通。乡射礼“不贯不释”，古文贯作关。大戴礼子张问入官篇“察一而关于多”，家语入官篇关作贯。史记儒林传“履虽新，必关于足”，汉书关作贯。）“东贯鸿濛之光”，谓东贯日光也。（见上注。）司马相如大人赋“贯列缺之倒景”，义与此贯字同。太平御览、楚辞补注引此，作“东开鸿濛之光”，则所见本已误。论衡作"东贯澒濛之光"，蜀志注引此作"东贯鸿濛之光"，贯、关古字通，则开为关之误明矣。"视焉无眴"，本作"视焉则眴"，眴与眩同。司马相如大人赋云："视眩泯而亡见。"杨雄甘泉赋云："目冥眴而亡见。"其义一也。楚辞远游云："下峥嵘而无地兮，上寥廓而无天。视倏忽而无见兮，听惝怳而无闻。"此云"下无地而上无天，听焉无闻，视焉则眴"，义本远游也。蜀志注引此，正作"视焉则眴"。论衡作"视焉则营"，营与眴古字通也。（眴字从目，旬声。大雅江汉篇"来旬来宣"，郑笺曰："旬，当作营。"史记天官书"旬始"，徐广曰："旬，一作营。"旬之通作营，犹眴之通作营矣。）道藏本作"视焉无眴"者，涉上句"无"字而误。太平御览所引已与道藏同，后人不知"无眴"为"则眴"之误，遂改眴为瞩，而庄本从之。案：广韵："瞩，视也。"是瞩与视同义，"视焉无视"，斯为不词矣。且眴与天为韵，若作瞩，则失其韵矣。**此其外，犹有汰沃之汜。**汰沃，四海与天之际水流声也。汜，涯也。**其余一举而千万里，**千万里，汰汜之外也。**吾犹未能之在。**吾尚未至此地。**今子游始于此，乃语穷观，岂不亦远哉！然子处矣！吾与汗漫期于九垓之外，**汗漫，不可知之也。九垓，九天之外。**吾不可以久驻。"**○王念孙云："九垓之外"，本作"九垓之上"，高注本作"九垓，九天也"。俶真篇"徙倚于汗漫之宇"，高注引此文云："吾与汗漫期于九垓之上。"汉书礼乐志郊祀歌"专精厉意逝九阂"，如淳曰："阂亦陔也。淮南子曰：'吾与汗漫期乎九陔之上。'陔，重也。谓九天之上也。"司马相如传封禅文"上畼九垓"，如淳注所引亦与前同。又论衡及蜀志注、太平御览、文选郭璞游仙诗注、张协七命注并引作"九垓之上"。（李白庐山谣"先期汗漫九垓上，愿接卢敖游太清"，即用此篇之语，则李所见本亦作"九垓之上"。）御览又引高注云："九垓，九天也。"此皆其明证矣。后人既改"九垓之上"为"九垓之外"，复于注内加"之外"二字，以曲为附会，甚矣其妄也。又案："吾不可以久驻"，驻字亦后人所加。论衡作"吾不久"，蜀志注、文选注、太平御览并引作"吾不可以久"，则"久"下原无"驻"字明矣。**若士举臂而竦身，遂入云中。卢敖仰而视之，弗见，乃止驾，**止其所驾之车。**柸治，**楚人谓恨不得为柸治也。**悖若有丧也。**○王念孙云："止柸治"之止，当为心。隶书心字作**𡳿**，止字或作**𡳿**，二形相似，又涉上句"止"字而误也。"乃止驾"为句，"心柸治"为句，"悖若有丧也"为句。柸治，叠韵字，言其心柸治然也。（高注："楚人谓恨不得为柸治也。"）论衡作"乃止喜，（喜当为嘉，嘉、驾古字通。）心不怠，怅若有丧"，不怠即柸治之借字，则止为心字之误明矣。庄本删去止字，非是。○俞樾云：王氏念孙谓"止柸治"之止乃心字之误，是也。柸治之义，高注曰："楚人谓恨不得为柸治也。"其实"柸治"即不怡也。不怡二字，本于虞书，古人习用之。国语晋语曰："主色不怡。"太史公报任少卿书曰："听朝不怡。"此言"心不怡"，非必楚语，因声误而为柸治，其义始晦矣。论衡道虚篇作"乃止喜，（句。）心不怠"，即"乃止驾，心不怡"也。喜者，嘉字之误，驾之叚字也。怠者，怡之叚字也。**曰："吾比夫子，犹黄鹄与壤虫也。**壤虫，虫之幼也。**终日行，不离咫尺，**八寸为咫，十寸为尺。**而自以为远，岂不悲哉！"故庄子曰："小年不及大年，小知不及大知，朝菌不知晦朔，**朝菌，朝生暮死之虫也。生水上，状似蚕蛾。一名孳母，海南谓之虫邪。○王念孙云："朝菌"本作"朝秀"，（高注同。）今作"朝菌"者，后人据庄子逍遥游篇改之也。文选辩命论"朝秀晨终"，李善注引淮南子"朝秀不知晦朔"。太平御览虫豸部"兹母"下引淮南子"朝秀不知晦朔"，又引高注云："朝秀，朝生暮死之虫也。生水上，似蚕蛾。一名兹母。"广雅释虫："朝蟓，（曹宪音秀。）孳母也。"义本淮南注。是淮南自作"朝秀"，与庄子异文，不得据彼以改此也。○陶方琦云：文选注、御览引正文及许注，俱作"朝秀"。今本作"朝菌"，乃因庄子而改。庄子逍遥游"朝菌不知晦朔"，释文引司马注："菌，大芝也。"两书古注互异，不必强同。今许注既解为虫，当作"朝秀"，秀即蟓字。广雅："朝蟓，孳母也。"即本许注。玉篇："蟓，思又、弋久二切，朝生莫死虫也。生水上，状如蚕蛾。一名孳母。"即引淮南许氏注文。**蟪蛄不知春秋。"**蟪蛄，貂蟟也。**此言明之有所不见也。**

季子治亶父三年，季子，子贱也。○王念孙云：群书治要引此，季子作宓（音伏。）子。吕氏春秋具备篇同。案：诸书无谓宓子贱为季子者，季当为孚，字之误也。孚与宓声相近。宓子之为孚子，犹宓牺之为庖牺也。齐俗篇"宾有见人于宓子者"，太平御览人事部四十六引作孚子，群书治要作季子，故知宓通作孚，孚误作季也。○陶方琦云：群书治要引许注："宓子，子贱也。"与今注正同。**而巫马期絻衣短褐，**巫马期，孔子弟子也。○陶方琦云：群书治要引许注："巫马期，孔子弟子也。"与今注正同。史记、吕览并作巫马旗。**易容貌，往观化焉。**易服而往，微以视之。○陶方琦云：群书治要引许注："微视之。"是约文。**见得鱼释之，**○王念孙云：太平御览鳞介部七引，作"见夜鱼者释之"，群书治要引作"见夜渔者得鱼则释之"。案：群书治要所引是也。吕氏春秋作"见夜渔者得则舍之"，家语屈节篇作"见夜敛者得鱼辄舍之"，是其证。泰族篇亦云："见夜渔者得小即释之。"**巫马期问焉曰："凡子所为鱼者，欲得也。今得而释之，何也？"渔者对曰："季子不欲人取小鱼也。**古者，鱼不盈尺，不上俎也。○文典谨按：群书治要引，"人"下有"之"字，与吕览具备篇合。**所得者小鱼，是以释之。"巫马期归以报孔子曰："季子之德至矣！使人暗行，若有严刑在其侧者。季子何以至于此？"孔子曰："丘尝问之以治，言曰：'诫于此者刑于彼。'**○王念孙云：各本及庄本诫字皆误作诚，唯道藏本不误。群书治要引此，正作诫。吕氏春秋、家语并同。**季子必行此术也。"故老子曰："去彼取此。"**

罔两问于景罔两，水之精物也。景，日月水光晷也。**曰："昭昭者，神明也？"**罔两恍惚之物，见景光明，以为神也。**景曰："非也。"罔两曰："子何以知之？"景曰："扶桑受谢，日照宇宙，**扶桑，日所出之木也。受谢，扶桑受日，旦泽出之也。**昭昭之光，辉烛四海。阖户塞牖，则无由入矣。若神明，四通并流，无所不及，上际于天，下蟠于地，化育万物而不可为象，俯仰之间而抚四海之外，昭昭何足以明之！"故老子曰："天下之至柔，驰骋**

天下之至坚。”

光耀问于无有光耀可见，而无有至虚者。曰：“子果有乎，其果无有乎？”有形生于无形，何以能生物，故问果有乎，其无有也。无有弗应也。光耀不得问，而就视其状貌，○王念孙云：“就视”当依庄子知北游篇作“孰视”，字之误也。孰与熟同。冥然忽然，视之不见其形，听之不闻其声，搏之不可得，望之不可极也。光耀曰：“贵矣哉，孰能至于此乎！予能有无矣，未能无无也。言我能使形不可得，未能殊无形也。及其为无无，又何从至于此哉！”故老子曰：“无有入于无间，吾是以知无为之有益也。”

白公胜虑乱，白公将为父复雠，起兵乱，因思虑之也。○文典谨按：尔雅释诂、广雅释诂四：“虑，谋也。”吕氏春秋安死篇高注：“虑，谋也。”国策秦策注：“虑，计也。”“白公胜虑乱”，犹言白公胜谋乱也。虑当训谋，训计，不当训思。罢朝而立，倒杖策，錣上贯颐，策，马捶。端有针以刺马，谓之錣。倒杖策，故錣贯颐也。血流至地而弗知也。郑人闻之，曰：“颐之忘，将何不忘哉！”白公之父死，郑人预之，故惧之。此言精神之越于外，智虑之荡于内，则不能漏理其形也。漏，补空也。是故神之所用者远，则所遗者近也。近，谓身也。故老子曰：“不出户以知天下，不窥牖以见天道。其出弥远，其知弥少。”此之谓也。

秦皇帝得天下，恐不能守，发边戍，筑长城，修关梁，设障塞，具传车，置边吏。然刘氏夺之，若转闭锤。闭锤，格也，上之锤，所以编薄席，反覆之易。昔武王伐纣，破之牧野，乃封比干之墓，表商容之间，柴箕子之门，纣死，箕子亡之朝鲜，旧居空，故柴护之也。○庄逵吉云：柴护之者，设军士护之也。柴即俗寨字。○曾国藩云：

后汉书杨震传“柴门谢客”，三国志“以万兵柴道”，与此柴字义同，即塞也。朝成汤之庙，发钜桥之粟，散鹿台之钱，破鼓折枹，弛弓绝弦，去舍露宿以示平易，解剑带笏以示无仇。于此天下歌谣而乐之，诸侯执币相朝，三十四世不夺。故老子曰：“善闭者无关键而不可开也，善结者无绳约而不可解也。”

尹需学御，三年而无得焉，私自苦痛，常寝想之。寝坚思之。○文典谨按：御览七百四十六引注，坚作卧。中夜，梦受秋驾于师。秋驾，善御之术。明日，往朝。师望之，谓之曰：○王念孙云："望之谓之"当作"望而谓之"。今本"而"作"之"，因下"谓之"而误。太平御览工艺部三引此，正作"望而谓之"。吕氏春秋博志篇同。“吾非爱道于子也，恐子不可予也。今日教子以秋驾。”尹需反走，北面再拜曰：“臣有天幸，今夕固梦受之。”故老子曰：“致虚极，守静笃，万物并作，吾以观其复也。”

昔孙叔敖三得令尹，无喜志；三去令尹，无忧色；延陵季子，吴人愿一以为王而不肯；许由，让天下而弗受；晏子与崔杼盟，临死地不变其仪，此皆有所远通也。精神通于死生，则物孰能惑之！荆有佽非，得宝剑于干队。干国在今临淮，出宝剑。盖为莫邪、洞鄂之形也。还反度江，至于中流，阳侯之波，两蛟挟绕其船。蛟，龙属也。鱼满二千五百斤，蛟来为之主也。佽非谓枻船者曰：枻，櫂也。“尝有如此而得活者乎？”○俞樾云："尝"下脱"见"字。下文"对曰：未尝见也"，"尝见"字与此相应。吕氏春秋知分篇作"子尝见有两蛟绕船能两活者乎"，正有"见"字。"能两活"当作"而能活"，说见吕氏春秋。对曰：“未尝见也。”于是佽非瞑目教然，攘臂拔剑，○王念孙云："瞑目"二字与"攘臂拔剑"事不相类，"瞑目"当为"瞋目"。隶书真或作真，冥或作寘，二形相似而误。又案："教然"二字当在“瞋目”之上，而以“教然瞋目攘臂拔剑”作一句读。**曰：“武士可以仁义之礼说也，不可劫而夺也。此江中之腐肉朽骨，弃剑而已，**○俞樾云：已乃人己之己，“己”上当有“全”字。吕氏春秋正作“弃剑而全己”。**余有奚爱焉！”赴江刺蛟，遂断其头，船中人尽活，风波毕除，荆爵为执圭。孔子闻之曰：“夫善载！腐肉朽骨弃剑者，佽非之谓乎！”**○俞樾云：载当作哉，声之误也。“哉”下脱“不以”二字。吕氏春秋正作“夫善哉！不以腐肉朽骨而弃剑者，其次非之谓乎”。**故老子曰：“夫唯无以生为者，是贤于贵生焉。”**

齐人淳于髡以从说魏王，魏王辩之。约车十乘，将使荆，辞而行。人以为从未足也，复以衡说，其辞若然。从说，说诸侯之计当相从也。衡说，从之非是，当横，更计也。○孙诒让云：此“人”当作“又”。“又以为从未足也”句断。吕氏春秋离谓篇作“有以横说魏王”，有与又同。**魏王乃止其行而疏其身。失从心志，而又不能成衡之事，**○王念孙云：“失从心志”当作“失从之志”。今本“之”作“心”者，因“志”字而误。有与又同。此言魏王既不能合从，又不能连衡也。吕氏春秋离谓篇作“失从之意，又失横之事”，是其证。汉魏丛书本改有为又，而庄本从之，则昧于假借之义矣。**是其所以固也。夫言有宗，事有本。失其宗本，技能虽多，不若其寡也。故周鼎著倕，而使龁其指，先王以见大巧之不可也。**○王念孙云：“不可”下脱“为”字。吕氏春秋作“先王有以见大巧之不可为也”，是其证。本经篇亦云：“故周鼎著倕，使衔其指，以明大巧之不可为也。”**故慎子曰：“匠人知为门，能以门，所以不知门也，故必杜然后能门。”**慎子名到，齐人。不知门，不知门之要也。门之要在门外。○孙诒让云：今本慎子残缺，无此文，义亦难通。文子精诚篇袭此云：“故匠人智为，不以能以时闭，不知闭也，故必杜而后开。”彼文亦有讹捝。参合校绎，此似当云：“不能以闭，所以不知门也，故必杜然后能开。”言门以开闭为用，若匠人为门，但能开而不能闭，则终未知为门之要也。文子开、闭二字尚未讹,可据以校正。

墨者有田鸠者,田鸠学墨子之术也。**欲见秦惠王,约车申辕,**申,束也。○陶方琦云:文选七发注、谢玄晖京路夜发注引许注:"装,束也。"按:文选引许君淮南注作"装,束也",当即此处注,或旧本作装。又文选谢惠连西陵遇风诗注引作"装,饰也"。思玄赋"简元辰而俶装",注亦曰:"装,束也。"诗出车笺:"装载物而往。"义同。**留于秦周年不得见。**○文典谨按:意林引,周作三。以下文"吾留秦三年"核之,则作三是也。**客有言之楚王者,往见楚王。楚王甚悦之,**○文典谨按:意林引,作"一至楚,楚王说之"。**予以节,使于秦。至,因见予之将军之节,惠王见而说之。**○陈观楼云:吕氏春秋首时篇云:"楚王说之,与将军之节以如秦。至,因见惠王。"则此亦当云:"至,因见惠王,而说之。"其"予之将军之节"六字,乃是上文"予以节"句注语,今误入此句中,文义遂不可晓。○王念孙云:陈说是也。庄本又加"见"字于"而说之"之上,非是。**出舍,喟然而叹,告从者曰:"吾留秦三年不得见,不识道之可以从楚也。"物故有近之而远,远之而近者。故大人之行,不掩以绳,**掩,犹挥也。○俞樾云:掩字无义。高注曰:"掩,犹挥也。"义亦未详。掩乃扶字之误。管子宙合篇曰:"千里之路,不可扶以绳。"是其证也。下文"此所谓筦子'枭飞而维绳'者",王氏念孙引陈观楼说,谓当作"此筦子所谓鸟飞而准绳者"。按:鸟飞准绳本管子宙合篇,其曰"千里之路不可扶以绳,万家之都不可平以准",即说鸟飞准绳之义也。然则此云"大人之行,不扶以绳",亦本管子,掩字之误无疑矣。宙合篇又曰:"夫绳,扶拨以为正。"即此扶字之义。因扶字阙坏,止存"扶"形,浅人遂以意补成掩字耳。○文典谨按:意林引,作"故大丈夫之行不可掩",是其敚误已在唐代矣。**至所极而已矣。此所谓筦子"枭飞而维绳"者。**言为士者上下无常,进退无恒,不可绳也。以喻飞枭从下绳维之,而欲翱翔,则不可也。○陈观楼云:"此所谓筦子"当作"此筦子所谓","枭飞而维绳"当作"鸟飞而准绳"。案:管子宙合篇曰"鸟飞准绳，此言大人之义也”云云，大意谓鸟飞虽不必如绳之直，然意南而南，意北而北，总期于还山集谷而后止，则亦与准于绳者无异，所谓“苟大意得，不以小缺为伤”也。故此云：“大人之行，不掩以绳，至所极而已矣。此筦子所谓‘鸟飞而准绳’者。”今本鸟误作枭，准（準）误作维，（準字俗省作准，又因下绳字而误从糸。）则义不可通。注内枭字亦鸟字之误。而云“从下绳维之”，则高所见本已误作维矣。

泮水之深千仞，而不受尘垢，投金铁针焉，则形见于外。○王念孙云：“金铁”下不当有“针”字，针（鍼）即铁（鐵）之误也。（鐵或省作鍼，形与鍼相近。）今作“金铁针”者，一本作铁，一本作针，而后人误合之耳。文选沈约贻京邑游好诗注、太平御览珍宝部十二引此，皆无针字。文子上礼篇作“金铁在中，形见于外”。（群书治要所引如是。今本文子“金铁”作“金石”，乃后人所改。）**非不深且清也，鱼鳖龙蛇莫之肯归也。是故石上不生五谷，秃山不游麋鹿，无所阴蔽隐也。**○王念孙云：隐字，盖蔽字之注而误入正文者。（广雅：“蔽，隐也。”）文子无隐字，是其证。**昔赵文子问于叔向曰：“晋六将军，**六将军，韩、赵、魏、范、中行、智伯也。**其孰先亡乎？”对曰：“中行、知氏。”文子曰：“何乎？”对曰：“其为政也，以苛为察，以切为明，以刻下为忠，以计多为功。譬之犹廓革者也，廓之，大则大矣，裂之道也。”故老子曰：“其政闷闷，其民纯纯。其政察察，其民缺缺。”**

景公谓太卜曰：“子之道何能？”对曰：“能动地。”动，震也。**晏子往见公，公曰：“寡人问太卜曰：‘子之道何能？’对曰：‘能动地。’地可动乎？”晏子默然不对。出，见太卜曰：“昔吾见句星在房心之间，地其动乎？”**句星，客星也。房，驷。句星守房、心，则地动也。○王念孙云：刘本注文“房星”作“驷房”。（朱本、汉魏丛书本并同。）案：正文本作“句星在驷心之间”，注本作：“驷，（句。）房星。（句。）句星守房、心，则地动也。”道藏本注文“房星”上脱“驷”字，刘本“房”下脱"星"字。若正文之"驷心"作"房心",则涉注文"守房、心"而误也。庄伯鸿不知正文房为驷之误,又改注文之"驷,房"为"房,驷"以就之,斯为谬矣。驷为房之别名,故须训释。若房、心为二十八宿之正名,则不须训释。(尔雅:"天驷,房也。"以房释天驷,不以天驷释房。)高注释驷而不释心,即其证也。晏子春秋外篇作"昔吾见钩星在四、心之间",即淮南所本。(钩与句同,四与驷同。)太卜曰:"然。"晏子出,太卜走往见公曰:"臣非能动地,地固将动也。"田子阳闻之田子阳,齐臣也。曰:"晏子默然不对者,不欲太卜之死。往见太卜者,恐公之欺也。晏子可谓忠于上而惠于下矣。"故老子曰:"方而不割,廉而不刿。"

魏文侯觞诸大夫于曲阳。饮酒酣,文侯喟然叹曰:"吾独无豫让以为臣乎!"豫让事知伯而死其难,故文侯思以为臣。蹇重举白而进之,蹇重,文侯臣。举白,进酒也。曰:"请浮君!"浮,罚也。以酒罚君。君曰:"何也?"对曰:"臣闻之,有命之父母不知孝子,有道之君不知忠臣。夫豫让之君,亦何如哉?"豫让相其君,而君见杀,亦何如?不足贵也。文侯受觞而饮釂不献,釂,尽也。曰:"无管仲、鲍叔以为臣,故有豫让之功。"故老子曰:"国家昏乱,有忠臣。"

孔子观桓公之庙,桓公,鲁君。有器焉,谓之宥卮。宥,在坐右。孔子曰:"善哉!予得见此器。"顾曰:"弟子取水!"水至,灌之,其中则正,中,水半卮也。其盈则覆。孔子造然革容曰:"善哉,持盈者乎!"子贡在侧曰:"请问持盈。"曰:"益而损之。"○王念孙云:挹与挹同。(集韵:"挹,或作揖。"荀子议兵篇"拱挹指麾",富国篇作"拱揖"。)文选为幽州牧与彭宠书注引苍颉篇云:"挹,损也。"挹与损义相近,故曰"挹而损之"。作"揖"者,借字耳。刘绩不达,而改"揖"为"益",庄本从之,斯为谬矣。后汉书杜笃传注引此,正作"挹而损之"。荀子宥坐篇、说苑敬慎篇并同。韩诗外传作"抑而损之",抑与挹声亦相近,故诸书或言抑损，或言挹损也。曰："何谓益而损之？"曰："夫物盛而衰，乐极则悲，日中而移，月盈而亏。是故聪明睿智，守之以愚；多闻博辩，守之以陋；武力毅勇，守之以畏；富贵广大，守之以俭；○王念孙云：刘本改俭为陋，陋为俭，而庄本从之。案：说文："俭，约也。"广雅："俭，少也。"正与"多闻博辩"相对，不当改为陋。说文："陋，陕也。（俗作狭。）"楚辞七谏注曰："陋，小也。"亦与"富贵广大"相对，不当改为俭。杜笃传注引此，正作"多闻博辩，守之以俭；富贵广大，守之以陋"，与道藏本同。文子九守篇作"多闻博辩，守以俭；富贵广大，守以狭"，狭亦陋也。德施天下，守之以让。此五者，先王所以守天下而弗失也。反此五者，未尝不危也。"故老子曰："服此道者不欲盈。夫唯不盈，故能弊而不新成。"

武王问太公曰："寡人伐纣天下，是臣杀其主而下伐其上也。吾恐后世之用兵不休，斗争不已，为之奈何？"太公曰："甚善，王之问也！夫未得兽者，唯恐其创之小也；猎禽恐不能杀，故恐其创小也。已得之，唯恐伤肉之多也。○文典谨按：意林引，作"未得兽者唯恐创少，已得兽者唯恐创多。"王若欲久持之，则塞民于兑，兑，耳目鼻口也。老子曰"塞其兑"是也。道全为无用之事，烦扰之教。○俞樾云：全乃令字之误。令，犹使也。道与导同。谓导使为无用之事，烦扰之教也。彼皆乐其业，供其情，○王念孙云：供当为佚。佚与逸同，安也。逸、乐义相近。若云"供其情"，则与上句不类矣。隶书佚或作供，与供相似而误。昭昭而道冥冥，于是乃去其瞀而载之木，瞀，被发也。木，鹜鸟冠也。知天文者冠鹜。○王引之云：载与戴同。木当为朮，字之误也。朮即鹬字也。高注当作："朮，鹬鸟冠也。知天文者冠鹬。"今本鹬作鹜者，鹬、鹜字相近，又涉上文瞀字而误也。（尔雅翼引此已误。）说文："鹬，知天将雨鸟也。"礼记曰："知天文者冠鹬。"庄子天地篇"皮弁鹬冠，搢笏绅修"，释文："鹬，尹必反。徐音述。"玉篇及尔雅释文、汉书五行志注，鹬字并聿、述二音。匡谬正俗曰："案：鹬，水鸟，天将雨即鸣。古人以其知天时，乃为冠象此鸟之形，使掌天文者冠之。鹬字音聿，亦有术音，故礼之衣服图，及蔡邕独断，谓为'术氏冠'，亦因鹬音转为术耳。"（以上匡谬正俗。）庄子释文曰："鹬，又作鹬。"续汉书舆服志引记曰："知天者冠述。"说苑修文篇作"冠鉥"。盖鹬字本有述音，故其字或作鹬，或作述，或作鉥，又通作朮耳。朮与笏为韵。若作木，则失其韵矣。鹬即翠鸟，故古人以其羽饰冠。冠鹬带笏，皆所以为饰，故庄子亦言"鹬冠搢笏"。若鹜，无文采，则不可以为饰矣。且鹬知天雨，故使知天文者冠之。若鹜，则义无所取矣。诸书皆言知天文者冠鹬，无言冠鹜者。○王绍兰云：王氏引之改木为朮，鹜为鹬，是也。正文硻亦讹字。古无训硻为"被发"者，若云借硻为鬏，说文髟部："鬏，发至眉也。"引诗曰："纨彼两鬏。"与淮南此文无涉。且"去其被发"，亦文不成义。若云借硻为旄，既与被发之解相违，又与戴鹬之文不配。盖硻即鍪之讹借字。说文冃部："胄，兜鍪也。"谓去其鍪而戴之鹬，与下文解剑带笏相对成文，示天下不复用兵也。氾论训"古者有鍪而绻领以王天下者矣"，高彼注云："一说：鍪，放发也。"鍪训放发，与硻训被发，未之前闻，于此文"去"字尤不可通，高注非是。○俞樾云：高注曰："硻，被发也。木，鹜鸟冠也。知天文者冠鹜。"王氏引之以木为朮字之误，朮即鹬字也，引匡谬正俗"鹬字音聿，亦有术音"，蔡氏独断谓为"术氏冠"为证，其说洵塙不可易矣。惟未说硻字之义。硻当为鍪。鍪者，兜鍪也。说文兜部："兜，兜鍪，首铠也。"从省言之，则止曰鍪。氾论篇"古者有鍪而绻领"，高注曰"鍪，头著兜鍪帽"是也。"去其鍪而载之朮"，谓去其首铠而戴之鹬鸟之冠，正与"解其剑而带之笏"文义一律。作硻者，叚字耳。高注以"被发"说之，夫被发岂可言去？足知其非矣。解其剑而带之笏。为三年之丧，令类不蕃。高辞卑让，使民不争。酒肉以通之，竽瑟以娱之，鬼神以畏之。繁文滋礼以弇其质，厚葬久丧以亶其家，含珠鳞、施纶组以贫其财，深凿高垄以尽其力。家贫族少，虑患者寡。以此移风，可以持天下弗失。"故老子曰："化而欲作，吾将镇之以无名之朴也。"

淮南鸿烈集解卷十三

氾论训博说世间古今得失，以道为化，大归于一，故曰“氾论”，因以题篇。

古者有鍪而绻领以王天下者矣，古者，盖三皇以前也。鍪，头著兜鍪帽，言未知制冠也。绻领，皮衣屈而紩之，如今胡家韦袭反褶以为领也。一说：鍪，放发也；绻，绕颈而已；皆无饰。○文典谨按：初学记帝王部引，“鍪”下有“头”字。又引注，紩作緎，胡家作朝，褶作摄。**其德生而不辱，**刑措不用也。**予而不夺，**予，予民财也。不夺，无所征求于民也。○王念孙云：不辱本作不杀，故高注云刑措不用。今作辱者，后人妄改之也。杀与生相对，夺与予相对，若改杀为辱，则非其指矣。且杀与夺为韵，若作辱，则失其韵矣。太平御览皇王部二引此已误作辱。张载魏都赋注及旧本北堂书钞衣冠部三引此并作杀，文子上礼篇同。晏子春秋谏篇“古者尝有紩衣挛领而王天下者矣，其义好生而恶杀”，荀子哀公篇“古之王者有务而拘领者矣，其政好生而恶杀”，此皆淮南所本。**天下不非其服，同怀其德。**非，犹讥呵也。怀，归也。**当此之时，阴阳和平，风雨时节，万物蕃息，**政不虐，生无夭折也。**乌鹊之巢可俯而探也，禽兽可羁而从也，**从，犹牵也。**岂必褒衣博带，句襟委章甫哉！**褒衣，谓方与之衣，如今吏人之左衣也。博带，大带，诗云：“垂带若厉。”句襟，今之曲领褒衣也。委，委貌冠。

章甫,亦冠之名也。○文典谨按:御览七十七引,"委"下有"貌"字。**古者民泽处复穴,**处,居也。复穴,重窟也。一说:穴毁堤防崖岸之中,以为窟室。○庄逵吉云:复穴之复,应作寝。○文典谨按:御览百七十四引注,作"凿崖岸之腹以为密室",与高注后说略同。高注之一说,多即许注,则御览所引,殆许注也。**冬日则不胜霜雪雾露,夏日则不胜暑热蚉虻。**虻,读诗云"言采其莔"之莔也。**圣人乃作为之**作,起也。**筑土构木,以为宫室,**构,架也,谓材木相乘架也。○王念孙云:高说非也。"作为之"三字连读。下文曰"而作为之揉轮建舆,驾马服牛",又曰"而作为之铸金锻铁,以为兵刃",皆其证也。又案:"以为宫室"本作"以为室屋",浅学人多闻宫室,寡闻室屋,故以意改之也。案:月令曰"毋发室屋",管子八观篇曰"宫营大而室屋寡",荀子礼论篇曰"圹垅,其須象室屋也",吕氏春秋怀宠篇曰"不焚室屋",史记周本纪曰"营筑城郭室屋",(俗本亦有改为宫室者。)天官书曰"城郭室屋门户之润泽",则室屋固古人常语。且此二句以木、屋为韵,下三句以宇、雨、暑为韵,若作宫室,则失其韵矣。太平御览居处部二引此,正作室屋。**上栋下宇,以蔽风雨,**栋,屋檼也。宇,屋之垂。**以避寒暑,而百姓安之。**安,乐也。**伯余之初作衣也,**伯余,黄帝臣也。世本曰:"伯余制衣裳。"一曰:伯余,黄帝。**緂麻索缕,手经指挂,其成犹网罗。**緂,锐。索,功也。緂,读恬然不动之恬。○王念孙云:高训緂为锐,则与麻字义不相属。今案:緂者续也,缉而续之也。方言:"繝,续也。(广雅同。)秦、晋续折木谓之繝。"郭璞音剡。人间篇曰:"妇人不得剡麻考缕。"繝、剡并与緂通。索,如"宵尔索绹"之索,谓切撚之也。高云"索,功也",功即切字之误。颜师古注急就篇曰"索谓切撚之令紧"者也。广雅曰:"緆,索也。"緆与切通。**后世为之机杼胜复以便其用,而民得以掩形御寒。**掩,蔽。御,止。**古者剡耜而耕,摩蜃而耨,**剡,利也。耜,臿属。蜃,大蛤,摩令利,用之。耨,耨除苗秽也。**木钩而樵,抱甄而汲,**钩,镰也。钩,读济阴句阳之句。樵,薪蒸。甄,武。今兖州曰小武为甄,幽州曰瓦。○文典谨按:御览七百五十八引,甄作缾。**民劳而利薄。后世为之耒耜耰**

鉏，斧柯而樵，桔皋而汲，耰，读曰优，椓块椎也，三辅谓之儓，所以覆种也。民逸而利多焉。古者大川名谷，冲绝道路，不通往来也，乃为窬木方版，以为舟航，窬，空也。方，并也。舟相连为航也。故地势有无，得相委输。运所有，输所无。乃为靻蹻而超千里，肩荷负儋之勤也，靻蹻，靻靸也。勤，劳也。○王念孙云：靻皆当为靼，字从旦不从且。说文："靼，柔革也。"（玉篇多达、之列二切。）"屩，屐也。""靸，小儿履也。"释名云："靸，韦履深头者之名也。"今正文言靼蹻，（与屩同。）注文言靼靸，皆是韦履之名，则字当从旦。广韵："靻，则古切。"靻，勒名，字从且，两字声义判然。茅一桂不知靻为靼之误，辄加"音祖"二字，其失甚矣。下文"苏秦靻蹻嬴盖"，靻亦靼字之误。又案："为靻蹻"之为，音于伪反。"为靻蹻而超千里，肩负儋之勤也"，乃起下之词，非承上之词，"为"上不当有"乃"字。此因上文"乃为窬木方版"而误衍也。下文云"为鸷禽猛兽之害伤人而无以禁御也，而作为之铸金锻铁，以为兵刃"，"为"上无"乃"字，是其证。"肩负儋之勤"，道藏本、刘本及诸本并同，汉魏丛书本于"负儋"上加"荷"字，而庄本从之，斯为谬矣。而作为之揉轮建舆，驾马服牛，民以致远而不劳。代负儋，故不劳也。为鸷禽猛兽之害伤人而无以禁御也，而作为之铸金锻铁，以为兵刃，猛兽不能为害。以兵刃备之，故不得为人害也。故民迫其难则求其便，困其患则造其备，人各以其所知，去其所害，就其所利。○王念孙云："人各以其所知"，当作"人各以其知"，知与智同，言各用其智，以去害而就利也。今本"知"上有"所"字者，涉下两"所"字而衍。文子上礼篇正作"各以其智，去其所害，就其所利"。常故不可循，器械不可因也，循，随也。当时之可改则改之，故曰不可也。则先王之法度有移易者矣。

古之制，婚礼不称主人，当婚者之身，不称其名也，称诸父兄师友。○文典谨按：意林引，"不称主人"下有"必称父母兄弟"六字。○陶方琦云：此许注并入正文者。舜不告而娶，非礼也。尧知舜贤，以二女妻舜。不告父，父顽，常欲杀舜，舜知告则不得娶也。不孝莫大于无后，故孟子曰：“舜不告，犹告尔。”〇文典谨按：意林引，“不告”下有“瞽叟”二字。**立子以长，文王舍伯邑考而用武王，非制也。**伯邑考，武王之兄。废长立圣，以庶代嫡，圣人之权尔。**礼三十而娶，文王十五而生武王，非法也。**三十而娶者，阴阳未分时，俱生于子，男从子数，左行三十年立于巳，女从子数，右行二十年亦立于巳，合夫妇。故圣人因是制礼，使男三十而娶，女二十而嫁。其男子自巳数，左行十得寅，故人十月而生于寅，故男子数从寅起。女自巳数，右行得申，亦十月而生于申，故女子数从申起。岁星十二岁而周天，天道十二而备，故国君十二岁而冠，冠而娶。十五生子，重国嗣也，不从故制也。〇庄逵吉云：甲寅、庚申也。甲者阳正，寅亦阳正也。庚者阴正，申亦阴正也。义并详王逸楚词注、说文解字中。又难经曰：“男立于寅，寅为木阳；女立于申，申为金阴。”亦是。〇文典谨按：北堂书钞八十四引注，“周天”下有“为一纪”三字，“冠而”下有“后”字。**夏后氏殡于阼阶之上，**礼，饭于牖下，小敛于户内，大敛于阼阶。在床曰尸，在棺曰柩。殡于宾位，祖于庭，葬于墓也。于阼阶，犹在主位，未忍以宾道远之。**殷人殡于两楹之间，**楹，柱也。记曰：殷殡之于堂上两柱之间，宾主共。**周人殡于西阶之上，**盖以宾道远之。**此礼之不同者也。有虞氏用瓦棺，**有虞氏，舜世也。瓦棺，陶瓦。**夏后氏堲周，**夏后氏，禹世。无棺椁，以瓦广二尺，长四尺，侧身累之，以蔽土，曰堲周。**殷人用椁，**用柏为椁，厚之宜，以棺为制也。**周人墙置翣，此葬之不同者也。**周人兼用棺椁，故墙设翣，状如今要扇，画文，插置棺车箱以为饰。多少之差，各从其爵命之数也。**夏后氏祭于暗，**于室中，中夜祭之也。**殷人祭于阳，**于堂上，日平旦祭也。**周人祭于日出以朝，**于日出时祭于庭中。朝者，庭也。〇俞樾云：高注首句曰“于室中，中夜祭之也”，二句曰“于堂上，日平旦祭也”，三句曰“于日出时祭于庭中。朝者，庭也”，所说皆未得其义。此文本礼记祭义篇，其文曰：“郊之祭，大报天而主日，配以月。夏后氏祭其暗，殷人祭其阳，周人祭日，以朝及暗。”郑注曰：“暗，昏时也。阳，读为‘曰雨曰旸’之旸，谓日中时也。朝，日出时也。夏后氏大事以昏，殷人大事以日中，周人大事以日出，亦谓此郊祭也。以朝及暗，谓终日有事。”正义曰：“此郊之祭一经，止明郊祭之礼。郊之祭者，谓夏正郊天。”然则此文所说本属郊祭，郊祭必为坛，初非庙祭，有何室中、堂上、庭中之分乎？祭于暗者，于中夜时祭也。祭于阳者，于日中时祭也。祭于日出，即是祭以朝，朝者，日出也。因周人尚文，郊祭终日有事，日出而祭，及暗而毕，故曰“以朝及暗”。淮南引此文，不连“及暗”二字者，意在明三代之祭不同，若言暗，则疑与夏同。且周人初非有取于暗，直以礼繁，不得不及暗耳。檀弓篇止言大事以日出，其无取于暗，明矣，故淮南省此二字也。高氏误以朝为庭中，遂并上文亦以室中、堂上言之，与祭义不合，不可从也。**此祭之不同者也。尧大章，**尧乐也。**舜九韶，**舜乐也。书曰“箫韶九成”是也。**禹大夏，**禹乐也。**汤大濩，**汤乐也。**周武象，**武王乐也。**此乐之不同者也。故五帝异道而德覆天下，三王殊事而名施后世，此皆因时变而制礼乐者。譬犹师旷之施瑟柱也，所推移上下者无寸尺之度，而靡不中音。故通于礼乐之情者能作音，有本主于中，而以知榘矱之所周者也。**榘，方也。矱，度法也。○王念孙云：音当为言，此承上句而释其义也。今作音者，涉上文“中音”而误。**鲁昭公有慈母而爱之，死为之练冠，故有慈母之服。**慈母者，父所命养己者也。此大夫之妾，士之妻，为之女母，礼为缌麻三月。昭公独练，言其记礼之所由兴也。○孙诒让云：此本礼记曾子问。注“女母”当作“如母”，仪礼丧服云“慈母如母”是也。但以礼经考之，注文必有舛讹。盖注云“慈母者，父所命养己者也”，此丧服之慈母也。其服，父卒则为之齐衰三年。注又云“此大夫之妾，士之妻”，此据内则云“国君世子生，卜士之妻、大夫之妾，使食子”，则丧服之乳母。（内则又云“大夫之子有食母”，郑注云：“丧服所谓乳母也。”案：诸侯所使食子者，亦即食母也。）下又云“礼为之缌麻三月”，即据丧服乳母之服也。揆之礼，服慈母、乳母，轻重县殊，不可并为一谈。高氏既根据经记，不宜踳驳至此。窃谓此注当云：“慈母者，父所命养己者也，为之如母。（此先举礼经慈母之正名正服也。）此大夫之妾，士之妻，礼为之缌麻三月。（此明鲁昭公之慈母，实即礼经之乳母，非父命养己者，其服不得如母也。）”今本传写错互，移“为之如母”四字著“此大夫之妾，士之妻”下，遂错互不可通矣。但曾子问“孔子曰：‘古者男子外有傅，内有慈母，君命所使教子也，何服之有？’”则非乳母甚明。故郑释之云“大夫士之子为庶母慈己者服小功”，盖谓即丧服小功章所云“君子子为庶母慈己者”。高义与记文显迕。又丧服慈母及庶母、慈己三者之服，并据大夫以下言之，诸侯则咸不服，而高犹援乳母缌麻三月之服以为释，壹若昭公于乳母宜服缌者，亦与礼经不相应，皆不足据耳。**阳侯杀蓼侯而窃其夫人，故大飨废夫人之礼。**阳侯，阳陵国侯也。蓼侯，皋陶之后，偃姓之国侯也，今在庐江。古者大飨饮酒，君执爵，夫人执豆。阳侯见蓼侯夫人美艳，因杀蓼侯而娶夫人，由是废夫人之礼。记所由废也。**先王之制，不宜则废之；末世之事，善则著之：是故礼乐未始有常也。故圣人制礼乐，而不制于礼乐。**圣人能作礼乐，不为礼乐所制。**治国有常，而利民为本。**本，要。**政教有经，而令行为上。**经，常也。上，最也。**苟利于民，不必法古。苟周于事，不必循旧。**旧，常也。传曰：“旧不必良。”旧，或作咎也。○文典谨按：意林引，旧作常。**夫夏、商之衰也，不变法而亡。**亡，谓桀、纣。**三代之起也，不相袭而王。**三代，禹、汤、武也。袭，因也。**故圣人法与时变，礼与俗化，**化，易。**衣服器械各便其用，法度制令各因其宜。故变古未可非，而循俗未足多也。**循，随也。俗，常也。○文典谨按：意林引，未足作不足。**百川异源而皆归于海，**以海为宗。**百家殊业而皆务于治。**业，事也。以治为要也。○文典谨按：意林引，殊作异。**王道缺而诗作，**诗所以刺[一]王道。**周室废、礼义坏而春秋作。**春秋所以贬绝不由礼义也。**诗、**

〔一〕“刺”下疑脱“不由”二字。

春秋，学之美者也，皆衰世之造也，儒者循之以教导于世，岂若三代之盛哉！以诗、春秋为古之道而贵之，又有未作诗、春秋之时。夫道其缺也，不若道其全也。诵先王之诗、书，不若闻得其言；闻得其言，不若得其所以言。闻圣人之言，不如得其未言时之本意。○王念孙云："诵先王之诗、书"，"诗"字因上文"诗、春秋"而衍。"先王之书"泛指六艺而言，非诗、书之书也。"不若闻得其言"，"闻得其言"，两"得"字皆因下句"得"字而衍。高注云"闻圣人之言，不如得其未言时之本意"，则"闻"下无"得"字明矣。文子上义篇正作"诵先王之书，不若闻其言；闻其言，不若得其所以言"。**得其所以言者，言弗能言也。**圣人所言微妙，凡人虽得之，口不耐以言。**故道可道者，非常道也。**常道，言深隐幽冥，不可道也。犹圣人之言，微妙不可言。

周公事文王也，行无专制，专，独。制，断也。**事无由己，**请而后行。**身若不胜衣，言若不出口，有奉持于文王，洞洞属属，而将不能，恐失之，**洞洞属属，婉顺貌也。而将不能胜之，恐失之，慎之至也。洞，读挺挏之挏。属，读犁攞之攞也。○俞樾云："而将不能，恐失之"，义不可通。高注曰："而将不能胜之，恐失之，慎之至也。"疑本文作"而将不能胜之"。"而"与"如"古通用，谓如将不能胜之也。"恐失之"三字，高氏自解"如不能胜"之义，此三字误入正文，而转脱去"胜之"二字，于是文不成义矣。○文典谨按，御览六百二十一引，作"有所奉持于前，洞洞属属，如不能，如将失之"，俞说近塙。**可谓能子矣。武王崩，成王幼少，周公继文王之业，履天子之籍，听天下之政，**籍，图籍也。政，治也。籍或作阼。○王念孙云：籍，犹位也，言周公履天子之位也。若图籍，则不可以言履矣。下文云"成王既壮，周公属籍致政"，亦谓属位于成王也。荀子儒效篇曰："周公履天子之籍，（今本天子误作天下，据宋本改。杨倞注以籍为图籍，误与高注同。）听天下之断。"又曰："周公归周，反籍于成王。"此皆淮南所本。强国篇曰："夫桀、纣，圣王之后子孙也，有天下者之世也，埶籍之所存，天下之宗室也。”執籍即執位，是籍与位同义也。韩诗外传作“履天子之位，听天下之政”，尤其明证矣。又下文“履天子之图籍，造刘氏之貌冠”，本作“履天子之籍，造刘氏之冠”。史记高祖纪曰：“高祖为亭长，以竹皮为冠。及贵，常冠。”所谓刘氏冠，乃是也，故曰“造刘氏之冠”。（汉书高祖纪诏曰：“爵非公乘以上，毋得冠刘氏冠。”蔡邕独断：“高祖冠，以竹皮为之，谓之刘氏冠。”）今本作“履天子之图籍，造刘氏之貌冠”者，貌字涉高注“委貌冠”而衍，后人又误以籍为图籍，遂于“籍”上加“图”字，以与貌冠相对，而不知“貌”为衍文，且图籍不可以言履也。○文典谨按：御览六百二十一引，籍作国。**平夷狄之乱，**夷狄猾夏，平除之也。**诛管、蔡之罪，**管叔，周公兄也。蔡叔，周公弟也。二叔监殷，而导纣子禄父为流言，欲以乱周。周公诛之，为国故也。传曰“大义灭亲”也。**负扆而朝诸侯，**负，背也。扆，户、牖之间。言南面也。**诛赏制断，无所顾问，**决之于心。**威动天地，声慑四海，**慑，服也。服四海之内。**可谓能武矣。成王既壮，周公属籍致政，北面委质而臣事之，**以图籍付属成王。致，犹归也。北面委玉帛之质，执臣之礼也。**请而后为，复而后行，**每事必请。复，白。**无擅恣之志，无伐矜之色，**不自伐其功劳也，不自矜大其善也。**可谓能臣矣。故一人之身而三变者，所以应时矣。何况乎君数易世，国数易君，人以其位达其好憎，**人人以其宠位，行其所好，憎其所憎也。**以其威势供嗜欲，**○王念孙云：“供嗜欲”当作“供其嗜欲”，与“达其好憎”相对。**而欲以一行之礼，一定之法，应时偶变，其不能中权，亦明矣。**一行之礼，非随时礼也；一定之法，非随时法也：故曰不能中权。权则因时制宜，不失中道也。**故圣人所由曰道，所为曰事。道犹金石，一调不更；事犹琴瑟，每弦改调。**金石，钟磬也，故曰调而不更。琴瑟，弦有数急，柱有前却，故调事亦如之也。**故法制礼义者，治人之具也，而非所以为治也。**言法制礼义，可以为治之基耳，非所以为治。治在其人之德。犹弓矢，射之具也，非耐必中也，中在其人之功。○王念孙云：人字后人所加。高注云"言法制礼义,可以为治之基耳,非所以为治",则无"人"字明矣。文子上义篇无"人"字。泰族篇曰"故法者,治之具也,而非所以为治也",亦无"人"字。**故仁以为经,义以为纪,此万世不更者也。若乃人考其才,而时省其用,虽日变可也。**言人能考度其才,时省其行,择其善者而崇用之,不必循常,故曰"虽日变可也"。唯仁义不可改耳,故万世不更。**天下岂有常法哉!**随其时于其宜。**当于世事,得于人理,顺于天地,祥于鬼神,则可以正治矣。**当,合也。祥,顺也。

古者人醇工庞,商朴女重,醇,厚,不虚华也。工庞,器坚致也。商朴,不为诈也。女重,贞正无邪也。○洪颐煊云:大戴礼王言篇:"民敦工璞,商悫女憧。"重即童字,童、憧古通用,谓憧愿无知之貌。○俞樾云:重,本作童。大戴记王言篇"民敦工璞,商悫女憧",即淮南所本也。童与憧通。今作重者,形声相似而误。**是以政教易化,风俗易移也。今世德益衰,民俗益薄,欲以朴重之法,治既弊之民,是犹无镝衔橛策錣而御馯马也。**镝衔,口中央铁,大如鸡子中黄,所制马口也。錣,椯头箴也。馯马,突马也。○庄逵吉云:殷敬顺列子释文引许慎注云:"錣,马策。端有利锋,所以刺不前也。"与此义解同。○王念孙云:"衔"下本无"橛"字。高注曰:"镝衔,口中央铁。"言镝衔而不言橛,则无"橛"字明矣。"镝衔"下有"橛"字,则文不成义。此后人熟于"衔橛"之语,而妄加之耳。**昔者,神农无制令而民从,**无制令,结绳以治也。**唐、虞有制令而无刑罚,**有制令,焕乎其有文章也。其政常仁义,民无犯法干诛,故曰无刑也。**夏后氏不负言,**言而信也。**殷人誓,**以言语要誓,亦不违。**周人盟。**有事而会,不协而盟。盟者,杀牲歃血以为信也。**逮至当今之世,**谓淮南王作此书时。**忍詢而轻辱,贪得而寡羞,欲以神农之道治之,则其乱必矣。**詢,读夏后之后也。○庄逵吉云:说文解字诟或作詢。此用或字,故读如后。**伯成子高辞为诸侯而耕,天下高之。**伯成子高,盖尧时人也。**今时之人，辞官而隐处，为乡邑之下，岂可同哉！古之兵，弓剑而已矣，槽矛无击，修戟无刺。**槽柔，木矛也。无击，无铁刃也。刺，锋也。槽，读“领如蛴螬”之螬也。○王念孙云：庄依汉魏丛书本改柔为矛。案：矛，各本皆作柔。太平御览兵部二引此亦作柔。说苑说丛篇“言人之恶，痛于柔戟”，字亦如此。盖矛、柔声相近，故古书有借柔为矛者，不宜辄改也。**晚世之兵，隆冲以攻，渠幨以守，**隆，高也。冲，所以临敌城，冲突坏之。渠，壍也。一曰：甲名，国语曰“奉文渠之甲”是也。幨，幰，所以御矢也。**连弩以射，销车以斗。**连车弩，通一弦，以牛挽之。以刃著左右，为机关发之，曰销车。销，读組绡之绡也。○文典谨按：御览二百七十一引注，“连车弩”作“连弓弩”，“机关”作“机开”。**古之伐国，不杀黄口，不获二毛。**黄口，幼也。二毛，有白发者。○文典谨按：御览二百七十一引注，“幼”下有“少”字。**于古为义，于今为笑。古之所以为荣者，**伯成子高。**今之所以为辱也。**为乡邑之下。**古之所以为治者，今之所以为乱也。夫神农、伏羲不施赏罚而民不为非，然而立政者不能废法而治民。**不能及神农、伏羲。○文典谨按：御览二百七十一引，立作莅。**舜执干戚而服有苗，**舜时有苗叛，舜执干戚而舞于两阶之间，有苗服从之。以德化怀来也。**然而征伐者不能释甲兵而制强暴。**不耐及舜。**由此观之，法度者，所以论民俗而节缓急也；器械者，因时变而制宜适也。夫圣人作法而万物制焉，**制，犹从也。○文典谨按：“而万物制焉”，疑本作“而万民制焉”。群书治要引，正作“万民制焉”。下文云：“制法之民，不可与远举。”即承此而言。**贤者立礼而不肖者拘焉。**拘，犹检也。**制法之民，不可与远举；拘礼之人，不可使应变。**○文典谨按：群书治要引，使作以。**耳不知清浊之分者，不可令调音；心不知治乱之源者，不可令制法。必有独闻之耳，**○王念孙云：刘本耳作聪，是也。

文子上义篇正作“独闻之聪”。〇文典谨按：王说是也。群书治要引，耳作听，文虽小异，耳之为坏字益明矣。**独见之明，然后能擅道而行矣。**〇文典谨按：群书治要矣作也。

夫殷变夏，周变殷，春秋变周，变，改也。**三代之礼不同，何古之从！大人作而弟子循。**循，遵也。**知法治所由生，则应时而变；不知法治之源，虽循古，终乱。今世之法籍与时变，礼义与俗易，为学者循先袭业，据籍守旧教，以为非此不治，是犹持方枘而周员凿也，欲得宜适致固焉，则难矣。今儒墨者称三代、文武而弗行，是言其所不行也；**不耐行，但言之而已。〇陶方琦云：群书治要引许注：“儒墨之所言，今皆不行也。”按：二注正异。氾论训乃高注本，故治要只引二则，便均异。**非今时之世而弗改，是行其所非也。称其所是，行其所非，是以尽日极虑而无益于治，劳形竭智而无补于主也。**〇文典谨按：群书治要引，智作精。**今夫图工好画鬼魅，而憎图狗马者，何也？鬼魅不世出，而狗马可日见也。**〇文典谨按：群书治要引，“不世出”作“无信验”，“可日见”作“切于前”。**夫存危治乱，非智不能；道而先称古，虽愚有余。**〇王念孙云：“道”字当在“而”字下。“道先称古”与“存危治乱”相对。群书治要引此，正作“道先称古”。**故不用之法，圣王弗行；不验之言，圣王弗听。**听，受。〇文典谨按：“圣王弗听”与上“圣王弗行”相复，群书治要引作“明主弗听”，当从之。

天地之气，莫大于和。和，故能生万物。**和者，阴阳调，日夜分，而生物。春分而生，秋分而成，**〇俞樾云：下言“春分而生”，上言“日夜分而生物”，文义重复。且春分秋分皆日夜分也，日夜分而生物，于秋分而成，义亦不合。文子上仁篇作：“和者阴阳调，日夜分。故万物春分而生，秋分而成。”然则此亦当同。上“而生”二字乃“故万”之误。**生之与**

成，必得和之精。精，气。故圣人之道，宽而栗，严而温，柔而直，猛而仁。言刚柔宽猛相济也。太刚则折，太柔则卷，圣人正在刚柔之间，乃得道之本。本，原也。积阴则沉，积阳则飞，阴阳相接，乃能成和。夫绳之为度也，可卷而伸也，引而伸之，可直而睎，睎，望也。○王念孙云："可卷而伸"，刘本作"可卷而怀"，是也。此言绳之为物，可曲可直，故先言卷而怀，后言引而伸。且怀与睎为韵，若作伸，则失其韵矣。文子上仁篇正作"可卷而怀"。故圣人以身体之。体，行。夫修而不横，短而不穷，直而不刚，久而不忘者，其唯绳乎！故恩推则懦，懦则不威；推，犹移也。严推则猛，猛则不和；爱推则纵，纵则不令；纵，放也。刑推则虐，虐则无亲。虐，害也。喜害人，人无亲之。昔者，齐简公释其国家之柄，而专任大臣简公，悼公阳生之子任也。一往不解曰简。大臣，陈成子。将相，摄威擅势，私门成党，而公道不行，党，群。○王引之云："大臣将相"四字当连读，将相即大臣也。释其国家之柄，专任大臣将相，皆以六字为句。摄威擅势，私门成党，公道不行，皆以四字为句。若以将相属下读，则句法参差不齐矣。且柄、相、党、行四字为韵，（柄，古读若方。行，古读若杭。并见唐韵正。），读"大臣"绝句，则失其韵矣。故使陈成田常、鸱夷子皮得成其难。难，杀简公之难。○钱大昕云：淮南以鸱夷子皮为田常之党，他书所未见。按：田常弑君之年，越未灭吴，范蠡何由入齐？此淮南之误也。○王引之云：陈成田常本作陈成常，陈其氏也，成其谥也，常其字也，恒其名也。人间篇正作陈成常，吕氏春秋慎势篇同。吴越春秋夫差内传作陈成恒，韩子外储说右篇作田成恒。田与陈古字通，言陈则不言田矣。后人又加"田"字，谬甚。又说山篇"陈成子恒之劫子渊捷也"，"子"字亦后人所加。○王绍兰云：田衍文，常即恒，是其名也。汉人讳恒，故经典或称常，或称恒耳。左氏作恒，公羊作常，哀六年传："诸大夫皆在朝，陈乞曰：'常之母有鱼菽之祭。'"何休解诂曰："常，陈乞子，重难言其妻，故云尔。"常之母，犹曰恒之母，若常是字，陈乞与诸大夫言，不当字其子于朝。曲礼疏引五经异义："公羊说，臣子先死，君父犹名之，孔子云'鲤也死'，是已死而称名；左氏说，既没称字而不名；穀梁同左氏说。"然则从公羊之说，父于子死犹名，则生名可知。从左氏、穀梁之说，没称字，则生名亦可知也。成子生存，而僖子呼之曰常，明常是名，非字矣。**使吕氏绝祀而陈氏有国者，**太公姓吕。简公，其后也。绝祀，陈氏代之也。**此柔懦所生也。郑子阳刚毅而好罚，**子阳，郑君也。一曰：郑相。**其于罚也，执而无赦。舍人有折弓者，畏罪而恐诛，则因猘狗之惊以杀子阳，**舍人，家臣也。国人逐猘狗以乱扰，舍人因之以杀子阳，畏其严也。**此刚猛之所致也。今不知道者，见柔懦者侵，则矜为刚毅；见刚毅者亡，则矜为柔懦。**○王念孙云：矜皆当为务(務)。（务、矜二字，隶书往往讹溷。管子小称篇"务为不久"，韩子难篇作"矜伪不长"，吕氏春秋勿躬篇"务服性命之情"，务误作矜。）言不知道者，中无定见，故见柔懦者侵，则务为刚毅，见刚毅者亡，则务为柔懦也。主术篇曰："为智者务为巧诈，（道藏本、刘本、茅本并同。朱本改为作于，非。庄本同。）为勇者务于斗争。"是其证也。又案：此文本作"见柔懦者侵，则务为刚毅；见刚毅者亡，则务于柔懦"，"于"下本无"为"字。于亦为也，为亦于也。务为刚毅，务于刚毅也；务于柔懦，务为柔懦也。僖二十年穀梁传曰："谓之新宫，则近为祢宫。"言近于祢宫也。秦策曰："魏为逢泽之遇，朝为天子。"言朝于天子也。是为与于同义。郊特牲曰："郊之祭也，扫地而祭，于其质也。"言为其质，不为其文也。又曰："祭天，扫地而祭焉，于其质而已矣。"大戴礼曾子本孝篇曰："故孝子之于亲也，生则有义以辅之，死则哀以莅焉，祭祀则莅之以敬，如此而成于孝子也。"言如此而后成为孝子也。晋语曰："祁奚辞于军尉。"言辞为军尉也。文六年穀梁传曰："闰月者，附月之余日也，积分而成于月者也。"言积分而成为月也。是于与为亦同义。为、于同义，故二字可以互用。晋语曰："称为前世，（韦注曰："言见称誉于前世。"）义于诸侯。"韩诗外传曰："民不亲不爱，而求于己用，为己死，不可得也。"皆以为、于互用。此云"见柔懦者侵，则务为刚毅；见刚毅者亡，则务于柔懦"，亦以为、于互用。主术篇曰："为智者务为巧诈，为勇者务于斗争。"即其明证也。又史记孟尝君传"君不如令弊邑深合于秦",西周策于作为。张仪传"韩、梁称为东藩之臣",赵策为作于。盖为、于声近而义同,故字亦相通也。然则"务于柔懦"即务为柔懦。道藏本"于"下复有"为"字者,后人不知为、于之同义,故又加"为"字耳。(刘本、朱本同。)茅本不删"为"字,而删"于"字,斯为谬矣。(庄本同。)**此本无主于中,而见闻舛驰于外者也,**○陈观楼云:"本无主于中",当作"无本主于中"。上文云"有本主于中,而以知榘彟之所周",正与此"无本主于中"相对。下文亦云:"中有本主以定清浊。"**故终身而无所定趋。**舛,乖也。定,安。趋,归也。**譬犹不知音者之歌也,浊之则郁而无转,**郁,湮也。转,读传译之传也。**清之则燋而不讴。**燋,悴也。讴,和也。○陈观楼云:讴当作调,故注训为和。今作讴者,因下句讴字而误。**及至韩娥、秦青、薛谈之讴,**三人皆善讴者。**侯同、曼声之歌,**二人善歌。一曰:曼,长。**愤于志,积于内,盈而发音,则莫不比于律而和于人心。何则?中有本主以定清浊,不受于外而自为仪表也。**

今夫盲者行于道,人谓之左则左,谓之右则右,遇君子则易道,○文典谨按:意林引,作"遇君子则得其平易"。**遇小人则陷沟壑。**○文典谨按:御览七百四十引,作"蹈于沟壑"。**何则?目无以接物也。**接,见也。**故魏两用楼翟、吴起而亡西河,**魏文侯任楼翟、吴起,不用他贤。秦伐,丧其西河之地。○陶方琦云:史记集解八十七、文选七发注引许注:"楼季,魏文侯之弟也。"按:史记李斯列传:"是故城高五丈而楼季不轻犯也。"(盐铁论"是犹跛夫之欲及楼季也",旧注亦引许慎注。)高作楼翟。顾千里曰:楼、翟乃二人。(楼为楼廪,翟为翟强。)韩非难一云:"魏两用楼、翟而亡西河。"即此所本。吴起二字乃衍文。或许本作楼季、吴起,亦为二人。**湣王专用淖齿而死于东庙,**湣,读汶水之汶。湣王,田常之后,代吕氏为齐侯,春秋之后僭号称王。淖齿,楚将,奔齐为臣。湣王无道,淖齿杀之,擢其筋,悬庙门之梁,三日而死。见战国策。**无术以御之也。**

文王两用吕望、召公奭而王，吕望，太公吕尚也，善用兵谋。奭，召康公，用理民物，有甘棠之歌也。**楚庄王专任孙叔敖而霸，**孙叔敖，楚大夫芳贾伯盈子。或曰：童子也，任其贤，故致于伯也。**有术以御之也。夫弦歌鼓舞以为乐，盘旋揖让以修礼，厚葬久丧以送死，孔子之所立也，而墨子非之。**非犹讥也。**兼爱尚贤，右鬼非命，墨子之所立也，而杨子非之。**兼三老五更，是以兼爱。选士大夫射，是以上贤。宗祀严父，是以右鬼。右，犹尊也。顺四时而行，是以非命。皆杨子所不贵，故非也。**全性保真，不以物累形，杨子之所立也，而孟子非之。**全性保真，谓不拔骭毛，以利天下弗为，不以物累己身形也。孟子受业于子思之门，成唐、虞、三代之德，叙诗、书、孔子之意，塞杨、墨淫词，故非之也。**趋舍人异，各有晓心。故是非有处，得其处则无非，失其处则无是。丹穴、太蒙、反踵、空同、大夏、北户、奇肱、修股之民，是非各异，习俗相反，**丹穴，南方当日下之地。太蒙，西方日所入处也。反踵，国名，其人南行，武迹北向。空同，戴胜极下之地。大夏，在西方。北户，在南方。奇肱、修股之民，在西南方。凡此八者，皆九州之外，八寅之域者也。**君臣上下，夫妇父子，有以相使也。此之是，非彼之是也；此之非，非彼之非也；**此，近谕诸华也。彼，远谕八寅也。于诸夏之所是，八寅之所非而废也；于诸华所非，八寅所是而行也。**譬若斤斧椎凿之各有所施也。**施，宜也。

禹之时，以五音听治，禹，颛顼后五世鲧之子也，名文命。受禅成功曰"禹"。五音，宫、商、角、徵、羽也。○文典谨按："听治"，初学记乐部下、白帖六十二、御览五百七十六引，并作"听政"。**悬钟鼓磬铎，置鞀，以待四方之士，为号曰：**○文典谨按："为号曰"，白帖作"为铭于簨簴曰"，与鬻子合，疑是许本。**"教寡人以道者击鼓，**道和阴阳，鼓一声以调五音，故击之。**谕寡人以义者击钟，**钟，金也。义者断割，故击之。**告寡**

人以事者振铎，铎，铃，金口木舌，合为音声。事者非一品，故振之。**语寡人以忧者击磬，**磬，石也，声急。忧亦急务，故击之。〇文典谨按：语，初学记乐部下引作告。**有狱讼者摇鞀。”**狱亦讼。讼一辩于事，故取小鞀摇也。〇文典谨按：初学记乐部下引，作“有狱讼告寡人者摇鞀”。**当此之时，一馈而十起，一沐而三捉发，**馈者，食也。**以劳天下之民，**劳，犹忧也。劳，读劳勑之劳。**此而不能达善效忠者，则才不足也。**当此之时，不耐达其善，效致其忠，是为无有其材也。**秦之时，高为台榭，大为苑囿，远为驰道，铸金人，**秦皇帝二十六年，初兼天下，有长人见于临洮，其高五丈，足迹六尺。放写其形，铸金人以象之，翁仲、君何是也。〇文典谨按：“远为驰道”，御览八十六引作“造驰道数千里”。又三百二十七引注，秦皇帝作秦始皇。**发適戍，入刍稿，**戍，守长城也。入刍稿之税，以供国用也。〇文典谨按：適戍，御览八十六引作边戍，三百二十七引作谪戍。**头会箕赋，输于少府。**头会，随民口数，人责其税。箕赋，似箕然，敛民财多，取意也。少府，官名，如今司农。**丁壮丈夫，西至临洮、狄道，**临洮，垄西之县，洮水出北。狄道，汉阳之县。**东至会稽、浮石，**会稽，山名。浮石，随水高下，言不没。皆在辽西界。一说：会稽山在太山下，“封于太山，禅于会稽”是也。会稽或作沧海。〇孙诒让云：高谓会稽、浮石在辽西界，今无考。窃谓会稽即扬州镇山。周礼职方氏及吕氏春秋有始览并云“东南曰扬州”，则会稽于方位自得为东。庄子外物篇云“蹲乎会稽，投竿东海”，明今浙东之海亦为东海，不必别求之辽西及太山下也。楚辞九思伤时云“超五岭兮嵯峨，观浮石兮崔嵬”，王注云：“东海有浮石之山。”然则浮石在五岭之东。准之地望，其不在辽西明矣。**南至豫章、桂林，**豫章，豫章郡。桂林，郁林郡。〇文典谨按：豫章，御览八十六引作象郡，三百二十七引与今本同，或即许、高之异也。**北至飞狐、阳原，**飞狐，盖在代郡南飞狐山也。阳原，盖在太原。或曰：代郡广昌东五阮关是也。**道路死人以沟量。**言满沟也。**当此之时，忠谏者谓之不祥，**〇文典谨按：御览八十六引，“忠谏者”上有“有”字。**而道仁义者谓之狂。逮至高皇帝,存亡继绝,**汉高祖刘季也。○文典谨按:高氏,汉人,不当言刘季。“刘季”二字,后人所加也。御览三百二十七引注,无此二字。**举天下之大义,身自奋袂执锐,以为百姓请命于皇天。**执利兵伐无道,以求百姓之命,祈之于皇天也。**当此之时,天下雄俊豪英暴露于野泽,**才过千人为俊,百人为豪,万人为英。**前蒙矢石,而后堕溪壑,出百死而给一生,以争天下之权,**堕,入也。给,至也。给,读仍代之代也。**奋武厉诚,以决一旦之命。当此之时,丰衣博带而道儒墨者,以为不肖。**言尚武也。**逮至暴乱已胜,**胜暴乱也。○文典谨按:御览三百二十七引,已作以。已、以古通用。**海内大定,继文之业,立武之功,**继文王受命之业,武王诛无道之功。**履天子之图籍,造刘氏之貌冠,**高祖于新丰所作竹皮冠也。一曰委貌冠。○庄逵吉云:钱别驾云:“竹皮冠,应劭以为即鹊尾冠,以始生竹皮为之,即刘氏冠也。”**总邹、鲁之儒墨,通先圣之遗教,戴天子之旗,乘大路,建九斿,撞大钟,击鸣鼓,奏咸池,扬干戚。**周礼,天子五路。大路,上路也。王者功成作乐,故撞钟击鼓。咸池,黄帝乐。干,楯;戚,斧也。春夏舞者所执。○文典谨按:御览三百二十七引,戴作载,大路作泰辂。**当此之时,有立武者见疑。**疑,怪也。**一世之间,而文武代为雌雄,有时而用也。今世之为武者则非文也,为文者则非武也,文武更相非,而不知时世之用也。此见隅曲之一指,而不知八极之广大也。**隅曲,室中之区隅,言狭小。八极,八方之极,言广大也。**故东面而望,不见西墙;南面而视,不睹北方;唯无所向者,则无所不通。**无所向,则可以见四方,故曰“无所不通”。○文典谨按:意林引,“通”下有“也”字。

国之所以存者,道德也;道德施行,民悦其化,故国存也。○俞樾云:德当为得,字之误也。文子上仁篇正作得。“国之所以存者,道得也”,与下句“家之所以亡者，理塞也”，正同一律。高注曰：“理，道也。”然则道、理一也，得则存，塞则亡矣。高注此句曰：“道德施行，民悦其化，故国存也。”盖以“道德”本属恒言，故加“德”字以足句，非正文本作“道德”也。下文曰：“存在得道而不在于大也，亡在失道而不在于小也。”正与此文相应。疑此“塞”字亦即“失”字之误，故高氏无注矣。**家之所以亡者，理塞也。**理，道也。**尧无百户之郭，舜无置锥之地，**○庄逵吉云：御览引，置作植，盖古字通用。**以有天下。禹无十人之众，汤无七里之分，以王诸侯。文王处岐周之间也，地方不过百里，而立为天子者，有王道也。**尧、舜、禹、汤、文王皆王有天下，孟子曰“以德行仁者王，王不待大”是也。**夏桀、殷纣之盛也，人迹所至，舟车所通，莫不为郡县，然而身死人手，而为天下笑者，有亡形也。**孟子曰“恶死亡，乐不仁”，不仁必死亡，故曰“有亡形”也。**故圣人见化以观其征。**征，成也。**德有盛衰，风先萌焉。**风，气也。萌，见也。有盛德者，谓文王也。伯夷、太公先见之。有衰德者，谓桀、纣也。太史令终古及向艺先去之也。**故得王道者，虽小必大；**汤、武是也。**有亡形者，虽成必败。**桀、纣是也。**夫夏之将亡，太史令终古先奔于商，三年而桀乃亡。**汤灭之也。**殷之将败也，太史令向艺先归文王，期年而纣乃亡。**武王灭之。终古、向艺，二贤人名。**故圣人之见存亡之迹，成败之际也，非待鸣条之野，甲子之日也。**汤伐桀，禽于鸣条。武王诛纣，以甲子克之。**今谓强者胜则度地计众，富者利则量粟称金，若此，则千乘之君无不霸王者，而万乘之国无不破亡者矣。**○王念孙云：“无不霸王”，“无不破亡”，两“不”字皆后人所加。此言千乘小而万乘大，若强者必胜，富者必利，则是千乘之君必无霸王者，万乘之国必无破亡者矣。而不知国之兴亡，在得道与失道，不在大与小也。故下文曰：“存在得道而不在于大，亡在失道而不在于小。”后人不晓文义，而妄加两“不”字，其失甚矣。○文典谨按：王谓“无不破亡”之“不”为后人所加，是也。然上"无不霸王"之"不",则实非衍文。盖上句言千乘之君之必兴,下句则言万乘之国之不败。下"不"字乃涉上"不"字而衍耳。群书治要引此文,有上"不"字,无下"不"字,是其证。**存亡之迹,若此其易知也,愚夫惷妇皆能论之。**惷亦愚,无知之貌也。**赵襄子以晋阳之城霸,智伯以三晋之地擒;**襄子,无恤也。智伯,智瑶。三晋,智氏兼有范、中行氏。智伯帅韩、魏之君围赵襄子于晋阳,赵襄子使张孟谈与韩、魏通谋,韩、魏反而击之,大破智伯之军,获其首,以为歆器,故曰"以三晋之地擒"也。**湣王以大齐亡,**为淖齿所杀也。**田单以即墨有功。**燕伐齐而灭之,得七十城,唯即墨未下。田单以市吏率即墨市民以击燕师,破之,故曰有功也。**故国之亡也,虽大不足恃;**大犹亡,智伯是。**道之行也,虽小不可轻。**汤以七十里,文王以百里,皆有天下,故虽小不可轻。**由此观之,存在得道而不在于大也,**得道之君,虽小,为善而耐王天下,故曰"不在于大"也。**亡在失道而不在于小也。**无道之君,以为恶无伤而弗革,积必亡,故曰"不在于小"也。**诗云:"乃眷西顾,此惟与宅。"言去殷而迁于周也。**纣治朝歌,在东;文王国于岐周,在西。天乃眷然顾西土,此唯居周,言我宅也,故曰"去殷而迁于周"也。

故乱国之君,务广其地而不务仁义,务高其位而不务道德,是释其所以存,而造其所以亡也。○文典谨按:群书治要引,造作就。**故桀囚于焦门,而不能自非其所行,**不自非行之恶。**而悔不杀汤于夏台;**悔,恨也。台或作宫。**纣居于宣室,而不反其过,**反,悔。○文典谨按:群书治要引,居作拘。**而悔不诛文王于羑里。**羑里,今河内汤阴是也。羑,古牖字。○文典谨按:群书治要引,羑作牖。**二君处强大势位,修仁义之道,汤、武救罪之不给,何谋之敢当!**二君,桀、纣也。当其君也,强大之势,不能自知所行之非也。假令能修仁义之道,则汤、武不敢生诛之谋也。○王念孙云:"处强大势位",本作"处强大之势",与"修仁义之道"相对为文。今本脱"之"字,衍"位"字,("位"字因上文"务高其位"而衍。)则与下句不对。高注云:"当其居强大之势,不能自知所行之非。"则"势"下无"位"字明矣。群书治要引此,正作"处强大之势"。又案:"何谋之敢当","当"字义不可通。群书治要引作"何谋之敢虑",是也。虑字隶书或作慮,因误而为当(當)。○俞樾云:"当"字无义。群书治要作虑,然谋即虑也,"何谋之敢虑"义亦难通。"当"疑"蓄"字之误。言救罪且不给,不暇更蓄他谋也。**若上乱三光之明,下失万民之心,**三光,日、月、星辰也。失万民心,施民所恶也。○庄逵吉云:文选注引,作"三光,日、月、星也",无辰字,以为许慎注。**虽微汤、武,孰弗能夺也?**言遭人能夺之,不必汤、武也。**今不审其在己者,而反备之于人,**言不慎行己之德,而乃反备天下之人来诛也。○文典谨按:群书治要引,"之于"作"诸乎"。**天下非一汤、武也,杀一人,则必有继之者也。**○文典谨按:群书治要引,作"杀一人,即必或继之者矣"。**且汤、武之所以处小弱而能以王者,以其有道也;**○文典谨按:群书治要引,"以王"作"著"。**桀、纣之所以处强大而见夺者,以其无道也。**○文典谨按:群书治要引,"见夺"上有"终"字。**今不行人之所以王者,而反益己之所以夺,是趋亡之道也。武王克殷,欲筑宫于五行之山。**五行山,今太行山也,在河内野王县北上党关也。○文典谨按:御览八十四引注,关作间。**周公曰:"不可!夫五行之山,固塞险阻之地也。使我德能覆之,则天下纳其贡职者回也。**回,迂难也。回,或作固。固,必也。**使我有暴乱之行,则天下之伐我难矣。"**周公言我有暴乱之行,则天下当来伐我,无为于五行之山,使天下来伐我者难也。言其依德,不恃险也。**此所以三十六世而不夺也。周公可谓能持满矣。**满而不溢也。

昔者,周书有言曰:周史之书。**"上言者,下用也;下言**

者，上用也。可否相济。**上言者，常也；**为君常也。**下言者，权也。"此存亡之术也。**权，谋也。谋度事宜，不失其道也。**唯圣人为能知权。言而必信，期而必当，天下之高行也。直躬其父攘羊而子证之，**直躬，楚叶县人也。叶公子高谓孔子曰："吾党有直躬者，其父攘羊，而子证之。"孔子曰："吾党之直者异于是，父为子隐，子为父隐，直在其中矣。"凡六畜自来而取之，曰攘也。**尾生与妇人期而死之。**尾生，鲁人，与妇人期于梁下，水至溺死也。○文典谨按：文选琴赋注引高注，"水至溺死也"作"不至而水溺死"。**直而证父，信而溺死，虽有直信，孰能贵之！**○王念孙云："信而溺死"，本作"信而死女"，言信而为女死，则信不足贵也。今本"死女"作"溺死"者，涉上注"水至溺死"而误。直而证父，信而死女，相对为文。且女与父为韵。若作溺死，则文既不对，而韵又不谐矣。文子道德篇正作"信而死女"。**夫三军矫命，过之大者也。秦穆公兴兵袭郑，过周而东。**以兵伐国，不击鼓，密声，曰袭。周者，王城也。公羊传曰："王城者何？西周也。"**郑贾人弦高将西贩牛，道遇秦师于周、郑之间，乃矫郑伯之命，犒以十二牛，宾秦师而却之，以存郑国。**非君命也，而称君命，曰矫。酒肉曰享，牛羊曰犒，共其枯槁也。秦师日行千里而袭之，远主有备而师无继，不如还，遂还师而去也，故曰"却之"。**故事有所至，信反为过，诞反为功。**信为过者，尾生是。诞为功者，弦高是。**何谓失礼而有大功？昔楚恭王战于阴陵，**恭王与晋厉战于阴陵，吕锜射恭王，中目，因而擒之。过而能改，故曰"恭"也。○庄逵吉云：古声阴、鄢同，故以鄢陵为阴陵，非九江之阴陵也。**潘尫、养由基、黄衰微、公孙丙相与篡之。**四子，楚大夫，篡晋取恭王。衰，读绳之维。微，读拉灭之拉也。俞樾云：高解"相与篡之"句曰："四子，楚大夫，篡晋取恭王。"夫上文并无恭王见禽于晋之事，即云"相与篡之"，于文不备。据"战于阴陵"下有高注曰："恭王与晋厉战于阴陵，吕锜射恭王，中目，因而禽之。"疑此二十字是正文，本在"昔楚"二字之下，因此二十字误作注文,后人遂于"昔楚"下补"恭王战于阴陵"六字耳。**恭王惧而失体,**威仪不如常,坐不能起也。**黄衰微举足蹴其体,恭王乃觉。怒其失礼,夺体而起,四大夫载而行。**失礼,谓举足蹴君也。**昔苍吾绕娶妻而美,以让兄,此所谓忠爱而不可行者也。**苍吾绕,孔子时人。以妻美好,推与其兄。兄则爱矣,而违亲迎曲顾之谊,故曰不可行也。**是故圣人论事之局曲直,与之屈伸偃仰,无常仪表,**○王念孙云:此言屈伸偃仰,皆因乎事之曲直。"曲直"上不当有"局"字,盖衍文也。文子道德篇无"局"字。**时屈时伸,卑弱柔如蒲韦,非摄夺也;刚强猛毅,志厉青云,非本矜也:**○王念孙云:本当为夸,夸矜与摄夺相对为文。夸字或书作夸,形与本相似,因误为本。文选甘泉赋注引此,正作夸。又案:蒲、韦皆柔弱之物,故曰"时屈时伸,弱柔如蒲韦","弱柔"上不当有"卑"字,此涉下文"屈膝卑拜"而误衍也。荀子不苟篇云:"言己之光美,拟于舜、禹,参于天地,非夸诞也。与时屈伸,柔从若蒲韦,非慑怯也。刚强猛毅,靡所不信,非骄暴也。"语意略与此同,"柔从若蒲韦"之上亦无"卑"字。**以乘时应变也。夫君臣之接,屈膝卑拜,以相尊礼也;至其迫于患也,则举足蹴其体,天下莫能非也。是故忠之所在,礼不足以难之也。孝子之事亲,和颜卑体,奉带运履;**运,正回也。**至其溺也,则捽其发而拯,**拯,升也。出溺曰拯。○文典谨按:捽,意林、御览三百九十六引,并作揽。**非敢骄侮,以救其死也。故溺则捽父,祝则名君,**孟子曰:"嫂溺而不拯,是豺狼也。"而况父兄乎!故溺则拯之,祝则名君。周人以讳事神,敬之至也。**势不得不然也。此权之所设也。故孔子曰:"可以共学矣,而未可以适道也。**适,之也。道,仁义之善道。**可与适道,未可以立也。**立德、立功、立言。**可以立,未可与权。"权者,圣人之所独见也。故忤而后合者,谓之知权;**忤,逆不合也。权,因事制宜,权量轻重,无常形势,能令丑反善,合于宜适,故圣人独见之也。**合而后舛者,谓之不知权。不知权者,善反丑矣。故礼者,实之华而伪之文也,方于卒迫穷遽之中也,则无所用矣。**无所用于礼也。**是故圣人以文交于世,而以实从事于宜,不结于一迹之涂,凝滞而不化,是故败事少而成事多,号令行于天下而莫之能非矣。**结,犹聚也。

猩猩知往而不知来,猩猩,北方兽名,人面兽身,黄色。礼记曰:"猩猩能言,不离走兽。见人往走,则知人姓字。"此知往也。又嗜酒,人以酒搏之,饮而不耐息,不知当醉,以禽其身,故曰"不知来"也。**乾鹄知来而不知往,**乾鹄,鹊也,人将有来事忧喜之征,则鸣,此知来也。知岁多风,多巢于木枝,人皆探其卵,故曰"不知往"也。乾,读干燥之干。鹄,读告退之告。**此修短之分也。昔者苌弘,周室之执数者也,**苌弘,周宣王之大夫。数,历术也。**天地之气,日月之行,风雨之变,律历之数,无所不通,然而不能自知,车裂而死。**晋范、中行氏之难,以叛其君也。周刘氏与晋范氏世为婚姻,苌弘事刘文公,故周人助范氏。至敬王二十八年,晋人让周,周为杀苌弘以释之,故曰"不能自知,车裂而死"也。○王念孙云:太平御览刑法部十一引此同。案:左传、国语皆言周杀苌弘,而不言车裂,他书亦无车裂之事。案庄子胠箧篇"苌弘胣"释文:"崔云:'胣,裂也。'淮南子曰:'苌弘铍裂而死。'"据此,则古本本作"铍裂"。今作"车裂"者,涉下文苏秦"车裂"而误也。注内"车裂"同。**苏秦,匹夫徒步之人也,鞀蹻嬴盖,经营万乘之主,服诺诸侯,然不自免于车裂之患。**苏秦,洛阳人也。嬴,籯囊也。盖,步盖也。苏秦相赵,赵封之为武安君。初带嬴囊,襜步盖,历说万乘之君,合山东[一]之从,利病之势,无所不下,使诸侯服从,无有不服诺者,故曰"服诺诸侯,不自免于车裂之患"。说在诠言之篇。**徐偃王被服慈惠,身行仁义,陆地之朝者三十二国,然而身死国**

〔一〕"山东",原本作"东山",误倒,据史记本传乙。

亡，子孙无类。偃王于衰乱之世，修行仁义，不设武备，楚王灭之，故身死国亡也。七谏篇曰“荆文误而徐亡”是也。**大夫种辅翼越王句践，而为之报怨雪耻，擒夫差之身，开地数千里，然而身伏属镂而死。**种佐句践，报怨于吴王夫差，获千里之地，而越王终已疑之，赐属镂以死。属镂，利剑也。一曰：长剑擲施鹿卢，锋曳地，属录而行之也。**此皆达于治乱之机，**机，要也。**而未知全性之具者。故苌弘知天道而不知人事，苏秦知权谋而不知祸福，徐偃王知仁义而不知时，大夫种知忠而不知谋。**不知为身谋也。**圣人则不然，论世而为之事，权事而为之谋，是以舒之天下而不窕，内之寻常而不塞。**不窕，在大能大也。八尺曰寻，倍寻曰常。在小能小，不塞急也。**使天下荒乱，礼义绝，纲纪废，强弱相乘，力征相攘，臣主无差，贵贱无序，甲胄生虮虱，**乘，加也。攘，平除。生虮虱，不离体也。**燕雀处帷幄，而兵不休息，**幄，幕也。处，犹巢也。**而乃始服属臾之貌，**谨也。**恭俭之礼，则必灭抑而不能兴矣。天下安宁，政教和平，百姓肃睦，上下相亲，而乃始立气矜，**矜，自大也。**夺勇力，则必不免于有司之法矣。是故圣人者，能阴能阳，能弱能强，随时而动静，因资而立功，物动而知其反，事萌而察其变，化则为之象，运则为之应，是以终身行而无所困。故事有可行而不可言者，有可言而不可行者，有易为而难成者，有难成而易败者。**〇文典谨按：群书治要引，作“或易为而难成者，或难成而易败者”。**所谓可行而不可言者，趋舍也；可言而不可行者，伪诈也；易为而难成者，事也；难成而易败者，名也。**〇文典谨按：群书治要引，名作治。**此四策者，圣人之所独见而留意也。**〇文典谨按：群书治要引，见作视，意作志。

詘寸而伸尺，圣人为之；寸小，尺大。小枉而大直，君子行之。枉，曲也。直，直其道也。周公有杀弟之累，诛管、蔡也。齐桓有争国之名，自莒先入，杀子纠也。然而周公以义补缺，谓翼成王以致太平，七年归政，北面为臣，故曰"以义补缺"也。桓公以功灭丑，立九合一匡之功，以灭争国之恶也。而皆为贤。今以人之小过掩其大美，则天下无圣王贤相矣。故目中有疵，不害于视，不可灼也；疵，赘。灼，燃也。喉中有病，无害于息，不可凿也。凿，穿也。河上之丘冢，不可胜数，犹之为易也。言河上本非丘垄之处，有易之地犹多，以大言之也，以谕万事多覆于少。水激兴波，高下相临，差以寻常，犹之为平。虽有激波，犹以为平，平者多也。犹橘柚冬生，人曰冬死，死者众也；荠麦夏死，人曰夏生，生者多也。昔者曹子为鲁将兵，三战不胜，亡地千里。使曹子计不顾后，足不旋踵，刎颈于陈中，则终身为破军擒将矣。然而曹子不羞其败，耻死而无功。柯之盟，揄三尺之刃，造桓公之胸，三战所亡，一朝而反之，勇闻于天下，功立于鲁国。复汶阳之田也。管仲辅公子纠而不能遂，遂，成也。不可谓智；遁逃奔走，不死其难，不死子纠之难也。不可谓勇；束缚桎梏，不讳其耻，不可谓贞。当此三行者，布衣弗友，人君弗臣。布衣之士不可以为益友也，人君不可以为义臣也。然而管仲免于累绁之中，立齐国之政，九合诸侯，一匡天下。使管仲出死捐躯，不顾后图，岂有此霸功哉！今人君论其臣也，不计其大功，总其略行，而求其小善，则失贤之数也。略，大也。小善，忠也。数，术也。故人有厚德，无问其小节；而有大誉，无疵其小故。○王念孙云：问当为间。方言曰："间，非也。"（襄十五年左传"且不敢间"，论语先进篇"人不间于其父母昆弟之言”，孟子离娄篇“政不足间也”，赵岐、陈群、孔颖达诸儒皆训间为非。）疵，读为訾。（庄子山木篇“无誉无訾”，吕氏春秋必已篇作疵。荀子不苟篇：“正义直指，举人之过，非毁疵也。”）无间与无訾同义，故广雅曰：“间、訾，諀也。”（諀与毁同。）今本间误为问，则非其指矣。文子上义篇正作“无间其小节”。**夫牛蹄之涔不能生鳣鲔，**涔，雨水也，满牛蹄迹中，言其小也，故不能生鳣鲔也。鳣，大鱼，长丈余，细鳞，黄首，白身，短头，口在腹下。鲔，大鱼，亦长丈余，仲春二月从西河上，得过龙门，便为龙。先师说云也。**而蜂房不容鹄卵，**房，巢也。○文典谨按：御览九百十六引，鹄作鸿。**小形不足以包大体也。**

夫人之情，莫不有所短。诚其大略是也，虽有小过，不足以为累。诚其实，略其行。**若其大略非也，虽有闾里之行，未足大举。**举，用。**夫颜喙聚，梁父之大盗也，**梁父，齐邑，今属太山。○王念孙云：喙当为啄，字之误也。颜啄聚，左传哀二十七年、吕氏春秋尊师篇、韩子十过篇并作颜涿聚，韩诗外传作颜斫聚，说苑正谏篇作颜烛趋，汉书古今人表作颜烛雏，晏子春秋外篇作颜烛邹，并字异而义同。喙与涿、斫、烛，声并相近，喙则远矣。啄、喙二字，书传往往相乱。**而为齐忠臣。段干木，晋国之大驵也，而为文侯师。**驵，骄怚。一曰：驵，市侩也。言魏国之大侩也。○陶方琦云：御览八百二十八、白帖八十三引许注：“驵，市侩。”按：二家文义并异，所谓“一曰”，即是许说，如俶真训“敦圄”注例也。后汉郭太传注引说文：“驵，会也。谓合两家之买卖，如今之度市也。”索隐二十八引淮南注曰：“干木，度市之魁也。”亦疑是许注。类篇引说文：“驵，一曰市会。”市会即市侩，与淮南训正同。**孟卯妻其嫂，有五子焉，然而相魏，宁其危，解其患。**孟卯，齐人也。及为魏臣，能安其危，解其患也。战国策曰芒卯也。○庄逵吉云：古孟、芒同声，故通用。**景阳淫酒，被发而御于妇人，威服诸侯。**景阳，楚将。**此四人者，皆有所短，然而功名不灭者，其略得也。**略，犹道也。**季襄、陈仲子立节**

抗行，不入洿君之朝，不食乱世之食，遂饿而死。季襄，鲁人，孔子弟子。陈仲子，齐人，孟子弟子，居於陵。○王念孙云：孔子弟子无季襄，襄皆当为哀，字之误也。史记仲尼弟子传，公晳哀，字季次。（索隐引家语作公晳克，克亦哀之误。）此言季哀，即季次也，故高注云然。弟子传载孔子之言曰："天下无行，多为家臣，仕于都，唯季次未尝仕。"游侠传曰："季次、原宪，怀独行君子之德，义不苟合当世，终身空室蓬户，褐衣疏食不厌。"此云"立节抗行，不入洿君之朝，不食乱世之食"，说与史记略同。**不能存亡接绝者何？小节伸而大略屈。**伸，用。屈，废也。**故小谨者无成功，訾行者不容于众，**好掩人之善，扬人之短，訾毁人行，自独卑藏，众人所疾而不容之也。一曰：訾，毁也。行有毁缺者，不为众人所容。**体大者节疏，蹠距者举远。**疏，长。蹠，足。距，大也。**自古及今，五帝三王，未有能全其行者也。故易曰："小过，亨，利贞。"言人莫不有过，而不欲其大也。夫尧、舜、汤、武，世主之隆也；**隆，盛。**齐桓、晋文，五霸之豪英也。然尧有不慈之名，**谓天下不以予子丹朱也。**舜有卑父之谤，**谓瞽瞍降在庶人也。**汤、武有放弑之事，**殷汤放桀南巢，周武弑纣宣室。**五伯有暴乱之谋。**齐桓、晋文、宋襄、楚庄、秦穆，德未能纯，皆有争夺之验，故曰"有暴乱之谋"也。**是故君子不责备于一人。**

方正而不以割，廉直而不以切，博通而不以訾，文武而不以责。文武备具，而不责备于人也。**求于一人则任以人力，**任其力所能任也。○王念孙云："求于一人"，刘本无"一"字，是也。道藏本有"一"字者，因上文"责备于一人"而误。"求于人"与"自修"相对为文，"人"上不当有"一"字。下文"责人以人力"，"自修以道德"，即其证。文子上义篇作"于人以力，自修以道"。**自修则以道德。责人以人力，易偿也；自修以道德，难为也。难为则行高矣，易偿则求澹矣。夫**

夏后氏之璜不能无考，半璧曰璜，夏后氏之珍玉也。考，瑕衅也。〇洪颐煊云：考当作耇。说文："耇，老人面如点也。从老省，占声。"与玷字通用，讹脱作考。**明月之珠不能无纇，**夜光之珠，有似月光，故曰明月。纇，磐，若丝之结纇也。〇陶方琦云：文选班固两都赋注、李萧远运命论注引许注："夜光之珠，有似明月，故曰明月也。"按：此许注羼入高注本者，故同。文选两都赋李善注曰："高诱以随侯为明月，许慎以明月为夜光。"是许、高注本异，此注定为许义无疑。〇文典谨按：文选辩命论注引高注："考，不平也。纇，瑕也。"与此注文迥异。陶谓此为许注，是也。**然而天下宝之者，何也？其小恶不足妨大美也。今志人之所短，而忘人之所修，而求得其贤乎天下，则难矣。**〇王念孙云："得其贤乎天下"，衍"其"字。艺文类聚宝部上引此，无"其"字。**夫百里奚之饭牛，伊尹之负鼎，**伊尹负鼎俎，调五味，以干汤，卒为贤相。**太公之鼓刀，**太公，河内汲人。有屠、钓之困，卒为文王佐，翼武王伐纣也。**甯戚之商歌，**甯戚，卫人也，商旅于齐，宿郭门外，疾世商歌，以干桓公。桓公夜出迎客，闻之，举以为大田。事在道应训也。**其美有存焉者矣。众人见其位之卑贱，事之洿辱，而不知其大略，以为不肖。及其为天子三公，而立为诸侯贤相，乃始信于异众也。**信，知也。**夫发于鼎俎之间，**伊尹。**出于屠酤之肆，**肆，列也。谓太公吕尚也。**解于累绁之中，**累绁，所以束缚人。谓管仲。**兴于牛颔之下，**兴，起也。谓百里奚也。颔，读合索之合。**洗之以汤沐，祓之以爟火，立之于本朝之上，倚之于三公之位，**爟火，取火于日之官也。周礼司爟掌行火之政令。火，所以祓除不祥也。立，置也。本朝，国朝也。**内不惭于国家，外不愧于诸侯，符势有以内合。**内合于君。**故未有功而知其贤者，尧之知舜；**〇文典谨按：群书治要引，"舜"下有"也"字。**功成事立而知其贤者，市人之知舜也。为是释度数而求之于朝肆草莽**

之中，其失人也必多矣。为上自任耳目聪明以得贤人之故，不复用度量之术取人，而亟求贤于朝肆之列，草莽之中，失贤人必多矣，何可求贤也！**何则？能效其求，而不知其所以取人也。**

夫物之相类者，世主之所乱惑也；嫌疑肖象者，众人之所眩耀。肖象，似也。嫌疑，谓白骨之肖象牙也，碧卢似玉，蛇床似蘪芜也。**故狠者类知而非知，**狠者自用，像有知，非真知。〇陶方琦云：群书治要引许注："狠，慢也。"按：二注正异。说文作"狠，盭也"，义亦同。**愚者类仁而非仁，**愚者不能断割，有似于仁，非真仁也。〇文典谨按：群书治要引，两"仁"字皆作"君子"。**戆者类勇而非勇。**戆者不知畏危难，有似于勇，非真勇。**使人之相去也，若玉之与石，美之与恶，则论人易矣。夫乱人者，芎䓖之与槁本也，蛇床之与蘪芜也，此皆相似者。**言其相类，但其芳臭不同。犹小人类君子，但其仁与不仁异也。〇王念孙云："美之与恶"，本作"葵之与苋"。葵与苋不相似，故易辨，此言物之不相似者。下言物之相似者，皆各举二物以明之。若云"美之与恶"，则不知为何物矣。盖俗书美字作羙，葵字作𦮼，𦮼之上半与羙相似，因误而为美。后人不解其故，遂改为"美之与恶"耳。群书治要及尔雅疏、埤雅、续博物志引此，并作"葵之与苋"，是其证。又案：上既言乱人，则下不必更言相似。且正文既言相似，则注不必更言"言其相类"矣。尔雅疏引许注云："此四者药草，臭味之相似。"然则"此皆相似"四字，盖后人约记许注于正文之旁，而写者因误合之也。（茅本又于"相似"下加"者"字，而庄本从之，谬矣。）史记司马相如传索隐、尔雅疏、本草图经、埤雅、续博物志所引，皆无此四字。〇陶方琦云：尔雅释艸正义引许注："此四者药艸，臭味之相似，惟治病则不同力。"按：二家注文异，足征许、高之别。北宋时尚有许注残本，故引文尚异。**故剑工惑剑之似莫邪者，唯欧冶能名其种；**欧冶，良工也。**玉工眩玉之似碧卢者，唯猗顿不失其情；**碧卢，或云碔砆。猗顿，鲁之富人，能知玉理，不失其情也。〇俞樾云：上云"剑工惑剑之似莫邪者"，莫邪是良剑之名，则碧卢亦必是美玉之名。地形篇"碧树瑶树在其北",高注曰:"碧,青玉也。"是其义也。下文云"暗主乱于奸臣小人之疑君子者",然则莫邪、碧卢是喻君子,非喻小人。高注曰:"碧卢,或云碔砆。"失之。**暗主乱于奸臣小人之疑君子者,唯圣人能见微以知明。故蛇举首尺,而修短可知也;象见其牙,而大小可论也。薛烛庸子,见若狐甲于剑而利钝识矣;**薛,齐邑也。烛庸氏子,通利剑。○俞樾云:"狐甲"之义不可晓,"狐"疑"爪"字之误。荀子大略篇"争利如蚤甲而丧其掌",杨注曰:"蚤与爪同。"此爪甲连文之证。"若爪甲"者,言其小也。言烛庸子之于剑,止见若爪甲者,而已识其利钝矣。下文曰:"臾儿、易牙,淄、渑之水合者,尝一哈水而甘苦知矣。""一哈"言其少也,与此文正一律。**臾儿、易牙,淄、渑之水合者,尝一哈水而甘苦知矣。**臾儿、易牙,皆齐之知味者。哈,口也。○陶方琦云:庄子音义引许注:"俞儿,黄帝时人。狄牙,即易牙,齐桓公时识味人也。"按:二注文异。庄子音义又引淮南一本作臾儿,注云:"臾儿,亦齐人。"即今高注。知与许注本异也。俞跗,扬雄解嘲作臾柎,俞、臾古通。简狄,诗纬作简易,狄、易亦古通。大戴礼"桓公任狄牙",扬子法言"狄牙能喊",皆作狄牙。文选琴赋"狄牙丧味",注引淮南"淄、渑之水合,狄牙尝而知之",是即许本作狄牙之证。今道应篇作易牙,亦当改正。**故圣人之论贤也,见其一行而贤不肖分矣。孔子辞廪丘,终不盗刀钩;**廪丘,齐邑,今属济阴。齐景公养孔子,以言未见从,道未得行,不欲虚禄,辞而不受,故不复利人刀钩也。**许由让天子,终不利封侯。**许由,隐者,阳城人。尧欲以天下与之,洗耳而不就,故曰不利于封侯也。**故未尝灼而不敢握火者,见其有所烧也;未尝伤而不敢握刃者,见其有所害也。**○文典谨按:御览八百六十九引,"灼"下有"也"字,握刃作擢刃。**由此观之,见者可以论未发也,而观小节可以知大体矣。故论人之道,贵则观其所举,富则观其所施,穷则观其所不受,贱则观其所不为,贫则观其所不取。视其更难,以知其勇;动以喜乐,**

以观其守；委以财货，以论其仁；振以恐惧，以知其节：则人情备矣。

古之善赏者，费少而劝众；赵襄子行之是。善罚者，刑省而奸禁；齐威王行之是也。善予者，用约而为德；秦缪公行之是。善取者，入多而无怨。齐桓公行之也。赵襄子围于晋阳，罢围而赏有功者五人，高赫为赏首。左右曰："晋阳之难，赫无大功，今为赏首，何也？"智伯求地于赵襄子，不与，智伯率韩、魏以围之，三月不克。赵氏之臣张孟谈，潜与韩、魏通谋，反智伯而杀之，张孟谈之力也。故曰高赫无大功也。襄子曰："晋阳之围，寡人社稷危，国家殆，群臣无不有骄侮之心，唯赫不失君臣之礼。"故赏一人，而天下为忠之臣者莫不终忠于其君。此赏少而劝善者众也。○王念孙云："天下为忠之臣者"，当作"天下之为臣者"。吕氏春秋义赏篇引孔子曰："赏一人，而天下之为人臣者莫敢失礼。"即淮南所本也。今本"之为"二字误倒，又衍一"忠"字。"此赏少而劝善者众也"，当作"此赏少而劝众者也"。上文云"古之善赏者，费少而劝众"，正与此句相应。下文曰"此刑省而奸禁者也"，"此用约而为德者也"，"此入多而无怨者也"，句法并与此同。今本"众者"二字误倒，又衍一"善"字。（"善"字涉下文"劝善"而衍。）齐威王设大鼎于庭中，而数无盐令曰："子之誉，日闻吾耳。察子之事，田野芜，仓廪虚，囹圄实。子以奸事我者也。"乃烹之。齐以此三十二岁道路不拾遗。此刑省奸禁者也。秦穆公出游而车败，右服失马，服，中失[一]马。○王念孙云："右服失马"，马字因注文而衍。服为中央马，则不须更言马矣。吕氏春秋爱士篇正作"右服失"。（失与佚同。）野人得之。穆公追而及之岐山之阳，野人方屠而食之。穆公曰："夫食骏马之肉，而不还饮酒

———

〔一〕"失"疑为"央"，形近而误。

者，伤人。吾恐其伤汝等。”遍饮而去之。处一年，与晋惠公为韩之战，处一年者，谓饮食肉人酒之明年也。晋惠公夷吾倍秦纳己之赂，秦兴兵伐晋，战于晋地韩原也。晋师围穆公之车，梁由靡扣穆公之骖，获之。梁由靡，晋大夫。扣，犹牵也。将获穆公。○王念孙云：高注云“将获穆公”，则正文“获”上有“将”字也。将获未获，故人得而救之。若已为晋所获，则不能救矣。食马肉者三百余人，皆出死为穆公战于车下，遂克晋，虏惠公以归。此用约而为德者也。齐桓公将欲征伐，甲兵不足，令有重罪者出犀甲一戟，犀甲，取其坚也。戟，车戟也，长丈六尺。犀或作三，直出三甲也。有轻罪者赎以金分，轻，小也。以金分，出金随罪轻重，有分两也。○文典谨按：御览三百三十九引注，“出金”下有“匮”字。讼而不胜者出一束箭。不胜，犹不直也。箭十二为束也。百姓皆说，乃矫箭为矢，治箭之笄好者也。○文典谨按：御览引注，治作矢，笄作竿。铸金而为刃，刃，五刃也，刀、剑、矛、戟、矢也。以伐不义而征无道，遂霸天下。此入多而无怨者也。故圣人因民之所喜而劝善，因民之所恶而禁奸，○文典谨按：御览六百三十六引，“所喜”作“所善”，“而禁”作“以禁”。故赏一人而天下誉之，罚一人而天下畏之。故至赏不费，赏当赏，不虚费。至刑不滥。刑当刑，不伤善。滥，读收敛之敛。孔子诛少正卯而鲁国之邪塞，少正，官；卯，其名也。鲁之谄人。孔子相鲁七日，诛之于东观之下，刑不滥也。子产诛邓析而郑国之奸禁，邓析，诡辩奸人之雄也。子产诛之，故奸禁也。传曰：“郑驷歂杀邓析而用其竹刑。”邓析制刑，书之于竹，郑国用之，不以人废言也。以近谕远，以小知大也。故圣人守约而治广者，此之谓也。

天下莫易于为善，而莫难于为不善也。为善，静身无欲，信仁而已，顺其天性，故易。为不善，贪欲无猒，毁人自成，戾其天性，故难也。

所谓为善者，静而无为也；所谓为不善者，躁而多欲也。适情辞余，无所诱惑，循性保真，无变于己，○文典谨按：群书治要引，惑作慕，循作脩。隶书循、脩相似，书传多互讹也。故曰为善易。○文典谨按：群书治要引，作"故曰为善者易也"。越城郭，逾险塞，奸符节，盗管金，篡弑矫诬，○文典谨按：群书治要引，弑作杀。非人之性也，故曰为不善难。奸，私，亦盗也。符节成信也，而盗取之。管，壮籥也。金，印封，亦所以为信也。固，闭藏也。篡弑，下谋上也。矫，擅作君命。诬，以恶覆人也。皆非人本所受天之善性也。○王念孙云：如高注，则金字当为玺字之误。然金与玺字不相似，玺字无缘误为金。盖俗书玺字或作坌，因误为金矣。五音集韵云："玺，俗作坌。"今人所以犯囹圄之罪，而陷于刑戮之患者，由嗜欲无厌，不循度量之故也。○文典谨按：群书治要引，循作脩。何以知其然？天下县官法曰："发墓者诛，窃盗者刑。"此执政之所司也。夫法令者罔其奸邪，勒率随其踪迹，勒，主问吏。率，大任也。○王念孙云："法令"下衍"者"字。法令罔其奸邪，勒率随其踪迹，相对为文。○洪颐煊云：汉书主问吏无名为勒者，勒当是鞫字之讹。张汤传"讯鞫论报"，师古曰："鞫，问也。"鞫字讹脱作勒。无愚夫惷妇，皆知为奸之无脱也，犯禁之不得免也。然而不材子不胜其欲，蒙死亡之罪，而被刑戮之羞。蒙，冒。然而立秋之后，○王念孙云：下"然而"二字，因上"然而"而衍。"立秋之后"五句，即承上"死亡之罪"、"刑戮之羞"言之，不当更有"然而"二字。司寇之徒继踵于门，而死市之人血流于路。何则？惑于财利之得，而蔽于死亡之患也。夫今陈卒设兵，两军相当，将施令曰："斩首拜爵，而屈挠者要斩。"○王念孙云："夫今"当为"今夫"，"斩首"下脱"者"字。斩首者拜爵，屈挠者要斩，相对为文。群书治要引此，有者字。然而队阶之卒皆不能前遂斩首之功，遂，成也。○王念孙云:"队阶(階)"二字,义不可通,当从群书治要所引作"队伯",字之误也。(左畔作阝,因队字而误;右畔作皆,则因下文皆字而误。)逸周书武顺篇曰:"五五二十五曰元卒,四卒成卫曰伯。"是百人为伯也。通典兵一引司马穰苴曰:"五人为伍,十伍为队。"是队为伯之半。故曰"队伯之卒"。**而后被要斩之罪,是去恐死而就必死也。故利害之反,祸福之接,不可不审也。**

事或欲之,适足以失之;○文典谨按:群书治要引,"事"上有"故"字。**或避之,适足以就之。楚人有乘船而遇大风者,波至而自投于水。**○王念孙云:"波至而"下当有"恐"字。下文"惑于恐死而反忘生也"即承此句言之。群书治要、意林、艺文类聚舟车部、白帖六十三、太平御览地部三十六、舟部二引此,皆作"波至而恐"。○文典谨按:群书治要引,无"楚"字,"人有"作"有人"。**非不贪生而畏死也,惑于恐死而反忘生也。故人之嗜欲,亦犹此也。**○文典谨按:意林、白帖六十三引,"亦犹此也"并作"亦复如此"。**齐人有盗金者,当市繁之时,至掇而走。勒问其故曰:"而盗金于市中,何也?"**繁,众也。勒,主问吏。故,犹意也。而,汝也。**对曰:"吾不见人,徒见金耳!"志所欲,则忘其为矣。是故圣人审动静之变,而适受与之度,理好憎之情,和喜怒之节。夫动静得,则患弗过也;**○王念孙云:过,当从刘本、朱本作遇,字之误也。**受与适,则罪弗累也;好憎理,则忧弗近也;喜怒节,则怨弗犯也。故达道之人,不苟得,不让福;**○俞樾云:让,当为攘。诠言篇"不能使福必来,信己之不攘也",高注曰:"攘,却也。"此云不攘福,义与彼同。**其有弗弃,非其有弗索;常满而不溢,恒虚而易足。**虚,无欲也。○文典谨按:群书治要引,"常满"作"恒盈","恒虚"作"常虚"。**今夫霤水足以溢壶榼,而江、河不能实漏卮,**○文典谨按:霤,群书治要引作溜。实,意林引作满。

故人心犹是也。○文典谨按:群书治要引,是作此。自当以道术度量,食充虚,衣御寒,则足以养七尺之形矣。若无道术度量而以自俭约,则万乘之势不足以为尊,天下之富不足以为乐矣。谕若桀与纣,无道术度量,不得为匹夫,何尊乐之有乎!孙叔敖三去令尹而无忧色,爵禄不能累也;不以爵禄累其身也。荆佽非两蛟夹绕其船而志不动,怪物不能惊也。勇而不惑。圣人心平志易,精神内守,物莫足以惑之。

夫醉者,俯入城门,以为七尺之闺也;超江、淮,以为寻常之沟也:酒浊其神也。○文典谨按:意林引,"超江、淮"句在"俯入城门"句前。怯者,夜见立表,以为鬼也;见寝石,以为虎也:惧掩其气也。掩,夺也。又况无天地之怪物乎!夫雌雄相接,阴阳相薄,羽者为雏鷇,毛者为驹犊,柔者为皮肉,坚者为齿角,人弗怪也;水生蠬蜄,山生金玉,人弗怪也;老槐生火,久血为燐,人弗怪也。血精在地,暴露百日则为燐,遥望炯炯,若燃火也。○陶方琦云:诗东山正义引许注:"兵死之血为鬼火。"按:二注文异。说文粦下云:"兵死及牛马之血为粦。粦,鬼火也。"与注淮南说同。论衡论死篇:"人之兵死也,人言其血为燐。"张华博物志杂说篇云:"斗战死亡之地,其人马血积年化为燐。"并与许义合。○文典谨按:御览八百六十九引注,"遥望炯炯,若燃火也",作"远望若野火也"。山出枭阳,枭阳,山精也。人形,长大,面黑色,身有毛,足反踵,见人而笑。○庄逵吉云:枭阳见尔雅,程敦云:"说文解字作枭羊,阳与羊古字通也。严忌哀时命又作枭杨,山海经谓之赣巨人。"○文典谨按:文选上林赋注引高注,作"枭羊,山精也,似遽类"。水生罔象,水之精也。国语曰:"龙,网象也。"陶方琦云:说文虫部蛧字下引许注:"蛧蜽,状如三岁小儿,赤黑色,赤目,长耳,美发。"按:说文所引淮南王说,当是后人记许君注淮南说于旁,与上芸艸一条例同。鲁语曰:"木石之怪曰夔蛧蜽,水之精曰龙网象。"高作网象,故引国语;许作蛧蜽,正与高异。其实网象、网两，古训亦不甚分。法苑珠林引夏鼎志：“网象，如三岁儿，赤目，黑色，大耳，长臂，赤爪，索缚则可得食。”训与许说蛧蜽同，知许说必有本也。一切经音义二引淮南说：“状如三岁小儿，赤黑色，赤目，赤爪，长耳，美发。”知今说文敚“赤爪”二字，应补。说文：“蛧蜽，山川之精物。”又道应篇“网两问于景曰”，许注：“网两，水之精物也。”（玉篇作：“魍魉，水神，如三岁小儿，赤黑色。”左氏音义亦云：“网两，水神。”）此实许本水生蛧蜽之证。**木生毕方，**木之精也。状如乌，青色，赤脚，一足，不食五谷。**井生坟羊，**土之精也。鲁季子穿井，获土缶，其中有羊是也。○文典谨按：文选思玄赋注引，坟作羵。**人怪之，闻见鲜而识物浅也。**○文典谨按：御览八百八十八引，作“闻见鲜而所识浅也”。**天下之怪物，圣人之所独见；利害之反覆，知者之所独明达也。同异嫌疑者，世俗之所眩惑也。夫见不可布于海内，闻不可明于百姓，是故因鬼神禨祥而为之立禁，**禨祥，吉凶也。禁，戒也。**总形推类而为之变象。何以知其然也？世俗言曰：“飨大高者而彘为上牲，**大高，祖也。一曰：上帝。**葬死人者裘不可以藏，相戏以刃者太祖軵其肘，**軵，挤也。读近茸，急察言之。**枕户橉而卧者鬼神蹠其首。”此皆不著于法令，而圣人之所不口传也。夫飨大高而彘为上牲者，非彘能贤于野兽麋鹿也，而神明独飨之，何也？以为彘者，家人所常畜而易得之物也，故因其便以尊之。裘不可以藏者，非能具绨绵曼帛温暖于身也，世以为裘者，难得贵贾之物也，**曼帛，细帛也。裘，狐之属也，故曰贵贾之物。**而不可传于后世，无益于死者，而足以养生，故因其资以詟之。**资，用也。詟，忌也。○王念孙云：裘无益于死者，而足以养生，故曰“可传于后世”。刘本作“不可传于后世”，“不”字因上文“不可以藏”而衍。诸本与刘本同，唯道藏本无“不”字。**相戏以刃太祖軵其肘者，夫以刃相戏，必为过**

失，过失相伤，其患必大，无涉血之仇争忿斗，而以小事自内于刑戮，愚者所不知忌也，故因太祖以累其心。累，恐也。枕户橉而卧，鬼神履其首者，使鬼神能玄化，则不待户牖之行，○王念孙云：之当作而。太平御览居处部十二引此，正作"不待户牖而行"。○文典谨按：御览一百八十四引，无"能"字。若循虚而出入，则亦无能履也。虚，孔窍也。○庄逵吉云：御览引作"无履也"，无"能"字。夫户牖者，风气之所从往来，而风气者，阴阳相捔者也，○文典谨按：御览一百八十四引，作"而风气者，阴阳之户牖者也"。离者必病，离，遭也。故托鬼神以伸诫之也。凡此之属，皆不可胜著于书策竹帛而藏于官府者也，故以禨祥明之。为愚者之不知其害，乃借鬼神之威以声其教，所由来者远矣。而愚者以为禨祥，而狠者以为非，唯有道者能通其志。今世之祭井灶、门户、箕箒、臼杵者，非以其神为能飨之也，恃赖其德，烦苦之无已也。是故以时见其德，所以不忘其功也。触石而出，肤寸而合，不崇朝而雨天下者，唯太山；崇，终也。日旦至食时为终朝。赤地三年而不绝流，泽及百里而润草木者，唯江、河也：是以天子秩而祭之。故马免人于难者，其死也葬之；牛，其死也，葬以大车为荐。○王念孙云：艺文类聚兽部上、太平御览礼仪部三十四、兽部八引此，并作"故马免人于难者，其死也葬之，以帷为衾；牛有德于人者，其死也葬之，以大车之箱为荐"。今本"葬之"下脱去"以帷为衾"四字，"牛"下脱去"有德于人者"五字，"葬"下脱去"之"字，"大车"下脱去"之箱"二字，当补入。○文典谨按：意林引此文，作"马免人于难者，死葬之以盖，蒙之以衾；牛有德于人者，死葬之以大车"。牛马有功，犹不可忘，又况人乎！此圣人所以重仁袭恩。袭，亦重累。故炎帝于火，死而为灶；炎帝，神农，以火德王天下。死，托祀于灶神。禹劳

天下，死而为社；劳力天下，谓治水之功也。托祀于后土之神。**后稷作稼穑，死而为稷；**稷，周弃也。王念孙云："炎帝于火"，本作"炎帝作火"。于（於）字或书作㸔，形与作相似而误。太平御览火部二引作于，亦后人依误本改之。其居处部十四引此，正作作。史记孝武纪索隐、艺文类聚火部、广韵灶字注引此，并作作。"禹劳天下"，"劳"下本有"力"字，故高注曰："劳力天下，谓治水之功也。"今本无"力"字者，后人误以为衍文而删之耳。古者谓勤为力。（大雅烝民笺：力，犹勤也。）劳力天下，犹言勤劳天下，泰族篇曰"夙兴夜寐而劳力之"是也。倒言之则曰力劳，主术篇曰"民贫苦而忿争，事力劳而无功"是也。艺文类聚礼部中引此无"力"字，亦后人依误本删之。太平御览礼仪部十一引正文注文，并作劳力。论衡祭意篇"或曰炎帝作火，死而为灶；禹劳力天下，死而为社"，所引即淮南之文。"后稷作稼穑"，后稷本作周弃，此亦后人以意改之也。昭二十八年左传曰："周弃亦为稷，自商以来祀之。"鲁语曰："夏之兴也，周弃继之，故祀以为稷。"此皆淮南所本。艺文类聚礼部中、太平御览礼仪部十一引此，并作周弃。高注当云"周弃，后稷也"，今本云"稷，周弃也"，此亦后人所改。**羿除天下之害，死而为宗布，此鬼神之所以立。**羿，古之诸侯。河伯溺杀人，羿射其左目；风伯坏人屋室，羿射中其膝。又诛九婴、窫窳之属，有功于天下，故死托祀于宗布。祭田为宗布，谓出也。一曰：今人室中所祀之宗布是也。或曰：司命傍布也。此尧时羿，非有穷后羿。○孙诒让云：此注讹挩不可通。以意求之，"祭田为宗布，谓出也"，当作"祭星为布，宗布谓此也"。尔雅释天云："祭星曰布。"即高所本。（今本"星"讹"田"，"此"讹"出"，又挩一"布"字。）但高释宗布三义，并肊说，难信。窃疑即周礼党正之祭禜，族师之祭酺。郑注云："禜谓雩禜，水旱之神。酺者，为人物灾害之神也。"（禜、宗，酺、布，声近字通。礼记祭法雩禜，禜亦作宗。）禜、酺并禳除灾害之祭，羿能除害，故托食于彼，义亦正相应也。

北楚有任侠者，其子孙数谏而止之，不听也。县有贼，大搜其庐，事果发觉，夜惊而走，追，道及之，其所施德者皆为之战，得免而遂反，语其子曰："汝数止吾为侠。今有难，

果赖而免身。而谏我,不可用也。”知所以免于难,而不知所以无难,论事如此,岂不惑哉!宋人有嫁子者,告其子曰:“嫁未必成也。有如出,不可不私藏。私藏而富,其于以复嫁易。”其子听父之计,窃而藏之。若公知其盗也,逐而去之。其父不自非也,而反得其计。知为出藏财,而不知藏财所以出也,为论如此,岂不勃哉!今夫僦载者,救一车之任,极一牛之力,为轴之折也,有如辕轴其上以为造,不知轴辕之趣轴折也。楚王之佩玦而逐菟,为走而破其玦也,因珮两玦以为之豫,两玦相触,破乃逾疾。○文典谨按:御览九百七引,作“楚王佩玦逐兔,马速玦破,乃取两玦重而著之,其破疾愈。”乱国之治,有似于此。

夫鸱目大而视不若鼠,蚈足众而走不若蛇,物固有大不若小,众不若少者。○文典谨按:御览九百四十八引,作“蚈足走不及蛇,物固有小不及大也”。及至夫强之弱,弱之强,危之安,存之亡也,非圣人孰能观之!大小尊卑,未足以论也,唯道之在者为贵。何以明之?天子处于郊亭,则九卿趋,大夫走,坐者伏,倚者齐。当此之时,明堂太庙,悬冠解剑,缓带而寝。非郊亭大而庙堂狭小也,至尊居之也。天道之贵也,非特天子之为尊也,所在而众仰之。夫蛰虫鹊巢,皆向天一者,至和在焉尔。帝者诚能包禀道,合至和,则禽兽草木莫不被其泽矣,而况兆民乎!

淮南鸿烈集解卷十四

诠言训诠，就也。就万物之指以言其征，事之所谓，道之所依也，故曰"诠言"。○文典谨按：此篇叙目无"因以题篇"字，乃许慎注本。

洞同天地，浑沌为朴，未造而成物，谓之太一。太一，元神总万物者。**同出于一，所为各异，有鸟有鱼有兽，谓之分物。方以类别，物以群分，性命不同，皆形于有。隔而不通，分而为万物，莫能及宗，**谓及己之性宗，同于洞同。○王念孙云：及皆当为反，字之误也。宗者，本也。言莫能反其本也。下文云"能反其所生"，即反宗之谓，故高注曰"反己之性宗"也。说山篇曰："吾将反吾宗矣。"又曰："墙之坏，愈其立也；冰之泮，愈其凝也：以其反宗。"高注并云："宗，本也。"是其证。"分而为万物"，文选演连珠注引，作"分为万殊"。案：上文既云"物以群分"，此无庸复言分为万物，疑作"万殊"者是也。今本"殊"作"物"，盖涉下文"万物"而误。**故动而谓之生，死而谓之穷。皆为物矣，非不物而物物者也，物物者亡乎万物之中。**不物之物，恍惚虚无。物物者，造万物者也。此不在万物之中也。○王念孙云：庄本改亡为存，正与此义相反。**稽古太初，人生于无，**○庄逵吉云：御览此下有注云："当太初天地之始，人生于无形。无形生有形也。"**形于有，有形而制于物。**○庄逵吉云:御览此下有注云:"为物所制。"**能反其所生,若未有形,谓之真人。真人者,未始分于太一者也。圣人不为名尸,**尸,主也。**不为谋府,不为事任,不为智主。藏无形,行无迹,游无朕。**朕,兆也。**不为福先,不为祸始。保于虚无,动于不得已。欲福者或为祸,欲利者或离害。故无为而宁者,失其所以宁则危;无事而治者,失其所以治则乱。星列于天而明,故人指之;义列于德而见,故人视之。人之所指,动则有章;人之所视,行则有迹。动有章则词,行有迹则议,**○王引之云:词当为诃。凡隶书可字之在旁者,或作司。(汉鲁相史晨飨孔庙后碑"雅歌吹笙",歌作歌。冀州从事郭君碑"凋柯霜荣",柯作柯。)故诃字或作詞,形与词相似,因误为词。诃,谓相讥诃也。动有章则人诃之,行有迹则人议之也。说林篇曰:"有为则议,多事固苛。"高注曰:"苏秦为多事之人,故见议见苛也。"苛与诃同。议字古读若俄,(小雅北山篇"或出入风议",与为为韵,为读若讹。淮南俶真篇"立而不议",与和为韵。史记太史公自序"王人是议",与禾为韵。)故此及说林篇皆以诃、议为韵。若作词,则失其韵矣。**故圣人掩明于不形,藏迹于无为。王子庆忌死于剑,**王子庆忌者,吴王僚之弟子。阖闾弒僚,庆忌勇健,亡在郑。阖闾畏之,使要离刺庆忌。**羿死于桃棓,**棓,大杖,以桃木为之,以击杀羿。由是以来,鬼畏桃也。○陶方琦云:御览三百五十七引许注:"棓,大杖,以桃木为之,击杀羿,是以鬼畏桃也。"按:说文:"棓,棁也。"谓大杖也。依玄应引补入。通俗文:"大杖曰棓。"开元占经中官占引石氏曰:"天棓五星,天之武备。棓者,大杖,所以打贼也。"说山训"羿死桃部不给射",高注:"桃部,地名。"与许说正异。(顾氏日知录谓:"淮南于诠言训作大杖解,于说山训作地名解,一人注书而前后若此。"琦按:此正许注八篇、高注十三篇之分,顾氏盖未之知也。)**子路菹于卫,苏秦死于口。**苏秦好说,为齐所杀。**人莫不贵其所有,而贱其所短,**○王念孙云:贵与贱相反,长与短相反,若有与短则非相反之名。有当为修,字之误之。修,长也。言人皆贵其所长,而贱其所短也。淮南王避父讳,故不言长而言修。**然而皆溺其所贵,而极其所贱,所贵者有形,所贱者无朕也。故虎豹之强来射,猿狖之捷来措。人能贵其所贱,贱其所贵,可与言至论矣。**

自信者不可以诽誉迁也,知足者不可以势利诱也,故通性之情者,不务性之所无以为;人性之无以为者,不务也。**通命之情者,不忧命之所无奈何;通于道者,物莫不足滑其调。**○王念孙云:"物莫不足滑其调",当作"物莫足滑其和"。滑,乱也。(见原道、俶真、精神三篇注及周语、晋语注。)言通于道者,物莫能乱其天和也。今本"莫"下衍"不"字,(因上文两"不"字而衍。)和字又误作调。原道篇曰"不以欲滑和",俶真篇曰"不足以滑其和",精神篇曰"何足以滑和",庄子德充符篇曰"不足以滑和",诸书皆言滑和,无言滑调者。且和与为、何为韵。(为古读若讹,说见唐韵正。)若作调,则失其韵矣。又兵略篇:"敌若反静,为之出奇。彼不吾应,独尽其调。若动而应,有见所为。彼持后节,与之推移。彼有所积,必有所亏。精若转左,陷其右陂。敌溃而走,后必可移。"案:"独尽其调",调亦当为和。(注同。)和与奇、为、移、亏、陂为韵。(奇、为、移、亏、陂,古音皆在歌部,说见唐韵正。)若作调,则失其韵矣。又泰族篇"五行异气而皆适调,六艺异科而皆同道",本作"五行异气而皆和,六艺异科而皆通",因和误为调,通误为道,后人遂于"道"上加"同"字,又于"调"上加"适"字,以成对句,而不知其谬也。太平御览学部二引,作"五行异气而皆和,六艺异科而皆道",道字虽误,而和字不误,且上句无"适"字,下句无"同"字。旧本北堂书钞艺文部一引此,正作"五行异气而皆和,六艺异科而皆通"。泰族又云:"圣人兼用而财制之,失本则乱,得本则治。其美在调,其失在权。水火金木土谷异物而皆任,规矩权衡准绳异刑而皆施,丹青胶漆不同而皆用。各有所适,物各有宜。"案:"其美在调",调亦当为和。之、治为韵,和、权、施、宜为韵。(和、施、宜,古音在歌部,权在元部,歌、元二部古或相通,说见泰族"阴阳化一"条下。)若作调,则失其韵矣。文子上礼篇正作"其美在和,其失在权"。泰族又云:"今目悦五色,口嚼滋味,耳淫五声,七窍交争,以害其性,日引邪欲而浇其身夫调,身弗能治,奈天下何!"案:"日引邪欲而浇其身夫调",本作"日引邪欲而浇其天和",即原道所云"以欲滑和"也。文子下德篇作"日引邪欲,竭其天和,身且不能治,奈天下何",是其明证矣。今本"浇其"下衍"身"字,(因下文而衍。)天误为夫,和误为调,遂致文不成义。且声、争、性为韵,和、何为韵。若作调,则失其韵矣。和、调二字形声皆不相近,无因致误,而以上五段和字皆误作调,殊不可解。詹何曰:"未尝闻身治而国乱者也。未尝闻身乱而国治者也。"矩不正,不可以为方;规不正,不可以为员。身者,事之规矩也。未闻枉己而能正人者也。原天命,治心术,理好憎,适情性,则治道通矣。原天命则不惑祸福,治心术则不妄喜怒,理好憎则不贪无用,适情性则欲不过节。不惑祸福则动静循理,不妄喜怒则赏罚不阿,不贪无用则不以欲用害性,○王念孙云:刘本无下"用"字,是也。此因上"用"字而衍。○俞樾云:下"用"字衍文。文子符言篇作"不贪无用即不以欲害性",是其证。欲不过节则养性知足。凡此四者,弗求于外,弗假于人,反己而得矣。天下不可以智为也,不可以慧识也,不可以事治也,不可以仁附也,不可以强胜也。五者,皆人才也,德不盛,不能成一焉。德立则五无殆,五见则德无位矣。五事皆见,而德无所立位。故得道则愚者有余,失道则智者不足。渡水而无游数,虽强必沉,有游数,虽羸必遂,又况托于舟航之上乎!

为治之本,务在于安民。安民之本,在于足用。足用之本,在于勿夺时。勿夺时之本,在于省事。省事之本,在于节欲。节欲之本,在于反性。反性之本,在于去载。去浮华,载于亡者也。去载则虚,虚则平。平者,道之素也;虚者,道之舍也。能有天下者必不失其国，能有其国者必不丧其家，能治其家者必不遗其身，能修其身者必不忘其心，能原其心者必不亏其性，能全其性者必不惑于道。故广成子曰：“慎守而内，周闭而外。广成子，黄帝时人也。多知为败，毋视毋听。抱神以静，形将自正。不得之己而能知彼者，未之有也。”故易曰：“括囊，无咎无誉。”能成霸王者，必得胜者也；能胜敌者，必强者也；能强者，必用人力者也；能用人力者，必得人心也；能得人心者，必自得者也；能自得者，必柔弱也。强胜不若己者，至于与同则格；言人力能与己力同也，己以强加之，则战格也。柔胜出于己者，其力不可度。故能以众不胜成大胜者，唯圣人能之。

善游者，不学刺舟而便用之；劲筋者，不学骑马而便居之。轻天下者，身不累于物，故能处之。泰王亶父处邠，狄人攻之，事之以皮币珠玉而不听，乃谢耆老而徙岐周，百姓携幼扶老而从之，遂成国焉。推此意，四世而有天下，不亦宜乎！四世：太王、王季、文王、武王。无以天下为者，必能治天下者。霜雪雨露，生杀万物，天无为焉，犹之贵天也。厌文搔法，厌，持也。搔，劳也。治官理民者，有司也，君无事焉，犹尊君也。辟地垦草者，后稷也；决河浚江者，禹也；听狱制中者，皋陶也；有圣名者，尧也。故得道以御者，身虽无能，必使能者为己用。不得其道，伎艺虽多，未有益也。方船济乎江，有虚船从一方来，触而覆之，虽有忮心，必无怨色。有一人在其中，一谓张之，一谓歙之，持舟楫者谓近岸为歙，远岸为张也。○文典谨按：庄子山木篇作：“有一人在其上，则呼张歙之。”司马注：

"张,开也。歙,敛也。"再三呼而不应,必以丑声随其后。向不怒而今怒,向虚而今实也。人能虚己以游于世,孰能訾之!释道而任智者必危,弃数而用才者必困。有以欲多而亡者,未有以无欲而危者也;有以欲治而乱者,未有以守常而失者也。故智不足免患,○文典谨按:"智不足免患"与下"愚不足以至于失"不一律,"足"下当有"以"字。群书治要引,正作"故智不足以免患"。愚不足以至于失宁。守其分,循其理,失之不忧,得之不喜,故成者非所为也,得者非所求也。入者有受而无取,出者有授而无予,因春而生,因秋而杀,所生者弗德,所杀者非怨,则几于道也。○文典谨按:群书治要引,几作近。

圣人不为可非之行,不憎人之非己也;修足誉之德,不求人之誉己也。不能使祸不至,信己之不迎也;不能使福必来,信己之不攘也。攘,却也。祸之至也,非其求所生,故穷而不忧;福之至也,非其求所成,故通而弗矜。矜,自伐其功也。知祸福之制不在于己也,故闲居而乐,无为而治。圣人守其所以有,不求其所未得。求其所无,则所有者亡矣;修其所有,则所欲者至。○王念孙云:"求其所无",本作"求其所未得"。"修其所有",本作"修其所已有"。此皆承上文而申言之,不当有异文。今本作"求其所无","修其所有",皆后人以意改之也。群书治要引此,正作"求其所未得","修其所已有"。文子符言篇同。下文亦云:"不知道者,释其所已有,而求其所未得。"○文典谨按:群书治要引,"至"下有"矣"字,与上句"则所有者亡矣"一律。故用兵者,先为不可胜,以待敌之可胜也;治国者,先为不可夺,以待敌之可夺也。舜修之历山而海内从化,文王修之岐周而天下移风。使舜趋天下之利,而忘修己之道,身犹弗能保,何尺地之有!○文典谨按:群书治要引，“有”下有“乎”字。**故治未固于不乱，**治不乱之道尚未牢固也。**而事为治者，必危；行未固于无非，而急求名者，必剉也。**○俞樾云：襄二十七年公羊传：“我即死，女能固纳公乎？”秦策：“王固不能行也。”何休、高诱注并曰：“固，必也。”“治未固于不乱”，“行未固于无非”，言为治未必不乱，为行未必无非也。下文曰：“为义之不能相固，威之不能相必也。”是可知固、必同义。高此注以“尚未牢固”说之，其义转迂。**福莫大无祸，利莫美不丧。动之为物，不损则益，**动，有为也。○陶方琦云：群书治要引许注正同。**不成则毁，不利则病，皆险也，**险，言危难不可行。○陶方琦云：群书治要引许注：“险，言危难。”敚“不可行”三字。说文：“险，阻难也。”说正同。**道之者危。故秦胜乎戎而败乎殽，**秦穆公胜西戎，为晋所败于殽。**楚胜乎诸夏而败乎柏莒。**楚昭王服诸夏，而吴败之柏莒。○庄逵吉云：柏莒即柏举，古字通用也。**故道不可以劝而就利者，而可以宁避害者。**○王念孙云：“劝”下“而”字，因下句而衍。文子符言篇无“而”字。**故常无祸，不常有福；常无罪，不常有功。**○俞樾云：常与尚通。史记卫绾传“剑尚盛”，汉书尚作常，汉书贾谊传“尚惮以危为安”，贾子宗首篇尚作常，并其证。

圣人无思虑，无设储，来者弗迎，去者弗将。将，送也。**人虽东西南北，独立中央。故处众枉之中，不失其直；天下皆流，独不离其坛域。故不为善，不避丑，遵天之道；不为始，不专己，循天之理；不豫谋，不弃时，与天为期；不求得，不辞福，从天之则。**○王念孙云：善当为好。“不为好，不避丑，遵天之道”，犹洪范言“无有作好，遵王之道”也。今作“不为善”者，后人据文子符言篇改之耳。好、丑、道为韵，始、己、理为韵，谋、时、期为韵，得、福、则为韵。若作善，则失其韵矣。**不求所无，不失所得，内无旁祸，外无旁福。**○王念孙云：旁字义不可通。文子符言篇作“奇祸”、“奇福”，是也。俗书奇字作奇，旁字作旁，二形相似而误。**祸福不生，安有人贼！为善则观，**众人之所观也。**为不善则议；观则生贵，议则生患。**○王引之云：贵当为责，字之误也。此言为善则观之者多，观之者多则责之者必备。下文曰"责多功鲜，无以塞之"，正谓此也。文子符言篇作"为善即劝，劝即生责"。**故道术不可以进而求名，而可以退而修身；不可以得利，而可以离害。故圣人不以行求名，不以智见誉。法修自然，己无所与。虑不胜数，行不胜德，事不胜道。为者有不成，求者有不得。人有穷，而道无不通，与道争则凶。故诗曰："弗识弗知，顺帝之则。"有智而无为，与无智者同道；有能而无事，与无能者同德。其智也，告之者至，然后觉其动也；使之者至，然后觉其为也。**○俞樾云："使之者至"上当有"其能也"三字。上文云"有智而无为，与无智者同道；有能而无事，与无能者同德"，下文云"有智若无智，有能若无能"，皆以智能对举，故知此亦当然。**有智若无智，有能若无能，道理为正也。故功盖天下，不施其美；泽及后世，不有其名：道理通而人伪灭也。名与道不两明，人受名则道不用，道胜人则名息矣。**○王念孙云：受当为爱，字之误也。爱名则不爱道，故道不用也。文子符言篇正作爱。又下文："喜德者必多怨，喜予者必善夺。唯灭迹于无为，而随天地自然者，唯能胜理而为受名。名兴则道行，道行则人无位矣。"案：此当作："唯灭迹于无为，而随天地自然者，为能胜理而无爱名。名兴则道不行，道行则人无位矣。"（人如"人心""道心"之人，上文高注云："无位，无所立也。"）即上文所谓"人爱名则道不用，道胜人则名息"也。今本"为能"误作"唯能"，"无爱名"误作"为受名"，"道不行"又脱"不"字，则上下文皆不可通矣。韩诗外传云："唯灭迹于人，能（与而同。）随天地自然，为能胜理而无爱名。名兴则道不用，道行则人无位矣。"是其证。"胜理"二字，说见后"胜心"一条下。**道与人竞长。章人者，息道者也。**章，明也。息，止也。**人章道息，则危不远矣。故世**

有盛名，则衰之日至矣。欲尸名者必为善，欲为善者必生事，事生则释公而就私，货数而任己。○王引之云：货当为背，字之误也。"背数而任己"，谓背自然之数而任一己之私，与上句"释公而就私"同意。文子符言篇作"倍道而任己"，倍与背同。下文又云："君好智则倍时而任己，弃数而用虑。"欲见誉于为善，而立名于为质，则治不修故，而事不须时。○王念孙云：质当为贤。贤、质草书相似，故贤误为质。（逸周书官人篇"有隐于仁贤者"，大戴礼贤误作质。）"为贤"与"为善"义正相承。文子作"见誉而为善，立名而为贤"，是其证。又下文"无须臾忘为质者，必困于性；百步之中不忘其容者，必累其形"，案此当作"无须臾忘其为贤者，必困于性；百步之中不忘其为容者，必累其形"。今本上二句内脱"其"字，下二句内脱"为"字，（"为容"与"为贤"相对。百步之中而必为仪容，则形不胜劳，故曰必累其形。脱去"为"字，则文义不明。）贤字又误为质。此即承上"欲立名于为贤，则治不循故，事不顺时"言之，故高注曰："常思为贤，不循自然，则性困也。"（今本高注贤字亦误为质。）文子作"夫须臾无忘其为贤者，必困其性；百步之中无忘其为容者，必累其形"，是其证。治不修故，则多责；事不须时，则无功。责多功鲜，无以塞之，则妄发而邀当，妄为而要中。功之成也，不足以更责；更，偿也。事之败也，不足以獘身。○王念孙云："不足以獘身"，"不"字涉上文而衍。此言功成则不足以偿其责，事败则适足以毙其身也。文子符言篇作"事败足以灭身"，是其证。故重为善若重为非，而几于道矣。

天下非无信士也，临货分财必探筹而定分，探筹，捉筹也。以为有心者之于平，不若无心者也。天下非无廉士也，然而守重宝者必关户而全封，○俞樾云：全字无义，乃玺字之误。国语鲁语"追而予之玺书"，韦注曰："玺书，玺封书也。"此"玺封"二字之证。时则篇曰"固封玺"，封玺与玺封同。五音集韵曰："玺，俗作垒。"与全字形相似，故误为全矣。氾论篇"盗管金"，高注曰："金，印封，所以为信。"金亦玺字之误。

彼玺误为金，此玺误为全，其误正同。**以为有欲者之于廉，不若无欲者也。人举其疵则怨人，**举说己之疵，则怨之。**鉴见其丑则善鉴。**鉴，镜也。镜见人之好丑，以为美镜也。**人能接物而不与己焉，则免于累矣。**而不与己，若镜人形而不有好憎也。**公孙龙粲于辞而贸名，**公孙龙以“白马非马”、“冰不寒”、“炭不热”为论，故曰贸也。**邓析巧辩而乱法，**邓析教郑人以讼，讼不俱回，子产诛之也。**苏秦善说而亡**苏秦死于齐也。**国。**○王念孙云：“亡国”当作“亡身”，故高注曰“苏秦死于齐也”。今本“身”作“国”者，涉下文“治国”而误。又案：高注本在“苏秦善说而亡身”之下，今本在“亡”字之下，“国”字之上，则是以“亡”字绝句，而以“国”字下属为句，大谬。（此句与上二句相对为文，若读“苏秦善说而亡”为句，则与上二句不对。下文“由其道则善无章，循其理则巧无名”，亦相对为文。若读“国由其道”为句，则文不成义。）**由其道则善无章，修其理则巧无名。故以巧斗力者，始于阳，常卒于阴；**言智巧之所施，始之于阳善，终于阴恶也。**以慧治国者，始于治，常卒于乱。使水流下，孰弗能治；激而上之，非巧不能。故文胜则质掩，邪巧则正塞之也。德可以自修，而不可以使人暴；道可以自治，而不可以使人乱。虽有圣贤之宝，不遇暴乱之世，可以全身，而未可以霸王也。**○俞樾云：宝字无义，疑当作资。荀子性恶篇“离其资”，杨注曰：“资，材也。”谓虽有圣贤之材也。资与宝形似而误。**汤、武之王也，遇桀、纣之暴也。桀、纣非以汤、武之贤暴也，汤、武遭桀、纣之暴而王也。故虽贤王，必待遇。遇者，能遭于时而得之也，非智能所求而成也。君子修行而使善无名，布施而使仁无章，故士行善而不知善之所由来，民澹利而不知利之所由出，故无为而自治。善有章则士争名，利有本则民争功，二争者生，虽有贤者，弗能治。故圣人掩**

迹于为善，而息名于为仁也。

外交而为援，事大而为安，不若内治而待时。凡事人者，非以宝币，必以卑辞。事以玉帛，则货殚而欲不餍；卑体婉辞，则谕说而交不结；约束誓盟，则约定而反无日；反，背叛也。虽割国之锱锤以事人，六两曰锱，倍锱曰锤。而无自恃之道，不足以为全。若诚外释交之策，而慎修其境内之事，○陈观楼云："外释交之策"，当为"释外交之策"。上文"外交而为援"，是其证。尽其地力以多其积，厉其民死以牢其城，上下一心，君臣同志，与之守社稷，教死而民弗离，则为名者不伐无罪，而为利者不攻难胜，此必全之道也。

民有道所同道，有法所同守，民凡所道行者同道，而法度有所共守也。为义之不能相固，威之不能相必也，故立君以一民。君执一则治，无常则乱。君道者，非所以为也，所以无为也。何谓无为？智者不以位为事，勇者不以位为暴，仁者不以位为患，可谓无为矣。○王念孙云：刘本患作惠。案：刘本是也。"不以位为惠"，谓不假位以行其惠也。为惠与为暴相对。主术篇曰："重为惠，重为暴，则治道通矣。"义与此同。夫无为，则得于一也。一也者，万物之本也，无敌之道也。凡人之性，少则猖狂，壮则暴强，老则好利。一身之身既数变矣，○俞樾云：上"身"字当作"人"。氾论篇曰："故一人之身而三变者，所以应时矣。"文义与此同。又况君数易法，国数易君！人以其位通其好憎，下之径衢不可胜理，故君失一则乱，甚于无君之时。故诗曰："不愆不忘，率由旧章。"此之谓也。君好智，则倍时而任己，弃数而用虑。天下之物博而智浅，以浅澹博，未有能者也。独任其智，失必多矣。故好智，穷术也；好勇，则轻敌而简备，自偩而辞助。自偩，自恃也。辞助，不受傍人之助也。一人之力以御强敌，○王念孙云：围当为圉，字之误也。圉与御同。刘绩改围为御，而庄本从之，义则是而文则非矣。不杖众多而专用身才，必不堪也。故好勇，危术也。好与，则无定分。上之分不定，则下之望无止。若多赋敛，实府库，则与民为仇。少取多与，数未之有也。故好与，来怨之道也。仁智勇力，人之美才也，而莫足以治天下。由此观之，贤能之不足任也，而道术之可修，明矣。○孙诒让云：修当为循，言道术可循守也。

圣人胜心，心者，欲之所生也。圣人止欲，故胜其心，而以百姓为心也。众人胜欲。心欲之，而耐胜止也。○王念孙云：胜，任也。言圣人任心，众人任欲也。耳目之官不思而蔽于物，心之官则思。圣人先立乎其大者，则其小者不能夺，故曰"圣人任心"也。若众人，则纵耳目之欲而不以心制之，故曰"众人任欲"也。下文曰："食之不宁于体，听之不合于道，视之不便于性。三关交争，（高注："三关，谓食、视、听。"今本正文"三关"作"三官"，注作"三官，三关，食、视、听"。皆后人以意改之也。主术篇曰："目妄视则淫，耳妄听则惑，口妄言则乱。夫三关者，不可不慎守也。"今据以订正。）以义为制者，心也。"又曰："耳目鼻口不知所取去，心为之制，各得其所。"皆其证矣。说苑说丛篇曰："圣人以心导耳目，小人以耳目导心。"即此所谓"圣人胜心，众人胜欲"也。说文："胜，任也。"任与胜声相近，任心任欲之为胜心胜欲，犹戴任之为戴胜。（月令"戴胜降于桑"，吕氏春秋季春篇作戴任。）高解"圣人胜心"曰："心者，欲之所生也。圣人止欲，故胜其心。"则误以胜为胜败之胜矣。如高说，则是心与耳目口无以异，下文何以言"三关交争，以义为制者心"乎？又解"众人胜欲"曰："心欲之，而能胜止也。"心欲之而能胜止，则是贤人矣，安得谓之"众人"乎？且下文言"欲不可胜"，则胜之训为任明矣。文子符言篇作"圣人不胜其心，众人不胜其欲"，此亦未解胜字之义而以意改之也。又，下文"唯灭迹于无为，而随天地自然者，为能胜理而无爱名"，（此句今本多误字，辩见前"受名"下。）胜亦任也，言任理而不爱名也。随天地自然，即所谓任理也。

吕氏春秋适音篇"胜理以治身,则生全矣",亦谓任理为胜理也。高注曰:"理,事理,情欲也。胜理去之。"以事理为情欲,义不可通。皆由误以胜为胜败之胜,故多抵牾矣。**君子行正气,小人行邪气。**○文典谨按:御览七百二十引,"小人"作"不"。**内便于性,外合于义,循理而动,不系于物者,正气也。重于滋味,**○文典谨按:御览引,重作推。**淫于声色,发于喜怒,不顾后患者,邪气也。邪与正相伤,欲与性相害,不可两立。一置一废,故圣人损欲而从事于性。**○王念孙云:此本作"故圣人损欲而从性"。上文曰:"欲与性相害,不可两立。"故此言损欲而从性也。后人改"从性"为"从事于性",则似八股中语矣。文子符言篇正作"损欲而从性"。太平御览方术部一引此,作"损欲而存性",虽存与从不同,而皆无"事于"二字。**目好色,耳好声,口好味,接而说之。不知利害嗜欲也,食之不宁于体,听之不合于道,视之不便于性。三官交争,**三官,三关,谓食、视、听也。**以义为制者,心也。割痤疽非不痛也,饮毒药非不苦也,然而为之者,便于身也。渴而饮水非不快也,饥而大飧非不澹也,然而弗为者,害于性也。此四者,耳目鼻口不知所取去,心为之制,各得其所。**○俞樾云:鼻字,衍文也。上文云:"目好色,耳好声,口好味,接而说之。不知利害嗜欲也,食之不宁于体,听之不合于道,视之不便于性。三关交争,以义为制者,心也。"然则此承上文而言,亦当止言耳、目、口,不当兼言鼻。今衍"鼻"字者,盖后人据文子符言篇增入。不知彼文上言"目好色,耳好声,鼻好香,口好味",故下言耳、目、鼻、口,此文上言"目好色,耳好声,口好味",故下止言耳、目、口,两文不同,未可据彼以增此也。**由是观之,欲之不可胜,明矣。凡治身养性,节寝处,适饮食,和喜怒,便动静,使在己者得,而邪气因而不生,岂若忧瘕疵之与痤疽之发,而豫备之哉!**○王念孙云:"邪气因而不生",本作"邪气自不生",言治身养性皆得其道,则邪气自然不生,非常恐其生而豫备之也。今本作“邪气因而不生”者，自误为因，（隶书因或作曰，与自字相似而误。）后人又加而字耳。太平御览引此，正作“邪气自不生”。**夫函牛之鼎沸而蝇蚋弗敢入，**函牛，受一牛之鼎也。**昆山之玉瑱**昆山，昆仑也。瑱，式也。**而尘垢弗能污也。圣人无去之心而心无丑，无取之美而美不失。故祭祀思亲不求福，飨宾修敬不思德，唯弗求者能有之。**言不求而所求至也。

处尊位者，以有公道而无私说，故称尊焉，不称贤也；有大地者，以有常术而无钤谋，故称平焉，不称智也。内无暴事以离怨于百姓，外无贤行以见忌于诸侯，上下之礼，袭而不离，而为论者莫然不见所观焉，此所谓藏无形者。非藏无形，孰能形！形，形而言之，箧见也。**三代之所道者，因也。故禹决江河，因水也；后稷播种树谷，因地也；汤、武平暴乱，因时也。故天下可得而不可取也，**不可强取。**霸王可受而不可求也。在智则人与之讼，在力则人与之争。**○王念孙云：在皆当为任，字之误也。言当因时而动，不可任智任力也。上文曰：“失道而任智者必危。”又曰：“独任其智，失必多矣。故好智，穷术也。”“好勇，危术也。”皆其证。**未有使人无智者，**言己不能使敌国遇而无智也。**有使人不能用其智于己者也；**使人之智不能于己。**未有使人无力者，有使人不能施其力于己者也。**言己不能使人无智力，但能使人不以智力加于己。**此两者常在久见。故君贤不见，诸侯不备；不肖不见，则百姓不怨。百姓不怨则民用可得，诸侯弗备则天下之时可承。**若汤、武承桀、纣而起。**事所与众同也，功所与时成也，圣人无焉。故老子曰：“虎无所措其爪，兕无所措其角。”盖谓此也。鼓不灭于声，故能有声；镜不没于形，故能有形。**○王念孙云：灭（滅）当为臧，没当为设，皆字之误也。（臧字俗书作臧，形与滅相似。设与没，草书亦相似。）臧，古藏字。鼓本无声，击之而后有声；镜本无形，物来而后有形：故曰“鼓不藏于声”，“镜不设于形”。作灭作没，则义不可通矣。文选演连珠注引此，作“镜不设形，故能有形”，文子上德篇作“鼓不藏声，故能有声；镜不设形，故能有形”，是其证。**金石有声，弗叩弗鸣；管箫有音，弗吹无声。**○王念孙云：刘本依文子改“弗声”为“无声”，而诸本皆从之。案：刘改非也。白虎通义曰：“声者，鸣也。言管箫有音，弗吹弗鸣也。”兵略篇曰：“弹琴瑟，声钟竽。”亦谓鸣钟竽也。刘误以声为声音之声，故依文子改之耳。“金石有声”，“管箫有音”，音亦声也。（此谓声音之声。）“弗叩弗鸣”，“弗吹弗声”，声亦鸣也。（与声音之声异义。）若云“弗吹无声”，则与上文不类矣。**圣人内藏，不为物先倡，**○俞樾云：先字衍文。先即倡也，言倡不必言先。文子上德篇正作“不为物唱”，无“先”字。**事来而制，物至而应。饰其外者伤其内，扶其情者害其神，见其文者蔽其质。无须臾忘为质〔一〕者，必困于性；**常思为质，不修自然，则性困也。**百步之中不忘其容者，必累其形。故羽翼美者伤骨骸，**鹄鹰一举千里，则形如尘芳，以其翮美也。**枝叶美者害根茎，能两美者，天下无之也。**○孙诒让云：茎，文子符言篇作荄，与骸、之协韵，是也。荄、茎形近而误。

天有明，不忧民之晦也，百姓穿户凿牖，自取照焉。地有财，不忧民之贫也，百姓伐木芟草，自取富焉。至德道者若丘山，嵬然不动，行者以为期也。行道之人，指以为期。**直己而足物，**己，己山也。言山特自生万物以足百姓，不为百姓故生之也。**不为人赣，用之者亦不受其德，故宁而能久。天地无予也，故无夺也；日月无德也，故无怨也。喜德者必多怨，喜予者必善夺。唯灭迹于无为，而随天地自然者，唯能胜理**理，事理，

〔一〕“质”当为“贤”。注同。见上文“而立名于为质”注。

情欲也。胜理去之。**而为受名。名兴则道行，道行则人无位矣**〔一〕**。故誉生则毁随之，善见则怨从之。**○王念孙云：刘本依文子符言篇改怨为恶。案：刘改是也。誉与毁对，善与恶对。道藏本作怨者，涉上文两"怨"字而误。**利则为害始，福则为祸先。唯不求利者为无害，唯不求福者为无祸。侯而求霸者必失其侯，霸而求王者必丧其霸。故国以全为常，霸王其寄也；身以生为常，富贵其寄也。能不以天下伤其国，而不以国害其身者，焉可以托天下也。**言不贪天下之利，故可以天下托也。○王念孙云：焉犹则也。老子"故贵以身为天下，则可寄天下"，道应篇引作"焉可以托天下"，是其证。（荀子礼论篇"三者偏亡，焉无安人"，史记礼书作"则无安人"，是焉与则同义。详见老子"信不足焉，有不信焉"下。）道藏本、刘本、朱本并作焉。茅一桂不解焉字之义而改"焉"作"为"，庄本从之，谬矣。**不知道者，释其所已有，而求其所未得也。苦心愁虑以行曲，故福至则喜，祸至则怖，神劳于谋，智遽于事，**○俞樾云：遽，读为剧。说文力部："劳，剧也。"然则剧亦劳也。"剧于事"，谓劳于事也。遽、剧古通用。公羊宣六年传释文曰："剧，本作遽。"**祸福萌生，终身不悔，己之所生，乃反愁人。**祸福皆生于己，非旁人也。○文典谨按：御览七百三十九引，作"不悔己之所生，乃反怨人"。**不喜则忧，中未尝平，持无所监，谓之狂生。**持无所监，所监者非玄德，故为狂生。○王念孙云：李善注文选任昉哭范仆射诗曰："淮南子曰：'台无所监，谓之狂生。'高诱曰：'台，持也。所鉴者非玄德，故为狂生。台，古握字也。'"如李注所引，则今本正文及高注皆经后人删改明矣。又案：台与握不同字，台（臺）当为耋，字之误也。说文："耋，古文握。"故高注云"耋，持也"，又云"耋，古握字也"。后人不知台为耋之误，而改台为持，又改高注"台，持也"为"持无所监"，并删去"台，古握字

〔一〕此文有脱误，详见上文"人受名则道不用"注。

也”五字，以灭其迹。甚矣其妄也！**人主好仁，则无功者赏，有罪者释；好刑，则有功者废，无罪者诛。及无好者，诛而无怨，施而不德，放准循绳，身无与事，若天若地，何不覆载。故合而舍之者君也，制而诛之者法也，民已受诛，怨无所灭，谓之道。**○王念孙云：“怨无所灭”，文子道德篇作“无所怨憾”，是也。道固当诛，故受诛者无所怨憾。今本“怨”字误在“无所”上，“憾”字又误作“灭”，则文不成义。**道胜，则人无事矣。**

圣人无屈奇之服，屈，短。奇，长也。服之不衷，身之灾也。○王念孙云：“屈奇”犹瑰异耳。周官阍人“奇服怪民不入宫”，郑注曰：“奇服，衣非常。”“屈奇之服”，即奇服也。司马相如上林赋“摧萎崛崎”，义与屈奇相近。屈奇双声字，似不当分为两义也。○陶方琦云：一切经音义十二、又十五引许注：“屈，短也。奇，长也。”按：二注文正同。汉书广川惠王越传“谋屈奇”，注：“屈奇，异也。”说苑君道篇：“则未有布衣屈奇之士。”许注以屈为短，即说文“屈，无尾也”之训；以奇为长，即汉书“操其奇赢”之训。**无瑰异之行，服不视，**其所服，众不观视也。**行不观，言不议，通而不华，穷而不慑，荣而不显，隐而不穷，异而不见怪，容而与众同，无以名之，此之谓大通。升降揖让，趋翔周游，不得已而为也，非性所有于身，情无符检，**情无符检，非所乐也。**行所不得已之事，**揖让者，不得已而为。**而不解构耳，岂加故为哉！**岂故者，遭时宜而制礼，非故为也。**故不得已而歌者，不事为悲；不得已而舞者，不矜为丽。歌舞而不事为悲丽者，皆无有根心者。**中无根心，强为悲丽。**善博者不欲牟，**博其棋，不伤为谋也。**不恐不胜，平心定意，捉得其齐，**齐，得其适也。○王念孙云：捉当为投。“投得其齐”，谓投箸也。秦策曰：“君独不观博者乎！或欲大投，或欲分功。”“行由其理”，谓行棋也。楚辞招魂注曰“投六箸，行六棋，故为六博”是也。隶书投字或作投，捉字或作捉，二形相似，故投误为捉。太平御览工艺部十一引此，正作投。**行由其理,虽不必胜,得筹必多。何则?胜在于数,不在于欲。**欲胜也。**駎者不贪最先,**駎,竞驱也。○刘绩云:駎,除救切。○庄逵吉云:駎即骋字省文。孙编修、程文学皆说如是。○孙志祖云:玉篇马部有駎字,除救切,广韵在四十九宥内,注皆训为竞驰,与高诱注正合,非骋之省文也。○王念孙云:刘注及孙颐谷说是也。玉篇、广韵竞驰之训,既本于高注,则读駎为胄,亦必本于高注。今本高注有义无音,写者脱之耳。駎之言逐也。(逐、駎古同声。大畜九三"良马逐",释文:"逐,如字。郑本作逐逐,云两马走也。一音胄。"海外北经"夸父与日逐走",郭注:"逐音胄。")晋灼注汉书五行志曰:"竞走曰逐。"故高注言"竞驱"。若是骋字,则但可训为驱,不可训为竞驱矣。与人竞驱,故云"不贪最先,不恐独后"。若但曰骋,则无先后之可言矣。孙、程必以为骋之省文者,徒以说文无駎字故耳,不知是书之字,固有说文所不收者。且驰谓之骋,竞驱谓之駎,一从甹声,一从由声,(駎从由声,与胄、宙同。)不得以甲代乙也。**不恐独后,缓急调乎手,御心调乎马,虽不能必先载,马力必尽矣。何则?先在于数,而不在于欲也。是故灭欲则数胜,弃智则道立矣。贾多端则贫,工多技则穷,心不一也。**○文典谨按:御览八百二十九引注云:"贾多端,非一。"**故木之大者害其条,水之大者害其深。有智而无术,虽钻之不通;**虽有智慧,钻之弥牢,无术,不能达也。○王念孙云:通本作达,此后人以意改之也。术、达为韵,道、守为韵。改达为通,则失其韵矣。据高注云"无术,不能达",则正文作"达"甚明。**有百技而无一道,虽得之弗能守。故诗曰:"淑人君子,其仪一也。其仪一也,心如结也。"君子其结于一乎!**○文典谨按:荀子劝学篇引此诗:"淑人君子,其仪一兮。其仪一兮,心如结兮。"杨注引毛传:"尸鸠之养七子,旦从上而下,暮从下而上,平均如一。善人君子,其执义亦当如尸鸠之一。执义一,则用心坚固,故曰心如结也。"("平均如一"下,今以为笺文,非。)

舜弹五弦之琴,而歌南风之诗,以治天下。古琴五弦,至周有七律，增为七弦也。南风，恺乐之风。**周公殽臑不收于前**，臑，前肩之美也。○庄逵吉云：史记龟策传曰："取前足臑骨。"徐广曰："臑，臂。"说文解字云："臑，臂，羊矢也。"吴人沈彤云："解字误豕为矢，令人难解，盖谓羊豕之臂耳。"○王引之云：大雅既醉笺："殽，牲体也。"牲体多矣，不应独言臑。臑当为腝。（奴低反。凡隶书从耎从需之字多相乱，故腝误为臑。）说文："腝，有骨醢也。"或作臡。尔雅："肉谓之醢，有骨者谓之臡。"周官醢人"朝事之豆，其实有麋臡、鹿臡、麇臡"是也。殽，俎实也。腝，豆实也。殽腝犹言俎豆耳。殽腝、钟鼓各为一物，文正相对。**钟鼓不解于县，以辅成王而海内平。匹夫百亩一守**，百亩之田，一夫一妇守也。**不遑启处，无所移之也**。遑，暇。启，开也。**以一人兼听天下，日有余而治不足，使人为之也。处尊位者如尸，守官者如祝宰。尸虽能剥狗烧彘，弗为也，弗能无亏**；尸不能治狗事，不亏也。**俎豆之列次，黍稷之先后，虽知弗教也，弗能害也**。○王念孙云："弗能无害"，谓虽弗能亦无害于事也。故下文云"弗能祝者，不可以为祝，无害于为尸"。庄本"害"上脱"无"字，盖为刘本所误。**不能祝者，不可以为祝，无害于为尸**；无害者可以为尸也。**不能御者，不可以为仆，无害于为佐**。佐，君位也。○俞樾云：高注曰"佐，君位也"，则正文及注，佐字均当作左。礼记曲礼篇正义曰："车行则有三人，君在左，仆人中央，勇士在右。"是左为君位也。今加人旁作佐，则失其旨矣。**故位愈尊而身愈佚，身愈大而事愈少。譬如张琴，小弦虽急，大弦必缓。无为者，道之体也；执后者，道之容也。无为制有为，术也；执后之制先，数也。放于术则强，审于数则宁。今与人卞氏之璧，未受者，先也；求而致之，虽怨不逆者，后也。三人同舍，二人相争，争者各自以为直，不能相听，一人虽愚，必从旁而决之，非以智，不争也**。○庄逵吉云：吴处士江声云：应作"非以智也，以不争也"。参之下文，当是。考明中立四子本，本作"非以智也，以不争也"，知传刻原有异同。但藏本如是，故不遵改。○文典谨按：吴说是也。御览四百九十六引，作："三人同行，二人相与争，智者各自以为直，不能相听，一人虽愚，必从而决之，非以智也，以不争也。"文虽小异，然足正今本敚误。**两人相斗，一羸在侧**，羸，劣人也。**助一人则胜，救一人则免，斗者虽强，必制一羸，非以勇也，以不斗也。由此观之，后之制先，静之胜躁，数也。倍道弃数，以求苟遇，变常易故，以知要遮，过则自非，中则以为候，暗行缪改，终身不寤，此之谓狂。有祸则诎，有福则赢，有过则悔，有功则矜，遂不知反，此谓狂人。**○文典谨按："此谓狂人"，本作"此之谓狂"，与上文"此之谓狂"一律。御览七百三十九引此文，正作"此之谓狂"，是其证。**员之中规，方之中矩，行成兽**，有谓古礼执羔麋鹿，取其跪乳，群而不党。○洪颐煊云："行成兽"，言有迹可法。○俞樾云："成兽"之文，殊不成义。高注曲为之说，非也。兽疑献字之误。隶书兽或作猷，见桐柏庙碑，形与献似，故献或误为兽。周官庖人职"宾客之禽献"，注曰："献，古文为兽。杜子春云当为献。"是其例也。论语八佾篇"文献不足故也"，文、献对文，自有所本。"行成献，止成文"者，献，贤也，言行则成贤善，止则成文采也。字误作兽，则不可通矣。**止成文**，文谓威仪文采。**可以将少，而不可以将众。蓼菜成行**，蓼菜小，皆有行列也。**瓶瓯有堤**，堤，瓶瓯下安也。**量粟而舂，数米而炊，可以治家，而不可以治国。涤杯而食，洗爵而饮，浣而后馈**，馈，进食也。**可以养家老，而不可以飨三军。非易不可以治大，非简不可以合众。大乐必易，大礼必简。易故能天，简故能地。大乐无怨，大礼不责，四海之内，莫不系统，故能帝也。**

心有忧者，筐床衽席弗能安也，衽，柔弱也。**菰饭犓牛弗能甘也**，菰，凋胡也。**琴瑟鸣竽弗能乐也。患解忧除，然后食**

甘寝宁，居安游乐。由是观之，生有以乐也，死有以哀也。今务益性之所不能乐，而以害性之所以乐，故虽富有天下，贵为天子，而不免为哀之人。凡人之性，乐恬而憎悯，悯，忧有所在也。乐佚而憎劳。心常无欲，可谓恬矣；形常无事，可谓佚矣。游心于恬，舍形于佚，以俟天命，自乐于内，无急于外，虽天下之大，不足以易其一概，日月廋而无溉于志，廋，隐也。溉，灌也。己自隐藏，不以他欲灌其志也。故虽贱如贵，虽贫如富。大道无形，大仁无亲，大辩无声，大廉不嗛，大勇不矜，五者无弃，而几乡方矣。方，道也。庶几向于道也。

军多令则乱，酒多约则辩。乱则降北，辩则相贼。故始于都者常大于鄙，始于乐者常大于悲，其作始简者，其终本必调。○王念孙云：两"大"字，一"本"字，皆义不可通。此文当作"故始于都者常卒于鄙，始于乐者常卒于悲，其作始简者，其终卒必调"。庄子人间世篇："且以巧斗力者，始乎阳，常卒乎阴。以礼饮酒者，始乎治，常卒乎乱。凡事亦然。始乎谅，常卒乎鄙。其作始也简，其将毕也必巨。"即淮南所本也。（上文曰："故以巧斗力者，始于阳，常卒于阴；以慧治国者，始于治，常卒于乱。"亦本庄子。）今本上两"卒"字作"大"，下一"卒"字作"本"者，隶书卒或作卆，本或作夲，二形相似，故卒误为本，（墨子备高临篇"足以劳卒，不足以害城"，汉书游侠传"其阴贼著于心，卒发于睚眦"，今本卒字并误作本。）上两"本"字又脱其下半而为"大"耳。○俞樾云：王说是矣。惟调之言和也、合也，与简字之义殊不相应。调当作𡖿。玉篇多部："𡖿，丁幺切，多也，大也。""其作始简者，其终卒必𡖿"，言始于少而终于多也。庄子人间世篇曰："其作始也简，其将毕也必巨。"巨者，大也。大与多义相近，故玉篇𡖿训多，亦训大，且其字亦或从大作奝也。今有美酒嘉肴以相飨，卑体婉辞以接之，欲以合欢，争盈爵之间反生斗，爵所以饮，争满不满之间。○王念孙云：文选鲍照结客少年场行注引此，"以相飨"，"飨"上有"宾"字，"反生斗"，

“反”上有“乃”字,句法较为完缮。**斗而相伤,三族结怨,反其所憎,此酒之败也。诗之失僻,**诗者,衰世之风也,故邪而以之正。小人失其正,则入于邪。**乐之失刺,**乡饮酒之乐歌鹿鸣,鹿鸣之作,君有酒肴,不召其臣,臣怨而刺上者非也。**礼之失责。**礼无往不复,有施于人则责之。**徵音非无羽声也,羽音非无徵声也,五音莫不有声,而以徵羽定名者,以胜者也。**徵音之中有羽声,而以徵音名之者,羽音徵[一]以著言者也。**故仁义智勇,圣人之所备有也,然而皆立一名者,**立一名,谓仁义智勇兼以圣人之言。**言其大者也。阳气起于东北,尽于西南;阴气起于西南,尽于东北。阴阳之始,皆调适相似,日长其类,以侵相远,**言阳气自大寒日月长温,以至大热,与大寒相远也。**或热焦沙,或寒凝水,故圣人谨慎其所积。水出于山而入于海,稼生于野而藏于廪,见所始则知终矣。席之先雚蕈,**席之先所从生,出于雚与蕈苇也。**樽之上玄酒,**樽,酒器,所尊者玄水。**俎之先生鱼,**祭俎上肴以生鱼也。**豆之先泰羹,**木豆谓之豆,所盛泰羹,不调五味也。○王念孙云:此本作“席之上先雚簟,樽之上先玄酒,俎之上先生鱼,豆之上先泰羹”。“席之上”三字连读,“先雚簟”三字连读,下三句并同。后人不晓文义而以意删之,或删“上”字,或删“先”字,斯为谬矣。艺文类聚服饰部上、太平御览服用部十并引此“席之上先雚簟,樽之上先玄酒”,初学记器物部引此“豆之上先太羹”,是其证。○文典谨按:初学记服食部引注云:“大羹,肉湆。”**此皆不快于耳目,不适于口腹,而先王贵之,**贵之,所祭宗庙也。**先本而后末。圣人之接物,千变万轸,必有不化而应化者。夫寒之与暖相反,大寒地坼水凝,火弗为衰其暑;大热铄石流金,火弗为益其烈。寒暑**

〔一〕“徵”,疑当为“微”,形近而误。

之变,无损益于己,质有之也。言人质不可变于火。〇王引之云:“火弗为衰其暑”,暑当为热。“大热烁石流金”,热当为暑,二字互误。火可言热,不可言暑。且热与烈为韵,若作暑,则失其韵矣。下文“寒暑”二字,正承“大寒”、“大暑”言之,若云“大寒”、“大热”,则又与下文不合矣。太平御览火部二引此,热暑二字互误,已与今本同。文选演连珠注引此,正作“火弗为衰其热”。“质有之也”,之当为定。言火有一定之质,故不为寒暑损益也。定字俗书作㝎,因误而为之。御览引此已误。〇文典谨按:文选陆士衡演连珠注引,“衰其暑”作“衰其势暴也”,无“大”字。**圣人常后而不先,常应而不唱;不进而求,不退而让;随时三年,时去我先;去时三年,时在我后;无去无就,中立其所。天道无亲,唯德是与。有道者,不失时与人;**失时,失其时。非失其时以与人。**无道者,失于时而取人。直己而待命,时之至不可迎而反也;要遮而求合,时之去不可追而援也。故不曰我无以为而天下远,不曰我不欲而天下不至。古之存己者,乐德而忘贱,故名不动志;**不以名移志也。**乐道而忘贫,故利不动心。名利充天下,不足以概志,故廉而能乐,静而能澹。故其身治者,可与言道矣。**

自身以上至于荒芒尔远矣,身以上,从己生以前至于荒芒。荒芒,上古时也,故远矣。**自死而天下无穷尔滔矣,**从己身死之后,至天地无穷。滔,曼长也。〇王念孙云:两“尔”字义不可通,刘本尔作亦,是也。尒字俗书作尔,与亦相似。亦误为尔,后人因改为尔矣。**以数杂之寿,**杂,匝也。从子至亥为一匝。〇庄逵吉云:太平御览引作“以数匝之寿”,有注云:“匝,犹至也。或作卒。卒,尽也。言垂尽之年,不足以忧天下之乱,犹泣不能使水多也。”与此本既不同,注义又异。**忧天下之乱,犹忧河水之少,泣而益之也。**〇文典谨按:艺文类聚九十七引,作“龟三千岁,蜉蝣不过三日,人以数离之寿,忧天下之乱,犹忧河水之少而泣以益之也”。**龟三千**

岁，龟吐故纳新，故寿三千岁。**浮游不过三日**，浮游，渠略也。生三日死也。**以浮游而为龟忧养生之具，人必笑之矣。故不忧天下之乱，而乐其身之治者，可与言道矣。君子为善不能使福必来，不为非而不能使祸无至。福之至也，非其所求，故不伐其功；祸之来也，非其所生，故不悔其行。内修极**极，中。**而横祸至者，皆天也，非人也。故中心常恬漠，累积其德；**○王引之云："累积其德"，当依文子符言篇作"不累其德"。累，读如负累之累。言中心恬漠，外物不能累其德也。（下二句云："狗吠而不惊，自信其情。""自信其情"与"不累其德"，文正相对。吕氏春秋有度篇曰："恶欲喜怒哀乐六者，累德者也。"）写者脱去"不"字，校书者又误读累为积累之累，因加"积"字耳。**狗吠而不惊，自信其情。故知道者不惑，知命者不忧。万乘之主卒，葬其骸于广野之中，祀其鬼神于明堂之上，**庙之中，谓之明堂也。**神贵于形也。**以人神在堂，而形骸在野。**故神制则形从，**神制，谓情也。情欲使不作也，而形体从心以合。**形胜则神穷。**形胜，谓人体躁动，胜其精神，神穷而去也。○俞樾云：文子符言篇作"故神制形则从，形胜神则穷"，当从之。此申明上文"神贵于形"之义，言可使神制形，不可使形胜神也。观高注，则其所据本已误。**聪明虽用，必反诸神，**聪明虽用，于内以守。明神安而身全。**谓之太冲。**冲，调也。

淮南鸿烈集解卷十五

兵略训

兵，防也。防乱之萌，皆在略谋，解谕至论用师之意也，故曰"兵略"。○文典谨按：此篇叙目无"因以题篇"字，乃许慎注本。

古之用兵者，非利土壤之广而贪金玉之略，略，获得也。○文典谨按：御览二百七十一引，略作赂。将以存亡继绝，平天下之乱，而除万民之害也。凡有血气之虫，含牙带角，前爪后距，有角者触，有齿者噬，有毒者螫，○文典谨按：御览九百四十四引，螫作蠚。有蹄者趹，喜而相戏，怒而相害，天之性也。人有衣食之情，而物弗能足也，故群居杂处，分不均，求不澹，则争。争，则强胁弱而勇侵怯。人无筋骨之强，爪牙之利，故割革而为甲，○文典谨按：北堂书钞一百十三引，而作以。铄铁而为刃。贪昧饕餮之人，残贼天下，万人搔动，○文典谨按：御览二百七十一引，人作民。莫宁其所。有圣人勃然而起，乃讨强暴，平乱世，夷险除秽，以浊为清，以危为宁，○文典谨按：御览引，"宁"下有"也"字。故不得不中绝。中绝，谓若殷王中相绝灭。○俞樾云：此当作"故人得不中绝"，言圣人勃然而起，夷险除秽，故人类不至于中绝也。今作“不得不中绝”,于义难通。文子上义篇亦然,则其误久矣。**兵之所由来者远矣!黄帝尝与炎帝战矣**,炎帝,神农之末世也。与黄帝战于阪泉,黄帝灭之。**颛顼尝与共工争矣。**共工与颛顼争为帝,触不周山。○庄逵吉云:御览引注,下有“天柱折也”四字。**故黄帝战于涿鹿之野**,黄帝与蚩尤战于涿鹿。涿鹿,在上谷。**尧战于丹水之浦**,尧以楚伯受命,灭不义于丹水。丹水在南阳。○文典谨按:御览二百七十一引注,水作浦。**舜伐有苗**,有苗,三苗也。**启攻有扈。**禹之子启伐有扈于甘。甘在右扶风郡。○文典谨按:御览二百七十一引注,“甘在右扶风郡”作“在右扶风鄠县也”。**自五帝而弗能偃也,又况衰世乎!**

夫兵者,所以禁暴讨乱也。炎帝为火灾,故黄帝擒之;共工为水害,故颛顼诛之。教之以道、导之以德而不听,则临之以威武。临之威武而不从,则制之以兵革。故圣人之用兵也,若栉发耨苗,所去者少,而所利者多。杀无罪之民,而养无义之君,害莫大焉;殚天下之财,而澹一人之欲,祸莫深焉。使夏桀、殷纣有害于民而立被其患,不至于为炮烙;晋厉、宋康行一不义而身死国亡,不至于侵夺为暴。此四君者,皆有小过而莫之讨也,故至于攘天下,攘,乱。**害百姓,肆一人之邪,而长海内之祸,此大伦之所不取也。**○王念孙云:大当为天,字之误也。论与伦同。(王制“凡制五刑,必即天论”,郑注:“论或为伦。”释文:“论音伦,理也。”伦、论古多通用,庄本改论为伦,未达假借之义。)伦,道也。(见小雅正月篇毛传、论语微子篇包咸注。)言为天道之所不取也。文子上义篇正作“天伦”。**所为立君者,以禁暴讨乱也。今乘万民之力,而反为残贼,是为虎傅翼,曷为弗除!夫畜池鱼者必去猵獭**,猵獭之类,食鱼者也。**养禽兽者必去豺狼**,○俞樾云:主术篇:“夫华骝、绿耳,一日而至千里,然其使之搏兔,不如豺狼。”太平御览兽部引作"狼契"。王氏引之曰:"狼、契,皆犬名也。广雅曰:'狼狐狂獖,犬属也。'玉篇:'猰,公八切,杂犬也。'猰与契通。犬能搏兔而马不能,故曰'不如狼契'。"今以其说推之,此文"豺狼"亦当作"狼契",盖猵獭能食鱼,狼契能搏兽,故猵獭不可与池鱼并畜,而狼契不可与禽兽同养。若豺狼,本非人之所养,又何待言去乎? ○文典谨按:主术篇"豺狼"之当为"狼契",有御览可证,故王氏云然,未可以彼例此。豺狼非人所养,猵獭又岂人之所养哉? 俞说未安。**又况治人乎!**

故霸王之兵,以论虑之,以策图之,以义扶之,非以亡存也,将以存亡也。故闻敌国之君有加虐于民者,则举兵而临其境,责之以不义,刺之以过行。兵至其郊,乃令军师曰:"毋伐树木!毋抉坟墓!毋爇五谷!爇,烧也。**毋焚积聚!毋捕民虏!**○文典谨按:御览引,"毋捕民虏"作"无捕虏民"。**毋收六畜!"**○庄逵吉云:御览此下有注云:"无聚所征国民为采取,无收其六畜以自饶利。"**乃发号施令曰:"其国之君,**○王念孙云:其当为某,字之误也。太平御览兵部二引此,正作"某国"。司马法仁本篇亦云:"某国为不道,征之。"**傲天侮鬼,决狱不辜,杀戮无罪,此天之所以诛也,民之所以仇也。**○俞樾云:两"以"字皆衍文。吕氏春秋怀宠篇作:"若此者,天之所诛也,人之所雠也。"无两"以"字。文子上义篇同。○文典谨按:俞说是也。御览引,无两"以"字,是其证。**兵之来也,以废不义而复有德也。有逆天之道,帅民之贼者,**○俞樾云:帅字义不可通,吕氏春秋作卫,是也。当由卫(衞)误作衛,因改为帅耳。○文典谨按:御览引,"帅民之贼"作"率民为贼"。**身死族灭!以家听者,禄以家。以里听者,赏以里。以乡听者,封以乡。以县听者,侯以县。"克国不及其民,废其君而易其政,尊其秀士而显其贤良,振其孤寡,恤其贫穷,出其囹圄,赏其有功。百姓开门而待之,淅米而储之,**淅,渍也。**唯恐其不来也。此汤、武之所以**

致王，而齐桓之所以成霸也。故君为无道，民之思兵也，若旱而望雨，渴而求饮，夫有谁与交兵接刃乎！故义兵之至也，至于不战而止。○庄逵吉云：御览作"至于不战而心服"。晚世之兵，君虽无道，莫不设渠壍，傅堞而守，傅，守也。堞，城上女墙。攻者非以禁暴除害也，欲以侵地广壤也。是故至于伏尸流血，相支以日，○俞樾云："相支以日"，甚为无义。文子上义篇作"相交于前"，当从之。交与支形似而误。交误为支，因改"于前"为"以日"，使成文义耳。而霸王之功不世出者，自为之故也。夫为地战者不能成其王，为身战者不能立其功。举事以为人者众助之，举事以自为者众去之。众之所助，虽弱必强；众之所去，虽大必亡。

兵失道而弱，得道而强；将失道而拙，得道而工；国得道而存，失道而亡。所谓道者，体圆而法方，○庄逵吉云：御览作"取圆而法方"。背阴而抱阳，左柔而右刚，履幽而戴明，○庄逵吉云：御览引，明作旸。变化无常，得一之原，以应无方，是谓神明。夫圆者，天也；方者，地也。天圆而无端，故不可得而观；地方而无垠，故莫能窥其门。○王念孙云："不可得而观"，本作"不得观其形"，后人以形与端韵不相协，故改为"不可得而观"也。不知元、耕二部，古或相通。（说文睘从袁声，而唐风杕杜篇"独行睘睘"与菁、姓为韵。齐风还篇"子之还兮"与间、肩、儇为韵，而汉书地理志引作"子之营兮"。淮南精神篇曰："以道为紃，有待而然，抱其太清之本，而无所容与，而物无能营。"齐俗篇曰："其歌乐而无转，其哭哀而无声。"道应篇曰："为三年之丧，令类不蕃；高辞卑让，使民不争。"又庄子大宗师篇曰："夫道有情有信，无为无形，可传而不可受，可得而不可见。"逸周书时训篇曰："蝼蝈不鸣，水潦淫漫。蚯蚓不出，嬖夺后命。王瓜不生，困于百姓。"汉书贡禹传曰："何以孝弟，为财多而光荣。何以礼义，为史书而仕宦。何以谨慎，为勇猛而临官。"外戚传悼李夫人赋曰:"超兮西征,屑兮不见。"太玄进次二曰:"进以中刑,大人独见。"聚测曰:"鬼神无灵,形不见也。燕聚嘻嘻,乐淫衍也。宗其高年,鬼待敬也。"易林姤之临曰:"禹召诸侯,会稽南山,执玉万国,天下康宁。"升之震曰:"当变立权,摘解患难,涣然冰释,大国以宁。"皆以元、耕二部通用。)形字正与端为韵也。人能观天而不能知其形,故曰"不得观其形",非谓不可得而观也。文子自然篇正作"故不得观其形"。**天化育而无形象,地生长而无计量,浑浑沉沉,孰知其藏! 凡物有朕,唯道无朕。**言万物可朕也,而道不可朕也。○俞樾云:高注曰"言万物可朕也,而道不可朕也",则正文及注文朕字皆胜字之误,故以可不可言。若是朕字,则但当言有无,不当言可不可也。文子自然篇作"夫物有胜,唯道无胜",当据以订正。**所以无朕者,以其无常形势也。轮转而无穷,象日月之运行,若春秋有代谢,若日月有昼夜,终而复始,明而复晦,莫能得其纪。制刑而无刑,故功可成;物物而不物,**○庄逵吉云:御览引,作"象物而不物"。**故胜而不屈。刑,兵之极也,至于无刑,可谓极之矣。**○庄逵吉云:御览引,无之字。○王念孙云:刑并与形同。"可谓极之矣",当作"可谓极之极矣"。形者,兵之极;至于无形,故曰极之极。太平御览引此,正作"可谓极之极矣"。(钞本如是。刻本作"可谓极矣",乃后人妄删。)**是故大兵无创,与鬼神通,五兵不厉,天下莫之敢当。建鼓不出库,诸侯莫不慑惨沮胆其处。故庙战者帝,神化者王。所谓庙战者,法天道也;神化者,法四时也。修政于境内而远方慕其德,制胜于未战而诸侯服其威,内政治也。古得道者,静而法天地,动而顺日月,喜怒而合四时,叫呼而比雷霆,音气不戾八风,诎伸不获五度。**获,误也。五度,五行也。**下至介鳞,上及毛羽,条修叶贯,万物百族,由本至末,莫不有序。是故入小而不偪,**偪,迫也。**处大而不窕,浸乎金石,润乎草木,宇中六合,振豪之末,**或曰:宇中,四宇也。六合,六合内。莫不顺比。道之浸洽，滒淖纤微，无所不在，是以胜权多也。

夫射，仪度不得，则格的不中；格，射之椹质也。的，射准也。骥，一节不用，而千里不至。夫战而不胜者，非鼓之日也，鼓之日，谓陈兵击鼓斗之日也。素行无刑久矣。故得道之兵，车不发轫，轫，车下支。骑不被鞍，鼓不振尘，旗不解卷，卷，束也。甲不离矢，刃不尝血，朝不易位，贾不去肆，农不离野，招义而责之，大国必朝，小城必下。因民之欲，乘民之力而为之，去残除贼也，故同利相死，同情相成，同欲相助。○王念孙云："同欲相助"，当作"同欲相趋，（趋，七句反，向也。）同恶相助"。今本上句脱"相趋"二字，下句脱"同恶"二字。"同欲"、"同恶"，相对为文。且利、死为韵，情、成为韵，欲、趋为韵，恶、助为韵。欲与助，则非韵矣。（古韵欲、趋属候部，恶、助属御部，故欲与助非韵。）史记吴王濞传"同恶相助，同好相留，同情相成，同欲相趋，同利相死"，是其证。（文子自然篇作"同行者相助"，此以意改耳。吕氏春秋察微篇亦云"同恶固相助"。）顺道而动，天下为向；因民而虑，天下为斗。猎者逐禽，车驰人趍，各尽其力，无刑罚之威，而相为斥闉要遮者，斥，候也。闉，塞也。同所利也。同舟而济于江，卒遇风波，百族之子，捷捽招杼船，捷，疾取也。若左右手，不以相德，其忧同也。故明王之用兵也，为天下除害，而与万民共享其利，民之为用，犹子之为父，弟之为兄，威之所加，若崩山决塘，敌孰敢当！故善用兵者，用其自为用也；不能用兵者，用其为己用也。用其自为用，则天下莫不可用也；用其为己用，所得者鲜矣。

兵有三诋。诋，要事也。○文典谨按：书钞百十三引，诋作体。治国家，理境内，行仁义，布德惠，立正法，○文典谨按：书钞引，正作政。**塞邪隧，**○文典谨按：书钞引，隧作坠。**群臣亲附，百姓和辑，上下一心，君臣同力，诸侯服其威而四方怀其德，修政庙堂之上而折冲千里之外，拱揖指㧑而天下响应，此用兵之上也。地广民众，主贤将忠，国富兵强，约束信，号令明，两军相当，鼓錞相望，**錞，錞于，大钟也。**未至兵交接刃而敌人奔亡，**○王念孙云："兵交"当为"交兵"。文子上义篇正作"交兵接刃"，下文亦云"不待交兵接刃"。**此用兵之次也。知土地之宜，习险隘之利，明奇正之变，察行陈解赎之数，**○俞樾云："解赎"当为"解续"。解之言解散也，续之言连续也，解续犹言分合。下文曰"出入解续"，是其证。**维枹绾而鼓之，**绾，贯。枹系于臂，以击鼓也。○王念孙云："维枹绾而鼓之"，殊为不词。一切经音义二十引此，作"绾枹而鼓之"，无"维"字，是也。"枹"字本在"绾"字下，故高注先释绾，后释枹。因"枹"字误在"绾"字上，后人又以高注言"枹系于臂"，因加"维"字耳。不知绾字已兼维系之义，无庸更言维也。○陶方琦云：一切经音义十八引许注："绾，贯也。"按说文："绾，恶也。"桂氏说文义证云："恶即贯之讹文。"玉篇亦云："绾，贯也。"**白刃合，流矢接，涉血属肠，舆死扶伤，流血千里，暴骸盈场，乃以决胜，此用兵之下也。今夫天下皆知事治其末，而莫知务修其本，释其根而树其枝也。**

夫兵之所以佐胜者众，而所以必胜者寡。甲坚兵利，车固马良，畜积给足，士卒殷轸，殷，众也。轸，乘轮多盛貌。**此军之大资也，而胜亡焉。**○曾国藩云："胜亡焉"，犹云胜不系乎此也，全不系乎此也。**明于星辰日月之运，刑德奇賌之数，**奇賌，阴阳奇秘之要。○庄逵吉云：说文解字云："该，军中约也。"又汉书有"五音奇胲"，史记仓公传作"奇咳"。古字賌、胲、咳皆应作该。五音奇胲，兵家书也，故许慎以为军中约。**背乡左右之便，此战之助也，而全亡焉。良将之**

所以必胜者，恒有不原之智，不道之道，难以众同也。夫论除谨，论除，论贤除吏。谨，慎也。动静时，吏卒辨，兵甲治，正行伍，连什伯，明鼓旗，此尉之官也。军尉，所以尉镇众也。前后知险易，见敌知难易，发斥不忘遗，发，有所见。斥，斥度，候视也。此候之官也。军候，候望者也。○陶方琦云：史记索隐二十四引许注："斥，度，候视也。候，望也。"按：索隐引敚"军候"二字。汉书李广传"远斥候，未尝遇害"是也。说文人部："候，伺望也。"与注淮南同。隧路亟，隧，道也。亟，言治军隧道疾也。行辎治，行辎，道路辎重也。赋丈均，赋治军垒，尺丈均平也。处军辑，井灶通，此司空之官也。军司空，补空修缮者。收藏于后，迁舍不离，无淫舆，无遗辎，此舆之官也。舆，众也。候领舆众在军之后者。凡此五官之于将也，犹身之有股肱手足也，○王引之云：下言"五官"，而上只有四官，写者脱其一也。"兵甲治"下当有"此司马之官也"一句。自"论除谨"至"兵甲治"，皆司马之事，非尉之事，且句法亦与下不同，自"正行伍"以下乃是尉之事耳。司马也，尉也，候也，司空也，舆也，所谓"五官"也。左传成二年晋军有司马、司空、舆帅、候正、亚旅，襄十九年晋军有军尉、司马、司空、舆尉、候奄，官名与此略同，而其数皆五，足以相证矣。（汉书百官公卿表："卫尉，秦官，诸屯卫候司马皆属焉。"续汉书百官志："大将军营五部，部校尉一人，军司马一人。部下有曲，曲有军候一人。"通典兵类引一说曰："凡立军，二百人立候，四百人立司马，八百人立尉。"必择其人，技能其才，使官胜其任，人能其事。告之以政，申之以令，使之若虎豹之有爪牙，飞鸟之有六翮，莫不为用。然皆佐胜之具也，非所以必胜也。兵之胜败，本在于政。政胜其民，下附其上，则兵强矣。民胜其政，下畔其上，则兵弱矣。故德义足以怀天下之民，事业足以当天下之急，选举足以得贤士之心，谋虑足以知强弱之势，此必胜之本也。

地广人众，不足以为强；坚甲利兵，不足以为胜；高城深池，不足以为固；严令繁刑，不足以为威。为存政者，虽小必存；为亡政者，虽大必亡。昔者楚人地，南卷沅、湘，卷，屈取也。沅、湘，二水名。○文典谨按："昔者楚人地"，初学记地部中引，作"昔荆楚之地"。北绕颍、泗，颍、泗，二水名也。西包巴、蜀，东裹郯、淮，巴、蜀、郯、淮，地名。○王念孙云：郯、淮本作郯、邳，（注同。）此后人妄改之也。淮乃水名，非地名，与高注不合。太平御览州郡部十三引此，正作郯、邳。沅、湘、颍、泗皆水名，巴、蜀、郯、邳皆地名。汉郯县故城在今邳州东北，下邳故城在今邳州东，二县相连，故并言之。史记楚世家亦云邹、费、郯、邳。颍、汝以为洫，洫，沟也。江、汉以为池，垣之以邓林，邓林，沔水上险。绵之以方城，绵，落也。方城，楚北塞也，在南阳叶也。山高寻云，溪肆无景，肆，极也。极溪之深，不见景也。○王念孙云：御览引，作"山高寻云霓，溪深肆无景"，是也。"溪深"二字连读，今本脱"深"字，则与上句不对。"肆无景"三字连读，故高注云："肆，极也。极溪之深，不见景也。"若以"溪肆"连读，则文不成义矣。晋书羊祜传"高山寻云霓，深谷肆无景"，即用淮南语。地利形便，卒民勇敢，蛟革犀兕，以为甲胄，修铩短鏦，鏦，小矛也。○陶方琦云：华严经音义上引许注："鏦，小矛也。"按：说文："鏦，矛也。"训同。方言："矛，吴、扬、江、淮、南楚、五湖之间或谓之鏦。"字通穜。仓颉篇："穜，短矛也。"短矛即小矛。齐为前行，积弩陪后，积弩，连弩也。错车卫旁，疾如锥矢，锥，金簇箭羽之矢也。合如雷电，解如风雨，○王引之云：锥当为鍭，注内"箭羽"当为"翦羽"，皆字之误也。尔雅："金镞翦羽谓之鍭。"（说文同。方言曰："箭，江、淮之间谓之鍭。"大雅行苇篇曰："四鍭既钧。"周官司弓矢曰："杀矢、鍭矢，用诸近射田猎。"考工记矢人曰："鍭矢参分，一在前，二在后。"隐元年穀梁传曰："聘弓鍭矢不出竟埸。"鍭字亦作翭。士丧礼记曰："翭矢一乘，骨镞短卫。"）是其明证矣。下文云“疾如镞矢”，镞亦鏃之误。（族字隶书作㑜，隹字隶书作隹，二形相似。族字隶书或作疾，形与㑜亦相似。故鏃矢之字非误为锥，即误为镞。齐策“疾如锥矢，战如雷电，解如风雨”，文与此同，则锥矢亦是鏃矢之误。高注以锥矢为小矢，非也。史记苏秦传又误作“锋矢”，索隐引吕氏春秋贵卒篇“所为贵锥矢者，为其应声而至”，今本吕氏春秋误作“镞矢”。庄子天下篇“镞矢之疾”，镞亦鏃之误。郭象音族，非也。鹖冠子世兵篇“发如镞矢”，镞本或作鏃，亦当以作鏃者为是。）**然而兵殆于垂沙，**垂沙，地名。〇陶方琦云：史记集解引许注：“垂涉，地名。”按：垂沙不误，荀子议兵篇及韩诗外传四并作垂沙。楚策三“垂沙之事，死者以千数”，史记作垂涉，涉或作涉，与沙相似。**众破于柏举。楚国之强，大地计众，中分天下，**〇王念孙云：大当为支，字之误也。氾论篇云“度地计众”，度与支皆计也。大戴礼保傅篇“燕支地计众，不与齐均”，卢辩曰：“支，犹计也。”贾子胎教篇作“度地计众”。**然怀王北畏孟尝君，**胁于齐也。**背社稷之守而委身强秦，**怀王入秦，秦留之蓝田也。**兵挫地削，身死不还。二世皇帝**二世，秦始皇少子胡亥也。**势为天子，富有天下，人迹所至，舟楫所通，莫不为郡县。然纵耳目之欲，穷侈靡之变，不顾百姓之饥寒穷匮也，兴万乘之驾而作阿房之宫，**阿房，地名，秦所筑也。**发闾左之戍，**秦皆发闾左民，未及发而秦亡也。**收太半之赋，**赀民之三而税二。**百姓之随逮肆刑，挽辂首路死者，**随逮，应召也。肆刑，极刑。辂，挽辇横木也。**一旦不知千万之数，天下敖然若焦热，倾然若苦烈，上下不相宁，吏民不相憀。**憀，赖。**戍卒陈胜兴于大泽，攘臂袒右，**陈胜，字涉，汝阴人也。大泽，沛蕲县。袒右，脱右臂衣也。**称为大楚，而天下响应。当此之时，非有牢甲利兵、劲弩强冲也，伐棘枣而为矜，**棘枣，酸枣也。矜，矛柄。〇王念孙云：“棘枣”本作“樕枣”，（注同。）此亦后人妄改之也。魏风园有桃传云：“棘，枣也。”说文：“棘，小枣丛生者。”皆不训为酸枣。改樕为棘，则与高注不合矣。史记司马相如传

"枇杷橪柿",索隐:"徐广曰:'橪,枣也。而善反。'说文曰:'橪,酸小枣也。'淮南子云:'伐橪枣以为矜。'"索隐引作"橪枣",而"酸小枣"之训又与高注合,则正文、注文皆作"橪枣",明矣。下句注云"撚矜以内钻凿",撚即橪字之误。**周锥凿而为刃,**周,内也。撚矜以内钻凿也。**剡摲筡,奋儋钁,**摲,剡锐也。钁,斫也。**以当修戟强弩,攻城略地,莫不降下。天下为之麋沸蚁动,云彻席卷,方数千里。势位至贱,而器械甚不利,然一人唱而天下应之者,积怨在于民也。武王伐纣,东面而迎岁,**太岁在寅。**至汜而水,**汜,地名。水,有大雨水也。**至共头而坠,**共头,山名,在河曲共山。坠,陨也。**彗星出而授殷人其柄。**时有彗星,柄在东方,可以扫西人也。**当战之时,十日乱于上,风雨击于中,然而前无蹈难之赏,而后无遁北之刑,白刃不毕拔而天下得矣。是故善守者无与御,而善战者无与斗,明于禁舍开塞之道,乘时势,因民欲而取天下。**

故善为政者积其德,善用兵者畜其怒。德积而民可用,怒畜而威可立也。故文之所以加者浅,则势之所胜者小;德之所施者博,而威之所制者广。○王念孙云:上二句当作"故文之所加者浅,则势之所服者小"。今本"加"上衍"以"字,"服"字又误作"胜"。(服、胜左畔相似,又因上下文多"胜"字而误。)下言"威之所制者广","威之所制"犹言"势之所服"耳。服与制义相近,若作胜,则非其指矣。汉书刑法志作"文之所加者深,则武之所服者大",文子下德篇作"文之所加者深,则权之所服者大",皆其证。**威之所制者广,则我强而敌弱矣。故善用兵者,先弱敌而后战者也,故费不半而功自倍也。汤之地方七十里而王者,修德也;智伯有千里之地而亡者,穷武也。故千乘之国行文德者王,万乘之国好用兵者亡。故全兵先胜而后战,**德先胜之,而后乃战,汤、武是也。**败兵先战而后**

求胜。德均则众者胜寡，力敌则智者胜愚，势侔则有数者禽无数。侔，等也。○王念孙云：刘本改"者侔"为"势侔"。案：刘改非也。者当为智，字之误也。（者、智下半相似，又因上下文"者"字而误。）"力敌"二字承"众者胜寡"而言，言众寡相等，则智者胜愚也。"智侔"二字又承"智者胜愚"而言，言智相等，则有数者禽无数也。刘改为"势侔"，则义与上句不相承，且与"力敌"相复矣。数，谓兵法也。诠言篇曰："虑不胜数，事不胜道。"故曰"智侔则有数者禽无数"也。文子上礼篇正作"智同则有数者禽无数"。凡用兵者，必先自庙战：主孰贤？将孰能？民孰附？国孰治？蓄积孰多？士卒孰精？甲兵孰利？器备孰便？故运筹于庙堂之上，而决胜乎千里之外矣。

夫有形埒者，天下讼公也。见之；有篇籍者，世人传学之。此皆以形相胜者也，善形者弗法也。所贵道者，贵其无形也。无形，则不可制迫也，不可度量也，不可巧诈也，不可规虑也。智见者人为之谋，形见者人为之功，众见者人为之伏，器见者人为之备。动作周还，倨句诎伸，可巧诈者，皆非善者也。善者之动也，神出而鬼行，星耀而玄逐；进退诎伸，不见朕墊；○王念孙云：逐当为运。玄运，天运也。（后汉书张衡传注引桓谭新论曰："玄者，天也。"释名曰："天谓之玄。"）言如星之耀，如天之运也。览冥篇曰："日行而月动，星耀而玄运，电奔而鬼腾，进退屈伸，不见朕垠。"是其明证也。运字古读若云，（吕氏春秋谕大篇引夏书"天子之德广运"，与文为韵。管子形势篇"受辞者，名之运也"，与尊为韵。越语"广运百里"，韦注曰："东西为广，南北为运。"西山经"广员百里"，广员即广运。墨子非命上篇"譬犹运钧之上而立朝夕者也"，中篇运作员。庄子天运篇释文曰："天运，司马作天员。"管子戒篇"四时云下而万物化"，云即运字。说文："鸩，一名运日。"刘逵吴都赋注作云日。）与墊为韵。若作逐，则失其韵矣。鸾举麟振，凤飞龙腾；发如秋风，疾如骇龙。龙鱼也，飞之疾者也。○

文典谨按:海外西经:“龙鱼状如貍,一曰鰕,一曰鳖鱼。”**当以生击死,以盛乘衰,以疾掩迟,以饱制饥。**○王念孙云:此本作“发如猋风,疾如骇电,以生击死,以盛乘衰,以疾掩迟,以饱制饥”。今本“猋风”作“秋风”,字之误也。(俗书猋字作㸊,形与秋相近。)旧本北堂书钞武功部六引此作“炎风”,炎亦猋之误。(陈禹谟依俗本改为秋风。)“发如猋风”,言其疾也。汉书韩长孺传“匈奴,轻疾悍亟之兵也,至如猋风,去如收电”,颜师古曰:“猋,疾风也。”故月令“猋风暴雨总至”,吕氏春秋孟春篇作疾风。若作秋风,则非其指矣。“疾如骇电”,今本作“骇龙”,“龙”字涉上文“龙腾”而衍,“龙”下“当”字即“电”字之误。后人误以“当”字下属为句,(“以生击死”四句之上加一“当”字,则义不可通。)故于“骇龙”之下妄加注释耳。(今本注云:“龙鱼也,飞之疾者也。”案:海外西经之龙鱼,不得谓之骇龙,且与上句“猋风”不类,明是后人妄加此注,以附会骇龙二字之义,非高氏原文也。)楚辞九叹“凌惊雷以轶骇电兮”,骇电与猋风,事正相类,故以比用兵之神速。管子兵法篇云:“追亡逐遁若飘风,(飘与猋同。月令猋风,淮南时则篇作飘风。尔雅“回风为飘”,月令注作“回风为猋”。汉书蒯通传“飘至风起”,颜注:“飘,读曰猋。”)击刺若雷电。”吕氏春秋决胜篇云:“若雷电飘风暴雨。”汉书云:“至如猋风,去如收电。”义并与此同。旧本北堂书钞引此,正作“疾如骇电”,无“龙”、“当”二字。(陈禹谟依俗本改为“骇龙”,又加“当”字。)**若以水灭火,若以汤沃雪,何往而不遂?何之而不用达?**○刘绩云:衍“用”字。**在中虚神,在外漠志,运于无形,出于不意。与飘飘往,与忽忽来,莫知其所之。与条出,与间入,莫知其所集。卒如雷霆,疾如风雨,若从地出,若从天下,独出独入,莫能应圉。疾如镞矢,何可胜偶?一晦一明,孰知其端绪?未见其发,固已至矣。故善用兵者,见敌之虚,乘而勿假也,追而勿舍也,迫而勿去也。击其犹犹,陵其与与,疾雷不及塞耳,**用疾雷之声,不暇复塞耳也。**疾霆不暇掩目。善用兵,若声之与响,若镗之与鞈,**鞈,鼓鞞声。**眯不给抚,呼不给吸。当此之时,仰不见**

天，俯不见地，手不麾戈，兵不尽拔，击之若雷，薄之若风，炎之若火，凌之若波。敌之静不知其所守，动不知其所为。故鼓鸣旗麾，当者莫不废滞崩阤，天下孰敢厉威抗节而当其前者！故凌人者胜，待人者败，为人杓者死。杓，所击也。

兵静则固，专一则威，分决则勇，心疑则北，力分则弱。故能分人之兵，疑人之心，则锱铢有余；不能分人之兵，疑人之心，则数倍不足。故纣之卒，百万之心；武王之卒，三千人皆专而一。故千人同心则得千人力，万人异心则无一人之用。将卒吏民，动静如身，乃可以应敌合战。故计定而发，分决而动，将无疑谋，卒无二心，动无堕容，口无虚言，事无尝试，应敌必敏，发动必亟。故将以民为体，而民以将为心。心诚则支体亲刃，心疑则支体挠北。○王念孙云："亲刃"二字，义不可通。刘本作"亲力"，义亦不可通。刃当为䵒，写者脱其半耳。说文："䵒，黏也。"引隐元年左传"不义不䵒"，或作䵒。今左传作昵。亲䵒即亲昵也。"支体亲昵"谓从心也，"支体挠北"谓不从心也。亲昵之昵，古音在职部，故与北为韵。小雅菀柳篇"无自昵焉"，与息、极为韵，是其证。心不专一，则体不节动；将不诚心，则卒不勇敢。○王念孙云："诚必"与"专一"相对为文，"勇敢"与"诚必"相因为义。管子九守篇曰："用赏者贵诚，用刑者贵必。"荀子致士篇曰："人主之患，不在乎不言用贤，而在乎不诚必用贤。"吕氏春秋论威篇曰："又况乎万乘之国而有所诚必乎，则何敌之有矣！"贾子道术篇曰："伏义诚必谓之节。"枚乘七发曰："诚必不悔，决绝以诺。"是古书多以"诚必"连文。刘本"诚必"作"诚心"，因上文"心诚"而误。诸本与刘本同，唯道藏本作"诚必"。庄不从藏本而从诸本，谬矣。故良将之卒，若虎之牙，若兕之角，若鸟之羽，若蚈之足，蚈，马蠸也。可以行，可以举，可以噬，可以触，强而不相败，众而不相害，一心以使之也。故民诚从其令，虽少无畏；民不从令，虽众为寡。故下不亲上，其心不用；卒不畏将，其形不战。守有必固，而攻有必胜，不待交兵接刃，而存亡之机固以形矣。

兵有三势，有二权。○庄逵吉云：御览引，权作铃。下"知权"、"事权"同。程文学云："铃当作钤为是。"有气势，有地势，有因势。将充勇而轻敌，卒果敢而乐战，三军之众，百万之师，志厉青云，气如飘风，声如雷霆，诚积逾而威加敌人，此谓气势。硖路津关，○庄逵吉云：御览引，硖作狭。大山名塞，龙蛇蟠，蟠，冤屈也。却笠居，○庄逵吉云：御览此下有注云："却，偃覆也。笠，簦也。"羊肠道，○庄逵吉云：御览此下有注云："羊肠，一屈一伸。"此二注，别本亦或有之。发笱门，发笱，竹笱，所以捕鱼，其门可入而不得出。○王念孙云："却笠居"，后汉书杜笃传注引，作"簦笠居"，是也。"簦笠"与"龙蛇"相对为文，谓山形偃覆如簦笠，故高注有"偃覆"之语。今本作"却笠居"，注云："却，偃覆也。笠，登。"（太平御览引同。）案："却笠"二字文不成义，训却为偃覆亦义不可通，疑传写错误也。（注内登字即簦字之误，疑当作"偃覆如簦笠"。）"发笱"二字于义无取，"发笱"当作"鱼笱"，"羊肠"、"鱼笱"相对为文。高注"发笱，竹笱，所以捕鱼，其门可入而不得出"，"发笱"二字亦因正文而衍。太平御览兵部二及后汉书注引此，并作"鱼笱门"，御览引注文亦无"发笱"二字。一人守隘，而千人弗敢过也，此谓地势。因其劳倦怠乱，饥渴冻暍，推其擒擒，挤其揭揭，挤，排也。擒擒，欲卧也。揭揭，欲拔也。○王念孙云：说文、玉篇、广韵、集韵皆无擒字，擒当为搖，字之误也。（注同。）搖，古摇字也。（考工记矢人"夹而摇之"，释文："摇，本又作搖。"汉书天文志："元光中，天星尽搖。"）注内"欲卧"当为"欲仆"，亦字之误也。摇摇者，动而欲仆也。因其欲仆而推之，故曰"推其摇摇"。武王户铭曰："若风将至，必先摇摇。"意与此相近也。太平御览兵部二引此，正作"推其摇摇"。隶书搖字或作搖,(汉书司马相如传"消搖乎襄羊"。)因误而为搶。管子白心篇"夫不能自摇者,夫或搶之",搶亦搖字之误。盖世人少见"搶""搖"二字,故传写多差。而杨慎古音余乃于侵韵收入搶字,引淮南子"推其搶搶,挤其揭揭",不知其字而以意为之,斯为谬矣。**此谓因势。善用间谍,**言军之反间也。**审错规虑,设蔚施伏,**草木蕃盛曰蔚。**隐匿其形,**○庄逵吉云:御览作"隐遁其形"。**出于不意,**○庄逵吉云:御览意作虑。**敌人之兵无所适备,此谓知权。**○王念孙云:"设蔚施伏",当作"设施蔚伏"。高注:"草木盛曰蔚。"伏兵于其中故曰蔚伏,可言"设蔚伏",不可言"设蔚"也。且"审错规虑"、"设施蔚伏"相对为文,若作"设蔚施伏",则与上句不对。(太平御览引此已误。)下文云"设规虑,施蔚伏",是其明证矣。"敌人之兵无所适备",太平御览引此,"敌人"上有"使"字,于义为长。**陈卒正,前行选,进退俱,什伍搏,前后不相撚,**撚,揉蹈也。○庄逵吉云:御览撚作蹍,注云:"蹍,蹀踏也。"**左右不相干,受刃者少,伤敌者众,此谓事权。权势必形,吏卒专精,选良用才,官得其人,计定谋决,明于死生,举错得失,莫不振惊。**○王念孙云:失当为时,声之误也。太平御览引此,正作"举错得时"。**故攻不待冲隆云梯而城拔,**云梯,可依云而立,所以瞰敌之城中。**战不至交兵接刃而敌破,明于必胜之攻也。**○王念孙云:攻当为数,此涉上下文"攻"字而误也。数,术也。太平御览引此,正作"必胜之数"。**故兵不必胜,不苟接刃;攻不必取,不为苟发。故胜定而后战,铃县而后动。故众聚而不虚散,兵出而不徒归。唯无一动,动则凌天振地,抗泰山,荡四海,鬼神移徙,鸟兽惊骇。如此,则野无校兵,**敌家之兵不来相交复也。**国无守城矣。**

静以合躁,治以持乱,○王念孙云:持当为待,字之误也。(隶书待、持二字相似,公食大夫礼"左人待载",古文待为持。大戴礼礼三本篇"待年而食"，荀子礼论篇作"持手而食"。）待，犹御也，言以治御乱也。（待与御同义，说见经义述闻左传"待诸乎"下。）作持，则非其指矣。孙子军争篇"以治待乱，以静待哗"，即淮南所本。文选五等论"以治待乱"，李善注引此文云"静以合躁，治以待乱"，尤其明证矣。**无形而制有形，无为而应变，虽未能得胜于敌，敌不可得胜之道也。敌先我动，则是见其形也；彼躁我静，则是罢其力也。形见则胜可制也，力罢则威可立也。视其所为，因与之化；观其邪正，以制其命；饵之以所欲，以罢其足。彼若有间，急填其隙，极其变而束之，尽其节而仆之。敌若反静，为之出奇，彼不吾应，独尽其调**〔一〕。言我之尽调以待敌也。**若动而应，有见所为，彼持后节，**彼谓敌。持后节，敌在后，使先己。**与之推移。彼有所积，必有所亏，精若转左，陷其右陂。**右陂，西也。**敌溃而走，后必可移。敌迫而不动，名之曰奄迟，击之如雷霆，斩之若草木，耀之若火电，欲疾以遬，人不及步銷，车不及转毂，**○王引之云：銷字义不可通，銷当作趋。隶书趋字作趍，（见汉武都太守李翕西狭颂。）与銷相似而误。淮南书中趋字多有作趍者，（诸本多改作趋，唯藏本未改。）故知銷为趍之误。"人不及步趋"者，用兵神速，敌人不及走避也。趋字入声则音促，正与上下文之木、遬、毂、木、角、格为韵。**兵如植木，弩如羊角，人虽众多，势莫敢格。诸有象者，莫不可胜也；诸有形者，莫不可应也。是以圣人藏形于无，而游心于虚。风雨可障蔽，而寒暑不可开闭，**○王念孙云：开当为关。寒暑无所不入，故不可关闭。作开，则义不可通矣。俗书关（關）字作閞，閞字作开（開），二形相似而误。（详见道应篇"东开鸿濛之光"下。）**以其无形故也。夫能滑淖精微，贯金石，穷至远，放乎九天之上，**放，寄。**蟠乎黄卢之下，唯无**

〔一〕"调"，王念孙说当为"和"，详见诠言训"物莫不足滑其调"注。

形者也。善用兵者，当击其乱，不攻其治，是不袭堂堂之寇，不击填填之旗。填填，旗立牢端貌。容未可见，以数相持。彼有死形，因而制之。敌人执数，动则就阴。以虚应实，必为之禽。虎豹不动，不入陷阱；麋鹿不动，不离罝罘；飞鸟不动，不絓网罗；鱼鳖不动，不擐靥喙。物未有不以动而制者也，是故圣人贵静。静则能应躁，后则能应先，数则能胜疏，博则能禽缺。○俞樾云：博与缺义不相应，与上文"静则能应躁，后则能应先，数则能胜疏"不一律矣。博当作抟，字之误也。说文手部："抟，圜也。"故与缺相对为文。太玄中次六曰："月阙其抟。"月之有阙有抟，即此文抟缺对文之证。故良将之用卒也，同其心，一其力，勇者不得独进，怯者不得独退，止如丘山，发如风雨，所凌必破，靡不毁沮，动如一体，莫之应圉，是故伤敌者众，而手战者寡矣。夫五指之更弹，不若卷手之一挃；挃，擣也。万人之更进，更，代也。不如百人之俱至也。今夫虎豹便捷，熊罴多力，然而人食其肉而席其革者，不能通其知而壹其力也。夫水势胜火，章华之台烧，章华，楚之高台。以升勺沃而救之，虽涸井而竭池，无奈之何也；举壶榼盆盎而以灌之，其灭可立而待也。今人之与人，非有水火之胜也，而欲以少耦众，不能成其功，亦明矣。兵家或言曰："少可以耦众。"此言所将，非言所战也。或将众而用寡者，势不齐也；势不齐，士不同力也。将寡而用众者，用力谐也。若乃人尽其才，悉用其力，以少胜众者，自古及今，未尝闻也。

神莫贵于天，势莫便于地，动莫急于时，用莫利于人。○文典谨按：御览二百七十一引，"人"下有"和"字。凡此四者，兵之干植也，然必待道而后行，可一用也。夫地利胜天时，巧举胜地利，势胜人，故任天者可迷也，任地者可束也，任时者可迫也，任人者可惑也。夫仁勇信廉，人之美才也，然勇者可诱也，仁者可夺也，信者易欺也，廉者易谋也。将众者，有一见焉，则为人禽矣。由此观之，则兵以道理制胜，而不以人才之贤，亦自明矣。是故为麋鹿者则可以罝罘设也，麋鹿有兵而不能以斗，无术之军也。为鱼鳖者则可以网罟取也，鱼鳖之兵，散而不集。为鸿鹄者则可以矰缴加也，鸿鹄之兵，高而无被。唯无形者无可奈也。是故圣人藏于无原，故其情不可得而观；运于无形，故其陈不可得而经。无法无仪，来而为之宜；无名无状，变而为之象。深哉瞯瞯，远哉悠悠，且冬且夏，且春且秋，上穷至高之末，下测至深之底，变化消息，无所凝滞，建心乎窈冥之野，而藏志乎九旋之渊，九旋，九回之渊，至深者也。○陶方琦云：文选江赋注、庄子释文引许注："九旋之渊至深。"按：文选注引有敚文，庄子释文引淮南许注作"至深也"，敚文又甚。说文："渊，回水也。"又"淀"下云："回泉也。"虽有明目，孰能窥其情！

兵之所隐议者天道也，所图画者地形也，所明言者人事也，所以决胜者钤势也。故上将之用兵也，上得天道，下得地利，中得人心，乃行之以机，发之以势，是以无破军败兵。及至中将，上不知天道，下不知地利，专用人与势，虽未必能万全，胜钤必多矣。下将之用兵也，博闻而自乱，多知而自疑，居则恐惧，发则犹豫，是以动为人禽矣。今使两人接刃，巧拙不异，而勇士必胜者，何也？其行之诚也。夫以巨斧击桐薪，不待利时良日而后破之。加巨斧于桐薪之上，而无人力之奉，虽顺招摇，挟刑德，招摇，斗杓也。刑，十二辰也。德，十日也。而弗能破者，以其无势也。故水激则悍，矢激则远。**夫栝淇卫箘簬**，栝，箭栝也。淇卫，箘簬箭之所出也。○庄逵吉云：御览引，簬作簵。御览凡两引此注，一引与此同，又一处引注云："箘簵，箭竹也，出于淇地。卫，箭羽也。"程文学云：释名："箭羽，齐人曰卫，所以导卫矢也。"疑是许慎注。○文典谨按：艺文类聚六十引注，与庄氏所举又一处引注正同。今注内"箘簬"二字，疑涉正文而衍。**载以银锡**，载，饰也。饰箭以银锡。○文典谨按：北堂书钞百二十五、艺文类聚六十、太平御览三百四十七引，载并作饰。**虽有薄缟之幨**，缟，细缯也。**腐荷之矰**，荷，莲华也。矰，犹矢也。○洪颐煊云：诗泽陂"有蒲与荷"，郑笺："芙蕖之茎曰荷。"证类本草引陆玑疏亦作"其茎曰荷"。莲华不可以为矢，高注非。**然犹不能独射也。**○王念孙："腐荷之矰"，矰本作橹；"不能独射"，射本作穿；高注本作"橹，大楯也"。（说文及儒行注、襄十年左传注并同。楯本作盾。）此言栝淇卫箘簬，而载之以银锡，则虽薄缟之幨，腐荷之盾，亦不能穿。下文曰："若假之筋角之力，（各本脱"若"字，今据旧本北堂书钞及艺文类聚、太平御览引补。）弓弩之势，则贯兕甲而径于革盾矣。"正与此相反也。氾论篇曰："隆冲以攻，渠幨以守。"高彼注曰："幨，幰也，所以御矢也。"韦昭注吴语曰："渠，楯也。"幨与盾皆所以御五兵，故彼言"渠幨以守"，此言"薄缟之幨，腐荷之橹，犹不能穿"。（齐策云："攻城之费，百姓理襜蔽，举冲橹。"襜与幨同。）若矰，则非其类矣。且腐荷之橹不能穿，谓矢不能穿橹也。今本作"腐荷之矰"，矰即是矢，则其义不可通矣。后人不知矰为橹之误，乃改"不能独穿"为"不能独射"，以牵合矰字，又改高注之"橹，大楯也"为"矰，犹矢也"，以牵合正文，甚矣其谬也。旧本北堂书钞武功部十三引此，正作"腐荷之橹"，（陈禹谟依俗本改橹为矰，下"不能独穿"同。）太平御览兵部八十八"楯"下引此同，又引高注云："橹，大楯也。"又今本"不能独射"，旧本北堂书钞及艺文类聚军器部、太平御览兵部七十八、八十八、珍宝部十一，并引作"不能独穿"，今据以订正。**假之筋角之力，弓弩之势，则贯兕甲而径于革盾矣。**○文典谨按：北堂书钞百二十五引，"假之"作"若不假以"。**夫风之疾，至于飞屋折木；虚举之下大迟，自上高丘，**虚举，不驾也。风疾飞之，下大迟，复上高丘也。○孙诒让云:注以"不驾"释"虚举",则举疑当作轝,即舆之俗。"大迟"宋本作"大达",疑当作"大逵",注同。此似言疾风能飞屋折木,而虚轝不能自下大逵而上高丘,必藉人力推之,以喻兵势之得失。注释"虚轝"亦云"风疾飞之",则与"人之有所推"之文不合,殆非也。**人之有所推也。是故善用兵者,势如决积水于千仞之堤,若转员石于万丈之溪,天下见吾兵之必用也,则孰敢与我战者!故百人之必死也,贤于万人之必北也,况以三军之众,赴水火而不还踵乎!虽誂合刃于天下,谁敢在于上者!**誂,卒也。虽卒然合,与天下争,人谁敢在其上者!○洪颐煊云:说文:"誂,相呼诱也。从言,兆声。"广雅释诂:"誂,诱也。"

所谓天数者,左青龙,右白虎,前朱雀,后玄武。角、亢为青龙,参、井为白虎,星、张为朱雀,斗、牛为玄武。用兵军者,右参、井,左角、亢,背斗、牛,向星、张。此顺北斗之铨衡也。**所谓地利者,后生而前死,左牡而右牝。**高者为生,下者为死。丘陵为牡,溪谷为牝。**所谓人事者,庆赏信而刑罚必,动静时,举错疾。此世传之所以为仪表者,固也,然而非所以生。仪表者,因时而变化者也。是故处于堂上之阴而知日月之次序,见瓶中之冰而知天下之寒暑。**○俞樾云:于字,衍文也。"处堂上之阴"者,谓察堂上之阴也。兵略篇曰:"相地形,处次舍。"是处与相同义。主术篇曰:"援白黑而示之,则不处焉。"不处犹不察也。盖物居其所谓之处,使物各得其所亦谓之处。国语鲁语曰"夫仁者讲功,而知者处物"是也。故处即有辨别之义。后人不达,而妄加"于"字,"处于堂上之阴",于义殊不可通。且"处堂上之阴"本与"见瓶中之冰"相对,今增"于"字,则句法亦参差不齐矣。**夫物之所以相形者微,唯圣人达其至。故鼓不与于五音而为五音主,水不与于五味而为五味调,将军不与于五官之事而为五官督。故能调五音者,不与五音者也;能调五味者,不与五味**

者也；能治五官之事者，不可揆度者也。是故将军之心，滔滔如春，曠曠如夏，湫漻如秋，典凝如冬，典，常。凝，正也。常正于冬也。○俞樾云：高注曰："典，常。凝，正也。"此未得典字之义。典，读为"颀典"之典。考工记𫐓人"是故𫐓欲颀典"，郑注曰："颀典，坚刃貌。"然则典凝犹坚凝也，与上句"湫漻如秋"一律。若训典为常，则失其义矣。○文典谨按：北堂书钞百十五引，曠曠作阔阔，湫作淋，典凝作惨恻。又有注云："滔滔宽伏，如春日之倡也。"因形而与之化，随时而与之移。夫景不为曲物直，响不为清音浊。观彼之所以来，各以其胜应之。是故扶义而动，推理而行，掩节而断割，掩，覆也。覆其节制断割也。○文典谨按：御览二百七十三引注，"割"下有"之"字。因资而成功，使彼知吾所出而不知吾所入，知吾所举而不知吾所集。始如狐狸，彼故轻来；合如兕虎，敌故奔走。夫飞鸟之挚也俯其首，○文典谨按：书钞百十六、御览二百七十一引，挚并作鸷。猛兽之攫也匿其爪，虎豹不外其爪而噬不见齿。○王念孙云："虎豹不外其爪"，与上句"匿其爪"相复，爪当作牙，此即涉上句"爪"字而误。"噬不见齿"，若仍指虎豹言之，则又与"不外其牙"相复，当作"噬犬不见其齿"，与上句相对为文，今本脱去"犬"字、"其"字。旧本北堂书钞武功部四引此，正作"虎豹不外其牙，噬犬不见其齿"。（陈禹谟依俗本改为"虎豹不外其爪而噬不见齿"。）太平御览兵部二同。故用兵之道，示之以柔而迎之以刚，○庄逵吉云：御览此下有注云："迎，逆敌家。"○文典谨按：意林引，迎作乘。示之以弱而乘之以强，为之以歙而应之以张，○庄逵吉云：御览此下有注云："歙，弱。张，强也。歙，读如胁。"将欲西而示之以东，先忤而后合，前冥而后明，○文典谨按：北堂书钞百十七引，明作朗。若鬼之无迹，若水之无创。故所乡非所之也，所见非所谋也，举措动静，莫能识也，若雷之击，不可为备。○文典谨按：意林引，作："若欲西者，示之以东，使知吾所出，而不知吾所入。若鬼无迹，若水无创,若电之激,不可备也。"**所用不复,故胜可百全。与玄明通,莫知其门,是谓至神。**

兵之所以强者,民也;○王念孙云:文子上义篇作"兵之所以强者,必死也",于义为长。下句"民之所以必死者,义也",即承此句言之。上文曰:"百人之必死,贤于万人之必北。"是兵之所以强者必死也。今本作"兵之所以强者,民也",民字疑涉下句而误。○文典谨按:王说非也。"兵之所以强者,民也",即上文"因民之欲,乘民之力,政胜其民,下附其上,则兵强矣"之义。此文"兵之所以强者,民也;民之所以必死者,义也;义之所以能行者,威也",三句相连接,而以两"民"字两"义"字为之枢纽。若改"民"字为"必死",则句法既参差不齐,文义亦不相连贯矣。文子上义篇"国之所以强者,必死也;所以死者,必义也",文义本不可通,王氏顾欲据以改不误之淮南书,其失也泥矣。"兵之所以强者,民也",兵家之精义,王氏未及知之耳。**民之所以必死者,义也;义之所以能行者,威也。是故合之以文,齐之以武,是谓必取;威仪并行,是谓至强。**○文典谨按:仪,文子上义篇作义,当从之。**夫人之所乐者生也,而所憎者死也,然而高城深池,矢石若雨,平原广泽,白刃交接,而卒争先合者,彼非轻死而乐伤也,为其赏信而罚明也。是故上视下如子,则下视上如父;**○庄逵吉云:御览引此,视作事。下"视上如兄"、"视上如父"两句同。**上视下如弟,则下视上如兄。上视下如子,则必王四海;下视上如父,则必正天下。上亲下如弟,**○王念孙云:"上亲下如弟",亲亦当为视,字之误也。上文正作"上视下如弟"。○文典谨按:王说是也。御览二百八十一引,正作"上视下如弟",是其证。**则不难为之死;下视上如兄,则不难为之亡。是故父子兄弟之寇,不可与斗者,积恩先施也。故四马不调,造父不能以致远;弓矢不调,羿不能以必中;君臣乖心,则孙子不能以应敌。**孙子,名武,吴王阖闾之将也。**是故内修其政以积其**

德,外塞其丑以服其威,察其劳佚以知其饱饥,故战日有期,视死若归。故将必与卒同甘苦俟饥寒,○俞樾云:俟字义不可通,乃併字之误。併与并通。广雅释诂:"并,同也。""并饥寒"与"同甘苦"一律。○文典谨按:俞说未碻。此本作"故将必与卒同甘苦劳佚饥寒",乃承上文"察其劳佚以知其饱饥"而言。御览二百八十一引,作"故将必与卒同甘苦佚饥寒",敚一"劳"字。此文"佚"更讹为"俟",而义遂不可通矣。故其死可得而尽也。故古之善将者,必以其身先之,暑不张盖,寒不被裘,所以程寒暑也;险隘不乘,上陵必下,所以齐劳佚也;军食孰然后敢食,军井通然后敢饮,所以同饥渴也;合战必立矢射之所及,○文典谨按:意林引,"所及"下有"之处"二字。以共安危也。○王念孙云:"矢射"当为"矢石",声之误也。(太平御览兵部十三引此已误。)意林引此,正作"矢石"。刘昼新论兵术篇同。上文云"所以程寒暑"、"所以齐劳佚"、"所以同饥渴",则此"以共安危"上亦当有"所"字。○文典谨按:王说是也。意林引,有"所"字,是其证。故良将之用兵也,常以积德击积怨,以积爱击积憎,何故而不胜!主之所求于民者二:求民为之劳也,欲民为之死也。民之所望于主者三:饥者能食之,劳者能息之,有功者能德之。民以偿其二积,而上失其三望,○王念孙云:"二积"当为"二责",此因上文诸"积"字而误。二责,谓为主劳,为主死,故曰"主之所求于民者二",求犹责也。太平御览兵部十二引此,正作责。○文典谨按:御览二百八十一引,以作已。以、已古通用。国虽大,人虽众,兵犹且弱也。若苦者必得其乐,劳者必得其利,斩首之功必全,死事之后必赏,死事,以军事死。赏其后子孙也。四者既信于民矣,主虽射云中之鸟,而钓深渊之鱼,弹琴瑟,声钟竽,敦六博,敦者,致也。○王念孙云:古无训敦为致者。六博言致,亦于义无取。今案:"敦六博,投高壶",敦亦投也。敦,音都回反。邶风北门篇"王事敦我",郑笺曰:"敦,犹投掷也。"是敦与投同义。投谓投箸也。楚辞招魂注曰:"投六箸,行六棋,故为六博。"是也。**投高壶,**○文典谨按:御览引,壶作墙。**兵犹且强,令犹且行也。是故上足仰,则下可用也;德足慕,则威可立也。**

将者必有三隧、四义、五行、十守。所谓三隧者,上知天道,下习地形,中察人情。凡此三事者,人所从蹊隧。**所谓四义者,便国不负兵,**负,程也。○王念孙云:负与程义不相近,负当为员,草书之误也。(太平御览兵部四引此已误。)说山篇云:"舂至旦,不中员程。"汉书尹翁归传云:"责以员程。"是员与程同义。员为程式之程,又为程量之程。儒行曰:"鸷虫攫搏不程勇者,引重鼎不程其力。"郑注曰:"程,犹量也。搏猛引重,不量勇力堪之与否也。"此言"便国不员兵",亦谓不程量其兵之众寡,故高注训员为程也。**为主不顾身,见难不畏死,决疑不辟罪。所谓五行者,柔而不可卷也,刚而不可折也,仁而不可犯也,信而不可欺也,勇而不可凌也。**○文典谨按:御览二百七十三引,凌作枝。**所谓十守者,神清而不可浊也,谋远而不可慕也,操固而不可迁也,知明而不可蔽也,不贪于货,不淫于物,不嚂于辩,**○庄逵吉云:御览引,嚂作滥。**不推于方,**○文典谨按:御览引,方作名。**不可喜也,不可怒也。是谓至於,窈窈冥冥,孰知其情!**○王念孙云:於当为旍。古书旌字或作旍,形与於相近,因误为於。(续汉书天文志"会稽海贼曾旍等千余人",今本旍误作於。)旌、冥、情三字为韵,旌与精同。主术篇曰:"故至精之像,窈窈冥冥,不知为之者谁,而功自成。"老子曰:"窈兮冥兮,其中有精。"庄子在宥篇曰:"至道之精,窈窈冥冥。"皆其证也。列子说符篇"东方有人焉,曰爰旌目",后汉书张衡传注引作爰精目。汉济阴太守孟郁修尧庙碑"师工旌密",即精密。是精与旌古字通。○文典谨按:"是谓至於",御览引作"是谓至矣",于义为长。**发必中铨,言必合数,动必顺时,解必中揍;**揍,理也。**通动静之机,明开塞之节,**○文典谨按:文选永明九年策秀才文注引,"通"字、"明"字下并有

"乎"字。审举措之利害，若合符节；疾如彍弩，势如发矢，一龙一蛇，动无常体，莫见其所中，莫知其所穷，攻则不可守，守则不可攻。

盖闻善用兵者，必先修诸己，而后求诸人；先为不可胜，而后求胜。修己于人，求胜于敌，己未能治也，而攻人之乱，是犹以火救火，以水应水也，何所能制！今使陶人化而为埴，则不能成盆盎；陶人化为埴，陶人复变为埴土，不能化埴土也。工女化而为丝，则不能织文锦。同，莫足以相治也，故以异为奇。两爵相与斗，未有死者也；鹯鹰至，则为之解，以其异类也。故静为躁奇，有出于人。治为乱奇，饱为饥奇，佚为劳奇。奇正之相应，若水火金木之代为雌雄也。善用兵者，持五杀以应，五杀，五行。故能全其胜。拙者处五死以贪，故动而为人擒。

兵贵谋之不测也，形之隐匿也，出于不意，不可以设备也。谋见则穷，形见则制。故善用兵者，上隐之天，下隐之地，中隐之人。隐之天者，无不制也。何谓隐之天？大寒甚暑，疾风暴雨，大雾冥晦，因此而为变者也。何谓隐之地？山陵丘阜，林丛险阻，可以伏匿而不见形者也。何谓隐之人？蔽之于前，望之于后，出奇行陈之间，发如雷霆，疾如风雨，搴巨旗，搴，卷取也。止鸣鼓，而出入无形，莫知其端绪者也。故前后正齐，四方如绳，出入解续，不相越凌，〇孙诒让云：续，宋本作赎。上文亦云"察行陈解赎之数"。然不知"解赎"何义，注亦并无说。考释名释衣服云："齐人谓如衫而小袖曰侯头。侯头，犹解渎，臂直通之言也。"疑解续、解赎、解渎义同，解赎亦往来通达之语，犹解渎为直通之言也。翼轻边利，边利，翼军之边而利。或前或后，离合散聚，不失行伍，此善修行陈者也。明于奇正賌、阴阳、刑德、五行、望气、候星、龟策、禨祥，○陈观楼云：正字后人所加。"奇賌"以下皆二字连读。上文云"明于刑德奇賌之数"，高注："奇賌，阴阳奇秘之要。"是其证。说文作奇侅，史记仓公传作奇咳，汉书艺文志作奇胲，并字异而义同。此善为天道者也。设规虑，施蔚伏，见用水火，出珍怪，鼓噪军，所以营其耳也；曳梢肆柴，扬尘起竭，梢，小柴也。竭，埃。○陶方琦云：文选班固西都赋注引许注："竭，埃也。"按：今注敚"也"字，依宋本补。说文："竭，壁间隙。""埃，尘也。"西都赋："轶竭埃之混浊。"所以营其目者：此善为诈佯者也。錞钺牢重，固植而难恐，势利不能诱，死亡不能动，此善为充干者也。充，盈。干，强也○陶方琦云：文选陆机辨亡论注引许注："干，强也。"按：说文："强，弓有力也。"释名释兵："矢，其体曰干，言挺干也。"义正相近。剽疾轻悍，勇敢轻敌，疾若灭没，此善用轻出奇者也。相地形，处次舍，治壁垒，审煙斥，○孙诒让云：煙、闉同声叚借字。上文云："无刑罚之威而相为斥闉要遮者，同所利也。"是其证。居高陵，舍出处，此善为地形者也。因其饥渴冻暍，劳倦怠乱，恐惧窘步，乘之以选卒，击之以宵夜，此善因时应变者也。易则用车，易，平地也。险则用骑，涉水多弓，水中不可引弩，故以弓便。隘则用弩，隘可以手弩以为距。昼则多旌，夜则多火，晦冥多鼓，此善为设施者也。凡此八者，不可一无也，然而非兵之贵者也。夫将者，必独见独知。○文典谨按：北堂书钞百十五引，作"独知独见"。独见者，见人所不见也；独知者，知人所不知也。见人所不见，谓之明；知人所不知，谓之神。神明者，先胜者也。先胜者，守不可攻，战不可胜，攻不可守，虚实是也。上下有隙，将吏不相得，所持不直，卒心积不服，言积怨不服之也。所谓虚也。主明将良，上下同心，气意俱起，所谓实也。若以水投火，所当者陷，所薄者移，牢柔不相通而胜相奇者，虚实之谓也。故善战者不在少，善守者不在小，胜在得威，败在失气。夫实则斗，虚则走，盛则强，衰则北。吴王夫差地方二千里，带甲七十万，南与越战，栖之会稽，北与齐战，破之艾陵，西遇晋公，擒之黄池，晋公，谓平侯也。擒之，服晋也。此用民气之实也。其后骄溢纵欲，拒谏喜谀，憢悍遂过，憢，勇急也。不可正喻，大臣怨怼，百姓不附，越王选卒三千人，擒之干隧，因制其虚也。夫气之有虚实也，若明之必晦也，故胜兵者非常实也，败兵者非常虚也。善者，能实其民气，以待人之虚也；不能者，虚其民气，以待人之实也。故虚实之气，兵之贵者也。

凡国有难，君自宫召将，诏之曰："社稷之命在将军，即今国有难，愿请子将而应之。"○王念孙云：即当为身，"在将军身"为句，"今国有难"为句。隶书身字或作身，与即字左半相似，因误而为即。"愿请子将而应之"，"请"字涉下文"还请"而衍。艺文类聚武部、太平御览兵部五、七十一、仪式部一引此，并作"社稷之命在将军身，今国有难，愿子将而应之"，是其证。将军受命，乃令祝史太卜斋宿三日，之太庙，钻灵龟，卜吉日，以受鼓旗。君入庙门，西面而立；将入庙门，趍至堂下，北面而立。主亲操钺，持头，授将军其柄，曰："从此上至天者，将军制之。"复操斧，持头，授将军其柄，曰："从此下至渊者，将军制之。"将已受斧钺，答曰："国不可从外治也，军不可从中御也。二心不可以事君，疑志不可以应敌。臣既以受制于前矣，鼓旗斧钺之威，臣无还请，愿君亦以垂一言之命于臣也。○王念孙云："亦以垂一言之命"，

"以"当为"无"。今作"以"者,涉上文"既以"而误。军不可从中御,故曰"臣无还请,君亦无垂一言之命于臣"。两"无"字相因为义。今本下"无"字作"以",则义不可通。太平御览兵部五引此,正作"无"。**君若不许,臣不敢将。君若许之,臣辞而行。"乃爪鬋,**鬋爪,送终之礼,去手足爪。**设明衣也,**明衣,丧衣也。在于暗冥,故言明。**凿凶门而出。**凶门,北出门也。将军之出,以丧礼处之,以其必死也。〇陶方琦云:御览三百三十五引许注:"明衣,送终衣也。翦手足指爪者,示必死也。"按:此御览所引乃敚文,"明衣"下敚去十字。"送终衣"即今注"送终礼",礼与衣字相似。今注"以其必死也",其字乃示字。其古作亓,与示相似。**乘将军车,载旌旗斧钺,累若不胜。其临敌决战,不顾必死,**〇文典谨按:北堂书钞百十五、艺文类聚五十九引,决并作攻,于义为长。**无有二心。是故无天于上,无地于下,无敌于前,无主于后,进不求名,退不避罪,**〇文典谨按:北堂书钞百十五引,避作辟。**唯民是保,利合于主,国之实也,上将之道也。**〇王念孙云:实当为宝,字之误也。孙子地形篇"故进不求名,退不避罪,唯民是保,而利合于主,国之宝也",此即淮南所本。今作"国之实",则义不可通矣。且宝与保、道为韵。若作实,则失其韵矣。(上下文皆用韵。)**如此,则智者为之虑,勇者为之斗,气厉青云,疾如驰骛,是故兵未交接而敌人恐惧。若战胜敌奔,毕受功赏,吏迁官,益爵禄,割地而为调,决于封外,卒论断于军中。**言有罪而诛。**顾反于国,放旗以入斧钺,报毕于君曰:"军无后治。"乃缟素辟舍,请罪于君。君曰:"赦之!"退,斋服。大胜三年反舍,**大胜敌者,还三年,乃反故舍也。**中胜二年,下胜期年。兵之所加者,必无道国也,故能战胜而不报,取地而不反,民不疾疫,将不夭死,五谷丰昌,风雨时节,战胜于外,福生于内,是故名必成而后无余害矣!**

淮南鸿烈集解卷十六

说山训

山为道本,仁者所处。说道之旨,委积若山,故曰“说山”,因以题篇。

魄问于魂曰:“道何以为体?”魄,人阴神也。魂,人阳神也。阴道祖于阳,故魄问魂,道以何等形体也。○庄逵吉云:御览引,作“魂问于魄”,下魂、魄并互异。**曰:“以无有为体。”**道无形,以无有为体也。**魄曰:“无有有形乎?”魂曰:“无有。”“何得而闻也?”**言无有形状,何以可得而知也。**魂曰:“吾直有所遇之耳!**言遇,遭遇知之也。○王念孙云:“何得而闻也”上,本有“魄曰无有”四字。魄问魂曰:“无有,何得而闻也?”故魂答曰:“吾直有所遇之耳!”今本脱此四字,则义不可通。(此因两“魄曰无有”相乱而脱其一。)艺文类聚灵异部下、太平御览妖异部一所引,并有此四字。**视之无形,听之无声,谓之幽冥。幽冥者,所以喻道,而非道也。”**似道而非道也。**魄曰:“吾闻得之矣!**得,犹知也。○王念孙云:“闻”字涉上文而衍。**乃内视而自反也。”魂曰:“凡得道者,形不可得而见,名不可得而扬。**扬,犹称也。扬或作象。**今汝已有形名矣,何道之所能乎!”魄曰:“言者,独何为者?”**魄诘魂曰:子尚无形,何故有言?**“吾将反吾宗矣。”**宗,本也。魂将反于无形。○俞樾云:“吾将反吾宗矣”上当有“魂曰”二字,此乃魂之言也。“吾将反吾宗”者,魂欲反其宗也,故下文曰:“魄反顾,魂忽然不见。”惟反其宗,所以不见也。高解“反吾宗”曰:“魂将反于无形。”则其所据本正有“魂曰”二字。不然,何知其是魂而非魄乎? **魄反顾,魂忽然不见,**不见魂也。**反而自存,亦以沦于无形矣。**魄返而自存,亦以入于无形之中矣。形或作有。

人不小学,不大迷;小学不博,不能通道,故大迷也。**不小慧,不大愚。**小慧不能通物,故大愚也。〇王念孙云:学当为觉,字之误也。“小觉”与“大迷”相对,“小慧”与“大愚”相对。今作“小学”,则非其指矣。文子上德篇正作“不小觉,不大迷”。又案:高注本作“小觉不能通道,故大迷也”。今本作“小学不博,不能通道”者,觉误为学,后人因加“不博”二字也。下注云“小慧不能通物,故大愚也”,与此相对为文,则此注原无“不博”二字明矣。**人莫鉴于沫雨,而鉴于澄水者,以其休止不荡也。**沫雨,雨潦上覆瓮也。澄,止水也。荡,动也。沫雨或作流潦。**詹公之钓,千岁之鲤不能避;**詹公,詹何也,古得道善钓者,有精术,故能得千岁之鲤也。〇王念孙云:“千岁之鲤不能避”,本作“得千岁之鲤”,高注“故得千岁之鲤也”,是其证。今本作“千岁之鲤不能避”者,句首脱去“得”字,则文不成义,后人不解其故,遂于句末加“不能避”三字耳。(初学记鳞介部、太平御览资产部十四、鳞介部八引此,并作“詹公之钓,千岁之鲤”,则所见本已脱“得”字,但尚无“不能避”三字。埤雅云:“詹何之钓,千岁之鲤不能避。”则所见本已有此三字矣。)下文“引辅者为之止”下,又衍“也”字。(因下文“精之至也”而衍。)此文以鲤、止、喜三字为韵。如今本,则失其韵矣。**曾子攀柩车,引辅者为之止也;**曾子至孝,送亲丧悲哀,攀援柩车,而挽者感之,为之止。辅,棺下轮也。辅,读若牛行辅辅之辅也。**老母行歌而动申喜,精之至也。**申喜,楚人也,少亡其母。闻乞人行歌声,感而出视之,则其母也。故曰“精之至”。**瓠巴鼓瑟,而淫鱼出听;**瓠巴,楚人也,善鼓瑟。淫鱼喜音,出头于水而听之。淫鱼长头身相半,长丈余,鼻正白,身正黑,口在颔下,似鬲狱鱼,而身无鳞,出江中。〇陶方琦云:说文鱼部“鱏”字下引传曰:“伯牙鼓琴,鱏鱼出听。”定是淮南。考蜀志郤正传注及文选魏都赋注并引淮南作鱏鱼，即许本也。论衡亦作鱏鱼，左思魏都赋亦作“感鱏鱼”，皆用淮南许本。高本作淫鱼，与韩诗外传同。（文选洞箫赋注引淮南作淫鱼，高本也。）其外荀子作流鱼，大戴礼作沉鱼，皆由声近得通。**伯牙鼓琴，驷马仰秣；**仰秣，仰头吹吐，谓马笑也。**介子歌龙蛇，而文君垂泣。**介子，介推也。从晋文公重耳出奔翟，遭难绝粮，介子推割肌啖之。公子复国，赏从亡者，子推独不及，故歌曰："有龙矫矫，而失其所。有蛇从之，而啖其口。龙既升云，蛇独泥处。”龙以喻文公，蛇以自喻也。于是文公觉悟，求介子推，不得而号泣之。**故玉在山而草木润，**玉，阳中之阴也，故能润泽草木。**渊生珠而岸不枯。**珠，阴中之阳也，有光明，故岸不枯。○陶方琦云：史记集解一百二十八引许注："滋润钟于明珠，致令岸枯也。”按：二注文异。史记龟策传“玉处于山而木润，渊生珠而岸不枯”，徐广曰“一本无‘不’字”，引许君说淮南云云。是淮南许本作“渊生珠而岸枯”也。徐为汉后人，当亲见淮南最初本，所引许注，塙而可征。○文典谨按：“渊生珠”与上句“玉在山”不相对。文子上德篇作“珠生渊”。（惟荀子劝学篇及大戴礼并作“渊生珠”，与今本淮南合。）**螾无筋骨之强，爪牙之利，**螾，一名蜷蝡也。**上食晞堁，下饮黄泉，用心一也。**晞，干也。堁，土尘也，楚人谓之堁。一，精专也。

清之为明，杯水见眸子；○文典谨按：御览三十九引，“杯水”下有“而”字。**浊之为暗，河水不见太山。视日者眩，听雷者聋。**○王念孙云：人视日则眩，听雷则未必聋也。玉篇："聜，女江切。淮南子曰：‘听雷者聜。’注云：‘耳中聜聜然。’”埤苍云："耳中声也。”（广韵与埤苍同。）据此，则古本作“听雷者聜”。今本聜作聋，而无“耳中聜聜”之注，则后人以意删改之耳。

人无为则治，有为则伤。道贵无为，故治也。有为则伤，道不贵有为也。伤，犹病也。**无为而治者，载无也。**言无为而能致治者，常载行其无为。**为者，不能有也；**为者，有为也。有谓好憎情欲，不能恬澹静漠,故曰"不能无为"也。○王念孙云:"不能有也",本作"不能无为也"。下文"不能无为者"即承此句而申言之。高注云:"好憎情欲,不能恬淡静漠,故曰不能无为也。"是其明证矣。今本作"不能有"者,涉下文"不能有为"而误。文子精诚篇正作"为者,不能无为也"。**不能无为者,不能有为也。**不能行清静无为者,不能大有所致,致其治,立其功也,故曰"不能有为"也。**人无言而神,**无言者,道不言也。道能化,故神。**有言者则伤。**道贵不言,故言有伤。**无言而神者载无,**道贵无言,能致于神。载,行也,常行其无言也。**有言则伤其神。之神者,**道贱有言,而多反有言,故曰伤其神。**鼻之所以息,耳之所以听,终以其无用者为用矣。**无用者,谓鼻耳中空处也。○王念孙云:"无言而神","有言则伤",相对为文,"有言"下不当有"者"字,此因上下文"者"字而误衍也。下文"有言则伤其神","有言"下亦无"者"字。"无言而神者载无","无"下当有"也"字。上文云:"人无为则治,有为则伤。无为而治者,载无也。"皆与此文同一例。陈氏观楼曰:"'有言则伤其神'绝句。(高注'故曰伤其神',是以神字绝句。)'之神者'三字,乃起下之词,不连上句读。之,此也。言此神者,鼻之所以息,耳之所以听也。高注'道贱有言'云云,本在'有言则伤其神'之下,后人误以'则伤其神之神者'作一句读,而移高注于'之神者'之下,则上下文皆不可读矣。"念孙案:文子作"有言则伤其神之神者",(今本"有"字误在"伤"字下,又脱"其"字。)已误读淮南之文。后人移高注于"之神者"之下,即为文子所惑也。**物莫不因其所有而用其所无,**以其所无用为用也。**以为不信,视籁与竽。**籁,三孔龠也。以其管孔空处以成音也,故曰"视籁与竽"也。

念虑者不得卧,诗曰:"耿耿不寐,如有殷忧。"又曰:"展转伏枕,寤寐永叹。"**止念虑,则有为其所止矣。**止,犹去也。强自抑去念虑,非真无念虑,则与物所止矣。**两者俱忘,则至德纯矣。**两者,念虑与不念虑也。忘二者,则神内守,故至德纯一也。

圣人终身言治,所用者非其言也,用所以言也。非其言,非其所常言也。用所以言者,用当所治之言。**歌者有诗,然使人善之**

者，非其诗也。善之者，善其音之清和也。不善其诗，故曰“非其诗”也。**鹦鹉能言，而不可使长。**鹦鹉，鸟名，出于蜀郡，赤喙者是，其色缥绿，能效人言。长，主也。○王念孙云：“不可使长”，“长”下当有“言”字。高注曰“不知所以长言”，下注又曰“不能自为长主之言”，则有“言”字明矣。脱去“言”字，则文不成义。艺文类聚鸟部中、太平御览羽族部十一引此，皆有“言”字。○俞樾云：艺文类聚鸟部、太平御览羽族部引此，并作“不可使长言”，当从之。高注曰“长，主也”，又曰“不知所以长言”，下注又曰“不能自为长主之言”，则未得长字之义。长，主也。则长犹典也。“不可使长言”，犹曰不可使典言，谓不可使典主教令也。**是何则？得其所言，而不得其所以言。**得其言者，知效人言也。不知所以长言，教令之言也，故曰“不得其所以言”。**故循迹者，非能生迹者也。**循，随也。随人故迹，不能创基造制，自为新迹，如鹦鹉知效人言，不能自为长主之言也。

神蛇能断而复续，而不能使人勿断也。○文典谨按：御览九百三十三引，续作属。**神龟能见梦元王，而不能自出渔者之笼。**宋元王夜梦见得神龟而未获也，渔者豫且捕鱼得龟，以献元王，元王剥以卜，故曰“能见梦元王，而不能自出渔者之笼”也。

四方皆道之门户牖向也，在所从窥之。故钓可以教骑，骑可以教御，御可以教刺舟。此四术者，皆谨敬加顺其道，故可以相教。

越人学远射，参天而发，适在五步之内，不易仪也。越人习水便舟，而不知射，射远反直仰向天而发，矢势尽而还，故近在五步之内。参，犹望也。仪，射法。言不晓射，故不知易去参天之法也。○文典谨按：艺文类聚七十四引，适作镝。御览七百四十五引注，“言不晓射”作“言不晓参天之射”。**世已变矣，而守其故，譬犹越人之射也。**言其守故，不知变也。○文典谨按：艺文类聚七十四引，作“今学者欲学古而不知变，是越人射也”。

月望，日夺其光，阴不可以乘阳也。月十五日与日相望，东西中绳，则月食，故夺月光也。差则亏，至晦则尽，故曰“阴不可以乘阳”也。**日出星不见，不能与之争光也。**星，阴也，不能夺日之光也。**故末不可以强于本，指不可以大于臂。下轻上重，其覆必易。一渊不两鲛。**鲛，鱼之长，其皮有珠，今世以为刀剑之口是也。一说：鱼二千斤为鲛。○王念孙云：“一渊不两蛟”，即承上文言之，以明物不两大之意，而语势未了，其下必有脱文。太平御览鳞介部二引此，“一渊不两蛟”下有“一栖不两雄。（韩子扬榷篇曰：“毋弛而弓，一栖两雄。”）一则定，两则争”凡十一字。又引高注云：“以日月不得并明，一国不可两君也。”（上文“一渊不两蛟”下引“鲛，鱼之长，其皮有珠”云云，与今本高注同，则此所引亦是高注。）今本皆脱，当据补。文子上德篇亦云：“一渊不两蛟，一雌不二雄。一即定，两即争。”

水定则清正，动则失平。故惟不动，则所以无不动也。江、河所以能长百谷者，能下之也。夫惟能下之，是以能上之。上，大也。

天下莫相憎于胶漆，胶漆相持不解，故曰相憎。一说：胶入漆中则败，漆入胶亦败，以多少推之，故曰相憎。○陶方琦云：意林引许注：“胶桼相抱，不得还其本也。”按：二注异。高注上一说与许同，当即许注也。**而莫相爱于冰炭。**冰得炭则解归水，复其性，炭得冰则保其炭，故曰相爱。○陶方琦云：意林引许注：“仌得炭则解，故得还其本也。”按：今高注亦即是许义。**胶漆相贼，冰炭相息也。墙之坏，愈其立也，**坏反本，还为土，故曰愈其立也。**冰之泮，愈其凝也，以其反宗。**泮，释，反水也。宗，本也。

泰山之容，巍巍然高，去之千里，不见埵堁，远之故也。埵堁，犹席翳也。埵，读似望，作江、淮间人言能得之也。**秋毫之末，沦于不测。是故小不可以为内者，大不可以为外矣。**小不可为内，复小于秋毫之末，谓无有也。无有无形者至大，不可为外也。**兰生幽谷，不为莫服而不芳。**性香。〇文典谨按：御览九百八十三引，谷作宫。宋本同。**舟在江海，不为莫乘而不浮。**性浮。〇文典谨按：意林引，海作河。**君子行义，不为莫知而止休。**性仁义也。〇文典谨按："止休"，北堂书钞百三十七引作"止也"。书钞又引文子"君子行义，不为莫己知而止也"，今本文子上德篇作"君子行道，不为莫知而止"，亦无"休"字。"休"疑衍文也。**夫玉润泽而有光，其声舒扬，**舒，缓也。扬，和也。**涣乎其有似也。**似君子也。涣，读人谓贵家为腜主之腜也。**无内无外，不匿瑕秽，**无内无外，表里通也。匿，藏也。**近之而濡，望之而隧。夫照镜见眸子，微察秋毫，明照晦冥。故和氏之璧，随侯之珠，出于山渊之精，君子服之，顺祥以安宁，**服，佩也。君子佩而象之，无有情欲，能顺善以安其身。**侯王宝之，为天下正。**宝，重也。侯王重其天性，若凡民之重珠玉，故以为天下正，无所阿私也。**陈成子恒之劫子渊捷也，**陈成子将弑齐简公，使勇士十六人胁其大夫子渊捷，欲与分国，捷不从，故曰劫之也。**子罕之辞其所不欲**不欲玉之宝也。**而得其所欲，**所欲，不贪为宝。**孔子之见黏蝉者，白公胜之倒杖策也，**倒杖策，伤其颐，血流及屦而不觉，言精有所在也。**卫姬之请罪于桓公，**卫姬，卫女，齐桓公夫人也。桓公有伐卫之志，卫姬望见桓公色而知之，故请公杀，赎卫之罪也。**子见子夏曰"何肥也"，**道胜，无情欲，故肥也。**魏文侯见之反被裘而负刍也，**知其皮尽，则毛无所傅也。〇王念孙云："子见子夏"，当作"曾子见子夏"，事见韩子喻老篇。"魏文侯见之反被裘而负刍也"，当作"魏文侯之见反被裘而负刍也"。自"陈成子恒之劫子渊捷也"以下，皆与此文同一例。魏文侯事见新序杂事篇。**兒说之为宋王解闭结也，**结不可解者而能解之，解之以不解。**此皆微眇可以观论者。**微眇，为见始知终也。

人有嫁其子而教之曰：○文典谨按：世说新语贤媛篇刘孝标注及意林引，子并作女。“尔行矣，慎无为善！”○文典谨按：世说新语注引，作“尔为善，善人疾之”。曰：“不为善，将为不善邪？”○文典谨按：世说新语注引，作“对曰：‘然则当为不善乎？’”意林引，作“女问其故”。应之曰：“善且由弗为，况不善乎！”○文典谨按：世说新语注引，作“曰：‘善尚不可为，而况不善乎！’”又文选马汧督诔注引，由作犹。此全其天器者。器，犹性也。孟子曰人性善，故曰全其天性。○文典谨按：文选注引，“者”下有“也”字。

拘囹圄者以日为修，当死市者以日为短。○王念孙云：“死市”，本作“市死”。初学记政理部、太平御览刑法部八引此，并作“市死”。释名亦云“市死曰弃市”。○文典谨按：意林引，作“拘囹圄者患日长，当死市者患日短”。日之修短有度也，有所在而短，有所在而修也，则中不平也。中，心也。故以不平为平者，其平不平也。

嫁女于病消者，夫死则后难复处也。以女为妨夫，后人不敢娶，故难复嫁处也。一说：女以天下人皆消，不肯复嫁之也。○文典谨按：“夫死则”下旧有“言女妨”三字，而今本脱之，故注以女为妨夫，遂无所指。意林引，正作“嫁女于消渴者，夫死则言女妨”。御览七百四十三引，作“嫁女于疾消渴者，夫死后则难可复处”，是“消”下尚有“渴”字，而今本并脱之也。故沮舍之下不可以坐，沮舍[一]，坏也。○文典谨按：广韵麻韵“䢉”字下引，作“䢉屋之下不可坐也”。倚墙之傍不可以立。为踣压也。

执狱牢者无病，执，主也。厉鬼畏之，故不病。罪当死者肥泽，计决，心之无外思。一说：治当死者，罪已定，无忧，故肥泽也。刑者多寿，心无累也。刑者，宫人也。心无情欲之累，精神不耗，故多寿也。

良医者，常治无病之病，故无病。治正性，神内守，故无病也。

〔一〕“舍”字疑衍。

圣人者，常治无患之患，故无患也。夫至巧不用剑，巧在心手，故不用剑也。〇王引之云："至巧不用剑"，本作"至巧不用钩绳"。（高注同。原道篇曰："规矩不能方员，钩绳不能曲直。"庄子骈拇篇曰："待钩绳规矩而正者，是削其性也。"又见下。）齐俗篇曰："规矩钩绳者，此巧之具也，而非所以为巧也。"即此所云"至巧不用钩绳"也。太平御览工艺部九引齐俗篇注云："巧存于心也。"（今齐俗篇脱此注。）即此注所云"巧在心手，故不用钩绳也"。然则今本正文及注内两"剑"字，皆"钩"字之误，而"钩"下又脱"绳"字，明矣。又案：御览引此，亦作"至巧不用剑"，而引高注则云："巧在心手，故不用剑绳。"然则御览所引，本作"钩绳"，而今本作"剑"者，又后人据误本淮南改之也。**善闭者不用关楗。**善闭其心，故不[一]关楗也。**淳于髡之告失火者，此其类。**淳于髡，齐人也。告其邻突将失火，使曲突徙薪。邻人不从，后竟失火。言者不为功，救火者焦头烂额为上客。刺不备豫。喻凡人不知豫闭其情欲，而思得人救其祸。

以清入浊必困辱，以浊入清必覆倾。君子之于善也，犹采薪者见一芥掇之，见青葱则拔之。言无所舍也。君子行善，亦如之。**天二气则成虹，地二气则泄藏，**阴阳相干，二气也。**人二气则成病。**邪气干正气，故成病。**阴阳不能且冬且夏；**阴不能阳，阳不能阴，冬自为冬，夏自为夏也。**月不知昼，日不知夜。**言不能相兼也。

善射者发不失的，善于射矣，而不善所射。所射者死，故曰不善。**善钓者无所失，善于钓矣，而不善所钓。**所钓者鱼也，于鱼不善也。**故有所善，则不善矣。**

钟之与磬也，近之则钟音充，充，大也。〇庄逵吉云：御览引，充作亮。**远之则磬音章，**磬，石也，音清明，远闻而章著也。**物固有近**

〔一〕"不"下疑脱"用"字。

不若远，远不若近者。

今曰〔一〕稻生于水，而不能生于湍濑之流；湍，急水也。○文典谨按：御览九百八十五引，流作间。八百三十九引，又作流。疑许、高本之异也。紫芝生于山，而不能生于盘石之上；根无所植也。○文典谨按：御览九百九十六“紫草”条下引此文，芝作草。九百八十五引，无紫字。慈石能引铁，及其于铜，则不行也。行犹使也。不能使随也。

水广者鱼大，山高者木修。广其地而薄其德，譬犹陶人为器也，揲挺其土而不益厚，破乃愈疾。愈，益也。疾，速也。揲，读揲脉之揲。

圣人不先风吹，不先雷毁，不得已而动，故无累。月盛衰于上，则蠃蛖应于下，同气相动，动，感。不可以为远。月盛则蠃蛖内减，故曰蠃蛖应于下。月，阴精也，蠃蛖亦阴也，故曰同气也。精能相感，故曰不可为远。

执弹而招鸟，挥棁而呼狗，欲致之，顾反走。故鱼不可以无饵钓也，兽不可以虚气召也。召，犹致也。○俞樾云：气当作器。庄子人间世篇“气息茀然”，释文曰：“向本作謥器，云：器，气也。”是器、气声近义通。大戴记文王官人篇“其气宽以柔”，逸周书官人篇气作器，此古书以器为气之证。“兽不可以虚器召”，犹上句云“鱼不可以无饵钓”也。文子上德篇正作“兽不可以空器召”。

剥牛皮，鞟以为鼓，正三军之众，然为牛计者，不若服于轭也。狐白之裘，天子被之而坐庙堂，然为狐计者，不若走于泽。言物贵于生也。

亡羊而得牛，则莫不利失也；断指而免头，则莫不利为也。故人之情，于利之中则争取大焉，于害之中则争取

〔一〕“曰”疑为“田”字之误。

小焉。

将军不敢骑白马，为见识者。一说：白，凶服，故不敢骑也。传曰：“晋襄公与〔一〕姜戎，子墨衰，败秦师于殽。”言其变凶服也，故不敢骑白马也。**亡者不敢夜揭炬**，为人见之。**保者不敢畜噬狗**。保，城郭居也。保饶人也，不敢畜噬人狗也。○洪颐煊云：保，酒家傭也。鹖冠子世兵篇：“伊尹酒保。”韩非子外储说右上篇：“宋人有酤酒者，升概平，遇客甚谨，为酒甚美，著然不售，酒酸。问其所知长者杨倩，倩曰：‘汝狗猛邪？’曰：‘狗猛，则酒何故而不售？’曰：‘人畏焉。或令孺子怀钱挈壶罋而往酤，而狗迓而龁之，此酒所以酸而不售也。’”是说其事，高注非。○俞樾云：高注曰：“保，城郭居也。”然以居城郭者谓之保者，义殊未安。此保字乃阿保之保。礼记内则篇“其次为保母”是也。保者不敢畜噬狗，恐其惊孺子也。上句云“亡者不敢夜揭炬”，亡者、保者皆以事言，非以地言。

鸡知将旦，鹤知夜半，而不免于鼎俎。鹤夜半而鸣也。以无智谋，不能免于鼎俎。以谕将军当兼五材，不可以无权谲。

山有猛兽，林木为之不斩；园有螫虫，藜藿为之不采。言人畏也。○庄逵吉云：御览一引作“螫毒”，一引作“螫虫”，两异。

为儒而踞里闾，儒尚礼义，踞里闾非也。**为墨而朝吹竽**，墨道尚俭，不好乐，县名朝歌，墨子不入，吹竽非也。**欲灭迹而走雪中，拯溺者而欲无濡，是非所行而行所非。**

今夫暗饮者，非尝不遗饮也，使之自以平，则虽愚无失矣。是故不同于和而可以成事者，天下无之矣。和，犹适也。

求美则不得美，不求美则美矣；心自求美名，则不得美名也，而自损，则有美名矣。故老子曰“致数舆无舆”也。**求丑则不得丑，求不丑则有丑矣；不求美又不求丑，则无美无丑矣，是谓玄**

〔一〕“与”字，左传作“兴”。

同。玄,天也。天无所求也。人能无所求,故以之同也。

申徒狄负石自沉于渊,而溺者不可以为抗;申徒狄,殷末人也。不忍见纣乱,故自沉于渊。抗,高也。**弦高诞而存郑,诞者不可以为常。**弦高矫郑伯之命,以十二牛犒秦师而却之,故曰诞而存郑。诞非正也,故曰不可以为常也。〇王念孙云:"诞"下不当有"者"字,此涉上文"溺者"而误。高注曰:"诞非正也,故曰不可以为常。"则无"者"字明矣。泰族篇"弦高诞而存郑,诞不可以为常",亦无"者"字。**事有一应,而不可循行。**

人有多言者,犹百舌之声。百舌,鸟名,能易其舌,效百鸟之声,故曰百舌。以喻人虽事多言,无益于事。**人有少言者,犹不脂之户也。**言其不鸣,故不脂之,谕无声也。一说:不脂之户难开闭,亦谕人少言语也。**六畜生多耳目者不详,谶书著之。**详,善也。多耳目,人以为妖灾也。谕人有多言而少诚实,比之于不详也。

百人抗浮,不若一人挈而趋,抗,举也。浮,瓠也。百人共举,不如一人持之走便也。**物固有众而不若少者。引车者二六而后之,**辕三人,两辕六人,故谓二六。一说:十二人。**事固有相待而成者。两人俱溺,不能相拯,一人处陆则可矣。故同不可相治,必待异而后成。**同,谓君所谓可,臣亦曰可,君所谓否,臣亦曰否,犹以水济水,谁能食之,是谓同,故不可以相治。异,谓济君之可,替君之否,引之当道,是谓异也,故可以成事也。

千年之松,下有茯苓,上有兔丝;茯苓,千岁松脂也。兔丝生其上而无根,一名女萝也。〇王念孙云:"千年之松"四字,后人所加也。此言圣人从外知内,以见知隐,故上有兔丝,则知下有伏苓;(以下二句例之,则此当云"上有兔丝,下有伏苓",今云"下有伏苓,上有兔丝"者,变文协韵耳。)上有丛蓍,则知下有伏龟。兔丝在伏苓之上,故曰"上有兔丝",非谓在松之上也。伏苓在兔丝之下,故曰"下有伏苓",亦非谓在松之下也。若云"千年之松,下有伏苓,上有兔丝",则是以上下为松之上下矣,然则"上有丛蓍,下有伏龟"又作何解乎？高注云"伏苓，千岁松脂也，兔丝生其上而无根"，此谓松脂入地千年为伏苓，(博物志引神仙传曰："松脂入地千年，化为伏苓。")非谓千年之松下有伏苓也。且注云"兔丝生其上"，其字指伏苓而言，不指松言，则正文内本无"千年之松"四字明矣。吕氏春秋精通篇注、太平御览药部六、嘉祐本草补注、埤雅引此，皆无"千年之松"四字。史记续龟策传引传曰："下有伏灵，上有兔丝。"亦无千年松之语。**上有丛蓍，下有伏龟：圣人从外知内，以见知隐也。**

喜武非侠也，侠，轻也。**喜文非儒也，好方非医也，好马非驺也，知音非瞽也，知味非庖也，此有一概而未得主名也。**此六术者，皆善之而未纯，无所适名，故曰一概而未得主名。

被甲者，非为十步之内也，百步之外则争深浅，深则达五藏，浅则至肤而止矣。死生相去，不可为道里。言相远也。

楚王亡其猿，而林木为之残；楚王，庄王旅也。猿捷躁，依木而处，故残林以求之。**宋君亡其珠，池中鱼为之殚。**殚，尽也。○文典谨按："楚王亡其猿，而林木为之残；宋君亡其珠，池中鱼为之殚"，句法不一律。御览九百十引，作"楚王亡其猿于林，木为之残；宋王亡其珠于池，鱼为之殚"，当从之。艺文类聚八十四引，作"楚王亡其猿，而林木为之残；宋王亡其珠于池中，而鱼为之殚"。白帖九十七"为之残"作"为之殊害"，又引注云："言残林木以求之。"**故泽失火而林忧。**忧见及也。○庄逵吉云：御览引，作"林木忧"。

上求材，臣残木；上求鱼，臣干谷。上求楫，而下致船；上言若丝，下言若纶。纶，大缴也。**上有一善，下有二誉；上有三衰，下有九杀。**衰、杀，皆喻逾也。传曰："上之所好，下尤甚焉。"故有九杀也。○文典谨按：群书治要引注，逾作俭。

大夫种知所以强越，而不知所以存身；自为越所杀也。**苌弘知周之所存，而不知身所以亡：**亡，为周所杀也。○王念孙云：下二句“存”上脱“以”字,“身”下脱“之”字。**知远而不知近。**远,谓强越存周也。近,谓其身也。

畏马之辟也不敢骑,辟,旁也。**惧车之覆也不敢乘,是以虚祸距公利也。**虚,空也。**不孝弟者或詈父母,生子者所不能任其必孝也,然犹养而长之。**任,保也。

范氏之败,有窃其钟,负而走者,范氏,范吉射,范会之玄孙,范鞅献子之子昭子也。败者,赵简子伐之,故人窃其钟也。一曰:知伯灭范氏也。**枪然有声,惧人闻之,遽掩其耳。憎人闻之,可也;自掩其耳,悖矣。**悖,惑也。

升之不能大于石也,升在石之中;夜之不能修其岁也,夜在岁之中;仁义之不能大于道德也,仁义在道德之包。仁义小,道德大也。在道德包裹,犹升在斛之中,夜在岁之内也。○王念孙云:“修其岁”亦当作“修于岁”。○王绍兰云:其,犹于也。管子大匡篇:“君子闻之,曰:‘召忽之死也,贤其生也;管仲之生也,贤其死也。’”谓召忽死贤于生,管仲生贤于死,是其例矣。此文前后自作“于”,中句自作“其”,正见古人行文之法,不拘一律也。○文典谨按:王念孙说是也。宋本“其”正作“于”。

先针而后缕,可以成帷;先缕而后针,不可以成衣。针成幕,蔂成城。事之成败,必由小生,言有渐也。幕,帷也。上曰幕,旁曰帷。缕非针无以通,故宜先也。蔂,土笼也。始一匮,以上于城,故曰事之成败,必由小生。

染者先青而后黑则可,先黑而后青则不可。工人下漆而上丹则可,下丹而上漆则不可。万事由此,○文典谨按:御览七百五十二、九百六十一引,“万事由此”下并有“也”字。**所先后上下,不可不审。**审,知也。

水浊而鱼噞,鱼短气黄噞,出口于水上。**形劳则神乱。**形乱,神不治也。**故国有贤君,折冲万里。**冲,兵车也,所以冲突敌城也。

言贤君德不可伐，故能折远敌之冲车于千里之外，使敌不敢至也。魏文侯礼下段干木，而秦兵不敢至，此之谓也。○王念孙云："故国有贤君"二句，与上意绝不相属，盖错简也。案：上文云"山有猛兽，林木为之不斩；园有螫虫，藜藿为之不采"，此云"故国有贤君，折冲万里"，"故"字正承彼文而言。"贤君"当作"贤臣"，谓国有贤臣，则敌国不敢加兵，亦犹山之有猛兽，园之有螫虫也。盐铁论崇礼篇："故春秋传曰：'山有虎豹，葵藿为之不采；国有贤士，边境为之不割。'"汉书盖宽饶传："臣闻山有猛兽，藜藿为之不采；国有忠臣，奸邪为之不起。"义并与此同。且采与里为韵。今本下二句误在此处，则既失其义，而又失其韵矣。且"贤臣"作"贤君"，亦与上文取譬之义不合。高注有"贤君德不可伐"之语，恐是后人依已误之正文改之也。观注内引魏文侯礼下段干木而秦不敢伐之事，则本作"贤臣"明矣。晏子春秋杂篇曰："夫不出于尊俎之间，而知冲千里之外，其晏子之谓也。"（知与折同。后人不晓"知"字之义，而删去"冲"字，又于"晏子之谓也"下增"可谓折冲矣"五字，大谬。辩见晏子。）吕氏春秋召类篇曰："夫修之于庙堂之上，而折冲乎千里之外者，其司城子罕之谓乎！"是凡曰折冲千里者，多指贤臣言之。且"国有贤臣"与"山有猛兽"云云同意，故盐铁论以虎豹喻贤士，而汉书亦以猛兽喻忠臣也。文子上德篇"山有猛兽，林木为之不斩；园有螫虫，葵藿为之不采；国有贤臣，折冲千里"，皆用淮南之文，则此二句本在上文"山有猛兽"云云之下，而"贤君"本作"贤臣"，明矣。又案："万里"亦当依文子作"千里"。敌国之远，可言千里，不可言万里也。据高注云"折冲车于千里之外"，则正文本作"千里"明矣。

因媒而嫁，而不因媒而成；媒人以礼成为室家也。**因人而交，不因人而亲。**以德亲也。○文典谨按：御览五百四十一引，"因媒"上有"女"字。**行合趋同，千里相从；**虽远必至。**行不合，趋不同，对门不通。**诗所谓"室迩人远"，故曰对门不通也。**海水虽大，不受胔芥。日月不应非其气，**阳燧取火，方诸取水，气相应也。非此不得，故曰不应非其气也。**君子不容非其类也。**○文典谨按：意林引，"君子"句在"日月"句前。

人不爱倕之手，而爱己之指；倕，读诗"惴惴其栗"之惴也。倕，尧之巧工也。虽倕巧人，不能以倕巧故爱其手也。谓倕手无益于己，故自爱其指也。**不爱江、汉之珠，而爱己之钩。**江、汉虽有美珠，不为己用，故不爱也。钩，钓钩也，可以得鱼，故爱之。○王念孙云：正文钩字本作钓，注本作"钓，钩也"。钓为钓鱼之钓，又为钩之别名，故必须训释。若钩字，则不须训释矣。古多谓钩为钓，故广雅亦云："钓，钩也。"下文云"操钓上山，揭斧入渊"，说林篇云"一目之罗不可以得鸟，无饵之钓不可以得鱼"，（以上两"钓"字，高氏皆无注者，注已见于此也。然则此注本作"钓，钩也"，明矣。）鬼谷子摩篇云"如操钓而临深渊"，东方朔七谏云"以直针而为钓兮，又何鱼之能得"，皆其明证矣。道藏本作"爱己之钩"，注作"钩，钓也"，此因正文钓误为钩，后人遂颠倒注文以就之耳。刘绩不得其解，又改高注为"钩，钓钩也"，以曲为附会，而旧本之踪迹遂不可寻矣。（诸本及庄本同。）浅学人但知钓为钓鱼之钓，而不知其又为钩之别名，故书传中钓字多改为钩，详见庄子"钩饵"下。○文典谨按：高注非是。"倕之手"与"己之指"义正相应，"江、汉之珠"与"己之钩"义亦相应。若作钓钩，则非其指矣。吕氏春秋重己篇："倕至巧也，人不爱倕之指而爱己之指，有之利故也。人不爱昆山之玉，江、汉之珠，而爱己之一苍璧小玑，有之利故也。"即此文所本。苍璧、小玑、己之钩，皆喻不好，有之为己用，故爱之也。钩以玉为之，故得与"江、汉之珠"相对为譬。钓钩贱物，岂其类哉！

以束薪为鬼，以火烟为气。以束薪为鬼，朅而走；夜行见束薪，以为鬼，故去而走。**以火烟为气，杀豚烹狗。**以火烟为吉凶之气，杀牲以禳之，惑也。**先事如此，不如其后。**此先事之人也，如此，不如徐徐出其后者也。

巧者善度，知者善豫。豫，备也。**羿死桃部，不给射；庆忌死剑锋，不给搏。**桃部，地名。羿，夏之诸侯，有穷君也。为弟子逢蒙所杀，不及摄己〔一〕而射也。搏，捷也。庆忌，吴王僚之子也，要离为阖闾刺之，故死剑，不及设其捷疾之力。○庄逵吉云："桃部"即"桃棓"。诠言训注云："桃棓，大杖，以桃木为之。"注义异。○顾炎武云：诠言训"羿死于桃棓"，注

〔一〕"己"下疑脱"弓"字。

云:"棓,大杖,以桃木为之,以击杀羿,自是以来,鬼畏桃也。"按:部即棓字,一人注书而前后不同若此。

灭非者户告之曰:"我实不与我谀乱。"谤乃愈起。止言以言,止事以事,譬犹扬堁而弭尘,抱薪而救火。止言当以默,止事当以卜。今以言止言,以事止事,犹扬堁止尘尘愈起,抱薪救火火愈炽也。**流言雪污,譬犹以涅拭素也。**流,放也。雪,除也。涅,黑也。素,白也。○文典谨按:文选长笛赋注引高诱淮南子注:"雪,拭也。"

矢之于十步贯兕甲,于三百步不能入鲁缟;骐骥一日千里,其出致释驾而僵。释,税。僵,仆也。犹矢于三百步不能穿鲁缟,言力竭势尽也。○陶方琦云:史记集解一百八引许注:"鲁之缟至薄。"按:高无注。小尔雅广服:"缯之精者曰缟。"史记韩长孺传注引汉书音义曰:"缟,曲阜之地,俗善作之,尤为轻细,故以喻之。"新论慎隟篇:"鲁缟质薄,叠之折轴。"与淮南许注义亦同。

大家攻小家则为暴,大国并小国则为贤。忧世不能上德,苟任劳力,而以辟土斥境、并兼人国为贤也。**小马非大马之类也,小知非大知之类也。**小马不可以进道致千里,故不得与大马同类。小知不可以治世长民,故不得与大知同类。○俞樾云:上"非"字,衍文也。本作:"小马,大马之类也;小知,非大知之类也。"言马则小大同类,知则大小迥殊,正以马之类明知之不类也。孟子告子篇"然则犬之性犹牛之性,牛之性犹人之性与?"亦以物之同见人之不同,与此语意相近。吕氏春秋别类篇曰:"小方,大方之类也。小马,大马之类也。小智,非大智之类也。"即淮南所本。后人不达其旨,误谓两句一律,于上句亦增"非"字,失之矣。然观高注曰:"小马不可以进道致千里,故不得与大马同类;小知不可以治世长民,故不得与大知同类。"则其所据本已衍"非"字。

被羊裘而赁,固其事也;貂裘而负笼,甚可怪也。笼,土笼也。○文典谨按:意林引,作"被羊裘而赁顾,其事过也;衣貂裘而负笼,甚可怪也"。周广业云:"赁顾者,役人而予之值也。羊裘本贱者之服,不当顾人，故曰其事过也。”原文则谓被羊裘而为人赁，宜也；华服而执贱役，可异矣。又按：“貂裘”，御览六百九十四、七百六十四引，并作“狐裘”。

以洁白为污辱，譬犹沐浴而抒溷，薰燧而负彘。烧薰自香也。楚人谓之薰燧。

治疽不择善恶丑肉而并割之，农夫不察苗莠而并耘之，岂不虚哉！

坏塘以取龟，发屋而求狸，掘室而求鼠，割唇而治龋，桀、跖之徒，君子不与。举事所施如是者，则桀、跖之徒也，君子不与也。〇文典谨按：御览七十四引，“不与”作“不为”。

杀戎马而求狐狸，援两鳖而失灵龟，断右臂而争一毛，折镆邪而争锥刀，〇文典谨按：御览九百三十二引，“一毛”作“一手”，“锥刀”作“鸡刀”。**用智如此，岂足高乎！**高，犹贵也。

宁百刺以针，无一刺以刀；宁一引重，无久持轻；宁一月饥，无一旬饿。饥，食不足。饿，困乏也。**万人之蹪，愈于一人之隧。**楚人谓蹶为蹪。愈，胜也。隧，陷也。

有誉人之力俭者，舂至旦，不中员呈，犹谪之。察之，乃其母也。谪，责怒也。称誉人力俭，呈作不中科员而责怒也。君子视之，乃自呈作其母以为力。挟以此誉人，孰如毁之！故谚曰：“问谁毁之？小人誉之。”此之谓也。**故小人之誉人，反为损。**损，毁也。

东家母死，其子哭之不哀。西家子见之，归谓其母曰："社何爱速死，吾必悲哭社。"江、淮谓母为社。社，读“虽家谓公为阿社”之社也。〇文典谨按：御览四百九十九引，“东家”上有“楚人有”三字，“哭之不哀”作“哭而不悲”，“何爱”作“何忧”。**夫欲其母之死者，虽死亦不能悲哭矣。谓学不暇者，虽暇亦不能学矣。**言有事务，不暇学，如此曹之人，虽闲暇无务，亦不能学也。

见窾木浮而知为舟，见飞蓬转而知为车，见鸟迹而知著书，以类取之。窾，穴，读曰科也。○陶方琦云：宋苏颂校淮南题序引许注，舟作周。按：苏氏校正淮南子序云："许于篇内多用叚借，以周为舟是也。"初学记二十五引此，作"见窾木浮而知为周"，正作周，知初学记引乃许本也。考工记曰"作舟以行水"，故书舟为周。郑司农云："周当为舟。"许注淮南多用古本也。○文典谨按：初学记器用部引，"见窾木"上有"古人"二字。北堂书钞百三十七引注云："音款，空也。"高注无云"某音某"者，必后人注语也。

以非义为义，以非礼为礼，譬犹倮走而追狂人，盗财而予乞者，窃简而写法律，蹲踞而诵诗、书。

割而舍之，镆邪不断肉；执而不释，马氂截玉。氂，马尾也。圣人无止，无以岁贤昔，日愈昨也。贤、愈，犹胜也。言今岁胜于昔岁，今日胜于昨日。喻圣人自修进也。

马之似鹿者千金，天下无千金之鹿；玉待礛诸而成器，礛诸，攻玉之石。言物有待贱而贵者也。礛，廉，或直言蓝也。○文典谨按：御览八百五引，礛作滥。注同。有千金之璧而无锱锤之礛诸。六铢曰锱，八铢曰锤，言其贱也。

受光于隙照一隅，受光于牖照北壁，受光于户照室中无遗物，况受光于宇宙乎？天下莫不藉明于其前矣！四方上下曰宇，往古来今曰宙，谓四极之内，天地之间，故天下莫不借明于日月之前。由此观之，所受者小则所见者浅，所受者大则所照者博。

江出岷山，河出昆仑，济出王屋，颍出少室，汉出嶓冢，已说在地形也。分流舛驰，注于东海，所行则异，所归则一。一，同也。

通于学者，若车轴转毂之中，不运于己，与之致千里，终而复始，转无穷之源。不通于学者若迷惑，告之以东西南北，所居聆聆，聆聆，犹了了，言迷解也。背而不得，不知凡要。背而不得，更复惑，故曰不知凡要也。

寒不能生寒，热不能生热，不寒不热能生寒热。故有形出于无形，未有天地能生天地者也，至深微广大矣！未有天地生天地，故无形生有形也。

雨之集无能沾，待其止而能有濡；集，下也。此其至，未能有所沾。止者所止，故能有濡也。矢之发无能贯，待其止而能有穿：唯止能止众止。止，谕矢止乃能穿物。一曰：止己情欲，乃能止归众物，令不得已乎！

因高而为台，就下而为池，各就其势，不敢更为。

圣人用物，若用朱丝约刍狗，若为土龙以求雨。刍狗待之而求福，求，犹得也。待刍狗之灵而得福也。土龙待之而得食。土龙致雨，雨而成谷，故得待土龙之神而得谷食。一说：土龙待请雨之祈得食酒肉者也。○文典谨按：高注“故得待土龙之神而得谷食”，上“得”字衍文。文选应休琏与广川长岑文瑜书注引，无“得”字，是其证。

鲁人身善制冠，妻善织履，往徙于越而大困穷。○文典谨按：北堂书钞百三十六引，作“鲁人身善制冠，妾善织履，往从于越而大困”。以其所修而游不用之乡，○文典谨按：北堂书钞百二十七引，作“以有用游于不用之乡也”。譬若树荷山上，荷，水菜，夫渠也。其茎曰茄，其本曰密，其根曰蕅，其花曰夫容，其秀曰菡萏，其实曰莲。莲之茂者花，花之中心曰薏，幽州总谓之光。荷，读如燕人强秦言胡同也。而畜火井中。操钓上山，揭斧入渊，欲得所求，难也。方车而蹠越，乘桴而入胡，方，出〔一〕。蹠，至。桴，筏，一曰瓠。言非其所宜也。○陶方琦云：御览七百七十引许注：“桴，木筏。”按：桴筏之训乃旧义，高注一曰乃别解也，文亦与

〔一〕“出”，疑“并”字之误。

许注异。说文作泭,编木以渡也,与木筏义同。筏应作栰。论语"乘桴浮于海",马注:"桴,编竹木,大曰栰,小曰桴。"尔雅"庶人乘泭",孙注:"方木置水中为泭,栰也。"泭字又作溠。广雅:"溠,筏也。"**欲无穷,不可得也。**无求之处也。○文典谨按:北堂书钞百三十八引,作"欲无穷而不得"。

楚王有白猿,王自射之,则搏矢而熙;熙,戏也。**使养由基射之,始调弓矫矢,未发而猿拥柱号矣,**由基,楚王之臣,养姓。调,张。矫,直。拥,抱。号,呼。幽通赋曰"养流睇而猿号",是也。○王念孙云:"拥柱"当为"拥树",声之误也。文选幽通赋注引此,作"抱树"。太平御览兵部八十一引,作"拥树"。○文典谨按:御览七百四十五引,作"拥柱",与今本合。**有先中中者也。**有先未中必中之征,精相动也。

咼氏之璧,夏后之璜,揖让而进之,以合欢;夜以投人,则为怨:时与不时。不时,谓夜也。咼,古和字。○文典谨按:艺文类聚三十引,"时与不时"下有"也"字。

画西施之面,美而不可说;规孟贲之目,大而不可畏:君形者亡焉。生气者,人形之君。规画人形,无有生气,故曰君形亡。○文典谨按:御览七百五十引,作"画西施之面者,美而可悦,睹孟贲之目者,大而可畏"。意林引,规作画,句在"画西施之面"句前。

人有昆弟相分者,无量,多不可计。**而众称义焉。夫惟无量,故不可得而量也。**

登高使人欲望,临深使人欲窥,处使然也。射者使人端,钓者使人恭,事使然也。端然后中,恭然后得,故曰事使然也。

曰杀罢牛可以赎良马之死,莫之为也。杀牛,必亡之数,牛者,所以植谷者,民之命,是以王法禁杀牛,民犯禁杀之者诛,故曰必亡之数。**以必亡赎不必死,未能行之者矣。**

季孙氏劫公家,鲁大夫季桓子斯,一曰康子肥,胁定公而专其政。传曰:"禄之去公室。"**孔子说之,先顺其所为,而后与之入政,**

曰："举枉与直，如何而不得？举直与枉，勿与遂往。"直顺其谋而从，勿遂大，与同小。此所谓同污而异涂者。

众曲不容直，众枉不容正，故人众则食狼，狼众则食人。

欲为邪者必相明正，欲为曲者必相达直。公道不立，私欲得容者，自古及今，未尝闻也。此以善托其丑。托，寄也。若丽姬欲杀太子申生，先称之于献公，然后得行其害，此其类也。

众议成林，无翼而飞，众人皆议，平地生林，无翼之禽能飞，凡人信之，以为实然。三人成市虎，三人从市中来，皆言市中有虎，市非虎处，而人信以为有虎，故曰三人成市虎。一里能挠椎。挠，弱。一里之人皆言能屈椎者，人则信之也。

夫游没者，不求沐浴，已自足其中矣。故食草之兽不疾易薮，疾，患也。水居之虫不疾易水，○王念孙云："食草"本作"草食"。"草食"与"水居"相对为文，写者误倒耳。太平御览虫豸部一引此，正作"草食"。庄子田子方篇同。行小变而不失常。小变，易水易草也。草食故食草，水居故水中，故曰不疾失其常也。

信有非礼而失礼：○王念孙云：当作"信有非而礼有失"。下文"此信之非"，"此礼之失"，皆承此句言之。今本"而礼"二字误倒，又脱一"有"字，衍一"礼"字，遂致文不成义。尾生死其梁柱之下，此信之非也；尾生，炇人，与妇人私期桥梁之下，故尊其誓，水至不去，没休而死，故曰信之非也。孔氏不丧出母，此礼之失者。礼，庶子丧出母期。孔氏，子上，名白，仲尼之曾孙，孔伋之子也。子上之母被出，卒于外。记曰："子上之母死，不丧。门人问诸子思曰：'子先君其丧出母乎？'曰：'然。''子不使白，何也？'曰：'昔我先君无所失道，道隆从而隆，道污从而污，伋则安能及乎！是不为伋也妻，不为白也母。'孔氏之不丧出母，自子思始。"故曰孔氏之失也。

曾子立孝，不过胜母之间；○文典谨按：御览四百十三引，曾子作孔子。文选吴季重答东阿王书注引,“立孝”作“至孝”。**墨子非乐,不入朝歌之邑;曾子立廉,不饮盗泉:**〇文典谨按:“曾子立廉”,本作“孔子立廉”。今本作“曾子”者,涉上文“曾子立孝”而误也。水经注二十五引尸子:“孔子至于暮矣,而不宿于盗泉,渴矣而不饮,恶其名也。”文选陆士衡猛虎行注引尸子:“孔子至于胜母,暮矣而不宿,过于盗泉,渴矣而不饮,恶其名也。”后汉书锺离意传:“臣闻孔子忍渴于盗泉之水。”列女传:“乐羊子妻曰:‘妾闻志士不饮盗泉之水。’”注:“水经注引论语撰考谶并云:‘水名盗泉,仲尼不漱。’”论衡问孔篇、说苑说丛篇皆言孔子不饮盗泉,不闻为曾子事也。御览四百二十六引此文作“曾子”,已误,然四百十三引“曾子立孝,不过胜母之闾”,“曾子”作“孔子”,可考“曾”、“孔”互讹之迹。**所谓养志者也。**

纣为象箸而箕子唏,见象箸,知当复作玉杯。有玉杯,必有熊蹯豹胎,以极广侈。故箕子为之惊号啼也。**鲁以偶人葬而孔子叹,**恶其象人而用之。知后世必用殉,故孔子为之长叹也。**故圣人见霜而知冰。**见微霜降,大寒至,必坚冰。

有鸟将来,张罗而待之,得鸟者,罗之一目也;今为一目之罗,则无时得鸟矣。今被甲者,以备矢之至;若使人必知所集,则悬一札而已矣。事或不可前规,物或不可虑,〇王念孙云:“物或不可虑”,文义未明,且与上句不对。文子上德篇“事或不可前规,物或不可豫虑”,即用淮南之文。今本盖脱“豫”字。**卒然不戒而至,故圣人畜道以待时。**道能均化,无不禀受,故圣人畜养以待时,时至而应,若武王伐纣也。

髡屯犁牛,既抖以犒,决鼻而羁,髡屯,丑牛貌。犁牛,不纯色。抖,无角。犒,无尾。决鼻羁头而牵。**生子而牺,尸祝齐戒以沉诸河,**牺者,牲也。尸,祭神之主。祝,祈福祥之辞。祀河曰沉。〇王念孙云:说文、玉篇、广韵、集韵皆无抖、犒二字,抖、犒当为科、椭。(椭,他果反。)后人从牛作牸、犞,传写者又误为抖、犒耳。科与椭,皆秃貌也,故高注云“科无角，椭无尾"，其实无角亦可谓之椭。吕氏春秋至忠篇"荆庄哀王猎于云梦，射随兕"，随与椭同。（齐俗篇"窥面于盘水则员，于杯则随"，随即椭字。）说苑立节篇作"射科雉"。（雉与兕同。集韵："兕，或作雉。"史记齐世家"苍兕苍兕"，徐广曰："本或作苍雉。"管蔡世家曹惠伯兕，十二诸侯年表兕作雉。）随兕、科雉，皆谓兕之无角者也。太玄穷次四"土不和，木科椭"，范望曰："科椭，枝叶不布。"集韵引宋惟干说云："科椭，木首杌也。"义与此科椭相近。椭字集韵又音徒禾切，故太玄与和为韵，此与䍦、牺、河为韵。今误作牖，则失其韵矣。**河伯岂羞其所从出，辞而不享哉！**诗曰："采葑采菲，无以下体。"论语曰："犁牛之子骍且角，虽欲勿用，山川其舍诸。"

得万人之兵，不如闻一言之当。当，谓明天时地利，知人之言，可以不战屈人之兵也。○文典谨按：艺文类聚十九引，如作若，与下文一律。**得隋侯之珠，不若得事之所由。得咼氏之璧，不若得事之所适。**由，用。适，宜适也。○文典谨按：御览八百六引，"得事之所适"，作"以事之所适"。

撰良马者，非以逐狐狸，将以射麋鹿。砥利剑者，非以斩缟衣，将以断兕犀。故"高山仰止，景行行止"，乡者其人。言有高山，我仰而止之；人有大行，我则而行之。故曰乡者其人也。

见弹而求鸮炙，弹可以弹鸮鸟，而我因其求炙也。**见卵而求晨夜，**鸡知将旦，鹤知夜半。见其卵，因望其夜鸣，故曰求晨夜。○俞樾云：晨当作辰。浅人误谓与夜对文，故加日作晨，不知非其义也。辰者，时也。诗东方未明篇"不能辰夜"，毛传曰："辰，时也。"正义曰："不能时节此夜之漏刻。"然则辰夜即时夜也。庄子齐物论篇正作"见卵而求时夜"。盖皆本于毛诗，淮南用其文，庄子用其义耳。**见黂而求成布，虽其理哉，亦不病暮。**黂，麻之有实者。可以为布，因求其成，故曰"虽其理哉，亦不病暮"，言其早也。黂，读传曰"有蜚不为灾"之蜚。

象解其牙，不憎人之利之也；利，犹取也。**死而弃其招箦，不怨人取之。**招箦，称死者浴床上之柶也。怨亦憎，变文尔。箦，读功绩之绩也。**人能以所不利利人，则可。**所不利，若子罕不利玉人之宝，利于玉人自得玉以为宝，故曰可也。

狂者东走，逐者亦东走，东走则同，所以东走则异。溺者入水，拯之者亦入水，入水则同，所以入水者则异。异以不休。**故圣人同死生，愚人亦同死生，圣人之同死生通于分理，**○文典谨按：御览四百九十九引，“分理”下有“也”字。**愚人之同死生不知利害所在。**○文典谨按：御览引，作“不知利害之所在也”。**徐偃王以仁义亡国，国亡者非必仁义；**徐国，今下邳、徐、僮是。偃，谥。居衰乱之世，修行仁义，为楚文王所灭。灭者多以不义，故曰亡国不必仁义。**比干以忠靡其体，被诛者非必忠也。**比干以忠谏纣而诛。世之见诛者多以不忠，故曰被诛者非必忠。**故寒颤，惧者亦颤，此同名而异实。**同名于颤。异者，寒与惧。颤，读天寒冻颤之颤，字亦如此。○王念孙云：“寒”下亦当有“者”字。上文“狂者东走，逐者亦东走”，与此文同一例。

明月之珠出于蛖蜃，周之简圭生于垢石，珠有夜光明月，生于蛖中。简圭，大圭，美玉。出于石中，故曰生垢石。○文典谨按：文选西都赋注引许注：“夜光之珠有似明月，故曰明月也。”初学记鳞介部引，“周之简圭生于垢石”作“周人简珪产于古石”，文选应德琏侍五官中郎将建章台集诗注引，作“周之简珪产于垢土”。**大蔡神龟出于沟壑。**大蔡，元龟之所出地名，因名其龟为大蔡。臧文仲所居蔡是也。**万乘之主，冠锱锤之冠，履百金之车。**六铢曰锱，八铢曰锤，言贾值小。物有贱而在上，有贵而在下。车，或作履也。**牛皮为贱，正三军之众。**鼓声气，故可以齐三军之众也。

欲学歌讴者，必先徵羽乐风；徵，南方火。羽，北方水。五音正，乐正。夫理情性，动天地，感鬼神，莫近于诗乐。风者，上以风化下，下以风刺上，故曰风也。**欲美和者，必先始于阳阿、采菱；**阳阿、采菱，乐曲之和声。有阳阿，古之名俳，善和也。○王念孙云：下"必先"二字，因上"必先"而衍。"始于"与"必先"相对为文，不当更有"必先"二字。北堂书钞乐部一、艺文类聚乐部一、太平御览乐部三引此，并作"始于阳阿、采菱"，无"必先"二字。○陶方琦云：御览五百六十五引许注："楚乐之名也。"按：二注文异。楚辞"涉江、采菱，发阳阿"，王注："楚人歌曲也。"与许说同。○文典谨按：书钞、类聚、御览引此文，"欲美和者"并作"奏雅乐者"。**此皆学其所不学，而欲至其所欲学者。**

燿蝉者务在明其火，钓鱼者务在芳其饵。明其火者，所以燿而致之也；芳其饵者，所以诱而利之也。燿，明。芳，香也。明火香饵，则蝉鱼至。以言治国，明其德，美其政，天下之人如蝉鱼之归明火香饵也。**欲致鱼者先通水，欲致鸟者先树木。水积而鱼聚，木茂而鸟集。好弋者先具缴与矰，**缴，大纶。矰，短矢，缴所以系者，缴射之注飞鸟。诗云："弋凫与雁。"**好鱼者先具罟与罛，**罟，细网。传曰："数罟不入污池。"罛，大网。诗曰"施罛濊濊，鳣鲔泼泼"是也。**未有无其具而得其利。**言未见君无道而能得民心也。

遗人马而解其羁，遗人车而税其轙，轙，所以缚衡也。**所爱者少而所亡者多，故里人谚曰："烹牛而不盐，败所为也。"**烹羹不与盐，不成羹，故曰败所为。礼记曰："客絮羹，主人辞不能烹。"知烹为羹也。

桀有得事，谓若作瓦以盖屋，遗后世也。○洪亮吉云：有虞氏已有瓦棺，则瓦非自夏始。周书云神农作瓦器，仓颉篇陶作瓦，舜始为陶，众经音义陶又通作姚。余以为神农作瓦近之。故孟子云"舜陶于河滨"，明舜时已有瓦矣。古史考云夏昆吾作瓦，世本夏臣昆吾更增加瓦器。昆吾系夏桀时人，故又以为桀作瓦也。**尧有遗道，**遗，失。谓不能放四凶，用十六相是也。一说：不传丹朱而传舜天下，有不慈之名，故曰有遗道也。**嫫母有所美，**嫫母，古之丑女，而行贞正，故曰有所美。嫫，读模范之模。**西施有所丑。**西施，古之好女。虽容仪光艳，未必贞正，故曰有所丑也。**故亡国之法有可随者，治国之俗有可非者。**有可随，犹嫫母有所美。有可非，犹西施有所丑。

琬琰之玉，在洿泥之中，虽廉者弗释；琬琰，美玉。释，舍也。○文典谨按："在洿泥之中"，御览七百五十七引，作"污泥土之中"。**弊箄甑瓾，在裀茵之上，虽贪者不搏。**瓾，甑带。搏，取也。瓾，读蛙黾之黾也。○王念孙云：说文、玉篇、广韵、集韵、类篇皆无瓾字，瓾当作瓹，字之误也。说文："窐，甑空也。"（空与孔通。）玉篇甗或作瓹，亦作窐，胡圭、古畦二切，甑下空也。楚辞哀时命"璋珪杂于甑窐兮"，璋珪与甑窐美恶相县，故以为喻。此云"弊箄甑瓹，在旃茵之上，虽贪者不搏"，亦为其恶也。（见下文。）瓹字不得音黾，注当作"瓹，读蛙黾之蛙"。瓹、蛙皆从圭声，故读瓹如蛙。太平御览器物部二引此，已误作瓾。洪兴祖楚辞补注所引与御览同，唯注内音蛙尚不误。杨慎古音余于梗韵收入瓾字，引高注"瓾，读蛙黾之黾"，则为俗本所惑也。**美之所在，虽污辱，世不能贱；恶之所在，虽高隆，世不能贵。**"世不能贱"者，喻贤者在下位卑污之处。"世不能贵"者，喻小人在上位高显之处。

春贷秋赋民皆欣，春饥而予，秋丰而收，故民欣也。**春赋秋贷众皆怨。得失同，喜怒为别，其时异也。**

为鱼德者，非挈而入渊，为猿赐者，非负而缘木，纵之其所而已。喻为政，官方定物，能文者居文官，能武者居武官，故曰纵之其所而已。○庄逵吉云：御览作"纵其所之而已"。○王念孙云："纵之其所而已"，"所"下当有"利"字。渊者鱼之所利，木者猿之所利，故曰"纵之其所利而已"。高注"故曰纵之其利而已也"，"利"上当有"所"字。各本正文脱"利"字，（困学纪闻引此已误。）而注文"利"字尚存。庄本又改"利"字为"所"字，则并注文亦无"利"字矣。文子上德篇作"纵之所利而已"，与高注"利"字合，则正文原有"利"字明矣。○文典谨按：王说是也。御览四百七十七引，作"纵其所之，利之而已矣"，有"利"字。

貂裘而杂，不若狐裘而粹，杂，犹驳。粹，纯也。**故人莫恶于无常行。**无常行，犹论语“人而无恒，不可作为巫医”，故曰恶也。

有相马而失马者，失，犹不知也。**然良马犹在相之中。**良马有夭寿，骨法非能相。不知，故曰在相之中。**今人放烧，**〇文典谨按：“放烧”义不可通，放当为于，字之误也。御览八百六十九引，正作“今人于烧”，是其证。**或操火往益之，或接水往救之，两者皆未有功，而怨德相去亦远矣。**

郢人有买屋栋者，求大三围之木，郢，楚都，在今江陵北郢是也。栋，橤木材。**而人予车毂，**〇王念孙云：意林及太平御览居处部十五引此，“予”下并有“之”字，于义为长。**跪而度之，巨虽可，而修不足。**巨，大也。修不足，言其短。〇庄逵吉云：修，各本作长，依太平御览改。又巨字作大。〇文典谨按：意林引，巨亦作大。

蘧伯玉以德化，伯玉，卫大夫蘧瑗。赵简子将伐卫，使史默往视之。曰：“蘧伯玉为政，未可以加兵。”故曰以德化。**公孙鞅以刑罪，所极一也。**公孙鞅，卫公子叔痤之子，自魏奔秦，相孝公，制相坐法，故曰以刑罪。秦封为商君，因曰商鞅。商在京兆东南。瑗以德化，鞅以刑罪，故曰所极一也。**病者寝席，**寝，卧。席，蓐。**医之用针石，巫之用糈藉，所救钧也。**医，师。在男曰觋，在女曰巫。石针所抵，殚〔一〕人雍痤，出其恶血。糈，米，所以享神。藉，菅茅。皆所以疗病求福祚，故曰救钧。

貍头愈鼠，鸡头已瘘，鼠啮人疮，貍愈之。瘘，颈肿疾。鸡头，水中芡，幽州谓之雁头，亦愈之也。〇陶方琦云：御览九百十二引许注：“貍食鼠。”按：二注文异。鼠即癙字。尔雅释诂：“癙，病也。”孙注：“畏之病也。”许、高并以貍制鼠之说相释，以癙有从鼠之义也。山海经“脱扈之山，植楮可以已癙”，郭注：“癙，病也。淮南子曰：‘貍头已癙。’”又御览九百十二“貍头止

〔一〕“殚”，原本作“弹”，据庄逵吉校本改。

瘧”，注：“瘧，寒热病也。”或亦是许注。此引必系敚文。（物类相感志引许君注曰：“貍能执鼠，故愈也。”是全文。然食作执，已作愈。）〇文典谨按：御览七百四十二引，作“貍头已瘧”，与水经注所引合。**蝱散积血，**〇陶方琦云：御览九百四十三引，作“蝱戢积血”，又引许注：“蝱食血。”按：高无注。说文：“蝱，啮牛尾虫也。”**斫木愈齲，**〇文典谨按：御览七百四十引注云：“啄木，食齲虫也。”**此类之推者也。**推，行也。**膏之杀鳖，鹊矢中猬，**中，亦杀也。**烂灰生蝇，**烂，腐。**漆见蟹而不干，**干，燥。**此类之不推者也。推与不推，若非而是，若是而非，孰能通其微！**

天下无粹白狐，而有粹白之裘，掇之众白也。善学者，若齐王之食鸡，必食其蹠数十而后足。蹠，鸡足踵也。喻学取道众多，然后优。

刀便剃毛，至伐大木，非斧不克，克，截。**物固有以克适成不逮者。**

视方寸于牛，不知其大于羊；总视其体，乃知其大相去之远。远，犹多也。〇王念孙云：“乃知其大”，“大”字因上文而衍。“乃知其相去之远”，文义甚明，句中不当有“大”字。

孕妇见兔而子缺唇，见麋而子四目。〇文典谨按：御览三百六十引，“四目”上有“必”字。**小马大目，不可谓大马；大马之目眇，可谓之眇马：物固有似然而似不然者。故决指而身死，**决，伤也。**或断臂而顾活，**顾，反。〇陶方琦云：史记索隐十六引许注：“顾，反也。”按：此乃旧训，故同。说林训“偷肥其体而顾近于死”，高注：“顾，反也。”**类不可必推。**

厉利剑者必以柔砥，柔，濡。**击钟磬者必以濡木，毂强必以弱辐，两坚不能相和，两强不能相服。**〇文典谨按：御览八百五引，和作加，服作伏。**故梧桐断角，马氂截玉。**言柔胜刚也。

媒但者，非学谩也，但成而生不信。但，犹诈也。**立慬者，非学斗争也，慬立而生不让。**○王念孙云：但与诞同，故高注曰："但，犹诈也。"他与詑同。谩詑，诈欺也。说文："谩，欺也。"又曰："沇州谓欺曰詑。"（玉篇汤何、达可二切。）急就篇"谩訑首匿愁勿聊"，颜师古曰："谩訑，巧黠不实也。或谓之訑谩。"楚辞九章："或詑訑而不疑。"詑、訑、他，字异而义同。燕策："燕王谓苏代曰：'寡人甚不喜訑者言也。'苏代对曰：'周地贱媒，为其两誉也，之男家曰女美，之女家曰男富。'"故曰"媒但者，非学谩他，但成而生不信"也。"谩他"与"斗争"相对为文。各本"谩他"并误作"谩也"，或又于"斗争"下加"也"字，以与"谩也"相对，其谬滋甚。惟道藏本不误。庄刻仍依各本作"谩也"，又于"斗争"下加"也"字，故特辩之。**故君子不入狱，为其伤恩也；不入市，为其侳廉也。**侳，辱也。**积不可不慎者也。**

走不以手，缚手走不能疾；飞不以尾，屈尾飞不能远：物之用者必待不用者。故使之见者，乃不见者也；使鼓鸣者，乃不鸣者也。不鸣，乃无声也。

尝一脔肉，知一镬之味；有足曰鼎，无足曰镬。**悬羽与炭，而知燥湿之气：**燥故炭轻，湿故炭重。**以小明大。见一叶落，而知岁之将暮；睹瓶中之冰，而知天下之寒：**○俞樾云："寒"下当有"暑"字。兵略篇曰："是故处堂上之阴而知日月之次序，见瓶中之冰而知天下之寒暑。"彼以暑与序为韵，此以暑与莫为韵。今删暑字，则失其韵矣。上文曰："尝一脔肉，知一镬之味；县羽与炭，而知燥湿之气。"味、气为韵。则此文亦必有韵可知。当据兵略篇补。**以近论远。**论，知也。○文典谨按：艺文类聚九、御览六十八引，论并作谕。

三人比肩，不能外出户；户不容故也。**一人相随，可以通天下。**言不并也。○王念孙云：一人不得言"相随"，"一人"当作"二人"。二人不并行，则可以通天下，故高注云"言不并也"。

足履地而为迹，暴行而为影，此易而难。履，履也。履地迹自成，行日中影自生，是其易。使迹正影直，是其难也。

庄王诛里史，孙叔敖制冠浣衣；里史，佞臣。恶人死，叔敖自知当见用，故制冠浣衣。○俞樾云：制疑刷字之误。尔雅释诂："刷，清也。"故与"浣衣"对文。○文典谨按：说文刀部："制，裁也。"衣部："制，裁也。""制冠"即"製冠"，俞说非是。**文公弃荏席，后黴黑，咎犯辞归。**晋文弃其卧席之下黴黑者，咎犯感其捐旧物，因曰："臣从君周旋，臣之罪多矣。臣犹自知之，况君乎？请从此亡。"故曰辞归。○王引之云：高读"弃荏席后黴黑"为一句，非也。"弃荏席"为句，"后黴黑"为句。谓于衽席则弃之，于人之黴黑者则后之也。韩子外储说左篇云："文公反国，至河，令笾豆捐之，席蓐捐之，手足胼胝、面目黧黑者后之。咎犯闻之，再拜而辞。"是其证。（说苑复恩篇同。）○陶方琦云：意林引许注："晋文公弃席之黑者，捐故旧也，故咎犯辞去。"按：二注文微异，当是高承用许注说。韩子外储篇、说苑复恩篇皆以"弃荏席，后黴黑"作二事，论衡感类篇作"彻麋墨"。此作一义解，与诸家异。**故桑叶落而长年悲也。**桑叶时既茹落，长年惧命尽，故感而悲也。○王念孙云："桑叶"当为"木叶"。长年见木落而悲，不当专指桑叶言之。庾信枯树赋引此，正作"木叶"。文选蜀都赋注、文赋注、太平御览人事部一百二十九所引，并与枯树赋同。

鼎错日用而不足贵，错，小鼎。虽日见用，不能和五味，故不足贵。**周鼎不爨而不可贱，**周家大鼎，不日炊火以供味，而能和味，故曰不可贱。○王引之云：古无谓小鼎为错者，错当为鐕，鐕字本在鼎字上。鐕鼎，小鼎也。言小鼎虽日用而不足贵，周鼎虽不爨而不可贱也。说文曰："鐕，鼎也。（广雅同。）读若彗。"说林篇"水火相憎，鐕在其间，五味以和"，彼注云："鐕，小鼎。"正与此注相同，则错为鐕之误明矣。鐕，小貌也。小鼎谓之鐕，小棺谓之槥，小星貌谓之嘒，其义一也。○文典谨按：御览七百六十五引，此文下有"扫箒日用而不足贵"八字。**物固有以不用而为有用者。**不用，谓鼎不爨也。为用，谓调五味也。**地平则水不流，重钧则衡不倾，**流，行。

倾,邪也。**物之尤必有所感,**尤,过也。轻重则衡低卬,故曰必有所感。感,动也。**物固有以不用为大用者。**衡行物,物所不用,然用之乃知物之轻重,故曰以不用为大用也。

先倮而浴则可,以浴而倮则不可;○文典谨按:"以浴"疑当作"先浴"。**先祭而后飨则可,**礼,食必祭,示有所先。飨,犹食也。**先飨而后祭则不可:**为不敬,故曰不可也。**物之先后各有所宜也。**

祭之日而言狗生,○俞樾云:生当作胜。说文肉部:"胜,犬膏臭也。"狗胜犹言狗臭。**取妇夕而言衰麻,置酒之日而言上冢,**皆所不宜。**渡江、河而言阳侯之波。**阳陵国侯溺死,其神能为大波,为人作害,因号阳侯之波,舟人所不欲言。

或曰知其且赦也而多杀人,不仁。**或曰知其且赦也而多活人,**乃仁人也。**其望赦同,所利害异。**○王念孙云:两"知其且赦也","其"皆当为"天"。天字或作兲,其字或作亓,二形相似而误。"知天且赦而多杀人",若汉桓帝时河内张成善说风角,推占当赦,遂教子杀人是也。意林引此,作"或知天将赦而多杀人,或知天将赦而多活人",太平御览刑法部十八引,作"或曰知天且赦也而杀人,或曰知天且赦也而活人",是其证。"其望赦同,所利害异","所"上亦当有"其"字。御览引此,正作"其所利害异"。**故或吹火而然,或吹火而灭,所以吹者异也。**

烹牛以飨其里,而骂其东家母,德不报而身见殆。殆,危害也。

文王污膺,鲍申伛背,以成楚国之治。文王,楚武王之子。污膺,陷胸也。鲍申,楚相。伛背,偻。成治,言贤也。○陶方琦云:御览三百七十一引许注:"洿,虚也。"按:二注文异。说文:"膺,胸也。"义得通。洿,说文曰:"窳下也。"窳下即虚陷义。洿从夸得声,夸有虚义,(吕氏春秋本生篇"非夸以为名",高注:"夸,虚也。")故训为虚。**裨谌出郭而知,以成子产之事。**裨谌,郑大夫,谋于野则获,谋于国则否。郑国有难,子产载如野,与议四国之事，故曰成子产之事。论语曰："裨谌草创之，世叔讨论之，东里子产润色之。"

朱儒问径天高于修人，○王念孙云："天高"上不当有"径"字，盖衍文也。意林及太平御览人事部十八引此，皆无"径"字。修人曰："不知。"○文典谨按：意林引，作"长人曰：'吾不知也。'"御览三百七十七引，"修人曰"下亦有"吾"字。曰："子虽不知，犹近之于我。"○文典谨按：意林引，作"尔去天近于我也"。故凡问事，必于近者。修人，长人也。○文典谨按：意林引，"必于"作"当问"。

寇难至，躄者告盲者，盲者负而走，两人皆活，得其所能也。故使盲者语，使躄者走，失其所也。○文典谨按：御览七百四十引，作"故使喑者语，使躄者走，大失其所也"。

郢人有鬻其母，为请于买者曰："此母老矣！幸善食之而勿苦。"郢，楚都。鬻，卖也。食，养也。○文典谨按："幸善食之而勿苦"，意林引，作"望善饴之"，御览八百二十八引，作"幸善食之而无多苦也"。此行大不义，而欲为小义者。

介虫之动以固，介虫，鱼鳖属。动，行也。○文典谨按：御览九百四十四引注，作"介甲，龟鳖之属"，宋本、藏本同。贞虫之动以毒螫，贞虫，细要蜂，蜾蠃之属。无牝牡之合，曰贞。而有毒，故能螫。螫，读解释之释也。熊罴之动攫搏，攫，搏也。熊罴多力，故能拨攫，有所搏也。兕牛之动以觗触，兕，兽名，有角。牛，犁牛也。物莫措其所修而用其短也。措，置也。

治国者若鎒田，去害苗者而已。今沐者堕发，而犹为之不止，以所去者少，所利者多。

砥石不利而可以利金，金，刀剑之属。擏不正而可以正弓，擏，弓之掩床。读曰檠。物固有不正而可以正，不利而可以

利。不正者擻，正者弓也。不利者砥，利者金也。

力贵齐，知贵捷。得之同，遬为上；齐，读蒜韲之韲。齐、捷皆疾。**胜之同，迟为下。所以贵镆邪者，以其应物而断割也。劙靡勿释，牛车绝辚。**劙，切。楚人谓门切之辚，车行其上则断之。孟子曰："城门之轨，非两马之力。"辚，读近蔺，急舌言之乃得也。

为孔子之穷于陈、蔡而废六艺，则惑；六艺，礼、乐、射、御、书、数。**为医之不能自治其病，病而不就药，则勃矣。**不择于事，曰勃也。○俞樾云：药当读为藥。说文疒部："藥，治也。或作疗。"古每以药为之。诗板篇"不可救药"，韩诗外传作"不可救疗"，毛用叚字，韩用正字也。"病而不就药"，谓不就其疗治。申鉴俗嫌篇曰："药者，疗也。"

淮南鸿烈集解卷十七

说林训

木丛生曰林。说万物承皐，若林之聚矣，故曰“说林”，因以题篇。

以一世之度制治天下，譬犹客之乘舟，中流遗其剑，遽契其舟桅，契，刻也。桅，船弦板也。堕剑于中流，刻于船弦，言识其于此下失剑也。桅，读如左传襄王出居郑地氾之氾也。○王念孙云：桅与氾，声不相近，遍考书传亦无谓船舷板为桅者。桅当为椛，椛与氾同声，故读从之。椛字本作舥，广雅曰：“舥谓之舷。”谓船两边也。集韵、类篇并云舥或作椛。椛字草书作**椛**，因讹为桅矣。杨慎古音余于陷韵收入桅字，引淮南子“遽契其舟桅”，音氾，则为俗本所惑也。**暮薄而求之，其不知物类亦甚矣！**日暮薄岸，而求剑于其所刻桅下，故曰不知物类也。**夫随一隅之迹，而不知因天地以游，惑莫大焉。**随一隅之迹，刻桅之类，惑〔一〕无有大于此也。**虽时有所合，然而不足贵也。譬若旱岁之土龙，疾疫之刍狗，是时为帝者也。**土龙以求雨，刍狗以求福，时见贵也。**曹氏之裂布，蛷者贵之，然非夏后氏之璜。**楚人名布为曹。今俗间以始织布系著其旁，谓之曹布。烧以傅蠵蛷疮则愈，故蛷者贵之。半璧曰璜，

〔一〕“惑”，原本作“或”，据庄逵吉校本改。

璜以发众,国家之宝,故曰"然非夏后氏之璜"也。〇俞樾云:高氏所据本疑无"氏"字。若有"氏"字,则"曹"是人之氏族,何得以布言之乎?今有"氏"字者,盖涉下文"夏后氏之璜"而衍,非高本之旧也。惟高注义亦未安。若从前一说,则曹即布之异名,言曹不必更言布。若从后一说,则当以"曹布"连文,不当曰"曹之裂布"也。曹疑当读为褿。广雅释器曰:"褿,褯也。"玉篇巾部曰:"幧,藉也。"幧即褿之异文。又衣部曰:"褯,小儿衣也。"然则褿者,疑是小儿承藉菌屎之布,故亦谓之褯。褯犹席也。汉书宣帝纪注引李奇曰:"緥,小儿大藉也。"即其类也。"褿之裂布"者,说文衣部:"裂,缯余也。"字通作烈。尔雅释诂:"烈,余也。"裂布即余布,言承藉小儿,其四边所有之余布也。是其为物至贱,然而蛛者贵之,正上文"时有所合"之意。〇洪亮吉云:说文"胡曹作衣",曹氏或即指此。**无古无今,无始无终,未有天地而生天地,至深微广大矣。**言其深微广大,故能生天地也。

足以蹍者浅矣,然待所不蹍而后行;蹍,履也。待所履而行者则不得行,故曰待所不履而后行。〇王念孙云:"足以蹍","以"亦当为"所"。文子上德篇作"足所践",是其证。**智所知者褊矣,然待所不知而后明。**褊,狭。知所知所不知,以成明矣。**游者以足蹷,以手抪,不得其数,愈蹷愈败;**愈,益也。败,犹没也。**及其能游者,非手足者矣。**不用手足而自游也。

鸟飞反乡,兔走归窟,狐死首丘,寒将翔水,各哀其所生。寒将,水鸟。哀,犹爱也。〇俞樾云:文子上德篇作"各依其所生也"。哀与依古声同,此作哀者,即依之叚字耳。高注曰:"哀,犹爱也。"非是。〇陶方琦云:文选谢惠连擣衣诗注引许注:"寒螿,蝉属也。"按:二注文义并异。文子[一]上德作"寒螿得木",许本当同,与高作水鸟解者正异。文选刘铄拟古诗注亦引淮南作"寒螿"。尔雅释虫:"蜺,寒蜩。"郭注:"寒螿也。似蝉而小,青色。"庄子逍遥游释文司马注:"惠姑,寒蝉也,一名蝭蟧。"陆云:"即楚辞所云

[一]"子",原本误作"字",今改。

寒蜇。"玉篇:"蜇,寒蝉属。"与许注同。

毋贻盲者镜,毋予躄者履,毋赏越人章甫,非其用也。赏,遗也。章甫,冠。越人断发,无用冠为。

椎固有柄,不能自椓;目见百步之外,不能自见其眦。喻人能有所为,而不能自为也。

狗彘不择甂瓯而食,偷肥其体而顾近其死;偷,取也。顾,反也。肥则烹之,故近其死也。**凤皇高翔千仞之上,故莫之能致。**七尺曰仞。非圣德君不致,故曰莫之能致也。

月照天下,蚀于詹诸;腾蛇游雾,而殆于蝍蛆;詹诸,月中虾蟆,食月,故曰食于詹诸。殆,犹畏也。蝍蛆,蟋蟀,尔雅谓之蜻蛚[一]之大腹也,上蛇,蛇不敢动,故曰殆于蝍蛆也。○庄逵吉云:殆,御览作困。**乌力胜日,而服于鵻礼:能有修短也。**乌在日中而见,故曰胜日。服,犹畏也。鵻礼,尔雅谓䲹笠,秦人谓之祀祝。间蚕时晨鸣人舍者,鸿鸟皆畏之。故曰能有修短也。○王引之云:礼(禮)当为札。札讹为礼,后人因改为禮耳。(广雅"札,甲也",今本札讹作禮。庄子人间世篇"名也者,相札也",崔譔曰:"札,或作禮。")埤雅引此作"鵻禮",则所见本已误。广雅曰:"车槅,焦札也。"钞本太平御览引广雅作"鷦礼",刻本作"鵻禮",亦是钞本讹札为礼,刻本又改为禮也。今本广雅作"鷦杔",杔亦札之讹。鷦、鵻二字往往相乱。说文曰:"鵻,祝鸠也。"昭十七年左传注则云:"祝鸠,鷦鸠也。"然则淮南之鵻札,即广雅之鷦札也。此六句以诸、蛆为韵,日、札为韵。(成十六年左传七札之札,徐邈音侧乙反,正与日字相协。)若作礼,则失其韵矣。

莫寿于殇子,而彭祖为夭矣。生寄,死归。殇子去所寄,归所安,故曰以为寿。彭祖盖楚先,寿八百岁,不早归,故以为夭。论语曰:"窃比于我老彭。"盖谓是也。一说:彭祖盖黄帝时学仙者。言不如殇子早归神明矣。

〔一〕"蜻蛚"下疑有脱文。尔雅蝍蛆注:"似蝗而大腹,长角,能食蛇脑。"

短绠不可以汲深，器小不可以盛大，非其任也。任，读勘任之任。

怒出于不怒，为出于不为。不怒乃是怒，不为乃是为也。视于无形，则得其所见矣；听于无声，则得其所闻矣。言皆易恤无声，故得有闻。至味不慊，至言不文，至乐不笑，至音不叫，大匠不斫，大豆不具，大勇不斗，慊，快。叫，噪呼也。不斫，不自斫削。豆，簠簋笾豆之器。大勇，人闻自畏之，不复斗也。○俞樾云：大匠、大勇，皆以人言，而大豆独以器言。且“大豆不具”，义亦难通，殆非也。淮南原文本作“大庖不豆”。吕氏春秋贵公篇曰：“大匠不斫，大庖不豆，大勇不斗”，即淮南所本。高氏彼注曰：“但调和五味，使神人享之而已，不复自列簠簋笾豆也。”疑高氏此注亦与彼同。今但存“豆，簠簋笾豆之器”七字，盖后人删改之，以合于既误之正文，非其旧也。又按：豆者，剅之叚字。广雅释诂：“剅，裂也。”“大庖不剅”谓不自割裂，与不斫、不斗一律，说详吕氏春秋。得道而德从之矣。譬若黄钟之比宫，太簇之比商，无更调焉。更，改也。

以瓦鉒者全，以金鉒者跋，以玉鉒者发，鉒，读象金之铜柱余之柱。鉒者提马，雒家谓之投翩。金者金步除。跋者刺跋走。发者疾迅。发，读射百发之发。是故所重者在外，则内为之掘。所重，谓金与玉。掘，律气不安祥也。○陈观楼云：掘即拙字也。庄子达生篇作“凡外重者内拙”，是其证。史记货殖传“田农掘业”，徐广曰：“古拙字亦作掘。”逐兽者目不见太山，见兽而已。嗜欲在外，则明所蔽矣。蔽者，见利之物，不见其害。

听有音之音者聋，听无音之音者聪；不聋不聪，与神明通。卜者操龟，筮者端策，以问于数，安所问之哉！策，四十九策。可以占远，可以问于数。数，可卜筮者也。

舞者举节，坐者不期而抃皆如一，所极同也。

日出旸谷，○陶方琦云：史记集解一百十七、汉书司马相如传注引许注："热如汤也。"按：高无注。高本当作"旸谷"，许本作"汤谷"也。说文"叒"字下云："日初出东方汤谷所登榑桑。""旸"字下引商书"曰旸谷"，按：乃洪范"曰旸若"之讹文，知许氏定作"汤谷"也。今淮南许、高注杂，正文用许本而遗敓其注。观史记、汉书注引许注如是，益信正文作"汤谷"无疑。又史记索隐引淮南子曰"日出汤谷"，文选蜀都赋注及缪袭挽歌诗注皆引淮南作"日出汤谷"，即此处文也。汉书、楚辞、论衡诸本并作"汤谷"，与许本同。海内东经"下有汤谷"，注："汤谷，谷中水热也。"亦与许说同。说文："汤，热水也。"**入于虞渊，莫知其动，须臾之间，俯人之颈。**俯，犹戾也。

人莫欲学御龙，而皆欲学御马，莫欲学治鬼，而皆欲学治人，急所用也。御龙、治鬼，不益世用，故以御马、治人为急务矣。

解门以为薪，塞井以为臼，人之从事，或时相似。或，有也。相似，似其愚。

水火相憎，鏏在其间，五味以和。鏏，小鼎。又曰：鼎无耳为鏏。鏏，读曰彗。鏏受水而火炊之，故曰在其间。**骨肉相爱，谗贼间之，而父子相危。**楚平王、晋献公是也。**夫所以养而害所养，譬犹削足而适履，杀头而便冠。**所以养，谕谗贼。害所养，谕骨肉。杀，亦削也。头大冠小，不相宜，削杀其头以便冠也。

昌羊去蚤虱而来蚙穷，昌羊，昌蒲。蚙穷，蝭蜓，入耳之虫也。**除小害而致大贼，欲小快而害大利。**

墙之坏也，不若无也，然逾屋之覆。不若其无为墙。屋之覆为败屋，墙之坏更为土，归于本，故曰逾〔一〕屋之覆也。

璧瑗成器，礛诸之功；礛诸，治玉之石。诗云："他山之石，可以为

〔一〕"逾"，原本作"逾"，形近而误，据庄逵吉校本改。

错。"磏,读"一曰廉氏[一]"之廉。**镆邪断割,砥砺之力。**力亦功,互文也。

狡兔得而猎犬烹,高鸟尽而强弩藏。烹犹杀,藏犹残,喻不复用也。

虻与骥,致千里而不飞,无糗粮之资而不饥。失火而遇雨,失火则不幸,遇雨则幸也,故祸中有福也。

鬻棺者欲民之疾病也,○文典谨按:御览五百五十一及八百四十引,"疾病"并作"疾疫",于义为长。**畜粟者欲岁之荒饥也。**荒,大饥,粟不熟。○文典谨按:御览三十五引注云:"谓将取厚利。"疑是许注。

水静则平,平则清,清则见物之形,弗能匿也,故可以为正。匿,犹逃也。

川竭而谷虚,虚,无水也。**丘夷而渊塞,**夷,平。塞,满也。**唇竭而齿寒。**

河水之深,其壤在山。言非一朝一夕。

钧之缟也,一端以为冠,一端以为絉,冠则戴致之,絉则蹍履之。○王念孙云:"戴致"二字义不相属,致当为跂,字之误也。广韵:"跂,跂戴物也。"跂亦戴也,蹍亦履也。跂之言跂阁也。广雅曰:"跂,阁载也。"又曰:"载,阁跂也。"载与戴古字通。文子上德篇作"冠则戴枝之"。尔雅曰:"支,载也。"支、枝与跂,亦声近而义同。太平御览布帛部六引此,无"致"、"蹍"二字,此以意删,不可从。

知己者不可诱以物,物不能惑。**明于死生者不可却[二]以危,**危无能惧之。**故善游者不可惧以涉。**涉不能溺。

亲莫亲于骨肉,节族之属连也,骨肉,谓一人之身,故曰节族

〔一〕"氏",疑当为"善",见周礼。
〔二〕"却",王念孙说当为"劫",详见道应训"子罕遂却宋君而专其政"注。

之连也。**心失其制，乃反自害，**言心失制度，则自害身也。**况疏远乎！**疏远，喻他人也。

圣人之于道，犹葵之与日也，虽不能与终始哉，其乡之诚也。乡，仰。诚，实。○文典谨按：文选求通亲亲表注引，"诚"上有"者"字。

宫池涔则溢，旱则涸；涔，多水也。**江水之原，渊泉不能竭。**竭，尽也。

盖非橑不能蔽日，轮非辐不能追疾，然而橑辐未足恃也。○文典谨按：御览七百二引注云："橑，盖骨也。"

金胜木者，非以一刃残林也；土胜水者，非以一墣塞江也。○陶方琦云：御览三十六、又三百四十六引许注："墣，块也。"按：说文："墣，块也。"与注淮南训同。（御览又引贾逵国语注曰："墣，块也。"）玉篇引淮南子"非以一圤塞江"，"圤，块也"，即采许君旧说。○文典谨按：御览九百五十二引注云："音朴，土块也。"淮南许、高注无言"某音某"者，此必后人所加也。

躄者见虎而不走，非勇，势不便也。倾者易覆也，倚者易軵也。几易助也，湿易雨也。軵，读軵济之軵。几，近也。

设鼠者机动，钓鱼者泛杭，任动者车鸣也。动，发也。发则得鼠。泛，钓浮。杭，动。动则得鱼。任者，辇也。诗云："我任我辇。"○王念孙云：御览兽部二十三引此，杭作抗。案：杭、抗二字，义与动皆不相近，字当为扤。扤误为抗，又误为杭耳。说文："扤，动也。"小雅正月篇"天之扤我"，毛传曰："扤，动也。"考工记轮人"则是以大扤"，郑注曰："扤，摇动貌。"司马相如上林赋曰："杨翠叶，扤紫茎。"扤字亦作抈。晋语"故不可抈也"，韦注曰："抈，动也。""设鼠者机动，钓鱼者泛扤"，扤亦动也。机动则得鼠，泛动则得鱼，故高注云"扤，动。动则得鱼"也。○俞樾云：高说失之。黍苗篇"我任我辇，我车我牛"，毛传曰："任者，辇者，车者，牛者。"郑笺曰："有负任者，有挽辇者，有将车者，有牵牛者。”是毛、郑皆以任、辇为二事。若曰“任者辇也”，亦将曰“车者牛也”，其可通乎？今按：此任即所谓任木也。考工记辀人曰：“凡任木，任正者，十分其辀之长，以其一为之围；衡任者，五分其长，以其一为之围。”郑康成说任正、衡任，未得其义。宋戴侗六书故曰：“任正者，辀也。衡任者，轴也。”近世学者程氏瑶田则谓：“必在舆下者始足当任木之名。隧深四尺四寸，辀在四尺四寸下者，任正也。车广六尺六寸，轴在六尺六寸下者，衡任也。”金氏榜则谓：“凡任木，纵者皆名任正，横者皆名衡任。任正者，辀也，伏兔也。衡任者，轴也，衡也。”其说皆本戴氏而推之，可以说此文任动车鸣之义。

刍狗能立而不能行，蛇床似麋芜而不能芳。蛇床臭，麋芜香。谓许由无德，乌获无力，莫不丑于色。丑，犹怒也。一曰：愧也。

人莫不奋于其所不足。奋，厉也。以兔之走，使犬〔一〕如马，则逮日归风；言其疾也。○孙诒让云：归当为遗，声之误也。吕氏春秋本味篇云：“马之美者，遗风之乘。”高注云：“行迅谓之遗风。”○文典谨按：御览九百七引，作“以兔之走，使大如马，则逐日追风；及其为马，则不走矣。”实较今本为长。及其为马，则又不能走矣。

冬有雷电，夏有霜雪，然而寒暑之势不易，小变不足以妨大节。

黄帝生阴阳，黄帝，古天神也。始造人之时，化生阴阳。上骈生耳目，桑林生臂手，上骈、桑林，皆神名。此女娲所以七十化也。女娲，王天下者也。七十变造化。此言造化治世，非一人之功也。

终日之言必有圣之事，百发之中必有羿、逢蒙之巧，然而世不与也，其守节非也。非者，非其真也。

牛蹄彘颅亦骨也，而世弗灼，必问吉凶于龟者，以其历

〔一〕“犬”，疑“大”字之误。

岁久矣。

近敖仓者不为之多饭，临江、河者不为之多饮，期满腹而已。敖仓，古常满仓，在荥阳北。

兰芝以芳，未尝见霜；芳，香。○王念孙云：芝当为芷，字本作茝，即今之白芷也。隶书止与之相乱，因误而为芝。古人言香草者必称兰芷，芝非香草，不当与兰并称。（古人所谓芝者，只是木上所生。内则人君燕食有芝栭，卢植曰："芝，木芝也。"庾蔚曰："无华叶而生者曰芝栭，与神农经所称五色神芝者不同。"然神农经亦但称五色神芝为圣王休祥，而不以为香草也。）凡诸书中言兰芝，言芝兰者，皆是芷字之误。（广雅释天"天子祭以鬯，诸侯以薰，大夫以茝兰"，周官郁人疏引王度记作芝兰。荀子宥坐篇"芷兰生于深林，非以无人而不芳"，说苑杂言篇作芝兰。说苑杂言篇"如入兰芷之室，久而不闻其香"，家语六本篇作芝兰。皆字形相近而误，其他可以类推。）太平御览天部十四引此已误作兰芝。文子上德篇正作兰芷。又下文"兰芝欲修而秋风败之"，芝亦芷之误。又修务篇"佩玉环，揄步，（"步"上脱一字，说见修务。）杂芝若"，高注曰："杂佩芝若香草。"案：芝亦芷之误。司马相如子虚赋"衡兰芷若"，张揖曰："芷，白芷也。若，杜若也。"故注云"杂佩芷若香草"。若芝，则非其类矣。贾子劝学篇正作"杂芷若"，列子周穆王篇同。○文典谨按：御览十四引注云："先霜刈之。"疑是许注。鼓造辟兵，寿尽五月之望。鼓造，盖谓枭。一曰：虾蟆。今世人五月望作枭羹，亦作虾蟆羹。言物不当为用。○庄逵吉云：造即戚字，故戚然改容亦作"造然"。毛诗"戚施"，说文解字作"鼀鼁"，云"詹诸也"，詹诸即虾蟆矣。○朱芹云："鼓造"二字切音为枭，则作枭者是。望，谓五月五日也。

舌之与齿，孰先砻也？砻，磨尽也。錞之与刃，孰先弊也？錞，矜下铜鐏也。錞不休而刃先弊。錞，读顿首之顿。绳之与矢，孰先直也？矢，箭。

今鳝之与蛇，蚕之与蠋，状相类而爱憎异。人爱鳝与蚕，畏蛇与蠋，故曰异也。○文典谨按：蠋本作蜀。作蠋者，后人依韩非子内储说上篇改之也。(说文虫部:“蜀,葵中蚕也。”诗东山“蜎蜎者蠋,烝在桑野”,说文引,蠋亦作蜀。)广韵烛韵“蜀”字下引此文,正作“蚕与蜀相类而爱憎异也”,蜀正字,蠋俗字耳。

晋以垂棘之璧得虞、虢,说在齐俗篇也。**骊戎以美女亡晋国。**美女,骊姬也。亡,犹乱。

聋者不歌,无以自乐;盲者不观,无以接物。接,犹见也。

观射者遗其𨫗,𨫗,事。**观书者忘其爱,意有所在,则忘其所守。**

古之所为不可更,则推车至今无蝉匷。蝉匷,车类。匷,读如“孔子射于矍相”之矍。○庄逵吉云:说文解字竹部有篗字,云“收余者也”。方言:“篗,榬也。”郭璞注:“所以络丝也。”然则蝉匷即篗字矣。依义,“推车”之推字亦当为維。

使但吹竽,使氐厌窍,虽中节而不可听,但,古不知吹人。但,读燕言鉏同也。○王念孙云:高读与燕言鉏同,则其字当从且,不当从旦。说文:“伹,拙也。从人,且声。”玉篇七间、祥间二切,引广雅云:“伹,钝也。”(今本广雅伹误作但,辩见广雅疏证。)广韵:“伹,拙人也。”意与高注“不知吹人”相近。又高注读燕言鉏同,与说文从人且声及玉篇七间、祥间二音并相近,若然,则但为伹之误也。“使氐厌窍”,氐当为工。隶书工字或作亠,氐字或作互,二形相似,故工误为氐。大戴礼帝系篇“青阳降居江水”,今本江误作泜,是其例也。厌与擪同。说文:“擪,一指按也。”玉篇乌协切。(泰族篇曰:“所以贵扁鹊者,贵其擪息脉血,知病之所从生也。”韩子外储说右篇曰:“田连、成窍,天下善鼓瑟者也。然而田连鼓上,成窍擫下,而不能成曲,共故也。”楚辞九辩“自压按而学诵”,压一作厌。擪、擫、压、厌,并字异而义同。)言使不善吹者吹竽,而使乐工为之按窍,音虽中节而不可听也。文子上德篇作“使工捻窍”,(捻与厌同义。文选笙赋“厌焉乃扬”,李善曰:“厌,犹捻也。”)则氐为工之误,明矣。○俞樾云:高注曰“但,古不知吹人”,此殆望文生训。且既不知吹矣,又何能中节乎?文子上德篇作“使倡吹竽,使工捻窍”,然则“但”、

"氐"二字乃"倡"、"工"之误。倡也、工也,特为异名以别之,明非一人,实则同义。盖倡与工虽善吹竽,然必自吹之而自厌之。若一人吹竽,一人厌窍,则虽中节而不可听矣。韩子外储说右篇曰:"田连、成窍,天下善鼓瑟者也。然而田连鼓上,成窍擫下,而不能成曲。"此意即淮南所本。倡也、工也,犹曰田连也,成窍也。彼举其人以实之,此则不举其人耳。倡字阙坏而成但字。隶书工或作互,氐或作互,二形相似,故工误作氐。高据误本作注,曲为之说,失之矣。**无其君形者也。**君,官主也。

与死者同病,难为良医;与亡国同道,难与为谋。谋,或作豫也。

为客治饭而自藜藿,名尊于实也。尊,重。享仁义之名,重于治饭之实也。〇王念孙云:"自藜藿"本作"自食藜藿"。今本脱"食"字,则文义不明。旧本北堂书钞酒食部三,出"为客治饭,自食藜藿"八字,注云:"淮南子云:为客治饭而自食藜藿,名尊于实也。"(陈禹谟本"食"字误在"藜藿"下。)太平御览饮食部八引同。

乳狗之噬虎也,伏鸡之搏狸也,恩之所加,不量其力。

使景曲者,形也;形曲则景曲也。**使响浊者,声也。**声浊则响浊也。

情泄者,中易测。不闭其情欲,发泄于外,故其中心易测度知也。**华不时者,不可食也。**华,实。若今八九月食晚瓜,令人病疟,此之类,故不可食。喻人多言,不时适,不可听用也。

蹠越者,或以舟,或以车,虽异路,所极一也。蹠,至也,极亦至,互文耳。一,同也。**佳人不同体,美人不同面,而皆说于目;**佳,美。**梨橘枣栗不同味,而皆调于口。**调,适。

人有盗而富者,富者未必盗;有廉而贫者,贫者未必廉。蔐苗类絮而不可为絮,蔐苗,荻秀,楚人谓之蔐。蔐,读敌战之敌。幽、冀谓之荻苕也。〇王念孙云:蔐本作薍,(注同。)故注读如敌战之敌。

注内"荻秀"本作"萑秀","楚人谓之苗"本作"楚人谓之薍苗"。薍与荻同。(玉篇:"薍,徒历切,萑也。或作荻。")薍苗者,荻之穗也。(苗音他六、徒历二反,字从由,不从田。)荻华如絮而不温,故曰"类絮而不可以为絮"。荻或谓之萑。广雅曰:"薍,萑也。"齐民要术引陆机毛诗疏曰:"蒹或谓之荻,至秋坚成即谓之萑。"是萑、薍一物也,其穗则谓之薍苗,故注云"薍苗,萑秀,楚人谓之薍苗。"玉篇苗音他六、徒历二切。苗与苕一声之转,故幽、冀谓之荻苕也。豳风鸱鸮传曰:"荼,萑苕也。"正义曰:"谓蒹之秀穗也。"萑苕即荻苕,荻苕犹薍苗耳。太平御览布帛部六、百卉部七引此,并作"薍苗类絮而不可以为絮",又引高注"薍苗,萑秀也"。今本薍字皆误作蔏,(说文:"蔏,艸也。从艸,商声。"玉篇舒羊切,引字书"蔏陆,蓫薚也",音义与此迥异。)注内"楚人谓之薍"下又脱"苗"字,(注言楚人谓萑秀为薍苗,脱去"苗"字,则义不可通。太平御览引此已误。)"萑秀"又改为"荻秀",而不知荻即薍字也。庄本改蔏为蔐,而又不知说文、玉篇、广韵、集韵之皆无蔐字也。**黂不类布而可以为布。**黂,麻之有实者。黂,读左传"有蜚不为灾"之蜚也。

出林者不得直道,行险者不得履绳。绳,亦直也。

羿之所以射远中微者,非弓矢也;造父之所以追速致远者,非辔衔也。

海内其所出,故能大;雷雨出于海,复随沟还入,故曰内其所出。**轮复其所过,故能远。**其所过,转不止也。

羊肉不慕蚁,蚁慕于羊肉,羊肉羶也;醯酸不慕蚋,蚋慕于醯酸。○王念孙云:下三句当作"醯不慕蚋,蚋慕于醯,(句。)醯酸也",与上三句相对为文。今本"醯不慕蚋"句内衍一"酸"字,"醯酸也"句内又脱"醯"字、"也"字,则文不成义。太平御览虫豸部二引此已误,唯"也"字未脱。

尝一脔肉而知一镬之味,悬羽与炭而知燥湿之气,以小见大,以近喻远。

十顷之陂可以灌四十顷,畜水曰陂。**而一顷之陂可以灌**

四顷,大小之衰然。衰,差也。○王念孙云:"可以灌四顷",当作"不可以灌四顷"。此言以十顷之陂可以灌四十顷例之,则一顷之陂亦可以灌四顷,然而不可以灌四顷者,十顷大而一顷小,大则所灌者多,小则所灌者少,故曰"大小之衰然"也。下文云"百梅足以为百人酸,一梅不足以为一人和",意与此同。今本脱去"不"字,则失其义矣。

明月之光可以远望,而不可以细书;甚雾之朝可以细书,而不可以远望寻常之外。○庄逵吉云:御览作"不可以望寻常之外",无"远"字为是。○王念孙云:庄说是也。"远"字即因上文"远望"而衍。旧本北堂书钞天部二引此,亦无"远"字。

画者谨毛而失貌,谨悉微毛,留意于小,则失其大貌。**射者仪小而遗大。**仪望小处而射之,故耐中。事各有宜。

治鼠穴而坏里闾,溃小皰而发痤疽,皰,面气也。痤疽,痈也。○文典谨按:北堂书钞百五十八引,皰作皻。**若珠之有纇,玉之有瑕,置之而全,去之而亏。**置其纇、瑕也。

榛巢者处林茂,安也;○孙诒让云:茂,疑当为莽,形近而误。汉书扬雄传长杨赋云:"罗千乘于林莽。"**窟穴者托埵防,便也。**埵防,高处堤防也。**王子庆忌足蹍麋鹿,手搏兕虎,**○文典谨按:御览九百三十二引,搏作缚。**置之冥室之中,不能搏龟鳖,势不便也。**庆忌,吴王僚之子也。

汤放其主而有荣名,汤,偰后十三世主癸之子履。放其主,谓伐桀。为民除害,故有荣名也。**崔杼弑其君而被大谤,**崔杼,齐大夫崔野之子,弑君齐庄公也。**所为之则同,其所以为之则异。**所以为则异,汤杀君以利与民,杼以利与身,故曰异。

吕望使老者奋,吕望鼓刀钓鱼,年七十始学读书,九十为文王作师,佐武王伐纣,成王封之于齐,故老者慕之而自奋励。**项托使婴儿矜,以**

类相慕。项托年七岁,穷难孔子而为之作师,故使小儿之畴自矜大也。

使叶落者风摇之,使水浊者鱼挠之。虎豹之文来射,虎豹以有文章,来使人射取之。**猨狖之捷来乍。**猨狖属仰鼻而长尾。乍,暂疾。以其操捷,来使疾击而取之。○洪颐煊云:乍当作笮。缪称训:"猨狖之捷来措。"汉书梁平王传,晋灼曰:"许慎云:'措,置。'字借以为笮耳。"庄子应帝王篇:"猨狙之便、执斄之狗来藉。"释文:"司马云:藉,绳也。由捷见结缚也。崔云:藉,系也。"措、藉亦声相近。○王念孙云:缪称篇作"猨狖之捷来措",高注:"措,刺也。"措与乍古同声而通用,当以彼注为是。○俞樾云:高注训乍为暂疾,而以"疾击取之"申明其义,此曲说也。乍与作通,当读为斮。尔雅释器"鱼曰斮之",礼记内则篇作"鱼曰作之",即其例也。成二年公羊疏引樊光曰:"斮,砍也。"砍乃斫之俗字。斫者,击也。"猨狖之捷来斮",谓见斫击也,方与上句"虎豹之文来射"文义一律。缪称篇曰"猨狖之捷来措",高注曰:"措,刺也。"刺、击义亦相近。

行一棋不足以见智,弹一弦不足以见悲。

三寸之管而无当,当,犹底也。**天下弗能满;十石而有塞,百斗而足矣。**

以篙测江,篙终而以水为测,惑矣。篙擿船,以篙度江,篙没,因以江水为尽,故曰惑也。○陶方琦云:一切经音义十三引许注:"刺船竹,长二丈,以铁为镞者也。"按:二注文异。方言:"所以刺船谓之檔。"说文新坿亦有篙字,曰:"所以刺船也。"

渔者走渊,渔,读论语之语也。**木〔一〕者走山,所急者存也。朝之市则走,夕过市则步,所求者亡也。**走,读奏记之奏。

豹裘而杂,不若狐裘之粹;粹,纯。○文典谨按:豹裘杂,不若狐裘粹,是豹裘贵而狐裘贱也。然豹裘安得贵于狐裘?豹当为貂,字之误也。本书说山篇"貂裘而杂,不若狐裘而粹",是其证。**白璧有考,**考,衅污也。

〔一〕"木",俞樾说当为"采",详见齐俗训"山处者木"注。

不得为宝：言至纯之难也。

战兵死之鬼憎神巫，兵死之鬼，善行病人，巫能祝劾杀之。憎，畏也。○王念孙云：战字后人所加。古人所谓兵者，多指五兵而言，兵死谓死于兵也。曲礼曰："死寇曰兵。"释名曰："战死曰兵。言死为兵所伤也。"周官冢人曰："凡死于兵者不入兆域。"皆是也。后人谓战士为兵，故妄加"战"字耳。"兵死之鬼憎神巫"，"盗贼之辈丑吠狗"，二句相对为文。加一"战"字，则文不成义，且与下句不对。据高注云："兵死之鬼，善行病人"，则无"战"字明矣。（说文："兵死及牛马之血为粦。"论衡偶会篇："军功之侯，必斩兵死之头。"）**盗贼之辈丑吠狗。**丑，犹恶也。

无乡之社易为黍肉，无国之稷易为求福。无祀，不禋于神，而卒祀之，故易为黍肉，易为求福也。

鳖无耳，而目不可以瞥，精于明也。不可以瞥，瞥之则见也。**瞽无目，**目无所见。**而耳不可以察，精于聪也。**不可以察，察之则闻。○王引之云：正文、注文，皆义不可通。正文当作："鳖无耳，而目不可以獘，精于明也。瞽无目，而耳不可以塞，精于聪也。"注当作："不可以獘，视之则见也。不可以塞，听之则闻也。"獘与蔽通。（主术篇："聪明光而不獘，耳目达而不暗。"秦策"南阳之獘幽"，高注："獘，隐也。"齐语"使海于有蔽"，管子小匡篇作獘。是蔽、獘古字通。）今作瞥者，涉上文"目"字而误。（太平御览鳞介部三引此已误。）塞，犹蔽也。（郑注郊特牲曰："管氏树塞门，塞犹蔽也。"）作察者，亦字之误。后人不知其误，故妄改注文以从之耳。文子上德篇正作："鳖无耳，而目不可以蔽，精于明也。瞽无目，而耳不可以蔽，精于聪也。"

遗腹子不思其父，无貌于心也；不知父貌。**不梦见像，无形于目也。**目初不见父像，故曰无形于目也。

蝮蛇不可为足，虎豹不可使缘木。蝮蛇有毒，螫人，不为足，为足益甚。虎，猛兽，不可使能缘木。○文典谨按：御览九百三十三引，作"虎豹不可使缘木，蝮蛇不可以安足"。艺文类聚九十六引，作"豹兽不可使缘木，蝮蛇不可使安足"。

马不食脂，桑扈不啄粟，非廉也。桑扈，青雀。一名窃脂。秦通崤塞，而魏筑城也。魏徙都于大梁，闻秦通治崤关，知欲来东兼之，故筑城设守备也。饥马在厩，寂然无声；投刍其旁，争心乃生。

引弓而射，非弦不能发矢，引，张弓也。发，遣也。弦之为射，百分之一也。

道德可常，权不可常，故遁关不可复，亡犴不可再。遁，逃。犴，狱。常以权变出关塞狱犴亡逃，不可复由其入，故曰权不可常也。

环可以喻员，不必以轮；絛可以为繶，不必以紃。紃亦繶，婉转数也。

日月不并出，狐不二雄，神龙不匹，猛兽不群，鸷鸟不双。

循绳而斫则不过，悬衡而量则不差，衡，称也。植表而望则不惑。

损年则嫌于弟，益年则疑于兄，不如循其理，若其当。理，道。当，犹实也。

人不见龙之飞，举而能高者，风雨奉之。奉，助也。〇文典谨按：御览九百二十九引，"风雨奉之"作"风雨之奉也"。白帖九十五作"雨奉足也"。蠹众则木折，隙大则墙坏。悬垂之类，有时而隧；隧，堕也。枝格之属，有时而弛。弛，落也。〇庄逵吉云：说文解字有"辂"字，云："枝辂也。从丰，各声。"释名："胑，枝也。似木之枝格也。"此言人之四胑如枝格。又："戟，格也。旁有格。"解字言："戟，有枝兵也。"此言戈戟如枝格。史记始皇本纪："或走或格，格〔一〕者辄死。"鲁连传："曹子以一剑之任，枝桓公之心。"枝、格，殆假义欤！汉书梁孝王传"义格"，如淳注："格者，

〔一〕"格"，原本作"之"，据史记改。

枝阁不得下。"枝阁亦即枝格。二字高无注义,因为推广之。

当冻而不死者,不失其适; 死乃为失适。不死,故曰不失其适也。**当暑而不暍者,不亡其适;** 亡,亦失之。**未尝适,亡其适。** 亡,无也。言不冻不暍,何适之有。○王引之云:"未尝适,亡适",当作"未尝不适,亡适"。上言"不亡其适",乃亡失之亡;此言"亡适",乃遗忘之忘。(忘字古通作亡。要略曰:"齐景公猎射亡归。"韩子难二曰:"晋文公慕于齐女而亡归。"齐策曰:"老妇已亡矣。"赵策曰:"秦之欲伐韩、梁,东窥于周室,甚,惟寐亡之。"并与忘同。荀子劝学篇"怠慢忘身,祸灾乃作",大戴礼忘作亡。吕氏春秋权勋篇"是忘荆国之社稷而不恤吾众也",淮南人间篇忘作亡。)言人心有所谓适,则有所谓不适。当冻而不死,当暑而不暍者,能不失其适矣,而犹未忘乎其为适也。若随所往而未尝不适者,则忘乎其为适矣。庄子达生篇曰:"忘足,屦之适也。忘要,带之适也。知忘是非,心之适也。不内变,不外从,事会之适也。始乎适而未尝不适者,忘适之适也。"(郭象注:"识适者,犹未适也。")此即淮南所本。高解"未尝不适,亡适"云:"亡,无。言不冻不暍,何适之有。"未达正文之意。然据此,则正文本作"未尝不适",而今本脱"不"字明矣。

汤沐具而虮虱相吊,大厦成而燕雀相贺, 厦,屋也。**忧乐别也。柳下惠见饴,曰可以养老;盗跖见饴,曰可以黏牡:见物同,而用之异。** 柳下惠,鲁大夫展无骇之子,名获,字禽。家有大柳树,惠德,因号柳下惠。一曰:柳下,邑。牡,门户籥牡也。○庄逵吉云:柳下惠义,艺文类聚以为许慎注。○陶方琦云:艺文类聚八十九、御览九百五十七、事类赋柳部引许注:"展禽之家有柳树,身行惠德,因号柳下惠。一曰:邑名。"按:二注文略异,然乃许注羼入高注中者。艺文类聚引许注,亦与今高注详略不同。

蚕食而不饮,二十二日而化; ○王念孙云:"二十二"当为"三十二"。尔雅翼引此已误。卢辩注大戴礼易本命篇及太平御览资产部五、虫豸部一,并引作"三十二日"。**蝉饮而不食,三十日而脱;** ○文典谨按:

初学记虫部引，脱作死。**蜉蝣不食不饮，三日而死；人食礜石而死，蚕食之而不饥；**礜石出阴山。一曰：能杀鼠。**鱼食巴菽而死，鼠食之而肥：**菽，豆总名。**类不可必推。**推，犹知也。

瓦以火成，不可以得火；竹以水生，不可以得水。瓦得火则破，竹得水浸则死。

扬堁而欲弭尘，被裘而以翣翼，岂若适衣而已哉！堁，土尘也。楚人谓之堁。翣，扇也。楚人谓之翣也。

槁竹有火，弗钻不爇；土中有水，弗掘无泉。掘，犹穷也。○王念孙云："弗掘无泉"，本作"弗掘不出"，谓不掘则泉不出，非谓无泉也。后人改"不出"为"无泉"者，取其与爇字为韵耳。不知此四句以火与水隔句为韵，（火古读若毁，说见唐韵正。）而钻与爇、掘与出，则于句中各自为韵。若云"弗掘无泉"，则反失其韵矣。（太平御览火部二引此已误。）且泉即水也，既云"土中有水"，则不得又言"无泉"矣。文子上德篇正作"土中有水，不掘不出"。

蚘象之病，人之宝也；蚘，大蛤，中有珠。象牙还以自疾，故人得以为宝。○文典谨按：御览九百四十一引注，疾作病。**人之病，将有谁宝之者乎？**人之利欲为病，无人宝之，故曰将有谁宝也。○文典谨按：宋本及御览引注，"人之"并作"人以"，义较长。

为酒人之利而不酤，则竭；为车人之利而不僦，则不达。握火提人，反先之热。皆一介之人物，思自守者，不欲使酒人车人得利，不酤僦而先自竭，先不达，犹以火投人，先自热烂也。

邻之母死，往哭之，妻死而不泣，有所劫以然也。嫌于情色，故曰有所劫迫之。然，如是也。

西方之倮国，鸟兽弗辟，与为一也。一，同也。倮国，在西南方。

一膊炭熯，一膊，一挺也。**掇之则烂指；万石俱熯，去之十步而不死：**百廿斤为石。**同气异积也。大勇小勇，有似于此。**

今有六尺之席，卧而越之，下材弗难；植而逾之，上材

弗易：势施异也。

百梅足以为百人酸，一梅不足以为一人和。喻众能济少，少不能有所成也。

有以饭死者而禁天下之食，有以车为败者而禁天下之乘，则悖矣。申生雉经，晋不绝绳。子胥自沉，吴不断水。○王念孙云：御览疾病部四"噎"下引此，饭作噎，是也。噎通作饐，因误而为饭。吕氏春秋荡兵篇："夫有以饐死者，欲禁天下之食，悖。"即淮南所本也。今俗语犹云"因噎废食"。若云"以饭死"，则文不成义。

钓者静之，罧者扣舟；罩者抑之，罣者举之：为之异，得鱼一也。罧者，以柴积水中，以取鱼。扣，击也。鱼闻击舟声，藏柴下，壅而取之。罧，读沙糁。今兖州人积柴水中捕鱼为罧，幽州名之为涔也。○庄逵吉云：罧，据尔雅、说文解字，当作罧，今尔雅作槮，谓之涔槮，亦即槮字。○王念孙云：说文、玉篇、广韵、集韵皆无罧字，罧当为罧，字之误也。（注同。）说文："罧，积柴水中以养鱼。从网，林声。"字林山沁反。（见毛诗、尔雅释文。）故高注云"罧，读沙糁"也。（太平御览饮食部八引通俗文曰："沙入饭曰糁。"）周颂潜篇"潜有多鱼"，毛传曰："潜，糁也。"尔雅"槮谓之涔"，孙炎曰："积柴养鱼曰槮。"槮与罧同。兖州谓之罧，幽州谓之涔，方俗语有轻重耳。罣非取鱼之具，意林、埤雅及初学记武部、太平御览资产部十四引此，并作"罾者举之"，是也。罩者下罩而得鱼，故言"抑"；罾者举罾〔一〕而得鱼，故言"举"。○文典谨按：意林引此文，"罧者扣舟"作"网者动之"，"为之异"作"为道异"。

见象牙乃知其大于牛，见虎尾乃知其大于狸，一节见而百节知也。吴伐越，至会稽，独获骨节专车。见一节大，余节不得小，故曰百节知。

小国不斗于大国之间，畏见嫌也。**两鹿不斗于伏兕之旁。**畏见食也。○文典谨按：御览八百九十引，鹿作虎。

〔一〕"罾"，原本作"罩"，依文义改。

佐祭者得尝，救斗者得伤。荫不祥之木，为雷电所扑。荫，木景。扑，击也。○文典谨按：御览十三引，电作霆。九百五十二引，荫作阴，又引注，作"阴，休也"。

或谓冢，或谓陇；或谓笠，或谓簦。头虱与空木之瑟，名同实异也。头中虱，空木瑟，其音同，其实则异也。○王念孙云："或谓簦"下当有"名异实同也"五字，言冢与陇，笠与簦，名异而实同。若头虱与空木之瑟，则名同而实异也。

日月欲明而浮云盖之，盖，犹蔽也。**兰芝欲修而秋风败之。**修，长。

虎有子，不能搏攫者，辄杀之，为堕武也。堕，废也。武，威之[一]也。

龟纽之玺，贤者以为佩；龟纽之玺，衣印也。纽，系。佩，服也。**土壤布在田，能者以为富。**能勤者播植嘉谷，以为饶富也。

予拯溺者金玉，不若寻常之缠索。金玉虽宝，非拯溺之具，故曰不如寻常之缠索。○文典谨按："拯"字疑涉注"拯溺之具"而衍。御览三百九十六引，无"拯"字。

视书，上有酒者下必有肉，上有年者下必有月，以类而取之。类，犹事也。

蒙尘而眯，固其理也；为其不出户而堁之也。为不出户而尘堁眯之，非其道。○王引之云：如高注，则正文"为其不出户而堁之"下，当有"非其道"三字，而写者脱之也。道亦理也。"固其理也"，"非其道也"，相对为文。为犹谓也。盖出户而后蒙尘，蒙尘而后眯。若谓不出户而堁之，则无是理也。今本无"非其道"三字，则文不成义，且与上文不对矣。又道与理为韵，若无此三字，则失其韵矣。下文"虽欲养之，非其道"，亦与酒为韵。

〔一〕"之"字疑衍。

屠者羹藿，为车者步行，陶者用缺盆，匠人处狭庐，○王念孙云："羹藿"本作"藿羹"。"藿羹"与"步行"相对为文。诸书多言"藿羹"，无言"羹藿"者，此写者误倒也。"为车者步行"本作"车者步行"。古者百工各以其事为名，故考工记曰："攻木之工：轮、舆、弓、庐、匠、车、梓。"此言车者，犹考工记言车人也。后人误以车为车马之车，故又加"为"字耳。"陶者"本作"陶人"，与"匠人"相对为文。今本"人"作"者"，因上二句而误。卢与庐同。（荀子富国篇"若卢屋妾"，即庐屋。孟子屋庐子，广韵作屋卢子。）道藏本、刘本并作卢，庄改卢为庐，未达假借之义。太平御览器物部三引此，正作"屠者藿羹，车者步行，陶人用缺盆，匠人处狭卢"。意林引，作"屠者食藿羹，为车者多步行，陶人用缺盆，匠人处狭卢"，食字、为字、多字，皆马总以意加之，余与御览同。为者不必用，用者弗肯为。为者不得用，以利动也。用者不肯为，以富宠也。

毂立，三十辐各尽其力，不得相害。使一辐独入，众辐皆弃，岂能致千里哉？○俞樾云：文子上德篇作"毂虚而中立"，是此文"毂"下脱"虚而中"三字。"一辐"，文子作"一轴"，亦当从之。盖一轴在毂中，三十辐在毂外，若一轴独入，而三十辐皆弃，即不成为轮矣，故不可以致千里也。

夜行者掩目而前其手，涉水者解其马载之舟，事有所宜，而有所不施。

橘柚有乡，萑苇有丛。兽同足者相从游，鸟同翼者相从翔。以类聚也。

田中之潦，流入于海；附耳之言，闻于千里也。附，近也。近耳之言，谓窃语。闻于千里，千里知之。语曰："欲人不知，莫如不为。"○文典谨按：意林引，潦作水，言作语。

苏秦步，曰何故；步，徐行也。人问何故。趍，曰何趍驰：○王引之云：驰字非原文所有。盖后人见字书韵书"趍赵"之趍音驰，故旁记驰字，而写者遂误入正文也。不知此趍字（七俱反。）乃趋之变体，与音驰之趍相似而实非也。步为徐行,趋为疾行,故先言步,后言趋。高注"步,徐行也",正以别于下句之趋也。"步,曰何故",步与故为韵;"趋,曰何趋",趋与趋为韵。或曰:当作"趍,曰何驰",今知不然者,驰乃马疾行之名,人行不得言驰也。○俞樾云:此当作"苏秦步,曰何步;趋,曰何趋;驰,曰何驰"。因首句高注有"何故"二字,遂误正文"何步"为"何故",而"驰"下又脱"曰何驰"三字,则文不成义矣。**有为则议,多事固苛。**苏秦为多事之人,故见议见苛也。

皮将弗睹,毛将何顾!畏首畏尾,身凡有几!畏始畏终,中身不畏,凡有几何。言常畏也。

欲观九州之土,足无千里之行,心无政教之原,而欲为万民之上,则难。无其术,故曰难。

旳旳者获,提提者射,旳旳,明也。为众所见,故获。提提,安也。若鸟不飞,兽不走,提提安时,故为人所射。○王念孙云:注训"提提"为安,虽本尔雅,然非此所谓提提也。旳旳、提提,皆明也,语之转耳。提与题同。说文:"题,(音提。)显也。"显亦明也。庄子养生主篇曰:"为善无近名,为恶无近刑。"管子白心篇曰:"为善乎毋提提,为不善乎将陷于刑。"是提提为明也。"旳旳者获,提提者射",即庄子(达生篇[一])所谓"饰知以惊愚,修身以明污,昭昭乎如揭日月而行",故不免者也。故下文即云"大白若辱,大德若不足"。若训提提为安,则既与上句不类,又与下文不属矣。○俞樾云:王氏念孙谓旳、提提皆明也,引管子白心篇"为善乎无提提"为证,其说得之矣。惟未说获字之义。今按:旳旳犹提提也,获犹射也,两句实止一意。仪礼乡射礼篇"获者坐而获",郑注曰:"射者中,则大言获。"是古谓射中为获。上句言获,下句言射,变文以成辞耳。**故大白若辱,大德若不足。**若辱,自同于众人。若不足者,实若虚之貌。○庄逵吉云:郑康成仪礼注曰:"以白造缁曰辱。"辱者,污辱也,故与白对。注家皆未得其义。

未尝稼穑粟满仓,未尝桑蚕丝满囊,得之不以道,用之

[一]"达生篇",原本作"山木篇",据庄子改。

必横。横，放也。○文典谨按：御览八百四十引，无"必"字。

海不受流胔，太山不上小人，骨有肉曰胔。有不义之骸流入海，海神荡而出之，故曰不受。太山，东岳也，王者所封禅处，不令凶乱小人得上其上也。**肴光不升俎，**肴光，胞也。俎豆之实唯肩髀，而胁肋不得升也。**騤驳不入牲。**牺牲以纯色也。

中夏用篁，快之，至冬而不知去；褰衣涉水，至陵而不知下：未可以应变。○王念孙云：陵当为陆，字之误也。陆与水相对，作陵则非其指矣。意林引此，正作陆。

有山无林，有谷无风，有石无金。林生于山，山未必皆有林。风出于谷，谷未必皆有风。金生于石，石未必皆有金。喻圣人出众人，众人未必皆圣贤也。

满堂之坐，视钩各异，满堂坐人，视其钩，各异形。**于环带一也。**钩与环带，一法也。类虽异，所用者同。

献公之贤，欺于骊姬；杀申生也。**叔孙之智，欺于竖牛。**三日不食而饿死也。**故郑詹入鲁，春秋曰"佞人来，佞人来"。**郑詹，郑文公大夫。以齐桓公卒，不使郑伯朝齐，而使朝于楚，齐人执之，自齐逃至鲁，鲁谓之佞人。以方骊姬、竖牛，故曰"佞人来，佞人来"。

君子有酒，鄙人鼓缶，虽不见好，亦不见丑。丑，恶也。

人性便丝衣帛，或射之则被铠甲，为其所不便以得所便。便，利也。○陈观楼云："便丝衣帛"，当作"便衣丝帛"，"衣丝帛"与"被铠甲"相对。文子上德篇作"衣绵帛"。

辐之入毂，各值其凿，不得相通，犹人臣各守其职，不得相干。干，乱也。

尝被甲而免射者，被而入水；尝抱壶而度水者，抱而蒙火：可谓不知类矣。

君子之居民上，若以腐索御奔马，雍容恐失民之意。**若覆薄冰蛟在其下，**蛟，鱼属，皮有珠，能害人，故曰蛟在其下。**若入林而遇乳虎。**言常惊惧恐也。化不洽于民，民不附。

善用人者，若蚈之足，众而不相害；蚈，马蚈，幽州谓之秦渠。蚈，读蹊径之蹊也。**若唇之与齿，坚柔相摩而不相败。**摩，近。败，毁也。

清醠之美，始于耒耜；醠，清酒。周礼醠齐是。醠，读瓮盎之盎也。〇文典谨按：御览八百二十三引，醠作英。又引注云："清英，酒也。"**黼黻之美，在于杼轴。**白与黑为黼，青与赤为黻，皆文衣也。

布之新不如纻，纻之弊不如布，或善为新，或恶为故。善，犹宜也。〇王念孙云："或恶为故"本作"或善为故"，言纻善为新，布善为故也。今本作"或恶为故"者，后人不晓文义而妄改之耳。太平御览布帛部七引此，正作"或善为故"。**靥辅在颊则好，在颡则丑。**靥辅，著颊上窐也。窐者在颡，似槃，故丑。**绣，以为裳则宜，以为冠则讥。**诗曰"衮衣绣裳"，故曰宜。讥，人讥非之也。〇王念孙云：讥本作议，高注本作"议，人讥非之也"。今本议皆作讥者，后人以议与宜韵不相协而改之，因并改高注耳。不知宜字古读若俄，（说见唐韵正。）与讥字不相协，而议字古亦读若俄，（小雅北山篇"或出入风议"，与为为韵，为古读若讹。淮南俶真篇"立而不议"，与和为韵。诠言篇"行有迹则议"，与诃为韵。史记太史公自序"王人是议"，与禾为韵。）与宜字正相协也。太平御览布帛部二引此，正作"以为冠则议"。诠言篇云"行有迹则议"，又其一证也。〇文典谨按：御览八百十五引，裳作被。意林同。

马齿非牛蹄，檀根非椅枝，故见其一本而万物知。知，犹别也。**石生而坚，兰生而芳，少自其质，长而愈明。**质，性也。明，犹盛也。〇王念孙云："少自其质"，"自"当依刘本作"有"，字之误也。文子上德篇作"少而有之，长而逾明"。

扶之与提，谢之与让，故之与先，诺之与已也，之与矣，相去千里。○俞樾云："故之与先"本作"得之与失"。草书得字作[illegible]，故字作[illegible]，两形相似，隶书失字或作[illegible]，先字或作先，两形亦相似，因误得为故，误失为先耳。"之与矣"三字，衍文也。盖校者见淮南旧本有"得之与失"句，因补注于"诺之与已也"下，而传写又脱"得"字，且误"失"为"矣"耳。文子上德篇正作"扶之与提，谢之与让，得之与失，诺之与已，相去千里"，可据以订正。

污准而粉其颡；腐鼠在坛，楚人谓中庭为坛。**烧薰于宫；入水而憎濡，怀臭而求芳，虽善者弗能为工。**善，或作巧。

再生者不获，华大早者不胥时落。不胥时落，不待秋时而零落也。○陈观楼云：大与太同。早当为早，字之误也。再生者不获，以其不及时也。华太早者先落，以其先时也。文子上德篇作"华太早者，不须霜而落"。

毋曰不幸，甑终不堕井。抽簪招燐，有何为惊！燐，血精，似野火，招之应声而至。血洒污人，以簪招则不至，故曰何惊也。

使人无度河，可；中河使无度，不可。不可，言不能也。

见虎一文，不知其武；见骥一毛，不知善走。

水虿为螅，孑孑为蟁，水虿化为螅，螅，青蜓也。孑孑，结虿，水中到跂虫，读廉絜。**兔啮为蟹，**兔所啮草，灵在其心中，化为蟹。蟹，读能而心之恶。一说：兔啮，虫名。○陶方琦云：物类相感志引许注："兔所啮，沫著者为蠶，如蟁而斑色，能啮人。"按：高注中一说，即许义。玉篇亦作蟹，（广韵同。）曰"似蟁而小，青斑色，能啮人"，即引许君注也。**物之所为，出于不意，弗知者惊，知者不怪。**怪，惑也。

铜英青，金英黄，玉英白，黂烛捔，膏烛泽也，烛光捔泽，谕光明有明昧也。**以微知明，以外知内。**

象肉之味不知于口，鬼神之貌不著于目，捕景之说不形于心。皆所不尝见之。

冬冰可折，夏木可结，时难得而易失。

木方茂盛，终日采而不知；秋风下霜，一夕而殚。殚，尽也。

病热而强之餐，救暍而饮之寒，救经而引其索，拯溺而授之石，欲救之，反为恶。恶，犹害也。

虽欲谨，亡马不发户辚；言马亡不可发户限而求。辚，户限也。楚人谓之辚。辚，读似隣，急气言乃得之也。虽欲豫，就酒不怀蓐。

孟贲探鼠穴，鼠无时死，必噬其指，失其势也。孟贲，勇士，为探鼠于穴，故曰失其势。

山云蒸，柱础润；础，柱下石礩也。○陶方琦云：一切经音义十八引许注："楚人谓柱碣曰础。"按：二注文异。墨子（备城门篇。）"柱下傅舄"，舄即碣字。玉篇（石部。）："础，柱碣也。"即本许义。○文典谨按：文选江赋注、江文通杂体诗注、广绝交论注引，并作"山云蒸而柱础润"。伏苓掘，兔丝死。所生者亡，故死。一家失熛，百家皆烧；谗夫阴谋，百姓暴骸。论语曰"恶利口之覆邦家"，故曰百姓暴骸。

粟得水湿而热，○文典谨按：御览七百五十七引，无水字。八百四十引，无湿字。疑许、高本异，而写者误合之。甑得火而液，水中有火，火中有水。疾雷破石，阴阳相薄。自然之势。○王念孙云："自然之势"四字乃是正文，非注文。言疾雷破石，此阴阳相薄，自然之势也。太平御览火部二引此，四字在正文内，是其证。

汤沐之于河，有益不多。流潦注海，虽不能益，犹愈于已。已，止也。

一目之罗，不可以得鸟；无饵之钓，不可以得鱼；遇士无礼，不可以得贤。

兔丝无根而生，蛇无足而行，鱼无耳而听，蝉无口而

鸣，有然之者也。然，如是也。○文典谨按：御览九百四十四引此文，“无足”作“不足”，“有然之者也”作“自然之音也”。

鹤寿千岁，以极其游；蜉蝣朝生而暮死，而尽其乐。修短各得其志。○文典谨按：意林引，作“鹤寿千岁极其乐，蜉蝣朝生暮死亦极其乐”。

纣醢梅伯，文王与诸侯构之；构，谋也。**桀辜谏者，汤使人哭之。**哭，犹吊也。

狂马不触木，猘狗不自投于河，虽聋虫而不自陷，又况人乎！聋，无知也。

爱熊而食之盐，爱獭而饮之酒，虽欲养之，非其道。熊食盐而死，獭饮酒而败，故曰非其道也。○文典谨按：御览九百八引，“道”下有“也”字。

心所说，毁舟为杕；心所欲，毁钟为铎。铎，大铃也。金口木舌为木铎，金舌为金铎。杕，舟尾，读诗“有杕之杜”也。

管子以小辱成大荣，管子相子纠，不能死，为鲁所囚，是其辱。卒相桓公，以至霸，是其大荣也。**苏秦以百诞成一诚。**诚，信也。○文典谨按：白帖二十六引，作“苏秦以百诈成一信”。御览四百三十引，诚亦作信。

质的张而弓矢集，林木茂而斧斤入，非或召之，形势所致者也。待利而后拯溺人，亦必以利溺人矣。利溺人者，利人之溺，得其利也。○俞樾云：“以”字衍文。高注曰“利溺人者，利人之溺，得其利也”，则其所据本无“以”字。

舟能沉能浮，愚者不加足。舟船能载浮物，愚者不敢加足，畏其沉。诗曰“泛泛扬舟，载沉载浮”是也。**骐骥驱之不进，引之不止，人君不以取道里。**

刺我行者，欲与我交；訾我货者，欲与我市。刺，犹非。訾，毁也。

以水和水不可食，一弦之瑟不可听。以其失和，故不可听。刺专用也。

骏马以抑死，直士以正穷；贤者摈于朝，美女摈于宫。摈，弃也。

行者思于道，而居者梦于床；慈母吟于巷，適子怀于荆。精相往来也。○王念孙云：巷当为燕，字之误也。道与床相对，燕与荆相对。今本燕作巷，则非其指矣。"精相往来也"五字，乃是正文，非注文。吕氏春秋精通篇"身在乎秦，所亲爱在于齐，死而志气不安，精或往来也"，高彼注曰："淮南记曰：慈母在于燕，適子念于荆，言精相往来也。"太平御览人事部十九："淮南子曰：適子怀于燕，慈母吟于荆，情相往来也。"词虽小异，而字皆作燕，且"精相往来"句皆与上二句连引。

赤肉悬则乌鹊集，鹰隼鸷则众鸟散，物之散聚，交感以然。

食其食者不毁其器，食其实者不折其枝。塞其源者竭，背其本者枯。

交画不畅，连环不解，其解之不以解。畅，达。不得达至也。交，止也。解连环，言不可解则得解也。

临河而羡鱼，不如归家织网。羡，愿。○文典谨按：白帖九十八引，"归家织网"作"退而结网"。

明月之珠，蛖之病而我之利；○文典谨按：艺文类聚九十七引，"蛖之病"作"螺蚌之病"。虎爪象牙，禽兽之利而我之害。我，犹人也。

易道良马，使人欲驰；饮酒而乐，使人欲歌。

是而行之，故谓之断；非而行之，必谓之乱。断，犹治也。

矢疾，不过二里也；步之迟，百舍不休，千里可致。

圣人处于阴，众人处于阳；圣人行于水，众人行于霜。

水有形而不可毁，故圣人行之无迹。霜雪履有迹，故众人行之也。○王念孙云：此本作"圣人行于水，无迹也；众人行于霜，有迹也"。今本脱"无迹也"、"有迹也"六字，则文义不明。文选洛神赋注引此，作"圣足行于水，无迹也；众生行于霜，有迹也"。太平御览天部十四引此，作"圣人行于水，无迹；众人行于霜，有迹"。是其证。据高注云"水有形而不可毁，故圣人行之无迹"，则正文本有"无迹也"三字明矣。下注当云"霜雪有形而可毁，故众人行之有迹"。今本云"霜雪履有迹，故众人行之也"，则后人依已误之正文改之耳。○俞樾云：四语相对成文，且阳、霜为韵，非有脱误。文选洛神赋注引，作"圣足行于水，无迹也；众生行于霜，有迹也"，太平御览天部引作"圣人行于水，无迹；众人行于霜，有迹"，疑"无迹也"、"有迹也"是许叔重注，引者并注文举之，使其意明显耳。王氏念孙欲据以增入正文，然则"处于阴"、"处于阳"下又将增入何语乎？足知其非矣。

异音者不可听以一律，异形者不可合于一体。合，同也。**农夫劳而君子养焉，**君子，国君。养焉，以化泽懊休之。**愚者言而智者择焉。**择可用者而用之也。

舍茂林而集于枯，不弋鹄而弋乌，难与有图。图，谋也。言其愚也。

寅丘无壑，泉源不溥；言污小潦水名寅。寅之丘无大壑，故泉流不得溥。○俞樾云：寅丘谓大丘也。方言："夤，大也。"广雅释诂同。寅即夤之叚字。言丘虽大，而无壑，则泉原不溥也。下文曰"寻常之壑，灌千顷之泽"，寻常言其小，则寅丘必言其大矣。高注以为污潦水名，非是。**寻常之壑，灌千顷之泽。**言有源也。

见之明白，处之如玉石；见之暗晦，必留其谋。玉之与石，言可别也。暗晦，不明。留，犹思谋也。

以天下之大，托于一人之才，譬若悬千钧之重于木之一枝。言不能任。

负子而登墙，谓之不祥，为其一人陨而两人伤。负，抱也。陨,坠也。**善举事者,若乘舟而悲歌,一人唱而千人和。**言能得众人之心也。

不能耕而欲黍粱,不能织而喜采裳,○文典谨按:御览八百四十二引,“喜采裳”作“意衣裳”。**无事而求其功,难矣。**

有荣华者必有憔悴,有罗纨者必有麻蒯。言有盛必有衰。○陶方琦云:文选潘岳藉田赋注引许注:“纨,素也。”按:说文:“纨,素也。”与注淮南同说。

鸟有沸波者,河伯为之不潮,畏其诚也;鸟,大鹏也。翱翔水上,扇鱼令出沸波,攫而食之,故河伯深藏于渊,畏其精诚,为不见。**故一夫出死,千乘不轻。**主术篇曰“兵莫憯于志,莫邪为下”,言匹夫志意出死必战,虽大国兵车千乘,不轻之也。

蝮蛇螫人,傅以和堇则愈,和堇,野葛,毒药。**物故有重而害反为利者。**

圣人之处乱世,若夏暴而待暮,夏,日中甚热。暮,凉时。言圣人居乱世,忍以待凉。**桑榆之间,逾易忍也。**言乱世将尽,如日在西方桑榆间,将夕,故曰易忍。

水虽平,必有波;衡虽正,必有差;尺寸虽齐,必有诡。诡,不同也。

非规矩不能定方圆,非准绳不能正曲直;用规矩准绳者,亦有规矩准绳焉。准平绳直之人,能平直尔,故曰亦有规矩准绳。

舟覆乃见善游,马奔乃见良御。善游,故覆舟不溺;良御,马奔车不败,故见之。

嚼而无味者弗能内于喉,视而无形者不能思于心。形,象。无形于目,不能思之于心。

兕虎在于后,随侯之珠在于前,弗及掇者,先避患而后

就利。随国在汉东，姬姓之侯，出游于野，见大蛇断在地，随侯令医以续傅，断蛇得愈，去，后衔大珠报之，盖明月之珠，因号随侯之珠，世以为宝也。

逐鹿者不顾兔，○文典谨按：御览九百六引，"兔"上有"雉"字。决千金之货者不争铢两之价。言在大不顾小。

弓先调而后求劲，马先驯而后求良，劲，强。驯，扰也。人先信而后求能。人非信不立也。

陶人弃索，车人掇之；屠者弃销，而锻者拾之：所缓急异也。

百星之明不如一月之光，十牖之开不如一户之明。

矢之于十步贯兕甲，及其极，不能入鲁缟。言势有极。

太山之高，背而弗见；秋豪之末，视之可察。察，别。言用明矣。

山生金，反自刻；木生蠹，反自食；人生事，反自贼。贼，败也，害也。物自然也。

巧冶不能铸木，工巧不能斫金者，形性然也。○孙诒让云："工巧"当作"巧匠"。今本"匠"讹为"工"，而文又到，遂不可通。泰族训云："故良匠不能斫金，巧冶不能铄木。"是其证。

白玉不琢，美珠不文，质有余也。性自然，不复饰。

故跬步不休，跛鳖千里；跬，犹咫尺也。累积不辍，可成丘阜。辍，止。

城成于土，木直于下，非有事焉，所缘使然。

凡用人之道，若以燧取火，疏之则弗得，疏，犹迟也。数之则弗中，数，犹疾也。正在疏数之间。得其节，火乃生。

从朝视夕者移，从枉准直者亏；枉，邪。圣人之偶物也，若以镜视形，曲得其情。偶，犹周也。

杨子见逵路而哭之，为其可以南可以北；道九达曰逵。闵其别也。○庄逵吉云：御览作“杨朱见岐路而哭之”。墨子见练丝而泣之，为其可以黄可以黑。练，白也。闵其化也。

趍舍之相合，犹金石之一调，相去千岁，合一音也。金曰钟，石曰磬。虽久不变，故曰相去千岁，合一音也。

鸟不干防者，虽近弗射；鸟，燕之属是也。其当道，虽远弗释。当道，为作防害者，故曰不释也。

酤酒而酸，买肉而臭，然酤酒买肉不离屠沽之家，故求物必于近之者。

以诈应诈，以谲应谲，若披蓑而救火，毁渎而止水，○文典谨按：意林引，毁作凿。乃愈益多。

西施、毛嫱，状貌不可同，世称其好，美钧也。尧、舜、禹、汤，法籍殊类，得民心一也。俱一于人。圣人者，随时而举事，因资而立功，涔则具擢对，旱则修土龙。擢对，贮水器也。土龙，致雨物也。

临淄之女，织纨而思行者，为之悖戾。临淄，齐都。悖，粗恶也。室有美貌，缯为之纂绎。不密致，志有感故。纂，读曰绫绎纂之纂。

徵羽之操，不入鄙人之耳；徵羽正音，小人不知，不入其耳。抮和切适，举坐而善。抮，转也。转其和，更作急调，激楚之音，非正乐，故举坐而善之。○俞樾云：高注曰：“抮，转也。转其和，更作急调。”然则正文疑当作“抮和适切”。切者，急切也。适，犹之也，往也。言转其和平之音，而适于急切之调也。

过府而负手者，希不有盗心；府，藏货所主也。故侮人之鬼者，过社而摇其枝。侮，犹病也。

晋阳处父伐楚以救江，故解捽者不在于捌格，在于批伉。批，击也。伉，推。击其要也。○王引之云：伉，扰字之误也。（隶书冘字或作冗，亢字或作㐬，二形相似，故扰字右边或误为冗，或误为亢，其左边手旁又误为人旁，故藏本作㑣，刘本作伉也。列子“攩拯挨扰”，释文：“扰，一本作抗。”此冘误为亢之证也。俗书沈字作沉，此冘误为冗之证也。）注内推字当为椎。方言曰：“拯、扰，椎也。（郭璞曰：“扰，都感反，亦音甚。”今本方言椎字亦误作推。一切经音义卷四、卷八所引，并作椎，今据改。）南楚凡相椎搏曰拯，或曰攩。”列子黄帝篇曰：“攩拯挨扰。”说文：“椎，击也。”“揿，反手击也。”“扰，深击也。”揿与批同，故高注云“批，击；扰，椎”矣。或谓史记孙子传“夫解杂乱纷纠者不控卷，救斗者不搏撠，批亢捣虚，形格势禁，则自为解耳”，语意略与此同，此言批伉，即史记之批亢。今知不然者，史记“批亢捣虚”是谓批其亢、捣其虚，（日知录曰：亢与刘敬传“搤其肮”之肮同，谓喉咙也。）此文“捌格”、“批扰”皆两字平列，则与史记异义。且高注训扰为椎，则非伉字明矣。

木大者根攫，山高者基扶，其下趾也。**蹠巨者志远，体大者节疏。**○王念孙云：蹠者，足也。足大与“志远”，义不相通。志当为走。言足大者举步必远也。氾论篇曰：“体大者节疏，蹠距者举远。”是其证。隶书走、志相似，故走误为志。

狂者伤人，莫之怨也；婴儿詈老，莫之疾也：贼心㐌。贼，害也。○陈观楼云：㐌字当为“亡也”二字之讹。亡，无也。言狂者与婴儿皆无贼害之心，故人莫之怨也。意林引此作“无心也”，盖脱“贼”字。

尾生之信，不如随牛之诞，尾生效信于妇人，信之失。随牛、弦高矫君命为诞以存国，故不如随牛诞也。○俞樾云：高注曰“随牛、弦高矫君命为诞以存国”，然随牛未知何人。据人间篇注曰：“蹇他，弦高之党。”未闻其有随牛也。“随牛”疑当作“随生”，即谓汉初之随何也。生，犹先生也。史记儒林传索隐曰：“自汉已来，儒者皆号生，亦先生省字呼之耳。”然则称随何为随生，乃汉时常语也。随何为汉初辩士，故曰“尾生之信，不如随生之诞”。陆士衡汉高祖功臣颂曰：“随何辩达，因资于敌。纾汉披楚，唯生之绩。”此即随何称生之证。**而又况一不信者乎！**一，犹常也。况常不为信，不为诞乎！一，或作一一，犹待也。

忧父之疾者子，治之者医；论语曰："父母唯其疾之忧。"故曰忧之者子。**进献者祝，治祭者庖。**庖，宰也。

淮南鸿烈集解卷十八

人间训人间之事，吉凶之中，征得失之端，反存亡之几也，故曰“人间”。○文典谨按：此篇叙目无“因以题篇”字，乃许慎注本。

清净恬愉，人之性也；仪表规矩，事之制也。知人之性，其自养不勃；知事之制，其举错不惑。发一端，散无竟，周八极，总一筦，谓之心。○俞樾云：“总一筦”三字当在“周八极”之上，盖言发于一端而散于无竟，总于一筦而周于八极，犹下文所云“执一而应万”也。两句误倒，失其义矣。**见本而知末，观指而睹归，执一而应万，握要而治详，谓之术。居智所为，行智所之，事智所秉，动智所由，**○王念孙云：四“智”字并读为知。（智字古有二音二义，一为智慧之智，一为知识之知。说见管子法法篇“不智”下。）刘本依文子微明篇改智为知，而诸本多从之，盖未达假借之义也。又下文：“晓自然以为智，知存亡之枢机，祸福之门户，举而用之，陷溺于难者，不可胜计也。”案：“然”字当在“晓”字下，智即知字也，不当更有知字。“晓然自以为智存亡之枢机、祸福之门户”十六字连读。后人不识古字，而读“晓然自以为智”绝句，故又加“知”字以联属下文耳。今本“然”字又误在“自”字下，则更不可读矣。**谓之道。道者，置之前而不轚，错之后而不轩，内之寻常而不塞，布**

之天下而不窕。是故使人高贤称誉己者,心之力也;使人卑下诽谤己者,心之罪也。夫言出于口者不可止于人,行发于迩者不可禁于远。事者,难成而易败也;名者,难立而易废也。千里之堤,以蝼蚁之穴漏;百寻之屋,以突隙之煙焚。突,灶突也。○庄逵吉云:"突隙"当作"突隙",突音式针切,与犬出穴中之"突"字异。○王引之云:突隙之煙,不能焚屋,明是熛字之误。说林篇曰:"一家失熛,百家皆烧。"是其证也。太平御览虫豸部四引此,正作"突隙之熛"。世人多见煙,少见熛,故诸书中熛字多误作煙。说见吕氏春秋"煙火"下。○陶方琦云:群书治要引许注:"突,灶突也。"按:二注正同。说文:"突,灶突也。"与注淮南说正合。尧戒曰:"战战慄慄,日慎一日。"人莫蹪于山,而蹪于蛭。蹪,蹶也。蛭,蚁也。○庄逵吉云:各本皆作垤,唯藏本作蛭,依义作垤为是。○陶方琦云:群书治要引许注:"蹪,蹶也。垤,蚁封也。"按:二注正同。今注蛭乃垤字之误。诗东山毛传:"垤,蚁冢也。"方言:"楚郢以南,蚁土谓之垤。"是故人皆轻小害,易微事,以多悔。○文典谨按:群书治要引,"人"下有"者"字,"以"上有"是"字。宋本"皆"作"者"。患至而后忧之,是犹病者已倦而索良医也,倦,剧也。○陶方琦云:群书治要引许注:"倦,剧也。"按:二注正同。惓,依说文作倦。倦,罢也。虽有扁鹊、俞跗之巧,犹不能生也。俞跗,黄帝时医。○陶方琦云:群书治要引许注:"俞夫,黄帝时医。"(群书治要引正文及注,跗并作夫。)按:二注正同。史记扁鹊列传"医有俞跗",应劭曰:"俞跗,黄帝时医。"周礼疾医注"岐伯、榆柎",韩诗外传作逾跗,扬雄解嘲作臾跗。夫祸之来也,人自生之;福之来也,人自成之。祸与福同门,利与害为邻,非神圣人,莫之能分。凡人之举事,莫不先以其知规虑揣度,揣,商量高下也。而后敢以定谋。其或利或害,此愚智之所以异也。晓自然以为智,知存亡之枢机,祸福之门户,举而用之,陷溺于难者,不可胜计也。使知所为是者,事必可行，则天下无不达之涂矣。是故知虑者，祸福之门户也；动静者，利害之枢机也。百事之变化，国家之治乱，待而后成。是故不溺于难者成，是故不可不慎也。

天下有三危：少德而多宠，一危也；才下而位高，二危也；身无大功而受厚禄，三危也。故物或损之而益，或益之而损。何以知其然也？昔者楚庄王既胜晋于河、雍之间，庄王败晋荀林父之师于邲。邲，河、雍地也。归而封孙叔敖，辞而不受，○文典谨按：北堂书钞四十八引，孙叔敖三字重。病疽将死，○王念孙云：此事又见列子说符篇、吕氏春秋异宝篇，皆不言孙叔敖病疽死。"病疽将死"，当作"病且死"。史记滑稽传"孙叔敖病且死，属其子曰"，贾子胎教篇"史鳝病且死，谓其子曰"，文义并与此同。列子、吕氏春秋作"孙叔敖疾将死"，将亦且也。今作"病疽将死"者，"且"字因与"病"字相连而误为"疽"，后人以下文"谓其子曰"云云乃未死以前之事，故于"死"上加"将"字，而不知"疽"为"且"之误也。○俞樾云：诸书无言孙叔敖以病疽死者，疽乃"疒且"二字之误。"病将"二字皆衍文也。说文疒部："疒，痾也。人有疾痛，象倚著之形。"是古疾病字止作疒。其从矢之疾，盖疾速字，而非疾病字也。后人叚疾为疒，疾行而疒废矣。"疒且死"，即疾且死也。其事亦见列子说符篇、吕氏春秋异宝篇，并作"疾将死"，将犹且也。彼作疾，此作疒，古今字耳。因"疒且"二字误合为"疽"字，后人乃于上加"病"字，下加"将"字，失之矣。谓其子曰："吾则死矣，王必封女。○王念孙云："吾则死"下本无"矣"字，此后人不晓"则"字之义而妄加之也。则犹若也。言吾若死，王必封女也。列子、吕氏春秋并作"为我死"，为亦若也。（为字古与若同义。管子戒篇"管仲寝疾，桓公往问之，管仲曰：夫江、黄之国近于楚，为臣死乎，君必归之楚而寄之"是也。）若我死犹言吾若死，吾若死犹言吾则死也。古者则与若同义。三年问曰："今是大鸟兽则失丧其群匹，越月逾时焉则必反巡。"言若失丧其群匹也。荀子议兵篇曰："大寇则至，使之持危城则必畔，遇敌处战则必北。"言大寇若至也。赵策曰："彼则肆然而为帝，过而遂正于天下，则连有赴东海而死矣。"言彼若为帝而正于天下也。(史记鲁仲连传"彼则"作"彼即",即亦若也。说见下。)燕策,太子丹谓荆轲曰:"诚得劫秦王,使悉反诸侯之侵地,则大善矣。则不可,因而刺杀之。"言若不可也。韩诗外传曰:"臣之里,有夫死三日而嫁者,有终身不嫁者,则自为娶,将何娶焉?"言若自为娶也。史记项羽纪,项王谓曹咎等曰:"谨守成皋,则汉欲挑战,慎勿与战。"汉书项籍传作"即汉欲挑战",则与即古字通,而同训为若,(汉书西南夷传注:"即,犹若也。")故史记高祖纪作"若汉挑战"也。襄二十七年公羊传:"甯殖病将死,谓喜曰:'我即死,女能固内公乎?'"贾子胎教篇:"史鳝病且死,谓其子曰:'我即死,治丧于北堂。'"史记孔子世家:"季桓子病,顾谓其嗣康子曰:'我即死,若必相鲁。'"彼言我即死,此言吾则死,皆谓吾若死也。"吾若死"之下加一"矣"字,则文不成义矣。**女必让肥饶之地,而受沙石之间有寝丘者,其地确石而名丑。**寝丘,今汝南固始地,前有垢谷,后有庄丘,名丑。**荆人鬼,**好事鬼也。**越人禨,**禨,祥也。○陶方琦云:许本作"吴人鬼,越人鱶"。(说文鬼部"鱶"字下。)按说文:"鱶,鬼俗也。淮南传曰:'吴人鬼,越人鱶。'"是许旧注本如是也。今本作荆,作禨,乃后人因吕氏春秋异宝篇而改。(列子说符亦作"楚人鬼,越人禨"。)禨祥之训,亦吕览高注文也。列子卢重玄注引淮南亦作"吴人鬼,越人鱶"。汉书赵王彭祖传注引淮南亦作"越人鱶"。(玉篇:"鱶,鬼俗也。吴人鬼,越人鱶。"广韵七尾亦引作"吴人鬼,越人鱶"。)唐以前人犹见许注完本,故皆与说文所引同。**人莫之利也。"**○王引之云:"受沙石"下有脱文,此当作"女必让肥饶之地,而受沙石之地。楚、越之间有有寝之丘者,其地确而名丑"云云。今本"沙石"下脱"之地"二字,"之间"上又脱"楚、越"二字,"有有寝之丘者"又脱一"有"字及"之"字,"确"下又衍"石"字。下文云孙叔敖请沙石之地,则此当作"受沙石之地"明矣。列子云"楚、越之间有寝丘者",吕氏春秋云"楚、越之间有有寝之丘者",则此亦当作"楚、越之间",故下文云"荆人鬼,越人禨"也。"有有寝之丘者",今本作"有寝丘者",涉注文而误也。注但言"寝丘"者,详言之则曰有寝之丘,略言之则曰寝丘。故列子作寝丘,而吕氏春秋作有寝之丘。(今本亦脱"有"字,唯"之"字未脱。)下文云其子请有寝之丘,又云孙叔敖请有寝之丘,则此亦当作有寝之丘明矣。地确,谓瘠薄之地。墨子亲士篇曰"垸埆者其地不育"是也,(垸埆与硗确同。)不专指石而言。且地确、名丑,相对为文,"确"下尤不当有"石"字。此因上文"沙石"而误衍耳。**孙叔敖死,王果封其子以肥饶之地,其子辞而不受,请有寝之丘。楚国之俗,功臣二世而爵禄,惟孙叔敖独存。**○王引之云:俗当为法。隶书去、谷二字相似。(隶书去字或作厺,形与谷相似,故从去之字或误为谷。广雅"渡,去也",去误为谷;"祛,开也",祛误为裕,皆其类也。列子说符篇"白公遂死于浴室",吕氏春秋精谕篇作法室,亦以相似而误。)法误为浴,后人因改为俗耳。此谓楚国之法如是,非谓其俗也。"功臣二世而爵禄",文不成义,当有脱误。韩子喻老篇作"楚邦之法,禄臣再世而收地,唯孙叔敖独在"。○俞樾云:"二世而爵禄",文义未完,疑本作"二世而夺禄"。下文曰:"夫孙叔敖之请有寝之丘,沙石之地,所以累世不夺也。"夺字即承此而言。因夺与爵草书相似,又以文在"禄"上,故"夺"误为"爵"耳。夫所谓"孙叔敖独存"者,存其寝丘之地也,禄也,非爵也,不当兼言爵。韩子喻老篇作"楚邦之法,禄臣再世而收地",亦言禄,不言爵。则"爵"字之误无疑矣! **此所谓损之而益也。何谓益之而损?昔晋厉公南伐楚,东伐齐,西伐秦,北伐燕,兵横行天下而无所绻,**绻,屈也。**威服四方而无所诎,**○王念孙云:兵行天下,威服四方,相对为文。"横"字盖后人所加。**遂合诸侯于嘉陵。气充志骄,淫侈无度,暴虐万民。内无辅拂之臣,外无诸侯之助。戮杀大臣,亲近导谀。明年出游匠骊氏,栾书、中行偃劫而幽之,**栾书、中行偃,皆大夫。**诸侯莫之救,百姓莫之哀,三月而死。夫战胜攻取,地广而名尊,此天下之所愿也,然而终于身死国亡。此所谓益之而损者也。夫孙叔敖之请有寝之丘,沙石之地,所以累世不夺也。晋厉公之合诸侯于嘉陵,所以身死于匠骊氏也。众人皆知利利而病病也,唯圣人知病之为利,知利之为病也。夫再实之木根必伤,掘**

藏之家必有殃，掘藏，谓发冢得伏藏，无功受财。以言大利而反为害也。张武教智伯夺韩、魏之地而擒于晋阳，张武，智伯臣也。擒于晋阳，为赵襄子所杀。申叔时教庄王封陈氏之后而霸天下。申叔时，楚大夫。庄王灭陈，已乃复之。孔子读易至损、益，未尝不愤然而叹，○王念孙云：愤然非叹貌，愤当为喟，喟与喟同。喟误为啧，（隶书赍字或作賷，形与贵相近，故从贵从赍之字或相乱。庄子天运篇"乃愦吾心"，愦本又作愤，潜夫论浮侈篇"怀忧愦愦"，后汉书王符传作愤愤，是其例也。）后人又改为愤耳。太平御览学部三引此作"喟然而叹"，说苑敬慎篇、家语六本篇并云"孔子读易，至于损、益，喟然而叹"，是其明证矣。说文："喟，太息也。或作嘳。"徐锴曰："韩诗外传'嘳然太息'作此字。"文选舞赋"嘳息激昂"，李善亦引外传云："鲁哀公嘳然太息。"今外传嘳作喟，后人改之也。又晏子杂篇"晏子嘳然而叹"，亦作此嘳字。曰："益损者，其王者之事与！"

事或欲以利之，适足以害之；或欲害之，乃反以利之。利害之反，祸福之门户，不可不察也。○王念孙云："或欲利之"，"或欲害之"，相对为文，"利"之上不当有"以"字，此因下句"以"字而误衍也。太平御览学部三引此，无"以"字。"祸福之门户"，户字亦因上文"祸福之门户"而衍。利害之反，祸福之门，相对为文，则户字可省。览冥篇"利害之路，祸福之门"，即其证。太平御览引此，无"户"字。文子微明篇同。阳虎为乱于鲁，阳虎，季氏之臣也。阳虎、季氏专鲁国也。鲁君令人闭城门而捕之，得者有重赏，失者有重罪。○庄逵吉云：御览引，作"得者有赏，失者夷族"。围三匝，而阳虎将举剑而伯颐。伯，迫也。○庄逵吉云：御览引，作"围三匝矣，阳虎将举剑而自刎颈"。门者止之曰："天下探之不穷，不穷，言深远。○王念孙云："门者止之曰"下，不当有"天下探之不穷"六字，盖错简也。（高注同。）太平御览兵部八十二引此，作"门者止之曰：'我将出子。'"无"天下探之不穷"六字。我将出子。"阳虎因赴围而逐，扬剑提戈而走。○庄逵吉云：御览引，作“左持剑，右提戈，赴围而走”。门者出之，顾反取其出之者，以戈推之，攘祛薄腋。祛，袂也。出之者怨之曰：“我非故与子反也，○王念孙云：“我非故与子反也”，反当为友。言素与阳虎无交，而为之蒙死被罪也。今作“反”者，涉上下文“反”字而误。为之蒙死被罪，而乃反伤我。宜矣其有此难也！”鲁君闻阳虎失，大怒，问所出之门，使有司拘之，以为伤者受大赏，而不伤者被重罪。○王念孙云：“以为”二字，与下文义不相属。太平御览引此，作“以为伤者，战斗者也，不伤者，为纵之者，伤者受厚赏，不伤者受重罪”，是也。今本无“伤者战斗”以下十三字，此因两“伤者”相乱，故写者误脱之耳。此所谓害之而反利者也。○王念孙云：“利”下脱“之”字。太平御览引此有“之”字。上文云：“或欲害之，乃反以利之。”是其证。又下文“此所谓与之而反取者也”，“取”下亦脱“之”字。上文云：“或与之而反取之。”是其证。何谓欲利之而反害之？楚恭王与晋人战于鄢陵，战酣，晋人，晋厉公也。恭王伤而休。晋人射恭王，中目。司马子反渴而求饮，竖阳谷奉酒而进之。竖，小使也。阳谷其名。子反之为人也，嗜酒而甘之，不能绝于口，遂醉而卧。恭王欲复战，使人召司马子反，辞以心痛。○王念孙云：心痛本作心疾，此后人以意改之也。后汉书文苑传注引此，作“辞以疾”，盖脱“心”字。吕氏春秋权勋篇、韩子十过饰邪二篇、说苑敬慎篇并作“辞以心疾”。王驾而往视之，入幄中而闻酒臭。恭王大怒曰：“今日之战，不穀亲伤，不穀，不禄也。人君谦以自称也。所恃者，司马也，而司马又若此，是亡楚国之社稷，而不率吾众也。○王念孙云：亡与忘同。率当为恤，声之误也。吕氏春秋、韩子、说苑并作“不恤吾众”。不穀无与复战矣！”于是罢师而去之，斩司马子反为僇。○王念孙云：后汉书注引此，“为僇”上有“以”字，是也。

今本脱"以"字,则词意不完。吕氏春秋、韩子、说苑皆有"以"字。**故竖阳谷之进酒也,非欲祸子反也,诚爱而欲快之也,而适足以杀之。此所谓欲利之而反害之者也。夫病溼而强之食,病暍而饮之寒,此众人之所以为养也,而良医之所以为病也。**○王念孙云:刘本温误作湿,庄本又改为溼,皆非也。病温者不可以食,若作病溼,则非其指矣。文子微明篇作"病温而强餐之热,病暍而强饮之寒"。说林篇云:"病热而强之餐,救暍而饮之寒。"热亦温也。又案:"强之食",食当依说林篇作餐,字之误也。餐、寒为韵,养、病为韵。(病古音蒲浪反,说见唐韵正。)若作食,则失其韵矣。**悦于目,悦于心,愚者之所利也,然而有道者之所辟也。**○王念孙云:刘本依文子改"有论"为"有道",而庄本从之,非也。"有论"谓有知也,对上文"愚者"而言,言悦目悦心,愚者之所欲,而有知者不以此伤性。若作"有道",则非其指矣。古或谓知为论。说山篇:"以小明大,以近论远。"吕氏春秋直谏篇:"凡国之存也,主之安也,必有以也。不知所以,虽存必亡,虽安必危。所以不可不论也。"高注并云:"论,知也。"大戴礼保傅篇:"天子不论先圣王之德,不知君国畜民之道。"论亦知也。荀子解蔽篇:"坐于室而见四海,处于今而论久远。"谓知久远也。又修务篇:"故夫孿子之相似者,唯其母能知之。玉石之相类者,唯良工能识之。书传之微者,唯圣人能论之。"论与知、识同义。彼注训论为叙,失之。**故圣人先忤而后合,众人先合而后忤。**

有功者,人臣之所务也;有罪者,人臣之所辟也。或有功而见疑,或有罪而益信,何也?则有功者离恩义,有罪者不敢失仁心也。魏将乐羊攻中山,乐羊,文侯之将。**其子执在城中,城中县其子以示乐羊。乐羊曰:"君臣之义,不得以子为私。"攻之愈急。中山因烹其子,而遗之鼎羹与其首,乐羊循而泣之,**○陶方琦云:宋苏颂校淮南题序引许本,揗作循。按:苏氏云,许于卷内多有叚借用字。以揗为循,亦叚借也。说文手部:"揗,摩也。"

又彳部："循，顺也。"广雅释诂："循，摩顺也。"汉书李陵传"数数自循其刀镮"，注："循，摩顺也。"以揗为循，古字叚借之例。齐俗训"虚循挠"，循亦揗之叚借。曰："是吾子。"已，为使者跪而啜三杯。使者归报，中山曰："是伏约死节者也，不可忍也。"遂降之。为魏文侯大开地，有功。自此之后，日以不信。此所谓有功而见疑者也。何谓有罪而益信？孟孙猎而得麑，孟孙，鲁大夫。使秦西巴持归烹之，麑母随之而啼。秦西巴弗忍，纵而予之。孟孙归，求麑安在，秦西巴对曰："其母随而啼，臣诚弗忍，窃纵而予之。"孟孙怒，逐秦西巴。居一年，取以为子傅。左右曰："秦西巴有罪于君，今以为子傅，何也？"孟孙曰："夫一麑而不忍，又何况于人乎！"此〔一〕谓有罪而益信者也。故趋舍不可不审也。此公孙鞅之所以抵罪于秦，而不得入魏也。公孙鞅，商君也。为秦伐魏，欺魏公子卬而杀之。后有罪走魏，魏人不入也。功非不大也，然而累足无所践者，不义之故也。

事或夺之而反与之，或与之而反取之。智伯求地于魏宣子，宣子弗欲与之。○俞樾云："弗欲与之"，本作"欲弗与之"，下文"求地而弗与"，即承此而言。战国赵策作"魏桓子欲勿与"。任登曰："智伯之强，威行于天下，求地而弗与，是为诸侯先受祸也。不若与之。"宣子曰："求地不已，为之奈何？"任登曰："与之，使喜，必将复求地于诸侯，诸侯必植耳。植耳，竦耳而听也。与天下同心而图之，一心所得者，非直吾所亡也。"魏宣子裂地而授之。又求地于韩康子，韩康子不敢不予。诸侯皆恐。又求地于赵襄子，襄子弗与。于是智伯乃从韩、魏围

〔一〕据上下文例，"此"下当有"所"字。

襄子于晋阳。三国通谋，禽智伯而三分其国。此所谓夺人而反为人所夺者也。何谓与之而反取之？晋献公欲假道于虞以伐虢，遗虞垂棘之璧与屈产之乘。虞公惑于璧与马，而欲与之道。宫之奇谏宫之奇，虞臣也。曰："不可！夫虞之与虢，若车之有轮，轮依于车，车亦依轮。〇王念孙云：轮本作辅，此后人妄改之也。韩子十过篇云："夫虞之有虢也，如车之有辅，辅依车，车亦依辅。"吕氏春秋权勋篇同此。皆淮南所本。僖五年左传亦云"辅车相依"。虞之与虢，相恃而势也。若假之道，虢朝亡而虞夕从之矣。"〇俞樾云：势字义不可通，疑本作"相恃而存也"。吕氏春秋权勋篇曰："夫虢之不亡也恃虞，虞之不亡也亦恃虢也。若假之道，则虢朝亡而虞夕从之矣。"即淮南所本。虢不亡恃虞，虞不亡恃虢，故曰"相恃而存也"。今本误作势者，盖因吕氏春秋此文之上有"虞、虢之势是也"句，韩子十过篇亦有"虞、虢之势正是也"句，疑淮南不当无此句，因以意窜改，非其旧矣。虞公弗听，遂假之道。荀息伐虢，遂克之。荀息，晋大夫。还反伐虞，又拔之。此所谓与之而反取者也。

圣王布德施惠，非求其报于百姓也；郊望禘尝，郊，祭天。望，祭日月星辰山川也。禘、尝，祭宗庙也。非求福于鬼神也。山致其高而云起焉，水致其深而蛟龙生焉，〇王念孙云："云"下脱"雨"字。"云雨"、"蛟龙"相对为文。太平御览鳞介部二引此，正作"云雨起焉"。说苑贵德篇、文子上德篇及论衡龙虚篇引传并同。荀子劝学篇"积土成山，风雨兴焉；积水成渊，蛟龙生焉"，亦以"风雨"、"蛟龙"相对。君子致其道而福禄归焉。夫有阴德者必有阳报，有阴行者必有昭名。〇王念孙云："阴行"本作"隐行"，此涉上文"阴德"而误也。阴与阳相对，隐与昭相对。今本隐作阴，则非其指矣。说苑、文子并作"隐行"。下文"有阴德也"，"有隐行也"，即承此文言之。古者，沟防不修，水为民害，禹凿龙门，辟伊阙，平治水土，使民得陆处。百姓不亲，五品不慎，○庄逵吉云：御览慎作顺。契教以君臣之义，父子之亲，夫妻之辨，○庄逵吉云：御览辨作别。长幼之序。田野不修，民食不足，后稷乃教之辟地垦草，粪土种谷，令百姓家给人足。故三后之后，谓夏、殷、周。无不王者，有阴德也。周室衰，礼义废，孔子以三代之道教导于世，其后继嗣至今不绝者，有隐行也。秦王赵政兼吞天下而亡，赵政，始皇。生于赵，故名赵政。智伯侵地而灭，商鞅支解，李斯车裂，李斯，上蔡人也。为秦相赵高谮之，二世车裂之于云阳。三代种德而王，齐桓继绝而霸。故树黍者不获(獲)稷，树怨者无报德。○文典谨按：御览八百四十二引，作"三代积德而王，齐桓继绝而霸。故树黍者无不穫稷，树恩者无不报德"。宋本獲亦作穫。昔者，宋人好善者，○王念孙云："好善"上脱"有"字。列子说符篇作"宋人有好行仁义者"，论衡福虚篇作"宋人有好善行者"，皆有"有"字。三世不解。家无故而黑牛生白犊，以问先生，先生曰："此吉祥，以飨鬼神。"先生，凡先人生者也。以享鬼神，白犊纯色可以为牺牲也。○俞樾云："吉祥"下脱"也"字。列子说符篇、论衡福虚篇并作"此吉祥也"，当据补。居一年，其父无故而盲，牛又复生白犊，其父又复使其子以问先生。其子曰："前听先生言而失明，今又复问之，奈何？"其父曰："圣人之言，先忤而后合。其事未究，固试往复问之。"其子又复问先生，先生曰："此吉祥也，复以飨鬼神。"归致命其父，其父曰："行先生之言也。"居一年，其子又无故而盲。其后楚攻宋，围其城。楚庄王时，围宋八月。○陶方琦云：列子释文引许注："楚庄王围宋九月。"按：今本八月当作九月。左传宣十四年："秋九月，楚子围宋。"十五年："夏，楚子去宋。"杜注："在宋积九月。"吕览慎势篇："庄王围宋九月。"宋本淮南正作九月。**当此之时,易子而食,析骸而炊,丁壮者死,老病童儿皆上城,牢守而不下。楚王大怒,城已破,诸城守者皆屠之。此独以父子盲之故,得无乘城。军罢围解,则父子俱视。**视,复明也。**夫祸福之转而相生,其变难见也。近塞上之人有善术者,**○庄逵吉云:御览作"北塞之人有善道者"。○王念孙云:"近塞"本作"北塞",此后人以意改之也。北塞谓北方之塞。若改为近塞,则不知为何方之塞矣。汉书叙传:"北叟颇识其倚伏。"颜师古注引此,正作"北塞上之人"。后汉书蔡邕传"得北叟之后福",李贤注云:"北叟,塞上叟也。"艺文类聚礼部下、兽部上、太平御览礼仪部四十、兽部八引此,并作"北塞上之人"。下文"近塞之人,死者十九",亦本作"塞上之人"。汉书、后汉书注及艺文类聚、太平御览、文选幽通赋注并引作"塞上之人"。○俞樾云:近,谓近时也。此盖淮南举近事言之,故曰"近",非连塞字为义也。班孟坚幽通赋"北叟颇识其倚伏",即用此事,而云"北叟"者,以下文言"胡人大入塞",故知是北方之塞耳。乃颜师古注汉书叙传引此文,作"北塞上之人",盖涉正文"北叟"而误,非颜注之旧,是以李善注文选幽通赋止云"塞上之人"。若使本作"北塞",则正宜引之以证"北叟"之义,安得删去之?惟其是"近"字,故可有可无也。后汉书蔡邕传"得北叟之后福",李贤注曰:"北叟,塞上叟也。"但言塞上,不言北塞上,然则淮南子原文不作"北塞"明甚。而艺文类聚、太平御览引此文,并作"北塞上之人",则为汉书注所误。王氏念孙反据以订正淮南,谬矣。下文"近塞之人死者十九",则当作"塞上之人"。汉书、后汉书注、文选注及诸类书所引,无作"近塞"者,可知"近"字之非。然亦无作"北塞"者,又可见此文作"北塞上"之误矣。**马无故亡而入胡,**○庄逵吉云:御览作"其马无故亡入胡中"。**人皆吊之。其父曰:"此何遽不为福乎!"**○庄逵吉云:御览作"此何知乃不为福",下"为祸"、"为福"二句同。○王念孙云:"何遽不为福",本作"何遽不能为福",能与乃同。(乃、能古字通,说见汉书谷永传"能或灭之"下。)言何遽不乃为福也。下文曰:"此何遽不能为祸乎!"即其证。此及下文两"何遽不为福",艺文类聚礼部、太平御览礼仪部并引作“何遽不乃为福”。又“何遽不能为祸”亦引作“何遽不乃为福”。**居数月，其马将胡骏马而归，人皆贺之。其父曰：“此何遽不能为祸乎！”家富良马，**○王念孙云：“良马”本作“马良”，与“家富”相对为文。汉书、后汉书注、艺文类聚、太平御览引此，并作“家富马良”。**其子好骑，堕而折其髀，人皆吊之。其父曰：“此何遽不为福乎！”居一年，胡人大入塞，**○庄逵吉云：御览作“胡夷大出塞”。**丁壮者引弦而战，**○王念孙云：引本作控，此亦后人以意改之也。文选幽通赋注、太平御览礼仪部引此，并作“控弦而战”。汉书注及艺文类聚礼部、兽部、太平御览兽部并引作“皆控弦而战”。艺文类聚又引注云：“控，张也。”则本作控明矣。**近塞之人，**○庄逵吉云：御览作“塞上之人”。**死者十九，此独以跛之故，父子相保。故福之为祸，祸之为福，化不可极，深不可测也。**

或直于辞而不害于事者，或亏于耳以忤于心而合于实者。○王念孙云：“不害”当为“不周”。隶书害作周，与周相似而误。（道应篇“周鼎著倕而使龁其指”，文子精诚篇周误作害。宣六年公羊传“灵公有周狗，谓之獒”，尔雅释畜注误作害。）楚辞离骚“虽不周于今之人兮”，王注曰：“周，合也。”氾论篇曰“苟周于事，不必循旧”，谓合于事也。此言“不周于事”，亦谓不合于事也。此言“直于辞而不周于事”，下言“亏于耳、忤于心而合于实”，合亦周也。下文高阳魋命匠人为室之言，所谓“直于辞”也，室成而终败，所谓“不周于事”也。若云“不害于事”，则与此意相反矣。刘绩不知害为周之误，故删去“不”字耳。又下文“此所谓直于辞而不可用者也”，“不可用”亦当作“不周于事”。凡言“此所谓”者，皆复举上文之词，不当有异。此因“周”误作“用”，后人遂改为“不可用”，而不知其与上文不合也。又下文：“仁者，百姓之所慕也；义者，众庶之所高也。然世或用之而身死国亡者，不同于时也。”同亦当为周。不周于时，不合于时也。齐俗篇曰“事周于世则功成，务合于时则名立”是也。文子微明篇正作“不周于时”。隶书害、用、同三字并与周相似，故传写多误。**高阳魋**或曰：高阳魋，宋大夫。**将为室，问匠人。**

匠人对曰："未可也。木尚生，加涂其上，必将挠。以生材任重涂，今虽成，后必败。"○文典谨按："今虽成"本作"今虽善"。下文"今虽恶，后必善"及"其始成，竘然善也，而后果败"，皆承此而言。吕氏春秋别类篇及御览九百五十二引此文，并作"今虽善"，皆其证也。高阳魋曰："不然。夫木枯则益劲，涂干则益轻。以劲材任轻涂，今虽恶，后必善。"匠人穷于辞，无以对，受令而为室。其始成，竘然善也，竘，高壮貌。而后果败。此所谓直于辞而不可用者也。何谓亏于耳、忤于心而合于实？靖郭君将城薛，靖郭君，齐威王之子也。封于薛。宾客多止之，弗听。靖郭君谓谒者曰："无为宾通言。"齐人有请见者曰："臣请道三言而已。过三言，请烹。"靖郭君闻而见之，宾趋而进，再拜而兴，因称曰："海大鱼。"则反走。靖郭君止之曰："愿闻其说。"宾曰："臣不敢以死为熙。"熙，戏也。靖郭君曰："先生不远道而至此，为寡人称之！"宾曰："海大鱼，网弗能止也，钓弗能牵也。荡而失水，则蝼蚁皆得志焉。今夫齐，君之渊也。君失齐，则薛能自存乎？"靖郭君曰："善。"乃止不城薛。此所谓亏于耳、忤于心而得事实者也。夫以"无城薛"止城薛，其于以行说，乃不若"海大鱼"。故物或远之而近，或近之而远。

或说听计当而身疏，或言不用、计不行而益亲。何以明之？三国伐齐，围平陆。三国，韩、魏、赵也。括子以报于牛子括子、牛子，齐臣。曰："三国之地不接于我，逾邻国而围平陆，利不足贪也。然则求名于我也。请以齐侯往。"牛子以为善。括子出，无害子入，无害子，亦齐臣。牛子以括子言告

无害子。无害子曰："异乎臣之所闻。"牛子曰："国危而不安，患结而不解，何谓贵智！"○王念孙云：谓与为同。（为、谓古字通，说见秦策"苏代伪为齐王曰"下。）"国危而不安，患结而不解"，本作"国危不而安，患结不而解"。不而者，不能也。能、而古声相近，故能或作而。（原道篇"而以少正多"，高注："而，能也，能以寡统众。"又注吕氏春秋去私、不屈、士容三篇，并云："而，能也。"逸周书皇门篇曰："譬若众畋，常扶予险，乃而予于济。"墨子尚同篇曰："故古者圣王，唯而审以尚同，以为正长，是故上下情通。"又曰："天下之所以治者，何也？唯而以尚同一义为政故也。"非命篇曰："不而矫其耳目之欲。"庄子逍遥游篇曰："知效一官，行比一乡，德合一君，而征一国。"荀子哀公篇曰："君以此思哀，则哀将焉而不至矣。"楚辞九章曰："不逢汤、武与桓、缪兮，世孰云而知之。"齐策："管燕谓其左右曰：子孰而与我赴诸侯乎？"又："秦始皇使遗君王后玉连环曰：齐多知，而解此环不？"而字并与能同。故郑注屯卦读而为能。尧典"柔远能迩"，汉督邮班碑作"渘远而迩"。皋陶谟"能哲而惠"，卫尉衡方碑作"能悊能惠"，史记夏本纪作"能知能惠"。论语宪问篇"爱之能勿劳乎"，盐铁论授时篇能作而。吕氏春秋不侵篇"能治可为管、商之师"，齐策能作而。又礼运正义曰，刘向说苑能字皆作而。今说苑中能字无作而者，皆后人改之也。唯论衡之感虚、福虚、乱龙、讲瑞、指瑞、感类、定贤诸篇，能字多作而。其作能者，亦是后人所改。）后人不晓而字之义，故改"不而"为"而不"耳。此言所贵乎智者，国危能安，患结能解也。若国危不能安，患结不能解，则何为贵智乎？下文张孟谈对赵襄子曰："亡不能存，危弗能安，无为贵智。"语意正与此同。吴语："危事不可以为安，死事不可以为生，则无为贵智矣。"不可犹不能也。后人改为"国危而不安，患结而不解"，非也。若谓国不安，患不解，则与"何为贵智"四字义不相属。若谓国危而不安之，患结而不解之，则是不仁，而非不智矣。**无害子曰："臣闻之，有裂壤土以安社稷者，闻杀身破家以存其国者，不闻出其君以为封疆者。"**○王念孙云：首句本作"臣闻裂壤土以安社稷者"，与下二句文同一例。因"臣闻"下衍"之"字，后人遂于"之"下加"有"字，而句法参差不协矣。**牛子不听无害子之言，而用括子之计，三国之兵罢，而**

平陆之地存。自此之后，括子日以疏，无害子日以进。故谋患而患解，图国而国存，括子之智得矣。无害子之虑无中于策，谋无益于国，然而心调于君，有义行也。〇俞樾云：调当为周。楚辞离骚"虽不周于今之人兮"，王逸注曰："周，合也。""心周于君"，谓心合于君也。作调者，古字通用。文子微明篇正作"心周于君"。今人待冠而饰首，待履而行地。冠履之于人也，寒不能暖，暖，温。风不能障，暴不能蔽也，然而冠冠履履者，其所自托者然也。夫咎犯战胜城濮，而雍季无尺寸之功，然而雍季先赏而咎犯后存者，其言有贵者也。故义者，天下之所赏也。〇王念孙云：赏当为贵。此承上句"其言有贵者也"言之。文子微明篇作"仁义者，天下之尊爵也"，是其证。今本贵作赏者，涉上文"雍季先赏"而误。百言百当，不如择趋而审行也。

或无功而先举，或有功而后赏。何以明之？昔晋文公将与楚战城濮，问于咎犯曰："为奈何？"〇文典谨按："奈何"上敚"之"字。韩非子难一及御览三百十三引此文，并作"为之奈何"。咎犯曰："仁义之事，君子不厌忠信；战陈之事，不厌诈伪。〇文典谨按："仁义之事"、"战陈之事"，"不厌忠信"、"不厌诈伪"，相对为文，不当有"君子"二字。御览三百十三引此文，作"仁义之军，不厌忠信；战陈之戎，不厌诈伪"，无"君子"二字。今本有此二字者，后人依韩非子难一加之，而不知其不可通也。吕氏春秋义赏篇作"繁礼之君，不足于文；繁战之君，不足于诈"，亦四字为句。君其诈之而已矣。"辞咎犯，问雍季，雍季对曰："焚林而猎，愈多得兽，后必无兽。以诈伪遇人，虽愈利，后无复。〇庄逵吉云：御览此下亦有"利"字。〇俞樾云：愈当为愉，古偷字也。周官大司徒职"以俗教安，则民不愉"，释文云："愉音偷。"是其证也。愉利即偷利，谓虽偷取利，而后不可复也。吕氏春秋义赏篇曰："虽今偷可，后将无复。"君其正之而已矣。"于是不听雍季之计，而用咎犯之谋，与楚人战，大破之。还归赏有功者，先雍季而后咎犯。左右曰："城濮之战，咎犯之谋也。君行赏先雍季，何也？"文公曰："咎犯之言，一时之权也。雍季之言，万世之利也。吾岂可以先一时之权，而后万世之利也哉！"○王念孙云：此本作："吾岂可以一时之权，而先万世之利也哉！"先，音悉荐反，后人误读为悉前反，遂改为"先一时之权，而后万世之利"，失之矣。太平御览兵部四十四引此，正作"吾岂可以一时之权，而先万世之利哉"，吕氏春秋义赏篇作"焉有以一时之务，先百世之利者乎"，皆其证。智伯率韩、魏二国伐赵，围晋阳，决晋水而灌之。城下缘木而处，县釜而炊。○王念孙云：太平御览兵部五十二引此，"城下"作"城中"，是也。赵策及韩子十过篇、史记赵世家并作"城中"。襄子谓张孟谈曰："城中力已尽，粮食匮乏，大夫病，○王念孙云："粮食匮乏"，太平御览引此无"乏"字，是也。今本"乏"字，盖高注之误入正文者耳。（高注主术、要略二篇，并云："匮，乏也。"此处脱去注文，"乏"字又误入正文耳。）力尽、粮匮、士大夫病，尽、匮、病相对为文，则"匮"下不当有"乏"字。韩子、赵策皆无"乏"字，是其证。"大夫病"，御览引作"武夫病"。案：此本作"武大夫病"。淮南一书通谓士为武。韩子作"士大夫羸"，赵策作"士大夫病"，此作"武大夫病"，一也。下文"中行穆伯攻鼓，馈闻伦曰：'请无罢武大夫，而鼓可得也。'"是其明证矣。御览作"武夫病"者，不解"武大夫"之语而删去大字也。今本作"大夫病"者，亦不解"武大夫"之语而删去"武"字也。士大夫皆病，而但言大夫，则偏而不举矣。为之奈何？"张孟谈曰："亡不能存，危不能安，无为贵智士。○王念孙云：刘本依赵策改智为智士，非也。此谓亡不能存，危不能安，则无为贵智，非谓无为贵智士。上文牛子谓无害子曰："国危不能安，患结不能解，何谓贵智。""智"下亦无"士"字。吴语亦云："危事不可以为安，死事不可以为生，则无为贵智矣。"赵策误衍"士"字，而刘据之以改本书，谬矣。太平御览引此作"无为贵智"，韩子作"则无为贵智矣"，皆无"士"字。臣请试潜行，潜行，伏行也。**见韩、魏之君而约之。"乃见韩、魏之君,说之曰:"臣闻之,唇亡而齿寒。今智伯率二君而伐赵,赵将亡矣。赵亡,则君为之次矣。**○王念孙云:"君为之次","君"上脱"二"字。(太平御览引此已误。)上下文皆作"二君",韩子、赵策亦云"赵亡,则二君为之次"。又下文"言出君之口,入臣之耳","君"上亦脱"二"字。太平御览引此,正作"言出二君之口"。韩子、赵策作"谋出二君之口"。**及今而不图之,祸将及二君。"二君曰:"智伯之为人也,粗中而少亲。我谋而泄,事必败。为之奈何?"张孟谈曰:"言出君之口,入臣之耳,人孰知之者乎?且同情相成,同利相死,君其图之!"二君乃与张孟谈阴谋,与之期。**○王念孙云:太平御览引此,作"二君乃与张孟谈谋,(句。)阴与之期",是也。"阴与之期",谓阴约举事之期也。赵策作"阴约三军,与之期日夜",是其证。今本"阴"字误入上句"谋"字上,则非其指矣。**张孟谈乃报襄子。至其日之夜,**○俞樾云:其当作期,谓所期之日之夜也。韩子十过篇正作"至于期日之夜"。**赵氏杀其守堤之吏,决水灌智伯。**○王念孙云:"智伯"下当有"军"字。下句"智伯军救水而乱",即承此句言之。太平御览引此,已脱"军"字。韩子、赵策皆作"灌智伯军"。**智伯军救水而乱,韩、魏翼而击之,襄子将卒犯其前,大败智伯军,杀其身而三分其国。襄子乃赏有功者,而高赫为赏首。群臣请曰:"晋阳之存,张孟谈之功也,而赫为赏首,何也?"襄子曰:"晋阳之围也,寡人国家危,社稷殆,群臣无不有骄侮之心者,唯赫不失君臣之礼,吾是以先之。"由此观之,义者,人之大本也。虽有战胜存亡之功,不如行义之隆。故君子曰:"美言可以市尊,美行可以加人。"**○王念孙云:"君子"本作"老子",此浅学人改之也。今老子作"美言可以市,尊行可以加人",无下"美"字,而以"市"字绝句,"尊"字下属为句。道应篇引老子,亦有下“美”字,则所见本异也。

或有罪而可赏也,或有功而可罪也。西门豹治邺,西门豹,文侯臣。**廪无积粟,府无储钱,库无甲兵,官无计会,人数言其过于文侯。文侯身行其县,果若人言。文侯曰:“翟璜任子治邺,而大乱。子能道则可,不能,将加诛于子。”**○王念孙云:“子能道”,太平御览治道部八引,作“子能变道”,是也。变道,谓易其道也。晏子春秋杂篇:“崔杼谓晏子曰:‘子变子言,则齐国吾与子共之。子不变子言,戟既在脰,剑既在心。唯子图之!’”语意与此相似。今本脱去“变”字,则文不成义。**西门豹曰:“臣闻:王主富民,霸主富武,亡国富库。今王欲为霸王者也,**○王念孙云:“今王”当为“今君”,此涉上下文“王”字而误也。魏自惠王始称王,此对文侯言之,不当称王。下文云“君以为不然”,则本作“君”明矣。太平御览引此正作君。**臣故稸积于民。君以为不然,臣请升城鼓之,甲兵粟米可立具也。”于是乃升城而鼓之。一鼓,民被甲括矢,**甲,铠也。括,箭也。**操兵弩而出。再鼓,负辇粟而至。**服,驾牛也。辇,担也。○王念孙云:太平御览引此作“服摙载粟而至”,是也。据高注云“服,驾牛也”,则负本作服,今作负者,声之误耳。一切经音义十一引此作“摙载粟米而至”,与御览所引小异,而皆有“载”字,则今本脱“载”字明矣。摙与辇同,谓人挽车也。“服辇载粟而至”者,或服或辇,载粟而至也。管子海王篇曰:“行服连轺輂者,必有一斤一锯一椎一凿,若其事立。”连亦与辇同。(周礼乡师注:“故书辇作连。郑司农云,连读为辇。”巾车“连车组挽”,释文:“连,本亦作辇。”)服、辇皆车名,故管子、淮南皆并称服辇,许、高注皆训辇为担,于义少疏矣。(许注见一切经音义。)○陶方琦云:一切经音义引作“摙载粟米而至”,又引许注:“摙,担也。”按:故书辇作连,周礼乡师郑注连读为辇。摙字说文不收,当即连字。说文:“连,负车也。”(各本作“员连”,误,此依段说。)与辇义通。管子海王篇“行服连轺辇者”,服连即服摙。玉篇:“摙,运也。”广韵:“摙,担运物也。”南史何远传“摙水还之”,义亦近担。玄应曰:“摙,今皆作辇。”知淮南今本辇字乃后人所改，注训为担则并同。（御览六百二十七引作"再鼓，服揵载粟而至"，揵乃撻之形似而误。）文侯曰："罢之！"西门豹曰："与民约信，非一日之积也。一举而欺之，后不可复用也。燕常侵魏八城，臣请北击之，以复侵地。"遂举兵击燕，复地而后反。此有罪而可赏者也。解扁为东封，解扁，魏臣，治东封者。上计而入三倍，有司请赏之。文侯曰："吾土地非益广也，人民非益众也，入何以三倍？"对曰："以冬伐木而积之，于春浮之河而鬻之。"文侯曰："民春以力耕，○庄逵吉云：御览作"寒以力耕"。暑以强耘，秋以收敛，冬间无事，以伐林而积之，○王念孙云："暑以强耘"，当从齐民要术所引，作"夏以强耘"。夏与春秋冬相对，变夏言暑，则与上下文不类矣。"以伐林而积之"，当从太平御览所引，作"又伐林而积之"。"又"字承上春耕、夏耘、秋收而言。今本"又"作"以"，则义不可通矣。（此因上文三"以"字而误。）负轭而浮之河，是用民不得休息也。民以敝矣，○文典谨按：御览引，敝作弊。宋本同。虽有三倍之入，将焉用之？"此有功而可罪者也。

贤主不苟得，忠臣不苟利。何以明之？中行穆伯攻鼓，弗能下。中行穆伯，晋大夫。鼓，北翟。○陶方琦云：群书治要引许注："中行缪伯，晋大夫。鼓，北翟。"按：二注正同，缪、穆古通。馈闻伦曰："鼓之啬夫，闻伦知之。馈闻伦，晋人也。○文典谨按：群书治要引，馈闻伦作馈间伦，（注同。）注"晋人也"作"晋大夫"。请无罢武大夫，而鼓可得也。"穆伯弗应。左右曰："不折一戟，不伤一卒，而鼓可得也，君奚为弗使？"○文典谨按：治要引，使作取。穆伯曰："闻伦为人，佞而不仁。若使闻伦下之，吾可以勿赏乎？若赏之，是赏佞人。佞人得志，是使晋国之武舍仁而后佞，○俞樾云："后"字义不可通，乃"从"字之误。佞人得志，故晋国之士皆舍仁而从佞也。"晋国之武",即晋国之士,淮南一书通谓士为武。虽得鼓,将何所用之!"攻城者,欲以广地也。得地不取者,见其本而知其末也。秦穆公使孟盟举兵袭郑,孟盟,伯里奚之子也。过周以东。郑之贾人弦高、蹇他蹇他,弦高之党。相与谋曰:"师行数千里,数绝诸侯之地,○庄逵吉云:御览作"又数过诸侯之地"。其势必袭郑。凡袭国者,以为无备也。今示以知其情,必不敢进。"乃矫郑伯之命,以十二牛劳之。○文典谨按:御览三百七引,"劳之"作"为劳"。三率相与谋三率,白乙、孟明、西乞。曰:"凡袭人者,以为弗知。今已知之矣,守备必固,进必无功。"乃还师而反。晋先轸举兵击之,先轸,晋大夫也。大破之殽。郑伯乃以存国之功赏弦高,○庄逵吉云:御览功作赏。弦高辞之曰:"诞而得赏,则郑国之信废矣。为国而无信,是俗败也。赏一人而败国俗,仁者弗为也。以不信得厚赏,义者弗为也。"遂以其属徙东夷,终身不反。故仁者不以欲伤生,知者不以利害义。圣人之思修,愚人之思叕。叕,短也。

忠臣者务崇君之德,谄臣者务广君之地。何以明之?陈夏徵舒弑其君,楚庄王伐之,陈人听令。庄王以讨有罪,遣卒戍陈,戍,守也。守,欲有陈也。大夫毕贺。申叔时使于齐,反还而不贺。○王念孙云:诸书有言"还反"者,无言"反还"者。反当为及。谓大夫毕贺之时,申叔时尚未还,及其还而独不贺也。太平御览兵部三十六引此,正作"及还而不贺"。庄王曰:"陈为无道,寡人起九军以讨之,○庄逵吉云:御览"九军"作"六军"。征暴乱,诛罪人,群臣皆贺,而子独不贺,○庄逵吉云:御览无"独"字。何也?"申叔时曰:"牵牛蹊人之田,田主杀其人而夺之牛。○王念孙云:"牵牛蹊人之田”，太平御览引作“人有牵牛而径于人之田中”，是也。今作“牵牛蹊人之田”者，后人据左传改之耳。案：宣十一年左传，申叔时曰“夏徵舒弑其君，其罪大矣。讨而戮之，君之义也。抑人亦有言曰：牵牛以蹊人之田，而夺之牛”云云。（史记陈杞世家作：“鄙语有之，牵牛径人田，田主夺之牛。”）此文无“夏徵舒”以下四句，又无“人亦有言”之语，而即云“牵牛以蹊人之田”，则语无伦次，故必详言之曰“人有牵牛而径于人之田中”。后人不察文义，遂据彼以改此，而不自知其谬也。**罪则有之，罚亦重矣。今君王以陈为无道，兴兵而攻，因以诛罪人，遣人戍陈。**○庄逵吉云：御览作“举兵而征之，因诛罪人，遣卒戍陈”。○王念孙云：“兴兵而攻”，本作“兴兵而政之”，政与征同。（古字多以政为征，不烦引证。）今本政误作攻，又脱之字。夏徵舒弑其君，故曰兴兵而征之。若言攻，则非其指矣。太平御览引此，正作“举兵而征之”。“因以诛罪人”，本作“以诛罪人”，以与已同。言庄王已诛罪人，而遣人戍陈也。下文云：“诸侯闻之，以王为非诛罪人也，贪陈国也。”则此本作“以诛罪人，遣人戍陈”明矣。上文云：“庄王以讨有罪，遣卒戍陈。”尤其明证也。后人不知以与已同，故加因字耳。庄王之伐陈，本以诛罪人，不得言“因以诛罪人”也。太平御览引此已误。**诸侯闻之，以王为非诛罪人也，贪陈国也。盖闻君子不弃义以取利。”王曰：“善！”乃罢陈之戍，立陈之后。诸侯闻之，皆朝于楚。此务崇君之德者也。张武为智伯谋曰：**张武，晋人。**“晋六将军，中行文子最弱，而上下离心，可伐以广地。”于是伐范、中行。灭之矣，又教智伯求地于韩、魏、赵。韩、魏裂地而授之，赵氏不与，乃率韩、魏而伐赵，围晋阳三年。三国阴谋同计，以击智氏，遂灭之。此务为君广地者也。夫为君崇德者霸，为君广地者灭。故千乘之国，行文德者王，**○庄逵吉云：御览作“修德行者王”。**汤、武是也；万乘之国，好广地者亡，智伯是也。**

非其事者勿仞也，非其名者勿就也，无故有显名者勿

处也，无功而富贵者勿居也。○王引之云："无故有显名者勿处也"，义与上句无别，当即是上句之注，而今本误入正文也。下文云："夫就人之名者废，仞人之事者败，无功而大利者后将为害。"皆承上文言之，而此句独不在内，则非正文明矣。夫就人之名者废，仞人之事者败，无功而大利者后将为害。譬犹缘高木而望四方也，虽愉乐哉，然而疾风至，未尝不恐也。患及身，然后忧之，六骥追之，弗能及也。是故忠臣之事君也，○文典谨按：初学记政理部、白帖四十九、御览六百三十三引，"忠臣"下并有"之"字，今据增。计功而受赏，不为苟得；积力而受官，不贪爵禄。○王念孙云："积力"本作"量力"，此后人以意改之也。下文云"辞所不能而受所能"，正所谓"量力而受官"也。若改量力为积力，则非其指矣。初学记政理部、白帖四十九、太平御览治道部十四引此，皆作量力。其所能者，受之勿辞也；其所不能者，与之勿喜也。辞所能则匿，欲所不能则惑。辞所不能而受所能，则得无损堕之势，而无不胜之任矣。昔者智伯骄，伐范、中行而克之，又劫韩、魏之君而割其地。尚以为未足，遂兴兵伐赵。韩、魏反之，军败晋阳之下，身死高梁之东，头为饮器，国分为三，为天下笑。此不知足之祸也。老子曰："知足不辱，知止不殆，可以修久。"此之谓也。

或誉人而适足以败之，或毁人而乃反以成之。何以知其然也？费无忌复于荆平王曰：费无忌，楚臣。复，白也。"晋之所以霸者，近诸夏也。近诸夏，国在诸夏也。而荆之所以不能与之争者，以其僻远也。楚王若欲从诸侯，不若大城城父，而令太子建守焉，以来北方，○王念孙云："王"上不当有"楚"字，此因下文"楚王悦之"而衍。王自收其南。是得天下也。"楚王悦之，因命太子建守城父，命伍子奢傅之。居一年，伍子奢游人于王侧，伍子奢遣说于王之左侧。言太子甚仁且勇，能得民心。王以告费无忌，无忌曰："臣固闻之，太子内抚百姓，外约诸侯，齐、晋又辅之，将以害楚，其事已构矣。"王曰："为我太子，又尚何求？"曰："以秦女之事怨王。"王因杀太子建而诛伍子奢。此所谓见誉而为祸者也。何谓毁人而反利之？唐子短陈骈子于齐威王，唐子，齐大夫。威王欲杀之，陈骈子与其属出亡，奔薛。孟尝君闻之，孟尝君封于薛。使人以车迎之。至，而养以刍豢黍粱五味之膳，日三至。冬日被裘罽，夏日服絺纻，出则乘牢车，驾良马。孟尝君问之曰："夫子生于齐，长于齐，夫子亦何思于齐？"对曰："臣思夫唐子者。"孟尝君曰："唐子者，非短子者耶？"曰："是也。"孟尝君曰："子何为思之？"对曰："臣之处于齐也，粝粢之饭，藜藿之羹，冬日则寒冻，夏日则暑伤。自唐子之短臣也，以身归君，食刍豢，饭黍粢，服轻暖，乘牢良，○王念孙云：粢当为粱，此涉上文"粝粢"而误。上文云"粝粢之饭，藜藿之羹"，是粢为食之粗者。贾逵注晋语云："粱，食之精者。"（见文选陆机君子有所思行注。）此与"刍豢"对文，则当言黍粱，不当言黍粢。上文云"养以刍豢黍粱五味之膳"，是其明证也。且粱与良为韵，若作粢，则失其韵矣。臣故思之。"此谓毁人而反利之者也。是故毁誉之言，不可不审也。

或贪生而反死，或轻死而得生，或徐行而反疾。何以知其然也？鲁人有为父报仇于齐者，刳其腹而见其心，坐而正冠，○庄逵吉云：御览正作拭。起而更衣，徐行而出门，上车而步马，○文典谨按：御览四百八十二引此文，作"徐出门，上车而步"。颜色不变。其御欲驱，抚而止之曰："今日为父报仇以出死，非为生也。今事已成矣，又何去之！"追者曰："此有节行之人,不可杀也。”解围而去之。使被衣不暇带,冠不及正,蒲伏而走,上车而驰,必不能自免于千步之中矣。今坐而正冠,起而更衣,徐行而出门,上车而步马,颜色不变,此众人所以为死也,而乃反以得活。此所谓徐而驰,迟于步也〔一〕。夫走者,人之所以为疾也;步者,人之所以为迟也。今反乃以人之所为迟者反为疾,○王念孙云:此当作“今乃反以人之所以为迟者为疾”。上文曰:“此众人所以为死也,而乃反以得活。”即其证。今本“乃反”二字误倒,又脱一“以”字,衍一“反”字。明于分也。有知徐之为疾,迟之为速者,则几于道矣。故黄帝亡其玄珠,使离朱、捷剟索之,离朱明目,捷剟疾利搏,善拾于物,二人皆黄帝臣也。○王念孙云:剟与掇通。“剟”上当有“攫”字。修务篇曰:“离朱之明,攫掇之捷。”高彼注曰:“离朱,黄帝时人,明目,能见百步之外,秋毫之末。攫掇,亦黄帝时捷疾者。”是也。此注当作:“离朱明目,见物捷疾。攫剟善于搏拾物。(高注修务篇曰:“攫,搏也。”注要略曰:“掇,拾也。”)二人皆黄帝臣也。”今本正文脱“攫”字,注文尤多脱误。刘绩不能厘正,乃于“剟”上增“捷”字,(诸本及庄本同。)与修务篇不合,非也。而弗能得之也,于是使忽怳,而后能得之。忽怳,黄帝臣也。忽怳,善忘之人。

圣人敬小慎微,动不失时,百射重戒,射,象也。祸乃不滋。计福勿及,虑祸过之;同日被霜,蔽者不伤;愚者有备,与知者同功。夫爝火在缥烟之中也,一指所能息也;唐漏若鼷穴,一墣之所能塞也。及至火之燔孟诸而炎云台,孟诸,宋大泽。云台,高至云也。水决九江而渐荆州,虽起三军之众,弗能救也。夫积爱成福,积怨成祸。若痈疽之必溃也,所浼者多矣。浼,污也。诸御鞅复于简公诸御鞅,齐臣。简公,齐

〔一〕此句疑有误,据上文“蒲伏而走,上车而驰”,似当为“此所谓走而驰,迟于步也”。

君。曰："陈成常、宰予二子者，甚相憎也。宰予，孔子弟子，仕于齐。臣恐其构难而危国也。君不如去一人。"简公不听。居无几何，陈成常果攻宰予于庭中，而弑简公于朝。○俞樾云：攻乃杀字之误。杀宰予，弑简公，君臣异辞，其实一也。下文曰"廷杀宰予"，是其明证。此不知敬小之所生也。鲁季氏与郈氏斗鸡，季氏、郈氏，皆鲁大夫。郈氏介其鸡，介，以芥菜涂其鸡翅也。○文典谨按：吕氏春秋察微篇高注："介，甲也。作小铠著鸡头也。"与此互异。昭二十五年左传，贾逵云："捣芥子为末，播其鸡翼。"（史记鲁世家集解引服虔说同。）许君用师说耳。说文艸部："芥，菜也。"亦与此注芥菜训合。而季氏为之金距。金距，施金芒于距也。季氏之鸡不胜，季平子怒，因侵郈氏之宫而筑之。郈昭伯怒，伤之鲁昭公曰：伤，毁谮也。"祷于襄公之庙，舞者二人而已，时鲁祷先君襄公，八佾之舞庭者凡二人也。○文典谨按：祷当为禘，（注同。）字之误也。吕氏春秋正作禘，左传亦云"将禘于襄公"，皆其证。其余尽舞于季氏。季氏之无道无上，久矣。弗诛，必危社稷。"公以告子家驹。子家驹，鲁大夫。子家驹曰："季氏之得众，三家为一。三家，孟氏、叔孙、季氏。其德厚，其威强，君胡得之！"昭公弗听，使郈昭伯将卒以攻之。仲孙氏、叔孙氏相与谋曰："无季氏，死亡无日矣。"遂兴兵以救之。郈昭伯不胜而死，鲁昭公出奔齐。故祸之所从生者，始于鸡定；○庄逵吉云：本或作"鸡足"，或作"鸡距"，唯藏本作定。定，题也。疑藏本是。○王念孙云："鸡定"，当依刘本作"鸡足"，字之误也。上文云季氏与郈氏斗鸡，为之金距，故曰祸"始于鸡足"。且足与稷为韵。（泰族篇"狱讼止而衣食足"，亦与息、德为韵。老子"祸莫大于不知足"，与得为韵。）若作定，则失其韵矣。庄伯鸿以定为"麟之定"之定，大误。及其大也，至于亡社稷。故蔡女荡舟，齐师大侵楚。齐桓公与蔡姬乘舟，姬荡舟，公惧，止之。公怒，归之蔡。蔡人嫁之。公伐楚，至召陵而胜之也。○王念孙云："侵"上不当有"大"字，此因上文"及其大也"而衍。两人构怨，廷杀宰予，简公遇杀，身死无后，陈氏代之，齐乃无吕。两家斗鸡，季氏金距，郈公作难，○俞樾云：郈昭伯，鲁大夫，不得称郈公，乃郈氏之误。上文云"郈氏介其鸡"，是其明证也。今作郈公者，涉下文"鲁昭公出走"而误。又按："鲁昭公出走"句，王氏念孙谓衍"公"字，以上下文皆四字句故也。然上文云"简公遇杀，身死无后"，疑此文本作昭公。昭公不称鲁，犹简公不称齐，后人误加鲁字，遂致句法参差。而王氏乃议删"公"字，失之矣。鲁昭公出走。故师之所处，生以棘楚。楚，大荆也。祸生而不蚤灭，若火之得燥，水之得湿，浸而益大。痈疽发于指，其痛遍于体。故蠹啄剖梁柱，蟁虻走牛羊，此之谓也。

人皆务于救患之备，而莫能知使患无生。夫使患无生，易于救患，而莫能加务焉，则未可与言术也。晋公子重耳过曹，曹君欲见其骈胁，使之袒而捕鱼。釐负羁止之曰："公子非常也。○王念孙云："非常"下脱"人"字。韩子十过篇作"晋公子非常人也"。从者三人，皆霸王之佐也。三人，谓狐偃、赵衰、胥臣。遇之无礼，必为国忧。"君弗听。重耳反国，起师而伐曹，遂灭之。身死人手，社稷为墟，祸生于袒而捕鱼。齐、楚欲救曹，不能存也。听釐负羁之言，则无亡患矣。今不务使患无生，患生而救之，虽有圣知，弗能为谋耳。患祸之所由来者，万端无方。是故圣人深居以避辱，静安以待时。小人不知祸福之门户，妄动而絓罗网，虽曲为之备，何足以全其身！譬犹失火而凿池，被裘而用箑也。且唐有万穴，唐，堤也。言堤之有万穴也。○文典谨按：文选海赋注引，唐作溏。塞其一，鱼何遽无由出？室有百户，闭其一，盗何遽无从入？夫墙之坏也于隙，剑之折必有啮，啮，缺也。圣人见之密，故万物莫能伤也。○陈观楼云：密当为蚤，字之误也。上文"祸生而不蚤灭"，即其证。太宰子朱侍饭于令尹子国，子朱、子国皆楚大夫。○文典谨按："侍饭"，北堂书钞百四十四、御览八百六十一引，并作"侍食"。令尹子国啜羹而热，投卮浆而沃之。○王念孙云：下既言沃之，则上不当更言投。旧本北堂书钞酒食部三引此，投作援，是也。援，引也。谓引卮浆而沃之也。作投者，字之误耳。太平御览饮食部十九所引与书钞同，唐余知古渚宫旧事亦同。明日，太宰子朱辞官而归。其仆曰："楚太宰，未易得也。辞官去之，何也？"子朱曰："令尹轻行而简礼，其辱人不难。"明年，伏郎尹而笞之三百。郎尹，主郎官之尹也。○文典谨按：御览八百六十一引，作"明日伏节，尹怒而笞之三百"。夫仕者先避之，见终始微矣。○王念孙云："夫仕者先避"，当作"夫上仕者，先避患而后就利，先远辱而后求名"。仕与士同。（曲礼"前有士师"，郑注："士或为仕。"尔雅："士，察也。"小雅节南山篇"弗问弗仕"，郑笺："仕，察也。"豳风东山篇"勿士行枚"，大雅文王有声篇"武王岂不仕"，毛传并云"事也"。汉郎中马江碑"士丧仪宗"，成阳灵台碑"故有灵台啬夫鱼师卫士"，士皆作仕。）避患、远辱，谓上文太宰子朱辞官之事。今本"仕"上脱"上"字，"先避"下脱"患而后就利，先远辱而后求名"凡十二字。文子微明篇作"故上士先避患而后就利，先远辱而后求名"，是其证。"之见终始微矣"上当有"太宰子朱"四字，此亦承上文而言，子朱见令尹之轻行简礼，而知其必将辱人，即辞官而去，可谓见其始而知其终，故曰"太宰子朱之见终始微矣"。夫鸿鹄之未孚于卵也，一指篾之，则靡而无形矣；○文典谨按：意林引，作"鸿鹄在卵也，一指蔑之则破"。及至其筋骨之已就，而羽翮之既成也，○文典谨按：意林引，翮作翅。则奋翼挥䎘，䎘，六翮之末也。凌乎浮云，背负青天，膺摩赤霄，赤霄，飞云也。○文典谨按：文选七命注引，青天作苍天。翱翔乎忽荒之上，析惕乎虹蜺之间，○庄逵吉云：各本皆作徜徉，藏本作析惕。虽有劲弩利矰微缴，蒲且子之巧，亦弗能加也。〇文典谨按：意林引，加作得。江水之始出于岷山也，可攓衣而越也；及至乎下洞庭，骛石城，洞庭在长沙，石城在丹阳。经丹徒，丹徒在会稽。起波涛，波者涌起，还者为涛。舟杭一日不能济也。是故圣人者，常从事于无形之外，而不留思尽虑于成事之内，是故患祸弗能伤也。

人或问孔子曰："颜回何如人也？"曰："仁人也。丘弗如也。""子贡何如人也？"曰："辩人也。丘弗如也。""子路何如人也？"曰："勇人也。丘弗如也。"宾曰："三人皆贤夫子，而为夫子役，何也？"孔子曰："丘能仁且忍，辩且讷，勇且怯。以三子之能，易丘一道，丘弗为也。"孔子知所施之也。秦牛缺径于山中牛缺，隐士。而遇盗，夺之车马，解其橐笥，拖其衣被。拖，夺也。〇文典谨按：说文："褫，夺衣也。读若池。"钱大昕云："说文无池字，当为拕。"易"终朝三褫之"，陆德明音义云："褫，郑本作拕，徒可反。"拕、夺声亦相近也。盗还反顾之，无惧色忧志，驩然有以自得也。盗遂问之曰："吾夺子财货，劫子以刀，而志不动，何也？"秦牛缺曰："车马所以载身也，衣服所以掩形也。圣人不以所养害其养。"盗相视而笑曰："夫不以欲伤生，不以利累形者，世之圣人也。以此而见王者，必且以我为事也。"还反杀之。此能以知知矣，而未能以知不知也；能勇于敢，而未能勇于不敢也。凡有道者，应卒而不乏，遭难而能免，故天下贵之。今知所以自行也，而未知所以为人行也，其所论未之究者也。人能由昭昭于冥冥，则几于道矣。诗曰："人亦有言，无哲不愚。"此之谓也。

事或为之，适足以败之；或备之，适足以致之。何以知其然也？秦皇挟录图，挟，销也。秦博士卢生使入海，还奏图录书于始皇帝。见其传曰："亡秦者，胡也。"因发卒五十万，使蒙公、杨翁子蒙公，蒙恬也。杨翁子，秦将。将，筑修城，西属流沙，起陇西临洮县。北击辽水，辽水，辽东。○俞樾云：击字无义，疑罄字之误。尔雅释诂："罄，尽也。"言北尽辽水也。史记作"起临洮，至辽东"，至即有尽义。东结朝鲜，朝鲜，乐浪。中国内郡挽车而饷之。又利越之犀角、象齿、翡翠、珠玑，翡，赤雀。翠，青雀。圆者为珠，鷒者为玑。乃使尉屠睢尉屠睢，秦将。发卒五十万，为五军，一军塞镡城之岭，镡城，在武陵西南，接郁林。一军守九疑之塞，九疑，在零陵。一军处番禺之都，番禺，南海。一军守南野之界，南野，在豫章。一军结馀干之水，馀干在豫章。三年不解甲弛弩，使监禄无以转饷，又以卒凿渠而通粮道，监禄，秦将，凿通湘水、离水之渠。○王念孙云："无以"二字，后人所加。此言使监禄转饷，又使用卒凿渠而通粮道也。史记主父传"使监禄凿渠运粮，深入越"，是其证。"使监禄"下加"无以"二字，则文不成义矣。困学纪闻引此，无"无以"二字。以与越人战，杀西呕君译吁宋。西呕，越人。译吁宋，西呕君名也。而越人皆入丛薄中，与禽兽处，莫肯为秦虏。相置桀骏以为将，而夜攻秦人，大破之，杀尉屠睢，伏尸流血数十万。乃发適戍以备之。当此之时，男子不得修农亩，妇人不得剡麻考缕，考，成也。羸弱服格于道，大夫箕会于衢，箕会，以箕于衢会敛。病者不得养，死者不得葬。于是陈胜起于大泽，奋臂大呼，天下席卷，而至于戏。戏，地名，在新丰。刘、项兴义兵，随而定，若折槁振落，遂失天下。祸在备胡而利越也。欲知筑修城以备亡，不知筑修城之所以亡也；发適戍以备越，而不知难之从中发也。夫鹊先识岁之多风也，去高木而巢扶枝，扶，旁也。○王念孙云：“鹊”上脱“乌”字。下文“乌鹊之智”即其证。初学记天部上、太平御览天部九、白帖二引此，皆有乌字。○陶方琦云：初学记天部一、御览九、事类赋风部引许注：“扶，傍也。”按：旁当作傍。说文：“傍，近也。”谓近枝也。太平广记四百六十一引淮南“去乔木，巢傍枝”，亦作傍。大人过之则探鷇，婴儿过之则挑其卵，知备远难而忘近患。故秦之设备也，乌鹊之智也。

或争利而反强之，或听从而反止之。何以知其然也？鲁哀公欲西益宅，史争之，以为西益宅不祥。西益宅，筑旧居之西，更以为田宅。○俞正燮云：论衡云：“俗有大讳四，西益宅居其一。”艺文类聚引风俗通亦有“西益宅不祥”。新序五及家语正论解则云“东益宅不祥”。哀公作色而怒，左右数谏不听，乃以问其傅宰折睢宰折睢，傅名姓。○庄逵吉云：御览作曼折曜。曰：“吾欲益宅，而史以为不祥。子以为何如？”宰折睢曰：“天下有三不祥，西益宅不与焉。”哀公大悦而喜。顷，复问曰：“何谓三不祥？”对曰：“不行礼义，一不祥也。嗜欲无止，二不祥也。不听强谏，三不祥也。”哀公默然深念，愤然自反，○俞樾云：愤然非自反之貌，愤疑隤字之误。周易系辞传“夫坤，隤然示人简矣”，虞注曰：“隤，安也。”马注曰：“柔貌。”皆与自反之义合。上文“孔子读易，至损、益，未尝不愤然而叹”，王氏念孙谓愤然当作喟然。此误隤为愤，犹彼误喟为愤，皆形似而误。○文典谨按：御览百八十引，愤作喟，于义为长。遂不西益宅。夫史以争为可以止之，而不知不争而反取之也。智者离路而得道，愚者守道而失路。夫兒说之巧，于闭结无不解。兒说，宋大夫也。非能闭结而尽解之也，不解不可解也。至乎以弗解解之者，可与及言论矣。或明礼义、推道体而不行，或解构妄言而反当。何以明之？孔子行游，马失，食农夫之稼，○王念孙云："孔子行游"四字，文不成义。此本作"孔子行于东野"，下文"野人"二字，即承此句言之。今本于误作游，又脱"东野"二字。太平御览地部二十"野"下引此，正作"孔子行于东野"。吕氏春秋必己篇同。（今本作"孔子行道而息"，乃后人所改，辩见吕氏春秋。）野人怒，取马而系之。子贡往说之，卑辞而不能得也。○王念孙云："子贡"上脱"使"字。太平御览引此有"使"字。卑当为毕，字之误也。毕辞，谓竟其辞也。太平御览引此，作"毕辞而弗能得"，吕氏春秋作"毕辞，野人不听"，皆其证。孔子曰："夫以人之所不能听说人，譬以大牢享野兽，太牢，三牲。以九韶乐飞鸟也。予之罪也，非彼人之过也。"乃使马圉往说之。圉，养马者。至，见野人曰："子耕于东海，至于西海。吾马之失，安得不食子之苗？"野人大喜，解马而与之。说若此其无方也，而反行。事有所至，而巧不若拙，故圣人量凿而正枘。夫歌采菱，发阳阿，鄙人听之，不若此延路、阳局，延路、阳局，鄙歌曲也。○庄逵吉云：御览作延路、陵阳。○王念孙云："不若此"，"此"字因上文"若此其无方"而衍。路本作露，脱去上半耳。"阳局"本作"以和"，因上文"发阳阿"而误为"阳阿"，阿又误为局也。（左畔阝字误为户，右畔可字误为司。刘本改局为局，而庄本从之，谬矣。）"不若延露以和"者，言采菱、阳阿，曲之至美者也，而鄙人听之，曾不若歌延露以相唱和。（说山篇："欲美和者，始于阳阿、采菱。"）所谓"曲高和寡"也。李善注吴都赋、月赋、舞赋、长笛赋、七启引此，并作"不若延露以和"，是其明证。注中"阳局"二字，亦随正文而衍。吴都赋注引高诱曰："延露，鄙歌曲也。"无此二字。○文典谨按：王说是也。北堂书钞一百六引，亦无"此"字。非歌者拙也，听者异也。故交画不畅，畅，申也。连环不解，物之不通者，圣人不争也。

仁者，百姓之所慕也；义者，众庶之所高也。为人之所慕，行人之所高，此严父之所以教子，而忠臣之所以事君也。然世或用之而身死国亡者，不同〔一〕于时也。昔徐偃王好行仁义，陆地之朝者三十二国。王孙厉谓楚庄王王孙厉，楚臣也。曰："王不伐徐，必反朝徐。"王曰："偃王，有道之君也，好行仁义，不可伐。"王孙厉曰："臣闻之，大之与小，强之与弱也，犹石之投卵，虎之啖豚，又何疑焉！且夫为文而不能达其德，为武而不能任其力，乱莫大焉。"楚王曰："善！"乃举兵而伐徐，遂灭之。知仁义而不知世变者也。申菽、杜茝，申菽、杜茝，皆香草也。美人之所怀服也，及渐之于滫，滫，臭汁也。则不能保其芳矣。古者，五帝贵德，三王用义，五霸任力。今取帝王之道，而施之五霸之世，是由乘骥逐人于榛薄，而蓑笠盘旋也。今霜降而树谷，冰泮而求获，欲其食则难矣。故易曰"潜龙勿用"者，言时之不可以行也。故"君子终日乾乾，夕惕若厉，无咎"。终日乾乾，以阳动也；夕惕若厉，以阴息也。因日以动，因夜以息，唯有道者能行之。夫徐偃王为义而灭，燕子哙行仁而亡，子哙，燕王也。苏代说子哙让国，遂专政。齐伐燕，大败之，哙死也。哀公好儒而削，哀公，鲁君。代君为墨而残。代君，赵之别国。灭亡削残，暴乱之所致也，而四君独以仁义儒墨而亡者，遭时之务异也。非仁义儒墨不行，非其世而用之，则为之擒矣。夫戟者，所以攻城也；镜者，所以照形也。宫人得戟则以刈葵，宫人，宦侍也。盲者得镜则以盖卮，○文典谨按：初学记器用部、白帖十三引，"盖卮"下并有"盲者不可贻以镜，乱主不可举其疵"十四字。不知所施之

〔一〕"同"当作"周"，参上文五六三页引王念孙说。

也。故善鄙不同，诽誉在俗；趋舍不同，逆顺在君。○王念孙云：两“不”字，后人所加。此言善鄙同，而或诽或誉者，俗使然也；趋舍同，而或逆或顺者，君使然也。故下文云：“狂谲不受禄而诛，段干木辞相而显，所行同也，而利害异者，时使然也。”后人于“同”上加“不”字，则义不可通矣。文子微明篇作“善否同，非誉在俗；趋行等，逆顺在时”，是其证。齐俗篇云“趋舍同，诽誉在俗；意行钧，穷达在时”，语意正与此同。狂谲不受禄而诛，狂谲，东海之上人也。耕田而食，让不受禄，太公以为饰虚乱民而诛。段干木辞相而显，所行同也，而利害异者，时使然也。故圣人虽有其志，不遇其世，仅足以容身，何功名之可致也！知天之所为，知人之所行，则有以任于世矣。○王念孙云：“任于世”三字义不相属，任当为径。径，行也。（见本经篇注及僖二十五年左传注。）言知天知人，则有以行于世也。下文云：“知天而不知人，则无以与俗交；知人而不知天，则无以与道游。”皆谓其不可行于世也。径字或作徑，因误而为任。（诠言篇“下之径衢不可胜理”，文子道德篇“径衢”误作“任惧”。）文子微明篇作“即有以经于世矣”，经、径古字通，经亦行也。（庄子外物篇曰：“不可与经于世。”）知天而不知人，则无以与俗交；知人而不知天，则无以与道游。单豹倍世离俗，单豹，隐士。○文典谨按：文选啸赋注、七启注引，倍并作背。岩居谷饮，不衣丝麻，不食五谷，行年七十，犹有童子之颜色，卒而遇饥虎，杀而食之。张毅好恭，张毅，好礼之人。过宫室廊庙必趋，见门闾聚众必下，厮徒马圉，皆与伉礼，然不终其寿，内热而死。豹养其内而虎食其外，毅修其外而疾攻其内。故直意适情，则坚强贼之；以身役物，则阴阳食之。此皆载务而戏乎其调者也。得道之士，外化而内不化。外化，所以入人也；内不化，所以全其身也。故内有一定之操，而外能诎伸、赢缩、卷舒，与物推移，故万举而不陷。所以贵圣人者，以其能龙变也。今卷卷然守一节，推一行，虽以毁碎灭沉，犹且弗易者，此察于小好，而塞于大道也。

赵宣孟活饥人于委桑之下，而天下称仁焉；荆佽非犯河中之难，不失其守，而天下称勇焉：○王念孙云：河当为江，字之误也。"犯江中之难"，事见道应篇及吕氏春秋知分篇。是故见小行则可以论大体矣。田子方见老马于道，田子方，魏人。喟然有志焉，以问其御曰："此何马也？"其御曰："此故公家畜也。老罢而不为用，出而鬻之。"田子方曰："少而贪其力，老而弃其身，仁者弗为也。"束帛以赎之。罢武闻之，知所归心矣。齐庄公出猎，有一虫举足将搏其轮，问其御曰："此何虫也？"对曰："此所谓螳螂者也。其为虫也，知进而不知却，不量力而轻敌。"庄公曰："此为人，而必为天下勇武矣！"回车而避之。勇武闻之，知所尽死矣。故田子方隐一老马而魏国载之，齐庄公避一螳螂而勇武归之。汤教祝网者，而四十国朝；昔汤出田，见四面张网者，汤教去其三面，祝曰："欲上者上，欲下者下，无入吾网。"文王葬死人之骸，而九夷归之；文王治灵台，得死人之骨，夜梦人呼而请葬。于旦，文王反葬以五大夫之礼。○洪亮吉云：五大夫，秦爵，殷、周间何得有之？又云因枯骸见梦乞葬，旦而行之，亦与他书所说异。贾谊新书又云："乞葬以人君之礼。"武王荫暍人于樾下，武王哀暍者之热，故荫之于樾下。樾下，众树之虚也。○俞樾云：注曰"樾下，众树之虚也"，此注未得。精神篇曰："当此之时，得茠越下，则脱然而喜矣。"注曰："楚人树上大本小，如车盖状，为越。言多荫也。越，读经无重越之越也。"此注得之。越、樾古同字，而前后异说，疑有许、高之异。缪称、齐俗、道应、诠言、兵略、人间、泰族、要略八篇，标目下无"因以题篇"四字，与它篇不同，或许注也。因无塙证，故不别言之。左拥而右扇之，而天下怀其德；越王句践一决狱不辜，援龙渊而切其股，血流至足，以自罚也，而战武士必其死。○王念孙云：御览疾病部四引此，"九夷归之"作"九夷顺"，无"之"字；"天下怀"下无"其德"二字。又疾病部四、刑法部五引此，"战武士必其死"，并作"战士毕死"，下有"感于恩也"四字。初学记帝王部引此云："武王荫暍人于樾下，而天下怀之，感于恩也。"案："九夷归"、"天下怀"与"四十国朝"相对为文，则"归"下本无"之"字，"怀"下亦无"其德"二字，"战武士必其死"下当有"感于恩也"四字。此四字乃总承上文言之，不专指越王，故初学记引武王事下亦有此四字也。陈氏观楼曰："战武士必其死"，士字、其字皆后人所加。淮南一书皆谓士为武，战武即战士也，故御览引作"战士毕死"，毕、必古字通。○文典谨按：北堂书钞四十四引，罚作罰；一百十八引，"一决"作"决一"，援作授。故圣人行之于小，则可以覆大矣；审之于近，则可以怀远矣。孙叔敖决期思之水○庄逵吉云：御览决作作，水作陂。而灌雩娄之野，雩娄，今庐江是。庄王知其可以为令尹也。子发辩击剧而劳佚齐，辩，次第也。击剧，次第罢劳之赏，各有齐等也。或曰：子发辩击之劳佚齐。子发筑设劳逸之节，是以楚知可为兵。齐，同也。楚国知其可以为兵主也。此皆形于小微，而通于大理者也。圣人之举事，不加忧焉，察其所以而已矣。

今万人调钟，不能比之律；诚得知者，一人而足矣。说者之论，亦犹此也。诚得其数，则无所用多矣。夫车之所以能转千里者，以其要在三寸之辖。夫劝人而弗能使也，禁人而弗能止也，其所由者非理也。昔者，卫君朝于吴，吴王囚之，卫君，卫侯辄也。吴王，夫差。欲流之于海。说者冠盖相望，而弗能止。鲁君闻之，鲁君，哀公。撤钟鼓之县，缟素而朝。仲尼入见曰："君胡为有忧色？"鲁君曰："诸侯无亲，以诸侯为亲。大夫无党，以大夫为党。今卫君朝于吴王，吴王囚之而欲流之于海。孰意卫君之仁义而遭此难也！○王念孙云："朝于吴王"，"王"字涉下句"吴王"而衍。上下文四言"朝于吴"，"吴"下皆无"王"字，是其证。孰，何也。言何卫君之仁义而遭此难也。朱东光不晓"孰"字之义，而于"孰"下加"意"字，斯为谬矣。吾欲免之而不能，为奈何？"仲尼曰："若欲免之，则请子贡行。"鲁君召子贡，授之将军之印，子贡辞曰："贵无益于解患，在所由之道。"敛躬而行，至于吴，见太宰嚭。太宰嚭甚悦之，欲荐之于王。子贡曰："子不能行说于王，奈何吾因子也！"太宰嚭曰："子焉知嚭之不能也？"子贡曰："卫君之来也，卫国之半曰，不若朝于晋；其半曰，不若朝于吴。然卫君以为吴可以归骸骨也，故束身以受命。今子受卫君而囚之，又欲流之于海，是赏言朝于晋者，而罚言朝于吴也。且卫君之来也，诸侯皆以为蓍龟兆。以为蓍龟，以卜朝吴之吉凶也。今朝于吴而不利，则皆移心于晋矣。子之欲成霸王之业，不亦难乎！"太宰嚭入，复之于王。王报出令于百官曰："比十日，而卫君之礼不具者死！"子贡可谓知所以说矣。鲁哀公为室而大，公宣子谏公宣子，鲁大夫。曰："室大，众与人处则哗，少与人处则悲。愿公之适。"公曰："寡人闻命矣。"筑室不辍。公宣子复见曰："国小而室大，百姓闻之必怨吾君，诸侯闻之必轻吾国。"鲁君曰："闻命矣。"筑室不辍。公宣子复见曰："左昭而右穆，昭穆，先君之宗庙。为大室以临二先君之庙，得无害于子乎？"○文典谨按：御览百七十四引新序，子作孝，于义为长。公乃令罢役除版而去之。鲁君之欲为室诚矣，公宣子止之必矣，然三说而一听者，其二者非其道也。夫临河而钓，日入而不能得一鲦鱼者，非江河鱼不食也，所以饵之者非其欲也。及至良工执竿，投而擐唇吻者，能以其所欲而钓者也。夫物无不可奈何，有人无奈何。言物皆可术而治也。事有人材所不及，无奈之何也。铅之与丹，异类殊色，而可以为丹者，得其数也。故繁称文辞，无益于说，审其所由而已矣。

物类之相摩，近而异门户者，众而难识也。故或类之而非，或不类之而是；或若然而不然者，或不若然而然者。○王引之云："不若然而然"，当作"若不然而然"。"若不然而然"者，谓越王句践之事吴，请身为臣，妻为妾，若不叛吴而实欲灭吴也。（见下文。）"若不然而然"与"若然而不然"，文正相对。道藏本作"不若然而然"，则义不可通矣。（刘本删"若"字，尤非。）下文"何谓不然而若然者"，亦当作"何谓若不然而然者"。谚曰："鸢堕腐鼠，而虞氏以亡。"何谓也？曰：虞氏，梁之大富人也。梁，今之陈留浚仪也。家充盈殷富，金钱无量，财货无赀。升高楼，临大路，设乐陈酒，积博其上。○庄逵吉云：列子释文作"击博其上"，是也。太平御览又作"蒱博"，似非。游侠相随而行楼下。博上者○庄逵吉云：列子释文作"楼上博者"。射朋张，中反两射朋张，上棋中之，以一反两也。○庄逵吉云：御览"反两"下有"穃"字，云音揭。诸本皆无之。而笑，飞鸢适堕其腐鼠而中游侠。游侠相与言曰："虞氏富乐之日久矣，而常有轻易人之志。吾不敢侵犯，而乃辱我以腐鼠。如此不报，无以立务于天下。务，势也。○王引之云：务与势义不相近，务（務）当为矜，字之误也。（矜、务二字，隶书往往讹溷。管子小称篇"务为不久"，韩子难篇作"矜伪不长"。又管子法法篇"矜物之人无大士焉"，韩诗外传"矜而自功"，今本矜字并误作务。）列子说符篇"立矜"作"立慬"，慬与矜古同声而通用，犹穜之为矜也。张湛注列子云："慬，勇也。"此注云："矜，势也。"势与勇亦同义。说山篇云："立慬者非学斗争，慬立而生不让。"氾论篇云："立气矜，奋勇力。"韩诗外传云："外立节矜，而敌不侵扰。"是立矜即立慬也。赵策云："勇哉气矜之隆。"史记王翦传云："李将军果势壮勇。"是矜与势、勇并同义。**请与公僇力一志，悉率徒属，而必以灭其家。"**○王念孙云：此处叙事未毕，当有脱文。太平御览引此，"灭其家"下有"其夜乃攻虞氏，大灭其家"十字，是也。上文云："鸢堕腐鼠，而虞氏以亡。"此处必有此十字，方与上文相应。因两"灭其家"相乱，故写者误脱之耳。列子作"至期日之夜，聚众积兵以攻虞氏，大灭其家"，是其证。**此所谓类之而非者也。何谓非类而是？屈建告石乞**屈建，楚大夫也。石乞，白公之党。**曰："白公胜将为乱。"石乞曰："不然。白公胜卑身下士，不敢骄贤。其家无筦籥之信，关楗之固。大斗斛以出，轻斤两以内。而乃论之，以不宜也。"屈建曰："此乃所以反也。"居三年，白公胜果为乱，杀令尹子椒、司马子期。**子椒、子期，皆白公之季父。**此所谓弗类而是者也。何谓若然而不然？子发为上蔡令，民有罪当刑，狱断论定，决于令尹前，**○王念孙云：尹字后人所加。"决于令前"，谓决于上蔡令之前，非谓令尹也。太平御览刑法部二引此，无尹字。**子发喟然有凄怆之心。罪人已刑而不忘其恩。此其后，子发盘罪威王而出奔。**盘，辟也。发得罪辟于威王。○俞樾云："盘罪"二字甚为无义。盘疑本作服，服古字作𦨈，与般字相似，往往致误。尔雅释诂"服、宜、贯、公，事也"，释文曰："服，又作𦨈。"荀子赋篇"谗人服矣"，杨注曰："服，本或作𦨈。"并其证也。服误为般，因又误为盘耳。服者，负之叚字。考工记车人注：郑司农曰："服，读为负。"是负、服一声之转，古得通用。"服罪威王而出奔"，言其负罪而出奔也。高注曰："盘，辟也。"是其所据本已误。**刑者遂袭恩者，恩者逃之于城下之庐。追者至，踹足而怒**踹足，趹足也。**曰："子发视决吾罪而被吾刑，**○王念孙云：视当为亲，字之误也。"亲决吾罪"，即上文所云"决于令前"也。韩子外储说左篇载子皋出走之事，与此相似，云子皋问跀危曰："吾不能亏主之法令，而亲跀子之足。"彼言

“亲刖子足”，此言“亲决吾罪”，其义一也。怨之憯于骨髓。憯，痛也。使我得其肉而食之，其知厌乎！”追者以为然而不索其内，果活子发。此所谓若然而不然者。何谓不然而若然者？昔越王句践卑下吴王夫差，请身为臣，妻为妾，奉四时之祭祀，而入春秋之贡职，委社稷，效民力，隐居为蔽，而战为锋行，○王念孙云：“隐居为蔽”，当作“居为隐蔽”，言越之事吴，居则为隐蔽，而战则为前行也。今本“隐”字误在“居为”之上，则文不成义。韩策云：“韩之于秦也，居为隐蔽，出为雁行。”语意正与此同。礼甚卑，辞甚服，其离叛之心远矣，然而甲卒三千人以擒夫差于姑胥。姑胥，地名。此四策者，不可不审也。夫事之所以难知者，以其窜端匿迹，立私于公，倚邪于正，而以胜惑人之心者也。若使人之所怀于内者，与所见于外者，若合符节，则天下无亡国败家矣。夫狐之捕雉也，必先卑体弥耳，以待其来也。○王念孙云：捕当为搏，字之误也。“弥耳”当为“弭毛”。毛字因弭字而误为耳，后人又改弭为弥耳。楚辞离骚注曰：“弭，按也。”言卑其体，按其毛，以待雉之来也。太平御览人事部一百三十五、兽部二十一并引此云：“夫狐之搏雉也，必卑体弭毛以待其来也。”高注吕氏春秋决胜篇云：“若狐之搏雉，俯体弭毛。”即用淮南之文。吴越春秋句践归国外传亦云：“猛兽将击，必弭毛帖伏。”雉见而信之，故可得而擒也。使狐瞋目植睹，植睹，枉尾也。见必杀之势，雉亦知惊惮远飞，以避其怒矣。夫人伪之相欺也，○庄逵吉云：御览作“夫人伪诈以相欺”。非直禽兽之诈计也，物类相似若然，而不可从外论者，众而难识矣，是故不可不察也。

淮南鸿烈集解卷十九

修务训

修,勉。务,趋。圣人趋时,冠戲弗顾,履遗不取,必用仁义之道以济万民,故曰"修务",因以题篇。

或曰:"无为者,寂然无声,漠然不动,引之不来,推之不往。如此者,乃得道之像。"或人以为先为术如此,乃可谓得道之法也。吾以为不然。尝试问之矣:以为不如或人之言。尝问之于圣人矣。"若夫神农、尧、舜、禹、汤,可谓圣人乎?"有论者必不能废。言五人可谓圣人耶?有论者何能废其道也。以五圣观之,则莫得无为,明矣。言不得无为也。古者,民茹草饮水,采树木之实,食蠃蛖之肉,时多疾病毒伤之害。害,患也。○王念孙云:"疾病"本作"疹病",后人误读疹为疮疹之疹,以疹、病二字为不类,故改为"疾病",而不知此疹字即疢疾之疢,非疮疹之疹也。小雅小弁篇及左传成六年、哀五年释文并云:"疢,或作疹。"广雅音云:"疢,今疹字也。"襄二十三年左传"季孙之爱我,疾疢也",吕氏春秋长见篇注引此,疢作疹。文选思玄赋"思百忧以自疹",后汉书张衡传作疢。小雅小宛释文引韩诗云:"疹,苦也。"越语云:"疾疹贫病。"是疹与疢同也。史记货殖传正义、太平御览皇王部三、资产部三、鳞介部十三引此,并作疹病,是其证。又泰族篇"以调阴阳之气,以合四时之节,以辟疾病之菑",亦是本作"疾疹",而后人改为"疾病"也。(太平御览治道部五引此已误。)文子上礼篇作"疾疢之灾",是其证。**于是神农乃始教民播种五谷,**菽、麦、黍、稷、稻也。**相土地宜,燥湿肥垸高下,**相,视也。燥,干也。垸,堉。高,陵也。下,湿也。○王念孙云:"宜"上脱"之"字。太平御览皇王部三引此,有"之"字。○文典谨按:御览八百二十三引,宜作"原隰",当是异本。**尝百草之滋味,水泉之甘苦,令民知所辟就。当此之时,一日而遇七十毒。**此神农之为也。○王念孙云:遇字后人所加。太平御览皇王部三、资产部三、百卉部一及寇宗奭本草衍义序例引此,并作"一日而七十毒",无"遇"字。路史禅通纪同。**尧立孝慈仁爱,使民如子弟。**言虽役使其民,必加仁爱遇之,如己之子弟也。**西教沃民,东至黑齿,北抚幽都,南道交趾。**沃民,西方之国。黑齿,东方之国。阴气所聚,故曰幽都,今雁门以北是。交趾,南方之国。四者远裔,不睹圣人之化,故亲往行教导,抚之以仁义也。**放谨兜于崇山,窜三苗于三危,**放,弃也。谨兜,尧佞臣也。崇山,南极之山。三苗,盖谓帝鸿氏之裔子浑敦,少昊氏之裔子穷奇,缙云氏之裔子饕餮。三族之苗裔,故谓之三苗。三危,西极之山名。一曰:放三苗国民于三危也。○洪亮吉云:今考孟子,"舜流共工于幽州",贾逵左传注:"穷奇,共工也。其行穷而好奇。""放驩兜于崇山",贾逵云:"浑敦,驩兜也。""殛鲧于羽山",贾逵云:"梼杌,鲧也。"惟饕餮不言,则窜三危者,当即指饕餮耳。又高注,崇山南极之山,羽山东极之山,幽则北极,独不言西极〔一〕。孔安国曰:"三危,西裔之山。"水经注:"三危山在敦煌南。肃州图经云:白龙堆东倚三危,北望蒲昌,是为西极要路。"是矣。**流共工于幽州,殛鲧于羽山。**尧时有共工官。鲧,禹父,为治水绩用不成,尧殛之。羽山,东极之山。是则尧之为。鸿范曰"鲧则殛死",然则浑敦、穷奇、饕餮生至四裔可知也。**舜作室,筑墙茨屋,辟地树谷,**○文典谨按:御览百八十七引,室作宫。**令民皆知去岩穴,**

〔一〕按高注云:"三危,西极之山名。"洪氏谓"独不言西极",误。

各有家室。○文典谨按：初学记居处部、白帖十一引，室下并有“此其始也”四字。御览引亦有“始也”二字。南征三苗，道死苍梧。三苗之国在彭蠡，舜时不服，故往征之。书曰：“舜陟方乃死。”时舜死苍梧，葬于九疑之山，在苍梧冯乘县东北，零陵之南千里也。禹沐浴霪雨，栉扶风，禹劳力天下，不避风雨，以久雨为沐浴。扶风，疾风。以疾风为梳櫛也。○庄逵吉云：中立府“四子”本作“沐浴霪雨，梳栉扶风”。○王念孙云：“沐”下本无“浴”字，此涉高注“沐浴”而误衍也。“沐霪雨”，“栉扶风”，相对为文，多一“浴”字，则句法参差矣。（刘本又于“栉”上加“梳”字，以对沐浴，尤非。）艺文类聚帝王部一、太平御览皇王部七、文选谢朓和王著作八公山诗注引此，皆无“浴”字。庄子天下篇“禹沐甚雨，栉疾风”，此即淮南所本。○俞樾云：浴字衍文，王氏念孙已订正矣。扶字疑即疾字之误。隶书疾字或作疾，见圉令赵君碑，扶字作扶，见桐柏庙碑，两形相似，故误耳。○陶方琦云：御览九引许注：“扶风，奔风。”按：扶乃疾字。艺文类聚引淮南作“栉疾风”，是许本也。周礼考工记“忿埶以奔”，注：“奔，犹疾也。”庄子正作“疾风”。许作“疾风”，与高作“扶风”正异。览冥训“降扶风”，高注：“扶风，疾风也。”（刘子知人篇“栉奔风”，即用许注义。）决江疏河，决巫山，令江水得东过，故言决。疏道东注于海，故言疏。凿龙门，辟伊阙，龙门本有水门，鲔鱼游其中，上行得上过者，便为龙，故曰龙门。禹辟而大之，故言凿。伊阙，山名，禹开截山体，令伊水得北过，入洛水，故曰阙也。○庄逵吉云：鲔，一本作鮪字。修彭蠡之防，乘四载，随山栞木，平治水土，定千八百国。修，治也。彭蠡，泽名，在豫章彭泽县西。防，堤也。四载，山行用蔂，水行用舟，陆行用车，泽行用蕝。随，循也。栞，石栞识之。四海之内凡万国，禹定千八百国。是禹之所为也。○文典谨按：北堂书钞四引，作“凿昆龙，开吕梁，修彭离”。汤夙兴夜寐，以致聪明；轻赋薄敛，以宽民氓；早起夜寐，以思万事，能得其精，故曰“以致聪明”。宽，犹富也。野民曰氓。布德施惠，以振困穷；吊死问疾，以养孤孀。幼无父曰孤。孀，寡妇也。雒家谓寡妇曰孀妇。百姓亲附，政令流行，乃整兵鸣条，困夏南巢，谯以其过，放之历山。鸣条，地名。南巢，今庐江居巢是。谯，责也，让夏桀之罪过也。历山，盖历阳之山。是汤之为也。**此五圣者，天下之盛主，劳形尽虑，为民兴利除害而不懈。**懈，惰也。**奉一爵酒不知于色，**言其轻也。○文典谨按：御览四百六十九、七百六十一引，"于色"并作"于邑"。**挈一石之尊则白汗交流，**言其重也。**又况赢天下之忧，而海内之事者乎？**○王念孙云："海内"上脱"任"字。艺文类聚人部四、杂器物部、太平御览人事部一百一十、器物部六引此，皆有"任"字。**其重于尊亦远也！**远，犹多也。○文典谨按：艺文类聚七十三、御览七百六十一引，"远也"并作"远矣"，当从之。**且夫圣人者，不耻身之贱，而愧道之不行；不忧命之短，而忧百姓之穷。是故禹之为水，以身解于阳盱之河；**为治水解祷，以身为质。解，读解除之解。阳盱河盖在秦地。**汤旱，以身祷于桑山之林。**桑山之林，能兴云致雨，故祷之。○王念孙云："禹之为水"，蜀志郤正传注、齐民要术序、文选应璩与岑文瑜书注、太平御览皇王部七、礼仪部八引此，并无"之"字。"汤旱"，蜀志注、齐民要术序、文选注并引作"汤苦旱"，太平御览引作"汤为旱"。案：为者，治也。水可言为，旱不可言为，作"苦旱"者是也。"禹为水"，"汤苦旱"，相对为文。今本"禹"下衍"之"字，"汤"下又脱"苦"字耳。（刘本作"汤之旱"，亦非。）"桑山之林"，蜀志注、齐民要术序、文选注引作"桑林之际"，太平御览引作"桑林之下"。案：主术篇曰："汤以身祷于桑林之际。"则作"际"者是也。今本作"桑山之林"者，涉注文而误。（高注"桑山之林"，是解"桑林"二字，非正文本作"桑山之林"也。吕氏春秋顺民篇"汤乃以身祷于桑林"，高注亦云："桑林，桑山之林。"）**圣人忧民，如此其明也，**○文典谨按：御览五百二十九引，明作切。**而称以"无为"，岂不悖哉！**悖，缪也。

且古之立帝王者，非以奉养其欲也；圣人践位者，非以逸乐其身也。逸，安也。**为天下强掩弱，众暴寡，诈欺愚，勇侵怯，怀知而不以相教，积财而不以相分，故立天子以齐一**

之。齐，等。一，同也。○庄逵吉云：藏本无"一"字，叶本有。太平御览引亦有。为一人聪明而不足以遍照海内，故立三公九卿以辅翼之。辅，正也。翼，佐也。绝国殊俗，僻远幽间之处，不能被德承泽，故立诸侯以教诲之。绝，远。殊，异。能，犹及也。立，置以为远国君。是以地无不任，时无不应，官无隐事，国无遗利。言官无隐病失职之事，以利民，故无所遗亡也。所以衣寒食饥，养老弱而息劳倦也。若以布衣徒步之人观之，则伊尹负鼎而干汤，伊尹处于有莘之野，执鼎俎，和五味以干汤，欲调阴阳，行其道。诗曰"实唯阿衡，实左右商王"是也。吕望鼓刀而入周，吕望，姜姓，四岳之后。四岳佐禹治水有功，赐姓曰姜氏。吕望其后，居殷，乃屠于朝歌，故曰鼓刀入周。自殷而往，为文王太师，佐武王伐纣，成王封之于齐也。百里奚转鬻，百里奚，虞臣。自知虞公不可谏而去，转行自卖于秦，为穆公相而秦兴也。管仲束缚，管仲傅相齐公子纠，不死子纠之难而奔鲁，束缚以归齐，桓公用之而伯也。孔子无黔突，墨子无暖席。黔，言其突。灶不至于黑，坐席不至于温，历行诸国，汲汲于行道也。○庄逵吉云：突音深，俗本作突字，误。是以圣人不高山，不广河，蒙耻辱以干世主，非以贪禄慕位，欲事起天下利而除万民之害。圣人盖谓禹、稷。不以山为高，不以河为广，言必逾渡之。事，治也。○王念孙云："事起天下利"，本作"事天下之利"，故高注云"事，治也"。今本"利"上脱"之"字，其"事"下"起"字则后人依文子加之也。"事天下之利"，"除万民之害"，相对为文，"事"下不当有"起"字。艺文类聚人部四、太平御览人事部四十二、七十二引此，并作"欲事天下之利，除万民之害也"，是其证。盖闻传书曰：神农憔悴，尧瘦臞，舜黴黑，禹胼胝。由此观之，则圣人之忧劳百姓甚矣！甚，重也。○文典谨按：艺文类聚二十、御览四百一引，"甚"上并有"亦"字。故自天子以下，至于庶人，四胑不动，思虑不用，事治求澹者,未之闻也。

夫地势,水东流,人必事焉,然后水潦得谷行。水势虽东流,人必事而通之,使得循谷而行也。○俞樾云:循谷而行谓之"谷行",甚为不辞。且水注溪曰谷,水之东流岂必循谷而行乎?于义亦不可通。谷疑沿字之误。沿字缺坏,止存右畔之㕣,因误为谷矣。荀子礼论篇、荣辱篇杨倞注并曰:"沿,循也。"然则沿行者,循行也。高注本作"循沿而行",盖以循训沿耳。又下文说申包胥事曰:"于是乃赢粮跣足,跋涉谷行。"夫申包胥自楚至秦,非必行于谷中。且其下说所经历之地,曰"峭山",曰"深溪",曰"川水",曰"津关",乃独以"谷行"二字冠之,则于文转为不备矣。谷亦沿字之误,沿亦循也。申包胥恐为吴军所得,不敢从正路,循沿边际而行,故曰沿行。楚策载此事,曰"于是赢粮潜行",是其义也。**禾稼春生,人必加功焉,故五谷得遂长。**加功,谓"是薅是蓘",耘耔之也。遂,成也。**听其自流,待其自生,则鲧、禹之功不立,而后稷之智不用。若吾所谓"无为"者,私志不得入公道,嗜欲不得枉正术,循理而举事,因资而立,权自然之势,而曲故不得容者,**曲故,巧诈也。○王念孙云:"因资而立"下脱一字,当依文子自然篇作"因资而立功","立功"与"举事"相对为文。氾论篇曰:"圣人随时而动静,因资而立功。"说林篇曰:"圣人者,随时而举事,因资而立功。"皆其证也。事、功二字承上文"必事"、"必加功"言之;下文"事成"、"功立"又承此文言之。今本脱"功"字,则既与上句不对,又与上下文不相应矣。"权自然之势",当依文子作"推自然之势",字之误也。原道篇曰:"天下之事,不可为也,因其自然而推之。"主术篇曰:"推不可为之势,而不循道理之数。"高注:"推,行也。"今本推作权,则非其指矣。**事成而身弗伐,**伐,自矜大其善。**功立而名弗有,**不名有其功也。○王念孙云:"事"下脱"成"字,刘依文子补入,是也。政当为故,字之误也。"故事成而身弗伐,功立而名弗有",乃结上之词。刘不审文义而删去"政"字,误矣。**非谓其感而不应,攻而不动者。**○王引之云:攻当为敀。敀,今迫字也,故文子作"迫而不动"。原道篇云:"感则能应,迫则能动。"精神篇云:"感而应，迫而动。”庄子刻意篇云：“感而后应，迫而后动。”皆其证也。说文：“敀，迮也。”徐锴曰：“迮，犹切近也。”玉篇曰：“敀，附也。”是古迫迮字本作敀。今诸书皆作迫，未必非后人所改也。此敀字若不误为攻，则后人亦必改为迫矣。**若夫以火熯井，以淮灌山，此用己而背自然，故谓之有为。**火不可以熯井，淮不可以灌山，而以用之，非其道，故谓之有为也。**若夫水之用舟，沙之用鸠，泥之用輴，山之用蔂，夏渎而冬陂，因高为田，**○王念孙云：田当为山，字之误也。“因高为山”，所谓“为高必因丘陵”也。若田则有高原下湿之分，不得但言因高矣。文子自然篇正作“因高为山”。**因下为池，此非吾所谓为之。**此皆因其宜用之，故曰非吾所谓为。言无为。

圣人之从事也，殊体而合于理，殊，异也。体，行也。理，道也。**其所由异路而同归，其存危定倾若一，志不忘于欲利人也。何以明之？昔者，楚欲攻宋，墨子闻而悼之，**墨子，名翟，宋大夫。悼，伤也。**自鲁趍而十日十夜，足重茧而不休息，裂衣裳裹足，至于郢，见楚王，**自，从。趍，走。郢，楚都也，今南郡江陵北里郢是也。○王念孙云：“趋而”下脱“往”字。北堂书钞衣冠部三、太平御览服章部十三、工艺部九引此，皆有“往”字，吕氏春秋爱类篇作“自鲁往”，皆其证。“裂衣裳裹足”，衍“衣”字。太平御览工艺部引此有“衣”字，亦后人依俗本加之。旧本北堂书钞衣冠部“裳”下、（陈禹谟依俗本加“衣”字。）太平御览服章部“裳”下引此，皆作“裂裳裹足”。吕氏春秋爱类篇同。文选广绝交论“裂裳裹足”，李善注引墨子公输篇亦同。后汉书郅煇传注引史记，亦云“申包胥足肿蹠盭，裂裳裹足”。（今见吴越春秋。）若云“裂衣裳裹足”，则累于词矣。**曰：“臣闻大王举兵将攻宋，计必得宋而后攻之乎？亡其苦众劳民，顿兵挫锐，负天下以不义之名，而不得咫尺之地，犹且攻之乎？”**顿，罢。挫，辱折。锐，精。攻无罪之宋，故负天下以不义之名，犹且必攻也？○王念孙云：汉魏丛书本改剉为挫，而庄本从之，非也。道藏本、刘本并作剉，太平御览工艺部引此亦作剉，则旧本皆作剉，明矣。说文："剉，折伤也。"庄子山木篇、吕氏春秋必己篇并云"廉则剉"。高注吕氏春秋云："剉，缺伤也。"经传或作挫者，借字耳。后人多见挫，少见剉，遂改剉为挫，谬矣。高注本训剉为折，今本"折"上有"辱"字，亦后人所加。**王曰："必不得宋，又且为不义，曷为攻之！"墨子曰："臣见大王之必伤义而不得宋。"王曰："公输，天下之巧士，作云梯之械设以攻宋，曷为弗取！"**公输，鲁般号，时在楚。云梯，攻城具，高长，上与云齐，故曰云梯。械，器。设，施也。**墨子曰："令公输设攻，臣请守之。"于是公输般设攻宋之械，墨子设守宋之备，九攻而墨子九却之，弗能入。**入，犹下也。**于是乃偃兵，辍不攻宋。**辍，止也。**段干木辞禄而处家，魏文侯过其闾而轼之。**闾，里。周礼二十五家为闾。轼，伏轼，敬有德。曲礼曰："轼视马尾。"又曰："兵车不轼，尚威武也。"**其仆曰："君何为轼？"文侯曰："段干木在，是以轼。"其仆曰："段干木布衣之士，君轼其闾，不已甚乎？"文侯曰："段干木不趍势利，怀君子之道，隐处穷巷，声施千里，**声，名也。施，行也。**寡人敢勿轼乎！**勿，无也。**段干木光于德，寡人光于势；段干木富于义，寡人富于财。势不若德尊，财不若义高。干木虽以己易寡人不为，**使干木之己贤，易寡人之尊，不肯为之也。**吾日悠悠惭于影，**影，形影也。**子何以轻之哉！"其后秦将起兵伐魏，司马庾谏曰："段干木贤者，**庾，秦大夫也。或作唐。**其君礼之，天下莫不知，诸侯莫不闻。举兵伐之，无乃妨于义乎！"于是秦乃偃兵，辍不攻魏。夫墨子跌蹏而趍千里，以存楚、宋；**跌，疾行也。蹏，趍走也。○王引之云：书传无训跌为疾行者。跌当作趹。（音决。）注当作："趹蹏，疾行也。趋，走也。（见说文。）"今本趹字皆误作跌，注内蹏字又误在"趋，走也"之上。广雅：

"驶,奔也。""趃,疾也。"驶、趃并与趹通。玉篇:"趹,疾也。"下文"欶蹻趹步",高彼注云:"趹,趣也。(趣与趋通。)"是疾行为趹也。说文:"趆,踶也。"汉书武帝纪"马或奔踶而致千里",踶亦奔也。(颜师古误训踶为蹋,辩见广雅疏证。)踶、蹄古字通。(集韵:"蹄或作踶。")是疾行又为蹄也。合言之则曰趹蹄。古马之善走者谓之駃騠,駃騠之言趹蹄也。疾行谓之趹蹄,故曰"趹踶而趋千里"。段干木阖门不出,以安秦、魏。夫行与止也,其势相反,而皆可以存国,此所谓异路而同归者也。异路,谓行与止也。同归,谓归于存国也。今夫救火者,汲水而趍之,或以瓮瓴,或以盆盂,其方员锐椭不同,盛水各异,其于灭火,钧也。故秦、楚、燕、魏之歌也,异转而皆乐,转,音声也。○文典谨按:文选和伏武昌登孙权故城诗注引,魏作赵。九夷八狄之哭也,殊声而皆悲,一也。东方之夷九种,北方之狄八类。夫歌者,乐之征也;哭者,悲之效也。征,应也。效,验也。愤于中则应于外,愤,发也。故在所以感。感,发也。○俞樾云:"感"下本有"之矣"二字,传写脱之,则文义未完。文子精诚篇正作"故在所以感之矣"。夫圣人之心,日夜不忘于欲利人,其泽之所及者,效亦大矣。效,功也。

世俗废衰,而非学者多:非者,不善之辞,故曰非。"人性各有所修短,若鱼之跃,若鹊之驳,此自然者,不可损益。"推此揆之,故不欲学。○俞樾云:"非学者多"下有阙文,或是言字,或是曰字,未敢臆补。盖人性各有所修短云云,乃世俗非学者之说。意谓人性之自然者,非学所能损益也。下文"吾以为不然",则淮南自为破之之说。吾以为不然。夫鱼者跃,鹊者驳也,犹人马之为人马,筋骨形体,所受于天,不可变。以此论之,则不类矣。言人自为人,马自为马,不相类也。○文典谨按:"犹人马之为人马",义不可通,疑本作"犹人之为人,马之为马"。高注"言人自为人,马自为马",是其证。夫马之为草驹之时,跳跃扬蹄，翘尾而走，人不能制，马五尺以下为驹，放在草中，故曰草驹。翘，举也。制，禁也。龁咋足以噆肌碎骨，蹶蹄足以破卢陷匈。咋，啮也。噆，穿也。及至圉人扰之，良御教之，圉，养马官。扰，顺也。掩以衡扼，连以辔衔，则虽历险超壍，弗敢辞。○文典谨按：御览八百九十六引，"辞"下有"也"字。七百四十六引，超作趋，"弗敢辞"作"弗敢违戾"。故其形之为马，马不可化；其可驾御，教之所为也。马，聋虫也，虫，喻无知也。○文典谨按：御览八百九十六引注，"虫喻"作"聋虫"。而可以通气志，犹待教而成，又况人乎！

且夫身正性善，发愤而成仁，帽凭而为义，帽凭，盈满积思之貌。○王念孙云：帽当为悁，字之误也。广雅曰："悁恲，忼慨也。"（悁，音谓。恲，普耕反。）悁恲与悁凭声近而义同。"悁凭而为义"，犹言忼慨而为义耳。楚辞离骚注云："楚人名满曰凭。"故高注云"悁凭，盈满积思之貌"。又离骚"喟凭心而历兹"，王注云："喟然舒愤懑之心。"喟凭与悁凭义亦相近。性命可说，不待学问而合于道者，尧、舜、文王也；言有善性命可教说者，圣人不学而知之者，尧、舜、文王。诗云"不识不知，顺帝之则"是也。沉湎耽荒，不可教以道，不可喻以德，严父弗能正，贤师不能化者，丹朱、商均也。丹朱，尧子。商均，舜子。弗能化，诗云"诲尔谆谆，听我藐藐"，是其类也。曼颊皓齿，形夸骨佳，不待脂粉芳泽而性可说者，西施、阳文也；曼颊，细理也。夸，弱也。佳，好也。性，犹姿也。西施、阳文，古之好女。○陶方琦云：文选七发注、辨命论注、御览三百八十一引许注："阳文，楚之好人也。"按：好人，美人也。许注多称楚人，是其例。说文："姣，色好也。"○文典谨按：艺文类聚十八引，作"曼容皓齿，形姱骨佳，不待傅粉芳泽而美者，西施、阳文也。"啳睽哆噅，籧蒢戚施，虽粉白黛黑弗能为美者，嫫母、仳倠也。啳，读权衡之权，急气言之。睽，读夔。哆，读大口之哆。噅，读楚芳氏之芳。籧蒢，偃也。戚施，偻也。皆丑貌。嫫母、仳倠，古之丑女。嫫，读如模范之模。仳，读人得风病之靡。倠，读近虺。仳倠，一说：读曰庄维也。○孙诒让云：靡无风病之义，注靡当作痱。说文疒部云："痱，风病也。"○文典谨按：诗新台传："籧篨，不能俯者。戚施，不能仰者。"御览虫豸部引薛君章句云："戚施、蟾蜍，喻丑恶。"高注云"丑貌"，本韩诗说。韩与毛训异，而意同也。晋语"籧篨不可使俯，戚施不可使仰"，又"戚施直镈，籧篨蒙璆"，韦昭注："籧篨，直者；戚施，瘁者。"亦与高说相近。又凡物之粗恶者曰籧篨。说文："籧篨，粗竹席也。"方言："簟，自关而西，其粗者谓之籧篨。"**夫上不及尧、舜，下不及商均，**○王念孙云："下不及"当为"下不若"，言不似商均之不肖也。比上则言不及，比下则言不若。下文"美不及西施，恶不若嫫母"，即其证。今作"下不及"者，因上句"及"字而误。文选辩命论注引此，正作"下不若商均"。**美不及西施，恶不若嫫母，此教训之所谕也，**谕，导也。**而芳泽之所施。且子有弑父者，然而天下莫疏其子，何也？爱父者众也。儒有邪辟者，而先王之道不废，何也？其行之者多也。今以为学者之有过而非学者，则是以一饱之故，绝谷不食，以一蹪之难，辍足不行，惑也。**蹪，蹶，楚人谓蹶也。言以饱而不食，蹪而不行，谕丹朱、商均不可教化而非学，故谓之惑也。○王念孙云："以一饱之故绝谷"，义不可通。饱当为餲，字之误也。（注同。）餲与噎同。说文："噎，饭窒也。"字又作饐。汉书贾山传"祝餲在前，祝鲠在后"，颜师古曰："餲，古饐字。"一饐而不食，与一蹪而不行，（高注："蹪，蹶也。"）事正相类。说苑说丛篇"一噎之故，绝谷不食；一蹶之故，却足不行"，语即本于淮南。今俗语犹云"因噎废食"。**今有良马，不待策錣而行；**○陶方琦云：御览七百四十六引许注："錣，策端有铁也。"**驽马，虽两錣之不能进，为此不用策錣而御，则愚矣。**为良马能自走，不复用箠，得驽马，无以行之，故曰愚也。**夫怯夫操利剑，击则不能断，刺则不能入；及至勇武，攘卷一捣，则摺胁伤干，**武，士也，楚人谓士为武。摺，折也。**为此弃干将、镆邪而以手战，则悖矣。所谓言者，齐于众而同于俗。今不称九天之顶，则**

言黄泉之底，九天：八方、中央，故曰九。顶，极高。底，极卑也。是两末之端议，何可以公论乎！公，平也。

夫橘柚冬生，而人曰冬死，死者众；荠麦夏死，人曰夏生，生者众。众，多。○王念孙云："橘柚"本作"亭历"。时则篇"孟夏之月，靡草死"，高注曰："靡草，荠、亭历之属也。"（吕氏春秋孟夏篇注及郑注月令引旧说并同。）吕氏春秋任地篇："孟夏之昔，杀三叶而获大麦。"高注曰："三叶，荠、亭历、菥蓂也，是月之季枯死。"本书天文篇曰："五月为小刑，荠麦、亭历枯，冬生草木必死。"案：亭历、荠麦，皆冬生夏死。此言亭历冬生、荠麦夏死者，互文耳。后人改亭历为橘柚，斯为不伦矣。太平御览药部十"亭历"下引此，正作"亭历冬生"。○文典谨按：宋黄震日抄引，"生者众"作"生者多也"。江、河之回曲，亦时有南北者，而人谓江、河东流；摄提镇星日月东行，而人谓星辰日月西移者，以大氐为本。岁星在寅曰摄提。镇星，中央土星，镇四方，故曰镇。氐，犹更。言其余星辰皆西行，故曰"大氐为本"也。胡人有知利者，而人谓之駤；駤，忿戾恶理不通达。胡人性皆然，亦举多。駤，读似质，缓气言之者，在舌头乃得。越人有重迟者，而人谓之訬：訬，轻利急[一]，亦以多者言。訬，读燕人言趮操善趮者谓之訬同也。以多者名之。若夫尧眉八彩，九窍通洞，而公正无私，尧母庆都，盖天帝之女，寄伊长孺家，年二十无夫。出观于河，有赤龙负图而至，曰赤龙受天下之图。有人赤衣，光面，八彩，鬓冉长。赤帝起，成元宝，奄然阴云。赤龙与庆都合而生尧，视如图，故眉有八彩之色。洞，达圣道也。无私，无所爱憎也。○陶方琦云：意林引许注："眉理八字也。"高注乃引春秋合诚图语。一言而万民齐；一言，仁言也。齐，无倦。舜二瞳子，是谓重明，言能知人，举十六相。作事成法，出言成章；作事为后世所法。论语："舜有天下，焕乎其有文章，巍巍乎！"此之谓也。禹耳参

〔一〕文选吴都赋注引，"急"下有"疾"字。

漏，是谓大通，参，三也。漏，穴也。大通天下，摧下滞之物。兴利除害，疏河决江；传曰："刘子观于雒汭，曰：'微禹，吾其鱼乎！'"故曰"兴利除害"也。〇文典谨按：艺文类聚十七引，作"决江疏河"。文王四乳，是谓大仁，乳所以养人，故曰"大仁"也。天下所归，百姓所亲；文王为西伯，遭纣之虐，三分天下而有二，受命而王，故曰"百姓所亲"也。皋陶马喙，是谓至信，喙若马口，出言皆不虚，故曰"至信"。决狱明白，察于人情；察，犹知也。禹生于石；禹母修己，感石而生禹，折胸而出。契生于卵；契母，有娀氏之女简翟也，吞燕卵而生契，愊背而出。诗云"天命玄鸟，降而生商"是也。史皇产而能书；史皇，苍颉。生而见鸟迹，知著书，故曰史皇，或曰颉皇。羿左臂修而善射。羿，有穷之君也。〇庄逵吉云：吴处士江声曰：羿，有穷君，不得云贤者，高注非是。此乃尧时之羿耳。〇文典谨按：左臂虽长，何益于射。左当为右，字之误也。御览三百六十九引，正作"羿右臂长而善射"。若此九贤者，千岁而一出，犹继踵而生。以千岁为近，明圣贤之难。今无五圣之天奉，尧、舜、禹、汤、周文王也。奉，助也。四俊之才难，才千人为俊。谓皋陶、稷、契、史皇。欲弃学而循性，是谓犹释船而欲蹍水也。蹍，履也。〇王引之云：案：太平御览皇亲部一引河图著命曰："修己见流星，意感生禹。"又引礼含文嘉曰："夏姒氏祖以薏苡生。"又引孝经钩命决曰："命星贯昴，修纪梦接生禹。"是禹之生，或以为感流星，或以为吞薏苡，无言生于石者。史记六国表"禹兴于西羌"，集解引皇甫谧曰："孟子称禹生石纽，西夷人也。"蜀志秦宓传曰："禹生石纽，今之汶山郡是也。"注引谯周蜀本纪曰："禹本汶山广柔县人也。生于石纽，其地名刳儿坪。"水经沫水注曰："广柔县有石纽乡，禹所生也。"是石纽乃地名。禹生石纽，犹言舜生于诸冯，文王生于岐周，非谓感石而生也。遍考诸书，无禹生于石之说。禹当为启。郭璞注中山经泰室之山云："启母化为石而生启，在此山，见淮南子。"是淮南古本有作"启生于石"者。及考汉书武帝纪："诏曰：朕至于中岳，见夏后启母石。"应劭曰："启生而母化为石。"师古曰："禹治鸿水，通轘辕山，化为熊，谓涂山氏曰：‘欲饷，闻鼓声乃来。’禹跳石，误中鼓，涂山氏往见禹，方作熊，惭而去，至嵩高山下，化为石。方生启，禹曰：‘归我子！’石破北方而启生。事见淮南子。”又御览地部十六引淮南，与师古注略同。又北堂书钞后妃部一亦引淮南石破生启。盖许慎本作“启生于石”，书钞、御览及师古注所引即许慎之注。郭璞所云“启母化为石而生启，见淮南子”者，亦用许慎注也。且此段以尧、舜、禹、文王、皋陶、契、启、史皇、羿九人言之，故谓之九贤，又谓之五圣四俊。若既言“禹耳参漏”，又言“禹生于石”，则仅八人，不得称九矣。高据误本“禹生于石”为说，则九贤内少一贤，而五圣四俊亦不能如数，不得已，乃据上文所称五圣神农、尧、舜、禹、汤，而取汤入五圣，又据上文言后稷之智而以稷入四俊，不知彼此各不相蒙也。且彼处五圣内有神农，何以舍之而取汤？此段九贤内有羿，又何以不得与列？若此者，皆不可解矣。以文义求之，五圣盖即尧、舜、禹、文王、皋陶，四俊盖即契、启、史皇、羿也。**夫纯钩、鱼肠之始下型，击则不能断，刺则不能入；**纯钩，利剑名。鱼肠，文理屈辟若鱼肠者，良剑也。型或作卢。○王念孙云：钧皆当为钩，字之误也。览冥篇曰：“区治生而淳钩之剑成。”齐俗篇曰：“淳均之剑不可爱也，而区冶之巧可贵也。”皆其证。道藏本、刘本皆误作钧。朱本改钧为钩，是也。茅本又改为钩，而庄本从之，且并览冥篇亦改为钩，斯为谬矣。旧本北堂书钞武功部“剑”下三引此文，皆作纯钩。（陈禹谟改其一为纯钩，而删其二。）越绝外传记宝剑篇曰：“一曰湛卢，二曰纯钩。”广雅曰：“醇钩，剑也。”其字亦皆作钩。且齐俗篇作淳均，若是钩字，不得与均通矣。左思吴都赋“吴钩越棘，纯钩湛卢”，上句言吴钩，下句言纯钩，若作纯钩，则钩字重出矣。○文典谨按：北堂书钞百二十二“磨其锋锷”条引，刺作剸。初学记武部引，纯作淳。又引注作“鱼肠，文绕屈若鱼肠”。**及加之砥砺，摩其锋剽，则水断龙舟，**龙舟，大舟也。**陆剸犀甲。**言利也。**明镜之始下型，曚然未见形容；及其粉以玄锡，摩以白旃，鬓眉微豪可得而察。**旃，摩。微，细。察，见。○王念孙云：“粉以玄锡”，本作“扢以玄锡”。扢者，摩也。高注云“於摩”，於即扢字之误。隶书於字或作于，形与扢相似，故扢误为於。广雅曰：“扢，磨也。”（磨与摩通。玉篇：“扢，柯碍、何代二切，摩也。”）淮南要略

“濡不给抏”，高注曰：“抏，拭也。”汉书礼乐志郊祀歌“抏嘉坛”，孟康曰：“抏，摩也。”此云“抏以玄锡，摩以白旃”，是抏与摩同义，故高注云“抏，摩”。道藏本正文抏字误作粉，注内抏字又误作於，后人不得其解，遂改高注“於摩”为“摩，磨”，庄本又改为“旃，摩”，斯为谬矣。初学记器物部九引此，并作“粉以玄锡”，亦后人依误本淮南改之。太平御览学部一、服用部十九、珍宝部十一并引作“抏以玄锡”。又高注吕氏春秋达郁篇云：“镜明见人之丑，而人抏以玄锡，摩以白旃”，即用此篇之语。是其明证矣。夫学，亦人之砥锡也。而谓学无益者，所以论之过。以，用也。过，非也。

知者之所短，不若愚者之所修；短，缺。修，长也。明有所不足，谓[一]愚有所不昧也。贤者之所不足，不若众人之有余。众，凡也。○王念孙云：“有余”上亦当有“所”字。何以知其然？夫宋画吴冶，刻刑镂法，乱修曲出，宋人之画，吴人之冶，刻镂刑法，乱理之文，修饰之巧，曲出于不意也。其为微妙，尧、舜之圣不能及。及，犹如也。○文典谨按：御览七百五十引注“宋人之画，吴人之冶”，“之”并作“工”。“及”下有“也”字。八百三十三所引同。蔡之幼女，卫之稚质，蔡国，今南阳河曲。卫，故在河内，后徙顿丘，今东阳郡。稚质，亦少女也。梱纂组，杂奇彩，抑墨质，扬赤文，梱，叩椓。纂织组邪文，如今之短没黑耳，亦言其巧也。[二]○陶方琦云：孙奭孟子音义引许注：“捆，织也。”按：说文无捆字，惟稛下云：“豢束也。”孙氏引许君义，当属淮南，故与高注正异。○文典谨按：御览三百八十一引，无梱字、杂字，又引注作：“纂组，织组也，如今之绶也。没黑见赤，其工也。”禹、汤之智不能逮。言不能及二国之女巧也。○文典谨按：御览引，作“汤、禹之智不能逮也”。夫天之所覆，地之所载，包于六合之内，托于宇宙之间，阴阳之所生，血气之精，含牙戴角，前爪后距，奋翼攫肆，蚑行蛲动之虫，喜而

〔一〕“谓”字似应在上句“明”字上。

〔二〕高注下，庄逵吉校本有：“逵吉按：太平御览作‘如今之绶也，没黑见赤，言其巧也’。”

合，怒而斗，攫，搏也。肆，极也。蚑，读车蚑之蚑。蛲，读饶多之饶。见利而就，避害而去，其情一也。虽所好恶，其与人无以异。一同人，亦避害就利。有不相如，故言“虽”也。然其爪牙虽利，筋骨虽强，不免制于人者，知不能相通，才力不能相一也。各有其自然之势，势，力也。无禀受于外，无有学问，受谋虑于外，以益其思也。故力竭功沮。竭，尽也。沮，败也。夫雁顺风，以爱气力，衔芦而翔，以备矰弋，未秀曰芦，已秀曰苇。矰，矢。弋，缴。衔芦，所以令缴不得截其翼也。〇王念孙云：“顺风”下本有“而飞”二字，与“衔芦而翔”相对为文。今本脱此二字，则与下文不对。艺文类聚鸟部中、白帖九十四、太平御览羽族部四引此，并作“从风而飞，以爱气力”，说苑说丛篇作“顺风而飞，以助气力”，皆其证。〇文典谨按：“以备矰弋”，艺文类聚九十一、御览九百十七引，并作“以备弋缴”。文选蜀都赋注引，作“以备缯缴”，鹪鹩赋注引，作“以备矰缴”，白帖九十四引，作“以避缯缴”。蚁知为垤，貛貉为曲穴，〇文典谨按：御览九百十三引，作“猯知曲穴”，与上句句法一律。虎豹有茂草，野彘有艽莦，槎栉堀虚，连比以像宫室，〇陶方琦云：文选蜀都赋注引许注：“坒，相连也。”按：本书无坒字，疑许本“连比”作“连坒”，故云“坒，相连也”。说文土部：“坒，地相次比也。从土、比。”（广雅：“坒，次也。”）许本作坒，正与高异。阴以防雨，防，卫也。景以蔽日，蔽，拥也。〇王引之云：景即日之光，不得言“景以蔽日”。景当为晏，字之误也。缪称篇“晖日知晏，阴谐知雨”，高注曰：“晏，无云也。”（文选羽猎赋注引许注同。）说文：“晏，天清也。”又曰：“曣，星无云也。”曣与晏通，字亦作曣，小雅角弓篇“见晛曰消”，韩诗作“曣晛聿消”，云：“曣晛，日出也。”荀子非相篇作“晏然聿消”。史记封禅书“至中山，曣温”，汉书郊祀志曣作晏，如淳曰：“三辅谓日出清济为晏。”韩子外储说左篇曰：“雨霁日出，视之晏阴之间。”晏与阴正相对，故曰“阴以防雨，晏以蔽日”。言穴居之兽，阴则有以防雨，晴则有以蔽日也。此亦鸟兽之所以知求合于其所利。今使人生于辟陋之国，辟，远。陋，鄙小也。长于穷櫚漏室之下，长无兄弟，少无父母，目未尝见礼节，耳未尝闻先古，先古，谓圣贤之道也。独守专室而不出门，专室，小室也。○王念孙云："门"下当有"户"字。"不出门户"与"独守专室"相对为文。且户与下、母、古、寡为韵。（下，读若户。寡，读若古。母，合韵音莫补反。并见唐韵正。）若无"户"字，则失其韵矣。使其性虽不愚，然其知者必寡矣。昔者，苍颉作书，容成造历，容成，黄帝臣。造作历，知日月星辰之行度。胡曹为衣，易曰："黄帝垂衣裳。"胡曹亦黄帝臣也。后稷耕稼，仪狄作酒，见世本。奚仲为车。传曰："奚仲为夏车正，封于薛。"此六人者，皆有神明之道，圣智之迹，故人作一事而遗后世，非能一人而独兼有之。各悉其知，贵其所欲达，达，通也。遂为天下备。备，犹用也。今使六子者易事，而明弗能见者何？见，犹知也。言人各有所不通。万物至众，而知不足以奄之。奄盖之也。周室以后，无六子之贤，贤，才也。而皆修其业；当世之人，无一人之才，而知其六贤之道者何？○王念孙云："知其六贤之道"，"其"字涉上文"修其业"而衍。教顺施续，而知能流通。施，设。续，犹传也。由此观之，学不可已，明矣！已，止也。

今夫盲者，目不能别昼夜，分白黑，然而搏琴抚弦，参弹复徽，攫援摽拂，手若蔑蒙，不失一弦。参弹，抚弦。复徽，上下手也。攫援，掇也。摽拂，敷也。蔑蒙，言其疾也。徽，读維车之維。攫，读"屈直木令句"、"欲句此木"之句。摽，读刀摽之摽。使未尝鼓瑟者，○俞樾云：瑟当作琴。上文云"然而搏琴抚弦"，此与相应，不容异文。虽有离朱之明，攫掇之捷，犹不能屈伸其指。离朱，黄帝时人，明目，能见百步之外，秋豪之末。攫掇，亦黄帝时捷疾者也。何则？服习积贯之所致。谓上"不失一弦"。故弓待檠而后能调，剑待砥而后能利。檄，矫弓之材，读曰敬。砥，厉石也。玉坚无敌，镂以为兽，首尾成形，礛诸之功。礛诸，治玉之石。诗云"他山之石，可以为厝"是。礛，读廉氏之廉，一曰濫也。木直中绳，揉以为轮，其曲中规，规，员之也。檃括之力。唐碧坚忍之类，犹可刻镂，揉以成器用，唐碧，石似玉。皆坚钻之物。又况心意乎！且夫精神滑淖纤微，倏忽变化，与物推移，推移，犹转易也。云蒸风行，在所设施。施，用。君子有能精摇摩监，砥砺其才，自试神明，览物之博，通物之壅，观始卒之端，见无外之境，所观以远。以逍遥仿佯于尘埃之外，尘埃，犹窈冥也。超然独立，卓然离世，不群于俗。此圣人之所以游心。若此而不能，闲居静思，鼓琴读书，追观上古，及贤大夫，学问讲辩，日以自娱，讲论辩别然否，自娱乐。苏援世事，分白黑利害，苏，犹索。援，别〔一〕。分别白黑，知利害之所在也。筹策得失，以观祸福，筹策曰视，非常曰观。○王念孙云："分白黑利害"，本作"分别白黑"。（高注内"分别白黑"四字，即本于正文。）"白黑"下本无"利害"二字，今作"分白黑利害"者，"分"下脱去"别"字，遂不成句，后人以高注云"知利害之所在"，因加"利害"二字以足句耳。案：高注云"分别白黑，知利害之所在"，此是因正文而申言之，谓分别白黑则可以知利害之所在，非正文内本有"利害"二字也。有白黑，斯有得失；有得失，斯有祸福：故云"分别白黑，筹策得失，以观祸福"。祸福即高注所谓利害也。若此句先言利害，则下文不必更言祸福矣。"苏援世事"，"分别白黑"，"筹策得失"，皆相对为句。若云"分白黑利害"，则句法参差矣。且此段以书、夫、娱为韵，黑、福、则为韵。若云"分白黑利害"，则失其韵矣。设仪立度，可以为法则，穷道本末，究事之情，穷，尽也。究，极也。立是废非，明示后人，

〔一〕"别"，疑为"引"之误。

是，善也。非，恶也。**死有遗业，生有荣名。**遗余功业[一]。荣，宠也。**如此者，人才之所能逮，**逮，及也。**然而莫能至焉者，偷慢懈惰，多不暇日之故。**偷，薄。慢，易。薄易之人，懈惰于庶几，多言己不暇日而不学，推此故也。○俞樾云：不字衍文。"多暇日"者，谓其人偷慢懈惰而不学，故多暇日也。今衍不字，失其指矣。荀子修身篇曰："其为人也多暇日者，其出人也不远矣。"即淮南所本。**夫瘠地之民多有心者，劳也；**心，向义之心也。**沃地之民多不才者，饶也。**饶，逸也。**由此观之，知人无务，不若愚而好学。自人君公卿至于庶人，不自强而功成者，天下未之有也。诗云："日就月将，学有缉熙于光明。"此之谓也。**诗颂敬之篇，言为善者，日有所成就，月有所奉行，当学之是明。此勉学之谓也。

名可务立，功可强成，务，事也。强，勉也。**故君子积志委正，以趣明师；**师，所以取法则。**励节亢高，以绝世俗。**不群于众也。**何以明之？昔者南荣畴耻圣道之独亡于己，身淬霜露，敕蹻趹，跋涉山川，冒蒙荆棘，**淬，浴。敕，犹著也。蹻，履。趹，趣也。不从蹊遂曰跋涉，故触犯荆棘。南，姓，荣畴，字，盖鲁人也。**百舍重跰，不敢休息，**百里一舍。跰，足胝生[二]。○王念孙云："敕蹻趹"，"趹"下本有"步"字。趹步，疾行也。（说文："趹，马行皃。"又云："赽，踶也。"广雅云："駃，奔也。"史记张仪传"探前趹后，蹄间三寻"，索隐曰："言马之走势疾也。"庄子齐物论篇"麋鹿见之决骤"，崔譔曰："疾走不顾为决。"趹、赽、駃、决，并字异而义同。）故注训趹为趋。庄子庚桑楚释文引此，正作"敕蹻趹步"，今本脱去"步"字，则文不成义。且自"身淬霜露"以下，皆以四字为句，又以露、步为韵，棘、息为韵。脱去"步"字，则句既不协，而韵又不谐矣。"重跰"当为

〔一〕"遗余功业"释正文"遗业"。疑"功业"二字误倒，似当作："遗，余。业，功。"

〔二〕"足胝生"，疑当作"足生胝。"

"重趼",字之误也。(高注同。)趼,读若茧。庄子天道篇"百舍重趼而不敢息",释文:"趼,古显反。司马云:胝也。许慎云:足指约中断伤为趼。"所引许注,即此篇"重趼"之注也。司马训趼为胝,与高注"足生胝"同义。刘昼新论惜时篇云:"南荣之访道,重趼而不休。"即用此篇之文。则跰为趼之误,明矣。趼字亦作茧。贾子劝学篇云"南荣跦百舍重茧而不敢久息"是也。宋策"墨子百舍重茧",高彼注云:"重茧,累胝也。"亦与此注同义。○陶方琦云:庄子大宗师释文引司马注:"病不能行,故趼躃。"趼,古显反,高作跰,误文。高当作茧。上文"足重茧而不休息",下文又云"曾茧重胝",(宋策:"墨子闻之,重茧百舍。"后汉段颎传注:"茧,足下伤起,形如茧也。")故高以胝训。当是高本作茧,许本作趼也。此乃后人因许本改。**南见老聃,受教一言,**老聃,老子,字伯阳,楚苦县赖乡曲里人。今陈国东瀨乡有祠存。据在鲁南,故曰南见老子聃。一言,道合也。**精神晓泠,钝闻条达,**晓,明。泠,犹了也。钝闻,犹钝愍也。○王念孙云:文子精诚篇作"屯闵条达"。案:闵与愍声相近,故高注云"钝闻,犹钝愍"。方言曰:"顿愍,愍也。江、湘之间谓之顿愍。"○陶方琦云:一切经音义十四引许注:"泠然解悟之意也。"按:泠同聆。齐俗训"所居聆聆",许注:"聆聆,意晓解也。"**欣然七日不食,**丈夫七日不食则毙,故以七日为极。**如飨太牢,**三牲具曰太牢。○王引之云:"七日不食"上当有"若"字。如,读为而。言闻老聃之言,若七日不食而飨太牢也。贾子云:"南荣跦既遇老聃,见教一言,若饥十日而得太牢。"是其证。文子精诚篇袭用此文,而改之曰"勤苦七日不食,如享太牢",失其指矣。**是以明照四海,名施后世,**施,延也。**达略天地,**达,犹通也。略,犹数也。**察分秋豪,**察,明。**称誉叶语,至今不休。**叶,世也。言荣畴见称誉,世传相语,至今不止。○王念孙云:叶当为蕐。俗书蕐字作华(華),与叶(葉)相似而误。蕐,荣也。"称誉蕐语,至今不休",言荣名常在人口也。高所见本已误作叶,故训叶为世。文子正作"称誉蕐语"。**此所谓名可强立者。**○俞樾云:"强立"本作"务立"。上文"名可务立,功可强成",高注曰:"务,事也。"然则此亦当言"务立"。今作"强立"者,乃后人据文子精诚篇改之。不知彼上文云

"名可强立,功可强成",与此文本不相同,不得据彼以改此也。**吴与楚战,**吴王阖闾与楚昭王战于柏举。**莫嚣大心抚其御之手曰:"今日距强敌,犯白刃,蒙矢石,**莫,大也。嚣,众也。主大众之官,楚卿大夫。大心,楚成得臣子玉之孙。强敌,谓吴。蒙,冒。石,矢弩也。一曰:发石也。〇庄逵吉云:钱别驾曰:"莫嚣即莫敖,能矢石者。汉时谓之厥张士。厥,发石。张,挟弓也。春秋传曰'旝动而鼓发石'是也。"**战而身死,卒胜民治,全我社稷,可以庶几乎!"**庶几得安。〇俞樾云:治字衍文,本作"卒胜民全"。此时但求民之全,不当计其治不治也。后人误以"全"字属下句读,故妄增"治"字耳。楚策作"社稷其庶几乎",无"全"字,然则此"全"字上属无疑。**遂入不返,决腹断头,不旋踵运轨而死。**言入吴,不旋踵回轨而死。勇,然不如申包胥之功也。〇王绍兰云:吴、楚柏举之战,在定公四年。据左氏传说此事云:"左司马戌败吴师于雍澨,伤,谓其臣曰:'谁能免吾首?'吴句卑布裳,刭而裹之,藏其身,而以其首免。"与此文"决腹断头"相似,无莫嚣大心战死之事。莫嚣即莫敖,楚官名。或昭王时自有名大心者,为莫敖之官,死于柏举之战,其轶事见于它说。淮南博采旧闻,正可补传文所未备。高注乃以大心为楚成得臣子玉之孙。考左氏僖二十八年传云:"初,楚子玉自为琼弁玉缨,梦河神谓己:'畀余。'弗致也。大心与子西使荣黄谏。"杜注:"大心,子玉之子。"传又谓之孙伯,即大心,子玉子也。三十三年传谓之大孙伯,文五年传谓之成大心。计自僖二十八年(据传称"初,楚子玉",是追述之辞,则大心使荣黄谏,其事且在僖二十八年前矣。)至定四年,中隔文、宣、成、襄、昭五世,共一百二十七年。当其使荣黄谏子玉时,最少亦得一二十岁。柏举之役,成大心已一百三四十许人,安得有距强敌,犯白刃,蒙矢石,遂入不返之事,且又未闻其官莫敖也?高氏之言,斯为不敏矣。**申包胥竭筋力以赴严敌,伏尸流血,不过一卒之才,**在车曰士,步曰卒。如此者,一人之功也。**不如约身卑辞,求救于诸侯。**申包胥,楚大夫,与伍子胥友者。子胥之亡,谓申包胥曰:"我必覆楚国。"申包胥曰:"子能覆之,我必兴之。"及昭王败于柏举,奔随,申包胥如秦乞师,故曰"不如求救于诸侯"。〇俞樾云："竭筋力"以下，皆申包胥之言也。申包胥下当有"曰吾"二字，而今脱之。楚策曰："棼冒勃苏曰：吾被坚执锐，赴强敌而死，此犹一卒也，不若奔诸侯。"是其明证。**于是乃赢粮跣走，跋涉谷行，**赢，裹也。一曰：囊。跣走，不及著履也。不蹊遂曰跋涉。**上峭山，赴深溪，游川水，**峭山，高山。深溪，大壑。游，渡。自楚至秦所经由也。**犯津关，躐蒙笼，蹷沙石，蹠达膝曾茧重胝，七日七夜，至于秦庭。**犯，触。触津关，则践躐蒙笼之山。一曰：葛藟所蒙笼，言非人所由。蹷，僵。蹠，足。达，穿也。幽通赋曰"申重茧以存荆"是也。〇王念孙云：蹷训为僵，虽本说文，而此蹷字则非其义。蹷者，蹋也，谓足蹋沙石也。蹷或作蹶，说文作趯，云"蹠也"。（主术篇注曰："蹠，蹈也。"楚辞九章注曰："蹠，践也。"文选舞赋注引许慎淮南注曰："蹠，蹋也。"）吕氏春秋知化篇"子胥两袪高蹶而出于廷"，高注曰："蹶，蹈也。"司马相如上林赋"蹷石阙"，郭璞曰："蹷，蹋也。"汉书申屠嘉传"材官蹶张"，如淳曰："材官之多力，能脚蹋强弩张之，故曰蹶张。"是足蹋谓之蹷也。申包胥跋涉谷行，故足蹋沙石而蹠为之穿。若训蹷为僵，则与上下文不相贯注矣。〇文典谨按：文选百辟劝进今上笺注引："曾茧"作"累茧"。**鹤跱而不食，昼吟宵哭，面若死灰，颜色黴黑，**鹤跱，跱立貌。言不动不食，黴黑其面色，欲速得秦救也。**涕液交集，以见秦王，**秦王，秦哀公也。**曰："吴为封豨修蛇，蚕食上国，虐始于楚。**封、修，皆大也。豨、蛇，喻贪也。蚕食，尽无余。上国，中国。虐，害。始，先也。言将以次至秦也。**寡君失社稷，越在草茅。**寡君，昭王。越远在于随矣。**百姓离散，夫妇男女不遑启处。**遑，暇。启，跪。处，安也。**使下臣告急。"秦王乃发车千乘，步卒七万，属之子虎，**秦大夫子车鍼虎。传曰"率车五百乘以救楚"，凡三万七千五百人。此云千乘，步卒七万，不合也。〇王绍兰云：左氏定五年传："申包胥以秦师至，秦子蒲、子虎帅车五百乘以救楚。"又案文六年传："秦伯任好卒，以子车氏之三子奄息、仲行、鍼虎为殉。"是子车鍼虎殉穆公而葬矣。遍考书传，未闻其死而复生也。即使复生，且自文六年至定五年，计一百十七年。秦风黄鸟篇"维此鍼虎，百夫之御。"当殉葬时，最少亦得二十岁，则秦师救楚之年，鍼虎已百三十七岁。即使复生，安得尚能帅师，明子虎非鍼虎也。高氏此注，校之以莫嚣大心为成大心，尤为不敏矣。**逾塞而东，**塞，函谷。一曰：武关塞也。**击吴浊水之上，果大破之，以存楚国，**浊水，盖江水。传曰："败吴于公婿之溪。"公婿之溪，楚地。**烈藏庙堂，著于宪法。此功之可强成者也。**烈，功。宪，法也。**夫七尺之形，心知忧愁劳苦，肤知疾痛寒暑，人情一也。**一，同也。**圣人知时之难得，务可趣也，苦身劳形，焦心怖肝，不避烦难，不违危殆。**怖肝，犹戒惧。**盖闻子发之战，**子发，楚威王将。**进如激矢，合如雷电，解如风雨，员之中规，方之中矩，破敌陷陈，莫能壅御，泽战必克，**克，胜也。**攻城必下。彼非轻身而乐死，务在于前，遗利于后，故名立而不堕。**名武中宁国之名。堕，废也。**此自强而成功者也。**成，犹立也。**是故田者不强，囷仓不盈；**强，力也。**官御不厉，心意不精；**精，专也。**将相不强，功烈不成；**烈，业也。**侯王懈惰，后世无名。**世，犹身也。○庄逵吉云：京房易有世应，郭璞洞林以为身，是"世，身也"之证。**诗云："我马唯骐，六辔如丝。**诗云，小雅皇皇者华之篇。六辔四马如丝，言调匀也。**载驰载驱，周爰谘谟。"以言人之有所务也。**谘，难也。诗言当驰驱，以忠信往谟难，事之不自专，已慎之至，乃圣人之务也。

通于物者不可惊以怪，通，达也。言怪物不能惊之也。**喻于道者不可动以奇，**喻，明也。非常曰奇。**察于辞者不可燿以名，**燿，眩也。名，虚实之名。**审于形者不可遁以状。**遁，欺也。状，貌也。**世俗之人，多尊古而贱今，故为道者必托之于神农、黄帝而后能入说。**说，言也。言为二圣所作，乃能入其说于人，人乃用之。**乱世暗主，高远其所从来，因而贵之。为学者，蔽于论而尊其所闻，相与危坐而称之，正领而诵之。此见是非之分不明。**

诵之，谕若影之随形，响之应声，效言之，不知其理，故曰“不明”也。**夫无规矩，虽奚仲不能以定方圆；无准绳，虽鲁般不能以定曲直。是故锺子期死，而伯牙绝弦破琴，知世莫赏也；**锺，官氏。子，通称。期，名也。达于音律。伯牙，楚人，睹世无有知音若子期者，故绝弦破其琴也。**惠施死，而庄子寝说言，见世莫可为语者也。**惠施，宋人，仕于梁，为惠王相。庄子名周，宋蒙县人，作书廿三篇，为道家之言。**夫项托七岁为孔子师，孔子有以听其言也。以年之少，为闾丈人说，救敲不给，何道之能明也！**闾，里也。敲，横也。丈人，长老之称。年少为之说事，老人敲其头，自救不暇，何能明道也！**昔者，谢子见于秦惠王，惠王说之。以问唐姑梁，唐姑梁曰："谢子，山东辩士，固权说以取少主。"**谢，姓也。子，通称也。唐，姓，名姑梁，秦大夫。言谢子，辩士也，常发其巧说以取少主之权。少主，谢子之君。一曰：谓惠王。惠王，秦孝公之子也。○王引之云：权（權）本作奋（奮），奮字上半与權字右半相似，又涉注内權字而误也。高注曰："常发其巧说以取少主之权。"发字正释奋字。（史记乐书集解引孙炎乐记注曰："奋，发也。"）"以取少主之权"，乃加"之权"二字以申明其义，非正文有"权"字也。吕氏春秋去宥篇正作"将奋于说以取少主"。**惠王因藏怒而待之，后日复见，逆而弗听也。**听，犹说是也。**非其说异也，所以听者易。**易，革也。**夫以徵为羽，非弦之罪；**罪在听也。**以甘为苦，非味之过。**过在尝也。**楚人有烹猴而召其邻人，以为狗羹也而甘之。**召，犹请也。**后闻其猴也，据地而吐之，尽写其食。此未始知味者也。**喻以惠王初说谢子，唐姑梁间之，因藏怒也。○王念孙云："邻人"下当更有"邻人"二字，今本脱去，则文义不明。北堂书钞酒食部三、初学记器物部、太平御览饮食部十九、兽部二十二引此，并叠"邻人"二字。"尽写其食"，亦当依初学记、太平御览引，作"尽写其所食"。○文典谨按："楚人有烹猴而召其邻人"，御览九百十引，作"楚有烹猴者，（八百六十一引亦有"者"字。）而给其邻人。"("给"下有注云:"徒亥切。"必非误字。)八百六十一引,仍作召。疑许、高之异。**邯郸师有出新曲者,托之李奇,**师,乐师,瞽也。出,犹作也。新曲,非雅乐也。李奇,古之名倡也。○陶方琦云:御览五百六十五引许注:"李奇,赵之善乐者也。"意林引,作"赵之善音者"。新论正赏篇:"赵人有曲者,托以伯牙之声,世人竞习之。"即用此事。指为赵人,与许说合。**诸人皆争学之。**诸,众也。**后知其非也,而皆弃其曲。此未始知音者也。**知非李奇所作,而皆弃之,故未始知音也。**鄙人有得玉璞者,喜其状,以为宝而藏之。**鄙人,小人。**以示人,人以为石也,因而弃之。此未始知玉者也。故有符于中,则贵是而同今古;**符,验。验者,有明也。是,实也。言中心能明实是者则贵之,古今一也,故曰同也。**无以听其说,则所从来者远而贵之耳。**言无中心明验,无以听人说之是否,但见其言远古之事,便珍贵之耳。近世之事,有可贵者,亦有不贵之也。**此和氏之所以泣血于荆山之下。**荆人和氏得美玉之璞于荆山之下,献楚武王,武王以为石,刖其右足。及文王即位,复献之如是,乃泣血证之为宝。文王曰:"先王轻于刖足而重剖石。"遂为剖之,果如和言,因号为和氏之璧也。**今剑或绝侧羸文,啮缺卷铤,而称以顷襄之剑,则贵人争带之。**绝无侧,羸无文,啮齿卷铤,钝弊无刃,托之为楚顷襄王所服剑,故贵人慕而争带之。一说:顷襄王,善为剑人名。铤,读丰年之稔。**琴或拨剌枉桡,阔解漏越,而称以楚庄之琴,侧室争鼓之。**拨剌,不正。枉桡,曲弱。阔解,坏。漏越,音声散。托之为楚庄王琴,则侧室之宠人争鼓之也。侧室,或作庙堂也。○孙诒让云:后泰族训"朱弦漏越",许注云:"漏,穿。越,琴瑟两头也。"与此注异,许义为允。礼记乐记云:"清庙之瑟,朱弦而疏越。"郑注云:"越,瑟底孔画,疏之使声迟也。"此云漏越,亦犹疏越矣。○俞樾云:"侧室"二字无义。高注曰:"侧室,或作庙堂也。""庙堂"亦无义。疑本作"则尚士争鼓之",尚与上通,尚士即上士也。考工记桃氏为剑,弓人为弓,并有"上士服之"之文,故此言琴,亦曰"上士鼓之"

也。上文曰"今剑或绝侧赢文,啮缺卷鉟,而称以顷襄之剑,则贵人争带之",两文相对,此曰"则上士争鼓之",犹彼曰"则贵人争带之"也。因叚尚为上,而"尚士"二字误合为堂字,浅人因改"则"字为"庙"字,高所据或本是也。又因古本实是"则"字,遂改"堂"字为"室"字,而加人旁于"则"字之左,高所据本是也。**苗山之铤,羊头之销,虽水断龙舟,陆剸兕甲,莫之服带。**苗山,楚山,利金所出。羊头之销,白羊子刀。虽有利用,无所称托,故无人服带也。○王念孙云:铤当为铤,字之误也。铤音挺。说文:"铤,铜铁朴也。"文选七命注引此篇"苗山之铤,(七发注同。)羊头之销",又引许慎注曰:"铤,铜铁朴也。(高注:"苗山,楚山,利金所出。"义与许同。)销,生铁也。"是其证。○陶方琦云:文选七命注引许注:"铤,铜铁朴也。销,生铁也。"按:说文:"铤,铜铁朴也。"与注淮南训正同。论衡率性篇:"世称利剑有千金之价,其本铤,山中之恒铁也。"众经音义十一玄应曰:"铤,铜铁之璞,未成器用者也。"皆与许义合。说文金部:"销,铄金也。"非此义。当是鐎字。说文:"鐎,铁文也。"次于铤字篆下,即依淮南旧文,知许本当作鐎也。**山桐之琴,涧梓之腹,虽鸣廉隅修营,唐牙莫之鼓也。**伐山桐以为琴,溪涧之梓以为腹,鸣声有廉隅。修营,音清凉,声和调。唐犹堂。营,读营正急之营也。○文典谨按:北堂书钞一百九引,"涧梓"作"泽涧"。**通人则不然。**通人,通于事类。不然,不如众人贵远慕声。**服剑者期于恬利,**○陶方琦云:据宋苏颂校淮南题序,许本恬作锬。按:苏氏曰:"许本多用叚借,以恬为惔。"索隐十八引淮南作"期于锬利",知许本作锬,后人因别本改也。恬字亦当作铦。(史记"锬戈在后",亦借为铦利字。)**而不期于墨阳、莫邪;**墨阳、莫邪,美剑名。**乘马者期于千里,而不期于骅骝、绿耳;鼓琴者期于鸣廉修营,而不期于滥胁、号钟;**滥胁,音不和。号钟,高声,非耳所及也。○刘绩云:滥胁、号钟,皆古琴名。梁元帝纂要以为齐桓公琴是也。作"蓝胁"。○王念孙云:刘说是也。滥与蓝古字通。广雅:"蓝胁、号钟,琴名也。"楚辞九叹"破伯牙之号钟兮",王注云:"号钟,琴名。"马融长笛赋亦云:"若絙瑟促柱,号钟高调。"宋书乐志云:"齐桓曰号钟,楚庄曰绕梁。"

事出傅玄琴赋。**诵诗、书者期于通道略物，而不期于洪范、商颂。**略，达物事也。颂，或作容。○庄逵吉云：周礼"和容"，杜子春读作"和颂"。考古容貌字作颂，容纳字作容，实两分。今则通用之也。**圣人见是非，若白黑之于目辨，**辨，别也。**清浊之于耳听。**清，商也。浊，宫也。**众人则不然，**然，如是也。**中无主以受之。譬若遗腹子之上陇，以礼哭泣之，而无所归心。**目不识父之颜，心不哀也。**故夫孪子之相似者，唯其母能知之；**知独别也。**玉石之相类者，唯良工能识之；**卞和是也。**书传之微者，唯圣人能论之。**微，妙。论，叙也。**今取新圣人书，名之孔、墨，则弟子句指而受者必众矣。**眩于孔、墨之名而或，不知其实非孔、墨所作也。**故美人者，非必西施之种；通士者，不必孔、墨之类。晓然意有所通于物，故作书以喻意，以为知者也。**喻，明也。作书者，以明古今传代之事，以为知者施也。○王念孙云：如高注，则"喻意"当作"喻事"，"知者"下当有"施"字。施，设也。言作书以明事，为后之知己者设也。又下文："故师旷之欲善调钟也，以为后之知音者也。"注曰："喻上句作书为知者施也。"（各本"知者"作"知音"，因正文"知音"而误。今据上注改。）则正文有"施"字明矣。今本喻事作喻意，涉上句"意"字而误，"知者"下脱"施"字，则文义不明。**诚得清明之士，执玄鉴于心，照物明白，不为古今易意，**玄，水也。鉴，镜也。皆以自见。能自易，故能见物，言反易也。**摅书明指以示之，虽阖棺亦不恨矣。**摅，抒也。指，书也。朝闻道，夕死可矣，何恨之有乎！**昔晋平公令官为钟，钟成而示师旷，师旷曰："钟音不调。"**平公，晋悼公之子彪。师旷识音，故知其不调。**平公曰："寡人以示工，工皆以为调。而以为不调，何也？"**而，汝也。**师旷曰："使后世无知音者则已，若有知音者，必知钟之不调。"故师旷之欲善调钟也，以为后之有知音者也。**谕上句作书为知音施也。

三代与我同行，五伯与我齐智，我，谓作书者。**彼独有圣智之实，我曾无有闾里之闻、穷巷之知者何？**曾，则也。我则无声名宣闻于闾里，穷巷之人无有知我之贤，何故也？**彼并身而立节，我诞谩而悠忽。**彼谓三代、五伯。并身，同行也。立节，成功业也。诞谩，倨傲也。悠忽，游荡轻物也。**今夫毛嫱、西施，天下之美人，若使之衔腐鼠，蒙猬皮，衣豹裘，带死蛇，则布衣韦带之人，过者莫不左右睥睨而掩鼻。**言虽有美姿，人恶闻其臭，故睥睨掩其鼻。孟子曰"西子蒙不洁，则人皆掩其鼻而过之"是也。**尝试使之施芳泽，正娥眉，设笄珥，衣阿锡，曳齐纨，**笄，妇人首饰。珥，瑱也。阿，细縠。锡，细布。纨，素，齐所出。**粉白黛黑，佩玉环，揄步，**体摇动，挠足行。**杂芝〔一〕若，笼蒙目视，**杂佩芝若香草。笼蒙，犹眇。目，视也。○孙诒让云：注"笼蒙，犹眇。目，视也"，宋本眇作"妙瞀"。案：妙瞀即法言先知篇之眇緜也，李注云："眇緜，远视。"庄本妙作眇，亦通，捝"瞀"字则非。**冶由笑，目流眺，**冶由笑，巧笑。诗曰"巧笑倩兮"是也。流眺，睛眄也。诗曰"美目盼兮"是也。**口曾挠，奇牙出，𪘏酺摇，**曾，则也。挠，弱也。口则弱挠，冒若将笑，故好齿出。诗云"齿如瓠犀"是也。𪘏酺，颊边文，妇人之媚也。○王念孙云：说文："揄，引也。"揄、步之间脱去一字。自"佩玉环"以下皆三字为句，此独两字，则与上下不协。新书劝学篇作"揄铗陂"，（今本揄误作榆，辩见贾子。）亦三字为句也。"笼蒙目视"四字，文不成义，且与上下句不协。刘绩曰：衍目字。念孙案：此当衍视字。高注："目，视也。"则正文作"笼蒙目"明矣。（今本"目"下有"视"字，即涉注文而误。）广雅亦云："目，视也。"史记项羽纪曰"范增数目项王"是也。"笼蒙目"即笼蒙视，与"冶由笑"相对为文。贾子作"风虿视"。（今本风虿误作虿蚤）风虿、笼蒙，语之转耳。**则**

〔一〕"芝"，王念孙说当为"芷"，详见说林训"兰芝以芳"注。

虽王公大人,有严志颉颃之行者,无不憛悇痒心而悦其色矣。憛悇,贪欲也。痒心,烦闷也。憛悇,读惨探之探也。○庄逵吉云:钱别驾云:憛读探,必非憛字。据楚辞及冯衍赋,应作"憛悇"为是。形之讹耳。○王念孙云:钱谓憛当作憛,是也。然楚辞七谏"心悇憛而烦冤兮",王注云:"悇憛,忧愁貌。"后汉书冯衍传"终悇憛而洞疑",李贤注引广苍云:"悇憛,祸福未定也。"皆与高注贪欲之义不同。唯贾子劝学篇"孰能无悇憛养心",义与此同。广韵:"悇,抽据切。憛悇,爱也。"义盖本于淮南。**今以中人之才,蒙愚惑之智,被污辱之行,无本业所修,方术所务,焉得无有睥面掩鼻之容哉!**

今鼓舞者,"鼓舞"或作"郑舞",郑者郑袖,楚怀王之幸姬,善歌攻舞,因名郑舞。一说:郑重攻舞也。**绕身若环,**车轮倒也。**曾挠摩地,扶旋猗那,动容转曲,便媱拟神,**曾挠摩地,鼓车平解。扶转周旋,更曲意更为之。拟,象也。**身若秋药被风,**药,白芷,香草也。被风,言其弱也。**发若结旌,**屈而复舒也。**骋驰若骛;**骋驰,言其疾也。○王念孙云:高注传写脱误,当作:"扶於,周旋也。转,更也。曲竟更为之。"今本脱去"於"字、两"也"字,"转"字误在"周旋"上,"竟"字又误作"意",遂致文不成义。正文内"扶於"二字,各本多误作"扶旋",(旋字即涉注文而误。)唯道藏本、茅本不误。扶於、猗那,皆叠韵也。若作扶旋,则失其读矣。史记司马相如传"扶舆猗靡",集解引郭璞曰:"淮南所谓'曾折摩地,扶舆猗委'也。"扶舆即扶於。(相如传又云"垂条扶於"。)太平御览乐部十二引此,正作"扶於",又引高注曰:"转,更也。曲竟更为也。"是其证。楚辞九怀"登羊角兮扶舆",洪兴祖补注引此,亦作"扶於"。而庄刻乃从诸本作"扶旋",谬矣。"便媱拟神",媱当为娟。媱字俗书作媔,与娟相似而误。楚辞大招"丰肉微骨,体便娟只",王注云:"便娟,好貌也。"便娟亦叠韵。若作便媱,则失其读矣。后汉书文苑传注及太平御览引此,并作"便娟"。"骋驰若骛",骛当为惊。高注"言其疾也",正释"若惊"二字。(今本"言其疾"上有"骋驰"二字,此涉正文而衍。)张衡西京赋说舞曰"纷纵体而迅赴,若惊鹤之群罢"是也。惊(驚)、骛字相近,因误为骛。(庄子知北游篇注"理未动而志已惊",释文:"惊,本亦作骛。")骛与骋驰同义,若云"骋驰若骛",则是"骋驰若骋驰"矣。且地、那为韵,(地古读若沱,说见唐韵正。)神、旌、惊为韵,(此以真、耕通为一韵,周易、楚辞及老、庄诸子多如此。)若作骛,则失其韵矣。太平御览引此,正作"骋驰若惊"。**木熙者,举梧檟,据句枉,**熙,戏也。举,援也。梧,桐。檟,梓。皆大木也。句枉,曲枝也。枉或作掘也。**猿自纵,好茂叶,**言舞者若猿,不复践地,好上茂木之枝叶。**龙夭矫,燕枝拘,**言缵蕴若蟠龙。燕枝拘,言其著树,如燕附枝也。**援丰条,舞扶疏,**援,持也。持大条,以木舞。扶疏,槃跚貌。**龙从鸟集,搏援攫肆,蔑蒙踊跃:**言其舞体如龙附云,如鸟集山,持捷大极其巧。蔑蒙踊跃,言其疾也。**且夫观者莫不为之损心酸足,**观者见其微妙危险,皆为之损动中心,酸酢其足也。○王念孙云:且当为则,字之误也。"则夫"二字承上"今鼓舞者"以下二十一句而言。上文云"则布衣韦带之人,莫不左右睥睨而掩鼻",又云"则虽王公大人,有严志颉颃之行者,无不憛悇痒心而悦其色矣",语意并与此同。**彼乃始徐行微笑,被衣修擢。**彼舞者更复徐行小笑,被倡衣,修擢舞,为后曲也。**夫鼓舞者非柔纵,**言非其人生自柔弱屈句委纵也。**而木熙者非眇劲,**眇,绝也。言其非能自有绝眇之强力也。**淹浸渍渐靡使然也。**淹,久也。浸,渍。渐于教久,使之柔纵眇劲,靡教化使之然也。○王念孙云:高训眇为绝,而以"眇劲"为绝妙之强力,于义未安。今案:"眇劲"与"柔纵"相对为文,眇读为訬,"訬劲"犹轻劲也。上文曰:"越人有重迟者,而人谓之訬。"高彼注曰:"訬,轻利急疾。(旧本脱疾字,据文选注补。)訬,读燕人言躁操善趍者谓之訬同也。"后汉书马融传"或轻訬趬悍",李贤曰:"訬,轻捷也。"文选吴都赋"轻訬之客",李善曰:"高诱淮南子注曰:訬,轻利急疾也。訬音眇。"是訬、眇同声而通用也。"淹浸渍渐靡","渍"字涉注文而衍。"淹浸、渐靡",皆两字连读,不当有渍字。且注训淹为久,浸为渍,则正文无"渍"字明矣。**是故生木之长,莫见其益,有时而修;**长者,令长之长。**砥砺礛坚,莫见其**

损，有时而薄。有时，积时，言非一日。教化亦然也。**藜藿之生，蟆蟆然日加数寸，不可以为栌栋；**加，犹益也。栌，屋也。○王念孙云："藜藿"当为"藜藋"，(徒吊反。)字之误也。藋，即今所谓灰藋也。尔雅"拜，蔏藋"，郭注曰："蔏藋似藜。"昭十六年左传曰"斩其蓬蒿藜藋"，庄子徐无鬼篇曰"藜藋柱乎鼪鼬之迳"是也。藜藋皆生于不治之地，其高过人，故曰"蟆蟆然日加数寸"。若藿为豆叶，豆之高不及三尺，斯不得言"日加数寸"矣。藜藋皆一茎直上，形似树而质不坚，故曰"不可以为栌栋"。若藿，则非其类矣。太平御览木部六引作"藜藿"，亦传写之误。百卉部"藋"下引此，正作"藜藋"。后人多闻藜藿，寡闻藜藋，故诸书中藜藋字多误为藜藿。说见史记仲尼弟子传。○俞樾云：高注曰："栌，屋也。"然则正文及注文并当作庐。汉书食货志注曰："庐，田中屋也。"故高注训庐为屋。"以为庐栋"，犹曰"以为屋栋"。说山篇曰："郢人有买屋栋者。"彼云"屋栋"，此云"庐栋"，其义一也。因栋字从木，遂并庐字而亦误从木作栌。栌者，柱上柎也。若果是栌字，何得以屋训之？本经篇"标株欂栌"，高注曰："栌，柱上柎。"即梁上短柱也。然则高氏非不知柱上柎之义，何以于此篇必变其说乎？且以文义言之，日加数寸，言其长也。屋栋之木，必取其长。若栌，则短柱耳，以方木为之，其形如斗，故亦谓之斗拱，非必长木乃可为之，何取于日加数寸者乎？**楩枏豫章之生也，七年而后知，故可以为棺舟。**知犹觉，觉其大。○陶方琦云：文选养生论注引许注："豫章，与枕木相似，须七年乃可别。"(文选注引延叔坚注云云，叔坚即叔重之讹。后人因东汉有延笃字叔坚，遂增入"延"字。)○文典谨按："七年而后知"，文选注、艺文类聚八十八引，并作"七年可知"。(史记司马相如传集解亦云："生七年乃可知也。")**夫事有易成者名小，难成者功大。君子修美，虽未有利，福将在后至。**美，善也。**故诗云："日就月将，学有缉熙于光明。"此之谓也。**已说在上章也。

淮南鸿烈集解卷二十

泰族训

泰言古今之道，万物之指，族于一理，明其所谓也，故曰"泰族"。〇曾国藩云：族，聚也，群道众妙之所聚萃也。泰族者，聚而又聚者也。始之又始曰泰始，一之又一曰泰一，伯之前有伯曰泰伯，极之上有极曰泰极，以及泰山、泰庙、泰坛、泰折，皆尊之之辞。〇文典谨按：此篇叙目，无"因以题篇"字，乃许慎注本。

天设日月，列星辰，调阴阳，张四时，日以暴之，夜以息之，风以干之，雨露以濡之。其生物也，莫见其所养而物长；其杀物也，莫见其所丧而物亡：此之谓神明。圣人象之，故其起福也，不见其所由而福起；其除祸也，不见其所以而祸除。远之则迩，延之则疏；稽之弗得，察之不虚；日计无算，岁计有余。夫湿之至也，莫见其形，而炭已重矣。风之至也，莫见其象，而木已动矣。日之行也，不见其移，骐骥倍日而驰，草木为之靡，县熢未转，县熢，边候，见虏举熢，转相受，行道里最疾者也。〇文典谨按："县熢未转"，御览八百九十六引，作"悬峰未薄"，又引注云："悬峰，马蹄下鸡舌也。"与今注迥殊，疑许、高之异也。而日在其前。故天之且风，草木未动而鸟已翔矣，鸟巢居，知风也。其且雨也,阴曀未集而鱼已噞矣,鱼潜居,知雨也。以阴阳之气相动也。故寒暑燥湿,以类相从;声响疾徐,以音相应也。故易曰:“鸣鹤在阴,其子和之。”高宗谅闇,三年不言,四海之内寂然无声;一言声然,大动天下。○俞樾云:“声然”二字,文不成义。声当作罄,涉上文“四海之内,寂然无声”而误也。周书太子晋篇“师旷罄然又称曰”,孔注曰:“罄然,自严整也。”是其义也。下文“故圣人者,怀天心,声然能动化天下者也”,“声然”亦“罄然”之误。能,读为而。是以天心呿吟者也,故一动其本而百枝皆应,若春雨之灌万物也,浑然而流,沛然而施,无地而不澍,无物而不生。故圣人者怀天心,声然能动化天下者也。故精诚感于内,形气动于天,则景星见,黄龙下,祥凤至,醴泉出,嘉谷生,河不满溢,海不溶波。故诗云:“怀柔百神,及河峤岳。”逆天暴物,则日月薄蚀,五星失行,四时干乖,昼冥宵光,山崩川涸,冬雷夏霜。诗曰:“正月繁霜,我心忧伤。”天之与人有以相通也。故国危亡而天文变,世惑乱而虹蜺见,万物有以相连,精祲有以相荡也。精祲,气之侵入者也。

故神明之事,不可以智巧为也,不可以筋力致也。天地所包,阴阳所呕,雨露所濡,化生万物,瑶碧玉珠,翡翠玳瑁,文彩明朗,润泽若濡,摩而不玩,久而不渝,○王念孙云:“雨露所以濡,生万物”,本作“雨露所濡,以生万殊”,“瑶碧玉珠”本在“翡翠瑇瑁”之下。道藏本“濡以”二字误倒,“万殊”误作“万物”,“翡翠瑇瑁”又误在“瑶碧玉珠”之下。案:“雨露所濡”为句,“以生万殊”为句,如藏本,则失其句矣。且此段以呕、濡、殊、珠、濡、渝为韵,如藏本,则失其韵矣。刘本作“雨露所濡,生万物”,又脱去“以”字。汉魏丛书本乃于“生万物”上妄加“化”字,而庄本从之,斯为谬矣。太平御览工艺部九引此,正作“雨露所濡,以生万殊,翡翠瑇瑁,瑶碧玉珠”。奚仲不能旅,旅,部旅也。鲁般不能造,○俞樾云:旅字无义,疑放字之误。广雅释诂:"放,效也。"言天地所生者,虽奚仲不能放效之,虽鲁般不能造作之也。高注曰:"旅,部旅也。"其所据本已误。此之谓大巧。宋人有以象为其君为楮叶者,象,象牙也。三年而成,茎柯豪芒,锋杀颜泽,乱之楮叶之中而不可知也。列子曰:"使天地三年而成一叶,则万物之有叶者寡矣。夫天地之施化也,呕之而生,吹之而落,岂此契契哉!"故凡可度者,小也;可数者,少也。至大,非度之所能及也;至众,非数之所能领也。故九州不可顷亩也,八极不可道里也,太山不可丈尺也,江海不可斗斛也。故大人者,与天地合德,日月合明,鬼神合灵,与四时合信。○王念孙云:此用乾文言语也,"日月"、"鬼神"上并脱"与"字。文子精诚篇正作"与日月合明,与鬼神合灵"。故圣人怀天气,抱天心,○俞樾云:文子精诚篇作"怀天心,抱地气",是也。上文云"故圣人者怀天心",则此文亦当作"怀天心"矣。"怀天心"之文既与文子同,则下句亦当作"抱地气"矣,传写误耳。上文"故圣人者怀天心"下,疑亦当有"抱地气"三字。今阙此句,文义不备。执中含和,不下庙堂而衍四海,○王念孙云:文选东都赋注引此,作"不下庙堂而行于四海",于义为长。文子精诚篇亦作"不下堂而行四海"。变习易俗,民化而迁善,若性诸己,能以神化也。诗云:"神之听之,终和且平。"夫鬼神,视之无形,听之无声,然而郊天、望山川,祷祠而求福,雩兑而请雨,兑,说也。卜筮而决事。诗云:"神之格思,不可度思,矧可射思!"此之谓也。

天致其高,地致其厚,月照其夜,日照其昼,阴阳化,列星朗,非其道而物自然。○王念孙云:下三句本作"列星朗,阴阳化,非有为焉,正其道而物自然"。自"天致其高"至"列星朗",是说天地日月星,而"阴阳化"一句则总承上文言之。今本"列星朗"句在后,则失其次矣。且厚、昼为韵,化、焉、然为韵。(化字古音在歌部,焉、然二字在元部,歌、元二部古或相通。陈风东门之枌篇以差、原、麻、娑为韵,小雅桑扈篇以翰、宪、难、那为韵,隰桑篇以阿、难、何为韵。逸周书时训篇"鴠鸟犹鸣,国有讹言,虎不始交,将帅不和,荔挺不生,卿士专权",庄子天运篇"孰隆施是,孰居无事淫乐而劝是",淮南诠言篇"为善则观,为不善则议,观则生责,议则生患",说林篇"百梅足以为百人酸,一梅不足以为一人和",泰族篇"其美在和,其失在权,水火金木土谷异物而皆任,规矩权衡准绳异形而皆施,丹青胶漆不同而皆用,各有所适,物各有宜",皆其证也。差、施、议、宜四字,古在歌部,说见唐韵正。)若"列星朗"句在后,则失其韵矣。"非有为焉,正其道而物自然"者,然,成也。(广雅:"然,成也。"大戴礼武王践阼篇"毋曰胡残,其祸将然",谓其祸将成也。庄子缮性篇"莫之为而常自然",谓常自成也。楚辞远游"无滑而魂兮,彼将自然",谓彼将自成也。又见下。)言天地阴阳非有所为,但正其道而万物自成也。原道篇云:"万物固以自然,(以与已同。)圣人又何事焉!"语意正与此同。下文云:"故阴阳四时,非生万物也;雨露时降,非养草木也;神明接,阴阳和,而万物生矣。"即此所谓"非有为焉,正其道而物自然"也。道藏本"非有"下脱"为焉正其"四字,则文不成义。刘本作"正其道而物自然",无"非有为焉"四字,亦非。(若本无"非有为焉"四字,则藏本不得有"非有"二字矣。主术篇曰:"是故绳正于上,木直于下,非有事焉,所缘以修者然也。"语意正与此同。)庄本作"非其道而物自然",则其谬益甚。文子精诚篇作"列星朗,阴阳和,非有为焉,正其道而物自然",是其明证矣。(和字亦与焉、然为韵。)**故阴阳四时,非生万物也;雨露时降,非养草木也;神明接,阴阳和,而万物生矣。故高山深林,非为虎豹也;大木茂枝,非为飞鸟也;流源千里,渊深百仞,非为蛟龙也;**○王念孙云:太平御览鳞介部二引此,"流源"作"源流","渊深"作"深渊",是也。源流者,有源之流,原道篇云"源流泉浡,冲而徐盈"是也。今作"流源",则文不成义。"深渊"与"源流"相对为文,犹上文言"高山深林"、"大木茂枝"也。今作"渊深",则与上文不类矣。**致其高崇,成其广大,山居木栖,巢枝穴藏,**○俞樾云:枝乃𢧐字之误。"巢𢧐"、"穴藏",相对成义。史记梁孝王世家索隐引通俗文曰:“高置立歧栅曰歧阁。”即此歧字之义。巢高故言歧,穴深故言藏。**水潜陆行,各得其所宁焉。夫大生小,多生少,天之道也。故丘阜不能生云雨,荥水不能生鱼鳖者,小也。**○王念孙:荥水,小水也。说文:“荥,绝小水也。”韩诗外传曰:“荥泽之水,无吞舟之鱼。”汉书杨雄传“梁弱水之濎濴兮”,服虔曰:“昆仑之东有弱水,度之若濎濴耳。”师古曰:“濎濴,小水之皃。”濴与荥同。道藏本、刘本皆作荥,太平御览鳞介部四引此同。**牛马之气蒸生虮虱,虮虱之气蒸不能生牛马。故化生于外,非生于内也。**○文典谨按:御览九百五十一引,“虮虱之气”下无“蒸”字。**夫蛟龙伏寝于渊,而卵割于陵;**蛟龙,鳖属也。乳于陵而伏于渊,其卵自孕。○王念孙云:割当为剖,字之误也。剖谓破卵而出也。原道篇“羽者妪伏”,高注曰:“妪伏,以气剖卵也。”文选海赋“剖卵成禽”,李善曰:“剖,犹破也。”初学记鳞介部、白帖九十五、太平御览鳞介部二引此,并作“卵剖”。开元占经龙鱼虫蛇占引作“卵孚”,又引许慎注曰:“孚,谓卵自孚也。”孚、剖声相近,故高注曰“蛟龙乳于陵而伏于渊,其卵自孚”也。○陶方琦云:史记集解百二十八、开元占经百二十引许注:“蛟龙,龙属也。”按:史记龟策传“明月之珠,蚗龙伏之”,徐广引许注作蚗龙,索隐谓蚗应作蛟。说文:“蛟,龙属也。”汉书明帝纪注引许君说:“蛟,龙属也。”今注“蛟龙”不误,鳖乃龙之误文。又占经引许注:“孚,谓卵自孚也。”乃约文;其全文,今本是也。说文:“孚,卵孚也。”人间训:“夫鸿鹄之未孚于卵也。”通俗文:“卵化曰孚。”○文典谨按:“伏寝于渊”,白帖九十五引,作“潜伏于川”。**螣蛇雄鸣于上风,雌鸣于下风而化成形,精之至也。**○文典谨按:螣蛇,艺文类聚九十六引,作“腾蛇”。**故圣人养心,莫善于诚,至诚而能动化矣。今夫道者,藏精于内,栖神于心,静漠恬淡,讼缪胸中,**讼,容也。缪,静也。○王引之云:高所见本作讼,故训为容,讼、容古同声也。其实讼乃说字之误,说,古悦字。缪与穆同,穆亦和悦也。大雅烝民笺曰:“穆,和也。”管子君臣篇“穆君之色”,尹知章曰:“穆,犹悦也。”“说缪胸中”者,所谓“不改其乐”也。文子精诚篇正作“悦穆胸中”。**邪气无所留**

滞，四枝节族，毛蒸理泄，则机枢调利，百脉九窍莫不顺比，其所居神者得其位也，岂节拊而毛修之哉！圣主在上，○文典谨按：群书治要引，主作王。廓然无形，寂然无声，官府若无事，朝廷若无人，无隐士，无轶民，无劳役，无冤刑，四海之内莫不仰上之德，象主之指，夷狄之国重译而至，非户辩而家说之也，○文典谨按：群书治要引，辩作辨。辨、辩古通用。推其诚心，施之天下而已矣。诗曰："惠此中国，以绥四方。"内顺而外宁矣。太王亶父处邠，狄人攻之，杖策而去，百姓携幼扶老，负釜甑，逾梁山，而国乎岐周，非令之所能召也。秦穆公为野人食骏马肉之伤也，饮之美酒，韩之战，以其死力报，非券之所责也。券，契也。○王念孙云："责"上脱"能"字。上文云"非令之所能召也"，下文云"非刑之所能禁也"，"非法之所能致也"，是其证。○陶方琦云：群书治要引许注："券，契也。"按：说文："券，契也。"与注淮南说合。密子治亶父，○文典谨按：群书治要引，密作季，亶作单。巫马期往观化焉，见夜渔者得小即释之，非刑之所能禁也。孔子为鲁司寇，道不拾遗，市买不豫贾，○王念孙云：买字即贾字之误而衍者也。"市不豫贾"，谓市之鬻物者不高其价以相诳豫，非谓买者也。荀子儒效篇作"鲁之鬻牛马者不豫贾"，淮南览冥篇及史记循吏传并云"市不豫贾"。多一"买"字，则文不成义，且与上句不对矣。田渔皆让长，让长，分别长者得多。○陶方琦云：群书治要引许注"长者得多"，佚上四字。而辫白不戴负，辫白，头有白发。○陶方琦云：群书治要引许注："斑白，头有白发。"按：说文："辫，驳文也。""皤，老人头白也。""䰄，须发半白也。"非法之所能致也。夫矢之所以射远贯牢者，弩力也；○文典谨按：群书治要引牢作坚。其所以中的剖微者，正心也。○王念孙云："正心"本作"人心"，与"弩力"相对为文。今作"正心"者，后人妄改之耳。群书治要及太平御览工艺部二引此,并作"人心"。○文典谨按:王说是也。人字,唐武后作　,形与正相近,遂讹为正耳。**赏善罚暴者,政令也;其所以能行者,精诚也。故弩虽强不能独中,令虽明不能独行,必自精气所以与之施道。**○文典谨按:群书治要引,自作有。**故摅道以被民,而民弗从者,诚心弗施也。**○文典谨按:群书治要引,摅作总。

天地四时,非生万物也,神明接,阴阳和,而万物生之。圣人之治天下,非易民性也,拊循其所有而涤荡之,故因则大,化则细矣。能循,则必大也;化而欲作,则小矣。○王念孙云:化字义不可通。化当为作,字之误也。圣人顺民性而条畅之,所谓因也。反是,则为作矣。原道篇曰:"任一人之能,不足以治三亩之宅也。循道理之数,因天地之自然,则六合不足均也。"故曰:"因则大,作则细矣。"高注本作"能循,则必大也;欲作,则小矣",今本"欲作"上有"化而"二字,则后人依已误之正文加之耳。文子道原篇作"因即大,作即细",自然篇作"因即大,作即小",皆其证。吕氏春秋君守篇曰:"作者擾,因者平。"任数篇曰:"为则擾矣,因则静矣。"语意略与此同。○陶方琦云:群书治要引许注:"能循,则必大也;欲作,则小矣。"按:今本化字当为作。文子亦云"作则细"。说文:"细,微也。""小,物之微也。"**禹凿龙门,辟伊阙,决江浚河,东注之海,因水之流也。后稷垦草发菑,粪土树谷,使五种各得其宜,因地之势也。**○文典谨按:御览八百三十七引,"五"下有"谷之五"三字。**汤、武革车三百乘,甲卒三千人,讨暴乱,制夏、商,因民之欲也。故能因,则无敌于天下矣。夫物有以自然,而后人事有治也。故良匠不能斫金,巧冶不能铄木,金之势不可斫,而木之性不可铄也。埏埴而为器,窬木而为舟,**○文典谨按:御览七百五十二引,窬作刳。**铄铁而为刃,铸金而为钟,因其可也。驾马服牛,令鸡司夜,令狗守门,因其然也。民有好色之性,故有大婚之礼;有饮食之性,故有大飨之谊;有喜乐之性,故有**

钟鼓筦弦之音；有悲哀之性，故有衰绖哭踊之节。故先王之制法也，因民之所好，而为之节文者也。因其好色而制婚姻之礼，故男女有别；○文典谨按：群书治要引，别作班。因其喜音而正雅、颂之声，○文典谨按：群书治要引，喜作好。故风俗不流；因其宁家室、乐妻子，教之以顺，○文典谨按：群书治要引，顺作孝。故父子有亲；因其喜朋友而教之以悌，故长幼有序。然后修朝聘以明贵贱，飨饮习射以明长幼，○王念孙云：飨当为乡，字之误也。经解、射义并云："乡饮酒之礼，所以明长幼之序。"是其证。群书治要引此，正作乡饮。时搜振旅以习用兵也〔一〕，搜，简车马。出曰治兵，入曰振旅。○陶方琦云：群书治要引许注："蒐，简车马也。"按：经传多作蒐，亦作獀。齐语："春以獀振旅。"入学庠序以修人伦。此皆人之所有于性，而圣人之所匠成也。故无其性，不可教训；有其性，无其养，不能遵道。茧之性为丝，然非得工女煮以热汤而抽其统纪，则不能成丝。卵之化为雏，非慈雌呕暖覆伏，累日积久，则不能为雏。人之性有仁义之资，非圣人为之法度而教导之，则不可使乡方。故先王之教也，因其所喜以劝善，因其所恶以禁奸，故刑罚不用而威行如流，政令约省而化耀如神。故因其性，则天下听从；拂其性，则法县而不用。

昔者，五帝三王之莅政施教，必用参五。何谓参五？仰取象于天，俯取度于地，中取法于人，乃立明堂之朝，行明堂之令，明堂，布令之宫，有十二月之政令也。以调阴阳之气，以

〔一〕"也"字疑衍。

和四时之节，以辟疾病[一]之菑。俯视地理，以制度量，察陵陆水泽肥墽高下之宜，○文典谨按：御览六百二十四引，作“察山陵水泽肥垸高下之宜”。立事生财，以除饥寒之患。中考乎人德，○文典谨按：御览引，作“中之考乎德”。以制礼乐，行仁义之道，以治人伦而除暴乱之祸。乃澄列金木水火土之性，澄，清也。故立父子之亲而成家；别清浊五音六律相生之数，以立君臣之义而成国；○王念孙云：“故立父子之亲”亦当为“以立父子之亲”，与下文相对。文子上礼篇正作“以立”。“清浊五音”亦当依文子作“五音清浊”。○俞樾云：“故立”当从文子上礼篇作“以立”，王氏念孙已订正矣。惟“木水”二字传写误倒，当作“水木”，盖金、水、木、火、土，相生之序，故本之以立父子之亲也。察四时季孟之序，以立长幼之礼而成官：此之谓参。制君臣之义，父子之亲，夫妇之辨，长幼之序，朋友之际，此之谓五。乃裂地而州之，分职而治之，筑城而居之，割宅而异之，分财而衣食之，立大学而教诲之，夙兴夜寐而劳力之。此治之纲纪也。然得其人则举，失其人则废。尧治天下，政教平，德润洽。在位七十载，乃求所属天下之统，令四岳扬侧陋。四岳举舜而荐之尧，尧乃妻以二女，以观其内；二女，娥皇、女英。任以百官，以观其外；既入大麓，烈风雷雨而不迷，林属于山曰麓。尧使舜入林麓之中，遭大风雨不迷也。乃属以九子，尧有九男。赠以昭华之玉，而传天下焉。昭华，玉名。以为虽有法度，而朱弗能统也。朱，尧子也。

夫物未尝有张而不弛、成而不毁者也，惟圣人能盛而不衰，盈而不亏。神农之初作琴也，以归神；及其淫也，反

〔一〕王念孙说，“病”当为“疹”。详见修务训“时多疾病毒伤之害”注。

其天心。○王念孙云:此文本作"神农之初作琴也,以归神杜淫,反其天心;(白虎通义曰:"琴者,禁也。所以禁止淫邪,正人心也。"琴操曰:"昔伏羲氏作琴,所以御邪僻,防心淫,以修身理性,反其天真也。")及其衰也,流而不反,淫而好色,至于亡国。""流而不反"正对"反其天心"言之,"淫而好色"正对"杜淫"言之。下文曰:"夔之初作乐也,皆合六律而调五音,以通八风;及其衰也,以沈湎淫康,不顾政治,至于灭亡。"句法皆与此相对。此以淫、心为韵,色、国为韵;下文以音、风为韵,(风字古音在侵部,说见唐韵正。)康、亡为韵。文子上礼篇作"圣人之初作乐也,以归神杜淫,反其天心;至其衰也,流而不反,淫而好色,(今本此下有"不顾正法,流及后世"八字,盖后人所加,群书治要引文子无此八字。)至于亡国",是其明证矣。文选长笛赋注引上三句云:"神农之初作瑟,(瑟字与今本不合,所引盖许慎本。)以归神反望,及其天心。""杜淫"作"反望","反其"作"及其",皆传写之误,("反望"之反,盖涉下"反其天心"而误。淫、望,反、及,皆以形近而误。)而句法正与文子同。若今本,则错脱不成文理,且失其韵矣。**夔之初作乐也,**夔,尧典乐官也。**皆合六律而调五音,以通八风;及其衰也,以沉湎淫康,不顾政治,至于灭亡。苍颉之初作书,以辩治百官,领理万事,愚者得以不忘,智者得以志远;**○王念孙云:"志远"本作"志事"。以书记事,无分于远近,不当独言"志远"。后人以两"事"字重出,故改"志事"为"志远"耳,不知古人之文不嫌于复,且两"事"字自为韵,(上下文皆用韵。)若作"志远",则失其韵矣。文子正作"智者以记事"。**至其衰也,为奸刻伪书,以解有罪,以杀不辜。汤之初作囿也,以奉宗庙鲜犞之具,**生肉为鲜,干肉为犞。**简士卒,习射御,以戒不虞;及至其衰也,驰骋猎射,以夺民时,罢民之力。**○王念孙云:"罢民之力",当作"以罢民力",与上句相对为文。上文"以解有罪,以杀不辜",与此文同一例。文子正作"以罢民力"。○文典谨按:初学记居处部引,作"驰骋游猎,以夺人之时,劳人之力"。**尧之举禹、契、后稷、皋陶,政教平,奸宄息,狱讼止而衣食足,贤者劝善而不肖者怀其德;及至其末,朋党**

比周，各推其与，废公趋私，内外相推举，奸人在朝而贤者隐处。○王念孙云："内外相推举"，句法与上下文不协。且"推"字与上文"各推其与"相复，盖衍文也。文子无"推"字。故易之失也卦，书之失也敷，乐之失也淫，诗之失也辟，礼之失也责，春秋之失也刺。○王念孙云：此六句非淮南原文，乃后人取诠言篇文附入，而加以增改者也。下文云"故易之失鬼，乐之失淫，诗之失愚，书之失拘，礼之失忮，春秋之失訾"，与此六句相距不过数行，而或前后重出，或彼此参差，其不可信一也。下文"易之失鬼"六句，高氏皆有注，而此独无注，若原文有此六句，不应注于后而不注于前，其不可信二也。太平御览学部二所引，有下"易之失鬼"六句，而无此六句，其不可信三也。天地之道，极则反，盈则损。五色虽朗，有时而渝；茂木丰草，有时而落；物有隆杀，不得自若。故圣人事穷而更为，法弊而改制，非乐变古易常也，将以救败扶衰，黜淫济非，以调天地之气，顺万物之宜也。

圣人天覆地载，日月照，阴阳调，四时化，万物不同，无故无新，无疏无亲，故能法天。天不一时，地不一利，人不一事，是以绪业不得不多端，趋行不得不殊方。五行异气而皆适调〔一〕，○庄逵吉云：御览作"而皆和"，无"适调"字。六艺异科而皆同道。○庄逵吉云：御览无"同"字。○文典谨按：北堂书钞九十五引，作"五行异气而皆和，六艺异科而皆通"。温惠柔良者，诗之风也；○文典谨按：初学记文部引，作"温惠淳良，诗教也"。御览六百八引，柔亦作淳。淳庞敦厚者，书之教也；○文典谨按："淳庞"，书钞引作"纯龙"，御览引作"纯元"。清明条达者，易之义也；○文典谨按：御览引，明作净。书钞引，义作教。恭俭尊让者，礼之为也；○文典谨按：尊，书钞、

〔一〕"五行异气而皆适调"，王念孙说当为"五行异气而皆和"。详见诠言训"物莫不足滑其调"注。

御览引，并作揖。**宽裕简易者，乐之化也；**〇庄逵吉云：御览裕作和。**刺几辩义者，春秋之靡也。**〇文典谨按：御览引，几作讥，义作议。**故易之失鬼，**易以气定吉凶，故鬼。**乐之失淫，**乐变至于郑声，淫也。**诗之失愚，**诗人怒，怒近愚。〇庄逵吉云：怒，疑当作怨。**书之失拘，**书有典谟之制，拘以法也。〇文典谨按：御览引，拘作劫。**礼之失忮，**礼，尊尊卑卑，尊不下卑，故忮也。〇庄逵吉云：御览忮作乱。**春秋之失訾。**春秋贬绝不避王人，书人之过，相訾也。〇文典谨按：御览引此六句，"失"下皆有"也"字。**六者，圣人兼用而财制之。失本则乱，得本则治。其美在调〔一〕，其失在权。水火金木土谷异物而皆任，规矩权衡准绳异形而皆施，丹青胶漆不同而皆用，各有所适，物各有宜。轮圆舆方，辕从衡横，势施便也。骖欲驰，服欲步，**骖，騑。服，车中央马也。**带不厌新，钩不厌故，处地宜也。关雎兴于鸟，而君子美之，为其雌雄之不乖居也；**〇王念孙云：乖当为乘，字之误也。（罗愿尔雅翼引此已误。）乘者，匹也，言雌雄有别，不匹居也。广雅曰："双、耦、匹、乘，二也。"月令"乃合累牛腾马"，郑注曰："累、腾，皆乘匹之名。"家语好生篇曰：关雎兴于鸟，而君子美之，取其雌雄之有别。"毛诗传亦云："雎鸠挚而有别。"（郑笺曰："挚之言至也，谓王雎之鸟雌雄情意至，然而有别。"戴先生毛郑诗考正曰："案：古字鸷通用挚。夏小正'鹰始挚'，曲礼'前有挚兽'，是其证。春秋传郯子言少皞以鸟名官，雎鸠氏，司马也。说曰：'鸷而有别，故为司马，主法制。'义本毛诗，不得如笺所云明矣。"念孙谨案：淮南说林篇"神龙不匹，猛兽不群，鸷鸟不双"，义与毛诗同。）"有别"，即此所云"不乘居"也。汉张超诮青衣赋亦曰："感彼关雎，性不双侣。"列女传仁智传曰："夫雎鸠之鸟，犹未尝见其乘居而匹处也。"（张华鹪鹩赋云："繁滋族类，乘居匹游。"）此尤其明证矣。**鹿鸣兴于兽，君子大之，取其见食而**

〔一〕"调"，王念孙说当为"和"。详见诠言训"物莫不足滑其调"注。

相呼也。泓之战，军败君获，宋襄公与楚战于泓，楚人败之，获襄公。而春秋大之，取其不鼓不成列也；宋伯姬坐烧而死，伯姬，宋共公夫人。夜失火，待傅母不至，不下堂，而及火死之也。春秋大之，取其不逾礼而行也。成功立事，岂足多哉，方指所言，而取一概焉尔。王乔、赤松去尘埃之间，离群慝之纷，慝，恶也。○文典谨按：文选左太冲招隐诗注引，慝作物。吸阴阳之和，食天地之精，呼而出故，吸而入新，踈虚轻举，乘云游雾，可谓养性矣，而未可谓孝子也。周公诛管叔、蔡叔，以平国弭乱，可谓忠臣也，而未可谓弟也。○王念孙云：此当作"可谓忠臣矣，而未可谓弟弟也"。上文云"可谓养性矣，而未可谓孝子也"，是其证。○孙诒让云：当作"而未可谓悌弟也"，与上下文"未可谓孝子"、"未可谓忠臣"、"未可谓慈父"文例同。汤放桀，武王伐纣，以为天下去残除贼，可谓惠君，而未可谓忠臣矣。乐羊攻中山，未能下，中山烹其子，而食之以示威，可谓良将，而未可谓慈父也。故可乎可，而不可乎不可；不可乎不可，而可乎可。舜、许由异行而皆圣，伊尹、伯夷异道而皆仁，箕子、比干异趋而皆贤。故用兵者，或轻或重，或贪或廉，此四者相反，而不可一无也。轻者欲发，重者欲止，贪者欲取，廉者不利非其有。故勇者可令进斗，而不可令持牢；重者可令埴固，而不可令凌敌；贪者可令进取，而不可令守职；廉者可令守分，而不可令进取；信者可令持约，而不可令应变。五者相反，圣人兼用而财使之。○俞樾云："勇者"当作"轻者"。上文云："故用兵者，或轻或重，或贪或廉，此四者相反，而不可一无也。轻者欲发，重者欲止，贪者欲取，廉者不利非其有。"然则此承上文而言，亦当以轻、重、贪、廉对举，其本作"轻者"明矣。浅人不寻上下文理，见有"进斗"之文，妄改为"勇者"，非其旧也。又按：上言四者，而下言五者，义亦可疑。且轻与重反，贪与廉反，所谓“四者相反”也。信，则与何者相反乎？乃云“五者相反”，义不可通。疑“信者可令持约，而不可令应变”十二字，浅人窜入，淮南本无此句，“五者”亦作“四者”，与上文相应。因窜入“信者”句，遂改四为五以合之，而不悟其不可通耳。**夫天地不包一物，阴阳不生一类。海不让水潦以成其大，**○文典谨按：艺文类聚八、白帖六引，并作“海不让水，积以成其大”。**山不让土石以成其高。夫守一隅而遗万方，取一物而弃其余，则所得者鲜，而所治者浅矣。**

治大者道不可以小，地广者制不可以狭，位高者事不可以烦，民众者教不可以苛。夫事碎，难治也；法烦，难行也；求多，难澹也。寸而度之，至丈必差；铢而称之，至石必过。石秤丈量，径而寡失；简丝数米，烦而不察。言事当因大法，如简阅丝数米，则烦而无功也。**故大较易为智，曲辩难为慧。故无益于治而有益于烦者，圣人不为；无益于用而有益于费者，智者弗行也。故功不厌约，事不厌省，求不厌寡。功约，易成也；事省，易治也；求寡，易澹也。众易之，于以任人，易矣！孔子曰：“小辩破言，小利破义，小艺破道，小见不达，必简。”**○王念孙云：“必简”上当更有“达”字。此言见大者达，达则必简，犹乐记言“大乐必易，大礼必简”也。文子上仁篇作“道小必不通，通则必简”，是其证。○俞樾云：“小”上当有“道”字，因涉上句“小艺破道”，两“道”字适相连，写者止于上句“道”字下作二小画以识之，而遂脱去也。见，乃则字之误。则字阙坏，止存左旁之贝，因误为见矣。“达”下当更有“达”字，亦因止作二小画而脱去也。其文本曰：“道小则不达，达必简。”文子上仁篇作“道小必不通，通则必简”，与此文小异而义同。若如今本，则不成文理矣。**河以逶蛇，故能远；山以陵迟，故能高；阴阳无为，故能和；道以优游，故能化。**○王念孙云：“阴阳无为，故能和”，后人所加也。

此以河之逶蛇、山之陵迟喻道之优游，若加入“阴阳无为”二句，则与“逶蛇”、“陵迟”、“优游”之义咸不相比附矣。且“阴阳无为”与“河以逶蛇”三句句法亦属参差。太平御览地部二十六引淮南，无此二句。说苑说丛篇、文子上仁篇并同。**夫彻于一事，察于一辞，审于一技，可以曲说，而未可广应也。蓼菜成行，甂瓯有堤，秤薪而爨，数米而炊，可以治小，而未可以治大也。员中规，方中矩，动成兽，止成文，可以愉舞，而不可以陈军。**○文典谨按：御览三百七引，“愉舞”作“谕众”。**涤杯而食，洗爵而饮，盥而后馈，可以养少，而不可以飨众。今夫祭者，屠割烹杀，剥狗烧豕，调平五味者，庖也；陈簠簋，**器方中者为簠，圆中者为簋也。**列樽俎，设笾豆者，祝也；齐明盛服，渊默而不言，神之所依者，尸也。宰、祝虽不能，尸不越樽俎而代之。故张瑟者，小弦急而大弦缓；**○文典谨按：急当为絚，字之误也。艺文类聚五十二引，正作絚。又引注云：“絚者，急也。”**立事者，贱者劳而贵者逸。舜为天子，弹五弦之琴，歌南风之诗，而天下治。周公肴臑不收于前，钟鼓不解于悬，而四夷服。赵政昼决狱而夜理书，**赵政，秦始皇帝。○文典谨按：艺文类聚引，赵政作嬴秦政。**御史冠盖接于郡县，**○文典谨按：“接于郡县”，艺文类聚引作“相接于道”。**覆稽趋留，**○文典谨按：“覆稽趋留”，御览六百三十六引，作“覆督稽留”。**戍五岭以备越，**○文典谨按：艺文类聚引注云：“五岭：镡城之岭、九疑之塞、番禺之都、南野之界、射干之水。”**筑修城以守胡，然奸邪萌生，盗贼群居，事愈烦而乱愈生。**○文典谨按：“乱愈生”，艺文类聚引，作“乱愈滋”，御览引，作“乱愈多”。**故法者，治之具也，而非所以为治也。而犹弓矢，中之具，而非所以中也。**○王念孙云：“而犹”当为“亦犹”。隶书“而”、“亦”下半相似，故亦误为而。（赵策“赵虽不能守，亦不至失六城”，旧本亦误作而。)黄帝曰:“芒芒昧昧,因天之威,与元同气。”故同气者帝,同义者王,同力者霸,无一焉者亡。○文典谨按:御览七十七引注云:“于三者无一,虽□于世,俱灭亡。”

故人主有伐国之志,邑犬群嗥,伐国,逆天之行,则时必有大祸。雄鸡夜鸣,库兵动而戎马惊;戎马,兵马也。鸡夜鸣而兵马起,气之感动也。今日解怨偃兵,家老甘卧,巷无聚人,妖菑不生。非法之应也,精气之动也。故不言而信,不施而仁,不怒而威,是以天心动化者也;○俞樾云:“天心动化”本作“无(無)心动化”。因無字作无,故误为天耳。文子上仁篇亦作“天心”,误与此同。而精诚篇曰:“一言而大动天下,是以无心动化者也。”“无”字不误,可据以订正上仁篇,即可以正淮南子矣。施而仁,言而信,怒而威,是以精诚感之者也;施而不仁,言而不信,怒而不威,是以外貌为之者也。故有道以统之,法虽少,足以化矣;无道以行之,法虽众,足以乱矣。治身,太上养神,其次养形;治国,太上养化,其次正法。神清志平,百节皆宁,养性之本也;肥肌肤,充肠腹,供嗜欲,养生之末也。民交让争处卑,委利争受寡,力事争就劳,日化上迁善而不知其所以然,此治之上也。○王念孙云:“治之上”当为“治之本”,对下文“治之末”而言。上文“养性之本”、“养性之末”,即其证。今作“治之上”者,涉上文“治国,太上养化”而误。文子下德篇正作“治之本”。利赏而劝善,畏刑而不为非,法令正于上而百姓服于下,此治之末也。上世养本而下世事末,此太平之所以不起也。夫欲治之主不世出,而可与兴治之臣不万一,○俞樾云:兴字衍文,盖即“与”字之误而衍者。高诱注吕氏春秋观世篇引此文曰:“欲治之君不世出,可与治之臣不万一。”是其明证。文子下德篇亦无“兴”字。以万一求不世出,此所以千岁不一会也。○王念孙云:“以万一求不世出”,当作“以不万一求不世出”。“不万一”三字即承上句言之。文子下德篇作“以不世出求不万一”,吕氏春秋观世篇注引淮南作“以不万一待不世出”,皆其证。

水之性,淖以清,穷谷之污,生以青苔,青苔,水垢也。○文典谨按:文选张景阳杂诗注引,作“穷谷之洿,生以苍苔”,又引高注:“苍苔,水衣也。”**不治其性也。掘其所流而深之,**○庄逵吉云:御览“掘”上有“若”字。**茨其所决而高之,**茨,积土填满之也。**使得循势而行,乘衰而流,**衰,下也。○王引之云:衰与下义不相近,衰当为邪,字之误也。说文:“衺,污邪下也。”字通作邪。史记滑稽传“污邪满车”,集解引司马彪曰:“污邪,下地田也。”故高注训邪为下。○俞樾云:衰乃等衰之衰。水之从高流下,必有次弟,故曰“乘衰而流”。高注训衰为下,未得。王氏引之因以衰为邪之误字,更非矣。**虽有腐髊流渐,弗能污也。**腐髊,骨也。渐,水也。○庄逵吉云:御览渐作澌,澌字为是。**其性非异也,通之与不通也。风俗犹此也。诚决其善志,防其邪心,启其善道,塞其奸路,与同出一道,则民性可善,风俗可美也。**○庄逵吉云:御览作“风俗可迁矣”。**所以贵扁鹊者,非贵其随病而调药,贵其厭息脉血,知病之所从生也。**言人之喘息,脉之病可知。**所以贵圣人者,非贵随罪而鉴刑也,贵其知乱之所由起也。若不修其风俗,而纵之淫辟,乃随之以刑,绳之法法,虽残贼天下,弗能禁也。**○王念孙云:当依刘本作“绳之以法”。茅本作“绳之以法,法虽残贼天下”,以次“法”字属下读,亦非。(庄本同。)文子下德篇作“弃之以法,随之以刑,虽残贼天下,不能禁其奸矣”,则刘本是也。**禹以夏王,桀以夏亡;汤以殷王,纣以殷亡:非法度不存也,纪纲不张,风俗坏也。**○文典谨按:御览六百二十四引,“张”下有“而”字。**三代之法不亡,而世不治者,无三代之智也。六律具存,而莫能听**

者，无师旷之耳也。故法虽在，必待圣而后治；律虽具，必待耳而后听。故国之所以存者，非以有法也，以有贤人也；其所以亡者，非以无法也，以无贤人也。○文典谨按：御览六百二十四引，作"以无圣人也"。晋献公欲伐虞，宫之奇存焉，为之寝不安席，食不甘味，而不敢加兵焉。赂以宝玉骏马，宫之奇谏而不听，言而不用，越疆而去，荀息伐之，兵不血刃，抱宝牵马而去。○王念孙云：去当为至，此涉上文"越疆而去"而误。僖二年公羊传正作"虞公抱宝牵马而至"。故守不待渠壍而固，攻不待冲降〔一〕而拔，得贤之与失贤也。故臧武仲以其智存鲁，而天下莫能亡也；璩伯玉以其仁宁卫，而天下莫能危也。易曰："丰其屋，蔀其家，窥其户，阒其无人。"无人者，非无众庶也，言无圣人以统理之也。民无廉耻，不可治也；非修礼义，廉耻不立。民不知礼义，法弗能正也；非崇善废丑，不向礼义。无法不可以为治也，不知礼义不可以行法。法能杀不孝者，而不能使人为孔、曾之行；法能刑窃盗者，而不能使人为伯夷之廉。孔子弟子七十，养徒三千人，皆入孝出悌，言为文章，行为仪表，教之所成也。墨子服役者百八十人，皆可使赴火蹈刃，死不还踵，化之所致也。夫刻肌肤，镵皮革，被创流血，至难也，然越为之，以求荣也。越人以箴刺皮，为龙文，所以为尊荣之也。○王念孙云："越"下脱"人"字，高注"越人以箴刺皮"即其证。群书治要引此，正作"越人"。○陶方琦云：群书治要引许注："越人以箴刺其皮，为龙文。"按：即越人鬋发文身之说。原道训"鬋发文身"，高注："文

〔一〕"降"，疑当读为"隆"，二字古通。"冲隆"乃攻城之具。兵略训："故攻不待冲隆云梯而城拔。"

身，刻画其体，纳墨其中，为蛟龙之状。”义亦相同。圣王在上，明好恶以示之，○文典谨按：群书治要引，作“圣王在位，明好憎以示人”。经诽誉以导之，亲贤而进之，贱不肖而退之，无被创流血之苦，○文典谨按：群书治要引，苦作患。而有高世尊显之名，民孰不从？

古者法设而不犯，刑错而不用，非可刑而不刑也，百工维时，庶绩咸熙，礼义修而任贤德也。故举天下之高以为三公，一国之高以为九卿，一县之高以为二十七大夫，一乡之高以为八十一元士。故智过万人者谓之英，千人者谓之俊，百人者谓之豪，十人者谓之杰。明于天道，察于地理，通于人情，大足以容众，德足以怀远，信足以一异，知足以知变者，人之英也。○文典谨按：御览四百三十二引，作“智之足以知权者，人英也”。德足以教化，行足以隐义，仁足以得众，明足以照下者，人之俊也。行足以为仪表，知足以决嫌疑，廉足以分财，信可使守约，作事可法，出言可道者，人之豪也。守职而不废，处义而不比，见难不苟免，见利不苟得者，人之杰也。英俊豪杰，各以小大之材处其位，得其宜，由本流末，以重制轻，上唱而民和，上动而下随，四海之内，一心同归，背贪鄙而向义理，○王念孙云：“义理”本作“仁义”，此后人妄改之也。贪则不义，鄙则不仁，贪鄙与仁义正相反，故曰“背贪鄙而向仁义”。若作“义理”，则失其指矣。且义与和、随、靡为韵，若作“义理”，则失其韵矣。文子上礼篇正作“背贪鄙，向仁义”。其于化民也，○文典谨按：群书治要引，作“于其以化民也”。若风之摇草木，无之而不靡。今使愚教知，使不肖临贤，虽严刑罚，民弗从也。○文典谨按：群书治要引，也作者。小不能制大，弱不能使强也。故圣主者举贤以立功，不肖主举其所与同。文王举太公望、召公奭而王，桓公任管仲、隰朋而霸，此举贤以立功也。夫差用太宰嚭而灭，秦任李斯、赵高而亡，此举所与同。○文典谨按：群书治要引，"同"下有"也"字。故观其所举，而治乱可见也；察其党与，而贤不肖可论也。

夫圣人之屈者，以求伸也；枉者，以求直也；故虽出邪辟之道，行幽昧之涂，将欲以直大道，成大功。○王念孙云：群书治要引此，直作兴，是也。"兴大道，成大功"，文义正相比附。今作"直大道"者，涉下文"不得直道"而误。犹出林之中不得直道，拯溺之人不得不濡足也。伊尹忧天下之不治，调和五味，负鼎俎而行，伊尹七十说汤而不用，于是负鼎俎，调五味，仅然后得用。五就桀，五就汤，将欲以浊为清，以危为宁也。周公股肱周室，辅翼成王，管叔、蔡叔奉公子禄父而欲为乱，周公诛之以定天下，缘不得已也。管子忧周室之卑，诸侯之力征，夷狄伐中国，民不得宁处，故蒙耻辱而不死，将欲以忧夷狄之患，平夷狄之乱也。孔子欲行王道，东西南北七十说而无所偶，故因卫夫人、弥子瑕而欲通其道。卫夫人，卫灵公夫人南子也。弥子瑕，卫之嬖臣。此皆欲平险除秽，由冥冥至炤炤，动于权而统于善者也。夫观逐者于其反也，而观行者于其终也。故舜放弟，周公杀兄，犹之为仁也；文公树米，文公，晋文公也。树米而欲生之也。○文典谨按：御览八百二十三引，树作种。曾子架羊，架，连架，所以备知也。犹之为知也。当今之世，丑必托善以自为解，邪必蒙正以自为辟。○王念孙云：辟字义不可通，当是辞字之误。（辞或作辤，与辟相似。）"自为辞"犹"自为解"耳。○文典谨按：辟叚为譬。礼记中庸"辟如行远，必自迩；辟如登高，必自卑"，荀子强国篇"今君人者，辟称比方，则欲自并乎汤、武，（杨倞注："辟，读为譬。"）辟之是犹伏而咶天，救经而引其足也"，"辟之是犹欲寿而歾颈也"，周礼宰夫"凡失财用物，辟名者"，诗小雅"譬彼舟流"，郑笺"譬本亦作辟"，皆其比也。古籍类然，不烦覶缕。"托善以自为解"，"蒙正以自为譬"，正相对成义。王氏以为义不可通，至欲改字释之，其失也迂矣。**游不论国，仕不择官，行不辟污，曰"伊尹之道也"。分别争财，亲戚兄弟构怨，骨肉相贼，曰"周公之义也"。行无廉耻，辱而不死，曰"管子之趋也"。行货赂，趣势门，立私废公，比周而取容，曰"孔子之术也"。此使君子小人纷然淆乱，莫知其是非者也。**

故百川并流，不注海者不为川谷；〇俞樾云：既云"百川"，则不得又云"不为川"，川字衍文也。后人因下句云"不为君子"，故妄增"川"字，使字数相当耳。文子上义篇正作"不注海者不为谷"。**趋行蹐驰，**〇王念孙云：蹐与舛同，说文云杨雄作舛字如此。庄子天下篇"其道舛驳"，文选魏都赋注引作"蹐驳"，又引司马彪注曰："蹐与舛同。"蹐驰，谓相背而驰也。俶真篇曰："二者代谢舛驰。"说山篇曰："分流舛驰。"玉篇引作"僢驰"。氾论篇曰"见闻舛驰于外"，法言叙曰"诸子各以其知舛驰"。舛、蹐、僢，字异而义同。道藏本作蹐，各本皆误为"跼蹐"之蹐，而庄本从之，斯为谬矣。又下文"知能蹐驰"，各本亦误作蹐。**不归善者不为君子。故善言归乎可行，善行归乎仁义。田子方、段干木轻爵禄而重其身，不以欲伤生，不以利累形，李克竭股肱之力，领理百官，辑穆万民，使其君生无废事，死无遗忧，此异行而归于善者。**田子方、段干木、李克，皆魏文侯臣，故皆归于善。**张仪、苏秦家无常居，身无定君，约从衡之事，为倾覆之谋，浊乱天下，挠滑诸侯，使百姓不遑启居，或从或横，或合众弱，或辅富强，此异行而归于丑者也。故君子之过也，犹日月之蚀，何害于明！小人之可也，犹狗之昼吠，鸱之夜见，何益于善！夫知者不妄发，**

○王念孙云："夫知者不妄发"，群书治要引作"夫知者不妄为，勇者不妄发"，是也。下文"择善而为之"及"事成而功足赖"，皆承"知者不妄为"而言，"计义而行之"及"身死而名足称"，皆承"勇者不妄发"而言。今本脱"为"字及"勇者不妄"四字，则与下文不合。说苑说丛篇亦云："夫智者不妄为，勇者不妄发。"（今本发误作杀。）择善而为之，计义而行之，故事成而功足赖也，身死而名足称也。虽有知能，必以仁义为之本，然后可立也。知能蹐驰，百事并行，○文典谨按：群书治要引，行作作。圣人一以仁义为之准绳，中之者谓之君子，弗中者谓之小人。君子虽死亡，其名不灭；小人虽得势，其罪不除。使人左据天下之图而右刎喉，愚者不为也，○俞樾云："刎"下当有"其"字。文子上义篇作"左手据天下之图而右手刎其喉"。○文典谨按：俞说是也。本书精神篇及吕氏春秋知分篇高注引，"刎"下并有"其"字。身贵于天下也。死君亲之难，视死若归，义重于身也。天下，大利也，比之身则小；身之重也，比之义则轻；○俞樾云："身之重也"本作"身，（句。）所重也"，与"天下，（句。）大利也"一律，涉上下句两言"比之"而误。文子上义篇作"身之所重也，比之仁义则轻"，"所"字不误，"之"字亦涉上下句而衍。义，所全也。诗曰："恺悌君子，求福不回。"言以信义为准绳也。

欲成霸王之业者，必得胜者也。能得胜者，必强者也。能强者，必用人力者也。能用人力者，必得人心者也。能得人心者，必自得者也。○王念孙云："欲成霸王之业"，欲亦当为能，言必得胜，而后能成霸王之业也。下文四"能"字，皆与此文同一例。若云"欲成霸王之业"，则与下句不合，且与下文不类矣。诠言篇"能成霸王者，必得胜者也"以下八句，并与此同，是其证。故心者，身之本也；身者，国之本也。未有得己而失人者也，未有失己而得人者也。故为治之本，务在宁民；宁民之本，在于足用；足用之本，在于勿夺时；勿夺时之本，在于省事；省事之本，在于节用；节用之本，在于反性。未有能摇其本而静其末，浊其源而清其流者也。○王念孙云："节用"皆当为"节欲"，此因上文"足用"而误也。文子下德篇作"节用"，亦后人以误本淮南改之。齐俗篇云"治欲者不以欲，以性"，又云"欲节事寡"，故曰"省事之本，在于节欲；节欲之本，在于反性"。今本"节欲"作"节用"，则非其指矣。诠言篇云"省事之本，在于节欲；节欲之本，在于反性"，以上八句，皆与此同。齐民要术引此，亦作"节欲"，又引注云："节，止。欲，贪。"此皆其明证矣。故知性之情者，不务性之所无以为；知命之情者，不忧命之所无奈何。故不高宫室者，非爱木也；不大钟鼎者，非爱金也。直行性命之情，而制度可以为万民仪。今目悦五色，口嚼滋味，耳淫五声，七窍交争以害其性，日引邪欲而浇其身夫调〔一〕，身弗能治，奈天下何！故自养得其节，则养民得其心矣。

所谓有天下者，非谓其履势位，受传籍，称尊号也；言运天下之力，而得天下之心。纣之地，左东海，右流沙，前交趾，后幽都。师起容关，○庄逵吉云：御览关作间。至浦水，士亿有余万，○庄逵吉云：御览无士字。然皆倒矢而射，傍戟而战。武王左操黄钺，右执白旄以麾之，○庄逵吉云：御览"以"作"而"。则瓦解而走，遂土崩而下。○庄逵吉云：御览"下"作"亡"。纣有南面之名，而无一人之德，○王念孙云：德本作誉。"无一人之誉"，谓无一人称誉之也。此言纣失人心，故虽有南面之名，而实无一人之誉。誉与名相对为文。后人改为"无一人之德"，则文不成义矣。太平御览皇王部八引此，正作"无一人之誉"，文子下德篇同。御览皇王部七又引谯周法训云："桀、

〔一〕"日引邪欲而浇其身夫调"，王念孙说当为"日引邪欲而浇其天和"。详见诠言训"物莫不足滑其调"注。

纣虽有天子之位，而无一人之誉。”**此失天下也。故桀、纣不为王，汤、武不为放。周处酆、镐之地，方不过百里，**○王念孙云：酆、镐下衍“之”字。此以“周处酆、镐”为句，“地方不过百里”为句，两句中不当有“之”字。吕氏春秋疑似篇亦以“周宅酆、镐”为句。**而誓纣牧之野，入据殷国，朝成汤之庙，表商容之间，封比干之墓，解箕子之囚，乃折枹毁鼓，偃五兵，纵牛马，搢笏而朝天下，**○王念孙云：道藏本、刘本“搢笏”作“挺肳”。案：肳当为曶。曶，古笏字也。皋陶谟“在治忽”，郑本作曶，注云：“曶者，笏也。臣见君所秉，书思对命者也。君亦有焉。”穆天子传曰：“天子搢曶。”今作肳者，曶变为昒，又误为肳耳，无烦改为笏也。挺当为捷。隶书捷字或作揵，形与挺相似，因误为挺。捷与插同，言插笏而朝天下也。小雅鸳鸯篇“戢其左翼”，韩诗曰：“戢，捷也，捷其噣于左也。”士冠礼注：“扱柶于醴中。”乡射礼注：“搢，插也。”大射仪注：“搢，扱也。”内则注：“搢，犹扱也。”释文插、扱二字并作捷。管子小匡篇“管仲诎缨捷衽”，字并与插同。“捷曶”犹搢笏也。后人不知挺为捷之误，而改挺为搢，义则是而文则非矣。**百姓歌讴而乐之，诸侯执禽而朝之，得民心也。阖闾伐楚，五战入郢，烧高府之粟，破九龙之钟，**楚为九龙之簴，以县钟也。○陶方琦云：御览五百七十五引许注：“刻虡为九龙，以县钟也。”又引贾子云：“毁十龙之钟。”张华博物志：“子胥伐楚，燔其府库，破其九龙之钟。”艺文类聚鼎类引淮南“破九龙之鼎”，又引高注曰：“刻九龙于鼎，以为名，言大鼎。”与此又异，乃许、高之别也。礼明堂位“夏后氏之龙簨虡”，郑注：“筛簨以鳞属，又于龙上刻画之为重牙。”与许说正合。**鞭荆平王之墓，**荆平王杀子胥之父，故鞭其墓以复仇。**舍昭王之宫。**吴之入楚，君舍乎君室，大夫舍大夫室也。**昭王奔随，百姓父兄携幼扶老而随之，乃相率而为致勇之寇，皆方命奋臂而为之斗。**○王念孙云：此当作“乃相率致勇而为之寇”，与下句相对为文。各本“而为”二字误在“致勇”之上，则文不成义。“方面”与“夺臂”亦相对为文。道藏本、刘本皆作“方面”，汉魏丛书本面误为命，而庄本从之，斯为谬矣。○俞樾云：“乃相率而为致勇之寇”，文不成义，当作“乃相率为勇而致之寇”，与下句相对。致如致师之致，寇即谓吴人也，言致死于吴也。下文曰“各致其死，却吴兵，复楚地”，是其义也。王氏念孙改为“相率致勇而为之寇”，然百姓却敌，初非为寇，于义不可通矣。**当此之时，无将卒以行列之，各致其死，**○王念孙云：卒当为率，率与帅同。将帅所以统三军，故无将帅则无行列。若卒，则即在行列之中，不得言无将卒以行列之也。隶书率或作卛，（见汉韩敕造孔庙礼器碑。）形与卒相似，故书传中率字多误为卒。**却吴兵，复楚地。灵王作章华之台，**灵王，楚君。**发乾溪之役，**灵王伐齐，以恐吴，次于乾溪也。**外内搔动，百姓罢敝，弃疾乘民之怨而立公子比，**弃疾、公子比，灵王之兄弟。**百姓放臂而去之，饿于乾溪，食莽饮水，**莽，草也。○文典谨按：莽疑当作菱。御览九百七十五“菱”条下引，作“百姓避而去之，乃食菱饮水，枕块而死”。**枕块而死。楚国山川不变，土地不易，民性不殊，昭王则相率而殉之，灵王则倍畔而去之，得民之与失民也。故天子得道，守在四夷；天子失道，守在诸侯。诸侯得道，守在四邻；诸侯失道，守在四境。故汤处亳七十里，文王处酆百里，皆令行禁止于天下。周之衰也，戎伐凡伯于楚丘以归。**凡伯，周大夫，使于鲁，而戎伐之楚丘。**故得道则以百里之地令于诸侯，失道则以天下之大畏于冀州。故曰：无恃其不吾夺也，恃吾不可夺。行可夺之道，而非篡弑之行，无益于持天下矣。**

凡人之所以生者，衣与食也。今囚之冥室之中，虽养之以刍豢，衣之以绮绣，不能乐也，以目之无见，耳之无闻。穿隙穴，见雨零，则快然而叹之，○王念孙云：叹与“快然”，义不相属，“快然而叹之”，当作“快然而笑”，衍“之”字。下文“肆然而喜”、“旷然而乐”，与此文同一例。俗书笑字作咲，叹字作嘆，二形相似而误。**况开户发**

牖，从冥冥见炤炤乎！从冥冥见炤炤，犹尚肆然而喜，又况出室坐堂，见日月光乎！见日月光，旷然而乐，又况登泰山，履石封，以望八荒，视天都若盖，江、河若带，又况万物在其间者乎！○王念孙云：下"又况"因上"又况"而衍。"万物在其间"，即承上文言之，非有二义。其为乐岂不大哉！且聋者，耳形具而无能闻也；盲者，目形存而无能见也。夫言者，所以通己于人也；闻者，所以通人于己也。喑者不言，聋者不闻，既喑且聋，人道不通，故有喑聋之病者，虽破家求医，不顾其费。岂独形骸有喑聋哉？心志亦有之。夫指之拘也，莫不事申也，心之塞也，莫知务通也，不明于类也。夫观六艺之广崇，穷道德之渊深，达乎无上，至乎无下，运乎无极，翔乎无形，广于四海，崇于太山，富于江、河，旷然而通，昭然而明，天地之间无所系戾，○俞樾云："系戾"当为"击戾"，主术篇"曲得其宜，无所击戾"是也。"击戾"犹拂戾也。击者，毄之叚字，说见荀子修身篇。其所以监观，岂不大哉！人之所知者浅，而物变无穷，曩不知而今知之，非知益多也，问学之所加也。夫物常见则识之，尝为则能之，故因其患则造其备，○俞樾云：因乃困字之误，言困于患难则造作其备也。与下句"犯其难则得其便"一律。犯其难则得其便。夫以一世之寿，而观千岁之知，今古之论，虽未尝更也，其道理素具，可不谓有术乎！人欲知高下而不能，教之用管准则说；欲知轻重而无以，予之以权衡则喜；欲知远近而不能，教之以金目则快射；金目，深目，所以望远近射准也。○陈观楼云："则快"二字与"则说"、"则喜"相对为文，"快"上不当有"射"字，盖因高注"射准"而衍。下文"岂直一说之快哉"，正与此句相应。庄本依刘本作"快射"，亦非。又况知应无方而不穷哉！犯大难而不慑，见烦缪而不惑，晏然自得，其为乐也，岂直一说之快哉！○俞樾云："知应无方而不穷哉"句，衍"知"字、"哉"字，"应无方而不穷，犯大难而不慑，见烦缪而不惑"，三句一律，皆蒙"又况"二字为文。因涉上文"欲知高下"、"欲知轻重"、"欲知远近"而误衍"知"字，则与下二句不一律，遂于句末加"哉"字，使自为句，而文义隔绝矣。夫道，有形者皆生焉，其为亲亦戚矣；享谷食气者皆受焉，其为君亦惠矣；诸有智者皆学焉，其为师亦博矣。射者数发不中，人教之以仪则喜矣，又况生仪者乎！人莫不知学之有益于己也，然而不能者，嬉戏害人也。○王念孙云："害人"本作"害之"，此涉上下文"人"字而误。群书治要及太平御览学部一引此，并作"嬉戏害之也"。人皆多以无用害有用，故智不博而日不足。以凿观池之力耕，则田野必辟矣。以积土山之高修堤防，则水用必足矣。以食狗马鸿雁之费养士，则名誉必荣矣。以弋猎博弈之日诵诗读书，闻识必博矣。○文典谨按："闻识必博矣"，"闻"上脱"则"字，与上文"则田野必辟矣"、"则水用必足矣"、"则名誉必荣矣"不一律。群书治要引，正作"则闻识必博矣"。御览六百七引，作"则识必博矣"，亦有"则"字。故不学之与学也，犹喑聋之比于人也。

凡学者能明于天人之分，通于治乱之本，澄心清意以存之，见其终始，可谓知略矣。天之所为，禽兽草木；人之所为，礼节制度，构而为宫室，制而为舟舆是也。治之所以为本者，仁义也；所以为末者，法度也。凡人之所以事生者，本也；其所以事死者，末也。本末，一体也；其两爱之，一性也。○王念孙云：下"一"字因上"一"字而衍。此言本末兼爱，人性皆然。"性也"二字，与孟子"食色，性也"同义，"性"上不当有"一"字。刘依文子上义篇删去"一"字，是也。先本后末谓之君子，以末害本谓之小人。君子与小人之性非异也，所在先后而已矣。〇王念孙云："所在"当为"在所"。草木〔一〕，洪者为本，而杀者为末。禽兽之性，大者为首，而小者为尾。末大于本则折，尾大于要则不掉矣。故食其口而百节肥，灌其本而枝叶美，天地之性也。天地之生物也有本末，〇王念孙云：此本作"天地之性物也有本末"，性即生字也。后人不识古字，乃于"天地之性"下加"也"字，又加"天地之生"四字，斯为谬矣。上文"食其口而百节肥"二句，皆指人事言之，与天地之生物无涉，不得于"天地之性"下加"也"字以承上文也。其养物也有先后，人之于治也，岂得无终始哉！〇文典谨按：御览六百二十四引，作"人之于治国也，岂得无终始"。故仁义者，治之本也，今不知事修其本，而务治其末，是释其根而灌其枝也。且法之生也，以辅仁义，今重法而弃义，是贵其冠履而忘其头足也。〇王念孙云："义"上脱"仁"字。太平御览治道部五引此已误。上下文皆言仁义，无但言义者。故仁义者，为厚基者也，不益其厚而张其广者毁，不广其基而增其高者覆。赵政不增其德而累其高，故灭；智伯不行仁义而务广地，故亡其国。语曰："不大其栋，不能任重。重莫若国，栋莫若德。"〇王念孙云："亡"下本无"其"字，"故亡"为句，"国语曰"为句。后人误以"故亡国"为句，"语曰"为句，因妄加"其"字耳。"不大其栋"四句，鲁语文也。国主之有民也，犹城之有基，木之有根。根深则本固，基美则上宁。〇王念孙云：本当为木。上文"木之有根"即其证。〇俞樾云：根即本也，不得云"根深则本固"，本乃末字之误。上文云"草木洪者为本，而杀者为末"是也。后人习于"根本"之说，遂妄改为本字，失其义矣。"根深则末固"与下句"基美则上宁"一律。说文木部曰："木上曰末。"然则末即木之上也。"末固"、"上宁"，文异

〔一〕据下文"禽兽之性"，此"草木"下疑脱"之性"二字。

而义同。王氏念孙据上文"犹城之有基,木之有根",谓本当作木,然则下句"上"字亦当作"城"字矣。下句不言城,知此句亦不言木,王说非也。

五帝三王之道,天下之纲纪,治之仪表也。今商鞅之启塞,启之以利,塞之以禁,商鞅之术也。**申子之三符,**申不害治韩,有三符验之术。**韩非之孤愤,**韩非说孤生之愤志。**张仪、苏秦之从衡,**苏秦合六国为从,张仪说为衡。**皆掇取之权,一切之术也,非治之大本,事之恒常,可博闻而世传者也。子囊北而全楚,北不可以为庸;**子囊,楚大夫。北,逐走。庸,常也。**弦高诞而存郑,诞不可以为常。今夫雅、颂之声,皆发于词,本于情,故君臣以睦,父子以亲。故韶、夏之乐也,声浸乎金石,润乎草木。今取怨思之声,施之于弦管,闻其音者,不淫则悲,淫则乱男女之辩,悲则感怨思之气,岂所谓乐哉!赵王迁流于房陵,**秦灭赵王,迁之汉中房陵。○文典谨按:文选恨赋注引高注:"秦灭赵,虏王迁,徙房陵。房陵在汉中。山木之呕,歌曲也。"尤本"高诱曰"下有"赵王张敖"四字,乃浅人所加。**思故乡,作为山水之呕,**山水之呕,歌曲。○王念孙云:"山水"当为"山木",字之误也。(高注同。)史记赵世家集解、正义及文选恨赋注引此,并作"山木"。**闻者莫不殒涕。荆轲西刺秦王,高渐离、宋意为击筑,而歌于易水之上,**荆轲,燕人,太子丹之客。丹怨秦王,故遣轲刺之。高渐离、宋意,皆太子丹之客。筑曲二十一弦。易水,燕之南水也。**闻者莫不瞋目裂眦,发植穿冠。**○文典谨按:文选养生论注引,作:"荆轲为燕太子丹刺秦王,高渐离、宋如意为击筑,而歌于易水之上。荆轲瞋目裂眦,发植冲冠。"**因以此声为乐而入宗庙,岂古之所谓乐哉!故弁冕辂舆,可服而不可好也;**弁冕,冠也。**大羹之和,可食而不可嗜也;**大羹不和五味。**朱弦漏越,**朱弦,练丝。漏,穿。越,琴瑟两头也。**一唱而三叹,可听而不可快**

也。故无声者，正其可听者也；其无味者，正其足味者也。吠声清于耳，兼味快于口，非其贵也。○王念孙云："吠声清于耳"，义不可通，吠当为吠，字之误也。吠与咬同。张衡东京赋"咸池不齐度于蠅咬"，薛综曰："蠅咬，淫声也。"玉篇："吠，於交切，婬声。"广韵："咬，於交切，淫声。"是吠与咬同，故曰"吠声清于耳，非其贵也"。故事不本于道德者，不可以为仪；言不合乎先王者，不可以为道；音不调乎雅、颂者，不可以为乐。故五子之言，五子，谓商鞅、申子、韩非、苏秦、张仪也。所以便说掇取也，非天下之通义也。

圣王之设政施教也，必察其终始，其县法立仪，必原其本末，不苟以一事备一物而已矣。见其造而思其功，观其源而知其流，故博施而不竭，弥久而不垢。夫水出于山而入于海，稼生于田而藏于仓，圣人见其所生，则知其所归矣。故舜深藏黄金于崭岩之山，所以塞贪鄙之心也。○文典谨按：御览八百十引，"金"下有"千斤"二字。仪狄为酒，禹饮而甘之，遂疏仪狄而绝旨酒，○文典谨按：疏，疑本作流。北堂书钞四十五流刑条下引，作："仪狄造酒，禹尝而美之，曰：'后世必有以酒亡国者。'乃疏仪狄。"字虽作疏，然入之刑法部流刑条下，实古本作流之证。今本及书钞引文字仍作疏者，乃后人习闻禹疏仪狄之说而改之也。所以遏流湎之行也。师延为平公鼓朝歌北鄙之音，卫灵公宿于濮水之上，闻琴音，召师涓而写之，盖师延所为纣作朝歌北鄙之音也。师旷曰："此亡国之乐也。"灵公进新声平公，平公以问师旷，师旷曰："纣子师延作靡靡之乐。纣亡，师延东走，自投濮水而死。得此音必于濮上也。"大息而抚之，○俞樾云："抚"下脱"止"字，本作"大息而抚止之"。史记乐书作"师旷抚而止之"，韩非子十过篇作"师旷抚止之"，论衡纪妖篇作"旷抚而止之"，并有"止"字，是其证。所以防淫辟之风也。故民知书而德衰，知数而厚衰，知券契而信衰，知械机而实衰也。实，质也。巧诈藏于胸中，则纯白不备，而神德不全矣。琴不鸣，而二十五弦各以其声应；○王念孙云：刘本琴作瑟，与下文"二十五弦"合。文子微明篇亦作瑟。轴不运，而三十轴各以其力旋。弦有缓急小大然后成曲，○王念孙云："成曲"上亦当有"能"字。文子微明篇正作"然后能成曲"。车有劳逸动静而后能致远。使有声者，乃无声者也；能致千里者，乃不动者也。故上下异道则治，同道则乱。位高而道大者从，事大而道小者凶。故小快害义，小慧害道，○文典谨按：群书治要引，慧作惠。慧、惠古通用。小辩害治，苛削伤德。○文典谨按：群书治要引，削作峭。文子微明篇同。大政不险，故民易道；○文典谨按：群书治要引，道作遵。至治宽裕，故下不相贼；至忠复素，故民无匿情。○王念孙云："下不相贼"，相字后人所加。贼，害也。政宽则不为民害，故曰"至治宽裕，则下不贼"。若云"下不相贼"，则非其指矣。文子微明篇作"至治优游，故下不贼"，是其证。"民无匿情"，情字亦后人所加。匿与慝同。（齐俗篇曰"礼仪饰则生伪匿之士"，逸周书大戒篇曰"克禁淫谋，众匿乃雍"，管子七法篇曰"百匿伤上威"，韩子主道篇曰"处其主之侧，为奸匿"，荀子乐论篇曰"乱世之文章匿而采"，字并与慝同。又管子明法篇"比周以相为匿"，明法解匿作慝；韩诗外传"仁义之匿，车马之饰"，新序节士篇匿作慝；史记酷吏传"上下相为匿"，汉书匿作慝；后汉书班固传典引"慝亡迥而不泯"，文选慝作匿。）言至忠复素，则民无奸慝也。后人误以匿为藏匿之匿，而于"匿"下加"情"字，则非其指矣。且匿与贼为韵，若作"匿情"，则失其韵矣。群书治要引此，作"至德朴素，则民无慝"，是其证。商鞅为秦立相坐之法，而百姓怨矣；相坐之法，一家有罪，三家坐之。吴起为楚减爵禄之令，而功臣畔矣。减爵者，收减群臣之爵禄。○王引之云："减爵禄之令"，本作"张减爵之令"。张，施也。施减爵之令也。秦策云"吴起为楚悼损不急之官"，即此所谓减爵也。高注云："减爵者，收减群臣之爵禄。"则正文本作"减爵"明矣。道应篇载吴起之言曰:"将衰楚国之爵而平其制禄。"盖减爵则禄亦因之而减,故注言"收减群臣之爵禄",非正文内本有"禄"字也。"张减爵之令"与"立相坐之法"相对为文。今本作"减爵禄之令",则文不成义。此因高注而误衍"禄"字,又脱去"张"字也。文子微明篇曰:"相坐之法立,则百姓怨;减爵之令张,则功臣叛。"语皆本于淮南,则此文本作"立相坐之法,张减爵之令"明矣。**商鞅之立法也,吴起之用兵也,天下之善者也。然商鞅之法亡秦,察于刀笔之迹,而不知治乱之本也。吴起以兵弱楚,习于行陈之事,而不知庙战之权也。晋献公之伐骊,得其女,非不善也,然而史苏叹之,**晋献公得骊姬,使史苏占之,史苏曰:"侠以衔骨,齿牙为祸也。"**见其四世之被祸也。吴王夫差破齐艾陵,胜晋黄池,非不捷也,**军之所获为捷。**而子胥忧之,见其必擒于越也。小白奔莒,**小白,齐桓公。**重耳奔曹,非不困也,而鲍叔、咎犯随而辅之,知其可与至于霸也。句践栖于会稽,修政不殆,谟虑不休,知祸之为福也。襄子再胜而有忧色,**赵襄子再胜,谓伐狄,胜二邑。**畏福之为祸也。故齐桓公亡汶阳之田而霸,**鲁庄公使曹子劫桓公,取汶阳之田,桓公不背信,诸侯朝之也。**智伯兼三晋之地而亡。圣人见祸福于重闭之内,而虑患于九拂之外者也。**九拂,九曲,是折投拂不见处也。〇王念孙云:"祸"字因上文两"祸"字而衍。"见福于重闭之内,虑患于九拂之外",(此承上文史苏叹晋献、子胥忧吴王及襄子"再胜而有忧色"言之。)相对为文,则"福"上不当有"祸"字。文子微明篇无"祸"字。

原蚕一岁再收,原,再也。〇王念孙云:收本作登,此后人以意改之也。尔雅曰:"登,成也。"天文篇曰"蚕登"、"蚕不登"是也。尔雅翼引此作收,则所见本已误。齐民要术、本草图经及太平御览资产部五、木部四引此,并作登。太平御览木部又引注云:"登,成也。"是其证。〇文典谨按:意林引,收作熟,收之为误字益明矣。**非不利也,然而王法禁之者,为其残**

桑也。**离先稻熟，而农夫耨之，**稻米随而生者为离，与稻相似。耨之，为其少实。○陶方琦云：意林引许注："稻米落地而生为离稻。"按：说文"秜"字下云："稻今年落，来年自生，谓之秜。"秜即离也。意林引作"落地"，与说文"今年落"正同。（御览八百二十三引，作"蒴先稻孰"，注："蒴，秆。"此高注，故与许注异。）**不以小利伤大获也。家老异饭而食，**○文典谨按：群书治要引，饭作粮。**殊器而享，**○文典谨按：群书治要引，享作烹。**子妇跣而上堂，跪而斟羹，**○文典谨按：群书治要引，斟作酌。**非不费也，然而不可省者，为其害义也。待媒而结言，聘纳而取妇，初絻而亲迎，**○王引之云：初字义不可通，初当作冠。字书冠字左畔作完，与衣相似，寸与刀相似，故冠误为初。冠，谓弁也。齐风甫田传曰："弁，冠也。"士昏礼"主人爵弁"，郑注曰："爵弁，玄冕之次，大夫以上亲迎冕服。"是也。"冠絻而亲迎"，兼贵贱言之。刘本改作绂絻，（诸本及庄本同。）则但有大夫以上，于义为不备矣。且绂与初字不相似，若是绂字，无缘误为初也。○孙诒让云：初当为袀，形近而误。袀絻者，谓玄衣而冕。礼记郊特牲说昏礼云："玄冕齐戒。"又哀公问云："冕而亲迎。""袀冕"即玄冕也。前齐俗训云："尸祝袀袨，大夫端冕。"注云："袀，纯服。"是其义也。（文选闲居赋李注引左传服虔注云："袀服，黑服也。"又引说文云："袀服，玄服也。"今本说文衣部作"袗，玄服也。"）王校未塙。**非不烦也，然而不可易者，所以防淫也。**○文典谨按：群书治要引，"所以"作"可以"。**使民居处相司，有罪相觉，于以举奸，非不掇也，**○文典谨按：群书治要引，觉作告，举作禁，掇作辍。**然而伤和睦之心，而构仇雠之怨。**○王念孙云：末二句当从群书治要所引，作"然而不可行者，为其伤和睦之心，而构仇雠之怨也"。今本"然而"下脱去"不可行者为其"六字及"也"字，则语意不完，且与上五条不对矣。**故事有凿一孔而生百隟，树一物而生万叶者。**○俞樾云："生百隙"，本作"开百隙"，涉下句而误也。下文曰："所凿不足以为便，而所开足以为败。"是其证。**所凿不足以为便，而所开足以为败；所树不**

足以为利，而所生足以为濊。愚者惑于小利，而忘其大害。○文典谨按：群书治要引，此下有"不可以为法也"六字。昌羊去蚤虱，而人弗庠者，为其来蛉穷也。○王念孙云：庠当为席，字之误也。昌羊，昌蒲也。蛉穷，蚰蜒也。（并见说林注。）言昌蒲能致蚰蜒，故人不以为席也。太平御览虫豸部八引此，正作席。貍执鼠，而不可脱于庭者，为搏鸡也。故事有利于小而害于大，得于此而亡于彼者。故行棋者，或食两而路穷，行棋，谓六博也。或予踦而取胜。予踦，予对家奇一棋也。偷利不可以为行，而智术不可以为法，故仁知，人材之美者也。所谓仁者，爱人也；所谓知者，知人也。爱人则无虐刑矣，知人则无乱政矣。治由文理，则无悖谬之事矣；刑不侵滥，则无暴虐之行矣。上无烦乱之治〔一〕，下无怨望之心，则百残除而中和作矣，此三代之所昌。○王念孙云："此三代之所昌"，当从群书治要所引，作"此三代之所以昌也"。今本脱去"以"字、"也"字，则文义不明。故书曰："能哲且惠，黎民怀之。何忧讙兜，何迁有苗。"讙兜、有苗，舜所放佞也。智伯有五过人之材，智伯美髯长大，一材也；射御足力，二材也；材艺毕给，三材也；攻文辩慧，四材也；强毅果敢，五材也。○陶方琦云：群书治要引许注，与今注正同，"攻文"作"巧文"。而不免于身死人手者，不爱人也。齐王建有三过人之巧，力能引强，走先驰马，超能越高。○陶方琦云：群书治要引许注，与今注正同。而身虏于秦者，不知贤也。任用后胜之计，不用淳于越之言也。○陶方琦云：群书治要引许注，"任用"上有"齐王建"三字，应补。故仁莫大于爱人，知莫大于知人。二者不立，虽察慧捷巧，劬禄疾力，不免于乱也。○卢文弨云：禄当作录。或古人以音同得借用也。

〔一〕"烦乱之治"，原本作"烦之乱治"，据庄逵吉校本改。

淮南鸿烈集解卷二十一

要略凡鸿烈之书二十篇，略数其要，明其所指，序其微妙，论其大体，故曰"要略"。○文典谨按：此篇宋本、道藏本并题作淮南鸿烈要略间诂叙目，复无"因以题篇"字，其为许慎注本无疑。

夫作为书论者，所以纪纲道德，经纬人事，上考之天，下揆之地，中通诸理。虽未能抽引玄妙之中才，繁然足以观终始矣。总要举凡，而语不剖判纯朴，靡散大宗，纯朴，太素也。大宗，事本也。惧为人之惽惽然弗能知也；○俞樾云："为"字涉下句"多为之辞，博为之说"而衍，本作"惧人之惽惽然弗能知也"，与下文"又恐人之离本就末也"一律。衍一"为"字，则文不成义。故多为之辞，博为之说，又恐人之离本就末也。故言道而不言事，则无以与世浮沉；言事而不言道，则无以与化游息。故著二十篇，有原道，有俶真，有天文，有墬形，有时则，有览冥，有精神，有本经，有主术，有缪称，有齐俗，有道应，有氾论，有诠言，有兵略，有说山，有说林，有人间，有修务，有泰族也。

原道者，卢牟六合，卢牟，犹规模也。混沌万物，象太一之容，太一之容，北极之气合为一体也。测窈冥之深，○文典谨按：文选辩命论注引，窈作窅。**以翔虚无之轸。**轸，道畛也。**托小以苞大，守约以治广，使人知先后之祸福，动静之利害。诚通其志，浩然可以大观矣。欲一言而寤，**寤，觉。**则尊天而保真；欲再言而通，则贱物而贵身；**○文典谨按：文选幽愤诗注引，两"言"字下皆有"之"字，"身"下有"也"字。**欲参言而究，则外物而反情。执其大指，以内洽五藏，**洽，润。**瀸濇肌肤，**○王念孙云：说文："濇，不滑也。""瀸濇"二字义不相属，濇当为渍。隶书啬字或作啚，形与责（責）相近，故渍误为濇。瀸渍与渐渍同。言内则浃洽于五藏，外则渐渍于肌肤也。说文曰："瀸，渍也。"（广雅同。）庄十七年公羊传："瀸者何？瀸，积也。"释文："积，本又作渍。"**被服法则，而与之终身，所以应待万方，览耦百变也，**耦，通也。**若转丸掌中，足以自乐也。**

俶真者，穷逐终始之化，蠃垺有无之精，蠃，绕匝也。垺，靡烦也。○庄逵吉云：垺，一本作埒。**离别万物之变，合同死生之形，使人遗物反己，审仁义之间，通同异之理，观至德之统，知变化之纪，说符玄妙之中，通回造化之母也。**造化之母，元气太一之神。○王念孙云："通回"二字义不相属，回（迴）当为迵，（音洞。）字之误也。迵亦通也。"通迵造化之母"，谓通乎造化之原也。吕氏春秋贵同篇"禹通三江五湖，决伊阙，迵沟陆"，上德篇"德迵乎天地"，高注并云："迵，通也。"（今本迵字皆误作迴，辩见吕氏春秋。）史记仓公传"臣意诊其脉，曰迵风"，集解曰："迵，音洞，言洞彻入四肢也。"迵、洞同音，故迵或作洞，俶真篇"通洞条达"，即通迵也。世人多见迴，少见迵，故迵误为迴。下文"使人通迵周备"，其字正作迵。（道藏本、刘本如是，他本皆误作迴，而庄本从之，谬矣。）

天文者，所以和阴阳之气，理日月之光，节开塞之时，列星辰之行，知逆顺之变，避忌讳之殃，顺时运之应，法五神之常，使人有以仰天承顺，而不乱其常者也。

墬形者，所以穷南北之修，极东西之广，经山陵之形，

区川谷之居，明万物之主，知生类之众，列山渊之数，规远近之路，使人通回周备，不可动以物，不可惊以怪者也。

时则者，所以上因天时，下尽地力，据度行当，合诸人则，形十二节，一月为人一节。以为法式，终而复始，岁终十二月，从正月始也。转于无极，因循仿依，以知祸福，操舍开塞，各有龙忌，中国以鬼神之事日忌，北胡、南越皆谓之请龙。发号施令，以时教期，○俞樾云：期当读为惎。宣二年左传“楚人惎之”，杜注曰：“惎，教也。”文选西京赋“人惎之谋”，薛综注曰：“惎，教也。”是惎与教同义，故曰“以时教惎”。使君人者知所以从事。

览冥者，所以言至精之通九天也，至微之沦无形也，纯粹之入至清也，昭昭之通冥冥也。乃始揽物引类，览取挢掇，挢，取也。掇，拾也。浸想宵类，浸，微视也。宵，物似也。类，众也。物之可以喻意象形者，乃以穿通窘滞，决渎壅塞，引人之意，系之无极，乃以明物类之感，同气之应，阴阳之合，形埒之朕，所以令人远观博见者也。

精神者，所以原本人之所由生，而晓寤其形骸九窍，取象与天，合同其血气，与雷霆风雨，比类其喜怒，与昼宵寒暑并明，宵，夜。○王念孙云：“并明”二字，后人所加也。与者，如也。（广雅：“与，如也。”司马相如子虚赋：“楚王之猎，孰与寡人乎？”郭璞曰：“与，犹如也。”汉书高帝纪：“今某之业所就，孰与仲多？”颜师古曰：“与，如也。”案：古书多谓如曰与，详见释词。）言血气之相从，如雷霆风雨；喜怒之相反，如昼宵寒暑也。后人不知与之训为如，而读“与雷霆风雨比类”为一句，故又于“昼宵寒暑”下加“并明”二字，以成对文耳。不知“合同其血气”，“比类其喜怒”，相对为文。今以“比类”二字上属为句，而“其喜怒”三字自为一句，则句法参差矣。“与雷霆风雨”，“与昼宵寒暑”，亦相对为文。今加“并明”二字，则句法又参差矣。且此文以生、天为韵，雨、怒、暑为韵，今加“并明”二字，则失其韵矣。

又案:“取象于天”为句,“合同其血气”为句。汉魏丛书本改“于天”为“与天”,(庄本同。)以与下两字相对,则又误以“于天合同”为句矣。皆由不知两“与”字之训为如,故纷纷妄改耳。审死生之分,别同异之迹,节动静之机,以反其性命之宗。所以使人爱养其精神,抚静其魂魄,不以物易己,而坚守虚无之宅者也。

本经者,所以明大圣之德,通维初之道,埒略衰世古今之变,以褒先世之隆盛,而贬末世之曲政也。所以使人黜耳目之聪明,精神之感动,樽流遁之观,樽,止也。流遁,披散也。节养性之和,分帝王之操,列小大之差者也。

主术者,君人之事也,所以因作任督责,使群臣各尽其能也。○王念孙云:“因作任督责”,当作“因任督责”,谓因任其臣而督责其功也。今本作字即任字之误而衍者耳。主术篇曰:“因循而任下,责成而不劳。”韩子扬搉篇曰:“因而任之,使自事之。”吕氏春秋知度篇曰:“因而不为,责而不诏。”并与此“因任督责”同义。(庄子天道篇:“形名已明而因任次之。”)明摄权操柄,以制群下,提名责实,提,挈也。考之参伍,所以使人主秉数持要,不妄喜怒也。其数直施而正邪,外私而立公,使百官条通而辐辏,各务其业,人致其功,此主术之明也。

缪称者,破碎道德之论,差次仁义之分,略杂人间之事,总同乎神明之德。假象取耦,以相譬喻,断短为节,以应小具,所以曲说攻论,应感而不匮者也。匮,乏。

齐俗者,所以一群生之短修,同九夷之风气,通古今之论,贯万物之理,财制礼义之宜,擘画人事之终始者也。擘,分也。○王念孙云:“风气”本作“风采”。文选魏都赋“壹八方而混同,极风采之异观”,李善曰:“淮南子曰:‘同九夷之风采。’高诱曰:‘风,俗也。采,事也。'"是其证。后人既改"风采"为"风气",复删去高注以灭其迹,甚矣其妄也。且采与理、始为韵,若作气,则失其韵矣。○文典谨按:文选啸赋注引,作"通古之风气,以贯谭万物之理","理"下又有"谭犹著也"四字,疑是注语。要略乃许注本,文选注所引殆高本也。

道应者,揽掇遂事之踪,追观往古之迹,察祸福利害之反,考验乎老、庄之术,而以合得失之势者也。

汜论者,所以箴缕縩繺之间,縩,绡煞也。**攕揳唲齵之郄也。**攕,䤴也。揳,塞也。唲齵,错梧也。**接径直施,**施,邪。**以推本朴,而兆见得失之变,利病之反,所以使人不妄没于势利,不诱惑于事态,有符曮晲,兼稽时势之变,而与化推移者也。**

诠言者,所以譬类人事之指,解喻治乱之体也。○文典谨按:一切经音义二十三、摄大乘论音义引,作:"诠言者,谓譬类人事,相解喻也。"**差择微言之眇,诠以至理之文,而补缝过失之阙者也。**

兵略者,所以明战胜攻取之数,形机之势,诈谲之变,体因循之道,操持后之论也。持后者,不敢为主而为客也。**所以知战阵分争之非道不行也,知攻取坚守之非德不强也。诚明其意,进退左右无所失击危,乘势以为资,清静以为常,**○王念孙云:"无所击危"者,危与诡同。(说林篇"尺寸虽齐,必有诡",文子上德篇诡作危。汉书天文志"司诡星",史记天官书作"司危星"。)击诡,犹今人言违碍也。谓进退左右,无所违碍也。睽释文曰:"诡,戾也。"(文选长笛赋"窊隆诡戾",李善注:"诡戾,乖违貌。")主术篇曰:"举动废置,曲得其宜,无所击戾。"(又曰:"木击折轊,水戾破舟。")彼言"无所击戾",此言"无所击诡",其义一也。作危者,借字耳。刘绩不解"无所击危"之义,乃于"无所"下加"失"字,(诸本及庄本同。)读"无所失"绝句,而以"击危"二字下属为句,其失甚矣。**避实就虚,若驱群羊,此所以言兵者也。**○文典谨按:

各段皆作“者也”，此不得独无“者”字。文选晋纪总论注引，正作“此所以言兵者也”，今据补。

说山、说林者，所以窍窕穿凿百事之壅遏，而通行贯扃万物之窒塞者也。假譬取象，异类殊形，以领理人之意，解墮结细，说捍抟囷，抟，圆也。囷，茥也。**而以明事埒事者也。**埒，兆朕也。〇王念孙云：堕亦解也。广雅：“堕，脱也。”论衡道虚篇曰：“龟之解甲，蛇之脱皮，鹿之堕角。”是堕与解、脱同义，易林噬嗑之小畜曰“关柝开启，衿带解堕”是也。细当为纽，字之误也。纽亦结也。楚辞九叹王注曰：“纽，结束也。”管子枢言篇曰“先生不约束，不结纽”是也。说与脱同。捍当为择，字之误也。（隶书择字或作撑，与捍相似，见汉成阳灵台碑。）择与释同。墨子节葬篇曰：“为而不已，操而不择。”易林恒之蒙曰：“郊耕择耜，有所疑止。”韩子五蠹篇“布帛寻常，庸人不释”，论衡非韩篇引韩子释作择，皆是也。脱、释皆解也。抟囷者，卷束之名。（考工记鲍人“卷而抟之”，注：“郑司农云：‘抟读为縳，一如瑱之縳，谓卷縳韦革也。’”说文：“稛，豢束也。”稛与囷声近而义同。）“解堕结纽”，“说择抟囷”，其义一也。“明事埒事”，下“事”字因上“事”字而衍。“明事埒”者，明百事之形埒以示人也。高注缪称篇曰：“形埒，兆朕也。”故此注亦曰“埒，兆朕也”。

人间者，所以观祸福之变，察利害之反，钻脉得失之迹，标举终始之坛也。标，末也。坛，场也。〇俞樾云：高注曰“坛，场也”，然终始不当以坛场言，此注未得其义。坛，当读为嬗。说文女部：“嬗，一曰传也。”精神篇“以不同形相嬗也”，高注曰：“嬗，传也。”“终始之嬗”即终始之传，作坛者，叚字也。**分别百事之微，敷陈存亡之机，使人知祸之为福，亡之为得，成之为败，利之为害也。诚喻至意，则有以倾侧偃仰世俗之间，而无伤乎谗贼螫毒者也。**

修务者，所以为人之于道未淹，味论未深，见其文辞，反之以清静为常，恬淡为本，则懈堕分学，纵欲适情，欲以偷自佚，而塞于大道也。今夫狂者无忧，圣人亦无忧。圣

人无忧，和以德也；狂者无忧，不知祸福也。故通而无为也，与塞而无为也同，其无为则同，其所以无为则异。○王念孙云："与塞而无为也"下，不当有"同"字，此因下文"同"字而衍。故为之浮称流说其所以能听，所以使学者孳孳以自几也。几，庶几也。

泰族者，横八极，致高崇，上明三光，下和水土，经古今之道，治伦理之序，总万方之指，而归之一本，以经纬治道，纪纲王事。乃原心术，理性情，以馆清平之灵，馆，舍。澄彻神明之精，澄，清也。彻澄，别清浊也。以与天和相婴薄。婴，绕抱也。所以览五帝三王，怀天气，抱天心，执中含和，德形于内，以莙凝天地，发起阴阳，序四时，正流方，绥之斯宁，推之斯行，乃以陶冶万物，游化群生，唱而和，动而随，四海之内，一心同归。故景星见，景星，在月之旁，则助月之明也。祥风至，风不鸣条也。黄龙下，凤巢列树，麟止郊野。德不内形，而行其法藉，专用制度，神祇弗应，福祥不归，四海不宾，兆民弗化。故德形于内，治之大本。此鸿烈之泰族也。鸿，大也。烈，功也。凡二十篇，总谓之鸿烈。

凡属书者，所以窥道开塞，庶后世使知举错取舍之宜适，外与物接而不眩，内有以处神养气，宴炀至和，而己自乐所受乎天地者也。故言道而不明终始，则不知所仿依；言终始而不明天地四时，则不知所避讳；言天地四时而不引譬援类，则不知精微；言至精而不原人之神气，则不知养生之机；原人情而不言大圣之德，则不知五行之差；言帝道而不言君事，则不知小大之衰；言君事而不为称喻，则不知动静之宜；言称喻而不言俗变，则不知合同大指；已言俗变而不言往事，则不知道德之应；知道德而不知世曲，则无以耦万方；知氾论而不知诠言，则无以从容；通书文而不知兵指，则无以应卒；已知大略而不知譬喻，则无以推明事；知公道而不知人间，则无以应祸福；知人间而不知修务，则无以使学者劝力。欲强省其辞，览总其要，弗曲行区入，则不足以穷道德之意。故著书二十篇，则天地之理究矣，人间之事接矣，帝王之道备矣。其言有小有巨，有微有粗，指奏卷异，各有为语。今专言道，则无不在焉，然而能得本知末者，其唯圣人也。今学者无圣人之才，而不为详说，则终身颠顿乎混溟之中，而不知觉寤乎昭明之术矣。

今易之乾、坤足以穷道通意也，八卦可以识吉凶、知祸福矣，然而伏羲为之六十四变，八八变为六十四卦，伏羲示其象。周室增以六爻，周室，谓文王也。所以原测淑清之道，而攟逐万物之祖也。夫五音之数，不过宫、商、角、徵、羽，然而五弦之琴不可鼓也，必有细大驾和，而后可以成曲。今画龙首，观者不知其何兽也，具其形，则不疑矣。今谓之道则多，谓之物则少，谓之术则博，谓之事则浅，推之以论，则无可言者，所以为学者，固欲致之不言而已也。夫道论至深，故多为之辞以抒其情；万物至众，故博为之说以通其意。辞虽坛卷连漫，绞纷远缓，所以洮汰涤荡至意，洮汰，润也。使之无凝竭底滞，卷握而不散也。夫江、河之腐胔不可胜数，然祭者汲焉，大也。一杯酒白，蝇渍其中，匹夫弗尝者，小也。○王念孙云："一杯酒白"，白字义不可通。艺文类聚杂器物部引此，白作甘，是也。言酒虽甘，而蝇渍其中，则人弗饮也。隶书甘字或作𠮡，与白相似而误。○俞樾云:“酒白”二字文不成义,疑本作“白酒”,而传写误倒之。周官酒正职郑注曰:“昔酒,今之酋久白酒。”然则白酒正汉时常语。艺文类聚杂器部引此,白作甘,盖因已倒为“酒白”,故臆改为甘字。“一杯酒甘”,亦于义不安,未足据也。**诚通乎二十篇之论,睹凡得要,以通九野,**九野,八方、中央也。**径十门,**八方,上下也。**外天地,捭山川,**捭,屏去也。**其于逍遥一世之间,宰匠万物之形,亦优游矣。若然者,挟日月而不烑,**挟,至也。烑,光也。○孙诒让云:挟,当为周挟之义。荀子礼论篇“方皇周挟”,杨注云:“挟,读为浃,匝也。”烑者,窕之借字。(二字声类同。)本经训高注云:“窕,不满密也。”后文云“布之天下而不窕”,注云:“窕,缓也。”前俶真训云“横扃天地之间而不窕”,氾论训云“舒之天下而不窕”,荀子赋篇云“充盈大宇而不窕”,并与此文意相近。**润万物而不秏。曼兮洮兮,足以览矣!藐兮浩兮,旷旷兮,可以游矣!**

文王之时,纣为天子,赋敛无度,杀戮无止,康梁沉湎,宫中成市,康梁,耽乐也。沉湎,淫酒也。成市,言集者多也。○文典谨按:御览八十四引,“沉湎”作“流湎”。**作为炮烙之刑,刳谏者,剔孕妇,天下同心而苦之。文王四世累善,**太王、王季、文王、武王,凡四世也。**修德行义,处岐周之间,地方不过百里,天下二垂归之。**○庄逵吉云:御览垂作分。**文王欲以卑弱制强暴,以为天下去残除贼而成王道,故太公之谋生焉。**太公为周陈阴符兵谋也。○文典谨按:御览八十四引,“故太公之谋生焉”作“故太公为之谋主也”。**文王业之而不卒,武王继文王之业,用太公之谋,悉索薄赋,**薄,少也。赋,兵也。**躬擐甲胄,**擐,贯著也。**以伐无道而讨不义,誓师牧野,以践天子之位。天下未定,海内未辑,武王欲昭文王之令德,使夷狄各以其贿来贡,辽远未能至,故治三年之丧,殡文王于两楹之间,**殡,大敛也。两楹,堂柱之间,宾主夹之。

以俟远方。武王立三年而崩，成王在襁褓之中，○文典谨按：文选幽愤诗注引，“成王”下有“幼”字。未能用事，蔡叔、管叔辅公子禄父禄父，纣之兄子，周封之以为殷后，使管、蔡监之。而欲为乱。周公继文王之业，持天子之政，以股肱周室，辅翼成王。惧争道之不塞，臣下之危上也，故纵马华山，放牛桃林，败鼓折枹，搢笏而朝，以宁静王室，镇抚诸侯。成王既壮，能从政事，周公受封于鲁，以此移风易俗。孔子修成、康之道，述周公之训，以教七十子，使服其衣冠，修其篇籍，故儒者之学生焉。墨子学儒者之业，受孔子之术，以为其礼烦扰而不悦，悦，易也。○王念孙云：如注义，则悦当为侻。（他活反。）本经篇“其行侻而顺情”，彼注云：“侻，简易也。”义与此注同。庄本改悦为说，未达高氏之旨。厚葬靡财而贫民，服伤生而害事，○王念孙云：“服伤生而害事”，文义未明，“服”上当有“久”字。“厚葬”、“久服”相对为文。墨子节葬篇多言厚葬久丧，晏子春秋外篇“厚葬破民贫国，久丧遁哀费日”，皆淮南所本也。故背周道而用夏政。禹之时，天下大水，禹身执虆垂，以为民先，○庄逵吉云：御览“虆垂”作“畚插”为是，此误也。○王念孙云：垂字误，而虆字不误。虆，谓盛土笼也。垂，当为臿。臿，今之锹也。大雅绵传云：“捄，虆也。”笺云：“筑墙者捊聚壤土，盛之以虆，而投诸版中。”虆字或作蔂。说山篇“蔂成城”，高注云：“蔂，土笼也。”韩子五蠹篇“禹之王天下也，身执耒臿以为民先”，此即淮南所本。耒与虆声相近，耒臿即虆臿也。孟子滕文公篇“盖归反虆梩而掩之”，赵注云：“虆梩，笼臿之属，可以取土者也。”彼言虆梩，亦即此所谓虆臿也。（广雅：“梩，臿也。”）管子山国轨篇“梩笼累箕”，累亦与虆同。太平御览引此，虆作畚，所见本异耳，不得据彼以改此也。垂者，臿之误，非插之误。俗书臿字或作臿，（见广韵。）垂字或作𡍮（见汉富春丞张君碑。）二形相似，故臿误为垂矣。○文典谨按：北堂书钞九十二引，虆作絫。剔河而道九岐，剔，洩去也。九岐，河水播岐为九，以入海也。○庄逵吉云:御览作“疏河而道九支”。○文典谨按:御览八十二引,“禹之时”作“尧之时”,“九支”下引注云:“支,分。”**凿江而通九路,**江水通别为九。**辟五湖**使水辟人而相从也。**而定东海。当此之时,烧不暇攒,**攒,排去也。**濡不给扢,**扢,拭也。**死陵者葬陵,死泽者葬泽,故节财、薄葬、闲服生焉。**○王念孙云:閒与简同。(庄子天运篇“食于苟简之田”,释文:“简,司马本作閒。)简服,谓三月之服也。宋书礼志引尸子曰:“禹治为丧法,使死于陵者葬于陵,死于泽者葬于泽,桐棺三寸,制丧三月。”是也。道藏本、刘本作“閒服”,他本閒字皆误作闲(閑),而庄本从之,谬矣。文选夏侯常侍诔注及路史后纪引此,并作“简服”。**齐桓公之时,天子卑弱,诸侯力征,南夷北狄,交伐中国,中国之不绝如线。**线,细丝也。**齐国之地,东负海而北障河,地狭田少,而民多智巧。桓公忧中国之患,苦夷狄之乱,欲以存亡继绝,崇天子之位,广文、武之业,故管子之书生焉。齐景公内好声色,外好狗马,猎射亡归,好色无辩,**辩,别也。**作为路寝之台,族铸大钟,**族,聚也。○庄逵吉云:太平御览作许慎注。**撞之庭下,郊雉皆呴,**大钟声似雷震,雉应而呴鸣也。○庄逵吉云:御览呴作雊,有许慎注云:“钟声如雷震,雉皆应之。”与此略同。○陶方琦云:当从今注全文。庄子在宥“云气不待族而下”,司马注云:“族,聚也。”广雅释诂:“族,聚也。”皆与许注合。说文:“雊,雄雉鸣也。雷始动,雉乃鸣而句其颈。”与淮南注亦合。○文典谨按:白帖六十二引注,作“钟声似雷,雷震则雉雊”。**一朝用三千钟赣,**钟,十斛也。赣,赐也。一朝赐群臣之费三万斛也。**梁丘据、子家哙导于左右,**二人,景公臣也。导,谏也。**故晏子之谏生焉。晚世之时,六国诸侯,溪异谷别,水绝山隔,各自治其境内,守其分地,握其权柄,擅其政令,下无方伯,上无天子,力征争权,胜者为右,恃连与国,**怙恃连与之国。○王念孙云:“连与”二字连读,汉书武五子传“群臣连与成朋”是也。“恃连与,约重致,剖信符,结远援”,皆三字为句,则“连与”下不当有“国”字。盖涉注文而衍。约重致,剖信符,结远援,以守其国家,持其社稷,故纵横修短生焉。申子者,韩昭釐之佐;韩,晋别国也,地墽民险,而介于大国之间,晋国之故礼未灭,韩国之新法重出,先君之令未收,后君之令又下,新故相反,前后相缪,百官背乱,不知所用,故刑名之书生焉。秦国之俗,贪狼狼,荒也。强力,寡义而趋利,可威以刑,而不可化以善,可劝以赏,而不可厉以名,被险而带河,四塞以为固,地利形便,畜积殷富,孝公欲以虎狼之势而吞诸侯,故商鞅之法生焉。若刘氏之书,淮南王自谓也。观天地之象,通古今之事,权事而立制,度形而施宜,原道之心,合三王之风,以储与扈冶,储与,犹摄业也。扈冶,广大也。玄眇之中,精摇靡览,楚人谓精进为精摇。靡小皆览之。弃其畛挈,楚人谓泽浊为畛挈。斟其淑静,以统天下,理万物,应变化,通殊类,非循一迹之路,守一隅之指,拘系牵连之物,而不与世推移也,故置之寻常而不塞,布之天下而不窕。窕,缓也。布之天下,虽大不窕也。

附录一

淮南子校补 王念孙淮南子杂志校。俞樾淮南子平议校。孙诒让札迻校。

淮南子原道篇:"四支不动,聪明不损,而知八纮九野之形埒者,何也?"典案:卷子本玉篇纮字下引"形埒"作"形埒",于义为长。惟俶真篇"未有形埒垠堮",精神篇"休息于无委曲之隅,而游敖于无形埒之野",缪称篇"道之有篇章形埒者",高注:"形埒,兆朕也。"是此文"形埒"二字不误。淮南子有许慎、高诱二家注本,玉篇引文,疑是许本。

"加之以詹何、娟嬛之数。"高注:"詹何、娟嬛,古善钓人名。"典案:文选七发注引"娟嬛"作"蜎蠉",又引高注"蜎蠉,白公时人"。困学纪闻引亦作"蜎蠉"。汉书艺文志有蜎子十三篇。七略:"蜎子名渊,楚人。"史记孟子荀卿列传:"环渊,楚人,学黄、老道德之术,著上下篇。"广韵二十七删环字下云:"古有楚贤者环渊。"宋玉钓赋:"宋玉与登徒子偕受钓于玄渊。"名虽殊,实一人也。蜎蠉、环渊、玄渊[一]、娟嬛并声近通叚。

"雁门之北，狄不谷食，贱长贵壮，俗尚气力。"王念孙云："俗本作各，各误为谷，后人因加人旁耳。汉郃阳令曹全碑各作㕁，形与谷相似。太平御览兵部八十九引此，正作'各尚气力'。"典案："俗尚气力"，义自可通，不必改字释之。类书所引孤证，未足为据。且如王说，误自汉代，则宋代类书引文安得不误乎？王氏但欲证明俗为各字之讹，不知所举二证实难并立也。

"故橘树之江北则化而为枳，鸲鹆不过济，貈渡汶而死。"王念孙云："枳本作橙，此后人依考工记改之也。埤雅引此作'化而为枳'，则所见本已误。文选潘岳为贾谧赠陆机诗注、艺文类聚、太平御览果部引并作橙。"典案：考工记、埤雅字并作枳，即枳字不误之证。此文以枳、济、死为韵，作橙则失其韵矣。列子汤问篇："渡淮而北，而化为枳焉。鸜鹆不逾济，貉逾汶则死矣。"与此文正同。说苑奉使篇："江南有橘，齐王使人取之，而树之于江北，生不为橘，乃为枳。"韩诗外传十："王不见夫江南之树乎，名橘，树之江北则化为枳。"亦皆可证枳字不误。王说失之。

"昔舜耕于历山，期年，而田者争处墝埆，以封壤肥饶相让；钓于河滨，期年，而渔者争处湍濑，以曲隈深潭相予。"顾炎武云："淮南子'舜钓于河滨，期年，而渔者争处湍濑，以曲隈深潭相予'，尔雅注引之曰：'渔者不争隈。'此略其文而用其意也。"日知录二十引书用意条。典案：尔雅释

[一]"渊"字原本脱，今补。

丘隩隈注所引“渔者不争隈”五字，乃览冥篇之文，非略原道篇此文而用其意也。引书用意，古籍类然，顾先生所说诚是，惟举例偶失检耳。

“藏于不敢，行于不能。”俞樾云：“文子道原篇作‘藏于不取’，当从之，即所谓‘百姓足，君孰与不足’也。”典案：藏与行、不敢与不能相对成义。藏于不敢，即道家卑弱以自持之意。俞氏以论语“百姓足，君孰与不足”之义释之，非其指矣。文子道原篇敢误为取，可依此文订正，不当据彼改此也。

“动溶无形之域，而翱翔忽区之上。”典案：溶为搈叚。说文手部：“搈，动搈也。”溶、搈同音，古通用。俶真篇“动溶于至虚”同。宋苏颂校淮南子题序云：“许于卷内多假借用字，原道篇虽高本亦尔。”

“故老聃之言曰：‘天下至柔，驰骋天下之至坚。出于无有，入于无间。’”典案：今本老子河上公章句遍用第四十三，作“天下之至柔，驰骋天下之至坚。无有入无间”。“无有”上敓“出”字，可据淮南引文增。道应篇引作“无有入于无间”，疑后人改之也。老子注：“无有，谓道也，道无形质，故能出入无间。”是所见本尚未敓“出”字。

“循之不得其身。”典案：“循”为“揗”叚。说文手部：“揗，摩也。”“循之不得其身”，犹摩之不得其身也。

“忧悲者，德之失也。”俞樾云：“上云‘喜怒者，道之邪也’，下云‘好憎者，心之过也’，喜之与怒，好之与憎，皆二字相反。此云‘忧悲’，则非其义矣。‘忧悲’当作‘忧乐’。”典案：下文“嗜欲者，性之累也”，嗜之与欲，谊固相类，而不相反也。俞说未审。

“故士有一定之论，女有不易之行。”高注：“士有同志，同志德也。”典案：注下“志”字疑衍。文选诣建平王上书注引此注无下“志”字，是其证。

“气者，生之充也。”王念孙云：“充本作元，此涉下文‘气不当其所充’而误也。文选养生论注引此正作元，文子九守篇亦作元。王冰注素问刺禁论云：‘气者，生之原。’语即本于淮南。”典案：下文“气不当其所充而用之则泄”，即承此而言，正此文“充”字不误之证。下文又云：“气为之充，而神为之使也。”“无所不充，则无所不在。”并可证此文“充”非误字。本书精神篇“使神滔荡而不失其充”，素问解精微论“髓者，骨之充也”，谊皆与此文“充”字相类。王说未谛，不可从也。

“蚑蛲贞虫。”高注：“贞虫，细腰之属也。”典案：本书说山训“贞虫之动以毒螫”，高彼注：“贞虫，细腰蜂，蜾蠃之属，无牝牡之合曰贞。”案：贞当为征之叚字。墨子非乐上篇“今人固与禽兽麋鹿蜚鸟贞虫异者也”，三朝记谓之“蜚征”。高以“无牝牡之合”释之，未昳。

“终身运枯形于连嵝、列埒之门。”高注：“连嵝，犹离嵝也，委曲之类。列埒，不平均也。”典案：连、列对文，皆所谓动词；嵝、埒对文，皆所谓名词。嵝即嶀嵝。埒，说文土部云：“卑垣也。”“连嵝、列埒之门”，谓嶀嵝连绵，卑垣横列，行者将蹪蹈其中，不能自脱也。高注未晰。

俶真篇："是故日计之不足，而岁计之有余。"高注："以限计之，故有余也。辟若梅矣，百梅足以为百人酸，一梅不足为百人酸也。"典案：注"一梅不足为百人酸也"，"百"字当为"一"字之误。本书说林篇"百梅足以为百人酸，一梅不足以为一人和"，是其证也。事类赋果部二十六引此已误。

"炊以炉炭。"王念孙云："炊当为灼，字之误也。吕氏春秋士容篇注作'燔以炉炭'，燔亦灼也。"典案：吕氏春秋重己篇高注引此文亦作"燔以炉炭"，与士容篇注同，是高氏所见本字作燔。炊固非，灼亦未必是。

"是故身处江海之上，而神游魏阙之下。"高注："魏阙，王者门外阙，所以县教象之书于象魏也。巍巍高大，故曰魏阙。言真人虽在远方，心存王也。一曰：心下巨阙，神内守也。"陶方琦云："庄子释文引许注：'天子两观也。'文选吊魏武帝文注引许注作'魏阙，王之阙也。'高注前一说，文选注所引许注相同，当是许说羼入高注。文选、庄子所引，乃约文也。且高注内作两说，多系许、高之异。"典案：吕氏春秋审为篇高彼注云："魏阙，心下巨阙也。心下巨阙，言神内守也。一说：魏阙，象阙也。"与此注正同。本书道应篇注："江海之上，言志在于己身；心之魏阙也，言内守。"与此文注"一曰：心下巨阙，神内守也"相合。道应篇为许注本，陶氏谓"高注内之一说，多是许说之羼入者"，是也。

"譬若周云之茏苁，辽巢彭濞而为雨。"高注："周云，密雨云也。”俞樾云:“周,当读为朝。诗汝坟篇‘惄如调饥’,毛传曰:‘调,朝也。’周之为朝,犹调之为朝也。”典案:说文口部:“周,密也。”与高注“密雨云”之义正合。注“雨”字疑涉“云”字上半误羡之文。俞说迂曲,殆失之矣。

“夫秋豪之末,沦于无间而复归于大矣;芦苻之厚,通于无埜而复返于敦庞。若夫无秋豪之微,芦苻之厚,四达无境,通于无圻,而莫之要御夭遏者。”典案:埜,古垠字,又或从斤作圻。上既言“通于无埜”,此不得复言“通于无圻”。上文“通于无埜”与“沦于无间”相对,句法一律,下文有“通于无圻”四字,不惟重复,句法亦不一律。此疑一本作“通于无埜”,一本作“通于无圻”,校者旁注,写者误入于此。埜字下无注,而圻字下有注云:“圻,垠字也。”疑亦后人所加,非高氏旧注也。

“然其断在沟中,壹比牺尊、沟中之断,则美丑有间矣。”典案:“然其断在沟中”句不词,“壹”字疑当在“其”字下。御览七百六十一引庄子正作“其一断在沟中”,是其证。今本庄子天地篇作“其断在沟中”,误与此文同。

“若然者,视天下之间,犹飞羽浮芥也。”高注:“芥,中也。”庄逵吉云:“中字疑当作艸。”典案:芥无中义,中必为误字。屮,古艸字,浅人加画为中。方言:“自淮以西,或曰草,或曰芥。”是芥本有草义。

“莫窥形于生铁,而窥于明镜者,以睹其易也。”王念孙云:“‘以’下本无‘睹’字。太平御览服用部十九、方术部一引此,并无‘睹’字。”典案:王说是也。北堂书钞一百三十六引,亦无"睹"字,足证王说。

"智终天地。"典案:"智终天地",义不可通,"终"当为"络"字之误也。庄子天道篇"故古之王天下者,知虽落天地,不自虑也",即此文所本。"落"与"络"同。庄子秋水篇"落马首,穿牛鼻,是谓人",本书原道篇作"络马之口,穿牛之鼻者,人也",是庄子作"落",本书作"络"之证。知、智古今字。北堂书钞帝王部七引庄子作"智洛天地"。落、络、洛并同音通用。

"一人养之,十人拔之,则必无余梓。"王念孙云:"一当为十,十当为一。此言养之者虽有十人,而一人拔之则木必死也。二字互误,则非其指矣。御览方术部一引此,正作'十人养之,一人拔之'。"典案:王说是也。御览九百五十二引此文,作"千人养之,一人披之",文虽有异,"十人"作"一人"则同。韩非子说林上篇"然使十人树之,而一人拔之,则毋生杨矣",即淮南所本。

"熘生人,辜谏者。"典案:"辜谏者"不词,"辜"当为"辠",字之误也。御览六百四十七引,正作"辠谏者"。辠,古罪字,形与辜相近。

"故诗云:'采采卷耳,不盈倾筐。嗟我怀人,寘彼周行。'以言慕远世也。"高注:"言采采易得之菜,不满易盈之器,以言君子为国,执心不精,不能以成其道,采易得之菜,不能盈易满之器也。'嗟我怀人,寘彼周行',言我思古君子官贤人,置之列位也。诚古之贤人各得其行列,故曰慕远也。"典案:毛传:"寘,置。行,列也。思君子官贤人,置周之列位。”胡承珙云：“此释怀人二句，全同传义。其释上二句，意当亦本之毛公。”毛诗后笺。是也。惟荀子解蔽篇：“诗云：‘采采卷耳，不盈顷筐，嗟我怀人，寘之周行。’顷筐易满也，卷耳易得也，然而不可以贰周行。”申公之学出于荀卿，鲁诗卷耳之义即本于此。高注所谓“易得之菜”，“易盈之器”，又用鲁义为解。俶真篇〔一〕为高本，引诗“寘之”作“寘彼”，复与毛同，然则高诱固不分今古文者也。

天文篇：“虎啸而谷风至，龙举而景云属。”陶方琦云：“文选刘孝标广绝交论注、御览九百二十九、事类赋风部引许注‘虎，阴中阳兽，与风同类’。”典案：初学记一引高注：“虎，阳兽，与风同类。”此文下既有高注云“虎，土物也。风，木风也。木生于土，故虎啸而谷风至”，则初学记所引必许注也。

“南方曰炎天。”典案：文选颜延年夏夜呈从兄散骑车长沙诗注引高注：“南方五月建午，火之中也。火性炎上，故曰炎天。”今本敚，当据补。

“执衡而治夏。”陶方琦云：“占经三十引许注：‘衡，平也。’”典案：御览八百六十九引许注同。

“景风至则爵有位，赏有功。”高注：“夏至阴气在下，阳盛于上，象阳布施，故赏有功，封建侯也。”典案：注“封建侯也”不词，“侯”上当有“诸”字。御览二十三引注正作“封建诸侯”，是其证。

〔一〕“真”，原本作“置”，今改。

"太微者，太一之庭也。"俞樾云："下文曰：'紫宫者，太一之居也。'然则太一自在紫宫，不在太微。此太一乃'天子'二字之误。"典案：俞说是也。此盖涉上"太微"而误。文选江文通杂体诗注引"太一"作"天一"，"天"字尚不误，足考"天子"二字误为"太一"之迹。

"轩辕者，帝妃之舍也。"典案：文选月赋注引高注："轩辕，星名。"当据补。齐敬皇后哀策文注引作："轩辕，星也。"下文"天阿者，群神之阙也"，北堂书钞百五十亦引注云："天河，星名也。"正与此注一例。疑此注本作："轩辕，星名也。"

"咸池者，水鱼之囿也。"典案：北堂书钞百五十引"鱼"作"衡"。疑此文"鱼"本作"奂"，即古"衡"字，形与"鱼"近，传写遂讹为"鱼"矣。若本为"鱼"字，无缘误为"衡"也。

"音比夹钟。"高注："夹，夹也。"典案：注下"夹"字当作"荚"。下文"夹钟者，种始荚也"，是其证也。

"下生者倍，以三除之；上生者四，以三除之。"高注："钟律上下相生，诱不敏也。"典案：高氏于其所不知，皆直谢不敏。吕氏春秋上农篇"皆知其末，莫知其本真"，下亦有注云："不敏也。"正与此一例。惟吕氏春秋古乐篇高注："法凤之雌雄，故律有阴阳，上下相生，故曰黄钟之宫皆可以生之。"音律篇注："律吕相生，上者上生，下者下生。"疑高氏注淮南在前，当时犹未明钟律上下相生之理，及注吕氏春秋，已通其义，故此注直言不敏，而彼注则为之解也。

"太阴治春，则欲行柔惠温凉。"俞樾云："温凉异义，不得连文。凉当作良。"典案："温凉"与"柔惠"谊不相类，俞谓"凉当为良",是也。北堂书钞百五十三引,作"太阳治春,则欲行仁惠温良",文虽小异,"温凉"正作"温良",足证俞说。

地形篇:"食水者善游能寒。"典案:能,读曰耐。吕氏春秋审时篇高注:"能,耐也。"汉书赵充国传:"汉马不能冬。"师古曰:"能,读曰耐。"正与此文一例。家语执辔篇"食水者善遊而耐寒",是其证矣。遊、游古通用。

"食土者无心而慧。"高注:"蚯蚓之属是也。"俞樾云:"大戴记易本命篇作'无心而不息',卢辩注曰:'蚯蚓之属不气息也。'此文"慧"字疑亦"不息"二字之误。"典案:家语执辔篇作"食土者无心而不息",王肃注:"螾属不气息也。"与大戴礼正同。御览九百四十四引此文作"食土者无心不惠","惠"上亦有"不"字,"而慧"二字当为"不息"之讹。高注"蚯蚓之属是也",不释"慧"字之义,即所见本不作"慧"之证。

"无角者膏而无前,有角者指而无后。"高注:"膏,豕也,熊猿之属。无前,肥从前起也。指,牛羊麋之属。无后,肥从后起也。"庄逵吉云:"指应作脂,见周礼注,所谓'戴角者脂,无角者膏'是也。又王肃家语注引本书,正作脂。"典案:庄谓"指"应作"脂",是也。说文肉部脂字下云:"戴角者脂,无角者膏。"家语执辔篇:"四足者无羽翼,戴角者无上齿,无角无前齿者膏,有角无齿者脂。"御览八百六十四"脂膏"条、八百九十九"牛"条,两引此文,"指"并作"脂"。又案:"無前"、"無后"义不可通,"無"当为

"兑",即古"锐"字。"兑"始讹为"无",传写又改为"無",义遂不可通矣。御览八百九十九引此文正作"兑前"、"兑后"。又引注:"豕马之属前小,牛羊后小。"前小即锐前,后小即锐后矣。

"维出覆舟。"典案:"维"当为"潍"字之坏也。御览六十三引淮南云:"潍水覆舟山,盖广异名也。"文虽有异,"维"字正作"潍"。

时则篇:"律中太蔟。"高注:"律,管音也。阴衰阳发,万物太蔟地而生,故曰太蔟。"典案:注"万物太蔟地而生"义不可通,"太"当为衍文。天文篇"音比太蔟",高彼注言"阴衰阳发,万物蔟地而生,故曰太蔟"也。吕氏春秋孟春纪"律中太蔟"注:"太阴气衰,少阳气发,万物动生,蔟地而出,故曰律中太蔟。"二注与此注并同。礼月令注:"太蔟,言阳气大蔟,达于上也。""蔟"上虽有"大"字,然非指万物生出,言不与高氏淮南、吕氏春秋注一例。

"四邻入保。"高注:"四方之民来入城郭自保守也。"典案:吕氏春秋孟夏纪:"四鄙入保。"高彼注云:"四境之民畏寇贼来,入城郭以自保守也。"礼月令郑注:"小城曰保。"即此保字之义。庄子盗跖篇:"所过之邑,大国守城,小国入保。"城、保对文,可证。高氏此注与吕氏春秋注并以"自保守"释之,非是。下文两"四鄙入保",注:"四界之民皆入城郭自保守也。"误与此同。

"其兵戈。"王念孙云:"戈当为戉,字之误也。艺文类聚、太平御览引此,并作'其兵钺',是其证也。"典案:颜师古匡谬正俗云:"黄帝素问及淮南子等诸书说五方之兵,东方其兵矛,南方其兵弩,中央其兵剑,西方其兵戈,北方其兵铩。"是小颜所见本正作"其兵戈"。御览引作"钺",盖袭艺文类聚耳。

"固封玺。"典案:礼记月令"玺"作"疆",郑注:"今月令疆或作玺。"说文土部:"壐,王者之印也,以主土。据玉篇引。从土,尔声。"壐字从土,以主土者,故"封疆"或作"封壐"。应劭汉官仪、蔡邕独断引月令并作"固封玺",皆据今月令。北堂书钞百五十六引淮南此文作"固封疆",与古月令合,疑是许、高二家之异。

览冥篇:"庶女叫天,雷电下击,景公台陨,支体伤折,海水大出。"高注:"庶贱之女,齐之寡妇,无子,不嫁,事姑谨敬。姑无男有女,女利母财,令母嫁妇。妇益不肯,女杀母以诬寡妇。妇不能自明,冤结叫天,天为作雷电下击景公之台。"典案:"叫天"下敓"而"字,与上文"师旷奏白雪之音,而神物为之下降"句不一律。北堂书钞百五十二、初学记一、艺文类聚二引并有"而"字,当据增。又案:"叫天",御览六十引作"告天",事类赋天部引说苑云:"庶女者,齐之寡妇,养姑。姑女利母财,而杀母以告寡妇。妇不能自解,以冤告天,而大风袭于齐殿。""叫"亦作"告",与御览六十引文合。御览引文,"景公台陨"句下,又引注云:"景公,齐景公也。雷击景公台,陨坏之也。""枝体伤折"句下,引注云:"景公为雷霆所伤折。""庶女告天"句下所引注,既与文选诣建平王上书注引许注合,则此二注必许君注矣。

“夫物类之相应，玄妙深微，知不能论，辩不能解。”俞樾云：“论者，知也。说山篇高注：‘论，知也。’‘不能论’，谓智者不能知也。”典案：下文“得失之度，深微窈冥，难以知论，不可以辩说也”，与此文义正同，而论字与说字对文，则此文之论亦不当训知。俞说未安，不可从也。

“故山云草莽，水云鱼鳞，旱云煙火，涔云波水，各象其形类，所以感之。”王引之云：“煙当为熛，字之误也。说文：‘熛，火飞也。’‘旱云熛火，涔云波水’，犹言旱云如火，涔云如水耳。”典案：此言云之形状象草莽、鱼鳞、煙火、波水也。熛者迸火，即俗语所谓火星也。云之状可以象煙，不得象火星。王说既无依据，又违物情，其失也迂矣。

“夫道者，无私就也，无私去也。”高注：“天道无私就去。”典案：“夫”当为“天”，字之误也。文子精诚篇、御览二十七引此文并作“天道”，是其证也。高注“天道无私就去”，是所见本正作“天道”。主术篇：“天道玄默，无容无则。”是“天道”二字见于本书者。

“浮游不知所求，魍魉不知所往。”典案：“求”当为“来”，字之误也。北堂书钞十五引，正作“浮游不知所来”，是其证也。“不知所来”，“不知所往”，相对为文，且承上句“莫知所由生”而言。若作“求”，则文既不相对，又与上句之义不相应矣。

精神篇：“日中有踆乌。”高注：“踆，犹蹲也，谓三足乌。”典案：艺文类聚天部一、事类赋天部一并引注云：“踆，趾也。"北堂书钞百四十九引,"趾"作"止"。广韵十八谆:"竣,止也。"踆与竣同,止、趾古亦通用。

"甘瞑太宵之宅,而觉视于昭昭之宇。"高注:"太宵,长夜之中也。言其直瞑于大道之处,冥视昭昭矣。"典案:文选陆士衡答张士然诗、嵇叔夜养生论李注:"瞑,古眠字。""甘瞑"犹酣眠也。高注"言其直瞑于大道之处,冥视昭昭矣",未得其谊。本书俶真篇"甘瞑于溷澖之域"同。又案:"甘瞑"下当有"于"字。文选辛丑岁七月赴假还江陵夜行涂口诗注引作"甘瞑于大霄之宅"可证。俶真篇"甘瞑于溷澖之域","甘瞑"下亦有"于"字。

"使之左据天下图而右手刎其喉,愚夫不为。"高注:"天下至大,非手所据,故不言手也。"典案:泰族篇:"使人左据天下之图而右刎喉,愚者不为也。""左"下亦无"手"字。惟吕氏春秋不侵篇高注引此文,知分篇高注引泰族篇文,"左"下并有"手"字。文子上义篇、后汉书仲长统传昌言法诫篇、马融传、三国志彭羕传、世说新语文学篇注亦并作"左手据天下之图"。所谓据者,指天下之图言之,非谓据天下也。高所见本敚"手"字,遂曲为之说耳。

本经篇:"当此之时,玄元至砀而运照。"高注:"玄,天也。元,气也。"庄逵吉校本避清圣祖讳,改"玄"为"元"。俞樾云:"高注曰:'元,天也。元,气也。'分两字为两义,殊不可通。"典案:各本并作"玄元",注并作:"玄,天也。元,气也。"俞氏盖据清代刊本立说,而不知上"元"字为避讳所改也。

"伯益作井,而龙登玄云,神栖昆仑。"高注:"伯益佐舜,初作井,凿地而求水。龙知将决川谷,漉陂池,恐见害,故登云而去,栖其神于昆仑之山。"典案:高注"故登云而去,栖其神于昆仑之山",是误以神为龙之神也。论衡感虚篇:"传书又言:'伯益作井,龙登玄云,神栖昆仑。'言龙井有害,故龙神为变也。夫言龙登玄云,实也;言神栖昆仑,又言为作井之故,龙登神去,虚也。"又曰:"所谓神者,何神也?百神皆是。百神何故恶人为井?"可证高注之非。

"故德之所总,道弗能害也。"高注:"总,一也。"俞樾云:"总字无义,乃利字之误。利古文作粅,总(總)俗作惣,其上半相似,因而致误。"典案:下文"晚世学者,不知道之所一体,德之所总要",高注:"总,凡也。"与此文及注谊皆相类,则"总"非误字,明矣。高注:"总,一也。"是所见本字已作"总"。若如俞说,则是"利"之讹"总",汉代已然。俗书之"惣",造于唐代,宋丁度集韵始收其字,安得言古文"粅"与俗书之"惣"以上半相似而致误乎?俞说甚凿,不可从也。

"舜之时,共工振滔洪水,以薄空桑。"高注:"共工,水官名也,柏有之后。振,动也。滔,荡也。欲壅防百川,滔高堙庳,以害天下者。"典案:御览八十一引注云:"滔,漫之。共工,炎帝之后。随高堙下,壅百川以为民害。"今本注"柏有"二字当为"炎帝"。

"燎焚天下之财。"俞樾云:"天下之财不当言燎焚,燎焚当作撩聚。"典案:"燎焚天下之财",与下句"罢苦万民之力”，即韩非子亡征篇“罢露百姓，煎靡货财”之义，承上文“琁室、瑶台、象廊、玉床”、“肉圃、酒池”而言，谓桀、纣之奢侈无度，非谓其聚敛也。俞欲改字释之，其失也迂而凿矣。韩非子外储说左上亦云：“罢苦百姓，煎靡财货。”“燎焚”犹“煎靡”矣。

主术篇：“兵莫憯于志而莫邪为下，寇莫大于阴阳而枹鼓为小。”高注：“以智意精诚伐人为利。”典案：二句相对为文，“志”上当有“意”字。意志、阴阳，文正相对。缪称篇正作“兵莫憯于意志，莫邪为下”，是其证矣。高注“智意”疑即“意志”二字之误，其所见本当尚未敓“意”字。庄子庚桑楚篇“兵莫憯于志，镆鎁为下”，其敓“意”字与此同，或后人据彼删此也。

“而不能与越人乘干舟而浮于江湖。”高注：“干舟，小船也。”王念孙云：“古无谓小船为干者，干（幹）当为舲，字之误也。舲与舲同。”典案：群书治要引“干”作“舼”。玉篇：“舼，小船也。”与高注小船亦合。

“而欲以遍照海内，存万方。”典案：“照海内”、“存万方”相对为文，“照”上不当有“遍”字。群书治要引此文无“遍”字，下文“如此而欲照海内，存万方”亦无“遍”字，皆其证也。

“是故十围之木，持千钧之屋；五寸之键，制开阖之门。”王念孙云：“‘制开阖’三字文义未足，说苑说丛篇作‘而制开阖’，文子作‘能制开阖’，能亦而也。二书皆本于淮南，则淮南原文本作‘五寸之键而制开阖’明矣。”典案：

王说是也。意林引此文,“持”上“制”上并有“能”字,是其证矣。

“岂其材之巨小足哉?所居要也。”典案:“足”字无义,疑衍文也。意林引作“非材有巨细,所居要耳”,“小”虽作“细”,下无“足”字。

缪称篇:“昔东户季子之世,道路不拾遗,耒耜余粮宿诸亩首。”典案:初学记引子思子曰:“东户季子之时,道上雁行而不拾遗,余粮宿诸亩首。”即此文所本。

“老子学商容,见舌而知守柔矣。”注:“商容,神人也。商容吐舌示老子,老子知舌柔齿刚。”典案:“学”下当有“于”字。文子上德篇“学”下有“于”字,是其证。又案:商容,文子上德篇作“常枞”,说苑敬慎篇作“常摐”,汉书艺文志有常从日月星气二十一卷,师古注:“常从,人姓名,老子师之。”王应麟困学纪闻以为淮南子误,当依文子、说苑作“常枞”。案:此当各依本书,商、常,容、枞、从,并声近通用字。吕氏春秋离谓篇“箕子、商容以此穷”,高注:“商容,纣时贤人,老子所从学者。”慎大览注:“商容,殷之贤人,老子师也。”并与此文注“神人”之说异。缪称篇为许注本,故与吕氏春秋注不合耳。

“雍门子以哭见孟尝君,涕流沾缨。”俞樾云:“孟尝君”下当更有“孟尝君”三字。不然,则涕流沾缨仍属雍门子,而不属孟尝君,不见其感人之至矣。”典案:俞说是也。论衡感虚篇“雍门子哭对孟尝君,孟尝君为之于邑”,亦重“孟尝君”三字。列子汤问篇“故雍门之人至今善歌哭,放娥之遗声”，张注：“六国时有雍门子，名周，善琴，又善哭，以哭干孟尝君。”文选陆士衡于承明作与士龙诗注引此文，“哭”作“琴”。说苑善说篇：“雍门子周以琴见乎孟尝君。雍门子周引琴而鼓之，徐动宫徵，微挥羽角，切终而成曲。孟尝君涕浪汗增，欷而就之曰：‘先生之鼓琴，令文若破国亡邑之人也。’”三国志郤正传“雍门援琴而挟说”，注引桓谭新论文略同。汉书景十三王传：“雍门子壹微吟，孟尝君为之于邑。”苏林曰：“六国时人，名周，善鼓琴。”如淳曰：“雍门子以善鼓琴见孟尝君，先说‘万岁之后，高台既已颠，曲池又已平，坟墓生荆棘，牧竖游其上，孟尝君亦如是乎’？孟尝君喟然叹息也。”是文选注引文作“琴”，非误字也。此疑一本作“哭”，一本作“琴”。

“鲁以偶人葬而孔子叹。”注：“偶人，桐人也。叹其象人而用之也。”典案：“桐人”一本作“相人”，当以“相人”为是。周礼冢人郑司农注：“象人，谓以刍为人。”列子黄帝篇释文：“木偶人形曰象人。”是其证。

“故商鞅立法而支解。”注：“商鞅为秦孝公立治法，百姓怨之，以罪支解。”典案：“立”，疑当为“峻”之坏字。此承上文“城峭岸崝”而言，又与下文“吴起刻削而车裂”相对为文。若作“立法”，则与上下文皆不相应矣。韩诗外传正作“商鞅峻法而支解”，是其证。高注“商鞅为秦孝公立治法”，是所见本已作“立”，故增“治”字解之耳。

齐俗篇：“其后，齐日以大，至于霸，二十四世而田氏代之；鲁日以削，至三十二世而亡。”典案：“鲁日以削至”下当有“于觐存”三字。此以“齐日以大至于霸”,“鲁日以削至于觐存”相对为文,今敚此三字,以“至”字属下“三十二世而亡”为句,句法遂不一律矣。吕氏春秋长见篇正作“至于觐存”。高注:“觐,裁也。”又案:“三十二世而亡”,“二”当为“四”。吕氏春秋正作“三十四世而亡”,高注:“自鲁公伯禽至顷公雠为楚考烈王所灭,适三十四世也。”韩诗外传同。

“圣人之见终始微言。”孙诒让云:“言当作矣。”典案:孙说是也。韩诗外传十作“圣人能知微矣”,本书人间篇“夫仕者先避之,见终始微矣”,皆其证也。

“含珠鳞施,纶组节束。”注:“鳞施,玉纽也。”典案:吕氏春秋节丧篇注:“含珠,口实也。鳞施,施玉于死者之体如鱼鳞也。”与此注“玉纽”不同,盖许、高之异。

“屠牛吐一朝解九牛,而刀以剃毛。”庄逵吉云:“御览吐作坦,疑垣字之讹。”典案:庄说非也。初学记武部、白帖十三、御览三百四十六、八百二十八引此文并作“屠牛坦”。管子制分篇“屠牛坦朝解九牛,而刀可以莫铁”,庄子养生主篇释文引管子作“有屠牛坦,一朝解九牛,刀可剃毛”,与淮南此文正合,皆“吐”当为“坦”之证。又案:“刀以剃毛”不词,“以”上当有“可”字。初学记、白帖、御览引并作“可以剃毛”,皆其证也。管子同。

“故趣舍合,即言忠而益亲;身疏,即谋当而见疑。”王念孙云:“趣谓志趣也。‘趣合’与‘身疏’相对为文,则“趣”下不当有“舍”字,盖即“合”字之误而衍者也。文子道德篇正作'趣合'。"典案:"趣"、"取"通用,趣舍即取舍也。韩非子奸劫弑臣篇:"今人臣之所誉者,人主之所是也,此之谓同取。人臣之所毁者,人主之所非也,此之谓同舍。夫取舍合而相与逆者,未尝闻也。"即此文所本。五蠹篇:"故法之所非,君之所取;吏之所诛,上之所养也。法趣上下四相反也。"可证趣者取也。王氏误以"志趣"释之,遂以"舍"为衍文,其失也迂矣。文子敚"舍"字,当依此文及韩非子增,未可据彼删此。

"从城上视牛如羊,视羊如豕,所居高也。"典案:吕氏春秋壅塞篇:"夫登山而视牛若羊,视羊若豚,牛之性不若羊,羊之性不若豚,所自视之势过也。"即淮南此文所本。余前据御览八百九十九引文无"视羊"二字,谓此文当作"从城上视牛,如羊如豕",实为大误。

"若夫不为虚而自虚者,此所慕而不能致也。"王念孙云:"'此所慕而不能致也',义不可通。'不能致'当作'无不致'。所慕无不致,犹言所欲无不得。文子道德篇正作'此所欲而无不致也'。"俞樾云:"此言欲为虚则不能为虚,若夫不为虚而自虚,则又慕之而不能致也。文子道德篇作'此所欲而无不致也',于义不可通。王氏念孙反据以订正淮南,殊为失之。"典案:韩非子解老篇:"夫故以无为无思为虚者,其意常不忘虚,是制于为虚也。虚者,谓其意所无制也,今制于为虚,是不虚也。虚者之无为也,不以无为为有常。不以无为为有常则虚。"即淮南此文"不为虚而自虚"之谊。此道家至高至深之境,出于性之自然,非有为者所可几及，故虽心焉慕之而实不能致也。文子道德篇作“此所欲而无不致也”，义既不可通，又与上文“常欲在于虚，则有不能为虚矣”之谊不叶。王氏顾欲据以改淮南，斯为谬矣。俞氏纠其失，是也。

“由是发其原而壅其流也。”王念孙云：“‘由是’当为‘是由’，由与犹同。群书治要引此，正作‘是犹’。”典案：王说是也。文选东都赋、东京赋注引此文并作‘是犹’，可证王说。犹、由古亦通用。尔雅释言：“犹，若也。”猷与由通。惟唐人所见本字并作“犹”，则今本作“由”，声之误也。始误“犹”为“由”，后人又改为“由是”耳。当依治要、文选注乙正。

“秦王之时，或人菹子，利不足也。”俞樾云：“或人即国人也。或、国古通用。”典案：“或人菹子”，言人或有杀菹其子者耳。若作“国人”，则是举国之人皆菹其子矣，事固不尔，文亦失经，俞说未安，不可从也。

道应篇：叙目：“道之所行，物动而应，考之祸福，以知验符也，故曰道应。”典案：庄子知北游篇无始曰“有问道而应之者，不知道也。虽问道者，亦未闻道。道无问，问无应。无问问之，是问穷也；无应应之，是无内也”，即“道应”二字之谊。此篇以太清问道于无穷为始，故以“道应”题篇，叙目望文生义，以“道之所行，物动而应”释之，非是。

“子之知道，亦有数乎？”典案：“子之知道”上当有“曰”字，而今本敚之。庄子知北游篇正作“曰：‘子之知道，亦有数乎？’”当据增。

“可以窈，可以明。”俞樾云：“窈读为幽，故与明相对。”典案：俞读是也。文子微明篇正作“可以幽，可以明”，是其证矣。原道篇“幽而能明，弱而能强，柔而能刚”，与此文词意略同，亦以幽明对文。

“弗知之深而知之浅，弗知内而知之外，弗知精而知之粗。”王念孙云：“‘弗知之深’，‘之’字当在上文‘无为’下，今本‘无为’下脱‘之’字，则文不成义。‘弗知’下衍‘之’字，则与下二句不对。庄子知北游篇作‘“若是，则无穷之弗知与无为之知，孰是而孰非乎？”无始曰：“弗知深矣，知之浅矣。弗知内矣，知之外矣。”’是其证。”典案：王谓上文“无为”下脱“之”字，是也。惟文子微明篇袭用淮南此文，作“知之浅不知之深，知之外不知之内，知之粗不知之精”，文虽倒，“不知”下固自有“之”字，且三句一律。文子袭用淮南子文，大抵删削多而增益少，或此文本作“弗知之深而知之浅，弗知之内而知之外，弗知之精而知之粗”，今本下二句敚两“之”字耳。庄子文句与淮南相远，文子则直袭用淮南，故以庄子校，不若以文子校之近确也。

“白公问于孔子曰：‘人可以微言？’”典案：“微言”下当有“乎”字，语意始完。吕氏春秋精谕篇、列子说符篇、文子微明篇“微言”下并有“乎”字，是其证矣。

“白公不得也，故死于浴室。”注：“楚杀白公于浴室之地也。”典案：吕氏春秋精谕篇“浴室”作“法室”，高注：“法室，司寇也。一曰：浴室，澡浴之室也。”与此注异。道应篇为许注本，故注与高彼注不合。

“治国有礼,不在文辩。”王念孙云:“‘有礼’当为‘在礼’,字之误也。在与不在相对为文。群书治要引此,正作‘在礼’。”典案:文子微明篇作“治国有礼”,与淮南合,未可依后世类书引文改。

“大败知伯,破其首以为饮器。”注:“饮,溺器,椑榼也。”庄逵吉云:“左传:‘行人执榼承饮造于子重。’褚少孙补大宛传曰‘饮器’,韦昭说:‘饮器,椑榼也。’皆为酒器,非溺器也。疑此‘酒’字讹‘溺’。”典案:韩非子喻老篇作“漆其首以为溲器”,说文水部:“溲,浸沃也。”盖即酿酒之器。说苑建本篇作“漆其首以为酒器”。吕氏春秋义赏篇作“断其头以为觞”,觞亦酒器也。注既言“椑榼”,不得复以为溺器。庄谓“溺”为“酒”字之讹,其说近确。惟以本书注之文例观之,疑当作“饮器,椑榼也”。褚少孙补大宛传“饮器”,韦注“椑榼也”,即本淮南此注。“溺”字或后人妄加之也。

“此其贤于勇有力也,四累之上也,大王独无意邪?”注:“此上凡四事,皆累于世,而男女莫不欢然为上也。”典案:吕氏春秋顺说篇高注:“四累,谓卿大夫士及民四等也。君处四分之上,故曰四累之上。”与此注迥殊。盖许、高之异也。知分篇“四上之志”,高注:“四上,谓君也。卿大夫士与君为四,四者之中,君处其上,故曰四上之志。”与顺说篇注意相类。知高氏自以卿大夫士民为解,与许氏以为四事者不同。

“为吾臣,与翟人奚以异?”典案:“为吾臣,与翟人奚以异”,语意未晰。庄子让王篇作“为吾臣,与为翟人臣奚以异”,当从之。吕氏春秋审为篇作“为吾臣,与狄人臣奚以异”。

“大王亶父可谓能保生矣。虽富贵,不以养伤身;虽贫贱,不以利累形。”典案:“保”当为“尊”。“虽富贵”上当有“能尊生者”四字。庄子让王篇、吕氏春秋审为篇并作“大王亶父可谓能尊生矣”,即此文所本。庄子之“能尊生”者,即承此而言。若作“保生”,则与下句不叶矣。吕氏春秋、文子上仁篇“虽富贵”上亦并有“能尊生”三字。淮南敓此数字,“虽富贵,不以养伤身;虽贫贱,不以利累形”,二句遂无所指矣。

“故老子曰:‘贵以身为天下,焉可以托天下。爱以身为天下,焉可以寄天下矣。’”典案:“焉”当训“乃”,犹言贵以身为天下,乃可以托天下;爱以身为天下,乃可以寄天下也。礼月令“天子焉始乘舟”,墨子亲士篇“焉可以长生保国”,鲁问篇“焉始为舟战之器”,国语晋语“焉始为令”,皆其比也。今本老子作“故贵以身为天下者,则可寄于天下。爱以身为天下者,乃可以托于天下。”庄子在宥篇作“故贵以身于为天下,则可以托天下。爱以身于为天下,则可以寄天下。”则、乃谊亦相近。

“故老子曰:‘知和曰常,知常曰明,益生曰祥,心使气曰强。’”典案:“益生曰祥,心使气曰强”,“曰”皆当为“日”,形近而误也。今本老子玄符第五十五作“知和曰常,知常曰明,益生日祥,心使气日强”,注:“人能知道之常行,则日以明达于玄妙也。”是所见本上二“曰”字亦作“日”。

“楚王曰:‘寡人得立宗庙社稷。’”俞樾云:“‘立’字无义,疑‘主’字之误。”典案:列子说符篇作“寡人得奉宗庙社稷”,艺文类聚五十二引此文同。“立”当为“奉”字之坏。俞说失之。

“桓公读书于堂,轮人斫轮于堂下。”典案:“桓公读书于堂”,当作“桓公读书于堂上”,与下句“轮人斫轮于堂下”相对。今敚“上”字,句法遂不一律。庄子天道篇作“桓公读书于堂上,轮扁斫轮于堂下”,是其证矣。韩诗外传五作“楚成王读书于殿上”,“堂”虽作“殿”,亦有“上”字。

“夫国家之安危,百姓之治乱,在君行赏罚。”俞樾云:“‘君’字衍文,涉下文‘君自行之’而衍。此但言行赏罚,下乃分别言之。若此文有‘君’字,则下文不可通矣。”典案:说苑君道篇作“国家之危定,百姓之治乱,在君行之赏罚也。”韩诗外传七作“夫国家之安危,百姓之治乱,在君之行”。“在”下并有“君”字。俞谓“君”字为衍文,失之。

“强台者,南望料山,以临方皇。”注:“料山,山名。方皇,水名,一曰山名。”典案:文选应休琏与满公琰书注引作“吾闻京台者,南望猎山,北临方皇”,又引高注云:“京台,高台也。方皇,大泽也。”与此注不合。盖许、高二家之异。“强台”,高本作“京台”,京、强古音同字通。说苑正谏篇、家语辩政篇字又作“荆”,亦以同音通用。料山,高本及说苑作猎山。方皇，说苑作方淮。料、猎，皇、淮双声，古亦通用。

“相天下之马者，若灭若失，若亡其一。”王引之云：“此当以‘若亡其一’为句。高读至‘若亡’为句，则‘其一’二字上下无所属矣。且一与失、辙为韵，如高读，则失其韵矣。”典案：王说是也。列子说符篇作“若灭若没，若亡若失”，亦以没、失、蹴三字为韵，四字为句，可为王说之一证。又案：“天下之马”与上句“良马”相对为文，所谓“若灭若失，若亡其一”，乃指马言，非指相马言也。“天下之马”上不当有“相”字。庄子徐无鬼篇、列子说符篇“天下马”上并无“相”字，是其证矣。

“晋文公伐原。”注：“原，周邑。襄王以原赐文公，原叛，伐之。”典案：吕氏春秋为欲篇“晋文公伐原”，高注：“原，晋邑。文公复国，原不从，故伐之。今河内轵县北原城是也。”与淮南注不合。盖亦许、高二家之异。

“军吏曰：‘原不过一二日将降矣。’”典案：“一二”当为“三”字。国语晋语作“谍出曰：‘原不过三日矣。’”韩非子外储说左上篇作“士有从原中出者，曰：‘原三日即下矣。’”新序杂事四篇作“吏曰：‘原不过三日将降矣。’”字并作“三”，是其证也。

“臣，偷也。”王念孙云：“‘臣，偷也’，本作‘臣，楚市偷也’。太平御览人事部一百十六、一百四十引此，并作‘臣，楚市偷也’。”典案：三国志郤正传裴松之注引，作“臣，偷也”，与今本合。御览所引，当是别本。

"深目而去鬓，泪注而鸢肩。"注："泪，水。"王念孙云："'泪注'当为'渠颈'，高注'泪，水'，当为'渠，大'，皆字之误也。艺文类聚灵异部上引作'渠颈而鸢肩'，又引注云：'渠，大也。'斯为确据矣。"典案：御览三百六十九引庄子"卢敖见若士深目鸢肩"，是淮南此文本出庄子也。"泪注"，论衡道虚篇作"雁颈深目玄鬓"，雁颈、鸢肩谊正相类，文亦相对。王充东汉人，其书当较唐人所辑类书为可信。此当依论衡，不当依艺文类聚引文。

"凡子所为鱼者，欲得也。"典案："鱼"当为"渔"，字之坏也。吕氏春秋具备篇作"渔为得也"。家语屈节篇作"凡敍者为得"，敍与渔同。

"诫于此者刑于彼。"王念孙云："各本及庄本'诚'字皆误作'诫'，惟道藏本不误。群书治要引此正作'诚'。吕氏春秋、家语并同。"典案：王谓"诫"当为"诚"，是也。"刑"为"形"叚，言诚于此者则形于彼也。水经泗水注："子闻之曰：'诚彼形此，子贱得之，善矣！"是其证。

"筑长城。"典案：淮南王父名长，故书中皆以"长"为"修"。此文与主术篇"鱼不长尺不得取"字仍作"长"，疑后人改之也。人间篇"使蒙公、杨翁子将筑修城"；泰族篇"戍五岭以备越，筑修城以守胡"，字并作"修"，此不得独作"长"。

"明日，往朝。师望之，谓之曰。"典案："师"字当重。淮南此文出庄子，文选魏都赋、王元长三月三日曲水诗序注引庄子逸文并作"明日，往朝师。师曰"是其证。

“今日教子以秋驾。”典案：“教”上当有“将”字。吕氏春秋博志篇正作“今日将教子以秋驾”，文选魏都赋、王元长三月三日曲水诗序注引庄子作“今将教子以秋驾”，皆其证矣。

“墨者有田鸠者。”注：“田鸠学墨子之术也。”典案：吕氏春秋首时篇高注：“田鸠，齐人，学墨子术。”田鸠即田俅子，汉书艺文志墨家有田俅子三篇。鸠、俅音近字通。

氾论篇：“阳侯杀蓼侯而窃其夫人，故大飨废夫人之礼。”注：“阳侯，阳陵国侯也。蓼侯，皋陶之后，偃姓之国侯也，今在庐江。”典案：礼坊记“阳侯犹杀缪侯而窃其夫人”，注：“同姓也。其国未闻。”释文缪音穆。案：记注、元朗音并误，当以淮南此文及注为是。左文五年传“楚子燮灭蓼”，杜注：“蓼国，今安丰蓼县。”与此注“今在庐江”之说正合。潜夫论志氏姓篇“及梁、葛、江、黄、徐、莒、蓼、六、英皆皋陶之后也”，亦与此注“蓼侯，皋陶之后”说同。

“夫圣人作法而万物制焉，贤者立礼而不肖者拘焉。”典案：“物”当为“民”字之误也。此以人民言，非以物言也。下文“制法之民不可与远举，拘礼之人不可使应变”，即承此而言。若作“万物”，则与下文不合矣。群书治要引此文正作“万民制焉”。

“必有独闻之耳，独见之明。”王念孙云：“刘本‘耳’作‘聪’是也。文子上义篇正作‘独闻之聪’。”典案：刘本是也。“聪”与“明”相对为文，作“耳”则非其指矣。群书治要引作“独闻之听”，“听（聽）”与“聪（聰）”形近而误，若字本作“耳”，无缘误为“听”也。韩非子外储说右上篇“独视者谓明，独听者谓聪”，与此文义略同，亦以聪、明对文。

“今夫图工好画鬼魅，而憎图狗马者，何也？鬼魅不世出，而狗马可日见也。”典案：群书治要引此文“鬼魅不世出，而狗马可日见也”，作“鬼魅无信验，而狗马切于前也”，疑别依一本。韩非子外储说左上篇“客有为齐王画者，齐王问曰：‘画孰最难者？’曰：‘犬马最难。’‘孰易者？’曰：‘鬼魅最易。’夫犬马，人所知也，旦暮罄于前，不可类之，故难。鬼魅，无形者，不罄于前，故易之也。”即淮南此文所本。群书治要引文之“切于前”即韩非子“罄于前”也。今本淮南“不世出”、“可日见”相对为文，则“可日见”亦非误字，知群书治要引文为别据一本矣。

“故不用之法，圣王弗行；不验之言，圣王弗听。”典案：两“圣王”于词为复，下“圣王”当为“明主”。群书治要引正作“明主弗听”，是其证。此疑“主”始讹为“王”，后人又依上句改“明”为“圣”耳。

“故使陈成田常、鸱夷子皮得成其难。”钱大昕云：“淮南以鸱夷子皮为田常之党，他书所未见。按：田常弑君之年，越未灭吴，范蠡何由入齐？此淮南之误也。”典案：说苑臣术篇：“陈成子谓鸱夷子皮曰：‘何与常也？’对曰：‘君死吾不死，君亡吾不亡。’陈成子曰：‘然子何以与常？’对曰：‘未死去死，未亡去亡。’”韩非子说林篇亦云“鸱夷子皮事田成子”，墨子非儒篇“乃树鸱夷子皮于田常之门”，钱氏云“未见他书”，实为失考。

"遇君子则易道,遇小人则陷沟壑。"典案:"易道"上当有"得"字。"得易道"与"陷沟壑"相对为文,今敓"得"字,文既不相对,义亦不可通矣。意林引此文,作"遇君子则得其平易",文虽小异,尚未敓"得"字。御览七百四十引已敓。

"兼爱尚贤,右鬼非命,墨子之所立也,而杨子非之。"注:"兼三老五更,是以兼爱。"典案:三老五更不可言兼,注"兼"字当为"养"字之误。汉书艺文志正作"养三老五更,是以兼爱",斯其确证矣。

"为号曰。"典案:"为号曰",白帖引作"为铭于簨簴曰",与鬻子文同,疑是别本。

"故赏一人,而天下为忠之臣者莫不终忠于其君。"王念孙云:"'天下为忠之臣者',当作'天下之为臣者'。吕氏春秋义赏篇引孔子曰:'赏一人,而天下之为人臣者莫敢失礼。'即淮南所本也。今本'之为'二字误倒,又衍一'忠'字。"典案:"天下为忠之臣者",当作"天下之为人臣者"。韩非子难一篇:"赏一人,而天下为人臣者莫敢失礼矣。"说苑复恩篇:"赏一人,而天下之人臣莫敢失君臣之礼矣。"吕氏春秋义赏篇亦作"天下之为人臣者"。王氏谓"之为"二字倒,又衍"忠"字,是也。惟未知"臣"上敓"人"字耳。

"裘不可以藏者,非能具绨绵曼帛温暖于身也。"典案:"藏"即"葬"字之或体。说文"葬"篆说解"臧也"。"臧"当为"藏"。礼记檀弓:"葬也者,藏也。列子杨朱篇:"及其死也，无瘗埋之资，一国之人受其施者，相与赋而藏之。”

“宋人有嫁子者。”典案：韩非子说林篇“宋”作“卫”。

诠言篇：“非以智，不争也〔一〕。”庄逵吉云：“吴处士江声云：‘应作“非以智也，以不争也”。中立四子本本作“非以智也，以不争也”。’”典案：御览四百九十六引亦作“非以智也，以不争也”，与中立四子本合。道藏本作“非以智不争也”，文不成义，当依中立四子本。

“此四者，耳目鼻口不知所取去，心为之制，各得其所。”俞樾云：“鼻字，衍文也。上文云‘目好色，耳好声，口好味’，此承上文而言，亦当止言耳目口，不当兼言鼻。今衍鼻字者，盖后人据文子符言篇增入。”典案：此疑上文“口好味”上脱“鼻好香”三字。文子符言篇及此文耳目鼻口并举，皆其证也。俞氏不据文子以补上文之脱句，反以鼻为衍文，其失也迂矣。

“行成兽。”注：“有谓古礼执羔麛鹿，取其跪乳，群而不党。”俞樾云：“‘成兽’之文，殊不成义。高注曲为之说，非也。兽疑献字之误。”典案：俶真篇“文章成兽”，此“成兽”二字之见于本书者。俞氏以为文不成义，失之。

兵略篇：“兵之所以强者，民也。”王念孙云：“文子上义篇作‘兵之所以强者，必死也’，于义为长。下句‘民之所以必死者，义也’，即承此句言之。‘民’字疑涉下句而误。”典案：“兵之所以强者，民也”，实兵家之精义。上文“因民之欲，乘民之力，政胜其民，下附其上，则兵强矣”，即

〔一〕此条似应排在“此四者”条后。

此文"兵之所以强者,民也"之说。文子上义篇"国之所以强者,必死也;所以死者,必义也",文义本不可通,未可据彼改此。且此文"兵之所以强者,民也;民之所以必死者,义也;义之所以能行者,威也",三句正相连贯,第一句以民字终,第二句以民字起,第二句以义字终,第三句以义字始,文义句法皆相衔接。若依文子改之,则文义句法俱不合矣。王说未谛,不可从也。

"上亲下如弟,则不难为之死。"王念孙云:"'上亲下如弟',亲亦当为视字之误也。上文正作'上视下如弟'。"典案:王谓"亲"当为"视",是也。御览二百八十一引此文,正作"上视下如弟";文子上义篇作"上视下如弟,即必难为之死","不"虽误为"必","视"字尚不误,皆其证矣。

"故将必与卒同甘苦俟饥寒。"俞樾云:"'俟'字义不可通,乃'併'字之误。併与并通。"典案:此疑当作"将必与卒同甘苦劳佚饥寒"。御览二百八十一引作"故将必与卒同甘苦佚饥寒",虽敚"劳"字,"俟"作"佚"尚不误。此承上文"察其劳佚,以知其饱饥"而言。今本既敚"劳"字,"佚"又讹为"俟",义遂不可通矣。下文"险隘不乘,上陵必下,所以齐劳佚也","佚"上亦有"劳"字。

"合战必立矢射之所及,以共安危也。"王念孙云:"上文云'所以程寒暑','所以齐劳佚','所以同饥渴',则此'以共安危'上亦当有'所'字。"典案:王说是也。意林引作"所以同安危也","共"虽作"同","以"上尚未敚"所"字,可证王说。

说山篇："故玉在山而草木润，渊生珠而岸不枯。"注："珠，阴中之阳也，有光明，故岸不枯。"典案：荀子劝学篇、大戴记劝学篇并作"渊生珠"，与今本淮南文合，惟"玉在山"与"渊生珠"文不相对。文子上德篇作"珠生渊"，疑当从之。

"上食晞堁，下饮黄泉，用心一也。"高注："堁，土尘也，楚人谓之堁。"典案：主术篇许注"堁，尘塺也，楚人谓之堁"，与此注合。盖高承用许注。说文土部："塺，尘也。"注"土"字疑"塺"之坏字也。

"兽不可以虚气召也。"俞樾云："'气'当作'器'。文子上德篇正作'兽不可以空器召'。"典案：俞说是也。传写宋本，字正作"器"。

"人不爱倕之手，而爱己之指；不爱江、汉之珠，而爱己之钩。"高注："钩，钓也，道藏本如此。可以得鱼，故爱之。"王念孙云："正文'钩'字本作'钓'，注本作'钓，钩也'。钓为钓鱼之钓，又为钩之别名，故必须训释。若钩字，则不须训释矣。古多谓钩为钓，故广雅亦云：'钓，钩也。'"典案："钩"古音拘，故与"珠"为韵。礼记乐记"倨中矩，句中钩，累累乎端如贯珠"，太玄经迎次四"裳有衣襦，男子目珠，妇人啑钩"，皆钩字与珠为韵。吕氏春秋重己篇"人不爱倕之指，而爱己之指，有之利故也。人不爱昆山之玉，江、汉之珠，而爱己之一苍璧小玑，有之利故也"。即此所本。吕氏春秋以"倕之指"与"己之指"相对；"昆山之玉"、"江、汉之珠"与"己之一苍璧小玑"相对。淮南以"倕之手"与"己之指"相对，"江、汉之珠"与

"己之钩"相对。盖皆取其价虽相悬,而质则相类耳。带钩以玉为之,故以之与江、汉之珠为比,钓鱼之钩非其类也。高氏以钓钩释之,已非其指,王氏至欲改正文之钩为钓,既乖淮南子之意,又失其韵矣。

"曾子立廉,不饮盗泉。"典案:"曾"当为"孔",涉上"曾子立孝"而误也。尸子:"孔子至于胜母,暮矣而不宿;过于盗泉,渴矣而不饮:恶其名也。"文选陆士衡猛虎行注引水经沂水注引略同。水经沂水注。列女传:"乐羊子妻曰:'妾闻志士不饮盗泉之水。'"注引论语撰考谶:"水名盗泉,仲尼不漱。"后汉书锺离意传:"臣闻孔子忍渴于盗泉之水。"说苑说丛篇:"邑名胜母,曾子不入;水名盗泉,孔子不饮:丑其声也。"论衡问孔篇:"孔子不饮盗泉之水,曾子不入胜母之间,避恶去污,不以义耻辱名也。"诸书皆以不饮盗泉为孔子事,非曾子也。且上文已言"曾子立孝,不过胜母之间",下更言"曾子立廉",于词亦复矣。御览四百二十六引此已误。惟四百十三引"曾子立孝""曾"误为"孔",可考"曾"、"孔"二字互误之迹。

"庄王诛里史,孙叔敖制冠浣衣。"俞樾云:"'制'疑'刷'字之误。尔雅释诂:'刷,清也。'故与'浣衣'对文。"典案:"制"、"製"古通用,"制冠"即"製冠"也。蔡邕独断云:"长冠,楚製也。"是其证矣。俞氏欲改字释之,非是。且"清冠"亦不词。

"鼎错日用而不足贵。"高注:"错,小鼎。"王引之云:"古无谓小鼎为错者,'错'当为'鐟'。'鐟'字本在'鼎'

字上。鐟鼎，小鼎也。说林篇‘水火相憎，鐟在其间，五味以和’，彼注云：‘鐟，小鼎。’正与此注相同。”典案：御览七百六十五“箕箒”条下引此文作“扫箒日用而不足贵”，疑“鐟”始讹为“簪”，后人又改为“扫箒”也。御览“箕箒”条下引此，是其讹已在宋前矣。

说林篇：“以瓦鉒者全，以金鉒者跋，以玉鉒者发。”典案：吕氏春秋去尤篇引庄子作“以瓦殶者翔，以钩殶者战，以黄金殶者殆”。今本庄子达生篇作“以瓦注者巧，以钩注者惮，以黄金注者殙”。列子黄帝篇“注”作“抠”，余同庄子。

“是故所重者在外，则内为之掘。”陈昌齐云：“掘即拙字也。庄子达生篇作‘凡外重者内拙’，是其证。”典案：陈说是也。列子黄帝篇作“凡重外者拱内”，张注：“‘拱’本作‘拙’。又唯忘内外，遗轻重，则无巧拙矣。”是张湛所见本字亦作“拙”。吕氏春秋去尤篇作“外有所重者泄盖内掘”。

“以兔之走，使犬如马，则逮日归风。”典案：“使犬如马”，“犬”当为“大”字之误也。御览九百七、事类赋兽部二十三引，“犬”并作“大”，是其证。又案：“逮”，御览引作“逐”；“归”，御览、事类赋引并作“追”。于义为长。

“今鳝之与蛇，蚕之与蠋，状相类而爱憎异。”典案：广韵烛韵蜀字下引此文“蠋”作“蜀”。说文虫部：“蜀，葵中蚕也。今本作蠋[一]者，疑后人依韩非子说林下篇、内储说上篇改之也。

〔一〕“蠋”，原本作“蜀”，据说林训“文典按”改。

"豹裘而杂,不若狐裘之粹。"典案:"豹"疑"貂"误。说山篇正作"貂裘而杂,不若狐裘而粹"。

"巧冶不能铸木,工巧不能斫金者,形性然也。"孙诒让云:"'工巧'当作'巧匠'。"典案:文子上德篇作"巧冶不能销木,良匠不能斫冰"。良匠犹巧匠也,孙说近确。

人间篇:"鲁君闻阳虎失。"俞樾云:"失当读为逸。阳虎逸即阳虎逃。古字'逸'与'佚'通。"典案:上文"鲁君令人闭城门而捕之,得者有重赏,失者有重罪。"此"失"字即承上文而言,俞说未审。

"竖阳谷奉酒而进之。"典案:左成十六年传,韩非子十过篇、饰邪篇,说苑敬慎篇,"阳谷"并作"谷阳",唯吕氏春秋劝勋篇、史记楚世家作"阳谷",与淮南合。

"宣子弗欲与之。"俞樾云:"'弗欲与之',本作'欲弗与之'。赵策作'魏桓子欲勿与'。"典案:俞说是也。韩非子十过篇作"韩康子欲勿与",可证俞说。

"非求其报于百姓也。"典案:此句与下文"非求福于鬼神也"相对为文,"其"字疑衍。说苑贵德篇无"其"字。

"固试往复问之。"典案:列子说符篇"固试往复问之"作"姑复问之"。"固"疑当为"姑",声近而误也。

"今虽成,后必败。"典案:"成"当为"善",作"成"者,后人依韩非子外储说左上篇改之也。下文"今虽恶,后必善","其始成,竘然善也,而后果败",皆承此而言。作"成",则与下文不合矣。吕氏春秋别类篇、御览九百五十二引此文,并作"今虽善",尤其确证矣。

“咎犯曰：‘仁义之事，君子不厌忠信；战陈之事，不厌诈伪。’”典案：“君子”二字疑衍。“仁义之事”、“战陈之事”，“不厌忠信”、“不厌诈伪”相对为文，不当有“君子”二字。韩非子难一篇作“繁礼君子，不厌忠信；战陈之间，不厌诈伪”。吕氏春秋义赏篇作“繁礼之君，不足于文；繁战之君，不足于诈”。说苑权谋篇作“服义之君，不足于信；服战之君，不足于诈”。御览三百十三引淮南此文作“仁义之军，不厌忠信；战陈之戎，不厌诈伪”。皆以四字为句。有“君子”二字，则句法既不一律，义亦不可通矣。疑一本作“之事”，一本作“君子”，校者旁注“君子”二字，写者误入正文。

“以诈伪遇人，虽愈利，后无复。”俞樾云：“愈当为愉，古偷字也。谓虽偷取利，而后不可复也。吕氏春秋义赏篇曰：‘虽今偷可，后将无复。’”典案：俞说是也。韩非子难一篇作“以诈遇民，偷取一时，后必无复”。说苑权谋篇作“诈犹可以偷利，而后无报”。字并作“偷”，可证俞说。

“至其日之夜，赵氏杀其守堤之吏，决水灌智伯。”俞樾云：“‘其’当作‘期’，谓所期之日之夜也。韩子十过篇正作‘至于期日之夜’。”典案：俞说是也。战国策赵策作“使张孟谈见韩、魏之君曰：‘夜期杀守堤之吏，而决水灌智伯军。’”文虽小异，“其”亦作“期”，可证俞说。

“是故忠臣事君也。”典案：“忠臣”下当有“之”字。初学记政理部、白帖四十九、御览六百三十三引，并作“是故忠臣之事君也”，是其证。

"郈氏介其鸡。"注:"介,以芥菜涂其鸡翅也。"典案:吕氏春秋察微篇高注:"介,甲也。作小铠著鸡头也。"与淮南此注不同。盖许、高之异也。左昭二十五年传:"季、郈之鸡斗,季氏介其鸡。"贾逵云:"捣芥子为末,播其鸡翼,可以坌郈氏鸡目。"史记鲁世家集解引服虔说同。许君为贾逵弟子,此注即用师说。人间篇之为许注本,益信而有征矣。说文艸部:"芥,菜也。"亦与此注"芥菜"训合。

"祷于襄公之庙,舞者二人而已。"注:"时鲁祷先君襄公,八佾之舞庭者凡二人也。"典案:"祷"疑当为"禘"。说文示部:"禘,祭也。""祷,告事求福也。"有事于先君之庙,用八佾之舞,则当言禘。吕氏春秋察微篇作"禘于襄公之庙也"。高注:"禘,大祭也。"左昭二十五年传亦作"将禘于襄公",皆其证矣。注"时鲁祷先君襄公",则所见本已作"祷"矣。

"史争之,以为西益宅不祥。"典案:艺文类聚六十四、御览一百八十引风俗通义云:"宅不西益。俗说西者为上,上益宅者,妨家长也。"即"西益宅不祥"之说。

"吾欲益宅,而史以为不祥。"典案:"益宅"上当有"西"字。史以西益宅为不祥,非以益宅为不祥也,今敓"西"字,文义不明。论衡四讳篇正作"吾欲西益宅,史以为不祥",是其证也。

"不若此延路、阳局。"王念孙云:"'不若此','此'字因上文'若此其无方'而衍。"典案:王说是也。北堂书钞一百六引此文亦无"此"字,可证王说。

"为大室以临二先君之庙,得无害于子乎?"典案:"得无害于子乎"义不可通,"子"当为"孝"之坏字。御览一百七十四引新序逸篇作:"为室而大,以临二先君,无乃害于孝乎?"文虽小异,"子"正作"孝",是其证矣。

修务篇:"其重于尊亦远也。"典案:"也"当为"矣"字之误也。艺文类聚七十三、御览七百六十一引,"也"并作"矣",是其证。

"由此观之,则圣人之忧劳百姓甚矣!"典案:"百姓"下当有"亦"字,而今本敚之。艺文类聚二十、御览四百一引,并作"则圣人之忧劳百姓亦甚矣"。

"公输,天下之巧士。"典案:古书无言"巧士"者,"士"当为"工"字之误也。吕氏春秋爱类篇正作"公输般,天下之巧工也"。慎大览注同。

"九攻而墨子九却之。"典案:"九攻"上疑敚"公输般"三字。今本吕氏春秋爱类篇亦敚。御览三百二十引,有墨子公输篇"公输盘九设攻城之机变,子墨子九距之"。御览三百三十六引尸子"公输九设攻城之具机变,墨子九拒之"。吕氏春秋慎大览注:"公输般九攻之,墨子九却之。"皆其证矣。

"羿左臂修而善射。"典案:御览三百六十九引,"左"作"右",较长。

"楚人有烹猴而召其邻人。"典案:"烹猴"下当有"者"字。御览八百六十一、九百十引,并作"烹猴者",是其证。又案:"召",御览九百十引作"绐",又有注云:"徒亥切。"

则"绐"当非误字。惟八百六十一引,字仍作"召",与今本合。疑一本作"绐",一本作"召"也。

泰族篇:"宋人有以象为其君为楮叶者,三年而成,茎柯豪芒,锋杀颜泽,乱之楮叶之中而不可知也。"典案:"茎柯豪芒,锋杀颜泽",疑当为"丰杀茎柯,豪芒繁泽"。韩非子喻老篇正作"丰杀茎柯,毫芒繁泽"。列子说符篇作"锋杀茎柯,毫芒繁泽",是其证也。"锋",当依韩非子作"丰",淮南、列子作"锋",皆声之误。丰杀犹言肥瘦也。

"其所以中的剖微者,正心也。"王念孙云:"'正心'本作'人心',与'弩力'相对为文。今作'正心'者,后人妄改之耳。群书治要及太平御览工艺部二引此,并作'人心'。"典案:王氏谓"正心"当为"人心",是也。唐武后所造"人"字作"𤯔",形与"正"字相似,传写遂误为"正"矣。古书"人"字多有讹为"正"者,皆由当时写本致误也。

"故守不待渠壍而固,攻不待冲降而拔。"典案:"降"为"隆"叚,隆谓隆车也。氾论篇"晚世之兵,隆冲以攻,渠幨以守"。

"当今之世,丑必托善以自为解,邪必蒙正以自为辟。"王念孙云:"'辟'字义不可通,当是'辞'字之误。"典案:"辟"叚为"譬"。"托善以自为解","蒙正以自为譬",相对为文,义亦正相对。说文言部:"譬,谕也。"徐锴曰:"犹匹也,匹而谕之也。"王氏欲改字释之,非。

"使人左据天下之图而右刎喉,愚者不为也。"俞樾云:"'刎'下当有'其'字。文子上义篇作'左手据天下之图而右手刎其喉'。"典案:俞说是也。"右"下当有"手"字。本书精神篇正作"右手刎其喉"。吕氏春秋不侵篇、知分篇高注、后汉书仲长统传、世说新语文学篇注同。

"身贵于天下也。"典案:"身"当为"生"字之误也。本书精神篇、吕氏春秋知分篇高注、世说新语文学篇注,字并作"生",是其证。

"百姓放臂而去之,饿于乾溪,食莽饮水,枕块而死。"注:"莽,草也。"典案:御览果部十二"菱"条下引此文作"百姓避而去之,乃食菱饮水,枕块而死"。泰族篇乃许注本,此文注"莽,草也",是许君所见本字正作"莽"。说文茻部:"茻,众艸也。"亦与此注正合。惟御览引文在果部"菱"条下,则"菱"亦非误字。此当是许本作"莽",高本作"菱"耳。

"以弋猎博弈之日诵诗读书,闻识必博矣。"典案:"闻识"上敓"则"字。上文"则田野必辟矣","则水用必足矣","则名誉必荣矣",句上并有"则"字。群书治要引此文正作"则闻识必博矣",尤其明证。御览六百七引,作"则识必博矣",虽敓"闻"字,"则"字尚存。

"仪狄为酒,禹饮而甘之,遂疏仪狄而绝旨酒。"典案:北堂书钞刑法部流刑条下,即淮南此文,作"仪狄造酒,禹尝而美之,曰:'后世必有以酒亡国者。'乃疏仪狄。""疏"非刑也,书钞何以入刑法部流刑类中?此疑"疏"本作"流",左半相同而误。

要略篇:"操舍开塞,各有龙忌。"注:"中国以鬼神之事日忌,北胡、南越皆谓之请龙。"典案:墨子贵义篇"子墨子北之齐,遇日者。日者曰:'帝以今日杀黑龙于北方,而先生之色黑,不可以北。'"云云,疑即此文所谓龙忌也。鬼谷子本经、阴符七术篇"盛神法五龙",陶弘景注:"五龙,五行之龙也。"疑亦龙忌之类。注未晐。

"此所以言兵也。"典案:文选晋纪总论注引,"兵"下有"者"字,与上下文一律,当据增。

附录二

淮南子逸文

"邹衍事燕惠王尽忠,左右谮之。王系之,仰天而哭,五月天为之下霜。"

孙志祖云:"后汉书刘瑜传注引淮南子曰:'邹衍事燕惠王尽忠,左右谮之。王系之,仰天而哭,五月天为之下霜。'袁绍传注同。又见初学记二、文选求通亲亲表李善注所引略同。今淮南无此文。"文典谨案:北堂书钞百五十二、书钞引"忠"作"诚",避隋文帝父讳也。艺文类聚三、太平御览十四、二十三所引亦略同。白帖二引作"邹衍事燕惠王尽其忠贞,左右谮之。王弃衍,衍仰天而哭,感降霜"。文选诣建平王上书注引,作"邹衍尽忠于燕惠王,惠王信谮而系之。邹子仰天而哭,正夏而天为之降霜"。论衡感虚篇"邹衍无罪,见拘于燕,当夏五月,仰天而叹,天为陨霜"。论衡所举儒者传书之言,多与淮南子同,则此文亦必本之淮南也。

"安养士数千,高才者八人:苏非、李尚、左吴、田由、伍被、毛周、雷被、晋昌，号为八公。”

洪颐煊云：“史记淮南列传索隐引淮南要略云：‘安养士数千，高才者八人：苏非、李尚、左吴、陈由、伍被、毛周、雷被、晋昌，号为八公。’按：要略无此文，唯高诱序见此八人，陈由作田由，毛周作毛技。唐本序在要略后，故索隐以为要略文。”文典谨案：文选谢玄晖和王著作八公山诗注引淮南子“淮南王安养士数千人，中有高才八人：苏非、李上、左吴、陈由、伍被、雷被、毛被、晋昌，为八公”。太平御览四百七十五引淮南子“淮南王安养士数千人，其中高才八人：苏非、李难、左吴、陈田、伍被、雷被、毛被、晋昌，号为八公。共此看书”。八公姓名与高诱序正同。“共此看书”四字，疑即高诱序“共讲论道德，总统仁义，而著此书”十三字之敚误。洪谓此为高诱序，而非淮南正文，其说近确。

“直木先伐，甘井先竭。”艺文类聚八十八引。

文典谨案：庄子山木篇亦有此文。墨子亲士篇“甘井近竭，招木近伐”，文子符言篇“甘井必竭，直木必伐”，文义皆与此略同。

“乌鹊填河成桥而渡织女。”白帖九引。

俞正燮云：“今淮南无之，或万毕术文。岁华纪丽‘鹊桥已成’注引风俗通云：‘织女七夕当渡河，使鹊为桥。’今风俗通已残缺。马缟中华古今注云：‘鹊，一名神女。俗云七月填河成桥，乃附益崔豹所无者。’鹊于是日颠秃，又复不见容，是禽鸟有所避忌。淮南子言鹊开户知向太一，太一下行，忌七杀，重七避，蛰不足为异，鹊又纯雌，故名神女。值七日有生、女之说，人遂妄意为织女桥致首秃尔。”文典谨案：王观国学林四引淮南子云：“乌鹊填河成桥而渡织女。”与白帖引文正同。王氏南渡后人，所引疑亦采之类书，非所见本尚有此文也。

“石破生启。”

孙志祖云：“汉书武帝纪元封元年，登礼中岳，‘见夏后启母石’，颜师古曰：‘禹治洪水，通轘辕山，化为熊，谓涂山氏曰：“欲饷，闻鼓声乃来。”禹跳石，误中鼓。涂山氏往，见禹方作熊，惭而去，至嵩高山下化为石，方生启。禹曰：“归我子。”石破北方而启生。事见淮南子。’洪兴祖楚辞天问补注亦云：‘今惟修务训有“禹生于石”之文，岂此事出许慎注耶？语涉怪诞，不似鸿烈本书。’山海经五传云：‘“启母化为石而生启”，见淮南子。’”文典谨案：北堂书钞二十三引“石破生启”，云出淮南子。太平御览五十一引，作“禹娶涂山，化为石，在嵩山下，方生启，曰：‘归我子。’石破北方而生启”。又艺文类聚六、太平御览五十一引随巢子“禹产于硯石，启生于石”。北堂书钞一引“启生硯石”。史记六国表集解引皇甫谧云：“禹生石纽。”马骕绎史十二“禹娶涂山，治鸿水，通轘辕山，化为熊。涂山氏见之，惭而去，至嵩高山下，化为石。禹曰：‘归我子。’石破北方而生启”。王氏念孙淮南子杂志云：“书钞、御览及师古注所引，即许慎之注。”孙氏诒让云：“修务训‘禹生于石，史皇产而能书’，疑并用随巢子文。”文典疑淮南王书旧有此文，而今本敚之也。

“奔车之上无仲尼，覆舟之下无伯夷。”御览四百五十九引。

文典谨案：韩非子安危篇：“奔车之上无仲尼，覆舟之下无伯夷，故号令者，国之舟车也，安则智廉生，危则争鄙起。”御览引殷康明慎云：“犇车之上无仲尼，覆舟之下无伯夷，言慎也。”山谷漫尉诗云：“覆辙索孤竹，奔车求仲尼。”王应麟云：“此韩非语也，余襄公余靖本名思古，字道安，建州人。谨箴用之。”御览引此条，上下皆韩非子文，王氏亦以为韩非语，而不及淮南，疑御览误。

“汤时大旱七年，卜用人祀天。汤曰：‘我本卜祭为民，岂乎自当之！’乃使人积薪，翦发及爪，自洁居柴上，将自焚以祭天。火将然，即降大雨。”文选思玄赋注引。

文典谨案：吕氏春秋顺民篇“昔者，汤克夏而正天下，天大旱，五年不收，汤乃以身祷于桑林曰：‘余一人有罪，无及万夫；万夫有罪，在余一人。无以一人之不敏，使上帝鬼神伤民之命。’于是翦其发，𨟖其手，以身为牺牲，用祈福于上帝。民乃甚说，雨乃大至”。御览八十三引帝王世纪“汤自伐桀后，大旱七年，洛川竭。使人持三足鼎，祝于山川曰：‘欲不节耶？使民疾耶？苞苴行耶？谗夫昌耶？宫室营耶？女谒行耶？何不雨之极也？’殷史卜曰：‘当以人祷。’汤曰：‘吾所为请雨者，民也。若必以人祷，吾请自当。’遂斋戒，翦发断爪，以己为牲，祷于桑林之社，曰：‘唯予小子履，敢用玄牡，告于上天后土曰：“万方有罪，罪在朕躬；朕躬有罪，无及万方。无以一人之不敏，使上帝鬼神伤民之命。”’言未已，而大雨至，方数千里”。文选注引文“汤曰：‘我本卜祭为民，岂乎自当之！’”当有敚误。墨子兼爱下篇文略同。

“楚恭王游于林中，有白猿缘木而矫。王使左右射之，腾跃避矢，不能中。于是使由基抚弓而眄，猿乃抱木而长号。何者？诚在于心，而精通于物。”文选张茂先励志诗注引。

文典谨案：今本淮南子说山篇“楚王有白猿，王自射之，则搏矢而熙。使养由基射之，始调弓矫矢，未发，而猿拥柱号矣”。文选幽通赋注、御览三百五十、事类赋十三引，皆与说山篇文略同。励志诗注所引，必他篇之逸文，非说山篇之异文也。艺文类聚九十五引郭璞山海经图赞：“白猿肆巧，由基抚弓，应眄而号，神有先中。”则所见本必有“抚弓而眄”之文。吕氏春秋博志篇文与此多异。

“黄帝化天下，渔者不争坻。”文选傅长虞赠何劭王济诗注、七命注引。

文典谨案：览冥篇“昔者黄帝治天下，而力牧、泰山稽辅之，田者不侵畔，渔者不争隈。”顾炎武日知录卷二十引书用意。云：“淮南子原道篇。‘舜钓于河滨，期年，而渔者争处湍濑，以曲隈深潭相予。’尔雅注引之，则曰‘渔者不争隈’，此略其文而用其意也。”不知尔雅释丘注所引，乃览冥篇文，非略原道篇文，而用其意也。引书用意，古籍类然，顾说诚是，惟举例未安。

“富贵而不道，适足以为患。出车入辇，务以自佚，命之曰颠蹷之机。肥肉厚酒，务以相强，命之曰烂腹之食。靡曼皓齿，郑、卫之音，命之曰伐性之斧。三患者，富贵之所致。”御览四百七十二引。

文典谨案：吕氏春秋本生篇“贵富而不知道，适足以为患，不如贫贱。贫贱之致物也难，虽欲过之，奚由？出则以车，入则以辇，务以自佚，命之曰招蹷之机。肥肉厚酒，务以自强，命之曰烂肠之食。靡曼皓齿，郑、卫之音，务以自乐，命之曰伐性之斧。三患者，贵富之所致也”。即此文所本。“务以自供”，“供”当为“佚”字之误也。草书“失”或作“失”，形与“共”相似，故“佚”误为“供”耳。枚叔七发“且夫出舆入辇，命曰蹷痿之机；洞房清宫，命曰寒热之媒；皓齿娥眉，命曰伐性之斧；甘脆肥脓，命曰腐肠之药”。即约用此文。

“汤放桀于历山，与妹喜同舟浮江，奔南巢之山而死。”史记夏本纪正义引。

文典谨案：修务篇“汤夙兴夜寐以致聪明，轻赋薄敛以宽民氓，布德施惠以振困穷，吊死问疾以养孤孀，百姓亲附，政令流行，乃整兵鸣条，困夏南巢，谯以其过，放之历山”。无“与妹喜同舟浮江”之文。

“若天下无道，守在四夷；天下有道，守在海外。”文选东京赋注引。

文典谨案：泰族篇“故天子得道，守在四夷；天子失道，守在诸侯；诸侯得道，守在四邻；诸侯失道，守在四境”。文选注所引，或即约举泰族篇文，而又略加改易与？

“成相篇曰：‘庄子贵支离，悲木槿。’”艺文类聚八十九引。

文典谨案：艺文类聚注云：“成相出淮南子。”是淮南王书本有成相篇，而今逸之也。汉书艺文志杂赋十二家，有成相杂辞十一篇。王应麟云：“淮南王亦有成相篇，见艺文类聚。”

“‘牛胆涂目，莫知其谁。’注曰：‘取八岁黄牛胆，桂三寸，著胆中，百日以成。因使巧工刻象人，丈夫著目下，为女子著头上，为小儿著颐下，盛以五彩囊。先宿斋，无令人知也。’”太平御览八百九十九引。

文典谨案：此条就其文义审之，当是淮南万毕术文，御览误引耳。诸类书中，往往以万毕术为淮南子，此特其一例也。

“‘天雄雄鸡志气益。’注：‘取天雄二枚，纳雄鸡腹中。捣，生食之，令人勇。’”御览九百九十引。

文典谨案：此疑是万毕术文。广雅释艸：“蘸奚，附子也。一岁为萴子，二岁为乌喙，三岁为附子，四岁为乌头，五岁为天雄。”本书主术篇高注作“一岁为侧子，二岁为附子，三岁为乌头，四岁为天雄”。

“取牛胆涂热釜即鸣矣。”御览八百九十九引。

“潍水覆舟山，盖广异名也。”御览六十三引。

文典谨案：此疑是墬形篇“维出覆舟”注语。

“曲张，弓名也。一名彷徨弓。”御览三百四十七引。

“宛转弓，今之弭弓是也。”同上。

“朱鳖浮于水上，必大雨。”御览十引。

“董仲舒请雨，秋用桐木鱼。”初学记天部下、御览十一引。

“七月七日午时，取生瓜叶七枚，直入北堂中，向南立，以拭面靥，即当灭矣。”御览三十一引。

文典谨案：此亦当是万毕术文。

“‘槐之生也，入季春，五日而兔目，十日而鼠耳，更旬而始规，二旬成叶。’注：‘规叶始开。’”御览九百五十四、事类赋二十五。

“月中有桂树。”御览九百五十七引。

“东方之人长一丈。”御览三百七十七引。

“扶桑在旸州，日所拂。东北方，十日所出。扶桑生旸谷中，九日居下枝，一日居上枝也。”御览九百五十五引。

文典谨案：海外东经“汤谷上有扶桑，十日所浴，在黑齿北。居水中，有大木，九日居下枝，一日居上枝”。郭璞传云：“天有十日，日之数十。此云九日居下枝，一日居上枝。大荒经又云：‘一日方至，一日方出。’明天地虽有十日，自使以次第迭出运照。”

“太阴在上，蚯蚓结，为阳侯。”御览九百四十七引。

“越鸡不能伏鹤卵。”御览九百二十八引。

“尧、舜之德，轻于鸿毛。”御览八十引。

附录三

淮南天文训补注 钱塘

自序

淮南鸿烈解有许慎、高诱两家注,隋书经籍志并列于篇。至刘昫作唐书经籍志,唯载高注,则许注已佚于五季之乱矣。而新唐书及宋史艺文志仍并列两家,谓唐时许注犹存,欧阳氏得其故籍,以为志,可也,宋时安得复有许注,而修史志者犹采入之欤?观陈氏书录解题有曰:"既题许慎记上,而序文则用高诱,然则许注既佚,宋人以其零落仅存者羼入高注,遂题许慎之名,而其未羼入者,仍名高注可知也。要其冠以高诱之序,则高注为多矣。"今世所传高氏训解,已非全书,而明正统十年道藏刊本首有高诱之序,内则题太尉祭酒臣许慎记上,一如陈氏所云,是即宋时羼入之本,以校高注,增多十三四,其间当有许注也。夫以淮南王之博辩善文辞,为武帝所尊重,复得四方宾客如"九师"、"八公"者,广采群籍,作为是书,固已极魁玮奇丽之观,而东汉两大儒，各以博识多闻之学，事为之证，言为之诂，亦既疏解略尽矣。道藏本虽不全，而杂有二家之注在焉，犹愈于训解之止出一家，而又为庸妄子之所芟削者。独天文训一篇，道藏本未尝增多训解一字，而中有“诱不敏也”之文，其注亦遂简略，盖此篇决出于诱之所注，而诱于术数未谙，遂不能详言其义耳。然吾谓三代古术，往往见于周礼、左氏春秋传、史记律、历、天官书中，其可以相质证者，赖有此篇。儒者而弗明乎是，即经史之奥旨，何由洞悉而无疑也哉？窃不自揆，推以算数，稽诸载籍，于高氏所未及者，皆详言之。亦时正其舛谬，如“天一元始，正月建寅，日月入营室五度，天一以始建”，即是颛顼历上元，则“天一”当为“太一”，而高氏无注；“二十四时之变”，反覆比十二律，故一气比一音，而注以十二月律释之；“淮南元年，太一在丙子，冬至甲午，立春丙子”，历术所无，盖时己酉冬至脱其日名，甲子自为立春之日，重言“丙子”，本与下文“二阴一阳成气二，二阳一阴成气三”相连，即释“太一丙子”之义，而截“立春丙子”为句，阕以注语，似立春仅去冬至四十二日，此皆舛错尤大者。予之补注，不为高氏作疏，正不妨直纠其失耳。书成于己亥之夏，戊申秋复改正数条，遂缮为定本焉。

乾隆五十三年九月九日，嘉定钱塘序。

天文训

元注：文者，象也。天先垂文象，日月五星及彗孛皆谓以谴告一人，故曰天文，因以名篇。

天墬未形，

补曰："墬"，籀文"地"。

冯冯翼翼，洞洞灟灟，故曰太昭。

元注：冯翼洞灟，无形之貌。洞读挺挏之挏，灟读以铁头斫地之镯也。

补曰：楚辞天问："冯翼何象？何以识之？"王逸注云："言天地既分，阴阳运转，冯冯翼翼，何以识知其形象乎？"

道始于虚霩，

补曰："霩"，古"廓"字。说文："霩，雨止云罢貌。臣铉等曰：'今别作廓，非是。'"

虚霩生宇宙，宇宙生气。气有汉垠，

元注：宇，四方上下也。宙，往古来今也。将成天地之貌也。汉垠，重安〔一〕之貌也。

补曰：御览卷一引作"涯垠"。案："汉"，庄刻本作"涯"，云俗本作"汉"，误。详文义，当以"涯"为是。

清阳者薄靡而为天，

元注：薄靡者，若尘埃飞扬之貌。

重浊者凝滞而为地。

补曰：黄帝素问阴阳应象大论曰："积阳为天，积阴为地，故清阳为天，浊阴为地。"

清妙之合专易，

元注："专"，一作"抟"。案："抟"，庄刻本误作"專"。

〔一〕"重安"，原本作"安重"，据前天文训注文改。

补曰:“专”,古通“抟”。易“夫乾其静也专”,陆绩作“抟”,是也。史记王翦传“专委于我”,徐广曰:“专,亦作抟。”今淮南注别本云“一作‘尃’者”,传写误。天言“合专”者,楚辞“乘精气之抟抟兮”,王逸云:“楚人名员曰抟也。”此其义也。

重浊之凝结难,

补曰:“结”,一作“竭”。案:庄刻本正作“竭”。

故天先成而地后定。天地之袭精为阴阳,

元注:袭,合也。精,气也。

阴阳之专精为四时,四时之散精为万物。积阳之热气生火,火气之精者为日;积阴之寒气为水,水气之精者为月。日月之淫为精者为星辰。天受日月星辰,地受水潦尘埃。昔者共工与颛顼争为帝,怒而触不周之山,

元注:共工,官名,霸于伏羲、神农之间。其后子孙任智刑以强,故与颛顼、黄帝之孙争位。不周山在西北也。

天柱折,地维绝。天倾西北,故日月星辰移焉;

元注:倾,高也。原道言“地东南倾”,倾,下也。此先言倾西北,明其高也。

地不满东南,故水潦尘埃归焉。

补曰:事见列子汤问篇,古盖天之说也。祖暅天文录云:“古人言天地之形者有三:一曰浑天,二曰盖天,三曰宣夜。盖天之说又有三体:一云天如车盖,游乎八极之中;一云天形如笠,中央高而四边下;一云天如攲车盖，南高北下。”南高北下，即东南高，西北下也。禹所受地说书曰：“昆仑东南方五千里，名曰神州，帝王居之。”河图括地象曰：“地部之位，起形高大者有昆仑山，其山中应于天，居最中，八十一域布绕之。中国，东南隅，居其一分。”此亦盖天之说。然则，中国地，西北高，东南下。盖天既以天为东南高，西北下，地又西北高，东南下，于是以天之西北为倾，地之东南为不足。杨炯浑天赋曰：“有为盖天之说者曰，天则西北既倾而三光北转，地则东南不足而万穴东流。”其明证也。古言天虽有三家，太初以后始用浑天，其前皆盖天也。淮南亦主盖天，故持载其说。王充作论衡，不信盖天，其说日篇〔一〕云：“邹衍曰：‘方今天下，在地东南，名赤县神州。’天极为天中，如今天下在地东南，视极当在西北。今正在北，方今天下在极南也。”不知天以辰极为中，地以昆仑为中，二中相值，俱当在人西北。人居昆仑东南，视辰极则在正北者，辰极在天，随人所视，方位皆同，无远近之殊，处高故也。昆仑在地，去人有远近，则方位各异，处卑故也。不妨今天下在极南，自在地东南隅矣。案：昆仑所在，其说不一，郦道元以为是阿耨达大山，刘元鼎以为即闷摩黎山，蒲蔡都实又谓是亦耳麻莫不剌山，但此诸山本不名昆仑，特中国人名之耳。中国自有昆仑山，山无别名者。是禹贡昆仑属雍州。汉书地理志金城郡临羌西北塞

〔一〕“说日篇”，当为“谈天篇”之误。

外有西王母石室，西有弱水、昆仑山祠。续汉书郡国志金城郡临羌有昆仑山。十六国春秋前凉录马岌传云："岌上言酒泉南山即昆仑之体也，周穆王见王母，乐而忘归，即谓此山。此山上有石室，王母堂珠玑镂饰，焕若神宫。"禹贡昆仑山在临羌之西，即此明矣。然则昆仑近在雍州之西北隅，故尔雅言"西北之美者，有昆仑之球琳琅玕焉"，即山海经、穆天子传所言昆仑，皆谓此山也。太史公曰："自张骞使大夏之后也，穷河源，恶睹所谓昆仑者乎？"盖讥武帝舍近求远，非谓无昆仑也。故曰："言九州山川，尚书近之矣。"晋鸿胪卿张匡邺使于阗作行程记云："玉河在于阗城外，其源出昆仑，西流一千三百里，至于阗界牛头山。"然则昆仑在于阗东，明即临羌之昆仑。盖天家见中国之山唯此最高，用为地中，以应辰极，故曰天如敧车盖。周礼说冬至祀天皇大帝，夏至祀昆仑，亦即此意。若神州之神祭于建申之月，犹祭感生之帝于建寅之月，以神州在地东南隅，非大地故也。楚辞天问曰："斡维焉系？天极焉加？八柱何当？东南何亏？康回冯怒，地何故以东南倾？南北顺椭，其衍几里？昆仑县圃，其尻安在？四方之门，其谁从焉？西北启辟，何气通焉？"此皆据楚先王庙之所图而问之，知淮南所说，其备古矣。注以天倾为高，则天北高南下，倾可言下，亦可言高，唯所命之而已。

天道曰圆，地道曰方。方者主幽，圆者主明。明者，吐气者

也，是故火曰外景；幽者，含气者也，是故水曰内景。吐气者施，含气者化，是故阳施阴化。

补曰：以上皆见大戴礼曾子天圆篇，盖孔氏微言也。天圆地方之义，曾子答单居离言之，曰："天之所生者上首，地之所生者下首。上首之谓圆，下首之谓方。如诚天圆而地方，则是四角之不掩也。"此即浑天之理，而盖天亦然。周髀算经曰："圆出于方，方出于矩。环矩以为圆，合矩以为方。方属地，圆属天，天圆地方。"赵君卿注云："物有方圆，数有奇耦。天动为圆，其数奇；地静为方，其数耦。此配阴阳之义，非实天地之体也。"足与曾子相备。"火曰外景"，"水曰内景"者，周易离为火，崔憬曰"取卦阳在外，象火之照也"；坎为水，宋衷曰"卦阳在中，内光明有似于水"是也。

天之偏气，怒者为风；地之含气，和者为雨。阴阳相薄，感而为雷，

元注：薄，迫也。感，动也。

激而为霆，乱而为雾。阳气胜则散而为雨露，

元注：散，雾散也。

阴气胜则凝而为霜雪。毛羽〔一〕者，飞行之类也，故属于阳。介鳞者，蛰伏之类也，故属于阴。日者，阳之主也，是故春夏而群兽除，案："春夏而群兽除"之"而"，庄刻本作"则"。

元注：除，冬毛微堕也。

日至而麋角解。

〔一〕"毛羽"，原本作"羽毛"，据前天文训乙。

元注：日冬至麋角解，日夏至鹿角解。

月者，阴之宗也，是以月虚而鱼脑减，月死而蠃蛖膲。

元注：宗，本也。减，少也。膲，肉不满，言应阴气也。膲，读若物醮少之醮。

补曰：一本云："读若物少之醮也。"语较明。案："醮"，庄刻本作"膲"，读若物醮炒之醮也，与此异。

火上荨，

元注：荨，读若葛覃之覃。案：庄刻本无"若"字。

补曰："荨"当为"燅"。有司彻云："乃燅尸俎。"注："燅，温也。古文'燅'皆作'荨'，记或作'焊'。春秋传曰：'若可焊也，亦可寒也。'"案：今春秋传作"寻"。是"寻"、"燅"古今字，"荨"又"寻"之借也。注读为"覃"，又即"燂"字。说文云："燂，火热也。从火，覃声。""覃"、"燂"声同，故读从之。

水下流，故鸟飞而高，鱼动而下。物类相动〔一〕，本标相应，

元注：标，读刀末之标。

故阳燧见日则燃而为火，

元注：阳燧，金也。取金杯无缘者，熟摩令热，日中时，以当日下，以艾承之，则燃得火也。

补曰：论衡率性篇："阳燧取火于天，五月丙午日中之时，销炼五石铸以为器，磨砺生光，仰以向日，则火来至。"

方诸见月则津而为水，

〔一〕"物类相动"，原本脱，据前天文训补。

元注：方诸，阴燧，大蛤也。熟摩令热，月盛时，以向月下，则水生，以铜盘受之，下水数滴。先师说然也。

补曰：旧唐书礼仪志引作“下水数石”，出于李敬贞所窜易。方诸下水，不得有数石也。御览引有许慎注云：“诸，珠也。方，石也。以铜盘受之，下水数升。”高所云“先师说”，殆谓此。案：诱自序云：“自诱之少，从故侍中同县卢君受其句读，诵举大义。”又云：“深思先师之训，为之注解。卢君者，植也。”诱所云“先师”，当是卢植。周礼秋官：“司烜氏掌以夫遂取明火于日，以鉴取明水于月。”注：“夫遂，阳遂也。鉴，镜属。取水者，世谓之方诸。”考工记：“金锡半，谓之鉴燧之齐。”是二器俱用金也。方诸亦有用石者。万毕术“方诸取水”，注云“形若杯，合以五石”是也。依本注，阳燧为镜，方诸为蚌。符子曰“镜以曜明故鉴人，蚌以含珠故内照，曜明故能取火，含珠故能下水”，义可知也。方诸一名蚌镜，故古谓之鉴。案：御览引许慎注如此，又引高诱注与此本同，知高、许两家注本无别。先生所列“元注”，系高注无疑，后引许注者复有数条，义亦如是。

虎啸而谷风至〔一〕，龙举而景云属，

元注：虎，土物也。风，木气也。木生于土，故虎啸而谷风至。龙，水物也。云生水，故龙举而景云属。属，会也。案：“虎，土物也”，御览引作“虎，阳兽也”，与此异。

补曰：初学记引高诱注云：“虎，阳兽，与风同类。”与此注异。疑此出许慎也。管辂别传云：“龙者阳精，以潜

〔一〕“至”，原本作“生”，据前天文训改。

为阴，幽灵上通，和气感神，二物相扶，故能兴云。夫虎者阴精，而居于阳，依木长啸，动于巽林，二气相感，故能运风。”

麒麟斗而日月食，

补曰：御览引许慎注云：“麒麟，独角之兽，故与日月相符。”案：庄刻本引许慎注云：“麒麟，大角兽。”与此异。

鲸鱼死而彗星出，

补曰：初学记引许慎注云：“彗，除旧布新也。”

蚕珥丝而商弦绝，

元注：蚕老丝成，自中彻外，视之如金精珥，表里见，故曰珥丝。一曰，弄丝于口。商音清，弦细而急，故先绝也。

贲星坠而渤海决。案：庄刻本“渤”作“勃”。“勃”、“渤”古今字耳。

元注：贲星，客星，又作孛星。坠，陨也。渤，大也。决，溢也。

人主之情，上通于天，故诛暴则多飘风，

元注：暴，虐也。飘风，迅也。

枉法令则多虫螟，

元注：食心曰螟，谷之灾也。

杀不辜则国赤地，

元注：赤地，旱也。

令不收则多淫雨。

元注：干时之令不收纳，则久雨为灾。

四时者，天之吏也；日月者，天之使也；星辰者，天之期也；

元注:期,会也。

虹蜺彗星者,天之忌也。

元注:雄为虹,雌为蜺也。虹者,杂色也。忌,禁也。

天有九野,九千九百九十九隅,去地五亿万里,

元注:九野,九天之野也。一野千一百一十一隅也。

五星,八风,二十八宿,

元注:五星,岁星、荧惑、镇星、太白、辰星也。八风,八卦之风也。二十八宿,东方角、亢、氐、房、心、尾、箕,北方斗、牛、女、虚、危、室、壁,西方奎、娄、胃、昴、毕、觜、参,南方井、鬼、柳、星、张、翼、轸也。

五官,六府,

元注:五官,五行之官。六府,加以谷。

补曰:六府具下,即时则训之六合也,非左传所说夏书六府。

紫微,太微,轩辕,咸池,四宫,天阿。案:原写本作"四宫",庄刻本作"四守"。其应作"四守"之义见下"四宫者,所以为司赏罚"句。补注文此处作"四宫"为是。

元注:皆星名,下自解。

何谓九野?

补曰:此所说皆引吕氏春秋有始览之文,因采高诱彼注补之。

中央曰钧天,其星角、亢、氐。

元注:韩、郑之分野也。

补曰:高诱云:"钧,平也。为四方主,故曰钧天。角、亢、氐,东方宿,韩、郑分野。"

东方曰苍天，其星房、心、尾。

补曰：高诱云："东方，二月，建卯，木之中也，木青色，故曰苍天。房、心、尾，东方宿。房、心，宋分野。尾、箕，燕分野。

东北曰变天，其星箕、斗、牵牛。

元注：阳气始作，万物萌芽，故曰变天。尾、箕一名析木，燕之分野。斗，吴之分野。牵牛，一名星纪，越之分野。案：庄刻本"阳气始作"十二字在"越之分野"句下，与此异。

补曰：彼注云："东北，水之季，阴气所尽，阳气所始，万物向生，故曰变天。斗、牛，北方宿。尾、箕，一名析木之津，燕之分野。斗、牛，吴、越分野。"

北方曰玄天，其星须女、虚、危、营室。

元注：虚、危，一名玄枵，齐之分野。

补曰：彼注云："北方，十一月，建子，水之中也，水色黑，故曰玄天。婺女，亦越之分野。虚、危，齐分野。营室，卫分野。"

西北方曰幽天，其星东壁、奎、娄。

元注：幽，阴也。西北季秋将即于阴，故曰幽天也。营室、东壁，一名豕韦，卫之分野。奎、娄，一名降娄，鲁之分野。案："豕韦"，庄刻本作"承韦"，疑彼误也。

补曰：彼注云："西北，金之季也，将即大阴，故曰幽天。东壁，北方宿，一名豕韦，卫之分野。奎、娄，西方宿，一名降娄，鲁之分野。"

西方曰颢天，其星胃、昴、毕。

元注：颢，白也。西方金，色白，故曰颢天。或作昊。昴、毕，一名大梁，赵之分野。

补曰：彼注云："西方，八月，建酉，金之中也，金色白，故曰颢天。昴、毕，西方宿，一名大梁，赵之分野。"

西南方曰朱天，其星觜巂、参、东井。

元注：朱，阳也。西南为少阳，故曰朱天。觜巂、参，一名实沈，晋之分野。

补曰：彼注云："西南，火之季也，为少阳，故曰朱天。觜巂、参，一名实沈，晋之分野。东井，南方宿，一名鹑首，秦之分野。"

南方曰炎天，其星舆鬼、柳、七星。

元注：柳、七星，周之分野，一名鹑火。案："七星"下原写本有"张"字，庄刻本无。张宿分野在下"东南方"，此当是衍字，今删。

补曰：彼注云："南方，五月，建午，火之中也，火曰炎上，故曰炎天。舆鬼，南方宿，秦之分野。柳、七星，南方宿，一名鹑火，周之分野。"

东南方曰阳天，其星张、翼、轸。

元注：东南，纯乾用事，故曰阳天。翼、轸，一名鹑尾，楚之分野。

补曰：彼注云："东南，木之季也，将即太阳，纯乾用事，故曰阳天。张、翼、轸，南方宿。张、翼，周之分野。翼、轸，一名鹑尾，楚之分野。"

何谓五星？

补曰：春秋运斗枢云："太微宫中有五帝座。"星河图云："苍帝神名灵威仰，赤帝神名赤熛怒，黄帝神名含枢纽，白帝神名白招拒，黑帝神名汁光纪。"春秋文曜钩云："赤熛怒之神为荧惑，位南方，礼失则罚出填。黄帝含枢纽之精，其体璇玑中宿之分也。"尚书考灵曜云："岁星木精，荧惑火精，镇星土精，太白金精，辰星水精也。"然则五纬即是五帝，常居太微则曰帝，运行周天则曰纬耳。文曜钩又言："东宫苍帝，其精为龙；南宫赤帝，其精为朱鸟；西宫白帝，其精白虎；北宫黑帝，其精玄武。"则五帝布精四方，又为二十八宿矣。淮南言五星有五方、五帝、五佐、五神、五兽，其五帝、五佐乃人神之配天神者，则五方当谓五行，五兽即二十八宿及轩辕。知兽有轩辕者，以史记言"轩辕，黄龙体"故也。

东方，木也，其帝太皞，

元注：太皞，伏牺氏有天下号也，死托祀于东方之帝也。

补曰：周礼小宗伯"兆五帝于四郊"，康成云："五帝，苍曰灵威仰，太昊食焉。"月令注云："此苍精之君。"

其佐句芒，

补曰：高诱吕氏春秋正月纪注云："句芒，少昊氏之裔子，曰重，佐木德之帝，死为木官之神。"然重亦托祀也。墨子明鬼篇曰："昔者，郑穆公当昼日中处于庙，有神人入门而左，鸟身，素服三绝，面状正方。郑穆公再拜稽首曰：'敢问何神？'曰：'予为句芒。'"山海经：

"东方勾芒,鸟身人面,乘两龙。"郭璞注:"木神也,方面素服。"知天神自有勾芒,重为木正,故亦曰勾芒。月令注云:"木官之臣。"

执规而治春。其神为岁星,其兽苍龙,其音角,其日甲乙。

元注:木〔一〕色苍,龙〔二〕顺其色也。角,木也。甲、乙皆木也。

补曰:史记律书:"九九八十一以为宫。三分去一,五十四以为徵。三分益一,七十二以为商。三分去一,四十八以为羽。三分益一,六十四以为角。"即黄钟为宫,林钟为徵,太簇为商,南吕为羽,姑洗为角也。以之分属五时,则春,姑洗应;夏,林钟应;长夏,黄钟应;秋,太簇应;冬,南吕应。此止就黄钟一宫言之也。十二月各用其律,则太簇为无射之角,夹钟为应钟之角,姑洗为黄钟之角。以春三月应,中吕为无射之徵,蕤宾为应钟之徵,林钟为黄钟之徵。以夏三月应,夷则为蕤宾之商,南吕为林钟之商,无射为夷则之商。以秋三月应,应钟为太簇之羽,黄钟为夹钟之羽,大吕为姑洗之羽。以冬三月应,而黄钟之宫,独应于长夏。其义可知。至以十日配四时,亦有二义:一由日行所在。尚书考灵曜云:"万世不失九道谋。"康成注引河图帝览嬉曰:"黄道一;青道二,出黄道东;赤道二,出黄道南;白道二,出黄道西;黑道二,出黄道北。日春

〔一〕"木",原本作"本",形近而误,据前天文训注文改。

〔二〕"龙"上原本衍一"苍"字,据前天文训注文删。

东从青道，夏南从赤道，秋西从白道，冬北从黑道也。”隋志云：“晋侍中刘智云，昔者圣王正历明时，作圆盖以图列宿。极在其中，回之以观天象。分三百六十五度四分度之一，以定日数。日行于星纪，转回右行，故规圆之，以为日行道。欲明其四时所在，故于春也，则以为青道；于夏也，则以为赤道；于秋也，则以为白道；于冬也，则以为黑道。四季之末，各十八日，则以为黄道。”此一义也。一由月体所象。虞翻周易注云：“甲乾乙坤相得合木，谓天地定位也；丙艮丁兑相得合火，山泽通气也；戊坎己离相得合土，水火相逮也；庚震辛巽相得合金，雷风相薄也；天壬地癸相得合水，阴阳相薄而战乎乾：故曰五位相得而各有合。”参同契云：“三日出为爽，震庚受西方。八日兑受丁，上弦平如绳。十五乾体就，盛满甲东方。十六转就绪，巽辛见平明，艮直于丙南，下弦。二十三坤乙。三十日东方丧其朋，壬癸配甲乙，乾坤括始终。”又一义也。乾坤即青道，艮兑即赤道，坎离即黄道，震巽即白道，天地即黑道。既日从青道，而甲乙在东方，则其日甲乙矣。此二义固相因也。其余仿此。日名甲乙者，月令注云：“乙之言轧也。日之行，春东从青道，发生万物，月为之佐，时万物皆解孚甲，自抽轧而出，因以为日名焉。”

南方，火也，其帝炎帝，

元注：帝，少典之子也，以火德王天下，号曰神农，死托祀于南方之帝。

补曰：小宗伯注云："赤曰赤熛怒，炎帝食焉。"月令注云："此赤精之君神也。"

其佐朱明，

元注：旧说云祝融。

补曰：尔雅释天云："夏为朱明。"故淮南以为南方之帝佐。山海经曰："南方祝融，兽身人面，乘两龙。"郭璞注："火神也。"楚辞九叹云："绝广都以直指兮，历祝融于朱冥。"冥、明声相近，是朱明即祝融也。月令注云："火官之臣。"

执衡而治夏。其神为荧惑，其兽朱鸟，

元注：荧惑，五星之一也。朱鸟，朱雀也。

其音徵，其日丙、丁。

元注：徵，火也。丙、丁皆火也。

补曰：月令注云："丙之言炳也。日之行，夏南从赤道，长育万物，月为之佐，时万物皆炳然著见而强大，又因以为日名焉。"

中央，土也，其帝黄帝，

元注：黄帝，少典之子也，以土德王天下，号曰轩辕氏，死托祀于中央之帝。

补曰：小宗伯注云："黄曰含枢纽，黄帝食焉。"月令注云："此黄精之君。"

其佐后土，

补曰：月令注云："土官之臣。"

执绳而制四方。其神为镇星，其兽黄龙，

元注:土色黄也。

其音宫,其日戊己。

元注:宫,土。戊、己,土也。

补曰:史记天官书黄钟宫案六十律始于戊子,则己丑为林钟徵,丑冲未,故林钟为六月律。林钟徵也,其宫黄钟。算律宫生徵,亦徵生宫,六倍黄钟,即九倍林钟是也。宫徵相生,律吕之要尽矣。律中黄钟之徵者唯六月,故兼中黄钟之宫。由此推之,十二月律各自为徵,即各有其宫。不言者,非宫徵之始也。五行土寄王于未申,故坤为土而位西南。宫,土音也,六月中之,必矣。日名戊己者,月令注云:"戊之言茂也。己之言起也。日之行,四时之间从黄道,月为之佐,至此万物皆枝叶茂盛,其含秀者屈抑而起,故因以为日名焉。"

西方,金也,其帝少昊,

元注:少昊,黄帝之子青阳也,以金德王,号曰金天氏,死托祀于西方之帝。

补曰:小宗伯注云:"白曰白招拒,少昊食焉。"月令注云:"此白精之君。"

其佐蓐收,

补曰:高诱吕氏春秋七月纪注云:"少昊氏裔子,曰该,皆有金德,死托祀为金神。"然晋语云:"虢公梦在庙,有神人面白毛虎爪,执钺立于西阿。公惧而走。觉,召史嚚而占之,曰:'如君之言,则蓐收也。'"山海经云："西方蓐收，左耳有蛇，乘两龙。"郭璞注："金神也。"明蓐收本天神，该为金正，故亦名蓐收。月令注云："金官之臣。"

执矩而治秋。其神为太白，其兽白虎，其音商，其日庚辛。

元注：商，金也。庚、辛皆金也。

补曰：月令注云："庚之言更也。辛之言新也。日之行，秋西从白道，成孰万物，月为之佐，万物皆肃然改更，秀实新成，人因以为日名焉。"

北方，水也，其帝颛顼，

元注：颛顼，黄帝之孙，以水德王天下，号曰高阳氏，死托祀于北方之帝也。

补曰：小宗伯注云："黑曰汁光纪，颛顼[一]食焉。"月令注云："此黑精之君。"

其佐玄冥，

补曰：高诱注十月纪云："玄冥，水官也。少昊氏之子曰循，为玄冥师，死祀为水神。"然山海经云："北方禺强，人面鸟身，珥两青蛇，践两青蛇。"郭璞注云："玄冥，水神也。"庄周曰："禺疆立于北极。"则玄冥本天神，循为水正，因得是名。月令注云："水官之臣。"

执权而治冬。其神为辰星，其兽玄武，其音羽，其日壬癸。

元注：羽，水也。壬、癸皆水也。

补曰：月令注云："壬之言任也。癸之言揆也。日之行，冬北从黑道，闭藏万物，月为之佐，时万物怀任于

〔一〕"项"，原本作"纪"，据周礼小宗伯注改。

下，揆然萌芽，又因以为日名焉。”

太阴在四仲，则岁星行三宿；

元注：仲，中也。四仲，谓太阴在卯、酉、子、午四面之中也。

补曰：杨泉物理论曰：“岁行一次，谓之岁星。”

太阴在四钩，则岁星行二宿。

元注：丑钩辰，申钩巳，寅钩亥，未钩戌，谓太阴在四角。

补曰：此以四辰成一钩也。本或作“亥钩戌”者非。此太阴谓岁阴。周礼保章氏注：“岁星为阳，右行于天；太岁为阴，左行于地。十二而小周。”郑所谓阴，据太岁对岁星言之，尚非谓岁阴。此岁阴则岁雌也。既太岁、岁星行有左右，则与斗建日躔无异，故乐说云：“岁星与日常应太岁月建以见。”谓岁星与日同次之月，其斗所建之辰常有太岁也。古人视岁星以知太岁，因以太岁名年。尔雅“太岁在甲曰阏逢，太岁在寅曰摄提格”是也。至西汉时，复因太岁而知岁阴，命其时所用颛顼历上元为太岁甲寅推前三百三十八算而得太阴甲寅，于六十干支后三十八算，于十二辰则后二算。必三百三十八算者，略以五星通率推得之。其气朔则正月朔旦启蛰也，故天官书曰：“摄提格岁，岁阴左行在寅，岁星右转居丑。”丑为星纪，日月五星于是始，故治历者必用此为十二次之首，即以为岁阴在摄提格之岁，其太岁则在子，是以孝武太初元年太岁在丙子，而诏以为复得焉逢摄提格之岁，盖用岁阴名也。小司马不知其义，遂谓史、汉历法不同，误矣。岁星在丑，岁阴在寅，则岁星在子，岁阴在卯；岁星在酉，岁阴在午。可知由是一左一右，周行十二辰，岁星居四仲，岁阴亦必居四仲；岁星居四钩，岁阴亦必居四钩：但视岁星，可知岁阴。淮南由太阴以推岁星，义正同也。必仲有三宿，钩止二宿者，左传言："婺女，玄枵之维首。"又言："玄枵，虚中也。"则危为玄枵之次末。玄枵有次三宿，则大梁、鹑火、大火亦必三宿，其余八次仅得二宿。可知此宿次传自周、秦之代，故淮南以为言也。后汉郑康成说周易爻辰亦用之。

二八十六，

补曰：岁星在四钩，积八岁行十六宿。

三四十二，

补曰：岁星在四仲，凡四岁行十二宿。

故十二岁而行二十八宿。

补曰：即一周也。康成依三统法谓之小周。小周者，汉志云木〔一〕金相乘为十二，是谓小周。小周乘巛策，为一千七百二十八，是为大周。木三金四乘为十二，即仲三钩二之义也。十二周天而超一辰，其积百四十四，即巛策。十二超辰而为一终，其积千七百二十八，故以小周乘巛策而为大周也。三统之法，分一次为百四十五分，岁星岁行一次又剩行一分，积百四十四岁

〔一〕"木"，原本作"水"，据汉书律历志改。

而剩行分竟，故有超辰。大衍历议谓，昔僖公六年，岁阴在卯，星在析木，昭公三十二年，亦岁阴在卯，而星在星纪，故三统历因以为超辰之率是也。星有超辰，则太岁、岁阴随之俱超，故太岁、岁阴皆当以岁星为宗，不当遽以六十年周定其岁名。东京顺帝时，妄谓岁无超辰，遂以满六十甲子为青龙一周，且置太阴不讲矣。康成云："然则今历太岁非此也。"谓太岁不应岁星。

日行十二分度之一，岁行三十度十六分度之七，十二岁而周。

补曰：古岁星无超辰，故以十二岁为通率。星有见伏留逆则略之矣。岁星见月为太岁所在，则一见伏必十三中气有奇，而十二岁有十一见伏。法以十二岁之积日剖为十一分，即得一见伏之日数，一见尽一岁，于是[一]伏日内减去一岁日，余即伏日也。依此推之，十二岁积四千三百八十三日，每见伏有三百九十八日十一分日之五，其伏日则三十三日二十刻又十一分之五也。其见伏行度，亦以周天分为十一分，得每分三十三度二千分又十一分之五，以一次三十度四千三百七十五分减之，余二度七千六百七十五分，即伏行度也。欲知岁行分者，古历度分母四，是乘为十六，以通周天三百六十五度四分一，得五千八百四十四为实，以十二次为法除之，得四百八十七。又用为实，以十六为

〔一〕据上下文意，"是"当为"见"之讹。

法除之，得三十度不尽七，即一岁岁星所行度分也。然则一次有四百八十七分，故岁有余分七，积十二次而五千八百四十四分尽，故十二岁而周天也。欲知度行日者，以五千八百四十四为一度之积分，四百八十七为一日之行分，以日分除度分，得十二无余分，是十二日行一度也。如是计之，岁星一见行尽一次，见后伏三十日十六分日之七而复见，积十二岁而有十一见，则周天也。

荧惑

补曰：天官志云："其精为风伯，惑童儿歌谣嬉戏也。"

常以十月入太微，受制而出行列宿，司无道之国，为乱为贼，为疾为丧，为饥为兵，出入无常，辩变其色，时见时匿。

元注：此皆所以谴告人君。

补曰：荧惑亦以五千八百四十四为实，计十四终，有十六周天，即以实为积度，如十四而一，得一终行四百十七度十四分度之六。欲知星行与岁日俱终者，则三十二岁有十五终也，因倍实以为积日，如十五而一，得七百七十九日十五分日之三也。其一见六百三十二日行三百度，余即伏行日度。通率二十八日行十五度。十月入太微受制者，荧惑在陬訾，太微在鹑尾，一岁可行百九十二度，则近太微矣。

镇星以甲寅元始建斗，岁

补曰：此太岁在甲寅，非太阴也。时用颛顼历人正月，五星会陬訾之次，太岁正在甲寅。若太阴在甲寅，岁星必在星纪矣。

镇行〔一〕一宿，当居而弗居，其国亡土；未当居而居之，其国益地，岁熟〔二〕。日行二十八分度之一，岁行十三度百十二分度之五，二十八岁而周〔三〕。

元注：镇星一遍。

补曰：镇星亦以五千八百四十四为实，十六乘二十八为法，得岁行十三度四百四十八分度之二十分，各四除之，即百十二分之五也。镇星岁一见伏，见三百三十日，行八度；伏三十五日四分日之一，行五度百十二分之五也。

太白元始以正月甲寅〔一〕，

补曰：正月甲寅者，甲寅岁人正月之名也。古岁、月俱首甲寅，为建首人正之定法，纪年用太阴、太岁皆同。太初元年月名毕聚，用太阴纪年之甲寅月也。颛顼历元首月名毕陬，用太岁纪年之甲寅月也。自用天正为首月，而岁、月俱始甲子矣。又甲寅为正月朔旦立春之日，即颛顼历去千一百四十算，其冬至则己巳也。

与荧惑晨出东方，二百四十日而入，入百二十日而夕出西方，

补曰："入百二十日"非是。晋灼汉书注改作"四十日"，亦非。

〔一〕"行"原本作"星"，据前天文训改。

〔二〕"熟"原本作"宿"，据前天文训改。

〔三〕"周"下原本有"天"字，据前天文训删。

〔四〕"甲寅"，庄校本作"建寅"。

二百四十日而入，入三十五日而复出东方。出以辰戌，入以丑未。当出而不出，未当入而入，天下偃兵；当入而不入，当出而不出，

补曰：天官书作“未当出而出”，宜从之。

天下兴兵。

补曰：太白八岁而出入东西各五，则一岁十六分岁之六，而晨夕各一见伏。此以五百八十四日四十刻为两见日数也。两见四百八十日，余为两伏日，晨伏不足九十日，夕伏十六日。云“入百二十日，入三十五日”者，皆误。

辰星正四时，

补曰：宋均元命包注云：“辰星正四时之法，得与北辰同名也。”

常以二月春分效奎、娄，以五月夏至效东井、舆鬼，以八月秋分效角、亢，以十一月冬至效斗、牵牛。

元注：效，见。案：“效”，庄刻本文、注皆作“効”。说文无“効”字。玉篇云：“効，俗效字。”此本作“效”是。

出以辰戌，入以丑未。晨候之东方，夕候之西方。一时不出，其时不和；四时不出，天下大饑。

元注：谷不熟为饑也。案：“饑”，庄刻本作“飢”。飢，饿也。饑，谷不熟也。两字训异。依此注之义，自应作“饑”。

补曰：辰星百六十年有五百十二终，以五千八百四十四日十倍之为实，三十二乘十六为法，法除实得百十四日五百十二分日之七十二，为晨夕两见伏之日数。两

见八十日,余即两伏日,伏皆十七日有奇,而见〔一〕岁有六见伏有奇,则四仲月俱得有辰星,故可以正四时。

何谓八风?

补曰:河图括地象云:"天有八气,地有八风。"易纬云:"八节之风谓之八风。"春秋考异邮云:"八风杀生,以节翱翔。"

距冬至四十五日条风至,案:庄刻本"距"字下有"日"字。

元注:艮卦之风,一名融。为笙也。

补曰:史记律书云:"条风居东北,主出万物。条之言条治万物而出之,故曰条风。"吕氏春秋有始览云:"东北曰炎风。"高诱曰:"炎风,艮气所生,一曰融风。"是条风即炎风。融与炎声相转。条者调也,调即融矣。周语云:"先立春五日,瞽告有协风至。"亦即此风也。易通卦验云:"立春,条风至。"宋均注云:"条风者,条建万物之风是也。"乐说云:"艮主立春,乐用埙。此云笙者,服虔左氏传注'艮音匏,其风融',匏即笙。八风于遁甲为八门,条风当生门。"

条风至四十五日明庶风至,

元注:震卦之风也。为管也。

补曰:律书云:"明庶风居东方。明庶者,明众物之尽出也。"易通卦验云:"春分,明庶风至。"有始览云:"东方曰滔风。"高诱曰:"震气所生,一曰明庶风。"是古名明庶风曰滔也。乐说云:"震主春分,乐用鼓。此

〔一〕"见"字疑衍。

云管者，服虔云‘震音竹，其风明庶’，竹即管。明庶风当伤门。”

明庶风至四十五日清明风至，

元注：巽卦之风也。为柷也。

补曰：律书云：“清明风居东南维，主风吹万物而西之轸。”通卦验云：“立夏，清明风至。”有始览云：“东方曰薰风。”高诱云“薰风或作景风，巽气所生，一曰清明风”是也。乐说：“巽主立夏，乐用笙。此云柷者，服虔云‘巽音木，其风清明’，木即柷。清明风当杜门。”

清明风至四十五日景风至，

元注：离卦之风也。为弦也。

补曰：律书云：“景风居南方。景者，言阳气道竟，故曰景风。”通卦验云：“夏至景风至。”有始览曰：“南方曰巨风。”高诱注：“离气所生，一曰凯风。诗曰：‘凯风自南。’”然巨，大也，景，亦大也，故巨风为景风也。乐说云：“离主夏至，乐用弦。服虔云‘离音丝，其风景’，弦即丝也。八音唯离、兑无异说。景风当景门。”

景风至四十五日凉风至，

元注：坤卦之风。为埙也。

补曰：律书云：“凉风居西南维，主地。地者，沉夺万物气也。”通卦验云：“立秋，凉风至。”有始览云：“西南曰凄风。”高诱注“坤气所生，一曰凉风”是也。乐说：“坤主立秋，乐用磬。此为埙者，服虔云‘坤音土，其风凉’，土即埙。凉风当死门。”

凉风至四十五日阊阖风至，

元注：兑卦之风也。为钟也。

补曰：律书云："阊阖风居西方。阊者，倡也；阖者，藏也。言阳气导万物，阖黄泉也。"通卦验云："秋分，阊阖风至。"有始览云："西方曰飂风。"高诱云"兑气所生，一曰阊阖风"是也。乐说："兑主秋分，乐用钟。服虔云'兑音金，其风阊阖'，金即钟。阊阖风当惊门。"

阊阖风至四十五日不周风至，

元注：乾卦之风也。为磬也。

补曰：律书云："不周风居西北，主杀生。"考异邮云："不周者，不交也，阳阴未合化也。"通卦验云："立冬，不周风至。"有始览曰："西方曰厉风。"高诱云"乾气所生，一曰不周风"是也。乐说："乾主立冬，乐用柷敔。此云磬者，服虔云'乾音石，其风不周'，石即磬。不周风当开门。"

不周风至四十五日广莫风至。

元注：坎卦之风也。为鼓也。

补曰：易纬云："八节之风谓之八风。立春条风至，春分明庶风至，立夏清明风至，夏至景风至，立秋凉风至，秋分阊阖风至，立冬不周风至，冬至广莫风至。"律书云："广莫风居北方。广莫者，言阳气在下，阴莫阳广大也，故曰广莫。"通卦验云："冬至，广莫风至。"有始览曰："北方曰寒风。"高诱云"坎气所生，一曰广莫风"是也。乐说："坎主冬至，乐用管。此云鼓者，服虔云'坎音革，其风广莫'，革即鼓也。所以有此四十五日之距者，考异邮云：'阳立于五，极于九。'五九四十五，且变以阴合阳，故八卦八风距同，各四十五日也。广莫风当休门。"

条风至则出轻系，去稽留。

元注：立春，故出轻系。

明庶风至则正封疆，修田畴。

元注：春风播谷，故正封疆，治田畴也。案："正封疆"，庄刻本作"正疆界"。

清明风至则出币帛，使诸侯。

元注：立夏长养布恩惠，故币帛聘问诸侯也。

景风至则爵有位，赏有功。

元注：夏至阴气在下，阳盛于上，象阳布施，故赏有功，封建侯也。

凉风至则报地德，祀四郊。

元注：立秋节，农乃登谷尝祭，故报地德，祀四方神也。

阊阖风至则收县垂，琴瑟不张。

元注：秋分杀气，国君憯怆，故去钟磬县垂之乐也。

不周风至则修宫室，缮边城。

元注：立冬节，土工其始，故治宫室，缮修边城，备寇难也。

广莫风至则闭关梁，决刑罚。

元注：象冬闭藏，不通关梁也。刑罚疑者，于是顺时而决之。

补曰：文亦见通卦验，惟以“爵有位”为“辩大将”，以“闭关梁，决刑罚”为“诛有罪，断大刑”。

何谓五官？东方为田，南方为司马，西方为理，北方为司空，中央为都。

元注：田主农，司马主兵，理主狱，司空主土，都为四方最也。

补曰：春秋繁露云：“木者司农也，火者司马也，金者司徒也，水者司寇也。”又云：“东方者木，农之本。司农尚仁。南方者火也，本朝。司马尚智。中央者土，君官也。司营尚信。西方者金，大理司徒也。司徒尚义。北方者水，执法司寇也。司寇尚礼。”彼所说，即此五官。此司空即彼之司寇，故彼又云“百工惟时，以成器械”，然则水土同官。

何谓六府？子午、丑未、寅申、卯酉、辰戌、巳亥是也。

补曰：时则训云“孟春与孟秋为合，仲春与仲秋为合，季春与季秋为合，孟夏与孟冬为合，仲夏与仲冬为合，季夏与季冬为合”，即六府也。

太微者，太一之庭也。

元注：太微，星名也。太一，天神也。

补曰：春秋元命包云：“太微为天庭，五帝合明。”天官书云：“南宫朱鸟，权、衡。衡，太微，三光之庭。”集解孟康曰：“轩辕为权，太微为衡。”索隐宋均曰：“太微，天帝南宫也。”然太微主式法，故为衡。辰在巳，王者象之，立明堂于其地也。

紫宫者，太一之居也。

补曰：天官书云：中宫，天极星，其一明者，太一常居也。环之匡〔一〕卫十二星，籓臣。皆曰紫宫。”索隐曰：“案：春秋合诚图云：‘紫宫，大帝室，太一之精也。’元命包云：‘紫之言此也，宫之言中也，言天神运动，阴阳开闭，皆在此中也。’”又晋书天文志云：钩陈〔二〕口中一星曰天皇大帝，其神曰耀魄宝，主御群灵〔三〕，执万神图。天一星在紫宫门右星南〔四〕，天帝之神也，主战斗，知人吉凶者也。太一星在天一南，相近，亦天地之神也，主使十六神，知风雨水旱、兵革饥馑、疾疫灾害之国也。”然紫宫太一即耀魄宝，故隋志云“北极大星，太一之座也”，义与史记合。

轩辕者，帝妃之舍也。

补曰：天官书云：“权，轩辕。轩辕，黄龙体。前大星，女主象；旁小星，御者后宫属。”索隐曰：“援神契云：‘轩辕十二星，后宫所居。’石氏星赞以轩辕龙体，主后妃也。”文选谢玄晖齐敬皇后哀册文注引高诱淮南子注“轩辕，星也”，当在此。

咸池者，水鱼之囿也。

元注：咸池，星名。水鱼，神名。案：“水鱼，神名”似误，当以庄刻本“水鱼，天神”为是。

〔一〕“环之匡”，原本作“匡之环”，据史记乙。

〔二〕“陈”，原本作“神”，据晋书改。

〔三〕“灵”，原本作“神”，据晋书改。

〔四〕“南”，原本作“内”，据晋书改。

补曰：隋书天文志云："五车五星，在毕北。中有五星曰天潢。天潢〔一〕南三星曰咸池，鱼囿也。"

天阿者，群神之阙也。

元注：阙，犹门也。

补曰：御览卷六引有注"天河，星名也"句，正文"阿"亦作"河"。案：韩非子"天河"，何犿注"吉星"，即谓此天阿，盖古阿、河通也。隋志云："坐旗西四星曰天高。天高西一星曰天河，主察山林妖变。一曰：天高，天之阙门。"

四宫者，所以为司赏罚。

元注：四宫，紫宫、轩辕、咸池、天阿。

补曰：四宫，御览卷六引作"四守"，"守"为是也。四方之宿，古谓四宫，非此四星矣。彼引许慎注与此同，而"宫"亦为"守"，知前云"四宫天阿"，当为"四守天河"也。

太微者主朱鸟，案："朱鸟"，庄刻本作"朱雀"。考前文"其神为荧惑，其兽朱鸟"注云"朱鸟，朱雀也"，似淮南文正作"朱雀"。

元注：主，犹典也。

紫宫执斗而左旋，

补曰：天官书云："斗为帝车，运于中央，临制四乡。分阴阳，建四时，均五行，移节度，定诸纪，皆系于斗。"春秋运斗枢云："北斗七星，第一天枢，第二旋，第三机，第四权，第五冲，第六开阳，第七摇光。第一至第四为

〔一〕"潢"，原本作"汉"，形近而误，据晋书改。

魁，第五至第七为杓，合而为斗。展阴布施，故称北斗。"

日行一度，以周于天。

补曰：谓北斗也。北斗左旋，即天之行，日行一度，故一岁而周。或以为说日之行，则下不应重有日文矣。

日冬至峻狼之山，

元注：南极之山。

日移一度，月行百八十二度八分度之五，而夏至牛首之山。

案：庄刻本"月"作"凡"，盖用刘绩说，补注已列其文。此当作"月"为是。

元注：牛首，北极之山。

补曰：此六月所行度分也。日移一度，故半岁而有此行数。"月"上疑脱"六"字。刘绩以为"月"当作"凡"也。

反覆三百六十五度四分度之一而成一岁，

补曰：四乘周天为千四百六十一，欲半之者倍其法，故以八除之，而得百八十二度八分之五也，反覆之即成一岁。凡此分母俱生于四分也。周髀算经曰："何以知天三百六十五度四分度之一？古者庖牺、神农制作为历，度元之始，见三光未如其则，日月列星未有分度。日主昼，月主夜，昼夜为一日。日月俱起建星，月度疾，日度迟，日月相逐于二十九日、三十日间，而日行天二十九度余，未有定分，于是三百六十五日南极景长，明日反短。以岁终日景反长，故知之，三百六十五日者三，三百六十六日者一，故知三百六十五日四分日之一，岁终也。”

天一元始，

补曰：“天一”当为“太一”，字之讹也。太一，即前所云以太微为庭、紫宫为居之耀魄宝，历家谓之太岁者也。天一，则直斗口之阴德，历家谓之太阴矣。天一、太一纪岁，人正俱建寅。知非天一者，颛顼历上元太岁甲寅正月，七曜俱在营室，如下所言也。若太阴甲寅，太岁实在丙子，岁星尚在星纪，何由得至营室？

正月建寅，日月俱入营室五度。

补曰：汉书张苍传赞谓“专遵用秦之颛顼历”，蔡邕命论云“颛顼历术曰天元正月己巳朔旦立春”，俱以日月起于天庙营室五度。今月令孟春之月，日在营室，其言宿度与淮南合，明淮南所用即颛顼历也。而大衍历议云：“颛顼历上元甲寅岁正月甲寅晨初合朔立春，七曜俱在艮维之首，其后吕不韦得之以为秦法，更考中星，断取近距，以乙卯岁正月己巳合朔立春。”洪范传曰“历记于颛顼上元太始阏蒙摄提格之岁毕陬之月朔日己巳立春，七曜俱在营室五度”是也。案：一行谓秦用颛顼历，是已。谓古颛顼历本太岁甲寅，秦时断取近距用乙卯，则非是。蔡邕所谓“正月朔旦己巳立春”，春者，乙卯元也；而洪范所言气朔与邕同，其太岁则是甲寅，盖本是一历，止缘岁星有超辰，则太岁与之俱超。高帝元年，岁星在鹑首，则太岁在甲午，因谓之甲寅元。孝武太始二年，岁星超一辰，至世祖建武元年，岁星在寿星，太岁在乙酉，因名乙卯元。自此以后，纪岁不考岁星，于是乙卯元之名遂定。古人必考岁星，则上元太岁随时改易，所恃入部积年气朔不误耳。不然者，秦时已用此历，而吕氏春秋谓“维秦八年，岁在涒滩”，高诱注谓：“始皇即位八年。涒滩，申也。”则上元不在癸丑乎？盖始皇元年，积千二百六十算，加四十算为高帝元年，再加二百三十算为世祖元年。如元有定名，即不得有是三者之异矣。若求甲寅岁甲寅晨初合朔立春之颛顼历，不过去千一百四十年耳，如是而任加数十百元，俱可名上元也。何者？颛顼历己巳立春，则甲申冬至。试从甲申始列二十部名，至第十六部而己巳为冬至部名。己巳冬至，则立春甲寅也。一纪千五百二十年，十五部千一百四十年，去十五部，则始皇元年止百二十算，高祖元年止百六十算，各以其时所定太岁命之可矣。然则上元甲寅仍从西汉人说，依东汉，则又名乙卯耳。超辰之法，创自刘歆，歆之前后皆无此术。然观其命历上元及考岁星行度，则其理固具于中矣。

天一以始建

补曰："天一"亦宜作"太一"。

七十六岁，日月复以正月入营室五度无余分，名曰一纪。

补曰：古历至朔同日谓之章，同在日首谓之部。章十九岁，积余日九十九日有余分四之三。七十六岁为部，积余日三百九十九无余分。纪即部。

凡二十纪，一千五百二十岁大终，日月星辰复始甲寅元。

补曰：古历部周六旬谓之纪，岁朔又复谓之元年。七十六岁，积余日三百九十九，无小余，有大余。至千五百二十岁，积余日七千九百八十日，大小余俱尽，故为大终。元即纪。此云元者，以大终为一元也。古人命岁，必视岁星所在，不限六十年一周之例，故不以四千五百六十岁为一元。甲寅元，即前所云己巳立春，去千一百四十算所得之甲寅朔旦立春也，在周显王三年。此为近距，益知一行之说非矣。

日行一度，而岁有奇四分度之一〔一〕，故四岁而积千四百六十一日而复合，故舍〔二〕八十岁而复故日。

补曰：一岁三百六十五日四分一，四岁冬至历子、卯、午、酉四正时已周，第五岁复得子正冬至为复合，故处一岁有大余五、小余一，四岁成二十一日，八十岁积四百二十日，六十去之恰尽，为复故日。“日”一作“曰”，误。千五百二十岁，以十九岁一章计之，得八十章，以八十岁一复计之，有十九复，理正相通。

子午、卯酉为二绳，

元注：绳，直也。

补曰：南北为经，东西为纬，故曰二绳。

丑寅、辰巳、未申、戌亥为四钩。

补曰：丑寅钩，辰巳钩，未申钩，戌亥钩。案：四仲之外，余

〔一〕“之一”原本脱，据前天文训补。

〔二〕“舍”，原本作“处”，据前天文训改。

皆为钩。此以太阴在四角而释其钩义如此，与前高注通四辰为一钩同也。若推岁行所在，则太阴在寅，岁在丑；太阴在辰，岁在亥；太阴在巳，岁在戌；太阴在未，岁在申：则辰与亥钩，巳与戌钩，与此少异。

东北为报德之维也，

元注：报，复也。阴气极于北方，阳气发于东方，自阴复阳，故曰报德之维。四角为维也。

西南为背阳之维，

元注：西南已过，阳将复阴，故曰背阳之维。

东南为常羊之维，

元注：常羊，不进不退之貌。东南纯阳用事，不盛不衰，常如此，故曰常羊之维。案：庄氏逵吉云："常羊即相羊，亦即倘佯，汉书吴王濞传又作方洋，司马相如上林赋又作襄羊，皆是也，古字俱通用。又案："东南纯阳用事"，庄刻本无"东南"二字。

西北为号通之维。案："号通"，庄刻本作"蹄通"，云："各本皆作'蹄'，疑藏本误。"其云"各本皆作蹄者"，乃是"号"字误文，观注呼号之义，应作"号通"为是。

元注：西北纯阴，阴气闭结，阳气将萌，号始通之，故曰号通之维。案："阴气闭结"之"阴"，庄刻本作"阳"，似误。

补曰：东北，艮也，始万物，终万物，德莫大焉，故曰报德。西南，坤也，纯阴无阳，故曰背阳。东南，巽也，为进退，故曰常羊。汉书礼乐志云："周流常羊。"师古曰："常羊，犹逍遥也。"西北，乾也，天门在焉，呼号则通，故曰号通。四维之卦，周髀有之。汉书礼乐志云："祠太一于甘泉，就乾位也。"则以四卦置于四维，其来古矣。

日冬至则斗北中绳，阴气极，阳气萌，

补曰：太玄经云："阴不极则阳不萌。"注："阳萌于十一月。"

故曰冬至为德。

元注：德，始生也。

补曰：京氏易积算传云"龙德十一月，子在坎，左行"是也。

日夏至则斗南中绳，阳气极，阴气萌，

补曰：太玄经云："阳不极则阴不芽。"注："阴芽于六月。"

故曰夏至为刑。

元注：刑，始杀也。

补曰：京氏易积算传曰"虎刑五月，午在离，右行"是也。

阴气极，则北至北极，下至黄泉，

补曰：盖天之法，天旁游四表，地升降于天之中。冬至，天南游之极，地亦升降极上，故北至北极，下至黄泉。夏至，天北游之极，地亦升降极下，故南至南极，上至朱天。春分，天西游之极；秋分，天东游之极：地皆升降正中。义具郑注考灵曜及周髀算经。以浑天论之，冬至，日行赤道南二十四度，而昼漏极短；夏至，日行赤道北二十四度，而昼漏极长；二分，日正行赤道上，而昼漏适均，即其理也。

故不可以凿地穿井。万物闭藏，蛰虫首穴，故曰德在室。阳气极，则南至南极，上至朱天，故不可以夷丘上屋。万物

蓄息，五谷兆长，故曰德在野。日冬至则水从之，日夏至则火从之，故五月火正而水漏，

元注：火正，火王也，故水渗漏。一说火星正中也。漏，湿也。案：庄刻本作“火星正中地”，恐误。

十一月水正而阴胜。

元注：水正，水王也，故阴胜也。一说营室正中于南方。

补曰：古历夏至昏中星去日百十八度，秦历立春日在营室五度，则夏至日在鬼三度、心二度正中也。冬至昏中星去日八十二度，秦历日在牵牛五度，则奎十六度正中，其前月营室已中也。月令云：“中冬之月，昏东壁中。中夏之月，昏亢中。”谓月本也。

阳气为火，阴气为水。水胜故夏至湿，火胜故冬至燥。燥故炭轻，湿故炭重。

补曰：前汉书天文志云：“冬至极短，县土炭。”孟康曰：“先冬至三日，县土炭于衡两端，轻重适均，冬至而阳气至则炭重，夏至阴气至则土重。”晋灼曰：“蔡邕历记‘候钟律权土炭，冬至阳气应黄钟通，土炭轻而衡仰，夏至阴气应蕤宾通，土炭重而衡低。进退先后，五日之中。’”案：续志“炭”作“灰”，恐传写之误。

日冬至，井水盛，盆水溢，羊脱毛，麋角解，鹊始巢；八尺之修，日中而景丈三尺。日夏至而流黄泽，石精出，

元注：流黄，土之精也，阴气作于下，故流泽而出也。石精，五色之精也。

蝉始鸣，半夏生，

元注：半夏，药草。

蠡蟊不食驹犊，鸷鸟不搏黄口；

元注：五月微阴在下，驹犊、黄口饥血脆弱未成，故蠡蟊、鸷鸟应候不食不搏也。案：元写本"微阴在下"句下误衍"未成"二字，庄刻本无，今删。又"蠡"下脱"蟊"字，"鸷"下脱"鸟"字，今从庄刻本增。

八尺之景，修径尺五寸。

补曰：周礼冯相氏"冬夏致日，春秋致月"，郑注云："冬至日在牵牛，景丈三尺。夏至日在东井，景尺五寸。此长短之极，极则气至，冬无愆阳，夏无伏阴。春分日在娄，秋分日在角，而月弦于牵牛、东井，亦以其景知气之至否。春秋冬夏气皆至，则是四时之序正矣。"此所说二至景长，即其事也。表用八尺者，周礼土圭之长尺五寸，夏至日景为测验之始，长必与土圭等，唯八尺始合也。此在地中为然。风土记云："郑仲师曰，夏至之日，立八尺之表，景尺有五寸，谓之地中，一云阳城，一云洛阳，古亦即此知日去人远近。"考灵曜云："四游升降于三万里中，则半之为万五千里，而当夏至之景。"此千里差一寸之率，大司徒所用以测土深、求地中者。而冬至日去人一十三万里，夏至日去人万五千里，则发敛之极也，皆凭八尺之修测而得之。周髀测天之高离地八万里，亦以千里为寸也。淮南后术用一丈之表，故以为天高十万里，其理正同。

景修则阴气胜，景短则阳气胜。阴气胜则为水，阳气胜则为旱。

补曰：汉书天文志云："景者，所以知日之南北也。日，阳也。阳用事则日进而北，昼进而长，阳胜，故为[一]温暑；阴用事则日退而南，昼退而短，阴胜，故为寒凉也。若日之南北失节，晷过而长为常寒，退而短为常燠。一曰，晷长为潦，短为旱。"易通卦验云："冬至之日，置八神，树八尺之表，日中视其晷，晷进则水，晷退则旱。"郑玄注云："晷进，谓长于度。日之行黄道外则晷长，晷长者则阴胜，故水。晷短于度者，日之行入进黄道内，故晷短，晷短者阳胜，是以旱。"

阴阳刑德有七舍。

补曰：即周髀之"七衡"。管子四时篇曰："日掌阳，月掌阴，阳为德，阴为刑。"此阴阳刑德之义也。淮南以为北斗雌雄之神，日即日躔，月为厌对，舍谓刑德所居，自子至午有七辰，故七舍。

何谓七舍？室、堂、庭、门、巷、术、野。

补曰：室为子，堂为丑亥，庭为寅戌，门为卯酉，巷为辰申，术为己未，野为午。此七舍以门为中，在门内者庭、堂、室也，在门外者巷、术、野也。

十一月德居室三十日，先日至十五日，后日至十五日，而徙所居各三十日。德在室则刑在野，德在堂则刑在术，德在庭则刑在巷，阴阳相得则刑德合门。

〔一〕"为"，原本脱，据汉书天文志补。

补曰:“十一月”或作“二”,误。日至,冬至也。冬至日躔星纪之中,先十五日为十一月之始,后十五日为十一月之终,合三十日也。十一月斗建子,日在丑,丑居子为德;厌亦在子,子对午为刑,故德在室,刑在野。十二月斗建丑,日在子,子居丑为德;厌在亥,亥对巳为刑,故德在堂,刑在术。正月斗建寅,日在亥,亥居寅为德;厌在戌,戌对辰为刑,故德在庭,刑在巷。二月斗建卯,日在戌,戌居卯为德;厌在酉,酉对卯为刑,故刑德合门。由此推之,三月德在巷则刑在庭,四月德在术则刑在堂,五月德在野则刑在室,而六月如四月,七月如三月,八月如二月,九月如正月,十月如十二月,刑德周矣。

八月、二月,阴阳气均,日夜平分,故曰刑德合门。德南则生,刑南则杀,故曰二月会而万物生,八月会而草木死。案:“分平”,庄刻本作“平分”。“刑德合门”至“故曰”十四字,原写本误脱,今从庄刻本增。

补曰:二月后,德出而刑入,故生。八月后,德入而刑出,故死。汉书五行志“刘向以为,于易,雷以二月出,其卦曰豫,言万物随雷出地,皆逸豫也;以八月入,其卦曰归妹,言雷复归。入地,则孕毓根核,保藏蛰虫,避盛阴之害。”此六日七分法理亦同也。

两维之间,九十一度十六分度之五而升,

元注:自东北至东南为两维,匝四维〔一〕三百六十五度

〔一〕“四维”,原本作“罗(羅)”,二字误合为一,据前天文训注文改。

四分度〔一〕之一，一度者，二千九百三十二里千四百六十一分里之三百四十八。

补曰：四乘度分母为十六，四分周天为九十一度不尽一度四分度之一，故以十六通之为二十，复四分之，而成整数五也。

日行一度，十五日为一节，

补曰：四乘周天为一千四百六十一，以二十四气分之，得六十不尽二十一，置所得如四而一为十五日，即一节之日也。其余分二十一，满气法从小余，小余满四，方从大余也。周易乾凿度云："天气三微而成一著。"郑注："五日为一余，十五日为一著，故五日为一候，十五日成一气也。"

以生二十四时之变。斗指子则冬至，音比黄钟；

元注：黄钟，十一月也。钟者，聚也，阳气聚于黄泉之下也。

加十五日指癸则小寒，音比应钟；

元注：应钟，十月也。言阴应于阳，转成其功，万物应时聚藏，故曰应钟。

加十五日指丑则大寒，音比无射；

元注：无射，九月也。阴气上升，阳气下降，万物随阳而藏，无有射出见也，故曰无射也。

加十五日指报德之维，则越在阴地，故曰距日冬至四十六

〔一〕"四分度"，原本脱，据前天文训注文补。

日而立春，阳气冻解，音比南吕；案：庄刻本作“越阴在地”。

元注：南吕，八月也。南，任也，言阳气内藏，阴侣于阳，任成其功，故曰南吕也。

加十五日指寅则雨水，音比夷则；

元注：夷则，七月也。夷，伤。则，法也。言阳衰阴发，万物凋伤，应法成性，故曰夷则也。案：“阳衰”上，庄刻本无“言”字。

加十五日指甲则雷惊蛰，音比林钟；

元注：林钟，六月也。林，众。钟，聚也。阳极阴生，万物众聚而盛，故曰林钟。

加十五日指卯中绳，故曰春分则雷行，音比蕤宾；

元注：蕤宾，五月也。阴气萎蕤在下，似主人，阳在上，似宾客，故曰蕤宾也。案：元写本“阴气萎蕤”下误衍“宾”字，今从庄刻本删。

加十五日指乙则清明风至，音比仲吕；

元注：仲吕，四月也。阳在外，阴在中，所以吕中于阳，助成其功也，故曰仲吕也。案：“助成”下庄刻本无“其”字。

加十五日指辰则谷雨，音比姑洗；

元注：姑洗，三月也。姑，故也。洗，新也。阳气养生，去故而致新，故曰姑洗也。案：庄刻本作“去故就新”。

加十五日指常羊之维则春分尽，故曰有四十六日而立夏，大风济，音比夹钟；

元注：济，止也。夹钟，二月也。夹，夹也，万物去阴，夹阳地而生，故曰夹钟也。

加十五日指巳则小满，音比太簇；

元注：太簇，正月也。簇，簇也，言阴衰阳发，万物簇地而生，故曰太簇。案："阴衰"上庄刻本无"言"字。

加十五日指丙则芒种，音比大吕；

元注：大吕，十二月也。吕，侣也。万物萌种于下，未能达见，故曰大吕。所以配黄钟，助阳宣功也。

加十五日指午则阳气极，故曰有四十六日而夏至，音比黄钟；加十五日指丁则小暑，音比大吕；加十五日指未则大暑，音比太簇；加十五日指背阳之维则夏分尽，故曰有四十六日而立秋，凉风至，音比夹钟；加十五日指申则处暑，音比姑洗；加十五日指庚则白露降，音比仲吕；加十五日指酉中绳，故曰秋分雷戒，蛰虫北乡，音比蕤宾；加十五日指辛则寒露，音比林钟；加十五日指戌则霜降，音比夷则；加十五日指号通之维则秋分尽，故曰有四十六日而立冬，草木毕死，音比南吕；加十五日指亥则小雪，音比无射；加十五日指壬则大雪，音比应钟；加十五日指子。

补曰：此分十二辰为二十四，古堪舆法也，亦见史记律书，此为详明矣。八节中有四十六日者五，举整日三百六十五日言之，故不及四分日之一。以数推之，冬至至立春凡三节，有小分六十三，不满一日。至立夏九节，有小分一百八十九，得一日九十六分日之九十三。至夏至十二节，有小分二百五十二，得二日九十六分日之六十。至立秋十五节，有小分三百一十五，得三日九十六分日之二十七。至立冬二十一节，有小分四百四十一，得四日九十六分日之五十三，亦举整日，故即得五日。至来岁冬至，则有小分五百四，始得五日九十六分日之二十四，而此不言明，以不离五日故也。注所言十二月之律，自是随月律之正法，非即淮南所云。何以明之？应钟，十月律也，而小寒之音比焉。小寒，十二月节，以后月之节属前月之中，亦在十一月，不得比十月律也。此自以二十四气比十二律，故冬至比黄钟，小寒比应钟。自冬至以后，逆比十二律；夏至以后，顺比十二律：所谓二十四时之变，明其用变法也。

故曰：阳生于子，阴生于午。

补曰：子，乾初九复也；午，坤初六姤也。周易集解荀爽曰："乾起坎而终于离，坤起离而终于坎，坎离者，乾坤之家，而阴阳之府，大明终始也。"

阳生于子，故十一月日冬至，鹊始加巢，人气钟首。阴生于午，故五月为小刑，荠麦亭历枯，冬生草木必死。斗杓为小岁，

元注：斗第一星至第四为魁，第五至第七为杓也。

补曰：说文云："杓，斗柄也。"司马贞云："即招摇也。"

正月建寅，月从左行十二辰。咸池为太岁，

补曰：淮南有两太岁，此太岁非太一也。或说"太"当为"大"，然义则同。

二月建卯，月从右行四仲，终而复始。

补曰：咸池直参，参主斩伐，咸池在其上，故不可向。太史公曰"西官咸池"，犹言西官白虎也。东方朔七谏云“哀人事之不幸兮，属天命而委之咸池”，亦以咸池为凶神。咸池所建，当以日所在定之。正月日在亥加时酉则咸池在午，二月日在戌加时巳则咸池在卯，三月日在酉加时丑则咸池在子，四月日在申加时酉则咸池在酉。以此差次，夏三月加时如春三月，秋冬亦然。而寅午戌之月咸池常在午，亥卯未之月咸池常在卯，巳酉丑之月咸池常在酉，申子辰之月咸池常在子。所以然者，咸神属金，巳酉丑三时亦金也，故必以其时居于四正，而其月自以木火金水为类，不相凌越也。

太岁迎者辱，背者强，左者衰，右者昌，小岁东南则生，西北则杀，不可迎也，而可背也，不可左也，而可右也，其此之谓也。大时者，咸池也；小时者，月建也。天维建元，常以寅始起，右徙一岁而移，十二岁而大周天，终而复始。

补曰："而移"之"而"，旧作"不"，误。通占大象历经云："天维三星在尾北斗杓后。"然则入析木之次，太阴在摄提格之岁，正月日在陬訾加时亥，即天维在寅，星辰复位时也。自后加时，岁退一辰，故右徙一岁而移。云十二岁而大周天者，十二月加时，每退二辰即一月，而移十二月而周天也。月为小周天，则岁为大周天，言大，明有小矣。

淮南元年冬，太一在丙子，冬至甲午，立春丙子。

元注：淮南王作书之元年也。一曰淮南王长，孝文皇帝异母弟也。僭号自称东帝，以徙严道，道死于雍。其四子皆为列侯，时人歌之曰："一尺缯，好童童。一升粟，饱蓬蓬。兄弟二人，不能相容。"文帝闻之曰："以我为利其土耶？"皆召四侯而王之。是则淮南王安即位之元年，以纪时也。

补曰：注后说是也。"丙子"二字亦宜在注下。武帝太初元年，太岁在丙子。淮南王安以文帝十六年自阜陵侯进封，是年下距太初元年六十算，则太岁亦在丙子矣。以术推之，颛顼历入纪一千三百四十二算，不用超辰，以六十除去之，不盈二十二，数从甲寅起，亦太岁在丙子。淮南以太岁为太一者，春秋文耀钩云："中宫大帝，其北极星下，明者为太一之光，含元气，以斗布常。"春秋合诚图云："天皇大帝，北辰星也，含元秉阳，舒精吐光，居紫宫中，制御四方，冠有五采文。"初学记引五经通义曰："天神之大者曰昊天上帝。"注："即耀魄宝也。亦曰皇天大帝，亦曰太一。"然则太一入玄枵之次，岁星在星纪而加丑，则太一在子，岁星在玄枵而加丑，则太一亦在丑。自后十二岁而周。丑为星纪，故岁星必加之，而见太一之所在，以此纪岁，因亦名太一为太岁也。淮南从其本名，故曰太一。太一在丙子，即阏逢摄提格之岁。推其冬至，颛顼历少周历百十八算，入癸卯部四十二算，周历此年积千四百六十算，入乙酉部十六算，天正气大余二十四，无小余。冬至己酉加四十五日三十二分之二十一得甲午立春，然则此云甲午，本立春之日，冬至上脱其日名耳。重文丙子，自言太一，下释其义。案："岁星在玄枵而加丑，则太一亦在丑"，当作"太一亦在子"。岁星在玄枵而加丑，是岁行一周，仍在星纪。岁星在星纪，则太岁仍在子矣。岁星与太岁左右行不同，故推合如此。作丑者，当是传写之误。

二阴一阳成气二，二阳一阴成气三，

元注：阴粗犕，故得气少。阳精微，故得气多。一说上得二，下得三，合为五，故曰"合气而为音"，音数五也。

补曰：此释太一始于丙子之义也。二阴一阳谓坎子之位也，二阳一阴谓离丙之位也。坎阴不中，故二阴成一气；离阴得中，故一阴成一气。离三坎二，合之为五，即五行之气也。坎为水，离为火。坎之所生者一，木也；离之所生者二，土也、金也。太一居子，其冲为丙，故太一始于丙子。不然，太岁在甲曰阏逢，太岁在寅曰摄提格，何不竟首甲寅，而必别属之太阴乎？

合气而为音，合阴而为阳，合阳而为律，故曰五音六律。音自倍而为日，律自倍而为辰，故日十而辰十二。

补曰：合气为音者，以土火金水木为宫徵商羽角也。素问天元纪大论云："甲己之岁土运统之，乙庚之岁金运统之，丙辛之岁水运统之，丁壬之岁木运统之，戊癸之岁火运统之。"此以相生为次也。而六十律戊癸为宫，甲己为徵，则戊癸土，而甲己火。所以者，宫能生徵，徵不能生宫，故以火为土，以土为火。然则五运火生土，五音土生火，礼家说火土同宫，黎为祝融，亦为后土，非无义矣。土生火，故火生金，而自金以下，无不与五运合，故五音始于宫而终于角也。合阴为阳者，坎二离三，约六为五也。论卦画，则坎离各有三，以阴之数当阳之数，即合阴为阳。合阳为律者，坎有重坎，离有重离，则阴阳各六，先取六阳以为六律，故曰合阳为律。一律而有五者，因而重之，则音有十，在阳律者为宫、商、角、徵、羽，在阴律者为变宫、变商、变角、变徵、变羽，故地形训云"宫生变徵，徵生变商，商生变羽，羽生变角，角生变宫"也。以当十日，则始于戊而终于丁，是为音自倍而为日。阳律生阴律，阴律亦生阳律，一律而生十二律，以当十二辰，则始于黄钟子，终于中吕亥，是为律自倍而为辰。刘歆亦曰："六律六吕而十二辰立矣。五声清浊而十日行矣。"盖皆谓音生日，律生辰也。扬雄则云："声生于日，律生于辰。"

月日行十三度七十六分度之二十六，

元注：六或作八。

补曰：一纪日周七十六，月周千一十六，以日周除月周，得十三度七十六分度之二十八，是以月周比每日之月行得此数，故定为一日之月行也。三统、四分月十九分度之七，此七十六分度之二十八，即子母各四乘之数。"六"当作"八"，传写之误。

二十九日九百四十分日之四百九十九而为月〔一〕，而以十二月为岁。

补曰：一纪月数九百四十，日数二万七千七百五十九，

〔一〕"月"上原本有"一"字，据前天文训删。

以月数除日数，得二十九日九百四十分日之四百九十九，是以纪月比一月之日分得此数，故定为一月之日分也。续汉志四分之法如此。祖冲之曰：“古之六术，咸同四分。”于淮南此文信之。纪月九百四十，以七十六岁除之，得十二，即每岁之月数也。不尽二十八，为四章之闰月。

岁有余十日九百四十分日之八百二十七，故十九岁而七闰。

补曰：四乘周天为千四百六十一，四分九百四十为二百三十五，相乘得三十四万三千三百三十五，为周天分，一月积分二万七千七百五十九，以十二乘之，得三十三万三千一百八，为朔积分，两数相减，余一万二百二十七，以九百四十除之，得十日又九百四十分日之八百二十七也。又以十九乘余日，得百九十日；乘余分，得一万五千七百三十二。如九百四十而一，得十六日，并之得二百六日，即大月三，小月四，为一章之闰月也。按：“三十二”应作“一十三”。又“如九百四十而一，得十六日”下脱“余分六百七十三”七字。

日冬至子午，夏至卯酉〔一〕，冬至加三日，则夏至之日也。

元注：冬至后三日，则明年夏至之日。

补曰：冬至距夏至有百八十二日十六分日之十，去百八十日，余二日过半，举整数言三日。大抵算上算外相间命之。注以为明年者，用人正也。从天正，则在

〔一〕“日冬至子午，夏至卯酉”，原本作“冬至日子午，夏至日卯酉”，据前天文训乙、删。

一岁。

岁迁六日，终而复始。

元注：迁六日，今年以子冬至，后年以午冬至也。

补曰：亦举整数言之，实五日四分日之一，积四年方成二十一日无余分。

壬午冬至，

补曰：此淮南改定颛顼历上元冬至也。刘向谓己巳立春，则甲申冬至也。入殷历甲子部六十一算，天正朔大余六，庚午朔气大余二十，十五日甲申冬至，加殷历五十七算为周历。颛顼历入癸卯部四十二算，天正朔大余二十六，己巳朔气大余四十，十五日癸未冬至，再加五十七算为四分历。颛顼历入壬午部二十三算，天正朔大余四十六，戊辰朔气大余尽十五日，壬午冬至。颛顼历元如故，而日至不同者，由入部各别耳。递加五十七算则递先一日，此合天之善术也。推己酉冬至，甲午立春，必用周历，余二历俱不合。此又改入四分部内，殆以岁实渐消，豫为后世法欤？四分，东汉始用之，其元早见于此。

甲子受制，木用事，火烟青。

元注：木色青也，东方。

七十二日丙子受制，火用事，火烟赤。

元注：火色赤也，南方。

七十二日戊子受制，土用事，火烟黄。

元注：土，中央，其色黄。案：元写本作“中央土”，今从庄刻本改正。

七十二日庚子受制，金用事，火烟白。

元注：西方金，其色白。

七十二日壬子受制，水用事，火烟黑。

元注：北方水，其色黑。

七十二日而岁终，庚子受制。

补曰：置一岁日，以五气分之，则七十二日为一节，而得其用事之日。艺文志有古五子十八篇，师古云："自甲子至壬子，说易阴阳。"始即淮南所云也。易稽览图曰："甲子卦气起中孚，复生坎七日。"是冬至常为甲子受制，而淮南云"壬午冬至，甲子受制"，至岁终而"庚子受制"，则冬至受制，岁易一子，计五运周环，亦当然也。由是推之，秦历首年甲子，二年庚子，三年丙子，四年壬子，五年戊子，至六年而复得甲子，故七十岁而与日周也。五子以五行受制用事，而五色独用火烟，古记二十四气，于五音用徵不用宫故也。五子受制，与二十四气同法。

岁迁六日，以数推之，七十岁而复至甲子。

补曰：以五子分一岁日，尚余六日，亦据壬午冬至岁言也。其他岁，余日尚不盈六日。淮南子"甲子受制"之明年，云"庚子受制"，庚子在甲子后三十六日，是五子受制，岁迁三十六也。七十岁积二千五百二十日，适盈四十二旬周，故复至甲子，至是五子已五十四周矣。

甲子受制则行柔惠，挺群禁，开阖扇，通障塞，毋伐木。

元注：甲，木也，木王东方，故施柔惠。蛰伏之类出由户，故开阖扇，通障塞。春木王，故毋伐木也。

丙子受制则举贤良，赏有功，立封侯，出货财。

元注：火用事，象阳明识功劳，故封建侯，出货财。

戊子受制则养老鳏寡，行粰鬻，施恩泽。

元注：土用事，象土长养，故施恩泽也。

庚子受制则缮墙垣，修城郭，审群禁，饰兵甲，儆百官，诛不法。

元注：金用事，象金断割，故诛不如法度也。

壬子受制则闭门闾，大搜客，

元注：禁旧客，出新客。

断刑罚，杀当罪，息关梁，禁外徙。案：元写本"外徙"误作"外徒"，注同，今从庄刻本改正。

元注：水用事，象冬闭固，故禁外徙也。

甲子气燥浊，丙子气燥阳，戊子气湿浊，庚子气燥寒，壬子气清寒。

补曰：春秋繁露治水五行篇云："日冬至，七十二日木用事，其气燥浊而青。七十二日火用事，其气惨阳而赤。七十二日土用事，其气湿浊而黄。七十二日金用事，其气惨淡而白。七十二日水用事，其气清寒而黑。七十二日复得木。"其说"木用事"有"至于立春"，"火用事"有"至于立夏"之文，以冬至木即用事，立春在其后四十五日；惊蛰前三日火即用事，立夏在后六十三日故也。其小满前六日火用事，立秋前九日金用事，霜降前九日水用事，各当王时，故不言至于夏至及立秋、立冬也。是甲子明起冬至。而素问阴阳论类篇云："孟春始至，黄帝燕坐，临观八极，正八风之气，而问雷公。雷公对曰：'春甲乙青，中主肝，治七十二日。'"王冰谓："孟月春始至，谓立春之日也。"则甲子又起立春。故管子五行篇云："日至，睹甲子木行御，天子出令，七十二日而毕。睹丙子火行御，天子出令，七十二日而毕。睹戊子土行御，天子出令，七十二日而毕。睹庚子金行御，天子出令，七十二日而毕。睹壬子水行御，天子出令，七十二日而毕。"尹知章以日至为春日气至也。文耀钩云："苍帝受制，其名灵威仰；赤帝受制，其名赤熛怒；黄帝受制，王四季，其名含纽枢；白帝受制，其名白招拒[一]；黑帝受制，其名汁光纪。"依此，则甲子起立春为是。而淮南则五子更迭受制，盖既有冬至、立春二法，即不妨更为变通耳。又有从七十二日受制之术，推为求五德日名者。乾凿度云："孔子曰：'至德之数，先立木金水火土德，合三百四岁，五德备，凡一千百日，二十岁大终复初。'"其求金木水火土德日名之法，道一纪七十六岁，因而四之，为三百四岁。以一岁三百六十五日四分一乘之，凡为十一万一千三十六。以甲为法除之，余三十六。以三十六甲子始数元立算皆为甲，旁算亦为甲。以日次次

〔一〕"拒"，原本作"招"，形近而误，今改。

之毋算者，乃木金火水土德之日也。德益三十六，五德而止六日名。甲子木德，主春，春生三百四岁；庚子金德，主秋，成收三百四岁；丙子火德，主夏，长三百四岁；壬子水德，主冬，藏三百四岁；戊子土德，主季夏，致养三百四岁。六子德四正，四正，子午卯酉也，而期四时，凡一千五百二十岁终一纪。是淮南亦德益三十六，故冬至不常甲子受制也。五岁受制，与一纪无异理耳。

丙子干甲子，蛰虫早出，

元注：木气温，故早出。

补曰："木"当为"火"。

故雷早行。戊子干甲子，胎夭卵毈，

补曰：说文云："毈，卵不孚也。"

鸟虫多伤。庚子干甲子，有兵。壬子干甲子，春有霜。

补曰：此谓甲子七十二日。

戊子干丙子，霆。庚子干丙子，夷。

元注：夷，伤也。夷，或为电。

壬子干丙子，雹。甲子干丙子，地动。

补曰：此谓丙子七十二日。

庚子干戊子，五谷有殃。壬子干戊子，夏寒雨霜。甲子干戊子，介虫不为。

元注：不成为介虫也。

补曰：前书天文志云："戎菽为。"孟康曰："为，成也。"

丙子干戊子，大旱，苽封熯。

元注：苽，蒋草也，生水上，相连持大如薄者也，名曰封。旱燥故熯也。案:“持”,庄刻本作“特”,似误。

补曰:此论戊子七十二日。

壬子干庚子,大刚,鱼不为。

元注:不成为鱼。

甲子干庚子,草木再死再生。丙子干庚子,草木复荣。

元注:今八月、九月时,李桃复荣生实是也。案:“李桃”,庄刻本作“李柰”。

戊子干庚子,岁或存或亡。

补曰:此论庚子七十二日。

甲子干壬子,冬乃不藏。

元注:不藏,地气发也。

补曰:木气温。

丙子干壬子,星坠。

元注:坠,陨。

戊子干壬子,蛰虫冬出其乡。庚子干壬子,冬雷其乡。

补曰:此论壬子七十二日。

季春三月,丰隆乃出,以将其雨。

元注:丰隆,雷也。

至秋三月,

元注:季秋之月。

地气下藏,乃收其杀,百虫蛰伏,静居闭户,

元注:杀气。

青女乃出,以降霜雪。

元注:青女,天神青皇女,主霜雪也。案:“青皇女”,庄刻本作“青霄玉女”。

行十二时之气，以至于仲春二月之夕，乃收其藏而闭其寒，

元注：收敛其所藏而闭之。

女夷鼓歌，以司天和，以长百谷禽兽草木。案：“禽兽”，庄刻本作“禽鸟”。

元注：女夷，主春夏长养之神也。

孟夏之月，以熟谷禾〔一〕，雄鸠长鸣，为帝候岁。

元注：雄鸠，盖布谷也。

是故天不发其阴，则万物不生；地不发其阳，则万物不成。

补曰：周礼大宗伯云：“以天产作阴德，以地产作阳德。”庄周亦言：“至阴肃肃出乎天，至阳赫赫出乎地。”

天圆地方，道在中央。日为德，月为刑。

补曰：天文志引星备云：“日者德也，月者刑也，故曰日食修德，月食修刑。”

月归而万物死，日至而万物生。

补曰：太玄云：“日一南而万物死，日一北而万物生。”

远山则山气藏，远水则水虫蛰，远木则木叶槁。日五日不见，失其位也，圣人不与也。

元注：与，犹说也。

日出于旸谷，

补曰：王逸引作“汤”，御览作“阳”。

浴于咸池，拂于扶桑，是谓晨明。

〔一〕“禾”，原本作“木”，据前天文训改。

元注:拂,犹过。一曰至。

补曰:"扶",说文作"榑"。

登于扶桑,

补曰:艺文类聚引有"之上"二字。初学记引有注云:"扶桑,东方之野。"

爰始将行,是谓朏明。

元注:朏明,将明也。朏,读若朏诸臯之朏也。

至于曲阿,是谓旦明。

元注:平旦。

补曰:初学记引有注云:"曲阿,山名。"

至于曾泉,是谓蚤食。

补曰:诸家引"至"俱作"临"。初学记引有注云:"曾,重也。早食时在东方多水之地,故曰曾泉。"

至于桑野,是谓晏食。

补曰:诸书"至"作"次"。

至于衡阳,是谓隅中。

补曰:"至",或作"臻"。"隅",旧作"禺"。

至于昆吾,是谓正中。

元注:昆吾丘在南方。

补曰:文选思玄赋注以为高诱注也。"至"旧作"对"。

至于鸟次,是谓小还。

元注:鸟次,西南之山名也,鸟所宿止〔一〕。

〔一〕"止",原本作"至",据前天文训注文改。

补曰："至"，旧作"靡"。"还"，诸家俱作"选"。案：御览"还"作"迁"，此作"选"，当是"迁"字误文。

至于悲谷，是谓铺时。

元注：悲谷，西南方之大壑。言其深峻，临其上令人悲思，故曰悲谷。

补曰："铺"，旧作"晡"。

至于女纪，是谓大还。

元注：女纪，西北阴地。

补曰："至"，旧作"回"。初学记"还"作"迁"，注"西北"作"西方"。案：元写本"初学记'还'作'迁'"亦误作"选"。

至于渊虞，是谓高春。

元注：渊虞，地名。高春，时加戌，民碓舂时也。案："碓"，庄刻误作"确"。

补曰："至"，旧作"经"。"虞"，旧作"隅"。初学记引有注云："言尚未冥，上蒙先春，曰高春。"案：下注"象息春"，初学记误作"蒙悉春"，此"蒙"字当亦是"象"字误文。

至于连石，是谓下春。

元注：连石，西北山名也。言将欲冥，下象息春，故曰下春。连，读腐烂之烂。案：上"鸟次"注云："西南之山名也。"下"蒙谷"注云："北方之山名也。"此处"名也"上亦当有"之"字。庄刻本作"连石，西北山"，疑有脱字。又"象息春"元写本作"蒙悉春"，误，今从庄刻本改正。

补曰："至"，旧作"顿"。

至于悲泉，爰止其女，爰息其马，是谓县车。

补曰：洪兴祖云："虞世南引云：'爰止羲和，爰息六螭，是谓县车。'"案:徐坚引注云:"日乘车驾以六龙,羲和御之,日至此而薄于虞渊,羲和至此而回。六螭即六龙也。"虞引无末六字。山海经云:"东南海外有羲和之国,有女子名曰羲和,是生十日,常浴于甘泉。"故日至悲谷,云"爰止其女"也。

至于虞渊,是谓黄昏。

补曰:文选琴赋注"至"作"入",又引高诱注云:"视物黄也。"案:御览"至"亦作"薄"。

至于蒙谷,是谓定昏。

元注:蒙谷,北方之山名也。卢敖所见若士之所也。

补曰:至,旧作沦。

日入于虞渊之汜,曙于蒙谷之浦,案:御览引作"日入崦嵫,经细柳,入虞泉之池〔一〕,曙于蒙谷之浦"。又有"日西垂景在树端,谓之桑虞"十一字,与此异。

元注:曙,明。浦,涯。

补曰:初学记引注云:"蒙谷,濛汜之水。"

行九州七舍,有五亿万七千三百九里,

元注:自旸谷至虞渊,凡十六所,为九州七舍也。

禹以为朝、昼、昏、夜。

补曰:论衡说日篇云:"五月之时,昼十一分,夜五分。六月,昼十分,夜六分。从六月往至十一月,月减一分。岁日行天十六道也。"王充所说"十六道",与此"十六所"合,然则此即漏刻矣。日有百刻,以十六约

〔一〕"池",原本作"地",据初学记改。

之，积六刻百分刻之二十五而为一所。二分昼夜平，各行八所。二至昼夜短长极，则或十一与五。而分、至之间，以此为率而损益焉。尚书正义马融云：“古制刻漏，昼夜百刻，昼长六十刻，夜短四十刻；昼短四十刻，夜长六十刻；昼中五十刻，夜亦五十刻。”今置二分之漏五十刻十之，如六刻百分刻之二十五而一，适得八所，夏至则多八刻百分刻之七十五，冬至则少八〔一〕刻百分刻之七十五。所以然者，夏至昼六十刻，谓日出寅末，入戌初，而此出寅中，入戌中；冬至昼四十刻，谓日出辰初，入申末，而此出辰中，入申中：各较三十度故也。盖蒙谷子也，旸谷癸丑间也，咸池艮也，扶桑寅甲间也，曲阿卯也，曾泉乙〔二〕辰间也，桑野巽也，衡阳巳丙间也，昆吾午也，鸟次丁未间也，悲谷坤也，女纪申庚间也，渊虞酉也，连石辛戌间也，悲泉乾也，虞渊亥壬间也。其命名之义，因此可想。虞渊、蒙汜诸名，见于楚词，而尚书言旸谷，洵乎，其传古矣！

夏日至则阴乘阳，是以万物就而死；冬日至则阳乘阴，是以万物仰而生。昼者阳之分，夜者阴之分，是以阳气胜则日修而夜短，阴气胜则日短而夜修。

补曰：此下道藏本接“帝张四维”为是，别本脱误在后。

帝张四维，运之以斗，

〔一〕“八”，原本作“百”，据上文“八刻”改。

〔二〕“乙”，原本作“之”，形近而误，今改。

元注：运，旋也。案：庄氏逵吉云："太平御览有注云：'帝，天帝也。'"

月徙一神，复反其所。

补曰：神，当为辰。

正月指寅，十二月指丑，一岁而匝，终而复始。指寅，则万物螾，

元注：螾，动生貌。

补曰：律书云："寅，言万物始生螾然也。"汉志云："引达于寅。"说文："螾，侧行者。""蚓，或从引。"则螾有引义。案："万物螾"，各本与庄本皆同，惟御览作"螾螾也"，庄刻本从之。此盖从藏本。

律受太簇。太簇者，簇而未出也。

补曰：汉志云："族，奏也。"周语云："所以金奏赞阳出滞也。"注贾、唐云："太簇正声为商，故为金奏。"白虎通云："族，凑也，聚也。"是簇、蔟、族同义，谓奏聚而欲上出也。奏又即凑矣。案：御览引作"凑而未出也"，下有注云："太簇，正月律。"此注正与相合。

指卯，卯则茂茂然，

补曰：律书云："卯之言茂也。"汉志云："冒茆于卯。"说文："卯，冒也。二月万物冒地而出，象开门之形。"白虎通云："卯，茂也。"案：说文又云："茂，草丰盛。""萺，草也。"则茂、萺同义。冒犹萺也。

律受夹钟。夹钟者，钟始夹也。

补曰：白虎通云："夹，孚甲也。言万物孚甲，种类分也。"释名云："甲孚也，万物解孚甲而生也。"是夹即甲。案:御览有注云:“夹钟,二月律。”

指辰,辰则振之也,

补曰:汉志云:“振羡于辰。”说文:“辰,震也。三月阳气动,雷电振,民农时也,物皆生。”

律受姑洗。姑洗者,陈去而新来也。

补曰:白虎通云:“姑,故也。”是姑为陈,洗即洒。古先、西通。赵世家“先俞于赵”,徐广曰:“尔雅西俞,雁门是也。”西,涤也,故新来。洒又通禋,洁祀也,故周语云:“故洗所以修洁百物,考神纳宾也。”即陈去新来之义。案:御览引有注云:“姑洗,三月律。”

指巳,巳则生已定也,

补曰:汉志云:“已盛于巳。”释名云:“巳,已也,阳气毕布已也。”律书云:“巳者,言阳气之已尽也。”诗斯干“似续妣祖”,笺云:“似,读如巳午之巳。巳续妣祖者,言已成其宫庙也。”则古读巳午字若㠯,佀亦㠯声,故郑读佀为巳午之巳。已又语词,故古俱训为语词之已也。

律受仲吕。仲吕者,中充大也。案:“律受仲吕”四字,元写本脱,今从庄刻本补。

补曰:白虎通云:“言阳气将极,中充大也。”周语云:“宣中气也。”说文云:“仲,中也。”案:御览引有注云:“仲吕,四月律。”

指午,午者,忤也,

补曰:律书云:“午者,阴阳交。”大射仪云:“若丹若墨,度尺而午。”注谓“一从一横曰午”,即阴阳交也。

说文云："五，五行也，从二，阴阳在天地间交午也。此古文五省。"是午即五，故五月谓午。说文又云："午，啎也。"屈原传"重华不可啎兮"，集解王逸云："啎，逢也。"索隐曰："楚辞作遌。"汉志云："遌布于午。"遌即啎矣。此忤〔一〕字亦当为啎，作忤者，流俗传写使然。遌之言遇，易曰"遘，遇也。天地相遇，品物咸章"是也。

律受蕤宾。蕤宾者，安而服〔二〕也。

补曰：周语云："所以安靖神人，献酬交错也。"律书云："言阴气幼少，故曰蕤。痿阳不用事，故曰宾。"案：释名云："委，萎也，萎蕤就之也。"萎蕤犹甤痿矣。说文云："甤，草木实甤甤也，读若绥。蕤，草木华垂貌，从艸甤声。"是蕤即绥。樛木传："绥，安也。"故蕤为安。案：御览引有注云："蕤宾，五月律。"

指未，未，昧也，

补曰：汉志云："昧薆于未。"释名云："昧也，日中则昃向幽昧也。"案：御览"昧"作"味"，与此义异。

律受林钟。林钟者，引而止之也。

补曰：说文云："綝，止也，从糸，林声。"是林即綝。案：御览引有注云："林钟，六月律。"

指申，申者，呻之也，

补曰：律书云："言阴用事，申贼万物。"说文云："呻，

〔一〕"忤"，原本作"啎"，形近而误，今改。
〔二〕"服"，原本作"宾"，据前天文训改。

吟也。”释名云：“吟，严也，其声本出于忧愁，使人听之凄叹也。”然则呻之者，谓阴气贼物，物呻吟也。申，申束之，安世房中歌“敕身斋戒，施教申申”是也。

律受夷则。夷则者，易其则也，德以去矣。

补曰：律书云：“夷则者，言阴气之贼万物也。”徐广曰：“一作则。”汉志云：“则，法也，言阳气正法度，而使阴气夷当伤之物也。”然左传言“毁则为贼”，故阴气贼物为夷则。阴气贼物，易其则之谓也。德已去矣者，管子四时篇云：“德始于春，长于夏；刑始于秋，流于冬。”然则七月刑之始，故德去也。案：御览引有注云：“夷则，七月律。”

指酉，酉者，饱也，

补曰：律书云：“酉者，万物之老也。”汉志云：“留孰于酉。”说文云：“酉，就也。八月黍成，可为酎酒。”是即饱之义也。

律受南吕。南吕者，任包〔一〕大也。

补曰：汉志云：“南，任也，言阴气旅助夷则，任成万物也。”尚书大传云：“南方者，任方也。”说文云：“南，草木至南方有枝任也。”方言：“戴鵀一名戴南。”是南即任。案：御览引有注云：“南吕，八月律。”

指戌，戌者，灭也，

补曰：律书云：“戌者，言万物尽灭。”汉志云：“毕入于戌。”说文云：“戌，灭也，九月阳气微，万物毕成，阳下

〔一〕“包”，原本作“保”，据前天文训改。

入地也。五行〔一〕土生于戊，盛于戌。从戊含一。”“威，灭也，从火，戌声。火死于戌，阳气至戌而尽灭也。”故戌言灭。

律受无射。无射者〔二〕，入无厌也。

补曰：汉志云：“射，厌也，言阳气究物，而使阴气毕剥落之，终而复始，亡厌已也。”尔雅释诂：“豫、射，厌也。”故无射言无厌。案：御览引有注云：“无射，九月律。”

指亥，亥者，阂也，

补曰：律书云：“亥者，该也，言阳气藏于下，故该也。”汉志云：“该阂于亥。”说文云：“亥，荄也。”“荄，草根也。”“阂，外闭也。”然则万物归根兼晐而外闭之，故曰阂也。该与晐通矣。

律受应钟。应钟者，应其钟也。

补曰：周语云：“均利器用，俾应复也。”律书云：“阳气之应，不用事也。”汉志云：“言阴气应亡射，该藏万物，而杂阳阂种也。”案：御览引有注云：“应钟，十月律。”

指子，子者，兹也，

补曰：律书云：“子者，滋也。滋者，万物滋于下也。”汉志云：“孳萌于子。”说文云：“子，十一月阳气动，万物滋入以为偁。𢀈，籀文子。”“孳〔三〕，汲汲生也。𢀈，籀文孳。”“滋，益也。”“𦭝，草木益多。”是滋、兹同义，皆

〔一〕“行”下原本有“志”字，据说文删。
〔二〕“者”字，前天文训无。
〔三〕“孳”，原本作“兹”，据说文改。

谓孳也。孳从子,故子言孳。

律受黄钟。黄钟者,钟已黄也。

补曰:律书云:"言阳气踵黄泉而出也。"周语云:"夫六,中之色也,故命之曰黄钟。"韦昭云:"六者,天地之中,天有六气,降生五味,天有六甲,地有五子,十一而天地毕矣,而六为中。黄,中之色也。钟之言阳气钟聚于下也。"说文云:"黄,地之色也,从田,从炗。炗,古文光。"然则六亦地也,阳气钟于地中,故黄。坤六五"黄裳"。案:御览引有注云:"黄钟,十一月律。"

指丑,丑者,纽也,

补曰:律书云:"言阳〔一〕气在上未降,万物厄纽未敢出。"汉志云:"纽牙于丑。"说文云:"十二月万物动用事,象手之形。时加丑,亦举手时也。""纽,系也。一曰结而可解。"则厄纽、纽牙同义。

律受大吕。大吕者,旅旅而去也。

补曰:周语云:"助宣物也。"汉志云:"吕,旅也,言阴大,旅助黄钟宣气而牙物也。"说文云:"吕,脊骨也。昔太岳为禹心吕之臣,故封吕侯。膂,篆文吕。"是吕即膂,膂省为旅也。旅旅而去,犹言进旅退旅矣。旅,徒旅也。案:御览引有注云:"大吕,十二月律。"

其加卯酉,则阴阳分〔二〕,日夜平矣。故曰规生矩杀,衡长权藏,绳居中央,为四时根。

〔一〕"阳",原本作"阴",据史记律书改。

〔二〕"分",原本作"生",据前天文训改。

补曰：汉志云："权与物钧而生衡，衡运生规，规圜生矩，矩方生绳，绳直生准，准正则平衡而钧权矣。是为五则。以阴阳言之，太阴者，北方。北，伏[一]也，阳气伏于下，于时为冬。冬，终也，物终藏，乃可称。水润下。知者谋，谋者重，故为权也。太阳者，南方。南，任也，阳气任养[二]物，于时为夏。夏，假也，物假大，乃宣平。火炎[三]上。礼者齐，齐者平，故为衡也。少阴者，西方。西，迁也，阴气迁落物，于时为秋。秋，𥣬也，物𥣬敛，乃成孰[四]。金从革，改更也。义者成，成者方，故为矩也。少阳者，东方。东，动也，阳气动物，于时为春。春，蠢也，物蠢生，乃动运。木曲直。仁者生，生者圜，故为规也。中央者，阴阳之内，四方之中，经纬通达，乃能端直，于时为四季。土稼穑蕃息。信者诚，诚者直，故为绳也。"

道曰规，始于一，一而不生，故分而为阴阳，阴阳和合而万物生，故曰"一生二，二生三，三生万物"。

补曰：老子文。

天地三月而为一时，故祭祀三饭以为礼，丧纪三踊以为节，兵重三罕以为制。以三参物，三三如九，故黄钟之律九寸而宫音调。

元注：调，和也。

〔一〕"北伏"，原本作"伏方"，据汉志改。
〔二〕"养"，原本作"万"，据汉志改。
〔三〕"炎"，原本作"灾"，据汉志改。
〔四〕"孰"，原本作"就"，据汉志改。

因而九之,九九八十一,故黄钟之数立焉。

补曰:管子地员篇云:“凡将起五音,凡首,先主一而三之,四开以合九九,以是生黄钟小素之首以成宫。”主一而三之者,置一而三之也。四开以合九九者,置一而四三之也。三为一开,九为二开,二十七为三开,八十一为四开,故曰以合九九,则黄钟之积也。其长为百分尺之九十分,故汉志云九十分黄钟之长。一为一分,十分为寸,十寸为尺。而唐都、落下闳造太初历,亦曰律容一籥,积八十一寸,则一日之分也。史记言黄钟八寸十分一,则约九十分为八十一分,使外体中积相应,以便布算,而后人言史记用十分寸,汉志用九分寸,误矣。淮南寸法与史记、汉志同。

黄者,土德之色;钟者,气之所种也。日冬至德气为土,土色黄,故曰黄钟。

补曰:汉志云:“黄者,中之色,君之服也。钟者,种也。天之中数五,五为声,声上宫,五声莫大焉。地之中数六,六为律,律有形有色,色上黄,五色莫盛焉。故阳气施种于黄泉,孳萌万物,为六气元也。以黄色名元气律者,著宫声也。”是冬至为元气之始,黄钟宫应焉,故以为名。而季夏亦中黄钟之宫者,此则七十二日五子受制之术,当是吹律听声而得之,故曰律中。盖立春甲子受制,则谷雨前三日丙子受制,小暑前六日戊子受制,白露后六日庚子受制,小雪后三日壬子受制,合之月令所云,其日甲乙,其日丙子者,无不相应,则季夏自中黄钟之宫也。若以冬至为黄钟之宫,则出于候气,谓之随月律,律管最长,十二宫声中亦最尊,故与元气相应。然二法虽异,理实相通。何者?冬至时候气既效,即吹律亦无不中,可知。而季夏候气,则用林钟耳。乐声仪云:"作乐制礼时,五音使于上元戊辰夜半冬至北方子。"郑玄注云:"戊辰,土位,土为宫,宫为君,故作乐尚之,以为君也。夜半子,以天时之始,稽命征起于太素十一月阏逢之月,岁在摄提格之纪。"是云作乐制礼,盖作乐则有礼通其反耳。东汉时所云摄提格之岁,未必太岁即在丙子,要是黄钟起于冬至,则正有其本耳。

律之数六,分为雌雄,故曰十有二钟,以副十二月。

补曰:吕氏春秋五月纪曰:"黄帝又命伶伦与荣将铸十二钟,以和五音。"隋志以为即镈钟,每钟垂一簨虡,各应律吕之音,徐景安谓之律钟。大司乐注:"国语曰:'律所以立均出度也。古之神瞽,考中声而量之,以制度律均钟。'言以中声定律,以律立钟之均。"是谓律钟。唐志:"镈钟十二,在十二辰之位。"而尚书大传云:"天子左五钟,右五钟。"郑注谓天子宫县黄钟蕤宾在南北,其余则在东西。贾公彦以为十二零钟,非镈钟也。淮南十二钟,知即律钟。贾谊新书六术篇曰"一岁十二月,分而阴阳各六月,是以声音之器十二钟,钟当一月,其六钟阴声,六钟阳声"是也。

十二各以三成,故置一而十一,三之,为积分十七万七千一

百四十七，黄钟大数立焉。

补曰：前汉志云："太极元气，函三为一。极，中也。元气行于十二辰，始动于子。参之于丑，得三。又参之于寅，得九。又参之于卯，得二十七。又参之于辰，得八十一。又参之于巳，得二百四十三。又参之于午，得七百二十九。又参之于未，得二千一百八十七。又参之于申，得六千五百六十一。又参之于酉，得万九千六百八十三。又参之于戌，得五万九千四十九。又参之于亥，得十七万七千一百四十七。

凡十二律，黄钟为宫，太簇为商，姑洗为角，林钟为徵，南吕为羽。

补曰：五音配五行，正五方，而律之长短，声之清浊，实为五音之序。宫最长而浊，商次长亦次浊，角长短清浊半，徵次短亦次清，羽最短而清，十二均皆然。

物以三成，音以五立，三与五如八，故卵生者八窍。律之初生也，写风之音，故音以八生。

补曰：吕氏春秋五月纪曰："昔黄帝令伶伦作为律，伶伦自大夏之西，乃之阮隃之阴，取竹于嶰溪之谷，以生空窍厚钧者，断两节间，其长三寸九分，而吹之，以为黄钟之宫。次〔一〕曰舍少次，案："次曰"或作"次日"，今从毕氏校刊吕览据说苑定作"曰"。制十二筒，以之阮隃之下，听凤皇之鸣，以别十二律。其雄鸣为六，雌鸣亦六，以比黄钟之宫，适合。黄钟之宫，皆可以生之，故曰黄钟之

〔一〕"次"，原本作"吹"，形近而误，据吕览改。下小注同。

宫，律吕之本。”前汉志云：“阴阳相生，自黄钟始而左旋，八八为五。”孟康曰：“从子数辰至未得八，下生林钟。数未至寅，上生太簇。律上下相生，皆以此为率。”按十二律之次，黄钟子，林钟丑，太簇寅，南吕卯，姑洗辰，应钟巳，蕤宾午，大吕未，夷则申，夹钟酉，无射戌，中吕亥，是隔一相生也。故六十律，黄钟宫后，即以应钟、无射为宫。无射之商，黄钟也，则用半律。何则？十二律长短相间，至中宫而穷，黄钟半律在无射、中吕之次，故以为商。若以十二律直十二月，则林钟、南吕、应钟、大吕、夹钟、中吕各居其冲，而得隔八相生之次，其律则自长而短，至应钟而穷矣。前法是阳下生，阴上生。后法则蕤宾、夷则、无射阳，上生；大吕、夹钟、中吕阴，下生：故林钟、南吕、应钟退居西北，而大吕、夹钟、中吕进居东南也。

黄钟为宫，宫者，音之君也，故黄钟位子，其数八十一，

补曰：黄钟体中之积也。汉志横黍九十分为长，用以除积，则九分为圆幂，依密术求方幂得十一分四十五厘九十豪，开方得三分三厘八豪五丝一忽为径，更以密术求圆周得十分零六厘三豪四丝六忽。十二律皆用此围径而递减其长，故算术必先定黄钟之围径也。以此律围乘九寸之长，实得九十五寸七分一厘一豪四丝为体周，而能容千二百黍。孟康以九分为围，以围乘长，得积八十一寸，则体周过小。晋、宋、隋、唐间，依以制律，皆不能容千二百黍，其明验也。

主十一月，下生林钟。林钟之数五十四，

补曰：林钟体中之积也。置黄钟之数二，因而三除之，得此数。以术推之，一寸之积实有九寸，则林钟六寸积五十四寸也。以九约六寸，则长亦五十四分。律书云："五寸十分四。"

主六月，上生太簇。太簇之数七十二，

补曰：太簇体中之积也。置林钟之数四，因而三除之，得此数。以上三律，十分为寸，则数为积寸，九分为寸，则数为积分，皆得相应，故古人以当天地人三才。其余则不能密合矣。要之，数兼分寸则俱同也。淮南独言数者，以此。律书云："七寸十分二。"

主正月，下生南吕。南吕之数四十八，

补曰：置太簇之数二，因而三除之，得此数。续志："南吕律五寸三分小分三强。"今以九乘之，得四十八微弱，以强补弱，即得整数。九除四十八，亦得彼数。律书云："四寸十分八。"

主八月，上生姑洗。姑洗之数六十四，

补曰：置南〔一〕吕之数四，因而三除之，得此数。续志："姑洗律七寸一分小分一微强。"今以九乘之，得六十四寸微弱，以强补弱，亦得整数。九除六十四，亦得彼数。此二律强弱相补，数犹适合，于黄钟宫则羽角也。余唯无射一律适合阳律之终，其他则否矣。律书云："六寸十分四。"

〔一〕"南"字原本误置于"吕之"二字后，今乙。

主三月，下生应钟。应钟之数四十二，

补曰：置姑洗之数二，因而三除之，得此数。续志："应钟律四寸七分小分四微强。"今以九乘之，得四十二寸六分六厘。九除四十二，得四寸六分六厘，尚有三之二。是彼之积寸较多，此之积分较少也。彼是实数，此则不能无所弃，法使之然也。律书云："四寸二分三分二。"

主十月，上生蕤宾。蕤宾之数五十七，

补曰：置应钟之数四，因而三除之，当为五十六，以前有所弃，故此益其一也。续志："蕤宾律六寸三分小分二微强。"今以九乘之，得积五十六寸九分弱，此收九分弱为一寸，所谓半法以上亦得一也。积寸如此，积分可知。九除五十七，得六寸三分小分三，尚有三分一，则益一，整数之故。律书云："五寸六分三分一。"

主五月，上生大吕。大吕之数七十六，

补曰：汉志作"下生大吕"，生半律也。此云"上生"，生正律也。大吕、夹钟、中吕，以阴律而主夏至以前之月，故必上生。大吕之数七十六者，置蕤宾之数四，因而三除之，得此数。续志："大吕律八寸四分小分三弱。"今以九乘之，得积七十五寸八分半强。九除七十六，得长八寸四分小分四半弱，皆以蕤宾所收稍多之故。古人只取整数，不得不然。律书云："七寸五分三分一。"

主十二月，下生夷则。夷则之数五十一，

补曰:汉志作"上生夷则",亦生正律也。夷则、无射虽阳律,而主夏至后之月,故此从下生。夷则之数五十一者,置大吕之数二,因而三除之,当为五十又三分之二,在半法以上,故收为一也。续志:"夷则律五寸六分小分二弱。"今以九乘之,得积五十寸六分弱。九除五十一,得长五寸六分小分六又三分二也。律书云:"五寸四分三分二。"案:"亦生正律也","正"当作"倍",作"正"者,传写误也。汉志"上生六而倍之,下生六而损之,皆以九为法"。依术推之,正得一尺一寸二分有奇,倍律。若作正律,是用下生法,非汉志所云上生矣。又"二因而三除"之"二",误书作"四",律书云"五寸四分三分二",误脱"四分"二字,今并校正。

主七月,上生夹钟。夹钟之数六十八,

补曰:汉志云"下生夹钟",亦生半律。夹钟之数六十八者,置夷则之数四,因而三除之,得此数。续志:"夹钟律七寸四分小分九微强。"今以九乘之,得积六十七寸四分小分一强。九除六十八,得长七寸五分小分五,尚有九之五也。律书云:"六寸七分三分二。"

主二月,下生无射。无射之数四十五,

补曰:汉志作"上生"。无射之数四十五者,置夹钟之数二,因而三除之,得此数,尚有三之一,则弃之。续志:"无射律四寸九分小分九强。"今以九乘之,当为四十五弱,以强补弱,故得积四十五,其一分不容不弃矣。九除四十五,得长五寸,亦与续志近。律书云:"四寸四分三分二。"

主九月,上生仲吕。仲吕之数六十,

补曰:汉志云:“下生仲吕。”仲吕之数六十者,置无射之数四,因而三除之,得此数。以九乘之,得积五十九寸七分半强。此收其余分,故六十也。前有所弃,后必收之,与蕤宾同。九除六十,得长六寸六分小分六又三之二,则所收过多也。以上十二律,用九分十分二寸法互算,有合有否。十分寸为实,九分寸为变法,故九分为寸,有弃有收。而淮南用九不用十者,有故焉。十二律自长至短,以次而杀。九分为寸,黄钟长于蕤宾二十四,是每月减四也。应钟短于中吕十八,是每月减三也。以此为通率,则不妨有弃有收。十分为寸,则所减无通率矣。此淮南之所以用九不用十也。律书云:“五寸九分三分二。”

主四月,

补曰:十二律主十二月,由于候气。律者,述阳气之管也,故所候皆为阳气。十一月,阳气动于黄泉,入地中八寸十分一,故以黄钟候之。十月,阳气穷于地,上迫地面四寸十分二,故以应钟候之。应钟短于黄钟三寸十分九,盈月得冬至,则当以三寸十分九减本律三分,为黄钟气应之限,中间四寸十分二,即阳气从下而上之处也。而五月阴生之始,蕤宾短于黄钟二寸十分四,长于应钟减过之数一寸十分八。是阳气之长其数二十四,阳气之消其数一十八,中间四十二,又即消长之总数也。阴气消长之数如阳。其初阴上阳下,与黄钟应。经六月而阳长二十四,则阴至黄钟之分,是时阳上阴下，与蕤宾应。经六月而阳消一十八，则阴至蕤宾之分矣。盖阳气初长时，阴气适满二十四，至消为一十八，则阳满二十四矣。阴气初长时，阳气适满二十四，至消为一十八，则阴满二十四矣。应钟气应逾月而后黄钟气应，此应钟之所以为应钟也。以十二律论之，黄钟减五为大吕，此阳气之骤长也。自后每月减四，至中吕则减三，为蕤宾，所长微矣。自蕤宾以后，月减三分，五月至应钟盈月又减三，而阳气复萌矣。盖阴阳二气，初长时皆骤长五分，未消时已暗消一分，故二至之月，俱至黄钟、蕤宾之分也。应钟倍律长于黄钟三分，减之即得黄钟，犹减中吕三分而为蕤宾，皆气应盈月之验也。吕览黄钟长三寸九分，即减应钟正律所得，其义亦然。而自古无悟及者，何欤？或说黄钟以后，六律候阳气，蕤宾以后，六律候阴气，此殊不然。周易卦气自下而上，律气亦然。蕤宾之月，阳气自黄钟而进，正满二十四分，而可谓之阴气乎？律之用减不用增，皆由阳气之自下而上为之也，故曰述阳气之管。且阳动阴静，灰之飞也，非其证乎？然则何以律有阴阳？曰："律之阴阳，从十二辰名之，在阳曰阳律，在阴曰阴律而已。"

极不生。

补曰："不"，旧作"下"，今依晋志所引改。宋书注云："极不生，钟律不复能相生。"疑采元注。然极不生者，不生黄钟全律也，黄钟之半律则生之矣。何者？旋宫之法，黄钟为商、角、徵、羽，为变宫、变徵，必用半律，非中吕生之而谁生乎？置中吕之数二，因而四除之，止积四十，未盈八十一之半，然应钟益一而生蕤宾，则中吕不可益之而生黄钟乎？益四分分之三则能生矣。由是黄钟自相生而半律备，则旋宫之用不穷。依续汉志十分寸，则倍中吕之实，为二十六万二千一百四十四分一，以三除之，止八万七千三百八十一又三分一，半黄钟之实，有八万八千五百七十三又十之五，少一千一百九十二有奇，则诚不足以生黄钟，因而上生执始。此二法之所以始通而终判也。淮南用六十律，唯以正半相参，与京房异，则中吕必生黄钟。

宫生徵，徵生商，商生羽，羽生角，角生应钟，

补曰：晋志所引如此。旧作"徵生宫，宫生商，商生羽，羽生角，角生姑洗，姑洗生应钟"，误也。

比于正音，故为和。

元注：应钟，十月也。与正音比，故为和。和，从声也。一曰和也。

补曰：注中"故"字，宋书引作"效"；"从"字，引作"徙"。

应钟生蕤宾，不比正音，故为缪。

补曰：宋书采元注云："缪，音相干也。周律故有缪、和，为武王伐纣七音也。"案：应钟，黄钟之变宫；蕤宾，黄钟之变徵。谓之变宫、变徵者，六十律旋宫，则黄钟宫，姑洗角，下生应钟宫。应钟为宫，复下生蕤宾徵。今八十四声旋宫，以应钟宫二律归入黄钟宫，应钟比黄钟半律稍下，蕤宾比林钟正律稍下，故云变也。云和、缪者，五音宫最长，商角徵羽以次而杀，律长则声浊，律短则声清，故月令注云："宫最浊，商次浊，角清浊半，徵次清，羽最清。"此变宫从角下生，是清于羽也。顺次而降，故为和。变徵从变宫上生，是浊于徵也。逆抗而升，故为缪。是以祖孝孙八十四调之法，一宫，二商，三角，四变徵，五徵，六羽，七变宫，而以变宫为清宫，变徵为正徵。云"清宫"是也。"正徵"当云浊徵。十二律皆有二变，此特举其一耳。

日冬至，音比林钟，浸以浊。日夏至，音比黄钟，浸以清。

补曰：周语韦昭注云："十一月，黄钟，乾初九也。十二月，大吕，坤六四也。正月，太簇，乾九二也。二月，夹钟，坤六五也。三月，姑洗，乾九三也。四月，中吕，坤上六也。五月，蕤宾，乾九四也。六月，林钟，坤初六也。七月，夷则，乾九五也。八月，南吕，坤六二也。九月，无射，乾上九也。十月，应钟，坤六三也。"乾凿度云："乾贞于十一月子，左行阳时六。坤贞于六月未，右行阴时六。"注谓阴则退一辰者，谓左右交错相避，此所云即其义也。而又反用之，何则？冬至本在子，今从坤初之例，退居于未。自后一气历一辰，则六中气当坤六爻矣。夏至本在午，今从乾初之例，进居于子。自后一气历一辰，则六中气当乾六爻矣。冬至后欲察阴，故转比坤六律；夏至后欲察阳，故转比乾六律。自林钟至应钟用正律，黄钟至蕤宾用半律，则音渐清。因清知浊，故曰音渐浊，阳长故也。若十二辰俱用正律，亦音渐清。就清知清，故直曰音渐清，阴长故也。此必合前二十四时所比之音论之，其理方明。盖前冬至比黄钟，小寒比应钟，黄钟用半律，则音渐浊，即此比林钟后所知也。前夏至亦比黄钟，小暑比大吕，黄钟用正律，亦音渐清，即此比黄钟后所知也。冬至何以用半律？夏至何以用正律？以夏至戊子受制，律中黄钟之宫也。

以十二律应二十四气之变，案："二十四气"，庄刻本作"二十四时"。

补曰：一律当一气，前二法俱非月律之正，故曰变。

甲子，仲吕之徵也；丙子，夹钟之羽也；戊子，黄钟之宫也；庚子，无射之商也；壬子，夷则之角也。

补曰：五子，皆谓黄钟各居其宫，则各应其声。以律配日，则黄钟适配五子，始于戊子，卒于丁亥，而六十律成矣。甲子为中吕之徵者，中吕为亥，十月也，大雪之末日也，下生黄钟半律。甲子冬至，黄钟应，中吕为宫，则黄钟为徵矣。丙子为夹钟之羽者，丙子在甲子后第十三日，其前三日，律直夹钟，夹钟为宫，则黄钟为羽。戊子为黄钟之宫者，戊子在甲子后第二十五日，黄钟自为宫。庚子为无射之商者，庚子在甲子后第三十七日，其前二日，律直无射，无射为宫，则黄钟为商。壬子为夷则之角者，壬子在甲子后第四十九日，其前五日，律直夷则，夷则为宫，则黄钟为角。甲有六而子惟五，故止有五子。五子中，惟戊子用全律，余俱半律。全律尊，不为商、角、徵、羽也。六十律一周，则雨水矣。又十二日而得丙子，故丙子起惊蛰前三日。又一周，则将谷雨矣。又十二日而得戊子，故戊子起小满前六日。又一周，则将小暑矣。又十二日而得庚子，故庚子起大暑后六日。又一周，则过白露矣。又十二日而得壬子，故壬子起寒露后三日。此七十二日，五子受制之律也，而冬至为徵，则其余皆为徵。是故丙子后三日为惊蛰，太簇之南吕也。戊子后六日为小满，则应钟之蕤宾也。庚子后六日为大暑，亦应钟之蕤宾也。壬子前三日为寒露，则夷则之夹钟也。至复于甲子，则岁周矣。甲子起于冬至，易稽览图云"甲子，卦气起中孚"是也。戊子亦在大暑前六日，是为季夏，故月令云："中央土，其日戊己，其音宫，律中黄钟之宫。"盖六十日旬周，与七十二日受制，均得通也。乾凿度云："日十干者，五音也。"注谓："甲乙角也，丙丁徵也，戊己土也，庚辛商也，壬癸羽也。"此论其正法。旋宫则以甲己为徵，乙庚为商，丙辛为羽，丁壬为角，戊癸为土。柔日从刚，则惟宫商不变，此其所以为宫商也。太玄云："甲己之数九，乙庚八，丙辛七，丁壬六，戊癸五。"律书云："上九，商八，羽七，角六，宫五，徵九。"皆谓是也。注者不知，故别释之。

古之为度量轻重，生乎天道。黄钟之律修九寸，物以三生，三九二十七，故幅广二尺七寸。

元注：古者幅比皆然也。

补曰：说文云："幅，布帛广也。"食货志："布帛广二尺二寸为幅。"郑志："二尺四寸为幅。"与此异。

音以八相生，故人修八尺，寻自倍，故八尺而为寻。

补曰：说文云："周制以八寸为尺，十尺为丈。人长八尺，故曰丈夫。"又曰："周制寸、尺、咫、寻、常、仞诸度，皆以人之体为法。"然则寻即周之丈也。人布指知寸，布手知尺，舒肘知寻。人修一寻，故曰丈夫。周礼典瑞"璧羡以起度"，玉人"璧羡度尺，好三尺以为度"，康成云："径广八寸，袤一尺。"是八寸为尺，起于璧广；十寸之尺，则其羡也。独断曰："夏以十三月为正，十寸为尺；殷以十二月为正，九寸为尺；周以十一月为正，八寸为尺。"

有形则有声，音之数五，以五乘八，五八四十，故四丈而为匹。

补曰：说文云："匹，四丈也。八揲一匹。"然"八，别也"，匹，往相辟耦也。是判八为四，合四成八。匹从匸，匸读若侠，藏也。匹藏八义，故又从八。揲，取也。取物以五数，故四丈为匹耳。案：说文："匸，邪徯有所侠藏也，读与傒同。"非"读若侠藏也"，疑此传写有误。

匹者，中人之度也。一匹而为制。

补曰：杜子春云："制谓匹长，然制匹为衣，故匹言制。左传云："晳帻而衣貍製。"又云："陈子衣製。"皆谓衣。製与制通，故说文同训裁也。

秋分蔈定，蔈定而禾熟。案："禾熟"，庄刻本作"禾穗"。

元注：蔈，禾熟粟孚甲之芒也。定者，成也，故曰禾熟。蔈，读如诗"有猫有虎"之猫，古文作秒也。

补曰：宋志作“禾穳”，注云：“穳，禾穗芒也。”说文云：“蔈，苕之黄华也。一曰末也。”“秒，禾芒也。”是蔈、秒通。说文称下注云：“春分而禾生，日夏至晷景可度禾有秒。秋分而秒定，律数十二秒而当一分，十分而寸。其以为重，十二粟为一分，十二分为一铢，故诸程品皆从禾。”

律之数十二，故十二蔈而当一粟，十二粟而当一寸。律以当辰，音以当日，日之数十〔一〕，

元注：十，从甲至癸日。

故十寸而为尺，十尺而为丈。其以为量，十二粟而当一分，

元注：分，言其轻重分铢也。

补曰：说文云：“量，称轻重也，从重省。”故淮南以轻重为量。

十二分而当一铢，十二铢而当半两。衡有左右，因倍之，故二十四铢为一两。天有四时，以成一岁，因而四之，四四十六，故十六两而为一斤。三月而为一时，三十日为一月，故三十斤为一〔二〕钧。四时而为一岁，故四钧为一石。

补曰：汉志云：“度者，分、寸、丈、尺、引也。本起黄钟之长。以子谷秬黍中者，一黍之广，度之九十分，黄钟之长。一为一分。”“权者，铢、两、斤、钧、石也。本起于黄钟之重。一龠容千二百黍，重十二铢，两之为两。”“量者，龠、升、合、斗、斛也。本起于黄钟之龠。

〔一〕“日之数十”，原本作“月之数”，据前天文训改、补。

〔二〕“一”字原本无，据前天文训补。

合龠为合。”则一黍为分，十黍为寸，百黍为尺，千黍为丈，万黍为引，此五度之积也。百黍为铢，二千四百黍为两，三万八千四百黍为斤，百一十五万二千黍为钧，四百六十万八千黍为石，此五权之积也。千二百黍为龠，二千四百黍为合，二万四千黍为升，二十四万黍为斗，二百四十万黍为斛，此五量之积也。淮南以权为量，即是以权准量。半两为龠，一两为合，十两为升，六斤四两为斗，六十二斤八两为斛，而数起于十二蔈，则百四十四而当汉志之十也。此寸有十二粟，彼寸有十黍，盖是粟小于黍耳。

其为音也，

补曰：旧本“为”上有“以”字，此从晋志所引。案：庄刻本有“以”字。

一律而生五音，十二律而生六十音，

补曰：续汉志载京房六十律相生之法曰：“阳下生阴，阴上生阳，终于中吕，而十二律毕矣。中吕上生执始，执始下生去灭，上下相生，终于南事，六十律毕矣。”其法近淮南所言而实异。何者？淮南云中吕“极不生”，又云“甲子，中吕之徵也”，谓不生正律，生半律。黄钟短于中吕也。房则中吕生执始，中吕为宫，执始为徵，执始律长，反过中吕。一也。姑洗之依行，当下生应钟宫律，黄钟之色〔一〕育，当自中吕上生，而房则依行上生色育，非隔八相生之法。二也。六十律当终于中

〔一〕“色”，原本作“包”，据后汉书律历志改。下同。

吕宫中，而房则终于蕤宾之南事。三也。又六十律各主一日，而房则参差不齐。四也。在房自有义例，不得云误，然实非古旋宫之法。

因而六之，六六三十六，故三百六十音以当一岁之日。

补曰：隋志云："宋钱乐之，因京房南事之余，更生三百律。至梁博士沈重，依淮南本数，用京房之术求之，得三百六十律。各因月之本律，以为一〔一〕部。以一部律数为母，以一中气所有日为子，以母命子，随所多少，各一律所建日辰分数也。以之分配七音。"案：重虽据淮南，其法亦异。淮南三百六十律，即用六十律，而六十律又即十二律，兼正半亦止二十四，无三百六十也。何者？有二十四律，即可旋宫为六十律，无待他律也。且律以当日，六十日之外，宁有他日乎？其所以不为他律者，亦以应钟生蕤宾，中吕一半生黄钟，至于中吕之半，则其数穷矣。房术中吕不能生黄钟，因生执始，至于南事，而其数不穷，则虽为三百六十律，犹不穷也，特以当一岁之日，则不复相生耳矣！

故律历之数，天地之道也。下生者倍，以三除之；上生者四，以三除之。

元注：钟律上下相生，诱不敏也。

补曰：诱，河东高氏名也，注出其手，故云耳。上下相生之法，即律书所云"以下生者，倍其实，三其法。以上生者，四其实，三其法"也。是先乘后除法。大师职

〔一〕"一"字原本无，据隋志补。

郑注云："下生者三分去一，上生者三分益一。"乃是先除后除法。汉志又言："上生六而倍之，下生六而损之，皆以九为法。"又是加二倍法矣。管子地员篇是其所本也。

太阴元始建于甲寅，

补曰：此太阴在阏蒙摄提格之岁，非太岁也。天官书曰："前列直斗口三星，隋北端兑，若见若否，曰阴德，或曰天一。"淮南本篇以天一为太阴，是太阴即阴德矣。于辰直卯，岁星居丑，太岁在子。以丑加子，则太阴在寅，岁星居子，太岁在丑。以子加子，则太阴在卯。由是岁徙一辰，岁星常加子矣。此太阴纪年之义也。案："于辰直卯，岁星居丑，太岁在子。以丑加子，则太阴在寅，岁星居子，太岁在丑。以子加子，则太阴在卯。由是岁徙一辰，岁星常加子矣"，当作"于辰直卯，岁星居子，太岁在丑。以丑加子，则太阴在寅，岁星居丑，太岁在子。以子加丑，则太阴在卯"云云。所由知其然者，太阴在卯，则岁行三宿，正在玄枵，太岁正在星纪。以丑加子，则太阴在寅，太阴在寅则岁行二宿，正在星纪，太岁正在玄枵。以子加丑，则太阴复在卯矣。岁徙一辰，至十二岁而一周。其明年，则岁星乃在玄枵。故曰"常加子矣"。太阴与太岁左行，岁星右行，故推合如是。此当是传写误也。

一终而建甲戌，二终而建甲午，三终而复得〔一〕甲寅之元。

补曰：千五百二十岁为大终，其余数二十。凡言终者，皆举余数也。三终则余数六十，故复得甲寅之元。韩非子言"四千五百六十岁为一元"是也。

〔一〕"得"，原本作"于"，据前天文训改。

岁徙一辰，立春之后，得其辰而迁其所顺，

补曰：此推太阴以合日辰也，由是建除之法生焉。

前三后五，百事可举。

元注：前后，太阴之前后也。

太阴所建，蛰虫首穴而处，鹊巢向而为户。太阴在寅，朱鸟在卯，勾陈在子，玄武在戌，白虎在酉，苍龙在辰。

补曰：晋志云："勾陈，后宫属也，大帝之常居也。勾陈口中一星曰天皇大帝，其神曰耀魄宝。"说苑辨物篇："书曰：'在璇玑玉衡，以齐七政。'璇玑谓北辰勾陈星枢也。"

寅为建，卯为除，辰为满，巳为平，主生；午为定，未为执，主陷；申为破，主衡；酉为危，主杓；戌为成，主少德；亥为收，主大德；子为开，主太岁；丑为闭，主太阴。

补曰：此建除法也。史记日者传有建除家。太公六韬云："开牙门当背建向破。"越绝书云："黄帝之元，执辰破巳，霸王之气见于地户。"汉书王莽传云："十一月，壬子直建，戊辰直定。"论衡偶会篇云："正月建寅，斗魁破申。"是也。案：建除有二法，越绝书从岁数，淮南书及汉书从月数，后人惟用月也。

太阴在寅，名曰摄提格，

补曰：摄提格，星名也。天官书云："大角者，天皇帝庭。其两旁各有三星，鼎足勾之，曰摄提。摄提者，直斗柄所指，以建时节，故曰摄提格。"晋志云："摄提六星，直斗杓之南，主建时节。"然则斗杓所建摄提同也。

十二岁斗杓所建星见其方，首年用本名，其下十一名即其别称也。天官书言“岁星一名摄提格”为此。知太阴即知太岁矣。如太阴在摄提格，太岁必在子也。

其雄为岁星，

补曰：太玄云：“仓灵之雌不同宿而离失则岁功之乖。”注以岁星为仓灵，失度为不同宿，然则雌谓太阴也。太阴为雌，明岁星为雄。太岁所在之辰，星以其月出，此岁星之所以为雄也。太阴所在之辰，斗以其月建，此太阴之所以为雌也。岁星必与太阴相应而行，有盈缩则有失次，失次非即超辰，故太阴不移是谓不同宿，失次有应见于冲辰。占具天官书。

舍斗、牵牛，

补曰：天官书云：“以摄提格岁，岁阴左行在寅，岁星右转居丑。”天文志云：“太岁在子曰困敦。”太初历岁星在建星、牵牛本是同岁，而太阴、太岁异其名也。刘歆云：“汉历太初元年，岁星在星纪婺女六度，故汉志曰岁名困敦。正月岁星出婺女是也。历书载武帝诏曰‘年名焉逢摄提格’，岁名、年名，即是太岁、太阴之辨。岁星自在星纪耳。”星云正月出，殆是天正。案：“岁阴”元写本误作“岁行”，今从史记校正。

以十一月与之晨出东方，东井、舆鬼为对。

补曰：天官书云“正月”，天文志作“十一月”，史记用周正，淮南、汉志用夏正。

太阴在卯，岁名曰单阏，

元注：单，读明扬之明。

岁星舍须女、虚、危，以十二月与之晨出东方，柳、七星、张为对。

补曰：天官书云："单阏岁，岁阴在卯，星居子。以二月与婺女、虚、危晨出。"天文志云："太岁在丑曰赤奋若。岁星十二月出。太初在婺女、虚、危。"

太阴在辰，岁名曰执徐〔一〕，岁星舍营室、东壁，以正月与之晨出东方，翼、轸为对。

补曰：天官书云："执徐岁，岁阴在辰，星居亥。以三月与营室、东壁晨出。"天文志云："太岁在寅曰摄提格。岁星正月晨出东方。太初历在营室、东壁。"

太阴在巳，岁名曰大荒落，岁星舍奎、娄，以二月与之晨出东方，角、亢为对。

补曰：天官书云："大荒落岁，岁阴在巳，星居戌。以四月与奎、娄、胃、昴晨出。"天文志云："太岁在卯曰单阏。岁星二月出。太初在奎、娄。"

太阴在午，岁名曰敦牂，岁星舍胃、昴、毕，以三月与之晨出东方，氐、房、心为对。

补曰：天官书云："敦牂岁，岁阴在午，星居酉。以五月与胃、昴、毕晨出。"天文志云："太岁在辰曰执徐。岁星三月出。太初在〔二〕胃、昴。"

太阴在未，岁名曰协洽，岁星舍觜嶲、参，以四月与之晨出

〔一〕"徐"，前天文训作"除"。

〔二〕"在"，原本作"出"，据汉志改。

东方，尾、箕为对。

补曰：天官书云："协洽岁，岁阴在未〔一〕，星居申。以六月与觜嶲、参晨〔二〕出。"天文志云："太岁在巳曰大荒落。岁星四月出。太初在参、罚。"

太阴在申，岁名曰涒滩，岁星舍东井、舆鬼，以五月与之晨出东方，斗、牵牛为对。

补曰：天官书云："涒滩岁，岁阴在申，星居未。以七月与东井、舆鬼晨出。"天文志云："太岁在午曰敦牂。岁星五月出。太初在东井、舆鬼。"

太阴在酉，岁名曰作鄂，

元注：作，读昨。

岁星舍柳、七星、张，以六月与之晨出东方，须女、虚、危为对。

补曰：天官书云："作鄂岁，岁阴在酉，星居午。以八月与柳、七星、张晨出。"天文志云："太岁在未曰协洽。岁星六月出。太初在注、张、七星。"

太阴在戌，岁名曰阉茂，岁星舍翼、轸，以七月与之晨出东方，营室、东壁为对。

补曰：天官书云："阉茂岁，岁阴在戌，星居巳。以九月与翼、轸晨出。"天文志云："太岁在申曰涒滩。岁星七月出。太初在翼、轸。"

太阴在亥，岁名曰大渊献，岁星舍角、亢，以八月与之晨出

〔一〕"未"，原本作"末"，据天官书改。
〔二〕"晨"，原本作"星"，据天官书改。

东方，奎、娄为对。

补曰：天官书云："大渊献岁，岁阴在亥，星居辰。以十月与角、亢晨出。"天文志云："太岁在酉曰作詻。岁星八月出。太初在角、亢。"

太阴在子，岁名曰困敦，

元注：困，读群。

岁星在氐、房、心，以九月与之晨出东方，胃、昴、毕为对。

补曰：天官书云："困敦岁，岁阴在子，星居卯。以十一月与氐、房、心晨出。"天文志云："太岁在戌曰掩茂。岁星九月出。太初在氐、房、心。"

太阴在丑，岁名曰赤奋若，岁星舍尾、箕，以十月与之晨出东方，觜嶲、参为对。

补曰：天官书云："赤奋若岁，岁阴在丑，星居寅。以十一月与尾、箕晨出。"天文志云："太岁在亥曰大渊献。岁星十月出。太初在尾、箕。"史、汉所说，似异实同，亦合于淮南。案：岁星首年以中气日见，满一岁，行尽一次而伏，则来年见日，已在后月中气后。及第十一见伏竟，而十二岁已周。其第十二年有岁星者，以第十一见近次末，不数日，而已入第十二年之次也。何以明之？岁星无超辰，当以十二岁之积日分为十一分，以为见伏一终之日数，即前所云三百九十八日四十五刻十一分之五也。内减去一岁为见日，其伏日有三十三日二十刻十一分之五十，伏三百三十二日四十五刻十一分之五，以一中气三十日四十三刻四分一去之，得十气余二十七日六十七刻有奇算外，即第十一次星见日。以所余转减一中气日，余二日七十六刻四分三强，以并一中气日，仍得三十三日二十刻十一分之五。则是见在气，未即见在度末，以其见时尚在第十一年之次，故第十一年有岁星，不数日而入第十二年之次，遂为第十二年之岁星也。

太阴在甲子，

补曰：太一在丙戌之岁也。

刑德合东方宫，常徙所不胜，合四岁而离，离十六岁而复合。所以离者，刑不得〔一〕入中宫，而徙于木。

补曰：淮南说刑德有二：一是一岁之刑德，前言阴阳七舍是也；一是二十岁之刑德，此所说也。此刑德从太阴支干生。甲子之岁，德在甲，刑在卯，子刑卯，故刑德合东方宫。徙所不胜，则自东而西，谓〔二〕乙丑之岁，德在庚，刑在戌，丑刑戌，故合西方宫。又徙所不胜，则自西而南，谓丙寅之岁，德在丙，刑在巳，寅刑巳，故合南方宫。又徙所不胜，则自南而北，谓丁卯之岁，德在壬，刑在子，卯刑子，故合北方宫。此四岁是刑德合也。自此而离，则戊辰之岁，德在戊，刑在辰，戊为中，辰为木，故曰刑不得入中宫，而徙于木也。二十年之中，德以东西南北中为序，刑以东西南北为序，周而复始，故唯有四年之合。一合一离为一小终，一终而得甲申，二终而得甲辰，三终而复于甲子。积七十六小终而为一大终，三大终而复于甲子之元。古历上元本起甲寅，刑德独始甲子者，据始合言之也。

太阴所居，日德，

补曰："日德"二字当作"日为德"。

辰为刑。

〔一〕"得"，原本作"德"，据前天文训改。补注同。

〔二〕"谓"，原本作"请"，形近而误，今改。

补曰：太阴所居，谓十干也。辰即十二枝。干从日，故曰德；枝从月，故曰刑。开元占经云："干德甲、丙、戊、庚、壬为阳，阳德自处。甲德在甲，丙德在丙，戊德在戊，庚德在庚，壬德在壬，此谓自处。乙、丁、辛、己、癸为阴，阴德在阳。乙德在庚，丁德在壬，己德在甲，辛德在丙，癸德在戊，此谓在阳。取合为德也。三刑：子刑卯，卯为刑下，子为刑上；丑刑戌，戌为刑下，未为刑上；寅刑巳，巳为刑下，申为刑上；卯刑子，子为刑下，卯为刑上；辰刑辰；巳刑申，申为刑下，寅为刑上；午刑午；未刑丑，丑为刑下，戌为刑上；申刑寅，寅为刑下，巳为刑上；酉刑酉；戌刑未，未为刑下，丑为刑上；亥刑亥。谓之三刑，刑上、刑下、自刑也。此即淮南之刑德。考其原，则干德本之律历，三刑生于风角。何者？历此年中节在甲者，后年则在己；此年在丙者，后年则在辛。六十律则戊、癸为宫，甲、己为徵，五日一周，终而复始，故甲己合，乙庚合，丙辛合，丁壬合，戊癸合也。日有刚柔，声有阴阳，以刚统柔，以阳唱阴，则阳德自处，而阴德从阳矣。翼氏风角占曰："木落归本，水流归末，故木刑在亥，水刑在辰。金刚火强，各立其乡，故火刑于午，金刑于酉。"此皆谓自刑也。十二辰分为孟仲季，四孟亥自刑，则寅巳申相刑；四仲午酉自刑，则子卯相刑；四季辰自刑，则丑未戌相刑。相刑者，互为上下，故有刑上刑下也。王莽传云："今年刑在东方。"张晏曰："是岁在壬申，刑在东方。"莽传又曰："仓龙癸酉，德在中宫。"张晏曰："太岁起于甲寅为龙，东方仓，癸德在中宫也。"

德，纲曰〔一〕日倍因，柔曰〔二〕徙所不胜。

补曰：申在东，丙在南，戊在中，庚在西，壬在北，为自倍因。乙从庚，丁从壬，己从甲，辛从丙，癸从戊，为徙所不胜。纲即刚，古通。"日"当为"自"。

刑，水辰之木，木辰之水，金、火立其处。

补曰：子辰申，水也，刑在卯辰，寅为水辰之木。卯未亥，木也，刑在子丑，亥为木辰之水。丑巳酉，金也，刑在戌申。酉为金，立其处。寅午戌，火也，刑在己未。午为火，立其处。水、木、金、火，一从三合，一从四时。后汉书朱穆传云："丁亥之岁，刑德合于乾位。"注谓"太岁在丁壬岁，德在北宫；太岁在亥卯未岁，刑亦在北宫：故曰合于乾位"是也。然淮南则用太阴。

凡徙诸神，朱鸟在太阴前一，钩陈在后三，玄武在前五，白虎在后六，虚星乘钩陈而天地袭矣。

元注：袭，和也。

补曰：太阴在寅，诸神分居四正方，则钩陈在子，子为玄枵，玄枵虚中，是谓虚星乘钩陈。历十二岁，而钩陈仍在子，于是天地袭矣。此言六神岁徙之法，特附刑德而见。何以明之？太阴元始，乃德木刑火之岁，非始合东方之岁也。

〔一〕"曰"字，前天文训均作"日"。
〔二〕"曰"字，前天文训均作"日"。

凡日，甲刚乙柔，丙刚丁柔，以至于癸。木生于亥，壮于卯，死于未，三辰皆木也。火生于寅，壮于午，死于戌，三辰皆火也。土生于午，壮于戌，死于寅，三辰皆土也。金生于巳，壮于酉，死于丑，三辰皆金也。水生于申，壮于子，死于辰，三辰皆水也。

补曰：二十岁而一终，六十岁而三终，则甲有寅戌午，乙有卯亥未，丙有辰子申，丁有巳酉丑。自戌以下，周而复始，故以三辰为合，从其壮者命之，而五行定矣。汉书翼奉传注孟康曰："北方水，生于申，盛于子。东方木，生于亥，盛于卯。南方火，生于寅，盛于午。西方金，生于巳，盛于酉。辰，穷水也。未，穷木也。戌，穷火也。丑，穷金也。"京房易积算传云"寅中有生火，亥中有生木，巳中有生金，申中有生水，丑中有死金，戌中有死火，未中有死木，辰中有死水，土兼乎中"是也。然其原起于历。素问六微旨大论云："寅午戌岁气同会，卯未亥岁气同会，辰申子岁气同会，巳酉丑岁气同会，终而复始。"王砯注："阴阳法以为三合，缘其气会同也。"案：其法分一岁为六气。甲子之岁，初之气始于水下一刻寅初也，六之气终于二十五刻辰末也，谓之初六。乙丑之岁，初之气始于二十六刻巳初也，六之气终于五十刻未末也，谓之六二。丙寅之岁，初之气始于五十一刻申初也，六之气终于七十五刻戌末也，谓之六三。丁卯之岁，初之气始于七十六刻亥初也，六之气终于水下百刻丑末也，谓之六四。四岁为一节。戊辰之岁，初之气复始于水下一刻。常如是无已，周而复始，故谓之三合。古历俱同四分，则四岁之后，中节刻漏俱同，术家以推五行，医经以分六气，莫不由此。

故五胜生一，壮五，终九；

补曰：五胜，五行相胜也。生于一，壮于五，终于九，各以其辰命之。

五九四十五，故神四十五日而一徙；以三应五，八徙而岁终。

补曰：灵枢九宫八风篇云："太一常以冬至之日居叶蛰之宫四十六日，明日居天留四十六日，明日居仓门四十六日，明日居阴洛四十五日，明日居天宫四十六日，明日居元委四十六日，明日居仓果四十六日，明日居新洛四十五日，明日复居叶蛰之宫，冬至矣。"

凡用太阴，左前刑，右背德，击钩陈之冲辰，以战必胜，以攻必克。

补曰：汉书艺文志兵书"阴阳十六家。阴阳者，顺时而发，推刑德，随斗击，因五胜，假鬼神而为助者也。"其术即淮南所云。又志阴阳家有天一兵法三十五篇，五行家有天一六卷、刑德七卷，殆亦说其事。

欲知天道，以日为主，六月当心，左周而行，分而为十二月，与日相当，天地重袭，后必无殃。星，正月建营室，二月建奎、娄，三月建胃，

元注："星"宜言"日"。明堂月令："孟春之月，日在营室；仲春之月，日在奎、娄；季春之月，日在胃。"此言"星正月建营室"，字之误也。案："仲春之月，日在奎、娄；季春之月，日在胃"，庄刻本皆无"日"字。

补曰：皆谓日所在星也。大衍历议云："秦历十二次，

立春在营室五度。”

四月建毕，五月建东井，六月建张，七月建翼，八月建亢，九月建房，十月建尾，十一月建牵牛，十二月建虚。

补曰：宋书志云：祖冲之曰：“汉代之初，即用秦历，冬至日在牵牛六度。”

星分度：

补曰：此赤道度也，东京始有黄道度。

角十二，亢九，氐十五，房五，心五，尾十八，箕十一四分一，

补曰：东方七十五度四分一。四分一，两京附于斗末，谓之斗分，算从冬至始也。此附箕末者，秦以十月为岁首，箕立冬后宿从小雪始也。大衍历议云“夏历章、部、纪首皆在立春，故其课中星揆斗建与闰余之所盈缩，皆以十有二节为损益之中”，即其理也。

斗二十六，牵牛八，须女十二，虚十，危十七，营室十六，东壁九，

补曰：北方九十八度。

奎十六，娄十二，胃十四，昴十一，毕十六，觜巂二，参九，

补曰：西方八十度。

东井三十三，舆鬼四，柳十五，星七，张、翼各十八，轸十七，凡二十八宿也。案：井度庄刻本以汉书考正作“三十三”，元写本作“三十二”误，今改正。

补曰：南方百一十二度。凡三百六十五度四分度之一也。

星部地名：角、亢郑，氐、房、心宋，尾、箕燕，斗、牵牛越，须

女吴，虚、危齐，营室、东壁卫，奎、娄鲁，胃、昴、毕魏，觜嶲、参赵，东井、舆鬼秦，柳、七星、张周，翼、轸楚。

补曰：保章氏注引堪舆云："星纪吴、越也，玄枵齐也，娵訾卫也，降娄鲁也，大梁赵也，实沈晋也，鹑首秦也，鹑火周也，鹑尾楚也，寿星郑也，大火宋也，析木燕也。"与淮南异者三：吴、魏、赵也。初学记曰："周官天星皆有州国分野，角、亢、氐兖州，房、心豫州，尾、箕幽州，斗、牵牛、婺女扬州，虚、危青州，营室、东壁并州，奎、娄、胃徐州，昴、毕冀州，觜嶲、参益州，东井、鬼雍州，柳、七星、张三河，翼、轸荆州。堪舆家云，玄枵为齐之分，星纪吴、越之分，析木之津燕之分，大火宋之分，寿星郑之分，鹑尾楚之分，鹑火周之分，鹑首秦之分，实沈魏之分，大梁赵之分，降娄鲁之分，娵訾卫之分。"左氏昭三十二〔一〕年传云："越得岁，而吴伐之，必受其凶。"杜预注："此年岁在星纪，星纪吴、越之分野也。"然吴、越同属星纪，何以独得岁星？案：汉志以后，皆以斗为吴分野，牛、女为越分野。时岁星初入星纪，反是吴得岁矣。惟越绝书云："越，南斗也；吴，牛、须女也。"然后越独得岁。此以须女为吴，正与越绝合。但须女为玄枵之次，而得为吴者，秦历冬至在牛六度，则小寒当在虚一度，须女尽入星纪之次矣。韩、赵、魏，三晋也，堪舆有晋无魏，以魏得晋故都，而昴为大梁。淮南以魏易赵，殆从其名。越绝亦曰："梁，毕也；晋，觜也；赵，参也。"知淮南所本古矣。越绝又言："韩，角、亢也；郑，角、亢也。"淮南言郑即言韩，三晋备矣。

岁星之所居，五谷丰昌；其对为冲，岁乃有殃。当居而不

〔一〕"三十二"，原本作"二十三"，据左传改。

居，越而之他处，主死国亡。

补曰：当居者，岁星常率也。有盈缩，则越而之他处。

太阴治春则欲行柔惠温凉，

元注：木德仁，故柔凉也。

太阴治夏则欲布施宣明，

元注：火德阳，故布施宣明也。

太阴治秋则欲修备缮〔一〕兵，

元注：金德断割，故修兵也。

太阴治冬则欲猛毅刚强。

元注：纯阴闭固，水泽冰冻，故刚强也。

补曰：太阴各以其岁治其月，故月与太阴相应。治春者寅卯辰之岁也，治夏者巳午未之岁也，治秋者申酉戌之岁也，治冬者亥子丑之岁也。政必如其治，所以法天道。

三岁而改节，六岁而易常，

补曰：改节，如春为夏；易常，如申破寅。

故三岁而一饥，六〔二〕岁而一衰，十二岁而一康。案：庄刻本"十二岁"下无"而"字。

元注：康，成也。案："康，成也"，庄刻本作"盛也"。又云："按御览'康'作'荒'，下有注云：'蔬不熟为荒也。'疑是许慎注，故义异。"

补曰：史记货殖传云："计然曰：'岁在金，穰；水，毁；木，饥；火，旱。六岁穰，六岁旱，十二岁一大饥。'"又

〔一〕"备缮"，原本作"缮备"，据前天文训乙。

〔二〕"六"，原本作"一"，据前天文训改。

曰："太阴在卯，穰，明岁衰恶。至午，旱，明岁美。至酉，穰，明岁衰恶。至子，大旱，明岁美，有水。至卯，积著率岁倍。"越绝书则云："计倪曰：'太阴三岁处金则穰，三岁处水则毁，三岁处木则康，三岁处火则旱。'"又曰："天下六岁一穰，六岁一康，凡十二岁一饥。"说本不殊，而特以岁为太阴。天官书直谓之太岁矣。意古人候岁特详，故有太岁、太阴二法也。淮南自用太阴。越绝书又言："范子曰：'夫八谷贵贱之法，必察天之三表即决矣。火之势胜金，阴气畜积大盛，火据金而死，故金中有水，如此者岁大败，八谷皆贵。金之势胜木，阳气畜积大盛，金据木而死，故木中有火，如此者岁大美，八谷皆贱。'"金、木、水、火更相胜，此天之三表者也。然则金不必皆穰，木不必皆饥。太阴在卯，穰，即淮南后说也。

甲齐，乙东夷，丙楚，丁南夷，戊魏，己韩，庚秦，辛西夷，壬卫，癸越。

补曰：汉书天文志"卫"作"赵"，"越"作"北夷"。

子周，丑翟，寅楚，卯郑，辰晋，

补曰：汉志作"邯郸"。

巳卫，午秦，未宋，

补曰：汉志作"中山"。

申〔一〕齐，酉鲁，戌赵〔二〕，

〔一〕"申"，原本作"甲"，据前天文训改。

〔二〕"赵"，原本作"越"，据前天文训改。

补曰:汉志作“吴越”。

亥燕。

补曰:汉志作“代”。此以日干支为占也。崔浩之占姚兴,谓庚午之夕,辛未之朝,天有阴云,荧惑之亡,当在二日,必入秦矣。后八十余日,荧惑果出东井,留守勾巳,时人服其精妙。事具魏书。

甲乙寅卯,木也。丙丁巳午,火也。戊己四季,土也。庚辛申酉,金也。壬癸亥子,水也。水生木,木生火,火生土,土生金,金生水。子生母曰义,母生子曰保,子母相得曰专,母胜子曰制,子胜母曰困。

补曰:抱朴子登涉篇云:“灵宝经曰:‘所谓宝日者,谓支干上生下之日也,若甲午、乙巳之类是也。甲者木也,午者火也,乙亦木也,巳亦火也,火生于木故也。又谓义日者,支干下生上之日也,若壬申、癸酉之日是也。壬者水也,申者金也,癸者水也,酉者金也,水生于金故也。所谓制日者,支干上克下之日也,若戊子、己亥之日是也。戊者土也,子者水也,己亦土也,亥亦水也,五行之义,土克水也。所谓伐日者,支干下克上之日也,若甲申、乙酉之日是也。甲者木也,申者金也,乙亦木也,酉亦金也,金克木故也。’”不言专日,其义可知。论衡诘术〔一〕篇曰:“甲乙有支干,支干有加时。支干加时,专比者吉,相贼者凶。”是不独日有五者。京房易积算传云:“八卦鬼为系爻,财为制爻,天

〔一〕“术”,原本作“宅”,据论衡改。

德为义爻，福德为宝爻，同气为专爻。”宝即保。系当为击，即淮南之困，抱朴子之伐也。

以胜击杀，胜而无报。以专从事，专而有功。以义行理，名立而不堕。以保畜养，万物蕃昌。以困举事，破灭死亡。

案：“以专从事”下，庄刻本无“专”字。

补曰：越绝书云：“举兵无击太岁上物，卯也始出，各利以其四时制日，是之谓也。”

北斗之神有雌雄，十一月始建于子，月从一辰，雄左行，雌右行，五月合午谋刑，十一月合子谋〔一〕德。

补曰：周礼：“占梦掌其岁时，观天地之会。”注谓：“厌建所处之日辰。”厌建即此雌雄之神也。雌为阴建，雄为阳建，阳建斗柄，阴建太阴，然太阴非岁阴，乃是厌日。堪舆天老曰“假令正月阳建于寅，阴建在戌”是也。十一月阳建在子，日躔星纪，日前为阴建，故合子冬至阳生，故谋德。五月阳建在午，日躔鹑首，日前为阴建，故合午夏至阴生，故谋刑。由是阴阳刑德，遂有七舍也。

太阴所居辰为厌日，

补曰：十二月之日躔，与十二月之斗建，交错贸处如表里，然故为合辰。周礼太师疏云“斗柄所建十二辰而左旋，日体十二月与月合宿而右转”是也。日左旋，太阴在日前迫笮之，故谓所居为厌日。说文：“厌，笮也。”阳建可见，阴建不可见。

〔一〕“谋”，原本作“为”，据前天文训改。

厌日不可以举百事。堪舆徐行，雄以音知雌，故为奇辰。

补曰：扬雄传注，张晏曰："堪舆，天地总名也。"孟康曰："堪舆，神名，造图宅书者。"艺文志五行家有堪舆金匮十四卷。文选甘泉赋注引淮南云："堪舆行雄以知雌。"与此小异。许慎云："堪，天道也；舆，地道也。"

数从甲子始，子母相求，

补曰：子为辰，母为日。律书言"十母十二子"是也。

所合之处为合。十日十二辰，周六十日，凡八合。

补曰：八合者，阴建所对之日，合于阳建所对之辰也。堪舆之方二十四，日八而辰十二，故有四辰无合也。十一月阳建子，阴建亦在子，子对午，午近丙，故丙午为一合。二月阳建卯，阴建酉，酉对卯，卯对酉，卯近乙，故乙酉为二合。三月阳建辰，阴建申，辰对戌，申对寅，寅近甲，故甲戌为三合。四月阳建巳，阴建未，巳对亥，未对丑，丑近癸，故癸亥为四合。五月阳建午，阴建亦在午，午对子，子近壬，故壬子为五合。八月阳建酉，阴建卯，卯对酉，酉对卯，酉近辛，故辛卯为六合。九月阳建戌，阴建寅，戌对辰，寅对申，申近庚，故庚辰为七合。十月阳建亥，阴建丑，亥对巳，丑对未，未近丁，故丁巳为八合。郑志答赵商问云："按堪舆，黄帝问天老事云：'四月阳建于巳破于亥，阴建于未破于癸。'是谓阳破阴，阴破阳，故四月有癸亥为阴阳交会，十月有丁巳为阴阳交会，言未破癸者，即是未与丑对而近癸也。”周礼占梦“以日月星辰占六梦之吉凶”，注谓“今八会其遗象也”。缘其掌观天地之会，是此建厌所处之日辰，故以为占此八会。史墨为赵简子占梦云：“吴其入[一]郢乎？必以庚辰。”用此术也。越绝书云：“太岁八会，壬子数九。”隋志有八会堪舆一卷。唐六典：“太卜令，凡历注之用六：大会，小会，杂会，岁会，除建，人神。”

合于岁前则死亡，合于岁后则无殃。

补曰：吴越春秋子胥曰：“今年七月辛亥平旦，大王以首事。辛，岁位也；亥，阴前之辰也，合壬子岁，前合也，利以行武，武决胜矣。”此策吴王伐齐战艾陵事，在哀公十一年。又范蠡曰：“今年十二月戊寅之日，时加日出。戊，囚日也；寅，阴后之辰也，合庚辰岁，后会也。夫以戊寅日闻喜，不以其罪罚日也。”此策吴王欲释句践不果事。又子胥曰：“今年三月甲戌，时加鸡鸣。甲戌，岁位之会将也，青龙在酉，德在土，刑在金，是日贼其德也。”此谏吴王释句践事。俱在哀公六年。以统历推之，哀公十一年，太岁在甲寅，太阴在壬辰，八月辛亥朔，在其前年，则首事之日也。左氏十年传：“秋，吴子使来复请师。”注：“伐齐未得志故。”然则首事者，得请而为之备也。历八月，吴之七月矣，置闰不同故也。是年太阴在辛卯，故辛为岁位，亥为阴前，壬子为岁前合。句践以哀公三年入臣于吴，至六年，夫

〔一〕“入”，原本作“八”，据左传改。

差欲释之，以伍胥谏而止。其年正月戊寅朔，越以为年前十二月，亦置闰不同之故。十二月水王，故戊囚。此时太阴在丙戌，故寅为阴后辰。庚辰，其月三日也，为岁后会。后三月，夫差终释句践，伍胥谏不纳。三月甲戌者，哀公六年四月二十九日也，太阴在丁亥，故为岁后会将。云“位”，或误。青龙，谓太岁在己酉，故德土、刑金。甲乘己为日贼其德。甲戌，即三月合日，占之为宜。壬子，五月合日，而七月占之。庚辰，九月合日，而十二月占之。此则郑志所言。若有变异之时，十二月皆有建厌对配之义也。吴越春秋所谓岁前者，太阴未至之辰；所谓岁后者，太阴已历之辰：其限则半旬周也。所以者过半周则前转为后，后转为前矣。此所云以岁前合为吉岁，后合为凶，淮南则反之，前后可以互称，义得通也。

甲戌，燕也；乙酉，齐也；丙午，越也；丁巳，楚也；庚申，秦也；

补曰：“申”当为“辰”，字之误也。

辛卯，戎也；壬子，代也；癸亥，胡也；

补曰：此八合方面所有，下八合中宫所直。案：“代”诸本皆作“赵”，此从藏本作“代”。

戊戌、己亥，韩也；己酉、己卯，魏也；戊午、戊子，八合天下也。

补曰：脱“戊辰、己未”二合。所以又有此八合者，土居中宫，分王四时，故甲丙庚壬即戊乙丁辛，癸即己，其合之月与前同也。取阳建冲辰命之即得。

太阴、小岁、星、日、辰五神皆合，其日有云气风雨，国君当之。

补曰：越绝书计倪内经曰："阴阳万物各有纪纲，日月星辰刑德变为吉凶，金木水火土更胜，月朔更建，莫主其常，顺之有德，逆之有殃。是故圣人能明其刑而处其乡，从其德而避其衡，必顺天地四时，参以阴阳。用之不审，举事有殃。"

天神之贵者，莫贵于青龙，或曰天一，或曰太阴。

补曰：皆谓阴德也，入卯宫，故曰青龙。古亦以青龙为太岁。

太阴所居，不可背而可乡。北斗所击，不可与敌。

补曰：艾陵之役，以太阴辛卯岁七月辛亥平旦首事，故子胥曰"德在合，斗击丑"。辛为德，辛卯为合，是德在合。六壬法七月将太乙时加寅，则天罡在丑，是斗击丑。越，南斗也，吴虽胜齐，其患在越，此其兆矣。易林亦云："魁罡所当，初为败殃。"

天地以设，分而为阴阳。阳生于阴，阴生于阳。阴阳相错，四维乃通。或死或生，万物乃成。跂行喙息，莫贵于人。孔窍肢体，皆通于天。

补曰：素问生气通天论云："生之本，本于阴阳。天地之间，六合之内，其气九州，九窍五藏十二节皆通于天气。"

天有九重，人亦有九窍。

补曰:楚辞天问云:"圆则九重,孰营度之?"太玄云:"九天:一为中天,二为羡天,三为从天,四为更天,五为晬天,六为廓天,七为咸天,八为沈天,九为成天。九窍:一六为前为耳,二七为目,三八为鼻,四九为口,五五为后。九天即其首名。一六水,二七火,三八木,四九金,五五土也。"案:太玄九天,即淮南九野,非九重也。此文虽言九重,而其说不详。今西人言历则有九层,第一层宗动天,第二层恒星天,第三层填星天,第四层岁星天,第五层荧惑天,第六层日轮天,第七层太白天,第八层辰星天,第九层月轮天。此殆中国失传,而流入异域者欤?

天有四时,以制十二月,人亦有四肢,以制十二节。

补曰:元命包云:"阳数成于三,故时别三月。"素问宝命全形论云:"天有阴阳,人有十二节。"注:"节,谓节气,外所以应十二月,内所以主十二经脉也。"灵枢五乱篇云:"经脉十二者,以应十二月。十二月者,分为四时。四时者,春、夏、秋、冬。其气营卫相随,阴阳已和,清浊不相干,如是则顺之而治。"

天有十二月,以制三百六十日,人亦有十二肢,以使三百六十节。

补曰:春秋繁露人副天数篇云:"天以岁终之数,成人之身,故小节三百六十,副日数也;大节十二,副月数也;内有五藏,副五行也;外有四肢,副四时也。灵枢九针解云:"节之交三百六十五会者,络脉之灌渗诸节者也。"

故举事而不顺天者,逆其生者也。

补曰:韩非解老云:“人之身三百六十节,四肢九窍,其大具也。四肢与九窍十有三者,十有三者之动静,尽属于生焉,属之谓徒也,故曰生之徒十有三者。至其死也,十有三具者,皆还而属之于死,死之徒亦十三。故曰生之徒十有三,死之徒十有三。”

以日冬至数来岁正月朔日,五十日者,民食足;不满五十日,日减一斗;有余日,日益一升。有其岁司也。

补曰:历法至、朔同日为章首,自此气差而后朔差,而前三岁一闰,五岁再闰,积十九岁后而至、朔复同,则满一章。计章首之岁,至在朔日,去正月朔有五十九日为极多;至第九岁,以十一月二十九日冬至,去正月朔仅三十一日为极少。颛顼历用人正,则加得天用部首,即可得相去多少之数。淮南五十日为中数,视其增减,以占岁丰凶,兼首尾数。(点校者按:原书此下有图,为排版方便,现将图移置下页。)

案:此明太阴在四仲四钩、岁星行三宿二宿并太岁所在图也。汉初虽以太阴纪岁,然亦间纪太岁所在,如“淮南元年冬,太一在丙子”,即太岁也。淮南从其本名,故曰太一。四仲、四钩,案图易推。太岁所在,则非说不明。庄刻本作“甲寅、丙巳、丁未、庚酉、辛戌”,日辰刚柔相值,无作“丙巳、庚酉、辛戌”者,其为“丙午、庚申、辛酉”之误无疑。此本所列无误。惟作“壬子、癸丑、乙卯”与庄刻本异。考岁星与太岁为合辰,古人视岁星见月以知太岁。西汉时,复因太岁而知太阴。淮南复由太阴以推岁星、太岁,其术正同。星有超辰,太岁、太阴随之俱超,则太阴在四仲、四钩,岁星仍行三宿、二宿,而太阴所在之辰,太岁仍后两辰。如图,太阴在甲寅,则太岁在丙子;太阴在甲申,则太岁在丙午;太阴在庚申,则太岁在壬午;太阴在庚寅,则太岁在壬子;太阴在乙酉,则太岁在丁未；太阴在乙卯，则太岁在丁丑；太阴在辛卯，则太岁在癸丑；太阴在辛酉，则太岁在癸未。循环互推，无不合者。其他未列者，亦可由此而推。故于所列日辰，互文以见义。先生于子上加壬，丑上加癸，卯上加乙，更为周密易晓。元写本亦间有舛置，既为改正，并略疏其义云。

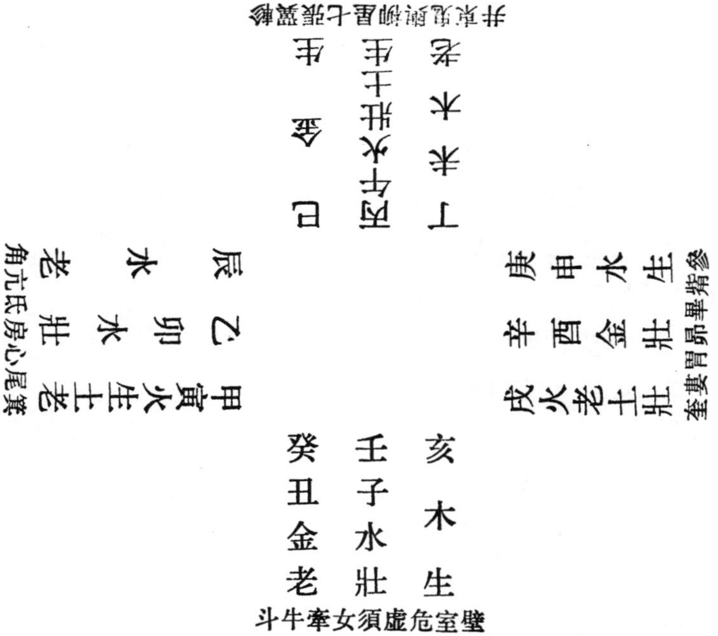

井輿鬼柳七星張翼軫
丁未木老
丙午火壯土生
巳金生

奎婁胃昴畢觜參
庚申水生
辛酉金壯
戌火老土壯

亥木生
壬子水壯
癸丑金老
斗牛牽女須虛危室壁

甲寅火生土老
乙卯水壯
辰水老
角亢氐房心尾箕

摄提格之岁，

元注：格，起。言万物承阳而起也。

补曰：史记正义孔文祥云："以岁在寅，正月出东方，为众星之纪，以摄提宿，故曰摄提。以其为岁月之首，起于孟陬，故云格正也。"案：所言雅合历理。元注俱同李巡。

岁早水晚旱，稻疾，蚕不登，

元注：登，成也。

菽麦昌，民食四升。寅。在甲曰阏逢。案："逢"，庄刻本文、注俱作"蓬"。

元注：言万物锋芒欲出，拥遏未通，故曰阏逢也。

单阏之岁，

元注：单，尽。阏，止也。言阳气推万物而起，阴气尽止也。案："阳气"上，庄刻本无"言"字。

岁和，稻菽麦蚕昌，民食五升。卯。在乙曰旃蒙。

元注：在乙，言万物遏蒙甲而出，故曰旃蒙也。

执徐之岁，

元注：执，蛰。徐，舒也。言蛰伏之物皆舒散而出也。案："蛰伏"上，庄刻本无"言"字。

岁早旱晚水，小饥，蚕闭，麦熟，民食三升。辰。在丙曰柔兆。案：元本作"蚕麦熟"，庄刻本作"蚕闭麦熟"。"蚕闭"正与下"蚕开"为对文，此处似脱"闭"字，今从庄刻本补。

元注：在丙，言万物皆在枝布叶，故曰柔兆也。

大荒落之岁，

元注：荒，大也。方万物炽盛而大出，霍然落落大布散。

岁有小兵，蚕小登，麦昌，菽疾，民食二升。巳。在丁曰强圉。

元注：在丁，言万物刚盛，故曰强圉也。

敦牂之岁，

元注：敦牂，敦盛牂壮也。言万物皆盛壮也。案：元写本

“言万物”句误在上，今从庄刻本改正。

岁大旱，蚕登，稻疾，菽麦昌，禾不为，民食二升。午。在戊曰著雝。

元注：在戊，言位在中央，万物繁养四方，故曰著雝也。

协洽之岁，

元注：协，和。洽，合也。言阴欲化万物和合。

岁有小兵，蚕登，稻昌，菽麦不为，民食三升。未。在巳曰屠维。

元注：在巳，言万物各成其性，故曰屠维。屠，别。维，离也。案：元写本“屠”下脱“别”字，今从庄刻本补。

涒滩之岁，

元注：涒，大。滩，修也。言万物皆修其精气也。

岁和，小雨行，蚕登，菽麦昌，民食三升。申。在庚曰上章。

元注：在庚，言阴气上升，万物毕生，故曰上章也。

作鄂之岁，

元注：作鄂，零落也。万物皆陊落。

岁有大兵，民疾，蚕不登，菽麦不为，禾虫，民食五升。酉。在辛曰重光。

元注：在辛，言万物就成熟〔一〕，其煌煌，故曰重光也。

掩茂之岁，

元注：掩，闭。茂，冒也。言万物皆闭冒。

岁小饥，有兵，蚕不登，麦不为，菽昌，民食七升。戌。在壬曰玄黓。

〔一〕“成熟”，原本作“熟成”，据前天文训注文乙。

元注:在壬,言岁终包任万物,故曰玄黓也。

大渊献之岁,

元注:渊,藏。献,迎也。言万物终于亥,大小深藏窟伏以迎阳。

岁有大兵,大饥,蚕开,菽麦不为,禾虫,民食三升。

补曰:此当云"亥。在癸曰昭阳"。错简在下,以图"癸"居"子丑"间之故。

困敦之岁,

元注:困,混。敦,沌也。言阳气皆混沌,万物牙蘖也。

岁大雾起,大水出,蚕稻菽麦昌,民食三升。子。在癸曰昭阳。

元注:在癸,言阳气始萌,万物合生,故曰昭阳。

补曰:当云"亥。在癸"。

赤奋若之岁,

元注:奋,起也。若,顺也。言阳奋物而起之,无不顺其性也。赤,阳色。

岁有小兵,早水,蚕不出,稻疾,菽不为,麦昌,民食一斗。案:"斗",庄刻本作"升"。

补曰:十二岁太阴之名,皆以摄提格所见之月为义,其所在十名则岁德也。六十年而周。

正朝夕:先树一表东方,操一表却去前表十步,

补曰:此表在东方表西,所以正夕。

以参望日始出北廉。日直入,

补曰:日东表北廉,则景入西表南廉。

又树一表于东方，

补曰：此表在东方表东南，所以正朝。

因西方之表以参望日，方入北廉则定东方。

补曰：日入西表北廉，则景入东南表南廉，定东方在东二表间也。所以日出入用表北廉者，日行十六所，登于扶桑为朏明，寅甲间也，顿于连石为下舂，辛戌间也，此夏至之日出入皆近北方。即以二分论之，至于曲阿为旦明，旦明，卯也，经于渊虞为高舂，高舂，酉也，而出则自北而南，入则自南而北，半出以前，半入以后，仍在北方。张胄元用后魏浑天铁仪测知，春、秋二分，日出入卯酉之北，不正当中，与何承天所测颇同，皆日出卯三刻五十五分，入酉四刻二十五分，尽具载隋志。此黄道斜行使然。古虽用盖天，其实测固无异也。望日用北廉，则表常居中，而不能无偏于北，于是乎有南表，使景在表南，则表始近中耳。

两表之中，与西方之表，则东西之正也。

补曰：东表、西表近北，东南表近南，两表之中，直西表之南，为正东西。周髀云："以日始出立表而识其晷，日入复识其晷，晷之两端相直者，正东西也。中折之指表者，正南北也。"考工记："匠人建国，水地以县，置槷以县，视以景。为规，识日出之景与日入之景。昼参诸日中之景，夜考之极星，以正朝夕。"康成注："日出、日入之景，其端则正东、西也。又为规以识之者，为其难审也。自日出而画〔一〕其景端，以至日入既，则为规，测景两〔二〕端之内规，规之交乃审也。度两交之间，中屈之以指臬，则南北正。”与淮南法异而理同。

日冬至，日出东南维，入西南维。至春、秋分，日出东中，入西中。夏至，出东北维，入西北维，至则正南。

补曰：周髀云：“冬至昼极短，日出辰而入申，阳照三不覆九，东西相当正南方。夏至昼极长，日出寅而入戌，阳照九不覆三，东西相当正北方。日出左而入右，南北行，故冬至在坎，阳在子，日出巽而入坤，见日光少，故曰寒；夏至在离，阴在午，日出艮而入乾，见日光多，故曰暑。”所说即淮南法也。辰为巽初，申为坤末，戌为乾初，寅为艮末。艮、巽、坤、乾，即四维也。在六十所，则冬至日出入当桑野之初，悲谷之末；夏至日出入当咸池之末，悲泉之初：即四维之分也。此古人特以大判为言，故合之。马融所说刻漏盈缩至较八刻百分刻之七十五也。

欲知东西、南北广袤之数者，

补曰：东西为广，南北为袤。

立四表以为方一里距，案：元写本“立四表”下脱“以”字，今从庄刻本补。

补曰：测平远者，先求其率，用四表，所以求率也。测日初出，故为平远。入表数为首率，东西一里为次率，

〔一〕“画”，原本作“昼”，据周礼郑注改。

〔二〕“两”，原本作“西”，据周礼郑注改。

南北一里为三率，去日里数为四率。四表者，一为艮，二为乾，三为巽，四为坤也。地形训云："禹乃使大章步，自东极至于西极二亿三万三千五百里七十五步；使竖亥步，自北极至于南极二亿三万三千五百里七十五步。"明是正方，故四表亦方一里。

先春分若秋分十余日，

补曰：二分日半出半入，时正当卯酉之中。先春分则近南，先秋分则近北。日周行十六所，为度三百六十，是一所天行二十二度有半也。冬至五所，天行百一十二度五分，半之为歫午中之度，则日出于辰一十八度七十六分，入于申一十一度二十六分。夏至十一所，天行二百四十七度五分，半之为歫午中之度，则日出于寅二十六度二十六分，入于戌三度七十六分也。分至所较，皆三十三度七十五分。气有六，以气除度，得一气差五度六百二十五分，即可知先春分秋分十余日之日出入度矣。

从歫北表参望日始出及旦，以候相应，相应则此与日直也。

补曰：用歫北表，即用北廉同意。及旦者，所谓至于曲阿，是谓旦明，二分日出之所也。一气有三候，气差五度六百二十五分，则候差一度八百七十五分，故必以候相应。一候所差，尚宜以日出入分之，则不盈一度。日始出多近北，故二分之前，同用歫北表也。

辄以南表参望之，以入前表数为法，

补曰：北表参望日直，则南表参望日常不直，从日至南北后二表即勾股也。其弦斜至日处而截南前表于弦外,即是入前表之数,成一倒勾股也。而二勾股比例正等,故用以为率。何以明之?试以大勾股倒转,即小勾股必在其端,而比例正等矣。

除举广,除立表袤,以知从此东西之数也。

补曰:日入前表数为小句,前后二表相去为小股,南北后二表相去为大句,北后表至日下为大股。小句者,大句股之率也。除举广,谓以小句除小股,知有几倍也。除立表袤,亦谓以小句除大句,知有几倍也。知此,而以二句股为比例,即知大股之长。盖小句得小股几分之一,则大句亦必得大股几分之一,故以此知从此东西之数也。

假使视日出,入前表中一寸,是寸得一里也。案:"寸",元写本误作"此",今从庄刻本改正。

补曰:周髀算经云:"周髀长八寸,句之损益寸千里。"注:"句谓景也,言悬天之景,薄地之仪,皆千里而差一寸。"案:周髀以髀为股,以景为句,日中立八尺之股,南北二千里,景差二寸,故寸有千里,故人以为通率,以测东西。于小句股,则一里高远与平远之别,亦一表与四表之辨也。

一里积万八千寸,得从此东万八千里。

补曰:三百步为里,六十寸为步,寸乘步得万八千寸,此小股之长也。小句一寸,小股长万八千寸,则大句一里,大股即长万八千里。大股之于大句,若小股之于小句，而得从前表至日处之里数，以此知近世四率之法，古人已先有之。小句首率，小股次率，大句三率，求得大股为四率。

视日方入，入前表半寸，则半寸得一里，

补曰：论算术，东入一寸，西亦当入一寸。淮南云半寸，则设术也。半寸为里，则所得必倍，如倍半寸为一寸，所得即同。

半寸而除一里积寸，得三万六千里，

补曰：置一里积寸万八千，以五为法除之，即得此，则日远于前一倍，乃为虚数，故必除而后得实数也。

除则从此西里数也。

补曰：除，谓除前万八千里，犹倍半寸为一寸也。

并之东西里数也，案："里"，元写本误作"之"，今从庄刻本改正。

补曰：凡三万六千里。

则极径也。未春分而直，已秋分而不直，此处南也。未秋分而直，已春分而不直，此处北也。分、至而直，此处南北中也。

补曰：此求地中也。直，谓表与口直。十六所以曲阿、渊虞为二分，日所出入之处，此南北中也。未春分，日行其南，故处南则直。直在春分前，则直亦必在秋分后，虽已秋分，尚未直也。未秋分，日行其北，故处北则直。直在秋分前，则直亦必在春分后，虽已春分，尚未直也。惟二分气至而直，方处南北之中，皆视日道之南北为定也。

从中处欲知中南也，

补曰：知中则知南矣。周髀算经云："冬至日加酉之时，立八尺之表，以绳系表颠，希望北极中大星，引绳致地而识之。又到旦〔一〕明日加卯之时，复引绳希望之，首及绳致地而识其端，相去二尺三寸，故东西〔二〕极二万三千里。其两端相去，正东西；中折之，以指表，正南北。"法虽不同，理无异也。

未秋分而不直，此处南北中也。

补曰：秋分直，故未秋分不直。言秋分，则春分可知。隋志曰："周礼大司徒职：'以土圭之法，测土深，正日景，以求地中。'此则浑天之正说，立仪象之大本。故云：'日南则景短多暑，日北则景长多寒，日东则景夕多风，日西则景朝多阴。日至之景，尺有五寸，谓之地中。天地之所合也，四时之所交也，风雨之所会也，阴阳之所和也。然则百物阜安，乃建王国焉。'又考工记匠人：'建国，水地以县，置槷以县，眂以景。为规，识日出之景与日入之景。昼参诸日中之景，夜考之极星，以正朝夕。'案土圭正景，经文阙略，先儒解说，又非明审。祖暅错综经注，以推地中。其法曰：'先验昏旦，定刻漏，分辰次。乃立仪表于平准之地，名曰南表。漏刻上水，居日之中，更立表于南表景末，名曰中表。夜依中表，以望北极枢，而立北表，令参相直。三

〔一〕"旦"，原本作"日"，据周髀算经改。

〔二〕"西"，原本脱，据周髀算经补。

表皆以县准定，乃观。三表直者，其立表之地，即当子午之正。三表出者，地偏僻。每观中表，以知所偏。中表在西，则立表处〔一〕在地中之西，当更向东求地中。若中表在东，则立表处在地中之东也，当更向西求地中。取三表直者，为地中之正。又以春秋二分之日，旦始出东方半体，乃立表于中表之东，名曰东表。令东表与日及中表参相直。是日之夕，日入西方半体，又立表于中表之西，名曰西表。亦从中表西望西表及日，参相直。乃观三表直者，即地南北之中也。若中表差近南，则所测之地在卯酉之南。中表差在北，则所测之地在卯酉之北。进退南北，求三表直正东西者，则其地处中，居卯酉之正也。"所说求东西地中，淮南无之。其求南北地中，即与淮南同理。

从中处欲知南北极远近，从西南表参望日，日夏至始出与北表参，则是东与东北表等也，

补曰：夏至日出东北维，故从西南表参望。东北、西南两表与日参，如北前、北后两表与日参无异，即可借春秋分表位为夏至表位，借春秋分日入前表之数为夏至日入前表之数，故云东与东北表等也。

正东万八千里，则从中北亦万八千里也。倍之，南北之里数也。

补曰：倍之，为三万六千里，与东西正等。

其不从中之数也，

〔一〕"处"，原本作"偏"，据隋志改。

补曰：此为处南北者言之。

以出入前表之数益损之，表入一寸，寸减日近一里，表出一寸，寸益远一里。

补曰：处南则表出，处北则表入。何者？处南者，未春分而直也，至分时而日北，故表出。处北者，未秋分而直也，至分时而日南，故表入。寸益损一里，则通率也。

欲知天之高，树表高一丈，

补曰：天高不可知，测之以景。树表所以求景也。此亦以句股比例而知，盖同有大小两句股也。

正南北相去千里，同日度其阴，

补曰：度日中景。

北表一尺，

补曰："一"当为"二"。

南北〔一〕尺九寸，

补曰："北"当为"表"。

是南千里阴短寸，

补曰：表近日则阴短，表远日则阴长，二表相去千里，故北表阴二尺，南表阴尺九寸，即为寸差千里之通率。

南二万里则无阴〔二〕，是直日下也。

补曰：千里短寸，则万里短尺。据北表阴二尺，故南二万里则无阴。既得千里短寸之率，即弃南表不用，但

〔一〕"北"，庄校本作"表"。
〔二〕"阴"，庄校本作"景"。

用北表阴以推日下之数也。

阴二尺而得高一丈者，是[一]南一而高五也，

补曰：置表高一丈，以阴二尺除之得五，是南万里而日高五万里也，此为高率。然日无高下，有高下者，地圆使然，故曰盖天即浑天也。

则置从此南[二]至日下里数，因而五之，为十万里，则天高也。

补曰：二万里为实，高五为法，乘之得十万里，此天高之数。必知天高十万里者，以表高一丈，中有百寸，寸得千里，百之而成十万故也。然则表即天高之率，故以直日下无景为天高。周髀云："周髀长八尺，夏至之日晷一尺六寸。髀者，股也；正晷者，句也。正南千里，句一尺五寸；正北千里，句一尺七寸。日益表，南晷日益长，候句六尺。从髀至日下六万里，而髀无影。从此以上至日，则八万里。"即其理也。六万里者，设法词，实测则不然，故曰日夏至南万六千里，日中无影。

若使景与表等，则[三]高与远等也。

补曰：以千里差寸率之，则去日下十万里景与表等，即可从日远以知天高，至此则句股适均矣。

〔一〕"是"，庄校本无。

〔二〕"南"，原本脱，据前天文训补。

〔三〕"则"，原本作"即"，据前天文训改。

八十岁日复之图第一

颛顼立春寅未子己亥辰酉寅申丑午亥己戌卯申

殷历冬至子己戌卯酉寅未子午亥辰酉卯申丑午

甲己甲己乙庚乙庚丙辛丙辛丁壬丁壬

戊癸戊癸己甲己甲庚乙庚乙辛丙辛丙

壬丁壬丁癸戊癸戊甲己甲己乙庚乙庚

丙辛丙辛丁壬丁壬戊癸戊癸己甲己甲

庚乙庚乙辛丙辛丙壬丁壬丁癸戊癸戊

右皆天正人正中节气之日也。历法七十六岁为一部，第一部命为甲寅、甲子，第二部缩上四算命为癸巳、癸卯，至二十部终于乙亥、乙酉，是为一纪，则岁日有一十九复矣。

八十岁日复之图第二

秦历立春辰酉寅未丑午亥辰戌卯申丑未子巳戌

戊癸戊癸己甲己甲庚乙庚乙辛丙辛丙

壬丁壬丁癸戊癸戊甲己甲己乙庚乙庚

丙辛丙辛丁壬丁壬戊癸戊癸己甲己甲

庚乙庚乙辛丙辛丙壬丁壬丁癸戊癸戊

甲己甲己乙庚乙庚丙辛丙辛丁壬丁壬

旧说秦历上元己巳立春，淮南以为壬午冬至，冬至后四十六日立春，则戊辰也，故复为此图。

咸池右行四仲日所在图

正　月	日在亥	加时酉	咸池在午
二　月	日在戌	加时巳	咸池在卯
三　月	日在酉	加时丑	咸池在子
四　月	日在申	加时酉	咸池在酉
五　月	日在未	加时巳	咸池在午
六　月	日在午	加时丑	咸池在卯
七　月	日在巳	加时酉	咸池在子
八　月	日在辰	加时巳	咸池在酉
九　月	日在卯	加时丑	咸池在午
十　月	日在寅	加时酉	咸池在卯
十一月	日在丑	加时巳	咸池在子
十二月	日在子	加时丑	咸池在酉

日行十六所合堪輿之图

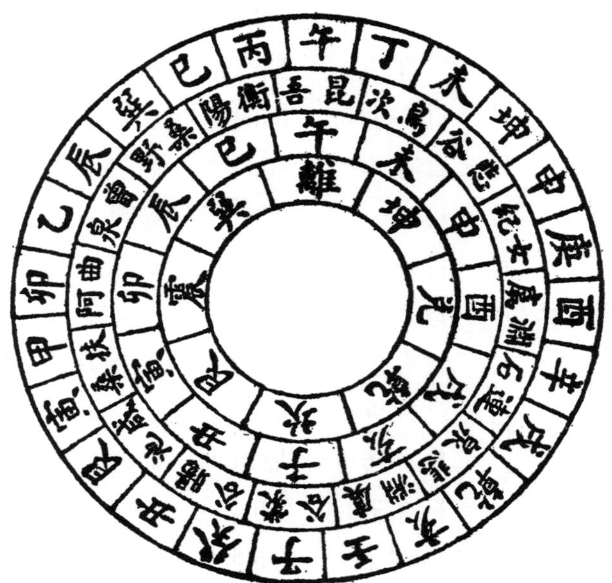

律应二十四气之变图

冬至后，六中气比坤六爻律；夏至后，六中气比乾六爻律：即二十四气反覆比十二律也。而自黄钟至蕤宾七律，冬至后用半，夏至后用全耳。其冬至后音渐浊，夏至后音渐清之理，即前所云十五日为一节，以生二十四时之变也。何者？此冬至音比林钟，前音比黄钟，比林钟即比黄钟也。此小寒音比夷则，前音比应钟，比夷则即比应钟也。夷则清于林钟，而黄钟七律俱用半律，应钟不较浊乎？由是推之，此芒种比蕤宾半为最清，而前比大吕正为最浊。淮南因清以知浊，故曰音渐浊。夏至则此比黄钟，前亦比黄钟，小暑此比大吕，前亦比大吕，至大雪则同比应钟，故黄钟七律俱用全律，故直曰音渐清也。二者皆非随月律之正法，是以同谓之变。前二至俱比黄钟，则此二至俱得比林钟，是故小暑前比大吕，今比蕤宾，犹小寒之比夷则、应钟也；大暑前比太簇，今比中吕，犹大寒之比南吕、无射也；至于大雪，则前比应钟，今比夷则，而终夷则，至应钟俱用倍律，则亦可云音渐浊矣。此又因清以知浊也。

六十律旋宫图

宫	徵	商	羽	角
黄钟戊子	林钟己丑	太簇庚寅	南吕辛卯	姑洗壬辰
应钟癸巳	蕤宾甲午	大吕乙未	夷则丙申	夹钟丁酉
无射戊戌	中吕己亥	黄钟庚子	林钟辛丑	太簇壬寅
南吕癸卯	姑洗甲辰	应钟乙巳	蕤宾丙午	大吕丁未
夷则戊申	夹钟己酉	无射庚戌	中吕辛亥	黄钟壬子
林钟癸丑	太簇甲寅	南吕乙卯	姑洗丙辰	应钟丁巳
蕤宾戊午	大吕己未	夷则庚申	夹钟辛酉	无射壬戌
中吕癸亥	黄钟甲子	林钟乙丑	太簇丙寅	南吕丁卯
姑洗戊辰	应钟己巳	蕤宾庚午	大吕辛未	夷则壬申
夹钟癸酉	无射甲戌	中吕乙亥	黄钟丙子	林钟丁丑
太簇戊寅	南吕己卯	姑洗庚辰	应钟辛巳	蕤宾壬午
大吕癸未	夷则甲申	夹钟乙酉	无射丙戌	中吕丁亥

旋宫六十律之图，旧时有之，然黄钟宫后次以林钟，由是终于中吕之宫，虽合相生之序，而六十律不复周环。此图从黄钟一律生为六十律，可得以律直日之法。因而六之，即周一岁之日。而黄钟之分属五子及七十二日，五行受制之理俱见。逆而次之，则冬至后十二气所比之音也；顺而次之，则夏至后十二气所比之音也；而十二月之律，亦可从逆数而得，皆推淮南之意知之也。

七均清浊和缪之图

宫最浊	徵次清	商次浊	羽最浊	角清浊半	变宫和	变徵缪
黄钟一	林钟五	太簇二	南吕六	姑洗三	应钟七	蕤宾四
大吕一	夷则五	夹钟二	无射六	中吕三	黄钟七	林钟四
太簇一	南吕五	姑洗二	应钟六	蕤宾三	大吕七	夷则四
夹钟一	无射五	中吕二	黄钟六	林钟三	太簇七	南吕四
姑洗一	应钟五	蕤宾二	大吕六	夷则三	夹钟七	无射四
中吕一	黄钟五	林钟二	太簇六	南吕三	姑洗七	应钟四
蕤宾一	大吕五	夷则二	夹钟六	无射三	中吕七	黄钟四
林钟一	太簇五	南吕二	姑洗六	应钟三	蕤宾七	大吕四
夷则一	夹钟五	无射二	中吕六	黄钟三	林钟七	太簇四
南吕一	姑洗五	应钟二	蕤宾六	大吕三	夷则七	夹钟四
无射一	中吕五	黄钟二	林钟六	太簇三	南吕七	姑洗四
应钟一	蕤宾五	大吕二	夷则六	夹钟三	无射七	中吕四

八十四声，旧亦有图，次与六十律同。今亦更定，则一律而为八十四，相生不绝。以祖孝孙所次自一至七之等，志于其下，即律之短长、声之清浊以明，而和缪之义尽显。

蕤宾以后，上下相生之序，诸家不同。以是图观之，则重上生者，变徵生正宫也；其下生者，非变徵正宫，而为它声者也。以十二律主十二月，则皆为正律，而生之者为变徵，故必从上生。大吕、夹钟、中吕以阴律主夏至以前之月，故不从上下相生之正。然则晋志谓取其谐韵者，殆未尽得其实也。

候气三律图

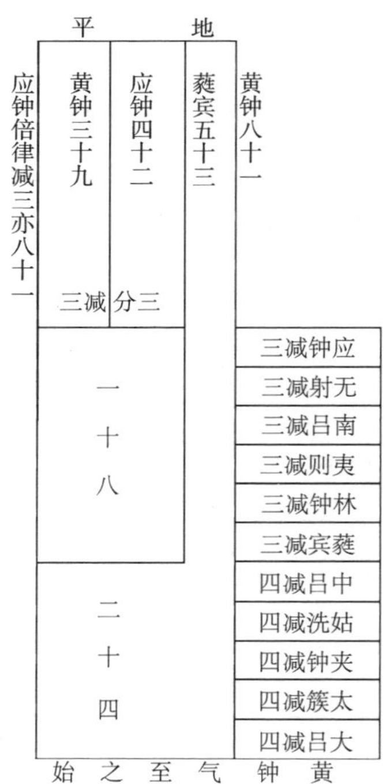

候气之律，以黄钟、蕤宾、应钟为三限。应钟气至盈月得黄钟，故减应钟正律，或减应钟倍律，俱可为黄钟。此淮南云黄钟八十一，而吕览谓黄钟三寸九分也。论十二月气至，则冬至阳消之极，在上，为数一十八；阴长之极，在下，为数二十四：阴下阳动。夏至阴消之极，在上，为数一十八；阳长之极，在下，为数二十四：阳下阴动。二十四者，子午相距之数也，为南北之极，故长数居之。其上为消数所居。长数五分时，消数二十二。长数九分时，消数二十一。长数十三分时，消数二十。长数十七分时，消数十九。长数二十一分时，消数十八。长数二十四分时，消数亦十九。

二十岁刑德离合图

甲子申辰德甲刑卯寅辰　　甲戌午寅德甲刑未午巳
乙丑己酉德庚刑戌酉申　　乙亥未卯德庚刑亥丑子
丙寅戌午德丙刑己未午　　丙子申辰德丙刑卯寅辰
丁卯亥未德壬刑子亥丑　　丁丑酉巳德壬刑戌酉申
戊辰子申德戊刑辰卯寅　　戊寅戌午德戊刑巳午未
己巳丑酉德甲刑申戌酉　　己卯亥未德甲刑子亥丑
庚午寅戌德庚刑午己未　　庚辰子申德庚刑辰卯寅
辛未卯亥德丙刑丑子亥　　辛巳丑酉德丙刑申戌酉
壬申辰子德壬刑寅辰卯　　壬午寅戌德壬刑午己未
癸酉己丑德戊刑酉申戌　　癸未卯亥德戊刑丑子亥

八合之图

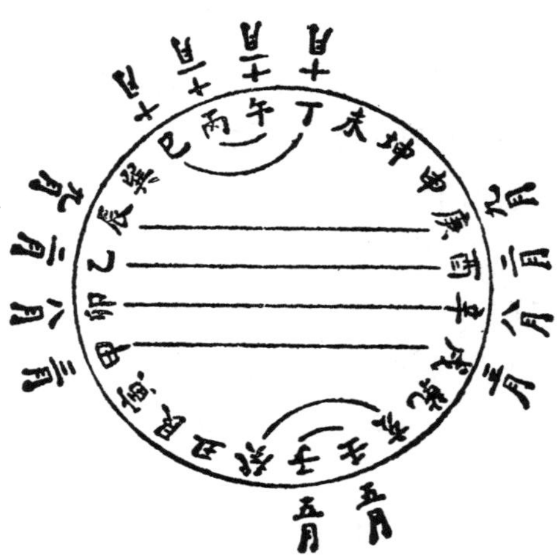

此方面八合也,其占皆主四方。以戊易阳干,己易阴干,即复成八合,而占在中原及天下所。谓大会八,小会亦八。

正朝夕图

正朝日:在甲树一表东方,景到庚,又树一表西方,从北廉望日,是西表在景北也。正夕日:在辛复树一表东方,亦从北廉望日,即西表则在景南,而景至乙,此则二景交于西表之东,而为正中也。故取东二表之中,以直西方之表,而得正东方。此即后世三角法之祖。

测日远句股比例图

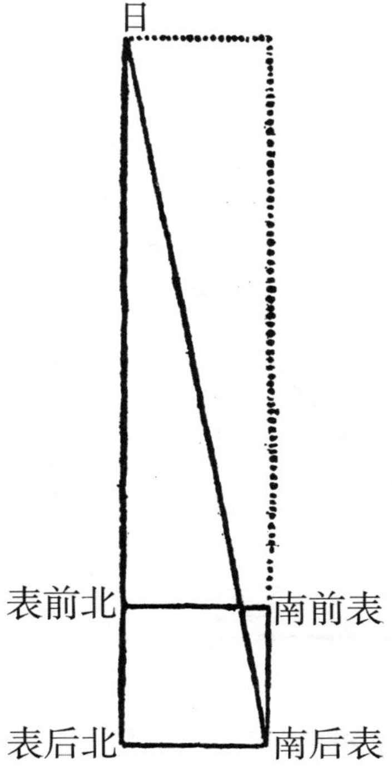

从日至北后表为股,至南后表为弦,两后表相距为句。弦截南前表于外,得日入表之数。从南前表引虚线而东,

从日引虚线而南，成长方形，依弦破之，为倒顺两大句股也。南二表及弦间有小句股之倒者，以比大句股，其倒正等，盖倒顺两大句股积数无异，故小句股虽倒，可以比大句股之顺者也。

测日高句股比例图

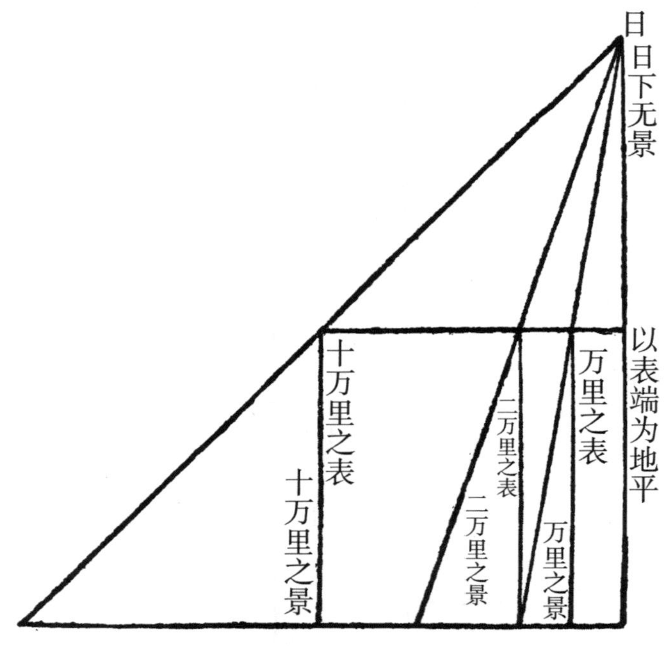

以景二尺，除表高一丈，得南一高五为率。比南至日下二万里，知为日高十万里。二万里之表，在日北成小句股，日下二万里成大句股，比例正等，是故去日万里则景一尺，去日二万里则景二尺，直日下则无景。若去日十万里，则景一丈，而与表等，日高常十万里也。试以表端为地平，即地下之景，必与去日里数正等，其理显矣。

日景出入前表益损之图

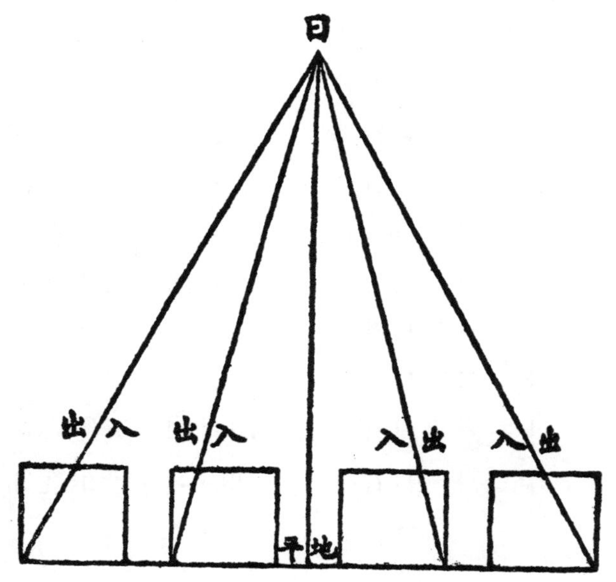

二分日当卯酉之中，故地中景与表直中垂一线是也。不处地中，景必有出入之数。处南，则弦入表北，而表出；处北，则弦出表南，而表入。出多则远日，出少则近日，处南然也。入多则近日，入少则远日，处北然也。盖南用南后表，北用北后表，其前表则常用南耳。如改用北表，则处南者以入少为远日，入多为近日，处北者以出少为近日，出多为远日，法正相反。

天维十二月小周天之图

正　月	日在亥	加时亥	天维在寅
二　月	日在戌	加时酉	天维在丑
三　月	日在酉	加时未	天维在子
四　月	日在申	加时己	天维在亥
五　月	日在未	加时卯	天维在戌
六　月	日在午	加时丑	天维在酉
七　月	日在巳	加时亥	天维在申
八　月	日在辰	加时酉	天维在未
九　月	日在卯	加时未	天维在午
十　月	日在寅	加时己	天维在巳
十一月	日在丑	加时卯	天维在辰
十二月	日在子	加时丑	天维在卯